KB041835

제2판

최호진 저

형법
총론

박영사

제2판
머리말

"형식이 내용을 지배한다." 철학자 헤겔이 '대논리학'에서 이런 말을 했다고 한다. 내 지식의 한계 때문에 정작 대철학자의 정확한 속내는 모르겠다. 다만 보이는 것과 그 실질이 다를 때 또는 사물이 엉뚱한 곳에 놓여 그 본질이 달라지는 것을 볼 때 이 문장이 떠오른다. 로스쿨 도입 초기에 '교육을 통한 법조인 양성'이라는 목적과 이를 실현하기 위한 변호사 시험의 형식을 보았을 때 이 문장이 다시 떠올랐다. 야심 차게 시작한 변호사 시험의 '형식'은 '교육을 통한 법조인 양성'의 '내용'을 확인할 수 없는 것이었다. 곧 설정한 목적에 따라 적절한 형식으로 수정·발전될 것으로 생각했다. 하지만 수험법학의 폐해를 외치며 법학'교육'을 정상화하는 방향으로 법조인 양성시스템이 바뀌어야 한다는 목적으로 출발하였지만, 종전 수험법학의 '형식'을 벗어나지 못했다. 잘못된 형식은 아무 내용 없이 반복되고 있었으며, 지금은 고정되어 버렸다.

형법 이론은 로스쿨 교육과정에서 비참하리만큼 소외당했다. 학부 교수임에도 불구하고 개인적 인연으로 여러 군데 로스쿨에 출강하였다. 고강도로 압축된 로스쿨의 학사일정을 소화하는 것도 어려웠지만, 기본적인 법이론임에도 불구하고 변호사 시험에 출제된 적이 없다는 이유로 지루해하거나 때로는 무신경한 로스쿨 원생을 만날 때에는 곤혹스러웠다. 장래 입법과 법해석에 유용한 기초이론들이 상당수 있음에도 불구하고 변호사 시험에서는 잘 출제되지 않았다. 구체적 사건에서 판례가 없다는 점도 한몫하였다. "다툼이 있는 경우 판례에 의함"이라는 조건은 법이론은 무시해도 좋다는 강력한 암시를 주고 있다. 발문의 조건은 "다툼이 없다면 법이론에 따라 해결함"이라는 의미가 있음에도 불구하고 이는 쉽게 무시되었다. 그나마 판례와 같은 입장을 취하고 있는 학설은 선택형 문제에서 살아남을 수 있지만, 판례와 다른 입장을 취하고 있는 학설은 학술적 유의미성이나 설득력을 불문하고 변호사 시험의 선택형 문제에서는 늘 '옳지 않은 문항'으로 취급되었다. 판례의 입장이 아니기 때문에 '오답'이다. 법리 논쟁에 있어서 판례의 입장은 하나이지만, 학설의 입장은 다양하다. 그 다양성 때문에 선택형 문항을 구성하는 데 어려움이 있다. 출제 관리 당국은 학설에 이견이 존재한다면 오답의 시비가 있기에 어려움이 있다고 난색을 표한다. '다툼을 싫어하는' 출제 교수는 결국 "다툼이 있으면 판례에 의함"이라는 조건을 단다. 그렇게 변호사 시험에서 학설은 점점 설 자리를 잃어간다.

형법 적용 과정에서 70여 년 동안 대법원의 해석을 통해 공식화·명제화되고 있는 법리들은 법률가 양성 교육에서 막강한 위력을 발휘하고 있다. 이른바 '판례실증주의'라는 말이 인구에 회자되고 있다. 판례는 해석과 적용의 결과로 구체적 사건에 대한 해결에 머무르는 수준을 넘어서고 있다. 문제된 사례에 대한 법적 평가를 내릴 때 법률이 아닌 판례를 해석의 근거로 삼고 있는 답안지가 많이 보인다. 판례를 근거로 하여 법률을 해석하고 적용하는 단계를 넘어서, 판례가 이루고자 하는 일반적 이치와 일치하는지가 법률해석·적용의 중요한 근거가 되고 있다. 판례는 법률해석에 있어서 지배적인 문헌이 되고 있으며, 예비 법률가들은 해당 문헌이 가리키는 구절과 문장을 단편적으로 해석하고 기계적으로 이해하고 있다. 지금은 판례실증주의가 아니라 판례교조주의(判例敎條主義)에 가깝다. 특정한 사실관계를 고려하여 생각하지 않고 무비판적으로 적용되기도 한다. 체계적이고 정돈된 법이론적 지식 습득보다는 구체적 사건에 대한 판단결과인 판례의 결론만을 암기하는 것으로도 변호사 시험 등 국가시험에 좋은 성적을 받을 수 있다고 한다. 하지만 특정한 사실관계에 기초한 판결의 내용을 그대로 추종하는 것은 위험하다. 판결의 결론은 일반화된 법리를 구체적 사건에 적용한 것에 불과하다. 하나의 법리에서 수십 개의 사례가 나온다는 것을 이해한다면 지금의 판례 공부는 경험적 사실만을 축적하는 암기식 공부에 불과하다. 사회의 발전에 따라 새로운 사례가 나올 때 판례 암기에 능통한 법률가가 이에 대한 해결책을 줄 수 있는지 의문이다.

강의실의 풍경이 달라졌다. 대학 강의실에는 이른바 '고시생'들만 있는 것이 아니었다. 기업진출을 희망하는 사람, 법학의 매력에 빠져들어 대학원 진학과 유학을 꿈꾸는 이들도 있었다. 교수가 사법시험에 나오는 판례를 설명해 주지 않는다고 항의하는 학생은 없었다. 강의실은 학생들이 교수의 학문적 성과물, 사유 방식, 법률관을 담담히 노트하면서 생각하는 공간이었다. 시험 준비는 강의실이 아니라 '고시촌'에서 했으며, 시험 합격은 개인적 노력의 산물이었다. 법과대학은 'School'이 아니라 'College'였다. 하지만 로스쿨 강의실의 풍경은 다르다. 이 공간에 모인 '모든' 학생들의 목표는 '변호사 시험 합격'이다. 로스쿨 진학 후 목표가 달라질 수는 있어도 입학 초기에는 모두 변호사 자격 취득이었다. 이 공간에 모인 우수한 인재들은 목표지향성이 강하기에 목적과는 달리 불필요한 '것'에 대해서는 민감하다. 강의실은 학문적 사유 공간이 아니라, 시험 준비 공간이며, 교수의 강의는 그러한 목적을 달성함에 있어서 유용한 수단이다. 이러한 원생들을 마주하는 교수는 그의 사유 방식, 법률관, 세계관, 올바른 법학, 있어야 할 형법, 학설과 판례에 대한 개인적 의견을 말하기 어렵다. 원생들이 듣기를 원치 않기 때문이다. 교수의 연구 결과에 대한 설명과 공감은 로스쿨 강의실이 아니라 학회와 동료 학자 간에서만 가능하였다. 슬픈 현실이다. 로스쿨은 'School'이다. 로스쿨 시대의 형법학에 대한 현상적 묘사는 비판적 내용으로 가득 차 있다.

형법의 학문성과 그 회복을 위한 제안을 담기에는 지면이나 개인적 능력이 부족하다. 형법학이 형법철학, 형법정책학 등 다양한 분과학문으로 나눌 수 있지만, 교육 현장에서는 법해석·적용학(Jurisprudenz)이 대부분이다. 법학부에서는 법철학, 형사정책 등 하위분과도 개설하여 강의가 이루어지고 있지만, 로스쿨에서는 이루어지지 않는 것 같다. 영구불변의 법칙이나 법본질과 법발견만을 추구하는 것만을 형법의 학문이라고 보기 어렵다. 법도그마틱(Rechtsdogmatik)과 같이 실정 형법을 기초로 하여 기존의 해석 내용을 재정리하고 현행 법체계나 기존 법해석에 대한 비판을 통하여 형법체계를 다시 정립하고 실정법에 관한 새로운 법지식을 생산하여 실제 사실관계에 적용하는 것을 주된 임무로 하는 분과도 법학의 영역 중 하나라고 볼 수 있다. 법도그마틱은 법체계 전체를 파악할 수 있도록 설명하고, 어려운 법소재들을 분류하고 정돈하기 위해 적용 지침과 분류 표준을 제시한다는 점에서 법적용의 일관성과 투명성을 담보하는 역할을 할 수 있다. 정리된 법지식을 명제화하여 제시된 사례에 대하여 새로운 논증을 할 필요 없이 계속·반복적으로 사용할 수 있도록 한다는 점에서 학문의 저장적 성격을 가지고도 있다. 이러한 법도그마틱에 따른 결과는 법관 등 법조계 인력이 자주 활용되는 분야이다. 법도그마틱은 법관이 마주하는 사건에 법적용의 결과 오류를 최소화하고 체계적 심사를 하기 위해서 심사도식을 만들어 주기도 한다. 로스쿨에서 형법학은 법이론들을 체계적으로 정서하고 심사도식을 제공하여 미래 형법 실무가들의 판단 오류를 최소화하여, 발전된 해석과 적용 결과를 보여줄 수 있다. 학문과 실무를 연결할 수 있는 것이 법도그마틱이다. 이 책이 이러한 작업에 하나의 밀알이 되었으면 좋겠다.

2023년은 형법이 제정된 지 70년이 되는 해이었다. 1948년 9월 대한민국 법제편찬위원회는 민법, 형법, 상법 등 수많은 법률과 부속법전을 정비하는 것이 임무였지만, 워낙 방대하고 복잡한 작업이라 시간이 많이 소요되고 있었다. 설상가상으로 한국전쟁이 발발하여 더 큰 어려움에 봉착하였다. 결국 법제편찬위원회는 "완전무결한 우리 형법전의 완성은 금후의 과제로 남겨 두고 우선 이 초안으로써 '免渴之用'에 供하기로 하였다." 라는 목마름만 겨우 해소한 것이다. 1953년 형법이 제정된 그때로부터 70년이 지났다. '우리 형법전의 완성'은 아직 이루지 못한 과제가 되었고 제정 당시 '갈증만 해소하는 용도'이었던 형법은 여전히 우리 사회에서 작동 중이다. 이후에 이루어진 개정은 시대적 상황이나 여건에 따라 개별 사안에 대응하기 위한 부분 개정 방식에 그치고 있다. 낡고 헤진 옷을 기워서 입듯이 여러 차례 형법 개정을 통해서 형법의 규범력을 유지하기 위하여 노력하였지만, 이제는 한계점에 도달한 것으로 보인다. 시대적 상황과 변화를 담아내지 못하고 20세기에 만들어져 낡아버린 패러다임에 기반한 형법 체계를 정비해야 한다. 2023년 형법학자들은 형법 개정에 대한 논의를 시작하고 있다. 발전된 형법이론이 잘 반영되어 세련된 형법안이 마련되기를 기원한다.

초판 이후에 수정·보강된 부분은 다음과 같다. 동기설 폐지와 같은 대법원 전원합의체판결에 따라 형법의 시간적 적용 범위, 법인의 형사책임, 허용구성요건에 대한 착오, 예비죄의 공동정범·교사범·방조범, 부진정 결과적 가중범, 부작위에 있어서 적법한 선행행위로 인한 보증인 의무, 과실 부작위범, 공동정범의 실행의 착수 시기 및 기수와 미수, 이른바 승계적 공동정범, 죄수론에 대한 설명을 보강하였으며, 상당인과관계에 대한 대법원판례를 유형화하였다. 영아살해죄와 영아유기죄 삭제된 형법 개정과 사형집행과 관련된형의 시효에 대한 형법 개정에 따라 관련된 부분에 대한 설명을 수정·보강하였다. 이외에도 일본식 표현이나 어려운 한자어를 알기 쉬운 우리말로 바꾸었으며, 표현이나 설명이미숙한 부분을 많이 손질하였다. 앞으로도 계속될 작업이다.

2024년 1월
최호진

머리말

    로스쿨이 출범한 후 법학 교육의 양상은 많이 달라졌다. 로스쿨이 법률실무가를 양성하는 것에 중점을 두고 변호사시험의 합격률을 증가시키는 것에 집중하는 사이에 법학은 그 방향성을 잃고 방황하고 있다. 법학 교육이 오로지 실무가를 양산하는 것만이 그 목적이 있는 것이 아닐진대 한국의 법학 교육은 오로지 한 방향으로만 달려가고 있다.

    어느 순간부터 '판례실증주의'라는 말이 인구에 회자되기 시작하였다. 형법에 대한 체계적이고 정돈된 법이론적 지식 습득보다는 구체적 사건에 대한 판단 결과인 판례의 결론만을 외우는 것이 법학 공부로 치부되는 모습도 종종 발견된다. 국가공무원 공채시험에서도, 변호사시험에서도 "다툼이 있는 경우 판례에 의함"이라는 조건은 법이론을 무시해도 괜찮다는 강력한 암시를 주고 있다. 걱정스러운 상황이다.

    대법원이 구체적 사건에 따라 해결한 결과물인 판결에 '○○사건'이라고 이름을 붙이고 범죄 성립 여부에 대한 결론만을 외우는 것은 공부에 큰 도움이 되지 않는다. 판결의 결론은 일반화된 법리를 구체적 사건에 적용한 것에 불과하다. 하나의 법리에서 수십 개의 사례가 나온다는 것을 이해한다면 '케이스 암기'는 형법 공부에 큰 도움이 되기 어렵다. 물론 '법리를 이해하기 위해서' 사례를 공부하는 것은 의미가 있을 수 있다. 사례 연구는 법률의 연구에 있어서 구체적 사례에 관하여 분석·검토하며, 그 사례에 반영되어 있는 원리를 발견할 것을 목적으로 하는 연구·교육상 방법으로 유용하기 때문이다. 추상적인 법규정을 구체적 사안에 적용하는 것이 우리 형법학의 기본방법이라면 형법 이론에 대한 체계적 이해는 형법 공부에 출발점이 될 수밖에 없다.

    가끔 교과서나 국가시험에 소개되는 케이스를 주의할 필요가 있다. 만약 그 케이스가 법리에 잘 맞는 것이라면 그것을 귀한 교과서의 지면이나 중요한 국가시험에 출제할 이유가 적다. 그 케이스가 독특하거나, 이례적인 사건 진행이라서 소개되고 분석되고 출제되는 것이다. 대표적 리딩케이스라서 소개되고 분석되고 출제되는 것에 대해서는 꼼꼼히 공부할 필요가 있다. 리딩케이스는 법리를 잘 표현하고 있기 때문이다. 전원합의체 판결 또한 기존 대법원이 유지하고 있던 법리를 새로운 법리로 전환한 것이기 때문에 전원합의체 판결에 대한 공부도 필요하다.

개별 사례를 공부하는 목적은 오랫동안 구축된 법리를 익히기 위한 것이다. 새로운 사례를 접했을 때 수많은 법리 중에 어느 법리가 적합한지를 찾아낸다면 당신은 이미 훌륭한 법률가가 된 것이다. 마치 내과 의사가 환자의 증상을 듣고 병명을 정확히 찾아내는 것과 같다. 이때 놀라운 기술의 도움을 받는 것을 부끄러워할 필요는 없다. 기술은 그것을 하라고 개발된 것이다. 이에 더 나아가 판결문 뒤에 숨겨져 있는 사람들의 삶을 읽어내고 느낄 수 있다면 당신은 더더욱 훌륭한 법률가가 된 것이다. 인간의 이기심과 탐욕, 분노와 절망, 그리고 구원의 목소리를 들을 수 있다면 그대는 존경받는 법률가가 될 수 있을 것이다.

대학에서 형법을 강의하면서 가장 중요하게 생각한 것은 형법의 내용을 어떻게 하면 쉽게 그리고 정확하게 전달할 것인가이다. 이론 중심으로만 내용을 구성할 것이 아니라 복잡한 형법 이론을 쉽게 이해할 수 있는 사례와 판례를 제시하는 것도 중요하다고 생각하였다. 대법원 판례뿐만 아니라 가능한 쉬운 사례를 많이 제시하여 내용을 이해하는 데 도움을 주고자 하였다. 특히 대법원 판례는 실생활에서 발생한 수많은 사건에 대한 형법 해석의 결과이기도 하며, 형법 공부에서 중요한 수업교재이다. 본문 내용 중 중요판례에 대해서는 판결요지뿐만 아니라 사실관계와 이에 대한 간단한 해설까지 언급하였다. 판례의 결론뿐만 아니라 그러한 결론이 도출되는 논리적 과정까지 이해하는 것이 필요하다. 2020년 4월 전국 25개 로스쿨 교수들이 모여 우리나라의 대표적인 형법 표준판례를 선정해 공개했다. 형법의 기본이념과 법리를 잘 설명하고 있는 판례들이다. 선정된 판례를 모두 반영하였다. 매달 2회씩 법원공보를 참고하여 형법 공부에 도움이 되는 판례를 선정하였다. 2021년 말까지 선고된 대법원 판례를 반영하였다.

학자의 길을 걸어가게 되는 데 큰 모범이 되시는 김성돈 교수님의 학은에 깊은 감사를 드린다. 스승님이 계시지 않았다면 이 책 또한 나오지 않았을 것이다. 이 책이 나오는 데에는 많은 분들의 조력이 있었다. 단국대학교 박사과정에 재학 중인 허정현과 독일 오스나뷔르크대학교 박사과정에 재학 중인 백소연은 수정이나 보완이 필요한 부분을 꼼꼼하게 지적을 해주었다. 감사의 말을 전한다. 형법을 공부하는 사람들이 알아야 할 기본적 내용을 간결하면서도 명확하게 설명하는 것을 최우선 목표로 하였다. 그러한 목표를 이루었다고 자신할 수는 없다. 아직 부족한 점이 많으므로 계속 꾸준히 수정하고 보완할 것이다.

2022년 1월
최호진

차 례

Chapter 03 형법의 적용범위

제1절 시간적 적용범위 · 62

제2절 장소적 적용범위 · 79

Chapter 02 범죄체계론

03 구성요건론

Chapter 01 구성요건 이론

제1절 서설 · 158

제2절 구성요건과 위법성의 관계 · 161

Chapter 02 　행위의 주체

Chapter 03 　행위의 객체

Chapter 06 구성요건적 고의

제1절 서설 · 228

제2절 고의의 내용 · 231

제3절 고의의 종류 · 238

04 위법성론

Chapter 01 위법성의 이론

Chapter 03 긴급피난

Chapter 06 정당행위

제1절 서설 · 358

05 책임론

Chapter 01 책임이론

06 미수론

Chapter 01 범죄실현의 단계

제4절 처 벌 · 524

---

07 범죄의 특수형태

Chapter 01 과실범

Chapter 03 부작위범

제 1 절 서설 · 580

제 2 절 부작위범의 종류 · 586

제 3 절 진정 부작위범의 성립요건 · 589

Chapter 01 범죄가담형태 일반론

Chapter 03   간접정범

09 │ 죄수론

Chapter 01   죄수 이론

Chapter 02   일 죄

10 형벌론

Chapter 01 형벌의 종류 826

Chapter 06 보안처분

PART 01

⚖

총설

형법의 기본개념

제1절 **형법의 의의**

I. 형법의 개념

1. 형법의 의의

형법(刑法)은 '범죄'를 법률요건으로, 형벌 및 보안처분과 같은 '형사제재'를 법률효과로 하는 국가적 법규범의 총체이다. 쉽게 말하면 형법은 범죄가 성립하기 위해서는 어떤 요건이 필요하며, 범죄가 성립한 경우 어떠한 형사제재를 부과할 것인가를 규정하고 있는 법으로 '범죄와 형사제재에 관한 법'이다.

현행법상 형벌에는 사형, 징역, 금고, 자격상실, 자격정지, 벌금, 구류, 과료, 몰수 등 9가지가 있다. 형벌 이외에 범죄로부터 사회를 방위하기 위한 수단을 보안처분이라고 한다. 현행법상 보안처분에는 형법의 보호관찰, 사회봉사명령, 수강명령, 치료감호법의 치료감호, 성폭력 범죄자 등과 같은 특정 범죄자에 대한 위치추적 전자장치 부착 등이 있다.

현대에 있어서는 범죄에 대한 법률효과로서 형벌 이외에도 보안처분이 일반화되고 있음에 따라 보안처분을 규정한 법도 형법의 개념에 포함시키는 것이 일반적 경향이다. 이 입장에서는 형법을 "범죄와 그에 대한 형벌 및 보안처분을 규정한 법"이라고 정의하게 된다. 독일과 같이 형법전 속에 보안처분도 통일적으로 규정되어 있는 경우에는 형법의 개념을 위와 같이 정의하는데 문제가 없다. 하지만 우리나라의 경우 보안처분 중 일부만 형법전에 포함되어 있고, 대부분 보안처분은 특별법에 규정되어 있다. 그럼에도 불구하고 우리나라에서도 보안처분에 관한 법규를 형법의 개념속에 포함시키는 것이 지배적 견해이다. 보안처분도 범죄에 대한 법률효과로 부여되며, 범죄자의 자유를 제한한다는 점에 있어서는 형벌과 다를 바 없고 궁극적으로는 형벌과 보안처분의 일원화가 형법이 지향할 과제이기 때문이다.

┌─────────────────────────────────────┐
│ ⚖ 보충내용 범칙금제도 │
└─────────────────────────────────────┘

범칙금제도(犯則金制度)란 도로교통법이나 경범죄처벌법에 20만 원 이하의 벌금이나 구류 또는 과료의 형으로 처벌할 경미한 범죄행위를 한 자에 대하여 사법경제적 관점에서 검사가 아닌 경찰서장에게 범칙금납입 통고처분이라는 처분권을 부여하면서 당사자가 일정한 금융기관에 범칙금을 납부하면 그 위반행위를 형사사건으로 취급하지 않고 범칙행위자에게 전과의 기록을 남기지 않도록 하는 특례이다. 그러나 범칙금납부에 불복하거나 미납하는 자에 대해서는 원래 그 행위에 예정된 벌금 등 형벌이 부활되어 즉결심판이라는 형사절차가 개시된다.[1]

2. 질서위반법

형법과 유사한 법으로 질서위반법이 있다. 질서위반행위란 법률상 의무를 위반하여 과태료를 부과하는 행위를 말한다(질서위반행위규제법 제2조). 질서위반법은 법익보호를 목적으로 한다는 점, 질서위반행위에 대해서도 질서위반행위 법정주의가 적용되며, 고의 또는 과실이 있어야 하며, 만 14세 미만의 행위자에 대해서는 과태료를 부과하지 않는다는 점 등에서 형법과 유사한 점이 많다. 하지만 단순한 행정법규위반 등 질서위반에 대해 질서벌의 일종인 '과태료'를 부과한다는 점에서 형법과 본질적으로 다르다. 질서위반행위규제법에서 질서위반행위의 성립요건과 과태료의 부과·징수 및 재판 등에 관한 사항을 규정하고 있다.

II. 형식적 의미의 형법과 실질적 의미의 형법

1. 형식적 의미의 형법

형식적 의미의 형법은 1953년에 제정되고 현재 시행중인 형법전(刑法典)을 의미한다. 형법전은 총칙과 각칙으로 구성되어 있는데, 형법총칙은 형벌법규에 공통적으로 적용되는 일반적인 원칙을 규정해놓은 것이며, 형법각칙은 개별적인 형벌법규를 규정해놓은 것이다. 형법 제1조에서 제86조까지의 규정이 총칙규정에 해당하며, 제87조에서 제372조까지의 규정이 각칙규정에 해당한다.

형법전에는 실질적 의미의 형법에 포함되지 않는 것도 있다. 예를 들면 소추조건인 친고죄, 양형의 조건, 형의 집행, 형의 실효 및 시효에 관한 규정은 형식적 의미의 형법에는

---

1) 김성돈, 807면.

포함되지만 실질적 의미의 형법에 포함되지 않는다.

2. 실질적 의미의 형법

실질적 의미의 형법은 법률요건으로서 범죄와 이에 대한 법률효과인 형벌 또는 보안처분을 규정한 모든 국가적 법규범을 의미한다. 법률의 명칭과 상관없이 법률이 범죄와 형벌을 규정하고 있다면 실질적 의미의 형법이라고 할 수 있다. 실질적 의미의 형법에는 특별형법, 행정형법뿐만 아니라 각종 법률의 형사처벌규정이 있다.

특별형법의 예로는 국가보안법, 군형법, 폭력행위 등 처벌에 관한 법률, 특정경제범죄 가중처벌 등에 관한 법률, 특정강력범죄의 처벌에 관한 특례법, 아동·청소년의 성보호에 관한 법률, 성폭력범죄의 처벌 등에 관한 특례법, 성매매알선 등 행위의 처벌에 관한 법률, 범죄수익은닉의 규제 및 처벌 등에 관한 법률, 아동학대범죄의 처벌 등에 관한 특례법, 중대재해 처벌 등에 관한 법률, 환경범죄 등의 단속 및 가중처벌에 관한 법률 등 다양한 특별형법이 있다. 행정형법의 예로는 조세범처벌법, 관세법, 도로교통법, 건축법 등이 있으며, 그 외의 법률로 노동조합 및 노동관계조정법, 상법, 증권거래법, 정보통신망이용촉진 및 정보보호 등에 관한 법률 등 수많은 법률이 있다.

제2절 형법의 성격

Ⅰ. 형법의 법실체적 지위

형법은 국가와 범죄자 사이의 공법관계를 규정하고 있다는 점에서 공법(公法)에 해당하고, 재판에 적용되는 법이라는 점에서 사법법(司法法)에 해당하며, 범죄의 요건과 효과를 규정하고 있다는 점에서 실체법(實體法)에 해당한다.

Ⅱ. 형법의 규범적 성격

1. 가설적 규범

도덕규범, 종교규범은 '사람을 살해하지 말라.', '거짓말하지 말라.' 등과 같이 명령적·단언적 규범의 형식을 취하지만, 형법은 '사람을 살해한 자는 ~에 처한다' 등과 같이 사람을 살해하는 것을 조건으로 이에 대해 형벌이 부과된다는 가설적 규범의 형식을 취한다.

2. 행위규범·재판규범

행위규범과 재판규범은 규범의 수범자를 기준으로 분류한 것이다. 수범자란 법규범을 준수해야 할 일반 국민, 즉 법공동체 구성원을 의미한다. 행위규범(行爲規範)으로서의 형법은 일반 국민에게 일정한 행위를 명령·금지함으로써 행위의 준칙으로 삼게 하며, 재판규범(裁判規範)으로서의 형법은 법관이 재판을 함에 있어서 재판의 기준이 된다.

⚖ 보충내용   금지규범과 명령규범

행위규범에는 일정한 행위를 해서 안 된다는 금지규범(禁止規範)과 일정한 행위를 해야 한다는 명령규범(命令規範)이 있다. 금지규범에는 형법 제329조의 "타인의 재물을 절취한 자는 6년 이하의 징역에 처한다"는 절도죄 처벌규정이 있다. 이것은 타인의 재물을 절취하지 말라는 금지규범에 해당한다. 명령규범에는 형법 제319조 제2항의 "사람의 주거에서 퇴거요구를 받고 응하지 아니한 자도 전항의 형과 같다"는 퇴거불응죄 처벌규정이 있다. 이것은 퇴거요구를 받으면 퇴거해야 한다는 명령규범에 해당한다. 형법규정은 가설적 규범이기 때문에 일정한 행위의 금지나 명령이 직접 드러나지 않고 법문의 표현과 그 해석을 통하여 금지규범인지 명령규범인지를 알 수 있다. 대부분의 형법규범은 금지규범이다.

---

3. 의사결정규범·평가규범

형법은 일반 국민에게 형법이 가치에 반한다고 평가한 불법을 의사결정해서는 안 된다는 의무를 부과하는 의사결정규범(意思決定規範)이다. 형법은 형벌로써 금지하는 행위를 해서는 안 된다는 의무를 부과하고 있기 때문에 일반인의 의사결정에 있어서 하나의 척도로 작용한다.

동시에 형법은 살인·절도와 같이 일정한 행위는 가치에 반하고 위법하다고 평가하는 평가규범(評價規範)이다. 형법은 일정한 금지나 명령을 준수할 것으로 요구하고 만일 이를 위반하여 범죄를 저지르면 그에 상응하는 형벌을 부과함으로써 그 행위는 형법상 반가치한 행위라고 평가한다.

제3절 형법의 과제 또는 기능

우리 형법이 사회에서 어떤 역할을 하고 있는지 아니면 어떤 역할을 하여야 하는지에 대한 설명이다. 학자에 따라서는 '형법의 과제'라고 표현하기도 하고, '형법의 기능'이라고 표현하기도 한다. 형법의 과제는 당위적 차원에서 형법이 지향해야 할 마땅한 목표점을 의미하는 반면, 형법의 기능은 형법이 본래의 목적과 상관없이 현실적으로 수행하고 있는 역할을 의미한다. 용어의 차이는 현행 형법을 바라보는 인식의 차이에서 오는 것이며 용어에 따라 이론적 차이가 발생하는 것은 아니다.

Ⅰ. 보호적 기능

형법이 보호해야 할 기본적 가치에는 법익(法益)과 사회윤리적 행위가치가 있다.[2]

1. 법익의 보호

형법은 형벌이라는 수단을 통하여 법익[3]을 보호하는 기능을 한다. 법익 보호는 형법의 제1차적 과제이다. 법익을 보호하는 기능은 형법뿐만 아니라 법 전체의 기능이기도 하지만, 형법은 형벌과 같은 특수한 강제력에 의해서 법익을 보호한다는 의미에서 다른 법과는 다른 '수단의 특수성'을 갖는다. 형법은 보호법익을 생명·신체·자유·재산과 같은 개인

---

2) 김성천, 4면; 김일수/서보학, 15면; 김혜정/박미숙/안경옥/원혜욱/이인영, 5면; 손동권/김재윤, 10면; 이재상/장영민/강동범, 6면; 이형국/김혜경, 8면; 임웅, 8면.

3) 법익이란 개념은 독일의 법학자인 Birnbaum이 1834년에 발표한 '범죄개념에 있어서 권리침해의 필요성에 관하여'라는 논문에서 유래한다. 법익(Rechtsgut)은 간단히 "법에 의해서 보호되는 이익"이라고 할 수 있으며, 보다 정확히는 "사회공존·공영조건을 확보하기 위해 법적으로 보호되는 생활재(生活財)"라고 정의할 수 있다(임웅, 8면).

적 법익, 통화·문서·성풍속과 같은 사회적 법익, 내란·외환, 공무원의 직무와 같은 국가적 법익으로 구분한 후 이를 침해하는 행위에 대하여 형벌을 부과하는 방식으로 법익을 보호하고 있다.

2. 사회윤리적 행위가치의 보호

형법을 통하여 사회윤리적 관점에서 가치 있는 행위가 보호될 수 있다. 사회윤리적 행위가치는 사회공동체의 일원으로서 개인이 실천해야 할 윤리적 의무이행을 말한다. 형법이 범죄행위에 대하여 내리는 부정적 가치판단의 밑바탕에는 사회윤리적 평가가 있다. 즉, 일정한 행위에 대하여 사회윤리적 비난이 고조되면서 사회여론이 그 행위에 대한 처벌을 요청하고, 이러한 요청이 형법에 수용되면서 불법으로 평가되는 과정을 일반적으로 거친다. 형법이 살인행위를 처벌하는 것은 사람의 생명이라는 보호법익을 침해하였다는 의미도 있지만, 사람을 해쳐서는 안 된다는 도덕을 위반하였다는 의미를 동시에 가진다.

하지만 사회윤리적 행위가치 보호를 제1차적 또는 우선적 과제로 설정할 수는 없으며 이는 보충적 과제로 이해하여야 한다. 인간 내심의 영역에만 머물러 있는 비도덕적 태도에 대해서까지 형법이 개입하는 것은 헌법에 위반되기 때문이다. 형법은 도덕교과서가 될 수 없다. 형법이 도덕화되었을 경우에는 이성이 아닌 직관에 의하여 시민을 처벌하게 되는 불행한 사태가 발생할 수 있다. 비록 비도덕적인 행위라 할지라도 본질적으로 개인의 사생활에 속하고 사회에 끼치는 해악이 크지 않거나 구체적 법익에 대한 명백한 침해가 없는 경우에는 국가권력이 개입해서는 안 된다는 것이 현대 형법의 추세이다.[4]

형법에서 말하는 불법은 범죄로 인하여 옳지 않은 결과를 발생케 하였다는 결과적 반가치적 측면뿐만 아니라 법익을 침해하는 옳지 않은 행위를 하였다는 행위반가치적 측면을 모두 가지고 있다. 형법의 본질은 법익보호뿐만 아니라 사회윤리적 행위가치 보호라는 과제를 모두 가지고 있지만, 사회윤리적 행위가치 보호는 형법의 제2차적 또는 부차적 과제에 머물러야 한다.

3. 법익보호와 사회윤리적 행위가치의 보호와의 관계

법익보호기능을 강조하는 입장은 범죄의 본질을 법익침해로 보게 된다. 불법의 본질은 결과불법으로, 형법의 성격에 대해서는 평가규범적 성격을 강조한다. 이에 대해 사회윤리

---

4) 헌법재판소 2015.2.26. 선고 2009헌바17 결정.

적 행위가치보호기능을 강조하는 입장은 범죄의 본질을 의무위반으로 보게 된다. 불법의 본질은 행위불법으로, 형법의 성격에 대해서는 의사결정규범적 성격을 강조한다. 하지만 범죄는 법익침해와 의무위반의 성질을 동시에 가지며 불법은 결과불법 뿐만 아니라 행위 불법도 포함한다고 보는 것이 통설이다.[5]

Ⅱ. 보장적 기능

보장적 기능은 형법이 국가형벌권의 한계를 명확하게 하여 자의적인 국가형벌권의 행사로부터 국민의 자유와 권리를 보장하는 기능을 말하며 죄형법정주의가 근본원리가 된다. 보장적 기능은 일반국민에 대해서 행동의 자유를 보장한다. 따라서 어떠한 행위가 형법상 범죄로 규정되어 있는 행위유형에 해당하지 않는다면 설령 그 행위를 도덕적·윤리적으로 비난할 수 있더라도 형법에 의하여 처벌되지 않는다. 이를 '선량한 국민의 Magna Charta'라고 한다. 또한 범죄인에 대해서는 형법에 정해진 형벌의 범위 내에서만 처벌된다는 것을 보장해준다. 그가 아무리 강한 비난을 받는 범죄를 저질렀다고 하여도 법률이 정한 범위를 초과하여 처벌할 수 없다. 이를 '범죄인의 Magna Charta'라고 한다.

Ⅲ. 사회보호적 기능

1. 의의

형법은 범죄로부터 사회질서를 보호하고 유지하는 기능을 한다. 형법의 예방기능이라고도 한다. 넓게 보면 법익보호, 사회윤리보호와 더불어 형법의 보호적 기능에 해당한다고 볼 수 있다. 형법은 평화롭게 공존하는 사회를 보호하는 수단이다. 인간이 '만인에 대한 만인의 투쟁상태'인 자연상태에서 벗어나 평화로운 공동생활을 영위하기 위해서는 법질서가 존재해야 한다. 이러한 평화로운 공존질서를 깨뜨리는 범죄에 대해서 형법은 형벌이라는 가장 강력한 수단을 사용하여 법질서를 지켜낸다. 만약 형법이 이 기능을 적절하게 수행하지 못한다면 시민들은 자력구제 수단을 동원하게 되고 결국 사회는 다시 만인에 대한 만인의 투쟁상태인 자연상태로 돌아가게 될 것이다.

---

5) 이에 대한 자세한 설명은 제4편 위법성론 제7장 결과반가치와 행위반가치 참조하라.

2. 일반예방기능

'일반예방기능'은 일반인에 대하여 범죄발생에 대한 억압적 기능을 수행하는 기능을 말한다. 범죄자를 처벌함으로써 그 처벌을 알게 된 사회일반인의 심리에 영향을 미침으로써 범죄를 예방하고 사회를 보호할 수 있다는 것이다.

포이어바흐(Feuerbach)의 심리강제설에 따르면 합리적 사고를 하는 이성적 인간은 범죄를 저지름으로 인하여 얻게 되는 쾌락과 형벌을 받게 되는 고통을 비교할 때 쾌락보다 고통이 크다고 판단하면 스스로 범죄를 억제하게 된다. 이와 같이 일반인에 대한 심리적 위협을 통한 일반예방이론을 '소극적 일반예방이론'이라고 부른다.

형벌이 소극적으로 잠재적 범죄자에 대하여 위하작용만을 하는 것이 아니라 형벌을 통해 법에 충실한 시민들의 내면에 규범의식의 안정화 기능을 한다고 보는 일반예방이론을 '적극적 일반예방이론'이라고 부른다. 범죄자들에 대하여 형벌이 부과되는 것을 보고 형법의 규범력이 여전히 잘 유지되고 있다는 것을 확인한 시민들은 더욱 법을 잘 준수할 생각을 가지게 된다는 것이다. 일반인의 의식 속에 법준수의 필요성이 내면화되어 가는 과정을 '법충성 내지 규범준수의 훈련'이라고 하고, 형법질서가 공고화되어 가는 과정을 '규범의 안정화'라고 한다.

3. 특별예방기능

'특별예방기능'은 범죄인에게 법을 존중하고 질서의 길로 복귀하도록 하여 범죄인의 사회복귀를 촉진하는 기능을 말한다. 형법의 역할은 사회일반인에 대해서가 아니라 범죄자 개인에게로 향해야 한다는 것이다. 특별예방기능은 범죄자에 대한 장기간의 자유박탈을 통해 범죄자를 무해화(無害化)시켜 사회를 보호하거나, 범죄자의 개선 및 재사회화, 즉 사회복귀에 초점을 맞추어 형법을 구성한다.

IV. 규제적 기능

규제적 기능이란 형법의 행위규범 및 재판규범으로서의 기능을 말한다. 형법의 가장 근본적 기능이며, 다른 부차적 기능이 이곳에서 파생된다. 규제적 기능은 보호적 기능과 보장적 기능보다 상위적인 개념이다.

제4절 **형법의 기본원리**

Ⅰ. 헌법과 형법

헌법은 인간의 존엄성과 가치를 보장하는 것을 근본규범으로 하고 있으며, 형법뿐만 아니라 모든 법률은 헌법의 정신에 구속되어야 한다. 따라서 형법이 헌법의 가치체계와 부합하여야 하는 것은 당연하다. 헌법의 기본원리는 구속력이 있는 헌법원칙으로서 모든 국가기관을 구속하는 행위지침을 제시한다. 입법자에게는 입법의 방향을 제시하는 입법지침으로, 법적용기관인 법원과 행정청에게는 법규범의 해석·적용에 있어서 고려해야 하는 해석지침으로 작용한다.[6]

헌법의 기본원리에는 국민주권의 원리, 자유민주주의, 법치국가원리, 사회복지국가원리, 문화국가의 원리, 평화국가의 원리 등이 있다. 헌법의 기본원리 중 형법과 가장 밀접한 관계를 맺고 있는 것은 바로 법치국가원리이다. 법치국가원리는 입법·사법·행정 등 모든 국가작용은 법에 의하여 이루어져야 한다는 것, 즉 법에 의한 통치를 의미한다. 국가기관이 국민으로부터 부여받은 국가권력을 어떻게 행사해야 하는지에 관한 것으로 공권력 행사의 방법과 한계에 관한 원리인 동시에, 다수에 의한 정치적 지배를 제한하고 통제함으로써 개인의 자유와 권리를 보장하고자 하는 원리이며,[7] 자유·평등·정의의 이념을 현실화하기 위한 조건이다.[8]

헌법은 최고 규범으로서 입법·행정·사법의 모든 국가기관을 구속하기 때문에 국가권력의 행사는 헌법과 법률의 통제를 받아야 한다. 입법자는 입법행위에 있어서 헌법의 구속을 받아야 하며, 행정부는 법적용과 집행에 있어서 법질서의 모든 법규범의 구속을 받는다. 사법부 또한 최고규범으로서 헌법을 존중하고 헌법과 법률에 따라 심판해야 한다. 형벌권의 행사는 헌법과 법률의 통제를 받아야 하므로 형법의 영역에서도 법치국가원리가 지켜져야 하는 것은 당연하다. 헌법은 국가작용의 행동지침이기 때문이다.

헌법의 기본가치인 법치국가원리를 형법적으로 표현한 것은 죄형법정주의이다. 비례의 원칙은 죄형법정주의의 파생원칙으로 보는 것이 일반적이었다. 하지만 비례의 원칙은

---

6) 한수웅, 헌법학, 제7판, 108면.
7) 법치국가의 원리와 관련하여 기본권보장과 과잉금지의 원칙, 권력분립원리, 법률에 의한 법적 안정성의 원칙, 신뢰보호의 원칙, 국가작용의 법에의 기속, 포괄적 위임입법의 금지, 법의 실효성, 권리구제절차의 보장 등 다양한 주제들이 논의되고 있다. 헌법학자들에 따라 법치국가원리의 구성요소는 다르다(성낙인, 헌법학, 274면).
8) 허영, 한국헌법론, 163면.

죄형법정주의와는 구별되는 형법의 기본원리로 보는 것이 타당하다. 죄형법정주의는 형벌법규의 형식적 요건에 관한 헌법적 지침이고, 책임원칙은 형벌법규의 실체적 요건에 관한 헌법적 지침이지만, 비례의 원칙은 형벌법규의 실질적 내용을 제한하는 헌법적 지침이기 때문이다.[9]

II. 비례의 원칙 또는 과잉금지의 원칙

1. 의의

법치국가원리의 본질적 요소에 속하는 것이 국가권력의 행사에 있어서 모든 국가기관을 구속하는 비례의 원칙 또는 과잉금지의 원칙이다.[10] 과잉금지의 원칙은 국가가 공익상 이유로 개인의 자유를 제한할 수 있으나, 제한하는 경우에도 반드시 필요한 경우에 한하여 필요한 만큼만 제한해야 한다는 헌법적 요청이다.[11]

과잉금지의 원칙은 법치국가적 헌법원리로서 입법·사법·행정 등 모든 국가권력에 대하여 구속력을 가진다. 특히 입법자는 법률을 제정함에 있어서 공익실현을 위하여 필요한 정도를 넘어서 개인의 자유를 과잉으로 제한해서는 안 된다는 구속을 받는다. 과잉금지의 원칙에 대하여 헌법상 명문의 규정은 없지만, 국가권력을 제한하려는 법치국가원리에 이론적 바탕을 두고 있다. 우리 헌법재판소도 과잉금지의 원칙을 법치국가원리로부터 파생하는 헌법적 원칙으로 파악하고 있다.[12] 헌법재판소는 과잉금지의 원칙을 '목적의 정당성', '방법의 적정성', '피해의 최소성', '법익의 균형성'으로 분류하고 있다.[13]

---

9) 김성돈, 90면-97면; 종래 형법 교과서는 적정성의 원칙을 죄형법정주의의 한 내용으로 분류해 왔다. 김성돈 교수는 적정성의 원칙 또는 과잉금지의 원칙을 죄형법정주의의 하위내용이 아니라 오히려 비례성원칙의 내용으로 보아야 한다고 주장한다. 형식적으로 적법한 절차를 거쳐서 제정된 법률이라고 하더라도 내용적 측면에서 정당한 형법법규를 지향하는 헌법상 지침인 비례성의 원칙은 달리 보아야 한다고 주장한다. 죄형법정주의의 기능과 대비되는 비례성의 원칙의 형법학적 중요성을 부각시키기 위하여 헌법 교과서에만 있던 비례성의 원칙을 '형법의 내용적 제한'이라는 제목으로 별도로 편재하고 있다. 올바른 자리매김이라고 생각한다.

10) 한수웅, 헌법학, 237면.

11) 허영, 한국헌법론, 168면.

12) 헌법재판소 1992. 12. 24. 선고 92헌가8 결정; 한수웅, 헌법학, 481면.

13) 헌법재판소 1989. 12. 22. 선고 88헌가 13 결정.

2. 목적의 정당성

가. 의의

형법을 통하여 달성하고자 하는 목적을 발견하고 확정해야 한다. 입법자는 형법을 통하여 달성하고자 하는 입법목적을 달성하고, 이를 실현하기 위한 수단으로 형벌을 선택하게 된다. 형벌을 투입시키는 법률이 정당한 목적을 추구하는지, 입법자가 추구하는 목적이 헌법적으로 허용되는지를 확인해야 한다. 오늘날 입법자는 정치·경제·사회 등 구체적 사정에 비추어 정의로운 사회질서를 형성해야 할 포괄적인 권한을 부여받고 있으므로, 입법자가 추구하는 목적이 헌법에 위반되지 않는 한, 입법자는 스스로 입법의 목적을 선택할 수 있다. 헌법은 입법자에게 광범위한 자유를 부여하고 있기 때문에 형사법의 입법목적이 헌법이 허용하는 테두리를 벗어났는지 여부만을 심사한다.

나. 형법과 형사특별법의 입법목적

형법은 입법목적을 명시적으로 규정하고 있지 않다. 하지만 형법은 개인적·사회적·국가적 법익보호, 인권보호, 사회질서유지라는 국가과제를 수행하는 것이므로 그 목적의 정당성이 인정될 수 있다.

형사특별법 중 특정범죄 가중처벌 등에 관한 법률은 '건전한 사회질서의 유지와 국민경제의 발전에 이바지함'을(동법 제1조), 성폭력범죄의 처벌 등에 관한 법률은 '성폭력범죄 피해자의 생명과 신체의 안전을 보장하고 건강한 사회질서의 확립에 이바지함'을(동법 제1조), 가정폭력범죄의 처벌 등에 관한 특례법은 '가정폭력범죄로 파괴된 가정의 평화와 안정을 회복하고 건전한 가정을 가꾸며 피해자와 가족구성원의 인권을 보호함'을, 국가보안법은 '국가의 안전과 국민의 생존 및 자유를 확보함'을(동법 제1조) 각각 입법목적으로 규정하고 있다.[14] 하지만 폭력행위 등 처벌에 관한 법률의 입법목적은 '…폭력행위 등을 범한 사람 등을 처벌함'을 목적으로 하고 있다. 처벌을 통하여 이루고자 하는 목적이 없으며, 처벌 자체가 목적이다. 적절하고 정당한 입법목적인지 의문이다.

3. 수단의 적합성

가. 의의

입법자가 선택한 수단인 형벌은 형법이 추구하는 입법목적을 달성하고 촉진시키기에 적합하여야 한다. 이를 수단의 적합성이라고 한다. 반드시 최상 또는 최적의 수단일 필요

---

14) 각 형사특별법 제1조에서는 입법목적을 규정하고 있다. 읽어보기를 권한다.

는 없지만, 어느 정도 목적달성에 기여하여야 한다. 입법자는 입법목적을 설정하고 범죄에 대한 효과적인 대책을 위한 적합한 수단으로써 형벌을 선택하고 이를 법률로 정한 것이다. 형벌이 최후수단으로 선택된 것은 입법자가 장래에 대한 예측판단에 근거하여 형사입법의 목적을 달성하기 위해서는 형벌 이외에는 다른 수단이 없다고 판단한 것이다. 입법자의 예측판단에 의하여 이루어진 것이므로 대부분의 경우 수단의 적합성은 인정될 수 있다. 하지만 입법자가 선택한 수단인 형벌이 아니더라도 다른 수단을 통하여 마찬가지로 입법목적을 달성할 수 있다면 형벌투입은 철회되어야 한다. 이에 대한 판단은 사실상 법률의 위헌성 판단과 직결될 수 있지만, 수단선택에 있어서 입법자의 광범위한 형성의 자유를 고려할 때[15] 입법자는 실제로 발생한 상황에 따라 이에 부합하게 법률을 개정하거나 폐지해야 할 의무를 진다.

🏛 **헌재** **특별형법과 비례성의 원칙**

【결정요지】 어떤 범죄를 어떻게 처벌할 것인가 하는 문제, 즉 법정형의 종류와 범위의 선택은 광범위한 입법재량 내지 형성의 자유가 인정되어야 할 분야이기는 하지만, 이러한 입법재량은 무제한한 것이 될 수는 없으며, 기본권의 본질적 내용을 침해하는 입법은 용납될 수 없다. 즉 법정형의 종류와 범위를 정할 때에는 형벌 위협으로부터 인간의 존엄과 가치를 존중하고 보호하여야 한다는 헌법 제10조의 요구에 따라야 하고, 헌법 제37조 제2항이 규정하고 있는 과잉입법금지의 정신에 따라 형벌개별화의 원칙에 적용될 수 있는 범위의 법정형을 설정하여 실질적 법치국가의 원리를 구현하도록 하여야 하며, 형벌이 죄질과 책임에 상응하도록 적절한 비례성을 지켜야 한다. 이러한 요구는 특별형법의 경우도 마찬가지여서 입법취지에서 보아 중벌(重罰)주의로 대처할 필요성이 인정되는 경우라 하더라도 범죄의 실태와 죄질의 경중, 이에 대한 행위자의 책임, 처벌규정의 보호법익 및 형벌의 범죄예방효과 등에 비추어 전체 형벌체계상 지나치게 가혹한 것이어서, 그러한 유형의 범죄에 대한 형벌 본래의 기능과 목적을 달성함에 있어 필요한 정도를 현저히 일탈함으로써 입법재량권이 헌법규정이나 헌법상의 제원리에 반하여 자의적으로 행사된 것으로 평가되는 경우에는 이와 같은 법정형을 규정한 법률조항은 헌법에 반한다고 보아야 한다(헌법재판소 2006.4.27. 선고, 2006헌가5 결정).

나. 형법의 필요성

형법은 사회존립에 불가결한 사회적 기능의 보호에 제한되어야 한다. 다원적 가치관을 인정하는 민주사회에서는 형법의 기능이 헌법질서가 보장하는 시민의 자유로운 생활에

---

15) 한수웅, 헌법학, 495면.

필요한 전제조건을 보호하는데 제한되어야 한다. 법규범은 도덕규범이나 종교규범과 같은 사회규범보다 더욱 강력한 제재수단을 갖고 있기 때문에 다른 사회규범에 의해 해결될 수 없는 문제에만 개입해야 한다. 따라서 도덕과 같은 사회규범으로 갈등 상황을 충분히 해결할 수 있다면 법규범은 투입될 필요가 없다. 필요 없으면 형법 없다는 명제로 표현할 수 있다.

다. 형법의 보충성

불가피하게 법규범이 개입하는 경우에도 형법보다는 민사법, 행정법 등 다른 법규범이 우선적으로 투입되어야 한다. 가장 강력한 제재수단인 형벌로써 개입하는 형법은 다른 법규범을 통해서 목적을 달성할 수 없을 때에만 최후의 수단으로 투입되어야 한다. 이를 '형법의 최후수단성의 원칙'(ultima ratio)이라고 한다. 특정한 행위가 단순히 금지된 것을 넘어서 그것이 특별히 사회적으로 유해하고 인간의 평화로운 공존의 관점에서 받아들일 수 없기 때문에 이를 방지하는 것이 특별히 요청되는 경우 형벌은 법익보호의 최후수단으로 사용된다.

국가권력이 투입할 수 있는 다른 모든 수단이 우선적으로 고려되어야 하고 형벌은 최종적인 수단이어야 한다. 이 관점으로부터 형법이 사회의 모든 질서를 지켜주는 것은 아니며, 형법도 사회통제수단의 일부분에 불과하다는 단편적 성격(斷片的 性格)이 나온다(법익보호임무의 보충성).

라. 비범죄화의 요청과 과잉범죄화의 금지

형법의 필요성과 보충성의 원칙은 '비범죄화의 요청' 내지 '과잉범죄화·과잉형벌화금지의 요청'으로 이어진다.[16] 비범죄화의 요청은 특정한 행위에 대하여 과거 형사처벌의 필요성이 인정되어 형법법규에서 이를 범죄로 규정하고 있더라도 사회의 시대적 상황이나 사회구성원들의 인식 변화가 있을 경우에는 형사법규에서 제외되어 비범죄화될 수 있다는 것을 말한다. 특정한 행위를 범죄로 규정하여 국가가 형벌권을 행사할 것인지, 아니면 단순히 도덕의 영역에 맡길 것인지 하는 문제는 그 사회의 시대적인 상황·사회구성원들의 의식 등에 따라 결정된다.

국가는 형벌을 수단으로 특정한 종교적·도덕적 가치관을 강제해서는 안 된다. 비록 비도덕적인 행위라 할지라도 본질적으로 개인의 사생활에 속하고 사회에 끼치는 해악이 크지 않거나 구체적 법익에 대한 명백한 침해가 없는 경우에는 국가권력이 개입해서는 안

---

16) 오영근, 8면.

된다는 것이 현대 형법의 추세이다. 형법은 도덕형법, 윤리형법이 되어서는 안 된다. 형법은 도덕 교과서가 될 수 없다.

🏛 **헌재** 간통죄 위헌결정

【결정내용】 특정한 행위를 범죄로 규정하여 국가가 형벌권을 행사할 것인지, 아니면 단순히 도덕의 영역에 맡길 것인지 하는 문제는 그 사회의 시대적인 상황·사회구성원들의 의식 등에 따라 결정될 수밖에 없다. 우리의 생활영역에는 법률이 직접 규율할 영역도 있지만 도덕에 맡겨두어야 할 영역도 있다. 도덕적으로 비난받을 만한 행위 모두를 형벌의 대상으로 삼는 것은 사실상 불가능하다. 개인의 성행위와 같은 사생활의 내밀영역에 속하는 부분에 대하여는 그 권리와 자유의 성질상 국가는 최대한 간섭과 규제를 자제하여 개인의 자기결정권에 맡겨야 한다. 국가형벌권의 행사는 중대한 법익에 대한 위험이 명백한 경우에 한하여 최후의 수단으로 필요 최소한의 범위에 그쳐야 한다. 성인이 서로 자발적으로 만나 성행위를 하는 것은 개인의 자유 영역에 속하고, 다만 그것이 외부에 표출되어 사회의 건전한 성풍속을 해칠 때 비로소 법률의 규제를 필요로 한다. 그런데 성도덕에 맡겨 사회 스스로 질서를 잡아야 할 내밀한 성생활의 영역에 국가가 개입하여 형벌의 대상으로 삼는 것은, 성적 자기결정권과 사생활의 비밀과 자유를 침해하는 것이다. 비록 비도덕적인 행위라 할지라도 본질적으로 개인의 사생활에 속하고 사회에 끼치는 해악이 크지 않거나 구체적 법익에 대한 명백한 침해가 없는 경우에는 국가권력이 개입해서는 안 된다는 것이 현대 형법의 추세이다. 이에 따라 전세계적으로 간통죄는 폐지되고 있다(헌법재판소 2015.2.26.선고 2009헌바17 결정).

4. 피해의 최소성

입법목적을 달성하기에 똑같이 효과적인 수단이 여러 가지라면 그 가운데 가장 기본권을 적게 침해하는 수단을 선택하여야 한다. 최소침해성의 원칙이라고도 한다. 입법목적의 실현을 위하여 다른 수단이 존재하는지에 대하여 판단하고, 여러 수단이 존재하는 경우에는 선택한 수단이 최소침해적 수단인지를 판단해야 한다. 이론적으로 명쾌함에도 불구하고 구체적 사건에 적용함에는 많은 어려움이 있다. 형벌은 이미 가장 강력한 수단이므로 피해의 최소성에 대한 판단에 대해서는 큰 의미가 없다. 오히려 피해최소성에 대한 판단은 수단의 적합성과 마찬가지로 입법자의 예측판단권의 문제이다.[17] 다른 법영역의 제재수단의 효과와 비교할 수 있지만 실제로 그러한 비교는 이루어지지 않고 입법자의 형성의

---

17) 한수웅, 헌법학, 492면.

자유에 속한다는 식으로 문제를 해결하고 있다.[18]

5. 균형성

적합하고 필요한 수단이 초래하는 침해의 정도는 추구하는 목적의 중요성과 적정한 비례관계에 있어야 한다. 형법의 내용에 있어서 범죄와 형벌 사이에는 적정한 균형이 이루어져야 한다. 만약 단순절도에 대하여 사형을 선고하도록 한 규정이 있다면 이 법률규정은 균형성의 원칙을 위반하였다. 범죄의 중대성 정도에 비하여 심각하게 불균형적인 과중한 형벌을 규정하는 것은 죄질과 행위자의 책임 사이에 비례관계가 준수되지 않기 때문에 인간의 존엄과 가치를 존중하고 보호하려는 실질적 법치국가의 이념에 어긋나고, 형벌체계상 정당성을 상실한 것이다.[19]

비례관계가 잘 준수되고 있는지에 대한 판단을 할 경우에는 그 범죄의 죄질과 보호법익에 대한 고려뿐만 아니라 우리의 역사와 문화, 입법 당시의 시대적 상황, 국민 일반의 가치관 내지 법감정 그리고 범죄예방을 위한 형사정책적 측면 등 여러 가지 요소를 종합적으로 고려하여 입법자가 결정할 사항이다. 입법자에게 광범위한 입법재량 내지 형성의 자유가 인정되는 분야이므로 신중히 판단해야 한다.[20]

> 🏛 **헌재** | **형벌과 책임 간의 비례성의 원칙**
>
> **【결정요지】** 형사법상 책임원칙은 기본권의 최고이념인 인간의 존엄과 가치에 근거한 것으로, 형벌은 범행의 경중과 행위자의 책임 즉 형벌 사이에 비례성을 갖추어야 함을 의미한다. 따라서 기본법인 형법에 규정되어 있는 구체적인 법정형은 개별적인 보호법익에 대한 통일적인 가치체계를 표현하고 있다고 볼 때, 사회적 상황의 변경으로 인해 특정 범죄에 대한 형량이 더 이상 타당하지 않을 때에는 원칙적으로 법정형에 대한 새로운 검토를 요하나, 특별한 이유로 형을 가중하는 경우에도 형벌의 양은 행위자의 책임의 정도를 초과해서는 안된다. 이 사건 법률조항을 포함한 폭처법 제3조 제2항은 동 조항의 적용대상인 형법 본조에 대하여 일률적으로 5년 이상의 유기징역에 처하는 것으로 규정하고 있다. 그런데 위 각 형법상의 범죄는 죄질과 행위의 태양 및 그 위험성이 사뭇 다르고, 이에 따라 원래의 법정형은 낮게는 폭행(제260조 제1항)이나 협박(제283조 제1항)과 같이 구류 또는 과료가 가능한 것에서부터 높게는 상해(제257조

---

18) 김성돈, 95면.
19) 헌법재판소 2007.11.29. 선고 2006헌가13 결정: 상관을 살해한 경우 사형만을 유일한 법정형으로 규정하고 있는 군형법 제53조 제1항에 대하여 헌법재판소는 동 법률조항은 형벌과 책임 간의 비례원칙에 위배되어 위헌이라고 판단하였다.
20) 헌법재판소 2006.6.29. 선고 2006헌가7 결정.

제1항) 또는 공갈(제350조)과 같이 10년 이하의 징역에 이르기까지 그 경중에 차이가 많음을 알 수 있다. 그럼에도 불구하고, 그 행위가 야간에 행해지고 흉기 기타 위험한 물건을 휴대하였다는 사정만으로 일률적으로 5년 이상의 유기징역형에 처하도록 규정한 것은 실질적 법치국가 내지는 사회적 법치국가가 지향하는 죄형법정주의의 취지에 어긋날 뿐만 아니라 기본권을 제한하는 입법을 함에 있어서 지켜야 할 헌법적 한계인 과잉금지의 원칙 내지는 비례의 원칙에도 어긋난다(헌법재판소 2004.12.16. 선고 2003헌가12 결정).

Ⅲ. 죄형법정주의

헌법 제12조 제1항에 따르면 "…누구든지…법률과 적법한 절차에 의하지 아니하고는 처벌·보안처분 또는 강제노역을 받지 아니한다." 또한 헌법 제13조 제1항에 따르면 "모든 국민은 행위 시의 법률에 의하여 범죄를 구성하지 하지 아니하는 행위로 소추되지 아니하며,…"라고 하여 법치국가적 형법의 기본원리인 '죄형법정주의'를 규정하고 있다.

죄형법정주의(罪刑法定主義)는 어떤 행위가 범죄로 되고, 그 범죄에 대하여 어떤 종류와 범위의 형벌을 과할 것인가에 대해서 미리 성문의 법률에 규정되어 있어야 한다는 원칙을 말한다. 이는 국가형벌권의 확장과 자의적 행사로부터 시민의 자유를 보장하기 위한 형법의 최고원리이다. 죄형법정주의의 구체적 내용은 성문법률주의, 명확성의 원칙, 유추적용 금지의 원칙, 소급효금지의 원칙이라는 4개의 하위개념을 통하여 구체화된다. 이에 대해서는 후술한다.

Ⅳ. 책임주의

형법의 책임원칙 또는 책임주의는 과잉금지의 원칙이 형법의 영역에서 구체화된 표현이며,[21] 인간의 존엄성과 법치국가원리로부터 파생하였다. 책임원칙은 책임 없이 형벌이 부과되어서는 안 되며, 나아가 부과되는 형벌은 범죄행위의 불법내용 및 행위자의 책임 정도에 대하여 적정한 비례관계를 유지해야 하고, 형벌이 책임의 정도를 넘는 과도한 것이어서는 안 된다는 것을 의미한다.[22] 근대형법은 책임형법이다. 형벌이 행위자에 대한 비난가능성이라는 책임을 전제로 한다는 원칙은 국가형벌권의 한계를 제시하는 중요한

---

21) 한수웅, 헌법학, 298면.
22) 헌법재판소 2003.11.27. 선고 2002헌바24 결정.

원칙이다. 따라서 '책임 없이 형벌 없다'는 형법상 책임원칙은 '법률 없이 형벌 없다'는 죄형법정주의와 함께 법치국가적 형법의 중요한 원칙이다.

책임 없으면 형벌 없다. 따라서 형벌은 행위자에게 책임이 있는 경우에 한하여 부과되어야 한다. 형벌은 책임을 전제로 하기 때문에 책임이 없는 형벌은 가혹한 보복에 불과하다.[23] 개별적 사건에서 선고되는 형벌은 행위의 경중 및 행위자의 책임의 정도와 비례하여야 한다. 행위자의 책임은 형벌의 근거이자 동시에 법관에 의한 양형에 있어서 본질적 기준이다.

형법상 책임원칙은 법원뿐만 아니라 입법단계에서도 준수되어야 한다. 책임원칙은 입법자가 법정형의 종류와 범위를 정함에 있어서 법원으로 하여금 행위의 불법과 범죄인의 책임을 고려할 수 있도록 법정형의 범위를 설정하여야 한다. 법정형의 범위가 지나치게 좁은 경우에는 법원은 구체적인 양형에 있어서 책임에 상응하는 형벌을 선고할 수 없게 되며, 지나치게 넓은 경우에는 피고인에게 어떤 형벌이 과해지는지에 대한 예측이 곤란하고 법관에 의한 자의적인 형벌권의 행사가 가능하게 된다. 입법자는 법정형의 종류와 범위를 정함에 있어서 죄형법정주의의 관점뿐만 아니라 행위자의 개별적 책임에 부합하는 형법상 책임원칙에 부합하도록 양자의 적절한 조화를 시도해야 한다.

🏛 **헌재** **사형제도와 절대적 종신형제도에 대한 위헌판단**

【결정요지】 바. 사형제도는 우리 헌법이 적어도 간접적으로나마 인정하고 있는 형벌의 한 종류일 뿐만 아니라, 사형제도가 생명권 제한에 있어서 헌법 제37조 제2항에 의한 헌법적 한계를 일탈하였다고 볼 수 없는 이상, 범죄자의 생명권 박탈을 내용으로 한다는 이유만으로 곧바로 인간의 존엄과 가치를 규정한 헌법 제10조에 위배된다고 할 수 없으며, 사형제도는 형벌의 경고기능을 무시하고 극악한 범죄를 저지른 자에 대하여 그 중한 불법 정도와 책임에 상응하는 형벌을 부과하는 것으로서 범죄자가 스스로 선택한 잔악무도한 범죄행위의 결과인바, 범죄자를 오로지 사회방위라는 공익 추구를 위한 객체로만 취급함으로써 범죄자의 인간으로서의 존엄과 가치를 침해한 것으로 볼 수 없다. 한편 사형을 선고하거나 집행하는 법관 및 교도관 등이 인간적 자책감을 가질 수 있다는 이유만으로 사형제도가 법관 및 교도관 등의 인간으로서의 존엄과 가치를 침해하는 위헌적인 형벌제도라고 할 수는 없다.

사. 절대적 종신형제도는 사형제도와는 또 다른 위헌성 문제를 야기할 수 있고, 현행 형사법령 하에서도 가석방제도의 운영 여하에 따라 사회로부터의 영구적 격리가 가능한 절대적 종신형과 상대적 종신형의 각 취지를 살릴 수 있다는 점 등을 고려하면, 현

---

23) 이재상/장영민/강동범, 38면.

행 무기징역형제도가 상대적 종신형 외에 절대적 종신형을 따로 두고 있지 않은 것이 형벌체계상 정당성과 균형을 상실하여 헌법 제11조의 평등원칙에 반한다거나 형벌이 죄질과 책임에 상응하도록 비례성을 갖추어야 한다는 책임원칙에 반한다고 단정하기 어렵다.

아. 형법 제250조 제1항이 규정하고 있는 살인의 죄는 인간 생명을 부정하는 범죄행위의 전형이고, 이러한 범죄에는 행위의 태양이나 결과의 중대성으로 보아 반인륜적 범죄라고 할 수 있는 극악한 유형의 것들도 포함되어 있을 수 있으므로, 타인의 생명을 부정하는 범죄행위에 대하여 5년 이상의 징역 외에 사형이나 무기징역을 규정한 것은 하나의 혹은 다수의 생명을 보호하기 위하여 필요한 수단의 선택이라고 볼 수밖에 없으므로 비례의 원칙이나 평등의 원칙에 반한다고 할 수 없다(헌법재판소 2010.2.25. 선고 2008헌가23 결정).

CHAPTER 02 죄형법정주의

제1절 **서론**

Ⅰ. 의의

죄형법정주의(罪刑法定主義)는 어떤 행위가 범죄로 되고(가벌성의 존부; 可罰性의 存否) 그 범죄에 대하여 어떤 종류와 범위의 형벌을 과할 것인가(형벌의 종류와 범위; 刑罰의 種類와 範圍)에 대해서 미리 성문의 법률에 규정되어 있어야 한다는 원칙을 말한다. 이는 국가형벌권의 확장과 자의적 행사로부터 시민의 자유를 보장하기 위한 형법의 최고원리이다.[24]

죄형법정주의는 보장적 기능에 중점을 둠으로써 국가형벌권을 제한하여 국민의 권리와 자유를 보장한다. 국가형벌권 발동의 조건이나 정도가 실정법에 구속되어 있기 때문에 국가형벌권의 남용으로부터 국민의 자유가 보장될 수 있다.

Ⅱ. 두 가지 의미

죄형법정주의는 라틴어로 "Nullum crimen, nulla poena sine lege"로 표현된다. 이는 "법률 없으면 범죄 없고, 법률 없으면 형벌 없다"는 뜻이다. 죄형법정주의는 두 가지 의미를 가진다.

첫째, 법률 없이는 범죄 없다(nullum crimen sine lege)는 가벌성의 유무를 법으로 정하라는 의미로, 어떤 행위가 사회적 비난의 대상이 될 만큼 아무리 유해하더라도 국가는 그 행위가 법률상 범죄로 행위 이전에 명백히 규정되어 있을 경우에만 형사제재의 원인으로 삼을 수 있다는 원칙이다(헌법 제13조 제1항, 형법 제1조 제1항).

---

[24] 헌법재판소 1991.7.8. 선고 91헌가4 결정.

둘째, 법률 없이는 형벌 없다(nulla poena sine lege)는 형벌의 종류와 범위를 법으로 정하라는 의미로 어떤 행위의 가벌성 자체뿐만 아니라, 형의 종류와 범위도 범죄행위 이전에 법률로 확정되어 있어야 한다는 원칙이다(헌법 제12조 제1항.
형법 제1조 제1항).

제2절 연혁과 사상적 기초

I. 기원과 연혁

1. 기원

1215년 Magna Charta 제39조는 "어떠한 자유인도 동등한 신분에 있는 자의 적법한 재판이나 국법에 의하지 아니하고는 체포, 감금, 재산박탈, 법적 보호의 박탈, 추방을 당하지 아니하고 폭력이 가해지거나 투옥되지 아니한다"고 규정한다. 종전에는 대헌장을 죄형법정주의의 기원으로 보았지만, 대헌장규정은 절차적 보장에 불과하고 죄형법정주의의 실체적 보장을 선언한 것은 아니라고 보아야 한다.[25]

2. 확립

연혁적으로 죄형법정주의는 원래 귀족·부르주아의 권리옹호수단에서 점차 일반시민의 권리보장수단으로 확대되어 왔다. 1776년 버지니아주 권리장전 제8조, 1788년 미국헌법 제1조 제9항, 1789년 프랑스 인권선언 제8조, 1794년 프로이센 일반란트법, 1810년 나폴레옹 형법 제4조, 1948년 U.N 일반 인권선언 제1조, 1950년 유럽 인권조약 제7조를 거쳐 현재에는 모든 국가의 법이 죄형법정주의를 천명하고 있다.

3. 죄형법정주의의 훼손

세계 모든 국가의 죄형법정주의가 철저히 유지된 것은 아니다. 1926년 소련 형법 제

---

25) 죄형법정주의는 로마법상 원칙이 아니다. 구성요건이라는 개념이 없었던 로마의 의사형법(意思刑法)에서 죄형법정주의는 인정될 여지가 없었으며, 소급에 의한 처벌도 허용되었다(이재상/장영민/강동범, 12면).

16조에서는 "어떠한 사회적 위험행위에 대하여 본 법전에 직접 규정한 것이 없을 때에는 본 법전 중 가장 유사한 범죄를 규정한 조항에 의하여 그 책임의 근거와 범위를 정한다"고 규정하여 유추적용을 허용하였다. 이 법은 1958년에 폐지되었다. 또한 1935년 나치 형법 제2조에서는 "형법법규상 처벌을 명시한 행위 또는 법규의 근본사상과 건전한 국민감정에 비추어 처벌할 필요가 있다고 인정되는 행위는 처벌한다. 행위에 대하여 직접 적용할 법규가 없을 때에는 그 행위에 가장 적합한 기본사상을 갖는 법규에 의하여 처벌한다"고 규정하여 유추적용을 허용하였을 뿐만 아니라, 명확성의 원칙에도 반하는 규정을 두었다. 이 법은 1946년에 폐지되었다.

II. 사상적 기초

죄형법정주의는 전제국가에 대한 반발로 시민의 자유와 권리를 회복하려는 계몽적 자유주의의 산물이다. 계몽주의의 대표적 학자인 몽테스키외(Montesquieu)의 삼권분립론에 따르면 사법권은 입법기관이 제정한 법률을 기계적으로 집행할 뿐이기 때문에 범죄와 형벌의 관계가 미리 법률에 엄격히 규정되어야 한다.

독일 형법학자인 포이어바흐(Feuerbach)는 형벌의 목적이 일반예방에 있다는 심리강제설을 주장하였다. 그는 합리적이고 공리적인 인간상(人間像)을 전제로 하여 범죄예방은 일반 국민에게 범죄를 행함으로써 얻어지는 쾌락보다는 범죄에 대하여 과하여지는 불쾌의 고통이 더 크다는 것을 알게 하는 심리적 강제에 의하여 달성될 수 있다고 한다. 따라서 형벌 법규의 제정을 통하여 사람들의 내심에 범죄로 나아가는 것을 포기하게 만드는 심리적 강제의 수단으로서 범죄와 형벌은 미리 법률에 규정되어야 한다.[26] 입법자들은 시민들이 분명하게 판단할 수 있도록 무엇이 불법인가를 명확히 정의하고, 범죄로부터 얻어진 이익을 상쇄할 수 있는 처벌을 정하고, 이를 통해 범죄를 억제할 수 있는 법률을 제정해야 한다.

홉스(Hobbes)의 안전국가로서의 법치국가사상에 따르면 시민법이 없다면 범죄도 형벌도 없다. 명확하고도 필요불가결한 법률만이 시민적 법률로서 자격을 가질 수 있다고 주장하였다.[27]

---

26) 심리적 강제설은 합리적이고 공리적인 인간상을 전제로 하여 제시된 이론이지만, 현실적으로 범죄는 지극히 비합리적인 동기 또는 뚜렷한 범죄동기가 없음에도 불구하고 저질러지기도 한다. 최근에 발생한 살인범죄는 '가족들의 즐거운 웃음소리가 듣기 싫어서 살해했다'는 어느 살인자의 자백은 세상을 놀라게 하였다. 이러한 문제점으로 심리적 강제설은 설득력을 크게 잃었지만, 학설사적으로는 중요한 의미를 가진다.

27) 김일수, 한국형법 Ⅰ, 14면.

제3절 **죄형법정주의의 내용**

I. 성문법률주의

1. 성문법률주의

범죄와 형벌은 국회가 제정한 성문의 법률에 규정되어야 하고, 관습법에 의하여 가벌성을 인정하거나 형을 가중하여서는 안 된다. 관습형법금지의 원칙이라고도 한다.

대의민주적 자유법치국가원리에 따라 국민의 자유와 권리는 오로지 국민의 대표기관인 의회의 입법에 의해서만 침해 또는 제한이 가능하다. 따라서 성문의 법률이 아닌 관습형법은 개개인에게 그 범행에 앞서 충분하고 확실하게 인식될 수 없기 때문에 형법의 일반예방적 기능을 보장할 수 없으며, 법관이 관습법을 원용하여 감정적 판결을 내릴 가능성이 있기 때문에 법적 안정성을 보장할 수 없다. 따라서 관습형법은 원칙적으로 금지된다.

2. 처벌하거나 형을 가중하는 관습형법은 금지된다.

관습법에 의해 처벌하거나 또는 형을 가중하는 것을 금지한다. 즉 관습법을 근거로 새로운 구성요건을 만들거나 기존의 구성요건을 가중처벌하는 것은 허용되지 않는다. 그러나 죄형법정주의의 이념에 비추어 보면 관습형법이 절대적으로 금지되는 것은 아니며, 행위자에게 유리한 관습법은 허용될 수 있다. 따라서 관습법에 의하여 성문형법규정을 폐지하거나 구성요건을 축소하거나 형을 감경하는 것은 가능하다.[28] 뿐만 아니라 관습법에 의한 위법성조각사유,[29] 책임조각사유, 인적처벌조각사유를 인정할 수 있다.

관습법에 의한 성문형법규정 해석이 가능하다. 이를 형법해석의 충전적 기능(간접적 법원성, 보충적 관습법)이라고 한다. 형법 제18조의 부진정 부작위범의 보증인지위, 형법 제20조의 정당행위에 있어서 사회상규,[30] 형법 제184조의 수리방해죄에 있어서 수리권 등을 해석하는 경우에 관습법이 사용될 수 있다.[31]

---

28) 신동운, 24면; 이재상/장영민/강동범, 19면.

29) 형법 제20조는 위법성조각사유로 '사회상규'에 위배되지 않는 행위를 제시하고 있는데, 사회상규를 해석함에 있어서 관습법은 특히 중요한 의미를 가진다(김혜정/박미숙/안경옥/원혜욱/이인영, 18면; 신동운, 24면; 오영근, 29면).

30) 새신랑을 매달고 발바닥을 때리는 동네 청년들의 행위는 특수폭행죄의 구성요건에 해당하지만, 혼인과 관련된 관습법을 고려하여 사회상규에 반하지 않는 행위라고 해석할 수 있으면, 형법 제20조에 의하여 위법성이 조각될 수 있다.

31) 이형국/김혜경, 31면.

3. 위임입법: 명령, 조례 또는 규칙을 근거로 처벌할 수 있는가?

원칙적으로 국회에서 제정한 법률에 의해서만 형사처벌이 가능하기 때문에 명령·조례·규칙, 회사의 정관 등으로 범죄와 형벌을 정할 수 없다.

그러나 사회현상의 복잡다기화와 국회의 전문적·기술적 능력의 한계 및 시간적 적응능력의 한계로 인하여 형사처벌에 관련된 모든 법규를 예외 없이 형식적 의미의 법률에 의하여 규정한다는 것은 사실상 불가능할 뿐만 아니라 실제에 적합하지도 않다. 따라서 일정한 요건을 갖춘 경우 명령·조례·규칙에 입법권을 위임하여 처벌근거조항을 둘 수 있다.

① 긴급한 필요가 있거나 미리 법률로써 자세히 정할 수 없는 부득이한 사정이 있는 경우에 한하여,[32] ② 수권법률(위임법률)이 구성요건의 점에서는 처벌대상인 행위가 어떠한 것인지 이를 예측할 수 있을 정도로 구체적으로 정하고, ③ 형벌의 점에서는 형벌의 종류 및 그 상한과 폭을 명확히 규정하는 것을 전제로 위임입법이 허용되며, 이러한 위임입법은 죄형법정주의에 반하지 않는다.[33] 헌법 또한 일정한 경우에 예외적으로 법률 이외의 명령이나 규칙에 의해서도 범죄와 형벌을 규정하는 것을 허용한다(헌법 제75조).

하지만 위임입법의 경우에도 헌법이 정하고 있는 위임입법의 종류(대통령령, 총리령, 부령, 대법원규칙)에 한정되며, 이외에는 인정될 수 없다. 헌법이 위임입법의 형식으로 예정하지 않은 특수법인의 정관으로는 범죄와 형벌을 정할 수 없다. 판례는 법률에서 비교적 구체적으로 요건과 범위를 정하여 공공기관 유형의 지정 권한을 장관에게 위임하고 이에 따라 하위규범인 장관의 고시에 의하여 구체적인 사항을 규정한 경우에도 죄형법정주의에 위반하지 않는다고 한다.[34]

🏛 헌재 | **농업협동조합정관 벌칙위임사건 – 위임입법의 한계**

【사실관계】 농업협동조합법 제50조, 농업협동조합법 제50조 제4항은 "누구든지 임원선거와 관련하여 다음 각 호의 방법 중 정관이 정하는 행위 외의 선거운동을 할 수 없다."라고 되어 있고, 동법 제172조는 제50조에 위반하여 선거운동을 한 자를 1년 이하의 징역 또는 1천만 원 이하의 벌금으로 처벌하고 있다. 피고인은 P 지역신문(○○뉴스) 발행인으로, 2007.5.21. 및 5.22. 경남 하동군 ○○농협 조합장 선거의 조합장 예비후보자가 언론사 대표를 매수하였다는 내용이 담긴 ○○뉴스를 배포함으로써 농협의 정관이 정하는 방법 외의 방법으로 선거운동을 하여 농업협동조합법 제172조 제2항 제2호, 제50조 제4항 등을 위반하였다는 혐의로 기소되었다. 피고인은 관련규정에

---

32) 헌법재판소 2010.9.30. 선고 2009헌바2 결정; 대법원 2013.6.13. 선고 2013도1685 판결.
33) 대법원 2002.11.26. 선고 2002도2998 판결.
34) 대법원 2013.6.13. 선고 2013도1685 판결.

대하여 헌법소원심판을 청구하였다.

【결정요지】이 사건 법률조항은, 조합원에 한하지 않고 모든 국민을 수범자로 하는 형벌조항이며, 또 금지되고 허용되는 선거운동이 무엇인지 여부가 형사처벌의 구성요건에 관련되는 주요사항임에도 불구하고, 그에 대한 결정을 입법자인 국회가 스스로 정하지 않고 헌법이 위임입법의 형식으로 예정하고 있지도 않은 특수법인의 정관에 위임하는 것은 사실상 그 정관 작성권자에게 처벌법규의 내용을 형성할 권한을 준 것이나 다름없으므로, 정관에 구성요건을 위임하고 있는 이 사건 법률조항은 범죄와 형벌에 관하여는 입법부가 제정한 형식적 의미의 법률로써 정하여야 한다는 죄형법정주의 원칙에 비추어 허용되기 어렵다(헌법재판소 2010.7.29. 선고 2008헌바106 결정).

【해설】위임입법은 헌법이 위임입법의 형식으로 예정하고 있는 대통령령, 총리령이나 각 행정부령과 같은 명령의 경우에만 가능하다. 농협과 같은 특수법인의 정관은 헌법이 예정하고 있는 위임입법형식이 아니다. 따라서 법인의 정관에 구성요건을 위임하는 것은 죄형법정주의에 반한다. 정관 작성권자인 법인에게 형사입법권을 준 것과 같기 때문이다.

4. 위임명령과 재위임

가. 위임명령

위임명령은 법률이나 상위명령에서 구체적으로 범위를 정한 개별적인 위임이 있을 때에만 가능하다. 따라서 법률의 시행령이 모법인 법률의 위임 없이 법률이 규정한 개인의 권리·의무에 관한 내용을 변경·보충하거나 법률에서 규정하지 아니한 새로운 내용을 규정할 수 없다. 따라서 의료법이 각종 병원에 두어야 할 당직 의료인의 수와 자격에 아무런 제한을 두지 않고 이를 하위법령에 위임하고 있지 않음에도 불구하고 의료법 시행령이 당직 의료인의 수와 자격 등 배치기준을 규정하고 이를 위반하면 의료법의 처벌대상이 되도록 한 것은 형사처벌의 대상을 신설 또는 확장한 것으로 죄형법정주의 위반이다.[35]

구체적인 위임의 범위는 규제하고자 하는 대상의 종류와 성격에 따라 달라지는 것이어서 일률적 기준을 정할 수는 없지만, 적어도 위임명령에 규정될 내용 및 범위의 기본사항이 구체적으로 규정되어 있어서 누구라도 당해 법률이나 상위명령으로부터 위임명령에 규정될 내용의 대강을 예측할 수 있어야 한다. 이 경우 그 예측가능성의 유무는 당해 위임조항 하나만을 가지고 판단할 것이 아니라 그 위임조항이 속한 법률이나 상위명령의 전반적인 체계와 취지·목적, 당해 위임조항의 규정 형식과 내용 및 관련 법규를 유기적·체계적으로 종합 판단하여야 하고, 나아가 각 규제대상의 성질에 따라 구체적·개별적으로 검

---

35) 대법원 2017.2.16. 선고 2015도16014 전원합의체 판결.

토함을 요한다.[36)]

⚖ 판례   페놀방류사건

【판결요지】 수질환경보전법 제56조 제3호에서 "배출시설 및 방지시설을 정상운영하지 아니한 자"라 함은, 같은 법 제8조의 규정에 의한 배출허용기준 이하로 오염물질이 배출될 수 있도록 설계 시공되어 적합판정을 받은 배출시설이나 방지시설을 정상적으로 운영하지 아니함으로써 배출허용기준을 초과하여 오염물질을 배출시킨 자를 가리키는 것임이 분명하므로, 같은 법 제56조 제3호가 처벌대상으로 규정하고 있는 행위가 구체적이고 명확하게 규정되어 있지 않다고 볼 수 없을 뿐만 아니라, 지역적 사정과 환경의 질적인 향상 및 그 보전을 위한 여러 가지 여건을 감안하여 정하여야 하는 오염물질의 배출허용기준을 직접 법률에서 모두 규정하지 아니하고 총리령 등으로 정하도록 위임하였다 하여 같은 법 제8조의 규정이 죄형법정주의에 위반된다고 볼 수 없다 (대법원 1992.12.8. 선고 92도407 판결).

【해설】 수질환경보전법에서 "배출시설 및 방지시설을 정상운영하지 아니한 자"라는 부분이 명확하지 않으며, 오염물질의 배출허용기준을 법률에 규정되어 있어야 한다는 주장에 대하여 법원은 같은 법 제8조에 비추어 보면 배출허용기준을 초과하여 오염물질을 배출시킨 자를 가리키는 것이 분명하며, 지역적 사정과 환경의 질적인 향상 및 그 보전을 위한 여러 가지 여건을 감안해야 하기 때문에 총리령으로 규정하는 것이 가능하다고 판단하였다. "오염물질의 배출허용기준"은 기후, 강수량, 갈수기 · 홍수기, 토지 등 다양한 인자를 통해 결정되어야 하기 때문에 법률에 규정하는 것보다는 명령에 의해 결정되는 것이 타당하다.

나. 재위임

위임받은 사항에 관하여 대강을 정하고 그중의 특정 사항의 범위를 정하여 하위법령에 다시 위임하는 경우에는 재위임이 허용된다.[37)] 하지만 법률에서 위임받은 사항을 전혀 규정하지 않고 재위임하는 것은 '백지재위임금지의 법리'에 반할 뿐 아니라 수권법의 내용 변경을 초래하는 것이 되므로 허용되지 아니한다.

5. 포괄적 위임입법 금지

하위법규들이 모법(母法)보다 형사처벌의 대상을 확장하거나 형벌을 강화하는 것은 허

---

36) 대법원 2002.8.23. 선고 2001두5651 판결; 대법원 2004.7.22. 선고 2003두7606 판결 등 참조.
37) 대법원 2006.4.14. 선고 2004두14793 판결 등 참조.

용되지 않는다.[38] 법률의 시행령이 법률의 명시적인 위임범위를 벗어나 그 처벌 대상을 확장하는 것은 죄형법정주의에 위반된다.[39]

처벌법규의 구성요건 부분에 관한 기본사항에 관하여 구체적인 기준이나 범위를 정하지 않고 그 내용을 모두 하위법령에 포괄적으로 위임하는 것은 헌법상 포괄위임입법금지의 원칙 및 죄형법정주의의 명확성 원칙에 위반된다. 이는 국민으로 하여금 준수하여야 할 사항의 내용이나 범위를 구체적으로 예측할 수 없게 하고, 나아가 헌법이 예방하고자 하는 행정부의 자의적인 행정입법을 초래할 여지가 있기 때문이다.[40]

⚖ 판례 ┃ **총포·도검·화약류위반사건 – 위임입법의 한계**

【사실관계】 갑은 자신의 집에서 총포신, 공이치기가 부착된 노리쇠 등 총포의 부품을 소지하고 있던 중 발각되어 총포·도검·화약류단속법 및 동법 시행령 위반으로 검거되어 기소되었다. 갑의 행위 당시에 관련법규는 다음과 같다. 갑의 행위를 관련법규에 따라서 처벌할 수 있는가?

【관련규정】 총포·도검·화약류단속법 제2조(정의) ① 이 법에서 총포라 함은 권총·소총·기관총·포·엽총 그 밖의 금속성 탄알이나 가스 등을 쏠 수 있는 <u>장약총포와 공기총</u>(압축가스를 이용하는 것을 포함한다. 이하 같다)중에서 대통령령이 정하는 것을 말한다.

총포·도검·화약류단속법시행령 제3조(총포) ① 법 제2조 제1항의 규정에 의한 총포는 다음 각 호의 총과 포 및 총포의 부품을 말한다.

1. 총
2. 포
3. <u>총포의 부품</u>
    가. 총포신 및 기관부(총포 외의 다른 용도에는 사용할 수 없는 부품에 한한다)와 포가(砲架)
    나. 약협 및 산탄(납알)탄알
    다. 소음기 및 조준경

【판결이유】 일반적으로 법률의 시행령은 모법인 법률에 의하여 위임받은 사항이나, 법률이 규정한 범위 내에서 법률을 현실적으로 집행하는데 필요한 세부적인 사항만을 규정할 수 있을 뿐, 법률의 위임 없이 법률이 규정한 개인의 권리·의무에 관한 내용을 변경·보충하거나 법률에서 규정하지 아니한 새로운 내용을 규정할 수 없는 것이고, 특히 법률의 시행령이 형사처벌에 관한 사항을 규정하면서 법률의 명시적인 위임

---

38) 대법원 1992.2.11. 선고 98도2816 판결.
39) 대법원 1999.2.11. 선고 98도2816 전원합의체 판결.
40) 헌법재판소 2000.7.20. 선고 99헌가15 결정.

범위를 벗어나 그 처벌의 대상을 확장하는 것은 헌법 제12조 제1항과 제13조 제1항에서 천명하고 있는 죄형법정주의의 원칙에도 어긋나는 것으로 결코 허용될 수 없다고 할 것인데, 총포·도검·화약류등단속법 제2조 제1항은 총포에 관하여 규정하면서 총에 대하여는 일정 종류의 총을 총포에 해당하는 것으로 규정하면서 그 외의 장약총이나 공기총도 금속성 탄알이나 가스 등을 쏠 수 있는 성능이 있는 것은 총포에 해당한다고 규정하고 있으므로, 여기서 말하는 총은 비록 모든 부품을 다 갖추지는 않았더라도 적어도 금속성 탄알 등을 발사하는 성능을 가지고 있는 것을 가리키는 것이고, 단순히 총의 부품에 불과하여 금속성 탄알 등을 발사할 성능을 가지지 못한 것까지 총포로 규정하고 있는 것은 아니라고 할 것임에도 불구하고 같은 법 시행령 제3조 제1항은 같은 법 제2조 제1항의 위임에 따라 총포의 범위를 구체적으로 정하면서도 제3호에서 모법의 위임 범위를 벗어나 총의 부품까지 총포에 속하는 것으로 규정함으로써, 같은 법 제12조 제1항 및 제70조 제1항과 결합하여 모법보다 형사처벌의 대상을 확장하고 있으므로, 이는 결국 위임입법의 한계를 벗어나고 죄형법정주의 원칙에 위배된 것으로 무효라고 하지 않을 수 없다(대법원 1999.2.11. 선고 98도2816 전원합의체 판결).

【해설】법률의 규정에 따르면 '총포' 중에서 처벌대상이 될 수 있는 범위를 대통령령에서 구체적이고 세부적으로 정하라고 위임하고 있다. 그런데 대통령령에서는 위임을 받은 '총', '포' 이외에도 '총의 부품'까지 총포에 속하는 것을 규정하고 있다. 이는 모법보다 형사처벌의 대상을 확장하는 것으로 위임입법의 한계를 벗어났다. 따라서 죄형법정주의 위반으로 무효이다.

6. 보안처분 법정주의

헌법 제12조 제1항은 "누구든지 법률과 적법한 절차에 의하지 않고는 …보안처분…을 받지 아니한다"고 규정하여 보안처분에 대한 헌법상 근거를 제시하고 있다. 보안처분은 형벌 등과 마찬가지로 보안처분 법정주의에 따라 법률에 따라 부과되어야 한다.

판례에 따르면 보호관찰법 제32조 제3항이 보호관찰 대상자에게 과할 수 있는 특별준수사항으로 정한 "범죄행위로 인한 손해를 회복하기 위하여 노력할 것(제4호)" 등 같은 항 제1호부터 제9호까지의 사항은 보호관찰 대상자에 한해 부과할 수 있을 뿐이다. 사회봉사명령·수강명령 대상자에 대해서는 부과할 수 없다.[41] 사회봉사·수강명령 대상자의 준수사항은 보호관찰법 제62조에 정하고 있는 것만이 가능하다.

---

41) 대법원 2020.11.5. 선고 2017도18291 판결.

⚖️ **판례** 　사회봉사명령과 보안처분 법정주의

【사실관계】 피고인이 원심공동피고인 2와 공모하여 영리를 목적으로 관할관청의 허가 없이 개발제한구역 내에서 7건의 개발행위를 하였다는 공소사실에 대하여 개발제한구역의 지정 및 관리에 관한 특별조치법위반죄의 성립을 인정한 뒤, 피고인에 대하여 징역형의 집행을 유예함과 동시에 120시간의 사회봉사를 명하면서 "2017년 말까지 이 사건 개발제한행위 위반에 따른 건축물 등을 모두 원상복구할 것"이라는 내용의 특별준수사항을 부과하였다.

【판결이유】 형법과 보호관찰법 및 보호관찰법 시행령은 시간 단위로 부과될 수 있는 일 또는 근로활동만을 사회봉사명령의 방법으로 정하고 있고, 사회봉사명령에 부수하여 부과할 수 있는 특별준수사항도 사회봉사명령 대상자의 교화·개선 및 자립을 유도하기 위한 보안처분적인 것만을 규정하고 있을 뿐이며, 사회봉사명령이나 그 특별준수사항으로 범죄에 대한 응보 및 원상회복을 도모하기 위한 것은 허용하지 않고 있다. 따라서 법원이 사회봉사명령의 특별준수사항으로 피고인에게 범행에 대한 원상회복을 명하는 것은 법률이 허용하지 아니하는 피고인의 권리와 법익에 대한 제한과 침해에 해당하므로 죄형법정주의 또는 보안처분 법률주의에 위배된다. 이 사건 특별준수사항도 피고인의 범행에 대한 원상회복을 명하는 것이므로 현행법에 의한 사회봉사명령의 특별준수사항으로 허용될 수 없다고 할 것이다(대법원 2020.11.5. 선고 2017도18291 판결).

【해설】 보호관찰을 부과할 경우 특별준수사항으로 범죄행위로 인한 손해를 회복하기 위하여 노력할 것이라는 사항을 부과할 수 있다. 사회봉사명령이나 수강명령대상자에 대해서도 범행에 대한 원상회복을 명할 수 있는지에 대하여 문제가 된 사례이다. 판례는 사회봉사명령의 경우에는 그 특별준수사항으로 원상회복을 허용하고 있지 않기 때문에 이를 허용한다면 보안처분 법정주의에 반한다고 한다.

⚖️ **판례** 　법률주의에 위반되는 경우

① 벌칙규정이면서도 형벌만을 규정하고 범죄의 구성요건의 설정은 완전히 각령에 백지위임하고 있는 것이나 다름없는 경우(헌법재판소 1991.7.8. 선고 91헌가4 결정).
② 구 근로기준법 제30조 단서의 특별한 사정이 있을 경우에는 당사자의 합의에 의하여 기일을 연장할 수 있다는 규정과는 달리 같은 법 시행령 제12조가 이를 3개월 이내로 제한한 경우(대법원 1998.10.15. 선고 98도1759 판결).
③ 총포·도검·화약류 등 단속법이 총포의 범위를 위임하였음에도 불구하고 시행령이 총의 부품까지 총포에 속하는 것으로 규정한 경우(대법원 1999.2.11. 선고 98도2816 전원합의체 판결).
④ 이 사건 법률조항은 '약국관리에 필요한 사항'이라는 처벌법규의 구성요건 부분에 관한 기본사항에 관하여 보다 구체적인 기준이나 범위를 정함이 없이 그 내용을 모두

하위법령인 보건복지부령에 포괄적으로 위임함으로써, 약사로 하여금 광범위한 개념인 '약국관리'와 관련하여 준수하여야 할 사항의 내용이나 범위를 구체적으로 예측할 수 없게 하고, 나아가 헌법이 예방하고자 하는 행정부의 자의적인 행정입법을 초래할 여지가 있으므로, 헌법상 포괄위임입법금지 원칙 및 죄형법정주의의 명확성 원칙에 위반된다(헌법재판소 2000.7.20. 선고 99헌가15 결정).

⑤ 전기통신사업법 제53조 제2항은 '제1항의 규정에 의한 공공의 안녕질서 또는 미풍양속을 해하는 것으로 인정되는 통신의 대상 등은 대통령령으로 정한다'고 규정하고 있는바 이는 포괄위임입법금지원칙에 위배된다(헌법재판소 2002.6.27. 선고 99헌마480 결정).

⑥ 감독기관의 승인사항을 시행령에 위임함이 없이 시행령에서 비로소 승인을 규정한 경우(대법원 2003.10.20. 선고 2002모402 전원합의체 판결)

⑦ 의료법 제41조가 "환자의 진료 등에 필요한 당직의료인을 두어야 한다."라고 규정하고 있을 뿐인데도 시행령 조항은 당직의료인의 수와 자격 등 배치기준을 규정하고 이를 위반하면 의료법 제90조에 의한 처벌의 대상이 되도록 함으로써 형사처벌의 대상을 신설 또는 확장한 사건에서 시행령 조항은 위임입법의 한계를 벗어난 것으로서 무효이다(대법원 2017.2.16. 선고 2015도16014 전원합의체 판결).

⑧ 사회봉사명령이나 그 특별준수사항으로 범죄에 대한 응보 및 원상회복을 도모하기 위한 것은 허용하지 않고 있다. 따라서 법원이 사회봉사명령의 특별준수사항으로 피고인에게 범행에 대한 원상회복을 명하는 것은 법률이 허용하지 아니하는 피고인의 권리와 법익에 대한 제한과 침해에 해당하므로 죄형법정주의 또는 보안처분 법률주의에 위배된다. 이 사건 특별준수사항도 피고인의 범행에 대한 원상회복을 명하는 것이므로 현행법에 의한 사회봉사명령의 특별준수사항으로 허용될 수 없다고 할 것이다(대법원 2020.11.5. 선고 2017도18291 판결).

⚖️ 판례 ▸ 법률주의에 위반되지 않는 경우

① 법률조항에서 직접 청소년유해매체물의 범위를 확정하지 아니하고 행정기관(청소년보호위원회 등)에 위임하여 그 행정기관으로 하여금 청소년유해매체물을 확정하도록 한 경우(헌법재판소 2000.6.29. 선고 99헌가16 결정).

② 석유사업법 제26조의 위임에 따라 석유사업법 시행령 제30조가 생산·판매가 금지되는 석유유사제품의 개념을 규정한 경우(대법원 2001.7.27. 선고 2001도2950 판결).

③ 식품위생법 제11조 제2항이 과대광고 등의 범위 및 기타 필요한 사항을 보건복지부령에 위임하고 있는 것은 과대광고 등으로 인한 형사처벌에 관련된 법규의 내용을 빠짐없이 형식적 의미의 법률에 의하여 규정한다는 것은 사실상 불가능하다는 고려에서 비롯된 것이고, 또한 같은 법 시행규칙 제6조 제1항은 처벌대상인 행위가 어떠한 것인지 예측할 수 있도록 구체적으로 규정되어 있다고 할 것이므로 식품위생법 제11

조 및 같은 법 시행규칙 제6조 제1항의 규정이 위임입법의 한계나 죄형법정주의에 위반된 것이라고 볼 수는 없다(대법원 2002.11.26. 선고 2002도2998 판결).

④ 수질환경보전법시행규칙 제3조 [별표 2]는 형벌조항인 수질환경보전법 제56조 제1호의 구성요건 중 한 요소인 특정수질유해물질 중의 한 종류로서 법관의 보충적 해석도 거의 필요가 없는 서술적 개념인 "구리(동) 및 그 화합물"을 규정하고 있는바, 위 규정 내용 자체는 사물의 변별능력을 제대로 갖춘 일반인의 이해와 판단으로서 그 의미를 명확하게 파악할 수 있는 것이어서 어떤 물질이 "구리(동) 및 그 화합물"에 해당하는지에 관하여 수범자인 국민의 예측가능성이 충분히 보장되어 있을 뿐만 아니라 법집행자의 자의적 집행 가능성도 거의 없다고 봄이 상당하므로, 이를 두고 죄형법정주의가 요구하는 명확성의 원칙에 반하는 규정이라고 볼 수 없으며, 위 수질환경보전법시행규칙이 특정수질유해물질 중 하나로서 "구리(동) 및 그 화합물"을 규정하면서 그 기준수치를 정하지 않은 것은 모법의 기본적인 입법 목적, 폐수배출시설설치의 허가제도에 담긴 취지 등에 부합하는 것으로서, 이를 두고 모법의 위임범위에 벗어났다거나 개인의 자유와 권리를 합리적 근거 없이 자의적으로 제한하는 위헌적이고 위법한 규정이라고는 할 수 없다(대법원 2005.1.28. 선고 2002도6931 판결).

⑤ 농업협동조합법 등 관련 법령의 내용을 종합해 볼 때, 농업협동조합중앙회는 특정범죄 가중처벌 등에 관한 법률 제4조 제1항 제2호에서 정한 '정부관리기업체'에 해당한다고 보기에 충분하므로, 위 법률 제4조 제1항의 위임을 받은 특정범죄 가중처벌 등에 관한 법률 시행령 제2조 제48호가 농업협동조합중앙회를 정부관리기업체의 하나로 규정한 것이 위임입법의 한계를 벗어난 것으로 위헌·위법이라고 할 수 없다(대법원 2008.4.11. 선고 2007도8373 판결).

⑥ 수산업법이 '이 법 또는 이 법에 따른 명령'을 위반한 행위에 관하여 시행령에서 일부를 좀 더 세부적으로 규정하면서 위임받은 사항에 관하여 대강을 정하고 그 중의 특정사항을 범위를 정해 농림수산식품부장관에게 재위임하여 고래포획금지에 관한 고시가 제정된 경우(대법원 2013.3.28. 선고 2012도16383 판결)

⑦ 공공기관의 운영에 관한 법률 제53조가 공기업의 임직원으로서 공무원이 아닌 사람은 형법 제129조의 적용에서는 이를 공무원으로 본다고 규정하고 있을 뿐 구체적인 공기업의 지정에 관하여는 하위규범인 기획재정부장관의 고시에 의하도록 규정한 경우(대법원 2013.6.13. 선고 2013도1685 판결).

II. 명확성의 원칙

1. 의의

형법은 구성요건과 형사제재를 '명확하게' 규정해야 한다는 원칙이다. 명확성의 원칙은 법률이 처벌하고자 하는 행위가 무엇이며 그에 대한 형벌이 어떠한 것인지를 누구나 예견할 수 있고, 그에 따라 자신의 행위를 결정할 수 있도록 구성요건을 명확하게 규정하는 것을 의미한다.[42]

법적 안정성의 관점에서 볼 때 국민이 어떤 행위에 대하여 어떤 법률효과가 발생하는지에 관하여 어느 정도 확실성을 가지고 이를 인식할 수 있는 경우에만 자신의 행위를 법적 상태에 맞출 수 있다. 권력분립의 원칙의 관점에서 볼 때 입법자가 명확한 기준을 제시하지 못한다면 행정부는 입법자를 대신하여 스스로 행위기준을 정하게 되며, 사법부에게 명확한 심사기준을 제시하지 못하게 됨으로써 법관법(法官法)의 형성을 통하여 입법자의 의사를 대체하고 스스로 심사기준을 정하게 된다. 명확성의 원칙이 지켜지지 않으면 국가권력의 자의적 행사가 가능하게 되어 국민의 자유와 권리는 보장되기 어렵다.[43] 명확성의 원칙이 지켜지지 않으면 예측가능성과 법적 안정성이 침해되어 형법의 규범적 기능과 보장적 기능이 제대로 수행될 수 없기 때문에 형벌법규의 명확성에 대한 요구는 다른 법률에 비하여 특별히 엄격해야 한다.

2. 구성요건의 명확성

가. 의의

구성요건은 명백하고 확장할 수 없는 개념을 사용하여야 한다. 내용상 윤곽이 모호한 개념, 애매하고 불분명하여 신축이 자유로운 개념을 사용해서는 안 된다. 따라서 "건전한 국민감정에 반하는 행위를 한 자는…", "선량한 미풍양속에 반하는 행위를 한 자는…"등과 같은 구성요건은 불명확하기 때문에 죄형법정주의 위반으로 무효이다.

하지만 처벌법규의 구성요건이 명확하여야 한다고 하여 구성요건을 순수한 기술적 요

---

42) 대법원 2006.5.11. 선고 2006도920 판결; 대법원 2022.11.17. 선고 2022도7290 판결.

43) 헌법재판소 1995.9.28. 선고 93헌바50 결정; 형사처벌의 대상이 되는 범죄의 구성요건은 형식적 의미의 법률로 명확하게 규정되어야 하며, 만약 범죄의 구성요건에 관한 규정이 지나치게 추상적이거나 모호하여 그 내용과 적용범위가 과도하게 광범위하거나 불명확한 경우에는 국가형벌권의 자의적인 행사가 가능하게 되어 개인의 자유와 권리를 보장할 수 없으므로 죄형법정주의의 원칙에 위배된다.

소 또는 서술적 개념만으로 기재하는 것은 입법기술의 한계상 불가능하다.[44] 처벌규정이 너무 상세하고 서술적으로 작성되면 처벌규정의 경직성으로 인하여 오히려 다양한 사실관계에 대하여 탄력적으로 대응하지 못하게 되는 부작용이 발생할 수 있다.

나. 법관의 보충적 해석과 해석기준

헌법재판소는 장기간에 걸쳐 형성되고 확립된 법원의 판례를 통하여 형벌법규가 구체화되는 경우에는 명확성의 원칙에 반하지 않는다고 한다. 법규범이 다양한 사실관계를 포섭하고 탄력적으로 적용되기 위해서는 법관의 보충적 해석을 통하여 그 의미 내용이 확정될 수 있는 규범적 개념을 사용하는 것이 불가피하다.[45] 따라서 '음란'은 법관의 보충적인 해석을 통하여 그 규범내용이 확정될 수 있는 개념이며, 수범자와 법집행자에게 적정한 지침을 제시하고 있다고 볼 수 있기 때문에 명확성의 원칙에 반하지 않는다.[46]

판례에 따르면 소위 '미네르바 사건'에서 전기통신기본법의 허위통신죄의 경우 '공익'을 해할 목적은 그 의미가 불명확하고 추상적이며, 이에 대한 판단은 사람마다의 가치관, 윤리관에 따라 크게 달라질 수밖에 없고, 법전문가라 하여도 통상적 해석을 통하여 그 의미 내용이 객관적으로 확정될 수 없기 때문에 명확성의 원칙에 반한다.[47] 마찬가지로 구 미성년자보호법의 불량만화에 대한 정의 중 '음란성 또는 잔인성을 조장할 우려'라는 표현의 경우 '음란성'은 법관의 보충적 해석을 통하여 규범내용이 확정될 수 있으므로 명확성의 원칙에는 반하지 않지만, '잔인성' 개념과 '범죄의 충동을 일으킬 수 있게'라는 표현은 법관의 보충적인 해석을 통하여도 그 규범내용이 확정될 수 없는 모호하고 막연한 개념을 사용하고 있기 때문에 명확성의 원칙에 반한다.[48]

구성요건이 어느 정도 명확하여야 하는가는 일률적으로 정할 수 없지만, 법규범의 의미내용은 다양한 해석방법에 의하여 구체화되므로, 법규범이 명확성 원칙에 위반되는지 여부는 다양한 해석방법에 의하여 그 의미내용을 합리적으로 파악할 수 있는 해석기준을 얻을 수 있는지 여부에 달려 있다.[49]

명확성의 판단기준에 대하여 헌법재판소는 '통상의 판단능력을 가진 사람이 그 의미를 이해할 수 있었는가'를 들고 있으며,[50] 대법원도 '사물의 변별능력을 제대로 갖춘 일반인

---

44) 헌법재판소 2006.7.27. 선고 2005헌바19 결정.
45) 헌법재판소 2010.5.27. 선고 2007헌바100 결정; 헌법재판소 2006.7.27. 선고 2005헌바19 결정.
46) 헌법재판소 1998.4.30. 선고 95헌가16 결정; 헌법재판소 2002.2.28. 선고 99헌가8 결정 참고.
47) 헌법재판소 2010.12.28. 선고 2008헌바157, 2009헌바88(병합) 결정.
48) 헌법재판소 2002.2.28. 선고 99헌가8 결정.
49) 대법원 2014.1.29. 선고 2013도12939 판결.
50) 헌법재판소 1992.2.25. 선고 89헌가104 결정.

의 이해와 판단'을 기준으로 삼고 있다.[51] 대법원 판례에 따르면 "다소 광범위하여 법관의 보충적인 해석을 필요로 하는 개념을 사용하였다고 하더라도 통상의 해석방법에 의하여 건전한 상식과 통상적인 법감정을 가진 사람이면 당해 처벌법규의 보호법익과 금지된 행위 및 처벌의 종류와 정도를 알 수 있도록 규정하였다면 헌법이 요구하는 처벌법규의 명확성에 배치되는 것이 아니다."[52]

다. 위법성조각사유와 명확성의 원칙

명확성의 원칙은 범죄의 적극적 요소를 규정하고 있는 범죄구성요건에 대해서뿐만 아니라 소극적으로 범죄성립을 부정하는 요소를 담고 있는 위법성조각사유 및 책임조각사유에 대해서도 적용된다. 이러한 규정들은 그러한 조각사유에 해당하지 않는 경우 결국 범죄성립을 인정하게 하는 기능을 하기 때문이다.[53] 따라서 정당방위 규정에 대해서도 죄형법정주의가 요구하는 명확성의 원칙이 적용된다. 정당방위의 '상당한 이유' 부분에 대해서는 대법원도 일찍부터 합리적인 해석기준을 제시하고 있어 건전한 상식과 통상적인 법 감정을 가진 일반인이라면 그 의미를 어느 정도 쉽게 파악할 수 있다고 할 것이므로 죄형법정주의에서 요구하는 명확성의 원칙을 위반하였다고 할 수 없다.[54]

⚖ 판례 | **명확성의 원칙의 의미와 판단 방법**

【판결요지】 [1] 죄형법정주의의 원칙에서 파생되는 명확성의 원칙은 법률이 처벌하고자 하는 행위가 무엇이며 그에 대한 형벌이 어떠한 것인지를 누구나 예견할 수 있고, 그에 따라 자신의 행위를 결정할 수 있도록 구성요건을 명확하게 규정하는 것을 의미한다. 그러나 처벌법규의 구성요건이 명확하여야 한다고 하여 모든 구성요건을 단순한 서술적 개념으로 규정하여야 하는 것은 아니고, 다소 광범위하여 법관의 보충적인 해석을 필요로 하는 개념을 사용하였다고 하더라도 통상의 해석방법에 의하여 건전한 상식과 통상적인 법감정을 가진 사람이면 당해 처벌법규의 보호법익과 금지된 행위 및 처벌의 종류와 정도를 알 수 있도록 규정하였다면 처벌법규의 명확성에 배치되는 것이 아니다. 또한 어떠한 법규범이 명확한지 여부는 그 법규범이 수범자에게 법규의 의미내용을 알 수 있도록 공정한 고지를 하여 예측가능성을 주고 있는지 여부 및 그 법규범이 법을 해석·집행하는 기관에게 충분한 의미내용을 규율하여 자의적인 법해석이나 법집행이 배제되는지 여부, 다시 말하면 예측가능성 및 자의적 법집행 배제가

---

51) 대법원 2002.7.26. 선고 2002도1855 판결; 대법원 2006.5.11. 선고 2006도920 판결.
52) 대법원 2006.5.11. 선고 2006도920 판결.
53) 김성돈, 71면; 헌법재판소 2001.6.28. 선고 99헌바31 결정 참조.
54) 헌법재판소 2001.6.28. 선고 99헌바31 결정.

확보되는지 여부에 따라 이를 판단할 수 있다. 그런데 법규범의 의미내용은 그 문언뿐만 아니라 입법 목적이나 입법 취지, 입법 연혁, 그리고 법규범의 체계적 구조 등을 종합적으로 고려하는 해석방법에 의하여 구체화하게 되므로, 결국 법규범이 명확성 원칙에 위반되는지 여부는 위와 같은 해석방법에 의하여 그 의미내용을 합리적으로 파악할 수 있는 해석기준을 얻을 수 있는지 여부에 달려 있다(대법원 2014.1.29. 선고 2013도12939 판결).

⚖️ 판례 명확성의 원칙에 위반한 것으로 본 판례

① 외국환관리규정 제6-15조의4 제2호 (나)목 소정의 '도박 기타 범죄 등 선량한 풍속 및 사회질서에 반하는 행위'라는 요건은, 이를 한정할 합리적인 기준이 없다면, 형벌법규의 구성요건 요소로서는 지나치게 광범위하고 불명확하다고 할 것인데, 외국환관리에 관한 법령의 입법 목적이나 그 전체적 내용, 구조 등을 살펴보아도 사물의 변별능력을 제대로 갖춘 일반인의 이해와 판단으로서도 그 구성요건 요소에 해당하는 행위유형을 정형화하거나 한정할 합리적 해석기준을 찾기 어려우므로, 죄형법정주의가 요구하는 형벌법규의 명확성의 원칙에 반한다(대법원 1998.6.18. 선고 97도2231 전원합의체 판결).
② 구 가정의례에 관한 법률 제4조의 가정의례의 참뜻에 비추어 합리적인 범위안이라는 개념(헌법재판소 1998.10.15. 선고 98헌마168 결정)
③ 구 아동복지법 제18조에서 금지하고 있는 제11호의 아동의 덕성을 심히 해할 우려가 있는 도서를 제작하는 행위(헌법재판소2002.2.28. 선고 99헌가8 결정)
④ 재개발 · 재건축 도시환경정비사업을 시행하는 조합등으로 하여금 중요한 회의가 있는 때에는 속기록 · 녹음 또는 영상자료를 만들도록 하고, 이를 위반한 조합임직원 등을 처벌하는 내용의 구 '도시 및 주거환경정비법' 제86조 제7호 가운데 제81조 제2항의 규율내용 중 '중요한 회의'부분이 죄형법정주의의 명확성의 원칙을 위반한 것으로서 위헌이라고 판단한 사례(헌법재판소 2011.10.25. 선고 2010헌가29 결정)
⑤ 구 사회복지사업법(2009.6.9. 법률 제9766호로 개정되기 전의 것) 제23조 제3항, 제53조 제1호와 제18조 제5항, 제22조, 제26조 제1항 제4호의 내용 및 취지 등을 종합적으로 고려하여 보면, 사회복지법인 운영권의 유상 양도를 금지 · 처벌하는 입법자의 결단이 없는 이상 사회복지법인 운영권의 양도 및 그 양도대금의 수수 등으로 인하여 향후 사회복지법인의 기본재산에 악영향을 미칠 수 있다거나 사회복지법인의 건전한 운영에 지장을 초래할 경우가 있다는 추상적 위험성만으로 운영권 양도계약에 따른 양도대금 수수행위를 형사처벌하는 것은 죄형법정주의나 형벌법규 명확성의 원칙에 반하는 것이어서 허용될 수 없다(대법원 2013.12.26. 선고 2010도16681 판결).

① 사람의 궁박한 상태를 이용하여 현저하게 부당한 이익을 취득한 자는 3년 이하의 징역 또는 1천만 원 이하의 벌금에 처하도록 한 형법 제349조 제1항 부당이득죄 중 '궁박', '현저하게 부당한 이익' 등의 용어들(헌법재판소 2006.7.27. 선고 2005헌바19 결정).

② 노동조합 및 노동관계조정법 제92조 제1호 다목 중 '징계의 중요한 절차'에 관한 부분(헌법재판소 2007.7.26. 선고 2006헌가9 전원재판부)

③ 특경법 제4조 제1항의 범죄구성요건에 해당하는 "법령에 위반하여"라는 부분은 법률의 합리적 해석을 통하여 수범자로 하여금 그 의미내용을 합리적으로 파악할 수 있도록 규정하고 있으므로 명확성의 원칙에 위반된다고 보기 어렵다(헌법재판소 2007.7.26. 선고 2006헌바12 전원재판부).

④ 변호사법 제109조 제1호의 '일반의 법률사건' 및 '법률사무' 부분은 건전한 상식과 통상적인 법감정을 가진 일반인이 구체적으로 어떤 사건 또는 사무가 이에 해당하는지 알 수 있다고 보여지고 법관의 자의적인 해석으로 확대될 염려가 없다고 할 것이므로 죄형법정주의에서 요구하는 형벌법규의 명확성원칙에 위배된다고 볼 수 없다(헌법재판소 2007.8.30. 선고 2006헌바96 결정).

⑤ 학교환경위생정화구역 안에서 금지되는 행위 및 시설로서 '미풍양속을 해하는 행위 및 시설로서 대통령령으로 정하는 행위 및 시설'을 규정하고 이에 위반한 자를 처벌할 수 있도록 규정한 학교보건법 규정이 죄형법정주의, 위임입법한계에 위반하지 아니하고, 청구인들의 직업의 자유를 침해하지 아니하므로 헌법에 위반되지 아니한다고 결정한 사안(헌법재판소 2008.4.24. 선고 2006헌바60·61(병합) 결정)

⑥ 폭력행위 등 처벌에 관한 법률 제4조 제1항에서 규정하고 있는 범죄단체 구성원으로서의 '활동'의 개념이 다소 추상적이고 포괄적인 측면이 있지만…어떠한 행위가 위 '활동'에 해당할 수 있는지는 구체적인 사건에 있어서 위 규정의 입법 취지 및 처벌의 정도 등을 고려한 법관의 합리적인 해석과 조리에 의하여 보충될 수 있는 점 등을 종합적으로 판단하면, 이 사건 법률조항 중 '활동' 부분이 죄형법정주의의 명확성의 원칙에 위배된다고 할 수 없다(대법원 2008.5.29. 선고 2008도1857 판결).

⑦ 형법 제185조 일반교통방해죄 중 '육로를 불통하게 하거나 기타 방법으로 교통을 방해한 자'부분에 대하여 죄형법정주의의 명확성 원칙에 반하지 않고, 국가형벌권 행사의 한계를 넘은 과잉입법이라고 볼 수 없다는 이유로 전원 일치의 의견으로 합헌결정한 사안(헌법재판소 2010.3.25. 선고 2009헌가2 결정)

⑧ 형법 제314조 제1항 중 '위력으로써 사람의 업무를 방해한 자'부분이 죄형법정주의의 명확성 원칙에 반하지 않고, 단체행동권을 침해하지 않아 헌법에 위반되지 않는다고 결정한 사안(헌법재판소 2010.4.29. 선고 2009헌바168 결정)

⑨ 국가보안법 제4조 제1항 제2호 (나)목에 규정된 '국가기밀'(대법원 2013.7.26. 선고 2013도2511 판결)

⑩ 정치자금법 제45조 제1항, 제3조 제1호의 문언 내용, 관련 규정과의 체계에다가 정치활동은 권력의 획득과 유지를 둘러싼 투쟁 및 권력을 행사하는 활동인 점, 정치자금

법에 의하여 수수가 금지되는 정치자금은 정치자금법 제3조 제1호의 예시 부분을 제외하면 실질적으로 의미가 있는 부분은 '정치활동을 위하여 정치활동을 하는 자에게 제공되는 금전이나 유가증권 그 밖의 물건과 그 자의 정치활동에 소요되는 비용'으로서 통상적인 이해와 크게 다르지 아니하므로, 정치자금법에서 규율대상이 무엇인가 하는 점에 있어서의 불명료성이 없는 점 등에 비추어 볼 때, 정치자금법 제45조 제1항, 제3조 제1호가 법관의 보충적인 해석이 필요한 '그 밖에 정치활동을 하는 자' 및 '정치자금'이라는 개념을 사용하였다고 하더라도 그 점만으로 헌법이 요구하는 죄형법정주의의 명확성의 원칙에 반한다고 할 수 없다(대법원 2014.10.30. 선고, 2012도12394 판결).

3. 형사제재의 명확성

형법은 그 범죄에 대하여 어떤 형벌 또는 보안처분을 과할 것인가를 명확하게 규정하여야 한다. 따라서 형벌의 종류와 범위를 규정하지 않는 것은 형사정책적으로 불합리하므로 형벌의 종류와 범위를 특정하여야 된다.

가. 부정기형

부정기형은 형의 선고시에 기간을 특정하지 않고, 기간이 형의 집행단계에서 결정되는 형을 말한다. 부정기형에는 형의 장·단기가 전혀 특정되지 않는 '절대적 부정기형'과 장·단기 또는 장기만 특정된 '상대적 부정기형'이 있다. 절대적 부정기형은 허용되지 않지만, 상대적 부정기형은 형기를 수형자의 개선정도에 따라 탄력적으로 운용할 수 있게 하여 소년범[55]에 대하여 형벌의 개별화사상에 입각하여 인정된다. 소년에게 장기 2년 이상의 유기형을 선고할 경우 법관은 '단기 2년, 장기 3년' 등과 같은 형식의 부정기형을 선고한다. 다만 장기는 10년, 단기는 5년을 초과하지 못한다. 소년에 대한 부정기형을 집행하는 기관의 장은 형의 단기가 지난 소년범의 행형 성적이 양호하고 교정의 목적을 달성하였다고 인정되는 경우에는 관할 검찰청 검사의 지휘에 따라 그 형의 집행을 종료시킬 수 있다(소년법 제60조 제4항). 성인범에 대해서는 상대적 부정기형을 도입하고 있지 않다.

나. 부정기 보안처분

부정기 보안처분의 경우 장래의 위험성에 대한 합목적적 처분이므로 위험이 계속되는 동안 집행할 것을 요하며, 기간의 부정기를 본질로 하기 때문에 절대적 부정기 보안

---

55) 소년은 인격이 성숙하는 과정에 있는 자이기 때문에 그의 범죄에 상응한 형벌을 미리 결정할 수는 없고, 개선·교화상황에 따라 석방 시기를 결정하게 하는 것이 특별예방목적에 부합하기 때문이다(김성돈, 73면).

처분이 허용된다는 견해[56]와 절대적 부정기형은 선고형의 예측을 곤란하게 하는 것은 형벌과 마찬가지이므로 절대적 부정기 보안처분은 금지되어야 한다는 견해로 대립되어 있다.[57][58] 형벌과 보안처분이 형집행에 있어서 서로 다르지 않다는 점을 고려한다면 절대적 부정기형이 금지되는 것과 같이 절대적 부정기보안처분 또한 명확성의 원칙에 반하므로 허용되지 않는다고 보는 것이 타당하다.

Ⅲ. 유추적용금지의 원칙

1. 의의

유추(類比推論; Analogy)는 특정한 행위에 대한 법률규정이 없는 경우에 이와 유사한 성질을 가지는 사항에 관한 법률을 찾아 그 법률을 적용하는 것을 의미한다. 유추적용은 해석과는 달리 문제되는 사실관계와 가장 유사성이 있는 사실관계에 적용되는 법률규정을 찾는 일이 중요하다.[59] 이를 금지하는 원칙이 유추적용금지의 원칙이다. 유추는 법률의 흠결이 있을 경우에 유사한 다른 법규를 적용하는 것이므로, 법해석이 아니라 사실상 법적용자인 법관에 의한 법형성 내지 법창조, 일종의 입법을 의미하는 것으로 죄형법정주의 원칙상 허용될 수 없다.[60]

⚖️ **보충내용** | **유추적용**

법관은 구체적 사실관계에 대하여 관련된 법규정을 찾은 후 이에 대한 해석을 통하여 구체적 사실관계에 법적용하여 최종 결정을 내리게 된다. 그런데 경우에 따라서는 당해 사실관계에 대하여 적용할 법규범이 없는 '입법의 흠결'이 발생할 수 있다. 입법의 흠결이 있는 경우라 할지라도 법관은 법규범 적용을 회피할 수 없다. 이러한 이 경우 법관이 입법의 흠결을 보완하는 방법이 바로 유추이다. 즉 유추는 이와 유사한 성질을

---

56) 손동권/김재윤, 32면; 이재상/장영민/감동범, 29면.
57) 박상기/전지연, 18면; 배종대, 56면; 오영근, 32면; 이형국/김혜경, 34면; 임웅, 36면; 정성근/박광민, 23면.
58) 폐지된 사회보호법에 따르면 치료감호처분에 대하여 '완치될 까지' 처분을 부과할 수 있도록 하여 절대적 부정기보안처분의 일종으로 규정하였으나, 현행 치료감호법은 치료감호의 기간을 심신장애자, 정신성적 장애자에 대해서는 15년 이하, 마약 중독자에 대해서는 2년 이하로 제한하여 상대적 부정기처분으로 변경하였다.
59) 유추를 적용이 아닌 '해석'의 한 방법으로 표현하고 있는 교과서들이 있다. 하지만 유추는 두 개의 사물이 여러 면에서 비슷하다는 것을 근거로 다른 속성도 유사할 것이라고 추론하는 것을 말한다. 즉 해당 사건에 대하여 직접 적용할 법규가 없는 경우에 유사한 다른 법규를 적용하는 것이므로, 존재하는 법규를 풀이하는 해석이라고 할 수 없다. 따라서 유추는 해석이 아니라 '적용'으로 보는 것이 타당하다. 본서에서는 유추적용으로 표기한다.
60) 김성돈, 75면; 신동운, 32면; 이형국/김혜경, 36면.

가지는 법규범을 찾아서 그 법률을 문제된 구체적 사실관계에 적용하는 것이다. 따라서 유추는 법률에 내재되어 있는 의미내용을 밝히는 '해석'이 아니라 '적용'이다. 유추는 민법이나 행정법 등과 같은 다른 법영역에서는 활발히 사용되고 있지만, 형법은 죄형법정주의 원칙상 행위자에게 불리한 유추는 금지하고 있다.

2. 적용범위

행위자의 행위에 적용될 법률규정이 존재하지 않는 경우 그 행위가 적용될 수 있는 유사한 규정을 들어서 유추적용을 허용하게 되면 형벌권의 자의적 행사를 막기 어렵다. 따라서 형법상 유추적용은 원칙적으로 금지된다.

가. 불리한 유추적용 금지

형벌법규의 해석은 엄격하여야 하며, 명문 규정의 의미를 피고인에게 불리한 방향으로 지나치게 확장해석하거나 유추해석하는 것은 금지된다. '형법각칙의 모든 범죄구성요건과 형법총칙의 모든 가벌성에 관한 규정', '형벌 및 보안처분', '친고죄에서 고소와 같은 소추조건'에 대하여 행위자에게 불리하게 유추적용하는 것은 금지된다.[61] 이러한 법해석의 원리는 형벌법규의 적용대상이 행정법규가 규정한 사항을 내용으로 하고 있는 경우에 그 행정법규의 규정을 해석하는 데에도 마찬가지로 적용된다.[62]

위법성 및 책임조각사유나 소추조건 또는 처벌조각사유인 형면제 사유에 관하여 그 범위를 제한적으로 유추적용하게 되면 행위자의 가벌성의 범위는 확대되어 행위자에게 불리하게 된다. 친고죄에 관한 고소의 주관적 불가분 원칙을 규정하고 있는 형사소송법 제233조가 공정거래위원회의 고발에도 유추적용된다고 해석한다면 이는 공정거래위원회의 고발이 없는 행위자에 대해서까지 형사처벌의 범위를 확장하는 것으로서, 결국 피고인에게 불리하게 형벌법규의 문언을 유추해석한 경우에 해당하므로 죄형법정주의에 반하여 허용될 수 없다.[63] 또한 청소년성보호법의 경우 처벌을 희망하지 않는다는 의사표시 또는 처벌희망 의사표시의 철회는 이른바 소극적 소송조건에 해당하는데, 명문의 근거 없이 그 의사표시에 법정대리인의 동의가 필요하다고 보는 것은 유추해석에 의하여 소극적 소송조건의 요건을 제한하고 피고인 또는 피의자에 대한 처벌가능성의 범위를 확대하는 결과

---

61) 김일수/서보학, 53면; 신동운, 32면.
62) 대법원 2021.11.25. 선고 2021도10981 판결.
63) 대법원 2010.9.30. 선고 2008도4762 판결.

가 되어 유추해석금지의 원칙에 반한다.[64]

나. 유리한 유추적용에 대한 예외적 허용

피고인에게 유리한 유추적용(analogia in bonam partem)은 허용된다. 위법성조각사유·책임조각사유·인적 처벌조각사유와 같이 행위자에게 유리한 규정에 대해서 확장적 유추[65]가 가능하다는 것이 통설의 입장이다. 위법성조각사유 등을 제한적으로 유추하는 것은 행위자에게 불리하지만, 이에 대하여 확장적 유추적용은 행위자에게 유리하기 때문에 죄형법정주의의 본질에 부합되기 때문이다.[66]

처벌규정의 소극적 구성요건의 경우에도 그 문언의 가능한 의미를 벗어나 지나치게 좁게 해석하게 되면 피고인에 대한 가벌성의 범위를 넓히게 되어 유추해석금지의 원칙에 반할 우려가 있다.[67]

유추적용이나 확장해석이 피고인에게 유리한 경우에는 언제나 허용되는지가 문제된다. 이에 대하여 대법원 판례는 피고인에게 유리하다고 하여 항상 허용되는 것은 아니라고 한다. 그렇게 해석하지 아니하면 '그 결과가 현저히 형평과 정의에 반하거나 심각한 불합리가 초래되는 경우에 한하여' 유추적용이나 확장해석이 가능하다고 한다. 그렇지 아니하는 한 입법자가 그 나름대로의 근거와 합리성을 가지고 입법한 경우에는 입법자의 재량을 존중하여야 한다.[68] 입법의 불완전성을 유추로 해결하려는 입장이라고 볼 수 있다.

3. 확장해석과 유추적용의 한계

가. 의의

확장해석은 문언(文言)의 최대한의 한계 내에서 지금까지의 구성요건해석에는 포섭되지 않던 사례를 목적론적 견지에서 최대한 넓게 적용하는 해석방법이다. 예를 들면 강도죄의 폭행에 피해자가 마실 음료수에 마취약을 사용하는 경우를 포함시키는 것, 감금죄의

---

64) 대법원 2009.11.19. 선고 2009도6058 전원합의체 판결.
65) 정당화사유에 대해서는 이른바 확장적 유추와 제한적 유추가 가능하다. 정당화사유의 범위를 확장적으로 유추적용하게 되면 행위자의 가벌성의 범위는 축소되어 결국 행위자에게 유리한 유추적용이 되어 법치국가적으로 문제되지 않지만, 정당화사유의 범위를 제한적으로 유추적용하게 되면 행위자의 가벌성이 확대되기 때문에 결국 행위자에게 불리한 유추적용이 되어 허용되지 않는다.
66) 김일수/서보학, 53면; 그 결과 정당방위·긴급피난과 같은 정당화사유는 법관의 법형성 내지 법관법(法官法)에 의해 발전될 수 있다.
67) 대법원 2018.10.25. 선고 2018도7041 판결.
68) 대법원 2004.11.11. 선고 2004도4049 판결.

감금에 물리적·유형적 감금행위뿐만 아니라 위계·기망·수치심을 사용하는 심리적·무형적 장애에 의한 감금도 해당한다고 해석하는 것이 확장해석에 해당한다.

나. 학설

학설은 유추적용은 금지되지만 확장해석은 허용된다고 한다. 양자의 구별기준으로 '언어의 가능한 의미'를 든다. 즉 언어의 가능한 의미를 넘는 유추적용은 법률에 대한 국민의 예측가능성을 보장할 수 없을 뿐만 아니라 법창조의 영역에 속하므로 금지되지만, 확장해석은 문언의 최대한의 한계 내에 속하며 그 의미를 벗어나지 않기 때문에 허용된다.[69]

다. 판례

대법원 판례는 유추적용뿐만 아니라 지나친 확장해석을 모두 금지하고 있다. 양자의 구별기준으로 '법규정 또는 언어의 가능한 의미'를 든다. 다만, 법문의 가능한 의미를 확정하는 기준과 범위에 대해서는 다수의견과 소수의견이 차이를 보이는데 다수의견은 법문의 가능한 의미를 문리해석 이외에도 논리적, 체계적 해석에 의해서 구체화될 수 있다고 봄으로써 법문의 가능한 의미를 넓게 보고 있지만, 소수의견은 일반적인 법감정을 고려하여 '우리말의 보통의 표현방법'에 의해서 법문의 가능한 의미를 파악해야 한다고 함으로써 그 범위를 좁게 보고 있다.

판례에 따르면 형법 제52조 등에서 규정하고 있는 자수는 '범행발각 전후를 불문하고' 수사기관에 자진출두하여 자백한 경우를 의미한다. 공직선거법 제262조의 자수를 '범행발각 전에 자수한 경우'로 한정하는 것은 통상 관용적으로 사용되는 용례에서 갖는 개념 외에 범행발각 전이라는 또 다른 개념을 추가하는 것으로서 '언어의 가능한 의미'를 넘어 자수의 범위를 그 문언보다 제한한 것이며, 이는 공직선거법의 처벌범위를 실정법 이상으로 확대한 것이므로 유추해석금지의 원칙에 위반된다.[70] 따라서 범행발각이나 지명수배 여부와 관계없이 체포 전에만 자수하면 공직선거법의 자수에 해당한다. 또한 군형법의 군용물분실죄는 과실범이므로, '분실'의 개념을 군용물의 소지 상실 시 행위자의 의사가 개입되었는지의 여부에 관계없이 군용물의 보관책임이 있는 자가 결과적으로 군용물의 소지를 상실하는 모든 경우로 해석하면 유추해석금지의 원칙에 반한다.[71] 특히 이른바 '땅콩회항사건'에서 대법원은 항공보안법의 '항로'를 해석함에 있어서 문리해석에서 시작하

---

69) 김일수/서보학, 51면; 손동권/김재윤, 34면; 신동운, 29면; 이형국/김혜경, 36면; 정성근/박광민, 27면.

69) 김일수/서보학, 51면; 손동권/김재윤, 34면; 신동운, 29면; 이형국/김혜경, 36면; 정성근/박광민, 27면.
70) 대법원 1997.3.20. 선고 96도1167 전원합의체 판결.
71) 대법원 1999.7.9. 선고 98도1719 판결.

며, 목적적·역사적·논리적·체계적 해석방법을 사용하여 사건을 판단하고 있다.[72] 문리해석 등 해석방법을 잘 적용한 의미 있는 판례이다.

⚖️ **판례** **과수원실화사건**[73]

【사실관계】 갑은 1993.3.23. 16:00경 피해자 을의 소유인 사과나무 밭에서 바람이 세게 불어 그냥 담뱃불을 붙이기가 어려워지자, 마른 풀을 모아놓고 성냥불을 켜 담뱃불을 붙인 뒤, 그 불이 완전히 소화되었는지 여부를 확인하지 아니한 채 자리를 이탈한 과실로, 남은 불씨가 주변에 있는 마른 풀과 잔디에 옮겨 붙고, 계속하여 피해자들 소유의 사과나무에 옮겨 붙어 사과나무 217주 등 시가 671만원 상당을 소훼하였다. 이에 검사는 형법 제170조 제2항, 제167조를 적용법조로 하여 공소를 제기하였다.

【1심법원과 원심법원】 이에 대하여 제1심 법원은 형법 제170조 제2항은 타인의 소유에 속하는 제167조에 기재한 물건(일반물건)을 소훼한 경우에는 적용될 수 없고, 형법상 그러한 물건을 과실로 소훼한 경우에 처벌하도록 하고 있는 규정이 없으므로 공소기각의 결정을 하였고, 위 결정에 대하여 검사가 즉시항고하자, 원심법원(제2심법원)은 형법 제170조 제2항의 '자기의 소유에 속하는 제166조 또는 제167조에 기재한 물건'을 '자기의 소유에 속하는 제166조에 기재한 물건 또는 자기나 타인의 소유에 속하는 제167조에 기재한 물건'으로 해석하는 것은 죄형법정주의 원칙, 특히 유추해석금지 또는 확장해석금지의 원칙에 반한다는 이유로 즉시항고를 기각하여 제1심 결정을 유지하고 있다.

【대법원】 (다수의견) 대법원은 형법 제170조 제2항의 '자기의 소유에 속하는 제166조 또는 제167조에 기재한 물건을 소훼하여 공공의 위험을 발생하게 한 자'를 '자기의 소유에 속하는 제166조에 기재한 물건 또는 자기의 소유에 속하는 제167조에 기재한 물건을 소훼하여 공공의 위험을 발생하게 한 자'로 해석하여 '타인의 소유에 속하는 제167조에 기재한 물건을 소훼하여 공공의 위험을 발생하게 한 자'를 제외함으로써 타인의 물건을 과실로 소훼하여 공공의 위험을 발생하게 한 경우에는 처벌하지 아니한다면, 우리 형법이 제166조에서 타인의 소유에 속하는 일반건조물 등을 방화한 경우에는 자기의 소유에 속하는 일반건조물 등을 방화한 경우(이 경우 공공의 위험을 발생하게 함을 요건으로 하고 있다)보다 더 무겁게 처벌하고 있고, 제167조에서 타인의 소유

---

72) 대법원 2017.12.21. 선고 2015도8335 전원합의체 판결.

73) 이 판례는 형법해석의 한계라는 논제로 학계에 많은 관심을 끈 판결이다. 특히 신동운 교수는 법전편찬상의 과오에 해당하기 때문에 체계적 종합적 해석이 가능하다고 판례평석을 한 이후에 김영환 교수가 해석학적, 방법론적 분석으로 형법해석의 한계를 설명하여 이러한 해석은 법문의 가능한 의미를 넘는 법창조에 해당한다는 비판을 하였다. 이후 이상돈 교수가 변증적 사고와 의사소통행위이론에 따른 해석론을 제시하였으며, 다시 김영환 교수가 반론을 펼쳤다. 이후 김대휘 판사가 전통적인 해석한계를 다시 근거 짓는 글을 발표하였다. 이어서 최봉철 교수가 해체주의적 철학을 배경으로 다시 문언중심적 해석방법을 비판하였다. 이러한 논쟁의 전 과정은 단행본으로 출간되기도 하였다(법률해석의 한계, 법문사, 2000).

에 속하는 일반물건을 소훼하여 공공의 위험을 발생하게 한 경우를 자기의 소유에 속하는 물건에 대한 경우보다 더 무겁게 처벌하고 있으며, 제170조에서 과실로 인하여 타인의 소유에 속하는 제166조에 기재한 물건(일반건조물 등)을 소훼한 경우에는 공공의 위험발생을 그 요건으로 하지 아니하고 있음에 반하여 자기의 소유에 속하는 제166조에 기재한 물건을 소훼한 경우에는 공공의 위험발생을 그 요건으로 하고 있음에 비추어, 명백히 불합리하다고 하지 아니할 수 없다. 따라서 <u>형법 제170조 제2항에서 말하는 '자기의 소유에 속하는 제166조 또는 제167조에 기재한 물건'이라 함은 '자기의 소유에 속하는 제166조에 기재한 물건 또는 자기의 소유에 속하든, 타인의 소유에 속하든 불문하고 제167조에 기재한 물건'을 의미하는 것이라고 해석하여야 할 것이며,</u> 제170조 제1항과 제2항의 관계로 보아서도 제166조에 기재한 물건(일반건조물 등)중 타인의 소유에 속하는 것에 관하여는 제1항에서 이미 규정하고 있기 때문에 제2항에서는 그중 자기의 소유에 속하는 것에 관하여 규정하고, 제167조에 기재한 물건에 관하여는 소유의 귀속을 불문하고 그 대상으로 삼아 규정하고 있는 것이라고 봄이 <u>관련 조문을 전체적, 종합적으로 해석하는 방법일 것이다. 이렇게 해석한다고 하더라도 그것이 법규정의 가능한 의미를 벗어나 법형성이나 법창조행위에 이른 것이라고는 할 수 없어 죄형법정주의의 원칙상 금지되는 유추해석이나 확장해석에 해당한다고 볼 수는 없을 것이다.</u> 따라서 이 점을 지적하는 논지는 이유 있다. 그러므로 재항고를 받아들여 원심결정과 제1심결정을 모두 취소하고, 사건을 제1심법원인 대전지방법원에 환송한다(대법원 1994.12.20 선고 94모32 전원합의체 결정).

【해설】 고의로 불을 지르는 방화죄의 경우 그 객체에 따라 처벌규정을 달리한다. 제164조 현주건조물, 제165조 공용건조물, 제166조 제1항 타인소유 일반건조물, 제166조 제2항 자기소유 일반건조물, 제167조 제1항 타인소유 일반물건, 제167조 제2항 자기소유 일반물건에 방화하는 경우 이를 처벌하는 규정을 두고 있다.

과실로 불을 내게 하는 실화죄의 경우는 제170조에서 규정하고 있다. 제170조 제1항은 과실로 인하여 제164조 또는 제165조에 기재한 물건 또는 타인의 소유에 속하는 제166조에 기재한 물건을 소훼한 경우를 규정하고 있으며, 제170조 제2항은 과실로 인하여 자기의 소유에 속하는 제166조 또는 제167조에 기재한 물건을 소훼한 경우를 규정하고 있다.

실화죄의 규정체계를 방화죄의 규정체계와 대비하여 체계적으로 해석을 하게 되면, 제164조, 제165조, 제166조 제1항의 객체에 대해서는 제170조 제1항에 의하여, 나머지 제166조 제2항과 제167조의 객체에 대해서는 제170조 제2항에 따라서 처벌하고 있다고 해석할 수 있다(해석 1).

하지만 제170조 제2항의 규정을 문언적으로 해석하게 되면 '자기의 소유에 속하는 제166조 또는 제167조에 기재한 물건'에서 '자기의 소유에 속하는'이라는 형용사구는 제166조뿐만 아니라 제167조에 기재한 물건까지 수식하기 때문에 결론적으로 '타인의 소유에 속하는 일반물건'은 제외된다고 해석할 수 있다(해석 2).

원심법원은 문언적 해석방법을 택하여 과실로 타인 소유의 일반물건을 소훼한 경우 처벌할 수 있는 규정이 없다고 하여 공소기각의 결정을 하였지만(해석 2), 대법원은 관련조문을 전체적, 종합적으로 해석하여야 한다고 하면서(해석 2) 위 사례의 경우 제170조 제2항을 적용하여 처벌할 수 있다고 하였다. 이러한 해석방법은 유추해석이나 확장해석에 해당하지 않는다는 입장이다.

| ⚖ 판례 | 땅콩회항사건 |

【판결요지】 [1] [다수의견] (가) 항공보안법 제42조는 "위계 또는 위력으로써 운항 중인 항공기의 항로를 변경하게 하여 정상 운항을 방해한 사람은 1년 이상 10년 이하의 징역에 처한다."라고 규정하고 있다. 같은 법 제2조 제1호는 '운항 중'을 '승객이 탑승한 후 항공기의 모든 문이 닫힌 때로부터 내리기 위하여 문을 열 때까지'로 정의하였다. 그러나 항공보안법에 '항로'가 무엇인지에 관하여 정의한 규정은 없다.

(나) 죄형법정주의는 국가형벌권의 자의적인 행사로부터 개인의 자유와 권리를 보호하기 위하여 범죄와 형벌을 법률로 정할 것을 요구한다. 그러한 취지에 비추어 보면 형벌법규의 해석은 엄격하여야 하고, 문언의 가능한 의미를 벗어나 피고인에게 불리한 방향으로 해석하는 것은 죄형법정주의의 내용인 확장해석금지에 따라 허용되지 아니한다. 법률을 해석할 때 입법 취지와 목적, 제·개정 연혁, 법질서 전체와의 조화, 다른 법령과의 관계 등을 고려하는 체계적·논리적 해석 방법을 사용할 수 있으나, 문언 자체가 비교적 명확한 개념으로 구성되어 있다면 원칙적으로 이러한 해석 방법은 활용할 필요가 없거나 제한될 수밖에 없다. 죄형법정주의 원칙이 적용되는 형벌법규의 해석에서는 더욱 그러하다.

(다) 법령에서 쓰인 용어에 관해 정의규정이 없는 경우에는 원칙적으로 사전적인 정의 등 일반적으로 받아들여진 의미에 따라야 한다. 국립국어원의 표준국어대사전은 항로를 '항공기가 통행하는 공로'로 정의하고 있다. 국어학적 의미에서 항로는 공중의 개념을 내포하고 있음이 분명하다. 항공기 운항과 관련하여 '항로'가 지상에서의 이동 경로를 가리키는 용어로 쓰인 예를 찾을 수 없다.

(라) 다른 법률에서 항로는 '항공로'의 뜻으로 사용되기도 하였다. 구 항공법(2016.3.29. 법률 제14116호로 폐지) 제115조의2 제2항은, 국토교통부장관이 항공운송사업자에게 운항증명을 하는 경우 '운항하려는 항로' 등 운항조건을 정하도록 규정하였다. 이 조문의 내용을 물려받은 항공안전법(2016.3.29. 법률 제14116호) 제90조 제2항은 '운항하려는 항로'를 '운항하려는 항공로'로 바꾸었으므로, 여기에서 '항로'는 항공로와 같은 뜻으로 쓰였음이 분명하다. 항공로의 법률적 정의는 '국토교통부장관이 항공기 등의 항행에 적합하다고 지정한 지구의 표면상에 표시한 공간의 길'로 규정되어 있으므로(항공안전법 제2조 제13호, 구 항공법에서의 정의도 같다), 항공기가 비행하면서 다녀야 항공로가 될 수 있다.

이처럼 항로가 법률용어로서 항공로와 혼용되기도 한 것을 볼 때, 입법자도 항로를 공중의 개념을 내포한 단어로 인식하였다고 볼 수 있다.

(마) 반면에 입법자가 유달리 본죄 처벌규정에서만 '항로'를 통상의 의미와 달리 지상에서의 이동 경로까지 포함하는 뜻으로 사용하였다고 볼 만한 입법자료는 찾을 수 없다. 본죄는 항공보안법의 전신인 구 항공기운항안전법($^{1974.12.26.\ 법률}_{제2742호}$) 제11조에서 처음으로 범죄로 규정되었다. 구 항공기운항안전법의 제정과정에서 법률안 심사를 위해 열린 1974.11.26. 국회 법제사법위원회 회의록은, 본죄의 처벌규정에 관하여는 아무런 논의가 없어서 '항로'의 의미를 알 수 있는 직접적인 단서가 되기 어렵다. 다만 제안이유에 관한 설명을 보면, 민간 항공기에 대한 범죄 억제를 위한 국제협약에 우리나라가 가입한 데 따른 협력의무의 이행으로 범죄행위자에 대한 가중처벌규정 등을 마련하기 위해 구 항공기운항안전법이 제정된 것임을 알 수 있다.

(바) 본죄의 객체는 '운항 중'의 항공기이다. 그러나 위계 또는 위력으로 변경할 대상인 '항로'는 별개의 구성요건요소로서 그 자체로 죄형법정주의 원칙에 부합하게 해석해야 할 대상이 된다. 항로가 공중의 개념을 내포한 말이고, 입법자가 그 말뜻을 사전적 정의보다 넓은 의미로 사용하였다고 볼 자료가 없다. 지상의 항공기가 이동할 때 '운항 중'이 된다는 이유만으로 그때 다니는 지상의 길까지 '항로'로 해석하는 것은 문언의 가능한 의미를 벗어난다.

(사) 지상에서 이동하는 항공기의 경로를 함부로 변경하는 것은 다른 항공기나 시설물과 충돌할 수 있어 위험성이 큰 행위임이 분명하다. 그러나 처벌의 필요성만으로 죄형법정주의 원칙을 후퇴시켜서는 안 된다. 그런 행위는 기장에 대한 업무방해죄로 처벌할 수 있을 뿐만 아니라, 많은 경우 폭행·협박 또는 위계를 수반할 것이므로 10년 이하의 징역으로 처벌 가능한 직무집행방해죄($^{항공보안법}_{제43조}$) 등에 해당할 수 있어 처벌의 공백이 생기는 것도 아니다($^{대법원\ 2017.12.21.\ 선고}_{2015도8335\ 전원합의체\ 판결}$).

【해설】 이른바 땅콩회항사건에 대하여 대법원이 해석의 원칙을 하나씩 언급하면서 판단한 판결이다. 문리해석에서 시작하여 목적적·역사적·논리적·체계적 해석방법을 사용하여 사건을 판단하고 있다. 항공보안법에 '항로'가 무엇인지에 관하여 정의한 규정은 없다. 항로를 해석함에 있어서 먼저 문리해석을 하고, 이어서 입법자의 의사를 추정하는 주관적 해석방법을 한다. 이어서 논리적·체계적 해석방법을 한다. 여러 해석을 한 결과 지상에서의 이동경로까지 포함하는 뜻으로 해석할 수 없다. 지상에서 이동하는 항공기의 경로를 함부로 변경하는 행위는 위험성이 큰 행위이지만 처벌의 필요성만으로 죄형법정주의 원칙을 후퇴시킬 수는 없다.

⚖ 판례   유추로 인정된 판례

① 형법 제225조 공문서변조나 위조죄의 주체인 '공무원 또는 공무소'에 형법 또는 특별법에 의하여 공무원으로 의제되는 경우뿐만 아니라 계약 등에 의하여 공무와 관련

된 업무를 일부 대행하는 경우도 포함시키는 경우(대법원 1996.3.26. 선고 95도3073 판결)

② 구 성폭력범죄의 처벌 및 피해자보호등에 관한 법률 제8조의 신체장애로 항거불능 상태에 있음을 이용하여 간음 또는 추행한 자를 처벌하는 규정의 '신체장애'에 정신장애를 포함시키는 경우(대법원 1998.4.10. 선고 97도3392 판결)

③ 연습운전면허 취득자가 준수사항을 어겨서 운전한 경우, 무면허운전죄에 해당하는지 여부에 대하여 도로교통법의 '무면허운전'에 연습운전면허를 받은 사람의 운전을 포함시키는 경우(대법원 2001.4.10. 선고 2000도5540 판결)

④ 형법 제229조, 제228조 제1항의 '공정증서원본'에 공정증서의 정본을 포함시키는 경우(대법원 2002.3.26. 선고 2001도6503 판결)

⑤ 군형법 제64조 제1항의 상관면전모욕죄에 '면전에서'는 얼굴을 마주 대한 상태를 의미하는데, 이러한 '면전'에 전화를 통하여 통화한 경우를 포함시키는 경우(대법원 2002.12.27. 선고 2002도2539 판결)

⑥ 약사법 제26조 제1항의 '의약품제조행위'에 여러 가지 한약재를 혼합하지 아니하고 별개로 구분하여 포장한 후, 이것들을 모아 종이상자에 넣어 다시 포장 · 판매한 경우를 포함시키는 경우(대법원 2003.7.22. 선고 2003도2432 판결)

⑦ 주민등록법 제21조 제2항 제3호에서 금지하는 '허위의 주민등록번호를 생성하여' 사용하는 경우에 이미 생성된 주민등록번호를 단순히 사용하는 경우를 포함시키는 경우(대법원 2004.2.27. 선고 2003도6535)

⑧ 구 공직선거 및 선거부정방지법 제93조 제1항의 본문의 '명함을 직접 주는 행위'에 후보자 본인이 직접 자신의 명함을 아파트 현관의 세대별 우편함에 넣어두거나 아파트 출입문 틈새사이로 밀어 넣어 안으로 투입하거나 틈새에 끼워놓은 경우를 포함시키는 경우(대법원 2004.8.16. 선고 2004도3062 판결)

⑨ 정보통신망이용촉진및정보보호등에관한법률 제65조 제1항 제3호의 '정보통신망을 통하여 공포심이나 불안감을 유발하는 음향을 반복적으로 상대방에게 도달하게 하는 것'에 상대방에게 전화를 하여 상대방의 전화기의 벨이 울리도록 한 경우를 포함시키는 경우(대법원 2005.2.25. 선고 2004도7615 판결)

⑩ 청소년성보호법에서 처벌을 희망하지 않는다는 의사표시 또는 처벌희망 의사표시의 철회는 이른바 소극적 소송조건에 해당하고, 소송조건에는 죄형법정주의의 파생원칙인 유추해석금지의 원칙이 적용된다고 할 것인데, 명문의 근거 없이 그 의사표시에 법정대리인의 동의가 필요하다고 보는 것은 유추해석에 의하여 소극적 소송조건의 요건을 제한하고 피고인 또는 피의자에 대한 처벌가능성의 범위를 확대하는 결과가 되어 죄형법정주의 내지 거기에서 파생된 유추해석금지의 원칙에도 반한다(대법원 2009.11.19. 선고 2009도6058 전원합의체 판결).

⑪ 구 전자금융거래법의 '양도'는 권리나 물건 등을 남에게 넘겨주는 행위를 지칭하는데, 이를 단순히 접근매체를 빌려 주거나 일시적으로 사용하게 하는 행위를 포함하는 것으로 해석하면 유추금지의 원칙에 반한다는 사례(대법원 2012.7.5. 선고 2011도16167 판결).

⑫ 도로교통법 제43조는 무면허운전 등을 금지하면서 "누구든지 제80조의 규정에 의

하여 지방경찰청장으로부터 운전면허를 받지 아니하거나 운전면허의 효력이 정지된 경우에는 자동차 등을 운전하여서는 아니된다"고 정하여, 운전자의 금지사항으로 운전면허를 받지 아니한 경우와 운전면허의 효력이 정지된 경우를 구별하여 대등하게 나열하고 있다. 그렇다면 '운전면허를 받지 아니하고'라는 법률문언의 통상적인 의미에 '운전면허를 받았으나 그 후 운전면허의 효력이 정지된 경우'가 당연히 포함된다고는 해석할 수 없다(대법원 2011.8.25. 선고 2011도7725 판결).

⑬ 국가보안법 제7조 제5항에서 규정하고 있는 '소지'에 '블로그', '미니 홈페이지', '카페' 등의 이름으로 개설된 사적 인터넷 게시공간의 운영자가 사적 인터넷 게시공간에 게시된 타인의 글을 삭제할 권한이 있는데도 이를 삭제하지 아니하고 그대로 둔 경우를 포함시키는 경우(대법원 2012.1.27. 선고 2010도8336 판결).

⑭ 특정 범죄자에 대한 위치추적 전자장치 부착 등에 관한 법률 제5조 제1항 제3호에서 부착명령청구 요건으로 정한 '성폭력범죄를 2회 이상 범하여(유죄의 확정판결을 받은 경우를 포함한다)'에 '소년보호처분을 받은 전력'이 포함되는 것으로 해석한다면 이는 유추에 해당한다(대법원 2012.3.22. 선고 2011도15057 전원합의체 판결).

⑮ 구 전자금융거래법 제49조 제4항 제2호, 제6조 제3항 제2호에서 정한 '대가를 받고 접근매체를 대여'하는 행위에 '대가를 약속받고 접근매체를 대여하는 행위'를 포함시키는 경우(대법원 2015.2.26. 선고 2015도354 판결).

⑯ 구 성폭력범죄의 처벌 등에 관한 특례법 제13조(통신매체를 이용한 음란행위)에서 자기 또는 다른 사람의 성적 욕망을 유발하는 등의 목적으로 '전화, 우편, 컴퓨터나 그 밖에 일반적으로 통신매체라고 인식되는 수단을 이용하여' 성적 수치심 등을 일으키는 말, 글, 물건 등을 상대방에게 전달하는 행위를 처벌하고자 하는 것임이 문언상 명백하므로, 위와 같은 통신매체를 이용하지 아니한 채 '직접' 상대방에게 말, 글, 물건 등을 도달하게 하는 행위까지 포함하여 위 규정으로 처벌할 수 있다고 보는 경우(대법원 2016.3.10. 선고 2015도17847 판결)

⑰ 형법 제227조의2(공전자기록위작·변작)에서 '공무원'은 원칙적으로 법령에 의해 공무원의 지위를 가지는 자를 말하고, '공무소'란 공무원이 직무를 행하는 관청 또는 기관을 말하는데, 그 행위주체가 공무원과 공무소가 아닌 경우에는 형법 또는 특별법에 의하여 공무원 등으로 의제되는 경우를 제외하고는 계약 등에 의하여 공무와 관련되는 업무를 일부 대행하는 경우가 있더라도 공무원 또는 공무소가 될 수 없음에도 불구하고 한국환경공단과 같이 행위주체가 계약 등에 의하여 공무와 관련된 업무를 일부 대행하는 경우에도 이를 공무원 또는 공무소에 해당한다고 해석을 하는 경우(대법원 2020.3.12. 선고 2016도19170 판결).

① 형법 제170조 제2항에서 말하는 '자기의 소유에 속하는 제166조 또는 제167조에 기재한 물건'을 '자기의 소유에 속하는 제166조에 기재한 물건 또는 자기의 소유에 속하든, 타인의 소유에 속하든 불문하고 제167조에 기재한 물건'을 의미하는 것이라고 해석하는 경우(대법원 1994.12.20.자 / 94모32 전원합의체 결정)

② 구 형법 제347조의2 규정의 '부정한 명령을 입력하는 행위'에 권한없는 자에 의한 명령입력행위를 포함시켜 해석하는 경우(대법원 2003.1.10. 선고 / 2002도2363 판결)

③ 통신비밀보호법의 '감청'에 렉카회사가 무전기를 이용하여 한국도로공사의 상황실과 순찰차 간의 무선전화통화를 청취한 경우를 포함시켜 해석하는 경우(대법원 2003.11.13. 선고 / 2001도6213 판결)

④ 청소년의 이성혼숙을 금지하는 청소년보호법 제26조의2 제8호를 남녀쌍방이 청소년일 경우는 물론 남녀 중 일방이 청소년인 경우에도 적용하는 경우(대법원 2003.12.26. 선고 2003도5980 판결)

⑤ 국회의원 입후보예정자의 홈페이지에 접속하여 위 후보자를 반대하는 내용의 문서를 게시한 행위가 공직선거및선거부정방지법 제93조 제1항에 의하여 금지되는 '선거에 영향을 미치게 하기 위하여 후보자를 반대하는 내용의 문서를 게시하는 행위'에 해당한다고 한 경우(대법원 2005.1.27. 선고 / 2004도7488 판결)

⑥ 청소년보호법 제8조 등에 의한 청소년보호위원회 고시에서 규정하는 '불건전 전화 서비스 등'에 피고인의 광고 내용인 화상채팅 서비스가 포함된다고 해석하는 경우(대법원 2006.5.12. 선고 2005도6525 판결)

⑦ 미성년자의제강간 · 강제추행죄를 규정한 형법 제305조에 규정한 형법 제297조와 제298조의 '예에 의한다'는 의미에 미성년자의제강간 · 강제추행죄의 처벌에 있어서 그 법정형뿐만 아니라 미수범에 관하여도 강간죄와 강제추행죄의 예에 따른다는 취지로 해석하는 경우(대법원 2007.3.15. 선고 / 2006도9453 판결)

⑧ 정보통신망에 의하여 처리 · 보관 또는 전송되는 타인의 정보를 훼손하거나 타인의 비밀을 침해 · 도용 또는 누설하는 행위를 금지 · 처벌하는 규정인 정보통신망 이용촉진 및 정보보호 등에 관한 법률 제49조 및 제62조 제6호의 '타인'에는 생존하는 개인뿐만 아니라 이미 사망한 자도 포함된다(대법원 2007.6.14. 선고 / 2007도2162 판결).

⑨ '게임산업진흥에 관한 법률' 제32조 제1항 제7호는 "누구든지 게임물의 이용을 통하여 획득한 유 · 무형의 결과물(점수, 경품, 게임 내에서 사용되는 가상의 화폐로서 대통령령이 정하는 게임머니 및 대통령령이 정하는 이와 유사한 것을 말한다)을 환전 또는 환전알선하거나 재매입을 업으로 하는 행위를 하여서는 아니된다"고 정하고 있다. 여러 사정을 종합하여 보면, 위 조항이 정한 '환전'에는 '게임결과물을 수령하고 돈을 교부하는 행위'뿐만 아니라 '게임결과물을 교부하고 돈을 수령하는 행위'도 포함되는 것으로 해석함이 상당하고, 이를 지나친 확장해석이나 유추해석이라고 할 수 없다(대법원 2012.12.13. 선고 2012도11505 판결)

⑩ 형법은 필요적 감경의 경우에는 문언상 형을 '감경한다.'라고 표현하고, 임의적 감경의 경우에는 작량감경과 마찬가지로 문언상 형을 '감경할 수 있다.'라고 표현하고 있다. '할 수 있다.'는 말은 어떠한 명제에 대한 가능성이나 일반적인 능력을 나타내는 말로서 '하지 않을 수도 있다.'는 의미를 포함한다. <u>'할 수 있다.'는 문언의 의미에 비추어 보면 입법자는 임의적 감경의 경우 정황 등에 따라 형을 감경하거나 감경하지 않을 수 있도록 한 것이고 그 권한 내지 재량을 법관에게 부여한 것이다.</u> 이러한 해석은 문언상 자연스러울 뿐만 아니라 일상의 언어 사용에 가까운 것으로 누구나 쉽게 이해할 수 있다. 법문과 입법자의 의사에 부합하는 이상, 죄형법정주의 원칙상 허용되지 않는 유추해석에 해당하지도 않는다(대법원 2021.1.21. 선고 2018도5475 전원합의체 판결).

Ⅳ. 소급효 금지의 원칙

1. 의의

형법은 법시행 이후에 이루어진 행위에 대하여만 적용되고, 시행 이전의 행위에까지 소급하여 적용될 수 없다는 원칙을 말한다. 즉 행위자의 행위 시에 유효한 형법을 적용하여야 하며, 행위자의 행위 이후의 법률을 소급하여 적용해서는 안 된다는 원칙이다.

2. 이념적 근거

소급효금지의 원칙은 법에 대한 국민의 신뢰를 보장하여 법적 안정성과 법률에 대한 예측가능성을 담보하는 법치국가적 이념에 근거하고 있다. 이외에도 형사정책인 관점에서 소급하여 형벌을 과할 때에는 책임과 결부된 정당한 형벌이 될 수 없으며, 형벌의 예방적 효과를 달성할 수 없다는 점도 소급효금지의 원칙의 근거가 된다.

3. 진정소급효와 부진정소급효

소급효는 진정소급효와 부진정소급효로 구분된다. 진정소급효는 이미 과거에 완성된 사실관계 또는 법률관계를 규율대상으로 하여 사후에 그 전과 다른 법적 효과를 생기게 하는 것을 말하며, 부진정소급효는 과거에 이미 개시되었지만 아직 완결되지 않고 진행과정에 있는 사실관계 또는 법률관계와 그 법적 효과에 장래적으로 개입하여 법적 지위를

사후에 침해하는 것을 말한다.[74]

진정소급효는 헌법 제13조 제1항에 의하여 원칙적으로 허용되지 않는다. 이미 종결된 과거의 사실관계를 소급하여 다시 평가하고 처벌하는 것은 법치국가원리로부터 파생하는 법적 안정성의 요청에 정면으로 반하기 때문이다. 다만 일반적으로 국민이 소급입법을 예상할 수 있었거나 법적 상태가 불확실하고 혼란스러워 보호할만한 신뢰이익이 적은 경우, 소급입법에 의한 당사자의 손실이 없거나 아주 경미한 경우, 신뢰보호의 요청을 우선하는 심히 중대한 공익상의 사유가 소급입법을 정당화하는 경우 등에는 예외적으로 진정소급효가 허용된다고 한다.[75]

부진정소급효는 원칙적으로 허용된다. 부진정소급효는 입법자의 법률개정이 어느 정도 허용되는지의 문제이다. 변화하는 사회현상에 입법이 적절하게 대응하기 위하여 기존의 사실관계를 함께 고려하여만 공익을 효과적으로 달성할 수 있는 경우에는 현재 진행중인 사실관계를 새로이 규율하는 것으로 원칙적으로 허용된다. 하지만, 법률개정을 요구하는 공익상 사유와 개인의 신뢰이익을 교량하는 과정에서 신뢰보호의 요청이 있다면 입법자의 형성권은 제한된다.[76]

🏛 헌재 | 진정소급입법과 부진정소급입법의 구별 및 허용 여부

【결정요지】소급입법은 새로운 입법으로 이미 종료된 사실관계 또는 법률관계에 작용케 하는 진정소급입법과 현재 진행중인 사실관계 또는 법률관계에 작용케 하는 부진정소급입법으로 나눌 수 있는바, 부진정소급입법은 원칙적으로 허용되지만 소급효를 요구하는 공익상의 사유와 신뢰보호의 요청 사이의 교량과정에서 신뢰보호의 관점이 입법자의 형성권에 제한을 가하게 되는데 반하여, 기존의 법에 의하여 형성되어 이미 굳어진 개인의 법적 지위를 사후입법을 통하여 박탈하는 것 등을 내용으로 하는 진정소급입법은 개인의 신뢰보호와 법적 안정성을 내용으로 하는 법치국가원리에 의하여 특단의 사정이 없는 한 헌법적으로 허용되지 아니하는 것이 원칙이고, 다만 일반적으로 국민이 소급입법을 예상할 수 있었거나 법적 상태가 불확실하고 혼란스러워 보호할 만한 신뢰이익이 적은 경우와 소급입법에 의한 당사자의 손실이 없거나 아주 경미한 경우 그리고 신뢰보호의 요청에 우선하는 심히 중대한 공익상의 사유가 소급입법을 정당화하는 경우 등에는 예외적으로 진정소급입법이 허용된다(헌법재판소 1999.7.22. 선고 97헌바76 결정).

【해설】형사소송법은 공소시효와 관련한 법 개정시 경과규정을 두어 "이 법 시행 전에

---

74) 헌법재판소 1996.2.16. 선고 96헌바7·13(병합) 결정 (5·18특별법사건).
75) 헌법재판소 1999.7.22. 선고 97헌바76 결정; 헌법재판소 1997.6.26. 선고 96헌바94 결정; 대법원 1997.4.17. 선고 96도3376 판결.
76) 헌법재판소 1996.2.16. 선고 96헌가2 결정.

범한 죄에 대하여는 종전의 규정을 적용한다"고 함으로써 부진정소급효도 허용하지 않는 것을 원칙으로 하고 있다. 다만 성폭력처벌법 부칙 제3조는 "이 법 시행 전에 행하여진 성폭력범죄로 아직 공소시효가 완성되지 아니한 것에 대하여도 제21조의 개정규정을 적용한다"고 규정함으로써 부진정소급효를 허용하는 태도를 보이고 있다.

4. 적용범위

가. 소급입법과 소급적용의 금지

사후'입법'에 의한 처벌을 금지하여 입법자의 자의로부터 개인의 자유와 안전을 보장한다. 따라서 대법원 양형위원회가 설정한 '양형기준'이 발효하기 전에 공소가 제기된 범죄에 대하여 '양형기준'을 참고하여 형을 양정한 경우, 양형기준은 법관이 합리적인 양형을 정하는데 참고할 수 있는 구체적이고 객관적인 기준으로 마련된 것이며, 이는 법적 구속력을 갖지 않으므로 소급적용금지의 원칙을 위반한 것이 아니다.[77]

소급'적용'을 금지하여 법관의 자의로부터 개인의 자유와 안전을 보장한다. 판례변경의 소급효금지 적용 여부와 관련하여 소급적용의 금지를 소급효금지의 적용범위 안에 포함한다고 보면, 판례의 변경 역시 소급효금지원칙에 적용되어야 한다는 논리적 결론에 도달한다. 판례변경의 소급효를 부정하는 입장에서는 소급효적용금지는 적용범위에 포함되지 않는다. 판례의 변경과 소급효에 대해서는 후술한다.

나. 행위자에게 불이익한 소급효 금지

행위자에게 불이익한 법률의 소급효만을 금지한다. 형법각칙의 구성요건을 신설·개정하는 경우뿐만 아니라 형법총칙 규정을 개정하여 처벌의 범위를 확장하는 것, 위법성조각사유를 소급적으로 폐지하거나 제한하는 것, 객관적 처벌조건이나 인적 처벌조각사유[78] 등을 소급적으로 행위자에게 불이익하게 적용하는 것, 선고유예·집행유예·가석방의 조건[79]을 피고인에게 불리하게 변경하는 것도 소급효금지의 원칙에 반한다. 형법 제70조 노역장유치도 징역형과 유사한 형벌적 성격을 가지는 것이므로 소급효금지의 적용대상이 된다.[80]

---

77) 대법원 2009.12.10. 선고 2009도11448 판결.

78) 김성돈, 81면.

79) 2010.4.15. 형법 개정으로 무기수에 대한 가석방의 요건을 강화(10년→20년)하면서(제72조 제1항), 개정형법의 시행 당시에 수용 중인 사람에게도 강화된 가석방의 요건을 적용하도록 하고 있는데(부칙 제2조) 이는 소급효금지의 원칙에 위배될 가능성이 있다(김태명, 26면).

80) 헌법재판소 2017.10.26. 선고 2015헌바239 결정.

행위자에게 이익이 되는 법률의 소급적용은 가능하다. 따라서 형벌을 폐지하거나 감경하는 내용의 법률은 소급효가 인정될 수 있다. 행위자에게 유리한 소급적용은 형법 제1조 제2항과 제3항에 규정되어 있다. 이에 대해서는 형법의 시간적 적용범위에서 자세히 설명한다.

5. 신법의 부칙규정에 경과규정을 두는 경우

종전의 법률에 비해 가볍게 처벌하는 법률개정이 있는 경우 행위자는 형법 제1조 제2항에 따라 유리한 신법의 적용을 받을 수 있다. 그런데 신법의 부칙에 경과규정을 두어 유리한 신법을 적용하지 않고, '구법시의 행위는 구법을 적용한다'고 규정하는 경우가 있다. 이렇게 되면 종전의 구법이 추급하여 적용되므로 행위자에게 불리하게 된다.

범죄 후 행위자에게 유리하게 법률이 변경된 경우에도 신법이 경과규정을 두어 재판시법의 적용이 배제되고 불리한 구법을 적용하도록 허용될 수 있는 가에 대하여 학설은 견해의 대립이 있으며,[81] 판례는 허용된다는 입장이다.[82] 판례에 따르면 "형법 제1조 제2항 및 제8조에 의하면 범죄 후 법률의 변경에 의하여 형이 구법보다 경한 때에는 신법에 의한다고 규정하고 있으나 신법에 경과규정을 두어 이러한 신법의 적용을 배제하는 것도 허용"된다.

6. 보안처분과 소급효 금지의 적용 여부

가. 쟁점

보안처분이란 형벌만으로는 행위자의 사회복귀와 범죄의 예방이 불가능하거나 행위자의 위험성으로 인하여 형벌의 목적을 달성할 수 없는 경우에 형벌을 대체하거나 보충하기 위하여 부과되는 형사제재를 말한다. 형법상 보호관찰·사회봉사명령·수강명령이 있으며, 치료감호법의 치료감호, 아동·청소년의 성보호에 관한 법률의 신상정보 공개, 특정범죄자에 대한 보호관찰 및 전자장치 부착 등에 관한 법률의 위치추적 전자장치 부착명령(이른바 전자발찌 부착) 등이 있다. 보안처분의 경우에도 형벌과 마찬가지로 소급효금지의 적용 대상이 될 수 있는지에 대하여 논의가 되고 있다.

---

81) 이에 대하여 비판하는 입장으로 손동권/김재윤, 38면; 이에 대하여 찬성하는 입장으로 김성돈, 90면.
82) 대법원 1999.4.13. 자 99초76 결정.

나. 학설

긍정설에 따르면 보안처분은 형벌 못지않은 자유제한처분이기 때문에 보안처분도 소급효금지의 원칙이 적용된다고 한다.[83] 부정설에 따르면 보안처분은 재범의 위험성이 있는 범죄인으로부터 사회를 방위하기 위한 처분이며, 보안처분 관련법률은 장래를 향하여 범죄인으로부터 재범의 위험성을 제거하기 위하여 제정되거나 개정되기 때문에 보안처분에 대해서는 소급효금지의 원칙이 적용되지 않는다고 한다.[84]

다. 판례

판례는 보안처분의 경우에 원칙적으로 소급효금지의 원칙이 적용되지 않는다는 입장이다.[85] 판례에 따르면 보호관찰에 관하여는 반드시 행위 이전에 규정되어 있을 필요 없으며, 재판 시에 규정되어 있으면 된다. 성폭력범죄자에 대한 신상정보의 공개[86]와 위치추적 전자장치 부착[87]에 대해서도 소급효금지의 원칙이 적용되지 않으므로 법률시행 전에 범한 성폭력범죄에 대해서도 보안처분의 소급효가 가능하다고 한다.

그러나 가정폭력범죄에 대한 사회봉사명령은 보안처분의 성격을 가지고 있다고 하면서도 소급효금지의 원칙이 적용된다고 판단하고 있다. 동법의 사회봉사명령이 가정폭력범죄를 범한 자에게 의무적 노동을 부과하고 여가시간을 박탈하여 실질적으로는 신체적 자유를 제한한다는 것을 주요근거로 제시하고 있다. 보안처분의 소급효에 대한 판례의 입장은 일관되어 있다고 보기 어렵다.

> ⚖️ **판례**　**보안처분의 소급효문제**

【사실관계】 갑은 1995년 6월부터 11월 15일 사이에 국가보안법과 공직선거 및 선거부정방지법을 위반한 혐의로 공소제기되었다. 서울고등법원은 갑의 범행을 유죄로 인정하면서 1997년 2월 18일에 갑에게 징역 1년 6월과 그 집행유예를 선고함과 동시에 1995년 12월 29일에 개정되어 1997년 1월 1일부터 시행된 개정형법 제62조의 2 제1 · 2항을 적용하여 보호관찰을 받을 것을 명하였다.

---

83) 김성돈, 86면; 김일수/서보학, 43면; 김혜정/박미숙/안경옥/원혜욱/이인영, 20면; 박상기/전지연, 21면; 배종대, 61면; 이상돈, 24면; 이재상/장영민/강동범, 21면; 오영근, 33면; 이형국/김혜경, 40면; 임웅, 22면; 정성근/박광민, 18면.

84) 신동운, 44면.

85) 대법원 1997.6.13. 선고 97도703 판결. 이 판결에 대한 비판으로 김일수, 보안처분과 형벌불소급의 원칙, 법률신문, 1997.9.1, 15면.

86) 대법원 2011.3.24. 선고 2010도14393,2010전도120 판결; 공개명령제도가 시행된 2010.1.1. 이전에 범한 범죄에도 공개명령제도를 적용하도록 법률이 개정되었다고 하더라도 소급입법금지의 원칙에 반하지 않는다.

87) 대법원 2010.12.23. 선고 2010도11996,2010전도86 판결.

【판결요지】개정 형법 제62조의2 제1항에 의하면 형의 집행을 유예를 하는 경우에는 보호관찰을 받을 것을 명할 수 있고, 같은 조 제2항에 의하면 제1항의 규정에 의한 보호관찰의 기간은 집행을 유예한 기간으로 하고, 다만 법원은 유예기간의 범위 내에서 보호관찰의 기간을 정할 수 있다고 규정되어 있는바, 위 조항에서 말하는 보호관찰은 형벌이 아니라 보안처분의 성격을 갖는 것으로서, 과거의 불법에 대한 책임에 기초하고 있는 제재가 아니라 장래의 위험성으로부터 행위자를 보호하고 사회를 방위하기 위한 합목적적인 조치이므로, 그에 관하여 반드시 행위 이전에 규정되어 있어야 하는 것은 아니며, 재판 시의 규정에 의하여 보호관찰을 받을 것을 명할 수 있다고 보아야 할 것이고, 이와 같은 해석이 형벌불소급의 원칙 내지 죄형법정주의에 위배되는 것이라고 볼 수 없다(대법원 1997.6.13. 선고
97도703 판결).

【해설】보안처분은 소급효금지의 원칙의 적용을 받는가에 대하여 보안처분은 자유의 제한이라는 점에서 형벌과 실질적으로 동일하며, 보안처분에 대하여 법률의 소급적용을 허용하면 형벌불소급의 원칙의 실질적 의미는 상실된다고 하여, 소급효금지의 원칙을 적용해야 하며, 행위시법을 적용해야 한다는 것이 통설이다. 그러나 판례는 이러한 통설의 입장과는 달리 보안처분은 과거의 불법에 대한 책임에 기초하고 있는 제재가 아니라 장래의 위험성으로부터 행위자를 보호하고 사회를 방위하기 위한 합목적적인 조치이므로, 그에 관하여 반드시 행위 이전에 규정되어 있어야 하는 것은 아니며, 재판 시의 규정에 의하여 보호관찰을 받을 것을 명할 수 있다고 한다.

⚖️ 판례 가정폭력범죄의 사회봉사명령과 소급효

【판결요지】[1] 가정폭력범죄의 처벌 등에 관한 특례법이 정한 보호처분 중의 하나인 사회봉사명령은 가정폭력범죄를 범한 자에 대하여 환경의 조정과 성행의 교정을 목적으로 하는 것으로서 형벌 그 자체가 아니라 보안처분의 성격을 가지는 것이 사실이다. 그러나 한편으로 이는 가정폭력범죄행위에 대하여 형사처벌 대신 부과되는 것으로서, 가정폭력범죄를 범한 자에게 의무적 노동을 부과하고 여가시간을 박탈하여 실질적으로는 신체적 자유를 제한하게 되므로, 이에 대하여는 원칙적으로 형벌불소급의 원칙에 따라 행위시법을 적용함이 상당하다.

[2] 가정폭력범죄의 처벌 등에 관한 특례법상 사회봉사명령을 부과하면서, 행위시법상 사회봉사명령 부과시간의 상한인 100시간을 초과하여 상한을 200시간으로 올린 신법을 적용한 것은 위법하다고 한 사례(대법원 2008.7.24.자
2008어4 결정).

【해설】보안처분 중 사회봉사명령은 본 사건의 가정폭력범죄의 처벌 등에 관한 특례법이외에도 형법 등 다른 법률에도 규정되어 있다. 이러한 사회봉사명령의 법적 성격에 대하여 판례는 형벌이 아닌 보안처분으로 보고 있다. 따라서 소급효금지와 관련하여 보안처분에 대해서는 소급효금지의 원칙이 적용되지 않는다는 판례의 기존입장을 그대로 따를 경우에는 가정폭력범죄에 대한 사회봉사명령 또한 소급효금지의 원칙이

적용되지 않는다고 보는 것이 타당하다. 그럼에도 불구하고 대법원은 가정폭력범죄에 대한 사회봉사명령은 형사처벌 대신 부과되는 것이라고 하여 소급효금지의 원칙이 적용된다는 입장이다. 보안처분의 소급효에 대한 예외적인 경우라고 볼 수 있다.

라. 결론

보안처분에 대해서도 소급효 금지의 원칙이 적용된다고 보는 것이 타당하다. 헌법이 요청하는 소급효 금지는 형벌만의 소급효금지가 아니라 형사제재의 부과, 즉 처벌에 대한 소급효를 금지하는 것이다. 보안처분도 범죄에 대한 효과로 부과되는 형사제재라는 점에서는 형벌과 다르지 않다. 또한 보안처분이라는 이름으로 소급효금지의 원칙을 무력화하는 것을 허용할 수는 없다.

7. 형사소송법 규정과 소급효 금지의 적용 여부

가. 쟁점

소급효금지의 원칙은 실체법인 형법에만 적용되는가 또는 절차법인 형사소송법에도 적용되는가의 문제이다. 소급효금지의 원칙은 원래 실체법상 가벌성과 형사제재에 관련된 것이기 때문에 원칙적으로 절차법인 형사소송법에 대해서는 적용되지 않는다.[88] 따라서 형사소송법의 규정이 사후에 행위자에게 불리하게 변경되어 소급적용되더라도 소급효금지원칙에 반하지 않는다. 즉, 사후에 구속기간을 연장하는 내용의 형사소송법규정은 소급적용할 수 있다.

그런데 친고죄를 비친고죄로 개정하는 경우 또는 공소시효를 연장하는 경우와 같이 소송법의 규정임에도 불구하고 실체법의 가벌성과 어느 정도 관련성이 있는 경우에도 소급효금지의 원칙이 적용되는가에 대해서는 견해의 대립이 있다.

나. 친고죄를 비친고죄로 변경하는 경우

친고죄를 개정하여 비친고죄로 변경한 경우는 소송법의 규정이라도 순수한 절차적 규정이 아니라 범죄의 가벌성과 관련된 조건이기 때문에 소급효금지의 원칙이 적용된다는 견해도 있다. 하지만 친고죄의 행위자는 행위 당시 자신의 행위의 가벌성에 대해서 전혀

---

88) 헌법재판소 1996.2.16. 선고 96헌가·96헌바7·96헌바13 결정: 형벌불소급의 원칙은 "행위의 가벌성", 즉 형사소추가 "언제부터 어떠한 조건하에서" 가능한가의 문제에 관한 것이고, "얼마 동안" 가능한가의 문제에 관한 것은 아니므로, 과거에 이미 행한 범죄에 대하여 공소시효를 정지시키는 법률이라 하더라도 그 사유만으로 헌법 제12조 제1항 및 제13조 제1항에 규정한 죄형법정주의의 파생원칙인 형벌불소급의 원칙에 언제나 위배되는 것으로 단정할 수는 없다.

판단의 착오가 없기 때문에 사후에 그의 행위를 처벌한다고 해서 법질서에 대한 신뢰와 법적 안정성이 크게 침해당했다고 볼 수 없으며, 행위자의 신뢰는 보호할 가치가 없으므로 소급효금지원칙이 적용되지 않는다고 보는 것이 타당하다. 그러나 이미 고소기간이 경과한 경우에는 행위자의 신뢰와 법적 안정성을 보호해 줄 필요가 있기 때문에 소급효를 인정할 수 없다.

2012.12.19. 개정형법은 종전 친고죄였던 성범죄들을 비친고죄로 개정하였다. 만약 개정형법이 시행되기 전에 발생한 범죄에 대해서 개정형법을 적용한다면 소급효금지의 원칙이 문제될 여지가 있었지만, 형법 부칙 제2조에서 개정형법은 개정형법 시행 후 최초로 저지른 범죄부터 적용하도록 함으로써 발생할 수 있는 논란을 사전에 입법적으로 해결하였다.

다. 공소시효의 연장 문제[89]
(1) 부진정 소급효
부진정 소급효는 만료되지 않은 공소시효기간을 사후적으로 연장시키거나 공소시효 진행을 정지시키는 것을 말한다. 부진정 소급효는 소급효금지의 원칙에 반하지 않는다.[90] 해당 법률을 개정하면서 부진정 소급효를 인정하는 규정을 둘 수 있다.

(2) 진정 소급효
진정 소급효는 일단 만료된 공소시효를 재개하는 것을 말한다. 진정 소급효는 원칙적으로 법적 안정성의 관점에서 허용되지 않지만, 공익적 필요와 개인의 신뢰이익을 비교하여 공익적 필요가 중대하다고 판단되는 등 특단의 사정이 있는 경우에는 예외적으로 허용될 수 있다.

진정 소급입법은 일반적으로 국민이 소급입법을 예상할 수 있었거나, 법적 상태가 불확실하고 혼란스러웠거나 하여 보호할 만한 신뢰의 이익이 적은 경우와 소급입법에 의한 당사자의 손실이 없거나 아주 경미한 경우, 그리고 신뢰보호의 요청에 우선하는 심히 중대한 공익상의 사유가 소급입법을 정당화하는 경우에는 예외적으로 허용될 수 있다.[91]

---

89) 김영환, 공소시효와 형벌불소급의 원칙, 형사판례연구 제5권, 25면.
90) 헌법재판소 1996.2.16. 선고 96헌가2, 96헌바7·13(병합) 결정.
91) 헌법재판소 1996.2.16. 선고 96헌가2, 96헌바7·13(병합) 결정.

【결정요지】공소시효가 아직 완성되지 않은 경우 위 법률조항은 단지 진행중인 공소시효를 연장하는 법률로서 이른바 부진정소급효를 갖게 되나, 공소시효제도에 근거한 개인의 신뢰와 공시시효의 연장을 통하여 달성하려는 공익을 비교형량하여 공익이 개인의 신뢰보호이익에 우선하는 경우에는 소급효를 갖는 법률도 헌법상 정당화될 수 있다. 위 법률조항의 경우에는 왜곡된 한국 반세기 헌정사의 흐름을 바로 잡아야 하는 시대적 당위성과 아울러 집권과정에서의 헌정질서파괴범죄를 범한 자들을 응징하여 정의를 회복하여야 한다는 중대한 공익이 있는 반면, 공소시효는 행위자의 의사와 관계없이 정지될 수도 있는 것이어서 아직 공소시효가 완성되지 않은 이상 예상된 시기에 이르러 반드시 시효가 완성되리라는 것에 대한 보장이 없는 불확실한 기대일 뿐이므로 공소시효에 대하여 보호될 수 있는 신뢰보호이익은 상대적으로 미약하여 위 법률조항은 헌법에 위반되지 아니한다.

5. 재판관 김진우, 재판관 이재화, 재판관 조승형, 재판관 정경식의 합헌의견

가. 진정소급입법이라 하더라도 기존의 법을 변경하여야 할 공익적 필요는 심히 중대한 반면에 그 법적 지위에 대한 개인의 신뢰를 보호하여야 할 필요가 상대적으로 적어 개인의 신뢰이익을 관철하는 것이 객관적으로 정당화될 수 없는 경우에는 예외적으로 허용될 수 있다.

나. 진정소급입법이 허용되는 예외적인 경우로는 일반적으로, 국민이 소급입법을 예상할 수 있었거나, 법적 상태가 불확실하고 혼란스러웠거나 하여 보호할 만한 신뢰의 이익이 적은 경우와 소급입법에 의한 당사자의 손실이 없거나 아주 경미한 경우, 그리고 신뢰보호의 요청에 우선하는 심히 중대한 공익상의 사유가 소급입법을 정당화하는 경우를 들 수 있다.

다. 이 사건 반란행위 및 내란행위자들은 우리 헌법질서의 근간을 이루고 있는 자유민주적 기본질서를 파괴하였고, 그로 인하여 우리의 민주주의가 장기간 후퇴한 것은 말할 것도 없고, 많은 국민의 그 생명과 신체가 침해되었으며, 전국민의 자유가 장기간 억압되는 등 국민에게 끼친 고통과 해악이 너무도 심대하여 공소시효의 완성으로 인한 이익은 단순한 법률적 차원의 이익이고, 헌법상 보장된 기본권적 법익에 속하지 않는 반면, 집권과정에서 헌정질서파괴범죄를 범한 자들을 응징하여 정의를 회복하여 왜곡된 우리 헌정사의 흐름을 바로 잡아야 할 뿐만 아니라, 앞으로는 우리 헌정사에 다시는 그와 같은 불행한 사태가 반복되지 않도록 자유민주적 기본질서의 확립을 위한 헌정사적 이정표를 마련하여야 할 공익적 필요는 매우 중대한 반면, 이 사건 반란행위자들 및 내란행위자들의 군사반란죄나 내란죄의 공소시효완성으로 인한 법적 지위에 대한 신뢰이익이 보호받을 가치가 별로 크지 않다는 점에서, 이 법률조항은 위 행위자들의 신뢰이익이나 법적 안정성을 물리치고도 남을 만큼 월등히 중대한 공익을 추구하고 있다고 평가할 수 있어, 이 법률조항이 위 행위자들의 공소시효완성에 따르

는 법적 지위를 소급적으로 박탈하고, 그들에 대한 형사소추를 가능하게 하는 결과를 초래하여 그 합헌성 인정에 있어서 엄격한 심사기준이 적용되어야 한다고 하더라도, 이 법률조항은 헌법적으로 정당화된다고 할 것이다.

라. 위 법률조항은 헌정질서파괴범죄자들에 대하여 국가가 실효적으로 소추권을 행사할 수 있는 기간을 다른 일반국민들에 대한 시효기간과 동일하게 맞춤으로써, 그 범죄행위로 인하여 초래되었던 불평등을 제거하겠다는 것에 불과하여, 위 범죄행위자들을 자의적으로 차별하는 것이 아닐 뿐만 아니라, 오히려 실질적 정의와 공평의 이념에 부합시키는 조치라고 할 수 있다(헌법재판소 1996. 2.16. 선고 96헌가2, 96헌바7·13(병합) 결정).

【해설】 신군부 군인들에 의한 이른바 12·12 반란행위에 대한 공소시효 15년이 경과된 후 공소시효의 완성을 배제하는 '5·18 특별법'이 제정되었다. 5·18 특별법에 대한 다양한 법적 논점 중 하나는 이미 완성된 공소시효를 다시 법률에 의하여 행위자들의 공소시효 완성에 따른 법적 지위를 소급적으로 박탈할 수 있는지 여부이다. 헌법재판소는 이 법률에 대한 위헌법률심판을 하였는데, 5 대 4로 위헌의견이 많았지만, 위헌심판의 정족수인 6인의 찬성을 얻지 못하여 이 법률은 합헌으로 판단되었다.

8. 판례 변경과 소급효 금지의 적용 여부

가. 쟁점

행위자의 범죄행위 시 관행화된 법률의 해석에 따르면 처벌하지 않는 행위를 대법원이 판례를 변경하면서 처벌할 수 있다고 변경하는 경우, 변경된 판례를 이후 사건에 대해서만 적용하지 않고, 당해 사건에 바로 적용한다면 소급효금지의 원칙에 반하지 않는지 문제된다. 특히 종전 대법원 판례를 신뢰하고 행위를 한 행위자에 대한 법적 평가의 문제가 쟁점이다. 판례 변경의 경우 소급효를 인정할 수 있는가에 대하여 견해의 대립이 있다.

나. 학설

소급효 부정설에 따르면 판례를 피고인에게 불이익하게 변경하여 소급적용한다면 사후입법에 의한 소급처벌과 같으므로 판례에 대해서도 소급효금지의 원칙이 적용된다고 한다. 따라서 판례를 변경하여 불리하게 될 때에는 그 효력은 당해 사건에는 적용할 수 없으며, 장래의 사건에 대해서만 적용해야 한다.[92]

소급효 긍정설에 따르면 판례는 법원(法源)이 아니기 때문에 판례에 대해서는 소급효금지의 원칙이 적용되지 않는다고 한다. 행위 당시의 판례에 의하면 처벌대상이 되지 아니

---

92) 신동운, 51면; 이상돈, 27면; 이정원, 34면; 이형국/김혜경, 25면; 정성근/박광민, 18면; 이정원 교수는 '완전히 정형적으로 유지되어 있는 판례변경'의 경우에는 신뢰보호의 원칙을 근거로 예외적으로 소급금지원칙을 적용해야 한다고 한다.

하는 것으로 해석되었던 행위를 판례의 변경에 따라 확인된 내용의 형법조항에 근거하여 처벌한다고 하여 그것이 헌법상 평등의 원칙과 소급효금지의 원칙에 반하지 않는다. 이는 다시 행위자가 지금까지의 판례의 입장을 신뢰하여 자신의 행위가 금지된 것이라는 점을 몰랐다면 금지착오(禁止錯誤)가 된다는 입장[93]과 피고인의 불이익을 구제할 필요 없이 판례변경의 전제가 된 당해 사건의 피고인을 변경된 판례로 처벌해야 한다는 입장[94]으로 나뉜다. 후자의 입장이 대법원 판례의 입장이다.[95]

절충설은 판례의 변경이 법발견 내지 법해석활동에 불과한 경우에는 소급이 허용되지만, 법률보충적·법창조적 활동인 경우에는 소급이 금지된다는 견해이다. 입법자가 명확성원칙을 제대로 실현하지 못함으로써 판례가 법률보충기능을 하는 경우에는 소급효금지의 원칙이 적용된다는 견해이다.[96]

다. 판례

판례는 소급효 긍정설의 입장이다. 판례에 따르면 "형사처벌의 근거가 되는 것은 법률이지 판례가 아니고, 형법 조항에 관한 판례의 변경은 그 법률조항의 내용을 확인하는 것에 지나지 아니하여 이로써 그 법률조항 자체가 변경된 것이라고 볼 수는 없"다. 따라서 "행위 당시의 판례에 의하면 처벌대상이 되지 아니하는 것으로 해석되었던 행위를 판례의 변경에 따라 확인된 내용의 형법 조항에 근거하여 처벌한다고 하여 그것이 헌법상 평등의 원칙과 형벌불소급의 원칙에 반한다고 할 수는 없다."고 한다.[97] 행위자의 종전 판례에 대한 신뢰와 불이익 구제에 대해서는 행위자를 구제할 필요 없이 그를 변경된 판례로 처벌해야 한다는 입장이다.

⚖ 판례 판례의 변경과 소급효금지의 원칙

【사실관계】 아파트 공사는 부산광역시 도시개발공사가 발주하고 남도개발 주식회사가 시공하였다. 위 회사 소속 건축기사인 갑이 위 회사의 대표이사의 포괄적 위임에 따라 아파트 공사의 현장소장 겸 현장대리인으로서 자신의 책임하에 위 아파트 공사의 시

---

93) 김성천, 31면; 김일수/서보학, 46면; 손동권/김재윤, 38면; 오영근, 35면; 이재상/장영민/강동범, 24면; 임웅, 26면.
94) 김성돈, 88면; 박상기/전지연, 21면; 김성돈 교수는 "원칙적으로 소급효가 인정되지만, 예외적으로 판례변경이 예견가능한 범위 내의 발전이라고 할 수 없을 경우에는 이에 대한 보호가치 있는 신뢰보호를 위해 판례변경판결의 소급효가 금지되어야 한다"고 한다. 변경전의 판례가 지속적으로 확립된 판례이고, 이러한 판례라도 변경될 수 있지만 그 변경이 충분히 근거지워져서 자의적인 변경이라고 한다면 이에 대한 당사자의 권리구제책이 마련되어야 한다고 주장한다.
95) 대법원 1999.9.17. 선고 97도3349 판결.
96) 배종대, 65면.
97) 대법원 1999.9.17. 선고 97도3349 판결.

공 전반을 지휘·감독하면서 위 발주자측 현장감독인인 을과 공모하여 위 아파트의 지하주차장 시공의 순서와 방법을 그르치고, 그것이 원인이 되어 위 아파트가 기울어짐으로써 안전한 구조를 가지지 못하게 되어 아파트가 기울어졌다. 이에 검사는 갑을 건축법위반죄로 기소하였다. <u>구 건축법 제57조는 위와 같은 경우에 건축주를 처벌하는 양벌규정을 두고 있었는데, 종전의 판례는 건축주를 법인의 대표자로 해석하였으며, 종업원인 현장소장에게는 적용하지 않았다. 대법원은 이러한 종전의 해석이 적절하지 않다고 판단하고 판례를 건축주 이외에 당해 업무를 실제로 집행하는 자도 포함된다고 하여 종래의 해석을 변경하였다.</u> 이 경우 소급효금지의 원칙에 반하는가?

【판결요지】 [다수의견] 구 건축법(^{1991.5.31. 법률 제4381호로}
_{전문 개정되기 전의 것}) 제54조 내지 제56조의 벌칙규정에서 그 적용대상자를 건축주, 공사감리자, 공사시공자 등 일정한 업무주(業務主)로 한정한 경우에 있어서, 같은 법 제57조의 양벌규정은 업무주가 아니면서 당해 업무를 실제로 집행하는 자가 있는 때에 위 벌칙규정의 실효성을 확보하기 위하여 그 적용대상자를 당해 업무를 실제로 집행하는 자에게까지 확장함으로써 그러한 자가 당해 업무집행과 관련하여 위 벌칙규정의 위반행위를 한 경우 위 양벌규정에 의하여 처벌할 수 있도록 한 행위자의 처벌규정임과 동시에 그 위반행위의 이익귀속주체인 업무주에 대한 처벌규정이라고 할 것이다.

[반대의견] 대법원이 종래 양벌규정에 의하여 업무주 등이 아닌 행위자도 벌칙규정의 적용대상이 된다고 해석하여 온 구 건설업법(^{1995.12.30. 법률 제5137호로}
_{개정되기 전의 것}) 등의 양벌규정은 모두 그 벌칙 본조에서 그에 선행하는 의무규정 또는 금지규정과 별도로 처벌대상자의 범위에 관하여 규정하고 있지 아니한데 비하여, 구 건축법 제57조의 양벌규정은 그 벌칙 본조인 같은 법 제54조 내지 제56조에서 그에 선행하는 의무규정 또는 금지규정상 이미 그 적용대상자의 범위가 건축주 등으로 제한되어 있는 같은 법 제7조의2와 제7조의3 및 제29조 위반행위에 대하여는 처벌대상자에 관하여 별도로 규정함이 없이 단지 그 각 조에 위반한 자를 처벌한다고 규정하면서도(제55조 제3호) 그 의무규정 또는 금지규정에서 적용대상자의 범위를 명시적으로 제한하고 있지 아니한 경우에는 그 벌칙 본조 자체에서 명시적으로 처벌대상자를 건축주, 설계자, 공사감리자 또는 공사시공자로 한정함으로써 다른 법률에 있어서의 벌칙 본조와는 규정 내용을 명백히 달리하고 있으므로(제55조 제4호), 다른 법률의 양벌규정을 행위자 처벌규정이라고 해석하여 왔다고 하여 위와 같이 벌칙 본조의 내용을 달리하고 있는 구 건축법의 양벌규정의 해석을 그와 같이 하여야 할 이유가 없는 점, 환경범죄의처벌에관한특별조치법 제5조 및 법무사법 제76조의 양벌규정은 구 건축법의 양벌규정과 유형을 같이 하고 있지만, 행위자의 처벌은 모두 벌칙 본조에 의하고 위 양벌규정이 그 처벌 근거가 될 수 없음이 규정상 명백하므로 구 건축법의 양벌규정이 다른 법률의 양벌규정과 그 유형을 같이 하고 있다고 하여 벌칙 본조와 관계없이 행위자 처벌의 근거가 된다고 해석할 수 없는 점, 구 건축법의 양벌규정에서처럼 단지 그 소정의 '행위자를 벌하는 외에'라고만 규정하여 그 규정에서 행위자 처벌을 새로이 정한 것인지 여부가 명확하지 않

음에도 불구하고 형사처벌의 근거 규정이 된다고 해석하는 것은 죄형법정주의의 원칙에 배치되는 온당치 못한 해석이라는 점, 종래 대법원판례가 구 건축법의 양벌규정이 행위자 처벌의 근거 규정이 될 수 없다고 일관되게 해석하여 옴으로써 국민의 법의식상 그러한 해석이 사실상 구속력이 있는 법률해석으로 자리잡게 되었다고 할 수 있음에도 불구하고 단지 다른 법률의 양벌규정과 해석을 같이 하려는 취지에서 국민에게 불이익한 방향으로 그 해석을 변경하고 그에 따라 종전 대법원 판례들을 소급적으로 변경하려는 것은 형사법에서 국민에게 법적 안정성과 예측가능성을 보장하기 위하여 소급입법 금지의 원칙을 선언하고 있는 헌법의 정신과도 상용될 수 없는 점 등에 비추어 구 건축법의 양벌규정 자체가 행위자 처벌의 근거 규정이 될 수는 없다 (대법원 1999.7.15. 선고 95도2870 전원합의체 판결).

【해설】 대법원 다수견해는 형사처벌의 근거가 되는 것은 법률이지 판례가 아니라는 점, 건축법상 처벌규정에 관한 판례변경은 그 법률조항의 내용을 확인하는 것에 지나지 아니하여 문제의 처벌규정 자체가 변경된 것이라고는 볼 수 없다는 점을 들어서 변경된 판례의 소급효를 긍정하였다. 이에 반해 소수견해는 지금까지 대법원 판례가 건축법상 양벌규정이 행위자처벌의 근거규정이 될 수 없다고 일관되게 해석하여 왔다는 점, 국민의 법의식상 그러한 해석이 사실상 구속력이 있는 법률해석으로 자리잡게 되었다는 점, 판례변경에 소급효를 인정하는 것은 형사법의 영역에서 국민에게 법적 안정성과 예측가능성을 보장하기 위하여 소급입법금지의 원칙을 선언하고 있는 헌법의 정신과 상용될 수 없다는 점에서 판례변경의 소급효를 부정하였다.

다. 결론

소급효금지의 원칙은 법률의 소급효를 말하는 것이며 판례의 소급효를 말하는 것은 아니다. 판례는 법원(法源)이 아니기 때문에 판례에 대해서는 소급효금지의 원칙이 적용되지 않는다고 보는 것이 타당하다. 다만 행위자의 입장에서 보면 행위 당시의 판례에 의하면 처벌대상이 되지 않는다는 것을 신뢰하고 행위를 한 것이므로 이는 위법성의 인식이 없는 금지착오에 해당한다. 오인에 정당한 이유가 있는 경우에는 책임이 조각될 수 있다.

대법원은 판례 변경에 신중을 기하는 것이 바람직하다. 비록 판례의 변경 가능성이 제도적으로 열려 있고, 국민이 그에 따른 법률관계의 변화를 감수할 것이 예정되어 있더라도 변경에 신중을 기하는 것이 법적 안정성을 유지하는 것이 된다. 특히 법률 규정에 변동이 없는 상태에서 그 해석과 관련하여 오랜 기간 동안 일정한 방향으로 대법원 판례가 축적된 경우 또는 범죄성립을 부정하는 판례를 유죄 취지로 변경하는 경우 등에는 그 판례 변경에 더욱 신중을 기하여야 한다. 판례의 변경을 하지 않으면 정의 관념에 크게 훼손되거나 해당 법률 규정의 취지를 현저히 벗어나게 되는 경우에는 가능할 것이다.[98]

---

98) 대법원 2019.11.21. 선고 2018도13945 전원합의체 판결 참조.

형법의 적용범위

제1절 **시간적 적용범위**

I. 의의

형법의 시간적 적용범위는 형법이 어느 때를 기준으로 하여 적용되는가의 문제이다. 행위 시와 재판 시에 법률의 변경이 없어 동일한 법률이 적용되는 경우에는 시간적 적용범위에 대하여 큰 문제가 없다. 형법 제1조 제1항은 행위 시의 법률을 적용하도록 요구하고 있기 때문이다(행위시법주의 또는 소급효금지의 원칙). 그러나 행위 시와 재판 시 사이에 형벌법규의 변경이 있는 때에는 행위 당시의 법률을 적용할 것인지, 재판 시의 법률을 적용할 것인지가 문제된다. 이에 대하여 헌법과 형법은 행위시법주의를 원칙으로 하고 있으며, 행위자에게 유리한 경우 예외적으로 재판시법주의를 적용하고 있다.

II. 원칙

제1조(범죄의 성립과 처벌) ① 범죄의 성립과 처벌은 행위 시의 법률에 의한다.

1. 의의

범죄의 성립과 처벌은 행위 시의 법률에 따라야 한다. 따라서 범죄행위가 있은 후에 비로소 제정된 법률을 행위자가 행위를 한 시점으로 소급적용하여 그 행위를 처벌하여서는 안 된다. 이를 '행위시법주의' 또는 '소급효금지의 원칙'이라고 한다.

2. '행위 시'의 의미

범죄의 성립과 처벌은 행위 시의 법률에 의한다고 할 때의 '행위 시'라 함은 범죄행위의 '종료 시'를 의미한다.[99] 따라서 범죄행위가 구법과 신법에 걸쳐 행하여진 경우에는 범죄행위는 신법 시행 시에 종료된 것이므로 행위시법은 신법이 된다.

구법 시행 시에 범죄행위가 종료되었으나 결과는 신법 시행 시에 발생한 경우 행위시법은 신법이 아니라 구법이 된다.[100] 제1조 제1항의 행위 시는 행위종료 시를 의미하며, 행위가 종료한 후 그 행위로 인하여 발생하는 결과발생 시는 행위시점을 결정하는 기준이 아니기 때문이다.[101]

3. 내용

가. 구체적인 경우

작위범의 경우 실행행위종료 시점이 행위시점이 되며, 부작위범의 경우 요구되는 작위를 수행해야 할 시점이 행위시점이 된다. 공동정범의 경우 공동의 범행결의에 기초하여 실행행위를 분담한 때 행위시점이 된다. 교사범과 방조범의 경우 행위시점은 정범자의 행위가 아니라 공범자의 행위를 기준으로 판단한다. 간접정범의 경우 이용자가 피이용자를 이용하는 시점으로 보는 견해와 피이용자가 실행에 착수하는 시점을 행위시점으로 보는 견해로 나뉜다.

나. 포괄일죄

포괄일죄는 다수의 행위가 범죄의 상습성이나 업무성과 같은 일정한 특징에 의하여 하나의 죄로 처리하는 범죄를 말한다.[102] 즉 포괄일죄는 수개의 행위로 이루어져있지만 형법상 하나의 범죄로 처리한다. 포괄일죄의 경우 여러 개의 범죄행위가 종료하는 최종시점이 행위시점이다.[103] 예를 들면 갑이 상습사기로 2021.6.1. 피해자 A에 대하여, 2021.8.1. 피해자 B에 대하여, 2021.11.1. 피해자 C에 대하여 범행을 저지른 경우 범죄

---

99) 대법원 1994.5.10. 선고 94도563 판결; 대법원 1986.7.22. 선고 86도1012 전원합의체 판결.

100) 1995년 개정형법 부칙 제3조도 '1개의 행위가 이 법 시행 전후에 걸쳐 이루어진 경우에는 이 법 시행후에 행한 것으로 본다'고 되어 있다.

101) 우리 형법은 행위시점을 결정하는 기준에 대하여 명시적인 규정을 두고 있지는 않지만, 독일 형법 제8조는 '결과의 발생시기는 그 기준이 되지 아니한다'고 하여 행위시점 결정기준에 대한 규정을 두고 있다.

102) 포괄일죄에 대한 자세한 설명은 죄수론 부분 참조.

103) 대법원 2009.4.9 선고 2009도321 판결.

행위 종료 시는 2021.11.1이다.

포괄일죄로 되는 개개의 범죄행위가 법 개정의 전후에 걸쳐서 행하여진 경우에는 신·구법의 법정형에 대한 경중을 비교하여 볼 필요도 없이 범죄 실행 종료 시의 법이라고 할 수 있는 신법을 적용하여 포괄일죄로 처벌하여야 한다.[104]

애초에 죄가 되지 않던 행위를 구성요건의 신설로 포괄일죄의 처벌대상으로 삼는 경우에는 신설된 포괄일죄 처벌법규가 시행되기 이전의 행위에 대하여는 신설된 법규를 적용하여 처벌할 수 없다.[105] 이는 신설된 처벌법규가 상습범을 처벌하는 구성요건인 경우에도 마찬가지이다. 따라서 구성요건이 신설된 상습강제추행죄가 시행되기 이전의 범행은 상습강제추행죄로는 처벌할 수 없고 행위시법에 기초하여 강제추행죄로 처벌할 수 있을 뿐이다.[106]

다. 계속범

계속범은 첫 번째 행위로 범죄가 성립하였으나 이 행위가 지속되는 동안 계속 범죄가 성립하는 범죄유형으로, 대표적인 예로 감금죄가 있다. 감금행위는 외관상 한 번만 있는 것처럼 보이지만 실질적으로 감금행위가 끊임없이 되풀이 되는 것과 같은 구조를 갖는다. 계속범은 포괄일죄와 마찬가지로 형법상 하나의 범죄로 보기 때문에 최종행위가 종료하는 시점이 행위시점이 된다.

일반적으로 계속범의 경우 실행행위가 종료되는 시점에서의 법률이 적용되어야 할 것이나, 법률이 개정되면서 그 부칙에서 '개정된 법 시행 전의 행위에 대한 벌칙의 적용에 있어서는 종전의 규정에 의한다'는 경과규정을 두었다면 개정된 법이 시행되기 전의 행위에 대해서는 개정 전의 법을, 그 이후의 행위에 대해서는 개정된 법을 각각 적용하여야 한다.[107]

Ⅲ. 예외

제1조 (범죄의 성립과 처벌)
② 범죄 후 법률이 변경되어 그 행위가 범죄를 구성하지 아니하게 되거나 형이 구법(舊法)보다 가벼워진 경우에는 신법(新法)에 따른다.

---

104) 대법원 1998.2.24. 선고 97도183 판결.
105) 대법원 2022.12.29. 선고 2022도10660 판결.
106) 대법원 2016.1.28. 선고 2015도15669 판결.
107) 대법원 2001.9.25. 선고 2001도3990 판결.

③ 재판이 확정된 후 법률이 변경되어 그 행위가 범죄를 구성하지 아니하게 된 경우에는 형의 집행을 면제한다.

1. 경한 법 소급의 원칙

죄형법정주의는 행위시법주의를 원칙으로 하고 있지만, 재판 시의 형법을 적용했을 때 피고인에게 유리할 경우에는 재판 시법을 적용하는 것도 가능하다. 이를 '경한 법 소급적용원칙' 또는 '재판시법주의'라고 한다.

소급효금지의 원칙은 행위자를 위한 보호규범이다. 따라서 행위자에게 불리한 소급효는 금지되지만, 행위자에게 유리한 신법을 소급적용하는 것은 죄형법정주의에 반하지 않는다.[108] 형법 제1조 제2항과 제3항의 규정은 행위자에게 유리한 소급효를 규정한 것이다.

2. 법률의 변경

행위자에게 유리한 소급효를 인정하는 형법 제1조 제2항과 제3항이 적용되기 위해서는 먼저 '법률의 변경'이 있어야 한다. '법률의 변경'의 의미와 범위에 대하여 견해의 대립이 있다.

가. '법률'의 의미

여기에서 말하는 '법률'은 가벌성의 유무와 정도를 규율하는 '총체적인 법률상태'를 의미한다. 형벌법규 적용의 전제가 되는 모든 관련 법률을 종합하여 하나의 전체적인 형벌법규의 변경을 의미한다. 따라서 형식적 의미의 법률 자체의 변경뿐만 아니라 하위법령인 명령·조례·규칙 등의 변경도 포함된다. 특히 각종 행정형법에 있어서 행정규칙인 고시(告示)가 법령의 수권에 의하여 법령을 보충하는 사항을 정하는 경우 그 근거 법령규정과 결합하여 대외적으로 구속력이 있는 법규명령(法規命令)으로서의 성질과 효력을 가지므로 그와 같은 고시가 변경된 경우에도 법률의 변경에 해당한다.

대법원도 같은 견해이다. 판례에 따르면 법률의 변경에 있어서 '법률'의 의미를 형식적 의미의 법률에 한정하고 있지 않으며 행정규칙인 고시가 해당 법률의 구성요건을 이루는 보충규범으로 작용하는 경우에는 고시의 변경 또한 법률의 변경에 해당한다고 본다.

---

108) 임웅, 58면.

⚖️ 판례 행정규칙인 고시의 법적 성질

【판결요지】 [1] 행정규칙인 고시가 법령의 수권에 의하여 법령을 보충하는 사항을 정하는 경우에는 그 근거 법령규정과 결합하여 대외적으로 구속력이 있는 법규명령으로서의 성질과 효력을 가진다 할 것인데, 비상표제품을 판매하는 주유소임에도 그러한 표시 없이 이를 판매하는 행위는 구 석유사업법 제35조 제8호, 제29조 제1항 제7호, 구 석유사업법 시행령 제32조 제1항 제5호에 의하여 처벌하도록 하되 다만, 위 시행령 제32조 제3항에서 같은 조 제1항 제5호 소정의 표시의무의 세부 내용이 됨과 아울러 그 이행 여부의 판단 기준이 되는 구체적 표시기준과 표시방법을 산업자원부장관의 고시로 규정하도록 함으로써 위 시행령 제32조 제1항 제5호, 제3항 및 위 관련 고시가 결합하여 구 석유사업법 제35조 제8호, 제29조 제1항 제7호 위반죄의 실질적 구성요건을 이루는 보충규범으로서 작용한다고 해석하여야 할 것이다.
[2] 석유판매업자가 비상표제품의 판매에 관한 표시 없이 이를 판매하는 행위를 처벌하는 구 석유사업법과 그 시행령 규정이 위 표시의무의 세부 내용이 되는 구체적 표시기준과 표시방법을 산업자원부장관의 고시로 정하도록 위임하였음에도 비상표제품의 판매행위 당시 관련 고시가 제정되지 않았다면 이를 처벌할 수 없다고 한 사례(대법원 2006.4.27. 선고 2004도1078 판결).

나. '변경'의 의미

(1) 동기설의 문제점

종전 대법원 판례는 법률의 변경에 있어서 '변경'의 의미에 대하여 이른바 '동기설'을 취하고 있었다.[109] 이는 법률의 '변경'이 있다고 하더라도 그 변경의 '동기'가 무엇인가를 다시 살펴보는 입장으로 법률변경의 동기에 따라 행위자에게 유리한 소급효 인정 여부를 제한하는 태도이었다. 법령의 개정 또는 폐지가 종래의 입법이 잘못되었다는 반성적 고려에서 나온 법률이념의 변경에 해당하면 행위자에게 유리한 경한 법을 적용하지만, 단순한 사실관계의 변경에 불과한 경우에는 행위자에게 유리하더라도 경한 법을 적용하지 않았다.

이러한 종전 대법원이 취한 동기설은 법률의 변경이 있는 경우 그의 이면에 숨어 있는 법률변경의 '동기'가 무엇인가를 다시 살펴서 법적 견해의 변경에 해당하는 경우에만 재판 시법인 신법을 적용한다는 것은 목적론적 축소해석을 통하여 처벌의 범위를 확장하는 것이다. 행위자에게 유리하다면 제1조 제2항과 제3항을 적용하여 유리한 신법을 적용하

---

109) 기본적으로 동기설은 한시법이라는 특수영역에서 추급효를 인정할 수 있을 것인가에 대한 논의로 전개되었지만, 대법원 판례는 이에 한정하지 않고 '일반적인 법률의 변경사례'에 대해서도 행위 시법을 적용할 것인가 아니면 재판 시법을 적용할 것인가에 대하여도 동기설을 적용하였다.

라는 입법자의 입법 의도를 고려하지 않은 것으로 대법원의 이러한 해석태도는 사실상 입법작용으로 볼 여지가 있기 때문에 타당하지 않다. 또한 관련 법률을 변경하는 동기가 법률이념의 변경에 해당하는 것인지 사실의 변경에 해당하는지에 대한 구체적 판단기준이 불명확할 뿐만 아니라 양자를 구별하기 쉽지도 않으므로[110] 법적 안정성과 행위자의 신뢰를 침해할 여지가 있다는 문제점이 있었다.

(2) 동기설의 폐지

대법원은 2020도16420 판결에 의하여 기존 동기설을 폐지하였다.[111] 범죄의 성립과 처벌에 관하여 규정한 형벌법규 자체 또는 그로부터 수권 내지 위임을 받은 법령의 변경에 따라 범죄를 구성하지 아니하게 되거나 형이 가벼워진 경우에는 반성적 고려에 따라 변경된 것인지 여부를 따지지 않고 원칙적으로 형법 제1조 제2항과 형사소송법 제326조 제4호가 적용된다고 판시하였다. 따라서 범죄 후 법률이 변경되어 그 행위가 범죄를 구성하지 아니하게 되거나 형이 구법보다 가벼워진 경우에는 신법에 따라야 하고(형법 제1조 제2항), 범죄 후의 법령 개폐로 형이 폐지되었을 때는 판결로써 면소의 선고를 하여야 한다(형사소송법 제326조 제4호). 이 규정은 입법자가 법령의 변경 이후에도 종전 법령 위반행위에 대한 형사처벌을 유지한다는 내용의 경과규정을 따로 두지 않는 한 그대로 적용되어야 한다. 형벌법규가 대통령령, 총리령, 부령과 같은 법규명령이 아닌 고시 등 행정규칙·행정명령, 조례 등에 구성요건의 일부를 수권 내지 위임한 경우에도 이러한 고시 등 규정이 위임입법의 한계를 벗어나지 않는 한 형벌법규와 결합하여 법령을 보충하는 기능을 하는 것이므로, 그 변경에 따라 범죄를 구성하지 아니하게 되거나 형이 가벼워졌다면 마찬가지로 형법 제1조 제2항과 형사소송법 제326조 제4호가 적용된다.

해당 형벌법규 자체 또는 그로부터 수권 내지 위임을 받은 법령이 아닌 다른 법령이 변경된 경우 유리한 신법을 적용하려면 해당 형벌법규에 따른 범죄의 성립 및 처벌과 직접적으로 관련된 형사법적 관점의 변화를 주된 근거로 하는 법령의 변경에 해당하여야 한다. 이와 관련이 없는 법령의 변경으로 인하여 해당 형벌법규의 가벌성에 영향을 미치게 되는 경우에는 형법 제1조 제2항과 형사소송법 제326조 제4호가 적용되지 않는다. 스스로 유효기간을 구체적인 일자나 기간으로 특정하여 효력의 상실을 예정하고 있던 법령이

---

110) 이에 대한 대법원 판례들을 분석해보면 법률이념의 변경이라고 판단한 경우에는 이에 대한 이유를 설명하고 있는 경우가 많지만, 단순한 사실관계의 변경에 불과하다고 판단한 경우에는 '법률이념의 변경에 해당하지 않는다' 또는 '가벌성이 소멸되지 않는다'는 결론만을 제시하고 있고 구체적으로 어떤 근거로 법률이념의 변경에 해당하지 않는다고 판단한 것인지는 잘 설명하고 있지 않다.

111) 대법원 2022.12.22. 선고 2020도16420 전원합의체 판결.

그 유효기간을 경과함으로써 더 이상 효력을 갖지 않게 된 '한시법'의 경우에는 법령의 변경에 해당하지 않는다고 보아 형법 제1조 제2항과 형사소송법 제326조 제4호가 적용되지 않는다.

(3) 결론

생각건대, 입법자가 형벌법규 자체를 변경하여 형법의 적용범위를 축소하였을 경우에는 형법 제1조 제2항과 제3항에 따라 행위자에게 유리한 재판 시법 또는 신법을 적용하는 것이 타당하다. 유리한 법을 적용하라는 것이 입법자의 의사였다면, 이를 다시 법률변경의 동기가 무엇인지에 따라 행위자에게 유리·불리한 법률 적용을 하겠다는 것은 입법자의 의사를 왜곡한 것이다. 법률의 변경은 형식적으로 판단하는 것이 타당하며, 변경의 동기가 무엇인지를 다시 살펴보는 것은 타당하지 않다. 동기설이 폐지된 것은 적절하다.

다만, 한시법의 경우 법령이 유효기간을 경과하여 효력을 상실하였고, 이에 대하여 입법자가 경과규정을 두는 방법으로 처벌의사를 유지하지 않았다면 입법자의 의사는 행위자에게 유리한 것을 적용하라는 의미이다. 한시법의 경우에도 제1조 제2항과 형사소송법 제326조를 적용하는 것이 바람직하다. 처벌의사를 거둔 입법자의 의사를 다시 법원이 그 동기를 살펴 한시법의 추급효를 인정하는 것은 불합리하다.

3. 범죄 후 재판확정 전에 법률이 변경되어 범죄를 구성하지 아니한 경우

가. 범죄 후 재판확정 전

형법 제1조 제2항 전단 부분의 '범죄 후'는 범죄실행행위 종료 후를 의미한다. 결과발생은 포함하지 않는다.[112] '재판확정 전'은 형법 제1조에 규정되어 있는 것은 아니지만, 제1조 제3항이 재판이 확정된 후를 규정하고 있으므로 제1조 제2항은 재판확정 전이라고 해석하는 것이 타당하다. '재판확정'은 재판이 통상의 불복방법으로는 더 이상 다툴 수 없게 되어 그 내용을 변경할 수 없는 상태를 말한다. 따라서 '재판확정 전'이란 사건이 특정한 법원의 심판대상으로 되어 있는 소송계속(訴訟係屬)을 의미한다.

나. 범죄를 구성하지 아니한 경우

범죄를 구성하지 아니하는 경우란 형법각칙·특별형법의 특정범죄구성요건이 폐지된

---

112) '범죄 후'라는 개념에 결과 발생을 포함시키지 않는 이유는 행위자에게 유리한 신법의 적용범위를 넓히기 위해서이다(김성돈, 100면).

경우, 형법총칙의 변경에 의해 가벌성이 폐지된 경우를 말한다. 즉 '비범죄화'된 경우를 말한다. 검사는 공소권없음으로 불기소 결정하여야 하며, 검사의 공소제기가 있다면 형사소송법 제326조 제4호에 따라 면소판결(免訴判決)을 하여야 한다.

다. 헌법재판소의 위헌결정

해당 법률에 대한 헌법재판소의 위헌결정으로 인해 그 법률의 효력을 상실한 경우에는 형법 제1조 제2항의 문제가 아니다. 위헌결정이 있는 경우 형벌에 관한 조항부분은 소급하여 법률이 제정된 처음부터 그 효력을 상실하기 때문이다. 따라서 이런 경우에는 법률의 변경으로 인하여 형이 폐지된 경우가 아니라 '처음부터 범죄로 되지 아니한 때'에 해당하기 때문에 기소한 공소사실에 대해서는 면소판결이 아니라 무죄를 선고해야 한다.[113]

주의할 점은 해당 법률 또는 법률의 조항에 대하여 종전에 합헌으로 결정한 사건이 있는 경우에는 그 결정이 있는 날의 다음 날로 소급하여 효력을 상실한다(헌법재판소법 제47조 제3항 단서). 예를 들면 2015.2.26. 선고된 간통죄에 대한 위헌결정의 경우 과거 2008.10.30. 간통죄에 대한 합헌결정이 있었다. 따라서 헌법재판소법에 따라 간통죄에 대한 위헌결정은 2008.10.31.로 소급하여 효력을 상실한다. 헌법불합치결정을 선고하면서 개정시한을 정하여 입법개선을 촉구하였는데도 위 시한까지 법률 개정이 이루어지지 않아 법률조항이 소급하여 효력을 상실한 경우도 마찬가지이다.[114]

4. 범죄 후 재판확정 전에 경한 형으로 법률이 변경된 경우

가. 경한 형으로 변경된 경우

형법 제1조 제2항 후단 부분의 '형이 구법보다 가벼워진 경우'란 재판확정 전 신법에 의해 경한 형으로 변경된 경우를 말한다. 신법의 형이 경한 경우에는 재판 시법인 신법이 적용되지만, 신법의 형이 중하다면 행위 시법인 구법이 적용되어야 한다.

형법 제8조에는 "본법 총칙은 타법령에 정한 죄에 적용한다. 단, 그 법령에 특별한 규정이 있는 때에는 예외로 한다"고 규정되어 있다. 즉 형법 제1조 제2항은 다른 법령에 특별규정이 있는 경우에는 적용되지 않는다. 따라서 경한 신법의 부칙에 경과규정을 두어 이러한 경한 법률인 신법의 적용을 배제하고 종전의 중한 법률인 구법을 적용한다고 규정하는 것도 허용된다는 것이 통설과 판례의 입장이다.[115]

---

113) 대법원 1999.12.24. 선고 99도3003 판결.
114) 대법원 2011.6.23. 선고 2008도7562 판결.
115) 대법원 1999.7.9. 선고 99도1695 판결; 대법원 1999.12.24. 선고 99도3003 판결; 대법원 1992.2.28. 선고 91도

신·구법의 형의 경중이 없는 경우에는 구법이 적용된다. 그러나 신·구법의 법정형이 동일한 경우 재판시법을 적용해도 상고이유는 안 된다.[116] 행위시법과 재판시법 사이에 여러 차례의 법률변경이 있어 중간시법(中間時法)이 존재하는 경우 가장 경한 법을 적용한다.[117]

형의 경중의 비교를 통하여 검사는 경한 법을 적용해야 함에도 불구하고 중한 법을 적용하여 공소제기한 경우 형사소송법 제327조 제2호에 따라 공소제기의 절차가 법률의 규정에 위반되는 경우에 해당하므로 법원은 공소기각의 판결을 선고해야 한다.

나. 형의 경중의 비교
(1) 쟁점
행위시법과 재판시법 가운데 어느 것을 적용할 것인가를 결정하려면 두 법률 사이에 존재하는 형의 경중을 비교해야 한다. 이에 대하여 실질적 기준설과 형식적 기준설이 대립하고 있다.

(2) 학설과 판례
실질적 기준설은 구체적이고 개별적인 사정을 고려하여 당해 사건에서 피고인에게 보다 경한 판단을 가능하게 하는 법률이 무엇인가를 살펴야 한다고 주장하는 견해이다.[118] 실질적 기준설은 법정형뿐만 아니라 선택형이나 처단형 또는 선고형의 단계에서 일어나는 형량의 변화도 함께 형의 경중에 반영한다. 형식적 기준설은 단순히 구법과 신법이 규정하고 있는 '법정형'만을 비교해서 형의 경중을 판단해야 한다는 견해이다. 단순히 법정형을 기준으로 신법과 구법의 경중을 비교한다는 점에서 '형식적'이다. 형식적 기준설이 다수설과 판례의 입장이다.[119]

(3) 결론
형의 경중의 비교는 원칙적으로 법정형을 기준으로 하는 형식적 기준설이 타당하다. 법정형 중 병과형 또는 선택형이 있을 때에는 이 중 가장 중한 형을 기준으로 하여 형의

---

116) 대법원 1991.11.26. 선고 91도2303 판결.
117) 대법원 1968.12.17. 선고 68도1324 판결.
118) 이형국/김혜경, 59면.
119) 김성돈, 101면; 김성천, 42면; 김일수·서보학, 26면; 박상기/전지연, 25면; 배종대, 83면; 손동권/김재윤, 47면; 신동운, 60면; 이재상/장영민/강동범, 41면; 이형국/김혜경, 59면; 임웅, 62면; 정성근/박광민, 47면.

경중의 비교를 하는 것이 원칙이다. 예를 들면 법정형 중 선택형으로 징역형과 벌금형이 있을 경우 중한 형은 징역형이므로 징역형만을 기준으로 형의 경중을 비교한다.[120] 구법은 징역형만이 있었으며 신법은 징역형 이외에도 선택형으로 벌금형이 추가된 경우에도 중한 형인 징역형만을 기준으로 형의 경중을 비교한다.[121] 만약 신·구법의 징역형이 동일하고 신법이 선택형으로 벌금형만을 추가한 경우에는 신법이 구법보다 경한 경우에 해당한다.[122] 신·구법의 징역형이 동일하더라도 신법이 벌금형을 병과한 경우에는 경한 법은 행위 시법인 구법이다.

⚖️ 판례   형의 경중의 비교 – 외환관리법 벌금변경사건

【사실관계】 암달러상인 갑은 여행자수표를 환화로 매입하여 취득하고도 국내의 외국환은행에 매각하지 아니한 채 이를 홍콩교포 A에게 매도하였다. 갑은 외국환관리법위반 혐의로 기소되었다. 갑에 대한 재판이 진행되던 중 외국환관리법의 벌칙조항이 개정되었는데, 개정전에는(구법) '10년 이하의 징역 또는 1000만원 이하의 벌금'에 처하도록 했으나, 개정후에는(신법) '3년 이하의 징역 또는 2000만원 이하의 벌금'에 처할 수 있도록 하였다. 갑에게 적용될 법은 구법인가 신법인가?

【판결요지】 형의 경중의 비교는 원칙적으로 법정형을 표준으로 할 것이고 처단형이나 선고형에 의할 것이 아니며, 법정형의 경중을 비교함에 있어서 <u>법정형 중 병과형 또는 선택형이 있을 때에는 이 중 가장 중한 형을 기준으로</u> 하여 다른 형과 경중을 정하는 것이 원칙이다(대법원 1992.11.13. 선고 92도2194 판결).

【해설】 구법과 신법의 형을 비교해보면 징역형은 가벼워졌으나(10년 이하→3년 이하) 벌금형은 가중되었다(1천만원 이하→2천만원 이하). 이 경우에 대법원은 형식적 기준설에 따라 판단한다. 법정형만을 기준으로 판단하고, 법정형 중 선택형으로 징역형과 벌금형이 있을 때에는 중한 형은 징역형이므로, 형의 경중의 비교에 있어서 기준이 되는 것은 징역형이다. 징역형만을 기준으로 볼 때 신법(3년 이하)이 구법(10년 이하)보다 경하므로 재판 시에 법원이 적용해야 할 법은 신법이다.

⚖️ 판례   병과형 또는 선택형이 있는 경우 법정형의 경중 비교방법

【판결요지】 행위시법인 구 변호사법(1982.12.31. 개정전의 법률) 제54조에 규정된 형은 징역 3년이고 재판시법인 현행 변호사법 제78조에 규정된 형은 5년 이하의 징역 또는 1천만원 이하의 벌금으로서 신법에서는 벌금형의 선택이 가능하다 하더라도 <u>법정형의 경중은 병과</u>

---

120) 대법원 1992.11.13. 선고 92도2194 판결.
121) 대법원 1983.11.8. 선고 83도2499 판결.
122) 대법원 2010.3.11. 선고 2009도12930 판결.

형 또는 선택형 중 가장 중한 형을 기준으로 하여 다른 형과 경중을 정하는 것이므로 행위시법인 구법의 형이 더 경하다(대법원 1983.11.8. 선고 83도2499 판결).

【해설】구법과 신법을 비교해보면 구법은 징역형만이 있었으며 신법은 징역형 이외에도 선택형으로 벌금형이 추가되었다. 이 경우 법정형의 경중은 병과형 또는 선택형 중 가장 중한 형인 징역형만을 기준으로 경중을 정하므로 재판시법인 신법(5년 이하의 징역)보다 행위시법인 구법(3년 이하의 징역)이 더 경한 형벌이다. 따라서 법원이 적용해야 할 법은 구법이다.

【정리】형의 경중 비교

구법	신법	해설	관련판례
10년 이하의 징역 또는 1000만 원 이하의 벌금	3년 이하의 징역 또는 2000만 원 이하의 벌금	징역형만을 비교: 신법이 경한 법	92도2194 판결
징역 3년	5년 이하의 징역 또는 1천만 원 이하의 벌금	징역형만을 비교: 구법이 경한 법	83도2499 판결
1년 이하의 징역이나 금고	1년 이하의 징역이나 금고 또는 300만 원 이하의 벌금	징역형/금고형은 동일 벌금형 선택의 가능성이 있으므로 신법이 경한 법	2009도12930 판결
1년 이하의 징역	1년 이하의 징역과 500만 원의 이하의 벌금을 병과	징역형은 동일 신법은 징역형 외에도 벌금형을 병과하므로 구법이 경한 법	

다. 형벌가중의 요건 등의 변경

법정형 자체에는 변화가 없더라도 형벌가중의 요건, 집행유예의 요건, 면책사유, 소송조건 등이 피고인에게 유리하게 변경된 경우에도 형이 구법보다 경하게 변경된 경우에 해당하므로 신법이 적용된다. 종전에는 피해자의 의사에 상관없이 처벌할 수 있었던 법률이 이후 반의사불벌죄로 개정된 경우 개정법률이 피고인에게 더 유리한 것이므로 형법 제1조 제2항에 의하여 개정법률이 적용된다.[123]

---

123) 대법원 2005.10.28. 선고 2005도4462 판결.

【판결이유】 2005.3.31. 법률 제7465호로 개정되어 2005.7.1.부터 시행된 근로기준법 제112조 제2항에 의하면, 종전에는 피해자의 의사에 상관없이 처벌할 수 있었던 근로기준법 제112조 제1항, 제36조 위반죄가 반의사불벌죄로 개정되었고, 부칙에는 그 적용과 관련한 경과규정이 없지만 개정법률이 피고인에게 더 유리할 것이므로 형법 제1조 제2항에 의하여 피고인에 대하여는 개정법률이 적용되어야 할 것인바, 기록에 의하면, 공소외 1, 공소외 2, 공소외 3, 공소외 4는 이 사건 공소제기 전인 2004.1.9. 전주지방노동사무소에서 피고인에 대한 처벌을 원하지 아니한다고 진술한 사실을 알 수 있으므로, 위 피해자들에 대한 부분에 있어서는 개정법률에 따라 형사소송법 제327조 제2호에 따라 공소제기의 절차가 법률의 규정에 위반된다고 하여 공소기각의 판결을 선고하여야 할 것임에도, 이에 대하여 종전의 규정을 적용한 원심판결에는 결국 형사소송법 제383조 제2호 소정의 "판결 후 형의 변경이 있는 때"에 준하는 사유가 있다고 보아야 할 것이어서 파기를 면할 수 없다(대법원 2005.10.28. 선고, 2005도4462 판결).

5. 재판이 확정된 후 법률이 변경되어 그 행위가 범죄를 구성하지 아니하게 된 경우

형법 제1조 제3항은 행위시점·재판시점에 대한 문제가 아니라, 유죄판결이 확정된 후 형집행 중에 법률의 변경이 있는 경우를 규정하고 있다. 재판은 확정되었기 때문에 유죄판결 자체는 그대로 유효하다. 다만 제1조 제3항에 의해 행위자에게 유리한 신법이 적용되어야 하므로 형의 집행만 면제된다.

6. 재판확정 후 법률변경으로 경한 형으로 변경된 경우

형법 제1조 제3항은 재판확정 후 그 행위가 범죄를 구성하지 않는 비범죄화된 경우만을 규정하고 있고, 재판확정 후 형집행 중에 법률변경으로 경한 형으로 변경된 경우에 대해서는 규정하고 있지 않다. 따라서 종래에 선고된 형 그대로 집행된다고 보는 것이 타당하다.

【정리】 경한 법 소급효에 대한 형법 제1조 제2항과 제3항

	범죄 후 재판확정 전에		재판확정 후	
	범죄를 구성하지 않는 경우	경한 형으로 변경	범죄를 구성하지 않는 경우	경한 형으로 변경
규정	제1조 제2항 전단	제1조 제2항 후단	제1조 제3항	없음
적용	신법 적용	신법 적용	신법 적용	
효과	면소판결	경한 형 적용	형집행면제	종래의 형 그대로 집행

IV. 한시법

1. 한시법의 의의

한시법(限時法)의 개념에 대하여 견해의 대립이 있다. 통설은 형벌법규에 유효기간이 명시되어 있는 것만을 한시법으로 보는 반면에(형식주의; 협의의 한시법 개념), 소수설은 협의의 한시법뿐만 아니라 형벌법규의 내용과 목적이 일시적 사정에 대응하기 위한 법령도 한시법으로 본다(실질주의; 광의의 한시법 개념). 한시법의 의의에 대한 학설대립은 한시법의 추급효를 인정하는 여부와 관련해서만 의미가 있을 뿐이다. 이를 인정할 경우 양자의 구별은 추급효를 갖는 법률의 범위가 달라진다는 면에서 의미가 있지만, 추급효를 인정하지 않을 때에는 한시법의 개념을 어떻게 파악하든 상관이 없다.[124]

광의의 한시법 개념의 일시적 사정이라는 것이 불명확하고 애매하기 때문에 법적 안정성을 저해할 우려가 있으며, 독일처럼[125] 광의의 한시법에 대한 규율을 명문화하고 있지 않다는 점에서 협의의 개념으로 파악하는 것이 적절하다. 한시법의 예로 '계엄포고문'이나 1982.4.3. 제정된 '부동산소유권 이전등기 등에 관한 특별조치법' 제13조의 벌칙 규정, 1988년 올림픽 기간 동안 시위를 금지하는 '올림픽의 평화를 지키기 위한 법률' 등이 있었다.[126]

---

124) 배종대, 85면; 이형국/김혜경, 61면.

125) 독일은 명문의 규정으로 추급효를 인정하고 있다. 독일 형법 제2조 제4항은 "일정한 기간을 정하여 공포된 법률은 그 법률이 실효된 후에도 그 효력이 존속 중에 이루어진 범죄행위에 적용한다. 다만 법률이 달리 규정하고 있는 경우에는 그러하지 아니한다"고 규정하고 있다. 이에 대하여 독일의 학설과 판례는 동기설을 취함으로써 추급효를 제한하고 있다. 그러나 이와 달리 우리나라의 경우에는 추급효를 인정하는 명문의 규정이 없기 때문에 동기설은 행위자의 처벌가능성의 범위를 확장하고 있다고 평가할 수 있다.

126) 한시법이라는 입법형태는 우리나라 입법 역사에 자주 등장한 형태는 아니다. 일반적으로 법을 제정할 때 법의 폐지시점을 미리 정하지 않는다.

2. 한시법의 추급효 문제

한시법의 경우 추급효문제가 발생할 수 있다. 한시법은 그 유효기간이 미리 정해져 있으므로 그 유효기간이 종료되면 해당 법률이 없어지게 된다. 만약 유효기간이 종료하기 직전에 해당법 위반사건이 폭증하게 될 경우 재판 시에는 처벌할 근거법률이 없어진 경우이므로 이에 대한 적절한 대처가 문제된다. 따라서 이를 방지하기 위해서 한시법이 폐지된 후에도 유효기간 중의 법위반행위에 대해 한시법을 적용해야 되지 않는가라는 문제가 제기된다. 즉 법위반행위가 있은 후 재판진행 중 유효기간의 경과로 한시법이 폐지·실효된 경우에도 폐지·실효된 한시법을 적용할 수 있는가의 문제가 한시법의 추급효문제이다.

만약 한시법 가운데 그 유효기간 중의 위반행위에 대하여는 한시법이 폐지·실효된 경우라도 추급효를 인정한다는 명문 규정이 있는 독일 형법과 같은 경우에는 문제가 없다. 그러나 추급효를 인정하는 명문의 규정이 없는 우리나라의 경우에는 문제가 있다. 추급효 인정 여부에 관하여 명문 규정이 없는 경우에도 유효기간이 지난 후에 그 위반행위를 처벌할 수 있는가에 대하여 견해의 대립이 있다.

> **🗂 사례** │ 한시법과 추급효 문제

【사례】 P지역에 소요가 발생하여 계엄령이 선포되었다. 계엄사령부는 7월 1일부터 7월 31일까지 한달동안 집회를 금지하는 계엄포고령을 발하고 이를 위반하는 자는 1년 이하의 징역에 처하기로 하였다. 갑은 위 포고령에도 불구하고 7월 25일 정치집회에 참가하였다. 갑의 집회참가사실은 8월 20일에 발각되었다. 이 경우 갑을 계엄포고령 위반죄로 처벌할 수 있는가?[127]

【해설】 추급효 부정설에 따르면 유효기간이 경과함과 동시에 계엄포고령은 실효되므로 처벌할 수 없다. 추급효 긍정설에 따르면 유효기간중의 범죄성·반윤리성은 효력이 상실한 이후에도 여전히 비난할 가치가 있다는 등의 이유로 계엄포고령이 실효된 이후에도 유효기간중의 위반행위를 처벌할 수 있다.

대법원이 취하는 동기설에 따르면 계엄령을 해제하는 것은 종전의 포고령이 잘못되었다는 반성적 고려에서 해제된 것이 아니라 일시적 위급사태가 호전에 의한 것이므로 계엄포고의 추급효는 긍정된다. 따라서 갑의 집회참가행위는 처벌대상이 된다.

---

127) 신동운, 61면.

3. 한시법의 추급효에 대한 학설과 판례

가. 추급효 부정설

추급효를 인정하는 명문규정이 없다면, 유효기간이 경과함과 동시에 한시법은 실효되므로 처벌할 수 없다는 견해로 우리나라 다수설의 입장이다.[128] 따라서 형법 제1조 제2항에 의해 행위자에게 유리한 신법의 소급적용 원칙은 그대로 유지되어야 하며 행위자에게 불리한 추급효를 인정한다는 명문의 규정이 없으므로 법위반행위에 대하여 추급하여 적용하면 죄형법정주의에 위배된다는 점을 들고 있다.

이에 대하여 추급효를 부정하게 되면 종기가 가까워질수록 범법행위가 급증한다는 점, 고의로 소송을 지연시킬 우려가 있다는 문제점이 있다는 비판이 있다.

나. 추급효 인정설

추급효를 인정하는 명문규정이 없는 경우에도 유효기간의 경과 후에 유효기간 중의 위반행위를 처벌할 수 있다는 입장이다.[129] 그 근거로 유효기간 중의 범죄성·반윤리성은 효력이 상실한 이후에도 여전히 비난할 가치가 있다는 점, 종기가 가까워짐에 따른 위반행위의 증가를 방지할 필요가 있다는 형사정책적 목적이 있다는 점, 실효와 폐지는 개념상 구분되는 것으로 폐지는 추후처벌이 불가능하나 실효의 경우는 효력상실 이후에도 가벌성이 존재하므로 처벌이 가능하다는 점을 든다.

이에 대한 비판으로 불이익한 사후입법에 의하여 소급처벌하는 것과 그 실질이 같으므로 죄형법정주의에 위반되며, 형사정책적 목적을 달성하기 위하여 국가형벌권을 확장하는 것은 불가능하다. 형사정책적 목적이 고려될 필요가 있다면 각 법률의 부칙에 추급효를 인정하는 규정을 만들어서 해결해야 한다. 국가형벌권 제한을 위한 죄형법정주의 원칙상 한시법만을 실효·폐지로 구별하여 실효된 법의 추급효를 인정할 수 없으며, 형법 제1조 제2항의 법률변경에는 '실효'도 포함된다는 비판이 있다.

다. 동기설

동기설은 입법자가 행한 법률변경의 '동기'가 무엇인가에 따라 추급효의 인정 여부를 달리 보는 입장이다. 법률변경의 동기가 '법적 견해의 변경'에 기인하는 경우[130]에는 행위의

---

128) 김성돈, 102면; 김일수/서보학, 29면; 김혜정/박미숙/안경옥/원혜욱/이인영, 37면; 신동운, 62면; 오영근, 49면; 이상돈, 61면; 이형국/김혜경, 63면; 임웅, 55면; 정성근/박광민, 51면.

129) 이재상/장영민/강동범, 457면; 그러나 이재상 교수는 한시법의 개념을 광의로 보고 있기 때문에 추급효인정설의 입장보다는 동기설의 입장에 가깝다고 할 수 있다.

130) 종전의 법률을 개정한 이유가 종전의 법률이 잘못되었다는 반성적 고려에 의하여 법률을 폐지하는 경우를 말한다.

가벌성이 소멸되었으므로 구법의 추급효를 인정하지 않아 처벌하지 않지만, 법률변경의 동기가 '단순한 사실관계의 변경'에 기인하는 경우[131]에는 행위의 가벌성은 여전히 존재하므로 구법의 추급효를 인정하여 처벌해야 된다는 견해로 우리나라 종전 대법원 태도이었다.[132]

그런데, 앞에서 설명한 바와 같이 대법원은 2020도16420 전원합의체 판결에 의하여 기존 동기설을 폐지하였다.[133] 형법 제1조 제2항 적용의 문제에 대한 판례의 변경이지만, 한시법의 추급효 인정 여부에 대해서도 동기설을 폐지하였다고 볼 수 있는가이다. 이에 대하여 판례는 "법령이 개정 내지 폐지된 경우가 아니라, 스스로 유효기간을 구체적인 일자나 기간으로 특정하여 효력의 상실을 예정하고 있던 법령이 그 유효기간을 경과함으로써 더 이상 효력을 갖지 않게 된 경우도 형법 제1조 제2항과 형사소송법 제326조 제4호에서 말하는 법령의 변경에 해당한다고 볼 수 없다"고 하여 한시법의 경우에는 종전의 동기설을 유지하였다.[134]

4. 결론

한시법에 있어서 동기설에서 말하는 법적 견해의 변경과 사실관계의 변경을 구별하는 것은 상대적이며, 명확한 기준이 될 수 없기 때문에 법적 안정성을 저해한다.[135] 독일 형법에는 추급효를 인정하는 일반적 규정을 두고 있으므로 동기설에 따라 사실관계의 변화가 있는 경우에만 추급효를 인정하여 오히려 행위자에 대한 처벌 범위를 축소시키는 의미를 가지고 있다. 하지만, 추급효에 대한 일반적 규정이 없는 우리 형법의 해석으로 동기설을 취하면 독일의 동기설과는 달리 오히려 처벌의 범위가 확대된다.[136] 형법 제1조 제2항이 말하는 '법령의 변경'에 있어서 판례의 다수의견이 '유효기간을 구체적인 일자나 기간으로 특정하여 효력의 상실을 예정하고 있던 법령이 유효기간을 경과한 경우'를 형법 제1조 제2항과 형사소송법 제326조 제4호에서 말하는 법령의 변경에 해당하지 않는다고 보아 일률적으로 피고인에게 유리한 재판시법의 적용을 배제하고 행위시법의 추급효를 인정하여야 한다는 부분은 문제가 있다. 피고인에게 유리하게 형벌법규가 변경되었다는 관

---

131) 법률이 폐지된 것이 해당 법률의 제정이 잘못된 것이 아니라 일시적인 위급상태가 호전되어 사실상태가 변경된 경우를 말한다.
132) 그 대표적인 사건으로는 대법원 1985.5.28. 선고 81도1045 판결 계엄령위반사건이 있다.
133) 대법원 2022.12.22. 선고 2020도16420 전원합의체 판결.
134) 대법원 2022.12.22. 선고 2020도16420 전원합의체 판결.
135) 이승호, 형법의 시간적 적용범위에 관한 동기설의 문제점, 형사판례연구 제6권, 1998, 24면.
136) 정성근/박광민, 75면.

점에서 보면 법령이 개정·폐지된 경우와 법령의 유효기간이 경과된 경우는 본질적으로 차이가 없기 때문이다.[137]

한시법의 추급효를 부정하게 되면 종기가 가까워질수록 범법행위가 급증할 수 있고, 고의로 소송을 지연시킬 우려가 있다는 문제점이 있다는 비판은 타당하다. 그렇다고 하여도 명문의 규정이 없음에도 불구하고 유효기간의 경과 후에 유효기간 중의 위반행위를 처벌할 수 있다는 추급효 인정설의 입장은 문제가 있다. 한시법의 추급효를 인정하는 것은 행위자에게 불이익한 사후입법에 의하여 소급처벌하는 것과 그 실질이 같으므로 죄형법정주의에 위반된다. 행위자에게 유리한 신법의 소급 적용 원칙은 그대로 유지되어야 하며 행위자에게 불리한 추급효를 인정한다는 명문의 규정이 없다면 죄형법정주의에 위반된다. 형사정책적 목적을 달성하기 위하여 국가형벌권을 확장하는 것은 불가능하다. 만약 형사정책적 목적이 고려될 필요가 있다면 각 법률의 부칙에 추급효를 인정하는 규정을 만들어서 입법적으로 해결하는 것이 바람직하다.[138] 따라서 한시법의 추급효를 부정하는 것이 타당하다.

5. 백지형법과 보충규범

가. 의의

백지형법(白地刑法)은 형벌의 전제가 되는 구성요건의 전부 또는 일부의 규정을 다른 법률이나 명령·고시 등으로 보충해야 할 공백을 가진 형벌법규를 말한다. 형법 제112조의 중립명령위반죄, 행정법규 가운데 대부분의 경제통제법령이 백지형법에 속한다. 백지형법의 공백을 보충하는 규범을 '보충규범'이라고 한다.

나. 쟁점

형벌법규 그 자체는 변경이 없고, 보충규범의 개폐만 있는 경우에도 제1조 제2항의 '법률의 변경'에 의하여 형이 폐지된 경우에 해당하는가? 이에 대하여 견해의 대립이 있다.

다. 학설

부정설은 보충규범의 개폐는 법률의 변경이 아니라, 그 전제인 구성요건의 내용인 행정처분의 변경에 지나지 않는다는 견해이다.[139] 따라서 보충규범이 개폐된 경우에도 행위

---

137) 대법관 노태악, 대법관 천대엽의 별개의견 참조(대법원 2022.12.22. 선고 2020도16420 전원합의체 판결).
138) 최근 개정된 법률의 대부분은 부칙 규정에 시간적 적용범위에 대한 소급효나 추급효의 문제에 대하여 규정하고 있다.
139) 이정원, 46면.

자는 형법 제1조 제1항에 의하여 행위시법으로 처벌된다. 행위시법에 의하여 전면처벌설이라고 한다.

긍정설은 법률의 변경은 구성요건과 분리해서 논할 수 없으므로, 보충규범의 변경도 법률의 변경이라는 견해이다. 이 견해에 따르면 보충규범이 개폐된 경우 제1조 제2항이 적용되므로 행위자는 개폐된 보충규범 위반행위로는 처벌되지 않는다. 따라서 공소가 제기된 경우 면소판결로 소송이 종결된다.[140] 다수설의 입장이다.

절충설은 보충규범의 개폐가 구성요건 자체를 정하는 법규의 개폐에 해당하는 경우에는 법률의 변경에 해당하므로, 면소판결을 해야 하지만, 단순히 구성요건에 해당하는 사실면에서 법규의 개폐에 해당하는 경우에는 법률의 변경에 해당하지 않으므로 처벌이 가능하다는 견해이다.[141]

라. 결론

생각건대, 형법 제1조 제2항의 법률의 변경은 '총체적 법률상태 또는 전체로서의 법률의 변경'을 의미한다. 따라서 가벌성의 존부와 정도에 관계된 보충규범의 개폐 역시 법률의 변경에 해당한다고 보는 긍정설이 타당하다.

제2절 장소적 적용범위

I. 의의와 입법주의

1. 의의

형법의 장소적 적용범위에 대한 문제는 어떤 장소에서 발생한 범죄에 대하여 어떤 형법이 적용되는가의 문제이다. 한국에서 발생한 범죄에 대하여 한국 형법이 적용되는 것은 당연한 결론이다. 문제는 범죄발생지와 적용형법이 다른 경우이다. 이에 대하여 4가지 형태의 입법주의가 있다.

---

140) 김성돈, 108면; 김일수/서보학, 31면; 박상기/전지연, 29면; 배종대, 91면; 신동운, 64면; 오영근, 48면; 이재상/장영민/강동범, 47면; 이형국/김혜경, 65면; 임웅, 56면; 정성근/박광민, 51면.
141) 강구진, 형법의 시간적 적용범위에 관한 고찰, 권문택교수화갑기념논문집, 16면.

2. 입법주의

가. 속지주의

속지주의(屬地主義)는 자국의 영역 안에서 발생한 모든 범죄에 대하여 범죄인의 국적을 불문하고 자국형법을 적용한다는 원칙을 말한다. 국가주권사상에 따라 자국의 형벌권은 자국의 주권이 미치는 영역에서 행사되어야 하며, 소송경제관점에 따라 범죄지의 형법을 적용하는 것이 효과적인 범죄예방과 증거수집이 용이하다는 점을 근거로 한다. 속지주의의 특수한 형태로 기국주의(旗國主義)가 있다. 이는 국외를 운항중인 자국의 선박 또는 항공기 내에서 행한 범죄에 대하여 자국형법을 적용한다는 원칙이다.

나. 속인주의

속인주의(屬人主義)는 자국민의 범죄에 대하여는 범죄지의 여하를 불문하고 자국형법을 적용한다는 원칙을 말한다. 자국민이 외국에서 범한 범죄에 대하여도 자국형법을 적용하거나(적극적 속인주의), 자국민이 외국에서 자국 또는 자국민의 법익에 대하여 범한 범죄에 대하여만 자국형법을 적용한다(소극적 속인주의). 속인주의는 국민으로서 범죄자의 국가와 그의 법질서에 대한 성실의무를 그 근거로 한다.

다. 보호주의

보호주의(保護主義)는 자국 또는 자국민의 법익을 침해하는 범죄에 대하여는 범인의 국적과 범죄지 여하를 불문하고 자국형법을 적용하는 원칙을 말한다. 내국적 법익은 자국형법에 의해서 보호되어야 한다는 이념을 그 근거로 한다.

라. 세계주의

세계주의(世界主義)는 범죄지·행위자의 국적 여하를 묻지 않고 오늘날의 평화로운 국제사회의 공존질서를 침해하는 범죄(전쟁도발, 해적, 항공기납치, 국제테러)이거나, 다수 국가의 공동이익에 반하는 범죄(통화위조, 마약밀매)이거나, 인간의 존엄성을 침해하는 반인도적 범죄(민족학살, 인신매매)에 대해서 자국형법을 적용한다는 원칙을 말한다. 반인도적 범죄에 대한 사회방위의 국제적 연대성을 그 근거로 한다.

> **심화내용** **국내형법과 외국형법의 경합**
>
> 우리나라 형법의 장소적 적용범위에 대한 규정들은 외국법이 우리나라에 적용될 가능성이 있는지에 대해서는 전혀 언급하고 있지 않다. 형법규정은 오로지 국내 형법이 어떤

경우에 적용될 가능성이 있는지에 대해서만 규율하고 있으며 외국형법과 국내형법이 경합된 경우 어느 형법을 적용할 것인가에 대하여 규정하고 있지 않다. 민사법의 영역에서는 외국적 요소가 있는 법률관계에 관하여 국제재판관할에 관한 원칙과 준거법을 정하는 국제사법이 있지만, 국제형법의 영역에서는 이러한 기준이 마련되어 있지 않다.

II. 형법의 태도

우리 형법은 형법의 장소적 적용범위에 대하여 속지주의를 원칙으로 하고, 속인주의와 보호주의, 세계주의를 가미하고 있다. 특히 2013년 4월 형법을 개정하여 미성년자약취유인죄, 추행등 목적약취유인죄, 인신매매죄 등 일부 범죄에 대하여 세계주의 규정을 도입하였다(형법 제296조의2).

1. 속지주의의 원칙

제2조(국내범) 본법은 대한민국영역내에서 죄를 범한 내국인과 외국인에게 적용한다.

가. 의의

우리 형법은 속지주의를 원칙으로 한다. 따라서 한국의 영역 내에서 발생한 모든 범죄에 대해서 범죄인의 국적여하를 묻지 않고 한국 형법이 적용된다. 속지주의 원칙은 주권평등의 원칙상 모든 나라가 제1원리로 채택하고 있는 원칙이다. 예를 들면 미국인이 '한국에서' 미국인을 살해한 경우 한국 형법이 적용된다.[142]

나. 대한민국 영역내

대한민국의 영역은 영토·영해·영공을 말한다. 영토는 헌법 제3조에 따라 한반도와 그 부속도서이며, 영해는 기선으로부터 측정하여 그 외측 12해리의 선까지에 이르는 수역을 말한다. 다만 대한해협은 3해리선까지 영해로 되어 있다. 영공에 대해서는 현재로서는 제한이 없지만 우주개발을 위한 국제적 조정에 기하여 국제적인 제약이 있을 것으로 생각한다.

---

142) 미국의 입장에서 자국민이 자국민을 살해한 경우에 해당하기 때문에 미국 형법에 따라 행위자를 처벌할 것을 요구할 수 있다. 결국 미국법도 적용될 수 있고, 한국법이 적용될 수 있는 사안이 된다. 이를 해결하기 위한 법이 바로 '국제형법'이다. 하지만 본 장에서 논의하는 것은 어느 나라 법이 적용되는가의 문제가 아니라 '한국 형법'을 적용할 수 있는가의 문제이다.

다. 북한에 대한 우리 형법 적용가능성

헌법 제3조는 영토의 범위를 '한반도와 그 부속도서'로 하고 있기 때문에 북한에도 우리 형법이 적용되는지가 문제된다. 이에 대하여 북한지역은 대한민국의 영토이지만 통치권이 현실적으로 행사되는 지역이 아니므로 외국에 준하여 취급해야 한다는 견해,[143] 재판권뿐만 아니라 형법의 적용 자체가 불가능하다는 견해,[144] 북한도 포함된다고 보는 견해[145]가 대립되고 있다.

대법원 판례에 따르면 북한은 우리 영토의 일부분으로 당연히 형법의 적용대상이 되는 지역이지만 단지 재판권이 미치지 못할 뿐이라고 한다. 캐나다 국적을 가진 외국인이라도 북한의 지령을 받고 국내에 잠입하여 활동하던 중 그 목적수행을 위해 서울 김포공항에서 대한항공편으로 중국 북경으로 출국한 후 다시 평양으로 들어간 경우에도 형법 제2조, 제4조에 의하여 우리 형법이 적용된다고 한다.[146] 하지만 이른바 송두율 교수 사건[147]에서는 북한을 외국에 준하여 취급하고 있다.

> **⚖ 판례 │ 북한의 대한민국 영토성**
>
> **【판결요지】** 헌법 제3조는 대한민국의 영토는 한반도와 그 부속도서로 한다고 규정하고 있어 북한도 대한민국의 영토에 속하는 것이 분명하므로, 캐나다 국적을 가진 피고인이 북한의 지령을 받기 위하여 캐나다 토론토를 출발하여 일본과 중국을 순차 경유하여 북한 평양에 들어간 행위는 제3국과 대한민국 영역 내에 걸쳐서 이루어진 것이고, 피고인이 북한의 지령을 받고 국내에 잠입하여 활동하던 중 그 목적수행을 위하여 서울 김포공항에서 대한항공편으로 중국 북경으로 출국한 후 중국 북경에서 북한 평양으로 들어간 행위는 대한민국 영역 내와 대한민국 영역 외에 있는 대한민국의 항공기 내 및 대한민국의 통치권이 미치지 아니하는 제3국에 걸쳐서 이루어진 것이라고 할 것인바, 이와 같은 경우에는 비록 피고인이 캐나다 국적을 가진 외국인이라고 하더라도 형법 제2조, 제4조에 의하여 대한민국의 형벌법규가 적용되어야 할 것이고, 형법 제5조, 제6조에 정한 외국인의 국외범 문제로 다룰 것은 아니다(대법원 1997.11.20. 선고 97도2021 전원합의체 판결).
>
> **【해설】** 피고인은 캐나다 국적을 가진 사람이므로 외국인이다. 법위반행위를 한 곳이 서울 김포공항과 국내 항공기이므로 외국인의 국내범이다. 제2조 속지주의와 제4조 기국주의의 적용을 받아 한국 형법이 적용된다.

---

143) 김성돈, 111면; 박상기/전지연, 30면; 신동운, 73면.
144) 김일수/서보학, 34면; 배종대, 92면.
145) 대법원 1957.9.20. 선고 4290형상228 판결; 이재상/장영민/강동범, 50면; 정성근/박광민, 57면, 오영근, 51면; 손동권/김재윤, 58면.
146) 대법원 1997.11.20. 선고 97도2021 전원합의체 판결.
147) 대법원 2008.4.17. 선고 2004도4899 전원합의체 판결.

⚖️ 판례	송두율 교수 사건

【판결요지】 [3] 대한민국 국민이던 사람이 대한민국 국적을 상실하기 전 4회에 걸쳐 북한의 초청에 응하여 거주하고 있던 독일에서 출발하여 북한을 방문하였고, 그 후 독일 국적을 취득함에 따라 대한민국 국적을 상실한 후에도 거주지인 독일에서 출발하여 북한을 방문한 사안에서, 대한민국 국적을 상실하기 전의 방문행위는 국가보안법 제6조 제2항의 탈출에 해당하지만 대한민국 국적을 상실한 후의 방문행위는 국가보안법 제6조 제2항의 탈출 개념에 해당하지 않는다고 본 사례.

[4] 국가보안법 제6조 제2항의 "반국가단체나 그 구성원의 지령을 받거나 받기 위하여 또는 그 목적수행을 협의하거나 협의하기 위하여 잠입하거나 탈출한 자" 및 같은 법 제8조 제1항의 "국가의 존립·안전이나 자유민주적 기본질서를 위태롭게 한다는 정을 알면서 반국가단체의 구성원 또는 그 지령을 받은 자와 회합·통신 기타의 방법으로 연락을 한 자"의 적용과 관련하여, 독일인이 독일 내에서 북한의 지령을 받아 베를린 주재 북한이익대표부를 방문하고 그곳에서 북한공작원을 만났다면 위 각 구성요건상 범죄지는 모두 독일이므로 이는 외국인의 국외범에 해당하여, 형법 제5조와 제6조에서 정한 요건에 해당하지 않는 이상 위 각 조항을 적용하여 처벌할 수 없다(대법원 2008.4.17. 선고 2004도4899 전원합의체 판결).

【해설】 송두율 교수는 행위 당시 독일 국적을 가졌으므로 속인주의가 적용되지 않으며, 행위지는 독일이므로 속지주의도 적용되지 않는다. 결국 외국인의 국외범에 해당한다. 외국인의 국외범에 대해서도 그의 행위가 형법 제5조에 정한 죄이거나 제6조에 정한 요건에 해당한다면 우리나라 형법이 적용될 수 있다. 하지만 국가보안법위반죄는 형법 제5조에서 정한 죄도 아니며, 제6조의 쌍방가벌성의 원칙에 따라 독일에서도 처벌이 되는 범죄이어야 하는데 국가보안법위반행위는 독일에서는 처벌되는 범죄가 아니다. 따라서 그의 행위에 대하여 우리나라의 형법이 적용되지 않는다.

라. 범죄지 개념과 범죄지 결정기준

(1) 범죄지 개념

국내범과 국외범을 구별하기 위해서는 먼저 범죄지의 개념을 알아야 한다. 범죄지는 기본적으로 범죄의 실행행위가 행해진 장소를 의미하지만, 범죄행위지뿐만 아니라 범죄결과발생지 모두 범죄지로 보는 보편기준설 또는 편재설이 통설과 판례[148]이다. 따라서 양자 중 하나만이라도 우리나라에서 발생하였다면 국내범에 해당한다. 따라서 외국인이 대한민국 공무원에게 알선한다는 명목으로 금품을 수수하는 행위가 대한민국 영역 내에서 이루어졌다면, 비록 금품수수의 명목이 된 알선행위를 하는 장소가 대한민국 영역 외

---

148) 대법원 2000.4.21. 선고 99도3403 판결.

라 하더라도 형법 제2조에 의하여 한국 형법이 적용된다.

(2) 범죄지 결정기준

작위범의 경우에는 실행행위와 구성요건적 결과 중 어느 것이라도 대한민국의 영역 안에서 발생하였으면 충분하며,[149] 부작위범의 경우에는 작위의무가 이행되어야 했던 장소가 범죄지가 된다.

미수범의 경우에는 실행행위가 있었던 장소뿐만 아니라 행위자의 범행계획에 비추어 볼 때 범죄결과가 발생한 것으로 예정되었던 장소도 범죄지로 본다.[150] 하지만 단순히 예비행위만 있는 경우에는 미수의 경우처럼 결과발생의 위험이 생겼다고 볼 수 없기 때문에 그 예비행위의 장소는 범죄지로 볼 수 없다.[151]

공동정범의 경우 실행행위를 분담하여 실행한 곳이 범죄지가 되며, 공모공동정범의 경우 공모지도 범죄지로 볼 수 있다.[152] 교사범이나 방조범과 같은 공범의 경우 정범의 실행행위뿐만 아니라 교사 또는 방조행위라는 공범행위의 장소 내지 공범결과의 발생지도 범죄지가 된다.[153]

마. 기국주의

> 제4조(국외에 있는 내국선박 등에서 외국인이 범한 죄) 본법은 대한민국영역외에 있는 대한민국의 선박 또는 항공기내에서 죄를 범한 외국인에게 적용한다.

기국주의(旗國主義)는 속지주의의 특수한 형태로서 대한민국 영역 외에 있다고 할지라도 대한민국의 선박 또는 항공기 내라면 이를 대한민국 영역으로 간주하는 것이다. 따라서 대한민국 영역 외에 있는 대한민국의 선박 또는 항공기 내에서 죄를 범한 외국인의 경우 한국 형법이 적용된다.

예를 들면 일본인이 공해상을 항해하는 '대한민국 선적의 화물선에서' 중국 선원을 살해한 경우, 중국인이 일본영공을 비행하는 '대한민국 국적의 항공기 내에서' 일본인을 살

---

149) 신동운, 71면; 이상돈, 52면; 이재상/장영민/강동범, 50면; 이형국/김혜경, 68면; 정성근, 84면.
150) 신동운, 72면.
151) 김성돈, 113면.
152) 대법원 1998.11.27. 선고 98도2734 판결; 미국인이 마약 밀수를 대한민국 영역 내에서 공모하였다면 비록 수입이라는 실행행위를 분담하지 않았다고 하더라도 공모지도 범죄지에 해당하므로 한국 형법이 적용된다.
153) 김성돈, 113면; 박상기/전지연, 29면; 신동운, 72면.

해한 경우에 한국 형법이 적용될 수 있다.[154]

2. 속인주의의 가미

> **제3조(내국인의 국외범)** 본법은 대한민국영역외에서 죄를 범한 내국인에게 적용한다.

속인주의는 자국민의 범죄에 대하여는 범죄지 여하를 불문하고 자국형법을 적용해야 한다는 원칙을 말한다. 우리 형법 제3조는 내국인의 국외범, 즉 우리나라 사람이 외국에서 범죄를 범한 경우를 규정하고 있다. 형법은 속인주의를 보충적으로 규정하고 있다. 따라서 외국에서는 처벌되지 않는 행위라고 할지라도 한국 형법에 처벌규정이 있다면 내국인에 대하여 한국 형법이 적용된다. 대한민국 국민이 도박죄를 처벌하지 않는 외국 카지노에서 도박을 한 경우 속인주의에 따라 한국 형법이 적용된다.[155]

내국인은 대한민국의 국적을 가진 자를 말하며 범행 당시 대한민국 국민이어야 한다. 내국인의 국내범은 속지주의에 의하여 당연히 적용되는 것이므로 별도로 규정할 필요는 없다.

⚖ 판례   부산미문화원방화사건

【판결요지】 국제협정이나 관행에 의하여 대한민국내에 있는 미국문화원이 치외법권지역이고 그 곳을 미국영토의 연장으로 본다 하더라도 그곳에서 죄를 범한 대한민국 국민에 대하여 우리 법원에 먼저 공소가 제기되고 미국이 자국의 재판권을 주장하지 않고 있는 이상 속인주의를 함께 채택하고 있는 우리 나라의 재판권은 동인들에게도 당연히 미친다 할 것이며 미국문화원 측이 동인들에 대한 처벌을 바라지 않았다고 하여 그 재판권이 배제되는 것도 아니다(대법원 1986.6.24. 선고 86도403 판결).

【해설】 미국문화원은 외교사절의 집무장소가 아니기 때문에 외국공관에 해당하지 않는다. 설령 외국공관에 해당된다고 하더라도 그곳은 외국 영토의 연장이 아니라 대한민국 영토로 보아야 한다. 국제법상 특별보호의 대상이 되는 외국공관이 갖는 의미는 치외법권지역이 아니라, 단지 공관직원들에 의해 범죄가 행해진 경우 그 범죄에 대하여 형벌의 집행만을 면제하는 형벌집행면제지역 또는 관할권면제(immunities)라는

---

154) 우리나라 항구에 '정박'중인 외국선박 안에서 외국인 선원이 우리나라 사람을 살해한 경우 외국선박 안이라고 하더라도 우리나라 항구에 '정박'중이라면 속지주의에 의하여 우리나라 형법이 적용된다. 마찬가지로 외국항공기라도 우리나라 공항에 '착륙'해 있다면 속지주의에 의하여 우리나라 형법이 적용된다(김성돈, 112면).

155) 대법원 2004.4.23. 선고 2002도2518 판결.

것이 국제법상 일반적인 견해이다. 그럼에도 불구하고 미국문화원을 미국 영토의 연장이라고 해석할 여지를 두는 것은 헌법의 영토고권을 포기하는 것으로 대한민국의 최고법원이 취할 자세는 아니다. 따라서 관할권이 면제되는 외교공관이라고 하더라도 외국 영토의 연장이 아니라 어디까지나 내국의 영토이고 외교사절 등에 대한 특권이나 면제는 외교목적의 수행을 위해 필요한 범위 내에서 내국의 영토 내에서 인정되는 것으로 보아야 한다.[156] 판례가 속지주의를 포기하고 속인주의에 따라 피고인을 처벌하는 것은 타당하지 않다. 속지주의를 적용했어야 한다.

⚖️ 판례 | 중국내 한국대사관 여권발급신청서 위조사건

【판결이유】형법의 적용에 관하여 같은 법 제2조는 대한민국 영역 내에서 죄를 범한 내국인과 외국인에게 적용한다고 규정하고 있으며, 같은 법 제6조 본문은 대한민국 영역 외에서 대한민국 또는 대한민국 국민에 대하여 같은 법 제5조에 기재한 이외의 죄를 범한 외국인에게 적용한다고 규정하고 있는바, 중국 북경시에 소재한 대한민국 영사관 내부는 여전히 중국의 영토에 속할 뿐 이를 대한민국의 영토로서 그 영역에 해당한다고 볼 수 없을 뿐 아니라, 사문서위조죄가 형법 제6조의 대한민국 또는 대한민국 국민에 대하여 범한 죄에 해당하지 아니함은 명백하다.

따라서 원심이 내국인이 아닌 피고인이 위 영사관 내에서 공소외인명의의 여권발급신청서 1장을 위조하였다는 취지의 공소사실에 대하여 외국인의 국외범에 해당한다는 이유로 피고인에 대한 재판권이 없다고 판단한 것은 옳고, 거기에 상고이유의 주장과 같이 재판권에 관한 법리오해 등의 잘못은 없다. 상고이유는 받아들일 수 없다(대법원 2006.9.22. 선고 2006도5010 판결).

【해설】대사관이나 영사관은 외교공관에 해당하지만, 이는 파견국인 한국의 영토가 연장된 것이 아니라 접수국인 중국의 영토에 해당한다. 따라서 속지주의의 원칙이 적용되지 않는다. 또한 피고인은 외국인이므로 속인주의 또한 적용되지 않는다. 결국 외국인의 국외범에 해당한다. 이제 남은 것은 형법 제5조의 보호주의에 따라 처벌할 수 있는지가 문제된다. 그러나 사문서위조의 경우에는 형법 제5조가 적용될 수 있는 범죄가 아니며, 제6조의 경우에도 대한민국 또는 대한민국 국민에 대하여 범한 죄에 해당하지 아니하므로 적용될 수 없다는 것이 판례의 입장이다. 따라서 피고인에 대하여 우리나라 형법을 적용할 수 없다.

📋 심화내용 | 외교공관과 외교사절의 불가침 원칙(principle of inviolability)

외교사절 및 외교공관에 대한 불가침은 근대 국제법 초기부터 국제관습법으로 확인되

---

156) 김성돈, 112면; 오영근, 51면; 신양균, 외교공관에서의 범죄행위에 대한 재판권, 형사판례연구(2), 4면.

던 원칙이다. 초기에 이 원칙은 외교사절의 체포 등 외교사절의 신체에 대한 접수국의 강제력 행사를 금지한 데서부터 발달하였다. 당시 외교사절이란 그를 파견한 주권자를 대표하므로, 외교사절에 대한 침해는 그를 파견한 주권자에 대한 침해라고 간주되었다. 외교사절의 신체에 대한 불가침은 그가 공무를 집행하는 외교공관에 대한 불가침으로 확대되었다. 외교공관의 불가침은 과거 외교사절이나 외교공관 부지는 접수국 영토 외라고 보는 치외법권(doctrine of extraterritoriality) 이론에 의하여 그 정당성이 설명되었다. 이는 비록 접수국에 위치하고 있더라도 외교공관은 법적으로는 파견국의 영토의 일부이며, 따라서 접수국은 외교공관에 대하여 관할권을 행사할 수 없다는 이론이었다.

그러나 19세기 들어서 외교공관과 부지가 접수국 영토 외라는 치외법권의 개념은 더이상 주장되지 않는다. 그 대신에 접수국의 입장에서 외교공관과 외교사절을 보호할 의무의 중요성이 더욱 부각되게 되었다. 여러 국가들이 외교관이나 외교공관에 대한 침해나 폭력행위에 대하여는 일반 유사범죄보다 엄격한 형을 가하거나, 외국 국기의 모욕이나 외교공관에 대한 항의시위 등과 같은 정치적이거나 상징적인 침해행위도 처벌하는 국내법을 제정하였다. 아울러 외교공관의 불가침권의 보호는 접수국에서 외교사절의 원활한 업무수행을 보장하기 위하여 인정되는 것이라는 이른바 기능보호설이 자리잡게 되었다.

이러한 관습국제법의 원칙은 외교관계에 관한 비엔나협약에 명문화되었다. 협약 제22조 제2항에서 "접수국은 어떠한 침입이나 손해에 대하여도 공관지역을 보호하며, 공관의 안녕을 교란시키거나 품위의 손상을 방지하기 위하여 모든 적절한 조치를 취할 특별한 의무를 가진다"고 규정하고, 제30조 제1항에서 "외교관의 개인 주거는 공관지역과 동일한 불가침과 보호를 향유한다"고 규정하고 있다. 이 같은 보호의무는 영사관계에 관한 비엔나 협약을 통하여 영사관 및 영사관원에게도 동일하게 적용된다. 결론적으로 외교공관은 파견국 영토의 연장이 아니다.

3. 보호주의

가. 의의

원래 외국인이 외국에서 범죄를 저지른 경우에는 우리 형법이 적용될 여지는 없다. 하지만, 외국인의 국외범이 우리나라의 법익이나 우리 국민과 관련이 있을 경우에는 우리 형법을 적용하여 처벌할 필요가 있다. 보호주의는 대한민국이 보호할 가치가 있다고 판단한 법익에 대하여 외국인이 국외에서 범한 경우라도 우리 형법을 적용할 수 있다는 원칙이다.

형법 제5조의 보호주의의 대상이 되는 범죄는 외국에서 범죄가 되지 않는다고 하더라도 해당 행위를 한 외국인에 대하여 우리나라 형법이 적용될 수 있다. 하지만 제5조에 기재된 범죄 이외의 범죄에 대해서는 제6조에서 그 범죄가 행위지법인 외국에서도 범죄가 되어야 한다는 쌍방가벌성의 원칙이 적용된다.

나. 제5조의 보호주의

> **제5조(외국인의 국외범)** 본법은 대한민국영역외에서 다음에 기재한 죄를 범한 외국인에게 적용한다.
> 1. 내란의 죄
> 2. 외환의 죄
> 3. 국기에 관한 죄
> 4. 통화에 관한 죄
> 5. 유가증권, 우표와 인지에 관한 죄
> 6. 문서에 관한 죄 중 제225조 내지 제230조
> 7. 인장에 관한 죄 중 제238조

외국인의 국외범의 경우 형법 제5조에 의하여 외국에서 제5조 각호에서 정하고 있는 범죄를 범한 외국인에게 한국 형법이 적용된다. 외국인이 외국에서 우리나라 형법 중 내란의 죄, 외환의 죄, 국기에 관한 죄, 통화에 관한 죄, 유가증권·우표·인지에 관한 죄, 문서에 관한 죄, 인장에 관한 죄를 범한 경우 우리나라 형법이 적용된다. 특히 문서에 관한 죄 중 '제225조 내지 제230조'는 제225조 (공문서등의 위조·변조), 제226조 (자격모용에 의한 공문서등의 작성), 제227조 (허위공문서작성등), 제227조의2 (공전자기록위작·변작), 제228조 (공정증서원본등의 부실기재), 제229조 (위조등 공문서의 행사), 제230조 (공문서등의 부정행사)등으로 '공문서(公文書)'에 한하고 있으며, 인장에 관한 죄 중 제238조 (공인등의 위조, 부정사용)는 '공인(公印)'에 한하고 있다. 따라서 사문서 또는 사인인 경우에는 한국 형법이 적용되지 않는다.

예를 들면, 미국인이 미국에서 대한민국 여권을 위조한 경우, 일본인이 중국에서 대한민국 통화를 위조하여 행사한 경우 한국 형법이 적용된다. 하지만 미국인이 미국에서 대한민국 국적 주식회사의 사문서나 사인(私印)을 위조한 경우 한국 형법은 적용되지 않는다.[157] 사문서나 사인의 위조죄는 제5조에서 정하고 있는 범죄가 아니기 때문이다.

미국인이 미국에서 미국 통화 100달러를 위조한 경우에도 한국 형법이 적용될 수 있

---

157) 대법원 2002.11.26. 선고 2002도4929 판결.

다. 이러한 경우에도 우리나라 형법 통화에 관한 죄 중 제207조 통화위조죄에 따라 처벌할 수 있기 때문이다.

다. 제6조의 보호주의

> 제6조(대한민국과 대한민국국민에 대한 국외범) 본법은 대한민국영역외에서 대한민국 또는 대한민국국민에 대하여 전조에 기재한 이외의 죄를 범한 외국인에게 적용한다. 단 행위지의 법률에 의하여 범죄를 구성하지 아니하거나 소추 또는 형의 집행을 면제할 경우에는 예외로 한다.

형법 제6조에 따르면 외국인의 국외범의 경우 형법 제5조에 기재한 이외의 범죄일지라도 외국인이 한국인을 살해한 경우와 같이 그 범죄의 내용이 대한민국 또는 대한민국국민에 대한 것이라면 한국 형법이 적용된다. 여기서 '대한민국 또는 대한민국 국민에 대하여 죄를 범한 때'란 대한민국 또는 대한민국 국민의 법익이 직접적으로 침해되는 결과를 야기하는 죄를 범한 경우를 의미한다.[158]

하지만 행위지인 외국의 법률에 따르면 외국인의 행위가 범죄에 해당하지 않거나 소추 또는 형의 집행을 면제할 경우에는 한국 형법이 적용되지 않는다. 이를 '쌍방가벌성의 원칙'이라고 한다.

예를 들면 A국가의 외국인 갑이 A국에서 한국인에 대하여 사기죄를 범한 경우 외국인의 국외범이라고 할지라도 외국인 갑에 대해서 한국 형법이 적용될 수 있다. 다만 행위지인 외국의 법률에서도 사기죄를 처벌하는 규정이 있어야 한다.

하지만 제한적으로 성매매를 허용하는 A국가의 외국인 갑이 A국에서 한국인 을과 공동하여 성매매를 한 경우 행위지법인 A국에 따르면 범죄가 아니므로 외국인 갑은 처벌되지 않는다. 이 경우 한국인 을은 속인주의에 의해 우리나라 형법이 적용된다.

판례에 따르면 사인위조죄와 위조사문서행사죄는 대한민국 또는 대한민국국민에 대하여 범한 죄로 보지 않는다. 중국 국적자가 중국에서 대한민국 국적 주식회사의 인장을 위조한 경우에는 외국인의 국외범으로서 그에 대하여 재판권이 없다.[159]

---

158) 대법원 2011.8.25. 선고 2011도6507 판결.
159) 대법원 2002.11.26. 선고 2002도4929 판결.

⚖️ 판례   위조사문서행사죄와 제6조의 보호주의

【사실관계】 캐나다 시민권자 갑이 피해자들로부터 투자금을 교부받더라도 이를 선물시장에 투자하여 운용할 의사나 능력이 없었다. 그럼에도 불구하고 갑은 캐나다 금융감독원의 검사 A 명의의 사실증명에 관한 위조 사문서를 피해자들에게 교부하여 행사하였다. 甲은 한국인 피해자 19명에게 "투자금을 맡기면 선물시장에 투자하여 운용하겠다."고 기망하여 캐나다에서 직접 또는 현지 은행 계좌로 투자금을 수령하는 등 피해자들로부터 약 100억 원을 편취하였다.

【판결요지】 [1] 형법 제5조, 제6조의 각 규정에 의하면, 외국인이 외국에서 죄를 범한 경우에는 형법 제5조 제1호 내지 제7호에 열거된 죄를 범한 때와 형법 제5조 제1호 내지 제7호에 열거된 죄 이외에 대한민국 또는 대한민국 국민에 대하여 죄를 범한 때에만 대한민국 형법이 적용되어 우리나라에 재판권이 있게 되고, 여기서 '대한민국 또는 대한민국 국민에 대하여 죄를 범한 때'란 대한민국 또는 대한민국 국민의 법익이 직접적으로 침해되는 결과를 야기하는 죄를 범한 경우를 의미한다.

[2] 캐나다 시민권자인 피고인이 캐나다에서 위조사문서를 행사하였다는 내용으로 기소된 사안에서, 형법 제234조의 위조사문서행사죄는 형법 제5조 제1호 내지 제7호에 열거된 죄에 해당하지 않고, 위조사문서행사를 형법 제6조의 대한민국 또는 대한민국 국민의 법익을 직접적으로 침해하는 행위라고 볼 수도 없으므로 피고인의 행위에 대하여는 우리나라에 재판권이 없는데도, 위 행위가 외국인의 국외범으로서 우리나라에 재판권이 있다고 보아 유죄를 인정한 원심판결에 재판권 인정에 관한 법리오해의 위법이 있다고 한 사례(대법원 2011.8.25. 선고 2011도6507 판결)

[3] 형법 제6조 본문에 의하여 외국인이 대한민국 영역 외에서 대한민국 국민에 대하여 범죄를 저지른 경우 우리 형법이 적용되지만, 같은 조 단서에 의하여 행위지 법률에 의하여 범죄를 구성하지 아니하거나 소추 또는 형의 집행을 면제할 경우에는 우리 형법을 적용하여 처벌할 수 없고, 이 경우 행위지 법률에 의하여 범죄를 구성하는지는 엄격한 증명에 의하여 검사가 이를 증명하여야 한다.

[4] 캐나다 시민권자인 피고인이 투자금을 교부받더라도 선물시장에 투자하여 운용할 의사나 능력이 없음에도, 피해자들을 기망하여 투자금 명목의 돈을 편취하였다는 내용으로 기소된 사안에서, 공소사실 중 '피고인이 캐나다에 거주하는 대한민국 국민을 기망하여 캐나다에서 직접 또는 현지 은행계좌로 투자금을 수령한 부분'은 외국인이 대한민국 영역 외에서 대한민국 국민에 대하여 범죄를 저지른 경우에 해당하므로, 이 부분이 행위지인 캐나다 법률에 의하여 범죄를 구성하는지 및 소추 또는 형의 집행이 면제되는지를 심리하여 해당 부분이 행위지 법률에 의하여 범죄를 구성하고 그에 대한 소추나 형의 집행이 면제되지 않는 경우에 한하여 우리 형법을 적용하였어야 하는데도, 이에 관하여 아무런 증명이 없는 상황에서 공소사실 전부를 유죄로 인정한 원심판결에 재판권 인정에 관한 법리오해 및 심리미진의 위법이 있다고 한 사례(대법원 2011.8.25. 선고 2011도6507 판결).

【해설】이 사례의 논점은 ① 외국인이 위조사문서행사죄를 범한 경우 형법 제5조, 제6조에 의하여 한국 형법을 적용할 수 있는지, ② 외국인이 대한민국 국민에 대하여 사기죄를 범한 경우 제6조 단서 적용과 관련하여 쌍방가벌성의 원칙의 적용 문제이다.

첫째, 캐나다 시민권자인 피고인이 캐나다에서 위조사문서를 행사한 경우 외국인의 국외범에 해당한다. 이 경우 우리나라 형법이 적용되기 위해서는 제5조의 보호주의 또는 제6조의 보호주의의 적용이 있어야 한다. 위조사문서행사죄는 제5조의 보호주의에 해당하지 않는 것은 분명하다. 문제는 제6조의 보호주의 적용이 될 수 있는가이다. 이에 대하여 대법원 판례는 위조사문서행사를 형법 제6조의 '대한민국 또는 대한민국 국민의 법익을 직접적으로 침해하는 행위'라고 볼 수도 없으므로 피고인의 행위에 대하여는 우리나라에 재판권이 없다고 한다.

둘째, 캐나다 시민권자인 피고인이 캐나다에서 한국인을 대상으로 사기죄를 범한 경우 이는 '외국인이 대한민국 영역 외에서 대한민국 국민에 대하여 범죄를 저지른 경우'에 해당한다. 따라서 형법 제6조 본문이 적용되어 한국 형법이 적용된다. 다만 제6조 단서에 따라 행위지인 캐나다 법률에 의하여 범죄를 구성하는지 및 소추 또는 형의 집행이 면제되는지를 심리하여야 한다. 캐나다 법률에 의하여 범죄를 구성하지 않거나, 소추 또는 형의 집행이 면제될 경우에는 한국 형법을 적용할 수 없다. 이를 쌍방가벌성의 원칙이라고 한다. 이 경우 행위지 법률에 의하여 범죄를 구성하는지는 엄격한 증명에 의하여 검사가 이를 증명하여야 한다.

4. 외국에서 받은 형집행의 효력

제7조(외국에서 집행된 형의 산입) 죄를 지어 외국에서 형의 전부 또는 일부가 집행된 사람에 대해서는 그 집행된 형의 전부 또는 일부를 선고하는 형에 산입한다.

가. 외국에서 형의 전부 또는 일부가 집행된 경우

외국에서 형의 전부 또는 일부가 집행된 사람이 있는 경우 우리나라 법원은 그에 대하여 다시 형을 선고하여도 위법은 아니다.[160] 다만, 외국에서 집행된 형의 전부 또는 일부를 피고인의 선고형에 산입하여야 한다. 법원은 범죄사실의 동일성이나 형 집행의 정도 등을 고려하여 외국에서의 형집행으로 형벌목적이 대부분 달성되었다고 판단되는 경우에는 형을 면제할 것이며, 부족하다고 판단할 경우에는 형의 일부를 산입할 것이다. 예를 들면 갑이 미국에서 살인죄로 형의 전부를 집행받았다고 하더라도 우리나라에서 갑에게 살인죄에 대한 형을 다시 선고해도 위법은 아니지만, 우리나라에서 형을 선고할 때 미국에

---

160) 대법원 1988.1.19. 선고 87도2287 판결.

서 집행된 형의 전부 또는 일부를 선고하는 형에 산입한다.

나. 헌법재판소의 불합치결정과 형법 개정

형법 제7조에서는 죄를 지어 외국에서 형의 전부 또는 일부의 집행을 받은 경우 그 집행된 형의 전부 또는 일부를 선고하는 형에 산입한다. 필요적 감면사유이다.

개정전 형법은 "산입할 수 있다"고 하여 임의적 감면사유로 규정하고 있었다. 그런데 2015년 5월 28일 헌법재판소는 형법 제7조가 입법재량의 범위를 일탈하여 청구인의 신체의 자유를 침해한다는 이유로 이에 대하여 헌법불합치결정을 내렸다.[161]

헌법재판소는 외국에서 형의 전부 또는 일부의 집행을 받은 자에 대하여 형을 감경 또는 면제할 수 있도록 규정한 종전 형법 제7조는 외국에서 실제로 형의 집행을 받았음에도 불구하고 우리 형법에 의한 처벌 시 이를 전혀 고려하지 않기 때문에 신체의 자유에 대한 과도한 제한이 될 수 있다고 하여 2016.12.31.까지 개선입법이 이루어지지 않으면 2017.1.1.부터 효력을 상실한다는 헌법불합치 결정을 한 것이다. 이에 따라 2016년 12월 형법을 개정하여 "산입한다"고 하여 '필요적 감면사유'로 개정하였다.

다. 이중처벌의 문제

형법 제7조 규정은 이중처벌금지의 원칙에 반하는 것이 아닌가라는 문제점이 있다. 하지만 형사판결은 국가주권의 일부분인 형벌권의 행사에 기초한 것이어서 행위자가 외국에서 형사처벌을 과하는 확정판결을 받았더라도 외국 판결은 우리나라 법원을 기속할 수 없다. 즉 이중처벌금지의 원칙은 동일한 범죄에 대하여 한국의 재판권에 의한 이중처벌의 금지를 의미한다. 외국의 형사판결은 원칙적으로 우리 법원을 기속하지 않으므로 동일한 범죄행위에 관하여 다수의 국가에서 재판 또는 처벌을 받는 것이 배제되는 것은 아니다. 따라서 형법 제7조 조항은 이중처벌금지의 원칙에 반하지 않는다.

🏛 **헌재** | **형법 제7조 헌법불합치결정**

【사실관계】 청구인은 2011.6.22. 홍콩국제공항에서 대한민국 여권을 위조, 행사한 범죄사실로 체포되어 홍콩 법원에서 징역 1년을 선고받고 8개월 정도 복역하다가 대한민국으로 강제추방되었고, 입국할 때 체포되어 다시 기소되었다. 인천지방법원은 청구인에 대하여 같은 범죄사실로 징역 6월을 선고하였고, 청구인이 제기한 항소 및 상고가 모두 기각되어 위 판결은 확정되었다. 청구인은 상고심 재판 계속 중 형법 제7조가 헌법에 위반된다며 위헌법률심판제청신청을 하였으나 2013.4.11. 위 신청이 기각

---

161) 헌법재판소 2015.5.28. 선고 2013헌바129 결정.

되자, 2013.5.10. 이 사건 헌법소원심판을 청구하였다.

【결정요지】 형사판결은 국가주권의 일부분인 형벌권 행사에 기초한 것으로서, 외국의 형사판결은 원칙적으로 우리 법원을 기속하지 않으므로 동일한 범죄행위에 관하여 다수의 국가에서 재판 또는 처벌을 받는 것이 배제되지 않는다. 따라서 이중처벌금지원칙은 동일한 범죄에 대하여 대한민국 내에서 거듭 형벌권이 행사되어서는 안 된다는 뜻으로 새겨야 할 것이므로 이 사건 법률조항은 헌법 제13조 제1항의 이중처벌금지원칙에 위배되지 아니한다.

입법자는 외국에서 형의 집행을 받은 자에게 어떠한 요건 아래, 어느 정도의 혜택을 줄 것인지에 대하여 일정 부분 재량권을 가지고 있으나, 신체의 자유는 정신적 자유와 더불어 헌법이념의 핵심인 인간의 존엄과 가치를 구현하기 위한 가장 기본적인 자유로서 모든 기본권 보장의 전제조건이므로 최대한 보장되어야 하는바, 외국에서 실제로 형의 집행을 받았음에도 불구하고 우리 형법에 의한 처벌 시 이를 전혀 고려하지 않는다면 신체의 자유에 대한 과도한 제한이 될 수 있으므로 그와 같은 사정은 어느 범위에서든 반드시 반영되어야 하고, 이러한 점에서 입법형성권의 범위는 다소 축소될 수 있다.

입법자는 국가형벌권의 실현과 국민의 기본권 보장의 요구를 조화시키기 위하여 형을 필요적으로 감면하거나 외국에서 집행된 형의 전부 또는 일부를 필요적으로 산입하는 등의 방법을 선택하여 청구인의 신체의 자유를 덜 침해할 수 있음에도, 이 사건 법률조항과 같이 우리 형법에 의한 처벌 시 외국에서 받은 형의 집행을 전혀 반영하지 아니할 수도 있도록 한 것은 과잉금지원칙에 위배되어 신체의 자유를 침해한다(헌법재판소 2015.5.28. 선고 2013헌바129 결정).

【해설】 외국에서 실제로 형의 집행을 받은 사정이 있다면 우리 형법에 의해 처벌할 경우에도 어느 범위에서든 반드시 반영되어야 한다는 것이 헌법재판소의 입장이다. 헌법재판소는 형법 제7조에 대하여 헌법불합치명령과 잠정적용명령을 내렸다. 만약 이 사건 법률조항이 위헌결정으로 즉시 효력을 상실할 경우 임의적으로나마 형을 감면할 근거규정이 없어지게 되어 감면적용을 받아야 할 사람에 대하여도 감면을 할 수 없게 되므로 법적 안정성의 관점에서 용인하기 어려운 법적 공백이 생기게 되기 때문이다. 따라서 이 사건 법률조항에 대하여 헌법불합치결정을 선고하되, 다만 입법자의 개선입법이 있을 때까지 계속적용을 명하기로 하였다. 입법자는 가능한 한 빠른 시일 내에 개선입법을 해야 할 의무가 있다 할 것이므로, 늦어도 2016.12.31.까지 개선입법을 이행하여야 하고, 그때까지 개선입법이 이루어지지 않으면 이 사건 법률조항은 2017.1.1.부터 효력을 상실한다. 이에 따라 2016.12.20. 동 조항은 개정되었다.

라. 미결구금의 경우

판결선고전 구금 또는 미결구금이란 범죄의 혐의를 받는 자가 재판이 확정될 때까지 구금하는 강제처분을 말한다. 미결구금은 형의 종류는 아니지만, 자유를 구속한다는 면에서 자유형과 유사한 특징을 가진다. 우리 형법 제57조에 따르면 판결선고전의 구금일수는 그 전부를 유기징역, 유기금고, 벌금이나 과료에 관한 유치 또는 구류에 산입한다.

문제는 피고인이 외국 법원에 기소되어 상당기간 동안 미결구금 기간이 있을 경우 그 기간을 형법 제7조에 의한 산입의 대상이 될 수 있는지 문제된다.[162]

판례에 따르면 '외국에서 형의 전부 또는 일부가 집행된 사람'이란 문언과 취지에 비추어 '외국 법원의 유죄판결에 의하여 자유형이나 벌금형 등 형의 전부 또는 일부가 실제로 집행된 사람'을 말한다고 해석한다. 따라서 형사사건으로 외국 법원에 기소되었다가 무죄판결을 받은 사람은, 설령 그가 무죄판결을 받기까지 상당 기간 미결구금되었더라도 이를 유죄판결에 의하여 형이 실제로 집행된 것으로 볼 수는 없으므로, '외국에서 형의 전부 또는 일부가 집행된 사람'에 해당한다고 볼 수 없고, 그 미결구금 기간은 형법 제7조에 의한 산입의 대상이 될 수 없다는 입장이다.

⚖ 판례 | 미결구금 기간과 형법 제7조에 의한 산입의 대상

【사실관계】갑은 2005.10.5. 살인 혐의로 필리핀 경찰에 체포·수감된 후 현지 법원에 살인죄로 기소되어 5년 넘게 미결구금 상태로 재판을 받다가 증거불충분 등의 사유로 무죄 취지의 재판을 받고 석방되었다. 이후 갑은 국내에서 다시 기소되어 제1심에서 징역 10년을 선고받게 되었다. 갑은 자신이 외국에서 미결 상태로 구금된 5년여의 기간에 대하여도 '외국에서 집행된 형의 산입' 규정인 형법 제7조가 적용되어야 한다고 주장하였다.

【판결요지】[1] [다수의견] (가) 형법 제7조는 "죄를 지어 외국에서 형의 전부 또는 일부가 집행된 사람에 대해서는 그 집행된 형의 전부 또는 일부를 선고하는 형에 산입한다."라고 규정하고 있다. 이 규정의 취지는, 형사판결은 국가주권의 일부분인 형벌권 행사에 기초한 것이어서 피고인이 외국에서 형사처벌을 과하는 확정판결을 받았더라도 그 외국 판결은 우리나라 법원을 기속할 수 없고 우리나라에서는 기판력도 없어 일사부재리의 원칙이 적용되지 않으므로, 피고인이 동일한 행위에 관하여 우리나라 형벌법규에 따라 다시 처벌받는 경우에 생길 수 있는 실질적인 불이익을 완화하려는 것이다.

그런데 여기서 '외국에서 형의 전부 또는 일부가 집행된 사람'이란 문언과 취지에 비추어 '외국 법원의 유죄판결에 의하여 자유형이나 벌금형 등 형의 전부 또는 일부가 실제로 집행된 사람'을 말한다고 해석하여야 한다. 따라서 형사사건으로 외국 법원에 기소되었다가 무죄판결을 받은 사람은, 설령 그가 무죄판결을 받기까지 상당 기간 미결구금되었더라도 이를 유죄판결에 의하여 형이 실제로 집행된 것으로 볼 수는 없으므로,

---

162) 미결구금은 공소의 목적을 달성하기 위하여 어쩔 수 없이 피고인 또는 피의자를 구금하는 강제처분이어서 형의 집행은 아니지만 신체의 자유를 박탈하는 점이 자유형과 유사하기 때문에, 형법 제57조 제1항은 인권 보호의 관점에서 미결구금일수의 전부를 본형에 산입한다고 규정하고 있다.

'외국에서 형의 전부 또는 일부가 집행된 사람'에 해당한다고 볼 수 없고, 그 미결구금기간은 형법 제7조에 의한 산입의 대상이 될 수 없다.

(나) 미결구금은 공소의 목적을 달성하기 위하여 어쩔 수 없이 피고인 또는 피의자를 구금하는 강제처분이어서 형의 집행은 아니지만 신체의 자유를 박탈하는 점이 자유형과 유사하기 때문에, 형법 제57조 제1항은 인권 보호의 관점에서 미결구금일수의 전부를 본형에 산입한다고 규정하고 있다.

그러나 외국에서 무죄판결을 받고 석방되기까지의 미결구금은, 국내에서의 형벌권 행사가 외국에서의 형사절차와는 별개의 것인 만큼 우리나라 형벌법규에 따른 공소의 목적을 달성하기 위하여 필수불가결하게 이루어진 강제처분으로 볼 수 없고, 유죄판결을 전제로 한 것이 아니어서 해당 국가의 형사보상제도에 따라 구금 기간에 상응하는 금전적 보상을 받음으로써 구제받을 성질의 것에 불과하다. 또한 형사절차에서 미결구금이 이루어지는 목적, 미결구금의 집행 방법 및 피구금자에 대한 처우, 미결구금에 대한 법률적 취급 등이 국가별로 다양하여 외국에서의 미결구금으로 인해 피고인이 받는 신체적 자유 박탈에 따른 불이익의 양상과 정도를 국내에서의 미결구금이나 형의 집행과 효과 면에서 서로 같거나 유사하다고 단정할 수도 없다. 따라서 위와 같이 외국에서 이루어진 미결구금을 형법 제57조 제1항에서 규정한 '본형에 당연히 산입되는 미결구금'과 같다고 볼 수 없다.

결국 미결구금이 자유 박탈이라는 효과 면에서 형의 집행과 일부 유사하다는 점만을 근거로, 외국에서 형이 집행된 것이 아니라 단지 미결구금되었다가 무죄판결을 받은 사람의 미결구금일수를 형법 제7조의 유추적용에 의하여 그가 국내에서 같은 행위로 인하여 선고받는 형에 산입하여야 한다는 것은 허용되기 어렵다.

(다) 한편 양형의 조건에 관하여 규정한 형법 제51조의 사항은 널리 형의 양정에 관한 법원의 재량사항에 속하고, 이는 열거적인 것이 아니라 예시적인 것이다. 피고인이 외국에서 기소되어 미결구금되었다가 무죄판결을 받은 이후 다시 그 행위로 국내에서 처벌받는 경우, 공판 과정에서 외국에서의 미결구금 사실이 밝혀진다면, 양형에 관한 여러 사정들과 함께 그 미결구금의 원인이 된 사실과 공소사실의 동일성의 정도, 미결구금 기간, 해당 국가에서 이루어진 미결구금의 특수성 등을 고려하여 필요한 경우 형법 제53조의 작량감경 등을 적용하고, 나아가 이를 양형의 조건에 관한 사항으로 참작하여 최종의 선고형을 정함으로써 적정한 양형을 통해 피고인의 미결구금에 따른 불이익을 충분히 해소할 수 있다. 형법 제7조를 유추적용하여 외국에서의 미결구금을 확정된 형의 집행 단계에서 전부 또는 일부 산입한다면 이는 위 미결구금을 고려하지 아니하고 형을 정함을 전제로 하므로, 오히려 위와 같이 미결구금을 양형 단계에서 반영하여 그에 상응한 적절한 형으로 선고하는 것에 비하여 피고인에게 더 유리하다고 단정할 수 없다(대법원 2017.8.24. 선고 2017도5977 전원합의체 판결).

【해설】 외국에서 집행된 미결구금이 있을 경우 우리나라 법원이 형의 선고시 형기에

산입을 하지 않는다면 사실상 외국의 미결구금 기간만큼 이중으로 처벌받는 것이 아닌가는 이중처벌의 문제가 발생할 수 있다. 판례는 국내 형벌권의 행사가 외국의 형사절차와는 전혀 별개의 절차이며, 미결구금은 유죄판결에 의하여 형이 실제로 집행된 것이 아니므로, '외국에서 형의 전부 또는 일부가 집행된 사람'에 해당한다고 볼 수 없기 때문에, 그 미결구금 기간은 형법 제7조에 의한 산입의 대상이 될 수 없다. 더불어 피고인이 받게 될 수 있는 사실상 불이익은 형법 제53조의 정상참작감경에 의하여 해소할 수 있다고 본다.

5. 세계주의

> 제296조의2(세계주의) 제287조부터 제292조까지 및 제294조는 대한민국 영역 밖에서 죄를 범한 외국인에게도 적용한다.

세계주의는 외국인이 외국에서 외국인에 대하여 범죄를 저지른 경우에도 자국형법을 적용한다는 원칙을 말한다. 세계주의는 자국과 직접적 관계없는 사항들임에도 불구하고 외국인에 대해 자국의 형법을 적용하는 것이므로 반인륜적 범죄나 국제적 영향력이 큰 범죄들에 대해서만 적용하는 것이 일반적이다.[163] 2013년 4월 형법 개정을 통하여 세계주의 규정을 도입하였다.

형법 제296조의2 조항을 신설하여 약취, 유인 또는 인신매매와 관련된 범죄는 인류 일반의 입장에서 보편타당하게 인권을 유린하는 범죄라는 점에서 대한민국의 영역 밖에서 죄를 범한 외국인에게도 적용하도록 하였다. 세계주의가 적용되는 범죄유형으로는 제287조(미성년자의 약취, 유인), 제288조(추행 등 목적 약취, 유인 등), 제289조(인신매매), 제290조(약취, 유인, 매매, 이송 등 상해·치상), 제291조(약취, 유인, 매매, 이송 등 살인·치사), 제292조(약취, 유인, 매매, 이송된 사람의 수수·은닉 등), 제294조(미수범)가 있다.

이외에도 외국에서 외국통화를 위조한 외국인에게 우리나라 형법이 적용될 수 있는 외국통용통화위조죄($\binom{제207조}{제3항}$)가 세계주의 규정이라는 입장이 있다.

📋 심화내용 국제형사재판소 관할범죄의 처벌 등에 관한 법률

우리나라는 2002년 '국제형사재판소에 관한 로마규정'에 가입함에 따라, 국제형사재판소의 관할범죄를 처벌하고 대한민국과 국제형사재판소 간의 협력에 관한 절차를 정하기 위하여 '국제형사재판소의 관할범죄의 처벌 등에 관한 법률'이 제정되었다. 이 법

---

163) 오영근, 53면.

률은 집단살해죄, 인도에 반한 죄, 사람에 대한 전쟁범죄, 재산 및 권리에 대한 전쟁범죄, 인도적 활동이나 식별표장 등에 관한 전쟁범죄, 금지된 방법에 의한 전쟁범죄, 금지된 무기를 사용한 전쟁범죄 등을 규정하고 있다. 동법의 적용범위에 관하여 제3조에서는 속인주의, 속지주의, 보호주의, 세계주의 모두를 원칙으로 채택하고 있다.

제3절 인적 적용범위

Ⅰ. 의의

인적 적용범위는 형법이 어떤 사람에게 적용되는가의 문제이다. 형사재판권은 주권의 표현이므로 원칙적으로 형법은 시간적·장소적 적용범위 내의 '모든 사람'에게 적용된다. 형법의 인적 적용범위와 관련하여 대통령의 불소추특권, 국회의원의 면책특권, 외교사절의 면책특권, 외국군대의 재판관할권 등이 논의된다.

Ⅱ. 특례

1. 대통령과 국회의원

대통령은 내란·외환의 죄를 범한 경우를 제외하고는 재직 중 형사상의 소추를 받지 아니한다(헌법제84조). 내란·외환의 죄를 범한 경우에는 재직과 상관없이 소추 가능하다. 재직 후에는 재직 중의 행위에 대하여 소추가능하다. 대통령의 불소추특권이라고 한다.

국회의원은 국회에서 직무상 행한 발언과 표결에 관하여 국회 외에서 책임을 지지 아니한다(헌법제45조). 국회의원의 면책특권이라고 한다. 헌법은 책임을 지지 않는다고 하여 책임이 없는 것처럼 규정하고 있지만, 이는 형법상 책임이 조각된다는 의미가 아니라 인적 처벌조각사유에 해당된다는 것을 의미한다. 국회의원은 면책규정은 '직무상 행한 발언과 표결'에 대해서만 적용된다. 따라서 이와 관련이 없는 행위에 대해서는 처벌된다.

그러나 형법의 적용범위에 관한 문제와 불소추특권·면책특권의 문제는 엄격히 구별되어야 한다. 형법의 적용범위는 어느 범죄에 대하여 우리 형법을 적용할 수 있는가의 문제이지만, 불소추특권·면책특권은 어느 사람에 대하여 형벌권을 실현시킬 때 어느 정도의 절제를 가할 것인가 하는 문제이다. 형법의 적용범위에서 벗어난 범죄가 기소되면 피고인에게 재판권이 없으므로 공소기각판결이 선고되지만, 불소추특권이나 면책특권이 있다고 하여 그 사람이 우리 형법의 적용대상에서 배제되는 것은 아니다. 따라서 대통령에 대해서는 단순한 '소추유예'만을 규정하고 있을 뿐이며, 국회의원의 직무상 발언은 인적 처벌조각사유를 규정한 것이지 형법 적용 자체가 배제되는 것은 아니다.[164]

2. 외교관과 외국군대

외국의 원수, 외교관, 그 가족 및 내국인이 아닌 수행원의 경우 치외법권(extraterritoriality)이 있으므로 이들에 대해서는 우리 형법이 적용되지 않는다는 견해가 있다.[165] 그러나 치외법권이란 과거 제국주의시대에 강대국이 약소국을 침략하기 위해 인정된 개념이고, 오늘날 법이론에서는 치외법권이란 개념은 인정될 수 없다. 외국원수 등에 대해서는 치외법권이 인정되는 것이 아니라 이들이 직무수행중 저지른 범죄에 대해서 체류국의 법적용을 받지 않을 뿐이며, 본국법의 적용을 받는다는 의미로 이해하는 것이 타당하다. 외교관의 면책특권 또한 책임조각사유가 아니라 인적 처벌조각사유라고 볼 수 있으므로 이들에 대해서는 우리 형법은 적용되지만, 다만 처벌되지 않을 뿐이라고 해야 한다.[166]

대한민국과 협정이 체결되어 있는 외국군대의 경우에도 우리 형법이 적용되지 않는다는 견해가 있지만, 이 역시 한미간의 군대지위협정(SOFA; Status of Forces Agreement in Korea)에 의해 재판관할권만을 정하는 것이지 형법의 적용범위를 정하는 것은 아니다. 따라서 공무집행중의 미군범죄에 대하여는 우리 형법이 적용되지만, 재판관할권만이 한미 행정협정에 따라 정해지는 것이다.[167]

판례 미군의 군속에 대한 SOFA협정

【사실관계】 미합중국 국적을 가진 미합중국 군대의 군속인 갑은 미8군 후생복지사령부

---

164) 김성돈, 102면; 오영근, 52면.
165) 이재상/장영민/강동범, 53면.
166) 신동운, 68면; 오영근, 51면.
167) 이 중 형사재판권은 중요한 문제이며 협정 제22조에 의하면, '주한 미국군대의 구성원·군속 및 그들의 가족이 한국 내에서 죄를 범한 경우에 그것이 미국법령에 의해서는 처벌할 수 있으나 한국법령에 의해서는 처벌할 수 없는 범죄(미국의 안전에 관한 범죄 포함)일 때에는, 미국이 전속적(專屬的) 재판권을 행사할 권리를 가진다. 또한 한국법령에 의해서는 처벌할 수 있으나 미국법령에 의해서는 처벌할 수 없는 범죄(한국의 안전에 관한 범죄 포함)일 때에는, 한국이 전속적 재판권을 행사할 권리를 가진다. 한편 재판권을 행사할 권리가 경합하는 경우에는, 미국의 재산이나 안전에 대한 범죄와 미국군대·군속 및 그 가족의 신체나 재산에 대한 범죄, 공무집행 중의 작위 또는 부작위에 의한 범죄에 대해서는 미국이 제1차적 재판권을 가지며, 기타의 범죄에 대해서는 한국이 제1차적 재판권을 가진다. 그러나 합의의정서에서는 한국측은 미국군 당국의 요청이 있을 때 재판권행사가 중요하다고 결정하는 경우를 제외하고는, 이 1차적 권리를 포기한다'고 규정하고 있다(출처; 두산백과).

직원으로서 동두천시에 있는 미군부대에서 근무하며 2.5t 마이티 화물차의 운전업무에 종사하고 있다. 2004.4.6. 11:10경 파주시 파주읍 봉암리 주라위삼거리에서, 정지신호에 위반하여 좌회전한 잘못으로 직진신호에 따라 진행해 오던 피해자 운전의 승용차를 들이받아 경추부염좌상 등(2주)을 입게 하고 위 차량을 손괴(수리비 약 3천만 원)하였다. 그는 범행 당시 10년 넘게 대한민국에 머물면서 한국인 아내와 결혼하여 가정을 마련하고 직장 생활을 하는 등 생활근거지를 대한민국에 두고 있었다. 갑에 대해서 SOFA협정에 의하여 재판관할권이 면제되는가?

【판결요지】 [1] 대한민국과 아메리카합중국 간의 상호방위조약 제4조에 의한 시설과 구역 및 대한민국에서의 합중국 군대의 지위에 관한 협정$\left(\begin{smallmatrix} \text{1967.2.9. 조약 제232호로 발효되고,} \\ \text{2001.3.29. 조약 제553호로 최종 개정된 것} \end{smallmatrix}\right)$ 제1조 (가)항 전문(전문), (나)항 전문(전문), 같은 협정 제22조 제4항에 의하면, 미합중국 군대의 군속 중 통상적으로 대한민국에 거주하고 있는 자는 위 협정이 적용되는 군속의 개념에서 배제되므로, 그에 대하여는 대한민국의 형사재판권 등에 관하여 위 협정에서 정한 조항이 적용될 여지가 없다.

[2] 미합중국 국적을 가진 미합중국 군대의 군속인 피고인이 범행 당시 10년 넘게 대한민국에 머물면서 한국인 아내와 결혼하여 가정을 마련하고 직장 생활을 하는 등 생활근거지를 대한민국에 두고 있었던 경우, 피고인은 대한민국과 아메리카합중국 간의 상호방위조약 제4조에 의한 시설과 구역 및 대한민국에서의 합중국 군대의 지위에 관한 협정$\left(\begin{smallmatrix} \text{1967.2.9. 조약 제232호로 발효되고,} \\ \text{2001.3.29. 조약 제553호로 최종 개정된 것} \end{smallmatrix}\right)$에서 말하는 '통상적으로 대한민국에 거주하는 자'에 해당하므로, 피고인에게는 위 협정에서 정한 미합중국 군대의 군속에 관한 형사재판권 관련 조항이 적용될 수 없다고 한 사례.

[3] 한반도의 평시상태에서 미합중국 군 당국은 미합중국 군대의 군속에 대하여 형사재판권을 가지지 않으므로, 미합중국 군대의 군속이 범한 범죄에 대하여 대한민국의 형사재판권과 미합중국 군 당국의 형사재판권이 경합하는 문제는 발생할 여지가 없고, 대한민국은 대한민국과 아메리카합중국 간의 상호방위조약 제4조에 의한 시설과 구역 및 대한민국에서의 합중국 군대의 지위에 관한 협정$\left(\begin{smallmatrix} \text{1967.2.9. 조약 제232호로 발효되고,} \\ \text{2001.3.29. 조약 제553호로 최종 개정된 것} \end{smallmatrix}\right)$ 제22조 제1항 (나)에 따라 미합중국 군대의 군속이 대한민국 영역 안에서 저지른 범죄로서 대한민국 법령에 의하여 처벌할 수 있는 범죄에 대한 형사재판권을 바로 행사할 수 있다$\left(\begin{smallmatrix} \text{대법원 2006.5.11. 선고} \\ \text{2005도798 판결} \end{smallmatrix}\right)$.

【해설】 대한민국과 아메리카합중국 간의 상호방위조약 제4조에 의한 시설과 구역 및 대한민국에서의 합중국 군대의 지위에 관한 협정(SOFA협정) 제1조에 따르면 당해 협정의 적용대상은 군인과 군속이지만, 군속 중 '통상적으로 대한민국에 거주하는 자'에 대해서는 당해 협정이 적용되지 않는다. 따라서 피고인 갑은 '통상적으로 대한민국에 거주하는 자'에 해당하므로, 피고인에게는 위 협정에서 정한 미합중국 군대의 군속에 관한 형사재판권 관련 조항이 적용될 수 없다. 따라서 우리나라의 형사재판권을 행사할 수 있다.

CHAPTER 04 형법이론

제1절 형법이론의 의의

Ⅰ. 형법이론의 의의

형법이론은 형법의 기본관념에 관한 지도이념이 되는 법철학적 이론을 말한다. 형법이론은 어떤 행위가 범죄로 규정되고, 범죄가 발생했을 때 형벌을 부과하는 목적이 무엇이며, 국가적 대응 방식을 결정하는 기준이 무엇인지를 법이론적으로 탐구하는 것이다. 형법이론은 형법의 해석·적용의 기초가 되며, 형법이론을 통하여 장래 있어야 할 형법에 대한 방향 제시를 할 수 있다.

Ⅱ. 형법이론의 개요

형법은 범죄와 형벌에 대한 법이므로 형법이론 역시 범죄이론과 형벌이론으로 나누어 고찰될 수 있다. '범죄이론'은 형벌의 기초가 되는 범죄의 본질은 무엇인가, 즉 범죄의 어느 면에 중점을 두어 고찰할 것인가에 대한 이론으로 객관주의와 주관주의가 있다. '형벌이론'은 형법을 통하여 범죄에 대해 형벌이라는 수단을 가지고 대응하는 일에 정당성을 부여하기 위한 이론으로 절대적 형벌이론과 상대적 형벌이론이 있다. 절대적 형벌이론은 형벌의 목적이 범죄자에게 고통을 부과하는 것 그 자체에 가치가 있다고 보며, 상대적 형벌이론은 형벌의 목적이 장래의 범죄를 예방하여 범죄로부터 사회를 방위하려는 목적을 가진 수단이라고 본다. 형벌이론은 법철학의 주제 중 많은 논의가 있는 부분이다. 이에 대한 논의를 본서에서 충분히 담을 수는 없다. 이에 대한 세부적 논의를 전개하기 보다는 기본적 내용을 언급하는 정도로 그친다.

Ⅰ. 절대적 형벌이론 (응보형주의)

1. 의의

형벌의 근거를 오로지 응보의 관점에서 보는 응보이론, 형벌을 절대적 정의의 요구로 보는 정의이론, 속죄의 형태로 보는 속죄이론 등이 절대적 형벌이론에 속한다. 형벌은 일정목적을 추구하기 위해 존재하는 것이 아니라, 범죄자에게 고통을 주는 그 자체에 가치가 있다고 본다(형벌의 자기목적성). 형벌은 사회적 경험적 필요성, 즉 목적과는 무관하므로 관념적 이론이 되고 따라서 절대적이라고 한다.

2. 주장학자

칸트(I. Kant)에 따르면 형법은 어떤 목적과도 관계없는 정의의 명령이다(定言命令: kategorischer Imperativ). 즉 형벌은 범죄인이나 사회에 다른 이익을 제공하기 위한 수단이 아니라, 오로지 그가 죄를 범하였기 때문에 과해지는 것이라고 하였다. 그는 절대적 응보론을 주장하며, 형벌은 동해적 응보(同害的 應報)일 것을 요한다(동해보복론; Taleo법칙).[168]

헤겔(G.W.F. Hegel)은 정반합(正反合)의 변증법적 원리[169]를 적용하여 법을 부정한 것이 범죄이며, 형벌은 법의 부정(범죄)의 부정이라고 한다. 또한 형벌은 가치에 있어서 상당한 제재이면 족하다고 한다(등가치응보론).

빈딩(Binding)은 형법과 그 전제되는 규범을 구별하여 범죄는 형법에 위반한 것이 아니라 규범에 위반한 것이라고 한다. 형벌은 침해된 법의 권위를 회복하기 위하여 범죄자에게 과하는 응보라고 한다(법률적 응보론).

---

168) 칸트는 이를 다음과 같이 유명한 말로 표현하였다. "시민사회가 모든 구성원의 동의를 얻어 해산하여도, 예를 들어 어떤 섬에 사는 민족이 서로 뿔뿔이 헤어져 전 세계에 흩어져야 한다는 것을 결정하여도 감옥에 있는 마지막 살인범을 미리 사형에 처해야 한다. 이리하여 각 사람은 그 행위대로 담수하고, 민족은 살인의 죄책을 벗지 않으면 안된다.

169) 일반적으로 헤겔의 변증법은 어떻게 테제(정)가 안티테제(반)로 바뀌고, 이 안티테제가 다시 종합테제(합)로 바뀌는지에 관한 이론으로 설명되어 있다. 이 종합테제는 다시 보다 고차원의 테제가 되고, 이것은 또 새로운 안티테제를 낳는 식으로 진행된다는 것이다.

3. 평가

절대적 형벌이론은 형벌이 범죄의 해악과 일치할 것을 요구하고, 행위자의 책임이 아닌 위험성에 근거를 둔 형사제재를 부정하였다. 이때문에 형벌의 정도가 책임의 정도에 의해 제한되어 범죄인의 자유를 어느 정도 보장하였다고 평가할 수 있다. 범죄와 형벌의 불균형이 심각한 시대에 책임주의를 기본으로 이를 제한하고자 하였으며, 법치국가적·자유주의적 형법의 기초를 제시하였다는 점은 큰 공적이다.

하지만, 형벌의 본질을 신학적·형이상학적 근거에서 찾는 것은 비합리적 가설에 불과하기 때문에 이론적 출발점이 부당하다는 비판이 있다. 해악에 대하여 다시 해악으로 응보한다는 것은 야만적 복수에 지나지 않으며, 이는 개인이나 사회에 대하여 아무런 가치를 가질 수 없다는 비판도 존재한다.[170] 사회복귀적 형집행의 가능성을 가로막는다는 점에서 형집행 실무상으로도 역효과가 난다는 단점이 있다. 절대적 형벌이론은 형벌의 목적에 대해서만 언급을 하고 있으며, 주어진 형벌체계 내에서 그 위치에 대해서는 말해주지 않고 있다. 즉 재산형·자유형·생명형 중 어느 형벌이 적정한 것인가에 대해서는 적정한 해답을 제시해주지 못한다.

II. 상대적 형벌이론 (목적형주의)

1. 의의

형벌은 장래의 범죄를 예방하여 범죄로부터 사회를 방위하려는 목적을 위한 수단이라는 사상이다. 목적 없는 국가의 행위는 존재할 수 없다는 입장에서 형벌을 통한 국가적·사회적 이익을 강조한다. 형벌은 형이상학적 문제가 아니라, 형벌의 사회성·수단성과 같은 형이하학적 측면이 강조된다. 즉 형벌의 정당성은 형벌이 추구하는 사회적으로 유익한 구체적 목적에 따라 좌우된다.

2. 일반예방주의

일반예방주의는 범죄예방의 대상을 사회일반인에게 두고, 형벌에 의하여 사회일반인을 위하(危嚇)·경계함으로써 범죄예방효과를 얻으려는 사상을 말한다.

일반예방에는 '소극적 일반예방'과 '적극적 일반예방'으로 나눌 수 있다. 소극적 일반예

---

170) 이재상/장영민/강동범, 58면.

방은 범죄행위를 결심한 행위자가 그 행위로 받게 될 형벌을 생각해서 범죄를 단념하게 되는 일반예방효과를 말하며, 적극적 일반예방은 형벌위하가 사회의 규범의식을 강화시켜주는 일반예방효과를 말한다(형벌의 도덕형성력).[171]

대표적인 주장학자로는 고전학파의 선구자인 베카리아(Beccaria)가 있다. 그의 저서 "범죄와 형벌"에서 사회계약이론에 근거를 두고 계몽주의 형법사상을 전개하고, 사형 폐지론을 주장한다. 그에 따르면 형벌의 목적은 범인에게 고통을 주기 위한 것이 아니라, 사회 일반인이 동일한 범죄를 범하지 않도록 예방하는 것에 있다고 한다. 포이어바흐 (Feuerbach)는 합리적으로 사고하는 이성적 인간은 형벌을 받게 됨으로써 받는 고통이 범죄행위로 인해 얻는 즐거움보다 더 크다는 것을 깨닫게 되면 스스로 범죄를 억제하게 될 것이라는 '심리강제설'을 주장한다.

일반예방주의는 재범의 위험성이 없으면 범죄를 저질러도 처벌되지 않을 수 있다는 요행심을 제거한다는 장점이 있지만, 형법의 재사회화이념과 충돌되며, 인간을 다른 사람에 대한 범죄방지를 위한 수단으로 취급한다는 문제점이 있다. 책임원칙과 충돌될 여지가 많다. 일반인의 위하를 위해 책임범위를 넘는, 즉 과도한 처벌도 가능할 수 있다.[172]

3. 특별예방주의

범죄예방의 대상을 범죄인 그 자체에 두고, 형벌은 범죄인이 다시 범죄를 범하지 않도록 예방함을 그 목적으로 하는 사상이다. 즉 형벌을 통해 범죄자를 교화(재사회화·사회화·사회복귀)함으로써 형기를 마친 후에 재범하지 않도록 하거나, 교화가 불가능한 범죄자는 사회로부터 격리시키는 보안조치를 부과함으로써 수용되어 있는 동안 재범하지 못하게 한다는 것이다(재사회화와 보안).

롬브로소(Lombroso)는 근대학파의 선구자로서 그의 저서 '범죄인론'에서 격세유전론, 생래적 범죄인론을 주장하였다. 그는 범죄는 병과 같이 선천적 소질에서 오는 필연적 현상이므로 이에 대한 형벌도 치료적 입장에 과해져야 하며 응보는 무의미하다고 한다. 개인의 생물학적·신체적 특징이 범죄의 원인이라는 그의 주장은 현재 유용하지 않다. 하지만 그의 실증주의 연구방법은 이후 연구방향에 큰 영향을 주었다. 자유의지와 형벌의 위

---

171) 형집행에 의한 일반예방과 형예고에 의한 일반예방으로도 나눌 수 있는데, 형집행에 의한 일반예방은 형벌의 공개집행으로 표현된다. 그러나 이것은 형법을 잔학화하게 하고 보장적 기능을 침해한다. 현재의 일반예방주의는 형예고에 의한 일반예방을 의미한다.

172) 사회적으로 문제가 되는 사건에 대하여 종종 법원은 일벌백계(一罰百戒)의 의미로 이례적(異例的)으로 중형(重刑)을 선고한다는 표현을 사용하고 있다. 이러한 선고이유는 소극적 일반예방을 표현한 것이라고 볼 수 있다.

하와 같은 검증이 어려운 철학적 배경이 아니라 관찰과 검증이라는 과학적 방법을 사용하였기 때문이다.

리스트(Liszt)는 19세기 실증주의 형사정책에 있어서 가장 중요한 학자이다. "형법전은 범죄인의 마그나 카르타이며, 형사정책의 뛰어넘을 수 없는 장벽이다."는 말로 유명하다. 그에 따르면 형벌은 맹목적인 응보가 아니라, 특별예방적 관점에서 개개의 범죄인의 재범을 방지하는 것이 목적이다. 목적형주의를 주장하였다. 또한 처벌되어야 하는 것은 행위가 아니라 행위자이며, 행위자의 반사회적 성격이 형벌의 기초가 되어야 한다고 하였다(주관주의, 성격책임론). 개선이 가능한 범죄자에 대해서는 개선형을, 개선이 불가능한 범죄자에 대해서는 사회로부터의 격리, 즉 무해화(無害化)조치를, 개선이 필요하지 않은 범죄자에 대해서는 위하를 부과하여야 한다고 하여 형벌의 개별화를 주장하였다.

특별예방주의는 사회복귀적 형벌집행의 가능성이 있다는 점에서 장점이 있다. 하지만, 사회의 안전 내지 사회보호의 목적만을 강조하면, 형벌의 양이 책임의 양을 초과하는 등 책임주의의 원칙에 반할 우려가 있다. 사소한 범죄에 대해서도 행위자의 위험성을 이유로 중한 형벌을 부과할 수 있다는 단점이 있다. 또한 재사회화 교육을 통한 개선형에 대하여 국가가 범죄자를 사회규범에 적응시키기 위해 강제교육을 행하는 것은 인간의 존엄성에 반할 우려가 있다. 독일의 헌법재판소는 "국가는 시민을 강제로 교육시킬 권리가 없다"고 한다.[173] 구금시설 내에서 특별예방교육이 현실적으로 달성할 수 있는지도 의문이다. 교정시설이 범죄수법을 전수하는 학교가 되고 있다는 비판이 있다.

Ⅲ. 합일적 형벌이론

응보형주의·특별예방주의·일반예방주의 어느 하나만으로는 형벌의 의미와 한계를 합리적으로 규명해줄 수 없으므로, 이러한 모든 관점이 형벌의 목적으로서 고려되어야 한다는 견해이다. 일면적이고 불충분한 위의 여러 이론들의 장점을 결합하고 대립의 극복을 추구한다는 점이 특징이다.

응보에 우위를 두는 응보적 절충설과 예방에 우위를 두는 예방적 절충설, 소송의 발전 단계에 따라 구별하는 방법, 범죄유형에 따라 구별하는 방법이 있다. 형사입법단계에는 응보, 재판에 의한 형의 적용에서는 법의 확인, 형집행단계에는 교육이 단계적으로 분배된다는 견해(M.E.Mayer), 형사입법단계에서는 일반예방의 위하효과지향, 재판단계에서는

---

173) BVerfGE 22, 219.

정당한 응보지향, 형집행단계에서는 특별예방을 추구하는 견해(W.Nauke)등이 있다.

<h1 align="center">제3절 범죄이론</h1>

Ⅰ. 의의

형벌의 기초가 되는 범죄의 본질은 무엇인가, 즉 범죄의 어느 면에 중점을 두어 고찰할 것인가에 대한 이론이다. 즉 범죄의 중점을 범죄라는 침해사실과 관련된 '행위'에 둘 것인가 아니면 범죄인의 반사회적 성격과 관련된 '행위자'에 둘 것인가의 문제에 대한 이론의 대립이다.

Ⅱ. 객관주의와 주관주의의 대립

1. 객관주의

객관주의는 형법적 평가의 중점을 외부적인 행위와 현실적으로 발생한 결과에 두고 책임과 형벌을 결정해야 한다는 주장이다. 고전학파의 범죄이론이다. 인간의 자유의사를 전제로 하여 자유의사는 책임능력이 있는 모든 사람에게 동등하게 주어진 것이므로 범죄의 중점은 외부적 행위에 두어야 하며, 형벌도 범죄의 사실적 측면에 따라 부과되어야 한다고 주장한다.

2. 주관주의

주관주의는 형법적 평가의 중점을 외부적인 행위와 현실적으로 발생한 결과보다는 이를 발생시킨 행위자의 반사회적 성격에 두고, 이를 형벌평가의 대상으로 해야 한다는 주장이다. 근대학파의 범죄이론이다. 따라서 책임과 형벌은 행위를 통하여 징표된 행위자의 반사회적 성격을 대상으로 해서 정해야 하며, 형벌의 분량도 범죄인의 성격 내지 사회적 위험성에 대응하는 정도로 결정되어야 한다는 입장이다.

3. 평가

객관주의와 주관주의의 대립은 주관적 요소와 객관적 요소가 동시에 나타나는 분야에서만 가능하다. 따라서 고의·과실·목적 등의 순수한 주관적 요소에 대한 문제의 경우 또는 인과관계와 같이 순수한 객관적 요소에 대한 문제의 경우에서는 양 학설의 대립이 나타날 수 없다.

역사적으로 보면 객관주의는 계몽주의 사상의 개인주의·자유주의를 기반으로 하여 국가형벌권의 제한과 인권보장을 목표로 하였으나, 개인의 자유보장을 중시한 나머지 형법의 사회방위기능을 소홀히 하였다는 비판이 가능하다. 또한 객관주의에 대해서는 오늘날 개인의 절대적 자유의사는 부정되거나 확인되지 않는다는 점, 범죄로부터 사회방위에 무력할 염려가 있다는 비판이 가능하다. 이에 반하여 주관주의는 사회의 전체주의 사상을 기초로 하여 범죄로부터 사회방위를 중시하다보니 개인의 자유보장을 위태롭게 하였다는 비판이 가능하다.

범죄는 객관적 요소와 주관적 요소의 결합이므로, 범죄를 평가함에 있어서는 양자를 종합해서 판단해야 한다. 현행 형법은 객관주의를 원칙으로 하고, 주관주의를 고려한 절충적 태도를 취하고 있다.

📋 심화내용 고전주의 형법이론과 실증주의 형법이론

18세기 유럽의 계몽사상의 영향으로 등장한 고전주의 형법이론과 19세기 자연과학적 사고와 산업혁명의 영향으로 등장한 실증주의 형법이론의 대립은 고전학파와 근대학파의 논쟁으로 나타난다. 고전주의 형법이론은 범죄자의 행위측면을 중요시하여 범죄 및 범죄에 대한 대응방식을 도출하고 있기 때문에 형법이론을 행위중심적 객관주의로 구성하고 있다. 반면에, 실증주의 형법이론은 범죄자의 생물학적 특징이나 성격적 결함을 중요시하여 범죄 및 범죄에 대한 대응방식을 도출하고 있기 때문에 형법이론을 행위자중심적 주관주의로 구성하고 있다. 이를 객관주의와 주관주의의 대립이라고 한다.

PART 02

⚖

범죄기초 이론

CHAPTER 01 범죄의 의의와 종류

제1절 **범죄의 의의**

Ⅰ. 범죄의 개념

1. 형식적 범죄개념

형식적 의미에 있어서 범죄란 구성요건에 해당하고 위법하며 책임있는 행위를 말한다. 형식적 범죄개념은 형법해석과 죄형법정주의의 보장적 기능의 기준이 되는 개념이며, 처벌할 필요가 있는 실체를 정확하게 인식·확인할 수 있는 방법을 제공한다(범죄체계론과 관련이 있는 개념). 형법해석과 적용에 있어서 중요한 역할을 담당한다. 하지만 범죄의 실질적 내용이 없기 때문에 어떤 행위를 범죄로 할 것인가에 대한 기준은 제시하지 못한다.

2. 실질적 범죄개념

실질적 의미에 있어서 범죄에 대해서는 사회적 유해성을 지닌 행위, 문화규범에 위반한 행위, 형벌을 가할 필요 있는 불법행위, 법익을 침해하는 반사회적 행위를 의미한다는 등 범죄관 및 법률관에 따라서 다양한 견해가 존재한다.

실질적 범죄개념은 입법자에게 어떤 행위를 범죄로 할 것이며, 범죄의 한계가 무엇인가에 대한 기준을 제시해주는 개념이다. 이 개념은 특정한 행위를 범죄로 규정하여 처벌할 것인가를 논의하는 입법단계에서 사용되는 개념이다. 즉 범죄와 비범죄화의 기준을 제시해준다(형사정책적 범죄개념). 하지만 법관이 구체적 사건에 대한 범죄를 인정할 것인가에 대한 구체적인 기준을 제시하지 못한다. 따라서 실질적 범죄개념은 형법해석에 있어서 간접적인 역할을 담당할 뿐이다.

3. 결론

형식적 범죄개념은 범죄의 성립 여부에 대한 해석과 적용을 위한 영역에서 유용한 개념이며, 실질적 범죄개념은 특정한 행위를 범죄로 규정할 수 있는지에 대한 입법과정에서 유용한 개념이다. 따라서 양 개념은 상호보충적 성격을 가지고 있다.

예를 들면 '성희롱'과 같은 행위에 대하여 처벌하는 규정을 두고 있지 않기 때문에 '아직' 형식적 의미에서 범죄라고 볼 수 없다. 하지만 만약 이러한 행위들에 대해서 사회구성원들이 사회적 유해성을 가지며, 형벌을 가할 필요가 있고, 법익을 침해하는 반사회적 행위, 즉 실질적 의미에서 범죄라고 볼 수 있으므로 이러한 행위를 처벌하는 규정을 두어야한다면 입법자는 이에 대한 처벌규정을 입법할 수 있다. 이러한 입법단계에서 실질적 범죄개념이 사용되는 것이다. 그런 의미에서 실질적 범죄개념을 형사정책적 의미에서의 범죄개념이라고도 부를 수 있다.

어떤 행위를 범죄로 규정할 것인가의 문제는 형사'입법학'이나 형법'철학'의 문제이며, 이러한 사회적 평가에 의해 입법적 결단이 내려진 후 법률에 규정된 범죄는 어떻게 해석되고 적용되어야 하는가는 문제는 형법'해석학'의 문제이다.

> **심화내용 절대적 범죄개념과 상대적 범죄개념**
>
> 절대적 범죄개념은 시간과 공간을 초월해서 타당할 수 있는, 즉 일정한 국가의 법질서와 무관한 자연적 범죄개념이며, 상대적 범죄개념은 일정한 국가의 법질서에 의해 범죄로 규정한 것이다.[1] 헌법재판소에 따르면 범죄개념은 시대와 장소를 초월하여 절대적으로 정의될 수 있는 것은 아니며, "어떤 행위를 범죄로 규정하고 이를 어떻게 처벌할 것인가 하는 문제는 원칙적으로 입법자가 우리의 역사와 문화, 입법 당시의 시대적 상황과 국민 일반의 가치관 내지 법감정, 범죄의 실태와 죄질 및 보호법익 그리고 범죄예방효과 등을 종합적으로 고려하여 결정하여야 할 국가의 입법정책에 관한 사항으로서 광범위한 입법재량 내지 형성의 자유가 인정되어야 할 분야"라고 한다(헌법재판소 1995.4.20. 선고 91헌바11 결정).
> 우리 형법은 상대적 범죄개념의 입장이다.

II. 범죄의 본질

범죄의 본질에 대한 논의는 '실질적 범죄개념'에 있어서 형벌의 전제가 되는 범죄의 실

---

1) 배종대, 2면.

질이 무엇인가라는 의문에서 출발한다. 범죄를 그 내용적인 실질을 기준으로 정의하는 것으로 실질적 범죄개념과 관련이 있다.

권리침해설은 개별적인 권리를 침해하는 것이 범죄의 본질이라고 보는 견해이다. 하지만 공연음란죄, 공공위험범과 같이 권리침해를 내용으로 하지 않는 범죄를 설명하지 못하며, 권리도 법을 떠나서는 인정될 수 없다는 논거는 결국 순환론에 불과하다는 비판을 받는다. 또한 이에 따르면 침해가 없는 위험범을 범죄에서 제외시킬 가능성이 있다.

의무위반설은 범죄의 본질을 사회질서 내지 법익을 침해하지 아니하여야 할 의무위반성에 있다는 견해이다. 이 견해는 1933년 이후 독일에서 국가사회주의가 지배하게 되면서 범죄란 국가적·사회적 공동체에 위해를 가하는 것이며, 사회공동체의 발전을 지지해야 할 의무·인륜적 의무에 반하는 행위라는 사상에서 대두한 것이다.[2] 하지만 모든 범죄를 의무위반으로 파악할 수 없다는 비판을 받는다.

법익침해설은 범죄의 본질을 법익을 침해하거나 침해할 위험에 있다는 견해이다.[3] 하지만 형법은 법익뿐만 아니라 사회윤리적 행위가치도 보호한다는 점, 불법의 본질은 결과반가치뿐만 아니라, 동시에 행위반가치도 있다는 점을 도외시한다는 비판을 받는다.

현재 우리나라 학설은 법익침해설과 의무위반설을 종합하여 범죄의 본질을 이해하고 있다.[4]

제2절 **범죄의 성립요건**

I. 범죄의 성립요건

형법학에서는 '형식적 범죄개념'에 따라 범죄의 성립요건으로 구성요건해당성, 위법성, 책임성을 들고 있다. 이 세 가지 범죄성립요건은 형법각칙의 모든 범죄종류에 공통되는 기본적 성립요건이다.

---

2) 정성근/박광민, 119면.
3) 배종대, 5면.
4) 이형국/김혜경, 77면; 정성근/박광민, 70면; 이재상/장영민/강동범, 78면.

1. 구성요건해당성

'구성요건'은 형법을 통하여 금지하고 있는 행위의 표지를 일반적이고 추상적인 개념을 사용하여 유형화시켜 놓은 것으로, 살인·절도·강간과 같이 금지되는 행위유형을 설정해 놓은 것이 일반적이다.[5] '구성요건해당성'은 구체적인 사실이 범죄의 구성요건에 해당하는 성질을 말한다.

이 단계에서는 구체적 사실이 형법이 금지하고 있는 범죄구성요건에 '해당'하는지를 심사한다. 구체적 범죄사실이 추상적 구성요건에 해당하면 구성요건해당성이 인정되며, 구성요건해당성이 인정되는 행위만이 범죄가 될 수 있다. 그러므로 아무리 반사회적 행위·반도덕적 행위라 할지라도 구성요건해당성이 없으면 처벌되지 않는다(죄형법정주의의 요청).

구성요건을 구성하는 요소는(구성요건요소) 다시 객관적 구성요건요소와 주관적 구성요건요소로 나눌 수 있다. 객관적 구성요건요소에는 행위주체, 행위객체, 구성요건적 행위, 구성요건적 결과, 인과관계가 있으며, 주관적 구성요건요소에는 고의 또는 과실과 같은 일반적 주관적 구성요건요소와 목적범의 목적이나 절도죄의 불법영득의사와 같은 초과주관적 구성요건이 있다.

형법은 살인죄에 관하여 "사람을 살해한 자는 사형, 무기 또는 5년 이상의 징역에 처한다"고 규정하고 있다. 그 중 '사람을 살해한 자'라는 부분이 살인죄의 구성요건에 해당하는 부분이다.

【정리】 구성요건요소와 구성요건해당성

구성요건요소(살인죄)			일치 여부 확인	사실관계
객관적 구성요건요소	행위주체	사람	Yes or No	갑이
	행위객체	사람	Yes or No	A를
	구성요건적 행위	살해행위	Yes or No	칼로 찔러
	구성요건적 결과	사망의 결과	Yes or No	죽였다.
	인과관계	살해행위로 인한 사망의 결과발생	Yes or No	과다출혈로
주관적 구성요건	고의	객관적 구성요건요소를 인식하고 이를 실현하려는 의사	Yes or No	힘껏

---

5) 구성요건이 가지고 있는 기능은 다음과 같다. 가벌적 행위유형을 가려내는 선별기능, 국민들에게 어떤 행위가 법익침해행위로서 형벌을 받게 되는지를 알려주는 지시기능, 구성요건에 해당하는 행위는 정당화사유가 존재하지 않는 한 원칙적으로 위법하다는 위법성 징표기능이 있다.

2. 위법성

구성요건해당성이 인정되면 다음 단계로 위법성이 인정되어야 한다. 범죄는 위법한 행위이어야 하기 때문이다. 위법성은 구성요건에 해당하는 행위가 법률상 허용되지 않는, 즉 위법하다는 성질을 말한다. 살인, 절도, 강도와 같은 구성요건은 위법한 행위를 유형적으로 규정한 것이므로 구성요건에 해당하는 행위는 원칙적으로 위법성을 징표(徵表)한다. 따라서 이 단계에서는 징표된 위법성을 조각하는 사유가 있는지를 심사한다. 형법총칙상 위법성조각사유에는 정당방위, 긴급피난, 자구행위, 피해자의 승낙, 정당행위가 있다. 각종 특별법에도 위법성조각사유가 있다.

3. 책임

위법성이 인정되면 다음 단계로 책임이 인정되어야 한다. 책임은 범죄행위를 한 행위자에 대한 비난가능성을 말한다. 책임단계는 위법행위가 행위자에게 주관적으로 귀속될 수 있는지 여부를 심사하는 단계이다. 행위자의 주관적 의사를 중시하기 때문에 책임은 행위자 개인에 대한 비난을 의미한다.

형법상 책임이 인정되기 위해서는 책임능력, 위법성의 인식, 적법행위에 대한 기대가능성이 있어야 한다. 즉 행위자에게 합법과 불법을 구별할 수 있는 능력이 있으며(책임능력), 행위 당시에 그 행위가 불법이라는 것을 인식하고 있었음에도 불구하고(위법성의 인식), 왜 합법적 행위를 선택하지 않고, 불법을 결의하고 위법한 행위를 하였는가에 대하여 비난하는 것이다. 만약 행위자가 불법을 결의하고 행위를 한 것에 대하여 어쩔 수 없는 상황이었다면 책임을 면해줄 가능성은 있다(적법행위에 대한 기대가능성).

【정리】 범죄성립에 대한 심사순서

| 행위론 | 갑이 ~한 행태는
형법상 의미있는 행위인가? | No ⇨ | 불행 |

Yes ⇩

| 구성요건론 | 갑이 ~한 행위는
형법 제000조의 00죄의 **구성요건**에 해당하는가? | No ⇨ | 00죄 불성립,
불행 |

Yes ⇩

| 위법성론 | 갑의 00죄의 구성요건에 해당하는 행위는
위법한가?
(위법성조각사유가 없는가?) | No ⇨ | 00죄 불성립 |

Yes ⇩

| 책임론 | 갑의 00죄의 구성요건에 해당하고 위법한 행위는
책임이 있는가? | No ⇨ | 00죄 불성립 |

Yes ⇩

| | 범죄성립 |

Yes ⇩

| 형벌론 | 형벌 발생 | No ⇨ | 처벌조각사유 |

II. 범죄의 성립조건에 대한 사례연습

1. 사례
【사례 1】 갑은 식당에서 A의 우산을 자신의 우산인 줄 잘못 알고 가져갔다.
【사례 2】 갑은 A를 칼로 찔러 죽이려고 하였으나 주변 사람들의 제지로 실패하였다.
【사례 3】 자동차를 운전하던 갑은 횡단보도를 횡단하던 A를 발견하지 못하고 충격하여 죽게 하였다.
【사례 4】 갑은 같은 학과 후배 A의 신체에 대하여 성적 농담(성희롱)을 하였다.
【사례 5】 갑은 자신을 죽이려고 공격하는 A의 다리를 몽둥이로 가격하여 골절상을 입혔다.
【사례 6】 정신병자인 갑은 정신분열증세를 보여 자신의 친구 A를 악마라고 생각하고 칼로 찔러 죽였다.
【사례 7】 갑은 자신에게 모욕적인 말을 하는 A와 말다툼을 하던 중 격분하여 A의 복부를 칼로 힘껏 찔러 과다출혈로 현장에서 살해하였다.

2. 범죄 성립조건에 대한 사례 해설
【사례 1】 갑의 행위는 절도죄의 구성요건에 해당하지 않는다. 절도죄의 고의가 없기 때문이다. 따라서 절도죄는 성립하지 않는다.
【사례 2】 갑의 행위는 살인죄의 구성요건에 해당하지 않는다. 살인죄는 사망의 결과가 발생하여야 하기 때문이다. 따라서 살인죄는 성립하지 않는다. 하지만 갑의 행위는 살인미수죄의 구성요건에 해당한다. 살인미수죄는 사망의 결과가 발생하지 않아야 성립하는 범죄이기 때문이다.
【사례 3】 갑의 행위는 살인죄의 구성요건에 해당하지 않는다. 살인죄의 고의가 없기 때문이다. 따라서 살인죄는 성립하지 않는다. 하지만 갑의 행위는 업무상과실치사죄의 구성요건에 해당할 수 있다. 이 사례에 대해서는 업무상과실치사죄의 성립 여부를 다시 검토해야 할 필요가 있다.
【사례 4】 갑의 행위에 대하여 형법상 처벌규정이 없다. 성희롱을 처벌하는 구성요건은 아직 입법되지 않았다. 따라서 무죄이다.
【사례 5】 갑의 행위는 상해죄의 구성요건에 해당하지만 위법성이 없다. 정당방위로 위법성이 조각되기 때문이다. 따라서 상해죄는 성립하지 않는다.
【사례 6】 갑의 행위는 살인죄의 구성요건에 해당하고, 위법하지만 책임이 없다. 심신상실자로 책임무능력자이기 때문이다. 따라서 살인죄는 성립하지 않는다.
【사례 7】 갑의 행위는 살인죄의 구성요건에 해당하고 위법하며 책임이 있다. 따라서 살인죄가 성립하였다.

제3절 **범죄의 처벌조건**

Ⅰ. 의의

　범죄의 처벌조건은 범죄가 성립한 후에도 다시 형벌권의 발생을 위하여 필요한 조건을 말한다. 형벌의 발생조건이라고도 한다. 일반적인 경우 범죄가 성립하면 형벌이 바로 발생하며, 별도의 형벌의 발생조건이 필요하지 않는다. 범죄성립조건이 없다면 무죄판결을 내리지만, 처벌조건이 없는 경우에는 유죄판결의 한 종류인 형면제판결을 내린다.

　처벌조건이 없어 행위자를 처벌할 수 없는 경우에도 행위자의 행위에 대해서는 범죄가 성립하였기 때문에 그 행위에 대하여 정당방위는 가능하다. 처벌조건에 대한 인식은 구성요건적 고의의 내용이 아니다. 고의의 인식대상은 객관적 구성요건요소에 해당하는 사실이며, 처벌조건은 구성요건요소가 아니기 때문이다. 따라서 처벌조건에 대한 착오는 범죄의 성립에 영향 없다. 처벌조건이 없는 경우에도 공범성립이 가능하다. 범죄의 처벌조건으로 '객관적 처벌조건'과 '인적 처벌조각사유'가 있다.

Ⅱ. 처벌조건의 종류

1. 객관적 처벌조건

　객관적 처벌조건은 형벌권의 발생을 좌우하는 외부적·객관적 사유를 말한다. 사전수뢰죄에 있어서 공무원·중재인이 된 사실($\frac{제129조}{제2항}$)이 객관적 처벌조건이 된다. 사전수뢰죄는 아직 공무원이 되지 아니한 사람이 향후 담당하게 될 직무와 관련하여 뇌물을 수수한 때 성립하는 범죄인데, 뇌물을 수수했다고 해서 바로 처벌할 수 없다. 뇌물수뢰한 이후에 '공무원이 되었다'는 객관적 사실이 존재해야 그 사람을 처벌할 수 있기 때문이다.

　객관적 처벌조건을 결여한 경우에는 유죄판결의 일종인 '형면제 판결'을 하며, 형사소송상 객관적 처벌조건의 존재유무는 엄격한 증명의 대상이다.

2. 인적 처벌조각사유

　인적 처벌조각사유는 이미 성립한 범죄에 관하여 행위자의 특별한 신분관계 또는 태도로 형벌권의 발생을 저지시키는 인적 사정을 말한다.

인적 처벌조각사유는 범죄는 이미 성립하였지만 행위 당시에 존재하는 특별한 신분관계로 인하여 가벌성이 배제되는 경우이다. 재산범죄에 있어서 친족상도례$\binom{제344조}{제328조}$에서의 일정한 친족관계인 신분, 국회의원의 면책특권 등이 있다. 예를 들면 절도죄와 같은 재산범죄에 있어서 행위자와 피해자가 일정한 친족이라는 신분이 있는 경우 절도죄는 성립되지만 특수한 신분관계로 인하여 형벌청구권이 발생하지 않는 경우이다. 이 경우 범죄는 성립하였기 때문에 유죄판결의 일종인 '형면제 판결'을 한다. 국회의원이 면책특권의 요건을 갖춘 경우[6] 국회의원이라는 신분은 인적 처벌조각사유에 해당한다.

인적 처벌조각사유가 존재한 경우 처벌만 배제될 뿐이지, 여전히 범죄는 성립한 것이다. 따라서 그 행위에 대해서 정당방위는 가능하다. 또한 공범이 있는 경우 인적 처벌사유는 행위자에게 개별적으로 적용하기 때문에 특별한 인적 관계가 없는 공범의 경우에는 처벌된다. 예를 들면 갑과 을이 공동하여 갑의 아버지의 물건을 훔친 경우 갑과 을 모두 절도죄가 성립하지만, 갑은 친족상도례 규정에 의하여 처벌이 조각된다. 따라서 갑은 형면제 판결을 받게 되며, 을에게는 특별한 인적 관계가 없기 때문에 형이 면제되지 않는다.

제4절 **범죄의 소추조건**

Ⅰ. 의의

소추조건은 범죄가 성립하고 형벌권이 발생한 경우라도 그 범죄에 대해서 형사소송법상 소추를 하기 위하여 필요한 조건으로 소송조건이라고도 한다. 소추조건은 공소제기의 유효조건[7]이다. 따라서 범죄의 소추조건이 없는 경우에는 '공소기각 판결'을 선고한다.

---

6) 면책특권의 대상이 되는 행위는 국회의 직무수행에 필수적인 국회의원의 국회 내에서의 직무상 발언과 표결이라는 의사표현행위 자체에만 국한되지 아니하고 이에 통상적으로 부수하여 행하여지는 행위까지 포함하며, 그와 같은 부수행위인지 여부는 구체적인 행위의 목적·장소·태양 등을 종합하여 개별적으로 판단하여야 한다(대법원 2011.5.13. 선고 2009도14442 판결).

7) 범죄성립요건이 없는 경우에는 무죄의 실체판결, 처벌조건이 없는 경우에는 형면제의 실체판결을 하여야 하지만, 소송조건이 결여된 때에는 공소기각 등의 형식재판을 하게 된다. 형식재판에는 관할위반의 판결, 면소판결, 공소기각의 판결, 공소기각의 결정이 있다.

II. 종류

1. 친고죄

친고죄(親告罪)는 범죄피해자 기타 고소권자의 고소가 있어야 공소제기가 가능한 범죄로 정지조건부 범죄라고도 한다. 친고죄의 경우 고소권자의 고소가 없으면 범죄는 성립하였더라도 공소를 제기할 수 없다.

공소제기를 허용하는 것이 오히려 피해자에게 불리한 경우에는 피해자를 보호하기 위해서 또는 범죄의 경미성으로 인하여 피해자의 의사를 존중할 필요성이 있는 경우 해당 범죄를 친고죄로 입법한다.

종래 강간죄, 강제추행죄, 추행간음목적 약취·유인·수수·은닉죄 등 각종 성범죄에 관하여 고소가 있어야 공소를 제기할 수 있도록 친고죄로 규정하고 있었는데, 2013년 형법 개정을 하면서 성범죄에 효과적으로 대처하기 위하여 성범죄에 대한 친고죄 규정을 대폭 삭제하였다.

현재 친고죄로 규정되어 있는 범죄는 사자명예훼손죄(제308조), 모욕죄(제311조), 비밀침해죄(제316조), 업무상 비밀누설죄(제317조), 친족간의 권리행사방해죄(제323조)가 있다.

2. 반의사불벌죄

반의사불벌죄(反意思不罰罪)는 피해자의 명시한 의사에 반하여 검사가 공소를 제기할 수 없는 범죄로 해제조건부 범죄라고도 한다. 피해자의 의사와 상관없이 공소를 제기할 수 있지만, 피해자가 처벌을 원하지 않는다는 의사가 표시된다면 공소제기는 해제된다.

현재 반의사불벌죄로 규정되어 있는 범죄는 외국원수·외교사절에 대한 폭행 등의 죄 (제107조, 제108조), 외국국기·국장모독죄(제109조), 폭행죄(제260조 제1항), 존속폭행죄(제260조 제2항), 과실치상죄 (제266조 제2항), 협박죄(제283조 제1항), 존속협박죄(제283조 제2항), 명예훼손죄(제307조), 출판물 등에 의한 명예훼손죄(제309조) 등이 있다.

3. 친고죄와 반의사불벌죄의 차이

친고죄는 피해자 등 고소권자의 고소가 없으면 범죄사실이 확인되었다고 하더라도 검사는 공소제기를 할 수 없다. 이에 반해 반의사불벌죄는 피해자 등 고소권자의 고소가 없더라도 일단 공소제기를 할 수 있지만, 피해자가 처벌을 원치 않는 의사표시를 하거나 종전의 처벌의사표시를 철회하는 경우 국가형벌권의 개입은 중단된다. 따라서 친고죄를 정지조건부 범죄라고 부르며, 반의사불벌죄를 해제조건부 범죄라고 부른다.

4. 행정관청의 고발

행정상 의무위반행위나 경제분야의 질서위반행위가 특별법상 형벌부과의 대상으로 되어 있을 경우, 사건의 기술성·전문성을 반영하여 행정관청의 고발을 소추조건으로 규정하고 있는 경우가 있다. 공정거래법에는 공정거래법위반행위에 대하여 공소제기를 하려면 공정거래위원회의 고발이 있어야 하며(독점규제 및 공정거래에 관한 법률 제71조), 관세법에는 관세법위반행위에 대해 관세청장의 고발이 있어야 하며(관세법 제284조), 조세범처벌법에는 조세범에 대해 국세청장의 고발이 있어야 한다(조세범처벌법 제6조). 이 경우 해당 행정관청의 기관장의 고발은 친고죄에 있어서 고소와 같은 의미이다.

제5절 범죄의 종류

I. 결과범과 거동범

객관적 구성요건요소에 구성요건적 결과가 필요한가에 따라 결과범과 거동범으로 나누어진다.

1. 결과범

결과범(結果犯)은 구성요건요소에 구성요건적 행위 이외에도 구성요건적 결과의 발생을 필요로 하는 범죄를 말한다. 결과범의 대표적인 예인 살인죄의 경우 사망의 결과발생이, 상해죄의 경우 상해의 결과발생이 있어야 구성요건해당성이 인정된다.

2. 거동범

거동범(擧動犯)은 구성요건요소에 결과의 발생을 필요하지 않고, 구성요건에 규정된 행위를 하면 구성요건해당성이 인정되는 범죄이다. 형식범(形式犯)이라고도 한다. 거동범에는 위증죄(제152조), 무고죄(제156조), 교통방해죄(제185조), 아편소지죄(제205조), 공연음란죄(제245조), 폭행죄(제260조), 명예훼손죄(제307조), 모욕죄(제311조), 신용훼손죄(제313조), 업무방해죄(제314조) 등이 있다.

3. 결과범과 거동범의 차이점

결과범은 범죄가 성립하기 위해서는 구성요건적 결과발생이 필요하지만, 거동범은 구성요건적 결과발생이 필요 없으며 구성요건적 행위만 하면 범죄가 성립할 수 있다.

결과범의 경우 원인된 행위와 발생한 결과 사이 인과관계에 대한 판단이 필요하지만, 거동범의 경우 인과관계에 대한 판단이 필요하지 않다. 뿐만 아니라 거동범의 경우에는 결과범과는 달리 미수범의 성립이 사실상 불가능하다.[8]

II. 침해범과 위험범

보호법익에 대한 위해의 강도에 따른 구분에 따라 침해범과 위험범으로 나누어진다.

1. 침해범

침해범(侵害犯)은 범죄가 완성되기 위해서는 구성요건적 실행행위에 의하여 법익이 '현실적'으로 '침해'[9]되는 구성요건적 결과발생이 있을 것을 요하는 범죄를 말한다. 침해범에는 살인죄, 상해죄, 절도죄, 강도죄 등이 있다. 예를 들면 살인죄가 성립하기 위해서는 구성요건적 실행행위인 '살해행위'에 의하여 보호법익인 '생명이 현실적으로 침해되어야',

---

8) 거동범의 경우에 이론상 실행의 착수를 하였으나 실행행위를 종료하지 못한 경우 미종료미수가 인정되어 미수범이 성립할 이론의 여지는 있다. 현행 형법상 퇴거불응죄의 미수범 처벌규정이 있지만, 거동범의 미수처벌규정이 필요한 것에 대해서는 입법론상 문제가 있다.

9) 법익의 침해를 침해범으로 이해하지 않고 보호된 행위객체에 대한 현실적 침해를 구성요건상 필요로 하는 범죄를 침해범으로 보는 견해로는 박상기/전지연, 50면.

즉 피해자가 사망하여야 범죄가 성립한다.[10] 마찬가지로 절도죄가 성립하기 위해서는 절취행위에 의하여 절도죄의 보호법익인 '재산이 현실적으로 침해되어야' 범죄가 성립한다. 구성요건적 결과가 '법익에 대한 현실적 침해'라는 '결과'가 필요하다는 점에서 침해범은 결과범에 해당한다.

2. 위험범

위험범(危險犯)은 구성요건적 실행행위에 의하여 법익이 현실적으로 침해될 필요는 없고, 단지 법익침해에 대한 '위험성'만 있으면 성립되는 범죄이다. 위험범은 다시 '추상적 위험범'과 '구체적 위험범'으로 나뉜다.[11]

가. 구체적 위험범

구체적 위험범은 법익침해에 대한 '현실적 위험성' 또는 '구체적 위험성'이 있어야 성립하는 범죄이다. 현실적·구체적 위험이 결과로 발생하여야 하므로 결과범에 해당한다. 위험의 발생은 객관적 구성요건요소이므로 고의의 인식대상이다.

예를 들면 제166조 제2항의 자기 소유 일반건조물방화죄는 구체적 위험범이다. 조문의 형식을 보면 자기 소유인 건조물을 불태워 '공공의 위험을 발생하게 한' 결과가 발생한 경우에 본죄가 성립한다. 따라서 갑이 자기 소유의 건조물에 방화한 경우에는 그로 인하여 다른 사람의 생명이나 신체, 재산 등에 현실적·구체적 위험이 발생하여야 본죄가 성립한다. 이외에도 타인 소유 일반물건방화죄($^{제167조}_{제1항}$), 가스·전기등 공급방해죄($^{제173조}_{제1항}$) 등이 구체적 위험범에 해당한다.

나. 추상적 위험범

추상적 위험범은 법익에 대한 '일반적 위험성' 또는 '추상적 위험성'만 있어도 성립하는 범죄이다. 추상적 위험범은 현실적 법익침해 또는 구체적 위험 발생이라는 결과 발생이 필요 없으며, 원칙적으로 구성요건적 행위만 있으면 성립하는 범죄이다. 따라서 추상적

---

10) 살인죄가 성립하지 않았다는 의미이지 무죄가 된다는 의미는 아니다. 살해행위를 하였지만 보호법익이 현실적으로 침해되지 않은 경우, 즉 피해자가 사망하지 않은 경우 살인죄가 아닌 살인미수죄가 성립한다.
11) 추상적 위험범과 구체적 위험범은 조문상 차이점이 있다. 추상적 위험범인 현주건조물방화죄(제164조)의 경우 '불을 놓아 사람이 주거로 사용하거나 사람이 현존하는 건조물, 기차, 전차, 자동차, 선박, 항공기 또는 지하채굴시설을 불태운 자는 무기 또는 3년 이상의 징역에 처한다.'라고 하여 위험의 발생이 구성요건에 포함되지 않다. 구체적 위험범인 자기 소유 일반건조물방화죄(제166조 2항)의 경우 '자기 소유인 제1항의 물건을 불태워 공공의 위험을 발생하게 한 자는 7년 이하의 징역 또는 1천만원 이하의 벌금에 처한다.'고 하여 공공의 위험 발생을 구성요건에 포함되어 있다.

위험범은 일반적으로 거동범적 성격을 가진다. 예를 들면 제166조 제1항의 타인소유 일반건조물방화죄는 추상적 위험범이다. 조문의 형식을 보면 타인 소유인 건조물 등을 불태운 경우 본죄가 성립하기 위한 요건으로 '위험발생'이라는 결과 발생이 구성요건에 포함되어 있지 않다.

판례는 공무집행방해죄($\frac{제}{136조}$),[12] 일반교통방해죄($\frac{제}{185조}$),[13] 명예훼손죄($\frac{제}{307조}$),[14] 특정범죄가중법의 운전자폭행죄($\frac{동법}{제5조의10}$),[15] 도로교통법의 음주운전죄[16] 등을 추상적 위험범이라고 보며, 이외에도 위증죄($\frac{제}{152조}$), 명예훼손죄($\frac{제}{307조}$), 업무방해죄($\frac{제}{314조}$) 등이 있다.

입법기술적으로 추상적 위험범은 현실적인 법익침해의 위험성보다 앞선 전 단계에서 일정한 행위 그 자체를 처벌함으로써 가벌성의 영역을 확대시킬 때 활용된다. 법익에 대한 위험성 그 자체는 구성요건에 명시되어 있지 않고 입법자의 숨은 동기로 되어 있을 뿐이므로 구체적인 사안에서 법관이 현실적으로 입증할 필요가 없다.

【정리】 추상적 위험범과 구체적 위험범 비교

	추상적 위험범	구체적 위험범
의의	법익침해의 '일반적 위험성'만 있으면 가벌성이 인정되는 범죄	법익침해의 '현실적 위험'의 발생을 요건으로 하는 범죄
종류	공무집행방해죄(제136조), 위증죄(제152조), 무고죄(제156조), 현주건조물방화죄(제164조), 공용건조물방화죄(제165조), 타인 소유 일반건조물방화죄(제166조 제1항), 일반교통방해죄(제185조), 통화위조죄(제207조), 낙태죄(제269조), 유기죄(제271조), 명예훼손죄(제307조), 신용훼손죄(제313조), 업무방해죄(제314조), 경매·입찰방해죄(제315조), 비밀침해죄(제316조) 등	자기 소유 일반건조물방화죄(제166조 제2항), 타인 소유 일반물건방화죄(제167조), 가스 등 공작물 손괴죄(제173조 제1항), 자기 소유 일반건조물일수죄(제179조 제2항), 과실일수죄(제181조), (존속)중유기죄(제271조 제3항, 제4항)
차이점	위험의 발생은 구성요건표지가 아니다. 위험의 발생은 고의의 인식대상이 아니다. 거동범	위험의 발생은 구성요건표지이다. 위험의 발생은 고의의 인식대상이다. 결과범

---

12) 대법원 2018.3.29. 선고 2017도21537 판결.
13) 대법원 2018.1.24. 선고 2017도11408 판결.
14) 대법원 2020.11.19. 선고 2020도5813 전원합의체 판결.
15) 대법원 2015.3.26. 선고 2014도13345 판결.
16) 대법원 2008.11.13. 선고 2008도7143 판결.

Ⅲ. 즉시범, 계속범, 상태범[17]

행위에 의해 야기된 위법상태의 계속성 여부에 따라 즉시범, 계속범, 상태범으로 나누어진다.[18]

1. 즉시범

즉시범(卽時犯)은 구성요건적 실행행위가 시간적 계속성을 필요로 하지 않고, 실행행위에 의하여 일정한 법익의 침해 또는 침해의 위험성이 있으면 바로 완성되고 종료되는 범죄를 말하며, 의미상 상태범에 포함된다. 예를 들면 살인죄의 경우 사람의 사망과 동시에 기수가 되고 법익침해상태도 종료된다. 즉 기수시기와 종료시기가 일치한다.

살인죄, 학대죄,[19] 절도죄, 방화죄, 도주죄,[20] 범죄단체조직죄[21] 등이 이에 해당한다. 이외에도 군형법 제79조의 무단이탈죄,[22] 국외여행허가의무 위반으로 인한 병역법 위반죄,[23] 국가보안법의 국가변란을 목적으로 하는 결사 또는 집단을 구성하는 죄[24] 등이 있다.

2. 계속범

계속범(繼續犯)은 기수가 된 후에도 법익침해상태가 범행종료시까지 시간적으로 어느 정도 계속되는 범죄를 말한다. 시간적 계속성이 구성요건적 행위의 요소로 되어 있다.[25] 체포죄($제276조 \atop 제1항$),[26] 일반교통방해죄($제 \atop 185조$),[27] 주거침입죄($제 \atop 319조$), 미성년자약취유인죄($제 \atop 287조$) 등이 이에 해당한다. 예를 들면 체포죄는 계속범으로서 체포의 행위에 확실히 사람의 신체의 자유를 구속한다고 인정할 수 있을 정도의 시간적 계속이 있어야 기수에 이르고, 신체

---

17) 이에 대한 자세한 이해는 추후 설명하는 미수론에서 필요하다.
18) 상태범과 즉시범을 구별하지 않고 이를 동의어로 보고 있는 견해도 있다(이재상/장영민/강동범, 83면).
19) 대법원 1986.7.8. 선고 84도2922 판결.
20) 대법원 1991.10.11. 선고 91도1656 판결; 도주죄는 즉시범으로서 범인이 간수자의 실력적 지배를 이탈한 상태에 이르렀을 때에 기수가 되어 도주행위가 종료한다.
21) 대법원 1993.6.8. 선고 93도999 판결.
22) 대법원 1983.11.8. 선고 83도2450 판결.
23) 대법원 2022.12.1. 선고 2019도5925 판결.
24) 대법원 1961.9.28. 선고 61도378 판결.
25) 대법원 2006.9.22. 선고 2004도4751 판결.
26) 대법원 2018.2.28. 선고 2017도21249 판결.
27) 대법원 2018.1.24. 선고 2017도11408 판결.

의 자유에 대한 구속이 그와 같은 정도에 이르지 못하고 일시적인 것으로 그친 경우에는 체포죄의 미수범이 성립할 뿐이다.[28] 계속범의 경우 해당 범죄가 계속되는 한 범행은 종료하지 않았기 때문에 공소시효는 정지되지 않는다.[29]

3. 상태범

상태범(狀態犯)은 구성요건적 실행행위에 의하여 법익의 침해가 발생함으로써 범죄는 기수가 되고 종료되지만, 기수 이후에도 위법상태가 계속되는 범죄를 말한다. 상태범은 기수시기와 종료시기가 일치한다는 점에서 즉시범과 동일하다. 기수 후의 행위는 불가벌적 사후행위에 불과하다. 절도죄, 횡령죄, 재물손괴죄 등이 이에 해당한다.

판례는 내란죄,[30] 횡령죄[31]를 상태범으로 본다. 예를 들면 횡령죄는 상태범이므로 횡령행위의 완료 후에 행하여진 횡령물의 처분행위는 그것이 그 횡령행위에 의하여 평가되어 버린 것으로 볼 수 있는 범위 내의 것이라면 새로운 법익의 침해를 수반하지 않은 이른바 불가벌적 사후행위로서 별개의 범죄를 구성하지 않는다.[32]

4. 계속범과 즉시범의 구별실익

계속범의 경우 기수·종료시기가 일치하지 않지만, 즉시범은 기수·종료시기가 일치한다. 또한 공소시효의 기산점은 계속범의 경우 기수시가 아니라 행위종료시에 기산되지만, 즉시범의 경우에는 기수시와 종료시가 일치하기 때문에 기수시에 공소시효가 기산된다고 볼 수 있다. 계속범은 기수 이후라도 종료 이전까지는 공범이 성립할 수 있으며, 정당방위가 성립할 수 있지만, 즉시범의 경우 기수 이후에는 공범이나 정당방위가 성립할 수 없다.

⚖️ **판례** **즉시범과 계속범의 구별**

【판결요지】[다수의견] 구 농지법$\left(\substack{2005.1.14. 법률 제7335호로\\개정되기 전의 것}\right)$ 제2조 제9호에서 말하는 '농지의 전용'이 이루어지는 태양은, 첫째로 농지에 대하여 절토, 성토 또는 정지를 하거나 농지로서의 사용에 장해가 되는 유형물을 설치하는 등으로 농지의 형질을 외형상으로

---

28) 대법원 2020.3.27. 선고 2016도18713 판결.
29) 대법원 2006.9.22. 선고 2004도4751 판결; 대법원 2006.9.22. 선고 2004도4751 판결.
30) 대법원 1997.4.17. 선고 96도3376 전원합의체 판결.
31) 대법원 1978.11.28. 선고 78도2175 판결.
32) 대법원 1978.11.28. 선고 78도2175 판결.

뿐만 아니라 사실상 변경시켜 원상회복이 어려운 상태로 만드는 경우가 있고, 둘째로 농지에 대하여 외부적 형상의 변경을 수반하지 않거나 외부적 형상의 변경을 수반하더라도 사회통념상 원상회복이 어려운 정도에 이르지 않은 상태에서 그 농지를 다른 목적에 사용하는 경우 등이 있을 수 있다. 전자의 경우와 같이 농지전용행위 자체에 의하여 당해 토지가 농지로서의 기능을 상실하여 그 이후 그 토지를 농업생산 등 외의 목적으로 사용하는 행위가 더 이상 '농지의 전용'에 해당하지 않는다고 할 때에는, 허가 없이 그와 같이 농지를 전용한 죄는 그와 같은 행위가 종료됨으로써 즉시 성립하고 그와 동시에 완성되는 즉시범이라고 보아야 한다. 그러나 후자의 경우와 같이 당해 토지를 농업생산 등 외의 다른 목적으로 사용하는 행위를 여전히 농지전용으로 볼 수 있는 때에는 허가 없이 그와 같이 농지를 전용하는 죄는 계속범으로서 그 토지를 다른 용도로 사용하는 한 가벌적인 위법행위가 계속 반복되고 있는 계속범이라고 보아야 한다(대법원 2009.4.16. 선고 2007도6703 전원합의체 판결).

【해설】 판례는 즉시범과 계속범을 구별하고, 구별의 실익을 공소시효의 기산점이라고 한다. 즉 즉시범은 구성요건적 행위가 종료됨으로써 즉시 성립하고 그와 동시에 완성되는 범죄이고, 계속범은 가벌적인 위법행위가 계속 반복되고 있는 범죄이다. 농지전용죄의 구성요건적 행위태양 중 하나는 즉시범이며, 다른 하나는 계속범으로 본다.

5. 상태범과 즉시범의 구별실익

기수시기와 종료시기가 일치한다는 점에서는 즉시범과 상태범은 동일하다. 상태범과 즉시범을 구별할 실익은 기수 이후에 가담하는 공범자를 처벌할 수 있는가의 문제이다. 상태범의 경우 기수 이후 존속하는 법익침해상태에서 이루어지는 행위가 별개의 법익을 침해하지 않으므로 불가벌적 사후행위가 되더라도 거기에 가담하는 공범자의 처벌이 가능하다. 그러나 즉시범의 경우에는 기수·종료·법익침해상태가 모두 종료하였기 때문에 공범이 성립할 수 없다.

Ⅳ. 일반범, 신분범, 자수범

1. 일반범

일반범(一般犯)은 구성요건에 단순히 '~한 자'라고 규정되어 있기 때문에 누구나 정범(正犯)이 될 수 있는 범죄이다. 구성요건요소 중 행위주체에 제한이 없는 범죄이다. 형법상 대부분의 범죄가 이에 해당한다.

2. 신분범

가. 의의

신분범(身分犯)은 구성요건요소 중 행위주체에 일정한 신분을 요하는 범죄를 말한다. 즉 일정한 신분이 있는 자만이 정범(正犯)이 될 수 있는 범죄이다. 예를 들면 형법 제122조의 직무유기죄에 있어서 '공무원이...', 제129조 수뢰죄에 있어서 '공무원 또는 중재인이...', 제355조 배임죄에 있어서 '타인의 사무를 처리하는 자' 등과 같이 구성요건에 일정한 신분이 있는 자만이 행위주체가 될 수 있는 범죄이다.

여기서 신분(身分)이라 함은 공무원이나 직계존속과 같이 범인의 인적 관계인 특수한 지위나 상태를 말한다. 원칙적으로 신분범에 있어서 신분 없는 자는 그 죄의 정범은 될 수 없으나 공범(共犯)은 될 수 있다. 신분범에는 진정신분범과 부진정신분범이 있다.[33]

나. 진정신분범

진정신분범은 일정한 신분 있는 자만이 정범이 될 수 있는 범죄(구성적 신분)를 말한다. 수뢰죄, 횡령죄, 배임죄, 위증죄, 유기죄, 도주죄, 업무상비밀누설죄, 직무유기죄, 허위진단서작성죄가 그 예이다. 예를 들면 형법 제129조 수뢰죄는 '공무원 또는 중재인'이 직무에 관하여 수뢰한 경우에 처벌하고 있기 때문에 공무원 또는 중재인이라는 신분이 없는 자는 원칙적으로 수뢰죄의 정범이 될 수 없다.

다. 부진정신분범

부진정신분범은 신분이 있음으로 인해서 형이 가중되거나 감경되는 범죄(가감적 신분)를 말한다. 존속살해죄, 업무상횡령죄, 업무상배임죄, 상습도박죄, 업무상낙태죄, 업무상과실치사상죄가 그 예이다. 예를 들면 형법 제250조 제2항의 존속살해죄는 '직계비속'이 자기 또는 배우자의 직계존속을 살해한 경우 보통살인죄에 비하여 형을 가중하고 있다. 제251조 존속살해죄와 제272조 영아유기죄는 '직계존속'이 특정한 동기로 인하여 영아를 살해하거나 유기한 경우에 보통살인죄나 유기죄에 비하여 형을 감경하고 있는 부진정 신분범이었으나, 2023년 형법개정으로 삭제되었다.

---

33) 진정신분범과 부진정신분범을 구별하는 실익은 비신분자가 신분범의 범죄에 가담한 경우에 비신분자를 어떻게 처벌할 것인가에 대하여 차이가 있다. 형법 제33조에 따르면 진정신분범에 가담한 비신분자는 해당 진정신분범의 구성요건에 따라 처벌(제33조 본문)되며, 부진정신분범에 가담한 비신분자는 보통범죄의 구성요건에 따라 처벌(제33조 단서)된다.

3. 자수범

가. 의의

자수범(自手犯)은 구성요건적 실행행위를 행위자 자신이 직접적으로 실행할 것을(자수적 실행행위) 구성요건에 미리 규정하고 있는 범죄를 말한다. 예를 들면 위증죄의 경우 '선서를 하고 허위의 진술'을 한 자만이 정범이 된다.

나. 자수범 개념을 인정하는 이유

자수범 개념을 인정하는 이론적 근거는 정범과 공범의 구별문제에 있다. 즉 누구나 범행주체가 될 수 있는 일반범의 경우에는 '행위지배' 또는 '범행지배'가 정범과 공범의 구별기준이 되지만, 자수범의 경우에는 행위자의 자수성(自手性)이 정범과 공범의 구별기준이 된다. 따라서 제3자의 경우 범행지배가 인정된다고 하더라도 자수성이 없기 때문에 그는 정범이 될 수 없고 공범이 될 수 있을 뿐이다. 즉 자수범의 경우 타인의 행위를 이용하여 간접적으로 범죄를 범하는 간접정범의 형식으로 범죄를 범할 수 없고, 자수적 실행행위가 없는 자는 공동정범이 될 수 없다.[34]

다. 결론

결론적으로 자수범 개념은 형법각칙상 구성요건 해석론의 문제에 해당한다. 따라서 형법총론에서 그 개념에 대한 정의를 내리는 데에는 어려움이 있다. 자수범 개념에 대한 현재의 논의를 정리하면 "자수범은 타인을 이용하여 범할 수 없는 범죄이므로 간접정범 형태로 범할 수 없는 범죄이며, 자수적 실행행위가 정범표지이므로 자수적 실행행위가 없다면 공동정범도 성립할 수 없는 범죄유형"이라고 할 수 있다.

4. 구별실익

일반범·신분범·자수범의 구별실익은 범죄에 가담하는 자가 2인 이상인 경우 가담자가 정범인가 공범인가를 구별하는 기준이 각각 다르다. 일반범의 경우 정범과 공범의 구별기준이 '행위지배'인 반면에,[35] 신분범은 '신분성'이, 자수범은 '자수성'이 그 구별기준이 된다.

---

34) 현행법상 자수범 개념이 인정될 수 있는 지에 대하여 견해의 대립이 있다. 자수범 개념을 인정할 경우 형법각칙을 해석함에 있어서 어느 범죄가 자수범으로 분류될 수 있는지, 그 판단기준이 무엇인지에 대하여 주장학자들마다 다양하게 주장되고 있다. 자세한 내용은 범죄가담형태론에서 설명한다.

35) 일반범에 대한 정범과 공범의 구별기준에 대하여 행위지배설 또는 범행지배설이 통설의 입장이다. 자세한 내용은 범죄가담형태론에서 설명한다.

V. 목적범, 경향범, 표현범

1. 목적범

목적범(目的犯)은 객관적 구성요건요소의 범위를 초과하는 일정한 주관적 목적이 구성요건상 전제로 되어 있는 범죄로 초과된 내적 경향을 가진 범죄이다. 고의 외에 초과 주관적 구성요건요소로 '목적'이 있어야 구성요건해당성이 인정될 수 있다. 위조죄의 '행사의 목적', 내란죄의 '국헌문란의 목적', 특정범죄가중법의 보복범죄의 '보복의 목적', 공직선거법의 '당선되거나 되게 할 목적'이 그 예이다. 예를 들면 문서를 위조한다는 고의가 있어도 이를 행사할 목적이 없다면 범죄는 성립하지 않는다.

2. 경향범

경향범(傾向犯)은 행위자의 주관적인 행위경향이 구성요건적 요소로 되어 있거나 범죄유형을 함께 규정하고 있는 범죄로 강화된 내적 경향을 가진 범죄이다. 학대죄(제273조)의 학대행위, 가혹행위죄(제125조)의 가혹행위, 공연음란죄(제245조)의 음란행위, 준강간죄(제299조)·준사기죄(제348조)의 이용행위가 그 예이다. 판례는 경향범 개념을 인정하지 않는다.

3. 표현범

표현범(表現犯)은 행위자의 내면적인 지식상태의 굴절·모순과정을 표현해 주는 범죄이다. 위증죄(제152조), 허위감정 통역번역죄(제154조)등이 그 예이다. 판례는 표현범 개념을 인정하지 않는다.

VI. 단일범, 결합범

1. 단일범

단일범은 범죄의 구성요건에 하나의 행위만이 규정되어 있어 1개의 범죄로 구성하는 경우를 말한다. 예를 들면 살인죄는 살해행위 하나만으로 구성요건적 행위를 규정하고 있고, 상해죄는 상해행위 하나만으로 구성요건적 행위를 규정하고 있다.

2. 결합범

결합범은 독립된 범죄의 구성요건에 해당하는 수개의 행위가 결합하여 1개의 범죄를 구성하는 경우를 말한다. 결합범은 고의범과 고의범이 결합된 형태와 고의범과 과실범이 결합된 형태가 있다.

고의범과 고의범이 결합된 형태로는 강도죄, 강도살인죄, 강도강간죄 등이 있다. 예를 들면 강도죄는 폭행죄·협박죄와 절도죄가 결합된 형태이며, 강도살인죄는 강도죄와 살인죄가, 강도강간죄는 강도죄와 강간죄가 결합된 형태이다.

고의범과 과실범이 결합된 형태로는 결과적 가중범이 있다. 예를 들면 폭행치상죄는 고의범인 폭행죄와 과실범인 과실치상죄가 결합된 형태이며, 상해치사죄의 경우 고의범인 상해죄와 과실범인 과실치사죄가 결합된 형태이다. 결과적 가중범 중 부진정 결과적 가중범은 고의범과 과실범의 결합형태뿐만 아니라 고의범과 고의범이 결합된 형태도 인정하고 있다. 예를 들면 현주건조물방화치사죄의 경우 고의범인 현주건조물방화죄와 과실범인 과실치사죄가 결합된 형태뿐만 아니라 고의범인 현주건조물방화죄와 고의범인 살인죄도 결합된 것으로 본다. 양형상의 불균형을 해결하기 위한 고육지책이다. 이에 대해서는 결과적 가중범에서 자세히 설명한다.

결합범은 1개의 범죄완성을 위하여 여러 개의 실행행위가 포함되어 있지만, 형법이 독자적인 구성요건으로 별도로 규정하고 있다는 점에서 일죄가 된다. 따라서 강도가 사람을 살해한 경우에는 강도죄와 살인죄가 성립하는 것이 아니라 강도살인죄만 성립한다.

범죄체계론

제1절 **의의**

Ⅰ. 범죄체계론의 의미

범죄체계론은 형식적 범죄개념요소인 구성요건, 위법성, 책임을 체계화하는 작업으로 범죄에 관한 이론이다. 형법학이 발달하면서 고의와 과실, 위법성의 인식, 책임의 요소와 같은 범죄성립요건의 하위요소들에 대한 위치배열은 꾸준히 변화되어 왔다. 범죄성립요소의 하위요소를 어디에 배열하는가에 따라 범죄의 내부구조가 다르게 파악된다. 범죄체계론은 이러한 범죄 구성요소의 체계화, 즉 체계적 순서와 배열을 문제삼는다. 범죄체계론은 형법이론의 발전시기에 따라 크게 고전적 범죄체계론, 신고전적 범죄체계론, 목적적 범죄체계론, 합일태적 범죄체계론으로 구분한다.

Ⅱ. 범죄체계론의 필요성과 한계

범죄체계론은 법률가의 가벌성 판단을 용이하게 해준다. 범죄체계론은 일종의 법률적용의 공식을 마련함으로써 사회생활에서 발생하는 다양한 형태의 사건을 평등하게 취급하게 해주는 기준이 된다. 이러한 범죄체계론에 따라 문제된 행위자의 행위를 세분해서 단계적으로 심사하게 함으로써 범죄행위의 불법내용을 명확하게 드러나게 한다. 하지만 범죄체계론은 법률의 명령이 아니라 이론적 사실에 불과하므로 이러한 범죄체계론에 따라 범죄를 심사하였더라도 불법은 아니다.

⚖ 보충내용 **범죄체계론에 대한 공부방법**

범죄체계론에 대한 설명은 교과서의 편재상 교재의 전반부에 배치를 해놓았지만, 이에 대한 이해를 하기 위해서는 형법총론에 대한 전반적인 학습이 끝난 후에 공부하는 것이 바람직하다. 최소한 구성요건이론, 위법성이론, 책임이론에 대한 학습을 마친 후에 범죄체계론에 대한 본격적인 공부를 할 것을 추천한다.

제2절 고전적 범죄체계

범 죄 행 위			
행위	구성요건해당성	위법성	책임
의사에 의한 신체활동 거동에 의한 외부세계의 변화 (인과적 행위개념)	① 구성요건은 행위의 외부적 표지에 대한 순 객관적·몰가치적 기술 ② 불법은 객관적 표지만으로 구성(주관적 표지는 책임에) ③ 구성요건은 평가의 객체를 유형적으로 기술한 것으로 규범적 요소는 없는 몰가치적 기술	① 위법성은 실현된 구성요건에 관한 객관적·가치 판단 ② 구성요건과 마찬가지로 불법에 해당하므로 객관적 요소만으로 구성 ③ 법질서 전체의 척도에 따른 법적 평가: 규범적 표지	① 책임의 본질은 행위자의 '심리적 사실관계' ② 고의·과실 - 책임능력(행위자의 심리적 사실관계가 아니므로 책임의 구성부분은 아님, 책임의 전제일 뿐)

I. 고전적 범죄체계론의 방법적 기초

고전적 범죄체계에 따를 경우 범죄를 객관적 측면과 주관적 측면으로 엄격히 분리하여 객관적 측면은 구성요건해당성과 위법성의 요소에 속하고, 주관적 측면은 책임요소에 해당한다고 본다. 이에 의하면 불법은 오직 객관적 표지만으로 구성되지만, 모든 주관적 표지는 책임에 귀속되기 때문에 심리적 사실인 고의 또는 과실이 있으면 책임이 있다.

Ⅱ. 행위

고전적 범죄체계론에서 취하고 있는 행위론은 '인과적 행위론'이다. 인과적 행위론은 행위를 '의사가 수반된 인간의 행태가 야기한 외부세계의 변화'라고 정의한다. 인과적 행위론에 따르면 행위의 본질적 요소는 의사가 있는 상태인 '유의성'과 신체의 움직임인 '거동성'이라고 한다. 특히 Liszt의 행위개념에서는 외적 거동에 원인이 된 모종의 의사만 있으면 행위가 성립하고 그 의사의 내용은 중요하지 않다(자연주의적 인과적 행위론). 의사의 내용, 즉 행위자가 어느 구성요건실현을 의도했는가라는 점은 행위자 내부의 심리적 사실관계에 해당하므로 책임요소가 된다고 본다.

Ⅲ. 구성요건

고전적 범죄체계론에 따를 경우 구성요건은 객관적 측면으로만 있는 것으로 본다. 구성요건은 모든 주관적 요소로부터 분리되어야 하는 객관적인 것이다. 구성요건은 범죄유형의 윤곽으로 행위의 외부적·객관적 측면에 대한 기술일 뿐이다. 즉 구성요건은 입법자에 의해 이루어진 불법의 지도형상적 정형이다. 따라서 행위의 주관적 요소인 고의·과실은 책임의 요소에 해당한다.

또한 구성요건은 가치판단을 포함하지 않는 몰가치성(沒價値性)을 가지고 있다고 한다. 구성요건은 평가의 객체를 유형적으로 기술해놓은 것이며, 객체의 평가인 위법성에 대해서는 완전히 독립적이다. 따라서 구성요건 내에서는 규범적 요소는 존재할 수 없으며 규범적 요소는 위법성의 요소라고 본다.[36]

구성요건해당성은 일정한 행위가 법이 정한 범죄유형에 해당하느냐 않느냐에 대한 객관적·몰가치적 '사실'판단이며, 위법성은 순수한 객관적 '가치'판단이며, 책임은 '주관적' 가치판단이다.[37]

---

36) 위법성은 구성요건과 더불어 불법에 해당되기 때문에 객관적인 요소로 구성되어 있지만, 몰가치적인 구성요건과는 달리 가치판단을 해야 한다. 즉 위법성은 객관적 가치판단이다.

37) Beling의 구성요건이론 가운데 구성요건해당성이 몰가치적 가치판단이라는 것은 M.E.Mayer의 규범적 구성요건요소의 발견으로, 또 위법성은 객관적 가치판단이라는 것은 주관적 불법요소의 발견과 목적적 행위론에 의하여 근본적인 재구성을 피할 수 없게 되었다.

Ⅳ. 위법성

위법성은 실현된 구성요건에 관한 규범적·객관적 가치판단이다. 위법성은 구성요건과 더불어 불법에 해당하기 때문에 객관적 요소로만 구성되어 있지만, 몰가치적인 구성요건과는 달리 가치판단을 해야 한다.

고전적 범죄체계에 의하면 실현된 구성요건은 '위법성의 징표'이다. 위법성조각사유가 존재한다면 위법성의 징표는 사라진다. 따라서 위법성은 형식적으로만 파악될 뿐 그 실질적인 내용에 관해서는 아무런 고려를 하지 않는다.[38)]

Ⅴ. 심리적 책임론

심리적 책임론은 책임의 본질을 행위에 대한 행위자의 심리적 사실관계인 고의·과실로 파악한다. 따라서 책임형식인 고의·과실이 있으면 책임이 인정된다. 책임능력은 범행에 대한 행위자의 심리적 관계가 아니므로 책임의 구성부분이 아니고 책임의 전제일 뿐이다. 행위자의 객관적 측면을 표현하는 구성요건해당성과 위법성과는 달리 책임은 범행 시 행위자의 내심에 있었던 정신적·심리적 상황, 즉 주관적으로 파악될 수 있는 모든 표지들을 총괄하는 개념이다. 책임능력은 책임조건으로, 고의와 과실은 책임형식으로, 긴급피난은 책임조각사유로 열거되었다. 위법성의 인식에 대하여 Beling은 책임표지로 인정하였지만, Liszt는 부정하였다.

---

38) Liszt는 범죄란 위법한 행위이다. 다시 말해서 법질서의 명령에 반하는 것이다. 만약 어떤 이유로 규범의 원칙적인 명령효력이 탈락되고, 그 침해의 위법성이 예외적으로 배제된 경우에는 범죄를 운운할 여지가 없다고 한다.

제3절 신고전적 범죄체계

범 죄 행 위			
행위	구성요건해당성	위법성	책임
고전적 체계에서는 부작위가 파악될 수 없다고 비판: 행위의 의미를 고려하여야 한다.	① 구성요건은 순객관적 기술 ② 구성요건에 규범적 표지(모욕, 명예, 음란성, 재물의 타인성 등)가 있음을 발견(부진정 구성요건요소)	① 위법성은 '실질적'으로 규정되어야 하며 불법 중 가장 중요한 요소: 구성요건은 위법성의 보조수단에 지나지 않음(실질적 위법성) ② 위법성은 객관적 판단이지만, 그 판단대상에는 주관적 요소도 포함	① 책임은 심리적 상태가 아니라 '비난가능성'에 따라 평가적으로 파악: 규범적 책임개념 ② 책임의 요소는 심리적 요소인 고의·과실과 규범적·평가적 요소인 책임능력, 기대가능성(복합적 규범적 책임개념)

Ⅰ. 행위

신고전적 범죄체계론에서는 고전적 범죄체계론이 취하고 있는 '인과적 행위론'이 기본적으로 유지된다. 하지만 리스트(Liszt)의 행위에 대한 자연주의적 정의는 언어적 의미와 사회적 중요성을 파악할 수 없다는 비판과 아무런 신체거동성이 없는 부작위와 인식 없는 과실의 부작위도 고전적 범죄체계의 자연적 행위개념으로써는 이해하기 어렵다는 비판이 있다.

Ⅱ. 구성요건

신고전적 범죄체계는 고전적 범죄체계와는 다르게 예외적으로 규범적 요소를 인정하였다. 마이어(M. E. Mayer)는 구성요건은 원칙적으로 몰가치적이지만, 예외적으로 규범적 요소가 있음을 발견하였다. 그는 규범적 구성요건요소를 부진정 구성요건요소로 보았다. 그에 의하면 재물의 타인성, 불법영득의사, 음란성, 명예, 모욕, 공공의 위험, 위험한 물건을 규범적 구성요건요소로 보았다.

Ⅲ. 위법성

위법성을 실질적으로 사회적 유해성의 관점에서 파악한다. 구성요건과 위법성의 관계에서도 변화되었다. 구성요건은 사건의 몰가치적 기술이 아니라, 범죄유형에 특징적인 불법내용의 표지를 요약하기 위해 필요한 입법자의 보조수단으로 본다. 구성요건은 고전적 범죄체계론에서처럼 위법성과 동등한 범죄표지가 아니라 형법에서 위법성표지를 확정해 주는 형식적인 기능을 한다. 마이어는 주관적 정당화사유의 이론을 전개하여 위법성에도 주관적 요소가 고려되어야 한다고 주장하였다.

Ⅳ. 책임

신고전적 범죄체계는 고전적 범죄체계의 기본구조를 유지하면서 책임개념은 심리적 책임개념에서 의사형성에 대한 비난가능성 내지 규범적 평가를 본질적 내용으로 하는 규범적 책임개념으로 변화되었다. 가장 큰 변화이다. 책임은 심리적 사실관계인 고의·과실에 있는 것이 아니라, 오히려 이러한 사실을 토대로 행위자가 불법행위를 행하지 않고 적법행위를 할 수 있었음에도 불구하고(이른바 他行爲可能性) 적법행위를 택하지 않고 불법행위를 행하였다는 비난(사실에 대한 평가)에 책임의 본질이 있다고 보았다. 책임을 '평가적 가치관계'로 이해한다. 적법행위의 기대가능성이 책임의 중심적 요소이며, '비난가능성'이 책임의 본질이 된다고 보았다. 그렇다고 하여 심리적 사실관계인 고의·과실을 제외한 것은 아니다.

신고전적 범죄체계에 따르면 책임의 구성요소는 다음과 같다. 심리적 요소로서 '고의·과실' 이외에 규범적·평가적 요소인 '책임능력', 책임조각사유의 부존재로서 '기대가능성'이 책임의 요소가 된다. 위법성의 인식은 별개의 책임요소가 아닌 고의의 한 내용으로 보았다. 가치평가적 요소인 '비난가능성'과 사실관계적 요소인 '고의·과실'이 모두 있다는 점에서 '복합적' 규범적 책임론이라고 한다.

제4절 목적적 범죄체계

범 죄 행 위			
행위	구성요건해당성	위법성	책임
행위의 존재론적인 구조인 목적성을 중심으로 행위개념을 '목적활동성의 작용'으로 봄. 부작위범은 고의 및 과실의 작위범 외에 제3의 특별한 범죄형태.	① 고의와 위법성의 인식을 분리하여 고의를 일반적·주관적 구성요건요소로 파악(구성요건적 고의). ② 구성요건착오는 구성요건 고의 귀속의 문제. ③ 구성요건은 금지의 실질을 기술한 것이며, 위법성을 징표할 뿐임.	① 객관적 정당화상황과 주관적 정당화요소. ② 행위자와 관련된 '인적 행위불법'이 위법성의 중심(인적 불법론). ③ 위법성은 객관적·주관적 구성요건의 충족으로 징표됨.	① 책임은 비난가능성이다(규범적 책임개념). 그러나 고의와 같은 심리적 요소는 책임에서 제거되어 순수한 규범적 책임개념을 주장. 따라서 비난가능성의 요소는 책임능력과 위법성의 인식뿐임. ② 위법성의 인식은 고의와 독립된 책임표지. 이에 대한 착오는 금지착오로 처리(책임설). ③ 적법행위에 대한 기대불가능성은 사실상 면책사유로 봄.

I. 행위

목적적 범죄체계론은 목적적 행위론을 주장하여 행위의 본질은 '목적성'이라고 한다. 목적적 행위론은 의사의 내용을 고려하지 않는 인과적 행위론과는 달리 '의사의 내용' 또는 '의사의 방향'을 지칭하는 '목적성'을 행위개념의 본질로 본다. 목적적 행위론의 대표학자인 벨첼(Welzel)에 따르면 "인간은 그의 인과적 지식을 기초로 하여 자기의 활동으로 인하여 일어날 수 있는 결과를 일정한 범위 내에서 예견하여 목표를 설정하고, 이 목표달성을 향하여 자신의 활동을 계획적으로 조종할 수 있다"고 한다.

II. 구성요건

Welzel은 행위자의 주관적인 면을 고려하지 않고 순수한 행위의 객관적인 측면만으로는 구성요건해당성에 대한 평가가 불가능하다고 한다. 따라서 고의는 객관적 구성요건표지와 대립되는 주관적 구성요건표지로서 양 요소가 결합하여야만 불법유형으로서 불법구성요건이 성립하게 되며, 고의는 모든 고의범에 공통되는 주관적 불법구성요건표지라고 한다. 이러한 점을 기초로 불법을 행위자와 관련된 인적 행위불법으로 불법의 실체는 법익침해라는 결과반가치가 아니라 행위수행 전과정에서 징표되는 반사회적 위험성이라는 행위반가치라고 파악한다. 목적적 범죄체계이후에 구성요건은 객관적 구성요건요소와 주관적 구성요건요소로 구분되어 논의되기 시작하였다.

Ⅲ. 위법성

위법성은 객관적 판단이지만 그 판단의 대상에는 주관적 요소도 포함되어야 한다고 한다. 위법성의 객관적 요소와 주관적 요소로 구분되어 논의하기 시작한다. Welzel은 불법은 구성요건해당성과 위법성을 포괄하는 것으로 '행위자와 관련된 인적 행위불법'이라고 한다.

Ⅳ. 책임

책임은 심리적 활동에 대한 비난가능성이고, 심리적 사실인 고의·과실은 책임평가 그 자체가 아니라 평가의 객체가 될 뿐이므로 이를 책임에서 제외하고, 순수한 규범적·평가적 요소만이 책임의 요소로 된다. 예를 들면 강도의 책임은 오로지 강도고의(평가의 객체)가 법적으로 반가치하다는 평가 그 자체라고 한다. 고의와 같은 행위의 심리적 요소는 책임에서 제거되고, 고의와 위법성의 인식을 분리시켜 위법성의 인식은 책임요소로, 고의는 구성요건요소로 재배치하였다. 고전적 범죄체계론에서 책임에 배치하였던 고의·과실을 구성요건으로 이동시켰으며, 책임은 모든 심리적 사실관계가 제거된 순수한 평가의 문제가 된다. 이를 순수한 규범적 책임설이라고 한다.
또한 고의와 위법성의 인식을 분리시켰다. 고전적 범죄체계에서는 위법성의 인식을 고의의 요소로 보았는데, 목적적 범죄체계에서는 위법성의 인식을 독자적인 책임표지로 보며, 고의·과실은 구성요건요소로 본다. 따라서 책임능력, 위법성의 인식, 기대가능성만이 책임의 구성요소가 된다.

제5절 합일태적 범죄체계

합일태적 범죄체계론은 신고전적 범죄체계와 목적적 범죄체계를 하나의 형태로 결합한 체계이다. 합일태(Synthese)범죄체계라고도 한다. 이 범죄체계론은 목적적 행위론을 부정한다.[39] 하지만 목적적 범죄체계와 같이 고의와 과실은 불법을 기초짓는 주관적 구성요건으로 본다.[40] 다만 과실의 경우 객관적 주의의무위반은 구성요건에 위치시키며, 주관적 주의의무위반은 책임에 위치시킨다.

합일태적 범죄체계의 가장 큰 특징은 고의·과실의 이중적 기능을 인정한다는 점이다. 인적 불법론의 관점에서 고의를 구성요건요소로 인정함과 동시에 고의가 책임평가단계에서도 여전히 의미를 가진다는 입장이다. '행위방향으로서의 고의'는 구성요건요소이지만, '심정반가치로서의 고의'는 책임요소가 되고, 과실도 행위형식으로서의 과실과 책임형식으로서의 과실로 이해하여 '고의와 과실의 이중적 기능'을 인정한다. 구성요건의 실현이 위법성을 징표하듯이 구성요건적 고의는 책임고의의 존재를 추정한다는 입장이다.

책임개념이 독자적인 평가의 객체를 확보할 필요가 있다는 점에서 책임판단의 대상은 결의에 의하여 행위로 발전하는 법적으로 비난받는 심정(心情; Gesinnung)에 의한 행위이며, 책임은 행위 속에 나타나는 심정으로 인한 행위의 비난가능성을 의미하고 심정은 비난가능성의 기초가 된다. 따라서 고의는 주관적 구성요건요소인 동시에 책임요소가 되는 이중의 기능을 가지게 된다.

책임의 요소는 책임능력, 위법성의 인식, 기대가능성, 책임형식으로서 고의 또는 과실이다. 고의·과실이 다시 책임요소로 인정될 수 있다는 점에서 신복합적 책임설이라고 한다.

---

39) 합일태체계가 목적적 행위개념을 받아들이지 않는 이유는 존재론적 행위개념은 가치결정을 바탕에 둔 형법체계에 아무런 구속력을 줄 수 없다는 데 있다.

40) 행위개념은 고의의 체계적 위치에 영향을 미칠 수 없다. 고의를 행위개념과 관계없이 주관적 구성요건에 위치시킬 수 있는 이유에 대하여 김일수, 한국형법 I, 238면.

CHAPTER 03 현행 형법의 범죄형태

제1절 형법의 범죄형태

Ⅰ. 의의

형법의 범죄형태를 크게 작위범과 부작위범으로 구분한 후 이를 다시 고의 또는 과실로 나눌 수 있으며, 고의범은 다시 구성요건적 결과가 발생하였는가에 따라 기수와 미수로 나눌 수 있다. 이를 도표로 설명하면 다음과 같다. 여러 유형 중 고의에 의한 작위·기수범이 기본유형이다.

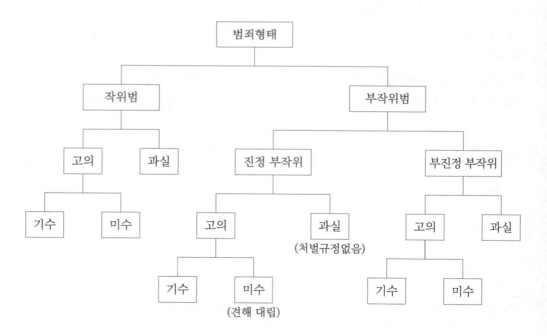

II. 형법의 범죄형태

1. 고의에 의한 작위·기수범(기본유형)

가. 구성요건

구성요건요소 중 행위주체에 있어서 일반범의 경우 자연인 1인이 범죄를 저지르는 경우를 기본유형으로 한다. 행위주체와 관련된 특수한 문제로는 자연인이 아닌 법인이 범죄를 저지를 수 있는지의 문제, 다수인이 범죄에 가담한 경우에 정범과 공범의 문제, 누구나 범죄주체가 될 수 있는 일반범이 아니라 일정한 신분이 있는 자만이 범죄주체가 될 수 있는 신분범의 문제가 있다.

구성요건요소 중 구성요건적 행위는 작위를 기본유형으로 한다. 구성요건적 행위와 관련된 특수문제로는 부작위에 의한 범죄에 대한 문제가 있다.

구성요건요소 중 구성요건적 결과발생은 범죄결과가 발생한 기수범을 기본유형으로 한다. 구성요건적 결과와 관련된 특수문제로는 구성요건적 결과가 발생하지 않은 미수범 문제가 있다. 미수에 대한 문제는 실행의 착수와도 연결되어 있다. 거동범의 경우에는 구성요건적 결과발생을 요하지 않는다.

구성요건요소 중 인과관계는 결과범의 경우에만 문제된다. 인과관계는 원인된 행위와 발생한 결과사이에 관련성이 있는가라는 문제이기 때문이다. 인과관계가 있는 경우가 기본유형이다. 인과관계와 관련된 특수문제는 인과관계가 없는 경우 미수 또는 무죄가 된다.

구성요건요소 중 고의와 과실 중 기본유형은 고의범이다. 과실범은 법률에 처벌하는 규정이 있어야 성립하기 때문이다. 고의와 관련된 문제로는 구성요건적 착오의 문제가 있다.

나. 위법성

위법성조각사유가 있는지를 검토한다. 위법성조각사유가 없다면 행위자의 행위는 확정적으로 위법한 것으로 평가한다.

다. 책임

책임요소 중 책임능력과 관련된 기본유형은 책임능력자가 범죄를 범한 경우이다. 이와 관련된 문제로는 책임무능력자, 한정책임능력자, 원인에 있어서 자유로운 행위에 대한 것이 논의된다.

책임요소 중 위법성의 인식이 있는 경우가 기본유형이다. 이와 관련된 문제로는 위법성의 인식이 없는 경우, 즉 금지착오가 문제된다.

책임요소 중 적법행위의 기대가능성이 있는 경우가 기본유형이다. 이와 관련된 문제로는 적법행위의 기대가능성이 없는 강요된 행위와 초법규적 책임조각사유를 인정할 수 있는가이다.

2. 고의에 의한 작위·미수범

기본유형 중 고의에 의한 작위·기수범에서 구성요건적 결과가 발생하지 않은 경우에 대한 범죄유형이다. 왜 결과가 발생하지 않았는가에 따라 장애미수, 중지미수, 불능미수로 나누어진다. 범죄실현의 단계와 실행의 착수가 언제인가에 대한 문제, 예비·음모가 중요한 논의가 된다.

3. 과실에 의한 작위·기수범

주관적 구성요건요소가 고의가 아닌 과실범의 경우이다. 과실과 관련된 문제로는 결과적 가중범이 있다. 과실에 의한 부작위범은 이론상 가능하지만, 현행 형법상 이를 규정하고 있는 범죄유형은 없다. 과실범은 결과범이므로 미수의 문제는 발생하지 않는다. 과실범은 항상 기수범이다.

4. 부작위범

부작위범은 먼저 진정 부작위범과 부진정 부작위범으로 구분한 뒤 작위범의 구성과 같이 고의와 과실범, 기수와 미수로 구분할 수 있다. 이를 나누면 ① 고의에 의한 진정 부작위범·기수, ② 고의에 의한 진정 부작위범·미수, ③ 고의에 의한 부진정 부작위범·기수, ④ 고의에 의한 부진정 부작위범·미수, ⑤ 과실에 의한 부진정 부작위범, ⑥ 과실에 의한 진정 부작위범이다. ②유형인 진정 부작위범 미수의 경우 현행 형법상 퇴거불응죄가 있으나 진정 부작위범의 경우에는 미수성립이 이론상 불가능하기 때문에 잘못된 입법이라고 보는 것이 통설이다. ⑥유형의 경우 이론상 가능하나 현행 형법상 처벌규정이 없다.

【정리】범죄의 기본유형과 특수유형

범죄성립요건		요소	기본유형	특수유형	비고
구성요건	객관적 구성요건	행위주체	자연인	법인	*법인의 형사책임/양벌규정
			1인	다수인이 가담한 경우	*범죄가담형태론(공동정범, 간접정범, 교사범, 방조범)
			일반범	신분범	*공범과 신분(제33조)
		행위객체	각 형법각칙에 규정되어 있음		*보호법익과 구별
		구성요건적 행위	작위	부작위	*부작위범
		구성요건적 결과	결과발생 (기수범)	거동범(결과발생이 불필요) 미수범(결과의 불발생)	*예비·음모 *실행의 착수 *미수론
		인과관계	있음	인과관계 인정 (기수) 인과관계 불인정(미수/무죄)	*인과관계이론
	주관적 구성요건	고의	고의범(기본)	구성요건적 착오	*구성요건착오이론
		과실	과실범	결과적 가중범	
위법성	위법성 조각 사유	총칙상 위법성조각사유: 정당방위, 긴급피난, 자구행위, 피해자의 승낙, 정당행위			
		각칙상 위법성조각사유: 명예훼손죄에 대한 제310조의 규정, 도박죄에 있어서 제246조 제1항 단서			
		다른 법률의 위법성조각사유: 각종 특별법			
책임		책임능력	책임능력자	책임무능력자(형사미성년자, 심신상실자); 한정책임능력자(심신미약자, 농아자)	*원인에 있어서 자유로운 행위
		위법성의 인식	있음	금지착오(위법성의 인식이 없는 경우)	*위법성조각사유의 객관적 전제사실에 대한 착오
		적법행위의 기대 가능성	있음	강요된 행위	

제2절 단독범과 범죄가담형태

I. 단독범

형법은 범죄의 실행행위자의 수를 1인으로 전제로 하여 규정하고 있다. 즉 한 사람의 행위에 대한 범죄성립 여부를 검토한다. 한 사람이 직접 실행행위를 한 경우 '단독정범'이라고 부른다. 형법각칙의 대부분 범죄구성요건은 직접 실행행위를 하는 단독행위자를 예정해 두고 있다.

형법각칙의 범죄구성요건 규정에 2인 이상의 가담이 있을 경우에 범죄구성요건을 실현하는 것으로 규정되어 있는 범죄유형이 있다. 이를 필요적 공범이라고 한다. 형법각칙에서는 어떤 사람이 내부가담자, 즉 행위주체가 될 수 있는지 정하고 있으며 내부가담자의 경우 각자 적용될 형벌이 정해져 있다. 내란죄, 범죄단체조직죄가 대표적이다.

II. 범죄가담형태

범죄가 1인에 의해서만 이루어지는 것은 아니며, 다수인이 범죄에 가담하는 경우가 있다. 이를 위해 우리 형법은 다수인이 가담한 경우 정범으로 처벌될 수 있는 가담형태로서 간접정범, 공동정범, 합동범이 있다. 동시범은 범죄에 가담한 형태가 아니라 독립행위가 경합된 경우이다. 공범으로 처벌될 수 있는 가담형태로서 교사범과 방조범을 인정하고 있다. 뿐만 아니라 이러한 정범형태와 공범형태의 개념은 당연히 직접정범[41]을 전제로 하고 있음을 시사해 준다. 형법이 인정하는 모든 범죄가담형태는 다음의 표와 같이 유형화할 수 있다.

---

41) 오직 한 사람만 그 범죄를 수행하는 것을 단독정범이라고 함에 비해 직접정범은 여러 명이 가담한 경우에 사용할 수 있는 용어이다. 즉 2인이 절도죄에 가담하였는데, 그 중에 1인은 방조범(공범), 다른 1인(주된 행위자)은 직접정범이 되는 경우에 그 직접정범자를 단독정범자라고 말하지 않는다.

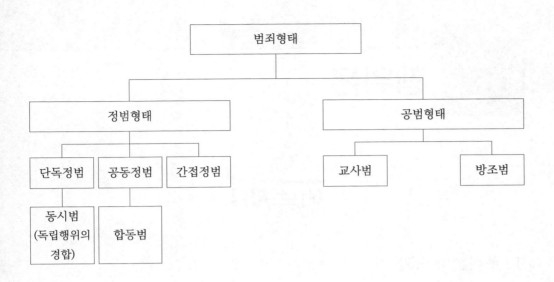

CHAPTER 04 행위론

제1절 **서설**

Ⅰ. 행위론의 의의

1. 행위론의 의의

형법적 평가의 대상이 되는 것은 인간의 행위만이다. 따라서 어떤 행위가 형법적용의 대상이 되기 위해서는 행위로서의 성질을 가지고 있어야 한다. 이와 같이 형법적 판단의 출발점이 되는 행위의 개념을 어떻게 판단할 것인가에 관한 이론이 행위론이다.

범죄론에 대한 체계적 상위개념으로서 범죄의 모든 발생형태인 작위범·부작위범, 고의범·과실범에 보편타당하게 적용될 수 있는 행위개념은 가능한가. 또 이러한 행위개념을 존재론적으로 파악해야 하는가 또는 규범적으로 파악해야 하는가의 문제이다.

2. 행위개념의 체계상의 지위

형법에서 행위를 평가하는 것은 법률상의 구성요건을 토대로 이루어지므로 구성요건과 독립된 전(前) 구성요건적 행위를 논하는 것은 무의미하다는 견해가 있지만,[42] 존재론적으로 행위가 존재하여야만 그것을 기초로 구성요건해당성, 위법성, 책임 등의 형법적 평가를 할 수 있기 때문에 전 구성요건적 행위개념을 인정해야 한다는 견해가 다수설이다.[43] 다수설에 따르면 구성요건을 중심으로 규범적 평가를 하기 이전에 행위개념의 내용요소를 존재론적으로 확정해두어야 하므로 행위론은 의미가 있게 된다.

---

42) 오영근, 75면.
43) 김성돈, 153면; 신동운, 94면; 이재상/장영민/강동범, 84면; 이형국/김혜경, 90면; 정성근/박광민, 100면.

II. 행위개념의 기능

1. 한계기능

형법상 의미 있는 행위와 형법상 의미 없는 행위를 구별하여, 구성요건의 판단에 앞서 애당초 형법적 판단의 대상이 될 수 없는 행태를 형법적 판단에서 배제하는 기능으로 형법상 가장 중요한 기능이다. 예를 들면 동물의 행태, 무의식적 행위, 수면중의 행위, 절대적 폭력에 의한 행위 등은 형법상 의미 없는 행위이므로 이러한 행위에 대해서는 형법적 판단을 하지 않는다.

2. 분류기능

행위에는 고의행위, 과실행위, 작위행위, 부작위행위가 있다. 행위는 고의·과실 또는 작위·부작위에 공통되는 상위개념이 되어야 하는데, 고의·과실·작위·부작위 등 형법상 의미 있는 모든 행위를 형법행위로 묶을 수 있는 적극적 기능을 분류기능이라고 한다. 모든 유형의 상위개념으로 행위를 의미하는 것으로 근본요소 또는 기초요소로서의 기능을 말한다.

3. 결합기능(체계적 기능)

행위의 다음 단계인 구성요건해당성, 위법성, 책임이라는 형법적 가치판단을 체계적으로 연결시키는 기능으로,[44] 각 범죄요소에 대해 중립적인 개념인 행위개념이 각 요소를 서로 연결하여 결합시키는 기능을 결합기능이라고 한다.

4. 결론

행위론이 형법이론에서 가지는 기능은 한계기능, 분류기능, 결합기능을 모두 충족하는 것이다. 이후 전개되는 인과적 행위론, 목적적 행위론, 사회적 행위론은 "행위란 무엇인가"라는 철학적 논의부터 시작한다. 학자들에 따라 행위론이 가지는 기능 중 어느 기능을 중요시여길 것인가는 달라질 수 있다. 이후에 전개되는 다양한 행위론은 주로 분류기능을

---

44) 행위개념에 따른 범죄체계의 내용차이는 이 기능의 결과라고 할 수 있다. 그러나 행위론이 어떤 범죄체계론과 반드시 연결되는 것은 아니다.

설명하는데 집중되어 있다. 이론적 구성도 중요하지만 실용적 관점에서 본다면 한계기능에 대해서도 집중할 필요가 있다.

제2절 행위론

I. 인과적 행위론

1. 의의

인과적 행위론에 따르면 행위를 인과적으로 파악하여, 행위를 유의적 거동에 의한 외부세계의 변화, (자연적) 의사에 기한 신체적 동작 또는 태도라고 정의한다. 인과적 행위론은 외적·객관적인 요소는 구성요건과 위법성에, 내적·주관적 요소는 책임요소로 파악하는 고전적 범죄체계에서 주장되었다. 행위단계에서는 의사에 기초하였는가만을 문제삼고, 의사의 구체적인 내용인 고의·과실은 책임단계에서 고려한다.

2. 내용

인과적 행위론에 따르면 행위의 요소는 유의성과 거동성으로 구성된다. 의사의 내용인 고의·과실은 책임의 요소로 본다. 의사가 일정한 목적을 향하여 조종하는 기능을 한다는 것을 인정하지 않는다. 즉 의사내용은 책임에서 심사되므로 위법성의 본질은 법익침해라는 결과반가치에 둔다.

3. 평가

인과적 행위론은 반사동작이나 수면 중의 행위와 같이 의식에 기반을 두지 않은 신체거동을 행위에서 제외하는 한계기능을 잘 수행하지만, 미수[45]와 부작위를 행위로 포섭하지 못하며, 의사내용을 행위개념에서 제외시키기 때문에 고의행위의 의미파악이 곤란하

---

45) 권총을 발사했는데 아무도 맞지 않은 경우에 그 행위가 살인의 미수행위인지, 상해의 미수인지는 의사의 내용인 고의를 알지 못하고는 전혀 판단할 수 없다.

다. 또한 인식 없는 과실은 유의성이 없기 때문에 행위개념에서 제외한다. 부작위는 거동성이 없기 때문에 설명이 곤란하다. 인과과정은 무한하기 때문에 행위의 한계설정이 곤란하다.

Ⅱ. 목적적 행위론

1. 의의

목적적 행위론에 따르면 행위란 목적활동성의 작용을 말한다. 인과적 행위론이 의사의 내용을 고려하지 않는 반면에 목적적 행위론은 의사의 내용 내지 의사의 방향을 지칭하는 목적성을 행위개념의 본질적 구성요소로 본다. 인간의 행위가 동물의 행태나 자연현상과 구별되는 점은 인간의 행위에는 '목적성' 또는 '목표지향성'이 있기 때문이라고 한다. 이 이론은 1930년대 초반 독일 형법학자인 Welzel이 주장하여 제2차 세계대전 후 정비된 이론이다.

2. 내용

인과적 행위론의 결함이던 유의성에 '의사내용'을 포함시킨다. 목적적 행위론은 인과적 행위론의 유의성과 거동성을 목적성으로 대체하였다.[46] 행위의 본질적인 요소는 목적활동의 수행성이며, 이는 목표를 설정하고 그 목표달성을 위하여 계획적으로 인과과정을 조정하는 의사를 말한다.

목적적 행위론에 의하면 어떤 행위가 어떤 범죄의 구성요건에 해당하는 행위인가를 알기 위해서는 의사의 존재뿐만 아니라 의사의 내용까지 고려해야 한다. 따라서 고의·과실과 같은 내심상태는 책임요소가 아니라 주관적 구성요건요소가 된다. 고의·과실은 행위반가치의 내용을 이루는 주관적 구성요건요소(인적 불법론)이다.

3. 평가

과실, 특히 인식 없는 과실에 대하여 목적성을 인정하기 어렵기 때문에 행위성을 인정

---

46) 목적적 행위론은 전통적인 인과적 행위론의 자연주의적·인과적 행위개념을 극복함으로써 형법에서 자연주의를 제거하고 존재론적 행위개념을 규명하는데 그 본래의 의도가 있었다(이재상/장영민/강동범, 90면).

하기 곤란하다. 즉 과실을 행한다는 목표를 설정하고, 그 목표를 달성하기 위하여 계획적으로 조정한다는 것은 있을 수 없기 때문이다. 분류기능이 결여되어 있다는 비판에 대하여 Welzel은 과실을 '가능적 목적성의 수행'으로 보아 과실을 목적적 행위개념에 포함시켰다.

목적적 행위론은 행위를 적극적인 목적활동으로 보기 때문에 부작위의 행위성을 인정하기 곤란하다(분류기능의 결여). 의식적 조종의 요소가 없는 자동화된 행위와 격정적 행위를 행위의 개념에서 제외되어 부당한 결과를 초래한다.

목적성은 고의행위의 경우 가장 분명하게 나타나며 고의행위의 경우 그 의사내용이 행위의 요소인 목적성이자 고의로 파악된다. 따라서 고의와 목적성을 동일한 것으로 보게된다. 이러한 고의와 목적성의 동일취급은 목적적 행위론이 존재론적 행위개념이 될 수 없다는 사실을 암시한다(결합기능의 결여). 목적적 행위론이 행위론으로서의 기능을 충족하는가에 대하여는 많은 비판이 있었지만, 형법이론 중 범죄체계론에 미친 영향은 크다.

III. 사회적 행위론

1. 의의

인과적 행위론이나 목적적 행위론이 행위의 본질을 모순 없이 설명하는데 한계를 가진다는 점을 인식하고서 행위가 가지는 사회적 의미에 초점을 맞추어 행위개념을 정의하는 입장이다. 존재론적 요소뿐만 아니라 사회적인 관련성을 함께 고려한다. 사회적 행위론은 행위를 사회적으로 의미있는 사회생활관계의 유의적 결과야기(Eb. Schmidt), 예견할 수 있는 사회적으로 중요한 결과야기(Engisch), 객관적으로 예견가능한 사회적 결과로 지향된 객관적으로 지배가능한 일체의 형태(Maihofer), 사회적으로 중요한 인간의 행태(Jescheck), 인간의 의사에 의하여 지배되거나 지배가능한 사회적으로 중요한 행태(Wessels)라고 정의한다.

우리나라의 경우 사회적 중요성이라는 요소 및 의사적 요소를 제거하여 공동생활관계에 영향을 미치는 인간의 외부적 태도(신체의 동(動)·정(靜))라고 하는 견해[47], 목적적 행위개념을 중심축으로 하여 사회적 중요성을 추가하는 견해[48]가 있다.

---

47) 차용석, 233면.
48) 정성근/박광민, 109면.

2. 내용

사회적 행위론은 사회적 의미성, 사회적 중요성을 기준으로 행위의 본질을 사회적 의미에서 찾는다(규범적 행위개념). 고의·과실·작위·부작위·기수·미수 등 형법상 의미 있는 모든 행위를 무리없이 형법의 행위로 파악할 수 있다는 장점이 있으며(근본요소로서의 기능), 특히 부작위에 대한 설명이 가능하다. 또한 평가절차인 범죄체계를 확립하는데 적절하다(결합기능).

3. 평가

사회적 의미성에 대한 평가를 구성요건의 법적 평가에 의존함으로써 중립적 상위개념의 기능을 다할 수 없다. 사회적 평가와 법적 평가는 상호의존적 관계에 놓여 있어 이들 양자는 거의 분리할 수 없는 경우가 많기 때문이다. 따라서 사회적 행위개념은 구성요건의 평가단계로부터 구분되지 않고 있다. 즉 사회적 행위개념에서 '사회적'이라는 범주는 구성요건에 앞서 주어져 있는 것이라기보다는 오히려 구성요건의 영역 속에 위치하고 있는 것이라고 할 수 있다. '사회적 의미성'은 포괄적인 개념이어서 형법상 의미 없는 행위인 직접적·물리적 폭력의 적용, 반사동작도 사회적으로 의미 있는 행위로 볼 수 있기 때문에 행위의 한계기능을 적절히 수행할 수 없다는 비판이 있다.

IV. 결론[49]

1. 행위개념의 실천적 기능

행위개념이 실제적으로 가지고 있는 기능은 '한계기능'이다. 즉 형법상 평가의 대상이 되는 형법상 행위인가 아니면 형법적 평가의 대상에서 배제되는 비행위인가를 구별하는 문제가 핵심적이다. 형법상 의미 있는 행위라는 판단이 내려지는 경우에만 다음 단계인 구성요건단계로 넘어갈 수 있으며, 형법상 의미 없는 행위라는 판단이 내려지는 경우에는 발생한 결과는 불행에 불과하다.

형법상 행위는 어떤 행위론에 의하든 최소한 '인간의 의사에 기한 외부적 행위'라는 요

---

[49] 이외의 행위론 이외에도 행위자의 인격의 객관적 발현이라고 보는 인격적 행위론, 회피가능성의 원칙에서 출발하는 소극적 행위개념이론, 행위개념을 부인하는 이론등이 있다. 이에 대한 보다 자세한 논의는 김일수, 한국형법 I , 259면 – 264면 참조.

건은 인정되어야 한다. 따라서 형법상 행위는 인간의 행위이어야 하며, 인간의 내면에서 일어나는 생각, 목적, 소원 등은 형법상 행위가 아니다. 인간의 외부적 행위는 의사에 의해 지배되어야 한다.

2. 정신적인 조종 메커니즘을 작동시킬 수 없는 자의 행태

갓 태어난 젖먹이와 같이 행위자에게 정신적인 조종 메커니즘을 작동시킬 능력, 즉 자연적 의사형성능력과 행위조종능력이 결여된 경우에는 형법상 의미 있는 행위는 아니다. 그러나 정신병자의 행위는 정신적인 조종 메커니즘 자체는 작동되지만 손상된 경우이기에 의사에 의해 지배된 행위로 인정될 수 있다.[50]

3. 신체경련

고열상태에서의 몸의 움직임, 기절 혹은 마비증세를 일으킨 경우와 같이 신체경련과 같은 신체의 동작은 형법상 의미 있는 행위가 아니다.

🧳 **사례** ▶ **간질사례**

【사례】 간질(癎疾)이 있는 갑은 갑자기 발작증세를 일으키며 뒤로 넘어졌다. 이에 주변에 있는 A는 갑을 보호하기 위하여 갑의 팔을 잡으려고 하였으나 팔을 놓쳐버렸다. 이 바람에 갑의 주먹이 A의 안면부를 가격하여 A의 2개의 치아를 결손되었다. 갑의 행위는 형법상 의미 있는 행위인가?

【해설】 고열상태에서의 몸의 움직임, 기절 혹은 마비증세를 일으킨 경우의 신체의 동작은 형법상 의미 있는 행위가 아니다. 갑의 행위는 갑의 의사에 의해 지배된 것이 아니기 때문이다. 따라서 이로부터 발생한 결과인 A의 치아결손은 불행에 불과할 뿐이다.

---

4. 절대적 물리력에 의해서 어쩔 수 없이 강제된 동작

절대적 폭력 또는 절대적 물리력에 의해서 어쩔 수 없이 강제된 신체동작의 경우에는 형법상 의미 있는 행위가 아니다. 예를 들면 갑이 A의 손목을 잡아 문서에 강제로 날인하게 한 경우 A의 날인은 그의 의사에 의해 이루어진 것이 아니라 절대적 폭력인 갑의 행위에 의

---

50) 자연적 의사형성능력과 행위조종능력은 책임능력과 다르다.

해 어쩔 수 없이 강제된 동작이기 때문에 A의 날인은 형법상 의미 있는 행위가 아니다.

🗄 사례 절대적 물리력에 의해 강제된 동작

【사례】갑과 을은 시장에서 서로 언쟁을 벌이게 되었다. 어느 도자기 판매대 앞에서 갑은 을의 가슴을 주먹으로 가격했다. 갑의 주먹가격으로 인하여 순간적으로 몸의 균형을 잃은 을은 어쩔 수 없이 판매용으로 진열되어 있던 도자기 속으로 넘어져서 그 도자기를 깨뜨렸다. 이 경우 을의 넘어지는 행위는 형법상 의미 있는 행위인가?

【해설】이 사례에 있어서 갑이 을의 가슴을 주먹으로 가격하는 행위는 형법상 의미 있는 행위이다. 갑의 의사에 의해 지배된 행위이기 때문이다. 문제는 갑의 가격행위에 의해 몸의 균형을 잃은 을이 넘어지는 것은 형법상 의미 있는 행위인가라는 점이다. 절대적 폭력인 갑의 가격행위에 의해서 어쩔 수 없이 강제된 동작인 을의 넘어지는 행위는 형법상 의미 있는 행위가 아니다. 따라서 을의 넘어짐으로 인해 발생한 재물손괴의 결과는 불행일 뿐이다. 결국 을이 넘어지면서 도자기를 못 쓰게 만든 결과에 대해서는 을이 아니라 갑의 행위에 귀속되어야 한다. 이러한 인과의 진행은 을이 아니라 갑의 정신적 조종 메커니즘에 의한 것이기 때문이다. 따라서 갑에게 재물손괴에 대한 고의가 있다면 을에 대한 폭행죄와 재물손괴죄의 상상적 경합이 될 수 있다.

5. 신체생리적 자극에 기인된 반사동작

신체생리적 자극에 기인된 반사동작은 "자극이 인식의 공동작용 없이 감각중추로부터 운동중추로 전달됨으로써 신체운동으로 나타난 경우"로 형법상 의미 있는 행위가 아니다.[51] 즉 운동신경의 자극이 정신적인 영향이 아니라 직접 '육체적 생리적 자극'을 통해서 일어난 것이기 때문에 이는 반사동작으로 형법상 의미 있는 행위는 아니다.

🗄 사례 크레인 말벌사례

【사례】크레인 조종사 갑은 원격조종기를 이용하여 목재더미를 골조건물의 지붕 위로 옮기고 있었다. 이 때 갑자기 벌이 한 마리 날아와서 갑의 오른쪽 눈꺼풀을 쏘자 갑은 본능적으로 방어자세를 취하였다. 이 바람에 갑은 원격조종기를 잘못 건드려 목재의 일부가 기울어져서 현장에서 일하고 있던 목수 A의 다리에 골절상을 입혔다. 갑의 행위는 형법상 의미 있는 행위인가?

【해설】이 사례의 경우 범죄의 성립 여부를 심사하기 전에 먼저 조종기를 잘못 건드린

---

51) OLG Hamm, JZ 1974, 716f

갑의 행위가 형법상 의미 있는 행위가 될 수 있는가를 심사해야 한다. 이 경우에 벌의 공격에 대한 갑의 본능적인 방어운동은 '의사에 기하지 않은' 반사운동이라고 할 수 있다. 즉 벌의 침이 야기하는 고통인 순수심리학적 자극이 기계적 반작용으로 바뀐 것이라고 볼 수 있다. 이 경우 의사에 의해 지배된 행위 자체가 존재하지 않는다. 행위가 의사에 의해 지배되지 않은 것이라면 어떤 행위론의 입장을 취하더라도 형법상 행위성이 인정되지 않는다.

🧳 사례 승용차 파리사례

【사례】 갑은 승용차를 운전하고 있었는데 파리 한 마리가 눈에 날아들었다. 그가 파리를 쫓으려고 오른손을 휘젓자 핸들을 잡은 왼손이 왼쪽으로 틀어졌다. 이로 인하여 갑의 차는 중앙선을 넘음으로써 반대차선상에서 마주 오던 자동차와 충돌했다. 그 결과 상대방 운전자는 부상을 입게 되었다. 업무상과실치상죄로 기소된 갑은 그것은 단순한 반사동작에 불과하며, 형법상 의미 있는 행위가 아니라고 항변했다. 갑의 주장에 대해서 판단하라.

【해설】 이 사례의 경우 크레인말벌사례와는 달리 갑이 운전중에 갑자기 날라든 파리를 쫓기 위해 오른손을 휘젓는 행위는 형법상 의미 있는 행위이다. 운전자 갑이 파리를 쫓기 위한 오른손의 움직임 및 그로 인한 왼손의 움직임은 신체생리적 자극이 직접 운동반응으로 전환된 것이 아니라 '파리를 쫓으려는' 의사를 가진 정신적인 조종 메커니즘을 포함하고 있기 때문에 형법상 의미 있는 행위이다.

6. 수면 중 또는 최면상태하의 동작

수면 중 또는 최면상태하의 동작은 형법상 의미 있는 행위가 아니다. 왜냐하면 수면 중 몸을 뒤척이는 등과 같은 신체거동은 의사에 의하여 뒷받침되는 행위가 아니기 때문이다.

🧳 사례 수면 중 압사사례

【사례】 갑녀(母)는 생후 6개월이 된 A를 품에 안은 채 잠이 들었다. 수면 도중에 갑녀가 몸을 심하게 뒤척이는 바람에 어린아이 A가 질식하여 숨졌다. 갑의 행위는 형법상 의미 있는 행위인가?

【해설】 이 사례에서 갑녀가 젖먹이 어린아이를 짓누른 것은 형법상 의미 있는 행위가 아니다. 왜냐하면 수면 중의 신체거동은 의사에 의하여 뒷받침되는 행위가 아니기 때문이다. 그러나 갑녀의 수면 중 짓누르는 행위에 직접적으로 선행하는 행위에서 형법상 의미 있는 행위를 찾아 볼 수 있다. 즉 갑녀가 자신의 고약한 잠버릇을 알고 있음에

도 불구하고 이에 대한 아무런 예방조치를 하지 않고 어린아이를 안고 잠자리에 든 행위는 형법적으로 중요한 의미를 가질 수 있다. 우리 형법 제10조 제3항은 '위험의 발생을 예견하고 자의로 심신장애를 야기한' 경우에 대하여 형법상 특별한 취급을 하고 있다. 이를 원인에 있어서 자유로운 행위라고 한다. 위의 사례에서 갑녀가 원인행위를 고의로 하였는가 과실로 하였는가에 따라 갑녀는 살인죄 또는 과실치사죄로 처벌될 것이다.

7. 의식혼란상태에서의 행위

단순한 의식혼란상태에서 이루어진 행태는 대부분 형법상 의미 있는 행위이다. 의사가 알코올로 인하여 혼란상태에 있었을 뿐이며, 의사에 의해 뒷받침되었기 때문이다. 그러나 의식혼란상태의 행위는 그 정도에 따라 달리 볼 여지가 있다. 술에 만취한 상태에서의 행위를 형법상 행위로 볼 수 있는가는 만취자가 그 상태에서 행위당시 균형 잡힌 활동과정을 인식할 능력이 있는가에 달려있다. 즉 술에 만취한 자의 행위라도 옆 자리에 앉은 사람들에게 시비를 걸거나, 자동차를 운전할 정도라면 형법상 의미가 있는 행위라고 볼 여지가 있지만, 벽을 향해서 뛰어가는 정도의 의식혼란상태라면 형법상 의미가 없는 행위라고 볼 수 있기 때문이다.

> 🗂 **사례** **술꾼 만취 사례**

【사례】 술꾼 갑은 혼자 소주 4병을 마시고 있다가, 주변사람들과 시비가 붙었다. 횡설수설하던 갑은 상대방 A의 얼굴을 주먹으로 가격하였다. 다음날 술에서 깬 갑은 전날 있었던 자신의 행위에 대하여 전혀 기억을 하지 못한다. 갑의 행위는 형법상 의미 있는 행위인가?
【해설】 갑의 행위는 의식혼란상태에서의 행위라고 볼 수 있다. 의식혼란상태이더라도 행위자에게 의사는 여전히 존재하기 때문에 형법상 의미 있는 행위이다. 그가 자신의 행위를 기억하지 못한다고 하더라도 형법상 의미 있는 행위이다. 다만 책임능력이 문제될 여지는 있다.

8. 격정적 반응행위

행위자의 행위의식이 존재한다면 격정적 반응행위도 형법적 의미 있는 행위이다. 형법적 의미 있는 행위는 반드시 행위자의 인격구조에서 나올 필요가 없기 때문이다. 행위자의 정신적 조종 메커니즘을 통하여 나온 것이면 충분하다.

사례 │ 격노한 남편 사례

【사례】 출장에서 일찍 돌아온 갑은 자신의 부인을 놀래주려고 살그머니 안방문을 열었는데, 그의 절친한 친구 을과 자신의 부인이 발가벗고 침대에 누워있는 것을 목격했다. 갑은 순간적으로 이성을 잃고 야구방망이를 집어 들어 을의 머리를 3번 강타했다. 을은 두개골함몰로 인하여 현장에서 사망하고 말았다. 살인죄로 기소된 갑의 변호인은 무죄를 주장했다. 갑은 고도의 격정 속에서 자기도 모르게 행위를 했으므로 결코 형법적 의미의 행위개념을 충족시키지 못한다는 것이 그 근거이다. 갑의 변호인의 주장에 대해서 평가하라.

【해설】 행위자의 행위의식이 존재한다면 격정적 반응행위도 형법적 의미 있는 행위이다. 형법적 의미 있는 행위는 반드시 행위자의 인격구조에서 나올 필요가 없기 때문이다. 행위자의 정신적 조종 메커니즘을 통하여 나온 것이면 충분하다. 따라서 갑의 행위는 형법상 의미 있는 행위이다.

9. 자동화된 행위

자동차를 운전하는 경우에 클러치를 밟는 행위 또는 기어변속행위, 숙달된 경호원의 즉각적인 대응사격행위와 같이 반복훈련에 의해 조건반사적으로 이루어지는 자동화된 행위의 경우에는 형법상 의미 있는 행위라고 보는 것이 일반적이다. 의식적 반대조종이 가능하다는 점에서 형법상 의미 있는 행위라고 볼 수 있다.

사례 │ 브레이크 밟는 행위

【사례】 갑은 어둑해지는 저녁 무렵에 트럭으로 한적한 지방도로를 달리고 있었다. 그런데 갑자기 토끼 한 마리가 차도로 뛰어 들었다. 갑은 놀라서 브레이크페달을 급격히 밟았다. 그 때문에 트럭은 균형을 잃고 미끄러지면서 반대차선상에서 마주 오던 승용차와 충돌하였다. 이로 말미암아 상대방 운전자는 중상을 입었다. 갑의 브레이크를 급격히 밟는 행위는 형법상 의미 있는 행위인가?

【해설】 운전자가 운전도중 갑자기 도로 위에 뛰어든 동물을 피하려다가 가드레일에 들이받게 되어 상대방 운전자를 다치게 한 경우 운전자 갑이 한 제동행위는 미리 프로그래밍된 정신적인 조종시스템을 거쳐서 이루어지는 형법적 의미 있는 행위이다.

어떤 행위의 형법상 행위성이 부정된다고 해서 곧바로 사전심사절차를 끝낼 것은 아니다. 즉 시간적으로 그 행위 이전에 존재하는 또 다른 행위에 대한 비난가능성이 존재하는가에 대해서까지 의문을 가져 보아야 한다. 예를 들면 화물차 운전기사가 매우 피곤한 상태에 있는 줄을 알면서도 휴식 없이 계속 운전하여 마침내 운전 중 잠들어 버렸고, 그로 인해 사고가 발생하여 앞차의 승객이 사망한 경우 수면 중의 운전행위는 의사에 의해 지배된 행위가 아니므로 형법상 행위로 인정할 수 없다고 하면서 무조건 범죄성립요건에 대한 심사를 종료할 것은 아니다. 이 문제에 있어서 범죄성립요건에 대한 심사의 중요점은 '수면상태의 운전행위'가 아니라 원인된 행위, 즉 피로가 겹친 상태임에도 불구하고 운전을 감행한 '주의의무위반적 운전행위'이다.

그러므로 행위자가 그 신체동작을 미리 계획하거나 혹은 적어도 예견가능했을 경우, 예를 들면 계속 운전을 하다가는 사고가 발생할 수 있을 것이라 생각하고 운전하거나, 혹은 수면 중 갓난아기가 압사할 수도 있다는 것을 인식하고 잤을 경우에는 '고의 혹은 과실에 의한 원인에 있어서 자유로운 행위'(actio libera in causa)의 문제가 제기될 수도 있는 것이다.

PART

03

구성요건론

구성요건 이론

제1절 **서설**

Ⅰ. 개념

구성요건은 형법상 금지되는 행위 또는 요구되는 행위가 무엇인가를 추상적·일반적으로 기술해 놓은 것을 말한다. 구성요건은 살인, 절도, 강간과 같이 형법을 통하여 금지하고 있는 여러 가지 행위유형을 설정해놓은 것을 말한다. 즉 구성요건은 형법상 불법유형을 기술해 놓은 것이다.

Ⅱ. 구성요건이론의 발전

1. 구성요건개념의 기원과 등장

이탈리아 법학자 Farinacius는 이미 저질러진 범죄의 외부적 흔적의 총체로서 corpus delicti(죄체; 罪體)라는 개념을 사용하였지만, 이는 실체법적 개념이 아닌 소송법적 개념이었다.[1] 1796년 독일의 Klein이 corpus delicti를 Tatbestand라는 독일어로 번역하였으며, 이는 일정한 범죄에 속하는 표지의 총체라는 것으로 실체법적 개념으로 보았다. 구성요건개념이 구체적 사태가 아닌 어떤 범주를 나타내는 분류개념으로 사용된 것은 Feuerbach부터이다. 그의 주요 이론인 심리적 강제설에 따르면 심리적 강제를 위하여 일정한 범죄유형을 미리 규정해놓고 이를 행할 경우 형벌을 부과하겠다고 위하함으로 심리적 강제가 이루어진다.[2]

---

[1] 김성돈, 190면; 손동권/김재윤, 93면; 이형국/김혜경, 109면; 임웅, 108면.
[2] 김성돈, 190면.

2. 벨링의 구성요건이론 - 고전적 범죄체계론

가. 3단계 범죄론체계의 기초확립

벨링(Beling)은 구성요건을 위법성·유책성과 독립된 별개의 범죄요소로 본 최초의 학자로서 그는 범죄를 '구성요건에 해당하는 위법하고 유책한 행위'라고 정의한다. 그에 따르면 구성요건은 전형적인 범죄의 표지를 제공하는 요소의 총체로서 이를 '범죄유형'이라고 하였다.

나. 구성요건의 몰가치성

구성요건은 가치판단을 포함할 수 없는 몰가치적 성격을 가진다(沒價値性). 구성요건은 평가의 객체를 유형적으로 기술해놓은 것이며, 객체의 평가인 위법성에 대해서는 완전히 독립적이다. 따라서 구성요건 내에서는 평가적 성격을 가진 규범적 요소는 존재할 수 없다고 한다. 규범적 요소는 구성요건요소가 아니라 위법성의 요소이다.[3] 구성요건해당성은 일정한 행위가 법이 정한 범죄유형에 해당하느냐 않느냐에 대한 몰가치적 사실판단이며, 위법성은 순수한 객관적 가치판단이며, 책임은 주관적 가치판단이다.

다. 구성요건의 객관성

구성요건은 범죄유형의 윤곽으로 행위의 외부적·객관적 측면에 대한 기술일 뿐이다. 즉 구성요건은 입법자에 의해 이루어진 불법의 지도형상적 정형이다. 따라서 행위의 주관적 요소인 고의·과실은 책임의 요소에 해당한다.

라. 평가

구성요건을 통하여 범죄를 유형별로 개별화하고 범죄성립 여부의 윤곽과 한계를 설정하는 동시에 구성요건의 객관적·가치중립적 성격을 확보하기 때문에 범죄성립의 첫 단계인 구성요건해당성 판단에 있어서 법관의 자의적 해석의 여지를 봉쇄할 수 있다. 이로써 형법의 자유보장적 기능 및 죄형법정주의의 정신을 최대한 구현함에 있어서는 일정부분 기여를 하였다.[4] 하지만 구성요건해당성이 몰가치적 가치판단이라는 것은 M.E.Mayer의 규범적 구성요건요소의 발견으로, 또 위법성은 객관적 가치판단이라는 것은 주관적 불법

---

3) 위법성은 구성요건과 더불어 불법에 해당되기 때문에 객관적인 요소로 구성되어 있지만, 몰가치적인 구성요건과는 달리 가치판단을 해야 한다. 즉 위법성은 객관적 가치판단이다.

4) 이형국/김혜경, 110면; 임웅, 109-110면.

요소의 발견과 목적적 행위론에 의하여 근본적인 재구성을 피할 수 없게 되었다.[5]

3. 규범적 구성요건요소의 발견 – 신고전적 범죄체계론

가. 마이어의 규범적 구성요건 요소의 발견

마이어(M. E. Mayer)는 구성요건은 원칙적으로 몰가치적이나, 예외적으로 규범적 요소가 있음을 발견하였다. 그는 규범적 구성요건요소를 부진정 구성요건요소로 보았다. 그에 의하면 재물의 타인성, 불법영득의사, 음란성, 명예, 모욕, 공공의 위험, 위험한 물건이 규범적 구성요건요소에 해당한다.[6]

나. 행위자의 주관적인 목적성·경향성

행위자의 주관적인 목적성·경향성은 위법성의 요소이다. 위법성은 객관적 판단이지만, 그 판단의 대상에는 주관적 요소도 포함한다. 몰가치적 구성요건은 위법성의 인식근거(연기와 불의 관계)이지만, 규범적 구성요건은 예외적으로 위법성의 존재근거로 본다.[7]

4. 주관적 구성요건요소의 발견 – 목적적 범죄체계론

벨첼(Welzel)은 행위자의 주관적인 면을 고려하지 않고 순수한 행위의 객관적인 면만으로는 구성요건해당성에 대한 평가가 불가능하다고 한다. 따라서 고의는 객관적 구성요건표지와 대립되는 주관적 구성요건표지로서 양 요소가 결합하여야만 불법유형으로서 불법구성요건을 성립하게 되며, 고의는 모든 고의범에 공통되는 주관적 불법구성요건표지라고 한다. 주관적 불법요소를 일반화하여, 주관적 불법요소는 모든 구성요건에 존재한다고 보았다. 목적범에서의 목적과 같은 주관적 불법요소의 발견에 따라 위법성은 객관적 판단이지만 그 판단의 대상에는 주관적 요소도 포함되어야 한다.

이러한 점을 기초로 불법은 행위자와 관련된 인적 행위불법으로 불법의 실체는 법익침해라는 결과반가치가 아니라 행위수행 전과정에서 징표되는 반사회적 위험성이라는 행위반가치라고 파악한다.

---

5)　이재상/장영민/강동범, 115면.
6)　정성근/박광민, 143-144면.
7)　손동권/김재윤, 94면.

제2절 구성요건과 위법성의 관계

I. 쟁점

고전적 범죄체계론은 구성요건에 대한 판단을 사실판단으로 보고 위법성에 대한 판단을 가치판단으로 보기 때문에 양자를 엄격히 분리하였다. 하지만 신고전적 범죄체계론에 의하여 규범적 요소가 발견되었기에 양자의 관계는 어느 정도 관련성을 가지게 된다. 이에 따라 구성요건과 위법성이 어떤 관계에 있는가에 대하여 견해의 대립이 있게 된다.

II. 인식근거설과 존재근거설

1. 인식근거설

위법성의 인식근거설에 따르면 구성요건은 위법성을 징표 또는 추정한다. 즉 인간의 행위가 구성요건에 해당한다면 위법성이 추정되지만 예외적으로 위법성조각사유가 존재하면 위법하지 않다. 따라서 구성요건은 위법성의 인식근거이며, 이는 연기와 불의 관계로 비유될 수 있다.[8] 즉 연기가 있으면 불이 났다는 것을 추정할 수 있으며 이를 확인함으로써 확정적 위법성이 인정된다. 따라서 위법성은 형식적으로만 파악될 뿐 그 실질적인 내용에 관해서는 아무런 고려를 하지 않는다.[9]

2. 존재근거설

'위법성의 존재근거설'에 따르면 위법성은 규범위반을 말하고, 규범은 요구·금지의 법률적 명령이라고 한다. 따라서 구성요건과 위법성은 원칙과 예외의 관계에 놓여 있으며, 구성요건에 해당하는 행위는 예외적으로 위법성조각사유에 해당하지 않는 한 원칙적으로 위법하다. 구성요건을 위법성의 존재근거로 보는 견해이다.

---

8) 김성돈, 277면.
9) Liszt는 범죄란 위법한 행위이다. 다시 말해서 법질서의 명령에 반하는 것이다. 만약 어떤 이유로 규범의 원칙적인 명령효력이 탈락되고, 그 침해의 위법성이 예외적으로 배제된 경우에는 범죄를 운운할 여지가 없다고 한다.

3. 결론

생각건대, 구성요건은 입법자가 금지하는 행위유형을 정형화하여 법률에 규정한 것이다. 그렇다면 행위자의 특정행위가 구성요건에 해당하는 것은 원칙적으로 위법성을 징표한다고 볼 수 있다. 하지만 구성요건해당성이 위법성을 확정하는 것은 아니며, 징표, 즉 위법성에 대한 잠정적 판단에 불과하다. 구성요건해당성에 의하여 징표된 위법성은 위법성조각사유에 의하여 제거될 수 있다. 구성요건과 위법성의 관계에 대하여 인식근거설이 통설이다.

Ⅲ. 소극적 구성요건표지이론

1. 내용

소극적 구성요건표지이론은 구성요건해당성은 적극적 구성요건요소로, 위법성조각사유는 소극적 구성요건요소로 이해하는 이론이다. 구성요건요소는 적극적 요소인 구성요건과 소극적 요소인 위법성조각사유의 부존재로 구성된다. 이 이론에 따르면 위법성조각사유가 존재하면 행위의 구성요건해당성 자체를 조각한다.

구성요건해당성과 위법성을 합하여 '총체적 불법구성요건'을 구성하며, 이러한 구성요건요소와 위법성조각사유는 서로 대응하지 아니하고, 총체적 불법구성요건에 통합되어 체계상 같은 단계에 놓여지게 된다. 소극적 구성요건표지이론은 구성요건해당성(구성요건과 위법성)과 책임이라는 2단계 범죄론 체계를 취하게 된다.

위법성이 조각되는 행위는 처음부터 금지되는 것이 아니라 구성요건해당성조차 없는 것이므로 구성요건은 잠정적 유보 없는 확정적 반가치 판단이 된다. 따라서 구성요건해당성과 위법성이 하나의 판단과정으로 흡수되므로 구성요건은 당연히 위법성의 존재근거가 된다.

2. 평가

위법성조각사유는 일반적인 금지에 대한 전체적인 제한을 의미하는 것이 아니라, 그 자체가 고유한 가치내용을 가지고 개별적인 경우에 금지규범에 대립하는 것에 지나지 않는다. 따라서 위법성조각사유의 독자적 기능을 파악하지 못했다는 비판이 가능하다.[10]

---

10) 이재상/장영민/강동범, 118면.

또한 처음부터 구성요건에 해당하지 않는 행위와 구성요건에 해당하지만 위법성이 조각되는 행위 사이의 가치 차이를 무시한다는 비판이 가능하다. 즉 파리를 죽이는 행위와 정당방위로 사람을 살해하는 행위는 형법적 가치의 차이가 있음에도 불구하고 소극적 구성요건표지이론은 이러한 차이를 무시한다는 문제점이 있다.

📋 심화내용 ▶ 구성요건의 유형[11]

1. 불법구성요건은 형벌법규에 과형의 근거로서 추상적 · 관념적으로 규정되어 있는 불법행위의 유형을 말한다.[12] 3단계범죄체계론에 따르면 구성요건을 의미한다. 살인에 관한 규정 중에서 이 규정이 근본적으로 금지하고 있는 것은 '사람을 살해한다'는 불법이다.

2. 허용구성요건은 정당화사유(위법성조각사유)를 의미한다.

3. 총체적 불법구성요건은 범죄구성요소 중 책임요소와 객관적 처벌조건을 제외하고, 적극적으로 불법을 근거지우는 구성요건표지와 소극적으로 불법을 배제하는 정당화사유를 모두 총괄하는 구성요건개념이다. 불법구성요건과 허용구성요건을 말한다. 소극적 구성요건표지이론에서 주장한 이론이다.

4. 봉쇄적 구성요건은 구성요건에 금지의 실질이 남김없이 규정된 경우이며, 개방적 구성요건은 구성요건표지의 일부만이 기술되고, 여타의 부분은 판례와 학설에 의한 보충 · 구체화를 필요로 하는 경우를 말한다. 부진정 부작위범의 보증인 지위 유무의 판단 또는 과실범의 주의의무 위반 여부 판단이 그 예이다(Welzel). 봉쇄적 구성요건은 구성요건 자체에서 위법성이 인정되지만, 개방적 구성요건은 위법성이 구성요건 자체에서 나오는 것이 아니라, 구성요건밖에 존재하는 별도의 적극적인 위법성 요소에 의하여 위법성이 인정되는 차이점이 있다.[13] 그러나 구성요건의 본질이 불법유형을 나타내는 한 모든 구성요건은 폐쇄적이다. 또한 법관의 보충은 구성요건표지의 일부일 뿐 구성요건표지의 창설은 아니며, 구성요건이 개방적일 때 그것은 이미 불법유형의 성질을 상실한다. 따라서 개방적 구성요건은 부정하는 것이 타당하다.

---

11) 이에 대한 설명으로 참고할 책은 이형국/김혜경, 112면.

12) 불법 구성요건이 하는 기능은 선별기능, 정향기능, 징표기능이 있다. 선별기능은 불법의 전체영역에서 당벌적 불법만을 구획하는 기능을 말하며, 정향기능은 일반국민에게 어떠한 행태가 사회적으로 유해하여 당벌성을 갖게 되는가를 교시해주는 기능을 말하며, 징표기능은 불법구성요건이 실현될 때 정당화사유가 존재하지 않는 한 원칙적으로 그 행위가 위법하다는 점을 추단시켜 주는 기능을 말한다.

13) 개방적 구성요건은 구성요건에 불법의 완전한 내용이 담겨져 있지 않기 때문에 구성요건으로부터 위법성이 나오지 않는다. 따라서 불법에 대한 궁극적인 판단은 구성요건밖에 존재하는 불법요소의 도움을 받아야 한다. 개방적 구성요건은 불법유형으로서의 성질을 상실하게 되는 것이다. 그 보기로 부작위의 보증인적 지위를 들 수 있다.

제3절 **구성요건의 요소**

Ⅰ. 객관적 구성요건요소와 주관적 구성요건요소

1. 객관적 구성요건요소

객관적 구성요건요소는 행위의 외부적 현상을 기술한 것으로, 행위자의 의사·목적 등 주관적 요소와 독립하여 외부적으로 그 존재를 인식할 수 있는 것을 말한다. 객관적 요소는 개별 범죄종류마다 다르지만, 이를 일반화하면 행위주체, 행위객체, 구성요건적 행위(양태, 상황, 수단), 구성요건적 결과, 인과관계가 이에 속한다.

2. 주관적 구성요건요소

주관적 구성요건요소는 행위자의 내심에 속하는 심리적·정신적 현상을 기술한 것을 말한다. 고의범의 경우 고의, 과실범의 경우 과실은 일반적 주관적 구성요건요소이며, 목적범의 목적, 경향범의 경향, 절도죄의 불법영득의사 등은 일반적 주관적 구성요건요소 이외에도 추가적으로 요구되는 초과 주관적 구성요건요소이다.

> **📋 심화내용** 초과 주관적 구성요건요소
>
> 특정범죄에 있어서는 일반적 주관적 구성요건요소인 고의 또는 과실이외에도 추가적으로 초과 주관적 구성요건요소인 목적, 경향, 표현이라는 주관적 구성요건요소를 필요로 한다. 예를 들면 통화위조죄에 있어서 통화를 위조한다는 고의이외에도 행사할 목적이라는 초과 주관적 구성요건요소를 필요로 한다.
>
> 가. 목적범: 행위자의 구성요건적 고의 이외에 일정한 행위를 할 주관적 목적으로 필요로 하는 범죄이다. 여기에서 진정목적범은 일정한 목적이 범죄성립요건으로 되어 있는 경우이고, 부진정목적범은 일정한 목적이 형을 가중 또는 감경하는 사유로 되어 있는 경우이다. 각종 재산범죄의 불법영득의사, 통화·유가증권위조죄의 '행사할 목적', 영리약취유인죄의 '영리목적', 내란죄의 '국헌문란의 목적', 예비·음모죄의 '~의 죄를 범할 목적'이 그 예이다.
>
> 나. 경향범: 행위자의 주관적 행위경향이 구성요건표지로 되어 있으면서 범죄유형을 함께 규정하는 범죄이다. 공연음란죄의 성욕을 자극시키는 행위자의 경향, 학대죄의 학대행위, 가혹행위죄의 가혹행위, 준강간죄·준사기죄의 이용행위, 강제추행죄의 추

행행위 등이 있다.

다. 표현범: 범죄행위가 행위자의 내면의식의 굴절·모순과정을 표현해 주는 범죄이다. 위증죄의 선서한 증인이 자신이 알고 있는 것과 다르게 표현하려는 '내심의 의사' 등이 있다.

II. 기술적 구성요건요소와 규범적 구성요건요소

1. 기술적 구성요건요소

기술적 요소는 외부세계를 사실적·대상적으로 기술해놓은 것이기 때문에 개별적인 경우에 사실의 확정만으로 그 의미를 인식할 수 있는 구성요건요소를 말한다. 기술적 요소는 사람신체의 오관(五官)의 작용에 따른 육감적인 감지(感知)만으로 인식할 수 있기 때문에 원칙적으로 가치판단이 필요하지 않다. 사람, 살해, 상해, 건조물, 불 등이 여기에 속한다.

2. 규범적 구성요건요소

규범적 요소는 규범적 평가와 가치판단에 의해서만 그 의미내용을 확정할 수 있는 구성요건요소를 말한다. 규범적 요소에 대해서는 사고의 작용에 따른 정신적인 이해를 하여야 한다. 즉 규범적 표지의 '사회적 의미내용'을 이해하여야 한다. 존속살해죄의 '직계존속', 절도죄의 재물의 '타인성', 수뢰죄의 '공무원 또는 중재인'은 법률적 평가를 받는 규범적 구성요건표지이며, 공연음란죄의 '음란', 강제추행죄의 '추행', 명예훼손죄의 '명예', 업무방해죄의 '업무'는 사회·경제적 평가를 받는 규범적 구성요건표지이다.

3. 구별의 실익

기술적 구성요건요소와 규범적 구성요건요소를 명확히 구분하는 것은 쉽지 않다. 기술적 요소의 경우에도 어느 정도 규범적 요소를 가지고 있기 때문이다. 예를 들면 성(性)은 성염색체에 따른 신체의 특징에 따라 남성과 여성이 쉽게 구별될 수 있다고 보았지만, 최근에는 성염색체, 신체의 외관뿐만 아니라 심리적·정신적인 성, 성역할, 이에 대한 사회적 평가 등 규범적 요소를 투입하여 판단하고 있다.[14]

그럼에도 불구하고 양자를 구별해야 할 형법상 실익이 있다. 고의의 인정 여부에 있어

---

14) 대법원 1996.6.11. 선고 96도791 판결.

서 기술적 구성요건요소에 대해서는 '육감적인 감지'만으로 충분하지만, 규범적 구성요건요소에 대해서는 '일반인으로서 가능한 판단'을 전제로 한 '의미의 이해'가 있어야 고의가 성립한다. 양자의 구별은 포섭의 착오, 불능미수와 환각범의 구별에서 논의의 실익이 있다. 행위자가 일반인으로서 가능한 판단에 미달하는 규범적 구성요건요소에 관한 착오를 한 경우(포섭착오)는 금지착오가 될 수 있다.[15]

　　기술적 구성요건요소는 대체로 명확한 문언으로 표현되기 때문에 법관은 여기에서 법창조적 법발견을 해야 할 필요는 없고 단지 해석과 포섭의 활동만으로 충분하다. 그러나 규범적 구성요건요소는 가치관계적이기 때문에 법관은 그 표지의 인식 과정을 넘어 보충적인 가치판단을 해야 한다.

---

15) 김일수/서보학, 83면; 배종대, 129면.

CHAPTER 02 행위의 주체

I. 서설

1. 자연인

행위주체 또는 범죄주체가 될 수 있는 자격을 범죄능력[16]이라고 한다. 형법상 행위주체 또는 범죄주체는 원칙적으로 사람, 즉 자연인(自然人)이다. 자연인이라면 연령·민법상 행위능력을 불문한다. 따라서 형사미성년자나 정신질환자도 범죄주체가 된다. 다만, 책임능력이 없어서 범죄가 성립하지 않을 뿐이다. 범죄주체성이 인정되기 위해서는 스스로 행위할 수 있는 능력과 자신의 행위에 대하여 책임질 수 있는 능력이 있어야 한다. 범죄능력은 행위능력과 책임능력을 포함하는 개념이다. 따라서 행위능력만 있어서는 범죄능력을 인정할 수 없으며, 책임능력까지 있어야 범죄능력을 인정할 수 있다.

2. 법인

법인(法人)은 사람 또는 재산으로 구성되는 구성물로, 재산관계에 관하여 법률에 의하여 자연인처럼 권리와 의무의 주체가 된다. 법인은 법률에 의하여 법인격이 부여된 사단(社團) 또는 재단(財團)을 말하며, 구성원이나 출연자로부터 독립한 권리주체로서 법적 거래에 참여할 수 있게 된다. 민사법에서 법인은 자연인과 더불어 권리와 의무의 주체가 된다. 문제는 법인이 형법상 범죄주체가 될 수 있는가이다(법인의 범죄능력 문제). 또한 범죄능력을 부정하는 경우에도 처벌할 수 있는가(법인의 형벌능력 문제)라는 문제가 발생한다.

---

16) 이론설명에 있어서 행위능력이라는 표현보다 범죄능력이라는 표현을 더 많이 사용한다. 형법에서 행위란 바로 범죄행위를 의미하는 것이기 때문이다.

3. 법인본질론

법인의 범죄능력을 법인본질론과 관련지어 설명하기도 한다. 법인의제설에 따르면 법인은 스스로 행위할 수 있는 실체가 없으므로 범죄능력이 없다고 설명하며, 법인실재설은 법인 스스로 행위할 수 있는 조직을 갖추고 있으므로 범죄능력이 있다고 설명한다.

법인본질론과 관련하여 법인부정설이나 법인의제설에서는 법인의 범죄능력을 인정하기가 어렵고, 법인실재설에 의하면 법인의 범죄능력을 인정하는 것이 가능하다. 그러나 이것은 절대적 기준이 되지 못한다. 그 예로 법인실재설이 다수설인 대륙법계에서 오히려 법인의 범죄능력을 부정하는 것이 다수설이며, 법인의제설이 다수설인 영미법계에서는 반대로 법인의 범죄능력을 인정하는 것이 다수설인 것을 보더라도 법인본질론과 법인의 범죄능력과는 논리필연적인 관계가 없음을 알 수 있다.[17] 오히려 특정한 영역에서는 법인의 범죄능력을 인정하는 입법자의 형법정책적 결단이 필요하다. 형법이 어떤 단체에게 범죄주체성을 인정할 것인가는 입법자의 판단의 문제라고 생각한다. 법인의 범죄능력을 인정할 수 있는가에 대하여 견해의 대립이 있다.

II. 법인의 형사책임

1. 법인의 범죄능력[18]

가. 쟁점

법인의 경우 범죄능력이 있는지가 문제된다. 법인에게 최소한 인간의 의식에 기초되어 있는 행위개념을 충족시키고 있다고 보기 어렵기 때문이다. 또한 법인에게 책임능력이 인정될 수 있는지에 대해서도 논쟁의 여지가 있다. 현재 통설적 지위를 차지하고 있는 규범적 책임이론에 따르면 책임은 적법행위를 할 수 있었음에도 불구하고 이를 선택하지 않고 불법을 선택하고 실행하였다는 점에 대한 비난가능성을 의미하는데, 여기에서 행위주체는 자신의 행위에 대한 적법과 불법을 판단할 수 있는 책임능력이 전제되어 있어야 한다. 법인에게 책임능력을 인정할 수 있는지가 문제된다. 법인의 범죄능력 인정에 대한 쟁점은 다양하다.

---

17) 이재상/장영민/강동범, 102면.

18) 우리나라에서 논의되고 있는 법인의 범죄능력에 관한 문제는 원래 행위능력의 문제이다. 즉 범죄능력이라 함은 행위능력과 책임능력을 포괄하는 개념이다. 정확히 사용한다면 법인의 형사책임능력이란 제목하에 법인의 범죄능력(행위능력과 책임능력)과 수형능력(형벌능력)으로 나누어 설명되어야 하나, 수형능력이 없는 범죄능력은 아무런 소득이 없기 때문에 범죄능력이란 제목하에서 같이 논의되고 있는 것이다.

나. 학설

(1) 부정설

법인은 자연인과 같은 의사와 신체를 갖지 아니하므로 행위능력도 없으며, 법인은 그 기관인 자연인을 통해 행위를 하므로 그 자연인을 처벌하는 것으로 족하다고 주장한다.[19] 만약 법인을 처벌하게 되면 그 범죄와는 관계없는 법인의 구성원까지 처벌하게 되어 자기책임의 원칙에 반하게 된다. 주체적으로 윤리적인 자기결정을 할 수 없는 법인에게는 형벌의 전제가 되는 윤리적 비난을 가할 수 없다. 법인은 정관에 정한 목적의 범위 안에서 권리능력을 가지는데, 범죄가 법인의 목적이 될 수 없다. 법인의 범죄능력을 부정하더라도 과태료를 부과하는 등 사실상의 형벌목적을 달성할 수 있다. 법인의 기관에 의한 범죄로 법인이 얻은 재산 또는 이익의 박탈은 형사정책적 수단에 의하여서도 가능하다는 점을 그 근거로 들고 있다.

(2) 긍정설

법인의 활동이 늘어감에 따라 반사회적 활동도 격증하여 형사정책적으로 법인의 처벌이 필요하다고 주장한다.[20] 법인은 그 기관을 통하여 의사를 형성하지만 그 의사는 구성원인 개인의 의사와는 구별되는 법인의 고유한 의사이고 이를 기관의 행위에 의하여 실현하는 것이므로 법인에게도 의사능력과 행위능력이 있다고 한다. 법인은 신체를 가지지 않아 작위는 불가능할지라도 부작위는 가능하다. 자격형, 재산형, 특히 벌금형은 법인에 대하여 매우 효과적이며, 책임의 근거를 반사회적 위험성으로 이해한다면 법인에게도 사회적 책임이 인정되며, 법인의 기관의 행위는 법인의 행위인 동시에 구성원 개인의 행위라는 양면성을 가지므로 법인의 처벌은 이중처벌이 아니라는 점을 그 근거로 한다.

(3) 부분적 긍정설

형사범에 대한 법인의 범죄능력은 부정하지만 행정범에 대해서는 인정하는 견해가 있다.[21] 행정범의 경우 윤리적 요소가 약하고 행정적 단속목적이라는 합목적적·기술적 요소가 강하다는 특수성을 가지고 있으므로 행정범에 한하여 법인의 범죄능력을 인정할 수 있다는 점을 근거로 제시한다.

또한 법인의 범죄능력은 일반적으로는 부정되지만, 법인 처벌에 대한 명문규정인 양벌

---

19) 김성돈, 187면; 박상기/전지연, 46면; 배종대, 139면; 손동권/김재윤, 105면; 이재상/장영민/강동범, 105면; 정영일, 71면.

20) 김성천, 79면; 김일수/서보학, 88면; 정성근/박광민, 111면.

21) 임웅, 84면.

규정이 있을 때에는 예외로 법인의 범죄능력을 인정할 수 있다는 견해[22]가 있다. 이는 형법 제8조에서 '다른 법령에 특별한 규정'이 있는 경우에는 형법총칙도 다른 법령에 정한 죄에 대해 예외적으로 적용할 수 있기 때문이라고 한다. 법인에 대한 양벌규정을 두고 있는 경우라면 법인의 범죄능력은 법률에 의하여 새롭게 '창설'되는 것이라고 한다.

다. 판례

대법원은 법인의 범죄능력을 부정하고 있다. 대법원은 배임죄가 문제된 사안에 대하여 타인의 사무를 처리할 의무의 주체가 법인이 되는 경우라도 법인은 다만 사법상 의무주체가 될 뿐 범죄능력이 없으므로 배임죄의 주체가 될 수 없고, 자연인인 대표기관이 배임죄의 주체가 된다고 판시하여 범죄주체를 자연인에 국한하고 있다.

⚖ 판례   상가이중분양사건[25]

【사실관계】 甲이 대표이사로 있는 乙주식회사로부터 A와 B에게 점포 셋이 분양되었다. 이에 A와 B는 대금을 완납하는 등 의무를 다했다. 이후 乙주식회사의 대표이사는 丙으로 바뀌었다. 이에 丙이 상가 등기가 이전되어 있지 않는 것을 기화로 제3자에게 소유권을 이전하였다. 이중매매의 경우 배임죄로 처벌될 수 있는데, 배임죄로 처벌되는 것은 乙주식회사인가 아니면 대표이사 丙인가?

【판결요지】 (다수의견) 형법 제355조 제2항의 배임죄에 있어서 타인의 사무를 처리할 의무의 주체가 법인이 되는 경우라도 <u>법인은 다만 사법상의 의무주체가 될 뿐 범죄능력이 없는 것</u>이며, 그 타인의 사무는 법인을 대표하는 자연인인 대표기관의 의사결정에 따른 대표행위에 의하여 실현될 수 밖에 없어 그 대표기관은 마땅히 법인이 타인에 대하여 부담하고 있는 의무내용대로 사무를 처리할 임무가 있다 할 것이므로 <u>법인이 처리할 의무를 지는 타인의 사무에 관하여는 법인이 배임죄의 주체가 될 수 없고, 그 법인을 대표하여 사무를 처리하는 자연인인 대표기관이 바로 타인의 사무를 처리하는 자 즉, 배임죄의 주체가 되는 것으로 새겨야 할 것이다.</u>

(반대의견) 배임죄의 주체는 사법상 타인의 사무를 처리하는 지위에 있는 자 바로 그 자이므로 법인이 사법상 타인의 사무를 처리할 의무의 주체인 경우, 그 법인의 대표기관에게 법인이 타인에 대하여 부담하고 있는 의무내용대로 사무를 처리할 임무가 있다 하여도 그 임무는 법인에 대하여 부담하는 임무이지, 직접 타인에 대하여 지고 있는 임무는 아니므로 그 임무를 위배하였다 하여 이를 타인에 대한 배임죄가 성립한다고 할 수 없다(대법원 1984.10.10. 선고 82도2595 전원합의체 판결).

---

22) 김성천, 79면; 김일수/서보학, 88면; 정성근/박광민, 111면.
23) 신동운, 132면; 오영근, 92면; 임웅, 89면.

라. 결론

원칙적으로 범죄능력과 형벌능력은 일치해야 된다. 따라서 법인의 범죄능력을 긍정한다면 각종의 행정형법상[24] 법인처벌에 대한 규정을 논리적으로 설명할 수 있으나, 만약 법인의 범죄능력을 부정한다면 이중적 설명구조를 가지지 않을 수 없다. 즉 법인은 범죄능력은 없지만 형벌능력은 있다고 하거나, 법인은 범죄능력, 형벌능력 모두 없으나 법인처벌에 대한 명문규정이 있을 때에는 예외로 할 수 있다는 이중적 설명이 가능할 뿐이다. 물론 가장 논리적인 것은 법인의 범죄능력과 형벌능력을 모두 인정하는 것이다.

법인이 범죄주체가 될 수 있는가라는 문제는 매우 복잡한 이론적 논증이 필요하다. 법인의 행위를 인정할 수 있는지와 법인의 책임능력을 인정할 수 있는지가 가장 큰 걸림돌이다. 법인의 사회적 활동이 증대되고 있는 현대에 있어서 법인의 사회적 역할에 대한 재평가가 필요하다. 자연인 이외에는 범죄주체가 될 수 없다는 명제는 재검토가 필요하다.[25]

법인의 형사책임에 대해서 세계 각국에서는 대위책임의 법리[26]나 양벌규정의 형식으로 해결한다. 우리나라의 경우 형법전의 영역에서는 법인의 범죄주체성을 부정하지만, 다양한 행정형법의 영역에서는 양벌규정을 통하여 법인의 형사책임 귀속을 인정하고 있다. 법인의 형사처벌에 대해서는 범죄주체성을 부정하는 '형법전의 체계'와 범죄주체성을 인정하는 '양벌규정의 체계'로 이원화되어 있다. 2023년 현행 법률 중 '양벌규정'을 조문 제목으로 규정하고 있는 법률은 586개이다. 양벌규정은 행정법령의 벌칙조항에 규정되어 있는데, 형법에서는 법인의 범죄능력을 인정하지 않는 반면에, 행정형법에서는 법인의 범죄능력을 인정하는 전제에서 양벌규정을 통하여 형사책임을 인정하는 모순을 해결할 필요가 있다.

2. 법인의 형벌능력

법인의 범죄능력을 긍정한다면 당연히 형벌능력이 긍정된다. 법인의 범죄능력을 부정

---

24) 조세범처벌법 제18조; 관세법 제279조; 대외무역법 제157조; 자본시장과 금융투자업에 관한 법률 제448조; 선원법 제178조; 하천법 제97조; 약사법 제97조 등.

25) 기업의 범죄능력을 인정하는 견해로는 김성규, 법인처벌의 법리와 규정형식, 법조 제578호, 2004.11, 116면 이하; 김성돈, 기업처벌과 미래의 형법, 성균관대학교출판부, 2018; 김재윤, 기업의 가벌성에 관한 독일의 논의 분석, 형사정책연구 제15권 제2호, 2004.여름, 37면 이하.

26) 미국은 법인의 사회적 역할이 중요해지고 법인이 일으키는 폐해가 커지자, 1909년 미국 연방대법원은 New York Central & Hudson Railroad Co. v. U.S. 212 U.S. 481(1909) 사건에서 법인의 형사책임을 인정하기 위해 민사상 법리인 '사용자책임이론 또는 대위책임법리'를 적용하였다. 미국연방대법원 판례에 따르면 본질적으로 기업이 저지를 수 없는 범죄가 있는 것은 사실이지만, 연방법령에 따른 리베이트(rebating)과 같은 종류의 범죄에 대해서는 법인도 범죄의 주체가 될 수 있다고 한다.

하게 된다면 당연히 형벌능력이 부정된다. 그런데 각종 행정형법에서는 행위자 이외에도 법인을 처벌하는 양벌규정을 두고 있다. 법인을 처벌하는 규정은 대부분 양벌규정의 방식에 의하고 있다.

양벌규정으로 인하여 법인의 범죄능력을 부정하는 견해 중에서 형벌능력의 긍정 여부에 대하여 견해가 대립되게 된다. 법인의 형벌능력 부정설의 논거는 범인의 범죄능력을 부정한다면 형벌능력도 부정하는 것이 논리적이며 범죄의 주체가 아닌 자(법인)를 형벌의 주체로 하는 것은 자기책임의 원칙에 반한다는 것이다. 이 입장을 고수하게 되면 양벌규정은 위헌적 규정이 되는 것이다.

하지만 법인의 형벌능력을 인정하는 것이 통설이다. 긍정설의 논거는 행정형법에 대해서는 법인도 형벌능력을 가진다는 견해로 행정형법은 윤리적 색채가 약하고 행정목적달성을 위한 기술적·합목적적 요소가 강조되는 것이므로 행정단속 기타 행정적 필요에 따라 법인을 처벌할 필요가 있다는 것이다. 결국 법인은 범죄능력은 없지만 형벌능력은 있다는 결과가 된다.

3. 법인의 책임형식 – 양벌규정의 법적 성격

가. 쟁점

법인을 처벌할 수 있는 규정형식에는 전가규정(轉嫁規定)과 양벌규정(兩罰規定)이 있다. 전가규정은 법인의 종업원의 행위에 대하여 법인만이 책임을 지는 경우를 말하며, 양벌규정은 행위자와 법인 모두를 처벌하는 경우를 말한다.

법인의 범죄능력을 긍정하는 견해에 따르면 양벌규정이 존재한다는 것은 이론적으로 당연한 것이다. 법인에 대하여 범죄주체성을 인정할 수 있다면 그에 맞는 형벌을 부과하는 것은 자연스러운 일이기 때문이다. 그러나 법인의 범죄능력을 부정하는 견해에 따르면 양벌규정이 존재한다는 것은 이론적으로 문제점이 발생한다. 범죄주체가 될 수 없는 자에 대하여 형벌을 부과하는 것은 책임없으면 형벌없다는 책임주의에 반하기 때문이다. 따라서 양벌규정의 법적 성격에 대한 논의가 필요하다.

나. 양벌규정에 대한 헌법재판소의 위헌결정

법인을 처벌하는 것이 이론적으로 가능한 것인가라는 문제는 종래부터 많은 학자들에 의하여 법인의 범죄능력에 관한 문제로 논의되고 있으며, 특히 법인을 처벌할 수 있는 규정인 양벌규정의 법적 성격과 연결되어 논의되고 있었다. 이와 관련하여 종래 학설상 무과실책임설과 과실책임설이 주장되고 있었고, 판례는 면책규정의 유무에 따라 과실책임설 혹은 무과실책임설을 취하고 있었다.

그러던 중 헌법재판소는 지난 2007년 11월 29일에 양벌규정의 유형 중 '업무주의 고의·과실 유무에 상관없이 실제 행위자와 함께 업무주도 동일하게 처벌'하는 유형인 보건범죄단속에 관한 특별조치법 제6조에 대해 '형법상 책임주의'에 반하다는 이유로 위헌결정을 내렸다. 그 결정의 주된 이유는 "업무주(법인 또는 개인)가 그 위반행위를 방지하기 위하여 해당 업무에 관하여 '상당한 주의와 감독'을 게을리 하지 아니한 경우에는 형사처벌을 할 수 없다"는 것이었다. 이후 양벌규정과 관련된 형법적 논의는 많이 변경되었다.

🏛 헌재 ┃ 무면허 의료행위 영업주 처벌에 관한 양벌조항 사건

【사건의 배경】 '보건범죄단속에 관한 특별조치법'(이하 '이 사건 법률조항'이라 한다)은 종업원(치과기공사)이 업무에 관하여 무면허 의료행위(치과치료)를 한 경우에 그 영업주도 같은 징역형으로 처벌하도록 규정하고 있다. 제청사건의 피고인은 자신의 종업원의 그와 같은 무면허행위로 인하여 자신의 종업원(1심에서 집행유예판결 확정됨)과 함께 기소되어 1심에서는 무죄판결을 받았으나, 검사가 항소하여 항소심 진행 중 서울서부지방법원은 직권으로 이 사건 법률조항에 대하여 헌법재판소에 위헌법률심판제청을 하였다.

【결정의 주요내용】
헌법재판소는 재판관 8: 1의 의견으로 이 사건 법률조항이 헌법에 위반된다는 결정을 선고하였는바, 그 이유의 요지는 다음과 같다.

1. 재판관 4인의 위헌의견
이 사건 법률조항은 영업주가 고용한 종업원이 그 업무와 관련하여 무면허의료행위를 한 경우에, 영업주가 그와 같은 종업원의 범죄행위에 가담했다거나 종업원의 지도, 감독을 소홀히 했다는 등 영업주 자신의 비난받을 만한 행위가 있었는지 여부와는 전혀 관계없이 종업원의 범죄행위가 있으면 자동적으로 영업주도 동일하게 처벌하도록 규정하고 있다.
그렇다고 이 사건 법률조항을 그 문언상 명백한 의미와 달리 "종업원의 범죄행위에 대해 영업주의 선임감독상의 과실(기타 영업주의 귀책사유)이 인정되는 경우"라는 요건을 추가하여 해석할 수도 없다. 그것은 문리해석의 범위를 넘어서는 것으로서 허용될 수 없기 때문이다.
따라서 이 사건 법률조항은 법정형에 나아가 판단할 것 없이 다른 사람의 범죄에 대해 그 책임 유무를 묻지 않고 형벌을 부과함으로써 형사법의 기본원리인 '책임없는 자에게 형벌을 부과할 수 없다'는 책임주의에 반하여 헌법에 위반된다.

2. 또 다른 재판관 4인의 위헌의견

이 사건 법률조항은, 종업원의 무면허의료행위에 대한 영업주의 관여나 선임감독상의 과실 등과 같은 책임을 구성요건으로 규정하지 않은 채 종업원의 일정한 범죄행위가 인정되면 그 종업원을 처벌하는 동시에 자동적으로 영업주도 처벌하는 것으로 규정하고 있어, 종업원의 범죄에 아무런 귀책사유가 없는 영업주에 대해서도 처벌할 수 있는 것처럼 규정하고 있다.

뿐만 아니라 이 사건 법률조항을 종업원에 대한 선임감독상의 과실 있는 영업주를 처벌하는 규정으로 보는 경우라 해도 과실밖에 없는 영업주를 고의의 본범(종업원)과 동일한 법정형으로 처벌하는 것은 각자의 책임에 비례하는 형벌의 부과라고 보기 어렵다. 무면허의료행위가 아무리 중대한 불법이라고 본다 하더라도, '종업원에 대한 선임감독상 등의 과실'에 대해 무려 '무기 또는 2년 이상의 징역형'이라는 형벌을 가하는 것은 그 책임에 비해 지나치게 무거운 법정형이라고 하지 않을 수 없기 때문이다.

따라서 이 사건 법률조항은 종업원의 범죄행위에 대해 아무런 책임이 없는 영업주에 대해서까지 처벌할 수 있는 가능성을 열어놓고 있을 뿐만 아니라 책임의 정도에 비해 지나치게 무거운 법정형을 규정함으로써 형벌에 관한 책임원칙에 반한다(헌법재판소 2007.11.29. 선고, 2005헌가10 결정).

【해설】 이 사건은 종업원이 무면허 의료행위를 한 경우에 그 영업주도 같은 징역형으로 처벌하도록 규정하고 있는 '보건범죄단속에 관한 특별조치법'의 관련조항이 헌법에 위반된다고 결정한 사안이다. 이 결정 전에도 헌법재판소가 특별법상 가중처벌조항의 법정형이 과중하여 위헌이라는 결정을 한 예는 다수 있었으나, 이 사건은 위반행위자의 영업주를 양벌규정에 의하여 위반행위자와 동일한 징역형의 법정형으로 처벌하도록 하는 규정에 대하여 '책임 없으면 형벌 없다'는 형벌조항에 관한 책임원칙을 천명한 첫 위헌결정이다. 이 사건으로 인하여 종래 존재하였던 여러 유형의 양벌규정이 대폭 정비되었다.

다. 양벌규정의 유형

헌법재판소 위헌결정 이전에는 양벌규정의 유형을 세 가지 유형으로 분류하였다. 즉 제1유형은 종업원의 위반행위에 대한 방지조치를 취하지 아니한 경우에 행위자와 법인을 처벌하는 형식, 즉 법인의 과실책임을 근거로 처벌하는 경우이다. 제2유형은 법인이 종업원의 위반행위를 알면서 필요한 조치를 하지 않거나 위반행위를 교사한 때 함께 처벌하는 형식, 즉 법인의 공범책임을 근거로 처벌하는 경우이다. 제3유형은 조직체의 구성원 또는 종업원의 위반행위에 대하여 행위자와 함께 아무 조건이나 면책사유 없이 법인(사용인)까지 처벌하는 형식이 있다.

그러나 2007년 11월 29일 헌법재판소가 양벌규정에 대하여 "과실 유무에 상관없이 양벌규정을 적용하여 처벌하는 것은 '책임주의'원칙에 어긋난다는 취지"로 위헌 결정을 함으로서 처벌의 실효성 확보 및 책임주의와의 조화를 위해, 단서에 면책조항을 추가하는 방식으로 개정됨에 따라 제1유형이 일반화되었으며, 제3유형에 대해서는 대대적인 입법적 정비작업이 진행되었다. 대부분 단서조항에 "법인 또는 개인이 그 위반행위를 방지하기 위하여 해당업무에 관하여 상당한 주의와 감독을 게을리 하지 아니한 경우에는 그러하지 아니하다"라는 면책조항을 신설하는 방식이었다.

라. 양벌규정상 행위주체

(1) 의의

일반적으로 양벌규정에 규정되어 있는 행위주체에는 법인의 대표자나 법인 또는 개인의 대리인, 사용인 또는 종업원이 있다. 양벌규정의 내용은 일반적으로 "법인의 대표자나 법인 또는 개인의 대리인, 사용인, 그 밖의 종업원이 그 법인 또는 개인의 업무에 관하여 ○○조의 위반행위를 하면 행위자를 벌하는 외에 그 법인 또는 개인에게도 해당 조문의 벌금형을 과한다. 다만, 법인 또는 개인이 그 위반행위를 방지하기 위하여 해당 업무에 관하여 상당한 주의와 감독을 게을리하지 아니한 경우에는 그러하지 아니하다."고 규정되어 있다. 법인에 대하여 형벌을 부과하는 양벌규정의 형식을 보면 위반행위를 한 자연인의 행위를 전제로 하고 있으며, 그 자연인은 두 개의 사례유형으로 구분하고 있다. 하나는 자연인 위반행위자가 '법인의 대표자'인 경우이며, 또 다른 하나는 '법인의 대리인, 사용인, 기타 종업원'이다. 법규위반 행위자가 누구인가에 따라 법인의 형사책임의 근거가 달라진다.

(2) 직접 행위자와 법인

(가) 직접 행위자

주된 행위주체는 자연인인 직접 행위자이다. 법인의 대표자와 법인의 대리인, 사용인, 기타 종업원 등 자연인이 행위주체이다. 이 경우 직접 행위자를 통칭하여 종업원 또는 사용인이라고 한다. '대리인'은 상사지배인과 같이 종업원의 신분을 가진 자를 말하며,[27] '사용인'은 법인과 정식고용계약을 체결하여 근무하고 있는 자뿐만 아니라 그 법인의 업무를 직접 또는 간접으로 수행하면서 법인의 통제·감독하에 있는 자도 포함된다.[28] '기타 종업원'은 영업주의 사업경영과정에서 직접 또는 간접으로 영업주의 감독 통제 아래 그 사업에 종사하는 자를 말한다.

---

27) 대법원 2014.6.12. 선고 2012도15084 판결 참조.
28) 대법원 2006.2.24. 선고 2003도4966 판결.

(나) 법인

이 경우 법인도 양벌규정에 따라 처벌될 수 있다. 다만 종업원이 위반행위를 한 경우 법인에게 단서 조항의 요건, 즉 '그 위반행위를 방지하기 위하여 해당 업무에 관하여 상당한 주의와 감독을 게을리하지 아니하여야 한다'는 요건을 갖추면 형사처벌되지 않는다. 판례는 '상당한 주의 또는 감독의무위반'을 법인의 과실로 이해한다.[29]

(3) 법인의 대표자의 경우

자연인인 법인의 '대표자'의 업무관련적 위반행위만 있으면 법인에게 단서 조항의 요건 유무와 상관없이 법인에 대해서 형벌을 부과할 수 있다는 것이 판례이다. 법인 대표자의 행위를 법인의 행위와 동일시한 것이다.

판례에 따르면 법인의 행위는 법인을 대표하는 자연인인 대표기관의 의사결정에 따른 행위에 의하여 실현된다. 그러므로 자연인인 대표기관의 의사결정 및 행위에 따라 법인의 책임 유무를 판단할 수 있다. 즉, 법인은 기관을 통하여 행위하기 때문에 법인이 대표자를 선임한 이상 대표자의 행위로 인한 법률효과는 법인에게 귀속된다. 법인 대표자의 범죄행위에 대하여 법인 자신이 자신의 행위에 대한 '직접'책임을 부담하게 된다. 따라서 종업원의 경우와 같이 법인에 대한 별도의 처벌근거를 둘 필요는 없다.

이러한 판례의 태도는 법인과 동일시할 수 있는 지위에 있는 사람에 대한 행위책임으로부터 곧바로 법인의 행위책임을 이끌어내는 영미법계의 동일시이론(Doctrine of Identification)을 따른 것으로 보인다. 법인의 대표자는 그 명칭 여하를 불문하고 당해 법인을 실질적으로 경영하면서 사실상 대표하고 있는 자도 포함된다.[30]

> **⚖ 판례** | **'법인 대표자'의 법규위반행위에 대한 '법인' 책임의 법적 성격**

【판결요지】 법인은 기관을 통하여 행위하므로 법인이 대표자를 선임한 이상 그의 행위로 인한 법률효과는 법인에게 귀속되어야 하고, 법인 대표자의 범죄행위에 대하여는 법인 자신이 책임을 져야 하는바, 법인 대표자의 법규위반행위에 대한 법인의 책임은 법인 자신의 법규위반행위로 평가될 수 있는 행위에 대한 법인의 직접책임으로서, 대표자의 고의에 의한 위반행위에 대하여는 법인 자신의 고의에 의한 책임을, 대표자의 과실에 의한 위반행위에 대하여는 법인 자신의 과실에 의한 책임을 지는 것이다 (대법원 2010.9.30. 선고 2009도3876 판결).

---

29) 대법원 2018.7.12. 선고 2015도464 판결; 이에 대하여 '상당한 주의 또는 감독의무위반'은 과실이 아니라 법인에게 형사책임을 귀속시킬 수 있는 '귀속조건'이라는 견해로 김성돈, 176면.
30) 대법원 1997.6.13. 선고 96도1703 판결.

【해설】법규위반행위를 한 행위자가 종업원이 아니라 '법인의 대표자'인 경우 법인 책임의 법적 성격이 무엇인가에 대한 판례이다. 행위자가 법인 대표자인 경우에는 실무 담당자가 별도로 있다고 하더라도 그 대표자를 행위자로 인정하는 것이 옳으며, 법인이 그 기관인 대표자의 행위에 대하여 직접책임을 지는 것이다. 따라서 법인에 대한 별도의 처벌근거를 둘 필요는 없다. 이러한 판례의 태도는 법인과 동일시할 수 있는 지위에 있는 사람에 대한 행위책임으로부터 곧바로 법인의 행위책임을 이끌어내는 영미법계의 동일시이론을 따른 것으로 보인다.

(4) 업무관련성

법인이 종업원의 범죄행위가 있다는 이유로 양벌규정에 의해 무조건 처벌되는 것은 아니다. 종업원의 행위가 '법인의 업무와 관련이 있을 경우에' 양벌규정이 적용된다. 이는 객관적으로 법인의 업무를 위하여 하는 것으로 인정할 수 있는 행위가 있어야 하고, 주관적으로는 종업원이 법인의 업무를 위하여 한다는 의사를 가지고 행위를 하여야 한다.

종업원이 개인적인 목적으로 위법행위를 한 경우에도 양벌규정을 매개로 법인을 처벌하는 것은 허용되지 않는다. 이 경우에도 법인을 처벌하게 된다면 양벌규정은 단순히 당해 처벌조항의 주체를 확장시키는 정도를 넘어 전혀 다른 새로운 구성요건을 창출하는 것이 되어 죄형법정주의에 반하기 때문이다.

4. 국가와 지방자치단체

국가는 양벌규정의 사업주 또는 사용주에 해당하지 않는다. 형벌부과의 주체인 국가가 동시에 형벌부과의 대상이 될 수 없기 때문이다. 그러나 지방자치단체의 경우 기관위임사무인가 아니면 지방자치단체의 고유의 자치사무인가에 따라 달라진다. 국가에 의한 기관위임사무의 경우에는 국가기관의 일부이므로 형벌부과의 대상이 될 수 없지만, 지방자치단체의 자치사무인 경우에는 양벌규정에 따른 처벌대상이 될 수 있다.

⚖️ 판례　　**압축트럭 청소차 사건**

【판결요지】[1] 헌법 제117조, 지방자치법 제3조 제1항, 제9조, 제93조, 도로법 제54조, 제83조, 제86조의 각 규정을 종합하여 보면, 국가가 본래 그의 사무의 일부를 지방자치단체의 장에게 위임하여 그 사무를 처리하게 하는 기관위임사무의 경우에는 지방자치단체는 국가기관의 일부로 볼 수 있는 것이지만, 지방자치단체가 그 고유의 자치사무를 처리하는 경우에는 지방자치단체는 국가기관의 일부가 아니라 국가기관과는 별

도의 독립한 공법인이므로, 지방자치단체 소속 공무원이 지방자치단체 고유의 자치사무를 수행하던 중 도로법 제81조 내지 제85조의 규정에 의한 위반행위를 한 경우에는 지방자치단체는 도로법 제86조의 양벌규정에 따라 처벌대상이 되는 법인에 해당한다. [2] 지방자치단체 소속 공무원이 압축트럭 청소차를 운전하여 고속도로를 운행하던 중 제한축중을 초과 적재 운행함으로써 도로관리청의 차량운행제한을 위반한 사안에서, 해당 지방자치단체가 도로법 제86조의 양벌규정에 따른 처벌대상이 된다고 한 사례(대법원 2005.11.10. 선고 2004도2657 판결).

【해설】 도로법위반 당시 공무원이 수행하고 있던 업무는 지방자치단체 고유의 자치사무 중 주민의 복지증진에 관한 사무를 규정한 지방자치법 제9조 제2항 제2호 (자)목에서 예시하고 있는 "청소, 오물의 수거 및 처리"에 해당되는 업무이다. 따라서 지방자치단체인 피고인은 도로법 제86조의 양벌규정에 따른 처벌대상이 된다.

⚖ 판례 지정항만순찰 등의 업무와 불법 개조한 승합차 운행사건

【판결요지】 [1] 국가가 본래 그의 사무의 일부를 지방자치단체의 장에게 위임하여 처리하게 하는 기관위임사무의 경우 지방자치단체는 국가기관의 일부로 볼 수 있고, 지방자치단체가 그 고유의 자치사무를 처리하는 경우 지방자치단체는 국가기관의 일부가 아니라 국가기관과는 별도의 독립한 공법인으로서 양벌규정에 의한 처벌대상이 되는 법인에 해당한다. 또한, 법령상 지방자치단체의 장이 처리하도록 하고 있는 사무가 자치사무인지, 기관위임사무에 해당하는지 여부를 판단하는 때에는 그에 관한 법령의 규정 형식과 취지를 우선 고려하여야 하며, 그 외에도 그 사무의 성질이 전국적으로 통일적인 처리가 요구되는 사무인지 여부나 그에 관한 경비부담과 최종적인 책임귀속의 주체 등도 아울러 고려하여 판단하여야 한다.

[2] 지방자치단체 소속 공무원이 지정항만순찰 등의 업무를 위해 관할관청의 승인 없이 개조한 승합차를 운행함으로써 구 자동차관리법(2007.10.17. 법률 제8658호로 개정되기 전의 것)을 위반한 사안에서, 지방자치법, 구 항만법(2007.8.3. 법률 제8628호로 개정되기 전의 것), 구 항만법 시행령(2007.12.31. 대통령령 20506호로 개정되기 전의 것) 등에 비추어 위 항만순찰 등의 업무가 지방자치단체의 장이 국가로부터 위임받은 기관위임사무에 해당하여, 해당 지방자치단체가 구 자동차관리법 제83조의 양벌규정에 따른 처벌대상이 될 수 없다고 한 사례(대법원 2009.6.11. 선고 2008도6530 판결).

【해설】 항만법과 동 시행령에 비추어보면 항만순찰 등의 업무는 지방자치단체의 장이 국가로부터 위임받은 기관위임사무에 해당한다. 따라서 이 경우 국가기관의 일부로 볼 수 있기 때문에 형벌부과의 대상이 되지 않는다.

5. 법인격 없는 사단 등의 처벌 여부

법인격 없는 사단과 같은 단체는 권리능력이 없을 뿐이지 사회적으로는 법인과 마찬가지의 활동을 한다. 따라서 법인격 없는 사단에 대해서도 법인의 범죄능력이 인정될 수 있는지가 문제된다. 이에 대하여 대법원은 법인격 없는 사단에 대한 양벌규정이 없는 경우 이를 처벌하는 것은 죄형법정주의에 반한다는 입장이다. 따라서 법인격 없는 사단은 범죄능력이 없으며 그 단체의 업무는 단체를 대표하는 자연인인 대표기관의 의사결정에 따른 대표행위에 의하여 실현될 수밖에 없기 때문에 법위반의 주체는 그 대표기관인 자연인이 된다.[31]

하지만, 법률에 법인뿐만 아니라 법인격이 없는 단체도 포함한다고 규정한 경우에는 법인격 없는 사단도 처벌할 수 있다($\substack{\text{공정거래법 제128조,}\\\text{공직선거법 제260조 참조}}$). 양벌규정에 '법인 또는 단체'라고 규정한 경우에도 가능하다($\substack{\text{청탁금지법}\\\text{제24조 참조}}$).

6. 소유자와 경영자가 다른 경우

'소유와 경영의 분리'라는 경영원칙상 형식적 소유자와 실질적 경영자가 다른 경우 양벌규정의 수범자는 누구인지가 문제된다. 사법상 권리·의무는 소유자에게 귀속되는 것이 원칙이지만, 실질적 경영자가 별도로 있는 경우 종업원의 위반행위로 인한 양벌규정상 형사책임은 실질적 경영자가 진다.

> ⚖️ 판례　형식적 소유자와 실질적 경영자가 다른 경우(약국판결)
>
> 【판결요지】법인이 아닌 약국에서의 영업으로 인한 사법상의 권리의무는 그 약국을 개설한 약사에게 귀속되므로 대외적으로 그 약국의 영업주는 그 약국을 개설한 약사라고 할 것이지만, 그 약국을 실질적으로 경영하는 약사가 다른 약사를 고용하여 그 고용된 약사를 명의상의 개설약사로 등록하게 해두고 실질적인 영업약사가 약사 아닌 종업원을 직접 고용하여 영업하던 중 그 종업원이 약사법위반 행위를 하였다면 약사법 제78조의 양벌규정상의 형사책임은 그 실질적 경영자가 지게 된다($\substack{\text{대법원 2000.10.27. 선고}\\\text{2000도3570 판결}}$).

7. 회사합병이 있는 경우

회사합병이 있는 경우 피합병회사의 권리·의무는 사법상 관계나 공법상 관계를 불문

---

31) 대법원 1997.1.24. 선고 96도524 판결; 대법원 1995.7.28. 선고 94도3325 판결.

하고 모두 합병으로 인하여 존속하는 회사에 승계되는 것이 원칙이다. 하지만 그 성질상 이전을 허용하지 않는 것은 승계의 대상에서 제외된다.

양벌규정에 의한 형사처벌의 경우에도 승계되는지에 대하여 대법원 판례는 양벌규정에 의한 법인의 처벌은 어디까지나 형벌의 일종으로서 행정적 제재처분이나 민사상 불법행위책임과는 성격을 달리하는 점, 형사소송법 제328조가 '피고인인 법인이 존속하지 아니하게 되었을 때'를 공소기각결정의 사유로 규정하고 있는 것은 형사책임이 승계되지 않음을 전제로 한 것이라고 볼 수 있다. 따라서 합병으로 인하여 소멸한 법인이 그 종업원 등의 위법행위에 대해 양벌규정에 따라 부담하던 형사책임은 그 성질상 이전을 허용하지 않는 것으로서 합병으로 인하여 존속하는 법인에 승계되지 않는다는 입장이다.[32]

생각건대 합병은 합병당사회사인 두 회사가 청산절차를 거치지 않고 하나로 결합하면서, 소멸하는 회사가 갖는 일체의 권리의무가 존속회사 또는 신설회사에 포괄적으로 승계되는 회사법상 제도를 말한다. 판례는 형사책임에 대해서는 '성질상 이전을 허용하지 않는 것'으로 본다. 행정적 제재처분이나 형사제재가 제재라는 면에서 보면 성질상 큰 차이가 없는 점, 소멸회사가 수행한 경제활동은 존속회사에서 계속된다는 점, 법인이 종전에 부담하던 형사처벌을 면탈하기 위한 방편으로 합병제도 등을 남용할 가능성이 있다는 점을 고려한다면 존속회사에 형사책임을 승계시킬 수 있는 근거 규정을 둘 필요가 있다고 생각한다.[33]

⚖️ **판례** | **회사합병의 경우**

【판결요지】 회사합병이 있는 경우 피합병회사의 권리·의무는 사법상의 관계나 공법상의 관계를 불문하고 모두 합병으로 인하여 존속하는 회사에 승계되는 것이 원칙이지만, 그 성질상 이전을 허용하지 않는 것은 승계의 대상에서 제외되어야 한다. 양벌규정에 의한 법인의 처벌은 어디까지나 형벌의 일종으로서 행정적 제재처분이나 민사상 불법행위책임과는 성격을 달리하는 점, 형사소송법 제328조가 '피고인인 법인이 존속하지 아니하게 되었을 때'를 공소기각결정의 사유로 규정하고 있는 것은 형사책임이 승계되지 않음을 전제로 한 것이라고 볼 수 있는 점 등에 비추어 보면, 법인이 형사처벌을 면탈하기 위한 방편으로 합병제도 등을 남용하는 경우 이를 처벌하거나 형사책임을 승계시킬 수 있는 근거규정을 특별히 두고 있지 않은 현행법하에서는 합병으로 인하여 소멸한 법인이 그 종업원 등의 위법행위에 대해 양벌규정에 따라 부담하던 형사책임은 그 성질상 이전을 허용하지 않는 것으로서 합병으로 인하여 존속하는 법인에 승계되지 않는다(대법원 2015.12.24. 선고 2015도13946 판결).

---

32) 대법원 2007.8.23. 선고 2005도4471 판결.
33) 대법원 2015.12.24. 선고 2015도13946 판결.

Ⅲ. 신분범과 자수범

1. 의의

원칙적으로 모든 자연인은 형법상 행위주체가 된다. 대부분의 형법규정은 "…한 자는 …의 형에 처한다"라는 형식으로 규정되어 있어서 모든 자연인을 행위주체가 되는 것으로 규정하고 있다. 그런데 수뢰죄 또는 업무상 비밀누설죄와 같이 특정한 구성요건에서는 행위자에게 일정한 신분(身分)을 요구하는 경우가 있다. 이와 같이 행위주체에 일정한 신분을 요하는 범죄유형을 가리켜서 신분범(身分犯)이라고 한다. 신분범은 다시 진정신분범과 부진정신분범으로 나뉜다.

2. 진정신분범과 부진정신분범

진정신분범이란 행위자에게 일정한 신분이 있어야만 범죄가 성립하는 경우이다. 따라서 행위자에게 신분이 없으면 범죄가 성립하지 않는다. 수뢰죄에서 공무원 또는 중재인의 신분, 배임죄에서 타인의 사무를 처리하는 자 등이 그 예이다.

부진정신분범은 일정한 신분이 없어도 범죄는 성립하지만 신분이 있으면 형벌이 가중 또는 감경되는 경우이다. 업무상과실치사상죄에서의 업무자, 존속살해죄의 직계비속은 신분이 있음으로 인하여 형이 가중되는 경우이며, 영아살해죄·영아유기죄의 직계존속은 형이 감경되는 경우이었지만, 2023년 형법개정으로 영아살해죄와 영아유기죄를 삭제하였다. 주의할 점은 부진정신분범의 경우 신분이 없더라도 처벌을 면하는 것은 아니다. 예를 들면 존속살해죄에 있어서 갑이 직계비속이라는 신분이 없더라도 갑은 보통살인죄로 처벌된다. 직계비속이라는 신분은 형을 가중하는 것에 불과하기 때문이다.

진정신분범과 부진정신분범을 구별하는 실익은 형법 제33조의 공범과 신분규정과 관련하여 비신분자가 신분자의 범행에 가담했을 때 양자를 달리 취급하여야 하기 때문이다. 즉 진정신분범에 가담한 비신분자는 그 진정신분범의 구성요건에 따라 처벌하고(제33조 본문), 부진정신분범에 가담한 비신분자는 보통범죄의 구성요건에 따라 처벌한다(제33조 단서).

3. 자수범

자연인은 타인과 함께 또는 타인을 이용하여 범행을 저지를 수 있음이 원칙이다. 그러나 경우에 따라서는 자연인인 정범 자신이 직접 범행을 저질렀을 때 범죄가 성립하고, 타인을 이용해서는 그 범행을 저지를 수 없는 범죄가 예외적으로 있는데, 이를 자수범(自手犯)이라고 한다. 즉 자수범은 직접정범의 형태로서만 성립이 가능하며, 간접정범이나 공동정범 형태로는 범죄가 성립할 수 없다.

CHAPTER 03 행위의 객체

I. 의의

행위객체는 구성요건적 행위수행의 구체적 대상인 공격대상을 말한다. 살인죄의 공격 대상 즉 행위객체는 '사람'이며, 상해죄의 행위객체는 '사람의 신체'이며, 절도죄의 행위 객체는 '타인의 재물'이다. 형법총칙에서 행위객체에 대한 논의는 공통적으로 이루어지지 않는다. 오히려 형법각칙에 규정되어 있는 개개 범죄에 대한 행위객체를 해석하는 것이 더 중요하다. 각 범죄유형별 행위객체에 대한 설명은 형법각론에서 이루어진다.

II. 내용

1. 객관적 구성요건요소

행위의 객체는 객관적 구성요건요소이며, 행위객체는 개개의 구성요건에 규정되어 있 다. 하지만 단순도주죄($^{제145조}_{제1항}$), 위증죄(제152조), 무고죄(제156조), 공연음란죄(제245조), 퇴 거불응죄($^{제319조}_{제2항}$)와 같이 행위객체가 없는 범죄도 있다.

2. 보호법익과 구별

행위객체와 보호법익은 구별된다. 보호법익은 형법에 의하여 그 침해가 금지되는 개인 및 공동체의 이익이나 가치를 의미한다.[34] 보호법익은 형법해석에 있어서 중요한 개념이 지만, 형법규정의 표면에는 나타나 있지 않다.

행위객체는 범죄구성요건에 규정되어 있는 공격의 대상으로서 구성요건적 행위의 구

---

34) 이형국/김혜경, 133면.

체적인 대상이지만, 보호법익은 형법이 어떤 행위를 금지함으로써 보호하려고 하는 객체로서 보호객체를 의미한다. 예를 들면 살인죄의 행위객체는 '사람'이지만 살인죄를 규정함으로 보호하려고 하는 객체인 보호법익은 '사람의 생명'이며, 강간죄의 행위객체는 '사람'이지만 강간죄를 규정함으로 보호하려고 하는 보호법익은 '성적 자기결정권'이다. 또한 절도죄의 행위객체는 '타인의 재물'이지만 절도죄를 규정함으로 보호하려고 하는 보호법익은 '재산권'이다.

형법각칙의 다양한 범죄유형 중 위증죄 등과 같이 행위객체가 없는 범죄는 있지만, 보호객체 또는 보호법익이 없는 범죄는 없다. 형법의 가장 기본적인 임무가 법익보호기능이기 때문이다. 예를 들면 형법 제152조 위증죄의 행위객체는 없지만, 본죄의 보호법익은 사법에 대한 국가의 기능이며, 형법 제245조의 공연음란죄의 행위객체는 없지만, 본죄의 보호법익은 성도덕 내지 건전한 성풍속이다. 형법각칙의 각 범죄구성요건을 해석하는 과정에서 각 죄의 보호법익이 무엇인가는 해당 범죄를 해석함에 있어서 중요한 해석기준이 된다.

구성요건적 행위와 결과

Ⅰ. 구성요건적 행위

　구성요건적 행위는 개개의 범죄를 구성하는 구체적 행위를 의미한다. 예를 들면 살인죄의 구성요건적 행위는 '사람을 살해하는 행위'이며, 강간죄의 구성요건적 행위는 '강간행위', 즉 폭행 또는 협박으로 사람을 간음하는 행위이다. 행위객체에 대한 논의와 마찬가지로 형법각칙에 규정되어 있는 개개 범죄에 대한 구성요건적 행위를 해석하는 것이 더 중요하다. 사기죄의 구성요건적 행위는 '사기행위'이며, 형법각칙에서 사기행위는 '기망행위를 통하여 상대방을 착오에 빠뜨리고 상대방의 재산상 처분행위를 통하여 재산상 이익을 취득하는 행위'를 의미한다. 각 범죄유형별 구성요건적 행위에 대한 설명은 형법각론에서 이루어진다.

1. 구성요건적 행위태양

　구성요건적 행위태양은 행위객체와 함께 구성요건에 표현되어 있다. 즉 절도죄는 절취행위, 강도죄는 강취행위, 공갈죄는 갈취행위, 사기죄는 사기행위, 살인죄는 살해행위 등이 여기에 해당한다.

　구성요건적 행위가 1개인가 여러 개인가에 따라 일행위범(一行爲犯)과 다행위범(多行爲犯)으로 구분할 수 있다. 일행위범은 살해행위, 절취행위, 횡령행위 등과 같이 구성요건적 행위가 1개인 경우이며, 다행위범은 강도, 야간주거침입절도, 사기, 공갈 등과 같이 수개의 행위가 결합되어 있는 경우이다. 강도행위는 폭행 또는 협박으로 재물을 강취하는 행위로서 폭행·협박행위와 재물강취행위가 결합되어 있다. 야간주거침입절도행위는 야간에 주거에 침입하는 행위와 절취행위가 결합되어 있으며, 사기행위는 기망행위와 재산상 이익을 사취(詐取)하는 행위가 결합되어 있다.

2. 구성요건적 행위정황

구성요건 중에는 행위가 일정한 외부적 상황에서 행해질 것을 규정하고 있는 경우가 있다. 이러한 외부적 상황을 '행위정황' 또는 '행위상황'이라고 한다. 예를 들면 야간주거침입절도죄는 '야간'이라는 시간적 상황에서, 해상강도죄는 '해상'이라는 장소적 상황에서 행해져야 성립한다. 이외에도 피의사실공표죄에서 '공판청구 전에', 공무집행방해죄에서 '직무를 집행하는', 진화방해죄에서 '화재에 있어서' 등이 있다.

3. 구성요건적 행위수단 및 방법

구성요건 중에는 행위를 함에 있어서 일정한 수단이나 방법을 규정하고 있는 경우가 있다. 이를 구성요건적 행위수단 또는 행위방법이라고 한다. 예를 들면 특수절도의 경우에 "야간에 문호 또는 장벽 기타 건조물의 일부를 손괴하고 주거에 침입하거나" 또는 "흉기를 휴대하거나 2인 이상이 합동하여"라는 행위수단 및 방법을 절취행위와 함께 규정하고 있으며, 공연음란죄, 명예훼손죄, 모욕죄에서 '공연히'라는 표지가, 특수폭행·특수협박·특수손괴에서 "단체 또는 다중의 위력을 보이거나", 소요죄에서 "다중이 집합하여", 강요죄에서 "폭행·협박으로", 일반공무원직권남용죄에서 "직권을 남용하여"라는 행위수단과 방법이 규정되어 있다.

II. 작위행위와 부작위행위

작위범의 경우 작위행위가 구성요건적 행위이며, 부작위범의 경우 부작위행위가 구성요건적 행위이다. 대부분의 범죄는 적극적 신체동작을 통하여 범죄를 실현하는 작위범의 형태로 규정되어 있으며, 일부 범죄는 해야 될 행위를 하지 않음으로서 범죄를 실현하는 부작위범의 형태로 규정되어 있다.

형법 제250조 살인죄의 경우 살해행위는 칼로 찌르거나 흉기로 사람의 머리를 내리치는 행위와 같이 원칙적으로 적극적 작위형태로 구성요건을 충족시키는 작위범의 형태로 규정되어 있다. 대부분의 구성요건은 작위범의 형태로 규정되어 있다.

형법 제319조 제2항 퇴거불응죄의 경우 퇴거불응행위는 사람의 주거, 관리하는 건조물, 선박이나 항공기 또는 점유하는 방실에서 퇴거요구를 받고 이에 응하지 않았을 때 처벌하는 부작위범의 형태로 규정되어 있다. 이를 '진정 부작위범'이라고 한다. 진정 부작위범은 법문의 규정형식이 부작위로 규정되어 있고 이를 부작위로 실현하는 범죄유형이다.

하지만 법규정이 작위로 실현될 것으로 규정하고 있는 구성요건을 행위자가 부작위로 실현하는 범죄도 있다. 이를 '부진정 부작위범'이라고 한다. 부진정 부작위범은 법문의 규정형식이 작위로 규정되어 있고 이를 부작위로 실현하는 범죄유형이다.[35]

III. 결과범과 거동범

구성요건적 결과가 구성요건요소로서 필요한가의 여부에 따라 결과범과 거동범으로 나누어진다.

결과범(結果犯)은 구성요건요소에 구성요건적 행위 이외에도 구성요건적 결과의 발생을 필요로 하는 범죄를 말한다. 결과범의 대표적인 예인 살인죄의 경우 사망의 결과발생이, 상해죄의 경우 상해의 결과발생이 필요하다.

거동범(擧動犯)은 구성요건요소에 결과의 발생을 요하지 않고, 구성요건에 규정된 행위를 함으로써 성립하는 범죄로 형식범(形式犯)이라고도 한다. 거동범에는 위증죄(제152조), 무고죄(제156조), 교통방해죄(제185조), 아편소지죄(제205조), 공연음란죄(제245조), 폭행죄(제260조), 명예훼손죄(제307조), 모욕죄(제311조), 신용훼손죄(제313조), 업무방해죄(제314조) 등이 있다.

결과범과 거동범의 차이점은 다음과 같다. 결과범은 범죄가 성립하기 위해서는 구성요건적 결과발생이 필요하지만, 거동범은 구성요건적 결과발생이 필요없으며 구성요건적 행위만 하면 범죄가 성립할 수 있다.

결과범의 경우 원인된 행위와 발생한 결과 간의 인과관계에 대한 판단이 필요하지만, 거동범의 경우 인과관계에 대한 판단이 필요하지 않다. 뿐만 아니라 거동범의 경우에는 결과범과는 달리 미수범의 성립이 불가능하다.[36]

---

35) 이에 대한 자세한 논의는 특수범죄유형 중 부작위범론에서 설명한다.

36) 거동범의 경우에 이론상 실행의 착수를 하였으나 실행행위를 종료하지 못한 경우 미종료미수가 인정되어 미수범이 성립할 수 있다. 현행 형법상 퇴거불응죄의 미수범 처벌규정이 있지만, 거동범의 미수범 처벌규정이 필요한 것에 대해서는 입법론상 문제가 있다.

【정리】 결과범과 거동범의 차이점

객관적 구성요건	결과범 (살인죄)	거동범 (폭행죄)
주체	○ (사람)	○ (사람)
객체	○ (타인)	○ (타인의 신체)
구성요건적 행위	○ (살해행위)	○ (폭행행위)
구성요건적 결과	○ (사망의 결과)	×
인과관계	○ (살해행위로 인한 사망의 결과 발생)	×

인과관계와 객관적 귀속

제17조(인과관계) 어떤 행위라도 죄의 요소되는 위험발생에 연결되지 아니한 때에는 그 결과로 인하여 벌하지 아니한다.

제1절 **서설**

I. 인과관계의 의의

1. 의의

결과범에 있어서 발생된 결과를 행위자의 행위로 귀속시키기 위해서 원인된 구성요건적 행위와 발생한 구성요건적 결과 사이의 일정한 관련성이 있어야 한다. 이를 다루는 것이 형법상 인과관계의 문제이다. 즉 갑이 A를 칼로 찔러 살해한 경우 갑의 살해행위와 A의 사망결과 사이에 인과관계가 있어야 A의 사망을 갑의 행위로 귀속시킬 수 있다.

2. 결과범

인과관계는 구성요건의 내용으로서 결과의 발생을 필요로 하는 결과범에서만 문제된다. 즉 고의범, 과실범, 결과적 가중범,[37] 부작위범의 경우에도 인과관계가 인정되어야 한다. 구체적 위험범의 경우에도 '구체적 위험의 발생'이 구성요건적 결과에 해당하므로 인

---

[37] 결과적 가중범의 경우 기본범죄와 중한 결과 사이에 형법상 인과관계가 인정되지 않으면 결과적 가중범의 성립이 부정되고 기본범죄만 성립한다. 예를 들면 강간치사의 경우 기본범죄인 강간행위와 중한 결과인 사망간에 인과관계가 인정되지 않으면, 행위자에 대해서는 기본범죄인 강간죄만 성립한다.

과관계가 인정되어야 한다.

　하지만 결과발생을 필요로 하지 않는 추상적 위험범 또는 거동범의 경우 위험발생이라는 결과를 구성요건요소로 보고 있지 않기 때문에 원칙적으로 인과관계가 문제되지 않지만, 예외적으로 추상적 위험범 중에서 구성요건적 결과를 명시하고 있는 경우에는 인과관계가 문제된다. 예를 들면 형법 제164조 현주건조물방화죄의 경우는 추상적 위험범이면서도 '소훼'라는 구성요건적 결과를 특별히 규정하고 있으므로 방화행위와 소훼라는 결과 사이에 인과관계가 인정되어야 한다.

3. 효과

　결과범에 있어서 행위자의 구성요건적 행위와 구성요건적 결과 사이에 인과관계가 인정되면 기수범으로 처벌되지만, 인과관계가 인정되지 않으면 미수범으로 처벌된다. 하지만 과실범의 경우 미수범 처벌규정이 없기 때문에 인과관계가 인정되지 않으면 무죄가 된다.

II. 인과관계의 유형

1. 기본적 인과관계

　기본적 인과관계는 행위가 다른 개입원인 없이 직접 구성요건적 결과를 야기한 경우를 말한다. 갑이 A를 고의로 살해한 경우 A의 죽음이라는 결과를 발생하는데 다른 장애요소가 전혀 없는 경우가 이에 해당한다.

| 갑의 행위 (살해행위) | → | 결과 (피해자의 사망) |

사례 ｜ 기본적 인과관계 사례

【사례】 ① 갑은 A의 복부를 칼로 힘껏 찔렀다. 이로 인하여 A는 과다출혈로 인하여 현장에서 사망하였다. ② 갑은 A에게 독극물을 주사하였다. 이로 인하여 A는 호흡곤란으로 질식사하였다.

【해설】 기본적 인과관계는 구성요건적 행위와 발생된 결과 사이에 아무런 장애가 없기 때문에 인과관계를 인정함에 있어서 전혀 문제가 없다. 이후에 설명하는 인과관계

에 대한 학설 중 조건설, 상당인과관계설, 합법칙적 조건설과 객관적 귀속이론 어느 견해를 따르더라도 모두 인과관계가 인정된다.

2. 이중적 인과관계(택일적 인과관계)

이중적 인과관계는 단독으로도 동일한 결과를 발생시키기에 충분한 여러 개의 조건들이 결합하여 결과를 발생시킨 경우를 말한다. 갑, 을이 단독으로(공동의 실행의사 없이) A에게 치사량 10g의 독극물을 먹여 살해한 경우가 이에 해당한다.

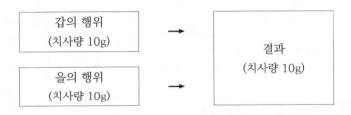

🧳 **사례**　이중적 인과관계 사례

【사례】 갑과 을은 재산을 빨리 상속받기 위해서 그들의 숙모 A를 살해하기로 각기 결심했다. 갑과 을은 서로 상대방의 계획을 알지 못한 채 각자 독약을 숙모 A의 커피잔에 섞어 놓았다. A는 그 커피를 마신 뒤 곧 의식을 잃고 쓰러져 병원으로 후송되었으나 사망하고 말았다. 갑과 을이 A에게 먹인 독약은 개별적으로도 치사량에 충분한 양이었다.

【해설】 조건설에 따르면 인과관계가 부정된다. 갑의 행위와 결과 사이의 인과관계를 판단함에 갑의 행위가 없었다면 결과가 발생하지 않았을 것이라는 논리적 조건관계가 인정되지 않는다. 갑의 행위가 없었더라도 을의 행위에 의해서 결과발생이 가능하기 때문이다. 마찬가지로 을의 행위와 결과 사이의 인과관계를 판단함에 있어서도 논리적 조건관계가 인정되지 않는다. 을의 행위가 없었더라도 갑의 행위에 의해서 결과발생이 가능하기 때문이다. 결국 갑과 을의 행위 모두 인과관계가 부정된다. 합법칙적 조건설과 객관적 귀속이론에 따르면 인과관계가 인정된다. 갑과 을의 독약이 각기 독자적으로도 A의 사망을 야기한 합법칙적 조건이 인정되고 발생한 결과를 행위자의 작품으로 객관적 귀속이 가능하기 때문에 갑과 을은 살인기수죄의 죄책을 진다.

3. 중첩적 인과관계(누적적 인과관계)

중첩적 인과관계는 각기 독자적으로 결과를 발생시킬 수 없는 여러 조건들이 우연하게 공동으로 작용함으로써 결과가 발생한 경우를 말한다. 갑, 을이 단독으로(공동의 실행의사 없이) A에게 치사량에 미달하는 독극물을 먹였으나 총량이 치사량에 도달하는 바람에 A가 사망한 경우가 이에 해당한다.

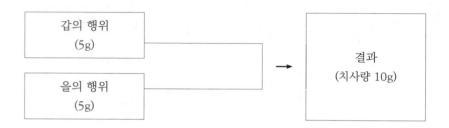

| 사례 | 중첩적 인과관계 사례 |

【사례】 갑과 을은 서로 상대방의 계획을 모르는 채 A를 살해하기 위해서 커피잔에 독약을 넣었다. 그런데 갑과 을의 독약은 독자적으로는 치사량에 미달하는 양이었다. 그럼에도 불구하고 A는 사망하고 말았다. 갑과 을이 각기 혼입한 독약의 총량이 치사량을 넘는 것이기 때문이다.

【해설】 조건설에 따르면 각 조건들이 구체적으로 결과발생에 기여하였다는 점이 인정되므로 인과관계가 인정된다. 갑의 행위 5g이 없었더라면 치사량 10g에 도달하지 않았을 것이라는 논리적 조건관계가 인정되기 때문이다. 을의 행위에 대해서도 마찬가지이다. 따라서 갑과 을은 살인기수죄가 성립한다. 합법칙적 조건설과 객관적 귀속이론에 따르면 이 경우 관여자들은 독자적으로 행위했기 때문에 결과에 대한 인과관련을 개별적으로 분리하여 심사해야 한다. 그렇다면 각 행위는 결과에 대하여 합법칙적 관련성은 인정되지만, 각 행위는 객관적 귀속을 인정할 수 없으므로 미수범으로 처벌된다. 객관적 귀속이론에 따르면 각 행위자에게는 타인의 고의에 의한 작위범행(타인의 독약투여)으로부터 야기된 결과부분까지 귀속될 수 없거나(자기귀책성의 원리), 독약 5g으로 사망한다는 것은 전형적인 위험을 발생시킨 것으로 볼 수 없다. 갑과 을의 행위를 독자적으로 평가할 때 5g만으로 사람을 살해한다는 것은 통상 예견할 수 없는 일이기 때문이다. 따라서 갑과 을은 살인죄의 불능미수이다.

만약 갑과 을이 A를 살해하기 위하여 서로 공동의 모의를 한 경우라면 각각의 행위를 가지고 판단할 것이 아니라, 전체행위를 가지고 인과관계 판단을 해야 한다. 결국 전체행위와 사망 사이에는 인과관계와 객관적 귀속이 가능하므로 갑과 을은 살인죄의 공동정범이 된다.

4. 가설적 인과관계[38] 또는 가설적 대체원인

가설적 인과관계는 일정한 가설적 원인이 구성요건적 결과에 현실적으로 작용하지는 않았지만, 현실적으로 작용한 원인이 없었더라도 그 결과와 같이 가정적 결과를 야기했을 고도의 개연성이 있는 경우를 말한다.

🧰 **사례** 가설적 인과관계 사례

【사례】태평양전쟁 당시 포로수용소 소장의 명에 따라 일본군 장교 갑은 미군포로 A를 살해하였다. 그러나 갑이 A를 살해하지 않았더라도 A는 동료장교 을에 의하여 마찬가지로 사살되었을 것이 확실했었다.

【해설】조건설의 절대적 제약공식을 사용하게 되면 갑의 행위와 결과 사이에 인과관계가 부정된다는 부당한 결론에 이르게 된다. 가설적 제거절차를 거치면 갑의 행위가 없더라도 다른 원인인 동료장교 을에 의해 마찬가지로 결과가 발생했을 것이기 때문이다. 그러나 인과관계는 실제로 행위한 행위와 실제로 발생한 결과 사이의 관련성을 다루는 것이기에 상상 속에서만 존재하는 가설적 행위는 결과발생과 어떠한 관련성도 가지지 않는다. 인과관계 판단은 실제로 존재하는 것(有)과 존재하는 것(有) 사이의 관계이다. 따라서 실제로 미군포로 A를 살해한 장교 갑의 행위와 발생한 결과 사이의 인과관계만 다루며, 상상 속에서 존재하는 동료장교 을에 대해서는 인과관계 문제가 발생하지 않는다. 만약 이런 관점을 유지하지 않으면 피고인들은 모두 "피해자는 어차피 언젠가는 모두 사망하게 될 것이다"라는 변명을 할 것이며 이를 통하여 모두 결과발생에 대한 책임을 면하게 되는 문제점이 발생한다.

---

38) 가설적 인과관계의 개념에 대한 잘못을 지적한 것으로 김성돈, 가설적 인과관계개념등의 재고, 고시연구 1997/6, 112-126면 참조.

5. 추월적 인과관계[39]

추월적 인과관계는 선행조건(갑의 행위)이 결과발생을 진행시키고 있는 가운데, 후행조건(을의 행위)이 기존의 선행조건을 추월하여 결과를 야기시킨 경우를 말한다. 선행조건은 '추월당한 행위'이며, 후행조건은 '추월한 행위'이다. 여기서 인과관계가 문제되는 경우는 추월한 후행조건이 아니라 추월당한 선행조건이다. 추월한 후행조건에 대해서는 당연히 인과관계가 인정되기 때문이다.[40]

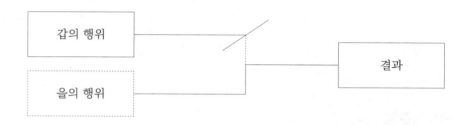

사례 | 추월적 인과관계 사례

【사례】 갑은 약혼녀 A가 을과 여전히 성관계를 계속한다는 사실을 알고 분노했다. 갑은 증거를 남기지 않으면서 천천히 작용하지만 확실하게 사망을 야기할 수 있는 독약을 A에게 먹였다. 그러나 그 독약의 효력이 발생하기 전에 A에게 환멸을 느낀 을이 A를 권총으로 사살하고 말았다.

【해설】 조건설에 따르면 인과관계는 부정된다. 을의 행위에 대한 인과관계를 판단함에 있어서 을의 행위가 없었다면 A가 사망하지 않았을 것이라는 논리적 조건관계가 충족되지 않기 때문이다. 갑의 행위에 대해서도 마찬가지이다. 합법칙적 조건설과 객관적 귀속이론에 따르면 추월한 후행조건만이 결과에 대하여 합법칙적 인과관련성을 가지며, 추월당한 선행조건은 결과에 대하여 합법칙적 인과관련을 갖지 못한다. 을의 행위인 총격행위에 의하여 사망의 결과를 발생시켰으므로 갑의 행위와 사망 사이에는 인과관계가 단절되었기 때문이다. 따라서 을이 권총으로 사살한 행위와 발생한 결과 사이의 관련성에 대해서만 논한다. 갑의 행위는 미수에 불과하다.

---

39) 추월적 인과관계는 가설적 인과관계의 실행의 착수 전에 추월한다는 점에서 실행의 착수 후 개입한 다른 원인에 문제되는 단절적 인과관계와 구별하는 견해로는 김일수, 한국형법Ⅰ, 329면.

40) 김성돈, 217면.

📑 심화내용 추월적 인과관계와 가설적 인과관계의 유사점

추월당한 인과관련이든 가설적 인과관련이든 현실적으로 존재하는 인과관련의 배후에 감추어져 있는 가설적 대체원인이 문제되는 것처럼 보이기는 한다. 그러나 추월당한 인과관련은 기존의 선행조건에 의하여 현실적인 인과연쇄가 진행되던 도중에 새로운 조건이 개입하여 무효화된 인과연쇄이지만, 가설적 인과관련은 애당초 현실적으로 진행되지도 않았고, 오직 상상속에서만 존재하는 인과연쇄이기에 양자는 구별된다.

6. 비유형적 인과관계

비유형적 인과관계는 일정한 행위가 결과에 대하여 원인이 되지만, 그 결과에 이르는 과정에 다른 원인이 기여한 경우의 인과관계를 말한다. 피해자의 특이체질, 피해자 또는 제3자의 고의 또는 과실, 자연현상이나 천재지변이 결합한 경우이다. 추월적 인과관계에 있어서 선행조건 A는 단절되었지만, 비유형적 인과관계에 있어서 선행조건 행위 A는 단절되지 않고 결과에 어느 정도 영향을 주는 경우이다.

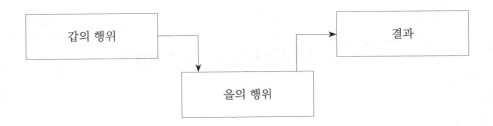

🔒 사례 비유형적 인과관계 사례

【사례】갑은 A를 살해하기 위해서 권총 1발을 발사했지만 생명에 관계가 없는 경상을 입혔을 뿐이었다. 그러나 ① A는 병원으로 후송되던 도중에 을의 과실로 인하여 교통사고를 당해 현장에서 사망하였다. ② A는 응급수술 도중 의사 을의 과실로 사망하였다.
【해설】조건설에 따르면 인과관계가 인정된다. 갑이 권총을 발사하지 않았다면 A는 병원으로 후송되지 않았을 것이며, 후송 중에 교통사고를 당해 현장에서 사망하지 않았을 것이라는 논리적 조건관계가 인정되기 때문이다. 합법칙적 조건설과 객관적 귀속이론에 따르면 합법칙적 인과관계는 인정된다. 이는 나중에 개입한 후행조건(교통사고)이 선행조건(갑의 사격행위)을 완전히 무효화시키고 자기쪽에서만 완전히 새로운 인과계열을 만들어 낸 것이 아니라, 선행조건의 인과연쇄를 기초로 이에 변형을 가한 것이

기 때문이다. 그러나 객관적 귀속은 인정되지 않는다. 화재, 지진, 교통사고와 같이 일상적인 생활위험으로부터 현실화된 결과 또는 제3자가 새로이 창출한 위험으로부터 현실화된 결과까지 행위자의 행위 탓으로 귀속시킬 수 없기 때문이다.

📋 심화내용 추월적 인과관계와 비유형적 인과관계

추월적 인과관계에 있어서 선행조건 A는 추월당한 행위로서 발생한 결과에 대하여 인과관계가 인정되지 않는다. 왜냐하면 후행조건 B가 선행조건 A가 진행시킨 인과과정을 추월하여 인과관계를 완전히 단절시키고 새로운 인과과정을 시작했기 때문이다(단절된 인과관계).

하지만 비유형적 인과관계에 있어서 선행조건 A는 후행조건 B에 의하여 인과관계가 완전히 단절되지 않았으며, 후행조건 B에 어느 정도 영향을 주고 있다. 예를 들면 갑의 자동차에 의해 도로에 쓰러져 있던 피해자를 다른 운전자 을의 과실로 인하여 사망한 경우 갑은 최초의 과실행위를 통하여 뒤따라 오는 다른 자동차에 다시 치일 수 있는 상태를 만들었기 때문이다. 따라서 갑[41]과 을[42]은 각자의 과실로 인하여 업무상과실치사죄의 책임을 질 수 있다(단절되지 않은 인과관계).

제2절 인과관계에 대한 학설

Ⅰ. 조건설

1. 내용

일정한 선행사실이 없었더라면 결과도 발생하지 아니하였다는 논리적 조건관계만 있으면 양자 사이의 인과관계를 인정하는 견해이다. A가 없었다면 B도 없었을 것이라고 인정되면 A가 B를 절대적으로 제약한 것이라고 할 수 있기 때문에 조건설의 인과관계 판단 공식을 절대적 제약공식(Conditio sine qua non Formel)[43]이라고도 한다. 논리적 조건관계

---

41) 즉 자동차 사고를 일으켜 피해자를 길바닥에 쓰러뜨리면 제3자에 의해 다시 자동차에 치일 수 있는 위험이 있고, 그를 통하여 사람이 사망에 이를 수 있음은 일반적으로 예견가능한 것이기 때문이다.

42) 전방주시의무를 게을리하여 피해자를 사망에 이르게 하였다는 과실이 인정될 수 있다.

43) sine qua non(그것이 없다면 …도 없다)으로 표현되는 이 물음에 대하여 긍정의 답변이 나오면 그 행위와 결과는 서로 조건관계(conditio sine qua non)에 있는 것이다. 조건설의 입장에서는 조건관계가 인정되면 형법적 인과관계를 긍정한다(신동운, 173면).

가 있는 모든 조건은 결과발생에 대하여 동일한 가치를 가진다고 하여 등가설(等價說)이라고도 불린다. 독일 판례의 입장이다.[44]

2. 비판

조건설에 따르면 인과관계가 인정되는 범위가 지나치게 확대된다는 문제점이 있다.[45] 예를 들면 살인범을 출산한 어머니의 출산행위도 피해자의 사망에 대해서 인과관계가 인정되며, 비유형적 인과관계의 경우에도 인과관계가 인정되는 불합리가 발생한다. 총을 가지고 피해자를 살해한 자뿐만 아니라 총을 판매한 사람, 총을 제작한 사람에게도 피해자의 사망이라는 결과와 인과관계가 인정될 수 있다는 문제점이 있다.[46] 또한 추월적 인과관계, 이중적 인과관계,[47] 가설적 인과관계[48]는 부정되는 불합리한 결과가 발생한다.

조건설은 인과관계를 직접 논증하는 것이 아니라 인과관계가 존재한다는 가정적 사고과정을 통해 인과관계가 없는 경우를 제거하는 절차(이른바 소거의 공식 또는 가설적 제거절차)를 따르고 있다. 즉 문제되는 행위(A)를 사고 속에서 가정적으로 제거하는 방법을 동원하기 때문에 가설적 제거절차를 따르고 있으며, 이에 대해서는 논리상 순환논법에 빠져 있다는 비판이 가능하다.[49]

---

44) 우리나라의 경우에도 초기에는 조건설의 입장을 취한 판례가 있지만(대법원 1955.5.24. 선고 4288형상26 판결; 대법원 1955.6.7. 선고 4288형상88 판결), 현재는 상당인과관계설의 입장을 취하고 있다.

45) 이형국/김혜경, 140면.

46) 인과관계가 무한히 확대되는 문제점을 해결하기 위하여 원인설이 제기되었지만, 현재는 주장학자가 없으며 학설사적 의미만 남아있다.

47) 이중적 인과관계의 경우 행위 A가 없더라도 행위 B에 의해서 결과가 발생할 수 있기 때문에 행위 A와 결과발생 간의 인과관계를 인정할 수 없다. 역으로 행위 B에 대해서도 마찬가지이다.

48) 가설적 인과관계가 문제되는 경우에도 A의 행위가 없었더라도 가정적 조건인 B의 행위에 의해 동일한 결과가 발생할 수 있기 때문에 결국 A의 행위와 발생한 결과간에는 인과관계를 부정해야 되는 부당한 결과가 나온다.

49) 예를 들면 특정 약물을 복용하는 것과 기형아를 출산하는 결과 사이에 인과관계가 인정되는 가를 알기 위해서는 먼저 특정 약물이 기형아출산이라는 결과의 원인이 되는 것을 알아야 하는데, 이를 미리 알지 못했다면 '특정 약물을 복용하지 않았더라면'이라는 가설적 제거절차는 아무런 소용이 없다.

II. 상당인과관계설

1. 내용

상당인과관계설은 사회생활상 일반적인 생활경험에 비추어 그러한 행위로부터 그러한 결과가 발생한다는 것이 상당하다고 인정될 때 그 행위와 결과 사이의 인과관계를 인정하는 견해로서 소수설[50]과 대법원 판례의 태도이다.

여기서 '상당성'이란 확률의 문제로서 일상생활 속에서 누적된 생활경험을 기초로 하여[51] 어떤 행위로부터 어떤 결과가 발생할 확률이 높다고 판단되는 경우에 '상당하다'고 본다.[52] 확률의 문제이므로 이 경우 '확실성에 가까운 개연성'의 정도에 이르러야 한다. 따라서 일상적인 생활경험의 범위 내에 속하지 않는 사건진행, 결과발생에 대하여 이례적인 조건이나 희귀한 조건, 통상적인 사태진행과정에 속한다고 볼 수 없는 조건들에 대해서는 인과관계가 부정된다. 조건설에 의한 무제한적인 인과관계의 확장을 구성요건 단계에서 어느 정도 제한하기 위하여 나온 이론이다.

2. 상당성 판단의 기준

상당인과관계설은 상당성을 판단함에 있어서 어느 범위까지의 사정을 판단의 기초로 삼을 것인가 하는 문제를 놓고 세 가지 학설로 나누어지고 있다.

주관적 상당인과관계설은 행위 당시에 사전적으로(ex ante) 행위자가 인식하였거나 인식할 수 있었던 사정을 기초로 하여 상당성을 판단하는 견해이다. 행위자가 인식하지 못했거나 인식할 수도 없었던 사정이 있었다면 이를 나중에 통찰력 있는 사람이 인식할 수 있었다고 하더라도 모두 제외된다. 행위 후에 새롭게 일어나거나 새로이 밝혀진 사정은 인과관계 판단에서 고려하지 않는다.

객관적 상당인과관계설은 행위 당시에 존재했던 모든 객관적 사정과 행위 당시에 일반적으로 예측할 수 있었던 모든 사정을 기초로 하여 법관이 사후적으로(ex post) 상당성을 판단하는 견해이다. 행위 후의 사정이라도 행위 당시에 객관적으로 예측할 수 있었던 모든 사정을 고려한다는 점에서 객관적 사후예측설 또는 객관적 사후예후설[53]이라고도 한다.

---

50) 오영근, 109면.
51) 모든 행위와 결과 사이의 확률적 관계가 확립되어 있지도 않고 이를 계산하기도 불가능하기 때문에 통상의 경험칙이라는 규범적 기준을 도입한다.
52) 김성돈, 206면.
53) 법관은 행위자가 행위하는 당시로 거슬러 올라가서 행위자의 행위로부터 앞으로 어떠한 결과가 발생할 것인가를 예측한

절충적 상당인과관계설은 행위 당시에 (가장 우수한) 일반인이 인식할 수 있었던 사정 및 일반인이 인식할 수 없었던 사정이라도 행위자가 특히 인식할 수 있었던 사정을 기초로 하여 상당성을 판단하는 견해이다. 이 견해는 행위 시점에 나타난 사정을 판단대상으로 삼고, 행위 이후에 새로이 알려진 사정은 판단대상으로 삼지 않는다는 점에서 주관적 상당 인과관계설과 같지만, 행위자뿐만 아니라 행위 당시 일반인이 알고 있거나 예견가능한 사정도 판단대상으로 삼는다는 점에서 주관적 상당인과관계설과 구별된다. 다만 법관이 객관적 관찰자의 입장에서(행위자와 일반인 모두의 입장에서) 행위 당시로 되돌아가서 판단한다.

3. 평가

상당인과관계설은 인과관계의 무한정 확장이 되는 조건설의 이론적 결함을 시정한 학설이라는 점에서는 의미가 있다.

하지만 상당인과관계설은 인과관계의 유무와 귀속의 문제를 확률적 사고로 환원하여 한꺼번에 해결하려고 하는 점에서 근본적인 방법론상 문제가 있다. 또한 상당인과관계설이 판단기준으로 사용하고 있는 상당성 또는 생활경험의 내용이 불분명하여 법적 안정성을 해칠 수 있다는 문제점이 있다. 이에 대하여 일부 문헌에서는 피해자의 두개골이 얇고 뇌수종을 앓고 있기 때문에 사망한 경우에 인과관계를 부정한 반면에 피해자가 고혈압, 지병을 앓고 있기 때문에 사망한 경우에는 인과관계를 인정하고 있다는 점에서 상당성 판단에 법관의 자의가 개입하여 법적 안정성을 해치고 상당성의 인정 여부에 일관성이 없다는 비판을 한다.[54] 그러나 이 판례는 행위자가 피해자의 지병을 사전에 알고 있었다는 점에서 위 판례를 상당성에 대한 판단논거로 사용하는 점에서는 적절하지 않다. 하지만 상당성 또는 생활개념의 내용이 불분명한 것은 사실이다.

객관적으로 존재하였던 모든 사정을 상당성 판단의 기초로 삼기 때문에 오히려 결과적으로 인과관계의 인정범위가 너무 확대될 우려가 있다.[55] 상당성의 판단을 개연성의 문제로 이해할 경우 비유형적 인과과정의 진행은 개연성이 없게 되므로 모두 인과관계가 부정되는 결과가 된다.[56]

다. 이미 결과가 일어났음에도 불구하고 행위의 시점으로 거슬러 올라가서 내리는 예후판단을 사후예후(事後豫後)라고 한다. 그리고 행위자가 아닌 제3자인 법관이 예후판단을 한다는 점에서 객관적 사후예후라고 한다(신동운, 183면).

54) 김일수/서보학, 112면; 이재상/장영민/강동범, 158면; 이형국/김혜경, 146면; 정성근/박광민, 166면.

55) 김성돈, 207면.

56) 이재상/장영민/강동범, 158면.

4. 상당인과관계설에 따른 대법원 판례 정리

대법원은 원인된 행위와 발생한 결과 사이에 '상당인과관계'가 있을 경우 인과관계가 인정된다는 입장이다. 대법원이 인과관계를 판단할 때 행위자와 피해자의 관계, 범행에 이르게 된 경위, 범행 당시와 전후의 상황[57] 등 행위 당시의 구체적 사정을 고려하여 일반적·객관적으로 판단한다.[58] 하지만 일부 판례에서는 '행위자의 결과발생에 대한 예견가능성'을 언급하고 인과관계를 판단한다는 점에서 절충적 상당인과관계설을 따르고 있다고 평가할 수 있다.

원인된 행위가 발생한 결과의 '유일한 원인'이거나 '직접적 원인'일 필요는 없다. 원인된 행위와 발생한 결과 사이에 피해자의 지병이나[59] 의사의 수술지연[60]이라는 제3의 원인이 개입한 경우, 행위가 직접적 원인은 아니었다 하더라도 이로부터 발생된 다른 간접적 원인이 결합되어 결과를 발생하게 한 경우에 그와 같은 사실이 통상 예견할 수 있는 것에 지나지 않는 경우[61] 인과관계를 인정한다. 뿐만 아니라 소위 '김밥·콜라사건'과 같이 피해자의 과실이 개입한 경우에도 인과관계를 인정한다.[62] 피해자의 특이체질이 개입한 경우, 공격행위로부터 피하는 과정에서 결과가 발생한 경우에도 인과관계를 인정한다.

인과관계에 대한 대법원 판례를 일정한 기준에 의하여 분류한다는 것은 상당히 어렵다. 판례도 분류기준을 제시하고 있지 않다. 더욱이 판례는 인과관계가 문제되는 사례에서 원인된 행위와 발생한 결과 사이에 상당인과관계 인정 여부에 대한 결론만을 제시하고, 왜 그런 판단을 하게 된 이유에 대해서는 거의 설명하고 있지 않다. 따라서 다양한 판례를 체계화시키는 것은 상당히 어려운 작업일 수밖에 없다. 아래에서 제시하고 있는 분류기준은 아직 확정적이지 않다. 관련 연구가 계속되기를 바랄 뿐이다.

가. 일상생활 경험법칙과 예견가능성

상당성 판단은 일상생활 속에서 누적된 생활경험을 판단기초로 한다. 예를 들면 칼로 피해자의 복부를 찌르면 과다출혈로 사망할 수 있다는 것, 추운 겨울에 피해자를 강간하여 의식불명 상태에 빠졌음에도 불구하고 하의를 벗겨 놓은 채 그대로 귀가하는 바람에

---

57) 대법원 2020.8.27. 선고 2015도9436 판결.
58) 대법원 2011.10.13. 선고 2011도8829 판결.
59) 대법원 1986.9.9. 선고 85도2433 판결.
60) 대법원 1984.6.26. 선고 84도831,84감도129 판결.
61) 대법원 1982.12.28. 선고 82도2525 판결.
62) 대법원 1994.3.22. 선고 93도3612 판결.

피해자가 저체온증으로 사망한 경우[63] 피해자가 사망할 수 있다는 것은 일상생활 경험법칙에 부합하고 누구든지 예견할 수 있기 때문에 행위자의 행위와 발생한 결과 간에 인과관계가 인정된다. 하지만 인과의 진행이 일상적인 생활경험의 범위 내에 속하지 않고 특이하거나 이례적으로 진행한 경우, 결과발생에 대하여 이례적인 조건이나 희귀한 조건인 경우, 통상적인 사태진행과정에 속한다고 볼 수 없는 조건들에 대해서는 인과관계가 부정된다.

⚖ 판례 강간피해자 자살사건

【판결요지】 강간을 당한 피해자가 집에 돌아가 음독자살하기에 이르른 원인이 강간을 당함으로 인하여 생긴 수치심과 장래에 대한 절망감 등에 있었다 하더라도 <u>그 자살행위가 바로 강간행위로 인하여 생긴 당연의 결과라고 볼 수는 없으므로</u> 강간행위와 피해자의 자살행위 사이에 인과관계를 인정할 수는 없다(대법원 1982.11.23. 선고 82도1446 판결).

【해설】 판례는 강간을 당한 피해자가 수치심과 절망감이 있다고 하더라도 자살하는 경우는 일상 사회생활 경험법칙에서 벗어난 이례적인 경우에 해당한다고 보았다. 피고인의 강간행위와 피해자의 사망 간의 인과관계는 인정되지 않기 때문에 강간치사죄는 성립하지 않는다고 하였다. 따라서 기본범죄인 강간죄만 성립한다.

⚖ 판례 탄광덕대사건

【판결요지】 탄광덕대 피고인이 화약류 취급 책임자 면허가 없는 갑에게 화약고 열쇠를 맡겼던바 갑이 경찰관의 화약고 검열에 대비하여 임의로 화약고에서 뇌관, 폭약 등을 꺼내어 노무자 숙소 아궁이에 감추었고, 이 사실을 모르는 자가 위 아궁이에 불을 때다 위 폭발물에 인화되어 폭발위력으로 사람을 사상에 이르게 한 경우, <u>피고인으로서는 위와 같은 사고의 발생을 경험칙상 당연히 예상할 수 있으리라고는 인정되지 않을 뿐</u> 아니라 피고인이 갑에게 위 열쇠를 보관시키고 화약류를 취급하도록 한 행위와 위 사고발생 간에는 인과관계가 있다고 할 수 없다(대법원 1981.9.8. 선고 81도53 판결).

【해설】 상당성 판단을 함에 있어서 판단자료 중 행위자가 인식한 사정을 기초로 볼 때, 예견가능성이 없었다고 본 사례이다. 피고인의 입장에서는 화약을 숙소 아궁이에 감추리라고는 예상할 수 없으며, 객관적으로 보아도 예견가능성이 없다.

---

[63] 대법원 2008.2.29. 선고 2007도10120 판결.

⚖ 판례 | 폭행 시 고혈압환자의 상해를 예견할 수 없다는 사례

【판결요지】 원심이 확정한 사실에 의하면, 피고인은 자전거를 타고 가다가 피해자가 길가에 쌓아둔 모래더미에 걸려 넘어지자 화가 난 나머지 피해자에게 교통을 방해한다고 소리를 질러 상호 욕설을 하며 시비를 하던 끝에 법으로 해결하자고 하면서 피해자의 왼쪽 어깨쭉지를 잡고 약 7미터 정도 걸어가다가 피해자를 놓아주는 등 폭행을 하자 피해자가 그곳에 있는 평상에 앉아 있다가 쓰러져 약 2주일간의 안정가료를 요하는 뇌실질내 혈종의 상해를 입었는데 피해자는 60세의 노인으로서 외견상 건강해 보이지만 평소 고혈압증세가 있어 약 5년 전부터 술도 조심하여 마시는 등 외부로부터의 정신적, 물리적 충격에 쉽게 흥분되어 급성 뇌출혈에 이르기 쉬운 체질이었다는 것이다. 그렇다면 가사 피해자가 위에서 본 바와 같은 피고인의 욕설과 폭행으로 충격을 받은 나머지 위와 같은 상해를 입게 된 것이라 하더라도 일반 경험칙상 위와 같이 욕설을 하고 피해자의 어깨쭉지를 잡고 조금 걸어가다가 놓아준 데 불과한 정도의 폭행으로 인하여 피해자가 위와 같은 상해를 입을 것이라고 예견할 수는 없다고 할 것이고, 또 기록을 살펴보아도 피해자가 평소 위와 같이 고혈압증세로 뇌출혈에 이르기 쉬운 체질이어서 위에서 본 바와 같은 정도의 욕설과 폭행으로 그와 같은 상해의 결과가 발생한 것임을 피고인이 이 사건 당시 실제로 예견하였거나 또는 예견할 수 있었다고 볼 만한 자료는 없으니 피고인에게 상해의 결과에 대한 책임을 물어 폭행치상죄로 처벌할 수는 없다고 할 것이다(대법원 1981.1.12. 선고 81도1811 판결).

【해설】 어깨쭉지를 잡고 조금 걸어가다가 놓아준 데 불과한 정도의 경미한 폭행으로 상해가 발생한다는 것은 일상 경험칙을 벗어나고 예견가능성이 없기 때문에 인과관계를 인정하지 않은 사례이다. 조건설과 객관적 귀속이론으로서의 해결을 주장하는 견해에 의하면 이 경우에도 인과관계는 존재한다고 보아야 할 것이다. 다만, 객관적 귀속 여부에 관하여 특히 구체적 객관적 귀속의 척도로서의 위험의 상당한 실현의 원칙과 관련하여 그 위험이 상당하게 실현하였다는 것을 행위자의 행위의 결과로 볼 수 없으므로 객관적 귀속이 부정되는 사례라고 볼 수 있다.

나. 피해자의 지병·특이체질·합병증의 경우

판례는 원인된 행위와 발생한 결과 사이에 피해자의 지병, 특이체질, 합병증이 개입한 비유형적 인과관계의 경우 상당인과관계를 인정한다. 원인된 행위가 결과발생에 유일한 원인이거나 직접적인 원인이 될 필요가 없다는 것이 판례의 기본적 입장이다. 중간에 다른 원인이 개입하여 결과발생에 영향을 미친 경우 인과관계를 인정한다.

⚖ 판례 합병증의 경우

【사실관계】 갑이 피해자 A의 뺨을 1회 때리고 오른손으로 A의 목을 쳐 그대로 뒤로 넘어지면서 머리를 땅바닥에 부딪치게 하여 A에게 두개골 골절, 외상성 지주막하 출혈, 외상성 경막하 출혈 등의 상해를 가하였다. 이후 A는 병원에서 입원치료를 받다가 직접사인이 된 합병증인 폐렴으로 인한 폐혈증으로 사망하였다. 그 직접사인의 유발에 피해자가 종전에 가지고 있던 간경화 등의 질환이 영향을 미쳤다. 갑의 상해행위와 피해자 A의 사망 사이의 인과관계가 인정되는가?

【판결요지】 피고인의 이 사건 범행이 피해자를 사망하게 한 직접적인 원인이 된 것은 아니지만 그 범행으로 인하여 피해자에게 두개골 골절, 외상성 지주막하 출혈, 외상성 경막하 출혈 등의 상해가 발생하였고, 이를 치료하는 과정에서 피해자의 직접사인이 된 합병증인 폐렴, 패혈증이 유발된 이상, 비록 그 직접사인의 유발에 피해자의 기왕의 간경화 등 질환이 영향을 미쳤다고 하더라도, 피고인의 이 사건 범행과 피해자의 사망과의 사이에 인과관계의 존재를 부정할 수는 없다(대법원 2012.3.15. 선고, 2011도17648 판결).

다. 피해자의 과실이 개입한 경우

판례는 원인된 행위와 발생한 결과 사이에 피해자의 과실이 개입한 비유형적 인과관계의 경우에도 상당인과관계를 인정한다. 이른바 '김밥·콜라사건'에서 피해자의 과실이 치사의 직접적 원인이지만, 살인행위와 피해자의 사망과의 사이에 다른 사실이 개입되었다고 하더라도 그와 같은 사실이 통상 예견할 수 있다면 상당인과관계가 있다고 한다.

⚖ 판례 자상(刺傷) 피해자의 음식물 섭취에 의한 합병증(김밥·콜라사건)

【사실관계】 갑은 피해자 A를 칼로 찔렀다. 피해자는 1993.2.15. 갑의 범행으로 입은 자상으로 인하여 급성신부전증이 발생되어 치료를 받다가 다시 폐렴·패혈증·범발성 혈액응고장애 등의 합병증이 발생하여 1993.3.17. 사망하였다. 급성신부전증의 예후는 핍뇨형이나 원인질환이 중증인 경우에 더 나쁜데, 사망률은 30% 내지 60% 정도에 이르고 특히 수술이나 외상 후에 발생한 급성신부전증의 경우 사망률이 가장 높다. 급성신부전증을 치료할 때에는 수분의 섭취량과 소변의 배설량을 정확하게 맞추어야 하는데, 피해자는 외상으로 인하여 급성신부전증이 발생하였고 또 소변량도 심하게 감소된 상태였으므로 음식과 수분의 섭취를 더욱 철저히 억제하여야 한다. 그런데 피해자 A는 이와 같은 사실을 모르고 콜라와 김밥 등을 함부로 먹은 탓으로 체내에 수분저류가 발생하여 위와 같은 합병증이 유발됨으로써 사망하였다.

【판결요지】 살인의 실행행위가 피해자의 사망이라는 결과를 발생하게 한 유일한 원인이거나 직접적인 원인이어야만 되는 것은 아니므로, 살인의 실행행위와 피해자의 사

망과의 사이에 다른 사실이 개재되어 그 사실이 치사의 직접적인 원인이 되었다고 하더라도, 그와 같은 사실이 통상 예견할 수 있는 것에 지나지 않는다면 살인의 실행행위와 피해자의 사망과의 사이에 인과관계가 있는 것으로 보아야 할 것이다(대법원 1994.3.22. 선고 93도3612 판결).

라. 의사의 수술지연, 의사의 과실 등 제3자의 행위가 개입한 경우

판례에 따르면 원인된 행위와 발생한 결과 사이에 의료에 있어서 의사의 수술지연이나 의사의 과실이나 교통사고에 있어서 후행 차량의 운전자의 과실 등 제3자의 행위가 개입한 비유형적 인과관계의 경우에도 상당인과관계를 인정한다. 제3자의 과실이 결과발생에 공동원인이 되었다고 하더라도 행위자의 원인된 행위가 유력한 원인 또는 직접적 원인이 되었다면 상당인과관계를 인정한다.

⚖ **판례** 폭행치사사건에 있어서 피해자에 대한 의사의 수술지연과 인과관계

【판결요지】 피고인이 주먹으로 피해자의 복부를 1회 강타하여 장파열로 인한 복막염으로 사망케 하였다면, 비록 의사의 수술지연 등 과실이 피해자의 사망의 공동원인이 되었다 하더라도 피고인의 행위가 사망의 결과에 대한 유력한 원인이 된 이상 그 폭력행위와 치사의 결과 간에는 인과관계가 있다 할 것이어서 피고인은 피해자의 사망의 결과에 대해 폭행치사의 죄책을 면할 수 없다(대법원 1984.6.26. 선고 84도831,84감도129 판결).

【해설】 이 사례는 원인된 폭행행위와 발생한 사망의 결과 사이에 의사의 수술지연이라는 제3의 원인이 개입한 비유형적 인과관계사례에 해당한다. 조건설에 따를 경우 폭행하지 않았더라면 피해자가 사망하지 않았을 것이라는 논리적 조건관계는 인정되므로 인과관계는 인정된다. 상당인과관계설에 따를 경우 경험법칙상 복부를 강타하면 장파열로 사망할 수 있으며, 의사가 명백히 의사과실을 한 경우와 달리 의사의 수술지연은 흔히 있을 수 있는 일이므로 상당인과관계는 인정된다.

그러나 만약 선행행위(폭행)보다 후행행위(의사의 과실)가 보다 강력하게 인과적으로 추월하여 사망의 결과가 발생했다면 선행행위의 인과관계는 후행행위의 인과관계에 의해 추월당하게 되는데, 이러한 추월적 인과관계의 경우에는 추월당한 인과관계가 추월한 인과관계에 의해 더 이상 진행될 수 없기 때문에 선행행위에 대해서 결과발생에 대한 책임을 물을 수 없다. 만약 위 사건에서 추월적 인과관계에 해당되는 사정들이 있다면 피고인에게는 단순폭행죄, 의사에게는 업무상과실치사죄의 죄책을 물을 수 있을 것이다.

【판결요지】원심판결이유에 의하면, 원심은 그 거시증거를 종합하여 이 사건 사고장소는 차량의 왕래가 빈번한 편도 2차선 도로 중 경보등이 설치되어 있는 횡단보도 부근으로서 양편에 인가가 밀집되어 있고, 또한 사고지점 부근의 도로는 우측으로 약 103도 정도의 곡각을 이루고 있어 야간에는 맞은편에서 오는 차량들의 전조등 불빛에 의하여 시야의 장애를 받는 곳인데 피고인이 야간에 원심판시의 오토바이를 운전하고 시속 약 50킬로미터의 속도로 제2차선상을 진행하다가 진행방향 왼쪽에서 오른쪽으로 도로를 무단횡단하던 피해자를 충격하여 피해자로 하여금 위 도로 제1,2차선 경계선상에 전도케 한 사실 및 그로부터 약 40초 내지 60초 후에 원심공동피고인이 같은 차선으로 타이탄트럭을 운전하여 시속 약 60킬로미터의 속도로 진행하던 중 도로 위에 전도되어 있던 피해자를 역과하여 사망케 한 사실 등을 인정한 다음, 피고인은 속도를 줄이고 전방좌우를 잘 살펴 진로의 안전을 확인하면서 진행하여야 할 업무상주의의무가 있음에도 이를 게을리하여 피해자를 충격한 과실이 있고, 나아가 이 사건 사고지점 부근 도로의 상황에 비추어 야간에 피해자를 충격하여 위 도로의 제1,2차선 중간에 넘어지게 하여 40초 내지 60초 동안 넘어진대로 있게 하였다면 후속차량의 운전사들이 조금만 전방주시를 태만히 하여도 피해자를 역과할 수 있음은 당연히 예상할 수 있을 것이므로 피고인의 과실행위는 피해자의 사망에 대한 직접적 원인을 이루는 것이어서 양자 간에는 상당인과관계가 있다고 판단하였다. 원심이 적법하게 인정한 이 사건 사고지점 부근의 도로상황, 사고시간, 사고경위 등에 비추어 볼때 피고인의 위 과실과 피해자의 사망 사이에는 인과관계가 있다고 할 것이므로, 피고인은 업무상과실치사죄의 죄책을 면할 수 없다 할 것이다(대법원 1990.5.22. 선고 90도580 판결).

【해설】후속차량 운전자의 과실과 피해자의 사망 간에 인과관계는 인정된다. 후행 교통사고를 일으킨 사람의 과실과 피해자의 사망 사이에 인과관계가 인정되기 위해서는 후행 교통사고를 일으킨 사람이 주의의무를 게을리하지 않았다면 피해자가 사망에 이르지 않았을 것이라는 사실이 증명된 것이다. 이는 과실범의 경우 주의의무위반관련성 판단을 한다. 이에 대해서는 후술한다(참조: 대법원 2007.10.26. 선고 2005도8822 판결). 문제는 선행차량 운전자의 과실과 피해자의 사망 간에 인정될 수 있는지이다. 이에 대하여 후속차량에 의하여 피해자가 사망할 수 있다는 것을 '당연히 예상'할 수 있고, 선행차량 운전자의 과실행위는 피해자의 사망에 대하여 '직접적 원인'이라고 판단하였다.

마. 원인된 행위에 다른 원인이 결합하여 결과가 발생한 경우

판례는 원인된 행위로부터 발생된 다른 간접적 원인이 결합되어 결과를 발생하게 한 경우에도 그 행위와 결과 사이에 상당인과관계를 인정한다. 예를 들면 행위자의 자상행위로부터 피해자의 사망 사이에 중간선행사인이 개입한 경우에도 인과관계를 인정한다.

⚖️ **판례** | **자상(刺傷)행위가 다른 원인과 결합하여 사망의 결과를 야기한 경우**

【사실관계】 피고인이 길이 39센티미터(2중손잡이 길이는 13센티미터임), 너비 4.8센티미터의 서독제 식도로 피해자의 하복부를 찔러 직경 5센티, 깊이 15센티미터 이상의 자창을 입혀 복강내 출혈로 인한 혈복증으로 의식이 불명하고 혈압이 촉진되지 아니하는 위급한 상태에서 병원에서 지혈을 위한 응급개복수술을 한바 우측외장골 동ㆍ정맥 등의 완전 파열로 인한 다량의 출혈이 있어 지혈시술과 함께 산소호흡을 시키고, 다량의 수혈을 하였으나 사건 후 약 1개월만에 패혈증과 급성심부전증의 합병증을 일으켜 사망하였다.

【판결요지】 피고인의 자상행위가 피해자를 사망하게 한 직접적 원인은 아니었다 하더라도 이로부터 발생된 다른 간접적 원인이 결합되어 사망의 결과를 발생하게 한 경우라도 그 행위와 사망 간에는 인과관계가 있다고 할 것인바, 이 사건 진단서에는 직접사인 심장마비, 호흡부전, 중간선행사인 패혈증, 급성심부전증, 선행사인 자상, 장골정맥파열로 되어 있으며, 피해자가 부상한 후 1개월이 지난 후에 위 패혈증 등으로 사망하였다 하더라도 그 패혈증이 위 자창으로 인한 과다한 출혈과 상처의 감염 등에 연유한 것인 이상 자상행위와 사망과의 사이에 인과관계의 존재를 부정할 수 없다(대법원 1982.12.28. 선고 82도2525 판결).

【해설】 피고인이 피해자를 칼로 찌르는 자상행위와 피해자의 사망 사이에는 중간선행사인 패혈증 등이 있으며, 피해자의 사망에 대한 직접적 원인은 심장마비 등이다. 즉 자상행위→패혈증→심장마비라는 순서로 인과가 진행된 것이다. 이에 대하여 대법원은 피고인의 자상행위로부터 패혈증이라는 다른 간접적 원인이 결합되어 사망의 결과가 발생한 경우에도 인과관계를 인정하고 있다.

⚖️ **판례** | **감금 행위와 혈전이 폐동맥을 막아 사망한 결과 사이의 인과관계**

【판결요지】 4일 가량 물조차 제대로 마시지 못하고 잠도 자지 아니하여 거의 탈진 상태에 이른 피해자의 손과 발을 17시간 이상 묶어 두고 좁은 차량 속에서 움직이지 못하게 감금한 행위와 묶인 부위의 혈액 순환에 장애가 발생하여 혈전이 형성되고 그 혈전이 폐동맥을 막아 사망에 이르게 된 결과 사이에는 상당인과관계가 있다고 인정한 사례(대법원 2002.10.11. 선고 2002도4315 판결).

【해설】 피고인의 감금행위와 피해자의 사망 사이에 인과관계를 인정하였다. 혈액순환장애, 혈전 형성, 폐동맥이 막혀 사망한 결과에 이르는 과정에 대하여 법원은 규범적 평가보다는 의학적 인과관계를 그대로 서술하여 인과관계를 인정하고 있다. 그 경우 피고인에게 사망의 결과에 대한 예견가능성도 인정하였다.

바. 공격행위로부터 피하는 과정에서 결과가 발생한 경우

판례에 따르면 행위자의 공격으로부터 피해자가 피하는 과정에서 발생한 결과 사이에도 상당인과관계를 인정한다. 예상하지 못한 행위자의 공격에 극도의 흥분을 느끼고 공포심에 사로잡혀 이를 피하는 과정에서 발생한 결과 사이에 인과관계를 인정한다. 이른바 속셈학원 강사사건에서도 인과관계를 인정하였다. 사회생활상의 경험칙에 비추어 볼 때 피고인의 강간행위와 공포심에 사로잡혀 이를 피하기 위해 7층 객실 창문 밖으로도 뛰어내릴 수 있다는 것이 대법원의 판단이다. 예상하지 못한 공격이 있을 때 피해자가 이를 피하기 위해 항상 합리적 판단과 결정을 해야 되는 것은 아니기 때문이다.

⚖️ 판례 속셈학원 강사사건

【사실관계】 갑은 속셈학원을 경영하고 있는 자로서 학원강사로 채용된 피해자(여, 20세)를 관광호텔 9층 일식당에 가서 술을 곁들여 점심식사를 한 다음, 피해자 몰래 미리 예약해 놓은 호텔 703호 객실 앞까지 피해자를 유인하였다. 이에 들어가지 않으려는 피해자를 붙잡아 떠미는 등 강제로 객실 안으로 끌고 들어가 피해자를 강제로 끌어안아 침대에 넘어뜨리고 키스하려고 하는 등 피해자의 반항을 억압한 후 강간하고자 하였다. 그러나 피해자가 2시간 정도에 걸쳐 갑의 얼굴을 할퀴고 비명을 지르며 완강히 반항하던 중 위 객실의 예약된 대실시간이 끝나자 시간을 연장하기 위하여 갑이 호텔 프런트에 전화를 하는 사이에 피해자가 더 이상 위 객실 안에 있다가는 자신의 순결을 지키기 어렵겠다는 생각이 들어 객실을 빠져나가려 하였으나 출입문 쪽에서 갑이 전화를 하고 있어 출입문 쪽으로 나가면 갑에게 잡힐 것 같은 생각이 들자 다급한 나머지 위 객실 창문을 열고 뛰어내리다가 28m 아래 지상으로 추락하여 두개골골절상 등을 입고 사망하였다.

【판결요지】 [1] 폭행이나 협박을 가하여 간음을 하려는 행위와 이에 극도의 흥분을 느끼고 공포심에 사로잡혀 이를 피하려다 사상에 이르게 된 사실과는 이른바 상당인과관계가 있어 강간치사상죄로 다스릴 수 있다.

[2] 피고인이 자신이 경영하는 속셈학원의 강사로 피해자를 채용하고 학습교재를 설명하겠다는 구실로 유인하여 호텔 객실에 감금한 후 강간하려 하자, 피해자가 완강히 반항하던 중 피고인이 대실시간 연장을 위해 전화하는 사이에 객실 창문을 통해 탈출하려다가 지상에 추락하여 사망한 사안에서, 피고인의 강간 미수행위와 피해자의 사망과의 사이에 상당인과관계가 있다고 보아 피고인을 강간치사죄로 처단한 원심의 판단을 수긍한 사례(대법원 1995.5.12. 선고 95도425 판결).

【해설】 피고인의 강간미수행위와 피해자의 추락사 사이에 상당인과관계가 있다고 보아 피고인을 강간치사죄로 처벌한 판례이다. 대법원은 인과관계를 판단하는 기준으로 상당인과관계설을 취하고 있다. 상당인과관계설은 사회생활상의 일반적인 생활경험에 비추어 그러한 행위로부터 그러한 결과가 발생한다는 것이 상당하다고 인정될 때 그 행위와 결과 사이의 인과관계를 인정하는 견해이다. 사회생활상의 경험칙에 비추

어 볼 때 피고인의 강간행위와 공포심에 사로잡혀 이를 피하기 위해 7층 객실 창문밖으로도 뛰어내릴 수 있다는 것이 대법원의 판단이다. 예상하지 못한 공격이 있을 때 피해자가 이를 피하기 위해 항상 합리적 판단과 결정을 해야 되는 것은 아니기 때문이다.

⚖ 판례   당구장폭행사건

【판결요지】 피고인들이 공동하여 피해자를 폭행하여 당구장 3층에 있는 화장실에 숨어 있던 피해자를 다시 폭행하려고 피고인 갑은 화장실을 지키고, 피고인 을은 당구치는 기구로 문을 내려쳐 부수자 위협을 느낀 피해자가 화장실 창문 밖으로 숨으려다가 실족하여 떨어짐으로써 사망한 경우에는 피고인들의 위 폭행행위와 피해자의 사망 사이에는 인과관계가 있다고 할 것이므로 폭행치사죄의 공동정범이 성립된다(대법원 1990.10.16. 선고 90도1786 판결).

【해설】 판례는 피고인들의 폭행행위로부터 피하기 위하여 피해자가 3층 화장실 창문 밖으로 빠져나갈 수 있다는 것이 일상 사회생활 경험칙에 따를 경우 상당하다고 보았다. 따라서 피고인의 폭행행위와 사망 사이에 인과관계가 있다고 본 것이다.[64]

⚖ 판례   상해행위를 피하려고 도주하다가 사망한 사건

【판결요지】 피고인이 이 사건 범행일시경 계속 교제하기를 원하는 자신의 제의를 피해자가 거절한다는 이유로 얼굴을 주먹으로 수회 때리자 피해자는 이에 대항하여 피고인의 손가락을 깨물고 목을 할퀴게 되었고, 이에 격분한 피고인이 다시 피해자의 얼굴을 수회 때리고 발로 배를 수회 차는 등 폭행을 하므로 피해자는 이를 모면하기 위하여 도로 건너편의 추어탕 집으로 도망가 도움을 요청하였으나, 피고인은 이를 뒤따라 도로를 건너간 다음 피해자의 머리카락을 잡아 흔들고 얼굴 등을 주먹으로 때리는 등 폭행을 가하였고, 이에 견디지 못한 피해자가 다시 도로를 건너 도망하자 피고인은 계속하여 쫓아가 주먹으로 피해자의 얼굴 등을 구타하는 등 폭행을 가하여 전치 10일간의 흉부피하출혈상 등을 가하였고, 피해자가 위와 같이 계속되는 피고인의 폭행을 피하려고 다시 도로를 건너 도주하다가 차량에 치여 사망한 사건에 대하여, 판례는 상해행위를 피하려고 하다가 차량에 치여 사망한 경우 상해행위와 피해자의 사망 사이에 상당인과관계가 있다고 하여 상해치사죄로 처단한 원심판결을 수긍하였다(대법원 1996.5.10. 선고 96도529 판결).

【해설】 상해와 사망의 결과 사이에 인과관계가 인정되어야 한다. 상해가 사망의 유일한 원인이 될 필요는 없다. 본 사건과 같이 가해자의 상해행위를 피하는 과정에서 발생한 피해자 사망의 경우, 결과 발생에 제3자인 운전자의 업무상과실이 개입되었다고 하더라도 피고인의 상해행위와 사망의 결과 사이에 인과관계를 인정할 수 있다.

---

64) 유사한 사례로서 피해자가 피고인의 폭행·협박행위를 피하려다 상해를 입게 된 경우 강도치상죄의 성립을 인정한 사례가 있다(대법원 1996.7.12. 선고 96도1142 판결).

사. 과실범과 주의의무위반관련성

과실범의 경우 행위자의 과실과 발생한 결과 사이에 인과관계를 인정하려면 과실이 있다는 점뿐만 아니라 "과실이 없었더라면 결과는 발생하지 않았으리라는 점"을 확인해야 한다. 예를 들면 의사가 농배양을 하지 않은 과실로 인하여 환자가 사망한 경우 농배양을 하지 않은 과실이 피해자의 사망에 기여한 인과관계 있는 과실이 된다고 하려면, 농배양을 하였더라면 피고인이 투약해 온 항생제와 다른 어떤 항생제를 사용하게 되었을 것이라거나 어떤 다른 조치를 취할 수 있었을 것이고, 따라서 피해자가 사망하지 않았을 것이라는 점을 심리·판단하여야 한다.[65] 선행 교통사고와 후행 교통사고 중 어느 쪽이 원인이 되어 피해자가 사망에 이르게 되었는지 밝혀지지 않은 경우 후행 교통사고를 일으킨 사람의 과실과 피해자의 사망 사이에 인과관계가 인정되기 위해서는 "후행 교통사고를 일으킨 사람이 주의의무를 게을리하지 않았다면 피해자가 사망에 이르지 않았을 것이라는 사실"이 입증되어야 한다.[66]

⚖ 판례 파도수영장사건

【사실관계】 파도수영장에는 피해자(여, 12세) 등 70~80명의 학생들을 포함하여 100여 명이 물놀이를 하고 있었다. 안전요원 갑은 그 날 14:30경 피해자가 5분 이상 물에 엎어진 상태로 있는 것을 뒤늦게 발견하고도 잠수놀이를 하는 것으로 생각하고 방치하고 있다가 주변에 있는 학생들이 그 주위로 몰려들어 이상한 태도를 보이자 그제서야 사고가 발생한 것을 알고 피해자를 수영장 밖으로 데리고 나와 인공호흡을 실시하였다. 갑은 피해자가 인공호흡 도중 음식물을 토하였는데도 기도가 막히지 아니하도록 입안의 이물질을 제거하고 고개를 젖혀주는 등 기도를 유지시키는 조치를 취하지 아니하고 그의 신체에서 소생의 기미가 나타났음에도 불구하고 구급차가 도착하였다는 이유만으로 인공호흡을 중단한 채 119구급대에게 피해자를 인계하였는데, 피해자는 속초의료원으로 후송되던 도중 사망하였다.

【판결요지】 파도수영장에서 물놀이하던 초등학교 6학년생이 수영장 안에 엎어져 있는 것을 수영장 안전요원이 발견하여 인공호흡을 실시한 뒤 의료기관에 후송하였으나 후송 도중 사망한 사고에 있어서 그 사망원인이 구체적으로 밝혀지지 아니한 상태에서 수영장 안전요원과 수영장 관리책임자에게 업무상 주의의무를 게을리한 과실이 있고 그 주의의무 위반으로 인하여 피해자가 사망하였다고 인정한 원심판결을 업무상과실치사죄에 있어서의 과실 및 인과관계에 관한 법리오해 및 심리미진 등의 위법을 이유로 파기한 사례(대법원 2002.4.9. 선고 2001도6601 판결).

---

65) 대법원 1996.11.8. 선고 95도2710 판결.
66) 대법원 2007.10.26. 선고 2005도8822 판결.

【해설】판례는 피고인에게 응급조치를 제대로 실시하지 아니한 과실이 있고 그로 인하여 피해자가 사망하였다고 인정하려면 '적절한 응급조치가 취하여졌더라면 그가 사망하지 아니하였을 것임이 입증되어야 한다는 것을 전제로' 원심은 피해자의 사망원인과 그 원인에 따라 당시의 상황에서 피고인 1이 취하여야 할 적절한 응급조치가 무엇인지 여부와 피고인 1이 기도를 유지하였거나 구급차가 도착한 이후에도 인공호흡을 계속하였더라면 피해자가 생명을 건질 수 있었다고 인정할 수 있는지의 여부 등에 관하여 심리·판단하였어야 한다고 지적한다. 사인이 무엇인지에 관하여 아무런 판단을 하지 아니하고 '이 사건 사고 이외에 다른 사망의 원인이 없었기 때문에 피해자가 사망하였다'고 판단한 것은 잘못이라고 하면서 원심을 파기한 사건이다.

아. 비유형적 인과관계와 규범의 보호목적 사례

비유형적 인과관계의 경우 판례는 기본적으로 상당인과관계를 인정하는 입장이다. 비유형적 인과관계의 경우 상당인과관계를 판단하는 과정에서 통상 예견할 수 있다는 표지를 사용하기도 한다. 다만 이른바 철도 건널목사건의 경우 지나치게 비유형적인 인과관계임에도 상당인과관계를 인정하고 있다. 다소 문제가 있다. 이에 대해서는 후술한다.

⚖ 판례 ▶ 철도 건널목사건

【사실관계】 피고인 갑은 1988.1.2. 13:11경 승용차를 운전하다가 철도 건널목에 이르렀다. 갑은 건널목 앞에서 일단 정지하여 좌우를 잘 살펴 진행하는 열차가 있는지 여부 등을 확인한 뒤 안전하게 통과하여야 할 업무상 주의의무가 있음에도 불구하고 이를 게을리한 채 앞을 가로막고 있는 오리떼에 정신이 팔려 건널목 좌우를 잘 살피지 아니하고 그대로 진행하였다. 이때 진행 방향 오른쪽에서 왼쪽으로 진행하는 열차의 운전실 왼쪽 모서리 부분을 위 차의 오른쪽 앞 바퀴 부분으로 들이받아 위 열차에 튕겨나가면서 그 충격으로 위 승용차에 타고 있던 동승자들에게 각각 전치 3-4주의 상해를 입혔다. 뿐만 아니라 마침 타고 가던 자전거에서 내려 위 승용차 왼쪽에서 위 열차가 지나가기를 기다리고 있던 피해자 A(여, 36세)는 놀라서 땅에 넘어져 전치 12주간의 허리 부분의 염좌상 등을 입었다.

【판결요지】 자동차의 운전자가 그 운전사의 주의의무를 게을리하여 열차 건널목을 그대로 건너는 바람에 그 자동차가 열차좌측 모서리와 충돌하여 20여미터쯤 열차 진행방향으로 끌려가면서 튕겨나갔고 피해자는 타고 가던 자전거에서 내려 위 자동차 왼쪽에서 열차가 지나가기를 기다리고 있다가 위 충돌사고로 놀라 넘어져 상처를 입었다면 비록 위 자동차와 피해자가 직접 충돌하지는 아니하였더라도 자동차운전자의 위 과실과 피해자가 입은 상처 사이에는 상당한 인과관계가 있다(대법원 1989.9.12.
선고 89도866 판결).

【해설】 대법원은 자동차운전자의 과실행위와 피해자가 입은 상해의 결과 사이에 상당

인과관계가 있다고 판단하였다. 하지만 상당인과관계설에 따를 경우에도 자동차와 열차의 충돌사고를 목격하고 놀라 넘어져 상처를 입은 이 사건과 같이 지나치게 비유형적인 인과의 진행에 대해서는 상당성이 있다고 보기 어렵다. 또한 객관적 귀속이론 중규범의 보호목적이론에 따라 설명하면 객관적 귀속이 불가능하다. 이에 대해서는 후술한다.

⚖ 판례 ┤자형 삼거리 교차로 사건

【사실관계】 피고인이 신호등이 설치된 ┤자형 삼거리에서 직진신호에 따라 과속으로 교차로를 통과하던 중 갑자기 신호를 위반하여 좌회전하던 오토바이와 충돌하여 오토바이 운전자가 상해를 입었다. 검사는 피고인을 업무상과실치상죄로 기소하면서 피고인의 과속운전이 사고발생의 원인이라고 주장하였다. 검사의 주장은 타당한가?

【판결요지】 신호등에 의하여 교통정리가 행하여지고 있는 삼거리의 교차로를 녹색등화에 따라 직진하는 차량의 운전자는 특별한 사정이 없는 한 다른 차량들도 교통법규를 준수하고 충돌을 피하기 위하여 적절한 조치를 취할 것으로 믿고 운전하면 족하고, 대향차선 위의 다른 차량이 신호를 위반하고 직진하는 자기 차량의 앞을 가로질러 좌회전할 경우까지 예상하여 그에 따른 사고발생을 미리 방지하기 위한 특별한 조치까지 강구하여야 할 업무상의 주의의무는 없고, 위 직진차량 운전자가 사고지점을 통과할 무렵 제한속도를 위반하여 과속운전한 잘못이 있었다 하더라도 그러한 잘못과 교통사고의 발생과의 사이에 상당인과관계가 있다고 볼 수 없다(대법원 1993.1.15. 선고 92도2579 판결).

Ⅲ. 합법칙적 조건설과 객관적 귀속이론

1. 합법칙적 조건설과 객관적 귀속이론

이 견해는 먼저 인과관계가 있는가에 대한 인과관계 존부 문제와 발생한 결과를 행위자의 작품으로 귀속시킬 수 있는가라는 귀속의 문제를 구분하여, 인과관계의 존부 문제는 합법칙적 조건설에 따라 판단하고, 결과귀속의 문제는 객관적 귀속이론에 따라 판단한다(이원적 방법론).[67] 즉 합법칙적 조건설에 의하여 인과관계가 인정된 후에 객관적 귀속이론에 의해 법적·규범적 측면에서 귀속의 기준이 검토되어야 한다. 합법칙적 조건설은 인과관계의 확정에 관한 이론에 불과하다. 따라서 인과관계가 인정된다고 하여 행위자에게 결과귀속을 인정한다는 의미가 아니다. 인과관계의 존재가 확인된 후 다시 법적·규범적 측

---

67) 김성돈, 209면; 김성천, 8면; 김일수/서보학, 114면; 김혜정/박미숙/안경옥/원혜욱/이인영, 95면; 손동권/김재윤, 124면; 신동운, 185면; 이재상/장영민/강동범, 159면; 임웅, 139면; 정성근/박광민, 173면.

면에서 귀속의 기준이 검토되어야 한다. 합법칙적 조건설과 객관적 귀속이론이 별개의 이론이 아니라 하나의 이론이라고 볼 수 있다.

2. 합법칙적 조건설의 의의

합법칙적 조건설에 따르면 인과관계는 선행사실이 없었더라면 후행사실도 발생하지 않았다는 논리적 인과관계가 아니라, 행위가 우리의 경험법칙에 따라 인과법칙적으로 결과를 발생시켰는가의 문제이고, 행위와 합법칙적 관련이 있는 결과만이 인과관계가 있다고 보는 견해이다.

합법칙적 조건설은 논리적 인과관련성을 다루는 조건설의 결함을 일상적인 경험지식에 기초한 자연법칙적 관련성을 뜻하는 합법칙적 조건공식을 사용하여 조건설을 수정했다. '합법칙적 조건공식'은 언제나 그 결과가 행위에 시간적으로 뒤따르면서 그 행위와 자연법칙적으로 관련되어 있을 때 그 행위는 결과에 대하여 인과적이며, 행위가 시간적으로 뒤따르는 외계의 변화에 연결되고 그 외계의 변화가 행위와 합법칙적으로 결합되어 구성요건적 결과로 실현되었을 때 합법칙적 조건이 인정된다.

> **📑심화내용** 합법칙적 조건설에 따를 경우 인과관계의 확정단계
>
> 제1단계는 일반적인 인과관계의 확정으로(조건적 인과관계) 자연과학적 인과법칙의 존재 여부를 검토하는 단계로 자연과학적인 전문가들의 전문지식에 의해서 판단한다. 제2단계는 구체적 인과관계의 확정단계로 구체적 사안이 자연과학적 인과법칙하에 포섭될 수 있느냐의 여부를 검토하는 단계로 법관의 주관적 확신에 의해 판단한다. 경험적으로 인과관계의 존부를 확인하는 절차와 이를 통하여 확인된 인과관계의 연결고리 가운데 형법적으로 의미 있는 것을 가려내는 평가의 절차를 이원적으로 분리하는 것이다.[68]

3. 구체적인 경우

이중적 인과관계의 경우 합법칙적 인과관계가 인정된다. 행위자가 각각 독자적으로도 결과를 야기한 합법칙적 조건이 되었다는 점이 증명된 경우에 기수죄의 죄책을 진다.

중첩적 인과관계의 경우 각 행위자의 행위와 결과에 대하여 인과관계는 인정이 되나,

---

68) 김성돈, 209면.

각자가 사태를 전부 지배하지 못하였으므로 객관적 귀속이 결여되어 미수가 된다.

추월적 인과관계의 경우 추월한 후행조건만이 결과에 대하여 합법칙적 인과관련성을 가지며, 추월당한 선행조건은 결과에 대하여 합법칙적 인과관련성을 갖지 못한다.

비유형적 인과관계의 경우 합법칙적 인과관계는 인정된다. 이는 나중에 개입한 후행조건이 선행조건을 완전히 무효화시키고 자기쪽에서만 완전히 새로운 인과계열을 만들어낸 것이 아니라, 선행조건의 인과연쇄를 기초로 이에 변형을 가한 것이기 때문이다. 그러나 객관적 귀속은 인정되지 않는다.

📋 심화내용　인과관계와 관련된 기타 학설

1. 원인설(개별화설)

조건설에 의해서 인과관계가 무한정 확장되는 문제점을 해결하기 위하여 조건 중에서 특별히 결과발생에 중요한 영향을 준 원인(原因)과 단순한 조건(條件)을 구별하고, 원인에 해당하는 조건만이 결과발생에 대해서 인과관계가 있다고 하는 학설이다. 원인과 조건을 구별하는 것으로 필연적 조건만이 원인이 된다는 견해(Stübel), 최후에 영향을 준 것만이 원인이라는 견해(Ortmann), 가장 유력하게 작용한 조건만이 원인이라는 견해(Birkmeyer), 원동력을 준 조건만이 원인이라는 견해(Kohler), 결정적 조건만이 원인이라는 견해(Nagler), 조건을 우월하게 만들어 결과를 발생케 한 조건만이 원인이라는 견해(Binding)등으로 나뉜다.

원인설에 대해서는 ① 행위는 어떤 결과에 대해서 원인이 되느냐 안 되느냐의 어느 하나일 뿐이지, 어떤 것을 크게 또 어떤 것은 작게 결과발생의 원인이 되는 것은 아니며, ② 원인과 조건을 이론상 명백히 구별하기 어렵다는 비판이 있다. 이러한 점을 근거로 원인설은 현재 주장학자가 없으며, 다만 학설사적 의미만 남아있다.

2. 인과관계중단론

인과관계가 진행되는 도중에 타인의 고의행위나 예기치 못한 우연한 사정이 개입된 경우에는 이에 선행하였던 행위와 결과 사이의 인과관계가 중단되어 기수의 책임을 물을 수 없다는 견해이다. 예를 들면 치사량의 독약을 복용시켰으나 아직 약효가 나타나기 전에 낙뢰로 사망한 경우이다. 하지만 형법상 인과관계는 있느냐 없느냐의 택일적 문제인데, 사후적으로 인과관계가 중단된다는 것은 있을 수 없다.

3. 중요설

중요설은 상당인과관계설이 자연과학적 판단인 인과관계와 상당성이라는 규범적 판단을 동시에 하는 문제점을 해결하여 위하여 등장한 이론이다. 이 견해는 자연과학적 인과성의 문제와 법적 책임의 문제를 엄격히 구별하여, 인과적 관련성을 규명할 때에는 조건설에 의하고, 결과귀속에 있어서는 개개의 구성요건에 반영된 중요성에 따라 판단하는 견해이다(Mezger). 인과관계판단은 절대적 제약공식에 따른 조건설에 따르고, 결과귀속은 형법적 중요성에 따라 판단한다. 합법칙적 조건설과 객관적 귀속이론에 영향을 준 이론이라고 할 수 있다. 하지만, 구성요건적 중요성에만 집착한 나머지 실질적인 기준을 제시하지 못했으며, 형법적 중요성에 구체적 내용이 결여되어 있다는 문제점이 있다.[69]

제3절 객관적 귀속이론

Ⅰ. 서설

객관적 귀속이론은 합법칙적 인과관계가 인정되는 결과를 행위자의 행위에 객관적으로 귀속[70]시킬 수 있는가를 확정하는 이론을 말한다. 객관적 귀속이론은 인과관계의 존재가 확정된 후에, 정당한 처벌인가라는 관점에서 발생된 결과를 행위자에게 객관적으로 귀속시키기 위해 행위와 결과 사이에 어떤 연관이 있어야 하는지 법적·규범적 관점에서 판단하는 문제에 속한다.

주의할 점은 객관적 귀속이론은 인과관계이론을 객관적 귀속이론으로 대체하려는 것이 아니다. 오히려 객관적 귀속은 결과에 대한 행위의 인과관계가 존재한다는 것을 전제로 한다. 다만 인과관계는 규범적 판단인 객관적 귀속에 의하여 보완될 뿐이다. 자연과학적 인과관계는 인과관계를 파악함에 있어서 필요조건이기는 하지만 충분조건은 아니기 때문이다.

객관적 귀속이 존재하는 경우 객관적 구성요건은 충족되므로 결과범의 기수가 된다. 하지만, 객관적 귀속이 존재하지 않는 경우 미수 또는 무죄가 된다. 위험을 창출하지 못한 경우 가벌성이 탈락되어 무죄가 되며, 위험을 창출하였으나 실현하지 못한 경우 고의범은 미수로 처벌되며, 과실범은 미수 처벌규정이 없기 때문에 무죄가 된다.

---

69) 배종대, 157면; 이재상/장영민/강동범, 159면; 이형국/김혜경, 152면; 임웅, 137면.

70) 귀속(歸屬)이란 '무엇을 어느 누구의 탓으로 돌린다.'는 뜻이다. 귀속에는 주관적 귀속과 객관적 귀속이 있다. '주관적 귀속'은 책임귀속을 말하는 것으로 행위자의 불법행위가 "바로 너 때문이다"라고 비난할 수 있을 때 책임이 귀속된다고 한다. 특정한 행위자를 전제로 한다는 점에서 주관적 귀속이라고 한다. '객관적 귀속'은 구체적인 행위자를 염두에 두지 않고 결과를 행위에 귀속시킨다는 점에서 객관적 귀속이라고 한다. 발생된 결과를 행위의 탓으로 돌릴 수 있다는 판단에는 '그렇게 평가하는 것이 옳다.'라는 규범적 판단이 들어 있다.

II. 객관적 귀속의 기준

1. 의의

인과관계가 인정되더라도 다시 그 결과가 행위자의 행위에 객관적으로 귀속될 수 있는가를 규범적으로 평가하여야 한다. 객관적 귀속 여부에 대한 평가를 할 때에는 ① 그 행위가 죄의 요소되는 허용되지 않는 위험을 발생(위험의 창출)시켰는가, ② 행위자가 창출시킨 그 위험이 구성요건적 결과발생으로 구체화(위험의 실현 또는 연결)되었는가, ③ 발생한 결과가 그 행위를 통하여 침해되는 규범의 보호영역안에서 이루어졌는가를 검토하여야 한다.

2. 허용되지 않는 위험의 창출

행위자가 허용되지 않는 위험을 창출한 경우 발생한 결과를 행위자의 행위에 객관적으로 귀속시킬 수 있다. 따라서 허용되지 않는 위험의 창출이 아닌 허용된 위험을 창출한 경우에는 객관적으로 귀속시킬 수 없다. 허용된 위험의 범위 내에서 행위하는 자는 '죄의 요소 되는 위험', 즉 법적으로 중요한 위험을 발생시킨 자가 아니기 때문이다. 이를 '허용된 위험의 법리'라고 한다.[71]

또한 행위자가 어떤 행위객체에 원래부터 존재하고 있는 위험을 자신의 행위를 통해 감소시킨 경우에는 위험의 창출이 있었다고 판단할 수 없기 때문에 객관적 귀속을 시킬 수 없다. 이를 '위험 감소의 법리'라고 한다.[72]

3. 창출한 위험의 실현

행위자가 위험을 창출하였다면 그 위험을 결과로 실현시켜야 객관적으로 귀속시킬 수 있다. 행위자가 허용되지 않은 위험을 창출하였지만, 그 위험을 결과로 실현된 것으로 볼 수 없다면 객관적 귀속은 부정된다. 행위자가 창출한 위험이 그러한 결과를 만들어 내리라고 일반인이 예견할 수 없거나 지배가능성이 없는 경우(객관적 예견가능성 판단),[73] 주의의

---

71) 여기에서 '죄의 성립요소 되는 위험발생'이란 법적으로 허용되지 않는 (결과발생의) 위험을 창출시킨 것을 의미한다. 이렇게 보면 '허용된 위험'의 의의(체계적 지위)도 구성요건해당성배제사유로 이해할 수 있다. 이에 관해서는 과실범론에서 설명한다.

72) '행위자가 발생시킨 위험이 그러한 결과를 만들어 내리라고는 일반인이 예견할 수 없는 경우에는 형법적으로 비난할 만한 위험의 창출이라고 할 수 없다'고 하면서 객관적 예견불가능성을 '위험의 창출'과 관련된 척도로서 거론하는 것(김일수/서보학, 117면)도 가능하다. 그러나 이 척도는 오히려 '위험의 실현'과 관련된 척도로서 분류할 수 있다.

73) 객관적 예견가능성은 고의범, 과실범, 결과적 가중범의 경우에도 적용되는 객관적 귀속척도이다.

무에 합치되는 행위를 하더라도 마찬가지의 결과가 발생했을 것이라고 판단되는 경우(주의의무위반관련성 판단)에는 객관적 귀속을 시킬 수 없다.[74]

4. 규범의 보호목적 범위 내에서 발생

행위자의 행위로부터 발생한 결과는 그 규범이 가지고 있는 보호목적 범위 내에서 발생한 경우에는 객관적 귀속을 시킬 수 있다. 따라서 발생한 결과가 그 규범의 보호목적 범위 바깥에 있는 경우에는(규범의 보호목적)[75] 행위자가 창출한 그 위험이 결과로 실현된 것이라고 할 수 없다.

> **심화내용 객관적 귀속이론의 전개**
>
> 객관적 귀속이론은 Honig가 처음 주장한 이래 많은 학자들의 지지를 얻었다. 그는 행위자가 회피할 수 있었음에도 불구하고 회피하지 아니한 결과는 행위자에게 귀속시킬 수 있다는 회피가능성이론 또는 지배가능성이론을 주장하였다. 이후 Roxin은 위험실현(증대)의 이론을 주장하였다. 보호법익에 대하여 법적으로 허용될 수 없는 위험을 야기하거나 위험을 증가시킨 때에만 그 위험으로 인한 결과를 객관적으로 귀속시킬 수 있고, 이에 반하여 법익에 대한 위험을 야기하지 않거나 허용되는 위험만을 야기한 때에는 결과귀속을 인정할 수 없다는 견해이다. 위험증대이론은 우리 형법 제17조의 해석과 관련하여 상당한 설득력을 가지고 있기 때문에 국내 많은 학자들에 의해 지지를 받고 있다.

Ⅲ. 객관적 귀속의 구체적 판단기준[76]

1. 허용되지 않는 위험의 창출 또는 위험의 증가

가. 의의
행위자가 허용되지 않는 위험을 창출하거나 위험을 증가시킨 경우에는 객관적 귀속이 가능하다. 따라서 허용된 위험을 창출하거나 위험을 감소시킨 경우에는 객관적 귀속이 불가능

---

74) 주의의무위반 관련성은 과실범과 부작위범에 적용되는 객관적 귀속척도이다.

75) 규범의 보호목적은 과실범, 결과적 가중범, 부작위범에 적용되는 객관적 귀속척도이다.

76) 객관적 귀속의 기준으로 위험의 창출과 위험의 실현, 규범의 보호목적을 제시하는 것이 다수의 견해인 듯하나 그 하위유형으로는 어떤 것이 있는지에 대해서는 견해가 분분하다. 통일적인 견해의 정립이 필요하다. 심지어는 같은 사례유형을 두고 위험의 창출이 없다고 보는 견해와 위험의 실현이 없다고 보는 견해로 나누어지기도 한다.

하다. 사회적으로 상당하고 경미한 위험을 창출한 경우에도 객관적 귀속이 불가능하다.

나. 허용된 위험을 창출한 경우

허용된 위험은 위험을 수반하는 많은 행동양식들이 공공이익이라는 상위의 근거로부터 일반적으로 허용되는 경우이다. 예를 들면 자동차교통에 있어서 교통규칙을 준수한 경우에도 타인에게 피해를 입힐 가능성은 항상 존재한다. 여기에서 사회적 효용성과 같은 공공이익을 위하여 필요한 안전조치를 하였다면 자동차운전 등과 결부된 위험의 발생에 대하여 법질서가 허용한다는 이론이 허용된 위험의 이론이다. 행위자가 허용된 위험을 창출한 경우에는 객관적 귀속이 불가능하다.

💼 사례   허용된 위험 사례

【사례】 갑은 고속도로에서 교통법규를 잘 준수하며 정속주행을 하고 있던 중, 전혀 예상하지 못한 곳에서 술에 만취한 보행자 A가 튀어 나왔다. 이에 갑은 급제동을 하였으나, 결국 보행자 A를 치어 사망케 하였다.

【해설】 이 사례의 경우 갑은 고속도로에서 교통법규를 잘 준수하면서 정속주행을 하였으므로, 그는 법적으로 허용되지 않는 위험을 창출한 것이 아니라, 법적으로 허용된 위험을 행한 것이다. 따라서 발생한 A의 사망이라는 결과를 갑에게 객관적 귀속시킬 수 없다. 갑은 신뢰의 원칙에 따라 업무상과실치사죄의 구성요건해당성이 배제된다(허용된 위험의 원칙).

다. 위험감소

행위자가 기존의 인과과정에 개입하여 비록 위험의 발생을 저지하지는 못했다 할지라도, 그 위험의 정도를 감소시킨 경우에는 객관적 귀속이 불가능하다. 위험을 창출하였다고 볼 수 없기 때문이다.

💼 사례   위험감소 사례

【사례】 ① 갑은 건설공사현장에서 작업동료 A의 머리위에 떨어지는 콘크리트 덩어리를 발견하고 순간적으로 A를 떠밀었다. 이로 인하여 A에게 사망을 면하게 했지만 다리에 골절상을 입게 만들었다. ② 소방관 갑은 불타는 집의 3층 내실에서 사망위험에 빠진 어린이 A를 발견했지만 그 아이를 구할 수 있는 다른 방법이 없었기 때문에 이불에 싸서 창문 밖으로 던짐으로써 다리골절상을 입혔다.

【해설】 위 사례의 경우 갑은 새로운 위험을 창출한 것이 아니라, 다른 원인에 의하여

창출된 사망이라는 위험을 상해라는 위험으로 감소시킨 경우이기 때문에 상해의 결과를 행위자에게 객관적으로 귀속시킬 수 없다. 참고로 상당인과관계설에 따를 경우 인과관계는 인정되지만, 긴급피난으로서 위법성이 조각된다.

라. 사회적으로 상당하고 경미한 위험

행위자가 법익침해의 위험을 감소시키지는 않았지만 그렇다고 하여도 법적으로 의미가 있을 만큼의 위험을 증대시키지도 않은 경우에 객관적 귀속은 부정된다. 예를 들면 상속인이 피상속인을 살해하기 위하여 안전도가 낮은 전세기를 타도록 하여 추락으로 사망케 한 경우, 번개가 치는 장소로 사람을 보내어 사망하게 한 행위[77]는 법적으로 의미가 있을 만큼의 위험을 증대시켰다고 볼 수 없다. 설령 위험을 창출하였다고 평가하더라도 결과에 대한 지배가능성이 없기 때문에 발생한 결과를 행위자의 행위에 귀속시킬 수 없다.

2. 창출된 위험의 실현

가. 의의

행위자에 의해 창출된 위험이 구체적인 구성요건결과에서도 사실상 실현되었을 때 객관적 귀속이 가능하다. 위험을 창출하였지만 창출된 위험이 실현되지 않았을 때에는 고의범의 경우 행위자는 미수가 되며, 과실범의 경우 미수범 처벌규정이 없기 때문에 무죄가 된다.

나. 객관적 예견가능성과 지배가능성

행위자의 행위로 야기될 구성요건적 결과를 행위자의 작품으로 귀속시키기 위해서는 그것이 일반인에 의해서도 객관적으로 예견가능하고 지배가능한 것이어야 한다. 어떠한 결과의 발생이 일상적 생활경험의 밖에 놓여져 있어 이성적 판단으로는 예견할 수 없는 사건경과에 기인한 경우에는 객관적 귀속이 부정된다.[78] 실무에서 가장 많이 사용되는 것

---

77) 이 사례는 객관적 예견가능성이 없는 경우 또는 지배가능성이 없는 사례라고도 볼 수 있다.

78) 이를 '위험의 상당한 실현의 원칙'이라고 제목을 달고 설명을 하는 견해도 있다. 결과가 행위자에 의해 창출된 위험의 실현이 아니라 예견할 수 없었던 인과과정을 통해 초래된 경우에는 결과귀속은 불가능하고 단지 미수행위가 고려될 수 있을 뿐이다. 결과가 제1의 미수행위에 의해 창출된 위험의 상당한 실현일 때에만 그 미수행위는 뒤이어 일어난 인과과정의 위험을 법적으로 중요한 정도로 증가시킨 것이 되어 결과의 객관적 귀속을 인정할 수 있다. 예를 들면 갑이 을을 살해하기 위하여 저격하였으나 을이 병원으로 가는 도중 교통사고로 사망하였거나 병원에서 화재로 사망한 경우에는 객관적 귀속이 불가능하지만, 갑이 을을 익사시키기 위해 다리에서 밀었는데 을이 교각에 머리를 부딪쳐 사망한 경우에는 객관적 귀속이 가능하다.

으로 특히 결과적 가중범의 경우 형법상 인과관계를 인정할 것인지를 판단할 때 가장 많이 활용된다. 결과적 가중범의 중한 결과발생이 기본범죄행위로 발생한 것인지 아니면 제3자의 행위나 피해자의 과실 또는 우연적 요소가 개입되어 발생한 것인지가 모호한 경우가 많다. 이 경우 중한 결과 발생이 객관적으로 예견할 수 없는 경우에는 인과관계가 부정된다는 결론이 내려진다. 결과에 대한 지배가능성은 결과에 대한 '조종가능성'과 '예견가능성'을 내용으로 한다. 예를 들면 갑이 여자친구 A가 벼락에 맞아 사망하기를 기대하면서 특정한 공원벤치에서 만나자고 약속했는데 실제로 A는 그 벤치에서 벼락에 맞아 사망한 경우 A의 사망은 일상적 경험 바깥에 놓여져 있어 객관적으로 예견했다고 볼 수 없을 뿐만 아니라 결과에 이르는 과정을 지배하였다고 볼 수 없기 때문에 객관적 귀속을 시킬 수 없다.

다. 합법적 대체행위(주의의무위반관련성)

과실범의 경우 행위자가 주의의무위반행위를 행함으로써 결과를 야기했으나, 합법적 행위, 즉 주의의무를 다하였더라도 그 결과는 마찬가지로 발생했을 개연성이 있는 경우에는 객관적 귀속은 부정된다. 행위자가 주의의무위반으로 인하여 사고를 발생시켰지만, 만약 교통법규를 지켰더라도 사고의 발생이 불가피했을 것으로 예상되는 경우에는 객관적 귀속은 부정된다.

⚖️ **판례** | **할로테인 마취사건**

【사실관계】 수술주관의사 또는 마취담당의사가 할로테인을 사용한 전신마취에 의하여 난소종양절제수술을 함에 앞서 혈청의 생화학적 반응에 의한 간기능검사로 환자의 간 상태를 정확히 파악하지 아니한 채 개복수술을 시행하여 환자가 급성전격성간염으로 인하여 사망하였다.

【판결요지】 가. 전신마취에 의한 개복수술은 간부전을 일으키고 간성혼수에 빠지게 하기도 하는데 특히 급만성간염이나 간경변 등 간기능에 이상이 있는 경우에는 90% 이상이 간기능이 중악화하고 심한 경우에는 사망에 이르게 하는 것으로 알려져 있어 개복수술 전에 간의 이상 유무를 검사하는 것은 필수적이고, 피해자의 수술시에 사용된 마취제 할로테인은 드물게는 간에 해독을 끼치고 특히 이미 간장애가 있는 경우에는 간장애를 격화시킬 위험이 있으므로 이러한 환자에 대하여는 그 사용을 주의 또는 회피하여야 한다고 의료계에 주지되어 있으며 이 사건 사고당시 의료계에서는 개복수술 환자의 경우 긴급한 상황이 아닌 때에는 혈청의 생화학적 반응에 의한 간기능검사를 하는 것이 보편적이었다면, 응급환자가 아닌 난소종양환자의 경우에 있어서 수술주관

의사 또는 마취담당의사인 피고인들로서는 난소종양절제수술에 앞서 혈청의 생화학적 반응에 의한 검사 등으로 종합적인 간기능검사를 철저히 하여 피해자가 간손상 상태에 있는지의 여부를 확인한 후에 마취 및 수술을 시행하였어야 할 터인데 피고인들은 시진, 문진 등의 검사결과와 정확성이 떨어지는 소변에 의한 간검사 결과만을 믿고 피해자의 간상태를 정확히 파악하지 아니한 채 할로테인으로 전신마취를 실시한 다음 이 사건 개복수술을 감행한 결과 수술 후 22일만에 환자가 급성전격성간염으로 인하여 사망한 경우에는 피고인들에게 업무상과실이 있다 할 것이다.

나. 위 "가"항의 경우에는 혈청에 의한 간기능검사를 시행하지 않거나 이를 확인하지 않은 피고인들의 과실과 피해자의 사망 간에 인과관계가 있다고 하려면 피고인들이 수술 전에 피해자에 대한 간기능검사를 하였더라면 피해자가 사망하지 않았을 것임이 입증되어야 할 것인데도(수술 전에 피해자에 대하여 혈청에 의한 간기능검사를 하였더라면 피해자의 간기능에 이상이 있었다는 검사결과가 나왔으리라는 점이 증명되어야 할 것이다) 원심은 피해자가 수술당시에 이미 간손상이 있었다는 사실을 증거 없이 인정함으로써 채증법칙위반 및 인과관계에 관한 법리오해의 위법을 저지른 것이다 (대법원 1990.12.11. 선고 90도694 판결).

【해설】 할로테인이라는 마취약은 간기능에 이상이 있는 환자에게는 매우 치명적인 약품이므로 의사는 사용전에 환자의 간기능에 대하여 종합적인 검사를 하여 간기능에 이상이 없다는 것을 확인한 후에 사용하여야 한다. 그럼에도 불구하고 의사 갑은 검사를 시행하지 않고 사용하였다는 점에서 주의의무위반이 인정되어 업무상과실이 인정된다(판결요지 '가'부분: 업무상과실 인정).

또한 의사의 과실과 환자의 사망 사이에 인과관계와 객관적 귀속이 인정되어야 한다. 먼저 과실과 사망 사이에 자연과학적 연관성이 있으므로 인과관계는 인정된다. 문제는 객관적 귀속이다. 피고인들의 과실과 피해자의 사망 간에 귀속이 인정되려면 피고인들이 수술 전에 피해자에 대한 간기능검사를 하였더라면 피해자가 사망하지 않았을 것임이 입증되어야 한다. 대법원은 원심이 이러한 판단을 하지 않았다는 점을 지적하고 파기환송시킨 것이다.

라. 비유형적 인과관계 사례
(1) 인과의 진행이 경험칙상 예상할 수 없는 경우

인과의 진행이 경험칙상 예상할 수 있는 경우에는 객관적 귀속이 가능하지만, 인과의 진행이 예상할 수 없을 정도로 지나치게 비유형적인 경우에는 객관적으로 예견가능성이 없는 우연적 결과이므로 객관적으로 귀속될 수 없다.

【사례】갑은 살해의 고의로 A에게 총격을 가하였지만 경상을 입힌 정도에 그쳤다. 그런데 A는 병원에서 입원치료를 받던 도중에 병원의 화재로 인하여 사망하고 말았다.

【해설】구성요건적 결과는 행위자에 의해 창출된 위험의 상당한 실현이 아니라 지나치게 비유형적이며, 예견할 수 없었던 인과과정을 통해서 초래된 것이라고 볼 수 있기 때문에 결과귀속은 불가능하며 미수만이 문제될 뿐이다.

(2) 피해자 또는 제3자의 행위가 개입한 경우

행위와 결과 사이에 피해자 또는 제3자의 행위가 개입한 경우에는 구분하여 논의할 필요가 있다. 선행행위에 의해 설정된 위험이 방해받지 않고 결과로 실현된 때에는 객관적 귀속이 가능하다. 하지만, 후행행위자의 고의 또는 중과실로 창출된 추가적인 위험이 실현되어 결과가 발생한 때에는 결과는 선행행위에 귀속되지 않고 후행행위에 귀속된다.[79]

사례   비유형적 인과관계 사례

【사례】갑은 수영을 할 줄 모르는 피해자 A를 높은 다리 밑으로 익사시키려고 교각 위에서 피해자를 밀었으나 피해자는 교각에 머리를 부딪쳐 뇌진탕으로 사망하였다.

【해설】결과가 제1의 실행행위에 의해 창출된 위험의 상당한 실현일 때에만 그 실행행위는 뒤이어 일어난 인과과정의 위험을 법적으로 중요한 정도로 증가시킨 것이 볼 수 있기 때문에 결과의 객관적 귀속이 가능하다.

(3) 피해자의 특이체질

피해자의 특이체질도 비유형적 인과관계의 한 경우이므로 비유형적 인과관계의 일반원리에 따라 해결할 수 있다. 만약 객관적으로 예견가능한 특이체질이라면(고혈압, 심장질환 등) 위험실현으로 평가되지만, 객관적으로 예견가능성이 없는 특이체질(혈우병, 두개골이 지나치게 얇고 뇌수종을 앓음)은 위험실현으로 평가되지 않는다.[80]

판례   객관적 예견가능성 문제

【사실관계】갑은 피해자 A와 시비가 되어 서로 멱살을 잡고 다투다가 피해자의 앞가슴 부분 상의를 잡아끌어 당기면서 뒤로 밀었다. 이에 피해자 A는 엉덩방아를 찧으면서 땅에 넘어지더니 바로 땅바닥에 주저앉아 두손으로 얼굴을 감싸고 앉아 있다가 숨을

---

79) 이재상/장영민/강동범, 170면; 정현미, 인과과정에 개입된 타인의 행위와 객관적 귀속, 형사판례연구(1), 187면.
80) 김일수/서보학, 118면.

크게 두세번 쉬더니 일어나 두세발자욱 가서 목판에 앉는 순간 옆으로 쓰러졌다. 피해자의 직접적 사망원인은 관상동맥경화 및 협착에 의한 심부전(심장마비)으로서 위 피해자는 생전에 관상동맥경화 및 협착증세를 가지고 있었으며 한번 떠밀린 충격에도 심장마비로 사망할 가능성이 충분히 있었으나, 피해자는 생전에 외관상 건강하여 위와 같은 심장질환이 있음을 그의 배우자조차 전혀 알지 못하였다.

【판결요지】 피고인의 폭행정도가 서로 시비하다가 피해자를 떠밀어 땅에 엉덩방아를 찧고 주저앉게 한 정도에 지나지 않은 것이었고 또 피해자는 외관상 건강하여 전혀 병약한 흔적이 없는 자인데 사실은 관상동맥경화 및 협착증세를 가진 특수체질자이었기 때문에 위와 같은 정도의 폭행에 의한 충격에도 심장마비를 일으켜 사망하게 된 것이라면 피고인에게 사망의 결과에 대한 예견가능성이 있었다고 보기 어려워 결과적 가중범인 폭행치사죄로 의율할 수는 없다(대법원 1985.4.3. 선고 85도303 판결).

【해설】 행위자에 의해 창출된 위험이 결과에서 상당한 정도로 실현되었는지의 여부에 관한 판단은 구체적으로 나타난 결과에 대한 '객관적 예견가능성'의 척도에 따를 수 밖에 없다. 따라서 비유형적 인과관계의 경우 피해자에게 경상만을 입혔으나 혈우병환자와 같은 특이체질이기 때문에 사망한 경우(81도1811) 또는 이 사례와 같은 경우는 객관적으로 귀속시킬 수 없다.

3. 규범의 보호목적 범위 내에 있을 것

가. 규범의 보호목적 범위

어떠한 결과가 그 행위를 통하여 침해되는 규범의 보호영역 밖에서 이루어진 경우에는 객관적 귀속이 부정된다. 규범은 각자의 보호영역과 보호목적을 가지고 입법되는데, 비록 결과가 발생하였다고 하더라도 규범이 예정하고 있는 보호목적과 관련이 없을 경우에는 객관적 귀속이 부정된다. 주로 과실범에 대해서 결과귀속을 배제하는 원칙이다.

예를 들면 자동차 운전자가 차도의 중앙선을 침범하였는데 침범한 차도 쪽의 보도에 있던 보행자가 갑자기 차도로 넘어져서 자동차에 치어 사망한 경우에 중앙선침범행위가 위반한 규범(도로교통법 제13조 제3항)의 보호목적은 차량 대 차량의 통행방법의 규율에 있는 것이고 보행자의 생명·신체의 보호에 있는 것은 아니며, 보행자의 사망이라는 하는 결과는 규범의 보호목적의 범위 내에 속하는 것이 아니다. 따라서 결과의 귀속이 부정된다.[81]

또한 자동차 운전자 갑이 다른 운전자 A를 금지규범에 위반하여 추월하였는데, 이에 놀란 A가 심장마비를 일으켜 사망한 경우 그 결과를 갑에게 귀속시킬 수 없다. 그 이유는 입법자가 추월행위에 대하여 일정한 주의규범을 설정한 목적은 추월당하는 자가 놀라

---

81) 이형국/김혜경, 155면; 임웅, 142면.

지 않도록 그 정신적·심리적 위해를 방지하기 위한 것이 아니라 충돌사고 자체에 의한 생명·신체적 위해를 미연에 방지하려는 데 있기 때문이다. 그러므로 주의규범에 반한 추월행위가 심약한 사람을 놀라게 하여 그를 사상케 하는 결과를 초래했더라도 그 결과는 이 주의규범이 일정한 행태를 금지함으로써 예방하려고 한 구체적인 위험의 실현이라고 볼 수 없다.

⚖ 판례 철도 건널목사건

【사실관계】 피고인 갑은 1988.1.2. 13:11경 승용차를 운전하다가 철도 건널목에 이르렀다. 갑은 건널목 앞에서 일단 정지하여 좌우를 잘 살펴 진행하는 열차가 있는지 여부 등을 확인한 뒤 안전하게 통과하여야 할 업무상 주의의무가 있음에도 불구하고 이를 게을리한 채 앞을 가로막고 있는 오리떼에 정신이 팔려 건널목 좌우를 잘 살피지 아니하고 그대로 진행하였다. 이때 진행 방향 오른쪽에서 왼쪽으로 진행하는 열차의 운전실 왼쪽 모서리 부분을 위 차의 오른쪽 앞바퀴 부분으로 들이받아 위 열차에 튕겨 나가면서 그 충격으로 위 승용차에 타고 있던 동승자들에게 각각 전치 3-4주의 상해를 입혔다. 뿐만 아니라 마침 타고 가던 자전거에서 내려 위 승용차 왼쪽에서 위 열차가 지나가기를 기다리고 있던 피해자 A(여, 36세)는 놀라서 땅에 넘어져 전치 12주간의 허리 부분의 염좌상 등을 입었다.

【판결요지】 자동차의 운전자가 그 운전상의 주의의무를 게을리하여 철도 건널목을 그대로 건너는 바람에 그 자동차가 열차좌측 모서리와 충돌하여 20여미터쯤 열차 진행 방향으로 끌려가면서 튕겨 나갔고 피해자는 타고 가던 자전거에서 내려 위 자동차 왼쪽에서 열차가 지나가기를 기다리고 있다가 위 충돌사고로 놀라 넘어져 상처를 입었다면 비록 위 자동차와 피해자가 직접 충돌하지는 아니하였더라도 자동차운전자의 위 과실과 피해자가 입은 상처 사이에는 상당한 인과관계가 있다(대법원 1989.9.12. 선고 89도866 판결).

【해설】 객관적 귀속이론 중 규범의 보호목적이론에 따르면 객관적 귀속이 불가능하다. 규범의 보호목적이론이란 행위가 허용되지 아니한 위험과 상당한 관련이 있는 경우에도 그러한 위험결과를 제지하고자 하는 것이 규범의 보호목적이 아니라 주의의무의 반사적 보호에 불과할 때에는 결과귀속을 인정할 수 없다는 것을 내용으로 하고 있다. 철도건널목에서 일단멈춤을 규정하고 있는 규범의 보호목적은 일단멈춤없이 건너가다 발생하는 기차와 차량 또는 차량 상호 간에 발생하는 사고를 방지하기 위한 것이지, 그로 인한 사고장면을 목격한 피해자가 놀라 스스로 넘어져 상처를 입는 것을 방지하기 위한 것은 아니다. 그렇다면 본 사건의 경우 규범의 보호목적이론에 의하면 객관적 귀속은 부정되어야 한다.

⚖️ 판례   ┣자형 삼거리 교차로 사건

【사실관계】 피고인이 신호등이 설치된 삼거리에서 직진신호에 따라 과속으로 교차로를 통과하던 중 갑자기 신호를 위반하여 좌회전하던 오토바이와 충돌하여 오토바이 운전자가 상해를 입었다. 검사는 피고인을 업무상과실치상죄로 기소하면서 피고인의 과속운전이 사고발생의 원인이라고 주장하였다. 검사의 주장은 타당한가?

【판결요지】 신호등에 의하여 교통정리가 행하여지고 있는 ┣자형 삼거리의 교차로를 녹색등화에 따라 직진하는 차량의 운전자는 특별한 사정이 없는 한 다른 차량들도 교통법규를 준수하고 충돌을 피하기 위하여 적절한 조치를 취할 것으로 믿고 운전하면 족하고, 대향차선 위의 다른 차량이 신호를 위반하고 직진하는 자기 차량의 앞을 가로질러 좌회전할 경우까지 예상하여 그에 따른 사고발생을 미리 방지하기 위한 특별한 조치까지 강구하여야 할 업무상의 주의의무는 없고, 위 직진차량 운전자가 사고지점을 통과할 무렵 제한속도를 위반하여 과속운전한 잘못이 있었다 하더라도 그러한 잘못과 교통사고의 발생과의 사이에 상당인과 관계가 있다고 볼 수 없다(대법원 1993.1.15. 선고 92도2579 판결).

【해설】 신뢰의 원칙에 따라 피고인은 다른 교통참여자들도 교통법규를 준수할 것임을 신뢰할 수 있기 때문에 오토바이 운전자가 ┣자 삼거리에서 신호를 위반하고 신호에 따라 직진하는 자기 차량의 앞을 가로질러 좌회전할 것을 예상하여 사고발생조치를 취할 의무는 없다. 따라서 신뢰의 원칙에 따라 피고인의 행위는 업무상 주의의무위반 행위가 아니며 피고인에게 ┣자형 삼거리에서는 과실이 없으며, 오히려 오토바이운전자에게 과실이 있다. 하지만 피고인에게는 이전에 제한속도를 위반하여 교차로를 통과하는 것에 대한 주의의무위반행위, 즉 과실은 존재한다. 문제는 과속행위라는 주의의무위반과 피해자의 사망 사이에 인과관계와 객관적 귀속관계를 인정할 수 있는가에 대해서는 다시 검토해 보아야 한다. 이 사건의 경우 객관적 귀속의 척도 중 규범의 보호목적 범위가 문제된다. 위 사례의 경우 피고인이 위반한 제한속도규정(도로교통법 제15조)은 도로에서의 위험을 방지하고 교통의 안전과 원활한 소통을 확보하기 위한 규정이지, 사고지점에 일찍 도착하지 못하도록 하여 사고발생을 방지하려는 목적을 가진 규정이 아니다. 따라서 사고로 인한 상해의 결과는 제한속도규정의 보호목적 범위 바깥에서 실현된 것이므로 객관적 귀속은 부정된다.

⚖️ 판례   연탄가스중독사건

【사실관계】 의사 갑은 자기 집 안방에서 취침하다가 일산화탄소(연탄가스) 중독으로 병원 응급실에 후송되어 온 환자 A를 진단하여 일산화탄소 중독으로 판명하고 치료하였다. 다음 날 회복된 환자 A는 퇴원을 하면서 자신의 병명을 문의하였는데도 의사 갑은 아무런 요양방법을 지도하여 주지 아니하였다. 환자 A는 일산화탄소에 중독되었던 사실을 모르고 퇴원 즉시 사고 난 자기 집 안방에서 다시 취침하다 전신피부파열 등 일산

화탄소 중독을 입었다. 의사 갑의 주의의무위반행위와 환자 A의 상해와의 인과관계는?

【판결요지】 자기 집 안방에서 취침하다가 일산화탄소(연탄가스) 중독으로 병원 응급실에 후송되어 온 환자를 진단하여 일산화탄소 중독으로 판명하고 치료한 담당의사에게 회복된 환자가 이튿날 퇴원할 당시 자신의 병명을 문의하였는데도 의사가 아무런 요양방법을 지도하여 주지 아니하여, 환자가 일산화탄소에 중독되었던 사실을 모르고 퇴원 즉시 사고 난 자기 집 안방에서 다시 취침하다 전신피부파열 등 일산화탄소 중독을 입은 것이라면, 위 의사에게는 그 원인 사실을 모르고 병명을 문의하는 환자에게 그 병명을 알려주고 이에 대한 주의사항인 피해장소인 방의 수선이나 환자에 대한 요양의 방법 기타 건강관리에 필요한 사항을 지도하여 줄 요양방법의 지도의무가 있는 것이므로 이를 태만한 것으로서 의사로서의 업무상과실이 있고, 이 과실과 재차의 일산화탄소 중독과의 사이에 인과관계가 있다고 보아야 한다(대법원 1991.2.12. 선고 90도2547 판결).

【해설】 대법원 판례는 2번째의 일산화탄소중독이라는 상해의 결과와 의사의 업무상과실 사이의 인과관계 인정하여 의사에게 업무상과실치상죄를 인정하였다. 그러나 합법칙적 조건설과 객관적 귀속이론의 관점에서는 다른 해석이 가능하다. 즉 의료인은 환자 또는 그 보호자에게 요양의 방법 기타 건강관리에 필요한 사항을 지도하여야 한다는 의료법 제22조의 보호목적은 연탄가스중독의 재발을 막기 위한 것이 아니라는 것이다. 2차의 일산화탄소중독의 회피는 의료법 제22조의 보호목적이 아니라 단지 반사적 효과에 불과하다. 결국 2차의 일산화탄소중독이라는 상해의 결과는 의사의 과실로 실현된 것이 아니라, 행위자의 과실로 인한 위험의 실현으로 보는 것이 옳다.

나. 피해자의 고의에 의한 자손행위에 관여한 경우

자손행위 또는 자상행위는 원칙적으로 처벌하지 않으므로 이에 관여한 자 역시 동일하게 처벌되지 않는다. 이러한 결과는 상해죄, 살인죄의 규범의 보호영역 범위 밖에서 발생한 것이기 때문이다. 갑과 을이 오토바이 경주를 하다가 을이 사고로 사망한 경우, 물에 빠진 갑을 구조하다가 을이 사망한 경우, 갑이 교통사고로 을에게 상처를 입혔지만 을이 종교적 이유로 수혈을 거절하여 사망한 경우, 갑이 방화한 집에 을이 가재도구를 꺼내려고 들어갔다가 불길에 휩싸여 사망한 경우와 같이 구조행위로 인하여 구조자가 스스로 위험에 빠진 경우에 그 결과는 갑에게 귀속되지 않는다.

> ⚖️ **판례** **강간피해자 자살사건**

【사실관계】 강간을 당한 피해자가 집에 돌아와 수치심과 장래에 대한 절망감에 빠져 음독자살하기에 이르렀다면 피해자의 사망결과를 강간행위에 객관적으로 귀속시킬 수 있겠는가?

【판결요지】강간을 당한 피해자가 집에 돌아가 음독자살하기에 이르른 원인이 강간을 당함으로 인하여 생긴 수치심과 장래에 대한 절망감 등에 있었다 하더라도 그 자살행위가 바로 강간행위로 인하여 생긴 당연의 결과라고 볼 수는 없으므로 강간행위와 피해자의 자살행위 사이에 인과관계를 인정할 수는 없다(대법원 1982.11.23. 선고, 82도1446 판결).

【해설】합법칙적 조건설과 객관적 귀속이론에 따라 이 사례를 분석해보면 강간행위와 사망 사이에 합법칙적 조건관계는 인정된다. 문제는 객관적으로 귀속시킬 수 있는가 이다. 이 사례의 경우에는 두 가지 판단기준이 올 수 있는데, 첫 번째는 객관적 예견가 능성이 없다고도 할 수 있으며, 두 번째는 규범의 보호목적 범위 외에서 발생한 사건 이라고 평가할 수 있다. 특히 두 번째는 자유롭고 책임 있는 피해자의 고의적인 자손 행위가 개입되어 구성요건적 결과로 실현된 위험은 피해자의 위험영역에 속하는 것이 기 때문이다. 고의적으로 자손행위에 관여한 것까지 처벌하는 것이 살인죄의 규범의 보호목적이 아니기 때문이다. 참고로 상당인과관계설의 입장에서도 인과관계를 부정 하기에 동일한 결론이 나온다.

다. 양해있는 피해자에 대한 가해행위

타인의 행위에 포함된 위험을 알고도 그 위험을 양해한 피해자에게 결과가 발생한 경 우에도 객관적 귀속을 인정할 것인가에 대해서 고의의 자손행위와 같이 평가될 수 있는 때에는 귀속을 부정하는 견해,[82] 객관적 귀속을 인정되지만 위법성의 문제, 즉 피해자의 승낙으로 해결하는 견해가 대립된다.

📁 사례　　양해 있는 피해자에 대한 가해행위 사례

【사례】① 기차출발시간에 쫓긴 승객 A는 택시운전자 갑에게 과속운전을 요구했다. 갑 이 안 된다고 거절하자 A는 "택시요금을 5배로 지불하겠으며 교통사고가 나더라도 모 두 내 탓이니 당신은 걱정하지 말라"고 하면서 막무가내로 과속운전을 요구했다. 그래 서 갑은 과속운행을 하다가 결국 과속으로 인한 교통사고로 A가 사망하였다.

② 평소 건전하게 생활하던 갑은 수술받는 과정에서 인간면역결핍바이러스(HIV)에 감염된 혈액을 수혈받고 AIDS환자가 되었다. 자신에게 아무런 잘못 없이 절망적인 질 병에 감염된 갑은 세상을 원망했다. 그래서 AIDS를 다수인에게 전파함으로써 원한을 풀 결심을 하게 되었다. 갑은 매춘부 A에게 자신의 감염사실을 알려주지 않고 콘돔을 착용하지 않은 채 성교를 했다. A는 위 바이러스에 감염되어 2년 후 사망하고 말았다.

【해설】피해자가 스스로 고의적인 자손행위를 해서 자기위태화를 초래한 것이 아니라 타인에 의해 야기된 위험을 알고도 그 위험을 양해함으로써 피해자에게 위험한 결과

---

82) 김일수/서보학, 121면.

를 발생시킨 경우이다. 이에 대해 독일의 학설과 판례는 '피해자의 승낙'으로 해결하거나 과실범이라면 주의의무위반을 부정한다. 그러나 이에 대해서 일부의 학자들은 객관적 귀속이론으로 해결을 한다.[83] 즉 타인위태화의 경우 ① 발생된 결과가 오로지 타인이 양해한 위험으로부터 현실화되었고, 추가적인 다른 위험이 결과발생에 공동작용하지 않았을 것 ② 위태화된 타인이 책임능력을 갖고 있었고, 행위자와 같은 정도로 위험을 통찰했음에도 불구하고 그 위험을 양해하였을 경우에 객관적으로 귀속시킬 수 있다고 한다.

라. 결과회피가 타인의 직업적 귀책영역에 속하는 사례

결과발생의 방지의무가 자신의 책임영역이 아니라 타인의 책임영역에 속하는 경우에는 객관적 귀속이 부정된다.

사례   화물차 후미등 사례

【사례】 운전자 갑은 야간에 후미등이 고장난 화물자동차를 운행하다가 경찰관에 의해서 정차당했다. 경찰관은 어둠 속에서 다가오는 다른 차량들의 안전을 위해서 적색손전등을 켜서 차도 위에 놓아 두었다. 그런 다음 갑에게 가까운 주유소까지 그 화물자동차를 몰도록 지시했다. 순찰차가 그 뒤를 따라 가면서 후미등이 고장난 그 화물차를 보호해 줄 계획이었다. 그런데 갑이 화물차를 출발하기 직전에 경찰관이 도로 위에 놓아두었던 손전등을 집어 들었기 때문에 다가오는 다른 화물자동차가 후미등이 고장난 채 도로에 아직 정차하고 있었던 갑의 자동차를 발견하지 못하고 추돌함으로써 그 화물자동차의 조수가 사망하고 말았다(BGHSt 4, 360)

【해설】 이 사례에 대해 독일연방대법원 판례는 운전자 갑에게 과실치사죄를 인정하였다. 그러나 이에 대해 학설은 비록 운전자 갑이 후미등이 고장난 화물자동차를 운전함으로써 금지위반적인 위험을 창출했고, 이런 위험이 추돌사고와 피해자의 사망이라는 결과를 실현시켰기는 하지만, 일단 경찰관이 정차된 갑의 자동차와 관련하여 교통안전을 맡은 이상 그 다음으로부터의 사건경과는 경찰관의 직업적 귀책능력에 속하는 것이므로 이런 상황하에서 발생한 추돌사고 및 피해자의 사망결과는 운전자 갑에게 귀속시킬 수 없다고 한다. 이러한 점은 신뢰의 원칙의 적용범위와 동일하다.

---

83) 김일수/서보학, 122면.

CHAPTER 06 구성요건적 고의

> 제13조(범의) 죄의 성립요소인 사실을 인식하지 못한 행위는 벌하지 아니한다.
> 다만, 법률에 특별한 규정이 있는 경우에는 예외로 한다.

제1절 서설

Ⅰ. 의의

구성요건적 고의는 객관적 구성요건요소에 해당하는 사실을 인식(認識)하고 구성요건을 실현하려는 의사(意思)이다. 즉 고의는 '구성요건실현에 대한 인식과 의욕'이다. 고의에 있어서 객관적 구성요건요소에 해당하는 사실에 대한 인식은 고의의 지적 요소(知的 要素)에 해당하며, 구성요건의 실현을 위한 의사는 의지적 요소(意志的 要素)에 해당한다.

형법은 원칙적으로 고의범만을 처벌하고, 과실범은 예외적으로 법률에 처벌규정이 있는 경우에 한하여 처벌한다. 뿐만 아니라 과실범을 처벌하는 경우에도 고의범에 비하여 법정형이 낮기 때문에 고의와 과실의 구별은 중요하다.

Ⅱ. 고의의 본질

고의의 본질에 대하여 견해의 대립이 있다. '인식설'에 따르면 고의는 구성요건에 해당하는 객관적 사실에 대한 심리적 인식만 있으면 성립하고, 구성요건적 결과발생을 희망·의욕할 필요가 없다는 견해로 고의의 지적 요소를 강조한다. 그러나 인식 있는 과실을 과실이 아닌 고의로 보기 때문에 고의의 범위가 확대된다는 비판이 있다. '의사설'에 따르면 고의는 구성요건에 해당하는 객관적 사실에 대한 인식만으로는 부족하고, 구성요건적 결과발생을 희망·의욕하는 의지적 요소가 있어야 한다는 견해로 고의의 의지적 요소를 강조한다. 그러나 결과발생을 의욕하지 아니한 미필적 고의를 고의의 범위에서 제외하여 고의의 범위가 축소되며, 고의를 실현하는 과정에서 부수적으로 야기되어지는 결과에 대해서 결과실현의 의욕·희망이 없기 때문에 과실로 취급되어 과실의 성립범위가 상대적으로 넓어진다. '인용설'은 행위자가 결과발생의 가능성을 인식한 경우를 의사적 측면에서 구별하여, 결과발생을 인용한 경우는 고의이고, 인용이 없는 경우는 과실이라고 하는 견해로, 지적 요소와 의지적 요소와의 통합한 견해로 통설의 입장이다.

III. 고의의 체계적 지위

고의의 체계적 지위를 충분히 이해하기 위해서는 먼저 범죄체계론에 있어서 각 범죄체계론의 내용을 먼저 이해하고 있어야 한다. 고전적 범죄체계론의 입장에서 고의와 위법성의 인식을 분리하지 않고 양자를 합쳐서 고의로 이해하고 있으며, 목적적 범죄체계론의 입장에서는 고의를 구성요건적 고의와 위법성의 인식으로 분리하고 있다는 것을 이해하여야 한다.

1. 책임설

행위는 '어떤 의사에 기인한 결과의 야기'이므로 행위의 요소가 되는 것은 인과적 원인으로서의 의사에 의한 결과만이고, 의사의 내용인 고의와 과실은 책임판단의 대상이 된다는 입장으로 인과적 행위론, 고전적 범죄체계에서 주장하는 이론이다(객관적인 것은 불법에, 주관적인 것은 책임에). 이 견해는 일단 정신작용에 기초한 신체동작이 있으면 행위로 인정한다. 그 행위를 유발한 정신작용의 내용(고의·과실)을 묻지 않는다. 그 행위가 어떤 정신작용에 기초하여 행해졌는가에 대해서는 책임단계에 와서 비로소 판단한다. 고의·과실을 책임요소로 본다는 의미에서 책임설이라고 한다.

그러나 책임단계에서 고의·과실의 유무를 판단하므로, 구성요건해당성 단계에서 그 판단의 대상이 무한정 넓어지며, 고의범과 과실범이 불법의 단계에서는 구별이 불가능하며, 책임단계에 가서야 고의범, 과실범이 구별가능하기 때문에 구성요건의 범죄 개별화

기능이 희생된다는 비판이 있다.

2. 구성요건요소설

목적적 활동이라는 정신적 작용이 인간행위의 본질적 속성이므로, 의사의 내용인 고의는 행위의 본질적 요소이다. 이러한 행위는 고의범의 구성요건에 해당하는 실행행위로 되는 이상 고의는 구성요건 요소가 된다는 입장으로 목적적 행위론, 목적적 범죄체계에서 주장하는 이론이다. 어느 행위가 구성요건에 해당하는가를 살피려면 외부적으로 나타난 실행행위가 어떤 정신작용에 근거를 둔 것인가를 확인해야 한다. 따라서 이 견해는 고의를 구성요건요소로 본다는 의미에서 구성요건요소설이라고 한다.

이에 대하여 고의의 이중적 기능을 인정하는 입장에서는 형법이 고의범을 과실범보다 무겁게 벌하는 것은 책임에 차이가 있기 때문인데, 이것을 설명하지 못하며, 책임판단의 대상으로서의 고의가 존재하지 않으므로 책임개념의 공허화를 초래한다는 비판을 한다.[84]

3. 구성요건요소 및 책임요소설(고의의 이중적 기능)

고의가 행태의 방향결정요인으로서는 구성요건요소로서 행위반가치의 핵심이 되고(무엇을 인식하고 의욕하였는가?), 그러한 행위방향으로 법질서에 반하여 동기설정을 하였다는 심정반가치로서는 책임요소(행위의사의 형성동기가 진정한 자아의 실천이성적 양심과 모순·충돌하므로 법적으로 비난받을 만한 심정에 기인한 것인가?)가 된다는 견해이다. 사회적 행위론, 합일태 범죄체계론[85]에서 주장하는 이론이다. 이 이론에 의하면 구성요건적 고의는 책임고의를 징표한다. 이러한 징표는 위법성조각사유와 관련된 사실에 관한 착오에 빠졌을 때 배제된다. 하지만 과실의 경우 구성요건적 과실은 책임과실을 징표하지 않는다.

이에 대하여 구성요건적 고의는 있으나 책임고의가 조각되는 경우에 그 법적 효과에 대해서는 관련 규정이 없으며, 심정반가치로서의 고의와 위법성의 인식을 구별하는 것이 사실상 불가능하다는 비판이 있다.

---

84) 정성근/박광민, 178면.
85) 합일태적 범죄체계론은 고전적 범죄체계론과 목적적 범죄체계론을 중첩적으로 인정하기 때문에 고의가 구성요건적 고의와 책임고의라는 2가지 형태로 검토된다. 이에 대한 자세한 설명은 범죄체계론에 대한 설명을 참조할 것.

4. 결론

하나의 범죄의 구성요소인 고의를 행위자의 관점과 사회적 관점에서 평가하는 것은 체계적으로 합목적적이다. 형법이 고의범을 과실범보다 무겁게 벌하는 것은 고의와 과실의 행위불법이 다를 뿐만 아니라, 책임에도 차이가 있다는 것을 의미한다.

위법성의 인식은 책임요소이므로 위법성에 관한 모든 착오는 금지착오라는 목적적 범죄론체계의 결론과는 달리 고의의 이중적 개념을 인정하면 위법성에 관한 착오 중 위법성 조각사유의 객관적 전제사실에 대한 착오는 고의범의 불법은 인정하나 책임형식으로서의 고의와 관련하여 구성요건착오를 유추적용하여 책임을 제한하여 고의범의 성립을 제한할 수 있게 된다(제한적 책임설). 이러한 점에서 고의의 이중적 기능을 인정하는 합일태적 범죄체계론이 합리적이다. 하지만 하나의 고의가 각각 구성요건단계와 책임단계에서 2번 '기능'한다는 것이 그렇게 분명한 설명이 되지 않으며, 고전적 범죄체계론이나 목적적 범죄체계론과는 달리 합일태적 범죄체계론이 이론적 기반이 약하다는 문제점은 있다. 더욱 더 연구되어야 할 부분이다.

제2절 고의의 내용

I. 고의의 지적 요소: 인식

1. 서설

고의는 모든 객관적 구성요건요소에 해당하는 객관적 사정(사실)을 인식해야 성립한다. 고의는 구성요건의 객관적 요소에 해당하는 모든 사실을 인식하는 경우에 성립하므로, 객관적 요소 중 어느 하나의 요소에 해당하는 사실의 인식이 없으면 원칙적으로 고의는 성립되지 아니하므로 구성요건해당성이 부정된다. 객관적 구성요건요소는 기술적 요소와 규범적 요소로 구성되므로, 고의의 지적 요소도 사실의 인식과 의미의 인식으로 구별된다.

주의할 점은 객관적 구성요건요소를 인식하는 것이 아니라 객관적 구성요건에 해당하는 '사실'을 인식하는 것이다.[86] 우리 형법 제13조도 '죄의 성립요소인 사실'이라고 표현하고 있다.

---

86) 국내 교과서에서는 이를 분명히 구별하고 있지 않다. 이에 대하여 분명히 이해하여야 구성요건적 착오이론을 이해하기 쉽다.

2. 사실의 인식

가. 사실의 인식대상

행위주체를 인식해야 한다. 만약 구성요건이 일정한 신분을 가진 자만이 행위의 주체로 한정하고 있는 신분범의 경우 자신이 신분범에 있어서 신분이 있다는 사실을 인식해야 한다. 그러나 상습범의 상습성은 신분이기는 하지만 책임관련신분이므로 인식대상이 아니다.

행위객체도 역시 인식하여야 한다. 행위자는 구성요건에 명시되어 있는 공격대상, 즉 행위객체를 인식해야 한다. 살인죄에 있어서 사람, 절도죄에 있어서 재물이라는 것을 인식해야 한다.

구성요건적 행위의 경우에도 행위자는 구성요건에 명시되어 있는 행위태양을 인식해야 한다. 구성요건에 행위태양 이외에도 행위의 특별한 수단·방법이 규정되어 있다면 그 행위수단이나 방법도 고의의 대상이 된다. 예를 들면 특수폭행죄에서 '위험한 물건을 휴대하여'라는 행위'방법'을 규정한 경우에는 자신이 위험한 물건을 휴대하고 있다는 사실을 인식해야 범죄가 성립할 수 있다.[87] 구성요건에 범죄가 일정한 외부적 상황하에서 행해질 것을 명시하고 있다면 그러한 구성요건적 행위'상황'을 인식해야 한다. 예를 들면 야간주거침입절도에 있어서 '야간에', 진화방해죄에 있어서 '화재에 있어서'라는 행위상황은 고의의 대상이 된다.

결과범에서는 구성요건의 내용상 일정한 결과가 발생하여야 하므로 행위자는 발생할 결과를 인식·인용해야 한다. 예컨대 살인죄에 있어서는 사람의 사망, 재물손괴죄에 있어서는 재물의 훼손이 고의의 대상이 된다.

인과관계도 객관적 구성요건요소이므로 인식이 필요하다.[88] 그러나 인과관계에 대하여 행위자가 구체적이고 세부적인 인식을 하는 것은 불가능하므로, 대체로 그 본질적인 점을 인식하면 족하다.[89] 그러나 객관적 귀속은 구체적 사실과 관련된 것이 아니라 규범적 평가이므로 고의의 인식대상이 아니다.

존속살해죄와 같이 보통살인죄에 비하여 가중처벌하는 가중적 구성요건에 있어서 행위자는 형의 가중적 요소에 해당하는 사실, 즉 존속살해죄의 존속이라는 사실을 인식해야

---

87) 대법원 1990.4.24. 선고 90도401 판결.
88) 인과관계가 구성요건적 고의의 인식대상이 아니라고 보는 견해도 있다(이정원, 128면 이하 참조). 이 견해는 인과관계는 이미 일어난 행위와 이미 발생한 결과 사이의 연결관계라는 점에 주목한다. 따라서 이미 일어난 행위와 결과 사이의 인과관계를 행위자가 '앞을 내다 보고' 인식·의욕할 수 없다는 점을 강조한다. 인과관계를 구성요건적 고의의 인식대상에서 제외하게 되면 소위 인과관계의 착오로 논하던 문제상황은 논의의 의미가 없게 된다.
89) 임웅, 159면; 이재상/장영민/강동범, 177면; 정성근/박광민, 180면.

한다.

나. 사실의 인식대상이 아닌 경우

고의·과실·목적 등과 같은 주관적 사실은 고의의 인식대상이 아니다. 고의의 인식대상은 객관적 사실이기 때문이다.

사전수뢰죄의 경우 공무원 또는 중재인이 된 사실과 같은 객관적 처벌조건이나, 친족상도례의 적용을 받는 범죄의 경우 행위자와 점유자 및 소유자와 일정한 친족관계와 같은 인적 처벌조각사유는 구성요건요소가 아니므로 고의의 대상이 아니다. 따라서 갑이 자신의 아버지 물건인 줄을 모르고 물건을 훔친 경우 절도죄의 고의는 인정되어 범죄는 성립하지만, 처벌이 되지 않을 뿐이다.

친고죄의 고소의 경우에도 검사가 유효하게 공소를 제기하기 위하여 설정된 소송조건이므로 고의의 인식대상이 아니다. 위법성의 인식은 책임설에 따르면 고의와 독립된 책임요소이므로 고의의 인식대상이 아니다.

3. 의미의 인식

구성요건은 기술적 구성요건요소와 규범적 구성요건요소로 구분될 수 있다. 이 경우 규범적 구성요건요소는 구성요건의 문언 자체만으로 그 의미가 쉽게 이해될 수 없고, 법관의 규범적 가치판단을 통해서만 그 의미를 확정할 수 있으므로, 행위자는 규범적 요소에 해당하는 사실의 본질적 '의미'를 인식해야 한다. 예를 들면 유가증권위조죄의 '유가증권', 절도죄에서의 재물의 '타인성', 음란물반포죄의 '음란성'은 규범적 구성요건요소로서 행위자는 각각 그 의미를 인식해야 한다.

다만 규범적 구성요건요소에 대한 인식의 정도는 정확한 법적 평가에 해당하는 의미를 인식할 것이 아니라, '비법률전문가로서의 소박한 가치평가'이면 충분하다. 의미에 대한 정확한 법적 평가까지 인식할 것을 요구한다면 오로지 법률가만이 고의를 가질 수 있게 되기 때문이다.[90] 예를 들면 절도죄의 재물은 기술적 요소로 사실의 인식만으로 충분하지만, 재물의 '타인성'은 규범적 요소로 그 법률적 의미를 인식해야 한다. 재물의 타인성에 대한 인식을 정확히 해야 한다면 민법의 소유권이론이 밝은 법률가만이 절도죄의 구성요건요소를 인식할 수 있다는 문제점이 발생하기 때문이다.

---

90) 이재상/장영민/강동범, 179면; 임웅, 160면.

사례   음란물 사례

【사례】 소설가인 갑은 남녀간 사랑을 주제로 하는 소설을 출간하였는데, 그 소설의 내용 중 일부에서 아주 상세한 성행위에 대한 묘사와 사회적으로 금기시 되고 있는 성행위를 묘사하고 있어서 사회적으로 큰 문제가 되었다. 그 소설을 접한 대중은 그 소설이 문학적 가치가 없으며 건전한 성적 도의감이나 성풍속을 지나치게 해하는 것이라고 평가한 반면에, 작가는 자신의 작품은 기존의 고정관념을 탈피하여 새로운 문학의 지평을 열었다고 주장한다. 이에 검사 A는 갑을 음란물제조죄로 기소하였다. 갑의 주장에 대하여 판단해보아라.

【해설】 음란물제조죄에 있어서 '음란'이라는 표지는 객관적 구성요건요소이다. 따라서 작가 갑을 음란물제조죄로 처벌하기 위해서는 자신의 소설이 '음란'하다는 것을 인식해야 한다. 결국 위 사례에서 갑은 음란하다는 것을 인식하지 못했으므로 무죄가 된다는 결론이 된다. 그러나 음란은 규범적 구성요건요소에 해당한다. 행위자는 규범적 요소에 해당하는 사실의 본질적 의미만을 인식하면 충분하며, 그 의미를 정확히 인식할 필요가 없다. 규범적 구성요건요소의 경우 행위자가 어떤 의미를 인식했는가는 중요하지 않다. 이 경우 사회 일반인이 부여하는 의미가 중요하다. 규범적 구성요건요소를 인식했는지를 판단할 때 사회 일반인을 구체적 행위자의 위치에 두고 그 일반인은 어떤 인식을 했는가를 판단한다는 점에서 그 과정을 '비법률전문가의 평행한 평가'라고 한다.

판례   평원닭집 고양이사건

【사실관계】 갑은 상습절도 등의 전과가 여러 차례 있는 자로서 A가 경영하는 평원닭집 앞 평상 위에 있던 A 소유의 고양이 한 마리를 며칠 전에 자신이 친구로부터 빌렸다가 잃어버린 고양이인줄로 잘못 알고 런닝셔츠 속에 넣고 가다가 A에게 발각되었다. 갑에게 절도죄의 고의를 인정할 수 있는가?

【판결요지】 절도죄에 있어서 재물의 타인성을 오신하여 그 재물이 자기에게 취득(빌린 것)할 것이 허용된 동일한 물건으로 오인하고 가져온 경우에는 <u>범죄사실에 대한 인식이 있다고 할 수 없으므로 범의가 조각되어</u> 절도죄가 성립하지 아니한다(^{대법원 1983.9.13. 선고}_{83도1762 판결}).

【해설】 고의는 구성요건에 해당하는 사실을 인식하고 이를 실현하려는 의사를 말한다. 이 중에서 사실을 인식함에 있어서 사실 그 자체를 사실로서 인식해야 할 뿐만 아니라 그 의미까지 인식할 것이 요구된다. 특히 규범적 구성요건요소의 인식은 그 사회적 의미의 정신적 이해를 통해서 이루어지며, 그 의미의 인식정도는 비법률전문가에 의하여 판단된 소박한 법적·사회적 의미내용, 즉 소박한 가치평가면 충분하다. 절도죄에 있어서 고의는 타인의 점유하에 있는 타인소유물을 그 의사에 반하여 자기 또는 제3자의 점유로 이전하는 데에 대한 인식을 말한다. 여기에서 '재물의 타인성'은 절도죄의

규범적 구성요건에 해당한다. 이 사건의 경우 갑에게는 재물의 타인성에 대한 의미의 인식이 없다고 보아야 한다. 대법원의 경우 사실의 착오에 해당된다고 하여 고의가 조각된다고 한다.

⚖️ 판례   두부상자사건

【사실관계】 갑은 고물행상인으로서 새벽에 청소부들이 쓰레기를 수거하기 전에 고물을 수집하기 위하여 다니는데 1987.5.8. 02:30경 A가 경영하는 슈퍼 앞 노상에서 피해자 B 소유의 두부상자 1개 시가 1,200원 상당을 가져갔다. 갑은 이 사건 두부상자는 쓰레기통옆에 놓여있고 그 위에 쓰레기로 보이는 신문지등이 덮여 있어서 버린 것으로 알고 그 종이와 상자를 리어카에 싣고 왔다고 진술하여 절도의 범의가 없었다고 주장한다. 그러나 그 두부상자는 납품업자가 회수해 가도록 점포밖에 내어둔 것이었다.

【판결요지】 절도의 범의는 타인의 점유하에 있는 타인소유물을 그 의사에 반하여 자기 또는 제3자의 점유하에 이전하는 데에 대한 인식을 말하므로, 타인이 그 소유권을 포기하고 버린 물건으로 오인하여 이를 취득하였다면 이와 같이 오인하는 데에 정당한 이유가 인정되는 한 절도의 범의를 인정할 수 없다(대법원 1989.1.17. 선고 88도971 판결).

【해설】 판례는 이 사건 두부상자사건의 경우 정당한 이유를 언급한 후 절도의 범의를 불인정하고 있다. 형법상 인정되는 구성요건적 착오와 금지착오 중 정당한 이유와 관련이 있는 것은 금지착오이다. 따라서 판례는 이 사건을 법률의 착오로 보고 있다고 평가할 수 있다. 그러나 이는 구성요건적 고의와 관련 있는 구성요건적 착오에 해당하기 때문에 정당한 이유 유무와 관계없이 고의가 조각된다고 보는 것이 타당하다.

Ⅱ. 고의의 의지적 요소: 의욕

고의의 의지적 요소는 구성요건실현을 위한 의사를 말하며, 단순한 소원, 희망, 공상과는 구별된다. 고의의 의지적 요소인 의사(意思)는 고의의 지적 요소인 인식을 전제로 한다. 구성요건의 객관적 표지들을 인식하는 사람만이 그것의 실현을 의욕할 수 있기 때문이다.

의욕의 정도는 반드시 적극적인 의욕일 필요 없다. 의욕적 요소는 그 정도에 따라 세 등급으로 구분된다. 목표지향적인 확실한 의욕, 단순한 의욕, 용인의사(감수의사)가 의욕적 요소의 세 등급이다. 목표지향적인 확실한 의욕을 가진 행위자의 고의를 '의도적 고의' 또는 '확정적 고의'라고 하며, 단순한 의욕을 가진 경우를 '지정고의'라고 하며, 용인의사를 가진 경우를 '미필적 고의'라고 한다. 이러한 고의의 3유형은 이론적으로 구분될 뿐이며, 1급 고의와 2급 고의로 구분하여 처벌을 달리하고 있는 외국 형법과는 달리 우리나라 형법은 처벌에 차이를 두고 있지 않다.

Ⅲ. 고의의 입증

행위자의 고의 또는 과실과 같은 내심적 의사는 외부적으로 관찰될 수 있는 것이 아니며, 행위자가 침묵하는 한 그 내용을 알 수 없다. 따라서 고의가 있었는지, 과실이 있었는지 여부는 행위자의 외부적으로 나타난 객관적 행위를 통하여 추단(推斷)할 수밖에 없다. 이를 '성향개념으로서 고의와 과실'이라고 한다.[91]

행위자에게 범행 당시 어떤 고의가 있었는지 여부는 행위자가 범행에 이르게 된 경위, 범행의 동기, 준비된 흉기의 유무·종류·용법, 공격의 부위와 반복성, 결과발생가능성 정도, 범행 후에 있어서의 결과회피행동의 유무 등 범행 전후의 객관적인 사정을 종합하여 판단할 수밖에 없다.[92]

행위자가 고의를 부인하는 경우, 범의 자체를 객관적으로 증명할 수는 없으므로 사물의 성질상 범의와 관련성이 있는 간접사실 또는 정황사실을 증명하는 방법으로 이를 증명할 수밖에 없다. 이때 무엇이 관련성이 있는 간접사실 또는 정황사실에 해당하는지는 정상적인 경험칙에 바탕을 두고 치밀한 관찰력이나 분석력으로 사실의 연결상태를 합리적으로 판단하는 방법에 의하여 판단하여야 한다.[93]

인체의 급소를 잘 알고 있는 무술교관 출신의 피고인이 무술의 방법으로 피해자의 울대(聲帶)를 가격하여 사망케 한 경우,[94] 예리한 식도로 피해자의 하복부를 찔러 직경 5센티, 길이 15센티미터 이상의 자상을 입힌 경우,[95] 과도로써 가슴과 배를 힘껏 찔러 복부 자상등을 입힌 경우,[96] 가로 15㎝, 세로 16㎝, 길이 153㎝, 무게 7㎏의 각이 진 목재로 길바닥에 누워 있던 피해자의 머리를 때려 피해자를 사망케 한 경우,[97] 9세 여아의 목을 졸라 실신시킨 후 떠나버린 경우,[98] 강도가 베개로 피해자의 머리부분을 약 3분간 누르던

---

91) 이상돈, 116면.
92) 대법원 2000.8.18. 선고 2000도2231 판결.
93) 대법원 1995.1.24. 선고 94도1949 판결; 대법원 2017.1.12. 선고 2016도15470 판결.
94) 대법원 2000.8.18. 선고 2000도2231 판결.
95) 대법원 1982.12.28. 선고 82도2525 판결.
96) 대법원 1983.6.28. 선고 83도1269 판결.
97) 대법원 1998.6.9. 선고 98도980 판결.
98) 대법원 1994.12.22. 선고 94도2511 판결.

중 피해자가 저항을 멈추고 사지가 늘어졌음에도 계속하여 누른 경우[99] 등에 대하여 살인의 고의를 인정하였다.

⚖️ **판례** | **특수부대원 울대 가격사건**

【사실관계】 피고인은 특전사소속 707부대에서 13년 동안 하사관으로 복무하면서 무술교관 및 고강도의 임무를 수행하여 왔으며 태권도 4단, 격투기 6단, 합기도 5단 및 특공무술에 능하여 인간신체의 급소 및 살해방법에 관하여 누구보다도 잘 알고 있었다. 피고인은 피해자에게 적어도 3,000만원 정도의 채무가 있었으며 피고인이 피해자와의 만남을 꺼려하고 있던 중, 사건 당시 피해자는 피고인이 약속장소에 나타나지 아니하고 오피스텔에서 옷을 벗고 자고 있는 것을 발견하고 격분하여 피고인의 목, 얼굴 등을 할퀴고 피고인의 고환을 잡고 늘어지는 등 피고인에게 화풀이를 하는 등 피해자가 행패를 계속하자 피해자의 울대부분을 오른손 무지와 식지로 쳤고 피해자는 의식을 잃고 쓰러져 회복하지 못한 채 그 자리에서 사망하였다.

【판결요지】 [1] 살인죄에 있어서의 범의는 반드시 살해의 목적이나 계획적인 살해의 의도가 있어야만 인정되는 것은 아니고 자기의 행위로 인하여 타인의 사망의 결과를 발생시킬 만한 가능 또는 위험이 있음을 인식하거나 예견하면 족한 것이고 그 인식 또는 예견은 확정적인 것은 물론 불확정적인 것이라도 이른바 미필적 고의로도 인정되는 것인데, 피고인이 살인의 범의를 자백하지 아니하고 상해 또는 폭행의 범의만이 있었을 뿐이라고 다투고 있는 경우에 피고인에게 범행 당시 살인의 범의가 있었는지 여부는 피고인이 범행에 이르게 된 경위, 범행의 동기, 준비된 흉기의 유무·종류·용법, 공격의 부위와 반복성, 사망의 결과발생가능성 정도, 범행 후에 있어서의 결과회피행동의 유무 등 범행 전후의 객관적인 사정을 종합하여 판단할 수밖에 없다.

[2] 인체의 급소를 잘 알고 있는 무술교관 출신의 피고인이 무술의 방법으로 피해자의 울대(聲帶)를 가격하여 사망케 한 행위에 살인의 범의가 있다고 본 사례(대법원 2000.8.18. 선고 2000도2231 판결)

【해설】 살인의 고의는 미필적 고의만으로도 충분하다. 또한 행위자의 고의 또는 과실과 같은 내심적 의사는 외부적으로 관찰될 수 있는 것이 아니며, 행위자가 침묵하는 한 그 내용을 알 수 없다. 따라서 고의가 있었는지, 과실이 있었는지 여부는 행위자의 외부적 나타난 객관적 행위를 통하여 추단(推斷)할 수밖에 없다(성향개념으로서 고의와 과실). 행위자에게 범행 당시 살인의 범의가 있었는지 여부는 피고인이 범행에 이르게 된 경위, 범행의 동기, 준비된 흉기의 유무·종류·용법, 공격의 부위와 반복성, 사망의 결과발생가능성 정도, 범행 후에 있어서의 결과회피행동의 유무 등 범행 전후의 객관적인 사정을 종합하여 판단할 수밖에 없다.

---

99) 대법원 2002.2.8. 선고 2001도6425 판결.

【판결요지】사실관계가 원심이 유지한 제1심판결이 적법하게 확정한 바와 같다면, 피해자에 대한 가해행위를 직접 실행한 피고인 3, 4가 피해자의 머리나 가슴 등 치명적인 부위가 아닌 허벅지나 종아리 부위 등을 주로 찔렀다고 하더라도 칼로 피해자를 20여 회나 힘껏 찔러 그로 인하여 피해자가 과다실혈로 사망하게 된 이상 피고인 3, 4가 자기들의 가해행위로 인하여 피해자가 사망할 수도 있다는 사실을 인식하지 못하였다고는 볼 수 없고, 오히려 살인의 미필적 고의가 있었다고 볼 수 있을 뿐만 아니라 범행장소에서 위 피고인들을 지휘하던 피고인 5로서도 집단적인 보복을 할 목적으로 칼을 가지고 피해자의 집으로 들어간 피고인 3, 4가 피해자를 살해할 수도 있다는 사실을 예견할 수 없었다고는 보여지지 아니하므로, 피고인 3, 4는 물론 피고인 5에게도 살인의 범의가 있었다고 본 원심의 판단은 정당하고, 거기에 상고이유에서 주장하는 바와 같은 살인죄의 고의에 관한 법리오해나 사실오인 등의 위법이 있다고 할 수 없다(대법원 2002.10.25. 선고 2002도4089 판결).

【해설】공격의 부위를 볼 경우에는 치명적 부위가 아니더라도 공격의 반복성과 사망의 결과발생가능성 정도를 볼 경우에는 살인의 미필적 고의를 인정할 수 있다는 사례이다.

제3절 고의의 종류

I. 고의의 종류

구성요건적 고의는 객관적 구성요건요소에 해당하는 사실에 대한 인식과 이를 실현하려는 의사이다. 고의가 인정되기 위해서는 사실의 인식과 의사가 있어야 한다.

인식의 경우 인식을 했는지 아니면 하지 못했는지와 같이 인식의 유무가 문제되며, 의욕의 경우 강약의 문제가 있다. 의욕적 요소는 그 정도에 따라 세 등급으로 구분된다. 의도적 고의, 지정고의, 미필적 고의가 이에 해당한다.

인식 또는 의욕이 없는 경우에는 고의가 인정되지 않으며 과실이 문제된다. 인식은 있으나 의욕이 없는 경우를 인식 있는 과실이라고 하며, 인식조차 없는 경우를 인식 없는 과실이라고 한다. 과실은 법률에 특별한 규정이 있는 경우에만 처벌한다(제14조).

【정리】인식과 의욕에 따른 고의와 과실

	인식	의욕	내용
고의	유	강	의도적 고의
	유	중	지정고의
	유	약	미필적 고의
과실	유	무	인식 있는 과실
	무	무	인식 없는 과실

II. 미필적 고의와 인식 있는 과실의 구별

1. 쟁점

미필적 고의는 행위자가 객관적 구성요건의 실현가능성을 인식하고 또한 그것을 감수하는 의사를 표명한 경우이며 의도적 고의에 비하여 그 의지적 요소가 약하다. 이에 대하여 인식 있는 과실은 행위자가 구성요건의 실현이 가능한 것으로 인식하였으나, 그 결과발생의 위험을 감수하겠다는 의사가 전혀 없이, 도리어 아무 일 없을 것이라고 신뢰한 경우이다. 따라서 미필적 고의와 인식 있는 과실에 있어서 지적 요소는 서로 차이가 없다. 그렇다면 양자의 의지적 요소에 있어서 어떤 차이가 있는가? 미필적 고의는 구성요건적 결과발생의 가능성을 인식하였다는 점에서는 인식 있는 과실과 일치한다. 즉, 고의와 과실의 경계점에 위치하는 개념이다. 형법은 고의범을 원칙적으로 처벌하고 과실범을 예외적으로 처벌하기 때문에, 형사책임의 한계를 명백히 하기 위하여 양자의 구별이 필요하다.

2. 학설

가. 서설

미필적 고의와 인식 있는 과실의 구별에 대한 학설은 크게 의사설의 입장과 인식설의 입장으로 대별할 수 있다. 고의의 본질에 대하여 의사설의 입장은 고의의 요소를 인식적 요소와 의지적 요소로 나누고, 고의가 인정되기 위해서는 두 요소가 모두 필요하다고 한다. 이 입장에서는 미필적 고의도 고의이므로 구성요건실현에 대한 인식뿐만 아니라 의욕까지 필요하며, 반면 인식있는 과실은 의욕적 요소가 없는 경우라고 한다. 다만 미필적 고의의 요소인 의욕적 요소에 대한 이해방식에 따라 다음과 같은 학설의 대립이 있다.

인식설은 고의의 본질을 파악함에 있어서 고의개념에 인식적 요소만 있으면 족하며, 의욕적 요소를 필수요건으로 할 필요가 없다는 견해이다. 따라서 이 입장에서는 구성요건 실현에 대한 인식만으로도 미필적 고의는 인정된다. 이 입장도 인식개념을 어떻게 이해하 느냐에 따라 여러 가지 학설이 전개된다.

나. 의사설의 입장
(1) 용인설
용인설에 따르면 행위자가 구성요건적 결과 발생을 가능하다고 생각하고, 예견한 결과 를 내심으로 용인한 때에는 미필적 고의이며, 결과 발생을 내심으로 거부하거나 결과의 불발생을 희망한 때에는 인식 있는 과실이다. 용인(容認)이라 함은 행위자가 결과 발생을 내심으로 승낙하여 그것을 기꺼이 받아들이는 정서적·심정적 태도를 말한다. 우리나라 다수설과 판례의 입장이다.

용인설은 고의·과실을 책임형식으로 보는 고전적·신고전적 범죄론체계에서는 고려해 볼 수는 있다. 합일태적 범죄체계론에 따를 경우 내심의 정서적 태도에 의하여 고의의 존 부를 판단하는 것은 구성요건요소로서의 고의와 책임형식으로서의 고의를 혼동할 위험이 있다. 고의의 의지적 요소는 결과에 대한 실현의사라는 심리적 현상을 말하는데, 용인은 정서적·감정적 요소라는 점은 문제라는 비판이 있다.

(2) 무관심설
무관심설에 따르면 행위자가 가능한 부수결과를 적극적으로 좋아하거나 무관심하게 받아들인 때에는 미필적 고의이며, 결과를 바라지 않거나 그것이 발생하지 않기를 희망한 때에는 인식 있는 과실이다. 그러나 결과에 대해 무관심하지 않아도 결과를 원한 경우에 는 고의를 인정할 수 있는 경우가 있다. 결과 발생을 원하지 않아서 무관심하지 않은 경우 에는 언제나 고의가 배제된다는 문제점이 있다.

(3) 감수설
행위자가 결과 발생의 가능성을 인식하였으나 바라는 목표를 위해 결과 발생을 감수한 때에는 미필적 고의이며 결과가 발생하지 않는다고 신뢰한 때에는 인식 있는 과실이다.[100] 감수의사란 행위의 목표를 달성하기 위하여 구성요건실현을 묵인하고 행위 시의 불확정 상태를 견디기로 결의한 것을 말한다고 한다.

---

100) 김일수/서보학, 131면; 박상기/전지연, 84면; 이재상/장영민/강동범, 185면.

용인설의 용인도 '내심의 승낙이나 승인'이 아닌 '발생가능한 법익침해방향의 의사결정'이라면 동일한 결론이 된다. 따라서 동일한 비판이 가능하다.

다. 인식설의 입장
(1) 가능성설
행위자가 결과 발생이 구체적으로 가능하다고 인식하였음에도 불구하고 행위한 때에는 미필적 고의이며, 결과 발생의 의지적 요소는 문제되지 않는다. 따라서 인식 있는 과실의 존재는 부인한다. 가능성설에 따르면 인식 있는 과실이 모두 고의에 포함되므로 고의의 범위가 지나치게 확대되는 문제점이 있다.

(2) 개연성설
행위자가 결과 발생의 개연성을 인식한 때에는 미필적 고의이며, 단순한 가능성을 인식한 때에는 인식 있는 과실이다. 개연성설은 개연성과 가능성을 구별할 수 있는 기준이 불명확하다. 회생의 가능성이 희박한 중환자에게 일말의 성공을 기원하면서 수술하는 의사나 아이의 머리 위에 사과를 올려놓고 화살을 쏘는 윌리엄 텔에게 살인의 미필적 고의를 인정하게 된다.

3. 판례

판례의 태도는 이른바 주교사 사건에서 사망의 결과가 발생하더라도 용인할 수 밖에 없다는 입장을 취하고 있으므로 용인설의 입장이다. 판례에 따르면 "미필적 고의라 함은 범죄사실의 발생 가능성을 불확실한 것으로 표상하면서 이를 용인하고 있는 경우를 말하고, 미필적 고의가 있었다고 하려면 범죄사실의 발생 가능성에 대한 인식이 있음은 물론 나아가 범죄사실이 발생할 위험을 용인하는 내심의 의사가 있어야 하며, 그 행위자가 범죄사실이 발생할 가능성을 용인하고 있었는지의 여부는 행위자의 진술에 의존하지 아니하고 외부에 나타난 행위의 형태와 행위의 상황 등 구체적인 사정을 기초로 하여 일반인이라면 당해 범죄사실이 발생할 가능성을 어떻게 평가할 것인가를 고려하면서 행위자의 입장에서 그 심리상태를 추인"하여야 한다.[101]

---

101) 대법원 2004.5.14. 선고 2004도74 판결.

⚖ 판례 주교사 사건

【사실관계】 피고인은 1980.11.13. 17:30경 피해자를 아파트에 유인하여 양 손목과 발목을 노끈으로 묶고 입에는 반창고를 두겹으로 붙인 다음, 양 손목을 묶은 노끈은 창틀에 박힌 씨멘트못에, 양 발목을 묶은 노끈은 방문손잡이에 각각 잡아매고 얼굴에는 모포를 씌워 포박 감금한 후 수차 그 방을 출입하던 중 같은달 15일 07:30경에 피고인이 그 아파트에 들어갔을 때에는 이미 피해자가 탈진상태에 있어 박카스를 먹여보려 해도 입에서 흘려 버릴뿐 마시지 못하기에 얼굴에 모포를 다시 덮어씌워 놓고 그대로 위 아파트에서 나와 버렸는데 그때 피고인은 피해자를 그대로 두면 죽을 것 같은 생각이 들어 병원에 옮기고 자수할 것인가, 그대로 두어 피해자가 죽으면 시체를 처리하고 범행을 계속할 것인가 아니면 스스로 자살할 것인가 등 두루 고민하다가 결국 병원에 옮기고 자수할 용기가 생기지 않아 그대로 나와 학교에 갔다가 같은 날 14:00경에 돌아와 보니 이미 피해자가 죽어 있었다.

【판결요지】 이와 같은 사실관계로 미루어 보면, 피고인이 1980.11.15. 07:30경 포박 감금된 피해자의 얼굴에 모포를 덮어 씌워놓고 아파트에서 나올 때에는 그 상태로 보아 피해자를 방치하면 사망할 가능성이 있다는 것을 내심으로 인정하고 있었음이 분명하고, 여기에 피고인이 피해자와는 물론 그 부모와도 면식이 있는 사이였었다는 사정을 보태어 보면, 피고인이 위와 같은 결과발생의 가능성을 인정하고 있었으면서도 피해자를 병원에 옮기고 자수할 용기가 생기지 않았다는 이유로 사경에 이른 피해자를 그대로 방치한 소위에는 그로 인하여 피해자가 사망하는 결과가 발생하더라도 용인할 수 밖에 없다는 내심의 의사 즉 살인의 미필적 고의가 있었다고 볼 수 있다(대법원 1982.11.23. 선고 82도2024 판결).

【해설】 먼저 행위자는 탈진상태에 있는 피해자의 얼굴에 모포를 다시 덮어놓고 아파트에서 나와 버릴 때 피해자를 방치하면 사망할 가능성을 인식하였으며, 행위자는 피해자를 그대로 두면 죽을 것 같은 생각이 들어 병원에 옮기고 자수할 것인가, 그대로 두어 피해자가 죽으면 시체를 처리하고 범행을 계속할 것인가 아니면 스스로 자살할 것인가 등 두루 고민하다가 결국 병원에 옮기고 자수할 용기가 생기지 아니하여 그대로 외출하고 한 것을 보면, 결과발생의 가능성을 인식하면서도 자포자기 심정으로 그 결과발생을 감수한 것이라고 볼 수 있어 위 사안에서 갑에게 살인의 미필적 고의가 인정된다할 것이다.

⚖ 판례 군의무반 김병장 사건

【사실관계】 갑은 피해자 윤일병이 군의무반에 정식으로 전입한 직후인 2014. 3. 초순경부터 피해자가 응급실에 실려간 2014. 4. 6.까지 지속적으로 피해자를 폭행하여 왔다. 특히 2014.4.6. 00:00경 피해자가 '갑의 아버지가 조폭이었다는 사실이 가장 감명 깊었다'는 말을 한 직후 피해자의 런닝셔츠를 2회에 걸쳐 잡아 찢기도 하는 등 그 폭행의

정도가 급격히 강해졌다. 갑은 사건 당일인 2014. 4. 6. 16:07경부터 냉동식품을 먹는 약 25분의 짧은 시간 동안 직접 피해자의 옆구리, 복부, 가슴 부위를 약 15~18회가량 발과 무릎 등으로 밟고 차거나 때린 것을 비롯하여, 을에게 지시하거나 병과 함께 피해자의 복부 부위를 약 20회가량 발로 차거나 밟기도 한 점, 갑은 계속된 폭행으로 인해 침상에 쓰러져 물도 제대로 마시지 못하고 옷을 입은 상태로 오줌을 싸고 의사표현도 잘 하지 못하여 을과 정에게 기대고 있던 피해자를 향하여 '꾀병 부리지 마라'고 말하며 발로 피해자의 가슴 부위를 세게 걷어차고, 이어 또다시 꾀병 부리지 말라며 추가로 폭행을 하려 하였으나 피해자의 상태를 인지하고 있던 병의 만류로 더 이상의 추가 폭행은 하지 못하였다.

【판결요지】 살인의 고의는 반드시 살해의 목적이나 계획적인 살해의 의도가 있어야만 인정되는 것은 아니고, 자기의 폭행 등 행위로 인하여 타인의 사망이라는 결과를 발생시킬 만한 가능성 또는 위험이 있음을 인식하거나 예견하였다면 고의가 있다고 할 수 있다. 피고인이 범행 당시 살인의 고의는 없었고 단지 상해 또는 폭행의 고의만 있었을 뿐이라고 다투는 경우에, 피고인에게 범행 당시 살인의 고의가 있었는지는 피고인이 범행에 이르게 된 경위, 범행의 동기, 준비된 흉기의 유무·종류·용법, 공격의 부위와 반복성, 사망의 결과발생 가능성 정도, 범행 후 결과 회피행동의 유무 등 범행 전후의 객관적인 사정을 종합하여 판단할 수밖에 없다. 등을 종합해 볼 때, 갑은 무차별적인 계속된 폭행으로 피해자가 사망할 수도 있다는 결과 발생의 가능성 또는 위험성을 인식하거나 예견하였고 나아가 그 결과 발생을 용인한 것으로 볼 수 있다는 이유로 살인의 미필적 고의를 인정할 수 있다(대법원 2015.10.29. 선고 2015도5355 판결).

【해설】 이 사건의 핵심적 논점 중 하나는 가해자인 갑의 고의가 무엇인가라는 점이다. 갑의 고의가 살인의 고의라면 살인죄가 되지만 만약 상해의 고의라면 이 사건은 상해치사사건이 되기 때문이다. 따라서 군검찰관은 주위적 공소사실로 살인죄로 기소하였지만 예비적 공소사실로 상해치사를 염두에 두었다. 대법원은 이 사건에 대하여 범행 전후의 객관적인 사정을 종합하여 판단할 때, 갑은 무차별적인 계속된 폭행으로 피해자가 사망할 수도 있다는 결과 발생의 가능성 또는 위험성을 인식하거나 예견하였고 나아가 그 결과 발생을 용인한 것으로 볼 수 있기 때문에 살인의 미필적 고의가 인정된다고 하였다.

또 다른 핵심적 논점 중 하나는 공동정범의 성립 여부이다. 을, 병, 정에 대하여 원심은 살인죄의 공동정범을 인정한 반면에 대법원은 살인죄의 공동정범을 인정하지 않았다. 이에 대해서는 범죄가담형태론 중 공동정범에서 설명한다.

① 신빙성이 있는 '사고장소에서 무엇인가 딱딱한 물체를 충돌한 느낌을 받았다'는 피고인의 제1심 법정에서의 진술에 비추어 피고인에게는 미필적으로나마 사고의 발생사실을 알고 도주할 의사가 있었음을 인정할 수 있다고 한 사례(대법원 2000.3.28. 선고 99도5023 판결).

② 강도가 베개로 피해자의 머리부분을 약 3분간 누르던 중 피해자가 저항을 멈추고 사지가 늘어졌음에도 계속하여 누른 행위에 살해의 고의가 있었다고 한 원심의 판단을 수긍한 사례(대법원 2002.2.8. 선고 2001도6425 판결).

③ 화물적재 경위, 제한중량의 초과 정도(총중량 1.9t, 축하중 1.5t), 운송인이나 화물차량 운전자가 화물이 적재된 컨테이너를 개봉하기 어려운 사정 등에 비추어 피고인에게 제한중량 초과로 인한 도로법위반의 고의가 있었는지 분명하지 않은데도, 피고인의 미필적 고의를 인정한 원심판결을 파기한 사례(대법원 2005.7.15. 선고 2005도1472 판결).

④ 새시설치 및 경비용역업체의 운영자가 새시 영업권 보호를 위하여 아파트 모델하우스에 북파공작특수임무수행자 출신을 다수 동원함으로써 집단적인 폭력사태가 발생한 사안에서, 일부 공소사실에 대하여는 위 운영자에게 미필적 고의를 인정하기 어렵다고 판단하여 공소사실 전부를 유죄로 인정한 원심판결을 파기한 사례(대법원 2005.10.7. 선고 2005도5554 판결).

⑤ 청소년출입금지업소의 업주 및 종사자가 부담하는 출입자 연령확인의무의 내용 및 연령확인조치를 취하지 아니함으로써 청소년이 당해 업소에 출입한 경우 업주 등에게 청소년보호법 위반죄의 미필적 고의가 인정된다(대법원 2007.11.16. 선고 2007도7770 판결).

⑥ 퇴사한 전직 동료의 편의를 위하여 회사 컴퓨터에 저장된 개인 파일 등을 복사해 준 사안에서, 배임의 고의가 있었다고 단정하기 어렵다고 한 사례(대법원 2009.5.28. 선고 2008도5706 판결).

⑦ 피고인이 갑 주식회사에서 재직 중 취득한 갑 회사의 영업비밀에 해당하는 파일들을 갑 회사와 경쟁업체인 을 주식회사로 이직하면서 유출하였다고 하여 업무상배임죄로 기소된 사안에서, 제반 사정을 종합할 때 피고인이 파일들을 갑 회사의 외부로 반출할 당시 적어도 미필적으로나마 배임의 고의가 있었다고 본 원심판단을 수긍한 사례(대법원 2011.7.28. 선고 2010도9652 판결).

⑧ 업무상배임죄가 성립하려면 주관적 요건으로서 임무위배의 인식과 그로 인하여 자기 또는 제3자가 이익을 취득하고 본인에게 손해를 가한다는 인식, 즉 배임의 고의가 있어야 하고, 이러한 인식은 미필적 인식으로도 족하다. 이익을 취득하는 제3자가 같은 계열회사이고, 계열그룹 전체의 회생을 위한다는 목적에서 이루어진 행위로서 그 행위의 결과가 일부 본인을 위한 측면이 있다 하더라도 본인의 이익을 위한다는 의사는 부수적일 뿐이고 이득 또는 가해의 의사가 주된 것임이 판명되면 배임죄의 고의를 부정할 수 없다(대법원 2012.7.12. 선고 2009도7435 판결).

⑨ 제1종 운전면허 소지자인 피고인이 정기적성검사기간 내에 적성검사를 받지 아니하였다고 하여 구 도로교통법 위반으로 기소된 사안에서, 피고인이 적성검사기간 도

래 여부에 관한 확인을 게을리하여 기간이 도래하였음을 알지 못하였더라도 적성검사 기간 내에 적성검사를 받지 않는 데 대한 미필적 고의는 있었다고 봄이 타당하다(대법원 2014.4.10. 선고 2012도8374 판결).

⑩ 성을 사는 행위를 알선하는 행위를 업으로 하는 자가 성매매알선을 위한 종업원을 고용하면서 고용대상자에 대하여 아동·청소년의 보호를 위한 연령확인의무의 이행을 다하지 아니한 채 아동·청소년을 고용하였다면, 특별한 사정이 없는 한 적어도 아동·청소년의 성을 사는 행위의 알선에 관한 미필적 고의는 인정된다(대법원 2014.7.10. 선고 2014도5173 판결).

Ⅲ. 택일적 고의

1. 의의

택일적 고의(擇一的 故意, dolus alternativus)는 행위자가 두 가지 이상의 구성요건 또는 결과 중에 어느 하나만 실현하기를 원하지만, 그 중 어느 것에서 결과가 발생해도 좋다고 생각하고 행위하는 경우의 고의를 말한다. 결과 발생은 확정적이나 구성요건이나 객체가 둘 가운데 하나만 의도한다는 점에서 택일적이다.

2. 유형

가. 한 개의 행위객체에 대한 택일적 고의

행위자가 동일한 객체에 대하여 두 가지 이상의 구성요건 중 어느 하나의 구성요건을 실현하기를 원하지만, 다른 구성요건이 실현되어도 좋다고 생각하는 경우의 고의이다. 예를 들면 길거리에 쓰러져 있는 사람이 죽은 사람이거나 아니면 의식불명자라고 생각하면서 주머니에서 돈지갑을 꺼내는 경우에 구성요건이 절도죄 또는 점유이탈물횡령죄 양죄가 택일적이다.

나. 두 개의 행위객체에 대한 택일적 고의

행위자가 두 개의 행위객체 중 어느 하나에서 결과가 발생하기를 원하지만, 다른 객체에서 발생해도 좋다고 생각하는 경우의 고의이다. 예를 들면 두 사람 중 누가 맞아도 좋다고 생각하고 총을 쏘는 경우 행위전체가 택일적이다.

다. 수많은 행위객체에 대한 택일적 고의

행위자가 수많은 행위객체 중 어느 하나에서 결과가 발생하면 좋다고 생각하는 경우의 고의이다.[102] 예를 들면 수백명의 군중이 모여 있는 곳을 향해 총을 쏘면서 어느 누가 죽어도 좋다고 생각하는 경우이다.

3. 효과

가. 한 범죄가 기수가 된 경우

제1설은 원칙적으로 기수범에 대해서만 고의가 성립하고, 예외적으로 결과가 발생하지 않은 미수가 결과가 발생한 기수보다 중한 경우 기수와 미수의 상상적 경합을 인정하는 견해,[103] 제2설은 기수이건 미수이건 언제나 중한 범죄에 대해서만 고의가 성립한다는 견해, 제3설은 택일관계에 있는 모든 범죄에 대해 고의가 성립하고 미수와 기수의 상상적 경합이 된다는 견해[104]가 대립하고 있다.

제1, 2설은 현실적으로 수개의 고의가 존재함에도 불구하고, 한 개의 고의만 인정하는 점에서 부당하며 택일관계에 있는 모든 범죄에 대해 고의가 인정된다고 보는 것이 타당하다. 따라서 고의범의 미수와 기수의 상상적 경합이 성립한다.

나. 모든 범죄가 다 미수로 그친 경우

제1설은 중한 죄의 미수에 대해서만 고의가 성립한다는 견해,[105] 제2설은 구체적으로 법익이 위태화된 범죄에 대해서만 고의가 성립한다는 견해, 제3설은 택일관계에 있는 모든 범죄에 대해 고의가 인정된다는 견해가 대립하고 있다.

이미 존재하는 고의를 처벌의 관점에서 제외하는 것은 이론적으로 부당하며 모든 범죄에 대해 고의가 인정된다고 보는 것이 타당하다. 따라서 수개의 미수 사이에 상상적 경합이 성립한다.

---

102) 이를 개괄적 고의로 보는 견해도 있다(이재상/장영민/강동범, 187면).
103) 이재상/장영민/강동범, 187면.
104) 김일수/서보학, 135면; 배종대, 183면; 이형국/김혜경, 113면; 정성근/박광민, 167면.
105) 이재상/장영민/강동범, 187면.

IV. 이른바 개괄적 고의사례

행위자가 이미 첫 번째 행위에 의하여 범행의 결과가 발생했다고 믿었으나 실제로는 두 번째 행위에 의하여 결과가 발생한 경우이다. 예를 들면 행위자가 피해자를 돌로 쳐 졸도하자, 죽은 줄 알고 사체를 은닉하기 위해 모래속에 파묻었는데, 실은 피해자는 모래속에서 질식한 경우를 들 수 있다. 이에 대하여 인과관계의 착오의 특수한 경우로 보는 것이 통설의 입장이다. 이른바 개괄적 고의사례에 대해서는 제7장 구성요건 착오이론에서 설명한다.

V. 고의의 존재시점: 사전고의와 사후고의

1. 고의의 존재시점

고의는 행위시점, 즉 '실행의 착수부터 실행행위의 종료시점까지' 존재해야 한다. 이를 고의와 행위의 동시존재의 원칙이라고 한다. 따라서 사전고의나 사후고의는 형법상 인정되지 않는다.

2. 사전고의

사전고의는 행위자가 행위 이전에 실현의사를 가지고 있었으나 행위 시에는 인식하지 못한 경우이다. 예를 들면 갑이 사냥의 기회에 그의 처 A를 사고로 가장하여 사살하기로 결의하였으나, 전날 밤에 총을 정비하다가 오발로 A를 사망케 한 경우가 이에 해당한다. 이 경우 고의는 행위 시에 존재한다. 갑이 총을 정비하는 시점에는 살인의 고의가 없으므로 살인죄가 성립하지 않으며 과실치사죄가 된다. 총을 정비하는 행위는 살인예비죄가 된다. 따라서 갑은 과실치사와 살인예비죄의 상상적 경합범으로 처벌된다.

3. 사후고의

사후고의는 구성요건적 결과가 발생한 이후에 행위자가 비로소 사실에 대한 인식을 갖게 된 경우이다. 예를 들면 갑이 실수로 도자기를 깼는데, 욕을 듣자 잘 깼다고 생각한 경우가 이에 해당한다. 역시 마찬가지로 고의는 행위 시에 존재해야 하므로 갑은 처벌되지 않는다. 과실재물손괴가 문제될 수 있지만 처벌규정이 없으므로 처벌되지 않는다.

CHAPTER 07 구성요건적 착오

> 제13조(고의) 죄의 성립요소인 사실을 인식하지 못한 행위는 벌하지 아니한다.
> 다만, 법률에 특별한 규정이 있는 경우에는 예외로 한다.
> 제15조(사실의 착오) ① 특별히 무거운 죄가 되는 사실을 인식하지 못한 행위는
> 무거운 죄로 벌하지 아니한다.

제1절 서설

Ⅰ. 구성요건적 착오의 의의와 대상

1. 의의

구성요건적 착오란 행위자가 주관적으로 인식한 범죄사실과 현실적으로 발생한 객관적인 범죄사실이 일치하지 아니하는 경우를 말한다(인식사실과 발생사실의 불일치).[106] 예를 들면 갑이 A를 살해하려고 총을 쏘았으나 실제로는 B가 맞아 사망한 경우와 같이 인식한 범죄사실(A)과 발생한 범죄사실(B)이 불일치한 경우를 말한다.

2. 착오의 대상

구성요건적 고의의 지적 요소의 대상이 되는 모든 객관적 구성요건요소가 착오의 대상이 된다. 즉 행위의 주체, 객체, 행위, 결과, 인과관계가 구성요건적 착오의 대상이 되며,

---

[106] 형법에서의 착오론은 현실로 존재하는 사실을 존재하지 않는다고 생각하는 소극적 착오만을 문제로 삼고 환각범·불능범·미수범과 같이 현실로 존재하지 않는 사실을 존재한다고 생각하는 적극적 착오는 착오론의 문제가 아니다.

객관적 구성요건요소가 아니라면 그것이 사실에 대한 착오일지라도 구성요건적 착오가 아니다. 예를 들면 형벌의 종류, 가벌성, 처벌조건, 소추조건, 책임능력, 범행동기에 대한 착오는 구성요건적 착오가 아니다.

Ⅱ. 구별개념

1. 금지착오

구성요건적 착오는 객관적 구성요건요소의 존재에 대한 착오이므로 행위자는 자신의 행위와 관련된 사실적인 측면을 인식하지 못한 경우이다. 이에 대하여 금지착오는 행위자가 인식한 사실이 법적으로 금지되어 있느냐에 대한 착오로서 자신의 행위와 관련된 규범적인 측면을 인식하지 못한 경우이다. 구성요건적 착오에 해당하면 고의가 조각되지만, 금지착오에 해당되면 형법 제16조에 따라 착오에 정당한 이유가 있으면 책임이 조각된다.

2. 반전된 구성요건적 착오

구성요건적 착오는 객관적으로 존재하는 구성요건적 사실을 행위자가 인식하지 못한 경우로서 구성요건적 사실에 대한 소극적 착오를 일으킨 경우이지만, 반전된 구성요건적 착오는 객관적으로 존재하지 않는 구성요건적 사실을 행위자가 적극적으로 존재한다고 생각한 적극적 착오를 말한다. 예를 들면 사람인 줄 알고 총을 쏘았으나, 실제로는 야생동물인 경우 구성요건적 사실인 사람을 인식하였으므로 고의는 존재하지만 결과는 발생하지 않았으므로 미수범이 된다. 이 경우에 위험성이 있다면 불능미수가 되며, 위험성이 없다면 불능범이 된다.

3. 인식사실은 범죄사실이 아니지만, 발생사실은 범죄사실인 경우

야생동물인 줄 알고 발포했으나 사람인 경우와 같이 인식사실은 범죄사실이 아니지만, 발생사실은 범죄사실인 경우 구성요건에 해당하는 객관적 사실에 대한 인식·인용이 없으므로 고의는 성립하지 않지만 발생사실에 대한 인식가능성이 있다면 과실범은 성립할 수 있다. 이에 대하여 착오의 문제가 아니라 과실범의 문제로 보는 것이 다수설이지만,[107] 인

---

107) 손동권/김재윤, 142면; 임웅, 165면; 정성근/박광민, 190면.

식사실이 구성요건적 사실에 해당하지 않아도 실제로 발생한 사실이 구성요건적 사실인 경우에도 구성요건적 착오의 범주에 속하는 것으로 보는 견해도 있다.[108] 이 경우 과실범이 문제되는 것은 구성요건적 착오의 법효과에 따라 고의가 조각되고 다음 문제로 과실범 성립 여부가 문제되기 때문이라고 한다.

Ⅲ. 구성요건적 착오의 효과

1. 원칙적 법효과

구성요건적 착오는 발생한 범죄사실에 대한 행위자의 인식, 즉 고의를 인정할 수 없는 경우이므로 이에 대해서는 형법 제13조에 따라 고의가 조각되어 고의범으로 처벌할 수 없다. 예를 들면 다른 사람의 물건을 자기의 물건으로 오인하고 가져간 경우 재물의 타인성에 대한 고의가 없기 때문에 절도죄로 처벌할 수 없다. 물론 형법 제14조에 따라 과실범으로 처벌할 수 있는가의 문제는 남는다. 과실범의 처벌규정이 없다면 과실범으로 처벌할 수 없다.

2. 예외적 법효과

가. 예외적 법효과를 인정해야 될 이유

행위자가 인식한 범죄사실과 실제로 발생한 범죄사실이 일치하지 않는 경우 고의가 조각되어 처벌할 수 없다는 원칙적 법효과를 그대로 인정할 경우 공리적 관점뿐만 아니라 법감정적으로도 불합리한 결과가 나올 수 있다.[109] 갑이 A를 살해하려고 총을 쏘았으나 B가 사망한 경우 A에 대하여 살인의 고의가 없다고 하여 고의가 조각되고 과실범으로만 처벌해야 된다면 불합리하다. 따라서 행위자가 범죄사실을 인식하지 못한 경우에도 고의를 인정하여 처벌할 필요성이 있게 된다.

나. 예외인정의 방법론

원칙적 법효과만을 고수할 경우 발생하는 불합리성을 해결하는 방법은 고의조각 여부를 인식하였는가 아니면 인식하지 못했는가라는 심리적 사실만을 가지고 확인하지 않고

---

108) 김성돈, 236면.
109) 김성돈, 239면; 이형국/김혜경, 171면.

일정한 규범적 관점에 따라 평가하는 방법이다. 이러한 규범적 평가는 범죄예방이라는 형법의 목적을 달성하기 위해서 불가피하게 요구된다.[110] 즉 행위자가 범죄사실을 인식하지 못한 경우에도 그를 처벌할 형사정책적 필요성이 있는 경우에는 고의를 조각시키지 않는 일정한 평가절차가 필요하다.

규범적 평가방법으로 사용하는 법리는 '부합'이다. 인식사실과 발생사실 간에 어느 정도의 차이가 있지만 양자 사이에 일정 정도의 '부합관계'가 인정될 경우에는 고의를 인정할 수 있다는 것이다.[111] 양자 사이에 부합관계가 인정되면 고의를 인정할 수 있다.

주의할 점은 모든 구성요건적 착오유형에 고의를 인정해야 할 것이 아니라 극히 제한된 일정한 사례유형에서만 내려져야 한다는 점이다. 사실상 고의조각으로 처벌되지 않는 행위자에 대하여 규범적 관점에서 고의를 인정하여 처벌하는 것은 형법이 수행해야 할 법치국가적 관점에서 극히 예외적으로만 인정되어야 하기 때문이다. 행위자에게 고의가 없음에도 불구하고 고의가 있는 것으로 규범적 평가하는 이론적 근거를 설명하는 문제영역을 '주관적 귀속론'이라고 부르기도 한다. 이러한 범주에 속하는 착오사례로는 방법의 착오, 객체의 착오, 인과과정의 착오, 가중적·가감적 구성요건적 사실의 착오, 행위자의 생각과 결과발생시점이 다른 경우(이른바 개괄적 고의사례) 등 5가지를 들 수 있다.

다. 형법규정과 착오론

구성요건적 착오가 발생한 경우 어떤 기준으로 부합을 인정할 수 있는가에 대하여 현행 형법에는 일반적 규정을 두고 있지 않다. 형법 제15조 제1항이 착오와 관련된 유일한 규정이지만, 부합기준에 대한 내용은 없다. 부합의 기준에 대한 입법이 필요하다고 생각한다.

형법 제15조 제1항의 "특별히 무거운 죄가 되는 사실을 인식하지 못한 행위는 무거운 죄로 벌하지 아니한다"는 규정은 추상적 사실의 착오에 대해서만 설명하고 있다. 따라서 착오에 대한 문제는 형법이론으로 해결할 수밖에 없다.

---

110) 김성돈, 239면.
111) 이재상/장영민/강동범, 191면.

[사례 1] 갑이 A를 살해하려고 총을 쏘았으나 다가가서 확인을 해보니 A와 닮은 B가
　　　　사망한 경우

[사례 2] 갑이 A를 살해하려고 몽둥이로 A의 머리를 내려쳤는데, 알고보니 마네킹을 손
　　　　괴한 경우

[사례 3] 갑이 A를 살해하려고 총을 쏘았으나 사격미숙으로 인하여 총알이 빗나가 옆
　　　　에 있던 B가 맞아 사망한 경우

[사례 4] 갑이 A를 살해하려고 총을 쏘았으나 빗나가 A의 자동차 유리창을 깨뜨린 경우

[사례 5] 갑은 자신의 형 A를 살해하여 자신이 단독으로 상속받기 위하여 집으로 귀가
　　　　하는 형을 칼로 찔러 살해하였으나, 사실은 자신의 아버지 B를 살해하였다.

[사례 6] 갑은 아버지를 살해하기 위하여 칼로 찔러 살해하였으나, 사실은 형을 살해하
　　　　였다.

[사례 7] A는 갑에게 자신은 용기가 없어서 자살을 하지 못하니 갑이 자신을 죽여 달라
　　　　는 편지를 남겼지만, 갑은 A의 편지를 보지 못한 상태에서 A를 살해하였다.

[사례 8] 갑은 A가 자신을 죽여 달라고 부탁을 하지 않았음에도 불구하고 A가 부탁하
　　　　였다고 오인하고 A를 살해하였다.

I. 구체적 사실의 착오와 추상적 사실의 착오

1. 구체적 사실의 착오

구체적 사실의 착오는 행위자가 인식한 구성요건과 발생한 구성요건이 서로 일치하는 경우를 말한다. 동일구성요건 사이의 착오이다.

사례 1과 사례 3의 경우 인식한 구성요건은 살인죄이며, 발생한 구성요건 역시 살인죄이므로 인식한 구성요건과 발생한 구성요건이 서로 일치하는 구체적 사실의 착오에 해당한다.

2. 추상적 사실의 착오

추상적 사실의 착오는 행위자가 인식한 구성요건과 발생한 구성요건이 서로 일치하지 않는 경우를 말한다. 상이한 구성요건 사이의 착오이다.

사례 2와 사례 4의 경우 인식한 구성요건은 살인죄이지만, 발생한 구성요건은 재물손괴죄이므로 인식한 구성요건과 발생한 구성요건이 서로 일치하지 않는 추상적 사실의 착오에 해당한다.

II. 객체의 착오와 방법의 착오

1. 객체의 착오

객체의 착오는 객체의 동일성에 관한 착오, 즉 행위자가 인식한 객체에 대해 결과는 발생했지만 결과가 발생한 그 객체가 원래 행위자가 의도했던 객체가 아닌 경우를 말한다. 객체의 동일성에 대한 착오이다.

사례 1과 사례 2의 경우가 객체의 착오이다. 갑이 A를 살해하려고 총을 쏘았으나 다가가서 확인을 해보니 A와 닮은 B가 사망한 경우 또는 갑이 A를 살해하려고 몽둥이로 A의 머리를 내려쳤는데, 알고보니 마네킹을 손괴한 경우가 이에 해당한다.

객체의 착오는 결과가 발생된 다른 객체 B에 대해 공격할 동기가 없었으며, 행위자가 동일성을 혼동하였을 뿐이었기 때문에 '동기의 착오'라고 하기도 한다.

2. 방법의 착오

방법의 착오란 행위자가 원래 조준한 목표물이 빗나가 다른 목표물을 맞춘 경우를 말한다. 방법의 잘못으로 행위자가 의도한 객체가 아닌 다른 객체에 결과가 발생한 경우이다. 타격의 착오라고도 한다.

사례 3과 사례 4의 경우가 방법의 착오이다. 갑이 A를 살해하려고 총을 쏘았으나 사격 미숙으로 인하여 총알이 빗나가 옆에 있던 B가 맞아 사망한 경우 또는 갑이 A를 살해하려고 총을 쏘았으나 빗나가 A의 자동차 유리창을 깨뜨린 경우이다.

Ⅲ. 가중적·감경적 구성요건 착오

1. 가중적 구성요건 착오

가중적 구성요건 착오는 행위자는 형을 가중시키는 사실이 존재하는데도 이를 인식하지 못한 경우와 가중사실이 존재하지 않음에도 불구하고 존재한다고 오인한 경우로 나누어 볼 수 있다. 가중사실에 대한 착오이다.

사례 5는 존속살해라는 가중사실이 존재함에도 불구하고 행위자는 이를 인식하지 못하고 보통살인죄를 실현한 경우이며, 사례 6은 존속살해라는 가중사실이 존재하지 않음에도 불구하고 존재한다고 오인한 경우이다.

2. 감경적 구성요건 착오

감경적 구성요건 착오는 행위자는 형을 감경시키는 사실이 존재하는데도 이를 인식하지 못한 경우와 감경사실이 존재하지 않음에도 불구하고 존재한다고 오인한 경우를 나누어 볼 수 있다. 감경사실에 대한 착오이다.

사례 7은 촉탁살인이라는 감경사실이 존재함에도 불구하고 행위자는 이를 인식하지 못하고 보통살인죄를 실현한 경우이며, 사례 8은 촉탁살인이라는 감경사실이 존재하지 않음에도 불구하고 존재한다고 오인한 경우이다.

가중사실에 대한 착오와 감경사실에 대한 착오는 형법 제15조 제1항과 관련되어 있다. 이에 대해서는 후술한다.

Ⅳ. 인과관계의 착오

인과관계의 착오는 행위자가 인식한 범죄사실과 현실로 발생한 범죄사실은 법적으로 일치하지만, 행위자가 인식했던 인과과정과 그 결과에 이르는 인과과정이 다른 경우를 말한다. 인과과정의 착오라고도 한다.

예를 들면 갑이 A를 익사시키고자하여 다리 위에서 밑으로 밀었으나, A는 익사한 것이 아니라 실제로는 교각에 머리를 부딪혀 사망한 경우, 갑이 A를 독살하기 위하여 독극물을 먹였으나, A는 독극물 중독이 아닌 심장마비로 죽은 경우 등이 이에 해당한다.

V. 이른바 개괄적 고의사례

이른바 개괄적 고의 사례는 행위자가 이미 첫 번째 행위에 의하여 범행의 결과가 발생했다고 믿었으나 실제로는 두 번째 행위에 의하여 결과가 발생한 경우이다. 결과발생시점이 행위자의 생각과는 달리 뒤로 미루어진 경우이다.

예를 들면 갑이 피해자 A를 살해하기 위하여 돌로 쳐 졸도하자, 죽은 줄 알고 사체를 은닉하기 위해 모래속에 파묻었는데, 실제로 피해자 A는 모래 속에서 질식한 경우를 말한다. 이른바 개괄적 고의사례에 대한 해결방법에 대해서는 견해의 대립이 있다. 이에 대해서는 후술한다.

제3절 구성요건적 착오와 부합설

I. 서설

구성요건적 착오를 논하는 실익은 인식한 사실의 고의와 실제로 발생한 사실이 어느 정도 일치하여야, 즉 부합하여야 고의범의 기수로 처벌할 수 있는가의 문제이다.

이에 대하여 우리 형법 제15조 제1항에서는 "특별히 무거운 죄가 되는 사실을 인식하지 못한 행위는 무거운 죄로 벌하지 아니한다"라는 규정만을 둘 뿐이다. 이 규정은 추상적 사실의 착오 중 경한 범죄사실을 인식하고 중한 결과를 발생시킨 경우만을 규정하고 있으며, 이외의 다른 착오유형에 대한 해결방법에 대해서는 학설에 맡기고 있다.

[사례 1] 갑이 A를 살해하려고 총을 쏘았으나 다가가서 확인을 해보니 A와 닮은 B가 사망한 경우

[사례 2] 갑이 A를 살해하려고 몽둥이로 A의 머리를 내려쳤는데, 알고보니 마네킹을 손괴한 경우

[사례 3] 갑이 A를 살해하려고 총을 쏘았으나 사격미숙으로 인하여 총알이 빗나가 옆에 있던 B가 맞아 사망한 경우

[사례 4] 갑이 A를 살해하려고 총을 쏘았으나 빗나가 A의 자동차 유리창을 깨뜨린 경우

II. 고의의 성립범위에 관한 부합설

1. 구체적 부합설

가. 의의

행위자가 인식한 범죄사실과 현실로 발생한 범죄사실이 구체적으로 부합 또는 일치하는 경우에만 발생사실에 대한 고의의 성립을 인정하고, 일치하지 않으면 고의는 조각된다고 하는 견해이다.[112]

나. 객체의 착오

객체의 착오의 경우 구체적 부합설에 따르면 행위자의 착오는 동기의 착오 내지 동일성의 혼동에 불과하고, 실제로 행위자의 눈앞에 인식된 객체가 맞으며, 객체의 착오는 형법상 중요하지 않은 착오이므로 고의는 인정된다. 구체적 사실의 착오 중 객체의 착오는 행위자의 측면에서 보면 인식한 사실대로 결과가 발생하였고, 행위대상을 잘못 믿은 것은 단순한 동기의 착오에 지나지 않아 인식사실과 발생사실이 구체적으로 부합하므로 고의기수가 인정된다.

A를 살해하려고 총을 쏘았으나 다가가서 확인을 해보니 A와 닮은 B가 사망한 사례 1의 경우 B에 대한 살인의 고의가 인정되기 때문에 B에 대한 살인죄가 성립한다. A를 살해하려고 몽둥이로 A의 머리를 내려쳤으나 그 상대방이 마네킹으로 밝혀진 사례 2의 경우 사람과 마네킹은 구체적으로 부합하지 않기 때문에 마네킹에 대한 손괴죄의 고의는 인정되지 않는다. 재물손괴에 대하여 과실범이 문제될 수 있지만, 과실재물손괴를 처벌하는 규정은 없으므로 살인미수죄만 인정된다.

다. 방법의 착오

방법의 착오의 경우 구체적 부합설에 따르면 행위자가 인식한 범죄사실과 발생한 범죄사실이 동일하지 않는 경우에는 구체적으로 부합하지 않으므로 발생사실에 대하여 행위자의 고의를 인정할 수 없다. 따라서 행위자가 원래 목표로 한 A에 대해서는 고의가 인정되지만 결과가 발생하지 않았기 때문에 미수가 되며(인식사실의 미수), 실제로 공격당한 B 또는 A의 자동차에 대해서는 구체적으로 행위자의 인식이 미치지 않았으므로 고의가 인정되지 않고 다만 과실이 문제된다(발생사실의 과실범). 따라서 구체적 부합설의 경우 방법

---

112) 김성돈, 241면; 김일수/서보학, 153면; 김혜정/박미숙/안경옥/원혜욱/이인영, 115면; 박상기/전지연, 93면; 배종대, 189면. 손동권/김재윤, 148면; 오영근, 153면; 이형국/김혜경, 172면.

의 착오에 대하여 '인식사실의 미수와 발생사실의 과실범의 상상적 경합'[113]을 인정한다.

갑이 A를 살해하려고 총을 쏘았으나 사격미숙으로 인하여 총알이 빗나가 옆에 있던 B가 맞아 사망한 사례 3의 경우 A에 대한 살인미수와 B에 대한 과실치사의 상상적 경합이 된다.

갑이 A를 살해하려고 총을 쏘았으나 빗나가 A의 자동차 유리창을 깨뜨린 사례 4의 경우 A에 대한 살인미수와 A의 자동차에 대한 과실재물손괴의 상상적 경합이 되지만, 과실재물손괴를 처벌하는 규정은 없으므로 살인미수죄만 성립한다.

2. 법정적 부합설

가. 의의

행위자가 인식한 범죄사실과 실제로 발생한 범죄사실이 '법정적 사실의 범위 내에서' 부합 또는 일치하면 고의책임을 인정한다. 법정적 부합설은 다시 동일한 구성요건에 속하는 경우에 발생한 범죄사실에 대하여 고의기수를 인정하는 구성요건부합설과 죄질을 같이하는 경우에 발생한 범죄사실에 대하여 고의의 기수를 인정하는 죄질부합설로 나뉜다.[114]

'구성요건부합설'은 행위자가 인식한 범죄사실과 실제로 발생한 범죄사실이 구성요건이라는 법적 형식면에서 보면 동일한 구성요건으로 포섭될 수 있다면 발생사실에 대해서 고의를 인정하는 견해이다.[115]

'죄질부합설'은 구성요건이라는 형식적인 측면에서는 일치하지 않더라도 인식사실과 발생사실이 죄의 성질상(죄질) 동일한 것으로 인정될 수 있다면 발생사실에 대해서도 고의를 인정하는 견해이다.[116] 이 견해에서 죄질이 동일하다고 하기 위해서는 피해법익이 같고 행위태양이 같거나 유사하여야 한다고 한다.

나. 객체의 착오

객체의 착오의 경우 법정적 부합설에 따르면 인식사실과 범죄사실이 동일한 구성요건이나 죄질에 속하면 고의가 성립한다.

---

113) 상상적 경합은 한 개의 행위가 수개의 죄에 해당하는 경우로서 1개의 폭탄으로 여러 명을 살해하는 경우이다. 실체적 경합은 수 개의 행위로 수개의 죄를 실현하는 경우이다. 상상적 경합은 가장 중한 죄에 정한 형으로 처벌되지만, 실체적 경합범은 병과, 가중, 흡수된다.

114) 정성근/박광민, 196면.

115) 신동운, 225면.

116) 이재상/장영민/강동범, 194면; 임웅, 171면; 정성근/박광민, 201면; 임웅 교수의 경우 죄질부합설을 취하면서도 죄질의 정도가 낮은 범죄의 범위 내에서 부합이 일어난다고 한다.

갑이 B를 A로 오인하고 살해한 사례 1의 경우 인식사실과 범죄사실이 살인죄라는 구성요건이 동일하거나, 사람을 죽였다는 것과 같이 죄질적으로도 부합하기 때문에 B에 대한 살인죄의 고의를 인정한다.

갑이 A를 살해하려고 몽둥이로 A의 머리를 내려쳤는데, 알고보니 마네킹을 손괴한 사례 2의 경우 인식사실과 범죄사실이 살인죄와 재물손괴죄라는 구성요건이 다르거나, 사람을 죽이는 것과 마네킹을 손괴하는 것이 죄질적으로도 부합하지 않기 때문에 발생사실에 대하여 고의를 인정하지 않는다. 따라서 마네킹에 대한 손괴죄의 고의는 인정되지 않고 살인미수죄만 인정된다.

다. 방법의 착오

방법의 착오의 경우 법정적 부합설에 따르면 인식사실과 발생사실이 법정적으로 서로 일치하면 발생사실에 대한 고의를 인정할 수 있기 때문에 행위자가 어떤 대상을 목표에 두고 행위하였는데, 실제로 그 대상은 아니지만 구성요건적으로나 죄질적으로 동일하게 평가할 수 있는 다른 대상에 대해 의도한 결과가 발생한 경우라면 그 발생된 결과에 대해서 행위자의 고의를 인정한다.

예를 들면 갑이 A를 살해하려다 잘못하여 B를 살해한 사례 3의 경우 구성요건이 살인죄라는 점에서 구성요건적으로, 사람을 죽였다는 점에서 죄질을 동일하게 평가할 수 있으므로 발생사실에 대한 고의를 인정할 수 있기 때문에 발생사실에 대한 기수범을 인정한다. A가 아니라 B를 살해하기는 하였지만 사람을 죽였다는 점에서는 동일하게 평가할 수 있기 때문이다.

그러나 갑이 A를 살해하려다 잘못하여 A의 자동차 유리창을 깨뜨린 사례 4의 경우 구성요건이 살인죄와 재물손괴죄라는 점, 죄질면에서 사람을 죽이는 것과 자동차 유리창을 깨뜨리는 것을 동일하게 평가할 수 없기 때문에 행위자가 원래 목표로 한 A에 대해서는 고의가 인정된다. 하지만 결과가 발생하지 않았기 때문에 미수가 되며(인식사실의 미수), 실제로 공격당한 자동차 유리창에 대해서는 구체적으로 행위자의 인식이 미치지 않았으므로 고의가 인정되지 않으며 과실이 문제된다(발생사실의 과실범). 따라서 인식사실의 미수와 발생사실의 과실범의 상상적 경합을 인정한다. 다만 과실재물손괴를 처벌하는 규정은 없으므로 사례 4의 경우 살인미수죄가 성립한다.

양 학설의 차이점은 발생하지 않은 결과에 대해 행위자의 고의를 인정하는 예외적인 사례의 범위를 각각 다르게 본다는 점에 있다. 즉 인식사실이 가중적 구성요건적 사실이지만(아버지를 살해하려고 하였지만), 기본적 구성요건적 사실이 발생한 경우(형을 살해한 경우), 구성요건적 부합설에 의하면 양자는 존속살해죄와 보통살인죄로 구성요건이 일치하지 않으므로 행위자의 인식사실에 대해서는 고의는 인정되지만 미수가 되고, 발생사실에 대해서는 과실을 인정되어야 한다고 한다. 죄질부합설은 인식사실(존속살해)과 발생사실(보통살인)의 죄질이 동일하므로 발생사실에 대해서 고의가 인정된다고 한다.

또한 갑이 타인이 점유하는 타인의 물건을 절취하려고 하였으나 실제로는 점유이탈물인 경우 절도죄와 점유이탈물횡령죄의 형식적 구성요건이 다른 경우 구성요건부합설에 따르면 인식사실과 발생사실이 구성요건적으로 부합하지 않기 때문에 발생사실의 고의를 인정할 수 없으므로 절도미수와 과실점유이탈물횡령죄가 성립하지만 과실점유이탈물횡령죄의 처벌규정이 없으므로 절도미수만 성립한다. 죄질부합설에 따르면 양죄는 죄질면에서 동일하다고 할 수 있으므로 발생사실인 점유이탈물횡령죄의 고의를 인정할 수 있다.

3. 판례

판례는 기본적으로 법정적 부합설이지만, 구성요건부합설인지 죄질부합설인지에 대해서는 분명하지 않다. 이른바 형수조카살해사건에서 형수를 살해하기 위하여 몽둥이로 내리치는 과정에서 형수의 등에 업힌 조카를 때려 살해한 사건에서 판례는 살인의 고의를 인정하였다. 이 사건은 구체적 사실의 착오 중 방법의 착오에 해당하는 경우인데, 고의를 인정하였다는 점을 본다면 법정적 부합설을 취하고 있다고 평가할 수 있다.

판례   형수조카살해사건 – 방법의 착오

【판결요지】 피고인이 먼저 피고인의 형수 최재연을 향하여 살의를 갖고 소나무 몽둥이를 양손에 집어들고 힘껏 후려친 가격으로 피를 흘리며 마당에 고꾸라진 동녀와 동녀의 등에 업힌 피해자 양희수(남 1세)의 머리부분을 위 몽둥이로 내리쳐 위 양희수를 현장에서 두개골절 및 뇌좌상으로 사망케 한 소위를 살인으로 의율한 원심조처는 정당하며 소위 타격의 착오가 있는 경우라 할지라도 행위자의 살인의 범의 성립에 방해가 되지 아니한다(대법원 1984.1.24. 선고\n83도2813 판결).

【해설】 이 사례는 구체적 사실의 착오 중 방법의 착오에 해당하는 사례로서 구체적 부

합설의 경우에 형수에 대한 살인미수와 조카에 대한 과실치사죄의 상상적 경합이 되지만, 판례는 법정적 부합설의 입장에서 발생사실에 대한 고의를 인정하여 조카에 대한 살인죄를 인정하고 있다.

4. 결론

구체적 부합설이 타당하다. 고의의 본질적인 면과 고의의 사실적 기초에 가장 접근하고 있기 때문이다. 행위자의 고의의 사실적 측면은 '사람'을 살해한다는 인식이 아니라 행위자 자신이 직접 인식하고 있는 A이다. 고의라는 것은 구체적인 객체를 지향하고 있는 범죄실현의사로 보는 것이 고의의 본질적 측면에 가장 가깝다. 미수는 이러한 인식을 가지고 실행행위를 하였으나 그 객체에 결과가 발생하지 않은 경우이며, 과실은 구체적 객체에 대한 범죄실현의사 없이 주의의무를 위반하여 결과를 실현한 경우이다. 예를 들면 A를 살해하기 위하여 총을 쏘았는데, 의도하지 않은 B가 A앞으로 뛰어드는 바람에 A는 사망하지 않고 B가 사망한 경우 A에 대해서는 고의가 있었으나 결과발생이 없으므로 미수가 되고, 의도하지 않은 B에 대해서는 고의가 없으므로 과실치사죄가 성립하는 것으로 보는 것이 옳다. 다만 동일구성요건에 있어서 객체의 착오의 경우에는 객체를 혼동한 것에 불과하며, 이는 단순한 동기의 착오에 불과하기 때문에 고의를 인정하여도 무방하다.

【정리】구성요건 착오유형에 따른 부합설

종류		구체적 부합설	법정적 부합설
구체적 사실의 착오 인식구성요건 = 발생구성요건	객체의 착오		발생사실에 대한 기수
	방법의 착오		
추상적 사실의 착오 인식구성요건 ≠ 발생구성요건	객체의 착오	인식사실에 대한 (불능)미수와 발생사실에 대한 과실범의 상상적 경합	
	방법의 착오		

📋 심화내용 추상적 부합설

구체적 부합설과 법정적 부합설이외에도 추상적 부합설이 있다. 이 견해는 주관주의 형법을 취하고 있는 일본형법에서 주장되는 이론이며 현재 우리나라에서 이를 따르고 있는 학자는 없다. 우리나라 형법이론에는 맞지 않는 이론이며, 단지 학설사적 의미만 있을 뿐이다.

추상적 부합설은 인식사실과 발생사실이 모두 범죄라는 점에서 추상적으로 부합하므로 어떤 형태이든 고의기수를 인정하자는 입장이다. 구체적 사실의 착오의 경우에는 발생사실에 대한 기수를 인정한다. 다만 추상적 사실의 착오의 경우 ① 경한 범죄를 인식하고 중한 범죄를 실현시킨 경우에는 제15조 제1항에 의하여 중한 범죄의 고의기수를 인정할 수 없다. 이 경우 추상적 부합설에 따르면 경한 범죄의 고의기수와 중한 범죄의 과실범의 상상적 경합을 인정한다. ② 중한 범죄를 인식하고 경한 범죄를 실현시킨 경우에는 중한 범죄에 대한 고의미수와 경한 범죄에 대한 과실범의 상상적 경합을 인정한다. 전체적으로 중한 죄의 미수범만 성립한다.

📋 **심화내용**　병발사례(倂發事例)

> (사례 1) 갑이 A를 살해하기 위하여 발사한 총알이 A를 관통하고 뒤에 있던 B를 명중시켜 양자 모두 사망한 경우
> (사례 2) 갑이 A를 살해하기 위하여 발사한 총알이 A를 관통하고 뒤에 있던 B를 명중시켜 A는 사망하고 B는 상해를 입은 경우
> (사례 3) 갑이 A를 살해하기 위하여 발사한 총알이 A를 관통하고 뒤에 있던 B를 명중시켜 A는 상해만 입고 B가 사망한 경우

1. (사례 1), (사례 2)의 경우

(사례 1), (사례 2)의 경우 인식한 A에 대하여 의도대로 사망의 결과가 발생하였기 때문에 발생한 사실인 B에 대하여 고의를 인정할 수 없다. 따라서 (사례 1)과 (사례 2)는 사실의 착오문제가 아니다. 인식한 사실에 대해서는 의도한 대로 결과가 발생하였기 때문에 고의범이 성립하고, 예상하지 못한 발생결과인 B의 사망에 대해서는 과실범의 성립 여부가 문제될 뿐이다. 구체적 부합설에 따르면 (사례 1)의 경우 A에 대한 살인기수와 B에 대한 과실치사의 상상적 경합이, (사례 2)의 경우 A에 대한 살인기수와 B에 대한 과실치상의 상상적 경합이 성립하며, 법정적 부합설에 따를 경우에도 (사례 1), (사례 2)는 의도된 행위 객체인 A에 대한 사망의 결과가 발생하였으므로 A에 대한 살인기수가 성립하고, 예상하지 못한 B의 사망 또는 상해에 대해서는 과실치사 내지 과실치상의 성립을 인정한다.[117]

2. (사례 3)의 경우

(사례 3)의 경우 인식사실은 살인이며, 발생사실 또한 살인이므로 구체적 사실의 착오 중 방법의 착오에 해당한다. 구체적 부합설에 따르면 A에 대한 살인미수와 B에 대한

---

117) 이재상/장영민/강동범, 195면; 임웅, 172면; 정성근/박광민, 202면.

과실치사의 상상적 경합이 성립하여 큰 문제점이 없지만, 법정적 부합설에 따를 경우 다소 이론적 문제점이 있다.

즉 A에 대한 살인미수와 상해의 결과는 B에 대한 살인죄에 흡수되기 때문에 B에 대한 살인기수만을 인정하는 견해가 있다. 이러한 법정적 부합설의 태도는 결국 A가 외관상 법익에 대한 중대한 침해가 야기되었음에도 불구하고 이에 대한 평가를 하지 않는 것은 문제가 있다. 예를 들면 5명의 사람을 살해하기 위하여 폭탄을 설치했는데, 5명은 중상에 그치고 우연히 그 장소에 참석한 A가 사망한 경우 법정적 부합설에 따라 A에 대한 살인죄만 성립하고 5명의 중상에 대해서는 형법적으로 아무런 평가를 하지 않는다는 것은 부당하다. 이러한 비판에 대하여 법정적 부합설 중 다른 결론을 제시하는 경우가 있다. A에 대한 살인미수와 B에 대한 살인기수의 상상적 경합이 된다는 견해,[118] A에 대한 과실치상과 B에 대한 살인기수의 상상적 경합이 된다는 견해가[119] 있다.

제4절 형법 제15조 제1항의 적용문제

제15조(사실의 착오) ① 특별히 무거운 죄가 되는 사실을 인식하지 못한 행위는 무거운 죄로 벌하지 아니한다.

I. 서설

1. 의의와 적용범위

제15조 제1항은 구성요건적 착오에 관한 유일한 규정으로 행위자가 인식한 사실과 발생한 사실이 서로 다른 구성요건인 경우인 추상적 사실의 착오에 관한 규정인 동시에 경한 범죄사실을 인식하고 중한 범죄사실을 발생시킨 경우이다. 이때 행위자의 착오로 인하여 중한 범죄가 되는 사실을 인식하지 못하면 중한 죄의 고의기수범으로 처벌하지 못한다고만 하고 있고 어떻게 처벌해야 할 것인가에 대해서는 적극적으로 밝히고 있지 않다.

---

118) 하지만 한 사람에 대한 살인의 고의가 어떻게 두 개의 고의로 분리될 수 있는가라는 비판이 가능하다.

119) A에 대한 살인의 고의가 왜 과실로 변하는지에 대해 설명하지 못한다는 비판이 가능하다.

2. 규정의 적용범위에 대한 견해의 대립

가. 제1설

예를 들면 보통살인죄와 존속살해죄의 경우와 같이 두 개의 구성요건이 기본적 구성요건과 파생적 구성요건의 관계에 있는 경우에만 제15조 제1항을 적용될 수 있을 뿐이라는 견해이다. 동규정이 추상적 사실의 착오에만 관계되지만 법문상 '특별히'라는 문언을 적극적으로 해석하여 경한 사실을 인식하고서 중한 사실을 실현시킨 경우 중에서도 두 죄의 구성요건이 기본적·파생적 관계에 있을 경우에만 적용된다고 하여 그 적용범위를 좁게 잡고, 나머지 영역은 학설에 일임하였다고 해석한다.[120]

나. 제2설

제15조 제1항의 규정을 해석상 제한하는 것은 부당하며, 인식범죄사실에 대하여 발생 범죄사실 자체가 중하기만 하면 충분하다고 하여 폭넓게 적용한다는 견해이다.[121] 즉 경한 죄를 인식하고 중한 죄를 실현시킨 '모든' 경우에 이 규정이 적용되어야 한다. 예를 들면 손괴의 고의로 상해의 결과가 발생한 경우에도 적용되어 중한 죄인 상해의 고의기수범으로 처벌할 수 없다. '특별히'라고 하는 문언은 중한 죄를 강조하는 의미이다.

다. 제3설

인식한 범죄에 대하여 발생한 범죄가 가중적 구성요건의 관계에 있을 필요는 없고 '죄질'이 중하면 족하다는 견해이다. 즉, 인식한 범죄사실과 발생한 범죄사실이 죄질이 같은 경우에 적용된다고 해석한다.[122] 즉 점유이탈물횡령의 고의로 절도의 결과가 발생한 경우에 이 조문이 적용되어 절도의 고의기수범이 아니라 점유이탈물횡령죄가 성립한다.

라. 결론

제1설의 견해가 합리적이다. 형법 제15조 제1항은 보통살인죄와 존속살해죄와 같이 기본적 구성요건과 그 가중적 구성요건의 관계처럼 동종·동질의 구성요건 중 특히 불법가중사유를 포함하고 있는 불법가중적 구성요건을 실현하면서도 이를 모르고 기본적 구성요건을 실현한다는 인식하에 범행한 경우를 대상으로 한다. 이 입장이 각자는 자기가 인식한 범위 내에서 자기가 저지른 범죄에 대해서 고의기수범으로 처벌받아야 한다는 형

120) 김성돈, 253면; 김일수/서보학, 145면; 이형국/김혜경, 180면.
121) 배종대, 192면; 정성근/박광민, 195면; 임웅, 186면.
122) 이재상/장영민/강동범, 190면.

법 제13조의 기본입장과 일치한다.

제15조 제1항이 적용될 수 있는 기본적 구성요건과 불법가중 구성요건의 구체적 예로는 ① 단순절도와 흉기휴대 및 합동절도, 야간주거침입절도, 야간손괴후주거침입절도의 관계, ② 단순강도와 흉기휴대 및 합동강도의 관계, ③ 일반건조물방화와 현주건조물방화의 관계, ④ 보통살인과 존속살해의 관계, ⑤ 동의낙태와 부동의낙태의 관계, ⑥ 업무상 동의낙태와 업무상 부동의낙태의 관계, ⑦ 일반유기와 존속유기의 관계 등이 있다.

II. 가중사실에 대한 착오

> 【사례 1】갑은 자신의 형 A를 살해하여 자신이 단독으로 상속받기 위하여 집으로 귀가하는 형을 칼로 찔러 살해하였으나, 사실은 자신의 아버지 B를 살해하였다.
> 【사례 2】갑은 아버지를 살해하기 위하여 칼로 찔러 살해하였으나, 사실은 형을 살해하였다.

1. 의의

가중사실에 대한 착오 또는 가중적 구성요건 착오는 2가지 유형으로 분류할 수 있다. 행위자는 형을 가중시키는 사실이 존재하는데도 이를 인식하지 못한 경우와 같이 경한 범죄사실을 인식하고 중한 범죄사실을 실현한 경우와 가중사실이 존재하지 않음에도 불구하고 존재한다고 오인한 경우와 같이 중한 사실을 인식했으나 경한 범죄사실을 실현한 경우로 나누어 볼 수 있다.

2. 경한 범죄사실을 인식하고 중한 범죄사실을 실현한 경우

사례 1은 형법 제15조 제1항이 직접 적용이 되는 경우이다. 즉, 행위자가 중한 범죄사실을 인식하지 못한 경우에 그 중한 범죄사실에 대한 고의가 조각된다.

하지만 중한 구성요건적 사실에 대한 고의는 조각되지만, 경한 기본범죄의 구성요건 사실에 대한 고의를 인정하여 경한 기본범죄의 성립은 인정한다. 이것은 제15조 제1항에 의하여 가중사실에 대한 고의는 부정되지만 경한 기본범죄사실에 대한 고의를 인정하는 결론은 대(大)는 소(小)를 포함한다는 논증의 결론이다.

이에 따르면 칼을 외투속에 넣어 두었는데 그 사실을 모르고 절도행위를 하다가 발각된 경우 형법 제331조 제2항의 특수절도죄의 흉기소지 사실을 인식하지 못하였으므로 행위자는 특수절도죄가 아니라 형법 제329조의 단순절도죄의 죄책을 진다. 사례 1의 경우 중한 사실인 아버지라는 것을 인식하지 못하였으므로 존속살해죄의 고의는 조각되지만, 경한 기본범죄인 보통살인죄의 고의는 인정된다.

3. 중한 사실을 인식했으나 경한 범죄사실을 실현한 경우

사례 2는 형법 제15조 제1항이 반전된 경우이다. 즉 중한 사실을 인식했으나 경한 범죄사실이 실현된 경우를 말한다. 이에 대해서는 규정이 없기 때문에 견해 대립이 있다. 이에 대하여 ① 인식한 기본 범죄의 고의기수만을 인정하는 견해,[123] ② 인식한 중한 사실에 대해서는 고의가 인정되지만 결과가 발생하지 않았으므로 미수로 평가되고 발생한 경한 사실에 대해서는 고의기수가 인정되어 양자의 상상적 경합을 인정하는 견해,[124] ③ 이를 추상적 사실의 착오 중 객체의 착오사례로 보아 구체적 부합설을 적용하여 인식사실에 대한 미수와 발생사실에 대한 과실범의 상상적 경합으로 보는 견해가 대립하고 있다.

4. 사례의 해결

사례 1의 경우 규정의 적용범위에 대한 견해 모두 제15조 제1항이 적용된다. 갑은 객관적으로는 존속살해죄의 구성요건에는 해당하지만, 주관적으로는 존속살해죄의 가중표지에 해당하는 사실을 인식하지 못한 이상 존속살해죄의 고의로 행위한 것이 아니므로 존속살해죄로 처벌할 수 없으며 보통살인죄로 처벌된다.

사례 2의 경우 ①에 따르면 보통살인죄가 성립하며, ②에 따르면 존속살해미수와 보통살인죄의 상상적 경합이 성립한다. 이 견해는 대는 소를 포함한다는 논증원칙을 적용하면 중한 범죄의 고의가 있으면 경한 기본범죄의 고의도 인정되므로 경한 기본범죄의 고의기수를 인정하며, 중한 결과는 발생하지 않았지만 중한 결과에 대한 고의는 여전히 인정되기 때문에 중한 범죄의 미수도 인정되어 결국 경한 기본범죄의 고의기수와 중한 범죄의 미수의 상상적 경합을 인정한다. ③에 따르면 존속살해미수와 과실치사의 상상적 경합으로 해결한다. ③의 견해는 이를 추상적 사실의 착오문제로 본다.

---

123) 이재상/장영민/강동범, 190면.

124) 김성돈, 255면; 김일수/서보학, 146면; 손동권/김재윤, 151면; 형법 제15조 제1항의 취지를 고려하여 행위자에게 적어도 경한 범죄의 범위 내에서는 고의기수를 인정하자는 입장이다.

Ⅲ. 감경사실에 대한 착오

【사례 1】A는 갑에게 자신은 용기가 없어서 자살을 하지 못하니 갑이 자신을 죽여 달라는 편지를 남겼지만, 갑은 A의 편지를 보지 못한 상태에서 A를 살해하였다.

【사례 2】갑은 A가 자신을 죽여 달라고 부탁을 하지 않았음에도 불구하고 A가 부탁하였다고 오인하고 A를 살해하였다.

1. 의의

감경사실에 대한 착오 또는 감경적 구성요건 착오는 2가지 유형으로 분류할 수 있다. 형을 감경시키는 사실이 존재하는 데도 이를 인식하지 못한 경우와 같이 감경사실에 대하여 불인식한 경우와 감경사실이 존재하지 않음에도 불구하고 존재한다고 오인한 경우와 같이 감경사실에 대한 오인한 경우로 나누어 볼 수 있다.

2. 감경사실에 대한 불인식

사례 1은 갑은 보통살인의 고의로 살해하였지만, 실제로는 피해자의 촉탁이 존재하는 경우이다. 이것은 형을 감경시키는 사실이 존재하는데도 행위자가 이를 인식하지 못한 경우 제15조 제1항이 직접 적용되지 않는다. 이에 대하여 ① 기본범죄의 고의는 인정되지만 그 결과는 발생하지 않았으므로 그에 대한 미수가 성립하고, 감경적 구성요건에 대한 고의기수도 인정하여 양자는 상상적 경합이 된다는 견해,[125] ② 행위자가 인식한 내용에 따라 감경적 구성요건을 적용하지 않고 기본적 구성요건으로 처벌하자는 견해[126] 등이 있다.

사례 1의 경우 ①에 따르면 보통살인죄의 미수와 촉탁살인죄의 기수의 상상적 경합이 성립하며, ②에 따르면 보통살인죄로 처벌된다.

3. 감경사실에 대한 오인

사례 2는 형을 감경시키는 사실이 존재하지 않음에도 불구하고 행위자가 이를 존재하는 것으로 오인한 경우로서 이 경우에 형법 제15조 제1항을 적용하여 상대적으로 중하지

---

125) 김성돈, 255면; 김일수/서보학, 147면.
126) 박상기/전지연, 97면.

않은 감경적 구성요건적 사실에 대한 고의만을 인정하자는 것이 통설이다. 예를 들면 피해자의 승낙이 있는 것으로 오인하고 피해자를 살해한 자는 객관적으로 보면 보통살인을 한 것이지만, 행위자에게는 승낙의 고의만을 인정해야 한다는 견해이다. 따라서 사례 2의 경우 촉탁·승낙살인죄로 처벌된다.[127)]

제5절 인과관계의 착오

Ⅰ. 서설

1. 의의

인과관계의 착오는 행위자가 인식한 범죄사실과 실제로 발생한 범죄사실은 법적으로 일치하지만, 그 결과에 이르는 인과과정이 행위자가 인식했던 인과과정과 다른 경우를 말한다. 예를 들면 갑이 A를 익사시키기 위하여 다리 위에서 밑으로 밀었으나, A는 익사한 것이 아니라 실제로는 교각에 머리를 부딪혀 사망한 경우 등이 이에 해당한다.

인과과정의 착오와 방법의 착오를 구별해야 한다. 인과과정의 착오는 행위자가 인식한 대로 결과가 진행되지 않은 점에서는 방법의 착오와 동일하지만, 행위자가 의도한 객체에 결과가 발생하였다는 점에서 방법의 착오와는 다르다. 방법의 착오는 행위자가 의도한 객체가 아닌 다른 객체에 발생하였기 때문이다.

2. 쟁점

인과과정도 객관적 구성요건요소이므로 고의의 인식대상이다. 따라서 행위자가 인식한 인과과정과 실제로 전개된 인과과정이 다를 경우 원칙적으로 고의가 조각된다고 볼 수 있다. 그러나 행위자가 인식한 인과과정과 실제로 발생한 인과과정이 달라 인과과정의 착오가 있다고 하여 당연히 고의가 조각된다고 보기에는 무리가 있다. 행위자가 인과과정을 정확히 인식한다는 것은 신이 아닌 이상 불가능하며, 행위자의 인식은 개개의 사건진행과

---

127) 참고로 독일 형법 제16조 제2항은 "행위 시 경한 법률의 구성요건을 실현하는 상황으로 착오한 자는 경한 법률에 의해서만 고의범으로 처벌될 수 있다"고 규정하여 이를 입법적으로 해결하고 있다.

정에 대한 예상의 형태를 가지기 때문이다. 이러한 점을 고려하여 인과관계에 대한 인식의 정도에 있어서 행위자는 인과관계에 대하여 구체적이고 세부적인 인식을 하는 것은 불가능하므로, 인과관계에 대한 인식은 대체로 본질적인 점만을 인식하면 충분하다. 인과과정의 착오 문제는 행위자가 인식한 인과과정과 실제 발생한 인과과정이 어느 정도 불일치하면 고의가 조각될 것인가의 문제이다.

Ⅱ. 학설

1. 본질적·비본질적 불일치로 해결하는 견해

행위자가 인식한 인과과정과 실제로 진행된 인과과정의 불일치가 '본질적'이면 고의를 조각시키고, 불일치가 '비본질적'이면 고의를 인정하는 견해이다.[128] 우리나라 다수설의 입장이다.

본질적 착오인가 비본질적 착오인가에 대한 판단기준은 인과과정이 일반적 생활경험 지식에 의한 예견가능성의 범위 내에 있고, 그 행위가 행위자가 생각한 행위와 전혀 다른 행위라고 평가될 수 없을 때에 인과과정의 불일치는 비본질적이며, 구성요건적 고의는 탈락되지 않는다.[129]

2. 객관적 귀속의 문제로 보는 견해

인과과정의 착오 문제를 고의의 문제가 아니라 객관적 귀속의 문제로 보는 입장이다. 인과관계는 고의의 인식대상이지만, 인과과정은 고의의 인식대상이 아니라고 한다.[130] 인과과정의 착오에서는 인과과정과 관련된 행위자의 주관적 표상보다는 행위자의 행위에서 발단하여 현실적으로 등장한 인과과정과 현실적으로 야기된 결과가 일반인의 관점에서 객관적으로 귀속될 수 있느냐가 더 중요하다고 한다.

---

128) 신동운, 238면; 이재상/장영민/강동범, 198면; 정성근/박광민, 204면에서는 고의가 조각되는 것이 아니라 행위자의 고의가 관철되었다고 할 수 없으므로 미수범이 성립한다고 한다.
129) 김성돈, 248면; 이형국/김혜경, 182면.
130) 김일수/서보학, 156면; 박상기/전지연, 95면.

3. 결론

인과과정의 착오에 대해서는 본질적·비본질적 불일치로 해결하는 것이 합리적이다. 행위자가 정확하게 인과법칙을 인식할 것을 기대할 수 없다. 문외한으로서 소박한 판단만을 기대할 수 있을 뿐이다. 따라서 인과관계의 착오는 행위자가 예견한 인과관계와 현실로 진행된 인과관계가 일반적인 경험법칙을 벗어나고 다른 행위로 평가할 수 있을 경우에는 본질적 불일치로 고의를 인정할 수 없다.

Ⅲ. 이른바 개괄적 고의사례

1. 의의

행위자가 이미 첫 번째 행위에 의하여 범행의 결과가 발생했다고 믿었으나 실제로는 두 번째 행위에 의하여 결과가 발생한 경우이다. 예를 들면 갑이 피해자 A를 살해하기 위하여 돌로 쳐 졸도하자, 죽은 줄 알고 사체를 은닉하기 위해 모래 속에 파묻었는데, 실제로 피해자 A는 모래 속에서 질식한 경우를 들 수 있다. 이를 이른바 개괄적 고의사례라고 부르며, 결과발생시점이 행위자의 생각과는 달리 뒤로 미루어진 사례[131]라고 할 수 있다. 개괄적 고의는 Weber가 특수한 고의의 형태를 설명하면서 제시한 개념이지만, 현재는 결과발생이 행위자가 인식한 것과는 달리 연속된 후행행위에 의해서 이루어진 사례군을 기리키는 명칭으로 사용되고 있다.

2. 쟁점

이른바 개괄적 고의사례의 경우 고의가 있는 제1행위에는 아직 결과를 야기하지 못했지만, 결과를 야기한 연속된 제2행위에는 고의가 존재하지 않았다. 이러한 특징으로 인하여 개괄적 고의사례에 대하여 행위자에게 전후행위에 대한 한 개의 고의기수범을 인정할 것인가, 아니면 고의범의 미수인 제1행위 부분과 과실인 제2행위 부분의 실체적 경합을 인정할 것인지가 문제된다. 이른바 개괄적 고의사례를 해결하는 방법에 대하여 견해의 대립이 있다.

---

131) 김성돈, 249면.

3. 학설

가. 개괄적 고의에 의한 단일행위설

이른바 개괄적 고의라는 개념을 이용하여 고의의 기수책임을 인정하는 견해이다. 개괄적 고의(dolus generalis)는 결과가 두 개의 부분적 행위에 의하여 이루어져 있는데 행위자는 이미 첫 번째 행위에 의하여 범행의 결과가 발생했다고 믿었으나 실제로는 두 번째 행위에 의하여 결과가 발생한 경우에 두 개의 행위를 하나의 행위로 보아 전체행위를 지배하는 개괄적 고의에 의하여 살인의 고의를 인정하는 것을 말한다. 즉 제2행위 부분에 대해서도 제1행위의 고의가 개괄적으로 미치기 때문에 하나의 고의 기수범이 성립한다는 견해이다. 제1행위와 제2행위를 하나의 단일행위로 본다는 점에 특징이 있다.

나. 비본질적 인과과정의 상위설

이른바 개괄적 고의 사례를 인과과정 착오의 특수한 경우로 보는 입장이다.[132] 인과관계의 착오에 대한 이론을 적용시킨다. 따라서 행위자가 인식한 인과과정과 실제로 진행된 인과과정의 불일치가 '본질적'이면 고의를 조각시키고, 불일치가 '비본질적'이면 고의를 인정할 수 있는데, 이 사례의 경우 인과과정의 불일치가 비본질적 차이이기 때문에 발생결과에 대한 고의 기수범을 인정하는 견해이다. 우리나라 다수설의 입장이다. 이른바 개괄적 고의설과 같이 제1행위와 제2행위를 하나의 단일행위로 본다는 점에서 Weber의 개괄적 고의에 의한 단일행위설과 같다.

다. 미수와 과실의 경합설

이른바 개괄적 고의 사례는 언제나 미수가 되며 경우에 따라서는 과실과 실체적 경합이 될 수 있다는 견해이다.[133] 고의는 항상 행위 시에 존재해야 하는데 행위자는 이미 제2행위 시에 자기의 제1행위로 결과발생이 기수가 되었다고 생각했다면 개념상 제2행위와 관련된 고의는 상정할 수 없기 때문이다. 따라서 제2의 행위 시에는 고의가 없었으므로 제1행위의 미수가 되며, 경우에 따라서 제2행위에 대한 과실과의 실체적 경합이 발생할 수 있다는 견해이다. 고의는 항상 행위 시에 존재해야 한다는 것을 강조하며, 제1행위와 제2행위는 각각 별개의 고의에 의한 두 개의 독립된 행위로 본다는 점이 특징이다.

---

132) 김혜정/박미숙/안경옥/원혜욱/이인영, 122면; 이재상/장영민/강동범, 190면; 이형국/김혜경, 183면; 임웅, 188면.
133) 김성돈, 250면.

라. 계획실현설

행위자가 제1행위 시에 어떤 고의를 가졌느냐에 따라 다른 해결방안을 제시하는 견해이다.[134] 결과가 제2의 행위에 의해 야기되었다 하더라도, 그것은 행위자의 범행계획의 실현으로 평가할 수 있다면 고의기수가 인정된다는 견해이다. 반면에 행위자의 고의가 미필적 고의이거나 사후에 새로운 계획이 수립된 경우라면 발생된 결과는 제1행위 시의 계획이 실현된 것으로 평가할 수 없기 때문에 미수라고 한다.

마. 객관적 귀속설

이른바 개괄적 고의사례를 고의의 문제가 아니라 객관적 귀속의 문제라고 보는 견해이다.[135] 구성요건적 결과가 행위자의 죄적 은폐를 위한 제2행위에 의해 비로소 야기되었으며, 또한 그것이 일반적인 생활경험에 비춰 죄적 은폐를 위한 전형적인 행위로 평가될 수 있다면 원칙적으로 객관적 귀속이 가능하다는 입장이다. 제2행위는 제1행위와 최종결과 사이에서 인과적 연쇄과정의 하나의 중간고리로 보는 것이 특징이다.

4. 판례

인과과정의 착오에 대하여 판례가 어떤 이론을 따르고 있는지는 불분명하다. 다만 이른바 젖달라 사건에서 "전과정을 개괄적으로 보면 피해자의 살해라는 처음에 예견된 사실이 결국은 실현된 것으로서 피고인들은 살인죄의 죄책을 면할 수 없다"고 한다. 전과정을 개괄적으로 본다는 점, 예견된 사실이 결국은 실현되었다는 점을 고려할 때 비본질적 인과과정의 상위설을 따르고 있는 것으로 평가할 수 있다. Weber의 개괄적 고의설을 따르고 있다고도 평가할 수 있지만, 판례는 전체를 하나의 사건으로 본다는 점은 분명하다.

⚖ 판례   젖달라 사건

【사실관계】갑은 A가 약간 저능아인 자신의 부인에게 젖을 달라고 하는 등 희롱을 하자 을과 함께 A를 구타하다가 순간적으로 그를 살해하기로 마음먹고 돌로 A의 머리를 내리쳤다. 그러자 A가 뇌진탕 등으로 인하여 정신을 잃고 축 늘어지자 그가 죽은 것으로 오인하고 사체를 파묻어 증거를 없앨 생각으로 A를 개울가로 끌고 가 웅덩이에 매장하였다. 그런데 A의 사망원인은 매장으로 인한 질식사로 밝혀졌다. 갑의 죄책은?

【판결요지】(피고인측은 상고이유로서 제1행위 부분은 살인미수이고 제2행위는 사체

---

134) 이용식, 소위 개괄적 고의의 형법적 취급, 형사판례연구 제2권, 1994, 34면.
135) 김일수/서보학, 157면.

은닉의 불능미수와 과실치사의 상상적 경합에 해당한다고 주장하나)…사실관계가 위와 같이 피해자가 피고인들이 살해의 의도로 행한 구타행위에 의하여 직접 사망한 것이 아니라 죄적을 인멸할 목적으로 행한 매장행위에 의하여 사망하게 되었다 하더라도 <u>전과정을 개괄적으로 보면 피해자의 살해라는 처음에 예견된 사실이 결국은 실현된 것으로서 피고인들은 살인죄의 죄책을 면할 수 없다</u> 할 것이므로…원심은 정당하다(대법원 1988.6.28. 선고).
88도650 판결).

【해설】 갑은 살인의 고의를 가지고 A에게 돌을 내리쳤으나 A는 그 행위로 사망한 것이 아니고 사체를 은닉하려는 매장행위로 인하여 사망하였다. 즉 사망의 원인된 행위(매장행위) 당시에는 살인의 고의가 없었음에도 불구하고 살인기수의 책임을 물을 수 있는지 여부가 논점이다. 이른바 Weber의 개괄적 고의사례이다. 위 사건에 있어서 피해자는 피고인의 살해 고의에 의한 구타행위(제1행위)로 사망한 것이 아니고, 사체유기의 고의에 의한 매장행위(제2행위)로 인해 사망하였다. 이러한 사례를 해결하기 위해서 학설은 개괄적 고의에 의한 단일행위설, 비본질적 인과과정의 상위설, 미수설, 객관적 귀속설 등으로 대립되고 있다.

5. 결론

인과과정의 착오로 보는 견해와 미수와 과실의 경합범으로 보는 견해의 차이점은 이른바 개괄적 고의사례를 한 개의 행위로 볼 것인가 아니면 수 개의 행위로 볼 것인가이다. 시간적 간격이 있을 수 있는 사례까지 포함될 수 있다는 것을 고려한다면 이른바 개괄적 고의사례는 수 개의 행위로 보는 것이 타당하며, 이를 해결하는 법리로는 미수와 과실의 경합범설이 타당하다. 행위자의 고의는 제1행위 당시에만 존재하고 있고, 제2행위에는 고의가 없다고 보는 것이 고의의 사실적 측면을 가장 정확하게 분석하는 것이며, 사실관계에 대한 적절한 형법적 평가이다. 따라서 제1행위에 고의가 있었지만 결과는 발생하지 않았으므로 미수가 되며, 제2행위에는 고의가 없었으므로 과실범이 문제될 뿐이다. 제1행위와 제2행위를 하나의 행위로 볼 수 없기 때문에 죄수론에 따라 제1행위의 미수범과 제2행위의 과실범의 실체적 경합이 된다.

6. 반대형태의 개괄적 고의

행위자는 결과가 자신의 두 번째 행위를 통해 발생한 것으로 믿었으나 사실은 최초행위의 착수시점에서 이미 결과가 실현된 경우이다. 예를 들면 구타하여 실신시킨 다음 살해하려고 하였으나 구타시에 이미 사망한 경우를 말한다. 결과발생 시점이 앞당겨진 경우이다.

이 경우 인과과정의 착오의 특수한 예로 인정하는 견해에 따르면 행위자가 생각한 인과과정과 실제로 진행된 인과과정의 불일치가 비본질적인 것으로 보아 발생한 사실에 대한 고의기수를 인정한다. 독일의 통설과 판례의 입장이다.[136]

미수범과 과실범의 경합설에 따르면 이 경우 제1행위 시에는 폭행의 고의만 있었는데, 의외로 사망의 결과가 발생하였기 때문에 폭행치사죄만 성립하고, 제2행위 시에는 살인의 고의가 있었으나 A는 이미 사망하였기 때문에 살인죄의 불능미수가 되며, 양죄는 실체적 경합관계에 있다고 한다.[137]

---

136) 임웅, 180면; 정성근/박광민, 186면.
137) 김성룡, 결과의 조기발생사례의 실체법적 함의, 형사법연구 제24호, 2005, 76면.

PART 04

⚖️

위법성론

위법성의 이론

제1절 **위법성의 의의와 본질**

Ⅰ. 개념

1. 의의

위법성은 범죄성립요건 가운데 구성요건해당성에 이은 두 번째 성립요건으로, 구성요
건에 해당하는 행위가 법질서 전체의 입장과 객관적으로 모순·충돌하는 부정적 가치판단
을 말한다.[1] 위법성의 문제는 구성요건에 해당하는 행위가 위법성조각사유에 의하여 조
각되는가라는 소극적 의미를 가질 뿐이며, 위법성의 문제가 적극적 형태로 제기되지 않는
다. 그 이유는 형법에 있어서는 위법성 그 자체가 문제되는 것이 아니라 범죄유형적 위법
성만 문제되는 것이며, 범죄유형적 위법성은 구성요건해당성에 의하여 징표되기 때문이
다. 예를 들면 살인죄의 구성요건에 해당한다면 그 행위는 잠정적으로 위법하다는 판단을
하게 된다.

2. 잠정적 판단과 확정적 판단

구성요건은 행위의 당벌성과 처벌의 필요성에 관한 일반적·잠정적 판단이다. 따라서
개별행위자의 구체적 행위는 위법성 판단을 통해서 구체적 행위가 가지고 있는 특수상황
및 다른 법질서의 관점을 고려하여 구체적이고 최종적·확정적 판단이 된다.

---

[1] 김성돈, 267면; 이재상/장영민/강동범, 227면; 이형국/김혜경, 185면.

3. 법질서 전체라는 상위의 법

위법성 판단은 구성요건에 해당하는 행위가 '법'에 위반되는가에 대한 판단이다. 판단의 기준이 되는 법은 형법뿐만 아니라 법질서 전체라는 상위의 법을 의미한다. 형법적 관점에서 부정적인 가치판단이 내려져 형법에 범죄로 규정되었다고 하더라도 형법 이외의 다른 법영역에서 그런 행위가 정당화되거나 실정법을 초월한 정의 내지 조리를 비추어 보았을 때 문제된 행위를 처벌하는 것이 의미가 없는 경우 형법은 뒤로 물러서야 하며, 행위자의 행위는 정당화될 수 있다.

II. 위법성과 불법의 구별

위법성과 불법이 구별되는가에 대하여 구성요건이 불법유형인 이상 구성요건상 불법은 곧 위법성을 의미하므로 양자는 동의어로서 구별할 필요가 없다는 견해도 있다. 그러나 위법성은 구성요건에 해당하는 행위의 속성을 의미하나, 불법은 위법하게 평가된 행위 그 자체를 의미하므로 양자를 구별해야 된다는 것이 통설이다.

불법은 구성요건에 해당하고 위법한 행위 그 자체로서 형법적 구성요건을 전제로 한 특별한 형법적 실체를 나타내는 개념으로 형법적 불법, 민법적 불법, 행정법적 불법 등과 같이 세분화된 특수성을 갖는다. 이에 반해 위법성은 행위가 법질서 전체의 명령 또는 금지규범에 충돌함을 나타내는 관계개념으로 행위와 규범의 충돌을 의미한다. 법질서의 통일이란 관점에서 위법성은 형법을 넘어 전체 법질서의 영역과도 연관된 보편성을 갖는다.

위법성은 법질서 전체에 대한 충돌 여부에 관한 일도양단의 동일한 판단이지만, 불법은 충돌의 종류와 정도에 따라 양적, 질적으로 세분화하여 개별적으로 판단한다. 즉 위법성은 있다 없다라는 존재의 문제이며, 불법은 많다 적다의 양과 질의 문제이다.

과실재물손괴나 성희롱은 법질서 전체의 입장에서 보면 위법성은 있지만, 형법적 불법은 없으며, 민법상 불법행위가 반드시 형법적으로 불법이 되는 것은 아니다.

Ⅲ. 구성요건해당성 및 책임과의 관계

1. 구성요건해당성과 위법성

구성요건해당성은 위법성을 징표 또는 추정한다(잠정적 위법성). 이와 같이 징표 또는 추정된 위법성은 위법성조각사유 심사단계를 거쳐 위법성조각사유가 없다면 확정적으로 위법성이 인정되며, 위법성조각사유가 있다면 정당화된다.

2. 위법성과 책임

위법성은 법질서 전체의 입장에서 내리는 행위에 대한 객관적 판단으로 행위에 대한 반가치 판단이지만, 책임은 비난가능성 유무를 판단하는 행위자에 대한 주관적 판단으로 행위자에 대한 반가치 판단이다. 위법하지 않은 행위에 대해서는 정당방위가 불가능하지만, 책임의 유무는 정당방위의 성립에 영향 없다. 따라서 책임무능력자의 공격에 대해서 원칙적으로 정당방위를 할 수 있다.

Ⅳ. 위법성의 본질

1. 의의

형법상 위법성이 조각되는 사유(위법성의 소극적 요소)를 규정하고 있을 뿐이며, 위법성의 적극적인 요소를 밝히고 있는 규정이 없기 때문에 형법이론학에서는 위법성의 실질적 내용이 무엇인가라는 물음에 대한 답을 찾기 위해 노력해왔다.

2. 형식적 위법성론

위법성 평가의 기준을 형식적인 법률의 기준(실정법) 그 자체에 두고, 실정법에 위반하면 위법이라고 하는 견해이다. 법규범의 형식은 명령과 금지로 되어 있으므로, 위법성의 본질은 법에 규정된 작위·부작위의무의 침해, 즉 이러한 법규범을 위반하는 것에 위법성의 본질이 있다.

그러나 위법성의 실질적인 내용을 밝히고 있지 않기 때문에 그 내용이 공허하며,[2] 구

---

2) 김성돈, 270면; 이재상/장영민/강동범, 230면.

성요건해당성이 인정되면 형식적으로 위법하게 되므로 결국 형식적 위법성은 구성요건의 충족 이상의 의미를 가지고 있지 않다는 비판[3]이 있다.

3. 실질적 위법성론

위법성 평가의 기준을 형식적인 법률의 근저에 놓여 있는 실질적 기준에 두고, 이에 위반하면 위법이라고 하는 견해이다. 위법성의 실질적 내용이 무엇인가에 대하여 세부적으로 다시 견해가 나누어진다. 위법성의 본질이 권리의 침해에 있다는 권리침해설, 위법성의 본질이 법익의 침해에 있다는 법익침해설, 위법성의 본질이 법규범의 근저에 있는 문화규범의 위반에 있다는 규범위반설, 사회상규에 반하는 것으로 보는 견해 등이 있다.

그러나 권리침해설은 권리의 침해를 내용으로 하지 않는 범죄를 설명하지 못하며,[4] 법익침해설은 동물이나 자연현상에 의한 법익침해도 위법하다고 할 가능성이 있다는 비판,[5] 규범위반설은 법익침해 내지 그 위험성이 없는 행위에까지 가벌성이 확대될 위험이 있다는 비판,[6] 사회상규를 위법성으로 보는 견해는 지나치게 가벌성을 확장한다는 비판[7]이 가능하다.

4. 결론

양설은 서로 대립되는 것이 아니라, 상호관계를 갖는다. 형식적으로 위법한 행위는 위법성조각사유에 해당하지 않는 한 실질적으로도 위법한 행위가 된다. 실질적 위법성은 형식적 위법성의 의미가 피상적인 것이 되지 않도록 실질적 기준을 제공해준다. 형식적으로는 위법하지 않지만 실질적으로 위법한 행위는 형법상 처벌대상이 될 수 없다. 예를 들면 채무불이행이나 과실재물손괴행위, 성희롱행위는 위법하지만 범죄로 처벌되는 것은 아니다. 이러한 행위들은 미래에 형사입법의 기준이 될 뿐이다. 구성요건의 입법화를 통해 비로소 형식적으로도 위법한 행위가 된다.

---

3) 이재상/장영민/강동범, 230면; 배종대, 204면.
4) 이재상/장영민/강동범, 230면.
5) 정성근/박광민, 196면.
6) 정성근/박광민, 196면.
7) 김성돈, 271면.

V. 위법성의 평가방법

1. 의의

위법성을 평가하는 방법에 있어서 행위자 개인의 능력이나 사정을 고려하려는 주관적 관점, 즉 행위자 중심적으로 파악하는 주관적 위법성론과 행위자 개인의 능력이나 사정과는 무관하게 순수하게 객관적 관점, 즉 일반인을 기준으로 한 객관적 위법성론의 대립이 있다.

2. 객관적 위법성론

객관적 위법성론은 법규범을 행위의 위법성을 측정하는 평가규범으로 보고, 평가규범에 위반하는 것이 위법이라고 하는 견해이다. 객관적 위법성론에 따르면 모든 법규범은 인간의 행위를 사회질서의 관점에서 평가하는 평가규범으로 본다. 따라서 모든 사람이 규범의 수명자가 되므로, 행위능력·책임능력의 유무는 고려의 대상이 되지 않는다. 따라서 정신질환자와 같은 책임무능력자의 행위도 법규범에 의하여 법익을 침해하는 행위라고 평가되는 한 책임이 없다고 하더라도 위법성이 인정되며, 책임무능력자의 공격에 대하여 정당방위가 가능하다.

3. 주관적 위법성론

주관적 위법성론은 개인의 의사에 직접 영향을 미치기 위한 명령의 형태로 나타나는 의사결정규범에 대한 위반을 의미한다는 견해이다. 형법규범의 성격 중 의사결정규범으로서의 성격을 강조하는 입장이다. 따라서 법규범의 수명자는 법규범의 명령을 이해하고 이에 따라 의사를 결정할 수 있는 책임능력을 가진 자이다. 하지만 책임무능력자는 규범의 수명자가 될 수 없기 때문에 위법하게 행위 할 수 없다. 이에 대하여 책임무능력자의 공격에 대하여 정당방위는 불가능하며, 긴급피난만이 가능할 뿐이다. 위법성 판단과 책임 판단이 결합하여 귀책가능성(歸責可能性)이 위법성의 본질이다.

4. 결론

형법규범은 객관적으로 존재하므로 이에 대한 위반도 객관적으로 확정된다.[8] 법은 의사결정규범으로서의 기능을 하기 이전에 논리적 전제로서 명령과 금지의 당부를 평가할 객관적인 평가규범으로서의 기능을 하게 된다. 따라서 형법은 근본적으로 평가규범이다. 객관적 위법성이 타당하며, 현재 주관적 위법성론을 주장하는 학자는 없다.

제2절 위법성조각사유의 종류와 효과

I. 의의

위법성조각사유는 구성요건에 해당하는 행위에 대해서 위법성을 배제하는 특별한 사유, 즉 정당화 사유를 말한다. 구성요건은 금지규범(禁止規範)을 기초로 하는데 반하여, 위법성조각사유는 허용규범(許容規範)을 기초로 한다는 점에서 서로 대칭관계에 있다.

위법성조각사유는 객관적 요소와 주관적 요소로 구성되어 있다. 객관적 요소인 객관적 정당화 상황은 구성요건에 해당하는 행위의 결과반가치를 없애며, 주관적 요소인 주관적 정당화 요소는 구성요건에 해당하는 행위의 행위반가치를 없앤다.

II. 위법성조각사유의 종류

형법상 위법성조각사유는 총칙규정과 각칙규정에 규정되어 있다. 총칙규정에 정당방위(제21조), 긴급피난(제22조), 자구행위(제23조), 피해자의 승낙(제24조), 정당행위(제20조)가 있으며, 각칙규정에 명예훼손죄에 있어서 사실의 증명(제310조), 도박죄에 있어서 일시오락의 정도(제246조) 등이 있다.

특별법에도 다양한 위법성조각사유가 있으며, 그 예로 낙태죄의 위법성조각사유로 모자보건법의 인공임신중절수술 허용규정이 있다. 도박죄의 위법성조각사유로 주택복권의 발행을 허용하는 주택건설촉진법 또는 승마투표권 발행을 허용하는 마사회법, 카지노업

---

8) 정성근/박광민, 198면.

을 허용하는 관광진흥법과 폐광지역 개발지원에 관한 특별법 등이 있다. 정신병자를 감호할 수 있는 경찰관직무집행법 제4조 제1항은 감금죄의 위법성조각사유에 해당하며, 감염병의 예방 및 관리에 관한 법률 제11조에 따른 의사·한의사의 전염병 신고는 업무상비밀누설죄의 위법성조각사유에 해당한다.

Ⅲ. 위법성조각사유의 효과

위법성조각사유가 있으면 행위자에 대해서는 가벌성이 탈락되므로 형벌뿐만 아니라 보안처분 역시 받지 않는다. 위법성조각사유가 존재하는 행위에 대하여 상대방은 정당방위할 수 없다. 위법성조각사유가 있는 행위는 정당한 행위이기 때문이다. 이에 대해서는 긴급피난만이 가능하다.

공범에 대해서는 정범뿐만 아니라 교사범·방조범의 가벌성도 탈락된다. 공범의 종속성설 중 제한적 종속설에 따르면[9] 공범이 성립하기 위해서는 정범이 구성요건해당성과 위법성이 인정되어야 하기 때문이다.

제3절 **위법성의 요소**

Ⅰ. 위법성의 객관적 요소: 객관적 정당화 상황

1. 의의

구성요건요소를 객관적 요소와 주관적 요소로 나눌 수 있듯이 위법성 또한 객관적 요소와 주관적 요소로 나눌 수 있다. 형법의 위법성조각사유는 위법성을 조각시키는 객관적 요건을 중심으로 규정되어 있다.

---

9)   이에 대해서는 후술하는 범죄가담형태론 참조.

2. 위법성조각사유의 객관적 요건

위법성조각사유의 객관적 요건은 개별 위법성조각사유마다 다르게 규정되어 있다. 즉 정당방위는 '현재의 부당한 침해'라는 정당방위 상황에서 이루어져야 위법성이 조각될 수 있으며, 긴급피난은 '현재의 위난'이라는 긴급피난 상황에서 이루어져야 위법성이 조각될 수 있다.

3. 행위자의 착오 문제

객관적 정당화 상황이 존재하지 않음에도 불구하고 행위자가 이를 오인하고 행위를 한 경우 위법성이 조각되지 않는다. 예를 들면 행위자가 정당방위 상황이 아님에도 불구하고 착오로 정당방위 상황으로 오인하고 방위행위를 한 경우가 이에 해당한다. 이를 '오상방위'라고 한다. 오상방위에 대해서는 후술한다.

II. 위법성의 주관적 요소: 주관적 정당화 요소

1. 의의

주관적 정당화 요소는 위법성조각사유의 주관적 요소로서 객관적 정당화 상황이 존재한다는 것과 이에 근거하여 행위한다는 행위자의 인식을 말하며, 행위반가치를 소멸시키는 요소이다. 정당방위의 방위의사, 긴급피난의 피난의사, 자구행위의 자구의사가 이에 해당한다. 이러한 주관적 정당화 요소가 필요한가에 대해서는 견해의 대립이 있다.

2. 주관적 정당화 요소의 인정 여부

가. 학설

불필요설은 주관적 정당화 요소의 필요성을 부인하고, 객관적 정당화 상황만 있으면 위법성조각사유가 인정된다는 견해이다. 이론적으로 객관적 위법성론에 따르면 객관적 구성요건의 실현에 의하여 위법성이 인정되는 것과 같이, 허용규범에서도 주관적 정당화 요소는 필요하지 않다고 하며, 결과불법 일원론에 따르면 행위자의 주관이 어떠하든 결과가 좋으면 다 좋다고 하므로 주관적 정당화 요소는 필요없다고 한다.

필요설은 객관적 정당화 상황 이외에 주관적 정당화 요소가 있어야 위법성조각사유가 인정된다는 견해로 통설과 판례의 견해이다. 필요설의 근거는 형법 규정에 '방위하기 위한 행위', '피하기 위한 행위' 등으로 명문으로 고의에 대칭되는 주관적 정당화 요소를 규정하고 있다는 점과 인적 불법론에 따르면 결과반가치분만 아니라 행위반가치도 조각되어야 행위자의 행위가 정당화될 수 있는데, 결과반가치는 객관적 정당화 상황에 의해 상쇄될 수 있지만, 행위반가치는 주관적 정당화 요소에 의해서 조각되어야 한다고 한다.

나. 판례

판례는 주관적 정당화 요소가 필요하다는 입장이다. 대법원 판례는 "정당행위가 성립하기 위하여는 건전한 사회통념에 비추어 그 행위의 동기나 목적이 정당하여야 하고, 정당방위·과잉방위나 긴급피난·과잉피난이 성립하기 위하여는 방위의사 또는 피난의사가 있어야 한다고 할 것이다"고 하면서 피난의사가 없다면 위법성이 조각될 수 없다고 하였다. 마찬가지로 정당방위에 있어서도 방위의사가 있어야 한다.[10]

3. 주관적 정당화 요소의 내용

주관적 정당화 요소는 정당화 상황에 대한 인식만으로 족한가 아니면 인식뿐만 아니라 의욕도 필요한가라는 것에 대하여 견해의 대립이 있다.

가. 정당화 상황의 인식 요구설

주관적 정당화 요소는 위법성을 조각시키는 객관적 상황을 인식하면 충분하고, 더 이상의 목적·동기는 불필요하다는 견해이다.[11] 목적이나 동기를 요구할 때에는 긴급을 요하는 행위의 경우 대부분 정당화 목적이나 동기를 결하게 되어 정당방위, 긴급피난 등이 성립될 여지가 없기 때문이라고 한다.

나. 정당화 상황 인식 및 정당화 의사 요구설

주관적 정당화 요소는 정당화 상황의 인식 이외에 자기 행위를 정당화하려는 의사도 갖추어야 한다는 견해이다.[12] 다수설의 입장이다. 예를 들면 행위자는 정당방위 상황에 대하여 인식을 하고 이에 대하여 정당방위를 하겠다는 정당방위 의사가 있어야 한다는 입장이다. 다만 정당화 의사가 주된 기능을 하고 있다면 이에 분노·복수 등의 감정을 가지

---

10) 대법원 1997.4.17. 선고 96도3376 전원합의체 판결; 대법원 1981.8.25. 선고 80도800 판결.
11) 박상기/전지연, 100면; 이형국/김혜경, 189면; 정성근/박광민, 207면.
12) 김일수/서보학, 185면; 박상기/전지연, 99면; 배종대, 208면; 손동권/김재윤, 172면; 오영근, 187면.

고 있다고 하더라도 행위자의 행위는 정당화될 수 있다.

다. 개별화설

개별적 위법성조각사유에 따라 주관적 정당화 요소도 달라진다는 견해이다. 정당방위·긴급피난·자구행위의 경우에는 인식과 목적이 있어야 하지만, 피해자의 승낙의 경우 정당화 상황에 대한 인식만 있으면 충분하고, 추정적 승낙의 경우 정당화 상황에 대한 인식 및 의사 이외에도 피해자의 승낙을 얻을 수 없는 급박성 내지 사후에 피해자의 동의를 얻을 가능성 등의 사유가 갖추어져 있는가 하는 점에 관한 양심적 심사의무 내지 성실한 검토의무가 인정되어야 한다고 한다.[13]

라. 결론

구성요건적 고의가 객관적 구성요건에 대한 인식과 의사로 구성되듯이 주관적 정당화 요소의 경우에도 정당화 상황에 대한 인식 및 정당화 의사 양자 모두 필요하다고 보는 것이 타당하다. 개별화설의 경우 정당화 상황에 대한 인식과 의사 이외에도 추가적으로 양심적 심사를 요구하고 있는데 이는 위법성 판단을 지나치게 엄격하게 하고 있다.[14] 또한 이에 따르면 명예훼손죄와 관련하여 행위자가 제310조 위법성조각사유와 관련하여 성실한 검토를 하였지만 진실한 사실이 아니라 허위사실인 경우 위법성이 조각된다는 결론에 이르게 된다. 그러나 이는 위법성의 주관적 요건은 충족되었으나 객관적 요건을 충족하지 못한 경우이므로 위법성조각사유의 전제사실의 착오 문제로서 책임의 문제로 다루는 것이 타당하다.[15]

4. 주관적 정당화 요소를 결한 경우의 효과

가. 쟁점

주관적 정당화 요소를 결한 경우는 위법성조각사유의 객관적 요건은 충족하였지만, 행위자가 그러한 객관적 정당화 상황에 대한 인식 내지 자신의 행위를 정당화하려는 의사 없이 행위를 한 경우이므로 위법성조각사유의 주관적 요건은 충족하지 못했다. 예를 들면

---

13) 배종대, 208면; 이재상/장영민/강동범, 240면; 임웅, 201면; 추정적 승낙에서 피해자의 진의에 대한 의무합치적 심사 이외에도 형법 제310조의 적용 사례에서 공표사실의 진실 여부에 대한 의무합치적 심사, 공무집행에 있어서 대상자의 진위 여부에 대한 의무합치적 심사가 있어야 주관적 정당화요소가 인정될 수 있다.

14) 김성돈, 286면.

15) 김성돈, 286면; 김일수/서보학, 186면.

갑은 자신의 원수인 A를 숲속에서 우연히 만나자 좋은 기회라고 생각하고 A를 향해 권총을 발사했는데 나중에 쓰러진 A를 살펴보니 A도 갑을 살해하려고 권총을 겨누고 있었다는 사실이 밝혀진 경우, 만약에 갑이 먼저 A를 쏘지 않았더라면 갑은 틀림없이 A가 쏜 총에 맞아 사망했을 것이라는 사례를 정당방위에서는 우연적 방위사례, 긴급피난의 경우 우연적 피난사례라고 한다. 주관적 정당화 요소를 결한 경우에 어떤 법적 효과를 부여할 것인가에 대하여 견해의 대립이 있다.

나. 학설
(1) 위법성조각설
위법성조각사유에 있어서 주관적 정당화 요소는 필요하지 않는다는 입장에서, 행위자가 객관적으로 존재하는 정당화 상황을 인식하지 못하고 행위를 한 경우에도 위법성이 조각된다는 견해이다. 고전적 범죄체계론, 결과불법일원론의 입장이다. 그러나 주관적 정당화 요소가 있는 경우와 없는 경우는 서로 다름에도 불구하고 이를 같이 취급한다는 점, 우리나라 통설과 판례는 주관적 정당화 요소를 필요로 한다는 점에서 타당한 견해라고 볼수 없다.

(2) 기수범설
주관적 정당화 요소가 필요하다는 입장에서, 행위의 위법성이 인정되고, 구성요건적 결과까지도 발생했으므로 기수범이 된다는 견해이다.[16] 이 견해는 위법성이 조각되려면 위법성조각의 객관적 요건과 주관적 요건이 모두 갖추어져야 한다는 입장이다. 이에 대해서는 객관적 정당화 상황이 존재하는 경우와 존재하지 않는 경우를 동일하게 취급함으로써 사태의 주관적인 측면에서만 평가한다는 점에서 부당하다는 비판이 있다.

(3) 불능미수범설
주관적 정당화 요소가 필요하다는 입장에서, 이 경우 주관적 정당화 요소는 없으므로 행위반가치는 존재하지만 객관적 정당화 상황은 있으므로 결과반가치는 현저히 감소하거나 소멸하기 때문에 행위반가치와 결과반가치의 구조가 미수개념과 유사하므로 불능미수 규정을 유추적용하자는 견해이다. 다수설의 입장이다. 그러나 침해행위가 과실이거나 미수에 그친 때에는 과실범의 미수 또는 미수범의 미수에 해당하게 되어 해결할 수 없는 결

---

16) 이재상/장영민/강동범, 240면; 배종대, 210면.

과를 초래한다는 비판이 있다.[17] 폭행에 해당하는 사례가 있다면 폭행미수에 해당할 수 있는데, 이에 대한 처벌규정이 없으므로 처벌할 수 없다는 문제점도 있다.

다. 결론

우연방위와 같이 주관적 정당화 요소가 없는 경우를 분석하면 행위반가치는 존재하지만 결과반가치는 현저히 감소하거나 소멸하는 경우이다. 행위자의 주관적인 면은 행위자의 위법한 의사가 인정되어 방위의사가 부정되는 경우가 있지만, 정당방위의 객관적 요건을 충족시켰기 때문에 결과적으로 객관적인 법질서를 위반하지는 않았다. 이러한 구조는 미수범과 유사하다. 행위자에게 유리한 불능미수 규정을 유추적용하는 것은 죄형법정주의에 위배되지 않는다. 따라서 불능미수범설이 타당하다.

사례 | **무서운 아내 사례**

【사례】 남편 A가 귀가하기를 기다리던 갑녀는 남편이 매일 술마시고 늦게 돌아오는 못된 버릇을 고쳐주기로 단단히 결심했다. 이를 위해 갑녀는 남편이 아파트 현관문을 열자마자 빨래방망이로 남편을 때려 본 때를 보여주려고 현관문을 잠그지 않고 현관에 방망이를 들고 서 있었다. 새벽 두시경이 되자 발자국소리가 나고 자기 집의 현관문이 삐걱하고 열리자마자, 갑녀는 상해의 고의로 들고 있던 방망이로 사정없이 내리쳤다. 그러자 사람이 "어이쿠"하며 쓰러지는 소리가 나서 얼른 불을 켜고 들여다 보았더니, 남편이 아니라 처음 보는 B가 복면을 하고 손에는 칼을 든 채 쓰러져 신음하고 있었다. 이 경우 갑녀의 행위는 정당한가?

【해설】 행위자가 객관적 정당방위 상황을 인식하지 못한 경우에는 그러한 방위행위는 정당화될 수 없는 위법한 행위라는 것은 당연하다. 그러나 이러한 경우 행위자를 어떻게 취급해야 할 것인가에 대하여 견해의 대립이 있다. ① 주관적 정당화 요소가 필요하지 않다는 견해와 순수한 결과반가치론은 이러한 방위의사가 없더라도 정당방위로서 위법성이 조각되기 때문에 무죄라고 본다. ② 불능미수범설은 행위자가 적어도 정당방위의 객관적 요건을 충족시켰기 때문에 결과적으로 객관적인 법질서를 위반하지는 않았다고 보면서도 주관적으로는 행위자의 위법한 의사가 인정되어 방위의사가 부정되는 경우가 있으므로 불능미수범으로 보아야 한다고 본다. 위 사례의 경우 상해죄의 불능미수에 해당한다. ③ 기수범설은 객관적 요건과 주관적 요건이 충족된 때에만 위법성이 조각된다고 본다. 위 사례의 경우 상해죄의 기수에 해당한다.

결론적으로 위법성조각설은 객관적인 측면에서, 기수범설은 주관적인 측면이 강조된 견해이므로 양자를 절충한 불능미수범설이 타당하고, 이 견해에 의하면 갑녀는 주관적

---

17) 이재상/장영민/강동범, 241면.

방위의사가 없으므로 결과반가치는 없지만 행위반가치는 인정되므로 정당방위는 부정된다. 그러나 이 경우에는 위험성이 없으므로 불가벌한 불능범이 성립된다고 본다.

그러나 이 사례에서 한 가지 더 짚고 넘어가야 할 문제가 구체적 사실의 착오 중 객체의 착오문제이다. 갑녀의 경우 인식한 객체는 남편이고, 실제로 결과가 발생한 객체는 강도이다. 갑녀의 경우 빨래방망이로 남편을 때린다는 것은 상해의 고의가 있었다고 볼 수 있다. 객체의 착오의 경우 착오이론 중 어느 학설이나 이 경우에 고의를 전용하는 데에는 결론이 동일하므로 상해의 고의는 인정된다. 그러나 사례의 경우에 남편이 아니라 아버지라면 형법 제15조 제1항의 적용문제로 사례풀이의 진행은 달라질 수 있다.

CHAPTER 02 정당방위

제21조(정당방위) ① 현재의 부당한 침해로부터 자기 또는 타인의 법익을 방위하기 위하여 한 행위는 상당한 이유가 있는 경우에는 벌하지 아니한다.
② 방위행위가 그 정도를 초과한 경우에는 정황에 따라 그 형을 감경하거나 면제할 수 있다.
③ 제2항의 경우에 야간이나 그 밖의 불안한 상태에서 공포를 느끼거나 경악하거나 흥분하거나 당황하였기 때문에 그 행위를 하였을 때에는 벌하지 아니한다.

제1절 서설

I. 정당방위의 개념

정당방위는 현재의 부당한 침해로부터 자기 또는 타인의 법익을 방위하기 위하여 한 행위로 상당한 이유가 있는 경우이다.

정당방위나 긴급피난 모두 '현재의 위난에 대한 긴급행위(현재성)'을 요건으로 한다는 점에서 공통되지만, 정당방위는 '不正 대 正'의 관계이나 긴급피난은 '正 대 正'의 관계라는 점에서 차이점이 있다. 또한 정당방위나 자구행위 모두 '위법한 침해에 대한 자력보호로서 不正 대 正'의 관계라는 점에서 공통되나, 정당방위는 '현재의 침해에 대한 사전적 긴급행위(事前的 緊急行爲)'이지만 자구행위는 '침해된 청구권을 보전하기 위한 사후적 긴급행위(事後的 緊急行爲)'라는 점에서 차이가 있다.

II. 정당방위의 근거

1. 자기보호의 원리

자기보호의 원리는 긴급상황하에서 불법한 침해에 대하여 사인(私人)이 자기의 법익을 스스로 보호하는 것을 허용하는 원리를 말한다. 개인의 최소한의 존립을 확보해주는 것으로 자기방어권이며 자연권적 성격[18]을 가진다. 자기보호의 원리는 정당방위의 개인적·권리적 근거이다. 따라서 국가적·사회적 법익을 보호하기 위한 정당방위는 원칙적으로 허용되지 않는다.

2. 법수호의 원리

법수호의 원리는 자기방위가 동시에 법질서를 파괴하려는 행위로부터 법질서를 수호하려는 측면을 갖는다는 원리를 말한다. 이 원리는 "법은 불법에 양보할 필요가 없다"는 사상에 기초하고 있다.[19] 또한 정당방위는 이익교량의 사상에 근거하고 있지 않다는 점에서 긴급피난과 구별된다. 정당방위에 있어서 법익교량의 원칙과 보충의 원칙이 중요시되지 않는 이유도 바로 여기에 있다.[20] 법수호의 원리는 정당방위의 사회적·법적 근거이다. 따라서 법수호의 이익이 없을 때 정당방위는 제한된다.

3. 형법의 표현

형법 제21조 정당방위에서 자기의 법익에 대한 정당방위는 자기보호의 원리를, 타인의 법익에 대한 정당방위는 법수호의 원리를 표현하고 있는 것이라고 볼 수 있다.

---

18) 자연권적(自然權的)이라 함은 구체적으로 실정법이 규정하기 이전에 이미 권리로서 인정되고 있다는 의미이다. 자기보전의 자연권적 측면을 가지고 있기 때문에 정당방위가 위법성조각사유로 인정된다는 특성을 가진다.

19) 이재상/장영민/강동범, 242면; 이형국/김혜경, 201면.

20) 정성근/박광민, 222면.

제2절 정당방위의 성립요건

정당방위로 위법성이 조각되기 위해서는 객관적 정당화 상황으로 정당방위 상황, 즉 자기 또는 타인의 법익에 대한 현재의 부당한 침해가 있는 상황이 있어야 하며, 주관적 정당화 의사로 정당방위 의사가 있어야 한다. 행위자는 정당방위 상황에서 방위의사를 가지고 방위행위를 한 경우 그 방위행위에 상당한 이유가 인정되면 정당방위로 위법성이 조각된다.

Ⅰ. 현재의 부당한 침해

1. 침해행위

침해는 법질서에 의해 보호되는 법익에 대한 사람의 공격 또는 그 위험을 의미한다. 따라서 침해는 '사람의 행위'로서의 성질을 가져야 한다. 따라서 동물·물건에 의한 침해에 대해서는 정당방위가 성립하지 않는다.[21] 다만 동물에 의한 침해가 사람에 의하여 사주(使嗾)된 때에는 동물을 도구로 이용한 사람에 의한 침해이므로 정당방위가 가능하다.

침해는 '행위'로서의 성질을 가져야 하므로 무의식적 행위 또는 수면중의 행위에 의한 침해에 대해서는 정당방위는 불가능하다.[22] 행위론의 관점에서 형법상 의미 있는 행위가 아니기 때문이다.

부작위에 의한 침해도 가능하다.[23] 특정한 행위를 해야 할 법적 의무가 있음에도 불구하고 그 의무를 이행하지 않는 경우에 이에 대하여 정당방위가 성립할 수 있다. 따라서 폭행이나 협박을 통하여 그 이행을 강제한 경우 그 폭행행위나 협박행위는 정당방위로서 위법성이 조각될 수 있다. 선박이 침몰하는 상황에서 승객을 구조하지 않고 도주하는 선장을 폭행 또는 협박하여 구조행위를 하게 한 경우 정당방위로서 위법성이 조각된다. 이 경우 의무의 불이행이 가벌적이어야 한다. 따라서 단순한 계약상의 채무불이행에 대해서는 정당방위가 성립하지 않는다.

---

21) 이에 대해서 긴급피난은 가능하다.
22) 이에 대해서 긴급피난은 가능하다.
23) 김성돈, 292면; 김일수/서보학, 293면; 신동운, 278면; 이형국/김혜경, 202면; 정성근/박광민, 220면.

2. 현재의 침해

가. 침해의 현재성

현재의 침해는 법익에 대한 침해가 급박한 상태에 있거나 바로 발생하였거나 아직 계속되고 있는 상태이다. 따라서 과거의 침해 또는 장래의 침해에 대해서는 정당방위가 성립하지 않는다.

침해행위가 실행의 착수 이전이라도 방어를 지체함으로써 방어가 어려워지는 때 침해의 현재성이 인정되며, 기수 이후라도 종료 이전이거나 법익침해의 상태가 계속되고 있다면 침해의 현재성이 인정된다.[24] 따라서 절도의 현행범인을 추격하여 도품을 탈취하는 경우 정당방위가 성립한다. 하지만 며칠 전에 물건을 훔쳐 간 절도범을 우연히 목격하자 그를 폭행한 후 도품을 탈취한 경우에는 정당방위가 성립하지 않는다.[25] 침해의 현재성이 없기 때문이다.

현재성의 판단기준은 피침해자의 주관에 의하여 결정되는 것이 아니라, 객관적인 상황에 따라 결정되며, 현재성의 판단시기는 방위행위 시가 아니라 침해행위 시를 기준으로 판단한다. 따라서 도둑을 막기 위하여 담밑에 웅덩이를 미리 파놓은 경우와 같이 장래의 침해를 예견하고 미리 방어조치를 해놓은 경우에도 침해행위 시에는 현재성이 인정된다.

판례에 따르면 '침해의 현재성'이란 침해행위가 형식적으로 기수에 이르렀는지에 따라 결정되는 것이 아니라 자기 또는 타인의 법익에 대한 침해상황이 종료되기 전까지를 의미하는 것이므로, 일련의 연속되는 행위로 인해 침해상황이 중단되지 아니하거나 일시 중단되더라도 추가 침해가 곧바로 발생할 객관적인 사유가 있는 경우에는 그중 일부 행위가 범죄의 기수에 이르렀더라도 전체적으로 침해상황이 종료되지 않은 것으로 볼 수 있다.[26]

나. 지속적 위험

(1) 쟁점

지속적 위험(Dauergefahr)은 과거로부터 침해가 계속적·반복적으로 이어져 왔고, 가까운 장래에 침해가 반복하여 계속될 염려가 있는 경우를 말한다. 매일 남편의 폭력으로 시달려온 아내가 남편의 폭력으로부터 벗어나기 위해 잠자는 남편을 살해한 경우가 그 예이다. 지속적 위험의 경우에도 침해의 현재성을 인정할 수 있는지가 문제된다.

---

24) 김성돈, 294면; 이형국/김혜경, 202면.
25) 이 경우 자구행위가 성립할 가능성이 있다.
26) 대법원 2023.4.27. 선고 2020도6874 판결.

(2) 학설과 판례

종전의 침해행위가 반복하여 계속될 염려가 있는 상황인 지속적 위험에 대하여 침해의 현재성을 인정할 수 있는가에 대하여 학설은 침해의 현재성을 부정한다.[27] 정당방위는 예외적으로 인정되는 것이므로 침해의 현재성을 엄격히 해석한다. 지속적 위험이 있는 경우와 같이 장래에도 반복될 것이 예상되는 침해를 방위하기 위한 정당방위는 허용되지 않는다고 한다.

판례는 의붓아버지 살해사건에 있어서 상당성이 없기 때문에 정당방위가 인정되지 않는다고 판단하였다. 정당방위의 객관적 요건을 인정한 후 상당성 판단이 이루어져야 한다는 체계적 심사를 중시한다면 해당 판례는 침해의 현재성을 인정할 수 있는 가능성을 시사하고 있다. 하지만 지속적 위험에 대하여 명확하게 현재성을 인정한 판례는 없다.

(3) 결론

생각건대, 침해행위의 현재성을 넓게 인정하면 정당방위의 성립범위가 지나치게 확대되어 가혹한 결과가 초래될 수 있다. 즉 매일 가정내 폭력으로 시달리는 부인이 잠자는 남편을 살해하더라도 지속적 위험임을 내세워 정당방위를 주장할 수 있기 때문이다. 침해행위의 현재성을 확대하여 해결하기보다는 긴급피난 등 다른 위법성조각사유로 해결하는 것이 타당하다.

> ⚖ **판례**   의붓아버지 살해사건

【사실관계】 피고인 갑은 약 12살때부터 의붓아버지인 피해자의 강간행위에 의하여 성폭행을 당한 후 계속적으로 이 사건 범행무렵까지 피해자와의 성관계를 강요받아왔고, 피해자로부터 행동의 자유를 간섭받아 왔다. 피고인 을은 피고인 갑으로부터 피해자와의 관계를 고백받고 같이 번민하다가 피해자를 살해하고 강도로 위장하기로 공모한 후, 피고인 을이 이 사건 범행 전날 식칼, 공업용 테이프, 장갑 등을 구입하여 가지고 범행장소인 충주에 내려가서 피고인 갑과 전화통화로 범행시간을 정하고, 약속된 시간인 1992.1.17. 01:30경 피고인 갑이 열어준 문을 통하여 피해자의 집안으로 들어간 다음, 이어서 피해자가 술에 취하여 잠들어 있는 방에 몰래 들어가 피해자의 머리 맡에서 식칼을 한손에 들어 피해자를 겨누고 양 무릎으로 피해자의 양팔을 눌러 꼼짝 못하게 한 후 피해자를 깨워 피해자가 제대로 반항할 수 없는 상태에서 피고인 갑을 더이상 괴롭히지 말고 놓아 주라는 취지의 이야기를 하다가 들고 있던 식칼로 피해

---

27) 김성돈, 295면; 김일수/서보학, 199면; 손동권/김재윤, 181면; 오영근, 194면; 이재상/장영민/강동범, 244면; 정성근/박광민, 224면.

자의 심장을 1회 찔러 그 자리에서 살해하고, 강도살인을 당한 것처럼 위장하기 위하여 죽은 피해자의 양 발목을 공업용 테이프로 묶은 다음 현금을 찾아 태워 없애고 장롱, 서랍 등을 뒤져 범행현장에 흩어 놓고 나서, 피고인 을은 강도에게 당한 것처럼 피고인 갑의 브레지어 끈을 칼로 끊고 양 손목과 발목을 공업용 테이프로 묶은 다음 달아나고, 피고인 갑은 양 손목과 발목이 공업용 테이프로 묶인 채 옆집에 가서 강도를 당하였다고 허위로 신고하였다.

【판결요지】 피고인 갑이 약 12살때부터 의붓아버지인 피해자의 강간행위에 의하여 정조를 유린당한 후 계속적으로 이 사건 범행무렵까지 피해자와의 성관계를 강요 받아왔고, 그밖에 피해자로부터 행동의 자유를 간섭받아 왔으며, 또한 그러한 침해행위가 그 후에도 반복하여 계속될 염려가 있었다면, 피고인들의 이 사건 범행당시 <u>피고인 갑의 신체나 자유 등에 대한 현재의 부당한 침해상태가 있었다고 볼 여지가 없는 것은 아니나, 그렇다고 하여도</u> 판시와 같은 경위로 이루어진 피고인들의 이 사건 살인행위가 형법 제21조 소정의 정당방위나 과잉방위에 해당한다고 하기는 어렵다(^{대법원}_{1992.12.22. 선고} ^{92도}_{2540 판결}).

【해설】 의붓아버지 살해사건의 경우 지속적 위험사례에 해당한다. 침해의 현재성에 대하여 판결문에서는 "현재의 부당한 침해상태가 있었다고 볼 여지가 없는 것은 아니나, 그렇다고 하여도"라고 하여 직접적 판단을 회피하고 있다. 판례는 상당성이 없다고 하여 정당방위를 인정하지 않았다. 상당한 이유가 있는 정당방위가 위법성이 조각된다는 점에서 보면 판례는 기본적으로 정당방위를 인정하고 다만 상당성이 없다고 판단하였다는 점에서 침해의 현재성을 인정하였다는 판례평석도 있다. 하지만 지속적 위험에 대하여 명확하게 현재성을 인정한 판례는 없다.

다. 예방적 정당방위의 문제

현재 아직 침해가 없음에도 불구하고 장차 예견되는 침해에 대해서 방위행위를 하는 이른바 예방적 정당방위는 정당방위로 인정될 수 없다. 그럼에도 불구하고 폭력행위 등 처벌에 관한 법률 제8조에서는 "이 법에 규정된 죄를 범한 자가 흉기 기타 위험한 물건등으로 사람에게 위해를 가하거나 가하려 할 때 이를 예방 또는 방위하기 위하여 한 행위는 벌하지 아니한다"고 하여 예방적 정당방위를 인정하고 있다.

3. 부당한 침해

가. 침해의 부당성

부당한 침해란 침해행위가 객관적으로 법질서와 모순되는 성질을 말한다. 따라서 적법한 침해에 대해서는 정당방위가 불가능하다. 즉 정당방위에 대한 정당방위, 긴급피난에 대한 정당방위, 정당한 징계권 행사에 대한 정당방위는 불가능하다.[28] 하지만 위법한 현행범체포나 위법한 긴급체포에 대해서는 정당방위가 가능하다.

공격자의 공격은 불법한 공격이면 충분하며, 공격자에게 책임이 있을 필요는 없다. 따라서 명정자, 정신병자, 유아와 같은 책임무능력자의 침해에 대해서도 정당방위는 가능하다. 다만 이에 대하여 정당방위는 사회윤리적 관점에서 제한된다.

구성요건해당성이 없는 행위도 법질서 전체의 입장에서 객관적으로 위법하면 이에 대한 정당방위가 가능하다.[29] 따라서 과실재물손괴와 같이 과실범 처벌규정이 없는 과실행위나, 처벌되지 않는 성희롱과 같은 행위에 대해서도 정당방위가 가능하다. 민법상 불법행위에 해당하기 때문이다.

⚖️ 판례 │ 위법한 현행범체포에 대한 정당방위

【사실관계】 갑은 2009.9.6. 01:45경 서울 마포구 서교동 빌라 주차장에서 술에 취한 상태에서 전화를 걸다가 인근 지역을 순찰하던 경찰관인 A, B로부터 불심검문을 받게 되자 B에게 자신의 운전면허증을 교부하였다. B가 갑의 신분조회를 위하여 순찰차로 걸어간 사이에, 갑은 위 불심검문에 항의하면서 A에게 큰소리로 욕설을 하였는데, 이에 경찰관 A는 갑에게 모욕죄의 현행범으로 체포하겠다고 고지한 후 갑의 오른쪽 어깨를 붙잡았고, 갑은 이에 강하게 반항하면서 A에게 상해를 가하였다.

【판결이유】 [1] 현행범인은 누구든지 영장 없이 체포할 수 있는데(형사소송법 제212조), 현행범인으로 체포하기 위하여는 행위의 가벌성, 범죄의 현행성·시간적 접착성, 범인·범죄의 명백성 이외에 체포의 필요성 즉, 도망 또는 증거인멸의 염려가 있어야 하고, 이러한 요건을 갖추지 못한 현행범인 체포는 법적 근거에 의하지 아니한 영장 없는 체포로서 위법한 체포에 해당한다. 여기서 현행범인 체포의 요건을 갖추었는지는 체포 당시 상황을 기초로 판단하여야 하고, 이에 관한 검사나 사법경찰관 등 수사주체의 판단에는 상당한 재량 여지가 있으나, 체포 당시 상황으로 보아도 요건 충족 여부에 관한 검사나 사법경찰관 등의 판단이 경험칙에 비추어 현저히 합리성을 잃은 경우에는 그 체포는 위법하다고 보아야 한다.
[2] 형법 제136조가 규정하는 공무집행방해죄는 공무원의 직무집행이 적법한 경우에 한하여 성립하고, 여기서 적법한 공무집행은 그 행위가 공무원의 추상적 권한에 속할 뿐 아니라 구체적 직무집행에 관한 법률상 요건과 방식을 갖춘 경우를 가리킨다. 경찰관이 현행범인 체포 요건을 갖추지 못하였는데도 실력으로 현행범인을 체포하려고 하였다면 적법한 공무집행이라고 할 수 없고, 현행범인 체포행위가 적법한 공무집행을 벗

---

28) 정당방위에 대한 긴급피난, 긴급피난에 대한 긴급피난은 가능하다.
29) 배종대, 244면; 정성근/박광민, 282면.

어나 불법인 것으로 볼 수밖에 없다면, 현행범이 체포를 면하려고 반항하는 과정에서 경찰관에게 상해를 가한 것은 불법체포로 인한 신체에 대한 현재의 부당한 침해에서 벗어나기 위한 행위로서 정당방위에 해당하여 위법성이 조각된다(대법원 2011.5.26. 선고).
2011도3682 판결

【해설】 경찰관이 갑을 현행범인으로 체포할 당시 갑이 이 사건 모욕 범행을 실행 중이 거나 실행행위를 종료한 직후에 있었다고 하더라도, 갑은 경찰관의 불심검문에 응하여 이미 운전면허증을 교부한 상태이고, 경찰관뿐만 아니라 인근 주민도 피고인의 욕설을 직접 들었으므로, 피고인이 도망하거나 증거를 인멸할 염려가 있다고 보기는 어려울 것이다. 또한 갑의 이 사건 모욕 범행은 불심검문에 항의하는 과정에서 저지른 일시적, 우발적인 행위로서 사안 자체가 경미할 뿐 아니라, 고소를 통하여 검사 등 수사 주체의 객관적 판단을 받지도 아니한 채 피해자인 경찰관이 범행현장에서 즉시 범인을 체포할 급박한 사정이 있다고 보기도 어렵다. 따라서 경찰관이 갑을 체포한 행위는 현행범인 체포의 요건을 갖추지 못하여 적법한 공무집행이라고 볼 수 없으므로 공무집행방해죄의 구성요건을 충족하지 아니하고, 갑이 그 체포를 면하려고 반항하는 과정에서 경찰관에게 상해를 가한 것은 불법체포로 인한 신체에 대한 현재의 부당한 침해에서 벗어나기 위한 행위로서 정당방위에 해당하여 위법성이 조각된다.

⚖️ 판례 위법한 긴급체포에 대한 정당방위

【사실관계】 변호사 사무실의 사무장 A는 참고인 조사를 받는 줄 알고 검찰청에 자진출석하였는데 예상과는 달리 갑자기 피의자로 조사한다고 하므로 임의수사에 의한 협조를 거부하면서 귀가를 요구하였다. 이에 검사가 긴급체포하자 그 변호사 갑이 이를 제지하는 과정에서 위 검사에게 상해를 가하였다. A를 긴급체포하려고 할 당시 범행을 범하였다고 의심할 만한 상당한 이유가 있었다고 볼 수 없고, 여러 사정을 비추어 보면 A가 퇴거하였다고 하여 도망할 우려가 있다거나 증거를 인멸할 우려가 있다고 보기도 어려웠다. 이를 저지하기 위하여 갑이 검사에게 상해를 가한 행위는 정당방위로 위법성이 조각될 수 있는가?

【판결요지】 [1] 긴급체포는 영장주의원칙에 대한 예외인 만큼 형사소송법 제200조의3 제1항의 요건을 모두 갖춘 경우에 한하여 예외적으로 허용되어야 하고, 요건을 갖추지 못한 긴급체포는 법적 근거에 의하지 아니한 영장 없는 체포로서 위법한 체포에 해당하는 것이고, 여기서 긴급체포의 요건을 갖추었는지 여부는 사후에 밝혀진 사정을 기초로 판단하는 것이 아니라 체포 당시의 상황을 기초로 판단하여야 하고, 이에 관한 검사나 사법경찰관 등 수사주체의 판단에는 상당한 재량의 여지가 있다고 할 것이나, 긴급체포 당시의 상황으로 보아서도 그 요건의 충족 여부에 관한 검사나 사법경찰관의 판단이 경험칙에 비추어 현저히 합리성을 잃은 경우에는 그 체포는 위법한 체포라 할 것이다.

[2] 형법 제136조가 규정하는 공무집행방해죄는 공무원의 직무집행이 적법한 경우에

한하여 성립하고, 여기서 적법한 공무집행은 그 행위가 공무원의 추상적 권한에 속할 뿐 아니라 구체적 직무집행에 관한 법률상 요건과 방식을 갖춘 경우를 가리키므로, 검사나 사법경찰관이 수사기관에 자진출석한 사람을 긴급체포의 요건을 갖추지 못하였음에도 실력으로 체포하려고 하였다면 적법한 공무집행이라고 할 수 없고, 자진출석한 사람이 검사나 사법경찰관에 대하여 이를 거부하는 방법으로써 폭행을 하였다고 하여 공무집행방해죄가 성립하는 것은 아니다.

[3] 검사가 참고인 조사를 받는 줄 알고 검찰청에 자진출석한 변호사사무실 사무장을 합리적 근거 없이 긴급체포하자 그 변호사가 이를 제지하는 과정에서 위 검사에게 상해를 가한 것이 정당방위에 해당한다고 본 사례(대법원 2006.9.8. 선고 2006도148 판결).

나. 싸움의 경우

싸움의 경우 원칙적으로 일방의 행위만을 위법한 침해행위라고 볼 수 없다. 싸움은 상대방에 대하여 방어행위인 동시에 공격행위를 구성하기 때문이다.[30] 방위의사가 아닌 공격의사를 가지고 있으며, 상호 간에 침해를 유발한 것이기 때문에 원칙적으로 정당방위는 성립하지 않는다.

하지만 싸움의 경우에도 예외적으로 정당방위가 가능하다. 판례에 따르면 당연히 예상되는 정도를 초과하여 칼과 같은 살인의 흉기를 사용하는 등 과격한 침해행위에 대해서는 정당방위는 가능하다고 하며,[31] 싸움이 중지된 후 다시 피해자들이 새로이 도발한 별개의 가해행위를 방어하기 위하여 칼로 상대방의 복부에 자상을 입힌 행위는 정당방위가 성립한다고 하며,[32] 외관상 서로 격투를 하는 것처럼 보이는 경우라고 할지라도 실제로는 한쪽 당사자가 일방적으로 불법한 공격을 가하고 상대방은 이러한 불법한 공격으로부터 자신을 보호하고 이를 벗어나기 위한 저항수단으로 유형력을 행사한 경우라면, 그 행위가 적극적인 반격이 아니라 소극적인 방어의 한도를 벗어나지 않는 한 사회통념상 허용될 만한 상당성이 있는 경우에는 정당방위를 인정한다.[33]

> ⚖ 판례   **외관상 싸움과 소극적 저항**

【사실관계】 갑과 자신의 남편과의 관계를 의심하게 된 A가 자신의 아들 등과 함께 갑의 아파트에 찾아가 현관문을 발로 차는 등 소란을 피우다가, 출입문을 열어주자 곧바로 갑을 밀치고 신발을 신은 채로 거실로 들어가 A의 일행이 서로 합세하여 갑을 구타하

---

30) 대법원 2000.3.28. 선고 2000도228 판결; 대법원 1984.5.22. 선고 83도3020 판결.
31) 대법원 1968.5.7. 선고 68도370 판결.
32) 대법원 1957.3.8. 선고 4290형상18 판결; 대법원 1968.5.7. 선고 68도370 판결.
33) 대법원 1999.10.12. 선고 99도3377 판결.

기 시작하였고, 갑은 이를 벗어나기 위하여 손을 휘저으며 발버둥치는 과정에서 A 등에게 상해를 가하게 되었다.

【판결요지】 맞붙어 싸움을 하는 사람 사이에서는 공격행위와 방어행위가 연달아 행하여지고 방어행위가 동시에 공격행위인 양면적 성격을 띠어서 어느 한쪽 당사자의 행위만을 가려내어 방어를 위한 '정당행위'라거나 '정당방위'에 해당한다고 보기 어려운 것이 보통이다. 그러나 겉으로는 서로 싸움을 하는 것처럼 보이더라도 실제로는 한쪽 당사자가 일방적으로 위법한 공격을 가하고 상대방은 이러한 공격으로부터 자신을 보호하고 이를 벗어나기 위한 저항수단으로서 유형력을 행사한 경우에는, 그 행위가 새로운 적극적 공격이라고 평가되지 아니하는 한, 이는 사회관념상 허용될 수 있는 상당성이 있는 것으로서 위법성이 조각된다(대법원 2010.2.11. 선고 2009도12958 판결).

【해설】 상대방의 남편과 갑이 불륜을 저지른 것으로 생각하고 이를 따지기 위하여 갑의 집을 찾아가 갑을 폭행하기에 이른 것이라는 것만으로 상대방 등의 위 공격행위가 적법하다고 할 수 없다. 또한, 갑은 그러한 위법한 공격으로부터 자신을 보호하고 이를 벗어나기 위한 사회관념상 상당성 있는 방어행위로서 위법성이 조각된다.

Ⅱ. 자기 또는 타인의 법익을 방위하기 위한 행위

1. 자기의 법익

가. 개인적 법익

법익이란 생명·신체·자유·사생활·명예·재산 등 형법상 개인적 법익을 말한다. 대법원 판례에 따르면 가족관계[34]·애정관계 등 형법 이외의 법익이라도 보호법익이 될 수 있다.

개인의 이익과 관련이 있을지라도 본질적으로 사회질서, 성풍속 등을 내용으로 하는 경우에는 정당방위 할 수 없다. 자신의 여자친구가 성매매를 하고 있는 것을 목격한 남자친구가 그들의 행위에 분개하여 성매수를 유인한 상대 남자를 현장에서 폭행하는 경우 정당방위에 해당되지 않으며, 경우에 따라서 사회상규에 반하지 않는 행위로 위법성이 조각될 수 있을 뿐이다.

나. 국가적·사회적 법익에 대한 정당방위 여부

국가적·사회적 법익에 대해서는 원칙적으로 정당방위는 불가능하다. 정당방위에 의해 보호되는 법익은 개인적 법익이며, 국가적·사회적 법익의 보호임무는 국가의 사명이고, 정치적 남용의 위험성이 있기 때문이다. 판례에 따르면 갑이 국군보안사령부가 민간인

---

34) 대법원 1974.5.14. 선고 73도2401 판결.

을 사찰한다는 사실을 폭로하기 위하여 군무를 이탈한 행위는 정당방위에 해당하지 않는다.[35]

국가적·사회적 법익에 대하여 예외적으로 중대하고 명백한 위험에 직면하여 국가가 그 기관에 의하여 스스로 보호조치를 취할 수 없는 경우에는 정당방위를 인정할 수 있다는 견해가 있다.[36] 예를 들면 국가의 중요시설을 파괴하려는 사람을 폭력적으로 저지하는 경우에 정당방위가 인정된다고 한다. 그러나 이에 대해서는 다른 위법성조각사유가 성립하는 것은 별론으로 하고 정당방위가 성립할 수 없다는 반대 견해도 있다.[37]

생각건대, 정당행위나 긴급피난으로 해결할 수 있는 상황까지 정당방위로 확대하는 것은 문제가 있다. 국가적·사회적 법익에 대해서는 정당방위가 불가능하다고 보는 것이 타당하다.

2. 타인의 법익

정당방위의 보호대상이 되는 법익은 자기의 법익뿐만 아니라 타인의 법익을 보호하기 위한 정당방위도 가능하다. 제3자를 위한 정당방위를 '긴급구조'라고 한다. 예를 들면 갑이 아버지를 향해 전진하는 차량을 저지하기 위하여 운전자 A의 머리를 잡아당겨 약간의 상처를 입게 한 경우 긴급구조로 정당방위에 해당한다.[38]

긴급구조의 경우 긴급구조를 받는 자의 의사에 반해서도 구조행위를 할 수 있는지가 문제된다. 이에 대하여 타인의 의사가 문제되지 않기 때문에 구조받을 자의 의사에 반하여 할 수 있다는 견해[39]와 구조받을 자가 자신의 법익을 포기하거나 공격자에게 법익침해를 유효하게 승낙하는 경우에는 제3자가 그 타인을 위한 정당방위를 할 수 없기 때문에 보호받는 타인에게도 공격행위로부터 자신의 법익을 방위하겠다는 의사가 필요하다는 견해가 대립되고 있다.

생각건대 공격받는 타인이 그의 법익에 대한 침해를 수인하려고 하는 경우 또는 스스로 방어하려고 하는 의사를 명백히 한 경우에는 긴급구조를 할 수 없다고 보아야 한다. 하지만 예외적으로 공격받는 자가 스스로 처분할 수 없는 생명과 같은 법익을 침해당하고 있는 경우, 공격받는 자에게 통찰능력이 결여된 경우, 공격받는 자가 착오에 빠져 긴급구

---

35) 대법원 1993.6.8. 선고 93도766 판결.
36) 이재상/장영민/강동범, 246면; 이형국/김혜경, 201면.
37) 김성돈, 293면; 박상기/전지연, 112면; 배종대, 243면; 오영근, 195면.
38) 대법원 1986.10.14. 선고 86도1091 판결.
39) 이재상/장영민/강동범, 246면; 임웅, 226면.

조를 거부하는 경우에는 그 타인의 의사에 반하여 긴급구조를 할 수 있다.[40]

💼 사례 | 싸움참견사례

【사례】수업을 마치고 귀가를 하던 대학생 갑은 부부인 A남과 B녀가 서로 말다툼을 하다가 화가 난 A남이 B녀를 심하게 폭행하는 것을 우연히 발견했다. 갑은 이들이 결혼한 사이라는 것을 알았지만 불쌍한 B녀를 구해줘야겠다고 판단하고 A남을 넘어뜨리고 그의 얼굴을 주먹으로 한 차례 정신 바짝 들도록 갈겨 주었다. 그러자 B녀가 제발 자신의 남편을 더 이상 때리지 말라고 사정을 하는데도 불구하고 갑은 A남의 못된 손버릇을 고쳐줄 생각으로 화가 나서 덤벼드는 A남을 실컷 두들겨 주었다. 갑의 행위는 정당한가?

【해설】정당방위는 행위자 자신에 대한 침해(좁은 의미의 정당방위)뿐만 아니라 제3자에 대한 침해에 대해서도(넓은 의미의 정당방위, 긴급구조) 허용된다. 구조받을 자의 의사가 필요하지 않기 때문에 구조받을 자의 의사에 반하여 긴급구조를 할 수 있다는 견해가 있지만, 공격받는 타인이 그의 법익에 대한 침해를 수인하려고 하는 경우 또는 스스로 방어하려고 하는 의사를 명백히 한 경우에는 긴급구조를 할 수 없다고 보아야 한다. 이 경우 제3자인 갑은 정당방위의 당사자인 B녀가 원하는 이상의 정당방위를 행사할 수 없다. B녀는 그녀의 법익에 대한 침해를 수인하려고 하기 때문이다. 따라서 B녀가 그를 말리는데도 불구하고 계속 A남을 때린 행위는 정당방위를 초과하는 과잉방위에 속하므로 위법하다.

Ⅲ. 방위행위

방위행위는 급박한 침해를 사전에 방지하거나, 현재 계속중인 침해를 배제하기 위한 행위를 말한다. 방위행위에는 주먹을 막는 것과 같이 공격에 대한 순수한 수세적 방어를 하는 '보호방위'와 폭행하는 자를 때려 눕히는 것과 같은 '공격방위'가 있다.

공격방위는 보호방위가 의미 없을 경우에, 즉 보호방위만으로 충분히 방위효과가 나타날 경우에는 사용할 수 없다. 따라서 칼을 들고 자신을 찌르려는 자에게서 그 칼을 빼앗은 후 다시 그 칼로 반격을 가하여 상대방에게 상해를 입힌 경우에는 상당한 이유가 없는 정당방위가 되어 과잉방위가 된다.[41]

방위행위는 침해행위자에 대해서만 할 수 있다. 침해행위자 이외의 제3자에 대한 방위

---

40) 김성돈, 305면.
41) 김성돈, 298면.

행위는 정당방위가 아니라 긴급피난이 문제될 뿐이다.[42]

Ⅳ. 방위의사

정당방위가 성립하기 위해서는 방위의사가 있어야 한다. 방위의사는 정당방위의 주관적 정당화 요소이다. 방위의사가 주된 기능을 한다면 증오·복수·분노와 같은 다른 동기가 함께 작용하여도 정당방위는 가능하다. 싸움의 경우에는 방위의사가 공격의사가 있는 경우라는 것이 판례의 입장이다. 타인의 법익을 위한 정당방위인 긴급구조의 경우 타인이 정당방위상황을 모르고 있더라도 그 타인의 법익보호를 위하여 정당방위가 가능하다.

정당방위 상황이었지만 행위자가 그러한 정당방위 상황에 대한 인식을 하지 못하거나 자신의 행위를 정당화하려는 의사 없이 행위를 한 경우는 위법성조각사유의 주관적 요건은 충족하지 못한 경우는 오상방위이다. 오상방위의 경우 그 법적 효과에 대해서는 이미 설명하였다.

V. 상당한 이유가 있을 것

1. 의의

정당방위행위라고 하더라도 그 행위에 상당한 이유가 있어야 위법성이 조각될 수 있다. 형법 제21조 제1항의 '상당한 이유'라는 요건은 매우 추상적이며, 불확정개념이므로 해석을 통하여 구체화될 수 밖에 없다. 상당한 이유의 구체적 의미와 그 판단기준에 대해서 다양한 견해의 대립이 있다.

> **⚖ 보충내용 ▶ 정당방위·긴급피난의 상당한 이유**
>
> 위법성조각사유 중 정당방위, 긴급피난, 자구행위의 경우 '상당한 이유'가 있어야 위법성이 조각된다. 상당한 이유라는 동일한 용어를 사용하고 있지만, 그 구체적 의미는 달리 해석해야 한다. 정당방위는 부정 대 정의 관계이므로 상당한 이유를 넓게 해석할 수 있지만, 긴급피난은 정 대 정의 관계이며, 위난의 원인과 관계없는 무고한 제3자의 법익을 침해할 수 있으므로 상당한 이유를 매우 제한적으로 해석해야 한다.

---

42) 김성돈, 299면; 김일수/서보학, 201면; 손동권/김재윤, 188면.

2. 학설

정당방위에 있어서 상당한 이유의 구체적 의미가 무엇인가에 대하여 학설은 다양하게 전개되고 있다. 상당한 이유를 독일 형법 제32조 제2항의 필요성과 같은 의미로 이해하면서도 사회윤리적 제한을 정당방위의 독자적인 성립요건으로 보는 견해,[43] 상당한 이유에 필요성과 사회윤리적 제한을 포함시키는 견해,[44] 상당한 이유는 독일 형법의 필요성과 요구성과는 무관한 독자적 개념이고 사회윤리적 제한이 상당한 이유속에 용해되어 있는 것으로 보는 견해,[45] 상당한 이유를 독일 형법의 필요성과는 무관한 개념으로 보면서도 형법의 도덕화를 방지하기 위해서는 사회윤리적 제한을 정당방위의 성립요건으로 인정해서는 안된다는 견해[46] 등 다양하게 전개된다.

3. 판례

판례는 상당한 이유의 구체적 의미에 대하여 명시적으로 판단하고 있지 않다. 다만 정당방위와 관련된 판례에서 상당한 이유를 언급하면서 "방위행위가 사회적으로 상당한 것이어야 한다"고 판시하고 있다.[47] "사회관념상 허용될 수 있는 상당성이 있는 것" 또한 같은 의미이다.[48] 판례는 상당한 이유의 의미에 대하여 사회상규 또는 사회윤리적 관점에서 용인될 수 있는 것으로 보는 것 같다.

방위행위가 사회적으로 상당한 것인지를 판단할 때 "침해행위에 의해 침해되는 법익의 종류와 정도, 침해의 방법, 침해행위의 완급, 방위행위에 의해 침해될 법익의 종류와 정도 등 일체의 구체적 사정들을 참작하여 판단하여야 한다."[49]

---

43) 김일수/서보학, 201면; 이재상/장영민/강동범, 248면.
44) 손동권/김재윤, 187면; 신동운, 300면; 정성근/박광민, 224면; 김태명, 정당방위의 상당성요건의 구체적 의미와 판단기준, 고시계, 2001.5; 53면.
45) 오영근, 196면; 임웅, 218면.
46) 배종대, 247면.
47) 대법원 2018.12.27. 선고 2017도15226 판결.
48) 대법원 2010.2.11. 선고 2009도12958 판결.
49) 대법원 2017.3.15. 선고 2013도2168 판결.

4. 상당한 이유의 구체적 의미

가. 방위행위의 필요성

상당한 이유가 있는 행위가 되기 위해서는 필요한 범위 내의 방어행위이어야 한다.[50] 방위행위는 침해행위를 종국적으로 막기에 적합한 행위이어야 한다(적합성). 효과적인 방어를 위한 모든 수단의 사용이 원칙적으로 가능하지만, 방위자는 공격을 막기 위하여 되도록 경미한 수단을 선택하여야 적합한 수단으로 인정될 수 있다. 방위행위는 공격을 즉시 효과적으로 방어하기 하기에 필요한 만큼의 정도를 넘어가서는 안 된다(상대적 최소방위의 원칙).

나. 보충성의 요건

보충성의 원칙(최후수단의 원칙)은 적용되지 않는다. 법은 불법에 양보할 필요가 없다는 사상에 기초하고 있으므로 방위자에게 피난하는 것과 같이 다른 방법이 가능하여도 정당방위는 가능하다. 방위행위는 효과적인 수단이면 충분하고 최후수단일 필요는 없다. 최소침해의 원칙이 지켜지면 방위행위의 필요성 요건은 충족이 되므로 보충성 요건까지 갖출 필요는 없다. 판례도 "정당방위에 있어서는 긴급피난의 경우와 같이 불법한 침해에 대해서 달리 피난방법이 없었다는 것을 반드시 필요로 하는 것이 아니다"고 한다.[51]

다. 균형성의 원칙

균형성의 원칙은 원칙적으로 적용되지 않는다. 정당방위의 경우 긴급피난과는 달리 방위행위로 인하여 보전되는 법익과 방위행위로 인하여 침해되는 법익 사이의 균형 또는 보전법익이 본질적으로 우월할 필요가 없다. 하지만 균형성의 원칙에 대해서는 예외를 인정하고 있다. 예를 들면 경미한 침해에 대한 정당방위나 법익 간의 현저한 불균형이 있는 경우에는 정당방위를 제한하고 있다. 이에 대한 논의는 '사회윤리적 제한'이라는 주제로 연결된다.

대법원 판례도 마찬가지이다. 판례에 따르면 법익 사이의 균형이 현저한 차이가 나는 경우에는 정당방위는 제한될 수 있다. 성적 자기결정권과 신체를 지키기 위하여 혀절단상을 입힌 경우에는 상당성을 인정하였으나,[52] 자고 있는 의붓아버지를 살해한 경우에는 상당성을 부정하였다.[53]

---

50) 필요성 요건은 특별한 의미를 가진 것이 아니라는 견해로 오영근, 196면.
51) 대법원 1966.3.5. 선고 66도63 판결.
52) 대법원 1989.8.8. 선고 89도358 판결.
53) 대법원 1992.12.22. 선고 92도2540 판결.

판례 혀절단사건

【판결요지】 갑과 을이 공동으로 인적이 드문 심야에 혼자 귀가중인 A녀에게 뒤에서 느닷없이 달려들어 양팔을 붙잡고 어두운 골목길로 끌고 들어가 담벽에 쓰러뜨린 후 갑이 음부를 만지며 반항하는 A녀의 옆구리를 무릎으로 차고 억지로 키스를 함으로 A녀가 정조와 신체를 지키려는 일념에서 엉겁결에 갑의 혀를 깨물어 설절단상을 입혔다면 A녀의 범행은 자기의 신체에 대한 현재의 부당한 침해에서 벗어나려고 한 행위로서 그 행위에 이르게 된 경위와 그 목적 및 수단, 행위자의 의사등 제반사정에 비추어 위법성이 결여된 행위이다(대법원 1989.8.8. 선고 89도358 판결).

【해설】 이 사안에 대하여 제1심(대구지법 안동지원 1988.9.21. 선고 88고합76)은 과잉방위에 해당한다고 보아 피고인에게 유죄의 판결을 하였다. 그 항소심인 대구고등법원(1989.1.20. 선고 88노512)은 제1심 판결을 파기하고 피고인에게 무죄를 선고하였다. 대법원 역시 항소심의 판단을 지지하였다. 정당방위에 있어서 균형성의 원칙은 적용되지 않는다. 정당방위의 경우 긴급피난과는 달리 보전되는 법익과 침해되는 법익 사이의 균형을 이루거나 보전법익이 우월할 필요가 없다. 따라서 보전법익인 성적 자기결정권과 침해되는 법익인 중상해라는 신체에 대하여 법익교량을 할 필요가 없으며, 보전법익이 우월할 필요가 없다.

판례 정당방위의 상당한 이유

① 정당방위는 침해행위에 의해 침해되는 법익의 종류, 정도, 침해방법, 침해행위의 완급과 방위행위에 의해 침해될 법익의 종류, 정도등 일체의 구체적 사정을 참작하여 방위행위가 사회적으로 상당한 것이었다고 인정할 수 있는 것이어야 하는바, <u>전투경찰대원이 상관의 다소 심한 기합에 격분하여 상관을 사살한 행위는 자신의 신체에 대한 침해를 방위하기 위한 상당한 방법이었다고 볼 수 없다</u>(대법원 1984.6.12. 선고 84도683 판결).

② 피고인이 그 소유의 밤나무 단지에서 피해자 갑이 밤 18개를 푸대에 주워 담는 것을 보고 푸대를 빼앗으려다 반항하는 피해자의 뺨과 팔목을 때려 상처를 입혔다면 위 행위가 비록 피해자의 절취행위를 방지하기 위한 것이었다 하여도 긴박성과 상당성을 결여하여 정당방위라고 볼 수 없다(대법원 1984.9.25. 선고 84도1611 판결).

③ 갑회사가 을이 점유하던 공사현장에 실력을 행사하여 들어와 현수막 및 간판을 설치하고 담장에 글씨를 쓴 행위는 을의 시공 및 공사현장의 점유를 방해하는 것으로서 을의 법익에 대한 현재의 부당한 침해라고 할 수 있으므로 을이 그 현수막을 찢고 간판 및 담장에 씌어진 글씨를 지운 것은 그 침해를 방어하기 위한 행위로서 상당한 이유가 있다(대법원 1989.3.14. 선고 87도3674 판결).

④ 피해자가 피고인 운전의 차량 앞에 뛰어 들어 함부로 타려고 하고 이에 항의하는 피고인의 바지춤을 잡아 당겨 찢고 피고인을 끌고 가려다 넘어지자, <u>피고인이 피해자의 양 손목을 경찰관이 도착할 때까지 약 3분간 잡아 누른 경우, 정당방위에 해당한</u>

다고 본 사례$\left(\substack{\text{대법원 1999.6.11. 선고} \\ \text{99도943 판결}}\right)$.

⑤ 이혼소송중인 남편이 찾아와 가위로 폭행하고 변태적 성행위를 강요하는 데에 격분하여 처가 칼로 남편의 복부를 찔러 사망에 이르게 한 경우, 그 행위는 방위행위로서의 한도를 넘어선 것으로 사회통념상 용인될 수 없다는 이유로 정당방위나 과잉방위에 해당하지 않는다고 본 사례$\left(\substack{\text{대법원 2001.5.15. 선고} \\ \text{2001도1089 판결}}\right)$.

⑥ 공직선거 후보자 합동연설회장에서 후보자 갑이 적시한 연설 내용이 다른 후보자 을에 대한 명예훼손 또는 후보자비방의 요건에 해당하나 그 위법성이 조각되는 경우, 갑의 연설 도중에 을이 마이크를 빼앗고 욕설을 하는 등 물리적으로 갑의 연설을 방해한 행위가 갑의 '위법하지 않은 정당한 침해'에 대하여 이루어진 것일 뿐만 아니라 '상당성'을 결여하여 정당방위의 요건을 갖추지 못하였다고 한 사례$\left(\substack{\text{대법원 2003.11.13. 선고} \\ \text{2003도3606 판결}}\right)$.

5. 정당방위의 사회윤리적 제한

가. 의의와 이론적 근거

방위행위는 사회적으로 상당한 것이었다고 인정할 수 있는 경우로 제한되어야 한다. 방위행위의 사회적 상당성은 '정당방위의 사회윤리적 제한'이라는 표제하에서 구체화되고 있다.

정당방위행위는 법질서 전체의 입장에 비추어 요구된 행위이어야 한다. 따라서 요구되지 않은 정당방위는 제한되어야 한다.[54] 이론적 근거에 대하여 권리남용이론, 상당성의 원칙 이론, 기대가능성의 이론, 정당방위의 기본원리이론이 제시되고 있다. 권리남용이론은 정당방위의 제한을 권리남용의 금지라는 일반적 원칙에서 유래하는 것으로 보며, 상당성의 원칙 이론은 정당방위의 제한을 과잉금지에서 유래하는 비례성 또는 상당성의 원칙에 근거를 두는 견해이다. 기대가능성의 이론은 기대가능성의 사상에 정당방위에 대한 제한의 근거가 있다고 보며, 정당방위의 기본원리이론은 정당방위의 근거 중의 하나인 법수호의 원리에 정당방위 제한의 근거가 있다는 견해이다.

나. 제한의 유형
(1) 책임 없는 자의 침해에 대한 방위

위법하지만 책임이 인정되지 않는 명정자나 형사책임무능력자의 공격과 같은 경우 이론적으로 정당방위가 인정되지만, 법수호의 이익이 현저히 약화되어 사회윤리적 관점에서 정당방위는 제한된다. 따라서 법익침해를 피할 수 없는 경우에만 정당방위가 허용되는

---

54) 이에 대한 비판적인 견해로는 배종대, 252면 참조.

등 보충성의 원칙이 적용된다.

💼 사례 | **물풍선 투척 사례**

【사례】 7살된 A는 아파트 20층 베란다에서 거리를 지나가는 행인들과 주차된 차량위로 물이 가득히 든 풍선을 던지고 있었다. 이때 이를 우연히 발견한 윗층에 사는 갑은 A에게 물풍선을 던지지 말라고 소리를 질렀다. A는 이에 개의치 않고 하나씩 아래로 떨어뜨렸다. 갑은 A를 달래기도 하고, 겁도 주고, 찬물도 끼얹는 등 모든 수단을 다 써보았지만 A는 막무가내였다. 갑은 A를 더 이상 말릴 방법이 없다고 판단하고 A의 머리 위로 뜨거운 물을 끼얹어 행위를 중단시켰다. A는 이로 인해 얼굴에 가벼운 상처를 입었다. 이 경우 갑의 행위는 정당한가?

【해설】 책임무능력자 또는 책임이 현저하게 감경된 자, 가령 어린이, 정신병자, 만취자, 책임 없이 착오에 빠진 자 등에 의한 침해의 경우에도 위법성이 있으므로(객관적 위법성설) 정당방위는 원칙적으로 가능하다. 그러나 이러한 침해의 경우에는 방위의 목적, 즉 개인법익과 법보장법익의 보호라는 면에서 볼 때에 법보장법익이 큰 중요성을 갖지 못하므로 공격방어를 할 것이 아니라 가능하다면 보호방어를 할 것이 요구된다. 따라서 이 경우에는 방위의 수단이 제한되어 보충성의 원칙이 적용된다. 위 사례에서처럼 침해를 회피하거나 감수할 수가 없는 경우에는 정당방위가 허용된다고 본다.

(2) 보증관계에 있는 자의 침해에 대한 방위

부부나 부자관계와 같이 긴밀한 인적 관계[55]에 있는 사람 사이에서는 행위자의 특수한 보호의무 때문에 법수호의 이익이 약화되어 정당방위가 제한된다. 따라서 가능한 정당방위를 회피해야 하고, 정당방위를 해야 하는 경우에도 수비방위에 그쳐야 하며, 공격방위로 나아간 경우 엄격한 법익균형성을 갖추어야 한다.

그러나 결혼생활이 파탄지경에 이르러 오랜 기간 동안 별거상태에 있는 부부나 이혼소송 중인 부부의 경우에는 정당방위가 사회윤리적으로 제한되지 않는다고 보아야 한다. 이런 점에서 이혼소송 중인 남편이 찾아와 가위로 폭행하고 변태적 성행위를 강요하는 데에 격분하여 처가 칼로 남편의 복부를 찔러 사망에 이르게 한 경우에 그 행위는 방위행위로서의 한도를 넘어선 것으로 사회통념상 용인될 수 없다는 이유로 정당방위나 과잉방위에 해당하지 않는다고 본 판례의 태도는 문제가 있다.[56] 최근 부부간의 강간죄 성립을 인정한 판례가 있는 점을 고려한다면 이러한 판례는 변경될 필요가 있다.

---

55) 여기서 정당방위를 제한하는 인적 관계는 부진정 부작위범의 보증인지위와 같은 긴밀한 가족관계에서만 인정된다고 해석한다(이재상/장영민/강동범, 252면).

56) 대법원 2001.5.15. 선고 2001도1089 판결.

【사례】 음주벽이 있는 어느 가정의 폭군남편인 A는 술에 일단 취하기만 하면 가족들을 심하게 때리기 일쑤였다. 어느 날 A는 여느 때와 같이 술에 취해 집에 돌아와서 가족들에게 한 차례 행패를 부린 후, "한숨 자고 나서 보자"라고 말하고는 잠이 곤히 들었다. 그러자 A의 부인인 갑은 자신의 남편이 잠에서 깨어나면 또 자신과 애들을 때릴 것을 두려워해서 곤히 잠든 A의 목을 졸라 살해하였다.

【해설】 위 사례의 경우 지속적 위험사례와 같이 침해의 현재성도 문제가 될 수 있다. 하지만 A가 잠에서 깨어나면 공격이 개시될 수 있으므로 침해가 목전에 임박한 경우로 침해의 현재성을 인정할 수 있다. 다만 가족공동체와 같은 긴밀한 인적 관계에 해당하는 경우 정당방위는 제한될 필요가 있다. 따라서 이 경우에는 방위의 수단이 제한되어 보충성의 원칙이 적용된다. 이 사안의 경우 갑은 다른 곳으로 피하는 것과 같은 다른 방법을 강구하여야 한다.

(3) 극히 경미한 침해와 법익 간의 현저한 불균형

경미한 침해행위에 대해서는 정당방위가 제한된다. 예를 들면 100원 짜리 과자를 훔쳐 달아나는 절도범에게 사격을 가하는 행위와 같이 공격당하는 법익과 침해당하는 법익 사이에 현저한 불균형이 있는 경우에는 법수호의 이익이 감소되어 정당방위가 제한된다.

갑이 그 소유의 밤나무 단지에서 피해자 A가 밤 18개를 푸대에 주워 담는 것을 보고 푸대를 빼앗으려다 반항하는 피해자의 뺨과 팔목을 때려 상처를 입힌 경우 그 행위가 비록 피해자의 절취행위를 방지하기 위한 것이었다 하여도 긴박성과 상당성을 결여하여 정당방위라고 볼 수 없다.[57]

다만 어느 정도의 불균형이 있으면 '현저한' 불균형이 있다고 판단할 수 있는지는 불분명하다. 법익불균형의 현저성을 판단하기 위해서는 '방위행위의 종류 및 정도와 침해의 종류 및 정도'를 비교하여 구체적·개별적으로 판단할 수 밖에 없다.

【사례】 다리를 심하게 저는 참외밭 주인 갑은 밤중에 자신의 과수원을 엽총을 가지고 감시하고 있었다. 그러던 중 새벽녘에 두 명의 서리꾼들이 시가 1만원정도 하는 참외 보따리를 들고 도주하는 것을 발견했다. 갑은 "멈추지 않으면 총을 쏜다"고 경고를 했는데도 불구하고 이들은 훔친 과일을 지닌 채 계속 도망했다. 갑은 이들로부터 과일을 되찾으려면 총을 쏘는 길밖에 없다고 판단하고 총을 쏘아 그 중 한 명의 다리에 중상

---

57) 대법원 1984.9.25. 선고 84도1611 판결.

을 입혔다. 이 경우 갑의 행위는 정당한가?

【해설】정당방위에 원칙적으로 법익형량의 원칙이 적용되지 않으므로 보호법익이 침해법익보다 반드시 클 것을 요구하지는 않는다. 그러나 보호법익과 침해법익 사이에 현저한 불균형이 있는 경우에는 정당방위권이 제한된다. 가령 빈병 하나를 훔쳐 달아나는 절도범을 향해 권총을 발사하여 중상을 입히는 행위는 개인적 법익의 침해가 경미하고 또 법보장법익도 중요한 경우가 아니므로 이러한 보호법익과 침해법익 사이에 현저한 불균형이 인정되므로 정당방위가 제한된다.

(4) 도발된 침해에 대한 방위

도발된 침해에 대한 방위는 정당방위를 도발한 경우를 말한다. 여기에는 '의도적 도발'과 도발자에게 과실 기타 책임은 있지만 의도되지 않은 '비의도적 도발'이 있다.

(가) 의도적 도발

의도적 도발은 행위자가 정당방위를 핑계삼아 피해자에게 가해를 입히기 위해, 피해자로 하여금 먼저 위법한 공격을 가해 오도록 의도적으로 피해자를 도발시키는 행위를 말한다. '목적에 의한 도발'이라고도 한다. 행위자가 피해자를 의도적으로 도발하여 그가 공격해오는 경우를 이용하여 이에 대하여 다시 정당방위를 할 수 없다. 법질서수호의 이익이 없고, 정당방위라는 미명아래 타인의 법익을 침해하기 위하여 타인을 의도적으로 공격하도록 도발하는 것은 권리남용[58]이라고 볼 수 있기 때문이다.

> 🗄 사례 　도발 후 정당방위사례

【사례】갑은 평상시에 사이가 나쁜 A를 두들겨 패주고 싶었으나 기회를 포착하지 못했다. 이후 갑은 A에 대하여 약을 올리면 A는 이를 잘 참지 못한다는 사실을 알았다. 이에 갑은 A를 모욕한 후 A가 흥분하여 자신을 공격하자 정당방위를 빌미로 A에 대하여 상해를 가하였다. 갑의 행위는 정당방위로 정당화될 수 있는가?

【해설】목적에 의한 도발사례로서 이는 정당방위상황을 이용하여 공격자를 침해할 목적으로 공격을 유발시킨 경우를 말한다. 목적에 의한 도발의 경우 행위자에 의하여 야기된 상황 때문에 법질서 방위의 필요성이 없으므로 정당방위는 성립하지 않는다.

(나) 비의도적 도발

의도되지 않는 도발은 처음부터 정당방위상황을 이용할 계획이 없었지만, 도발 자체에 과실이 있거나 도발이 법질서의 관점에서 부당하거나 위법한 경우를 말한다. '책임 있

---

58) 김일수/서보학, 204면.

는 도발'이라고도 한다. 의도되지 않는 도발의 경우 정당방위는 할 수 있지만, 방어수단에 제한을 받는다. 즉 책임 있는 도발을 한 자는 가능한 회피하거나 다른 방법이 없는 경우에 한하여 정당방위를 할 수 있을 뿐이다.[59]

```
📁 사례    책임 있는 도발사례
```

【사례】 갑은 자신의 아내와 그녀의 애인 을남이 호텔에서 성관계를 가지는 현장을 목격하였다. 이에 갑은 화가 나서 을남에게 폭행을 가하려고 하였다. 이에 을은 자신을 공격하는 갑에 대하여 정당방위의 의사로 폭행하였다. 을의 행위는 정당방위로 인정될 수 있는가?

【해설】 책임 있는 도발사례로서 이는 침해에 대하여 방위자에게 책임이 있는 경우를 말한다. 이 경우 법수호의 이익이 현저히 감소되기 때문에 공격을 회피하거나 다른 방법이 없는 경우에 한하여 정당방위는 가능하다. 따라서 을의 경우 갑의 공격에 대하여 우선적으로 피하는 방법을 택해야 하며, 피할 수 없는 경우에 한하여 정당방위가 가능하다.

제3절 과잉방위와 오상방위

> 제21조(정당방위) ② 방위행위가 그 정도를 초과한 경우에는 정황에 따라 그 형을 감경 또는 면제할 수 있다.
> ③ 제2항의 경우에 야간이나 그 밖의 불안한 상태에서 공포를 느끼거나, 경악하거나 흥분하거나 당황하였기 때문에 그 행위를 하였을 때에는 벌하지 아니한다.

I. 과잉방위

1. 의의와 종류

과잉방위는 방위행위가 상당성의 정도를 초과한 경우, 상당한 이유가 없는 정당방위를

---

59) 피침해자의 방어수단이 제한되는 근거에 대하여 독일에서는 '요구성'이 결여된다는 점에서 그 근거를 찾고 있다. 왜냐하면 피침해자가 침해 이전에 있었던 승인할 가치가 없는 행위에 의해서 침해를 발생시킨 경우에는 자초요인이나 유책요인의 면에서 볼 때, 법수호의 이익이 감소하기 때문이다.

말한다. 상당성 판단은 객관적으로 이루어지므로 상당성 초과에 대한 인식은 과잉방위의 요건이 아니다.

과잉방위는 질적 과잉방위와 양적 과잉방위로 나눌 수 있다.[60] 질적 과잉방위란 주먹으로 충분히 방어할 수 있는 것을 쇠파이프로 강타하여 중상을 입힌 경우로서 방위행위의 범위를 초과한 경우를 말하며, 양적 과잉방위는 주먹으로 때려 상대방을 넘어뜨린 후 이미 침해가 중지되었음에도 불구하고 공포·흥분 등으로 인해 계속 구타하는 경우와 같이 침해를 중지한 자에 대해 계속하여 반격을 가하는 경우로서 방위행위가 시간적 범위를 초과한 경우이다.

2. 법적 성질

과잉방위는 정당방위가 아니므로 원칙적으로 위법성이 조각되지 않는다. 다만 형법은 제21조 제2항 과잉방위에 대하여 "그 형을 감경 또는 면제할 수 있다"고 하여 형의 임의적 감면사유로 규정하고 있다. 폭력행위처벌법 제8조 제2항은 과잉방위에 대하여 "그 형을 감경한다"고 하여 필요적 감경으로 규정하고 있는 점에 특징이 있다. 제21조 제3항 야간 등의 과잉방위는 "벌하지 아니한다"고 규정하여 불가벌이다.

과잉방위에 대하여 형을 임의적으로 감면하는 이론적 근거가 무엇인가에 대하여 견해의 대립이 있다. 과잉방위의 법적 성질에 대하여 불법감소설,[61] 책임감소·소멸설,[62] 불법·책임감소·소멸설[63] 등이 있다. 불법감소설도 불법이 소멸되는 것으로 보지 않으며, 책임감소·소멸설도 불법은 인정하므로 과잉방위에 대하여 정당방위가 가능하다.

3. 처벌

제21조 제2항에 있어서 초과방위행위에 대해 고려할 만한 일반적 정황이 있을 때 형을 임의적으로 감경·면제할 수 있다(형의 임의적 감면).

제21조 제3항에 있어서 야간이나 그 밖의 불안한 상태에서 공포를 느끼거나, 경악하거나 흥분하거나 당황하였기 때문에 초과방위행위를 하였을 때에는 처벌하지 않는다(형의

---

60) 이러한 구분은 독일에서 과잉방위를 내포적 과잉방위와 외연적 과잉방위로 구별하는 것과 일치한다. 우리나라의 경우에도 동일한 구분에 대하여 김성돈, 301면; 김일수/서보학, 296면.

61) 김성돈, 308면.

62) 김혜정/박미숙/안경옥/원혜욱/이인영, 171면.

63) 정성근/박광민, 250면.

필요적 면제). 이 경우 방위행위자에게 책임단계에서의 '적법행위에 대한 기대가능성'이 없기 때문이다. 야간 등의 과잉방위는 위법성이 조각되는 것이 아니라 책임이 조각되는 것으로 보는 것이 타당하다.

4. 과잉방위에 대한 정당방위의 허용의 한계문제

과잉방위는 부당한 침해가 되므로 이에 대한 정당방위는 허용된다. 하지만 모든 과잉방위에 대하여 정당방위를 인정할 경우 정당방위 자체가 허구화될 수 있다. 따라서 과잉방위에 대한 정당방위는 생명에 대한 침해행위가 없는데도 불구하고 방위행위자가 침해자의 생명을 위태롭게 하는 방위행위를 취할 경우, 침해자가 침해행위를 명백히 중지하였음에도 불구하고 방위행위를 해 올 경우에만 허용된다.

II. 오상방위

오상방위는 객관적으로 정당방위의 요건이 구비되지 않았음에도 불구하고 정당방위 상황이 존재하는 것으로 오신하고 정당방위의사를 가지고 방위행위를 한 경우를 말한다. 주관적 정당화의사는 있지만 객관적 정당화상황은 없는 경우이다.[64] 예를 들면 자신을 도와주기 위하여 다가오는 사람을 공격하는 것으로 오인하고 이에 대하여 정당방위의사를 가지고 반격을 하는 경우가 오상방위 사례이다.

오상방위는 위법성조각사유의 전제사실에 대한 착오(許容狀況의 錯誤)에 해당하는 문제이다. 오상방위는 구성요건적 착오와 금지착오의 중간형태적 성격을 가지고 있다. 행위자가 정당방위상황이 아님에도 불구하고 정당방위가 허용되는 상황이라는 '사실'을 착오한 것이라는 점에서는 구성요건적 착오와 유사하지만, 위법성조각사유와 같은 허용규범에 의하여 자신의 행위는 법적으로 허용된다고 생각하는 위법성의 인식이 없는 경우인 금지착오와 유사하다. 허용상황에 대한 착오라고도 한다.

현행법상 착오는 사실의 착오와 금지착오라는 2가지 유형의 착오를 인정하고 있는데, 허용상황에 대한 착오는 양자의 성격을 모두 가지고 있기 때문에 어느 착오유형으로 볼 것인가에 대하여 이론적 대립이 있다. 위법성조각사유의 객관적 전제사실에 대한 착오를 구성요건적 착오로 보는 견해(엄격고의설, 소극적 구성요건표지이론, 제한적 책임설)와 금지착오

---

64) 우연적 방위는 객관적 정당화상황은 있지만 정당방위의사와 같은 주관적 정당화의사가 없는 경우이다.

로 보는 견해(엄격책임설)로 나누어진다. 이에 대한 자세한 내용은 책임이론 중 금지착오이론에서 설명한다. 위법성의 인식의 체계적 지위에 대한 이론과 밀접한 관련이 있다.

Ⅲ. 오상과잉방위

오상과잉방위는 오상방위와 과잉방위가 결합된 형태이다. 오상과잉방위는 현재의 부당한 침해가 없음에도 불구하고 이를 존재한다고 오신하고 방위행위를 하였는데, 상당성의 정도를 초과하는 방위행위를 한 경우를 말한다.

오상과잉방위에 대한 형법 규정은 존재하지 않는다. 따라서 이를 기본적으로 오상방위로 보는 입장과 과잉방위로 보는 입장으로 나누어진다. 오상과잉방위에 대하여 어느 쪽을 중점적으로 보는가에 따라 견해가 나누어지는 것이다.

오상방위에 대하여 현재의 부당한 침해가 없는 경우이므로 오상방위와 같이 취급하자는 견해와 상당성을 초과하고 있음을 인식한 경우에는 과잉방위로, 이를 인식하지 못한 경우에는 오상방위로 취급해야 한다는 견해로 나누어진다.

【정리】 정당방위·과잉방위·오상방위·오상과잉방위·우연방위 비교

	성립요건			제21조 제2항, 제3항적용 여부	효과
	정당방위 상황	정당방위 의사	상당성		
정당방위	○	○	○	×	위법성 조각
과잉방위	○	○	초과	○	책임 조각
오상방위	×	○	○	×	위법성조각사유의 전제사실에 대한 착오
오상과잉방위	×	○	초과	×	오상방위와 같이 취급
우연방위	○	X	○	X	주관적 정당화요소를 결한 경우

CHAPTER 03 긴급피난

제22조(긴급피난) ① 자기 또는 타인의 법익에 대한 현재의 위난을 피하기 위한 행위는 상당한 이유가 있는 때에는 벌하지 아니한다.
② 위난을 피하지 못할 책임이 있는 자에 대하여는 전항의 규정을 적용하지 아니한다.
③ 전조 제2항과 제3항의 규정은 본조에 준용한다.

제1절 **서설**

Ⅰ. 긴급피난의 의의

자기 또는 타인의 법익에 대한 현재의 위난을 피하는 행위를 긴급피난이라고 하며, 이에 대하여 상당한 이유가 있을 경우 위법성이 조각된다.

갑이 자신을 공격하기 위해 달려드는 개를 피하기 위해 A의 집으로 뛰어든 경우 갑은 주거침입죄의 구성요건에 해당하는 행위를 하였지만 자신의 신체에 대한 현재의 위난을 피하는 행위로서 위법성이 조각된다. 갑이 자신을 공격하기 위해 달려드는 개를 몽둥이로 때려 죽인 경우 갑은 재물손괴죄의 구성요건에 해당하는 행위를 하였지만 긴급피난으로서 위법성이 조각된다.

긴급피난은 현재의 위난이 있는 상황에서 자기 또는 타인의 법익을 보호하기 위하여 다른 법익을 희생시키는 피난행위가 상당한 이유가 있을 경우에는 처벌하지 않는다는 것이다.

II. 정당방위와의 비교

긴급피난은 현재의 위난에 대한 긴급행위라는 점에서 정당방위와 동일하다. 하지만, 정당방위는 위법한 침해를 전제로 한다는 점에서 不正 대 正의 관계이지만, 긴급피난은 위법뿐만 아니라 적법한 위난에 대해서도 긴급피난이 가능하다는 점에서 正 대 正의 관계이다.

정당방위는 不正 대 正의 관계이므로 자기보호의 원리뿐만 아니라 법수호의 원리가 적용되지만, 긴급피난은 正 대 正의 관계이므로 법수호의 원리는 적용되지 않으며, 자기보호의 원리만 적용된다. 이러한 차이에서 정당방위는 원칙적으로 법익교량을 할 필요가 없지만, 긴급피난은 무고한 제3자의 법익을 희생시키고 자신의 법익을 보전할 수 있기 때문에 엄격한 법익교량을 하여야 한다. 즉 균형성의 원칙이 적용되어 보전되는 법익이 침해되는 법익보다 본질적으로 우월하여야 된다.

【정리】 정당방위와 긴급피난의 비교

	정당방위	긴급피난
침해와 위난의 차이	위법한 침해(부정 대 정)	적법 또는 위법한 위난(정 대 정)
방어와 위난의 상대방	위법한 침해를 한 자	위난의 원인은 물론 위난과 관계없는 제3자에 대해서도 가능
균형성원칙의 요부	적용안됨	균형성의 원칙으로 우월적 이익의 원칙이 준수되어야
상대적 최소침해 원칙의 요부	적용됨	적용됨
보충성 원칙의 요부	적용안됨	위난을 피할 수 있는 유일한 수단이어야

III. 법적 성질

긴급피난의 법적 성질에 대하여 견해의 대립이 있다. 일원설은 긴급피난을 위법성조각사유만으로만 보는 견해이며, 이원설은 긴급피난을 위법성조각사유뿐만 아니라 책임조각사유로 보는 견해이다.

1. 일원설

긴급피난상황에서 행한 피난행위는 우월적 이익원칙에 따라서 보호법익이 침해이익보다 우월한 가치가 있으면 정당화된다는 견해이다.[65] 우리 형법의 긴급피난조항이 정당방위, 자구행위, 피해자의 승낙 등과 함께 규정되어 있어서 법전체계상 위법성조각사유의 하나로 배치되어 있다는 점을 근거로 한다.

2. 이원설

긴급피난을 우월적 이익의 원칙이 적용되는 경우와 법익 동가치인 경우로 구별한다. 우월적 이익의 원칙이 적용되는 경우 긴급피난은 위법성조각사유이고, 법익 동가치인 경우 긴급피난은 책임조각사유라고 해석하는 견해이다.[66] 특히 전자를 '정당화적 긴급피난'이라고 하며, 후자를 '면책적 긴급피난'이라고 한다. 형법 제22조를 위법성조각사유와 책임조각사유를 함께 규정하고 있다고 본다.

3. 결론

일원설과 이원설의 가장 큰 차이점은 법익동가치인 경우를 어떻게 볼 것인가에 대한 것이다. 예를 들면 선박이 침몰하는 상황에서 구명정에 한 사람만 탈 수 있게 되자, 자신의 생명을 지키기 위하여 다른 사람의 탑승을 저지하고 자신만이 생존한 경우 이를 긴급피난으로 위법성이 조각될 수 있는가의 문제이다. 일원설에 따르면 이 경우에도 위법성이 조각된다는 결론이 나올 수 있다. 따라서 항상 먼저 공격을 가한 자, 강자, 다수자에게 우선적 권리를 법이 허용하게 되므로 부당하며, 생명과 생명이 충돌하는 경우처럼 이익교량을 할 수 없는 때에도 위법성이 조각된다는 것은 부당하다는 비판은 가능하다. 이러한 점에서 독일 형법과 같이 '면책적 긴급피난'을 인정할 필요는 있다.

하지만 우리나라 형법은 긴급피난을 위법성조각사유의 한 유형으로 규정하고 있으며, 책임조각사유로 보고 있지 않다. 형법 제22조의 상당한 이유가 기대불가능성을 포함하는 개념이라고 이해하는 것은 현행법 해석론으로는 다소 무리한 주장이다. 법익동가치의 경우에도 긴급피난으로 해결할 수 있다고 한다면 제22조의 상당한 이유 중 균형성의 원칙

---

65) 김성천, 225면; 박상기/전지연, 124면; 손동권/김재윤, 210면; 오영근, 203면; 이재상/장영민/강동범, 258면; 이형국/김혜경, 212면; 임웅, 239면; 정성근/박광민, 245면.

66) 김성돈, 311면; 김일수/서보학, 209면; 배종대, 267면; 신동운, 318면.

과 관련하여 보전법익과 침해법익을 비교하여 보전법익이 본질적으로 우월해야 한다는 원칙과도 상충될 수 있다. 따라서 법익동가치가 문제될 수 있는 사례에 대해서는 책임조각사유의 일반원리 또는 초법규적 책임조각사유로 해결하는 것이 바람직하다. 현행 형법상 긴급피난은 위법성조각사유로 이해하는 것이 타당하다.

제2절 긴급피난의 성립요건

긴급피난으로 위법성이 조각되기 위해서는 객관적 정당화상황으로 피난상황, 즉 자기 또는 타인의 법익에 대한 현재의 위난이 있는 상황이 있어야 하며, 주관적 정당화의사로 피난의사가 있어야 한다. 행위자는 피난상황에서 피난의사를 가지고 피난행위를 한 경우 그 피난행위에 상당한 이유가 인정되면 긴급피난으로 위법성이 조각된다.

Ⅰ. 자기 또는 타인의 법익에 대한 현재의 위난

1. 자기 또는 타인의 법익

법익은 반드시 형법에 의하여 보호되는 법익임을 요하지 않는다. 법률에 의하여 보호되는 모든 이익이면 충분하다. 자기의 법익이거나 타인, 즉 자기 이외의 모든 자연인·법인의 법익이면 된다.

국가적 법익·사회적 법익에 대한 긴급피난이 가능한가에 대하여 견해의 대립이 있다. 정당방위와는 달리 국가적 법익·사회적 법익에 대해서는 긴급피난이 가능하다는 긍정설과 국가적·사회적 법익에 대한 위난이 동시에 개인적 법익에 대한 위난이 되면 허용된다고 보는 제한적 인정설이 있다.

생각건대, 보전되는 법익과 침해되는 법익에 비하여 본질적으로 우월하다면 긴급피난을 반드시 개인적 법익에 국한하여 인정할 필요는 없다. 법익비교대상을 개인적 법익에 한정할 필요는 없기 때문에 국가적 법익·사회적 법익에 대해서도 긴급피난이 허용되는 것으로 보는 것이 타당하다.

【사례】 갑은 해고된 근로자 A가 해고에 불만을 품고, 수돗물 정수시설에 치명적인 독극물을 대량 혼입하는 것을 보고 수돗물이 송수관으로 나가기 전에 차단하기 위해서 정수시설의 모터실에 침입하여 도끼로 모터를 파괴하였다. 이로 인하여 대량의 인명피해를 막을 수 있었다. 갑의 행위에 대하여 형법 제195조의 수도불통죄에 대한 위법성이 조각될 수 있는가?

【해설】 갑의 행위는 수도불통죄의 구성요건에 해당하지만 긴급피난으로 위법성이 조각된다. 국가적 법익이나 사회적 법익에 대한 긴급피난이 가능하다는 것이 다수설이며, 소수설에 의할 경우에도 위 사례의 경우 국가적 법익이나 사회적 법익에 대한 위난인 동시에 개인적 법익에 대한 위난이라고 볼 수 있기 때문이다. 참고로 국가적 법익·사회적 법익에 대해서는 정당방위는 불가능하다. 정당방위에 의해 보호되는 법익은 개인적 법익에 한정되며, 국가적·사회적 법익의 보호임무는 국가의 사명이고, 정치적 남용의 위험성이 있기 때문이다.

판례 국회 상임위원회 회의장 봉쇄 사건

【사례】 갑 정당 당직자인 피고인들 등이 국회 외교통상 상임위원회 회의장 앞 복도에서 출입이 봉쇄된 회의장 출입구를 뚫을 목적으로 회의장 출입문 및 그 안쪽에 쌓여있던 책상, 탁자 등 집기를 손상하거나, 국회의 심의를 방해할 목적으로 소방호스를 이용하여 회의장 내에 물을 분사하였으며(범죄사실 1), 외통위 회의장 출입문 앞에 배치되어 출입을 막고 있던 국회 경위들을 밀어내기 위해 국회 경위들의 옷을 잡아당기거나 밀치는 등의 행위를 하였다(범죄사실 2).

【판결요지】 [1] 갑 정당 당직자인 피고인들 등이 국회 외교통상 상임위원회 회의장 앞 복도에서 출입이 봉쇄된 회의장 출입구를 뚫을 목적으로 회의장 출입문 및 그 안쪽에 쌓여있던 책상, 탁자 등 집기를 손상하거나, 국회의 심의를 방해할 목적으로 소방호스를 이용하여 회의장 내에 물을 분사한 사안에서, 피고인들의 위와 같은 행위는 공용물건손상죄 및 국회회의장소동죄의 구성요건에 해당하고, 국민의 대의기관인 국회에서 서로의 의견을 경청하고 진지한 토론과 양보를 통하여 더욱 바람직한 결론을 도출하는 합법적 절차를 외면한 채 곧바로 폭력적 행동으로 나아가 방법이나 수단에 있어서도 상당성의 요건을 갖추지 못하여 이를 위법성이 조각되는 정당행위나 긴급피난의 요건을 갖춘 행위로 평가하기 어렵다고 한 사례.

[2] 헌법 제49조가 국회에서의 다수결 원리를 선언하고 있으나, 이는 어디까지나 통지가 가능한 국회의원 모두에게 회의에 출석할 기회가 부여된 바탕 위에서 재적의원 과반수의 출석과 출석의원 과반수의 찬성으로 그 결의가 이루어질 것을 전제로 하고 있다고 해석되는 점, 국회 상임위원회의 의사·의결정족수를 규정한 국회법 제54조의

규정 또한 실질적으로 모든 위원회의 구성원에게 출석의 기회가 보장된 상태에서 자유로운 토론의 기회가 부여되는 것을 전제조건으로 하고 있는 점 등에 비추어 보면 누구든지 국회의원이 본회의 또는 위원회에 출석하기 위하여 본회의장 또는 위원회 회의장에 출입하는 것을 방해하여서는 아니 되며, 특히 국회의 경호 업무 등을 담당하는 국회 경위가 상임위원회 위원의 회의장 출입을 막는 것은 이를 정당화할 만한 특별한 사정이 없는 한 위법하다.

[3] 한미FTA 비준동의안에 대한 국회 외교통상 상임위원회(이하 '외통위'라 한다)의 처리 과정에서, 갑 정당 당직자인 피고인들이 갑 정당 소속 외통위 위원 등과 함께 외통위 회의장 출입문 앞에 배치되어 출입을 막고 있던 국회 경위들을 밀어내기 위해 국회 경위들의 옷을 잡아당기거나 밀치는 등의 행위를 한 사안에서, 제반 사정에 비추어 외통위 위원장이 을 정당 소속 외통위 위원들이 위원장실에 이미 입실한 상태에서 회의장 출입구를 폐쇄하고 출입을 봉쇄하여 다른 정당 소속 외통위 위원들의 회의장 출입을 막은 행위는 상임위원회 위원장의 질서유지권 행사의 한계를 벗어난 위법한 조치이고, 회의장 근처에 배치된 국회 경위들이 갑 정당 소속 외통위 위원들의 회의장 출입을 막은 행위는 외통위 위원장의 위법한 조치를 보조한 행위에 지나지 아니하여 역시 위법한 직무집행이며, 피고인들이 갑 정당 소속 외통위 위원들을 회의장으로 들여보내기 위하여 그들과 함께 국회 경위들을 밀어내는 과정에서 경위들의 옷을 잡아당기는 등의 행위를 하였더라도, 이러한 행위는 적법성이 결여된 직무행위를 하는 공무원에게 대항하여 한 것에 지나지 아니하여 공무집행이 적법함을 전제로 하는 공무집행방해죄는 성립하지 않는데도, 이와 달리 보아 피고인들에게 유죄를 인정한 원심판결에 공무집행방해죄에 관한 법리오해의 위법이 있다고 한 사례(대법원 2013.6.13. 선고 2010도13609 판결).

【해설】 범죄사실 1의 경우 피고인의 행위는 공용물건손상죄 및 국회회의장소동죄의 구성요건에 해당한다. 하지만 긴급피난 등으로 위법성이 조각되지 않는다는 것이 판례의 입장이다. 하지만 범죄사실 2의 경우는 공무집행방해죄가 성립하지 않는다. 외통위 위원장이 을 정당 소속 외통위 위원들이 위원장실에 이미 입실한 상태에서 회의장 출입구를 폐쇄하고 출입을 봉쇄하여 다른 정당 소속 외통위 위원들의 회의장 출입을 막은 행위는 위법한 조치이며, 국회 경위들이 회의장 출입을 막는 행위 역시 위법한 직무집행행위이므로 이에 저항하는 행위는 공무집행이 적법함을 전제로 하는 공무집행방해죄는 성립하지 않는다.

2. 현재의 위난

가. 위난

위난이란 법익에 대한 현실적 침해 또는 위험이 있는 상태를 말한다. 침해행위와 같이 행위성을 요구하는 정당방위와는 달리 위난의 원인에 대하여 반드시 사람의 행위에 의한 것일 필요는 없다. 자연현상·동물의 침해도 위난의 원인이 될 수 있다.

위난이 위법할 필요가 없다. 따라서 정당한 위난의 경우에도 긴급피난이 가능하다. 긴급피난에 대한 긴급피난도 가능하다. 부당한 위난의 경우에는 정당방위로 방위할 수 있지만 위난야기자에 대하여 직접 긴급피난도 가능하다. 이를 '방어적 긴급피난'이라고 한다.

위난은 객관적으로 존재하여야 한다. 위난상황은 긴급피난의 객관적 정당화상황이다. 따라서 위난상황이 없음에도 불구하고 행위자가 존재한다고 오신하고 긴급피난을 한 경우는 오상피난으로 위법성조각사유의 객관적 전제사실에 대한 착오의 문제가 된다.

나. 위난의 현재성

현재의 위난이란 법익에 대한 침해가 급박한 상태에 있거나, 바로 발생하였거나, 아직 계속되고 있는 것을 말한다.[67] 따라서 과거·미래의 위난에 대해서는 긴급피난할 수 없다.

예방적 위난, 즉 위난상황으로 인한 손해발생이 임박하지는 않았더라도 긴급피난행위를 연기할 경우 그 피해가 훨씬 증대될 것으로 예상되는 상황에서도 긴급피난이 가능하다. 정당방위에 비하여 긴급피난의 경우에는 시간적 제약성이 완화되어 장래에 미치게 될 위험에 대해서도 급박성이 인정된다면 위난의 현재성을 인정할 수 있다. 따라서 피난행위가 늦어지면 더 큰 위난이 발생할 여지가 있는 경우 또는 이미 손해가 발생하였다고 하더라도 그대로 두면 손해가 증폭될 수 있는 경우에도 위난의 현재성을 인정할 수 있다.[68]

계속적 위난, 즉 현재 시점에서는 위험이 현실화되고 있지는 않지만 위험상태가 일정기간 동안 계속되고 어느 때나 현실화될 수 있는 가능성이 있는 계속적 위험이 존재하는 경우에는 긴급피난이 가능하고 보아야 한다. 사후에 위난이 발생할 것이 명백한 경우에도 불구하고 위난의 현재성을 너무 좁게 인정하여 긴급피난을 부정하는 것은 타당하지 않기 때문이다.

다. 자초위난

자초위난이란 위난이 피난자의 귀책사유 때문에 발생한 경우를 말한다. 자초위난은 고의에 의한 자초위난과 과실에 의한 자초위난으로 나뉜다. 예를 들면 가만히 있는 맹견에게 고의로 돌멩이를 던지자 이에 성난 맹견이 공격한 경우 개의 공격은 고의에 의한 자초위난 사례이며, 무심코 찬 돌멩이가 잠자고 있는 맹견에게 맞는 바람에 성난 맹견이 공격하는 경우 개의 공격은 과실에 의한 자초위난 사례이다.

---

67) 정당방위의 침해의 현재성과 동일한 의미는 아니다. 즉 정당방위의 현재성보다 시간적으로 앞선 경우도 포함된다.
68) 김성돈, 313면; 이용식, 정당방위와 긴급피난의 몇 가지 요건, 형사판례연구 제3권, 91면.

고의에 의한 자초위난의 경우에는 원칙적으로는 긴급피난 할 수 없다. 다만 권리남용이 아닌 경우, 기대가능성이 없는 경우, 예상외의 위난이 초래된 경우에는 예외적으로 긴급피난이 가능할 뿐이다. 이에 반하여 과실에 의한 자초위난의 경우에는 긴급피난이 가능하다.

⚖ 판례   고의에 의한 자초위난

【사실관계】 갑이 피해자 A를 강간하는 도중에 피해자 A가 갑의 손가락을 깨물며 반항하자 갑은 자신의 손가락을 빼는 과정에서 피해자 A의 치아를 뽑아버렸다.

【판결요지】 피고인이 스스로 야기한 강간범행의 와중에서 피해자가 피고인의 손가락을 깨물며 반항하자 물린 손가락을 비틀며 잡아 뽑다가 피해자에게 치아결손의 상해를 입힌 소위를 가리켜 법에 의하여 용인되는 피난행위라 할 수 없다(대법원 1995.1.12. 선고 94도2781 판결).

【해설】 A가 갑의 손가락을 깨문 행위는 정당방위행위이므로 위법성이 조각된다. 따라서 갑은 A의 방위행위에 대하여 정당방위를 할 수 없으며 긴급피난만이 가능하다. 하지만 갑에게 발생한 위난, 즉 자신의 손가락이 깨물린 것은 고의에 의한 자초위난에 해당한다. 이에 대해서는 원칙적으로 긴급피난을 할 수 없다. 따라서 피해자 A의 치아를 결손시킨 행위는 정당화될 수 없다.

💼 사례   과실에 의한 자초위난

【사례】 갑은 길을 걸어 가다가 길에 버려진 깡통을 보고 걷어찼다. 이 깡통은 10여미터 앞에 앉아 있던 맹견을 맞추었다. 화가 난 맹견은 갑을 보고 으르렁대며 쫓아오기 시작했다. 놀란 갑은 마침 열려진 A의 집으로 급히 뛰어 들어 갔다.

【해설】 이 경우에 갑에게 주거침입죄가 성립하지 않는다. 만약 A의 물건을 맹견에 향해 던지더라도 재물손괴죄는 성립하지 않는다. 갑은 과실에 의한 자초위난으로 긴급피난이 성립한다.

⚖ 판례   피조개양식장 긴급피난 사건

【판결요지】 [1] 피고인들이 피조개양식장에 피해를 주지 아니하도록 할 의도에서 선박의 닻줄을 7샤클(175미터)에서 5샤클(125미터)로 감아 놓았고 그 경우에 피조개양식장까지의 거리는 약 30미터까지 접근한다는 것이므로 닻줄을 50미터 더 늘여서 7샤클로 묘박하였다면 선박이 태풍에 밀려 피조개양식장을 침범하여 물적 손해를 입히리라는 것은 당연히 예상되는 것이고, 그럼에도 불구하고 태풍에 대비한 선박의 안전을 위하여 선박의 닻줄을 7샤클로 늘여 놓았다면 이는 피조개양식장의 물적 피해를 인용한 것이라 할 것이어서 재물손괴의 점에 대한 미필적 고의를 인정할 수 있다.

[2] 선박의 이동에도 새로운 공유수면점용허가가 있어야 하고 휴지선을 이동하는데는 예인선이 따로 필요한 관계로 비용이 많이 들어 다른 해상으로 이동을 하지 못하고 있는 사이에 태풍을 만나게 되고 그와 같은 위급한 상황에서 선박과 선원들의 안전을 위하여 사회통념상 가장 적절하고 필요불가결하다고 인정되는 조치를 취하였다면 형법상 긴급피난으로서 위법성이 없어서 범죄가 성립되지 아니한다고 보아야 하고 미리 선박을 이동시켜 놓아야 할 책임을 다하지 아니함으로써 위와 같은 긴급한 위난을 당하였다는 점만으로는 긴급피난을 인정하는데 아무런 방해가 되지 아니 한다(대법원 1987.1.20. 선고, 85도221 판결).

II. 피난행위

피난행위는 긴박한 위난을 사전에 방지하거나, 현재 계속 중인 위난을 피하기 위한 일체의 행위를 말한다.

방어적 긴급피난은 위난의 원인에 대해서 직접 반격행위를 해서 법익을 보전하는 경우이다. 자신을 공격해오는 개를 몽둥이로 때려죽인 경우, 화재 속에서 어린아이를 구하기 위해 지상의 구조매트리스 위로 던져 부상을 입힌 경우, 자살을 막기 위하여 자살기도자를 감금한 경우가 이에 해당한다. 방어적 긴급피난에 해당하는 사례의 경우 대부분 위험 감소로써 객관적 귀속이 부인되어 구성요건해당성이 없거나, 추정적 승낙에 해당하여 위법성이 조각될 가능성이 높다. 따라서 방어적 긴급피난은 예외적 경우에만 인정된다.

공격적 긴급피난은 위난과 관계없는 제3자의 법익을 희생시키고 위난을 모면하는 경우이다. 자신을 공격해오는 개를 피하기 위해 A의 집에 뛰어 들어간 경우 또는 자신을 공격해오는 개를 피하기 위해 A의 상점에 진열된 물건을 던져 못쓰게 만든 경우가 이에 해당한다.

III. 피난의사

피난의사는 현재의 위난을 회피하려는 주관적 의사로서 주관적 정당화 요소이다. 피난의사는 위난상황이라는 것을 인식하고 피난한다는 인식을 말한다. 긴급피난이 성립하기 위해서는 피난의사가 있어야 한다.[69]

행위의 목적·동기가 될 정도의 적극성은 필요 없다. 위난에 대한 인식속에서 피난행위

---

69) 대법원 1997.4.17. 선고 96도3376 판결.

가 법익을 보전할 수 있는 유일한 방법이라는 인식을 가진 정도로 충분하다.

Ⅳ. 상당한 이유가 있을 것

1. 의의

긴급피난에 있어서 상당한 이유란 위난을 피하기 위한 행위로서 사회상규상 당연하다고 인정되는 것을 말한다. 정당방위와는 달리 긴급피난의 경우 정 대 정의 관계이며, 위난의 원인과 관련없는 무고한 제3자의 법익을 희생시키는 상황까지 포함할 수 있으므로 상당한 이유를 제한적으로 해석해야 한다. 정당방위와는 달리 보충성의 원칙과 균형성의 원칙이 추가적으로 필요하다.

2. 보충성의 원칙

피난행위가 위난에 빠져있는 법익을 보호하기 위한 유일한 방법이어야 한다. 따라서 위난을 피할 수 있는 적법한 다른 방법이 있을 때에는 긴급피난은 불가능하다. 피난의 최후수단성이라고도 한다.

부득이 피난행위를 하는 경우에도 가능한 여러 방법이 있을 경우 피해자에게 가장 경미한 손해를 주는 방법을 택해야 한다(상대적 최소피난의 원칙). 피난행위로 인하여 무고한 제3자의 법익을 희생시킬 수 있기 때문이다.

3. 균형성의 원칙

가. 의의

긴급피난에 의하여 보호되는 법익이 침해되는 법익보다 본질적으로 우월한 것이어야 한다. 이를 우월적 이익의 원칙 또는 이익형량의 원칙이라고도 한다. 우월한 이익을 보전하기 위한 긴급피난은 위법성이 조각되지만, 보전법익이 우월하지 않거나, 보전법익과 침해법익의 가치가 동등한 경우에는 위법성이 조각되지 않는다.

나. 균형성의 판단기준

보전법익과 침해법익을 이익교량하여 보전법익이 본질적으로 우월한지를 판단하는 것은 쉬운 일이 아니다. 이익교량을 위해서는 충돌하는 법익을 넘어 구체적인 사안을 둘러싸고 있는 모든 사정을 고려하여 법익보호의 필요성을 판단해야 할 수밖에 없다. 구체적 사정에 따라서는 법익의 교량이 달라질 수 있을 것이다.

다만, 형법적 가치판단에 따라 법익의 우월적 지위를 어느 정도 자리매김해줄 필요는 있다고 생각한다. '법익교량의 일반적 지침'으로서 제시를 할 수 있을 뿐이지 절대적 기준이 될 수 있는 것은 아니다. 법익의 서열과 위계질서에 대한 가이드라인을 제시함으로 구체적 타당성을 증가시킬 수 있다고 생각한다. 다음과 같은 것을 균형성의 판단기준으로 제시할 수 있다. ① 형법에 의해 보호되는 법익은 행정규칙·질서벌에 의해 보호되는 법익보다 우선시된다. ② 원칙적으로 생명·신체와 같은 법익은 재산적 법익보다 우선한다. ③ 법정형은 법익의 중요성에 대한 중요한 판단자료가 될 수 있다. ④ 법익의 서열에 모순이 있더라도 구체적인 상황에 따라서는 법익침해의 정도가 이익교량의 중요한 기준이 될 수 있다. 예를 들면 중대한 재산침해를 막기 위하여 경미한 신체침해를 하는 경우에는 긴급피난에 해당할 수 있다.

다. 긴급피난에 의한 사람의 생명침해

예를 들면 자신을 해치기 위해 달려드는 맹수의 공격을 피하기 위하여 옆에 있는 동료를 맹수에게 밀어 맹수가 자신의 동료를 공격하는 동안 자신은 빠져나온 경우, 선박조난 시 1인용 구명정에 올라타기 위하여 다른 사람을 밀어내고 생존한 경우와 같이 자신의 생명을 지키기 위해 다른 사람의 생명을 희생시킬 수 있는지 문제된다. 보전법익과 침해법익이 법적으로 동등한 경우에도 긴급피난이 될 수 있는지의 문제이다.

우리 형법은 보전법익이 침해법익에 비하여 본질적으로 우월한 경우에만 위법성이 조각되는 긴급피난이 가능할 뿐이며, 양자의 법익이 동등하거나 생명과 같이 교량할 수 없는 법익인 경우에는 위법성 조각되지 않는다고 보는 것이 타당하다. 다만 사정에 따라서 적법행위에 대한 기대가능성의 정도에 따라 책임조각사유가 될 수 있을 뿐이다. 카르네아데스(Karneades)의 판자 사례[70]의 경우도 이에 해당한다.

---

70) 기원전 2세기경 그리이스의 철학자 카르네아데스가 제기한 수수께끼로 항해중이던 배가 난파한 때 물에 떠있는 판자가 두 사람의 무게를 이기지 못하고 가라앉으려고 하자, 자신이 살아남기 위하여 다른 사람을 때려 혼자 판자를 차지함으로 인하여 살아남은 경우에 생존자의 행위에 대한 평가문제이다.

【사례】 태풍으로 인하여 선박이 침몰하자 선장과 선원 3명은 구명정에 탑승하였다. 구조될 가능성이 희박한 상황에서 식량과 물이 떨어졌다. 갈증을 참지 못한 선원이 바닷물을 마시고 탈수증으로 고통스러워 했다. 이에 선원들은 나머지 사람이라도 살아남기 위해 그를 살해하고 식인하였다. 며칠 후 근처를 지나가는 다른 배에 의하여 구조되었다. 선장은 大를 위해서 小를 희생시킨 것은 어쩔 수 없는 선택이었고, 모두가 죽을 수 있는 상황에서 어차피 탈진하여 견디기 힘든 1명을 희생시키고 나머지 생명을 구한 자신의 행위는 정당한 행위라고 주장하였다. 이 선장의 행위에 대하여 판단하라.[71]

【해설】 선장은 자신과 나머지 선원을 생명을 보전하기 위하여 1명의 생명을 희생시켰다. 태풍으로 인한 선박의 침몰과 생명에 대한 위험은 현재의 위난에 해당한다. 위난과 관련이 없는 생명을 희생시킨다는 점에서 이는 공격적 긴급피난에 해당한다. 문제는 1명의 생명을 희생시키고 3명의 생명을 지키는 행위에 대하여 긴급피난의 상당성이 갖추어졌는지 여부이다. 긴급피난이 상당한 이유가 있기 위해서는 보전법익과 침해법익을 비교하여 보전법익이 본질적으로 우월해야 한다. 그런데 생명은 비교형량할 수 없는 법익이다. 따라서 면책적 긴급피난을 인정하지 않는 한 정당화적 긴급피난은 인정될 수 없다. 3명 v. 1명이라는 점에서 우월성 여부를 다툴 수 있지만, 이는 공리주의적 관점에서 가능할 뿐이다. 선장의 경우에는 적법행위에 대한 기대가능성 여부에 따라 책임이 조각될 여지만 있을 뿐이다.

라. 보호된 이익과 침해된 이익이 같은 경우

보호된 이익과 침해된 이익이 동일할 경우 긴급피난의 본질론 중 이원설의 입장에서는 면책적 긴급피난으로 책임조각이 된다고 하며, 일원설의 입장에서는 위법성이 조각될 수 없으며, 사정에 따라서는 적법행위에 대한 기대불가능성으로 책임이 조각될 수 있다고 한다.

4. 적합성의 원칙

가. 수단의 적합성

피난행위는 사회윤리나 법정신에 비추어 적합한 수단이어야 하며, 사회윤리적 적합성이 있어야 한다. 적합성의 원칙 또는 적절성의 원칙이라도 한다. 다양한 긴급피난상황에서 행위자가 선택한 수단이 법적 의미에서 적절한 수단이었는지를 판단하는 것은 쉬운 일이 아니다. 수단의 적합성에 대한 판단은 적합성이 있었는지를 판단하는 적극적 방식이

---

71) 이 사례는 1884년 영국선박 미뇨네트호(Mignonette) 사건을 변형한 것이다.

아니라 특정한 경우에 수단의 적합성이 없다는 소극적 방식에 따를 수 밖에 없다. 또한 수단의 적합성은 수단의 유용성의 관점이 아니라 '전체 법질서의 입장에서 허용될 수 있는 방식'인가라는 관점에서 파악해야 한다. 유용성의 관점으로 본다면 행위자가 선택한 수단은 모두 유용하다는 평가를 내릴 수 밖에 없기 때문이다.

나. 수단의 적합성이 부정되는 경우

법익에 대한 위난을 방지하기 위한 법적 절차가 마련되어 있는 때에는 이에 따르지 않은 피난행위는 수단의 적합성이 없다. 예를 들면 부당한 구속을 피하기 위한 긴급피난은 불가능하며, 죄없는 시민이 자신의 억울함을 밝히기 어렵게 되자 증인에게 위증을 교사하는 행위는 적합성이 없다. 이에 대한 체포·구속적부심사청구, 상소절차와 같은 법적 절차가 마련되어 있기 때문이다.

피난행위가 자유의 원리 혹은 인간의 존엄성과 같이 우리 법질서에 기초하고 있는 근본원리에 위배되는 경우에도 피난행위는 수단의 적합성이 없다. 예를 들면 의사 갑이 치명상을 입은 희귀혈액형을 가진 환자 A를 살리는 방법으로는 수혈이외에는 더 이상 방법이 없다고 판단하고, 이에 희귀혈액형을 가진 을에게 수혈을 부탁하였으나 을이 귀찮다는 이유로 거절하자, 갑이 환자의 생명을 구하기 위한 최후의 수단으로 을을 몽둥이로 때려 실신시킨 후 수술에 필요한 양만큼의 혈액을 뽑아간 이른바 '강제채혈사례'[72]의 경우 신체의 일부를 다른 목적을 위한 수단으로 사용하는 것은 인간의 자유로운 자기결정권을 침해 또는 인간의 존엄성에 반하는 것으로 허용될 수 없다.[73] 본인의 동의가 없는 강제채혈의 경우에 수혈 없이는 살 수 없는 사람을 살리기 위한 것이라 하더라도 인간의 자유로운 자기결정권을 침해한 강제채혈은 사회윤리적 적합성이 없다고 보는 것이 타당하다. 도덕을 법으로 강제할 수는 없기 때문이다. 따라서 의사 갑의 행위는 긴급피난으로 인정될 수 없으므로 상해죄로 처벌될 수 있다. 이원설에 따라 면책적 긴급피난이 성립하는가라는 것은 별개의 문제이다.[74]

---

72) 독일의 형법학자인 Gallas가 낸 사례로 이를 갈라스의 강제채혈사례라고 한다.
73) 손동권/김재윤, 215면; 이재상/장영민/강동범, 267면; 임웅, 235면; 정성근/박광민, 247면.
74) 자율성의 원칙이 절대적 가치가 아니며, 이익형량의 관점에서 인간의 연대적 존재임을 강조하여 허용될 수 있다는 입장도 있다(김일수/서보학, 219면).

제3절 **효과**

형법 제22조 제1항에서는 벌하지 아니한다고 규정하고 있으며, 이는 위법성이 조각된다는 의미이다. 긴급피난에 대한 정당방위는 불가능하다. 정당방위는 부당한 침해에 대해서 할 수 있는데, 긴급피난행위는 정당한 침해이기 때문이다. 그러나 긴급피난에 대한 긴급피난은 가능하다. 긴급피난행위로 인하여 손해가 발생한 경우 민사상 손해배상책임은 인정될 수 있다.

제4절 **긴급피난의 특칙**

> 제22조(긴급피난) ② 위난을 피하지 못할 책임이 있는 자에 대하여는 전항의 규정을 적용하지 아니한다.

위난을 피하지 못할 책임이 있는 자에게는 원칙적으로 긴급피난이 허용되지 않는다. 위난을 피하지 못할 책임이 있는 자는 그 직무를 수행함에 있어 마땅히 일정한 위험을 감수해야 할 의무가 있는 자로서 군인, 경찰관, 소방관, 의사 등이 있다.

하지만 이러한 사람에게 긴급피난이 완전히 금지되는 것은 아니다. 즉 자신의 감수범위를 넘는 위난에 대한 긴급피난, 보다 경미한 법익의 희생위에 자신의 우월적 이익을 보호하는 긴급피난이 예외적으로 허용될 수 있다.

제5절 과잉피난과 오상피난

제22조(긴급피난) ③ 전조 제2항과 제3항의 규정은 본조에 준용한다.
제21조(정당방위) ② 방위행위가 그 정도를 초과한 경우에는 정황에 따라 그 형을 감경하거나 면제할 수 있다.
③ 제2항의 경우에 야간이나 그 밖의 불안한 상태에서 공포를 느끼거나 경악하거나 흥분하거나 당황하였기 때문에 그 행위를 하였을 때에는 벌하지 아니한다.

Ⅰ. 과잉피난

과잉피난은 자기 또는 타인의 법익에 대한 현재의 위난에 대하여 피난행위는 있었으나, 그 피난행위가 상당성의 정도를 초과한 경우를 말한다.

과잉피난의 경우 위법성이 조각되지 않는다. 과잉피난의 경우 정당방위의 제21조 제2항, 제3항을 준용하므로(제22조 제3항) 제21조 제2항의 경우 피난행위가 그 정도를 초과한 경우에는 그 정황에 따라 그 형을 감경 또는 면제할 수 있다. 또한 정당방위의 제21조 제3항의 경우와 같이 피난행위가 야간이나 그 밖의 불안한 상태에서 공포를 느끼거나 경악하거나 흥분하거나 당황하였기 때문에 그 행위를 하였을 때에는 벌하지 아니한다.

Ⅱ. 오상피난

오상피난은 자기 또는 타인에 대한 현재의 위난이 없음에도 불구하고 그러한 사정이 존재한다고 오신하여 피난행위를 한 경우를 말한다. 위법성조각사유의 전제사실에 대한 착오의 문제로 금지착오이론에서 설명한다.

제6절 의무의 충돌

Ⅰ. 서설

1. 의의

의무의 충돌이란 수 개의 의무를 동시에 이행할 수 없는 긴급상태에서 하나의 의무를 이행함으로 인하여 다른 의무이행을 방치한 결과 방치한 의무불이행이 구성요건에 해당하는 가벌적 행위로 되는 경우를 말한다.[75] 예를 들면 물에 빠진 두 명의 아들 중에서 아버지가 한 명을 구하고 다른 아들을 구하지 못함으로 인하여 사망한 경우가 이에 해당한다.

2. 법적 성질

형법은 의무의 충돌에 대한 직접적 규정을 두고 있지 않다. 따라서 의무의 충돌의 법적 성질에 대하여 견해의 대립이 있다. 법익교량을 기준으로 하는 긴급피난에 의무교량을 기준으로 하는 의무의 충돌이 포함될 수는 없으므로 의무의 충돌은 기타 사회상규에 위배되지 않는 행위, 즉 정당행위의 일종이라는 견해,[76] 긴급피난의 이익의 충돌과 구조적으로 동일하기 때문에 형법 제22조 긴급피난의 특수한 경우로 보는 견해로 대립되어 있다.[77]

3. 의무의 충돌의 유형

부작위의무와 부작위의무의 충돌의 경우 행위자는 아무 것도 행하지 않음으로 둘 이상의 부작위의무를 '동시에 이행할 수 있으므로' 의무의 충돌이 아니다.

작위의무와 부작위의무의 충돌의 경우에 대해서 이 경우에도 의무의 충돌로 보는 견해[78]가 있지만, 작위의무와 부작위의무가 충돌하는 경우는 작위의무 이행을 통한 부작위의무의 불이행을 의미하는 것으로서 긴급피난의 경우와 다를 바 없기 때문에 의무의 충돌개념

---

75) 의무의 충돌은 부작위범의 경우에만 문제된다.
76) 김성돈, 576면; 김일수/서보학, 248면; 오영근, 212면; 임웅, 262면.
77) 신동운, 327면; 이재상/장영민/강동범, 272면; 정성근/박광민, 269면.
78) 손동권/김재윤, 221면; 오영근, 210면; 이형국/김혜경, 296면; 손동권, 의무충돌에 관한 연구, 형사법연구 제10호, 1998, 46면.

에 포함시킬 필요가 없으며 법익충돌에 관한 긴급피난 규정을 준용하면 된다.[79]

해결할 수 있는 충돌과 해결할 수 없는 충돌로 나누는 견해[80]도 있다. 해결할 수 있는 충돌은 중환자와 경환자를 동시에 치료해야 하는 경우와 같이 충돌하는 의무 사이에 형량이 가능한 경우를 말하며, 해결할 수 없는 충돌이란 빈사상태에 있는 두 사람의 중환자를 동시에 치료해야 하는 경우와 같이 충돌하는 의무 사이에 형량이 불가능한 경우를 말한다.[81][82]

작위의무와 작위의무의 충돌의 경우 하나의 의무만을 이행할 수 있고 다른 의무는 이행할 수 없으므로 진정한 의미의 의무의 충돌이다.

II. 진정의무의 충돌

1. 의의

진정의무의 충돌은 행위자에게 여러 개의 작위의무가 존재하지만 그 중에서 하나의 의무만을 이행할 수 밖에 없는 결과, 다른 작위의무는 위반되고, 그로 인해 법익침해가 발생한 경우이다. 이에는 우열관계에 있는 의무의 충돌과 동가치한 의무의 충돌이 있다.

2. 우열관계에 있는 의무의 충돌

행위자는 반드시 우위에 있는 의무를 이행하여야 위법성이 조각된다. 사회상규에 위배되지 않는 정당행위라는 견해, 초법규적 위법성조각사유로 보는 견해, 긴급피난의 특수한 경우로 보는 견해가 있다.

우열관계에 있는 의무의 충돌이 되어 위법성이 조각되기 위해서는 먼저 둘 이상의 의무가 충돌하여야 한다. 충돌하는 의무는 법적 의무이어야 한다. 도덕적·종교적 의무는 제

---

79) 배종대, 280면; 이재상/장영민/강동범, 270면.
80) 구별실익에 대하여는 이재상/장영민/강동범, 270면 참고.
81) 동가치 내지 해결할 수 없는 의무가 충돌하는 경우에 그 일방의 의무이행도 위법성이 조각될 수 있느냐에 대하여 견해가 대립되지만, 이 경우에도 법이 불가능한 것을 강요할 수 없고, 어느 의무를 행하느냐는 행위자가 선택할 수 밖에 없다는 이유로 위법성이 조각된다는 견해가 유력하다.
82) 그러나 이에 대하여 정성근 교수는 행위의 적법성 여부는 우월적 이익과 규범위반성을 근거로 판단해야 하고, 충돌하는 두 가지 의무 중에서 어느 하나만의 이행을 법에서 허용하고 있는 것은 아니며, 법에서 불가능한 것을 강요할 수 없다는 것은 행위자에게 적법행위를 기대할 수 없다는 것을 전제로 한 규범적 책임론의 당연한 결론이므로 해결할 수 없는 의무의 충돌의 경우에는 행위로서는 위법하지만 책임이 조각된다고 해야 한다고 하고 있다(정성근, 형법연습, 168-169면).

외된다. 충돌은 하나의 의무를 이행함으로써 다른 의무의 이행이 필연적으로 불가능한 경우, 즉 논리적 충돌이 아니라 실질적 충돌이어야 한다.[83] 충돌상황의 야기에 대하여 행위자에게 책임(고의·과실)이 있는 경우에는 위법성 조각이 되지 않는다. 그러나 경미한 과실이 있는 경우까지 전적으로 배제하는 것은 아니다.

행위자는 높은 가치의 의무를 이행해야 하여야만 위법성이 조각된다. 의무의 형량은 법익의 서열, 위험의 정도, 행위자의 목적, 의무에 대한 일반인의 가치관 등을 종합하여 판단한다.

행위자는 의무의 충돌상황과 고가치의 의무 또는 동가치의 의무 중 하나를 이행한다는 것을 인식해야 한다.

3. 동가치한 의무의 충돌

동가치한 의무충돌의 경우 법적 효과에 대하여 학설의 대립이 있다. 동가치의 의무 중 어떤 의무의 침해도 정당화될 수 없으므로 책임만 조각된다는 책임조각설[84]과 법이 행위자에게 불가능한 것을 강요할 수 없으므로 위법성이 조각된다는 위법성조각설이 있다. 동가치나 해결할 수 없는 의무가 충돌하는 경우에 행위자의 책임과 양심에 따른 선택은 사회적으로 정당한 행위가 된다. 위법성 또는 책임조각설은 동가치의 의무가 충돌하는 경우에는 위법성이 조각되고, 해결할 수 없는 의무가 충돌한 경우에는 책임이 조각된다는 견해[85]이다.

4. 기타의 경우

행위자가 충돌하는 양 의무의 서열에 착오를 일으킨 경우는 금지착오로서 착오에 정당한 이유가 있으면 책임조각이 된다. 행위자가 부득이 낮은 가치의 의무를 이행한 경우에는 기대불가능한 경우에 해당하여 책임조각이 된다. 하지만 행위자가 도덕적·종교적 신념에 따라 낮은 가치의 의무를 이행한 경우에는 확신범으로 처벌될 수 있다.

---

83) 논리적 충돌은 법규 사이에 모순이 있기 때문에 그로부터 도출되는 법의무가 충돌하는 경우를 말한다. 이 경우 한 의무가 타 의무를 배제하기 때문에 의무의 충돌이 아니다. 감염병의 예방 및 관리에 관한 법률에 의한 의사의 신고의무와 형법상 비밀유지의무가 논리적으로 충돌하는 것처럼 보이지만, 의사의 신고의무가 우선하기 때문에 의무의 충돌이 아니다. 실질적 충돌은 행위자의 일신적 사정에 따라 둘 이상의 의무가 충돌하는 경우를 말하며, 의무의 충돌에 해당한다. 예를 들면 한 사람이 같은 시간에 두 법원으로부터 증인으로 소환 받은 경우가 이에 해당한다.

84) 정성근/박광민, 313면; 배종대, 281면.

85) 이형국/김혜경, 296면; 이재상/장영민/강동범, 274면; 임웅, 248면; 신동운, 329면; 오영근, 212면.

자구행위

> 제23조(자구행위) ① 법률에서 정한 절차에 따라서는 청구권을 보전할 수 없는 경우에 그 청구권의 실행이 불가능해지거나 현저히 곤란해지는 상황을 피하기 위하여 한 행위는 상당한 이유가 있는 때에는 벌하지 아니한다.
> ② 제1항의 행위가 그 정도를 초과한 경우에는 정황에 따라 그 형을 감경하거나 면제할 수 있다.

제1절 **서설**

Ⅰ. 자구행위의 의의

1. 의의

자구행위는 권리자가 권리에 대한 불법한 침해를 받고 국가기관의 법정절차에 의해서는 권리보전이 불가능한 경우에 자력에 의하여 그 권리를 구제·실현하는 행위를 말한다. 예를 들면 채무를 변제하지 않고 외국으로 도주하는 채무자를 채권자가 공항에서 체포하는 경우, 숙박비를 지불하지 않고 도주하는 손님을 붙잡아 그 대금을 받는 경우가 이에 해당한다. 민법상 자력구제와 같은 제도이다(민법 제209조).

2. 구별개념

자구행위는 정당방위와 같이 부정 대 정의 관계에 있다. 하지만 과거의 침해에 대한 사후적 긴급행위라는 점에서 사전적 긴급행위인 정당방위·긴급피난과 구별된다. 또한 자구행위는 자기의 법익 중 '청구권'에 한하여 인정된다는 점에서, 자기 또는 타인의 법익을 보호하기 위한 정당방위·긴급피난과 구별된다.

II. 위법성조각의 근거

자구행위는 사인인 권리자의 정당한 이익을 보호하기 위한 적법한 권리행사이기 때문에 위법성이 조각된다는 견해(권리행사설), 자구행위는 법익에 대한 불법한 침해로 인한 법질서의 침해상태를 신속히 보호할 수 없는 경우에 인정되는 긴급행위로서 정당화된다는 견해(긴급행위설), 자구행위는 국가권력에 의한 구제를 기대할 수 없는 예외적인 긴급상태 하에서 사인이 국가권력을 대행하여 스스로 자기의 권리를 보전하는 행위라는 점에서 정당화된다는 견해(국가권력 대행행위설)가 있다.

생각건대, 자구행위의 위법성조각의 근거는 사인에 의한 예외적인 국가권력의 대행이라는 점이 중요한 근거가 되지만, 긴급상황에서의 긴급행위라는 점도 부수적으로 근거가 된다. 그러므로 법수호의 원리(긴급상황에서 법질서를 예방·회복하는 권리)와 자기보호의 원리(불법한 침해에 대하여 정당한 이익을 옹호하는 원리)와 이를 제한하는 원리로서 국가적 강제수단 우위의 원리가 위법성 조각의 이론적 근거가 된다.

제2절 자구행위의 성립요건

자구행위로 위법성이 조각되기 위해서는 객관적 정당화상황으로 자구행위상황, 즉 법률에서 정한 절차에 따라서는 청구권을 보전할 수 없는 경우에 그 청구권의 실행이 불가능해지거나 현저히 곤란해지는 상황이 있어야 하며, 주관적 정당화의사로 자구의사가 있어야 한다. 행위자는 자구행위상황에서 자구의사를 가지고 자구행위를 한 경우 그 자구행위에 상당한 이유가 인정되면 위법성이 조각된다.

Ⅰ. 자구행위상황

1. 청구권

청구권은 재산적 청구권·비재산적 청구권을 불문한다. 따라서 지식재산권, 친족권, 상속권 등 절대권에서 발생하는 청구권도 포함된다. 다만 청구권은 보전할 수 있는 권리이어야 한다. 즉 한번 침해되면 원상회복이 불가능한 권리인 생명·신체·자유·명예에 대한 권리는 보전할 수 있는 권리가 아니므로 자구행위의 보호대상이 될 수 없다.

원칙적으로는 자기의 청구권이어야 한다. 타인의 청구권을 위한 자구행위는 인정되지 않는다. 다만 예외적으로 청구권자로부터 자구행위의 실행을 위임받은 경우에는 가능하다. 예를 들면 여관주인이 종업원에게 숙박비를 내지 않고 도주하는 투숙객을 붙잡아 돈을 받은 경우 종업원은 여관주인의 위임을 받은 것으로 볼 수 있기 때문에 자구행위에 해당한다.

2. 청구권에 대한 침해

자구행위는 不正 대 正의 관계이므로 침해는 불법한 것이어야 한다. 따라서 적법한 행위에 대해서는 자구행위는 불가능하다. 자구행위는 사후적 구제행위이므로 침해는 '침해행위'가 아니라 '침해상태'를 의미한다. 따라서 과거의 침해에 대하여 자구행위가 가능하다. 현재의 침해에 대해서는 정당방위가 가능하다.

절도범을 현장에서 추격하여 재물을 탈환하는 경우에 절도가 이미 기수에 달하였다 하더라도 법익침해가 현장에서 계속되는 상태에 있으므로 침해의 현재성은 존재한다. 따라서 정당방위가 성립한다.[86] 상당한 시일의 경과 후 그 재물을 탈환하는 경우는 과거의 침해이므로 정당방위는 불가능하다. 그러나 이 경우 자구행위는 가능하다. 퇴거불응자에 대한 강제퇴거행위는 부작위에 의한 현재의 부당한 침해이므로 정당방위가 성립한다.

3. 법률에서 정한 절차에 따라서는 청구권을 보전할 수 없는 경우

법률에서 정한 절차에 따라서는 청구권 보전이 불가능해야 한다. 법정절차는 공권력에 의한 모든 구제수단을 의미하며 민사소송법의 가압류·가처분과 같은 보전절차가 대표적

---

[86] 이에 대해서 김일수 교수는 구성요건해당성이 없다고 한다. 즉 절도죄의 객체는 타인의 소유물인데 이 경우에는 자기의 소유물이고, 침해된 권리를 보전하려는 것이기 때문에 불법영득의사도 없다. 따라서 보호법익 자체의 침해 및 구성요건적 고의·불법영득의사의 흠결로 절도죄의 구성요건해당성이 없다고 본다.

이다. 법률에서 정한 절차가 반드시 소송절차일 필요는 없다. 경찰 기타 국가기관에 의한 구제절차도 가능하다.

법정절차에 따라서는 청구권을 보전할 수 없다는 것은 시간적·장소적 관계로 국가기관에 의한 공적 구제를 기다릴 여유가 없으며, 후일 공적 수단에 의한다면 그 청구권의 실행이 불가능해지거나 현저히 곤란해지는 상황 등 긴급한 사정이 있어야 한다는 것을 의미한다.

⚖️ 판례 | 채권확보를 위한 물건 취거사건

【사실관계】 갑은 자신들의 A에 대한 물품대금 채권을 다른 채권자들보다 우선적으로 확보할 목적으로 A가 부도를 낸 다음날 새벽에 A의 승낙을 받지 아니한 채 A의 가구점의 시정장치를 쇠톱으로 절단하고 그곳에 침입하여 시가 16,000,000원 상당의 A의 가구들을 화물차에 싣고 가 다른 장소에 옮겨 놓았다.

【판결요지】 형법상 자구행위라 함은 법정절차에 의하여 청구권을 보전하기 불능한 경우에 그 청구권의 실행불능 또는 현저한 실행곤란을 피하기 위한 상당한 행위를 말하는 것인바, 이 사건에서 피고인들에 대한 채무자인 피해자가 부도를 낸 후 도피하였고 다른 채권자들이 채권확보를 위하여 피해자의 물건들을 취거해 갈 수도 있다는 사정만으로는 피고인들이 법정절차에 의하여 자신들의 피해자에 대한 청구권을 보전하는 것이 불가능한 경우에 해당한다고 볼 수 없을 뿐만 아니라, 또한 피해자 소유의 가구점에 관리종업원이 있음에도 불구하고 위 가구점의 시정장치를 쇠톱으로 절단하고 들어가 가구들을 무단으로 취거한 행위가 피고인들의 피해자에 대한 청구권의 실행불능이나 현저한 실행곤란을 피하기 위한 상당한 이유가 있는 행위라고도 할 수 없다(대법원 2006.3.24. 선고 2005도8081 판결).

II. 자구행위

1. 의의

자구행위는 청구권의 실행불능 또는 현저한 실행곤란을 피하기 위하여 한 행위이다. 청구권의 실행이 가능하더라도 현저히 곤란한 경우에도 자구행위는 가능하다.

2. 청구권의 실행불능 또는 현저한 실행곤란

청구권의 보전은 불가능하여도 청구권에 대하여 충분한 담보가 확보되어 있는 경우에는 자구행위가 인정될 수 없다. 법정절차에 의한 청구권을 보전할 수 없는 경우이외에도 다시 즉시 자력으로 구제하지 않으면 청구권을 실행할 수 없거나 현저히 실행이 곤란한 긴급상황이 존재하여야 한다. 따라서 '법정절차에 따른 청구권 보전 불능'이라는 자구상황과 '청구권의 실행불능 또는 현저한 곤란성'이라는 '이중의 긴급성'이 있어야 한다.

3. 피하기 위한 행위

자구행위로 인하여 청구권 보전의 효과를 가져올 수 있어야 한다. 따라서 보전이 처음부터 불가능하면 자구행위는 불가능하다.

자구행위는 청구권의 보전수단이지 충족수단이 아니다. 따라서 보전의 범위를 벗어나 재산을 임의로 처분하거나 이행을 받아 스스로 변제에 충당하는 행위는 청구권 보전의 단계를 넘어서 청구권을 실행하는 행위에 해당하므로 자구행위가 되지 않는다.

Ⅲ. 자구의사

행위자는 청구권의 실행불능 또는 현저한 실행곤란의 상황을 인식하고, 이를 피하기 위한 의사를 가지고 보전행위를 하여야 한다. 청구권 보전을 주된 목적으로 한다면 다른 목적이나 동기가 있어서 자구의사를 인정할 수 있다.

판례 　자구행위

① 소유권의 귀속에 관한 분쟁이 있어 민사소송이 계속중인 건조물에 관하여 현실적으로 관리인이 있음에도 위 건조물의 자물쇠를 쇠톱으로 절단하고 침입한 소위는 법정절차에 의하여 그 권리를 보전하기가 곤란하고 그 권리의 실행불능이나 현저한 실행곤란을 피하기 위해 상당한 이유가 있는 행위라고 할 수 없다(대법원 1985.7.9. 선고 85도707 판결).
② 채권자들이 채무자인 피해자에 대한 채권을 우선적으로 확보할 목적으로 피해자의 물건을 무단으로 취거한 사안에서, 절도죄에서의 불법영득의사를 인정하고, 자구행위의 성립과 추정적 승낙의 존재를 부정한 사례(대법원 2006.3.24. 선고 2005도8081 판결).
③ 주민들이 농기계 등으로 그 주변의 농경지나 임야에 통행하기 위해 이용하는 자신

소유의 도로에 깊이 1m 정도의 구덩이를 판 행위가 일반교통방해죄에 해당하고 자구행위나 정당행위에 해당하지 않는다고 한 사례(대법원 2007.3.15. 선고 2006도9418 판결).

④ 토지소유권자가 피해자가 운영하는 회사에 대하여 그 토지의 인도 등을 구할 권리가 있다는 이유만으로 위 회사로 들어가는 진입로를 폐쇄한 것이 정당한 행위 또는 자력구제에 해당하지 않는다(대법원 2007.5.11. 선고 2006도4328 판결).

⑤ 인근 상가의 통행로로 이용되고 있는 토지의 사실상 지배권자가 위 토지에 철주와 철망을 설치하고 포장된 아스팔트를 걷어냄으로써 통행로로 이용하지 못하게 한 경우, 이는 일반교통방해죄를 구성하고 자구행위에 해당하지 않는다(대법원 2007.12.28. 선고 2007도7717 판결).

Ⅳ. 상당한 이유가 있을 것

자구행위는 객관적으로 사회상규에 비추어 일반인의 입장에서 상당하다고 인정되는 경우이어야 한다. 법정절차에 의하여 청구권을 보전하는 것이 불가능한 때에만 자구행위가 허용된다. 자구행위는 부정 대 정의 관계이므로 긴급피난과 같이 엄격한 균형성은 요구하지 않지만, 정당방위보다는 엄격한 균형성을 요구한다. 따라서 청구권 보전의 이익보다 훨씬 큰 손해를 입히는 것은 안 된다. 예를 들면 도품을 탈취하기 위하여 절도범을 살해하면 정당화될 수 없다.

또한 청구권 보전행위는 사회윤리적 견지에서 용인될 수 있어야 한다. 따라서 해외로 도피하는 채무자의 출국을 저지하기 위해 비행기 운항을 중단시키는 행위는 허용될 수 없다.

제3절 **효과**

자구행위는 제23조 제1항에 따라 벌하지 아니한다. 따라서 위법성이 조각된다. 자구행위에 대한 정당방위는 불가능하다. 자구행위는 적법한 행위이기 때문이다.

제4절 과잉자구행위와 오상자구행위

I. 과잉자구행위

청구권을 보전하기 불가능한 긴급상황은 있으나, 이에 대한 보전수단이 상당성을 초과한 경우로서 위법성이 조각되지 않는다. 형법 제23조 제2항에 의하면 '정황에 의하여 형을 감경 또는 면제할 수 있다.' 이는 책임을 감면한다는 의미이며, 임의적 감면이다.

주의할 점은 정당방위의 제21조 제3항은 준용하지 않는다는 점이다. 따라서 야간이나 그 밖의 불안한 상태에서 공포를 느끼거나 경악하거나 흥분하거나 당황하였기 때문에 과잉자구행위를 한 경우에는 단지 제23조 제2항에 따라 형을 감경 또는 면제할 수 있을 뿐이다.

II. 오상자구행위

자구행위의 객관적 요건이 존재하지 아니함에도 불구하고 그것이 존재한다고 오신하고 자구행위를 한 경우를 말한다. 이는 위법성조각사유의 객관적 전제사실에 대한 착오의 문제로 금지착오에서 설명한다.

피해자의 승낙

제24조(피해자의 승낙) 처분할 수 있는 자의 승낙에 의하여 그 법익을 훼손한 행위는 법률에 특별한 규정이 없는 한 벌하지 아니한다.

제1절 **서설**

I. 피해자의 동의가 가지는 형법적 의미

행위자의 특정한 행위에 대하여 피해자의 동의가 있는 경우 그 형법적 의미는 다양하다. 먼저 피해자의 동의가 있으면 형의 감경사유가 되어 다른 구성요건에 해당하는 경우가 있다(제1유형). 예를 들면 일반적으로 행위자가 피해자를 살해하면 보통살인죄가 되지만, 피해자가 자신을 살해해줄 것을 촉탁하거나 행위자의 살해행위에 대하여 피해자가 동의를 한 경우에는 행위자는 보통살인죄가 아닌 촉탁·승낙살인죄가 성립한다.

피해자의 동의와 상관없이 해당 범죄가 성립하는 경우도 있다(제2유형). 13세 미만의 미성년자에 대하여 그의 동의를 받고 성관계를 가진 경우에도 13세 미만의 미성년자에 대한 간음죄가 성립한다. 13세 이상 16세 미만의 사람의 경우에도 동의능력을 제한하고 있다. 즉 19세 이상의 사람이 13세 이상 16세 미만의 사람에 대하여 동의를 받고 성관계를 가진 경우에도 미성년자 간음·추행죄가 성립한다.

피해자의 동의가 있으면 구성요건해당성이 부정되는 경우가 있다(제3유형). 이를 특별히 '양해'라고 한다. 예를 들면 주거침입죄에 있어서 행위자의 행위에 대하여 상대방이 동의를 했다면 이는 상대방의 의사에 반하여 주거에 들어가는 '침입'이 아니므로 주거침입죄는 성립하지 않는다. 마찬가지로 물건을 가져가는 행위에 대하여 상대방이 동의를 했다면 이는 '절취'가 아니므로 절도죄의 구성요건해당성이 없는 양해에 해당한다.

피해자의 동의가 있으면 위법성이 조각되는 경우가 있다(제4유형). 이 유형을 '양해'와 구분하여 '피해자의 승낙'이라고 한다. 형법 제24조의 피해자의 승낙이 이에 해당한다.

구분		유형
제1유형	피해자의 동의가 형의 감경 사유로 되어 다른 구성요건에 해당하는 경우	① 보통살인죄에 대한 촉탁승낙살인죄(제252조 제1항) ② 타인 소유 일반건조물방화죄에 대한 자기 소유 일반건조물방화죄(제166조 제2항) ③ 타인 소유 일반물건방화죄에 대한 자기 소유 물건방화죄(제167조 제2항)
제2유형	피해자의 동의유무를 묻지 않고 범죄가 성립하는 경우	① 미성년자에 대한 간음·추행죄(제305조) ② 피구금자에 대한 간음죄 (제303조 제2항)
제3유형	피해자의 동의가 있으면 구성요건해당성이 부정되는 경우(양해)	체포감금죄(제276조), 강간죄(제297조), 강제추행죄(제298조), 비밀침해죄(제316조), 주거침입죄(제319조), 절도죄(제329조), 횡령죄(제355조), 손괴죄(제366조) 등과 같이 개인의 자유, 재산, 사생활의 평온을 보호하기 위한 구성요건
제4유형	피해자의 동의가 있으면 위법성이 조각되는 경우	피해자의 승낙에 의한 행위 (제24조)

II. 양해와 승낙의 구별

1. 학설

가. 구별부인설

양해와 승낙의 구별을 부인하는 견해는 승낙도 양해와 마찬가지로 구성요건해당성을 배제하는 사유라는 견해이다.[87] 처분할 수 있는 법익을 보호하는 형법규정의 본질은 법익소지자의 법익에 대한 자율적 지배에 있으므로 승낙은 법익침해 자체의 문제이고 그 정당화의 문제는 아니다. 피해자의 승낙이 있는 때에는 법익침해는 있어도 불법구성요건적 법익침해는 없으므로 결과반가치가 탈락하여 구성요건자체가 배제된다고 한다.

---

87) 배종대, 291면.

나. 구별설

피해자의 동의를 구성요건해당성을 조각하는 양해와 위법성을 조각하는 승낙으로 구별한다. 신체의 완전성, 명예 또는 개인의 비밀과 같은 일정한 법익은 처분권자의 의사와 관계없이 사회의 생활이익으로 보호되며 헌법에 의하여 보호되는 이익이 된다. 예를 들면 절취, 주거침입, 강간 등의 범죄는 피해자의 의사에 반하는 것을 내용으로 하는 것이기 때문에, 피해자의 동의가 있으면 처음부터 절취, 주거침입, 강간 등의 행위자체가 성립하지 않으며, 범죄라고 볼 수 없다. 이러한 경우를 위법성이 조각되는 피해자의 승낙과 구별하기 위하여 양해라는 별개의 용어를 사용하는 것이다.

2. 판례

판례는 피해자의 승낙이 위법성을 조각시키는 경우가 있고, 구성요건해당성을 조각시키는 경우도 있다는 입장이다. 판례에 따르면 "형법 제24조의 규정에 의하여 위법성이 조각되는 피해자의 승낙은 개인적 법익을 훼손하는 경우에 법률상 이를 처분할 수 있는 사람의 승낙이어야 할 뿐만 아니라 그 승낙이 윤리적·도덕적으로 사회상규에 반하는 것이 아니어야 한다"고 할 뿐만 아니라,[88] "피고인의 기안문서 작성행위는 작성권자의 지시 또는 승낙에 의한 것으로서 공문서위조죄의 구성요건해당성이 조각된다"고 한다.[89]

3. 결론

구성요건해당성이 조각되는 양해와 위법성이 조각되는 승낙을 구별하는 것이 타당하다. 불법의 내용이 오로지 피해자의 의사에 반하는 것을 내용으로 하는 구성요건의 경우 피해자의 동의가 있으면 구성요건에서 정하는 요건 자체를 충족하지 못하기 때문이다. 예를 들면 행위자가 A의 동의를 받고 그의 물건을 가져간 경우 이는 더 이상 '절취'로 볼 수 없으며, A의 동의를 받고 그의 주거에 들어간 경우 이를 상대방의 의사에 반하여 들어가는 '침입'으로 보기 어렵기 때문이다. 다만 생명과 같이 개인적 법익이라도 피해자의 의사와는 상관없이 법질서 전체의 입장에서 독자적인 의미를 가지는 경우에는 구성요건해당성을 인정하고 다만 일정한 요건을 충족하는 것을 전제로 위법성이 조각된다고 보는 것이 타당하다.

---

88) 대법원 2008.12.11. 선고 2008도9606 판결.
89) 대법원 1983.5.24. 선고 82도1426 판결.

제2절 **양해**

Ⅰ. 양해의 의의와 법적 성격

1. 의의

양해란 구성요건이 피해자의 의사에 반하는 때에만 실현될 수 있도록 규정되어 있는 범죄에서, 피해자의 동의가 있으면 구성요건해당성 자체를 조각하는 경우를 말한다.

2. 양해의 법적 성격

가. 사실성질설

양해를 순수한 사실적·자연적 성격을 가진 것으로 이해하는 견해로 독일의 다수설과 판례의 입장이다. 이에 따르면 피해자에게 자연적 의사능력만 있으면 양해가 가능하다고 하며 행위능력·판단능력은 필요하지 않다고 한다. 또한 피해자의 내적 동의만 있으면 충분하므로 외부적 표시행위는 필요하지 않으며, 행위자가 피해자의 내적 동의가 있음을 인식하지 못해도 양해는 유효하다는 입장이다.

나. 개별검토설

양해의 의미와 목적에 따라 개개의 구성요건의 내용과 보호법익을 고려하여 개별적으로 양해의 성질을 판단하는 견해로 우리나라 다수설의 입장이다. 양해가 사실적 성질의 의사표시로 이해될 수 있는 경우도 있고, 행위능력·판단능력까지 필요로 하는 의사표시로 이해될 수 있는 경우가 있다는 입장이다. 이에 따르면 구성요건이 자연적 행동·의사결정의 자유·사실상의 지배관계의 침해에 관련된 경우에 피해자에게 자연적 의사능력만 있으면 충분하고, 그 이외의 경우에는 피해자에게 판단능력·행위능력이 필요하다.

Ⅱ. 양해의 대상 법익

1. 개인적 법익 중 피해자의 의사에 반하는 경우

양해의 대상 법익은 개인적 법익 중 피해자의 의사에 반하는 경우에만 범죄가 성립한다는 것을 전제로 하는 법익에 한정된다. 개인의 자유처분권에 맡겨도 상관이 없는 것이 양해의 대상 법익이다. 예를 들면 체포감금죄(제276조), 강간죄(제297조), 강제추행죄(제298조), 비밀침해죄(제316조), 주거침입죄(제319조), 절도죄(제329조), 횡령죄(제355조), 손괴죄(제366조) 등과 같이 개인의 자유, 재산, 사생활의 평온을 보호하기 위한 구성요건이 이에 해당한다.

2. 문서위조의 경우

사회적 법익을 보호법익으로 하는 문서위조의 경우에도 작성명의인인 피해자의 동의가 구성요건을 조각시키는 양해의 대상 법익이 될 수 있는지에 대해서 이를 부정하는 견해가 있지만, 다수설과 판례는 문서위조의 경우에도 피해자의 동의가 구성요건해당성을 조각시키는 양해의 대상 법익이 될 수 있다는 입장이다. 판례에 따르면 "문서의 위조라고 하는 것은 작성권한 없는 자가 타인 명의를 모용하여 문서를 작성하는 것을 말하는 것이므로 사문서를 작성함에 있어 그 명의자의 명시적이거나 묵시적인 승낙(위임)이 있었다면 이는 사문서위조에 해당한다고 할 수 없다"고 하며,[90] "공문서인 기안문서의 작성권한자가 직접 이에 서명하지 않고 피고인에게 지시하여 자기의 서명을 흉내내어 기안문서의 결재란에 대신 서명케 한 경우라면 피고인의 기안문서 작성행위는 작성권자의 지시 또는 승낙에 의한 것으로서 공문서위조죄의 구성요건해당성이 조각된다"고 하여[91] 사문서위조죄뿐만 아니라 공문서위조죄의 경우에도 작성명의자의 동의가 있으면 구성요건해당성을 조각시키고 있다.

III. 유효요건

1. 법익처분권자와 양해능력

양해의 주체는 법익을 임의로 자유롭게 처분할 수 있는 처분권자이어야 하며, 양해능력이 있어야 한다. 구성요건에 따라 행위능력이나 판단능력이 없는 미성년자나 정신병자도 양해의 주체가 될 수 있다. 강간죄, 절도죄,[92] 감금죄 등과 같은 구성요건은 자연적 의사능력만으로 충분하다. 이 경우 양해의사의 외부표시는 불필요하며, 행위자에게 양해가

---

90) 대법원 1998.2.24. 선고 97도183 판결.
91) 대법원 1983.5.24. 선고 82도1426 판결.
92) 대법원 1985.11.26. 선고 85도1487 판결.

있다는 사실에 대한 인식 또한 필요하지 않다. 하지만 모욕죄, 주거침입죄 등과 같은 구성요건은 판단능력·행위능력이 필요한 경우이다. 이 경우 양해의사의 외부표시는 필요하며, 행위자에게 양해가 있다는 사실에 대한 인식 또한 필요하다.

2. 양해의 존재 시점

양해는 반드시 명시적으로 할 필요는 없다. 묵시적 양해도 가능하다. 지갑에서 돈을 꺼내어 가는 것을 목격하고도 만류하지 않았다면 피해자가 이를 허용하는 묵시적 의사가 있었다고 볼 수 있다.[93]

양해는 행위 시에 존재해야 한다. 사후의 양해는 형법적으로 무의미하다. 행위자의 행위 이전에 양해가 있어도 상관이 없다. 하지만 이 경우에도 행위자의 행위시점에는 유효한 양해가 유지되어야 한다.

현실적 양해가 없는 경우에도 추정적 양해를 인정할 수 있는지에 대하여 논의가 있을 수 있지만, 이 경우에는 추정적 승낙에 의하여 위법성조각으로 보는 것이 바람직하다.

3. 의사표시의 하자가 있는 경우

절도죄에 있어서 의사표시의 하자가 있는 경우에는 원칙적으로 양해는 유효하다. 갑이 피해자에게 밍크 45마리에 관하여 자기에게 권리가 있다고 주장하면서 이를 가져간 데 대하여 피해자의 묵시적 동의가 있었다면 갑의 주장이 후에 허위임이 밝혀졌더라도 그의 행위는 절도죄의 절취행위에는 해당하지 않는다.[94]

하지만 미성년자유인죄(제287조), 추행목적 약취유인죄(제288조) 등과 같은 유인과 관련된 범죄나 강간죄(제297조) 등과 같은 성적 자유와 관련된 범죄에 있어서 양해의 의사표시에 하자가 개입된 경우 양해는 유효하지 않다고 보아야 한다.

⚖️ 판례   **공중화장실 사건**

【사실관계】 피해자는 공중화장실의 용변칸에서 하의를 내리고 좌변기에 앉아 있던 중, 노크소리가 나서 남편인 줄 알고 "아빠야"라고 하면서 밖이 보일 정도로 용변칸 문을 열었는데, 피고인이 강간할 의도로 문을 열고 들어와 문을 잠그면서 앞을 가로막았고,

---

93) 대법원 1985.11.26. 선고 85도1487 판결.
94) 대법원 1990.8.10. 선고 90도1211 판결; 이에 대한 평석으로 신동운, 판례백선 형법총론 (상), 205면 참조.

이에 피해자가 놀라서 소리치면서 하의를 입고 밖으로 나가려고 일어서려고 하자 한 손으로 피해자의 입을 막고, 다른 손으로는 그녀의 몸통 부분을 붙잡아 그녀의 반항을 억압한 후 그녀를 간음하려 하였으나, 남자화장실에 있던 피해자의 남편이 달려오자 뜻을 이루지 못하고 미수에 그친 채, 피해자에게 약 2주간의 치료를 요하는 좌족관절 부좌상 등을 입게 하였다.

【판결요지】 [1] 타인의 주거에 거주자의 의사에 반하여 들어가는 경우는 주거침입죄가 성립하며 이 때 거주자의 의사라 함은 명시적인 경우뿐만 아니라 묵시적인 경우도 포함되고 주변사정에 따라서는 거주자의 반대의사가 추정될 수도 있다.

[2] 피고인이 피해자가 사용중인 공중화장실의 용변칸에 노크하여 남편으로 오인한 피해자가 용변칸 문을 열자 강간할 의도로 용변칸에 들어간 것이라면 피해자가 명시적 또는 묵시적으로 이를 승낙하였다고 볼 수 없어 주거침입죄에 해당한다고 한 사례(대법원 2003.5.30. 선고 2003도1256 판결).

【해설】 피해자는 피고인의 노크 소리를 듣고 피해자의 남편으로 오인하고 용변칸 문을 연 것이고, 피고인은 피해자를 강간할 의도로 용변칸에 들어간 것을 알았다면 문을 열지 않았을 것이다. 따라서 피해자가 문을 연 것은 의사의 흠결 또는 하자가 있는 경우이므로 유효한 동의라고 볼 수 없으며 거주자의 의사에 반하여 들어가는 침입에 해당한다. 또한 공중화장실은 관리하는 건조물에 해당하고, 용변칸은 점유하는 방실에 해당한다. 또한 공중화장실이 누구나 출입할 수 있는 장소라고 하더라도 범죄목적으로 들어간 경우에는 형법 제319조의 건조물침입죄에 해당한다.

IV. 효과

피해자의 유효한 양해가 있을 경우 구성요건해당성이 조각된다. 따라서 범죄가 성립하지 않는다. 피해자의 양해가 있음에도 불구하고 행위자가 양해가 있음을 알지 못하고 행위한 경우에는 대상의 착오로 불능미수[95]에 해당한다. 반대로 피해자의 양해가 없음에도 불구하고 행위자가 양해가 있는 것으로 착각한 경우 구성요건적 착오로서 고의가 조각된다.

---

95) 불능미수는 행위자에게 범죄의사가 있고 실행의 착수라고 볼 수 있는 행위가 있지만 실행의 수단 또는 대상의 착오로 인하여 처음부터 구성요건이 충족될 가능성이 없는 경우이다.

제3절 피해자의 승낙

Ⅰ. 승낙의 의의

1. 의의

피해자의 승낙은 처분가능한 법익침해행위에 대하여 위법성을 조각시키는 피해자의 동의를 말한다. 피해자가 보호법익을 처분할 수 있지만, 구성요건적 행위의 불법내용이 단순히 피해자의 의사에 반하는 데 본질이 있는 것이 아니라 피해자의 의사와 관계없이 행위의 객체에 대한 침해가 독자적으로 사회생활에서 중요성을 가지기 때문에 피해자의 동의가 있으면 그 행위의 위법성만 조각시키게 되는 경우의 동의이다.

2. 위법성조각의 근거

피해자의 승낙에 대하여 위법성이 조각된다는 그 이론적 근거가 무엇인가에 대한 논의가 있다. 이익포기설은 피해자의 승낙을 이익포기의 징표로 보고, 피해자가 스스로 보호받을 이익을 포기한 때에는 법공동체는 이에 개입할 여지가 없다는 견해이다. 피해자의 승낙으로 위법성의 기초가 되는 보호법익이 흠결됨으로써 위법성이 조각된다는 견해이다. 독일의 다수설이다. 법률정책설에 따르면 개인의 방해받지 않는 자유의 행사는 자유주의적 법치국가에 있어서 사회적 가치로 인정되어야 하므로, '법익의 보호에 대한 사회적 이익'과 형량하여 '개인의 자유'가 중요하다고 인정될 때에는 피해자에게 처분권을 부여하여, 그 침해에 대하여 피해자의 승낙이 있으면 위법성이 조각된다는 견해이다. 우리나라의 다수설이다. 이익포기설의 경우 베니스의 상인 사례와 같이 피해자의 승낙이 반사회적인 경우에도 위법성이 조각된다고 보는 것은 부당하며, 이익흠결은 동일함에도 어떤 법익(생명)에 대해서는 위법성이 조각되지 않는 이유를 설명하지 못한다. 법률정책설이 타당하다.

Ⅱ. 승낙의 대상 법익

1. 자유처분권이 인정될 수 있는 개인적 법익

승낙의 대상이 될 수 있는 법익은 원칙적으로 자유처분권이 인정될 수 있는 개인적 법익이다. 명예훼손죄·모욕죄의 보호법익인 명예, 신용훼손죄의 보호법익인 신용, 업무방해죄의 보호법익인 업무는 피해자의 의사에 반하는 것만을 본질적 요소로 하는 것이 아니라 법익보호에 대한 사회적 이익이 존재하므로 피해자의 승낙은 양해가 아니라 위법성을 조각시키는 승낙에 해당한다.

2. 개인적 법익 중 생명

개인적 법익 중 생명은 비록 개인적 법익이지만, 본질적 가치와 비대체적인 절대성을 가진 법익이므로 승낙의 대상이 아니다. 예를 들면 갑이 자신을 살해해달라고 을에게 부탁하자 을이 그의 부탁대로 살해한 경우 피해자인 갑의 승낙이 있기 때문에 위법성이 조각되는 것이 아니라, 형법 제252조 제1항의 촉탁·승낙에 의한 살인죄로 처벌된다.

3. 국가적 법익·사회적 법익

원칙적으로 국가적·사회적 법익은 승낙의 대상이 아니다. 예를 들면 남녀가 다수가 이용하는 공원 내에서 성행위를 한 경우 상호 간에 성행위에 대한 승낙을 한 경우에 해당하기 때문에 강간죄 또는 강제추행죄가 성립하지는 않는다. 하지만 형법 제245조의 공연음란죄는 성립할 수 있다. 공연음란죄는 사회적 법익을 보호하기 위한 범죄로 행위자 또는 피해자의 승낙대상이 되지 않기 때문이다. 마찬가지로 형법 제156조의 무고죄는 국가의 형사사법권 또는 징계권의 적정한 행사를 주된 보호법익으로 하고 부수적으로 개인이 부당하게 처벌 또는 징계받지 아니할 이익을 보호하는 죄이므로, 무고에 있어서 피무고자의 승낙이 있었다고 하더라도 무고죄는 성립한다.[96]

III. 성립요건

1. 법익주체의 승낙

가. 법익의 주체

당해 법익을 처분할 수 있는 자의 유효한 승낙이 있어야 한다. 승낙자는 원칙적으로 당해 법익의 주체, 즉 피해자이어야 하지만 예외적으로 법익의 주체는 아니지만 법정대리인

---

96) 대법원 2005.9.30. 선고 2005도2712 판결.

과 같이 처분권이 인정된 자도 승낙자가 될 수 있다.

나. 승낙능력

승낙주체는 승낙의 의미와 그 내용을 이해할 수 있는 능력, 즉 승낙능력이 있어야 한다. 승낙능력은 법익의 의미와 그 침해의 결과를 인식하고 이성적으로 판단할 수 있는 자연적 통찰력·판단능력을 말한다. 따라서 민법상 행위능력과 일치하지 않는다. 민법상 미성년자라도 형법상 승낙능력이 인정될 수 있다. 하지만 의사무능력자는 승낙무능력자라고 보아야 한다.

형법상 일정한 범죄유형에 있어서 승낙능력을 규정한 경우가 있다. 형법상 간음·추행의 경우 16세 이상의 미성년자(제305조)로, 아동혹사의 경우 16세 이상(제274조)으로, 약취·유인의 경우 성년자(제287조)의 경우에 승낙능력이 있다고 규정하고 있다. 13세 미만의 미성년자의 동의를 받아 간음행위를 한 경우에도 13세 미만의 미성년자에 대한 간음죄가 성립하며, 19세 이상의 사람이 13세 이상 16세 미만의 사람에 대하여 동의를 받고 성관계를 가진 경우에도 미성년자 간음·추행죄가 성립한다.[97]

다. 유효한 승낙

승낙은 자유의사에 의한 진지한 것이어야 한다. 따라서 기망, 착오, 강제 등과 같이 의사표시의 흠결이나 하자가 있는 경우, 단순한 방임은 유효한 승낙이 될 수 없다. 유효한 승낙이 있는지에 대한 판단은 개별적·구체적으로 확인할 수 밖에 없다. 예를 들면 미성년자라도 사정에 따라서는 승낙의 의사표시를 유효하게 표시할 수 있는 능력이 인정될 수 있는 반면에, 성년자라도 술에 만취한 경우와 같이 현저히 의사표시능력이 떨어진 경우에는 형법상 자신의 법익을 침해하는 행위에 대하여 유효한 승낙을 할 수 없다.

피해자에게 충분한 정보를 제공하여야 피해자의 승낙이 유효한 경우와 같이 전문적인 정보의 전달이 필요한 경우에는 상대방에게 충분히 설명한 후에 획득한 승낙만이 유효하다. 따라서 수술의 경우 의사는 환자에게 설명의무를 충실히 이행하여야 하며, 이를 이행하지 않고 환자의 동의를 받고 수술을 한 경우 유효한 승낙이 될 수 없다. 부정확 또는 불충분한 설명으로 이루어진 승낙은 유효한 승낙이 될 수 없다.

---

[97] 대법원 1982.10.12. 선고 82도2183 판결.

판례 자궁적출사건

【사실관계】 00대학교 의과대학 산부인과 전문의 수련과정 2년차의 의사 갑은 환자인 피해자(여 38세)를 진찰한 결과 복부에 혹이 만져지고 하혈을 하고 있어 자궁외 임신일 가능성도 생각하였으나 피해자가 10년 간 임신경험이 없고 경유병원에서의 진단소견이 자궁근종 또는 자궁체부암으로 되어 있자 자궁외 임신인지를 판별하기 위한 수술전 검사법인 특수호르몬검사, 초음파검사, 복강경검사, 소변임신반응검사 등을 전혀 실시하지 않고 자궁근종을 확인하는 의미에서의 촉진 및 시진을 통하여 자궁외 임신환자인 피해자의 병명을 자궁근종으로 오진하였다. 자궁근종으로 속단하고 일반외과 전문의인 A와 함께 병명조차 정확히 확인하지 못한 채 피해자의 자궁을 적출하였다. 그러나 피해자 A는 자궁근종이 아닌 자궁외임신이었다.

【판결요지】 [1] 산부인과 전문의 수련과정 2년차인 의사가 자신의 시진, 촉진결과 등에 과신한 나머지 초음파검사 등 피해자의 병증이 자궁외임신인지 자궁근종인지를 판별하기 위한 정밀한 진단방법을 실시하지 아니한 채 피해자의 병명을 자궁근종으로 오진하고 이에 근거하여 의학에 대한 전문지식이 없는 피해자에게 자궁적출수술의 불가피성만을 강조하였을 뿐 위와 같은 진단상의 과오가 없었으면 당연히 설명받았을 자궁외 임신에 관한 내용을 설명받지 못한 피해자로부터 수술승낙을 받았다면 위 승낙은 부정확 또는 불충분한 설명을 근거로 이루어진 것으로서 수술의 위법성을 조각할 유효한 승낙이라고 볼 수 없다.

[2] 난소의 제거로 이미 임신불능 상태에 있는 피해자의 자궁을 적출했다 하더라도 그 경우 자궁을 제거한 것이 신체의 완전성을 해한 것이 아니라거나 생활기능에 아무런 장애를 주는 것이 아니라거나 건강상태를 불량하게 변경한 것이 아니라고 할 수 없고 이는 업무상과실치상죄에 있어서의 상해에 해당한다(대법원 1993.7.27. 선고 92도2345 판결).[98]

라. 승낙의 표시 여부

승낙의 표시 여부에 대하여 민법에서는 내적 동의가 있으면 되고 외부적으로 표시될 필요는 없다는 의사방향설과 명백하게 외부에 표시되어야 한다는 의사표시설의 대립이 있다. 하지만, 형법에서는 반드시 민법의 의사표시이론에 따를 필요는 없다. 형법에서는 반드시 민법상 법률행위에 의한 의사표시가 있어야 하는 것이 아니라, 어떤 방법으로든 외부에서 인식할 수 있도록 표시되면 족하다고 하는 의사확인설이 지배적 견해이다.

마. 승낙의 시기

승낙의 시기는 법익침해 이전에 표시되어야 한다. 민법의 추인과 같은 사후승낙은 형

---

98) 신동운, 형법판례백선(상), 213면; 김영환, 의료행위의 형법해석학적 문제점, 형사판례연구 제2권, 1994, 46면.

법에서는 가능하지 않으므로 위법성이 조각되지 않는다. 승낙은 언제나 자유롭게 철회가 가능하지만, 행위시점에서도 여전히 유지되고 있어야 한다. 철회 이전의 행위에 대해서 승낙의 효력은 그대로 인정된다.

바. 승낙이 사회상규·윤리적으로 문제가 있는 경우

형법 제24조의 규정에 의하여 위법성이 조각되는 피해자의 승낙은 개인적 법익을 훼손하는 경우에 법률상 이를 처분할 수 있는 사람의 승낙이어야 할 뿐만 아니라 그 승낙이 윤리적·도덕적으로 사회상규에 반하는 것이 아니어야 한다.[99] 따라서 병역을 피하기 위한 상해, 보험사기를 위한 상해와 같이 승낙에 의한 상해가 사회상규적·윤리적으로 문제가 있을 경우에는 위법하다. 사회상규에의 위법 여부는 행위에 의하여 기도한 목적에 의하여 결정한다.

⚖️ **판례** ▸ **보험사기와 피해자의 승낙**

【판결요지】 형법 제24조의 규정에 의하여 위법성이 조각되는 피해자의 승낙은 개인적 법익을 훼손하는 경우에 법률상 이를 처분할 수 있는 사람의 승낙이어야 할 뿐만 아니라 그 승낙이 윤리적 · 도덕적으로 사회상규에 반하는 것이 아니어야 한다. 원심은 그 판시와 같은 사실을 인정한 다음, 피고인이 피해자와 공모하여 교통사고를 가장하여 보험금을 편취할 목적으로 피해자에게 상해를 가하였다면 피해자의 승낙이 있었다고 하더라도 이는 위법한 목적에 이용하기 위한 것이므로 피고인의 행위가 피해자의 승낙에 의하여 위법성이 조각된다고 할 수 없다고 판단하였다. 앞서 본 법리 및 기록에 비추어 살펴보면, 원심의 위와 같은 판단은 정당하고, 거기에 상고이유의 주장과 같은 피해자 승낙에 관한 법리를 오해하였거나 죄형법정주의의 명확성 원칙에 위배되는 위법이 없다(대법원 2008.12.11. 선고 2008도9606 판결).

---

2. 승낙에 의한 행위자의 법익침해행위

피해자의 승낙에 따른 행위자의 법익침해행위가 있어야 한다. 법익침해행위는 고의행위가 일반적이나, 과실행위도 포함될 수 있다. 따라서 술에 취한 운전자인줄 알고서 동승을 승낙한 자는 과실운전에 의한 상해를 승낙한 것에 해당할 수 있다. 다만 이 경우 묵시적 행동에 의한 피해자의 승낙은 아주 제한된 범위 내에서만 인정된다.

승낙에 의한 법익침해행위는 법질서 전체의 정신 내지 사회윤리에 비추어 용인될 수

---

99) 대법원 1989.11.28. 선고 89도201 판결; 대법원 1985.12.10. 선고 85도1892 판결.

있어야 한다.

3. 주관적 정당화요소

승낙에 대한 인식은 주관적 정당화 요소이다. 따라서 행위자는 피해자의 법익침해에 대한 승낙이 있다는 사실을 인식하고 침해행위를 해야 한다. 승낙이 있었다는 사실뿐만 아니라 자기 행위를 정당화하려는 의사도 인정되어야 주관적 정당화요소가 충족된다.

4. 법률에 특별한 규정이 없어야 한다.

미성년자에 대한 간음·추행죄(제305조), 피구금자간음죄(제303조 제2항)와 같이 피해자의 동의 유무를 불구하고 범죄가 성립하는 경우에는 피해자의 동의가 있었다고 하더라도 위법성이 조각되지 않는다. 또한 살해행위에 대하여 피해자의 동의가 있으면 형의 감경사유로 되어 촉탁·승낙살인죄(제252조 제1항)와 같이 다른 구성요건에 해당하는 경우에도 위법성은 조각되지 않는다.

Ⅳ. 효과

피해자의 승낙이 있는 경우 위법성이 조각된다. 피해자의 승낙이 있었으나 행위자가 이를 인식하지 못하고 행위한 경우에는 주관적 정당화요소를 결한 경우에 해당한다. 이에 대해서 불능미수범으로 해결하는 것이 다수설이다.

피해자의 승낙이 없었음에도 불구하고 있는 것으로 오인한 경우는 위법성조각사유의 전제사실에 대한 착오의 문제가 된다. 이에 대해서는 책임론에서 설명한다.

⚖ 판례 ▶ 무수혈 사건: 수혈과 환자의 자기결정권

【사실관계】 피해자 A는 '여호와의 증인' 신도로서 타인의 피를 받는 행위를 종교적인 신념에 따라 명백하게 거부하고 있었고, A는 오래전 받은 골반과 대퇴골의 유합수술로 인한 후유증으로 상당한 통증을 느끼고 있었으며 일상생활에도 상당한 지장을 겪고 있었기에 인공고관절 치환술을 받기를 원하고 있었으며, ○○대학교병원에서 수술을 받기 전 다른 3개의 병원에서 진료를 받았는데, 그 과정에서도 수술 도중 상당한 출혈이 발생할 수 있어 무수혈 방식의 수술은 위험하다는 사실을 고지받았다. ○○대학

교병원에서 무수혈수술이 가능하다는 얘기를 전해 듣고 위 병원에 찾아갔는데, 피고인 의사 갑으로부터 진료를 받는 과정 및 수술을 준비하는 과정에서도 수술도중 출혈 발생 가능성 및 그로 인한 위험성 등에 대해 충분한 설명과 고지를 받았으며 A의 딸은 A가 무수혈 방식의 수술을 받는 것을 반대하여 A를 설득하기도 하였던 것으로 보이나, A는 결국 자신의 종교적인 신념에 따라 여전히 타가수혈을 강력하게 거부하고 무수혈 방식의 수술을 결정하였다.

피고인 의사 갑은 A의 요구에 따라 무수혈 방식으로 수술하던 도중 과다출혈로 인하여 범발성 응고장애가 발생하여 지혈이 되지 않고 타가수혈이 필요한 상황이 발생하자, 정형외과 전문의로 하여금 수술실 밖으로 나가 A의 가족들에게 A의 상태를 설명한 후 타가수혈을 할 것인지 여부를 묻도록 하였는데, A의 남편은 '여호와의 증인' 신도였으므로 타가수혈을 거부한 반면 A의 자녀들은 타가수혈을 강력히 원하는 등 가족들 사이에 의견이 나뉘어 확실한 대답을 얻지 못하였다. 이에 피고인은 타가수혈 여부를 결정하지 못하고 의료진을 통해 '여호와의 증인' 교섭위원회에 이 사건과 관련된 자문을 급하게 요청하였으나 별다른 답신을 받지 못하였다.

그러는 중에도 A의 출혈이 계속되어 피고인 갑은 수술을 중단한 후 A를 중환자실로 옮겼다. 그 후 A의 남편도 타가수혈에 동의함으로써 가족들 전부가 타가수혈을 원하였으나, 당시는 폐울혈 및 범발성 응고장애가 발생하고 있는 상태라 타가수혈이 증상을 악화시킬 가능성이 있어 병원 측에서는 A에게 타가수혈을 시행하지 아니하였고, A는 결국 다량 실혈로 인한 폐부종으로 사망하였다.

【판결요지】 환자의 명시적인 수혈 거부 의사가 존재하여 수혈하지 아니함을 전제로 환자의 승낙(동의)을 받아 수술하였는데 수술 과정에서 수혈을 하지 않으면 생명에 위험이 발생할 수 있는 응급상태에 이른 경우에, 환자의 생명을 보존하기 위해 불가피한 수혈 방법의 선택을 고려함이 원칙이라 할 수 있지만, 한편으로 환자의 생명 보호에 못지않게 환자의 자기결정권을 존중하여야 할 의무가 대등한 가치를 가지는 것으로 평가되는 때에는 이를 고려하여 진료행위를 하여야 한다.

어느 경우에 수혈을 거부하는 환자의 자기결정권이 생명과 대등한 가치가 있다고 평가될 것인지는 환자의 나이, 지적 능력, 가족관계, 수혈 거부라는 자기결정권을 행사하게 된 배경과 경위 및 목적, 수혈 거부 의사가 일시적인 것인지 아니면 상당한 기간 동안 지속되어 온 확고한 종교적 또는 양심적 신념에 기초한 것인지, 환자가 수혈을 거부하는 것이 실질적으로 자살을 목적으로 하는 것으로 평가될 수 있는지 및 수혈을 거부하는 것이 다른 제3자의 이익을 침해할 여지는 없는 것인지 등 제반 사정을 종합적으로 고려하여 판단하여야 한다. 다만 환자의 생명과 자기결정권을 비교형량하기 어려운 특별한 사정이 있다고 인정되는 경우에 의사가 자신의 직업적 양심에 따라 환자의 양립할 수 없는 두 개의 가치 중 어느 하나를 존중하는 방향으로 행위하였다면, 이러한 행위는 처벌할 수 없다.

그렇지만 이러한 판단을 위해서는 환자가 거부하는 치료방법, 즉 수혈 및 이를 대체할 수 있는 치료방법의 가능성과 안정성 등에 관한 의사의 설명의무 이행과 이에 따른 환자의 자기결정권 행사에 어떠한 하자도 개입되지 않아야 한다는 점이 전제되어야 한다. 즉 환자는 치료행위 과정에서의 수혈의 필요성 내지 수혈을 하지 아니할 경우에 야기될 수 있는 생명 등에 대한 위험성, 수혈을 대체할 수 있는 의료 방법의 효용성 및 한계 등에 관하여 의사로부터 충분한 설명을 듣고, 이러한 의사의 설명을 이해한 후 진지한 의사결정을 하여야 하고, 그 설명 및 자기결정권 행사 과정에서 예상한 범위 내의 상황이 발생되어야 하며, 또한 의사는 실제로 발생된 상황 아래에서 환자가 수혈 거부를 철회할 의사가 없는지 재확인하여야 한다.

특히 의사는 수술과정 등에서 발생되는 출혈로 인하여 환자의 생명이 위험에 빠지지 않도록 하기 위하여 환자에게 수혈하는 것이 통상적인 진료방법이고 또한 수혈을 통하여 출혈로 인한 사망의 위험을 상당한 정도로 낮출 수 있음에도 환자의 의사결정에 따라 수혈을 포기하고 이를 대체할 수 있는 수술 방법을 택하는 것인데, 그 대체 수술 방법이 수혈을 완전히 대체할 수 있을 정도의 출혈 방지 효과를 가지지 못한다면 그만큼 수술과정에서 환자가 과다출혈로 인한 사망에 이를 위험이 증가할 수 있으므로, 그럼에도 불구하고 수술을 할 필요성이 있는지에 관하여 통상적인 경우보다 더욱 세심하게 주의를 기울임으로써, 과연 수술을 하는 것이 환자를 위한 최선의 진료방법인지 신중히 판단할 주의의무가 있다. 그리고 수술을 하는 경우라 하더라도 수혈 대체 의료 방법과 함께 당시의 의료 수준에 따라 출혈로 인한 위험을 최대한 줄일 수 있는 사전 준비나 시술방법을 시행함으로써 위와 같은 위험 발생 가능성을 줄이도록 노력하여야 하며, 또한 수술 과정에서 예상과 달리 다량의 출혈이 발생될 수 있는 사정이 드러남으로써 위와 같은 위험 발생 가능성이 현실화되었다면 과연 위험을 무릅쓰고 수술을 계속하는 것이 환자를 위한 최선의 진료방법인지 다시 판단하여야 한다. 환자가 수혈 대체 의료 방법을 선택하였다고 하더라도 이는 생명에 대한 위험이 현실화되지 아니할 것이라는 전제 내지 기대 아래에서의 결정일 가능성이 크므로, 위험 발생 가능성이 현실화된 상태에서 위험을 무릅쓰고 수술을 계속하는 것이 환자의 자기결정권에 기초한 진료라고 쉽게 단정하여서는 아니 된다(대법원 2014.6.26. 선고 2009도14407 판결).

【해설】 피고인인 의사의 무수혈 방식의 수술 및 그 위험성에 관한 수술 전의 설명 내용, A의 나이, 가족관계, A가 이 사건 수술에 이르게 된 경위, A가 타가수혈 거부라는 자기결정권을 행사하게 된 배경, 수혈 거부에 대한 A의 확고한 종교적 신념, 책임면제 각서를 통한 A의 진지한 의사결정, 수술 도중 타가수혈이 필요한 상황에서의 가족 등의 의사 재확인 등에 관한 사정들을 종합적으로 고려하여 보면, 이 사건에서는 A의 생명과 자기결정권을 비교형량하기 어려운 특별한 사정이 있으므로, 타가수혈하지 아니한 사정만을 가지고 피고인이 의사로서 진료상의 주의의무를 다하지 아니하였다고 할 수 없기 때문에 의사인 피고인이 자신의 직업적 양심에 따라 A의 자기결정권을 존중

하여 A에게 타가수혈하지 아니하고 이 사건 인공고관절 수술을 시행한 행위에 대하여 업무상과실치사에 관한 범죄의 증명이 없는 경우에 해당한다는 제1심판결을 그대로 유지하였다.

제4절 추정적 승낙

I. 의의

추정적 승낙은 피해자의 현실적인 승낙은 없었으나 행위 당시의 객관적 사정에 비추어서 만일 피해자 내지 승낙권자가 그 사태를 인식하였더라면 당연히 승낙할 것으로 기대되는 경우를 말한다. 예를 들면 갑이 A의 집에 화재가 나자 화재를 소화하기 위하여 A의 집 대문을 부수고 침입하는 경우 A가 화재가 난 것을 알았다면 화재를 진압하기 위해 집대문을 부수고 침입하는 것을 당연히 승낙할 것이라고 기대할 수 있다.

피해자의 승낙은 현실적인 승낙의 의사가 표시된 경우인 반면에 추정적 승낙은 현실적인 승낙이 없는 경우이다. 추정적 승낙의 경우에는 객관적인 이익교량이 문제되지 않고 단지 법익주체의 가정적 의사에 대한 규범적 평가가 중요하다.

> **심화내용** **추정적 승낙의 법적 성질**
>
> 추정적 법적 승낙의 법적 성질에 대하여 견해의 대립이 있다. 긴급피난설은 피해자에게 발생하는 이익충돌에 중점을 두어 추정적 승낙을 긴급피난의 일종으로 보는 견해이다. 이에 대하여 추정적 승낙에 있어서는 충돌하는 이익이 모두 동일한 법익주체에게 귀속되는 경우가 많으므로, 서로 다른 법익주체에게 귀속되는 긴급피난과는 구조적으로 다르다는 비판이 있다.
>
> 승낙의 대용물에 따르면 추정적 승낙은 행위자가 피해자의 가상적 의사에 따라서 행동하는 경우이므로, 현실적 승낙이 있는 경우와 같이 취급되는 승낙의 대용물이라는 견해이다.[100] 이에 대하여 가정과 현실을 완전히 동일시하고 있다는 것은 논리의 비약이라는 비판이 있다.
>
> 사무관리설에 따르면 추정적 승낙은 피해자의 이익을 위한 것이므로 민법상 사무관리

---

100) 박상기/전지연, 149면; 배종대, 296면; 신동운, 355면.

에 관한 규정에 의해 위법성이 조각된다는 견해이다. 하지만 추정적 승낙의 모든 경우가 민법상 사무관리에 해당하는 것은 아니라는 비판이 있다.

독자적 위법성조각사유설에 따르면 추정적 승낙은 피해자의 승낙가능성과 연결되면서, 긴급피난과 피해자의 승낙의 중간에 위치하는 독자적 구조를 가진 위법성조각사유로 본다.[101] 우리나라 다수설이다. 하지만 독일의 경우와는 달리 위법성조각사유의 통일적 원리로서 사회상규를 명문으로 규정하고 있는 우리 형법의 입장에서 추정적 승낙을 제20조 이외에 존재하는 독립된 위법성조각사유로 파악하는 것은 문제가 있다는 비판이 있다.

II. 추정적 승낙의 유형

1. 피해자의 이익을 위하여 법익을 침해한 경우

행위자가 피해자의 이익을 위하여 법익을 침해함으로써 보다 높은 가치의 이익을 구조하는 경우를 말한다. 이 경우 추정적 승낙은 제3자를 위한 긴급피난과 유사한 구조를 가진다.

비어 있는 이웃집의 수도가 고장이 나서 물이 새자 수도를 고치기 위하여 이웃집을 침입하는 경우, 개가 값비싼 고양이를 물어 죽이려는 것을 보고 이웃집 사람이 개를 죽인 경우, 아내가 중대사를 처리하기 위해 부재중인 남편에게 온 편지를 개봉한 경우가 이에 해당한다.

2. 피해자의 승낙이 추정되는 경우

피해자가 손상되는 이익이 극히 경미하거나 행위자와의 신뢰관계 때문에 자기의 이익을 포기한 것으로 볼 수 있는 경우를 말한다.

가정부가 주인의 헌 옷을 걸인에게 주는 경우, 손님이 거실에서 탁자위에 있는 주인의 담배를 피운 경우가 이에 해당한다.

---

101) 김성돈, 342면; 김성천, 249면; 김일수/서보학, 227면; 김혜정/박미숙/안경옥/원혜욱/이인영, 189면; 손동권/김재윤, 249면; 이형국/김혜경, 234면; 임웅, 286면.

Ⅲ. 성립요건

1. '피해자의 승낙'과 '추정적 승낙'에 공통되는 요건

'피해자의 승낙'과 '추정적 승낙'에 공통되는 요건으로는 피해자에게 당해 법익을 처분할 능력이 있어야 한다. 그 대상이 되는 법익은 처분이 가능한 것이어야 한다. 또한 승낙은 행위 시에 있어야 한다. 승낙에 의한 행위는 법률에 특별한 규정이 있거나, 사회윤리적으로 용납될 수 있어야 한다.

2. '추정적 승낙'에 특유한 요건

가. 객관적 요건

추정적 승낙은 현실적인 승낙을 얻는 것이 불가능한 경우에만 허용된다(보충성). 승낙이 불가능하다는 것은 피해자의 거부 때문이 아니라, 여타의 극복할 수 없는 장애로 행위 시에 피해자의 승낙을 얻는 것이 불가능한 것을 의미한다. 현실적으로 피해자의 의사를 확인할 수 없는 경우에 한하여 추정적 승낙이 문제된다.

피해자의 승낙을 객관적으로 기대할 수 있어야 한다. 모든 사정을 객관적으로 평가해 볼 때, 피해자가 행위의 내용을 알았거나 승낙이 가능했더라면 반드시 승낙했을 것이 분명한 경우라야 한다.

피해자의 명시적 반대의사가 없어야 한다. 피해자의 명시적 반대의사가 있는 경우에는 추정적 승낙은 부정된다. 추정적 승낙은 피해자의 의사가 불분명한 경우에 한하여 피해자의 결정권을 대행하는 것에 불과하기 때문이다.

⚖ 판례 사문서변조죄와 추정적 승낙

【판결요지】 사문서변조죄는 권한 없는 자가 이미 진정하게 성립된 타인 명의의 사문서 내용을 동일성을 해하지 않을 정도로 변경하여 새로운 증명력을 만드는 경우에 성립한다. 그러므로 사문서를 수정할 때 명의자가 명시적이거나 묵시적으로 승낙을 하였다면 사문서변조죄가 성립하지 않고, 행위 당시 명의자가 현실적으로 승낙하지는 않았지만 명의자가 그 사실을 알았다면 당연히 승낙했을 것이라고 추정되는 경우에도 사문서변조죄가 성립하지 않는다(대법원 2015.11.26. 선고 2014도781 판결).

나. 주관적 요건: 양심적 심사
추정적 승낙의 경우 추정적 승낙이 있을 수 있는 상황에 대한 인식 이외에도 모든 사정을 검토한 후에 행위할 것을 요하는 '양심적 심사의무'가 추가적으로 요구되는지에 대하여 이를 부정하는 견해도 있지만, 다수설은 추정적 승낙이 위법성을 조각시키기 위해서는 우선 행위자는 피해자의 진의에 반하는지 여부에 대하여 모든 정황을 고려한 양심적 심사를 행한 후에 피해자의 가정적 진의에 따라 행동해야 한다고 한다. 이러한 심사를 거친 행위는 비록 사후에 그 가정적 진의판단이 피해자의 진의에 반하더라도 위법성 조각될 수 있다고 한다(주관적 정당화 요소).

만약 양심적 심사 없이 행위하였을 경우에 피해자의 진의와의 일치 여부에 따라 내용이 달라질 수 있다. 양심적 심사는 없었지만 행위가 피해자의 진의에 합치된 때에는 위법성이 조각된다. 법익주체의 의사와 이익을 침해하지 않았기 때문이다. 그렇지만 양심적 심사 없이 행한 행위가 피해자의 진의에 반할 때에는 위법성이 조각되지 않는다. 또한 피해자의 명시적인 반대의사가 있는 경우에는 법익주체의 의사가 비합리적인 경우에도 존중되어야 하기 때문에 추정적 승낙은 불가능하다.

Ⅳ. 효과

피해자의 현실적 승낙이 있는 경우와 같이 위법성 조각이 된다.

⚖️ 판례 추정적 승낙을 부정하는 경우

① 피해자에게 대하여 소를 함부로 끌고 가게 되어 미안하다고 양해를 구하는 취지의 편지를 써 놓고 가지고 나왔다 하여 이를 이 사건 행위가 범죄가 안 된다고는 볼 수 없고, 피고인이 이렇게 오인한 데 대하여 정당한 이유가 있는 것으로 보기 어렵다고 한 사례(대법원 1970.7.24. 선고 70도1149 판결).
② 건물의 소유자라고 주장하는 피고인과 그것을 점유관리하고 있는 피해자 사이에 건물의 소유권에 대한 분쟁이 계속되고 있는 상황에서 피고인이 그 건물에 침입하는 것에 대한 피해자의 추정적 승낙이 있었다거나 피고인의 이 사건 범행이 사회상규에 위배되지 않는다고 볼 수 없다고 한 사례(대법원 1989.9.12. 선고 89도889 판결).
③ 회사에서 해고근로자들의 출입을 위와 같은 방법으로 허락해 왔다 하더라도, 이는 어디까지나 회사의 업무가 정상적으로 수행되고 있는 경우에 복직협의 등에 관련하여 필요한 범위 내의 출입에 한정된 것이라고 봄이 상당할 것인바, 기록에 의하면, 위 사무실은 당시 노조간부들이 무단으로 점거하여 노조 임시사무실로 사용하고 있던 중이었을 뿐 아니라, 피고인이 위 사무실에 들어간 시점도 위 회사 노조원들에 의해 회사

가 점거되어 회사의 업무가 정상적으로 수행되지 아니할 때인 것으로 엿보이는바, 그렇다면 오히려 특별한 사정이 없는 한 피고인의 위와 같은 출입행위는 관리자인 회사측의 의사 내지 추정적 의사에 반하는 것이라 아니할 수 없고, 또 피고인이 그와 같은 승낙이 있다고 믿었음에 정당한 이유가 있다고도 보기 어려운 것이어서, 원심의 위와 같은 부가적 판단도 건조물침입죄에 있어서의 승낙 및 추정적 승낙에 관한 법리를 그르친 위법이 있다(대법원 1994.2.8.
선고 93도120 판결).

④ 갑은 을에게 3천만 원의 물품채권이 있었는데, 을은 부도를 내고 도망을 가버렸다. 이에 갑은 자신의 물품채권을 다른 채권자들보다 우선적으로 확보할 목적으로 을이 부도를 낸 다음날 새벽 을의 승낙을 받지 아니한 채 종업원들이 있던 을의 가구점의 시건장치를 쇠톱으로 절단하고 그곳에 침입하여 시가 1,600만 원 상당의 을의 가구들을 화물차에 싣고 가 다른 장소에 옮겨놓은 사건에서 피고인들의 피해자에 대한 청구권의 실행불능이나 현저한 실행곤란을 피하기 위한 상당한 이유가 있는 행위라고 할 수 없고, 피고인들이 피해자의 가구들을 취거할 당시 피해자의 추정적 승낙이 있다고 볼 수도 없어, 갑에게 특수절도죄가 성립한다고 본 사례(대법원 2006.3.24. 선고
2005도8081 판결).

정당행위

제20조(정당행위) 법령에 의한 행위 또는 업무로 인한 행위 기타 사회상규에 위배되지 아니하는 행위는 벌하지 아니한다.

제1절 서설

정당행위는 법령에 의한 행위 또는 업무로 인한 행위 기타 사회상규에 위배되지 아니하여 국가적·사회적으로 정당화 될 수 있는 행위를 말한다. 형법 제20조 정당행위는 정당방위, 긴급피난 등 모든 위법성조각사유를 포괄하는 기본적인 일반적 위법성조각사유 또는 위법성조각사유의 근본원리에 해당한다.

정당행위의 세부유형으로는 법령에 의한 행위, 업무로 인한 행위, 기타 사회상규에 위배되지 아니하는 행위가 있다. 여기에서 사회상규에 위배되지 아니하는 행위는 가장 기본적인 일반적 위법성조각사유에 해당하며, 법령에 의한 행위와 업무로 인한 행위는 사회상규에 위배되지 아니하는 행위의 예시에 해당한다.[102] 결국 사회상규에 위배되지 않는 행위가 가장 기본적인 위법성조각사유에 해당하게 된다.

이와 같이 정당행위는 형법상 특별한 개별적 위법성조각사유 이외의 모든 가능한 초법규적 위법성조각사유를 포괄하여 일반적 위법성조각사유로 실정화한 것이다. 정당행위는 다른 모든 위법성조각사유에 대해서 일반법의 성격을 가지고 있다. 따라서 어떤 행위가 형법 제21조 내지 제24조에서 규정하고 있는 정당방위, 긴급피난, 자구행위, 피해자의 승낙에 해당하지 않더라도 그 위법·적법에 관한 최종적인 판단은 정당행위의 기준에 의하

---

102) 사회상규의 의미에 대하여 정당행위에 열거된 세 가지 구성요소는 각각 독자적인 의미와 기능과 폭을 가지고 있는 병존개념이라고 보는 견해도 있다(배종대, 229면).

여 하게 된다.[103]

정당행위는 개별적 위법성조각사유와 일반규정과 특별규정의 관계에 있으므로 위법성 조각 여부를 심사할 경우에는 정당방위 등 개별적 위법성조각사유를 먼저 심사하고 이에 해당하지 않으면 최종적으로 정당행위 여부를 심사한다.[104]

제2절 법령에 의한 행위

형사소송법, 행정법 등 다수의 법령에는 타인의 법익을 침해하는 것을 내용으로 하는 규정들이 있다. 이러한 법령에 따라 이루어진 행위들은 위법성이 조각된다. 법령에 의한 행위를 위법성조각사유로 보는 것은 법질서의 통일을 기하기 위한 것이다.[105] 법령에 의한 행위 중에서 주로 문제되는 것으로는 다음과 같은 것이 있다.

I. 공무원의 직무집행행위

1. 법령에 의한 직무집행행위

공무원이 법률에 의하여 요구된 직무를 수행하기 위하여 법익침해적인 강제력을 행사하는 경우에는 법령에 의한 행위에 해당한다. 형사소송법에 의한 구속·압수·수색·형벌 집행행위 또는 민사집행법에 의한 집행관의 강제집행행위[106] 등이 이에 해당한다.

공무원의 직무집행행위는 적법하여야 위법성이 조각된다. 공무원의 직무집행행위가 적법하기 위해서는 공무원의 직무집행행위가 사항적·지역적인 직무관할권의 범위 내이며, 법령의 형식적 요건·적정절차를 준수했어야 하며, 필요성·비례성의 원칙을 충족해야 한다. 뿐만 아니라 주관적으로 공무원으로서의 직무집행의사가 있어야 한다.

---

103) 김일수/서보학, 233면; 이재상/장영민/강동범, 296면.
104) 하나의 구체적 사실관계 또는 하나의 구성요건해당행위가 둘 이상의 '위법성조각사유의 성립요건을 충족하는 경우'를 위법 성조각사유의 경합이라고 설명한 후 이에 대한 해결을 제시하고 있는 견해로는 임웅, 284면 이하 참조.
105) 신동운, 359면.
106) 대법원 1993.10.12. 선고 93도875 판결.

| 판례 | 위법한 공무집행과 이에 대한 정당방위 또는 정당행위 |

【사실관계】 '2007 범국민행동의 날' 조직위원회는 2007.11.11. 서울 종로구에 있는 서울시청 앞 광장에서 4만여 명이 참가하는 "한미FTA저지, 비정규직 철폐, 반전평화 2007 범국민행동의 날" 집회(이하 '이 사건 집회'라 한다)를 개최한다는 내용으로 집회신고서를 제출하였으나, 서울지방경찰청장은 위 집회의 금지를 통고하였다. 그러나 위 조직위원회는 예정대로 집회를 강행하기로 결의하였고, 이에 경찰은 위 집회를 원천봉쇄하기로 하였다. 피고인들을 비롯한 대학생 및 민노총 광주지역본부 회원 등 800명은 2007.11.11.08:10경부터 09:40경까지 광주 서구 유촌동에 있는 기아자동차 광주공장 앞 도로에서, 위 집회에 참가하기 위해 버스 22대를 대절하여 나누어 타고 상경하려다가 경찰에 의해 봉쇄당하였다. 이에 피고인들을 비롯한 참가자 200여명은 버스에서 내려 광주 북부경찰서 방범순찰대 소속 의경인 피해자 정○○, 김○○, 문○○ 등 대비경력을 향해 PVC파이프를 휘두르거나 돌멩이를 던지고, 진압방패와 채증장비를 빼앗고, 주먹과 발로 마구 때리고, 경찰버스 유리창 등을 부수었고, 그 때 피고인들은 유○○, 곽○○, 박○○, 권○○, 김◇◇과 함께 도로를 가로막고 있는 대비병력 사이로 관광버스가 지날 수 있는 길을 뚫기 위하여 병력과 밀고 당기는 등의 몸싸움을 하였다.

【판결이유】 경찰관직무집행법 제6조 제1항과 구 집회 및 시위에 관한 법률(2007. 12. 21. 법률 제8733호로 개정되기 전의 것, 이하 같다) 등 관련 법률조항들의 내용과 취지를 종합하면, 비록 장차 특정 지역에서 구 집회 및 시위에 관한 법률에 의하여 금지되어 그 주최 또는 참가행위가 형사처벌의 대상이 되는 위법한 집회·시위가 개최될 것이 예상된다고 하더라도, 이와 시간적·장소적으로 근접하지 않은 다른 지역에서 그 집회·시위에 참가하기 위하여 출발 또는 이동하는 행위를 함부로 제지하는 것은 경찰관직무집행법 제6조 제1항에 의한 행정상 즉시강제인 경찰관의 제지의 범위를 명백히 넘어서는 것이어서 허용될 수 없으므로, 이러한 제지 행위는 공무집행방해죄의 보호대상이 되는 공무원의 적법한 직무집행에 포함될 수 없다(대법원 2009.6.11. 선고 2009도2114 판결).

2. 상관의 명령에 의한 행위

가. 상관의 적법한 명령에 복종하는 행위

법령상의 근거에 의하여 적법하게 내려진 상관의 명령에 복종한 행위는 위법성이 조각된다. 이 경우에 상관의 명령은 부하의 신분·직무에 대한 감독권한이 있어야 하며, 명령은 부하의 직무에 관한 것이며, 명령은 가능·적법하여야 한다.

나. 상관의 위법한 명령에 복종하는 행위

상관의 위법한 명령에 복종하는 경우에는 견해의 대립이 있다. 상관의 위법한 명령이 구속력이 있는지 여부에 따라 살펴본다. 먼저 상관의 위법한 명령에 구속력이 없음에도 불구하고 부하가 이에 복종한 경우 그 부하의 행위는 위법성이나 책임이 조각될 수 없다.

하지만 상관의 위법한 명령이 구속력 있는 경우에는 견해의 대립이 있다. 상관의 명령에 대한 복종의무가 법질서에 대한 복종의무보다 중요한 경우 의무의 충돌 또는 긴급피난[107]에 의하여 위법성이 조각된다는 견해가 있다. 하지만 상관에 대한 복종의무가 법질서에 대한 복종의무보다 중요한 경우는 있을 수 없으며, 상관의 위법한 명령에 따르면 정당화된다는 것은 불법이 적법으로 된다는 것이므로 타당하지 않다. 통설과 판례에 따르면 상관의 명령이 절대적 명령으로 거역할 수 없는 경우에는 기대불가능성에 의하여 '책임'을 조각시킨다고 한다. 통설·판례의 입장이 타당하다.

판례에 따르면 피의자를 고문하라는 상관의 명령은 위법한 명령이며, 이러한 명령은 절대적 구속력이 있는 명령이라고 볼 수 없다. 따라서 부하의 고문행위는 처벌이 된다. 'A에 대한 불법 내사'와 관련된 증거자료를 인멸하라고 지시한 것도 직무상의 지시명령이라고 할 수 없다.[108] 상관의 명령이 대통령 선거를 앞두고 특정후보에 대하여 반대하는 여론을 조성할 목적으로 확인되지도 않은 허위의 사실을 담은 책자를 발간·배포하거나 기사를 게재하도록 하라는 것과 같이 명백히 위법 내지 불법한 명령인 때에는 이는 벌써 직무상의 지시명령이라 할 수 없으므로 이에 따라야 할 의무가 없다.[109] 상관의 위법한 명령에 절대적 구속력이 있다는 판례는 아직 존재하지 않는다.

전투종료 후 비무장상태인 민간인을 사살하라는 명령에 복종하지 않으면 다른 민간인을 사살하겠다는 상관의 명령은 위법한 명령이지만 절대적 구속력이 있는 명령이라고 할 수 있기 때문에 기대불가능성에 의하여 책임이 조각될 수 있다.

⚖️ 판례 | 박종철씨 고문치사 사건

【판결요지】 [1] 양손을 뒤로 결박당하고 양발목마저 결박당한 피해자의 양쪽 팔, 다리, 머리 등을 밀어누름으로써 피해자의 얼굴을 욕조의 물속으로 강제로 찍어 누르는 가혹행위를 반복할 때에 욕조의 구조나 신체구조상 피해자의 목부분이 욕조의 턱에 눌릴 수 있고, 더구나 물속으로 들어가지 않으려고 반사적으로 반항하는 피해자의 행동

---

107) 김일수 교수는 긴급피난으로 본다. 다만 충돌하는 양 이익 사이의 본질적 우월성을 인정할 수 없는 경우에는 면책적 긴급피난에 해당되어 책임이 조각된다고 해석한다.

108) 대법원 2013.11.28. 선고 2011도5329 판결.

109) 대법원 1999.4.23. 선고 99도636 판결.

을 제압하기 위하여 강하게 피해자의 머리를 잡아 물속으로 누르게 될 경우에는 위 욕조의 턱에 피해자의 목부분이 눌려 질식현상 등의 치명적인 결과를 가져올 수 있다는 것은 우리의 경험칙상 어렵지 않게 예견할 수 있다.

[2] 공무원이 그 직무를 수행함에 있어 상관은 하관에 대하여 범죄행위등 위법한 행위를 하도록 명령할 직권이 없는 것이고, 하관은 소속상관의 적법한 명령에 복종할 의무는 있으나 그 명령이 참고인으로 소환된 사람에게 가혹행위를 가하라는 등과 같이 명백한 위법 내지 불법한 명령인 때에는 이는 벌써 직무상의 지시명령이라 할 수 없으므로 이에 따라야 할 의무는 없다.

[3] 설령 대공수사단 직원은 상관의 명령에 절대 복종하여야 한다는 것이 불문률로 되어 있다 할지라도 국민의 기본권인 신체의 자유를 침해하는 고문행위등이 금지되어 있는 우리의 국법질서에 비추어 볼 때 그와 같은 불문률이 있다는 것만으로는 고문치사와 같이 중대하고도 명백한 위법명령에 따른 행위가 정당한 행위에 해당하거나 강요된 행위로서 적법행위에 대한 기대가능성이 없는 경우에 해당하게 되는 것이라고는 볼 수 없다$\left(\begin{smallmatrix}\text{대법원 1988.2.23. 선고}\\\text{87도2358 판결}\end{smallmatrix}\right)$.

II. 징계행위

1. 의의

법령상 허용된 징계권의 적정한 행사로 간주되는 행위는 정당행위로서 위법성이 조각된다. 예를 들면 학교장의 학생에 대한 징계행위$\left(\begin{smallmatrix}\text{초중등교육법}\\\text{제18조}\end{smallmatrix}\right)$, 소년원장의 원생에 대한 징계행위$\left(\begin{smallmatrix}\text{보호소년 등의 처우에 관한}\\\text{법률 제15조}\end{smallmatrix}\right)$등이 이에 해당한다.

종전 민법 제915조에서 친권자의 징계행위를 규정하고 있었으나, 아동학대 가해자인 친권자의 항변사유로 이용되는 등 아동학대를 정당화하는 데 악용될 소지가 있어서 친권자의 징계권 규정을 삭제하였다. 따라서 친권자의 징계행위는 더 이상 법령에 의한 행위로 위법성이 조각될 수 없다. 다만 사회상규에 위배되지 않는 행위로 위법성이 조각될 여지는 있다.

2. 위법성 조각의 요건

징계행위에 대하여 위법성이 조각되기 위해서는 주관적 요건으로 교육의 의사가 존재해야 하며, 객관적 요건으로 충분한 징계사유가 존재해야 하며, 징계의 정도는 교육목적 달성에 필요하고 적절한 정도여야 한다. 상관인 피고인이 군내부에서 부하인 방위병들의 훈련 중에 그들에게 군인 정신을 환기시키기 위하여 한 일이라 하더라도 감금과 구타행위는 징계권 내지 훈계권의 범위를 넘어선 것으로 위법하다.[110] 징계의 방법이 지나치게 가혹한 경우[111] 또는 상해의 결과를 발생한 경우, 징계사유가 없음에도 징계한 경우에는 위법성이 조각되지 않는다.

3. 학교장이나 교사의 체벌 허용 여부

학교장이나 교사의 체벌이 허용될 수 있는지에 대해서는 견해의 대립이 있다. 다수설은 일정한 범위 안에서 학교장과 교사의 체벌권 행사를 정당행위로 인정하고 있으며,[112] 판례 또한 교사가 교육목적을 가지고 신체상해에 이르지 않을 정도로 징계목적을 달성하는데 필요한 적정수준에 머무는 경우에는 정당행위로서 허용될 수 있다고 본다.[113] 교사는 학교장의 위임을 받아 교육상 필요하다고 인정할 때에는 징계를 허용할 수 있고 징계를 하지 않는 경우에는 그 밖의 방법으로 지도를 할 수 있는데 그 지도에 있어서는 교육상 불가피한 경우에만 신체적 고통을 가하는 방법인 이른바 체벌로 할 수 있고 그 외의 경우에는 훈육, 훈계의 방법만이 허용된다고 한다.

하지만, 초중등교육법 시행령 제31조 제8항은 "학교의 장은 법 제18조 제1항 본문에 따라 지도를 할 때에는 학칙으로 정하는 바에 따라 훈육·훈계 등의 방법으로 하되, 도구, 신체 등을 이용하여 학생의 신체에 고통을 가하는 방법을 사용해서는 아니 된다"고 규정하고 있다.[114] 결국 초중등교육법과 시행령을 종합분석할 경우 체벌은 허용되지 않는다고 볼 수 있기 때문에 이런 의미에서는 판례는 그 의미를 상실했다고 볼 수 있다.

> ⚖️ **판례** 　체육교사 공개체벌 사건

【사실관계】 피고인이 피해자들의 각 언행을 교정하기 위하여는 학생지도시의 준수요건을 지켜 개별적 지도로서 훈계하는 등의 방법을 사용할 수 있었던 상황이었으며 달리 특별한 사정은 인정될 수 없었음에도 스스로의 감정을 자제하지 못한 나머지 많은 낯 모르는 학생들이 있는 교실 밖에서 피해자 학생들의 행동을 본 즉시 피고인 자신의 손

---

110) 대법원 1984.6.12. 선고 84도799 판결.
111) 대법원 1969.2.4. 선고 68도1793 판결.
112) 박상기/전지연, 104면; 오영근, 240면; 임웅, 207면. 반대 입장으로는 김일수/서보학, 238면; 배종대, 220면; 이재상/장영민/강동범, 299면.
113) 대법원 1980.9.9. 선고 80도762 판결; 대법원 1990.10.30. 선고 90도1456 판결; 대법원 1978.3.14. 선고 78도303 판결. 이에 대하여 헌법재판소(헌재 2000.1.27. 선고 99헌마481 결정)도 같은 입장을 보이고 있다.
114) 동조항은 2011.3.18에 개정되었다.

이나 주먹으로 피해자 A의 머리 부분을 때렸고 피고인이 신고 있던 슬리퍼로 피해자 B의 양손을 때렸으며 감수성이 예민한 여학생인 피해자들에게 모욕감을 느낄 지나친 욕설을 하였다.

【판결요지】 [1] 사회상규에 위반되지 아니하는 행위라 함은 법질서 전체의 정신이나 그의 배후에 놓여 있는 사회윤리 도의적 감정 내지 사회통념에 비추어 용인될 수 있는 행위를 말하는 것이어서 어떠한 행위가 사회상규에 위배되지 아니하는가는 구체적 사정아래에서 합목적적 합리적으로 고찰하여 개별적으로 판단되어야 한다.

[2] 초·중등교육법령에 따르면 교사는 학교장의 위임을 받아 교육상 필요하다고 인정할 때에는 징계를 할 수 있고 징계를 하지 않는 경우에는 그 밖의 방법으로 지도를 할 수 있는데 그 지도에 있어서는 교육상 불가피한 경우에만 신체적 고통을 가하는 방법인 이른바 체벌로 할 수 있고 그 외의 경우에는 훈육, 훈계의 방법만이 허용되어 있는 바, 교사가 학생을 징계 아닌 방법으로 지도하는 경우에도 징계하는 경우와 마찬가지로 교육상의 필요가 있어야 될 뿐만 아니라 특히 학생에게 신체적, 정신적 고통을 가하는 체벌, 비하(卑下)하는 말 등의 언행은 교육상 불가피한 때에만 허용되는 것이어서, 학생에 대한 폭행, 욕설에 해당되는 지도행위는 학생의 잘못된 언행을 교정하려는 목적에서 나온 것이었으며 다른 교육적 수단으로는 교정이 불가능하였던 경우로서 그 방법과 정도에서 사회통념상 용인될 수 있을 만한 객관적 타당성을 갖추었던 경우에만 법령에 의한 정당행위로 볼 수 있을 것이고, 교정의 목적에서 나온 지도행위가 아니어서 학생에게 체벌, 훈계 등의 교육적 의미를 알리지도 않은 채 지도교사의 성격 또는 감정에서 비롯된 지도행위라든가, 다른 사람이 없는 곳에서 개별적으로 훈계, 훈육의 방법으로 지도·교정될 수 있는 상황이었음에도 낯모르는 사람들이 있는 데서 공개적으로 학생에게 체벌·모욕을 가하는 지도행위라든가, 학생의 신체나 정신건강에 위험한 물건 또는 지도교사의 신체를 이용하여 학생의 신체 중 부상의 위험성이 있는 부위를 때리거나 학생의 성별, 연령, 개인적 사정에서 견디기 어려운 모욕감을 주어 방법·정도가 지나치게 된 지도행위 등은 특별한 사정이 없는 한 사회통념상 객관적 타당성을 갖추었다고 보기 어렵다.

[3] 여자중학교 교사의 학생에 대한 지도행위가 당시의 상황, 동기, 그 수단, 방법 등에 비추어 사회통념상 객관적 타당성을 갖추지 못하여 정당행위로 볼 수 없다고 한 사례 $\left(\begin{smallmatrix} \text{대법원 2004.6.10. 선고} \\ \text{2001도5380 판결} \end{smallmatrix}\right)$.

Ⅲ. 사인의 현행범인의 체포

수사기관이 형사소송법에 따라 법관이 발부한 영장에 의하여 피의자를 체포 또는 구속하는 경우에는 이는 적법한 체포 또는 구속에 해당하는 것이므로 수사기관의 행위는 정당화된다. 만약 형사소송법의 체포·구속의 규정을 위반하여 피의자를 체포·구속하였다면 불법체포감금죄가 성립할 수 있다.

문제는 수사기관이 아닌 일반인이 현행범인을 체포한 경우이다. 형사소송법 제212조에 따라 현행범은 누구든지 영장없이 체포할 수 있다. 따라서 사인이 현행범을 체포 또는 감금하는 경우에 체포죄 또는 감금죄의 위법성은 조각된다. 그러나 사인의 현행범 체포에 있어서 위법성이 조각되는 행위는 체포행위·감금행위·도주를 저지하는 과정에서 발생한 가벼운 폭행행위와 같이 '직접 체포에 필요한 행위'에 제한된다. 따라서 체포하는 과정에 발생한 살인·상해·주거침입 등은 위법성이 조각되지 않는다.

적정한 한계를 벗어나는 현행범인 체포행위는 위법성이 조각되지 않는다. 적정한 한계를 벗어나는 현행범인 체포행위는 그 부분에 관한 한 법령에 의한 행위로 될 수 없기 때문이다. 적정한 한계를 벗어나는 행위인가 여부는 결국 정당행위의 일반적 요건을 갖추었는지 여부에 따라 결정되어야 할 것이지 그 행위가 소극적인 방어행위인가 적극적인 공격행위인가에 따라 결정되어야 하는 것은 아니다. 따라서 피고인의 차를 손괴하고 도망하려는 피해자를 도망하지 못하게 멱살을 잡고 흔들어 피해자에게 전치 14일의 흉부찰과상을 가한 경우 정당행위에 해당한다.[115]

Ⅳ. 노동쟁의행위

노동쟁의행위는 동맹파업·태업·직장폐쇄 기타 노동관계 당사자가 그 주장을 관철할 목적으로 행하는 행위와 이에 대항하는 행위로서 업무의 정상적 운영을 저해하는 것을 말한다. 적법한 노동쟁의행위는 위법성을 조각시킨다.

1. 한계

노동자의 쟁의행위가 형법상 정당행위가 되기 위해서는 ① 그 주체가 단체교섭의 주체로 될 수 있는 자이어야 하고, ② 그 목적이 근로조건의 향상을 위한 노사 간의 자치적 교섭을 조성하는 데에 있어야 하며, ③ 사용자가 근로자의 근로조건 개선에 관한 구체적인 요구에 대하여 단체교섭을 거부하였을 때 개시하되 특별한 사정이 없는 한 조합원의 찬성 결정 등 법령이 규정한 절차를 거쳐야 하고, ④ 그 수단과 방법이 사용자의 재산권과 조화

---

115) 대법원 1999.1.26. 선고 98도3029 판결.

를 이루어야 함은 물론 폭력의 행사에 해당되지 아니하여야 한다는 여러 조건을 모두 구비하여야 한다.[116]

위법성이 조각될 수 있는 노동쟁의행위는 근로조건개선 등 근로자의 경제적 지위향상을 목적으로 한 기업내부에서 해결가능한 문제에 한정된다. 따라서 정치적 목적을 가진 노동쟁의 행위는 위법성이 조각되지 않는다. 특히 직접·비밀·무기명투표에 의한 조합원의 찬성 결정절차를 위반한 쟁의행위는 그 절차를 따를 수 없는 객관적 사정이 인정되지 아니하는 한 정당성이 상실된다. 이 경우 조합원의 민주적 의사결정이 실질적으로 확보된 경우에도 이러한 찬성 결정절차를 거치지 아니한 쟁의행위는 정당성이 인정되지 않는다.[117] 또한 폭력·파괴행위·안전시설의 정상운영 방해 등의 행위는 할 수 없다. 이러한 경우 위법성이 조각되지 않는다.[118]

2. 파업과 업무방해죄의 관계

파업은 근로자가 그 주장을 관철할 목적으로 근로의 제공을 거부하여 업무의 정상적인 운용을 저해하는 쟁의행위를 말한다(노동조합 및 노동관계조정법 제2조 제6호). 쟁의행위 중 파업은 형법상 위력에 의한 업무방해죄의 성립 여부가 문제된다.

종래 대법원은 근로자들이 집단적으로 근로제공을 거부하여 사용자의 정상적인 업무운영을 저해하고 손해를 발생하게 하면 그 파업행위는 당연히 위력에 해당하며, 위법성심사단계에서 노동관계법에 따른 정당한 쟁의행위가 아니면 당연히 업무방해죄가 된다고 보았다. 그러나 최근 대법원은 종전의 견해를 변경하면서 파업과 업무방해죄의 성립을 부분적으로 제한하였다. 즉 근로자가 원칙적으로 헌법상 보장된 기본권으로서 근로조건 향상을 위한 자주적 단결권·단체교섭권 및 단체행동권을 가진다는 점을 강조하면서, 쟁의행위로서의 파업이 언제나 위력으로서 업무방해죄에 해당되는 것은 아니라고 보았다. 근로자가 그 주장을 관철할 목적으로 근로의 제공을 거부하여 업무의 정상적인 운영을 저해하는 쟁의행위로서의 파업도 단순히 근로계약에 따른 노무의 제공을 거부하는 부작위에 그치는 경우에는 위력에 의한 업무방해죄가 성립하지 않는다.

---

116) 대법원 2001.10.25. 선고 99도4837 전원합의체 판결.
117) 대법원 2001.10.25. 선고 99도4837 전원합의체 판결.
118) 대법원 1992.9.22. 선고 92도1855 판결.

【판결요지】 [1] [다수의견] (가) 업무방해죄는 위계 또는 위력으로써 사람의 업무를 방해한 경우에 성립하며($^{형법\ 제314조}_{제1항}$), '위력'이란 사람의 자유의사를 제압·혼란케 할 만한 일체의 세력을 말한다. 쟁의행위로서 파업($^{노동조합\ 및\ 노동관계조정법}_{제2조\ 제6호}$)도, 단순히 근로계약에 따른 노무의 제공을 거부하는 부작위에 그치지 아니하고 이를 넘어서 사용자에게 압력을 가하여 근로자의 주장을 관철하고자 집단적으로 노무제공을 중단하는 실력행사이므로, 업무방해죄에서 말하는 위력에 해당하는 요소를 포함하고 있다.

(나) 근로자는 원칙적으로 헌법상 보장된 기본권으로서 근로조건 향상을 위한 자주적인 단결권·단체교섭권 및 단체행동권을 가지므로($^{헌법\ 제33조}_{제1항}$), 쟁의행위로서 파업이 언제나 업무방해죄에 해당하는 것으로 볼 것은 아니고, 전후 사정과 경위 등에 비추어 사용자가 예측할 수 없는 시기에 전격적으로 이루어져 사용자의 사업운영에 심대한 혼란 내지 막대한 손해를 초래하는 등으로 사용자의 사업계속에 관한 자유의사가 제압·혼란될 수 있다고 평가할 수 있는 경우에 비로소 집단적 노무제공의 거부가 위력에 해당하여 업무방해죄가 성립한다고 보는 것이 타당하다.

(다) 이와 달리, 근로자들이 집단적으로 근로의 제공을 거부하여 사용자의 정상적인 업무운영을 저해하고 손해를 발생하게 한 행위가 당연히 위력에 해당하는 것을 전제로 노동관계 법령에 따른 정당한 쟁의행위로서 위법성이 조각되는 경우가 아닌 한 업무방해죄를 구성한다는 취지로 판시한 대법원 1991.4.23. 선고 90도2771 판결, 대법원 1991.11.8. 선고 91도326 판결, 대법원 2004.5.27. 선고 2004도689 판결, 대법원 2006.5.12. 선고 2002도3450 판결, 대법원 2006.5.25. 선고 2002도5577 판결 등은 이 판결의 견해에 배치되는 범위 내에서 변경한다.[119]

---

119) 이에 대한 반대견해는 [대법관 박시환, 대법관 김지형, 대법관 이홍훈, 대법관 전수안, 대법관 이인복의 반대의견] (가) 다수의견은 폭력적인 수단이 동원되지 않은 채 단순히 근로자가 사업장에 출근하지 않음으로써 근로제공을 하지 않는 '소극적인 근로제공 중단', 즉 '단순 파업'이라고 하더라도 파업은 그 자체로 부작위가 아니라 작위적 행위라고 보아야 한다는 것이나, 이러한 견해부터 찬성할 수 없다. 근로자가 사업장에 결근하면서 근로제공을 하지 않는 것은 근로계약상의 의무를 이행하지 않는 부작위임이 명백하고, 근로자들이 쟁의행위의 목적에서 집단적으로 근로제공을 거부한 것이라는 사정이 존재한다고 하여 개별적으로 부작위인 근로제공의 거부가 작위로 전환된다고 할 수는 없다.

(나) '단순 파업'을 다수의견의 견해와 달리 부작위라고 보더라도, 부작위에 의하여 위력을 행사한 것과 동일한 결과를 실현할 수 있고 근로자들이 그러한 결과 발생을 방지하여야 할 보증인적 지위에 있다고 볼 수 있다면, 비록 다수의견과 논거를 달리하지만 위력에 의한 업무방해죄의 성립을 인정할 수 있다. 그러나 일반적으로 사용자에게 근로자들의 단순 파업으로부터 기업활동의 자유라는 법익을 스스로 보호할 능력이 없다거나, 근로자들이 사용자에 대한 보호자의 지위에서 사태를 지배하고 있다고는 말할 수 없다. 무엇보다 근로자 측에게 위법한 쟁의행위로서 파업을 해서는 안 된다는 작위의무를 인정하는 것은 서로 대립되는 개별적·집단적 법률관계의 당사자 사이에서 상대방 당사자인 사용자 또는 사용자단체에 대하여 당사자 일방인 근로자 측의 채무의 이행을 담보하는 보증인적 지위를 인정하자는 것이어서 받아들일 수 없고, 근로자들의 단순한 근로제공 거부는 그것이 비록 집단적으로 이루어졌다 하더라도 업무방해죄의 실행행위로서 사용자의 업무수행에 대한 적극적인 방해 행위로 인한 법익침해와 동등한 형법가치를 가진다고 할 수도 없다.

(다) 다수의견의 견해와 같이 '단순 파업'도 예외적인 상황에서는 작위로서 위력에 해당한다고 보는 입장에 서더라도, 위력

[2] [다수의견] 피고인을 비롯한 전국철도노동조합 집행부가 중앙노동위원회 위원장의 직권중재회부결정에도 불구하고 파업에 돌입할 것을 지시하여, 조합원들이 전국 사업장에 출근하지 아니한 채 업무를 거부하여 철도 운행이 중단되도록 함으로써 한국철도공사에 영업수익 손실과 대체인력 보상금 등 막대한 손해를 입힌 사안에서, 중앙노동위원회 위원장의 중재회부보류결정의 경위 및 내용, 노동조합의 총파업 결의 이후에도 노사간에 단체교섭이 계속 진행되다가 최종적으로 결렬된 직후 위 직권중재회부결정이 내려진 점을 감안할 때, 한국철도공사로서는 노동조합이 필수공익사업장으로 파업이 허용되지 않는 사업장에서 구 노동조합 및 노동관계조정법(2006.12.30. 법률 제8158호로 개정되기 전의 것)상 직권중재회부시 쟁의행위 금지규정 등을 위반하면서까지 파업을 강행하리라고는 예측할 수 없었다할 것이고, 나아가 파업의 결과 수백 회에 이르는 열차 운행이 중단되어 한국철도공사의 사업운영에 예기치 않은 중대한 손해를 끼친 사정들에 비추어, 위 파업은 사용자의 자유의사를 제압ㆍ혼란케 할 만한 세력으로서 형법 제314조 제1항에서 정한 '위력'에 해당한다고 보기에 충분하다는 이유로, 같은 취지에서 피고인에 대한 업무방해의 공소사실을 유죄로 인정한 원심판결을 수긍한 사례(대법원 2011.3.17. 선고 2007도482 전원합의체 판결).[120]

의 해당 여부에 관하여 다수의견이 제시하는 판단 기준에는 찬성할 수 없다. 단순 파업이 쟁의행위로서 정당성의 요건을 갖추지 못하고 있더라도 개별적 근로관계의 측면이나 집단적 근로관계의 측면에서 모두 근본적으로 근로자 측의 채무불이행과 다를 바 없으므로, 이를 위력의 개념에 포함시키는 것은 무엇보다 죄형법정주의의 관점에서 부당하다. 또한 파업 등 쟁의행위가 정당성을 결여한 경우 쟁의행위를 위법하게 하는 각각의 행위에 대하여는 노동조합 및 노동관계조정법에 별도의 처벌규정을 두고 있어 같은 법 위반죄로 처벌할 수 있으므로, 위법한 단순 파업이 위력에 의한 업무방해죄를 구성하지 않는다 하더라도 위법의 원인행위 자체에 대한 처벌의 공백이 생기는 것이 아니다. 따라서 근로자들이 단결하여 소극적으로 근로제공을 거부하는 파업 등 쟁의행위를 하였으나 폭행ㆍ협박ㆍ강요 등의 수단이 수반되지 않는 한, 같은 법의 규정을 위반하여 쟁의행위로서 정당성을 갖추지 못하였다고 하더라도 당해 쟁의행위를 이유로 근로자를 형법상 업무방해죄로 처벌할 수는 없고, 근로자에게 민사상 채무불이행 책임을 부담시킴과 함께 근로자를 노동조합 및 노동관계조정법 위반죄로 처벌할 수 있을 뿐이며, 그것으로 충분하다.
(라) 다수의견이 '단순 파업'이 쟁의행위로서 정당성이 없는 경우라 하여 언제나 위력에 해당한다고 볼 수 없다고 보아 위력의 개념을 어느 정도 제한하여 해석한 것은 종래 판례의 태도에 비추어 진일보한 입장이다. 그러나 다수의견이 제시하는 위력의 해당 여부에 관한 판단 기준에 의하더라도 과연 어떠한 경우를 전격적으로 이루어졌다고 볼 수 있을 것인지, 어느 범위까지를 심대한 혼란 또는 막대한 손해로 구분할 수 있을 것인지 반드시 명백한 것은 아니다. 따라서 다수의견의 해석론에 따른다 할지라도 형법 제314조 제1항에 규정한 '위력' 개념의 일반조항적 성격이 충분히 해소된 것은 아니고, 위력에 의한 업무방해죄의 성립 여부가 문제되는 구체적 사례에서 자의적인 법적용의 우려가 남을 수밖에 없다.
120) [대법관 박시환, 대법관 김지형, 대법관 이홍훈, 대법관 전수안, 대법관 이인복의 반대의견] 위 사안에서, 전국철도노동조합의 조합원들이 단순히 근로제공을 거부하는 형태로 이루어진 위 파업은, 앞서 본 법리에 비추어 볼 때 형법 제314조 제1항에서 정한 '위력'에 해당한다고 볼 수 없고, 또한 다수의견의 법리에 비추어 보더라도 제반 사정을 종합할 때 위 파업이 예측할 수 없는 시기에 전격적으로 이루어졌다고 볼 수 없으며, 파업의 수단 역시 폭력적 행동이나 달리 위법이라고 할 만한 언동 없이 집단적인 소극적 근로제공 거부에 그친 이상 그 손해가 파업의 전격성에 기한 것이었다고 단정할 수 없는데도, 이와 반대의 전제에서 피고인에게 업무방해죄의 죄책을 인정한 원심판결에 법리오해의 위법이 있다고 한 사례.

V. 기타

기타 특별법에 형법상 범죄구성요건에 해당하더라도 위법성을 조각시킬 수 있는 사유를 규정해놓은 경우가 많다. 대표적인 것들을 소개하면 다음과 같다.

낙태죄의 위법성 조각사유로 모자보건법의 인공임신중절수술 허용규정이 있으며, 도박죄의 위법성 조각사유로 주택복권의 발행을 허용하는 주택건설촉진법 제17조 또는 승마투표권 발행을 허용하는 마사회법이 있다. 정신병자를 감호할 수 있는 경찰관직무집행법은 감금죄의 위법성조각사유에 해당하며, 감염병의 예방 및 관리에 관한 법률에 따른 의사나 한의사의 전염병신고는 업무상비밀누설죄의 위법성조각사유에 해당한다.

제3절 업무로 인한 행위

직업의무의 정당한 수행을 위하여 합목적적으로 요구되는 행위인 업무[121]로 인한 행위의 경우에는 그로 인하여 비록 제3자의 법익을 침해하더라도 위법성이 조각된다. 업무행위가 법령에 직접 근거가 있을 때에는 법령에 의한 행위로 정당화되지만, 법령에 직접 규정이 없는 경우에도 정당한 업무내용으로 사회윤리상 정당하다고 인정될 때에는 위법성이 조각된다. 업무로 인한 행위로 의사의 치료행위, 안락사, 변호사 또는 성직자의 업무행위 등이 문제된다.

I. 의사의 치료행위

1. 쟁점

의사의 치료행위에 대하여 형법적으로 어떤 의미를 가지고 있는지 견해의 대립이 있다. 의사의 치료행위가 구성요건해당성을 조각시키는지, 아니면 위법성을 조각시키는지에 대한 논쟁이다.

---

121) 사람이 사회생활상의 지위에 의하여 계속·반복의 의사로 행하는 사무를 말한다.

2. 학설

구성요건해당성조각설은 치료행위는 신체상해가 아니라 건강을 회복유지시키는 것이 므로 상해죄의 구성요건에 해당하지 않는다는 견해이다.[122] 업무로 인한 행위로 위법성 조각설은 치료행위는 상해죄의 구성요건에 해당하지만 그것이 치료의 목적을 가지고 의 술의 법칙에 맞게 행하는 정당행위로서 위법성이 조각된다는 견해이다.[123] 이 견해에 대 해서는 의료행위에 있어서 환자의 의사를 문제삼지 않기 때문에 환자의 신체에 대한 자 기결정권을 침해하게 된다는 비판이 있다. 피해자의 승낙으로 위법성 조각설은 환자의 승 낙에 의한 치료행위는 피해자의 승낙에 의하여 위법성이 조각되고, 승낙이 없는 경우에는 추정적 승낙 또는 긴급피난에 의하여 위법성이 조각된다는 견해이다.[124]

3. 판례

종래 대법원 판례는 업무로 인한 행위로 위법성이 조각된다는 입장이었으나, 최근에는 의사의 치료행위가 피해자의 승낙에 의하여 위법성이 조각될 수 있다는 입장으로 바뀌었다.

⚖ 판례 자궁적출 사건

【판결요지】 [1] 산부인과 전문의 수련과정 2년차인 의사가 자신의 시진, 촉진결과 등을 과신한 나머지 초음파검사 등 피해자의 병증이 자궁외 임신인지, 자궁근종인지를 판 별하기 위한 정밀한 진단방법을 실시하지 아니한 채 피해자의 병명을 자궁근종으로 오진하고 이에 근거하여 의학에 대한 전문지식이 없는 피해자에게 자궁적출술의 불가 피성만을 강조하였을 뿐 위와 같은 진단상의 과오가 없었으면 당연히 설명받았을 자 궁외 임신에 관한 내용을 설명받지 못한 피해자로부터 수술승낙을 받았다면 위 승낙 은 부정확 또는 불충분한 설명을 근거로 이루어진 것으로서 <u>수술의 위법성을 조각할 유효한 승낙이라고 볼 수 없다.</u>

[2] 난소의 제거로 이미 임신불능 상태에 있는 피해자의 자궁을 적출했다 하더라도 그 경우 자궁을 제거한 것이 신체의 완전성을 해한 것이 아니라거나 생활기능에 아무런 장애를 주는 것이 아니라거나 건강상태를 불량하게 변경한 것이 아니라고 할 수 없고 이는 업무상과실치상죄에 있어서의 상해에 해당한다(대법원 1993.7.27. 선고 92도2345 판결).

---

122) 김일수/서보학, 242면; 이재상/장영민/강동범, 304면.
123) 배종대, 226면.
124) 김성돈, 357면; 오영근, 244면; 임웅, 216면.

4. 결론

생각건대, 구성요건해당성 여부와 위법성 인정 여부는 분리되어 고찰될 필요가 있다. 먼저 구성요건해당성 심사단계에서 의사의 치료행위를 고의범인 상해죄로 볼 수 없다. 상해죄의 고의는 타인의 생리적 기능을 훼손하는 것을 그 내용으로 하는데, 의사의 경우 환자의 생리적 기능을 훼손하기 위하여 치료행위를 하는 것이 아니라 다른 원인에 의하여 훼손된 생리적 기능을 회복시키기 위하여 치료행위를 하는 것이므로 상해죄의 고의를 인정할 수 없다. 다만 치료행위에 있어서 과실이 인정되는 경우에 한하여 과실범인 업무상 과실치사상죄를 구성요건해당성 단계에서 검토되어야 한다.

구성요건해당성이 인정된 경우 위법성 심사단계에서는 환자의 유효한 승낙에 의하여 위법성이 조각된다고 보는 것이 타당하다. 의사의 치료행위를 단순히 의료전문인의 시혜적인 업무로 파악할 것이 아니라 환자의 자기결정권의 관점에서 파악하여야 한다. 환자는 의사의 치료행위의 객체 또는 대상이 아니라, 치료행위과정에 있어서 또 다른 주체로 보아야 한다. 따라서 의사는 환자에게 치료행위에 대한 충분한 설명의무를 다하여야 하며, 환자는 이에 대하여 주체적으로 자기결정을 내려야 한다. 이에 근거하여 의사의 치료행위는 환자의 유효한 승낙에 의해서만 위법성이 조각될 수 있다.

II. 안락사

1. 의의

안락사는 회복할 수 없는 죽음의 단계에 들어선 환자에 대하여 본인 또는 가족의 요구에 따라 고통이 적은 방법으로 생명을 단축하는 행위를 말한다. 안락사는 특히 의사의 의료행위과정에서 많은 논쟁을 발생시킨다. 예를 들면 의사가 회복불가능상태에 있는 말기암 환자를 안락사시킨 경우 의사의 행위에 대하여 살인죄 또는 촉탁·승낙살인죄가 성립할 수 있는지가 문제된다. 환자의 요구에 따라 의사가 이를 행하였다면 촉탁·승낙살인죄의 성립 여부가 문제되지만, 환자의 요구가 없음에도 불구하고 의사가 이를 행하였다면 살인죄의 성립 여부가 문제될 것이다. 안락사는 생명을 단축하지 않는 안락사(진정 안락사)와 생명을 단축하는 안락사(부진정 안락사)로 나눌 수 있다.

2. 유형

가. 생명을 단축하지 않는 안락사

생명을 단축하지 않는 안락사를 진정 안락사라고 한다. 진정 안락사는 생명을 단축시키는 것이 아니라, 임종시의 고통을 제거하기 위하여 적량의 마취제를 사용하여 안락하게 자연사하도록 하는 경우로서 일종의 치료행위로 보기 때문에 살인죄의 구성요건해당성이 없다. 호스피스·완화의료 및 임종과정에 있는 환자의 연명의료결정에 관한 법률(연명의료결정법)에 따르면 말기환자로 진단을 받은 환자 또는 임종과정에 있는 환자에 대해서는 의사의 설명의무 등 일정한 조건을 전제로 호스피스·완화의료를 인정하고 있다.

나. 생명단축의 안락사

생명단축의 안락사를 부진정 안락사라고 한다. 생명단축의 안락사는 다시 적극적 안락사와 소극적 안락사로 나누어 고찰한다. 적극적 안락사는 독약주사의 경우와 같이 처음부터 생명단축을 목적으로 일정한 수단을 사용하여 생명을 단절시키는 경우로서 작위에 의한 안락사를 말한다. 소극적 안락사는 치료중단의 경우와 같이 생명연장을 위한 적극적인 수단을 취하지 않음으로써 생명을 단축시키는 경우로서 부작위에 의한 안락사를 말한다.

3. 안락사와 위법성조각 여부

가. 적극적 안락사와 위법성조각 여부

적극적 안락사는 의사가 소극적으로 치료를 중단하는 것이 아니라 약물을 투입하는 등 적극적 작위를 통해 생명을 단축시키는 것을 말한다. 적극적 안락사의 경우 사회상규에 위배되지 않는 행위로 보아 위법성이 조각된다는 견해가 있다.[125]

하지만 적극적 안락사는 형법상 절대적 생명보호의 원칙에 위배되고, 생명보호의 상대화를 초래하며, 안락사의 남용의 위험이 있으므로 위법성을 조각시킬 수 없다고 보는 것이 타당하다. 따라서 의사의 행위는 환자의 의사에 반하여 이루어졌다면 살인죄, 환자의 부탁을 받고 행하였다면 승낙살인죄가 성립한다.

나. 소극적 안락사와 위법성조각 여부

소극적 안락사는 또는 존엄사는 회복불가능한 사망의 단계에 있는 환자의 생명이 인위적인 의료장치에 의하여 연장되고 있는 경우에 의료진이 그 생명연장장치를 제거함으로

---

125) 김성돈, 367면; 임웅, 26면.

써 자연스러운 죽음을 맞도록 하는 것을 말한다. 소극적 안락사를 허용할 수 있는가에 대해서는 많은 논란이 있다.

(1) 학설

소극적 안락사의 경우 의사의 행위에 대하여 일정한 조건을 전제로 하여 촉탁·승낙살인죄의 위법성이 조각된다고 보는 것이 통설이다. 위법성이 조각될 수 있는 요건으로는 다음과 같은 것이 있다. ① 환자가 감내할 수 없는 육체적 고통에 시달리고 있어야 하며, 정신적 고통만으로는 부족하다. ② 의학적 관점에서 회복불가능한 질병으로 죽음의 시기가 임박하고 있어야 한다. ③ 원칙적으로 환자의 진지한 촉탁 또는 승낙이 있어야 한다. ④ 의사의 치료중단이 환자의 육체적 고통을 제거하거나 경감하기 위한 목적에서 이루어져 한다. 이러한 조건을 갖춘 경우에 한하여 촉탁·승낙살인죄의 위법성이 조각된다.

(2) 판례

소극적 안락사의 허용 여부와 관련하여 이른바 '김할머니 사건'에서 대법원도 일정한 요건을 제시하면서 연명치료 중단이 허용된다고 판시하고 있다. 판례에 따르면 다음의 요건을 갖추었다면 소극적 안락사가 허용된다. ① 환자가 회복불가능한 사망의 단계에 있어야 한다. '회복불가능한 사망의 단계'란 의학적으로 환자가 의식의 회복가능성이 없고 생명과 관련된 중요한 생체기능의 상실을 회복할 수 없으며 환자의 신체상태에 비추어 짧은 시간 내에 사망에 이를 수 있음이 명백한 경우를 말한다. ② 소극적 안락사의 허용 여부에 대하여 환자의 의사가 확인되어야 한다. 환자는 미리 자신의 연명치료거부 내지 중단에 대한 의사를 밝힌 '사전의료지시'가 있어야 한다. 사전의료지시가 없는 경우에는 연명치료 중단에 관한 환자의 의사를 객관적으로 추정할 수 있어야 한다.[126]

> ⚖️ **판례** 김할머니와 연세대병원 사건- 연명치료 중단의 허용기준
>
> 【판결요지】 [2] [다수의견] (가) 의학적으로 환자가 의식의 회복가능성이 없고 생명과 관련된 중요한 생체기능의 상실을 회복할 수 없으며 환자의 신체상태에 비추어 짧은 시간 내에 사망에 이를 수 있음이 명백한 경우(이하 '회복불가능한 사망의 단계'라 한다)에 이루어지는 진료행위(이하 '연명치료'라 한다)는, 원인이 되는 질병의 호전을 목적으로 하는 것이 아니라 질병의 호전을 사실상 포기한 상태에서 오로지 현 상태를 유지하기 위하여 이루어지는 치료에 불과하므로, 그에 이르지 아니한 경우와는 다른 기

---

126) 대법원 2009.5.21. 선고 2009다17417 전원합의체 판결.

준으로 진료중단 허용 가능성을 판단하여야 한다. 이미 의식의 회복가능성을 상실하여 더 이상 인격체로서의 활동을 기대할 수 없고 자연적으로는 이미 죽음의 과정이 시작되었다고 볼 수 있는 회복불가능한 사망의 단계에 이른 후에는, 의학적으로 무의미한 신체 침해 행위에 해당하는 연명치료를 환자에게 강요하는 것이 오히려 인간의 존엄과 가치를 해하게 되므로, 이와 같은 예외적인 상황에서 죽음을 맞이하려는 환자의 의사결정을 존중하여 환자의 인간으로서의 존엄과 가치 및 행복추구권을 보호하는 것이 사회상규에 부합되고 헌법정신에도 어긋나지 아니한다. 그러므로 회복불가능한 사망의 단계에 이른 후에 환자가 인간으로서의 존엄과 가치 및 행복추구권에 기초하여 자기결정권을 행사하는 것으로 인정되는 경우에는 특별한 사정이 없는 한 연명치료의 중단이 허용될 수 있다. 한편, 환자가 회복불가능한 사망의 단계에 이르렀는지 여부는 주치의의 소견뿐 아니라 사실조회, 진료기록 감정 등에 나타난 다른 전문의사의 의학적 소견을 종합하여 신중하게 판단하여야 한다.

(나) 환자가 회복불가능한 사망의 단계에 이르렀을 경우에 대비하여 미리 의료인에게 자신의 연명치료 거부 내지 중단에 관한 의사를 밝힌 경우(이하 '사전의료지시'라 한다)에는, 비록 진료 중단 시점에서 자기결정권을 행사한 것은 아니지만 사전의료지시를 한 후 환자의 의사가 바뀌었다고 볼 만한 특별한 사정이 없는 한 사전의료지시에 의하여 자기결정권을 행사한 것으로 인정할 수 있다. 다만, 이러한 사전의료지시는 진정한 자기결정권 행사로 볼 수 있을 정도의 요건을 갖추어야 하므로 의사결정능력이 있는 환자가 의료인으로부터 직접 충분한 의학적 정보를 제공받은 후 그 의학적 정보를 바탕으로 자신의 고유한 가치관에 따라 진지하게 구체적인 진료행위에 관한 의사를 결정하여야 하며, 이와 같은 의사결정 과정이 환자 자신이 직접 의료인을 상대방으로 하여 작성한 서면이나 의료인이 환자를 진료하는 과정에서 위와 같은 의사결정 내용을 기재한 진료기록 등에 의하여 진료 중단 시점에서 명확하게 입증될 수 있어야 비로소 사전의료지시로서의 효력을 인정할 수 있다.

(다) 한편, 환자의 사전의료지시가 없는 상태에서 회복불가능한 사망의 단계에 진입한 경우에는 환자에게 의식의 회복가능성이 없으므로 더 이상 환자 자신이 자기결정권을 행사하여 진료행위의 내용 변경이나 중단을 요구하는 의사를 표시할 것을 기대할 수 없다. 그러나 환자의 평소 가치관이나 신념 등에 비추어 연명치료를 중단하는 것이 객관적으로 환자의 최선의 이익에 부합한다고 인정되어 환자에게 자기결정권을 행사할 수 있는 기회가 주어지더라도 연명치료의 중단을 선택하였을 것이라고 볼 수 있는 경우에는, 그 연명치료 중단에 관한 환자의 의사를 추정할 수 있다고 인정하는 것이 합리적이고 사회상규에 부합된다. 이러한 환자의 의사 추정은 객관적으로 이루어져야 한다. 따라서 환자의 의사를 확인할 수 있는 객관적인 자료가 있는 경우에는 반드시 이를 참고하여야 하고, 환자가 평소 일상생활을 통하여 가족, 친구 등에 대하여 한 의사표현, 타인에 대한 치료를 보고 환자가 보인 반응, 환자의 종교, 평소의 생활 태도 등

을 환자의 나이, 치료의 부작용, 환자가 고통을 겪을 가능성, 회복불가능한 사망의 단계에 이르기까지의 치료 과정, 질병의 정도, 현재의 환자 상태 등 객관적인 사정과 종합하여, 환자가 현재의 신체상태에서 의학적으로 충분한 정보를 제공받는 경우 연명치료 중단을 선택하였을 것이라고 인정되는 경우라야 그 의사를 추정할 수 있다.

(라) 환자 측이 직접 법원에 소를 제기한 경우가 아니라면, 환자가 회복불가능한 사망의 단계에 이르렀는지 여부에 관하여는 전문의사 등으로 구성된 위원회 등의 판단을 거치는 것이 바람직하다(대법원 2009.5.21. 선고 2009다17417 전원합의체 판결).

4. 연명의료결정법

이른바 '김할머니 사건' 이후에 소극적 안락사의 허용 여부에 대하여 형법학계뿐만 아니라 의료계에서도 많은 논쟁이 있었다. 이에 따라 호스피스·완화의료 및 임종과정에 있는 환자의 연명의료결정에 관한 법률이 제정되었다. 연명의료결정법에 따라 회생 가능성이 없는 환자가 자기의 결정이나 가족의 동의로 의사의 연명치료를 받지 않을 수 있도록 하였다. 환자가 회복할 가능성이 없는데도 죽음에 이르는 기간만 연장하기 위해서 하는 심폐소생술, 인공호흡기, 혈액투석, 항암제 투여 등의 중단을 허용하고 있다.

> **■ 심화내용   연명의료 결정법**
>
> 본법은 연명의료에 대한 기본원칙, 연명의료결정의 관리 체계, 연명의료의 결정 및 그 이행 등에 필요한 사항을 정하여 임종과정에 있는 환자의 연명의료결정을 제도화함으로써 환자의 자기결정을 존중하고 환자의 존엄과 가치를 보장하며, 암환자에만 국한되어 있는 호스피스 서비스를 일정한 범위의 말기환자에게 확대 적용하도록 하고, 호스피스에 대한 체계적이고 종합적인 근거 법령을 마련하여 국민 모두가 인간적인 품위를 지키며 편안하게 삶을 마무리할 수 있도록 하기 위하여 2016년 1월 제정되었다.
> 이 법은 호스피스·완화의료와 임종과정에 있는 환자의 연명의료 결정 및 그 이행에 필요한 사항을 규정함으로써 환자의 최선의 이익을 보장하고 자기결정을 존중하여 인간으로서의 존엄과 가치를 보호하는 것을 목적으로 한다.
> 본법에서 사용하는 주요한 용어의 정의는 다음과 같다(제2조). ① "임종과정"은 회생의 가능성이 없고, 치료에도 불구하고 회복되지 않으며, 급속도로 증상이 악화되어 사망에 임박한 상태를 의미하며, ② "연명의료"는 임종과정에 있는 환자에게 하는 심폐소생술, 혈액 투석, 항암제 투여, 인공호흡기 착용 등 대통령령으로 정하는 의학적 시술로서 치료효과 없이 임종과정의 기간만을 연장하는 것을 말한다. ③ "말기환자"는 암, 후천성면역결핍증, 만성 폐쇄성 호흡기질환, 만성간경변 및 그 밖에 보건복지부령

으로 정하는 질환에 대하여, 회복의 가능성이 없고 증상이 악화되어 담당의사 1인과 해당 분야의 전문의 1명으로부터 수개월 이내에 사망할 것으로 예상되는 진단을 받은 환자를 말한다. "호스피스"란 말기환자 또는임종과정에 있는 환자와 그 가족에게 통증과 증상의 완화 등을 포함한 신체적 · 심리사회적 · 영적 영역에 대한 종합적인 평가와 치료를 목적으로 하는 의료이다.

연명의료중단결정의 이행(제15조부터 제20조까지)은 다음과 같다. ① 담당의사는 환자에 대한 연명의료결정을 이행하기 전에 해당 환자가 임종과정에 있는지 여부를 해당 분야의 전문의 1명과 함께 판단하여야 한다. ② 의료기관에서 작성된 연명의료계획서가 있는 경우, 사전연명의료의향서가 있고 담당의사가 환자에게 그 내용을 확인한 경우에는 이를 연명의료결정에 관한 환자의 의사로 본다. ③ 연명의료계획서나 사전연명의료의향서가 없는 경우에는 환자가족 2명 이상의 일치하는 진술이 있고 담당의사 등의 확인을 거친 때에는 이를 연명의료결정에 관한 환자의 의사로 본다. ④ 담당의사는 환자에 대한 연명의료결정시 이를 즉시 이행하고 그 결과를 기록하여야 하며, 통증 완화를 위한 의료행위와 영양분 공급, 물 공급, 산소의 단순 공급은 보류되거나 중단되어서는 아니 된다.

Ⅲ. 변호사 또는 성직자의 업무행위

1. 변호인의 변론

법정에서 변론의 필요상 명예훼손죄 · 업무상 비밀누설죄의 구성요건에 해당하는 행위를 했어도 위법성이 조각된다. 그러나 그러한 행위가 변론행위와 무관하게 이루어지거나 불필요하게 이루어지는 경우에는 위법성이 조각되지 않는다. 따라서 변호사가 적극적으로 위증을 교사한 경우 위법성이 조각되지 않는다.

2. 성직자의 업무행위

일반적으로 타인의 범죄사실을 알고도 국가기관에 신고하지 않은 경우 처벌되지 않는다. 국가기관에 대한 신고의무가 없기 때문이다. 하지만, 국가보안법 제10조는 반국가단체구성등의 죄를 범한 자라는 정을 알면서 수사기관 또는 정보기관에 고지하지 아니한 경우 형사처벌을 하고 있다. 국가보안법위반사범에 대해서는 신고의무를 부과하고 있는 것이다.

이 경우 성직자가 고해성사 등과 같은 직무수행 중 국가보안법 위반사실을 알게 되었지만, 이를 수사기관이나 정보기관에 고지하지 아니하는 경우 위법성이 조각될 수 있다. 그러나 은신처를 마련하거나 도피자금을 제공하는 등 적극적으로 범인을 은닉·도피케 하는 것은 위법성이 조각되지 않는다는 것이 판례의 입장이다.[127]

제4절 사회상규에 위배되지 않는 행위

Ⅰ. 의의

사회상규에 위배되지 않는 행위란 법질서 전체의 정신이나 그 배후의 지배적인 사회윤리에 비추어 원칙적으로 용인될 수 있는 행위를 말한다. 사회상규는 가장 기본적인 위법성 판단의 기준이며, 외국의 입법례에서는 찾아보기 힘든 우리나라 형법에 있는 독특한 위법성조각사유이다. 사회상규의 의미는 구체적이지 않으며 그 자체로 규범적이며, 개방적 개념에 해당한다. 그 구체적인 의미는 개별적 사건에서 판단되는 여러 사정을 고려하여야만 그 의미내용이 확정될 수 있다. 따라서 우리나라 형법에 있는 사회상규라는 개념과 범죄체계론의 관점에 따른 법적 성격이 어떠한 것인가에 대하여 법이론적으로 다양하게 해석될 수 있다. 형법의 체계와 모순이 되지 않으면서 합리적으로 해석하고 이론구성을 하여 그 독자적 의미와 유형을 구체화하는 작업이 진행될 필요가 있다.

Ⅱ. 사회상규와 사회적 상당성이론

1. 사회상규

통설은 사회상규를 국가질서의 존엄성을 기초로 한 국민 일반의 건전한 도의감으로 설명한다. 사회상규에 반하지 않는 행위는 실질적 위법성이 없는 위법성조각사유에 해당한다고 보는 것이 통설이다.

사회상규는 어떤 구성요건적 행위가 정당방위나 긴급피난과 같은 전형적인 위법성조

---

127) 대법원 1983.3.8. 선고 82도3248 판결.

각사유에는 해당하지 않더라도 실질적 위법성이 없는 경우를 모두 포괄할 수 있는 최종적인 위법성조각사유의 기준이다. 이는 형법질서 내에서 원칙적인 금지와 예외적인 허용을 실질적 위법성의 관점에서 최종적인 한계를 그음으로써 사회생활의 원칙적인 자유의 영역을 확보해 주는 기능을 한다.[128]

대법원 판례에 따르면 "행위가 범죄구성요건에 해당된다고 보이는 경우에도 그것이 극히 정상적인 생활형태의 하나로서 역사적으로 생성된 사회생활질서의 범위 안에 있는 것이라고 생각되는 경우에 한하여 그 위법성이 조각되어 처벌할 수 없"다고 한다. 어떤 법규정이 처벌대상으로 하는 행위가 사회발전에 따라 일반적으로 전혀 위법하지 않다고 인식되고 그 처벌이 무가치할 뿐 아니라 사회정의에 배반된다고 생각될 정도에 이른 경우나, 자유민주주의 사회의 목적가치에 비추어 이를 실현하기 위해 사회적 상당성이 있는 수단으로서 행해졌다는 평가가 가능한 경우에 한하여 이를 사회상규에 위배되지 아니한다고 설명하고 있다.[129]

2. 사회적 상당성이론

독일의 '사회적 상당성 이론'을 도입할 것인가에 대하여 논의가 있다.[130] 사회적 상당성 이론을 주장한 Welzel에 따르면 "역사적으로 형성된 사회윤리적 공동체생활의 질서 내에서 행해지는 행위는 사회적으로 상당하며, 따라서 법문언상으로는 구성요건에 포섭된다고 하더라도 결코 구성요건에 해당하지 않는다"는 것이다.[131] 예를 들면 경미한 상해행위나 자유제한행위, 사소한 금전을 건 도박, 통상적으로 소량의 선물을 우체부에게 교부하는 행위, 단순한 외설은 사회적으로 상당한 행위이므로 구성요건해당성이 없다고 한다. 사회적으로 상당한 행위는 사회적 행위자유의 영역에서의 행위로 보아 사회적 상당행위는 형법상 불법행위가 아니라고 한다. 독일 연방대법원도 사회적 상당성 이론에 따라 '사회적 행위자유의 영역'에 속하는 행위들은 구성요건해당성이 없거나 적어도 위법하지 않기 때문에 통상적으로 승인될 수 있고 형법적 관점에서 볼 때 전적으로 사회생활에서 신뢰할 수 있다고 판단하였다.[132]

사회적 상당성 이론을 수용한다고 하더라도 체계적 관점에서 구성요건해당성배제사유

---

128) 김일수/서보학, 245면.
129) 대법원 1983.2.8. 선고 82도357 판결.
130) 천진호, 사회적 상당성 이론에 대한 재고, 경북대학교 법학논고 제13집, 115면 참조.
131) 천진호, 위의 논문, 118면.
132) BGHSt 23, 226,228(천진호, 앞의 논문, 각주 10번에서 재인용).

로 볼 것인지, 정당화사유로 볼 것인지, 구성요건제한을 위한 일반적 해석원리로 볼 것인지에 대하여 다양한 견해들이 존재하지만,[133] 일반적으로 구성요건해당성 배제사유이자 구성요건의 해석원리로 인정되고 있다.[134] 우리나라 대법원 판례도 사회적 상당성 이론을 수용하고 있는 것으로 평가할 여지가 있지만, Welzel의 이론과는 달리 위법성조각사유로 본다. 경미한 법익침해행위와 관련하여 경미한 상처같은 경우에는 상해에 해당하지 않는다는 대법원 판례도 같은 취지라고 볼 수 있다.[135]

사회적 상당성 이론은 그 개념의 폭이 넓기 때문에 정당화사유와 중첩될 수 있는 문제점이 있는 것은 사실이다. 판례도 사회적 상당성을 정당화사유의 내용으로 보는 것도 같은 이유이다.[136] 사회적 상당성 개념은 그 개념적 불명확성으로 인하여 그 한계설정이 어렵고 서로 다른 형사정책적 목적에 사용될 수 있다는 점에서 실제적 효과와 기능을 일관되게 설명하기 어렵다는 문제점이 있다. 따라서 사회적 상당성이 구성요건과 위법성 등 범죄론체계의 관점에서 어떻게 위치시킬 것인가에 대한 논의는 상당히 어려운 과제이다.[137] 하지만 사회적 상당성 관점이 범죄체계론의 관점에서는 의미 있는 가치를 인정할 수 없다고 하더라도 구성요건적 문언의 의미합치적 해석을 위한 '보조수단' 또는 구성요건을 제한하는 '일반적 해석의 원리'로서의 의미와 기능은 가질 수 있지 않는가라고 생각한다. 입법자가 특정한 행위에 대하여 금지를 설정하였지만, 그 금지된 행위의 일부분의 경우 그 행태는 역사적으로 형성된 사회생활의 질서범위 내에 있는 사회적으로 상당한 행동양식에 속할 수 있기 때문이다.

Ⅲ. 판례

판례에 따르면 형법 제20조 소정의 '사회상규에 위배되지 아니하는 행위'라 함은 법질서 전체의 정신이나 그 배후에 놓여 있는 사회윤리 내지 사회통념에 비추어 용인될 수 있

---

133) 독일의 이론적 대립에 대한 소개와 그에 대한 분석으로 천진호, 앞의 논문, 121면–130면 참조.

134) 김성돈, 360면.

135) 대법원 1996.12.23. 선고 96도2673 판결; 대법원 1983.2.8. 선고 82도357 판결.

136) 대법원 2008.10.23. 선고 2008도6940 판결; 운동경기에 참가하는 자가 경기규칙을 준수하는 중에 또는 그 경기의 성격상 당연히 예상되는 정도의 경미한 규칙위반 속에 제3자에게 상해의 결과를 발생시킨 것으로서, 사회적 상당성의 범위를 벗어나지 아니하는 행위라면 과실치상죄가 성립하지 않는다.

137) 사회적 상당성을 구성요건해당성배제사유로 이해하는 학자로는 오영근, 88면; 이재상/장영민/강동범, 308면; 최우찬, 형법 제20조의 정당화근거, 김종원교수화갑기념논문집, 126면; 사회적 상당성을 일반적 해석원리로 이해하는 학자로는 김일수/서보학, 253면; 사회적 상당성은 이미 우리 형법상 사회상규에 위배되지 않는 행위이므로 별도로 이를 인정할 필요가 없다는 학자로는 김성돈, 361면; 배종대, 231면; 임웅, 202면.

는 행위를 말하고, 어떠한 행위가 사회상규에 위배되지 아니하는 정당한 행위로서 위법성이 조각되는 것인지는 구체적인 사정 아래서 합목적적, 합리적으로 고찰하여 개별적으로 판단되어야 한다. 이와 같은 정당행위를 인정하려면 첫째 그 행위의 동기나 목적의 정당성, 둘째 행위의 수단이나 방법의 상당성, 셋째 보호이익과 침해이익과의 법익균형성, 넷째 긴급성, 다섯째 그 행위 외에 다른 수단이나 방법이 없다는 보충성 등의 요건을 갖추어야 한다. 여기에서 판례는 "행위의 긴급성과 보충성은 수단의 상당성을 판단할 때 고려요소의 하나로 참작하여야 하고 이를 넘어 독립적인 요건으로 요구하지 않는다. 또한 그 내용 역시 다른 실효성 있는 적법한 수단이 없는 경우를 의미하고 '일체의 법률적인 적법한 수단이 존재하지 않을 것'을 의미하는 것은 아니라고 본다.[138]

피해자가 불특정·다수인의 통행로로 이용되어 오던 기존통로의 일부 소유자인 피고인으로부터 사용승낙을 받지 아니한 채 통로를 활용하여 공사차량을 통행하게 함으로써 피고인의 영업에 다소 피해가 발생하자 피고인이 공사차량을 통행하지 못하도록 자신 소유의 승용차를 통로에 주차시켜 놓은 경우,[139] 아파트 입주자대표회의 회장이 다수 입주민들의 민원에 따라 위성방송 수신을 방해하는 케이블TV방송의 시험방송 송출을 중단시키기 위하여 위 케이블TV방송의 방송안테나를 절단하도록 지시한 경우[140] 정당행위로 인정하지 않았다. 하지만, 총학생회 간부들이 학내 분쟁의 중심에 있는 총장을 직접 찾아가 면담하는 이외에 다른 방도가 없다는 판단 아래 총장과 면담을 추진하는 과정에서 그들을 막아서는 사람들과 길지 않은 시간 동안 실랑이를 벌인 것은 사회상규에 위배되지 아니하는 정당행위에 해당한다고 보았다.[141]

IV. 사회상규에 위배되지 않는 행위의 구체적 유형

사회상규에 위배되지 않는 행위는 규범적인 개방적 개념에 해당한다. 그 구체적인 의미는 개별적 사건에서 판단되는 여러 사정을 고려하여야만 그 의미내용이 확정될 수 있다. 이에 대한 것으로 소극적 저항행위, 징계권 없는 자의 징계행위, 권리를 실현하는 행위 등이 논의될 수 있다.

---

138) 대법원 2023.5.18. 선고 2017도2760 판결.
139) 대법원 2005.9.30. 선고 2005도4688 판결.
140) 대법원 2006.4.13. 선고 2005도9396 판결.
141) 대법원 2023.5.18. 선고 2017도2760 판결.

1. 상대방의 도발·폭행·강제연행을 피하기 위한 소극적인 저항

소극적 저항행위란 상대방의 부당한 침해를 벗어나기 위한 본능적인 저항행위를 말한다. 소극적 저항행위에 대해 판례는 대체로 정당방위가 아니라 사회상규에 위배되지 아니하는 행위로 정당행위에 해당한다고 판시하고 있다.[142]

⚖ 판례 소극적 저항행위

① 술에 만취된 피해자가 길을 지나가는 피고인을 이유 없이 떠밀어 빙판에 넘어뜨리고 이어 피고인의 외투깃을 잡아당기며 일으키려고 하므로 피고인이 그 행패에서 빠져나가려고 외투깃을 잡은 피해자의 오른손을 뿌리친 행위(대법원 1976.3.23. 선고 75도3495 판결)

② 강제연행을 모면하기 위하여 팔꿈치로 뿌리치면서 가슴을 잡고 벽에 밀어 부친 행위(대법원 1982.2.23. 선고 81도2958 판결)

③ 피해자가 과부로 홀로 살고 있는 피고인의 집터를 자기소유라 주장하면서 출입문과 변소문을 폐쇄하고 피고인의 집으로 들어오는 전기선을 잘라버리는 등의 행패를 부리고 그 가족과 합세하여 피고인의 머리카락을 쥐어 잡고 발버둥침에도 불구하고 자기 집안으로 끌고 들어가서는 안에서 문을 잠가 감금시킨 상태에서 피고인의 목을 조르는 등 폭행을 가함에 피고인이 이를 뿌리치기 위한 소극적인 저항방법으로 부득이 피해자의 멱살을 잡고 밀고 당기게 되었다면 이 폭력행위는 그에 이르게 된 과정과 목적, 수단 및 피고인의 의사 등 여러 사정에 비추어 볼 때 사회통념상 허용될 상당성이 있는 위법성이 결여된 행위이다(대법원 1982.7.26. 선고 83도1418 판결).

④ 분쟁중인 부동산관계로 따지러 온 피해자가 피고인의 가게안에 들어와서 피고인 및 그의 부에게 행패를 부리므로 피해자를 가게 밖으로 밀어내려다가 피해자를 넘어지게 한 행위(대법원 1987.4.14. 선고 87도339 판결)

⑤ 남자인 피해자가 비좁은 여자 화장실 내에 주저앉아 있는 피고인으로부터 무리하게 쇼핑백을 빼앗으려고 다가오는 것을 저지하기 위하여 피해자의 어깨를 순간적으로 밀친 것은 피해자의 불법적인 공격으로부터 벗어나기 위한 본능적인 소극적 방어행위에 지나지 아니 하므로 이는 사회통념상 허용될 수 있는 행위로서 그 위법성을 인정할 수 없다고 본 사례(대법원 1992.3.27. 선고 91도2831 판결)

⑥ 피해자(남, 57세)가 술에 만취하여 아무런 연고도 없는 가정주부인 피고인의 집에 들어가 유리창을 깨고 아무데나 소변을 보는 등 행패를 부리고 나가자, 피고인이 유리창 값을 받으러 피해자를 뒤따라 가며 그 어깨를 붙잡았으나, 상스러운 욕설을 계속하므로 더 이상 참지 못하고 잡고 있던 손으로 피해자의 어깨부분을 밀치자 술에 취하여

---

142) 이에 대하여 소극적 저항행위는 보충적인 위법성조각사유이므로 먼저 정당방위의 성립 여부를 심사하여야 하고, 정당방위가 인정되지 않으면 소극적 저항행위 여부를 심사해야 한다는 비판이 있다(김성돈, 363면; 손동권/김재윤, 269면).

비틀거리던 피해자가 몸을 제대로 가누지 못하고 앞으로 넘어져 시멘트 바닥에 이마를 부딪쳐 1차성 쇼크로 사망한 경우$\left(\begin{array}{c}\text{대법원 1992.3.10. 선고}\\\text{92도37 판결}\end{array}\right)$

⑦ 피고인이 피해자로부터 며칠 간에 걸쳐 집요한 괴롭힘을 당해 온데다가 피해자가 피고인이 교수로 재직하고 있는 대학교의 강의실 출입구에서 피고인의 진로를 막아서면서 피고인을 물리적으로 저지하려 하자 극도로 흥분된 상태에서 그 행패에서 벗어나기 위하여 피해자의 팔을 뿌리쳐서 피해자가 상해를 입게 된 경우$\left(\begin{array}{c}\text{대법원 1995.8.22. 선고}\\\text{95도936 판결}\end{array}\right)$

⑧ 피해자가 양손으로 피고인의 넥타이를 잡고 늘어져 후경부피하출혈상을 입을 정도로 목이 졸리게 된 피고인이 피해자를 떼어놓기 위하여 왼손으로 자신의 목 부근 넥타이를 잡은 상태에서 오른손으로 피해자의 손을 잡아 비틀면서 서로 밀고 당기고 하였다면, 피고인의 그와 같은 행위는 목이 졸린 상태에서 벗어나기 위한 소극적인 저항행위에 불과하여 형법 제20조 소정의 정당행위에 해당한다$\left(\begin{array}{c}\text{대법원 1996.5.28. 선고}\\\text{96도979 판결}\end{array}\right)$.

2. 법령상 징계권이 없는 자의 징계행위

법령상 징계권이 있는 경우에는 법령에 의한 행위로서 위법성이 조각된다. 뿐만 아니라 법령상 징계권이 없는 경우 사회상규에 위배되지 않는다면 위법성이 조각될 수 있다.

친권자의 징계행위에 대해서 종전 민법 제915조에서 이를 허용하고 있었으나, 아동학대를 정당화하는데 악용될 소지가 있어서 친권자의 징계권 규정을 삭제하였다. 따라서 친권자의 징계행위는 더 이상 법령에 의한 행위로 위법성이 조각될 수 없지만 사회상규에 위배되지 않는 행위로 위법성이 조각될 수 있다. 다만 자녀에 대한 부모의 징계행위라도 가혹하고 잔인하거나 상해의 결과를 발생케 하는 경우에는 정당한 징계권의 범위를 일탈한 것으로 위법성이 조각되지 않는다. 부모가 자녀에게 스스로의 감정을 이기지 못하고 야구방망이로 때릴 듯이 죽여버린다고 말하며 협박하는 경우,[143] 4세인 아들이 대소변을 못가린다 하여 닭장에 가두고 전신을 구타한 경우[144]에는 위법성이 조각되지 않는다.

징계권이 없는 경우에도 객관적으로 징계의 범위를 벗어나지 아니하고 주관적으로 교육의 목적으로 행한 경우라면 사회상규에 위배되지 않는다. 징계권 또는 훈계권의 범위를 넘어섰다면 위법성은 조각되지 않는다.

> ⚖ 판례 징계권 없는 자의 징계행위
>
> ① 동네어른들에게 불순하게 구는 타인의 자의 엉덩이를 방빗자루로 2회 때린 경우

---

143) 대법원 2002.2.8. 선고 2001도6468 판결.
144) 대법원 1969.2.4. 선고 68도1793 판결.

$\left(\begin{smallmatrix} 대법원 1978.12.13. 선고 \\ 78도2617 판결 \end{smallmatrix}\right)$

② 상관이 피고인이 군내부에서 부하인 방위병들의 훈련 중에 그들에게 군인정신을 환기시키기 위하여 한 일이라 하더라도 감금과 구타행위는 징계권 내지 훈계권의 범위를 넘어선 것으로 본 경우$\left(\begin{smallmatrix} 대법원 1984.6.12. 선고 \\ 84도799 판결 \end{smallmatrix}\right)$

③ 상사 계급의 피고인이 그의 잦은 폭력으로 신체에 위해를 느끼고 겁을 먹은 상태에 있던 부대원들에게 청소 불량 등을 이유로 40분 내지 50분간 머리박아(속칭 '원산폭격')를 시키거나 양손을 깍지 낀 상태에서 약 2시간 동안 팔굽혀펴기를 50-60회 정도 하게 한 경우 상사 계급의 피고인이 부대원들에게 얼차려를 지시할 당시 얼차려의 결정권자도 아니었고 소속 부대의 얼차려 지침상 허용되는 얼차려도 아니라는 등의 이유로, 피고인의 얼차려 지시 행위를 형법 제20조의 정당행위로 볼 수 없어 강요죄에 해당한다고 한 사례$\left(\begin{smallmatrix} 대법원 2006.4.27. 선고 \\ 2003도4151 판결 \end{smallmatrix}\right)$.

3. 자기 또는 타인의 권리를 실행하기 위한 행위

자기 또는 타인의 권리를 실행하기 위한 행위는 사회상규에 위배되지 않는 행위로 위법성이 조각될 수 있다. 단 이 경우에도 권리실행행위가 권리남용에 해당하지 않으며 사회통념상 용인될 정도에 이르러야 위법성이 조각될 수 있다.

> **판례** | **권리행사에 해당하는 경우**
>
> ① 여관을 매수한 자가 매도인이 부도를 내고 잠적해버린 후 매도인의 채권자들이 채무변제를 요구하면서 여관을 점거하자 매도인의 대리인에게 여관을 명도해 주던가 명도소송비용을 내놓아라. 그렇지 않으면 고소하여 구속시키겠다고 말한 경우$\left(\begin{smallmatrix} 대법원 1984.6.26. \\ 선고 84도648 판결 \end{smallmatrix}\right)$
>
> ② 피고인이 그 소유건물에 인접한 대지 위에 건축허가조건에 위반되게 건물을 신축, 사용하는 소유자로부터 일조권 침해 등으로 인한 손해배상에 관한 합의금을 받은 것이 사회통념상 용인되는 범위를 넘지 않는 것이어서 공갈죄가 성립되지 않는다고 본 사례$\left(\begin{smallmatrix} 대법원 1990.8.14. 선고 \\ 90도114 판결 \end{smallmatrix}\right)$
>
> ③ 집달관이 압류집행을 위하여 채무자의 주거에 들어가는 과정에서 상해를 가한 것을 상당성이 있는 행위로서 위법성이 조각된다고 본 사례$\left(\begin{smallmatrix} 대법원 1993.10.12. 선고 \\ 93도875 판결 \end{smallmatrix}\right)$.
>
> ④ 시장번영회 회장이 이사회의 결의와 시장번영회의 관리규정에 따라서 관리비 체납자의 점포에 대하여 실시한 단전조치는 정당행위로서 업무방해죄를 구성하지 아니한다고 한 사례$\left(\begin{smallmatrix} 대법원 2004.8.20. 선고 \\ 2003도4732 판결 \end{smallmatrix}\right)$.

① 피고인의 소위가 피해자에 의한 채권을 변제받기 위한 방편이었다 하더라도 이 사건에서와 같이 피해자에게 환전하여 주겠다고 기망하여 약속어음을 교부받는 행위는 위법성을 조각할 만한 정당한 권리행사방법이라고 볼 수 없다(대법원 1982.9.14. 선고 82도1679 판결).

② 농민들이 고추값 폭락으로 인한 생존대책을 강구해달라는 정당한 요구를 관철한다는 명목으로 경운기를 동원, 철도 건널목을 점거하여 열차의 운행을 막고, 철길에서 물러날 것을 요구하는 경찰관들에게 돌을 던져 상해를 입히는 행위(대법원 1989.12.26. 선고 89도1512 판결).

③ 피고인이 피해자를 상대로 목재대금청구소송 계속중 피해자에게 피해자의 양도소득세포탈사실을 관계기관에 진정하여 일을 벌리려 한다고 말하여 겁을 먹은 피해자로부터 목재대금을 지급하겠다는 약속을 받아낸 행위는 사회상규에 어긋나기 때문에 공갈죄 성립을 인정한 경우(대법원 1990.11.23. 선고 90도1864 판결).

④ 피해어민들이 그들의 피해보상 주장을 관철하기 위하여 집단적인 시위를 하고, 선박의 입·출항 업무를 방해하며 이를 진압하려는 경찰관들을 대나무 사앗대 등을 들고 구타하여 상해를 입히는 등의 행위를 한 경우 각 범행의 수단, 방법 및 그 결과 등에 비추어 위 각 범행이 사회통념상 용인될 만한 상당성이 있는 정당행위라고는 할 수 없다(대법원 1991.5.10. 선고 91도346 판결).

⑤ 회사의 정기주주총회에 적법하게 참석한 주주라고 할지라도 주주총회장에서의 질문, 의사진행 발언, 의결권의 행사 등의 주주총회에서의 통상적인 권리행사 범위를 넘어서서 회사의 구체적인 회계장부나 서류철 등을 열람하기 위하여는 별도로 상법 제466조 등에 정해진 바에 따라 회사에 대하여 그 열람을 청구하여야 하고, 만일 회사에서 정당한 이유 없이 이를 거부하는 경우에는 법원에 그 이행을 청구하여 그 결과에 따라 회계장부 등을 열람할 수 있을 뿐 주주총회 장소라고 하여 회사측의 의사에 반하여 회사의 회계장부를 강제로 찾아 열람할 수는 없다고 할 것이며, 설사 회사측이 회사 운영을 부실하게 하여 소수주주들에게 손해를 입게 하였다고 하더라도 위와 같은 사정만으로 주주총회에 참석한 주주가 강제로 사무실을 뒤져 회계장부를 찾아내는 것이 사회통념상 용인되는 정당행위로 되는 것은 아니다(대법원 2001.9.7. 선고 2001도2917 판결).

4. 일반인의 간단한 의료행위

의료행위는 의학적 전문지식을 기초로 하는 경험과 기능으로 진찰, 검안, 처방, 투약 또는 외과적 시술을 시행하여 질병의 예방 또는 치료행위와 그 밖의 의료인이 행하지 아니하면 보건위생상 위해가 생길 우려가 있는 행위를 말한다. 의료법은 의료인에게만 의료행위를 허용하고, 의료인이라고 하더라도 면허된 의료행위만 할 수 있도록 하여 무면허 의료행위를 엄격히 금지하고 있다. 의료행위를 무면허 내지 무자격자가 행한 경우에는 금지된 의료행위로서 처벌하고 있다.

그러나 금지된 의료행위라도 하더라도 구체적인 경우에 개별적으로 보아 법질서 전체의 정신이나 그 배후에 놓여 있는 사회윤리 내지 사회통념에 비추어 위법성이 조각될 수 있다.

⚖ 판례 | 수지침 시술행위: 금지된 의료행위이지만 위법성이 조각

【판결요지】일반적으로 면허 또는 자격 없이 침술행위를 하는 것은 의료법 제25조의 무면허 의료행위(한방의료행위)에 해당되어 같은 법 제66조에 의하여 처벌되어야 하고, 수지침 시술행위도 위와 같은 침술행위의 일종으로서 의료법에서 금지하고 있는 의료행위에 해당하며, 이러한 수지침 시술행위가 광범위하고 보편화된 민간요법이고, 그 시술로 인한 위험성이 적다는 사정만으로 그것이 바로 사회상규에 위배되지 아니하는 행위에 해당한다고 보기는 어렵다고 할 것이나, 수지침은 시술부위나 시술방법 등에 있어서 예로부터 동양의학으로 전래되어 내려오는 체침의 경우와 현저한 차이가 있고, 일반인들의 인식도 이에 대한 관용의 입장에 기울어져 있으므로, 이러한 사정과 함께 시술자의 시술의 동기, 목적, 방법, 횟수, 시술에 대한 지식수준, 시술경력, 피시술자의 나이, 체질, 건강상태, 시술행위로 인한 부작용 내지 위험발생 가능성 등을 종합적으로 고려하여 구체적인 경우에 있어서 개별적으로 보아 법질서 전체의 정신이나 그 배후에 놓여 있는 사회윤리 내지 사회통념에 비추어 용인될 수 있는 행위에 해당한다고 인정되는 경우에는 형법 제20조 소정의 사회상규에 위배되지 아니하는 행위로서 위법성이 조각된다고 할 것이다(대법원 2000.4.25. 선고 98도2389 판결).[145]

⚖ 판례 | 금지된 의료행위

① 찜질기구사건: 의료법 제25조 제1항에서 말하는 의료행위라 함은 의학적 전문지식을 기초로 하는 경험과 기능으로 진찰, 검안, 처방, 투약 또는 외과적 시술을 시행하여 하는 질병의 예방 또는 치료행위와 그 밖에 의료인이 행하지 아니하면 보건위생상 위해가 생길 우려가 있는 행위를 의미하는바, 돌 등이 들어있는 스테인레스 용기를 천과 가죽으로 덮은 찜질기구를 가열하여 암 등 난치성 질환을 앓는 환자들에게 건네주어 환부에 갖다 대도록 한 행위는 명백히 암 등 난치성 질환이라는 특정 질병에 대한 치료를 목적으로 한 것이고, 이를 장기간 사용할 경우 피부 등에 화상을 입거나 암 등 난치성 질환을 앓고 있는 환자의 신체에 다른 부작용이 일어날 가능성을 배제할 수 없으므로, 이러한 치료행위는 의학상 전문지식이 있는 의료인이 행하지 아니하면 보건위생상 위해가 생길 우려가 있는 행위, 즉 의료행위에 해당한다고 보아야 할 것이고, 비

---

145) 부항시술행위에 대하여 동일한 취지의 판결은 대법원 2004. 10. 28. 선고 2004도3405 판결.

록 찜질기구의 가열 후 온도나 사용방법에 비추어 화상의 우려가 적다거나, 직접 환자의 몸에 손을 대지 않거나, 약물을 투여하는 등의 진찰행위가 없다고 하여 결론을 달리 할 것은 아니다(대법원 2000.9.8. 선고 2000도432 판결).

② 체침시술행위: 외국에서 침구사자격을 취득하였으나 국내에서 침술행위를 할 수 있는 면허나 자격을 취득하지 못한 자가 단순한 수지침 정도의 수준을 넘어 체침을 시술한 경우, 사회상규에 위배되지 아니하는 무면허의료행위로 인정될 수 없다고 한 사례(대법원 2002.12.26. 선고 2002도5077 판결).

③ 부항침과 부항: 피고인이 행한 부항 시술행위가 보건위생상 위해가 발행할 우려가 전혀 없다고 볼 수 없는 데다가, 피고인이 한의사 자격이나 이에 관한 어떠한 면허도 없이 영리를 목적으로 위와 같은 치료행위를 한 것이고, 단순히 수지침 정도의 수준에 그치지 아니하고 부항침과 부항을 이용하여 체내의 혈액을 밖으로 배출되도록 한 것이므로, 이러한 피고인의 시술행위는 의료법을 포함한 법질서 전체의 정신이나 사회통념에 비추어 용인될 수 있는 행위에 해당한다고 볼 수는 없고, 따라서 사회상규에 위배되지 아니하는 행위로서 위법성이 조각되는 경우에 해당한다고 할 수 없다(대법원 2004.10.28. 선고 2004도3405 판결).

5. 그 외 정당행위와 관련된 대법원 판례

이른바 안기부 X파일 사건과 같이 불법감청·녹음에 관여하지 아니한 언론기관이 그 통신 또는 대화의 내용이 불법감청·녹음 등에 의하여 수집된 것이라는 사정을 알면서도 그것이 공적인 관심사항에 해당한다고 판단하여 이를 보도하여 공개한 행위에 대하여 대법원은 정당행위에 해당하지 않는다고 하여 유죄를 선고하였다.[146]

이후 국회의원이 구 국가안전기획부 내 정보수집팀이 대기업 고위관계자와 중앙일간지 사주 간의 사적 대화를 불법 녹음한 자료를 입수한 후 그 대화내용과, 위 대기업으로부터 이른바 떡값 명목의 금품을 수수하였다는 검사들의 실명이 게재된 보도자료를 작성하여 자신의 인터넷 홈페이지에 게재하였다고 하여 통신비밀보호법 위반으로 기소된 사안에서도 정당행위에 해당하지 않는다고 판단하였다.[147]

> **판례** 이른바 안기부 X파일 사건

【사실관계】 MBC 방송사 기자인 갑은 구 국가안전기획부 정보수집기관이 미림팀이 삼성그룹 회장비서실장과 중앙일보 사장 사이에 1997년 제15대 대통령 선거를 앞두고

---

146) 대법원 2011.3.17. 선고 2006도8839 전원합의체 판결.
147) 대법원 2011.5.13. 선고 2009도14442 판결.

여야 후보 진영에 대한 삼성그룹 측의 정치자금 지원 문제 및 정치인과 검찰 고위관계자에 대한 이른바 추석 떡값 지원 문제 등을 논의한 사적 대화를 불법 녹음하여 생성한 도청자료인 녹음테이프와 녹취보고서를 입수한 후 이를 자사의 방송프로그램을 통하여 공개하였다.

【판결요지】 [1] [다수의견] (가) 통신비밀보호법은 같은 법 및 형사소송법 또는 군사법원법의 규정에 의하지 아니한 우편물의 검열 또는 전기통신의 감청, 공개되지 아니한 타인 간의 대화의 녹음 또는 청취행위 등 통신비밀에 속하는 내용을 수집하는 행위(이하 이러한 행위들을 '불법 감청·녹음 등'이라고 한다)를 금지하고 이를 위반한 행위를 처벌하는 한편(제3조 제1항, 제16조 제1항 제1호), 불법 감청·녹음 등에 의하여 수집된 통신 또는 대화의 내용을 공개하거나 누설하는 행위를 동일한 형으로 처벌하도록 규정하고 있다(제16조 제1항 제2호). 이와 같이 통신비밀보호법이 통신비밀의 공개·누설행위를 불법 감청·녹음 등의 행위와 똑같이 처벌대상으로 하고 법정형도 동일하게 규정하고 있는 것은, 통신비밀의 침해로 수집된 정보의 내용에 관계없이 정보 자체의 사용을 금지함으로써 당초 존재하지 아니하였어야 할 불법의 결과를 용인하지 않겠다는 취지이고, 이는 불법의 결과를 이용하여 이익을 얻는 것을 금지함과 아울러 그러한 행위의 유인마저 없애겠다는 정책적 고려에 기인한 것이다.

(나) 불법 감청·녹음 등에 관여하지 아니한 언론기관이, 그 통신 또는 대화의 내용이 불법 감청·녹음 등에 의하여 수집된 것이라는 사정을 알면서도 이를 보도하여 공개하는 행위가 형법 제20조의 정당행위로서 위법성이 조각된다고 하기 위해서는, 첫째 보도의 목적이 불법 감청·녹음 등의 범죄가 저질러졌다는 사실 자체를 고발하기 위한 것으로 그 과정에서 불가피하게 통신 또는 대화의 내용을 공개할 수밖에 없는 경우이거나, 불법 감청·녹음 등에 의하여 수집된 통신 또는 대화의 내용이 이를 공개하지 아니하면 공중의 생명·신체·재산 기타 공익에 대한 중대한 침해가 발생할 가능성이 현저한 경우 등과 같이 비상한 공적 관심의 대상이 되는 경우에 해당하여야 하고, 둘째 언론기관이 불법 감청·녹음 등의 결과물을 취득할 때 위법한 방법을 사용하거나 적극적·주도적으로 관여하여서는 아니 되며, 셋째 보도가 불법 감청·녹음 등의 사실을 고발하거나 비상한 공적 관심사항을 알리기 위한 목적을 달성하는 데 필요한 부분에 한정되는 등 통신비밀의 침해를 최소화하는 방법으로 이루어져야 하고, 넷째 언론이 그 내용을 보도함으로써 얻어지는 이익 및 가치가 통신비밀의 보호에 의하여 달성되는 이익 및 가치를 초과하여야 한다. 여기서 이익의 비교·형량은, 불법 감청·녹음된 타인 간의 통신 또는 대화가 이루어진 경위와 목적, 통신 또는 대화의 내용, 통신 또는 대화 당사자의 지위 내지 공적 인물로서의 성격, 불법 감청·녹음 등의 주체와 그러한 행위의 동기 및 경위, 언론기관이 불법 감청·녹음 등의 결과물을 취득하게 된 경위와 보도의 목적, 보도의 내용 및 보도로 인하여 침해되는 이익 등 제반 사정을 종합적으로 고려하여 정하여야 한다.

[2] [다수의견] 방송사 기자인 피고인이, 구 국가안전기획부 내 정보수집팀이 대기업 고위관계자와 모 중앙일간지 사주 간의 사적 대화를 불법 녹음하여 생성한 녹음테이프와 녹취보고서로서, 1997년 제15대 대통령 선거를 앞두고 위 대기업의 여야 후보 진영에 대한 정치자금 지원 문제 및 정치인과 검찰 고위관계자에 대한 이른바 추석 떡값 지원 문제 등을 논의한 대화가 담겨 있는 도청자료를 입수한 후 그 내용을 자사의 방송프로그램을 통하여 공개한 사안에서, <u>피고인이 국가기관의 불법 녹음을 고발하기 위하여 불가피하게 위 도청자료에 담겨있던 대화 내용을 공개하였다고 보기 어렵고, 위 대화가 보도 시점으로부터 약 8년 전에 이루어져 그 내용이 보도 당시의 정치질서 전개에 직접적인 영향력을 미친다고 보기 어려운 사정 등을 고려할 때 위 대화 내용이 비상한 공적 관심의 대상이 되는 경우에 해당한다고 보기도 어려우며, 피고인이 위 도청자료의 취득에 적극적·주도적으로 관여하였다고 보는 것이 타당하고, 이를 보도하면서 대화 당사자들의 실명과 구체적인 대화 내용을 그대로 공개함으로써 수단이나 방법의 상당성을 결여하였으며, 위 보도와 관련된 모든 사정을 종합하여 볼 때 위 보도에 의하여 얻어지는 이익 및 가치가 통신비밀이 유지됨으로써 얻어지는 이익 및 가치보다 우월하다고 볼 수 없다는 이유로,</u> 피고인의 위 공개행위가 형법 제20조의 정당행위에 해당하지 않는다고 본 원심판단을 수긍한 사례(대법원 2011.3.17. 선고 2006도8839 전원합의체 판결).

⚖️ 판례 ┃ 국회의원 안기부 X파일 폭로사건

【판결요지】 [2] 국회의원인 피고인이, 구 국가안전기획부 내 정보수집팀이 대기업 고위관계자와 중앙일간지 사주 간의 사적 대화를 불법 녹음한 자료를 입수한 후 그 대화내용과, 전직 검찰간부인 피해자가 위 대기업으로부터 이른바 떡값 명목의 금품을 수수하였다는 내용이 게재된 보도자료를 작성하여 국회 법제사법위원회 개의 당일 국회의원회관에서 기자들에게 배포한 사안에서, <u>피고인이 국회 법제사법위원회에서 발언할 내용이 담긴 위 보도자료를 사전에 배포한 행위는 국회의원 면책특권의 대상이 되는 직무부수행위에 해당하므로,</u> 피고인에 대한 허위사실적시 명예훼손 및 통신비밀보호법 위반의 점에 대한 <u>공소를 기각하여야 한다고 한 사례.</u>

[4] 국회의원인 피고인이, 구 국가안전기획부 내 정보수집팀이 대기업 고위관계자와 중앙일간지 사주 간의 사적 대화를 불법 녹음한 자료를 입수한 후 <u>그 대화내용과, 위 대기업으로부터 이른바 떡값 명목의 금품을 수수하였다는 검사들의 실명이 게재된 보도자료를 작성하여 자신의 인터넷 홈페이지에 게재하였다고</u> 하여 통신비밀보호법 위반으로 기소된 사안에서, 피고인이 국가기관의 불법 녹음 자체를 고발하기 위하여 불가피하게 위 녹음 자료에 담겨 있던 대화 내용을 공개한 것이 아니고, <u>위 대화가 피고인의 공개행위 시로부터 8년 전에 이루어져 이를 공개하지 아니하면 공익에 대한 중대한 침해가 발생할 가능성이 현저한 경우로서 비상한 공적 관심의 대상이 되는 경우에 해당한다고 보기 어려우며,</u> 전파성이 강한 인터넷 매체를 이용하여 불법 녹음된 대화

의 상세한 내용과 관련 당사자의 실명을 그대로 공개하여 방법의 상당성을 결여하였고, 위 게재행위와 관련된 사정을 종합하여 볼 때 위 게재에 의하여 얻어지는 이익 및 가치가 통신비밀이 유지됨으로써 얻어지는 이익 및 가치를 초월한다고 볼 수 없으므로, 피고인이 위 녹음 자료를 취득하는 과정에 위법이 없었더라도 위 행위는 형법 제20조의 정당행위에 해당한다고 볼 수 없는데도, 이와 달리 본 원심판단에 법리오해의 위법이 있다고 한 사례(대법원 2011.5.13. 선고
2009도14442 판결).

【해설】 국회의원이 의원회관에서 기자들에게 보도자료를 배포한 행위는 국회의원 면책특권의 대상이 되는 직무부수행위에 해당하므로, 피고인에 대한 허위사실적시 명예훼손 및 통신비밀보호법 위반의 점에 대한 공소를 기각하지만, 그 대화내용과, 위 대기업으로부터 이른바 떡값 명목의 금품을 수수하였다는 검사들의 실명이 게재된 보도자료를 작성하여 자신의 인터넷 홈페이지에 게재한 행위에 대해서는 통신비밀보호법에 대한 위법성이 조각되지 않는다는 판례이다.

판례 | 전자기록탐지행위에 대한 정당행위 인정 사례

【판결요지】 '회사의 직원이 회사의 이익을 빼돌린다'는 소문을 확인할 목적으로, 비밀번호를 설정함으로써 비밀장치를 한 전자기록인 피해자가 사용하던 '개인용 컴퓨터의 하드디스크'를 떼어내어 다른 컴퓨터에 연결한 다음 의심이 드는 단어로 파일을 검색하여 메신저 대화 내용, 이메일 등을 출력한 사안에서, 피해자의 범죄 혐의를 구체적이고 합리적으로 의심할 수 있는 상황에서 피고인이 긴급히 확인하고 대처할 필요가 있었고, 그 열람의 범위를 범죄 혐의와 관련된 범위로 제한하였으며, 피해자가 입사시 회사 소유의 컴퓨터를 무단 사용하지 않고 업무 관련 결과물을 모두 회사에 귀속시키겠다고 약정하였고, 검색 결과 범죄행위를 확인할 수 있는 여러 자료가 발견된 사정 등에 비추어, 피고인의 그러한 행위는 사회통념상 허용될 수 있는 상당성이 있는 행위로서 형법 제20조의 '정당행위'라고 본 원심의 판단을 수긍한 사례(대법원 2009.12.24. 선고
2007도6243 판결).

CHAPTER 07 결과반가치와 행위반가치

제1절 **서설**

I. 불법본질론

결과반가치는 결과에 대한 부정적 가치판단을 의미하며, 행위반가치는 행위에 대한 부정적 가치판단을 말한다. 결과반가치론과 행위반가치론의 기능에 대하여 위법성의 실체에 관한 문제로 이해하는 견해[148]도 있지만, 결과반가치론과 행위반가치론은 구성요건과 위법성을 합한 개념으로 불법의 본질에 관한 문제로 이해하는 견해가 다수설이다. 예를 들면 갑이 A를 칼로 찔러 살해한 경우 '불법의 실체'는 'A가 죽었다는 결과'에 대한 것인가 아니면 'A를 칼로 찌른 행위'에 대한 것인가라는 논쟁이다.

> ### ⚖ 보충내용 Unwert; 반가치 또는 무가치
>
> 결과반가치와 행위반가치를 설명할 때 사용하는 용어인 반가치 또는 무가치는 독일어의 Unwert를 번역한 것이다. 독일어의 Unwert는 부정접두어 Un과 가치를 의미하는 wert의 합성어이다. 이를 일본학자들이 무가치 또는 반가치로 번역을 한 이후에 우리 형법학에서도 그대로 사용하고 있다. 문제는 이렇게 번역을 했을 때 그 의미가 분명하게 이해되지 않는다는 점이다. 독일어의 Wert는 가치(價値)라는 의미도 있지만 일상적인 사용례를 보면 '옳다' 또는 '좋다'의 의미가 더 강하다. 이를 반영하여 번역하면 Unwert는 '옳지 못하다', '좋지 않다', '나쁘다' 라고 이해하는 것이 더 좋다. 즉 결과반가치는 '결과가 나쁘다'로, 행위반가치는 '행위가 나쁘다'로 이해하는 것이 더 쉽다. 결과반가치와 행위반가치의 논쟁은 "불법의 실체가 무엇인가? 결과반가치인가 행위반가치인가"에 대한 것이다. 이를 보다 쉽게 이해한다면 "형법상 불법의 실체는 나쁜 결과가 있기 때문인가? 나쁜 행위가 있기 때문인가"에 대한 논쟁이다.[149]

---

148) 정성근/박광민, 137면.
149) 신동운, 285면.

제2절 결과반가치론과 행위반가치론

Ⅰ. 결과반가치론

1. 의의와 이론적 근거

결과반가치론은 불법의 실체가 법익의 침해 또는 그 위험에 있다는 견해이다. 고전적·신고전적 범죄체계에 따를 경우 범죄를 객관적 측면과 주관적 측면으로 엄격히 분리하여 객관적 측면은 구성요건해당성과 위법성의 요소에 속하고, 주관적 측면은 책임요소에 해당한다고 해석한다. 이에 의하면 불법은 오직 객관적 표지만으로 구성되며, 반면 모든 주관적 표지는 책임에 귀속되기 때문에 불법의 핵심은 객관적 표지에 따른 결과반가치에 있다.

불법이란 객관적 평가규범에 위반하는 것이며, 의사결정규범은 책임귀속, 즉 책임의 판단기준이 된다. 형법의 임무는 법익보호에 있으며 피해자 없는 범죄는 범죄가 아니다.

2. 평가

형법은 평가규범적 성격도 있지만 동시에 의사결정규범적 성격도 있다. 평가규범과 의사결정규범을 동시에 가지고 있는 것이 형법임에도 불구하고 평가규범에 위반한 것은 불법이고 의사결정규범은 책임에서만 문제된다고 해석하는 것은 타당하지 않다.

결과발생만으로 불법인정하게 되어 불법이 무제한하게 확대될 위험이 있다. 부진정 부작위범의 불법은 보증인에 의해서만 실현될 수 있고, 과실범의 결과발생도 주의의무에 위반한 때에만 불법하다. 살인죄, 상해치사죄, 과실치사죄와 같이 동일한 결과가 발생한 경우에도 불구하고 왜 달리 처벌되는가에 대해서 결과반가치론은 설명하지 못한다.

결과반가치론이 주관적 요소를 예외적으로 불법요소에 포함시키고 있는데, 결과반가치론에 따르면 불법은 객관적 요소에 의하여 평가된다는 내용과 일치하지 않으므로 이론적 정합성이 떨어진다.

Ⅱ. 행위반가치론

1. 인적 불법론

인적 불법론에 따르면 불법은 행위자와 내용적으로 분리된 결과야기에 의하여 구성되는 것이 아니라, 행위는 '행위자의 작품'으로서 위법하게 되고, 위법성은 언제나 '특정한 행위자의 행위에 대한 부정적 가치판단'을 의미하므로 불법은 행위자관련적인 행위불법이라는 입장이다. 독일의 학자 Welzel에 의하여 주장된 이론이다.

그 이론적 근거로 목적적 행위론을 들고 있다. 목적적 행위론에 따르면 행위의 본질은 목적성에 있고, 목적성은 고의·과실에 의하여 표현되므로 그것은 불법구성요건의 핵심이 되며, 인적 행위반가치가 모든 범죄의 일반적 반가치라는 것이다. 형법의 기능에 대하여 사회윤리적 행위가치의 보호를 중시한다.

2. 일원적·주관적·인적 불법론

형법적 불법과 구성요건해당성을 오직 행위반가치만으로 근거지우고, 결과를 불법의 영역에서 몰아내어 불법을 행위반가치만으로 근거지우려는 극단적 행위반가치이론이다. '결과'는 구성요건요소가 아니라 '객관적 처벌조건'으로 보며, 형법의 의사결정규범적 성격을 강조한다. 독일 본(Bonn)학파의 이론이다.

이 학설은 다음과 같은 이론적 근거를 제시한다. 법질서가 행위규범에 의하여 인간의 공동생활을 규율하는 것이므로 이 규범에 위반하는 행위가 구성요건에 해당하는 위법한 행위로 된다는 점에서 출발한다. 따라서 금지의 대상은 행위이지 결과가 아니라고 한다. 또한 결과는 불법과 관계없는 우연(偶然)에 불과하다고 한다. 따라서 이에 따르면 기수와 미수를 동일하게 처벌하여야 한다. 행위반가치면에서 양자는 동일하기 때문이다.

3. 평가

형법은 의사결정규범인 동시에 평가규범으로 보는 것이 통설이다. 금지의 대상은 단순한 행위만이 아니라, 법익침해를 목적으로 하는 행위이기 때문이다. 또한 기수와 미수를 동일하게 처벌하는 것은 현행 형법의 태도와 불일치한다. 뿐만 아니라 과실범에 있어서 결과를 고려하지 않으면 과실치사, 과실치상, 도로교통법위반을 동일하게 처벌하게 되어 부당하다.

결과반가치를 객관적 처벌조건으로 이해한다면, 객관적 처벌조건은 형벌권의 발생 여부만을 결정할 뿐이고, 형벌의 종류와 정도는 결정하지 못한다.

오상방위가 정당방위와 동일시된다. 오상방위와 정당방위는 모두 행위반가치는 존재하지 않지만 결과반가치는 존재하는 경우이다. 따라서 일원적 인적 불법론에 따를 경우에는 행위반가치는 존재하지 않기 때문에 양자 모두 처벌되지 않아야 한다는 결론에 이른다. 그러나 오상방위의 경우 사정에 따라 책임을 감경해줄 뿐이지 불법은 인정된다.

III. 이원적·인적 불법론

1. 내용

이원적·인적 불법론은 결과반가치와 행위반가치는 동일한 서열에서 병존하는 불가피한 불법요소라고 이해하는 견해로 우리나라 통설이다. 결과불법·행위불법 이원론이라고도 부른다.

이원적·인적 불법론은 불법개념을 이해할 때 행위주체적 측면인 행위자의 내부적·주관적 태도를 무시해서는 안 된다는 인적 불법론을 따르면서도 범죄의 외부적·객관적 측면도 불법의 내용요소로 보는 것이다.

2. 평가

형법은 행위평가규범뿐만 아니라, 의사결정규범의 관점에서도 이해되어야 한다. 행위자에게 일정한 의사결정을 요구하기 위해서는 법적인 평가가 전제되어야 하고, 결정규범에 위반한 행위의 결과는 평가규범에 의해 판단되어야 한다. 또한 범죄의 성립요건인 구성요건해당성이 인정되기 위해서는 객관적 구성요건요소와 주관적 구성요건요소가 모두 구비되어야 할 뿐만 아니라 위법성 또한 객관적 정당화상황과 주관적 정당화요소가 모두 구비되어야 위법성이 조각된다. 즉 불법이 객관적 요소와 주관적 요소로 결합되어 있다는 점을 본다면 불법을 구성하는 요소도 객관적인 측면인 결과반가치와 주관적인 측면인 행위반가치 모두 구비되어야 한다는 것이 타당하다.

	결과반가치론	행위반가치론
형법의 기능, 임무	법익보호	사회윤리적 행위가치보호
위법성의 실체	법익침해, 침해의 위험	행위의 반사회성
고의, 과실	책임요소	주관적 불법요소
과실범의 불법	법익침해가 동일하므로 고의범에 비해서 불법의 경중에서 차이가 없다.	고의범과 과실범에서 불법의 경중 차이를 인정함
위법성조각원리	법익형량설, 우월적 이익설	사회상당성설, 목적설
실행의 착수시기	객관설	주관설
불능범과 불능미수	객관설	주관설 → 불능범 부정

제3절 결과반가치와 행위반가치의 내용

I. 결과반가치의 내용

결과반가치의 내용은 다음과 같다.[151] '법익침해'는 현실적인 법익침해의 결과를 의미한다. 결과범에서는 현실적인 침해결과의 발생을 의미하며, 위험범의 경우 위험상태 또는 위험결과를 의미한다. 기수와 미수를 구별하는 기준이 된다. '법익위태화'는 현실적인 법익침해는 없지만 결과발생이 가능함에도 결과가 발생하지 않은 결과발생을 의미한다. 미수범에서 말하는 결과반가치는 법익위태화만으로도 충분하다. '법익평온상태의 교란'은 법익침해나 법익위태화의 정도에 이르지 않았지만 가장 약한 정도의 결과반가치를 의미한다. 행위자의 범죄의사가 실행의 착수를 지나 객관화되면 사회적으로 법익평온상태는 교란이 된다. 처벌될 수 있는 미수와 처벌되지 않는 예비의 구별에 유용하며, 미수유형 중 불법의 정도가 가장 낮은 불능미수의 결과반가치가 이에 해당한다.

---

150) 정성근/박광민, 137-141면 참고.
151) 김일수/서보학, 163면.

【정리】결과반가치의 내용

유형	내용
법익의 현실적 침해	① 현실적인 법익침해의 결과 ② 결과범: 현실적인 침해결과의 발생 ③ 위험범: 위험상태 또는 위험결과의 발생 ④ 기수와 미수의 구별기준
법익의 위태화	① 현실적인 법익침해단계에 이르지 않았으나 결과발생이 가능함에도 결과가 발생하지 않은 때 ② 실행미수 또는 장애미수의 결과반가치
법익평온상태의 교란	① 결과반가치의 가장 약화된 형태로서 법익침해 또는 위태화에 이르지 않은 경우 ② 가벌적 미수와 불가벌적 예비의 구별, 장애미수와 불능미수의 구별에 유용

II. 행위반가치의 내용

행위반가치의 내용은 다음과 같다. 객관적 행위요소는 범죄의 가벌성이 결과반가치 이외에 실행행위의 종류, 방법, 수단, 행위사정에 의하여 결정되는 경우를 의미한다. 객관적 행위자요소는 행위자가 의무를 부과하는 객관적 요소에 의하여 일정한 범위의 사람에게 제한되는 경우를 의미한다. 주관적 행위요소는 고의범의 경우 고의와 과실범의 경우 주의의무와 같은 일반적 주관적 행위요소가 있으며, 목적·경향·표현과 같이 특별한 주관적 행위요소가 있다.

【정리】행위반가치의 내용

유형	내용
일반적 주관적 행위요소	고의: 규범명령에 직접 대항하는 행위의사 과실: 객관적 주의의무의 위반
특별한 주관적 행위요소	목적, 경향, 표현 등 특별한 주관적 불법요소
객관적 행위 요소	범죄의 가벌성이 결과반가치 이외에 실행행위의 종류, 방법, 수단, 행위사정에 의하여 결정되는 경우. (例) 특수폭행죄 → 위험한 물건의 휴대

객관적 행위자 요소	행위자가 의무를 부과하는 객관적 요소에 의하여 일정한 범위의 사람에게 제한되는 경우 (例) 신분범의 신분.

III. 결론

형법의 모든 범죄형태는 결과범이든 거동범이든, 기수·미수를 불문하고 행위반가치와 결과반가치가 모두 갖추어질 때 비로소 불법에 해당한다고 평가할 수 있다.[152] 법익에 대한 침해와 위험이 결과반가치라고 한다면 행위의 태양은 행위반가치에 속한다.[153]

---

152) 김일수/서보학, 164면.
153) 결과반가치와 행위반가치의 기능은 미수 특히 불능미수와 위법성조각사유의 전제사실의 착오의 경우에 문제된다. 미수범에 있어서는 행위반가치뿐만 아니라 결과반가치로서의 위험이 있어야 하며, 위법성조각사유의 전제사실의 착오도 결과반가치와 행위반가치는 있으나 심정반가치가 없는 경우이다.

PART 05

책임론

책임이론

제1절 책임의 의의

I. 개념

책임은 행위자에게 그가 규범이 요구하는 합법을 결의하고 이에 따라 행위할 수 있었음에도 불구하고 불법을 결의하고 위법하게 행위하였다는 것에 대하여 가해지는 비난가능성(非難可能性)이다(규범적 책임론).

---

1. 행위자 당신은 합법과 불법을 구별할 수 있는 능력이 있으며(책임능력),
2. 행위자는 행위당시에 그 행위가 불법이라는 것을 인식하고 있었음에도 불구하고(위법성의 인식), 왜 합법적 행위를 선택하지 않고, 불법을 결의하고 위법한 행위를 하였는가?
3. 만약 행위자 당신이 불법을 결의하고 행위를 한 것에 대하여 어쩔 수 없는 상황이었다면 책임을 면해줄 것이다(적법행위를 할 기대가능성).

II. 책임과 위법성과의 관계

위법성은 법질서 전체의 입장에서 내리는 '행위에 대한 객관적 판단' 즉 행위에 대한 반가치 판단이므로 개인적 특수성을 고려하지 않지만, 책임은 '행위자에 대한 비난가능성 유무를 판단하는 주관적 판단', 즉 행위자에 대한 반가치 판단이므로 개인적 특수성을 고려한다.

⚖ 보충내용 **도덕적·윤리적 책임, 민사책임과의 구별**

도덕적 책임의 판단기준은 행위자의 행위에 대한 '도덕적 기준'이며, 도덕적 책임의 결정절차는 '개인의 내적 양심'이지만, 형사책임의 판단기준은 '법적 기준'이며, 형사책임의 결정절차는 '법원의 소송절차'에 의한다.

민사책임은 사인(私人) 사이의 발생한 손해의 공평한 보상을 그 본질로 하며, 형사책임은 응보와 예방을 그 본질로 한다. 민사책임의 원리는 '책임의 객관화'이기 때문에 고의·과실책임 이외에도 무과실 책임을 인정할 수 있지만, 형사책임은 '책임의 주관화'로 책임주의가 철저히 유지되어야 되기 때문에 고의·과실조차 없는 무과실책임은 인정되지 않는다. 민사책임의 경우 고의책임과 과실책임을 구분하지 않지만, 형사책임은 고의책임을 원칙으로 하고 법률에 규정이 있는 경우에 한하여 과실책임을 인정하고 있다.

Ⅲ. 책임주의

1. 의의

책임주의는 책임 없으면 범죄는 성립하지 않고, 형량도 책임의 대소에 따라서 결정하여야 한다는 원칙을 말하며, "책임 없으면 범죄 없고, 책임 없으면 형벌 없다"로 표현된다. 헌법상 법치국가원리와 인간의 존엄과 가치의 보장이 책임의 근거가 되며, 책임주의는 결과책임사상을 극복하고 책임의 범위 내에서 형벌을 한정함으로써 국가의 형벌권으로부터 개인의 자유를 보장하는 기능을 수행한다. 죄형법정주의의 원칙과 더불어 형법상 모든 영역에 관철되어야 할 중요한 원칙이다.

2. 내용

책임은 불법과 상응해야 한다. 범행의 불법내용이 책임의 질과 양을 정하는 척도가 되며, 불법의 양에 비례하여 책임이 부과되어야 한다. 경미한 절도의 경우에도 사형을 부과할 수 있는 법규정이 있다면 이는 불법과 책임이 상응하지 않는 경우이므로 책임주의에 위배된다.

책임은 모든 처벌의 전제조건이 된다. 따라서 책임 없이 순수한 결과만을 이유로 형벌을 과할 수 없으며, 구체적인 범행과 무관한 행위자의 단순한 심정이나 지금까지의 생활영위를 근거로 처벌할 수 없다(형벌근거책임).

책임은 양형의 기초가 된다. 따라서 구체적으로 선고될 형벌은 책임의 정도에 비례하여 선고되어야 하며, 책임의 정도를 넘어서 형벌을 과해서는 안 된다(형벌제한책임).

> **📖 심화내용 ▶ 불법행태책임**
>
> 책임원칙은 보다 세밀하고 자세한 귀속기준을 마련해주고 있다. 즉 구성요건에 해당하고 위법한 행위를 하였더라도 이러한 모든 것이 행위자에게 귀속되는 것은 아니다. 즉 행위자에게 부담시켜야 할 구체적인 구성요건실현을 행위자가 예견하고 의욕하였거나 적어도 예견할 수 있었던 경우에만 결과를 유책하게 야기되었다고 평가할 수 있는 것이다. 허용되지 않은 일에 관련된 자에게는 그의 행위로부터 비롯된 일체의 결과가 귀속된다는 이른바 불법행태책임(不法行態責任; Versari in re illicita)이론은 책임원칙에 저촉되므로 오늘날 더 이상 주장되지 않는다.

3. 한계

책임의 완전한 인식은 불가능할 뿐만 아니라, 현행 형법상 인식 없는 과실, 결과적 가중범, 상해죄의 동시범의 특례 등과 같이 결과책임의 잔재가 여전히 존재하고 있다. 책임 없이 행위한 자에 대해서도 보안처분은 가능하다는 점에서 책임주의는 여전히 한계를 가지고 있다.

> **📖 심화내용 ▶ 의사자유의 문제 – 인간에게 자유의사가 있는가?**
>
> 인간에게 자유의사가 있는가에 대하여 결정주의와 비결정주의의 견해대립이 있다. 결정주의는 인간의 행위는 외부환경의 영향에 따라서 인과법칙적으로 결정되기 때문에, 인간에게 의사결정의 자유가 없다는 입장이다. 이에 비해 비결정주의는 인간의 행위가 외부환경에 의해서 결정되는 것이 아니라, 인간의 행위는 완전히 자유의사의 산물이라고 한다. 인간은 의사결정의 자유를 가지고 있기 때문에 형법적으로 보면 범죄를 결정할 수 있는 완전한 자유를 가지고 있다는 입장이다.
>
> 독일 연방대법원은 "인간은 자유롭고 책임 있는 도덕적 자기결정이 가능하고 법에 따르고 불법에 반대하며 법적 당위규범에 따라 그의 행위를 적용시키고 법적 금지를 회피할 능력이 있기 때문에 그의 행위에 대하여 책임을 지는 것이다"라고 하여 자유의사를 인정하는 비결정주의를 취하고 있다(BGHSt. 2, 200).
>
> 인간에게 의사자유가 있는지 없는지를 증명하는 것은 결코 쉬운 일이 아니다. 다만 형법상 책임주의는 행위자에게 적법행위를 선택하고 행할 수 있음에도 불구하고 범죄행위를 선택하고 행하였다는 점에 대하여 형법상 책임을 인정하고 있기 때문에 인간의 의사결정의 자유를 논리적 전제로 하고 있다.

제2절 책임의 본질

Ⅰ. 고전적 범죄체계론과 심리적 책임론

1. 고전적 범죄체계론의 방법적 기초

고전적 범죄체계에 따를 경우 범죄를 객관적 측면과 주관적 측면으로 엄격히 분리하여 객관적 측면은 구성요건해당성과 위법성의 요소에 속하고, 주관적 측면은 책임요소에 해당한다고 본다. 이에 의하면 불법은 오직 객관적 표지만으로 구성되지만, 모든 주관적 표지는 책임에 귀속되기 때문에 심리적 사실인 고의 또는 과실이 있으면 책임이 있다.

2. 심리적 책임론

심리적 책임론은 책임의 본질을 행위에 대한 행위자의 심리적 사실관계인 고의·과실로 파악한다. 따라서 책임형식인 고의·과실이 있으면 책임이 인정된다. 책임능력은 범행에 대한 행위자의 심리적 사실관계가 아니므로 책임의 구성부분이 아니고 책임의 전제로만 파악한다.

3. 평가

심리적 책임개념에 따르면 고의·과실만 있으면 무조건 책임이 인정된다. 따라서 고의·과실은 있지만 책임능력이 없거나 책임조각사유가 있는 경우도 책임이 인정된다. 이는 현행법의 태도와 일치하지 않는다. 인식 없는 과실은 현실적으로 결과에 대한 심리적 관계가 없으므로 책임을 부정하게 되어 부당하다. 어떠한 심리적 관계가 형법상 중요하며 왜 책임의 본질이 되고, 그것이 없으면 책임이 조각되는가에 대하여 실질적 기준을 제시하지 못한다.

Ⅱ. 규범적 책임론

1. 의의

규범적 책임론은 책임을 심리적 사실인 고의·과실에 있는 것이 아니라, 오히려 이러한 사실을 토대로 행위자가 불법행위를 행하지 않고 적법행위를 할 수 있었음에도 불구하고 (이른바 타행위가능성; 他行爲可能性) 적법행위를 택하지 않고 불법행위를 행하였다는 '비난'(사실에 대한 평가)에 책임의 본질이 있다는 견해로서 책임을 평가적 가치관계로 이해한다. 적법행위의 기대가능성이 책임의 중심적 요소이며, 비난가능성(非難可能性)이 책임의 본질이 된다는 견해이다.

구체적으로 고의·과실과 기대가능성의 관계 및 책임의 구성요소에 대해서는 다시 다음과 같은 견해의 대립이 있다.

2. 신고전적 범죄체계와 복합적 책임개념

가. 내용과 책임의 구성요소

신고전적 범죄체계는 고전적 범죄체계론이 취하고 있는 기본구조를 유지하였지만 책임개념은 고전적 범죄체계론의 심리적 책임개념에서 의사형성에 대한 비난가능성 내지 규범적 평가를 본질적 내용으로 하는 책임으로 변화되었다.[1]

이에 따르면 책임의 구성요소는 다음과 같다. 심리적 요소로서 '고의·과실' 이외에 규범적·평가적 요소인 '책임능력', 책임조각사유의 부존재로서 '기대가능성'이 책임의 요소가 된다. 다만 위법성의 인식은 별개의 책임요소가 아닌 고의의 한 내용으로 보았다.

나. 평가

하지만 책임평가 그 자체에 책임평가의 대상인 고의·과실을 포함시킴으로써 '대상의 평가'와 '평가의 대상'을 혼동하였다는 비판이 가능하다. 책임을 비난가능성이라는 평가적 가치관계로 이해한다면 가치판단의 기능을 갖는 것만으로 책임을 구성해야지, 가치판단의 대상인 심리적 사실(고의·과실)을 책임의 요소로 할 수 없다. 가치평가적 요소인 '비난가능성'과 사실관계적 요소인 '고의·과실'이 모두 있다는 점에서 '복합적' 규범적 책임론이라고 한다.

3. 목적적 범죄체계와 순수한 규범적 책임개념

가. 내용과 책임의 구성요소

책임은 심리적 활동에 대한 비난가능성이고, 심리적 사실인 고의·과실은 책임평가 그

---

[1] 비난가능성이라는 평가적(규범적) 요소를 책임개념에서 고려하고자 하였던 프랑크도 책임개념을 완전히 규범화하는 단계로까지는 나아가지 못하였다. 그는 책임을 '행위자의 정상적인 상태', '행위에 대한 행위자의 심리적 관련성(고의·과실)', '행위자가 행위하는 상황의 정상적 상태'라는 세 가지 요소를 모두 포함한 개념으로 보았다.

자체가 아니라 평가의 객체가 될 뿐이므로 이를 책임에서 제외하고, 순수한 규범적·평가적 요소만이 책임의 요소로 된다.[2] 목적적 범죄체계론에 따르면 고의·과실은 구성요건요소이므로, 책임은 모든 심리적 사실관계가 제거된 순수한 평가의 문제가 된다. 따라서 여기서는 평가의 대상과 대상의 평가를 구분한다.

고전적 범죄체계론에서 심리적 사실관계인 고의는 사실의 인식과 위법성의 인식을 결합한 개념으로 보는 반면에, 목적적 범죄체계론에서는 고의를 사실의 인식과 위법성의 인식으로 분리하였다. 사실의 인식인 고의는 구성요건요소로 본다. 위법성의 인식을 독자적인 책임표지로 보았다. 목적적 범죄체계론에 따르면 책임능력, 위법성의 인식, 적법행위에 대한 기대가능성이 책임의 구성요소가 된다.

나. 평가

불법평가의 대상과 책임평가의 대상은 동일한 고의행위·과실행위임에도 불구하고 책임평가에서만 고의·과실을 제거함으로써 책임판단은 그 대상을 상실하여 책임개념의 공허화를 초래한다.

4. 합일태범죄체계와 신복합적 책임개념

가. 내용과 책임의 구성요소

합일태적 범죄체계는 목적적 행위론에 동조하지는 않지만 불법구조와 관련하여 인적 불법론의 태도를 수용하여 고의를 구성요건요소로 인정함과 동시에 고의가 책임평가단계에서도 여전히 의미를 가진다고 보는 입장이다.[3] 신고전적 범죄체계와 목적적 범죄체계를 절충하는 태도이기 때문에 고전적·목적적 범죄체계라고도 한다.

'행위방향으로서의 고의'는 구성요건요소로서 행위반가치의 핵심이지만(무엇을 인식하고 의욕하였는가?) '심정적 반가치로서의 고의'는 그러한 행위방향으로 법질서에 반하여 '동기설정'을 하였다는 심정반가치로서 책임요소가 된다(행위의사의 형성동기가 진정한 자아의 실천이성적 양심과 모순·충돌하므로 법적으로 비난받을 만한 심정에 기인한 것인가?). 과실도 행위형식으로서의 과실과 책임형식으로서의 과실로 이해한다. 책임형식으로서의 과실은 행위자가 규범의 요청을 자신의 의무와 능력에 비추어 따를 수 있었는데도 태만하여 이를 저버리는 것을 말한다. 합일태적 범죄체계론은 '고의·과실의 이중적 기능'을 인정한다. 이러한 입장

---

2) 김성돈, 371면.
3) 김일수/서보학, 260면; 오영근, 255면; 이재상/장영민/강동범, 322면; 임웅, 149면.

에 의하더라도 구성요건적 고의가 인정되면 원칙적으로 고의의 확정문제는 더 이상 제기할 필요가 없는 것으로 본다. 왜냐하면 구성요건의 실현이 위법성을 징표하듯이 주관적 구성요건요소인 구성요건적 고의도 책임고의의 존재를 추정하는 것이라고 하기 때문이다.[4]

이에 따르면 책임의 구성요소는 다음과 같다. 책임은 책임능력, 위법성의 인식, 책임형식으로서의 고의 또는 과실, 기대가능성으로 구성된다.

나. 평가
동일한 고의를 가지고 불법과 책임의 단계에서 이중으로 평가하는 것은 고의의 실체를 이중으로 인정하는 모순이 있다는 비판이 있다.

📱 심화내용　고의·과실의 이중기능

책임판단의 대상은 결의에 의하여 행위로 발전하는 법적으로 비난받는 심정(心情; Gesinnung)에 의한 행위이며, 따라서 책임은 행위 속에 나타나는 심정으로 인한 행위의 비난가능성을 의미하고 심정은 비난가능성의 기초가 된다. 그러므로 고의는 주관적 구성요건요소이지만 그것이 책임요소에서 제외되는 것이 아니라 주관적 구성요건 요소인 동시에 책임요소가 되는 이중기능을 가지게 된다. 고의·과실은 구성요건요소인 동시에 책임판단의 대상이 된다.

【정리】 범죄체계론과 책임이론

내용	고전적 범죄체계	신고전적 범죄체계	목적적 범죄체계	합일태적 범죄체계
책임개념	심리적 책임론	규범적 책임론		
		복합적 책임개념	순수한 규범적 책임개념	신복합적 책임개념
책임내용	- 고의 또는 과실 (사실의 인식+위법성의 인식) - 책임능력	- 고의 또는 과실 (사실의 인식+위법성의 인식) - 책임능력 - 기대가능성	- 위법성의 인식 (사실의 인식과 위법성의 인식 분리) - 책임능력 - 기대가능성	- 위법성의 인식 - 책임능력 - 기대가능성 - 책임형식으로서 고의 또는 과실

---

[4] 김성돈, 372면; 다만 이 입장에서도 행위자가 위법성조각사유의 객관적 전제사실에 대한 착오를 일으킨 때에는 책임고의가 탈락되어 구성요건적 고의가 인정됨에도 불구하고 행위자에게 고의책임을 인정할 수 없고 과실책임을 부과할 가능성만 남게 된다고 한다.

제3절 책임의 근거

책임의 본질이 행위자의 심리적 요소에 있지 않고, 위법한 행위를 한 행위자에 대한 비난가능성이라는 평가적 요소에 있다고 할 때, 무엇을 근거로 행위자를 비난하는가 하는 문제에 대한 논쟁이다. 또한 행위자에게 범죄 이외의 다른 행위를 할 능력이 있는 때에만 범죄충동을 억제하지 않고 위법행위를 한 것에 대한 비난이 가능하기 때문에 책임주의는 인간의 의사결정의 자유를 논리적 전제로 한다. 인간의 자유의사를 인정할 수 있는가에 따라 도의적 책임론과 사회적 책임론이 대립하고 있으며, 이외에도 인격적 책임론, 예방적 책임론이 주장되고 있다.

I. 도의적 책임론

1. 의의

도의적 책임론은 자유의사를 가진 자가 자유로운 의사에 의하여 적법한 행위를 할 수 있었음에도 불구하고 위법한 행위를 선택하였으므로 행위자에게 도덕적·윤리적 비난을 가하는 것이 책임이라는 견해이다. 인간을 이성적 존재로 파악하는 추상적 인간관에 기초를 두고 있는 고전학파(객관주의, 응보형주의)의 책임론이다.

2. 내용

인간의 자유의사가 있다는 것을 전제로 하여, 책임의 근거를 자유의사에 둔다. 즉, 인간의 의사는 절대적으로 자유롭기 때문에 법과 불법 어느 쪽이든지 자유롭게 선택할 수 있다. 즉 자유의사를 기초로 한 위법한 의사를 형성한 것에 책임의 근거가 있다(의사책임론).

행위는 인간의 자유의사의 산물이므로 책임은 행위자의 개인적인 특성을 고려하지 않고 구체적으로 나타난 개개의 행위로부터 책임의 근거를 구한다.

자유의사가 없으면 책임이 없으므로, 책임무능력자는 자유의사가 없는 자이다. 즉 책임능력은 범죄능력이다. 책임무능력자는 자유의사가 없으므로 범죄능력이 없다. 자유의사를 가진 책임능력자에게는 형벌을 부과할 수 있지만, 자유의사가 없는 책임무능력자에게는 보안처분을 과해야 하며, 양자는 본질이 다른 것으로서 상호 간에 대체가 허용되지 않는다.

3. 평가

책임의 근거를 자유의사에 두고 있으나 외부적으로 나타난 행위를 책임의 척도로 삼고 있기 때문에 판단자의 주관이 개입하기 어려워 죄형법정주의의 요청에 부합되는 장점이 있지만,[5] 구체적 사례에서 자유의사의 경험적 입증이 불가능하며, 인간의 행위가 소질과 환경과 같은 인과법칙에 의해 어느 정도 영향을 받고 있음을 전적으로 무시했다는 문제점이 있다.[6]

II. 사회적 책임론

1. 의의

사회적 책임론에 따르면 범죄는 소질과 환경에 의해서 필연적으로 결정된 행위자의 사회적 위험성이 있는 성격의 소산이므로, 인간의 자유의사를 부정한다. 책임의 근거는 사회적으로 위험한 행위자의 반사회적 성격에 있다고 보는 견해이다.

2. 내용

행위는 행위자의 반사회적 성격의 징표에 불과한 것이므로 행위자의 반사회적 성격이 책임의 근거이다. 자유의사는 부정되고, 범죄는 행위자의 소질과 환경에 의하여 필연적으로 유발된다(성격책임론: 결정론).

책임비난의 대상은 개개의 행위가 아니라 행위 속에 표현된 전체로서의 행위자의 인격의 단면이다(행위자책임론).

책임능력은 형벌능력이므로 책임무능력자는 형벌무능력자이다. 하지만 책임무능력자도 반사회적 성격을 가지고 있으므로 사회방위를 위하여 보안처분이 가능하다. 형벌과 보안처분은 사회방위수단이라는 점에서 성질상 동일하며, 양적 차이가 있을 뿐이다(일원론).

3. 평가

사회적 책임론은 현실적으로 소질과 환경의 영향을 받아 활동하고 있는 구체적인 인간

---

5)   정성근/박광민, 307면.
6)   이재상/장영민/강동범, 315면.

상을 발견하고 있다는 이론적 장점이 있다.[7]

하지만 본능적으로 움직이는 동물과는 달리 인간에게는 어느 정도 충동을 억제하고 자신의 가치관에 따라 행위를 조종하는 자유의사가 존재한다는 것을 부정할 수 없다. 성격의 위험성이라는 개념은 원래 다의적이어서 주관적 판단이 개입할 여지가 크므로, 과도한 형사법의 투입을 유발할 가능성이 크다. 책임능력을 형벌능력이라고 보게 되면 책임능력은 형벌을 과할 때 존재하면 충분하다고 볼 것인데, 현행 형법이 왜 심신상실자나 14세 미만자를 형벌능력이 없다고 보는지 설명할 수 없으며, 명정자는 책임능력자가 되며, 상습범은 형벌적응능력이 없으므로 오히려 책임무능력자가 되는 불합리한 결과가 온다. 현행 형법의 태도와 반드시 일치하는 것은 아니다.[8] 범죄의 원인을 사회적 환경의 탓으로 돌리게 되면 범죄자들이 저마다 책임에서 벗어날 수 있는 외부환경을 내세울 수 있는 구실을 주게 되어 범죄행위의 억제효과를 기대하는 것이 어렵게 될 우려마저 생긴다.[9]

Ⅲ. 인격적 책임론

1. 의의

인격적 책임론은 소질과 환경의 영향을 받으면서도 어느 정도 상대적 자유의사를 가진 인간상을 전제로 하여, 책임의 근거를 행위자의 배후에 있는 인격에서 찾으려는 견해이다. 소질과 환경이라는 숙명을 짊어지면서도 주체성 있는 행위적 인간을 전제로 한다. 책임은 인격형성과정에 대해서는 과해지는 비난가능성이다. 도의적 책임론과 사회적 책임론의 대립을 지양하는 제3의 입장이다.

2. 내용

구체적인 행위와 함께 그 행위의 배경이 된 행위자의 생활영위(생활영위책임), 생활결정(생활결정책임) 또는 행위자의 인격형성(인격적 책임)에서 책임근거를 찾는다. 책임판단의 제1차적 대상은 현실적으로 나타난 1회적인 불법행위이지만, 행위는 주체성을 가진 인간의 인격의 현실화이므로 제2차적으로 하나 하나의 인격형성과정까지 조사하여 인격형성책임을 책임비난의 대상으로 한다(인격형성책임). 인간은 소질과 환경의 영향을 받으면서도

---

7) 정성근/박광민, 308면.
8) 이재상/장영민/강동범, 316면.
9) 김성돈, 375면.

그 제약된 범위 내에서 행동의 자유를 가지고 주체적으로 인격을 형성해 나아간다(상대적 비결정론).

3. 평가

추상적 인간이나 숙명적 인간이 아니라 소질과 환경의 영향을 받으면서도 주체적으로 활동하는 합리적 인간상을 전제로 하고 있다. 행위자의 어쩔 수 없는 인격형성이 책임에 포함된다.[10] 그러나 현행 형사소송법상 인격형성과정의 파악이 불가능하며, 인격을 조사·심리한다는 것은 피고인의 내밀한 사적 세계를 법정에서 공개한다는 것이고 법원의 형사판결이 도덕훈시문이 될 위험이 있다.

Ⅳ. 예방적 책임론

1. 의의

예방적 책임론은 책임의 내용을 행위자의 적법행위가능성이 아닌 형벌의 목적(일반예방·특별예방목적) 또는 일정한 형사정책적 목적으로부터 찾으려는 시도이다.[11] 이 이론은 종전의 책임론이 의사자유를 토대로 한 타행위가능성을 그 이론적 기반으로 삼는 것이 형이상학적 허구에 토대를 두고 있는 것이라고 비판을 하면서 출발하였다. 다만 책임개념을 포기하거나 형벌을 대체할 보안처분을 통해 새로운 형법을 구상하려는 것이 아니라, 형법상 책임개념이 현실사회 속에서 어떤 기능을 하고 있는 것인지를 사회학적 시각에서 관찰하여 이를 책임이론으로 정립하려고 한다.

책임의 근거를 가정적·허구적인 타행위가능성을 기초로 삼지 않고 형법의 현실(목적)인 예방의 필요성에서 찾으려는 입장으로 이를 예방적 책임론이라고 한다.

2. 야콥스(Jakobs)의 사회적 기능이론(극단적 예방적 책임론)

극단적 예방적 책임론은 책임평가에서 타행위가능성이라는 척도를 전적으로 배제하고 오로지 예방목적만을 책임평가의 척도로 제시한다. 예방목적으로 '적극적 일반예방목적'

---

10) 이재상/장영민/강동범, 316면.
11) 예방적 책임론에 대한 자세한 설명은 김성돈, 377면 이하 참조.

을 제시한다.

책임개념은 순전한 형식적 개념이며 어떤 내용 있는 기준에 의해 규정되는 것이 아니므로 목적만이 책임개념에 내용을 부여할 수 있으며 이러한 목적은 법신뢰를 실현하는 내용의 적극적 일반예방이므로 책임을 결정하는 목적은 범죄에 의하여 파괴된 질서신뢰의 안정이며, 책임과 형벌은 규범의 정당성에 대한 신뢰를 확인해야 한다. 형법은 형벌을 통하여 적극적으로 일반인의 규범의식을 강화하고 법규범에의 자발적인 복종을 가능케 하는 기능을 갖는다.

3. 록신(Roxin)의 답책성론(절충적 예방적 책임론)

책임은 예방의 필요성을 한계로 하고 장래의 범죄예방의 필요성도 책임형벌을 제한한다고 하여 책임과 예방의 상호제한적 기능을 인정한다.

종래의 책임개념에 '예방적 처벌의 필요성'이라는 요소를 보충하여 벌책성(罰責性) 또는 답책성(罰責性)이 되어야 한다고 한다. 즉 종전의 책임과 예방적 처벌의 필요성이 결합된 개념으로 벌책성 또는 답책성 개념을 제시한다. 따라서 책임이 존재하는 경우에도 예방적 처벌의 필요성이 인정되지 않으면 답책성이 탈락한다고 한다.

타행위가능성을 책임평가의 척도로 유지하기 때문에 책임평가에 자의성이 개입될 여지를 차단하여 주고, 행위자에 대한 본보기처벌 내지 과잉처벌의 위험도 제거할 수 있다고 한다.

4. 평가

형법과 형사정책의 관계를 혼동함으로써 일반예방에 대한 관계에서 책임주의가 가지고 있는 제한적 기능을 무의미하게 만들 우려가 있다. 무엇이 질서에 대한 신뢰를 안정시키는가에 대한 명확한 기준이 없기 때문에 책임개념을 입법자나 법관의 재량에 맡겨 범죄의 성립 여부를 불분명하게 만들 수 있다.[12]

---

12) 이재상/장영민/강동범, 319면.

V. 결론

인간의 자유의사의 존재를 경험적 측면에서 입증하는 것은 불가능하지만 책임은 인간의 자유의사를 전제로 한다는 것은 기본적으로 타당하다. 자유의사는 존재론적 의미가 아니라 규범적 의미로 판단할 수밖에 없다. 자유의사의 존재를 인정할 것인지는 신앙고백(Credo)일 수밖에 없다.

오늘날 형사책임에 있어서 자유의사는 비록 소질과 환경에 의하여 제한을 받지만, 행위의 의미와 내용을 알고 이에 따라 결단을 내릴 수 있는 인격적 자기결정능력이라는 의미에서 긍정되고 있을 뿐이다(상대적 비결정론). 즉 인간은 소질과 환경의 제약을 받기는 하지만 그것에 의하여 온전히 결정되는 것은 아니다. 인간은 한편으로는 소질과 환경의 제약을 받으면서 다른 한편으로는 자유롭게 의사를 결정하여 행동하고 그 결과에 대하여 책임을 지는 주체적 존재이다. 책임의 전제조건에 대해서는 도의적 책임을 기초로 하여 사회적 책임을 보충적으로 이해하는 것이 바람직하다.

제4절 책임판단의 대상

Ⅰ. 행위책임의 원칙

책임판단의 대상은 구체적인 행위이며, 따라서 형사책임은 개별적인 행위책임이지 인격책임 또는 행위자책임이 될 수 없다. 그 이유는 책임비난의 기초인 불법은 구성요건적 행위이므로 책임판단의 대상도 행위여야 하며, 현행 형사소송법에서 행위자의 인격형성과정을 심사하는 것은 불가능하기 때문이다. 또한 행위책임만이 양형과정에서 책임원칙에 부여되어 있는 명확한 법치국가적 제한기능을 수행할 수 있고, 행위자책임은 그 개념과 한계가 모호하여 책임의 한계를 무너뜨릴 염려가 있기 때문이다.

Ⅱ. 행위자책임의 보충가능성

책임의 실제 문제에서 행위를 행위자로부터 절연시켜 파악할 수 없는 경우가 존재한다. 행위는 행위자와 분리된 현상이 아니라 그 인격의 일면일 수 있기 때문이다. 따라서 행위자책임의 관점이 행위책임에 영향을 줄 수 있다. 예를 들면 누범가중, 양형에 관한 규정, 금지착오의 회피가능성, 원인에 있어서 자유로운 행위, 인식 없는 과실 등이 있다.

책임능력, 위법성의 인식의 경우에는 행위자의 개인적인 특성이나 능력이 고려되어야 한다. 책임형식으로서의 고의·과실 및 기대가능성의 판단에는 평균인이 행위자의 입장에서 달리 행위할 수 있었는가 하는 평균인 가능성이 표준이 된다.

CHAPTER 02 책임능력

제1절 서설

Ⅰ. 의의

책임능력은 행위자가 법규범의 의미내용을 이해하고 이에 따라 행위할 수 있는 능력을 말한다(통찰능력과 조정능력). 행위자가 위법한 행위를 했다고 하더라도 책임능력이 없으면 비난할 수 없다. 따라서 책임은 책임능력을 전제로 한다.

Ⅱ. 책임능력의 규정방법

1. 생물학적 방법

형법이 행위자의 비정상적인 상태를 기술하고, 그러한 상태가 있으면 바로 책임능력이 없다고 하는 방법이다. 이 방법은 생물학적 장애가 구체적인 행위에 있어서 시비변별이나 의사결정에 어느 정도로 영향을 주었는가를 고려하지 못하여 책임의 본질에 반하며, 정신의학자·의사의 자의 또는 편견이 개입할 우려가 있다.

2. 심리적 방법

행위자가 어떤 이유에서인가를 불문하고 사물을 변별하거나 의사를 결정할 능력이 없으면 책임능력이 없다고 규정하는 방법이다. 이 방법은 생물학적 제약요인을 무시하므로 책임능력의 판단이 규범화·윤리화할 가능성이 있다. 법관의 자의가 개입할 가능성이 있기 때문에 법적 안정성을 해칠 수 있다.

3. 혼합적 방법

행위자의 비정상적인 상태는 생물학적 방법으로 규정하고, 이러한 생물학적 요인이 시비변별력과 의사결정력에 미치는 영향은 심리적 방법에 의하도록 규정하여 책임능력을 판단하는 방법으로 현행 형법의 태도이다. 현행 형법상 책임능력은 생물학적 요소인 심신장애와 규범적 요소인 사물변별능력과 의사결정능력 모두를 기준으로 판단하고 있다.

제2절 절대적 책임무능력자

I. 형사미성년자

> 제9조(형사미성년자) 14세 되지 아니한 자의 행위는 벌하지 아니한다.

1. 형사미성년자

만 14세 미만의 자는 형사미성년자로서 책임무능력자이다. 형사미성년자인지 여부는 생물학적 연령으로 판단하며, 절대적 책임무능력자로서 개인의 지적·도덕적·성격적 발육상태는 고려하지 않는다. 연령은 사실문제이므로 공적 기록부가 중요한 기준이 되는 것은 사실이지만, 절대적인 기준은 될 수 없다. 공적 기록부의 연령과 다르다는 사실이 다른 자료에 의하여 입증될 수 있다.

2. 소년법에 의한 특별취급[13]

가. 의의
만 14세 미만의 소년에 대해서는 형벌을 부과하는 형사절차 대신에 보안처분의 일종

---

13) 청소년 인구의 감소에 따라 소년사건 수가 감소하고 있음에도 불구하고 소년범의 재범률은 높은 수준을 유지하고 있고, 범죄가 흉포화되고 있어 처벌 위주에서 교화·선도 중심으로 소년사법체계를 개선하고자 2007.12.21 법률 제8722호로 일부개정하였으며, 2008.6.22부터 시행되었다.

인 소년법상 '보호처분'을 부과할 수 있다. 소년법에 따르면 ① 죄를 범한 소년(범죄소년) ② 형법법령에 저촉되는 행위를 한 10세 이상 14세 미만의 소년(촉법소년) ③ 집단적으로 몰려다니며 주위 사람들에게 불안감을 조성하는 성벽(性癖)이 있거나 정당한 이유 없이 가출 또는 술을 마시고 소란을 피우거나 유해환경에 접하는 성벽이 있으면서 그의 성격이나 환경에 비추어 앞으로 형벌 법령에 저촉되는 행위를 할 우려가 있는 10세 이상인 소년(우범소년)은 소년부의 보호사건으로 심리한다(소년법 제4조).

나. 유형

범죄소년은 만 14세 이상 19세 미만의 자로서 형법상 형사성년자에 해당한다. 따라서 범죄소년에 대해서 일반성인과 같이 형사처벌이 가능하지만, 소년의 특수성을 감안하여 보호처분의 가능성 또한 열어 두고 있다.

촉법소년은 만 10세 이상 14세 미만의 소년으로 형사미성년자에 해당하기 때문에 형사처벌은 불가능하다. 다만 소년법상 보호처분은 가능하다.

우범소년은 실제로 범행을 저지른 소년이 아니라 소년법이 정하는 일정한 사유가 있고 그의 성격이나 환경에 비추어 앞으로 범죄를 저지를 우려가 있는 10세 이상의 소년을 말한다. 우범소년은 범죄와의 직접적 관련성이 없음에도 불구하고 범죄를 저지를 우려가 있다는 이유로 국가에 의한 보호처분을 부과할 수 있게 한 것은 다소 문제가 있다. 개정될 필요가 있다.

만 10세 미만의 소년의 경우에는 아무리 중대한 범죄행위를 범했다고 하더라도 형사처벌이나 소년법상 보호처분도 불가능하다. 민사책임을 지는 것은 별개의 문제이다.

다. 보호처분

소년부 판사는 심리 결과 보호처분을 할 필요가 있다고 인정하면 결정으로써 ① 보호자 또는 보호자를 대신하여 소년을 보호할 수 있는 자에게 감호 위탁, ② 수강명령, ③ 사회봉사명령, ④ 보호관찰관의 단기보호관찰, ⑤ 보호관찰관의 장기보호관찰, ⑥ 아동복지법에 따른 아동복지시설이나 그 밖의 소년보호시설에 감호 위탁, ⑦ 병원, 요양소 또는 보호소년 등의 처우에 관한 법률에 따른 소년의료보호시설에 위탁, ⑧ 1개월 이내의 소년원 송치, ⑨ 단기 소년원 송치, ⑩ 장기 소년원 송치 중 어느 하나에 해당하는 처분을 하여야 한다(소년법 제32조 제1항). 각 보호처분 상호 간에는 그 전부 또는 일부를 병합할 수 있다(동법 제32조 제2항).

Ⅱ. 심신상실자

제10조(심신장애인) ① 심신장애로 인하여 사물을 변별할 능력이 없거나 의사를
결정할 능력이 없는 자의 행위는 벌하지 아니한다.

1. 의의

심신상실자는 심신장애로 인하여 사물변별능력이 없거나 또는 의사결정능력이 없는
자로 책임무능력자이다(제10조 제1항). 사물변별능력이나 의사결정능력이 없게 된 원인이
심신장애이어야 한다. 따라서 심신장애가 있다고 하더라고 행위 당시에 사물변별능력이
나 의사결정능력이 있는 경우에는 본죄의 심신상실에 해당하지 않는다.[14]

2. 심신장애로 인하여

가. 정신적인 장애

심신장애는 정신병, 정신박약, 심한 의식장애 기타 중대한 정신이상상태를 말한다. 형
법 제10조의 심신(心神)장애는 정신적인 장애를 의미하므로 원칙적으로 신체장애는 포함
되지 않는다.

정신병은 정신분열증과 조울증 등이 원인이 되는 내인성 정신병, 진행성 뇌연화증, 뇌
손상 혹은 간질이 원인이 되는 외인성 정신병, 강박증 또는 노이로제 등이 원인이 되는 심
인성 정신병이 있다. 정신박약은 백치, 치매 등과 같은 지능박약을 의미한다. 심한 의식장
애는 실신, 마취, 혼수상태, 깊은 최면상태, 극도의 피로, 극도의 격정상태, 병적명정상태
가 원인이 되어 자기의식과 외계의식 사이에 정상적인 연관이 단절된 상태를 말하고, 기
타 중대한 정신이상상태란 심한 노이로제, 중한 충동장애 및 기타 중한 정신신경증 상태
에 빠진 경우를 말한다.

나. 명정상태와 블랙아웃

보통 술에 취한 상태를 명정상태로 말하며, 술에 취하면 심신장애가 인정되어 심신상
실이 되거나 심신미약으로 이해하는 경향이 있다. 하지만 이는 오해이다. 명정상태(酩酊狀

---

14) 대법원 1992.8.18. 선고 92도1425 판결.

態; drunkenness)는 단순명정(單純酩酊; ordinary drunkenness)과 병적명정으로 구분하여 이해하여야 한다. 단순명정은 알코올음료의 섭취 후에 생기는 급성알코올중독의 상태로서, 일반적으로 많은 사람이 경험할 정도의 취한 정도를 말한다. 보통명정이라고도 한다. 신체적으로는 심계항진(心悸亢進), 호흡촉진, 구음장애(構音障碍), 협조운동장애 등이 나타나고 정신적으로는 기분의 발양(發揚), 다변, 다동(多動), 무겸손으로 된다. 단순명정은 이상명정 중 하나인 병적명정(病的酩酊; pathological drunkenness)과는 질적 차이를 가진다. 병적명정은 많게는 소량의 음주에 의해 갑자기 의식장애를 일으키며 급격한 흥분이 시작되며, 맹목적 공격적 태도를 나타낸다. 사람과 사물판단의 착오도 나타난다.[15] 심신장애로 평가할 수 있는 명정은 단순명정이 아니라 병적명정이라고 보아야 한다. 병적명정을 심신장애로 인정하더라도 사물변별능력이나 의사결정능력의 유무에 대한 판단은 추가적으로 별개로 이루어져야 한다. 의학적 개념으로서의 '알코올 블랙아웃(black out)'은 중증도 이상의 알코올 혈중농도, 특히 단기간 폭음으로 알코올 혈중농도가 급격히 올라간 경우 그 알코올 성분이 외부 자극에 대하여 기록하고 해석하는 인코딩 과정(기억형성에 관여하는 뇌의 특정 기능)에 영향을 미침으로써 행위자가 일정한 시점에 진행되었던 사실에 대한 기억을 상실하는 것을 말한다.[16] 알코올 블랙아웃은 인코딩 손상의 정도에 따라 단편적인 블랙아웃과 전면적인 블랙아웃이 모두 포함한다. 블랙아웃은 특정 사건을 사후적으로 기억하지 못하는 것일 뿐, 사건이 진행되는 동안에는 정상적인 대화가 가능하고 판단능력에는 문제가 없는 경우가 많다. 이런 점에서 본다면 블랙아웃은 알코올의 심각한 독성화와 전형적으로 결부된 형태로서의 의식상실의 상태, 즉 알코올의 최면진정작용으로 인하여 수면에 빠지는 의식상실(passing out)과 구별되는 개념이다.

따라서 피고인이 법정에서 알코올 블랙아웃(black out)을 주장한 경우 평소 주량, 범행 당시의 음주량과 음주속도, 경과한 시간 등을 고려하여 블랙아웃이 의식장애를 수반할 수도 있고 그 정도가 심한 경우 의사결정능력의 결여 또는 미약에 이를 수 있지만, 일반적으로는 블랙아웃만으로는 책임무능력이나 한정책임능력이 인정되지 않는다고 보는 것이 타당하며, 패싱아웃이 될 정도에 이르러야만 심신상실이나 심신미약을 인정할 수 있다. 이러한 판단은 형법 제299조 준강간죄에 있어서 성관계 후 피해자가 블랙아웃을 주장하는 경우 피고인에게 준강간죄의 성립 여부를 판단할 경우에도 동일하게 적용할 수 있다.

---

15) 간호학대사전, 1996.3.1., 한국사전연구사.
16) 대법원 2021.2.4. 선고 2018도9781 판결.

다. 성격적 결함의 경우

충동조절장애,[17] 소아기호증,[18] 성주물성애증[19]과 같은 '성격적 결함'은 원칙적으로 심신장애사유에 해당하지 않는다. 자신의 충동을 억제하지 못하여 범죄를 저지르게 되는 현상은 정상인에게서도 얼마든지 찾아볼 수 있는 일로서 이는 정도의 문제에 불과하며, 이러한 성격적 결함을 가진 자에 대해서도 자신의 충동을 억제하고 법을 준수할 것을 기대할 수 있기 때문이다.[20] 하지만, 성격적 결함이나 인격장애의 정도가 심각하여 행위자를 원래 의미의 정신병과 같은 사람과 동등하다고 평가할 수 있는 경우 또는 다른 심신장애사유와 경합된 경우에는 심신장애사유로 볼 수 있다.[21]

라. 법원의 판단

심신장애 여부에 대하여 전문가의 감정을 거치는 것이 일반적이지만, 법원이 기록상의 자료·공판정에서의 태도 등에 의해 전문가의 감정결과와는 다른 판단을 하여도 위법이 아니다. 따라서 심신장애의 유무는 법원이 형벌제도의 목적 등에 비추어 판단하여야 할 법률문제로서, 그 판단에 있어서는 전문감정인의 정신감정 결과가 중요한 참고자료가 되기는 하지만, 법원으로서는 반드시 그 의견에 기속을 받는 것은 아니다. 전문가의 감정 결과뿐만 아니라 범행의 경위, 수단, 범행 전후의 피고인의 행동 등 기록에 나타난 제반 자료 등을 종합하여 단독적으로 심신장애의 유무를 판단한다.

⚖ 판례 | 충동조절장애에 의한 병적 도벽과 심신상실

【사실관계】 피고인 갑은 1992.12.8. 서울형사지방법원에서 절도죄 등으로 징역 1년에 집행유예 2년을 선고 받고, 1993.8.2. 서울형사지방법원에서 절도죄로 벌금 3,000,000원을 선고받아 이 사건 범행 당시 위 집행유예기간 중에 있는 자인데 상습으로 1994.1.26. 14:00경 한양대학교 도서관에서 학생들의 지갑을 절취하였다. 갑은 대학 1학년 때부터 병적인 도벽이 나타났으나 정상적으로 대학을 졸업하고 회사에 근무하다가 일본에 유학까지 하였는데 회사에 근무하거나 일본에 유학하고 있는 동안에는 아무런 문제가 없었고 다만 도서관에 들어갔을 때에만 이러한 도벽이 나타난다. 감정서에는 피고인이 충동조절장애로 인한 병적 도벽(Kleptomania), 즉 자신의 필요에 의하거나 금전상의 이득을 위한 것이 아니면서도 사전에 아무 계획 없이 그 순간에 어

---

17) 대법원 2002.5.24. 선고 2002도1541 판결; 대법원 1995.2.24. 선고 94도3163 판결.
18) 대법원 2007.2.8. 선고 2006도7900 판결.
19) 대법원 2013.1.24. 선고 2012도12689 판결.
20) 대법원 1995.2.24. 선고 94도3163 판결.
21) 대법원 2011.2.10. 선고 2010도14512 판결.

떠한 사물을 도둑질하고 싶은 충동을 억제할 수 없는 일이 반복되는 상태에 있고, 이 사건 범행 당시에는 사전에 아무런 계획 없이 일단 절도충동이 발생하면 스스로의 의지로는 저항할 수 없는 상태로 되어 현실변별력을 잃은 병적 상태에서 범행한 것으로 사료된다고 기재되어 있다.

【판결요지】 형법 제10조 소정의 심신장애의 유무는 법원이 형벌제도의 목적 등에 비추어 판단하여야 할 법률문제로서, 그 판단에 있어서는 전문감정인의 정신감정 결과가 중요한 참고자료가 되기는 하나, 법원으로서는 반드시 그 의견에 기속을 받는 것은 아니고, 그러한 감정 결과뿐만 아니라 범행의 경위, 수단, 범행 전후의 피고인의 행동 등 기록에 나타난 제반 자료 등을 종합하여 단독적으로 심신장애의 유무를 판단하여야 한다.

나. 피고인이 자신의 절도의 충동을 억제하지 못하는 성격적 결함(정신의학상으로는 정신병질이라는 용어로 표현하기도 한다)으로 인하여 절도 범행에 이르게 되었다고 하더라도, 이와 같이 자신의 충동을 억제하지 못하여 범죄를 저지르게 되는 현상은 정상인에게서도 얼마든지 찾아볼 수 있는 일로서 이는 정도의 문제에 불과하고, 따라서 특단의 사정이 없는 한 위와 같은 성격적 결함을 가진 자에 대하여 자신의 충동을 억제하고 법을 준수하도록 요구하는 것이 기대할 수 없는 행위를 요구하는 것이라고는 할 수 없으므로 원칙적으로는 충동조절장애와 같은 성격적 결함은 형의 감면사유인 심신장애에 해당하지 않는다고 봄이 상당하고, 다만 그러한 성격적 결함이 매우 심각하여 원래의 의미의 정신병을 가진 사람과 동등하다고 평가할 수 있다든지, 또는 다른 심신장애사유와 경합된 경우에는 심신장애를 인정할 여지가 있을 것이다(대법원 1995.2.24. 선고, 94도3163 판결).

3. 사물변별능력 또는 의사결정능력의 부존재

책임능력이 부정되기 위해서는 먼저 심신장애라는 생물학적 요소가 있어야 하고 이러한 심신장애로 인하여 사물변별능력 또는 의사결정능력이 없어야 한다. 심신장애와 사물변별능력 또는 의사결정능력 사이에는 인과성이 있어야 한다.

사물변별능력은 지적 판단능력으로 법과 불법을 구별할 수 있는 능력을 말한다. 의사결정능력은 사물변별능력을 통하여 알게 된 적법과 불법 중 어느 하나를 행하기로 결정하는 능력, 즉 자기의 행위를 통제·조종할 수 있는 의지적 능력을 말한다. 사물변별능력이 없으면 당연히 의사결정능력이 없기 때문에, 사물변별능력이 있는 경우에만 의사결정능력을 검토한다.

4. 기억능력과 심신장애

기억능력과 사물변별능력은 필연적 논리연관이 없다. 사물에 대한 인식과 기억은 행위자의 고의를 인정하는 단서가 될 뿐이지, 행위의 옳고 그름과 관련된 능력은 아니기 때문이다. 따라서 행위 당시를 정확히 기억하고 있다고 하더라도 심신상실에 해당할 수 있을 뿐만 아니라 전혀 기억하지 못한다고 하더라도 심신상실에 해당하지 않을 수 있다. 즉 범행을 기억하고 있지 않다는 사실만으로 바로 범행당시 심신상실상태에 있었다고 단정할 수는 없다.[22]

⚖ 판례   목사살해사건

【사실관계】 피고인 갑은 1988.2.경부터 부산 서구 동대신동 소재 서부교회에 가끔 다니면서 피해자인 동 교회 목사 A(남,83세)의 설교를 듣고서 결혼도 못하고 어렵게 살고 있는 자신의 처지를 비관하여 오던 중, 1989.8.27. 01:30경 부산 사하구 괴정 2동 소재 피고인이 집 뒷편 속칭 쇠리골 뒷산에서 산상기도를 하면서 갑자기 "A목사는 사탄이고 큰자이므로 작은자(피고인을 지칭함)가 살아 남는 길은 큰자인 A목사를 죽여야 한다. 공자, 맹자도 천당에 못갔다는데 피고인 자신도 천당에 못갈 것이 분명하므로 A목사를 죽여야만 자신이 큰자가 되어 천당에 갈 수 있다"고 잘못 생각하고 당시 정신분열증으로 인하여 사물변별능력 및 의사결정능력이 미약한 상태에서 위 피해자를 살해하기로 마음먹고, 피고인 집으로 돌아와 부엌에서 사용하던 식도를 허리춤에 넣은 후 같은 날 05:10경 위 서부교회 예배당에 도착하여 신도 1,000여명을 모아놓고 단상에서 설교하고 있는 피해자 A에게 접근한 후 허리춤에서 위 식도를 꺼내어 오른손에 들고서 A의 우측가슴 등을 힘껏 3회 찔러 A로 하여금 부산대학병원으로 후송도중 우흉부자상으로 인한 실혈성쇼크로 사망에 이르게 하였다.

【판결요지】 범행당시 정신분열증으로 심신장애의 상태에 있었던 피고인이 피해자를 살해한다는 명확한 의식이 있었고 범행의 경위를 소상하게 기억하고 있다고 하여 범행당시 사물의 변별능력이나 의사결정능력이 결여된 정도가 아니라 미약한 상태에 이었다고 단정할 수는 없는 것인바, 피고인이 피해자를 살해할 만한 다른 동기가 전혀 없고, 오직 피해자를 "사탄"이라고 생각하고 피해자를 죽여야만 피고인 자신이 천당에 갈 수 있다고 믿어 살해하기에 이른 것이라면, 피고인은 범행당시 정신분열증에 의한 망상에 지배되어 사물의 선악과 시비를 구별할 만한 판단능력이 결여된 상태에 있었던 것으로 볼 여지가 없지 않다(대법원 1990.8.14. 선고 90도1328 판결).

---

22) 대법원 1985.5.28. 선고 85도361 판결.

5. 효과

심신상실자는 필요적 책임조각사유로 처벌하지 아니한다(제10조). 그러나 제10조 제3
항 원인에 있어서 자유로운 행위에 해당하는 경우 책임이 조각되지 않으며, 심신상실자에
해당하는 경우라도 치료감호 등에 관한 법률에 따라 치료감호를 부과할 수 있다. 치료감
호법 제2조에 따르면 형법 제10조 제1항에 따라 벌하지 아니하거나 같은 조 제2항에 따
라 형을 감경할 수 있는 심신장애인으로서 금고 이상의 형에 해당하는 죄를 지은 경우 동
법에 따라 치료감호대상자가 될 수 있다.

제3절 **한정책임능력자**

I. 심신미약자

제10조(심신장애인) ① 심신장애로 인하여 사물을 변별할 능력이 없거나 의사를
결정할 능력이 없는 자의 행위는 벌하지 아니한다.
② 심신장애로 인하여 전항의 능력이 미약한 자의 행위는 형을 감경할 수 있다.

1. 의의

심신미약자는 심신장애로 인하여 사물변별 또는 의사결정능력이 미약한 자로 책임무
능력자가 아니라 한정책임능력자로 형벌을 감경할 수 있다(제10조 제2항). 임의적 감경사
유이다. 따라서 형을 감경하지 않는다고 하더라도 위법이 아니다.

2. 요건

심신미약은 심신장애가 있으나, 그 정도가 심신상실에 이르지 아니한 정도를 말하며,
경미한 뇌마비·정신분열증, 가벼운 명정·중독이 여기에 해당한다. 심신미약으로 인하여
사물변별능력 또는 의사결정능력의 미약함을 말한다.

3. 효과

심신미약자는 책임무능력자가 아니라 책임능력자이다. 다만 책임이 감경될 수 있는 한정책임능력자이다(제10조 제2항). 심신미약자로서 금고 이상의 형에 해당하는 죄를 지은 경우 치료감호법에 따라 치료감호대상자가 될 수 있다(치료감호법 제2조).

II. 청각 및 언어 장애인

> 제11조(청각 및 언어 장애인) 듣거나 말하는 데 모두 장애가 있는 사람의 행위에 대해서는 형을 감경한다.

청각 및 언어 장애인은 청각과 발음기능에 모두 장애가 있는 자를 말한다. 개정전 형법에서는 '농아자'라고 표현하였다. 청각 및 언어의 장애가 선천적·후천적 원인을 불문한다. 청각 및 언어 장애인의 경우 제11조에 '형을 감경한다'고 규정하여 필요적 책임감경을 한다.

책임능력의 문제는 정신적 능력의 문제임에도 불구하고 신체적 장애가 있다고 하여 정신적 능력이 떨어진다고 보는 것은 타당하지 않으며, 현재 장애인에 대한 교육의 발달에 의하여 청각 및 언어에 장애가 있다고 하더라도 정상인과 다름없는 경우가 많은데 일률적으로 한정책임능력자로 하는 것은 부당하므로 이를 삭제하고 일반규정에 의해 처리하는 것이 타당하다.

제4절 원인에 있어서 자유로운 행위

> 제10조(심신장애인) ① 심신장애로 인하여 사물을 변별할 능력이 없거나 의사를 결정할 능력이 없는 자의 행위는 벌하지 아니한다.
> ② 심신장애로 인하여 전항의 능력이 미약한 자의 행위는 형을 감경한다.
> ③ 위험의 발생을 예견하고 자의로 심신장애를 야기한 자의 행위에는 전2항의 규정을 적용하지 아니한다.

Ⅰ. 서설

1. 의의

원인에 있어서 자유로운 행위(actio libera in causa)라 함은 행위자가 원인행위 시에 위험발생을 예견하고 자의로 자기를 심신장애의 상태에 빠지게 한 후 이러한 상태에서 범죄를 실행하는 것을 말한다. 즉 실행행위에 있어서는 자유롭지 않지만 원인행위에 있어서는 자유로운 행위를 의미한다. 예를 들면 갑이 A를 살해하기로 맘을 먹었지만 용기가 나지 않자 술의 힘을 빌리기로 하고, 술에 만취한 채로 A의 집에 찾아가 심신상실의 상태에서 A를 칼로 찔러 살해한 경우가 이에 해당하는 사례이다.

2. 처벌근거

행위 당시에 행위자에게 책임능력이 없다면 행위자는 처벌되지 않는 것이 원칙이다. 하지만 행위자 스스로가 자신의 심신장애상태에서 자신이 구성요건적 행위를 실현하리라는 것을 인식하였거나(고의) 예견할 수 있었음(과실)에도 불구하고, 자신의 심신장애상태를 행위자 스스로 자유롭게 야기했음에도 불구하고 처벌되지 않는다는 것은 형사정책적으로 바람직하지 않다.

이에 대하여 형법 제10조 제3항은 위험의 발생을 예견하고 자의로 심신장애를 야기한 경우에는 심신상실자의 책임조각이나 심신미약자에 대한 형감경규정을 적용하지 않는다고 규정하고 있다. 따라서 제10조 제3항이 적용되면 책임무능력자나 한정책임능력자도 책임능력자로 인정된다. 행위 당시에 책임능력이 없었음에도 불구하고 입법적으로 책임능력을 인정하고 있는 것이다.

Ⅱ. 가벌성의 근거

1. 쟁점

형법이 원인에 있어서 자유로운 행위의 가벌성을 명문화함으로써 그 법적 근거는 마련되었으나, 원인에 있어서 자유로운 행위는 책임주의에 대한 관계에서 이론적 문제점이 있다. 원인에 있어서 자유로운 행위의 구조는 자기 자신을 심신장애상태에 빠뜨리는 '원인설정행위'(음주행위)와 직접 구성요건적 행위가 실현되는 '심신상실상태하의 실행행위'(살해행위)의 두 부분으로 나눌 수 있다. 책임주의는 행위 시에 행위자에게 책임능력이 있을 것을 요구한다. 이를 '행위와 책임의 동시존재의 원칙'이라고 한다.[23] 그러나 실행행위인 살해행위 시에는 책임능력이 없고, 원인행위인 음주행위를 구성요건적 행위라고 할 수 없기때문에 책임주의와의 관계에서 어느 것을 근거로 행위자를 처벌할 수 있는지에 대한 이론적 문제가 발생한다. 장애상태하에서의 행위와 원인설정행위 가운데 어느 것이 실행행위이며, 실행의 착수시기가 언제인가라는 문제에 대하여 논의가 있다.

2. 학설

가. 원인설정행위에 실행행위성을 인정하는 견해(구성요건 모델)

원인에 있어서 자유로운 행위의 경우 자신을 도구로 이용하는 간접정범과 유사한 것으로 보므로, 자신을 심신장애상태에 빠뜨리는 원인설정행위에서 구성요건적 행위가 개시되었다고 보고, 그 실행행위성을 인정하는 견해이다. 구성요건모델이라고도 한다. 이 견해는 실행의 착수시기도 구성요건적 실행행위로 인정되는 원인행위를 기준으로 한다.[24]

책임비난의 근거를 원인설정행위로 보고, 원인설정행위 시에 완전한 책임능력 상태에있었던 이상 완전한 책임능력자로 처벌이 가능하다고 한다. 이 견해는 실행의 착수시기도구성요건적 실행행위로 인정되는 원인행위 시를 기준으로 한다.[25]

나. 심신장애상태하의 행위에 실행행위성을 인정하는 견해(예외모델)

원인설정행위는 실행행위가 아니며, 책임능력결함상태에서의 행위를 실행행위로 본다. 책임능력은 실행행위 시가 아니라 원인설정행위 시에 갖추어져 있으므로 원인에 있어서 자유로운 행위는 책임능력과 행위의 동시존재원칙의 예외가 된다.[26] 이 견해를 예외모델이라고도 한다.

책임비난의 근거를 원인설정행위와 실행행위의 불가분적 연관성으로 본다. 실행행위 단계에서는 심신장애 상태에 있고, 원인설정행위 시에는 완전한 책임능력 상태에 있지만, 양자는 불가분의 연관성을 갖추고 있기 때문에 전체적으로 완전한 책임능력자로 처벌이 가능하다고 본다. 이 견해는 실행의 착수시기도 장애상태하에서의 실행행위를 기준으로 한다.

---

23) 신동운, 403면.
24) 신동운, 403면.
25) 김일수/서보학, 270면.
26) 이재상/장영민/강동범, 337면; 임웅, 303면; 오영근, 266면; 정성근/박광민, 330면; 배종대, 318면; 신동운, 405면; 손동권/김재윤, 300면.

3. 결론

구성요건 모델은 원인설정행위 시(술 마시는 행위) 행위자는 책임무능력자가 아니므로 책임능력과 행위의 동시존재원칙을 고수한다는 장점이 있지만, 만약 행위자가 살인의 의사로 고의로 음주하였는데 너무 취하여 그대로 잠들어 버린 경우에 음주행위에 실행의 착수를 인정하기 때문에 살인미수죄의 성립을 긍정하게 된다. 이는 구성요건적 실행행위의 정형성을 무시하게 되어 예비행위와의 구별이 곤란하므로 구성요건의 정형성을 무시했다는 비판이 가능하다.

행위자에게 책임비난이 가능한 것은 원인설정행위 시에 자유로웠다는 점이다. 즉 구성요건적 행위는 비록 장애상태에서 행해졌으나 행위자는 원인설정행위 시에 책임능력을 갖추고 완전히 유책하게 자기를 심신장애에 빠뜨렸고, 원인행위와 장애상태하의 구성요건적 실행행위는 상호 불가분적 관련성이 있으므로 행위자에게 책임비난이 가능하다고 보는 것이 타당하다. 형법 제10조 제3항은 책임능력과 행위의 동시존재원칙의 예외를 인정하는 것으로 보는 것이 타당하다.

Ⅲ. 형법 제10조 제3항의 요건

1. 위험발생을 예견하여야 한다.

가. '위험발생'에 대한 해석

학설은 위험발생을 구성요건적 결과의 실현으로 해석한다.[27] 행위자가 실행행위가 원인행위와 불가분의 연관관계를 맺는 시점에 비난의 초점을 맞추기 위해서는 행위자가 원인행위 시에 자기행위로 인하여 구성요건이 실현될 수 있음을 예견해야 했기 때문이다.[28]

이에 대하여 판례는 위험발생을 구체적인 구성요건적 결과로 해석하지 않고 위험성만을 예견한 경우에도 인정하고 있다. 예를 들면 음주운전을 할 의사를 가지고 만취한 후 운전을 결행하여 교통사고를 일으킨 후 도주한 경우 행위자가 범한 도주운전죄의 '범행'까지 예견한 것이 아니라 단지 '교통사고를 일으킬 위험성'만을 예견한 경우에도 해당된다고 한다.

---

27) 김일수/서보학, 273면; 배종대, 321면; 이재상/장영민/강동범, 341면; 정성근/박광민, 333면.
28) 이에 대하여 신동운 교수는 위험의 발생을 구성요건적 결과실현으로 지나치게 엄격하게 해석하게 되면 입법자가 의도한 형사정책적 목표를 달성할 수 없으므로 위험의 발생이란 원인행위에 전형적으로 수반되는 법익침해의 가능성을 의미하는 것으로 해석해야 한다고 한다.

판례 | 위험발생의 의미

【판결요지】 형법 제10조 3항에 의하면 "위험의 발생을 예견하고 자의로 심신장애를 야기한 자의 행위에는 전2항의 규정을 적용하지 아니한다"고 규정하고 있는바, 피고인이 자신의 승용차를 운전하여 술집에 가서 술을 마신 후 운전을 하여 교통사고를 일으킨 것이라면 음주할 때 교통사고를 일으킬 수 있다는 위험성을 예견하면서 자의로 심신장애를 야기한 경우에 해당한다 할 것이므로 심신미약으로 인한 형의 감경을 할 수 없다(대법원 1994.2.8. 선고 93도2400 판결).

나. 예견의 해석

예견개념을 고의 또는 과실로 보는 견해가 다수설이며, 이외에도 고의만 포함되고 과실은 포함되지 않는다는 견해,[29] 고의 또는 과실과는 무관한 개념이라는 견해[30]가 있다.

판례는 고의에 의한 원인에 있어서 자유로운 행위뿐만 아니라 과실에 의한 원인에 있어서 자유로운 행위도 포함하는 것으로 예견개념에 예견가능성도 포함시키고 있다. 판례에 따르면 "형법 제10조 제3항은 고의에 의한 원인에 있어서의 자유로운 행위만이 아니라 과실에 의한 원인에 있어서의 자유로운 행위까지도 포함하는 것으로서, 위험의 발생을 예견할 수 있었는데도 자의로 심신장애를 야기한 경우도 그 적용 대상이 된다"한다. 따라서 피고인이 음주 운전을 할 의사를 가지고 음주 만취한 후 운전을 결행하여 교통사고를 일으켰다면 피고인은 음주시에 교통사고를 일으킬 위험성을 예견하였는데도 자의로 심신장애를 야기한 경우에 해당하므로 형법 제10조 제3항에 의하여 심신장애로 인한 감경 등을 할 수 없다.[31]

2. 자의로 심신장애를 야기하여야 한다.

자의(自意)는 '고의로'라는 뜻이 아니라 '자유로이 또는 스스로'라는 의미로 해석하여 고의뿐만 아니라 과실도 포함한다고 보는 것이 다수설이다.[32] 심신장애는 심신상실 또는 심신미약을 포함하는 것으로 보는 것이 다수설이다.

---

29) 조상제, 과실의 원인에 있어서 자유로운 행위, 형사판례연구 제4권, 1999, 64면.
30) 이용식, 원인에 있어서 자유로운 행위의 구조, 지송 이재상교수 화갑기념논문집, 398면.
31) 대법원 1992.7.28. 선고 92도999 판결.
32) 김일수/서보학, 388면; 손동권/김재윤, 306면; 임웅, 312면; 신동운, 416면; 정성근/박광민, 334면.

3. 실행행위가 있어야 한다.

고의에 의한 원인설정행위는 있었으나 실행행위가 없는 경우에는 예비에 불과하다.

Ⅳ. 유형 및 실행의 착수시기

원인에 있어서 자유로운 행위의 유형에 대하여 자의개념과 예견개념을 모두 고의 또는 과실과 결부시키는 다수설에 따를 경우 4유형으로 분류된다.[33] 4유형에 따를 경우 고의의 원인행위와 고의의 구성요건실현행위, 고의의 원인행위와 과실의 구성요건실현행위, 과실의 원인행위와 고의의 구성요건실현행위, 과실의 원인행위와 과실의 구성요건실현행위로 분류된다.

1. 고의에 의한 원인에 있어서 자유로운 행위

가. 의의

행위자가 심신장애를 야기하려는 의도와 이 상태하에서 실행행위를 하려는 고의를 가지고 심신장애상태를 야기하여 구성요건을 실현하는 경우로서 원인행위는 자의로, 실행행위는 고의로 한 경우이다. 예를 들면 갑은 A를 살해하고자 고의로 음주를 한 후 심신상실상태에서 A를 살해한 경우가 이에 해당한다. 이 경우에는 실현된 결과에 대하여 '고의범'의 책임을 진다.

나. 인식내용

고의에 의한 원인에 있어서 자유로운 행위의 인식내용은 행위자가 ① 심신장애상태에서 일정한 범행을 하겠다는 의사(범행결의)를 가지고 ② 자신을 심신상실상태에 빠뜨릴 의사로(심신상실상태야기의사) ③ 심신상실상태의 행위 시에 구성요건해당사실을 인식·인용(구성요건적 고의)이다. ①과 ②는 의사의 존재시기는 원인설정행위 시이며, ③의 구성요건적 고의의 존재시기는 심신상실상태의 행위이다.

---

33) 최근에는 고의 또는 과실의 관련객체를 장애상태의 야기 그 자체, 장애상태하에서 하게 될 행위, 실제로 장애상태하에서 행하는 실행행위 등 세 가지로 나누고 그에 따라 유형을 8유형으로 분류하는 견해가 제시된 바 있다(임웅, 307면). 그러나 8유형론에 따를 경우에도 오히려 12유형이 더 논리적이다(김성돈, 범죄체계론 관점에서 본 원인에 있어서 자유로운 행위, 저스티스, 2003.10, 101면).

다. 실행의 착수시기

고의의 작위범의 경우 책임능력결함상태에서 실행행위를 개시하는 시점에 실행의 착수가 있다고 보는 견해가 다수설의 입장이며, 이는 행위와 책임의 동시존재에 대한 원칙의 예외로 본다. 이에 대해 간접정범과 동일한 구조로 보는 견해에 의하면 원인설정행위시에 실행의 착수가 있거나 또는 행위자가 자신을 책임능력결함상태로 만드는 과정을 완료한 시점에 실행의 착수를 인정한다.

고의의 부작위범의 경우 행위자의 의무이행지연이 보호법익에 대하여 직접적인 위험을 발생시키거나 위험발생을 증대시킨 시점에 실행의 착수를 인정한다.

2. 과실에 의한 원인에 있어서 자유로운 행위

가. 의의

행위자가 고의 또는 과실로 심신장애상태를 야기하고, 이후 심신장애상태하에서 구성요건을 실현할 것을 예견할 수 있었거나, 과실로 심신장애상태를 야기하고 이후 심신장애상태하에서 구성요건실현에 대한 고의가 있는 경우이다. 이 경우에는 실현된 결과에 대하여 '과실범'의 책임을 진다.

나. 유형

과실에 의한 원인에 있어서 자유로운 행위는 원인행위 또는 실행행위 중 어느 하나에 과실이 있는 경우이다. 예를 들면 갑이 음주시에 교통사고의 위험성을 예견하였음에도 불구하고 자의로 음주 후 교통사고를 일으킨 경우는 원인행위는 고의이지만 실행행위는 과실인 경우이다. 이 경우에는 업무상과실치사상죄인 과실범이 성립하며 심신미약으로 인한 감경을 할 수 없다.

또한 의사 갑이 부주의하게 음주하고 응급환자를 진료하다 한 의료과실로 인하여 환자를 상해한 경우는 원인행위는 과실행위이며, 실행행위도 과실인 경우이다. 이 경우에는 원인행위의 과실과 실행행위의 과실이 불가분적으로 연관되어있으므로 통상의 과실범이라고 보아도 무방하다. 갑이 A를 살해하기 위해 대기중 부주의하게 술을 마시고 명정상태에 빠져 A를 살해한 경우는 원인행위는 과실이지만 실행행위는 고의인 경우이다. 이 경우에는 행위와 책임의 동시존재의 원칙에 예외이므로 엄격하게 해석할 필요가 있다. 이 경우에도 고의범이 성립할 수 있다는 견해가 있을 수 있지만, 과실범으로 보는 것이 타당하다.

다. 실행의 착수시기

실행의 착수시기에 대하여 과실의 미수는 처벌하지 않으므로 논의의 실익이 없지만, 이론적으로 보면 원인설정행위 시에 있다고 본다.

【정리】 원인에 있어서 자유로운 행위 4유형

	유형	원인행위	실행행위	법적처리
명문규정	제10조 제3항	자의로	고의, 과실	
해석상	고의에 의한 원인에 있어서 자유로운 행위	고의	고의	고의범
	과실에 의한 원인에 있어서 자유로운 행위	고의	과실	과실범: 심신미약으로 인한 감경을 할 수 없다.
		과실	과실	과실범: 원인행위의 과실과 실행행위의 과실이 불가분적으로 연관되어 있으므로 통상의 과실범이라고 보아도 무방함.
		과실	고의	과실범: 행위-책임동시존재원칙의 예외이므로 엄격 해석하여야 하므로 고의범설 배척.

📑 심화내용 ◀ 원인에 있어서 자유로운 행위의 고의·과실개념

원인에 있어서 자유로운 행위의 고의나 과실의 개념은 일반적인 고의·과실의 개념과 동일시할 필요는 없다. 여기서 고의란 위험발생을 예견하였음에도 불구하고 심신장애를 야기하는 경우를 고의로, 위험발생을 예견할 수 있었는데도 이를 예견하지 못하고 심신장애를 야기하는 경우를 과실로 표현한다는 점을 대부분의 학설이 지적하고 있다. 즉, 고의는 예견, 과실은 예견가능성이라는 것이다.

위 표의 유형은 다수설에 의하여 원인에 있어서 자유로운 행위를 파악할 경우의 유형을 정리한 것이다. 원인행위는 자의에 의해 야기하여야 한다는 입장에 의하면 표의 유형 중 제1유형(고의+고의)과 제2유형(고의+과실)만이 원인이 자유로운 행위로 인정될 것이다.[34]

---

34) 대법원 1992.7.28. 선고 92도999 판결 사례에 대해 대법원이 제1유형의 원인이 자유로운 행위를 인정하였다고 평석한 견해(신동운, 판례백선, 288면)가 있지만, 이 사례는 업무상과실치사상죄(형법 제268조)에 관련된 특가법의 가중처벌조항(제5조의3 제1항)의 적용문제로 판례가 보고 있다는 점에서 결국 고의-과실유형인 제2유형의 원인이 자유로운 행위를 인정하였다고 보여진다.

V. 효과

원인에 있어서 자유로운 행위라고 평가될 경우 형법 제10조 제1항, 제2항이 적용되지 않는다. 따라서 심신장애로 인한 불처벌이나 심신미약으로 인한 형감경을 인정하지 않는다. 원인에 있어서 자유로운 행위의 경우 책임능력자와 동일하게 처벌한다.

위법성의 인식

제1절 **서설**

I. 의의

위법성의 인식은 행위자가 자신의 행위가 공동사회의 질서에 반하고 법적으로 금지되어 있다는 것을 인식하는 것을 말한다. 위법성의 인식이 있어야만 법규범을 알면서도 범죄를 결의하였다는 것에 대한 비난이 가능하기 때문에 위법성의 인식은 책임비난의 핵심이다.

만일 이러한 인식을 하지 못한 경우 즉 죄가 되지 않는 것으로 오인한 경우는 이른바 금지착오에 해당하며, 이 경우 금지착오에 정당한 이유가 있을 경우에 한하여 처벌하지 않는다.

II. 내용

1. 법적 인식

위법성의 인식은 행위의 '법적' 금지성에 관한 인식이다. 법적 인식은 침해된 법조문까지 분명하게 인식할 필요 없다. 그 범죄사실이 사회정의와 조리에 어긋난다는 것을 인식하는 것만으로 충분하다. 침해된 규범이 형법뿐만 아니라 민법, 행정법 등도 포함되므로 구체적인 법률은 무엇인가는 중요하지 않다.[35]

---

35) 대법원 1987.3.24. 선고 86도2673 판결.

2. 금지인식

위법성의 인식은 행위의 법적 '금지성'에 관한 인식이다. 객관적 처벌조건, 인적 처벌조각사유와 같은 가벌성의 인식은 필요하지 않다.

3. 양심범·확신범과의 관계

확신범, 양심범도 자신의 행위가 현행법에 반한다는 것과 그 법의 일반적으로 유효하며, 구속력이 있다는 점을 인식하고 행위를 한 경우이므로 위법성의 인식은 존재한다.

4. 구성요건관련성

위법성의 인식은 구체적인 구성요건과 관련되어야 한다. 개개의 구성요건을 떠난 일반적, 추상적 위법성의 인식은 형법상 의미 없다. 상상적 경합이나 실체적 경합의 경우 모든 구성요건에 대해 위법성의 인식이 필요하다. 따라서 수죄의 경우 일부의 범죄에 대해서는 위법성의 인식이 인정되고 다른 범죄에 대해서는 위법성의 인식이 인정되지 않는 것과 같이 위법성의 인식은 분리가능성이 있다.

Ⅲ. 형태

1. 확정적 위법성의 인식과 미필적 위법성의 인식

확정적 위법성 인식은 행위자가 행위 시에 행위의 위법성을 분명하고 확실하게 인식한 경우를 말하며, 미필적 위법성 인식은 행위자가 자신의 행위가 위법일 수 있는 가능성을 인식하면서도 이를 감수한 경우를 말한다.

2. 현재적 위법성의 인식과 잠재적 위법성의 인식

현재적 위법성 인식은 행위자가 행위 시에 위법성의 인식을 현실적으로 가지고 있는 경우를 말하며, 잠재적 위법성 인식은 충동범, 격앙범과 같이 행위자가 행위 시에 아주 낮은 정도의 위법성인식을 가지고 있는 경우를 말한다.

제2절 체계적 지위

고의설과 책임설은 위법성의 인식과 고의의 관계를 어떻게 볼 것인가에 대한 이론이다. 위법성의 인식과 고의가 결합된 것으로 보는 견해를 '고의설'이라고 하며, 고전적 범죄체계론 및 신고전적 범죄체계론이 취하고 있는 입장이다. 이에 대해 양자를 분리시키는 견해를 '책임설'이라고 하며, 목적적 범죄체계론, 합일태적 범죄체계론이 취하고 있는 입장이다.

Ⅰ. 고의설

1. 의의

고의를 책임 요소로 이해하고, 고의의 내용으로서 구성요건에 해당하는 '사실의 인식'과 위법성의 인식(가능성)이 필요하다는 견해이다((신)고전적 범죄체계론). 따라서 위법성의 인식이 없으면 고의가 조각되며, 과실범 처벌 규정이 있다면 과실범으로 처벌될 수 있다. 고의설은 다시 엄격고의설과 제한적 고의설로 나누어진다.

2. 엄격고의설

책임요소로서의 고의가 성립하기 위해서는 구성요건에 해당하는 '사실의 인식'과 '현실적인' 위법성의 인식이 필요하다는 견해이다.

엄격고의설에 대해서는 도의심이 박약한 자, 상습범, 확신범, 격정범 등은 현실적 위법성의 인식이 없으므로 고의가 조각되고, 과실범의 처벌 규정이 없으면 처벌하지 못한다는 문제점이 있다. 이 견해에 따르면 위법성의 착오와 구성요건적 착오의 경우 모두 고의가 조각된다는 점에서 사실의 착오와 법률의 착오를 구별하고 있는 현행 형법과 맞지 않으며, 형법상 착오는 모두 동일한 기준에 의하여 처리되는 결과를 가져온다는 비판이 있다.[36] 고의는 평가의 대상이 되는 순수한 심리적 요소이므로, 여기에 책임평가의 기능을 갖는 위법성의 인식을 포함시키는 것은 이질적인 것을 모두 포함시키게 되어 부당하다.

---

36) 배종대, 323면.

3. 제한적 고의설(가능성설)

책임요소로서의 고의가 성립하기 위해서는 구성요건에 해당하는 '사실의 인식'과 위법성의 인식'가능성'만 있으면 충분하고, 현실적인 위법성의 인식은 불필요하다는 견해이다. 즉 행위자는 현실적으로 위법성을 인식하지 못했다고 하더라도 인식의 가능성이 있을 경우에는 위법성의 인식이 인정된다. 도의심이 박약한 자나 상습범의 경우와 같이 행위자에게 법적대적 태도가 있으면 현실적인 위법성의 인식이 없어도 고의를 인정된다는 이론적 장점이 있다.

제한적 고의설은 인식가능성(위법성인식 결여의 회피가능성)이라는 과실적 요소를 고의와 동일시하여 본질적으로 서로 모순되는 것을 결합하려고 한 점에 논리적 잘못이 있다. 위법성 인식을 평가의 대상인 고의의 내용으로 이해한다는 점에서 엄격고의설에 대한 비판이 그대로 타당하다.

II. 책임설

1. 의의

위법성의 인식(가능성)을 고의와 독립된 책임의 요소로 이해하는 견해이다(목적적 범죄체계론). 고전적 범죄체계론에서 말하는 고의를 다시 고의와 위법성의 인식으로 분리하여 고의는 구성요건요소, 위법성의 인식은 책임요소로 본다.

위법성의 인식 또는 그 인식가능성이 없는 경우에는 금지착오의 문제로 보며, 책임이 조각될 뿐이라고 한다. 책임설에 따를 경우 구성요건적 착오와 금지착오의 구별이 의미 있게 된다.

위법성조각사유와 관련된 착오의 유형에는 '위법성조각사유의 존재에 대한 착오', '위법성조각사유의 허용한계에 대한 착오', '위법성조각사유의 객관적 전제사실에 대한 착오'가 있다. 이 중 위법성조각사유의 객관적 전제사실에 대한 착오를 어떻게 처리할 것인가에 대하여 책임설은 다시 '엄격책임설'과 '제한적 책임설'로 나누어진다.

2. 엄격책임설

행위의 위법성에 관련된 모든 착오를 금지착오라고 하는 견해이다. 따라서 위법성조각

사유의 전제사실에 대한 착오는 금지착오의 한 유형으로 본다.[37]

엄격책임설에 대해서는 위법성조각사유의 전제사실에 대한 착오도 법률의 착오로 이해하여 그 오인에 정당한 이유가 없는 경우에 고의범의 책임을 묻는 것은 법감정에 맞지 않는다는 비판이 있다.

3. 제한적 책임설

위법성조각사유의 존재 그 자체에 대한 착오 또는 허용한계에 대한 착오는 금지착오로 보지만, 위법성조각사유의 전제사실에 대한 착오는 구성요건적 착오 그 자체는 아니지만 행위자의 심정에 비추어 고의책임을 조각시키고 과실범의 문제가 된다고 본다. 우리나라 다수설의 입장이다.[38]

---

37) 정성근/박광민, 359면.
38) 이에 대한 보다 자세한 설명은 '위법성조각사유의 객관적 전제사실에 대한 착오'를 참조.

금지착오

제16조(법률의 착오) 자기의 행위가 법령에 의하여 죄가 되지 아니하는 것으로 오인한 행위는 그 오인에 정당한 이유가 있는 때에 한하여 벌하지 아니한다.

제1절 서설

I. 의의

금지착오는 행위자에게 구성요건적 사실에 관한 인식은 있었으나, 그 행위가 금지규범에 위반하여 위법하다는 것을 행위 시에 착오로 인하여 인식하지 못한 경우이다. 실제로는 위법한 행위임에도 불구하고 위법하지 않다고 오신하여 위법행위를 한 경우로서 '위법성의 인식이 없는 경우'를 말한다. 법률의 착오, 위법성의 착오라고도 한다. 형법 제16조에 따르면 금지착오의 경우 그 오인에 정당한 이유가 있는 때에 한하여 벌하지 아니한다.

II. 금지착오의 유형

금지착오의 유형에는 법률의 부지, 효력의 착오, 포섭의 착오와 같은 직접적 금지착오와 위법성조각사유의 존재에 대한 착오, 위법성조각사유의 허용한계에 대한 착오, 위법성조각사유의 전제사실에 대한 착오와 같은 간접적 금지착오가 있다. 위법성조각사유와 관련된 착오를 간접적 금지착오라고 하는 이유는 행위자가 자신의 행위가 금지규범에 위반한다는 것은 인식하였으나 위법성조각사유에 해당하기 때문에 허용된다고 오인하였기 때문이다.

Ⅲ. 구성요건적 착오와 구별

구성요건적 착오는 행위자가 구성요건에 해당하는 인식한 사실과 발생한 사실이 불일치하는 경우를 말한다. 구성요건적 착오의 경우에는 고의가 조각되어 원칙적으로 처벌되지 않는다. 예외적으로 객체의 착오, 방법의 착오사례와 같은 경우는 부합설에 따라 고의를 인정하기도 한다.

하지만 금지착오의 경우에는 곧바로 책임을 조각시키는 것이 아니라 '오인에 정당한 이유가 있는 경우에 한하여' 책임을 조각시킨다.

Ⅳ. 반전된 금지착오 - 환각범

반전된 금지착오는 실제로는 위법하지 않는 행위임에도 불구하고 위법하다고 생각하고 그 행위를 한 경우이다. 이를 환각범이라고도 한다. 자신의 행위에 대하여 처벌규정이 없음에도 불구하고 행위자가 범죄에 해당한다고 잘못 생각한 경우, 또는 실제 존재하는 구성요건을 잘못 확대해석하여 자신의 행위가 그 구성요건을 충족한다고 생각한 경우와 같이 규범에 대한 착오를 일으킨 경우를 말한다. 예를 들면 동성애 처벌규정이 존재하지 않음에도 불구하고 행위자가 동성애는 처벌되는 범죄라고 잘못 생각하고 동성애를 한 경우를 말한다. 환각범의 경우 행위자는 행위상황에 대해서는 정확하게 인식하였지만 규범의 적용범위에 관하여 착오를 일으킨 경우이다. 환각범은 결국 구성요건해당성 조차 없는 행위이므로 불가벌이다.[39]

---

39) 환각범의 유형에 대해서는 불능미수에서 설명한다.

<h1>제2절 금지착오의 유형</h1>

<h2>Ⅰ. 직접적 착오; 금지규범의 착오</h2>

<h3>1. 의의</h3>

행위자가 자기의 행위에 직접적으로 적용되는 금지규범 그 자체를 인식하지 못하고 자기의 행위가 허용된다고 오인한 경우이다. 금지규범의 존재, 효력, 적용에 대한 착오가 이에 해당한다.

<h3>2. 종류</h3>

<h4>가. 법률의 부지</h4>

법률의 부지(不知)는 행위자가 자기의 행위를 금지하는 법규가 있다는 자체를 인식하지 못한 경우로서 금지규범의 존재에 관한 착오이다. 이에 대하여 학설은 법률의 부지를 금지착오의 한 유형으로 보고 있지만, 대법원 판례는 법률의 부지를 금지착오의 유형에 해당하지 않는다고 한다.[40] 예를 들면 타인이 당국의 허가를 얻어 벌채하고 남아 있던 잔족목을 허가없이 벌채하여도 위법인줄 모르고 벌채한 경우, 검시 받지 않은 변사체를 화장하면 처벌된다는 것을 모르는 경우가 이에 해당한다.

⚖ 판례 ▶ 법률의 부지와 관련된 판례

① 타인이 당국의 허가를 얻어 벌채하고 남아 있던 잔족목을 허가없이 벌채하여도 위법인줄 모르고 벌채한 경우(대법원 1986.6.24. 선고 86도810 판결)

② 건축법상의 허가대상인줄 모르고 허가 없이 근린생활 건축물을 교회로 용도변경하여 사용한 경우(대법원 1991.10.11. 선고 91도1566 판결)

③ 자신의 행위가 국토이용관리법상의 거래허가대상인 줄을 몰랐다는 사정은 단순한 법률의 부지에 해당한다(대법원 1992.4.24. 선고 92도245 판결).

④ 동해시청 앞 잔디광장은 '천장이 없거나 사방이 폐쇄되지 않은 장소'로서 옥외장소에 해당하고, 피고인이 동해시청 앞 잔디광장이 옥외장소에 해당함을 몰랐다는 것은 단순한 법률의 부지를 주장하는 것에 불과하여 범죄의 성립에 방해가 되지 않는다(대법원

---

40) 법률의 부지에 대한 문헌으로 읽어 볼만한 것으로는 김영환, 법률의 부지의 형법해석학적 문제점, 형사법연구 제21호 (2004.6), 185면.

2006.2.10. 선고
2005도3490 판결

⑤ 일본 영주권을 가진 재일교포가 영리를 목적으로 관세물품을 구입한 것이 아니라거나 국내 입국시 관세신고를 하지 않아도 되는 것으로 착오하였다는 등의 사정만으로는 형법 제16조의 법률의 착오에 해당하지 않는다(대법원 2007.5.11. 선고 2006도1993 판결).

나. 효력의 착오

효력의 착오는 실제로 유효하고 일반적 구속력이 있는 법규정이 존재한다는 것은 인식하였으나 그 법률의 효력을 행위자가 잘못 판단하여 그 규정이 무효라고 오인한 경우이다. 예를 들면 낙태처벌규정이 위헌으로 무효이기 때문에 낙태를 해도 된다고 오인한 경우 또는 국가보안법은 헌법에 반하여 무효라고 착각하여 국가보안법위반행위를 한 경우가 이에 해당한다.

다. 포섭의 착오

포섭(包攝)의 착오는 법규정의 존재와 그 유효성에 대해서는 인식하고 있었으나 행위자가 그 금지규범을 너무 좁게 해석하여 자기의 행위가 허용된다고 믿었던 경우이다. 적용의 착오라고도 한다. 예를 들면 실제로 음란물에 해당하는 문서를 행위자가 잘못 해석하여 형법 제243조의 음란문서에 해당하지 않는다고 오신하고 출판한 경우, 국립대학교 교수는 공무원이 아니므로 그에게 뇌물을 주더라도 증뢰죄가 성립하지 않는다고 믿고 뇌물을 제공한 경우, 영구차 운전자가 영구차는 화물차가 아니라고 생각하고 화물차진입금지규범을 위반한 경우가 이에 해당한다.

⚖️ 판례 천지창조 사건

【사실관계】 갑은 의정부시내에서 천지창조라는 디스코클럽을 경영하고 있다. 1983.12.23. 20:00경부터 같은날 23:00경까지 위 디스코클럽에 미성년자인 A등 10명을 출입시키고 맥주 등 주류를 판매하였다. 그러나 사건이전 1983.4.15. 14:00경 의정부경찰서 강당에서 개최된 청소년선도에 따른 관련 업주회의에서 업주측의 관심사라 할 수 있는 18세 이상자나 대학생인 미성년자들의 업소출입 가부에 관한 질의가 있었으나 그 확답을 얻지 못하였는데, 같은달 26 경기도 경찰국장 명의로 청소년 유해업소 출입단속대상자가 18세 미만자와 고등학생이라는 내용의 공문이 의정부경찰서에 하달되고 그 시경 관할지서와 파출소에 그러한 내용이 다시 하달됨으로써 업주들은 경찰서나 파출소에 직접 또는 전화상의 확인방법으로 그 내용을 알게 되었다. 위와 같은 사정을 알게 된 피고인은 종업원에게 단속 대상자가 18세 미만자와 고등학생임을 알려주고 그 기준에 맞추어서 만 18세 이상자이고 고등학생이 아닌 위 A등 10명을 출입

시키고 주류를 판매하였다.

【판결요지】 [1] 형법 제16조에 자기의 행위가 법령에 의하여 죄가 되지 아니한 것으로 오인한 행위는 그 오인에 정당한 이유가 있는 때에 한하여 벌하지 아니한다고 규정하고 있는 것은 단순한 법률의 부지의 경우를 말하는 것이 아니고 일반적으로 범죄가 되는 행위이지만 자기의 특수한 경우에는 법령에 의하여 허용된 행위로서 죄가 되지 아니한다고 그릇 인식하고 그와 같이 그릇 인식함에 있어서 정당한 이유가 있는 경우에는 벌하지 아니한다는 취지이다.

[2] 유흥접객업소의 업주가 경찰당국의 단속대상에서 제외되어 있는 만 18세 이상의 고등학생이 아닌 미성년자는 출입이 허용되는 것으로 알고 있었더라도 이는 구 미성년자 보호법 규정을 알지 못한 단순한 법률의 부지에 해당하고 특히 법령에 의하여 허용된 행위로서 죄가 되지 않는다고 적극적으로 그릇 인정한 경우는 아니므로 비록 경찰당국이 단속대상에서 제외하였다 하여 이를 법률의 착오에 기인한 행위라고 할 수는 없다(대법원 1985.4.9. 선고 85도25 판결).

【해설】 행위자가 자신이 무엇을 하고 있는지는 알고 있었으나, 자기 행위를 법적으로 금지하고 있는 금지규범의 존재를 알지 못하고 행위를 한 경우를 법률의 부지라고 하며, 금지착오의 한 형태로 인정하는 것이 다수설이다. 그러나 대법원은 법률의 착오와 법률의 부지를 구별하고, '자기의 행위가 법으로 금지된 사실을 소극적으로 모른 경우'인 단순한 법률의 부지는 법률의 착오에 포함될 수 없으므로 법률의 부지는 범죄성립에 전혀 영향을 주지 않는다고 한다. 대법원은 법률의 착오와 법률의 부지에 대한 형법적 효과를 달리 보는 것에 대한 어떠한 이론적 근거를 제시하고 있지 않다. 그러나 이 사건의 경우에는 법률의 부지사례라기보다는 법률의 착오 중의 한 형태인 '포섭의 착오'라고 보는 것이 옳다. 미성년자보호법상 개념인 '미성년자'의 포섭범위를 그르친 포섭의 착오에 해당되기 때문이다. 또한 갑의 착오는 단속기관의 잘못된 답변에 기인한 것이므로 갑의 착오에는 정당한 이유가 있다고 보는 것이 타당하다.

II. 간접적 착오; 위법성조각사유의 착오

1. 의의

간접적 착오는 위법성조각사유와 관련된 착오로서 행위자가 금지된 것은 인식하였으나 구체적인 경우에 위법성조각사유의 법적 한계를 오해하였거나, 위법성조각사유가 존재하는 것으로 오인하여 자기의 행위가 허용된다고 판단한 경우를 말한다. 위법성조각사유의 존재, 허용한계, 객관적 전제사실에 대한 착오가 이에 해당한다.

2. 종류

가. 위법성조각사유의 존재에 대한 착오

위법성조각사유의 존재에 대한 착오는 금지착오에 해당한다. 예를 들면 남편이 부인에 대한 징계권이 있는 줄 잘못 알고 부인에게 체벌을 가한 경우, 환자의 동의가 없어도 의사는 수술할 직업상의 권한이 있다고 믿는 경우가 이에 해당한다.

나. 위법성조각사유의 허용한계에 대한 착오

위법성조각사유의 허용한계에 대한 착오는 금지착오에 해당한다(과잉방위, 과잉피난). 예를 들면 사인이 현행범체포를 위해 그를 살해해도 된다고 생각하고 살해하거나 타인의 주거에 들어가도 된다고 오인한 경우, 사인이 현행범을 체포하면 24시간 정도 감금하여도 형사소송법상 허용된다고 착오한 경우, 징계권자가 징계행위를 하면서 상해의 결과가 발생해도 괜찮다고 생각하고 상해한 경우, 장래의 침해에 대해서도 정당방위가 가능하다고 판단하고 자신을 살해하려는 계획을 가지고 있는 A를 살해한 경우, 채무자가 변제기가 경과하였음에 변제하지 않으면 임의로 채무자의 물건을 가져와도 된다고 믿고 가져온 경우, 임차인이 임대차기간이 종료하였음에도 불구하고 임차물을 명도하지 않자 임대인이 임의로 임차인의 방에 들어가 물건을 꺼낸 경우가 이에 해당한다.

다. 위법성조각사유의 객관적 전제사실에 대한 착오

위법성조각사유의 객관적 전제사실에 대한 착오(오상방위, 오상피난)는 정당방위 또는 긴급피난상황이 아님에도 불구하고 행위자가 정당방위상황 또는 긴급피난상황이라고 오인하고 정당방위 또는 긴급피난의사로 정당방위 또는 긴급피난을 한 경우이다. 위법성조각사유의 객관적 전제사실인 정당방위상황이나 긴급피난상황에 대한 착오이다. 이 착오는 위법성조각사유와 관련되어 있다는 점에서 금지착오적 성격을 가지고 있지만, 객관적 사실과 관련되어 있다는 점에서 사실의 착오의 성격을 동시에 가지고 있다.

따라서 위법성조각사유의 객관적 전제사실에 대한 착오를 금지착오로 볼 것인가 아니면 구성요건적 착오로 볼 것인가에 대하여 견해의 대립이 있다. 고의설과 제한적 책임설은 이를 구성요건적 착오로 보는 반면에, 엄격책임설은 이를 금지착오로 본다. 이에 대해서는 후술한다.

제3절 **법적 효과**

Ⅰ. 고의설과 책임설의 대립

1. 쟁점

위법성의 인식이 없는 금지착오의 경우 어떤 법적 효과를 인정할 것인가에 대해서는 위법성의 인식에 대한 법이론적 체계에 따라 달라진다.

2. 고의설과 책임설

고의설은 고의를 사실의 인식과 위법성의 인식을 합한 개념으로 본다. 금지착오는 위법성의 인식이 없는 경우이므로 책임요소로서의 고의가 조각되고, 만약 과실이 있으면 과실범으로 처벌된다.

책임설은 위법성의 인식을 고의와 분리된 책임요소로 본다. 사실의 착오는 고의가 조각되며, 금지착오는 책임이 조각된다. 따라서 위법성의 인식이 없는 경우인 금지착오는 고의에는 영향이 없고, 책임에만 영향을 미친다. 따라서 정당한 이유가 있으면 책임이 조각된다.

3. 결론

현재는 고의와 위법성의 인식을 분리하여 보는 책임설이 통설이다. 고의설에 따르면 구성요건적 착오와 금지착오의 경우 모두 고의가 조각된다는 점에서 양자 간에 차이를 인정하지 않지만, 책임설에 따르면 구성요건적 착오의 경우에는 고의를 조각시키고, 금지착오는 책임을 조각시켜 양자 간에 법적 효과를 달리하고 있다. 우리나라 형법은 구성요건적 착오와 금지착오를 구별하여 보고 있으며, 금지착오의 경우 자기의 행위가 법령에 의하여 죄가 되지 아니하는 것으로 오인에 정당한 이유가 있는 때에 한하여 책임을 조각시키고 있다는 점을 볼 때 책임설의 입장을 가지고 있다.

II. 오인에 정당한 이유

1. 정당한 이유의 의의

구성요건적 착오를 한 경우 곧바로 고의를 조각시키는 것과는 달리 금지착오를 한 경우 곧바로 책임을 조각시키는 것이 아니라 그 오인에 정당한 이유가 있어야 책임을 조각시킨다.

현행 형법규정상 오인에 정당한 이유에 대하여 학설은 행위자에게 착오를 피할 가능성, 즉 착오의 회피가능성[41]이 있는가 없는가에 따라 판단한다. 금지착오에서 회피가능성은 행위자가 자기 행위의 구체적 위법성을 인식할 수 있는 가능성을 전제로 한다. 가능성이 있음에도 불구하고 자신의 지적 인식능력을 다하지 않음으로 인해 위법성을 인식하지 못했고 결과적으로 잘못된 행위결정을 내린 행위자는 금지착오에 대한 책임을 져야 한다. 따라서 행위자에게 착오를 피할 가능성이 없다면 오인에 정당한 이유가 있다고 하며, 행위자에게 착오를 피할 가능성이 있었다면 오인에 정당한 이유가 없다고 판단한다.

2. 회피가능성의 판단기준

가. 지적 인식능력기준

회피가능성의 본질은 행위의 구체적 위법성에 대해서 인식할 능력이 행위자에게 있었음에도 불구하고 이를 발휘하지 아니하여 위법성을 인식하지 못한 점에 있으며, 이 경우에 책임비난이 가능하다. 지적 인식능력의 동원에도 불구하고 행위의 위법성을 인식할 수 있는 가능성이 없었던 경우에는 회피불가능한 착오가 되어 형법 제16조의 정당한 이유가 인정된다.

📑 심화내용 **회피가능성에 대한 판단기준 – 양심의 긴장설**

회피가능성에 대한 판단기준으로 독일 연방대법원은 이른바 '양심의 긴장'을 제시하고 있다. 양심의 긴장이란 심사숙고의무와 조회의무를 그 내용으로 한다. 즉 행위자가 법상황의 허용 여부에 대해 심사숙고했거나 필요한 조회를 하였더라면 위법성을 인식할 수 있었을 것인가를 판단하여 금지착오의 회피가능성을 판단하려는 것이다.

---

41) 착오의 회피가능성이란 '착오를 피할 수 있었는가'의 문제로 행위자의 행위 당시의 사정을 토대로 판단하는 것이다.

나. 회피가능성에 대한 판단

(1) 판단과정

회피가능성에 대한 판단과정은 다음과 같다. 먼저 행위자가 행위의 위법성 여부에 대해 의문을 가질 수 있는 '구체적인 계기 또는 동기'가 있었는지 판단해야 한다. 이러한 계기나 동기가 없었다면 행위자는 행위의 위법성에 대해 최소한의 의심도 갖지 않을 것이고 더불어 의문을 해소하기 위한 지적·정신적 노력도 하지 않을 것이기 때문이다.

다음으로 이러한 계기가 존재하였다면 행위자가 자신의 지적 인식능력을 투입하여 의문을 해소하기 위한 '숙고(熟考)와 조회(照會)노력'이 있었는지 평가되어야 한다. 필요한 경우에는 관계기관이나 전문가의 조언을 구하는 조회의무를 이행하여야 한다.

판례도 마찬가지로 "정당한 이유가 있는지 여부는 행위자에게 자기 행위의 위법의 가능성에 대해 심사숙고하거나 조회할 수 있는 계기가 있어 자신의 지적능력을 다하여 이를 회피하기 위한 진지한 노력을 다하였더라면 스스로의 행위에 대하여 위법성을 인식할 수 있는 가능성이 있었음에도 이를 다하지 못한 결과 자기 행위의 위법성을 인식하지 못한 것인지 여부에 따라 판단"한다.

⚖ 판례 **시민단체의 낙천운동에 의하여 낙천대상자로 선정된 국회의원사건**

【판결요지】 형법 제16조에서 자기가 행한 행위가 법령에 의하여 죄가 되지 아니한 것으로 오인한 행위는 그 오인에 정당한 이유가 있는 때에 한하여 벌하지 아니한다고 규정하고 있는 것은 일반적으로 범죄가 되는 경우이지만 자기의 특수한 경우에는 법령에 의하여 허용된 행위로서 죄가 되지 아니한다고 그릇 인식하고 그와 같이 그릇 인식함에 정당한 이유가 있는 경우에는 벌하지 아니한다는 취지이고, 이러한 정당한 이유가 있는지 여부는 행위자에게 자기 행위의 위법의 가능성에 대해 심사숙고하거나 조회할 수 있는 계기가 있어 자신의 지적능력을 다하여 이를 회피하기 위한 진지한 노력을 다하였더라면 스스로의 행위에 대하여 위법성을 인식할 수 있는 가능성이 있었음에도 이를 다하지 못한 결과 자기 행위의 위법성을 인식하지 못한 것인지 여부에 따라 판단하여야 할 것이고, 이러한 위법성의 인식에 필요한 노력의 정도는 구체적인 행위정황과 행위자 개인의 인식능력 그리고 행위자가 속한 사회집단에 따라 달리 평가되어야 한다(대법원 2006.3.24. 선고 2005도3717 판결).

【해설】 오인에 정당한 이유의 판단기준에 대한 학설을 수용하여 판결한 판례이다. 심사숙고하거나 조회할 수 있는 계기, 이를 회피하기 위한 진지한 노력에 따라 오인에 정당한 이유가 있는지를 판단한다. 노력의 정도는 개인의 인식능력과 사회집단에 따

라 달리 평가한다는 점이 특징이다. 이후에도 같은 취지의 판결이 있다.[42]

(2) 위법성 인식의 계기 또는 동기

행위자가 행위의 적법성에 대하여 의문을 가진 때에는 그 적법성을 확인해야 할 계기가 된다.[43] 행위자가 자신의 활동영역에 특수한 형법규범(예를 들면 의료법, 건축법, 도로교통법, 조세법 등)이 적용된다는 것을 알았을 때에는 이를 심사할 계기가 된다. 예를 들면 건축사가 변경된 건축법을 몰랐다고 하여 그 착오에 정당한 이유가 있다고 보기는 어렵다.

행위자가 자기 행위의 사회적 의미내용에 대한 평가를 해본 결과 그 행위가 금지되어 있을지도 모른다는 사실에 대해 깊이 생각해보아야 할 계기나 동기가 존재함에도 불구하고 법무관심적 태도를 보인 경우 정당한 이유가 없지만,[44] 그러한 계기나 동기가 없는 경우에는 정당한 이유가 있다고 볼 수 있다.

(3) 숙고와 조회의무

위법성 인식의 계기가 존재하는 경우 행위자는 숙고와 조회에 의하여 위법성을 인식해야 한다. 자신의 숙고에 의해서도 착오를 피할 가능성이 없었다면 정당한 이유가 있다고 볼 수 있다. 자신의 독자적인 법률해석에 의하여 허용된다고 오인한 경우에 정당한 이유가 있다고 볼 수 있지만, 법률에 여러 가지 해석가능성이 있어 행위자가 허용과 금지에 의문이 있는 경우에는 착오를 피할 가능성이 있다고 보아야 한다.[45]

행위자가 자신의 행위의 위법성에 대하여 숙고할 때 판례가 그 행위에 대하여 위법하지 않다고 일관되게 판결하고 있다면 이를 신뢰한 행위자의 행위는 정당한 이유가 있다고 볼 수 있다. 검사의 혐의없음 불기소처분을 믿고 행위한 경우,[46] 허가 또는 인가권을 가진 권한 있는 기관의 조언을 믿고 행위한 경우에도 마찬가지이다. 법률전문가의 조언에 의하여 행위한 경우에도 착오의 회피가능성이 없으므로 오인에 정당한 이유가 있다. 잘못된 정보를 제공해 준 외부기관의 책임이 크며, 사회적 책임분배의 관점에서 행위자로서도 어쩔 수 없는 오인에 대한 책임을 온전히 행위자에게만 부과할 수 없기 때문이다.[47]

---

42) 대법원 2005.9.29. 선고 2005도4592 판결; 대법원 2009.12.24. 선고 2007도1915 판결; 대법원 2017.11.29. 선고 2015도18253 판결.
43) 이재상/장영민/강동범, 362면.
44) 김일수/서보학, 285면; 김성돈, 375면; 이재상/장영민/강동범, 361면.
45) 이재상/장영민/강동범, 364면.
46) 대법원 1995.8.25. 선고 95도717 판결.
47) 김성돈, 416면.

【판결요지】 [1] 식품위생법 제1조, 제2조 제1항 및 동법의 기타 규정취지를 종합고찰하여 보면 동법 제44조 제1항, 제23조 제1항, 제22조, 동법시행령(1981.4.2 대통령령 제10268호로 개정되기 전의 것) 제9조 제36호 등에서 가리키는 식품이란 의약으로 섭취하는 것을 제외한 모든 음식물을 말한다고 해석하여야 할 것인바, 미싯가루를 만들어서 소비하고자 하는 사람들이 물에 씻어 오거나 볶아온 쌀, 보리, 콩 등을 빻아서 미싯가루를 만들어 준 피고인의 소위는 식품위생법 제22조 제1항 및 동법시행령 제9조 제36호 소정의 식품가공업에 해당한다.

[2] 피고인이 1975.4.1자 서울특별시 공문, 1975.12.3자 동 시의 식품제조허가지침, 동 시의 1976.3.29자 제분업소 허가권 일원화에 대한 지침, 피고인이 가입되어 있는 서울시 식용유협동조합 도봉구 지부의 질의에 대한 도봉구청의 1977.9.1자 질의회신 등의 공문이 곡물을 단순히 볶아서 판매하거나 가공위탁자로부터 제공받은 고추, 참깨, 들깨, 콩등을 가공할 경우 양곡관리법 및 식품위생법상의 허가대상이 아니라는 취지이어서 사람들이 물에 씻어 오거나 볶아온 쌀 등을 빻아서 미싯가루를 제조하는 행위에는 별도의 허가를 얻을 필요가 없다고 믿고서 미싯가루 제조행위를 하게 되었다면, 피고인은 자기의 행위가 법령에 의하여 죄가 되지 않는 것으로 오인하였고 또 그렇게 오인함에 어떠한 과실이 있음을 가려낼 수 없어 정당한 이유가 있는 경우에 해당한다(대법원 1983.2.22. 선고 81도2763 판결).

【사실관계】 갑은 이전에 "당국의 면허 없이 1993.일자불상경 녹각, 계피, 당귀 등 24종의 한약재를 배합하여 십전대보초라는 약품을 제조하고, 같은 무렵 일간신문의 광고 및 전단을 통하여 위 십전대보초가 피로회복에 특효가 있는 듯한 내용의 허위광고를 한 것이다"라는 피의사실에 대하여 서울지방검찰청으로부터 혐의없음 결정을 받은 사실이 있었다. 이후 갑은 자기의 행위가 법령에 의하여 죄가 되지 않는 것으로 믿고 만드는 한약재의 가지수만 차이가 있는 '가감삼십전대보초'를 판매하였다.

【판결요지】 가감삼십전대보초와 한약 가지수에만 차이가 있는 십전대보초를 제조하고 그 효능에 관하여 광고를 한 사실에 대하여 이전에 검찰의 혐의없음 결정을 받은 적이 있다면, 피고인이 비록 한의사 약사 한약업사 면허나 의약품판매업 허가가 없이 의약품인 가감삼십전대보초를 '나'항과 같이 판매하였다고 하더라도 자기의 행위가 법령에 의하여 죄가 되지 않는 것으로 믿을 수밖에 없었고, 또 그렇게 오인함에 있어서 정당한 이유가 있는 경우에 해당한다고 한 사례(대법원 1995.8.25. 선고 95도717 판결).

판례 **정당한 이유를 인정한 판례**

① 군부대 내에 있어서의 모든 시설의 사용설치는 그 부대장의 권한에 속하는 것이고, 그 허가에 기하여 부대 내의 유류를 저장하는 것은 죄가 되지 아니한 것으로 오인한 경우(대법원 1971.10.12. 선고 71도1356 판결)

② 초등학교 교장이 도 교육위원회의 지시에 따라 교과내용으로 되어 있는 꽃양귀비를 교과식물로 비치하기 위하여 양귀비 종자를 사서 교무실 앞 화단에 심은 경우(대법원 1972.3.31. 선고 72도64 판결)

③ 담당공무원과 소송을 위임했던 변호사에게 문의확인한 경우(대법원 1976.1.13. 선고 74도3680 판결)

④ 행정청의 허가가 있어야 함에도 불구하고 허가를 받지 아니하여 처벌대상의 행위를 한 경우라도, 허가를 담당하는 공무원이 허가를 요하지 않는 것으로 잘못 알려 주어 이를 믿었기 때문에 허가를 받지 아니한 것이라면 허가를 받지 않더라도 죄가 되지 않는 것으로 착오를 일으킨 데 대하여 정당한 이유가 있는 경우에 해당하여 처벌할 수 없다(대법원 1992.5.22. 선고 91도2525 판결).

⑤ 국유재산을 대부받아 주유소를 경영하는 자가 기사식당과 휴게소가 필요하게 되어 건축허가사무 담당 공무원에게 위 국유지상에 건축물을 건축할 수 있는지의 여부를 문의하여, 비록 국유재산이지만 위 국유재산을 불하받을 것이 확실하고 또 만일 건축을 한 뒤에 위 국유재산을 불하받지 못하게 되면 건물을 즉시 철거하겠다는 각서를 제출하면 건축허가가 될 수 있다는 답변을 듣고, 건축사에게 건축물의 설계를 의뢰하여 위와 같은 내용의 각서와 함께 건축허가신청서를 제출하여 건축허가를 받고, 건물을 신축하여 준공검사를 받은 지 1년여 후에 위 국유재산을 매수하였다면, 국유재산법 제24조 제3항에 따라 기부를 전제로 한 시설물의 축조 이외에는 국유지상에 건물을 신축할 수 없는 사실을 알고 있었다 하더라도, 국유지상에 건물을 신축하여 그 국유재산을 사용·수익하는 것이 법령에 의하여 허용되는 것으로 믿었고 또 그렇게 믿을 만한 정당한 이유가 있었다(대법원 1993.10.12. 선고 93도1888 판결).

⑥ 허가 없이 가감삼십전대보초와 한약 가지수에만 차이가 있는 십전대보초를 제조하고 그 효능에 관하여 광고를 한 사실에 대하여 이전에 검찰의 혐의없음을 이유로 불기소 결정을 받은 경험이 있는 자가 다시 한의사 약사 한약업사 면허나 의약품판매업 허가가 없이 의약품인 가감삼십전대보초를 판매한 경우(대법원 1995.8.25. 선고 95도717 판결)

⑦ 비디오물감상실 업주가 개정된 청소년보호법이 시행된 이후 구청 문화관광과에서 실시한 교육과정에서 '만18세 미만의 연소자'출입금지표시를 업소출입구에 부착하라는 행정지도를 믿고 여전히 출입금지대상이 음반등법 및 그 시행령에서 규정하고 있는 '18세 미만의 연소자'에 한정되는 것으로 인식하고 자신의 비디오감상실에 18세 이상 19세 미만의 청소년을 출입시킨 행위는 오인에 대하여 정당한 이유가 있다(대법원 2002.5.17. 선고 2001도4077 판결)

⑧ 광역시의회 의원이 선거구민들에게 의정보고서를 배부하기에 앞서 미리 관할 선거

관리위원회 소속 공무원들에게 자문을 구하고 그들의 지적에 따라 수정한 의정보고서를 배부한 경우가 형법 제16조에 해당하여 벌할 수 없다고 한 사례(대법원 2005.6.10. 선고 2005도835 판결).

판례 정당한 이유를 부정한 판례

① 피고인이 제약회사에 근무한다는 자로부터 마약이 없어 약을 제조하지 못하니 구해 달라는 거짓 부탁을 받고 제약회사에서 쓰는 마약은 구해 주어도 죄가 되지 아니하는 것으로 믿고 생아편을 구해 주었다 하더라도 피고인들이 마약취급의 면허가 없는 이상 위와 같이 믿었다 하여 이러한 행위가 법령에 의하여 죄가 되지 아니하는 것으로 오인하였거나, 그 오인에 정당한 이유가 있는 경우라고 볼 수 없다(대법원 1983.9.13. 선고 83도1927 판결).
② 피고인들이 부산해운대구청장의 위 1990.1.10.자 회신내용에 배치되는 그 이전인 1989.11.4.자와 같은해 12.11.자 회신만을 자신들에게 유리하게 해석하여 이 사건 토지형질변경행위에는 관할관청의 허가가 필요없다는 회신이 있는 것으로 믿었다는 것은 그렇게 믿은데 대하여 정당한 이유가 있는 것이라고 볼 수 없다(대법원 1992.11.27. 선고 92도1477 판결).
③ 변리사로부터 타인의 등록상표가 상품의 품질이나 원재료를 보통으로 표시하는 방법으로 사용하는 상표로서 효력이 없다는 자문과 감정을 받아 자신이 제작한 물통의 의장등록을 하고 그 등록상표와 유사한 상표를 사용한 경우(대법원 1995.7.28. 선고 95도702 판결)
④ 피고인이 대법원의 판례에 비추어 자신의 행위가 무허가 의약품의 제조 · 판매행위에 해당하지 아니하는 것으로 오인하였다고 하더라도, 이는 사안을 달리하는 사건에 관한 대법원의 판례의 취지를 오해하였던 것에 불과하여 그와 같은 사정만으로는 그 오인에 정당한 사유가 있다고 볼 수 없다(대법원 1995.7.28. 선고 95도1081 판결).
⑤ 약 23년간 경찰공무원으로 근무해온 형사계 강력 1반장이 검사의 수사지휘대로만 하면 모두 적법한 것이라고 믿고 허위공문서를 작성한 경우(대법원 1995.11.10. 선고 95도2088 판결)
⑥ 부동산중개업자가 부동산중개업협회의 자문을 통하여 인원수의 제한없이 중개보조원을 채용하는 것이 허용되는 것으로 믿고서 제한인원을 초과하여 중개보조원을 채용함으로써 부동산중개업법 위반에 이르게 된 경우(대법원 2000.8.18. 선고 2000도2943 판결)
⑦ 기공원을 운영하면서 환자들을 대상으로 척추교정시술행위를 한 자가 정부 공인의 체육종목인 '활법'의 사회체육지도자 자격증을 취득한 자라 하여도 자신의 행위가 무면허 의료행위에 해당되지 아니하여 죄가 되지 않는다고 믿은 경우(대법원 2002.5.10. 선고 2000도2807 판결).
⑧ 일반음식점 영업허가를 받은 자가 실제로는 주로 주류를 조리, 판매하는 영업을 하더라도 일반음식점 영업허가를 받은 이상 청소년보호법의 규정에 저촉되지 않는다고 믿고 19세미만의 청소년을 고용한 경우(대법원 2004.2.12. 선고 2003도6282 판결)
⑨ 피고인이 의약품에 해당하는 '녹동달오리골드'를 제조하는 과정에서 남원시로부터 즉석판매제조가공영업을 허가받았다는 사유만으로 피고인의 무면허 의약품 제조행위로 인한 보건범죄단속에관한특별조치법위반죄의 범행이 형법 제16조에서 말하는 '그

오인에 정당한 이유가 있는 때'에 해당한다고 할 수 없다(대법원 2004.1.15. 선고 / 2001도1429 판결).

⑩ 시민단체의 낙천운동에 의하여 낙천대상자로 선정된 변호사인 국회의원이 이에 대한 반론 보도를 게재한 의정보고서를 발간하는 과정에서 보좌관을 통하여 선거관리위원회 직원에게 문의하여 답변을 받은 결과 선거법규에 저촉되지 않는다고 오인한 경우(대법원 2006.3.24. 선고 / 2005도3717 판결)

III. 벌하지 아니한다.

법률의 착오에 정당한 이유가 있는 경우, 즉 회피불가능한 경우에는 책임이 조각되어 벌하지 아니한다. 법률의 착오에 정당한 이유가 없는 경우, 즉 회피가능한 경우에는 책임이 조각되지 않는다. 다만 양형의 단계에서 형 감경이 고려될 수 있다.

제4절 위법성조각사유의 전제사실에 대한 착오

I. 서설

1. 의의

위법성조각사유의 전제사실에 대한 착오는 행위자가 객관적으로 존재하지 않는 위법성조각사유의 객관적 전제사실이 존재한다고 착오로 믿고 위법성조각사유에 해당하는 행위를 한 경우로서 객관적 정당화상황의 착오, 즉 오상방위, 오상피난, 오상자구행위를 말한다. 예를 들면 갑이 평소 사이가 좋지 않은 A가 화해를 하기 위해 악수를 청해오는 것을 자신을 폭행한다고 오인하고 정당방위의 의사로 A를 폭행한 사례가 이에 해당한다. 위법성조각사유(허용구성요건)와 관련되었다는 점에서 '허용구성요건착오'라고도 부른다.

2. 쟁점

범죄행위의 원인이 된 허용상황이라는 사실을 착오한 것이라는 점에서 구성요건적 착오와 유사하며, 또한 허용규범에 의하여 금지규범이 배제되는 것으로 착오한 것이라는 점에서 금지착오와 유사하다. 즉 위법성조각사유의 전제사실에 대한 착오는 구성요건적 착오와 금지착오의 성격을 동시에 가지고 있다. 형법상 착오는 구성요건적 착오와 금지착오라는 두 가지의 착오유형만이 있기 때문에 위법성조각사유의 전제사실에 대한 착오를 구성요건적 착오로 볼 것인가? 금지착오로 볼 것인가? 아니면 제3의 착오형태로 보아야 할 것인가라는 이론적 문제점이 발생한다.

II. 학설

1. 고의설

위법성의 인식은 책임요소인 고의의 내용이 되므로, 위법성조각사유에 대한 착오가 있으면 '위법성의 인식이 없다'고 이해하여 고의의 성립을 부정하고 과실범의 문제가 된다고 보는 견해이다(고전적 범죄체계론).

하지만 고의를 책임요소로 보며, 위법성의 인식이라는 규범적 요소를 순수한 심리적 사실인 고의의 내용으로 보는 것은 부당하다. 우리나라 형법은 구성요건적 착오와 금지착오를 구분하여 규정하고 있음에 반하여 이 이론에 따를 경우 고의범의 성립을 부정하는 것이 구성요건적 착오인지 금지착오인지 분명하지 않다. 착오로 행위한 자를 이용하는 경우에 악의의 공범[48]의 성립이 부정된다는 문제점도 있다. 교사범이나 방조범의 전제가 되는 정범은 고의범이어야 하기 때문이다.

2. 소극적 구성요건표지이론

위법성조각사유는 소극적 구성요건표지로서 적극적 구성요건표지인 구성요건해당성과 더불어 '총체적 불법구성요건'을 구성하게 된다는 전제 아래, 위법성조각사유에 관한 착오는 구성요건적 착오가 된다는 견해이다.[49] 따라서 구성요건적 고의가 조각되며, 착오에 과실이 있으면 과실범으로 처벌된다.

하지만 이 이론은 위법성의 독자적 기능을 부정하고, 구성요건에도 해당하지 않는 행위와 구성요건에 해당하지만 위법성이 조각되는 행위의 가치 차이를 무시했다. 고의의 내용으로 위법성조각사유의 부존재에 대한 인식까지 요구하는 것은 부당하다. 상대방에 대

---

48) 악의의 공범이란 위법성조각사유의 전제사실이 존재하지 않는다는 것을 알고 있는 자를 말한다.

49) 범죄성립요건은 총체적 불법구성요건과 책임이라는 2단계 범죄론을 취한다. 이 이론에 따르면 구성요건은 적극적 구성요건으로 보며, 위법성은 소극적 구성요건으로 본다.

한 침해행위를 인식·인용했음에도 불구하고 고의가 조각된다는 것은 부당하다.

3. 엄격책임설

위법성조각사유의 전제사실에 대한 착오의 경우에도 행위자는 구성요건적 사실 그 자체는 인식하고 있으므로 고의 자체는 조각될 수 없고, 위법성의 인식이 없는 경우이기 때문에 금지착오가 된다는 견해이다.[50] 따라서 착오에 정당한 이유가 있으면 책임이 조각된다. 위법성의 인식과 관련되는 것은 모두 금지착오로 파악한다.

하지만 이 이론에 따르면 불법을 저지를 생각을 갖지 않은 행위자를 고의범으로 처벌하는 것이 되어 부당하다. 위법성조각사유의 전제사실에 대한 착오는 행위 사정에 관하여 착오한 것이고, 금지착오는 사회윤리적 평가에 대하여 착오한 것으로서 양자는 본질적으로 다른 것인데도 동일시하고 있다는 문제점이 있다. 공범의 종속형식[51] 중 제한적 종속형식을 따를 경우 착오로 행위한 자를 교사·방조한 경우 악의의 제3자를 공범으로 처벌할 수 있다. 예를 들면 정당방위 상황이 아니라는 것을 알고 있는 갑이 을에게 정당방위를 하라고 교사한 경우, 공범성립과 관련하여 제한적 종속형식에 따를 경우 교사범 또는 방조범이 성립하기 위해서는 정범인 을의 행위가 구성요건해당성과 위법성이 인정되기 때문이다. 오인에 정당한 이유가 있는지를 심사한다는 점에서 다른 학설과 차이가 있다.

4. 제한적 책임설 중 구성요건적 착오 규정 유추적용설

허용구성요건착오에 의한 행위에 대해서는 고의가 배제되어야 한다는 점에서 구성요건착오와 결론은 동일하지만, 구성요건착오 규정을 직접 적용할 것이 아니라 유추 적용을 해야 한다는 견해이다.[52] 위법성조각사유의 객관적 전제사실은 구성요건의 객관적 요소와 유사성이 있으며, 행위자의 행위에 대해서는 행위반가치가 부정되므로[53] 구성요건적 착오와 유사하다. 구성요건착오 규정을 유추적용하여 불법고의를 조각한다. 만약 착오에 과실이 있다면 과실범으로 처벌될 수 있다.

---

50) 김성돈, 422면; 오영근, 298면; 정성근/박광민, 358면.
51) 공범이 정범에 종속하기 위해서는 종속의 대상, 즉 정범이 존재해야 하며, 이 경우 정범은 범죄성립요건 중 어느 정도의 범죄성립요건을 구비해야 공범이 이에 종속하여 성립할 수 있는가의 문제이다. 이에 대해서는 후술한다.
52) 김일수/서보학, 194면; 손동권/김재윤, 203면.
53) 행위자의 경우 정당방위를 하겠다고 생각한 경우이기 때문에 구성요건적 불법을 실현하겠다는 고의범의 결의는 존재하지 않기 때문에 고의적 행위불법은 결여된다. 이 착오에서 행위자는 자신의 의사가 실현되더라도 합법적인 사안의 실현을 목적으로 하고 있기 때문에 구성요건착오에서처럼 법적으로 허용되지 않은 결과반가치를 실현하겠다는 의사는 없다.

하지만 유추적용설에 따르면 악의의 제3자가 있을 경우 그를 처벌할 수 없다는 문제점이 있다. 예를 들면 앞의 사례에서 을의 행위에 대하여 구성요건착오 규정을 유추적용하여 처벌되지 않으면 구성요건해당성이 없기 때문이다. 유추적용설에 따르면 착오자의 행위는 고의범으로 처벌할 수 없으므로 이에 가담한 악의의 제3자에 대하여 공범이 성립할 수 없다는 문제점이 있다.

5. 제한적 책임설 중 법효과전환 책임설

위법성조각사유의 전제사실에 대한 착오의 경우에 행위객체에 대하여 일정한 침해행위를 한다는 사실에 대한 인식·인용이 있으므로 구성요건적 고의는 조각되지 않지만, 착오로 인하여 행위자의 법질서에 반하여 동기 설정을 하였다는 심정반가치(법배반적 또는 법적대적 심정)를 인정할 수 없으므로 책임형식으로서 '책임고의'는 부정된다. 다만 책임고의가 조각되는 경우의 법효과에 대한 규정이 없으므로 그 '법효과'에 있어서는 구성요건적 착오와 같이 취급해야 한다는 견해이다. 따라서 구성요건적 고의는 조각되지 않지만 책임고의가 조각되며, 착오에 과실이 있다면 과실범으로 처벌될 수 있다.[54]

허용구성요건적 착오에 빠진 자는 처벌되지 않지만, 그의 행위에 대해서는 구성요건해당성과 위법성은 인정된다. 따라서 이에 대하여 가담한 악의의 제3자가 있는 경우 제3자는 공범이 성립할 수 있다. 고의의 이중기능을 인정하는 입장이다.

6. 결론

제한적 책임설 중 유추적용설과 법효과제한적 책임설은 고의범의 성립을 인정하지 않고 과실범을 인정한다는 점에서는 결론이 동일하며, 다만 그 이론적 구성에만 차이가 있을 뿐이다. 하지만 공범의 종속형식 중 제한적 종속형식을 따르면 악의의 제3자가 있을 경우에 그를 공범으로 처벌할 수 있는 것은 엄격책임설과 제한적 책임설 중 법효과전환 책임설이다.

III. 판례

대법원 판례는 행위자가 위법성조각사유의 전제사실에 대한 착오를 일으킨 경우 구성

---

54) 박상기/전지연, 175면; 배종대, 330면; 신동운, 455면; 이재상/장영민/강동범, 360면; 임웅, 329면.

요건적 착오로 보는지 금지착오로 보는지 불분명하다. 뿐만 아니라 착오의 효과에 대해서도 고의 조각이나 책임 조각이 아닌 '위법성 조각'을 인정하는 독자적인 견해를 취하고 있다. 또한 위법성이 조각되기 위해서는 착오에 정당한 이유가 있어야 한다고 한다.

판례는 '중대장의 당번병이 그 임무범위 내에 속하는 일로 오인하고 한 무단이탈 사건'에 대하여 법령에 의한 행위로 인정되지 않아 위법성이 조각되지 않지만 '당번병으로서의 임무범위 내에 속하는 일로 오인하고 한 행위라면 그 오인에 정당한 이유가 있어 위법성이 없다'고 한다.

대법원 판례는 허용구성요건적 착오의 경우 오인에 정당한 이유가 있는 경우에 위법성이 조각된다는 입장을 취하고 있다.[55] 판례는 독자적인 착오 유형을 인정하고 있는 것으로 평가할 수 있다.

> ⚖ **판례** 당번병이 그 임무범위 내에 속하는 일로 오인하고 한 무단이탈 행위

【판결요지】 소속 중대장의 당번병이 근무시간중은 물론 근무시간 후에도 밤늦게 까지 수시로 영외에 있는 중대장의 관사에 머물면서 집안일을 도와주고 그 자녀들을 보살피며 중대장 또는 그 처의 심부름을 관사를 떠나서까지 시키는 일을 해오던 중 사건당일 중대장의 지시에 따라 관사를 지키고 있던중 중대장과 함께 외출나간 그 처로부터 24:00경 비가 오고 밤이 늦어 혼자 귀가할 수 없으니 관사로부터 1.5킬로미터 가량 떨어진 지점까지 우산을 들고 마중을 나오라는 연락을 받고 당번병으로서 당연히 해야할 일로 생각하고 그 지점까지 나가 동인을 마중하여 그 다음날 01:00경 귀가하였다면 위와 같은 당번병의 관사이탈 행위는 중대장의 직접적인 허가를 받지 아니 하였다 하더라도 당번병으로서의 그 임무범위 내에 속하는 일로 오인하고 한 행위로서 그 오인에 정당한 이유가 있어 위법성이 없다고 볼 것이다(대법원 1986.10.28. 선고. 86도1406 판결).

【정리】위법성조각사유의 전제사실에 대한 착오[56]

학설/판례	고의조각 여부	착오의 종류	착오자 처벌	착오자를 이용한 악의의 제3자 처벌
고의설	책임요소로서의 고의 조각	사실의 착오	과실범	간접정범
소극적 구성요건표지이론	구성요건적 고의 조각	구성요건적 착오	과실범	간접정범

---

55) 대법원 판례를 평석하면서 '정당한 이유가 있는 점'을 보아서 판례는 엄격책임설을 취하고 있다고 보는 견해는 있지만, 책임이 조각되는 것이 아니라 '위법성'이 조각된다는 점에서 엄격책임설의 입장이라고 보기는 어렵다.

56) 김성돈, 422면.

엄격책임설	구성요건적 고의 인정	위법성의 착오	고의범 (책임조각 가능)	공범 또는 간접 정범
유추적용설	불법고의 조각	구성요건적 착오	과실범	간접정범
법효과전환책임설	구성요건적 고의 인정·책임고의 조각	독자적 착오유형	과실범	공범 또는 간접 정범
판례	인정	독자적 착오 유형	위법성 조각	간접정범

사례   허용구성요건의 착오사례

【사례】 경찰관직무집행법의 불심검문을 하고 있던 경찰관 甲은 A에게 신분확인을 위하여 신분증 제시를 요구하였다. 이에 A가 상의 안쪽 호주머니에서 신분증을 꺼내려고 하자 甲은 그 상황으로 보아 A가 흉기를 꺼내려 하는 것으로 오인하고 상해의 고의로 A를 때려 2주간의 치료를 요하는 상해를 입혔다. 甲의 형사책임은?

【해설】 위 사례는 위법성조각사유의 객관적 전제조건에 대한 착오의 경우이다. 그 처리에 관하여는 학설의 대립이 있다.

① 엄격고의설에 의하면 위법성의 인식은 책임요소인 고의의 내용이 되므로, 위법성조각사유에 대한 착오가 있으면 '위법성의 인식이 없다'고 이해하여 고의의 성립을 부정하고 과실범의 문제가 된다. 사례의 경우 과실치상죄 성립 여부가 검토되어야 할 것이다.

② 소극적 구성요건표지이론에 의하면 위법성조각사유는 (소극적) 구성요건요소이므로 위법성조각사유의 (객관적 전제조건에 관한) 착오는 곧 구성요건의 착오가 되어 고의가 조각된다. 사례의 경우 과실치상죄 성립 여부가 검토되어야 할 것이다.

③ 엄격책임설에 의하면 위법성에 관한 착오는 직접적 위법성의 착오(금지착오)이든 간접적 위법성의 착오(허용규범착오)이든 모두 금지착오, 즉 법률의 착오로 본다. 그러므로 형법 제16조의 규정에 의해 그 오인에 정당한 이유가 있다면 책임이 조각되지만, 그 오인에 정당한 이유가 없다면 상해죄의 책임이 인정된다. 사례의 경우 오인에 정당한 이유가 있는지를 심사하여야 한다.

④ 제한적 책임설 중 구성요건착오 유추적용설에 따르면 허용구성요건착오에 의한 행위에 대해서는 고의가 배제되어야 한다는 점에서 구성요건착오와 결론은 동일하지만, 구성요건착오 규정을 직접 적용할 것이 아니라 유추적용을 해야 한다. 이 견해에 의하면 구성요건요소와 허용구성요건요소 사이에는 질적인 차이가 없고 행위자에게 구성요건적 불법을 실현하려는 결단이 없기 때문에 행위불법을 부정해야 한다고 설명한다. 그러나 이 견해에 대하여는 구성요건적 고의가 조각된다고 한다면 공범의 성립은 불가능하여 처벌의 결함이 초래된다는 문제점이 지적되고 있다. 사례의 경우 구성요건적 고의가 조각되므로 고의범으로 처벌할 수 없고, 과실치상죄 성립 여부가 검토되

어야 할 것이다.

⑤ 제한적 책임설 중 법효과 제한적 책임설은 행위객체에 대하여 일정한 침해행위를 한다는 사실에 대한 인식·인용이 있으므로 구성요건적 고의는 조각되지 않지만, 착오로 인하여 행위자의 법질서에 반하여 동기 설정을 하였다는 심정반가치(법배반적 또는 법적대적 심정)를 인정할 수 없으므로 책임형식으로서 '책임고의'는 부정된다. 다만 책임고의가 조각되는 경우의 법효과에 대한 규정이 없으므로 그 '법효과'에 있어서는 구성요건적 착오와 같이 취급해야 한다는 견해이다. 즉 허용구성요건의 착오가 구성요건적 착오의 성질을 가지고 있다는 점은 인정하면서도 이를 책임단계에서 고려함으로써 공범성립을 가능케 하는 실제적인 해결을 중시하는 견해이다. 사례의 경우 상해죄의 구성요건해당성과 위법성은 인정되지만, 책임이 조각되어 결국 고의범의 성립을 부정하게 된다. 만약 과실이 있는 경우에는 과실치상죄 성립 여부가 문제될 것이다.

기대가능성 이론

제1절 **서설**

Ⅰ. 의의

행위자를 비난하기 위해서는 행위자의 행위 당시의 구체적인 사정으로 보아 행위자가 범죄행위를 하지 않고 적법행위를 할 것을 기대할 수 있어야 한다. 이를 '적법행위에 대한 기대가능성'이라고 한다. 책임능력이 인정되고 행위자가 자기 행위의 위법성을 인식하였다고 하더라도 행위자에게 적법행위를 기대할 수 없는 사정이 있다고 평가되면 행위자를 비난할 가능성(책임)이 없다. 기대가능성이론은 책임의 본질이 심리적 사실관계에 있는 것이 아니라 비난가능성이라는 평가적 가치관계로 보는 규범적 책임이론의 핵심적인 내용이다.

Ⅱ. 성격

적법행위에 대한 기대가능성은 소극적 책임요소로 기대가능성이 없다면 책임이 조각된다. 기대가능성은 행위자가 '비정상적인 충돌상황이나 비정상적인 동기유발상황'에서 적법행위로 나올 기대가 불가능하면 일단은 인정된 책임이 다시 조각된다는 면책사유(免責事由)가 된다.

> **심화내용** 책임배제사유와 면책사유
>
> 책임배제사유는 책임능력이 없거나 위법성의 인식이 없는 경우는 처음부터 책임의 성립을 배제한다는 의미이다. 이에 반하여 면책사유로서 적법행위에 대한 기대가능성은

일단 책임이 성립되지만, 기대가능성이 없는 경우 형이 감면되거나 책임이 조각되어 범죄가 성립하지 않는다는 의미이다. 이것은 구성요건에 해당하는 행위는 위법성이 징표 또는 추정되는데, 위법성조각사유에 해당되게 되면 징표된 위법성을 조각시켜주 듯이, 면책사유도 마찬가지로 일단 성립된 책임을 일정한 요건하에서 조각시켜준다는 의미이다.

| 📋 심화내용 | 기대가능성 이론의 발전 |

기대가능성이론은 책임의 본질이 심리적 사실관계에 있는 것이 아니라 비난가능성이라는 평가적 가치관계에 있다는 규범적 책임론의 산물이다. 적법행위의 기대가능성을 전제로 기대가능성이 없으면 책임비난도 불가능하다. 이 이론은 독일의 마부사건(Leinenfänger fall)에서 기대불가능성을 이유로 무죄선고가 된 것을 계기로 독일학자 프랑크가 이를 이론적으로 체계화하였다. 마부사건은 피고용인 마부(馬夫)가 꼬리를 고삐에 감는 습성 이 있는 말을 자신이 운행하는 마차에 사용하다가 말이 사고를 일으켜 통행인에게 상해 를 입힌 사건이다. 마부는 그 말의 사용거부를 고용인에게 수차 요구하였으나 거부당하 였고, 그 말의 사용을 거절하면 해고당하여 생계의 위협을 받게 된다. 이에 대하여 독일 제국법원은 마부에게 그 말을 사용하지 아니할 것을 기대할 수 없음을 이유로 업무상과 실치상죄의 책임을 부정하였다.
우리나라의 경우 기대불가능성을 초법규적 책임조각사유로 인정하는 것이 통설과 판 례이다.[57] 하지만 이에 대한 직접적인 명문의 규정은 없다.

Ⅲ. 책임론에서의 체계적 지위

1. 쟁점

적법행위에 대한 기대가능성이 책임론에서 어떠한 체계적 지위를 갖고 있는가에 대하여 견해의 대립이 있다. 기대가능성을 고의·과실의 구성요소로 볼 것인지, 아니면 책임요소로 볼 것인지에 대한 논의이며, 책임요소로 볼 경우에도 적극적 요소로 볼 것인지, 아니면 소극적 요소로 볼 것인지에 대한 논의이다.

---

57) 그러나 김일수 교수는 기대가능성이라는 모호하고 그 전제와 한계가 불분명한 면책사유를 일반적으로 승인하는 것은 법적 안정성을 심각하게 해칠 위험이 크므로 기대가능성을 초법규적 면책사유로 보지 말고 단지 특정한 개개의 사례에서 그때 그때 구체적인 사정에 따라 불법과 책임의 내용을 조정하는 규제적 원칙으로 이해해야 한다고 한다(한국형법 Ⅱ, 99면).

2. 학설

고의·과실의 구성요소설은 기대가능성을 책임의 심리적 요소인 고의·과실의 구성요소로 파악하여, 기대가능성이 없으면 고의·과실이 조각되어 책임도 조각된다는 견해이다. 신고전적 범죄체계론이 주장하는 내용이다.

적극적 책임요소설은 기대가능성을 책임능력, 책임조건(고의·과실), 위법성의 인식과 병렬적 위치에 있는 독립된 책임요소라고 하는 견해이다.[58] 규범적 책임개념에 따르면 기대가능성은 비난가능성의 가장 중요한 본질적 요소이므로, 적극적으로 적법행위에 대한 기대가능성이 있어야 비난할 수 있다는 점을 근거로 한다.

소극적 책임요소설은 기대가능성을 책임의 적극적인 요소가 아니라, 책임능력과 책임조건 및 위법성 인식이 존재하면 원칙적으로 책임이 인정되고, 기대가능성이 없는 때에 책임이 조각되는 책임의 소극적 요소라고 하는 견해이다. 우리나라의 다수설이다.[59]

3. 결론

고의·과실은 주관적·내부적인 정신세계의 문제이고, 적법행위에 대한 기대가능성은 부수사정에 대한 외부적·객관적 가치판단을 하는 규범적 평가요소이므로 서로 이질적인 것임에도 불구하고 기대가능성을 고의·과실의 구성요소가 된다는 것은 부당하다. 우리나라에서 이를 지지하는 견해는 없다. 또한 기대가능성은 존재하는 경우에 책임을 인정하는 적극적 요소가 아니라, 부존재하는 경우에 책임을 조각·감경시키는 소극적 요소이다. 적법행위에 대한 기대가능성의 부존재는 면책사유라는 점을 본다면 소극적 책임요소로 보는 것이 타당하다.

Ⅳ. 기대가능성의 판단기준

1. 쟁점

적법행위에 대한 기대가능성의 유무를 판단하는 기준이 무엇인지에 대하여 견해의 대립이 있다. 행위자의 관점, 평균인의 관점, 국가의 관점에서 적법행위를 기대할 수 있다는 것에 대한 견해의 대립이다.

---

58) 손동권/김재윤, 330면; 오영근, 275면; 임웅, 338면.
59) 박상기/전지연, 177면; 배종대, 341면; 이재상/장영민/강동범, 372면; 정성근/박광민, 363면.

2. 학설

국가표준설은 적법행위를 기대하고 있는 국가가 법질서 내지 현실을 지배하는 국가이념에 따라 기대가능성의 유무를 판단해야 한다는 견해이다. 이 견해에 따르면 기대가능성에 대한 판단은 행위자에 대한 개별적 판단이 아니라 법질서와 법률에 의한 일반적 판단이 되며, 법과 국가이념의 변화에 따라 기대가능성의 표준이 달라진다. 우리나라에서 이를 주장하는 학자는 없다.

행위자표준설은 기대가능성의 유무를 행위 당시에 행위자가 처했던 구체적 사정하에서 그의 능력을 표준으로 하여 판단해야 한다는 견해이다.[60]

평균인 표준설은 사회일반의 평균인이 행위자의 입장에 있었을 경우에 적법행위의 가능성이 있었는가의 여부에 따라 기대가능성의 유무를 판단하는 견해로 다수설이다.[61]

3. 판례

판례는 평균인 표준설의 입장이다. 행위 당시의 구체적 상황하에서 행위자 대신에 사회적 평균인을 두고 이 평균인의 관점에서 그 기대가능성 유무를 판단하고 있다.

⚖ 판례   양심적 병역거부자 사건

【판결요지】 양심적 병역거부자에게 그의 양심상의 결정에 반한 행위를 기대할 가능성이 있는지 여부를 판단하기 위해서는, 행위 당시의 구체적 상황하에 행위자 대신에 사회적 평균인을 두고 이 평균인의 관점에서 그 기대가능성 유무를 판단하여야 할 것인바, 양심적 병역거부자의 양심상의 결정이 적법행위로 나아갈 동기의 형성을 강하게 압박할 것이라고 보이기는 하지만 그렇다고 하여 그가 적법행위로 나아가는 것이 실제로 전혀 불가능하다고 할 수는 없다고 할 것인바, 법규범은 개인으로 하여금 자기의 양심의 실현이 헌법에 합치하는 법률에 반하는 매우 드문 경우에는 뒤로 물러나야 한다는 것을 원칙적으로 요구하기 때문이다(대법원 2004.7.15. 선고 2004도2965 전원합의체 판결).

---

4. 결론

국가표준설을 지지하기는 어렵다. 국가는 항상 국민에게 법질서의 준수를 기대하고 있

---

60) 배종대, 349면.

61) 김일수/서보학, 257면; 이재상/장영민/강동범, 375면; 오영근, 277면; 임웅, 340면; 정성근/박광민, 368면.

기 때문에 기대가능성의 기본사상과 조화될 수 없다. 어떠한 경우에 기대가능성을 인정할 수 있었느냐에 대해서 법질서가 기대하고 있는 경우에 기대가능성이 있다고 하여, 질문에 대하여 질문으로 답하는 모순이 있다.

행위자표준설도 이론적 문제가 있다. 인간은 누구나 행위외부적 사정에 의하여 필연적으로 영향을 받게 되므로 행위자 표준설을 따를 경우 극단적인 경우 어떠한 행위자에게도 기대가능성이 없다고 하게 되어 책임비난이 불가능하게 된다. 또한 확신범은 항상 기대가능성이 없으므로 처벌하지 못한다는 문제점이 있다.

평균인 표준설에 대하여 평균인이라는 인간은 없으며, 평균인에게 기대가 가능한 경우라도 행위자 본인에게 불가능한 경우도 있으므로 이런 경우에 책임비난을 하는 것은 부당하다는 비판이 있다. 그러나 평균인이라는 개념은 사회적 유형개념이므로 반드시 불명확한 개념이라 할 수 없으며, 평균인 표준설에서도 기대가능성의 판단기준은 객관적인 일반인에 두지만, 그 판단의 대상은 행위자이므로 판단의 개별성도 무시하지 않는다. 따라서 평균인 표준설이 타당하다.

제2절 기대불가능성으로 인한 책임조각·책임경감

Ⅰ. 형법의 책임조각·감경사유

1. 책임조각사유

형법상 적법행위에 대한 기대불가능성을 이유로 책임을 조각하는 규정이 있다. 대표적으로 형법 제12조 강요된 행위 규정이 있다. 이외에도 과잉방위($\frac{제21조}{제3항}$), 과잉피난($\frac{제22조}{제3항}$), 친족간 범인은닉죄($\frac{제151조}{제2항}$), 친족간 증거인멸죄($\frac{제155조}{제4항}$)[62] 등도 기대불가능성을 이유로 책임을 조각하는 규정으로 볼 수 있다.

2. 책임감경사유

형법상 적법행위에 대한 기대불가능성을 이유로 책임을 감경하는 규정으로 도주원조

---

62) 범인자신의 범인은닉·증거인멸의 경우 적법행위의 기대가능성이 없기 때문에 입법자는 이를 처벌하는 입법을 하지 않았다.

죄에 대한 단순도주죄(제145조), 위조통화행사죄에 대한 위조통화취득후지정행사죄(제210조)가 있다.

3. 책임조각·감경사유

과잉방위($\substack{제21조 \\ 제2항}$), 과잉피난($\substack{제22조 \\ 제2항}$) 과잉자구행위($\substack{제23조 \\ 제2항}$)의 경우에는 행위사정에 따라 책임이 조각되거나 감경될 수 있다.

⚖ 판례 ▎ **기대불가능성을 인정한 판례**

① 입학시험에 응시한 수험생으로서 자기 자신이 부정한 방법으로 탐지한 것이 아니고 우연한 기회에 미리 출제될 시험문제를 알게 되어 그에 대한 답을 암기하였을 경우 그 암기한 답에 해당된 문제가 출제되었다 하여도 위와 같은 경위로서 암기한 답을 그 입학시험 답안지에 기재하여서는 아니된다는 것을 그 일반수험생에게 기대한다는 것은 보통의 경우 도저히 불가능하다 할 것이다($\substack{대법원 1966.3.22. 선고 \\ 65도1164 판결}$).

② 동해방면에서 명태잡이를 하다가 기관고장과 풍랑으로 표류중 북한괴뢰집단에 함정에 납치되어 북괴지역으로 납북된 후 북괴를 찬양, 고무 또는 이에 동조하고 우리나라로 송환됨에 있어 여러가지 지령을 받아 수락한 소위는 살기 위한 부득이한 행위로서 기대 가능성이 없다고 할 것이다($\substack{대법원 1967.10.4. 선고 \\ 67도1115 판결}$).

⚖ 판례 ▎ **기대불가능성을 부정한 판례**

① 탄약창고의 보초근무를 하던 피고인이 자신을 명령 · 지휘할 수 있는 상급자들이 그 창고 내에서 포탄피를 절취하는 현장을 목격하고도 그것을 제지하지 않았으며 상관에게 보고하지도 않고 묵인한 경우($\substack{대법원 1966.7.26. 선고 \\ 66도914 판결}$).

② 피고인이 비서라는 특수신분때문에 주종관계에 있는 공동피고인들의 지시를 거절할 수 없어 뇌물을 공여한 것이었다 하더라도 그와 같은 사정만으로는 피고인에게 뇌물공여 이외의 반대행위를 기대할 수 없는 경우였다고 볼 수 없다($\substack{대법원 1983.3.8. 선고 \\ 82도2873 판결}$).

③ 증인으로 선서한 이상 진실대로 진술한다고 하면 자신의 범죄를 시인하는 진술을 하는 것이 되고 증언을 거부하는 것은 자기의 범죄를 암시하는 것이 되어 증인에게 사실대로의 진술을 기대할 수 없다고 하더라도 형사소송법상 이러한 처지의 증인에게는 증언을 거부할 수 있는 권리를 인정하여 위증죄로부터의 탈출구를 마련하고 있는 만큼 적법행위의 기대 가능성이 없다고 할 수 없으므로 선서한 증인이 증언거부권을 포기하고 허위의 진술을 하였다면 위증죄의 처벌을 면할 수 없다($\substack{대법원 1987.7.7. 선고 \\ 86도1724 전원합의체 판결}$).

④ 직장의 상사가 범법행위를 하는데 가담한 부하에게 직무상 지휘·복종관계에 있다 하여 범법행위에 가담하지 않을 기대가능성이 없다고 할 수 없다(대법원 1999.7.23. 선고 99도1911 판결).

⑤ 통일부장관의 접촉 승인없이 북한 주민과 접촉한 경우(대법원 2006.12.26. 선고 2001도6484 판결).

⑥ 상사가 'A에 대한 불법내사'와 관련된 증거자료를 인멸하라고 지시한 것은 직무상의 지시명령이라고 할 수 없으므로 피고인이 이에 따라야 할 의무가 없음에도 증거인멸 및 공용물손상행위에 적극적으로 가담한 경우(대법원 2013.11.28. 선고 2011도5329 판결).

⑦ 상명하복 관계가 비교적 엄격한 국정원의 조직특성을 고려하더라도, 허위의 공문서를 작성하라는 지시는 위법한 명령에 해당할 뿐만 아니라, 위와 같은 위법한 명령을 피고인이 거부할 수 없는 특별한 상황에 있었다고 보기 어려우므로, 허위의 확인서 등 작성 범행이 강요된 행위 등으로서 적법행위에 대한 기대가능성이 없는 경우에 해당한다고 볼 수 없다(대법원 2015.10.29. 선고 2015도9010 판결).

Ⅱ. 초법규적 책임조각사유

1. 쟁점

형법은 기대불가능성을 이유로 행위자의 책임을 조각시킬 수 있는 사유로 강요된 행위(제12조), 야간 등의 과잉방위(제21조 제3항) 또는 과잉피난행위(제22조 제3항), 친족간의 범인은닉·증거인멸(제151조 제2항; 제155조 제4항) 등을 규정하고 있다. 문제는 형법에 규정되어 있는 것 이외에도 기대불가능성을 이유로 책임을 조각시킬 수 있는지 여부이다. 기대불가능성이 실정법이 허용하는 한도 내에서만 적용될 수 있는지, 아니면 실정법에 명문의 규정이 없음에도 불구하고 기대불가능성을 이유로 책임을 조각시킬 수 있는지가 문제될 수 있다. 이에 대해 견해의 대립이 있다.

2. 학설

부정설은 기대불가능성에 근거한 초법규적 책임조각을 부정하고 실정법의 테두리 안에서만 책임조각을 인정하는 견해이다.[63] 기대불가능성은 개개의 실정화된 책임조각·감경사유에서 그 영향력을 개별적으로 검토하여 책임조각 여부를 판단하는 보정원칙(補正原則)에 지나지 않으며, 초법규적 책임조각사유를 인정하면, 판결의 자연법화를 가져와 형법의 해체를 초래한다고 비판한다.

---

63) 배종대, 342면; 신동운, 463면.

긍정설은 기대불가능성을 초법규적 책임조각사유로 인정하는 견해이다.[64] 형법해석의 엄격성은 주로 구성요건의 확장해석에 관한 것이지 책임조각에까지 엄격해석할 필요는 없으며, 실정법에서 기대불가능한 사정을 모두 규정하는 것은 입법적으로 불가능하기 때문에 기대가능성을 초법규적 책임조각사유로 인정해야 한다고 주장한다.

제한적 긍정설은 고의작위범의 경우에는 기대불가능성을 초법규적 책임조각사유로 보지 않지만, 과실범과 부작위범에 있어서는 초법규적 책임조각사유로 인정하는 견해이다.[65]

3. 판례

판례는 기대가능성을 초법규적 책임조각사유로 인정하고 있다. 형법에 규정된 책임조 각사유에 해당하지 않더라도 적법행위로 나아가는 것이 '보통의 경우 도저히 불가능'한 경우, '부득이하거나 불가피한 경우' 또는 '사회통념상 기대가능성이 없다고 봄이 상당한 경우' 행위자의 형사책임을 면할 가능성을 인정하고 있다. 그러나 불법행위를 하지 않을 수 있는 탈출구가 사실상·법률상 마련되어 있는 경우에는 기대불가능성을 책임조각사유 로 인정하지 않는다.

⚖ 판례   자기의 범죄사실을 은폐하기 위한 위증

【판결요지】 증인으로 선서한 이상 진실대로 진술한다고 하면 자신의 범죄를 시인하는 진술을 하는 것이 되고 증언을 거부하는 것은 자기의 범죄를 암시하는 것이 되어 증인에게 사실대로의 진술을 기대할 수 없다고 하더라도 형사소송법상 이러한 처지의 증인에게는 증언을 거부할 수 있는 권리를 인정하여 위증죄로부터의 탈출구를 마련하고 있는 만큼 적법행위의 기대가능성이 없다고 할 수 없으므로 선서한 증인이 증언거부권을 포기하고 허위의 진술을 하였다면 위증죄의 처벌을 면할 수 없다(대법원 1987.7.7. 선고 86도1724 판결).

---

4. 구체적 내용

가. 위법한 명령에 따른 행위

공무원이 그 직무를 수행함에 있어 상관은 하관에 대하여 범죄행위 등 위법한 행위를 하도록 명령할 직권이 없는 것이며, 또한 하관은 소속 상관의 적법한 명령에 복종할 의무

---

64) 김성돈, 429면; 손동권/김재윤, 333면; 오영근, 275면; 이재상/장영민/강동범, 382면; 임웅, 338면; 정성근/박광민, 365면.
65) 김일수/서보학, 304면.

는 있으나 위와 같이 명백히 위법 내지 불법한 명령인 때에는 이는 벌써 직무상의 지시명령이라 할 수 없으므로 이에 따라야 할 의무는 없다.[66]

그럼에도 불구하고 상관의 위법한 명령에 따른 경우 수명자가 상관명령의 위법함을 몰랐을 경우 이는 금지착오에 해당하며 착오의 회피가능성이 없으면 책임이 조각된다. 그러나 수명자가 명령의 위법함을 알면서도 부득이 이를 행한 경우 이 행위가 강요된 행위에 해당한다면 책임이 조각되지만, 강요된 행위는 아니지만 저항이 기대될 수 없는 경우에는 기대불가능성에 기초한 초법규적 책임조각사유에 해당할 수 있다.

⚖ 판례 | 박종철씨 고문치사 사건

【판결요지】 [1] 양손을 뒤로 결박당하고 양발목마저 결박당한 피해자의 양쪽 팔, 다리, 머리 등을 밀어누름으로써 피해자의 얼굴을 욕조의 물속으로 강제로 찍어 누르는 가혹행위를 반복할 때에 욕조의 구조나 신체구조상 피해자의 목부분이 욕조의 턱에 눌릴 수 있고, 더구나 물속으로 들어가지 않으려고 반사적으로 반항하는 피해자의 행동을 제압하기 위하여 강하게 피해자의 머리를 잡아 물속으로 누르게 될 경우에는 위 욕조의 턱에 피해자의 목부분이 눌려 질식현상 등의 치명적인 결과를 가져올 수 있다는 것은 우리의 경험칙상 어렵지 않게 예견할 수 있다.
[2] 공무원이 그 직무를 수행함에 있어 상관은 하관에 대하여 범죄행위등 위법한 행위를 하도록 명령할 직권이 없는 것이고, 하관은 소속상관의 적법한 명령에 복종할 의무는 있으나 그 명령이 참고인으로 소환된 사람에게 가혹행위를 가하라는 등과 같이 명백한 위법 내지 불법한 명령인 때에는 이는 벌써 직무상의 지시명령이라 할 수 없으므로 이에 따라야 할 의무는 없다.
[3] 설령 대공수사단 직원은 상관의 명령에 절대 복종하여야 한다는 것이 불문률로 되어 있다 할지라도 국민의 기본권인 신체의 자유를 침해하는 고문행위등이 금지되어 있는 우리의 국법질서에 비추어 볼 때 그와 같은 불문률이 있다는 것만으로는 고문치사와 같이 중대하고도 명백한 위법명령에 따른 행위가 정당한 행위에 해당하거나 강요된 행위로서 적법행위에 대한 기대가능성이 없는 경우에 해당하게 되는 것이라고는 볼 수 없다(대법원 1988.2.23. 선고 87도2358 판결).

나. 의무의 충돌

의무의 서열에 대한 착오는 금지착오에 해당한다. 행위자가 부득이한 사유로 낮은 가치의 의무를 이행한 경우 기대불가능성으로 인한 초법규적 책임조각사유가 될 수 있으며,

---

66) 대법원 1999.4.23. 선고 99도636 판결, 대법원 2013.11.28. 선고 2011도5329 판결; 대법원 2015.10.29. 선고 2015도9010 판결.

개인적 종교·윤리관으로 인하여 낮은 가치의 의무를 이행한 경우 이는 확신범에 해당하므로 책임이 조각되지 않는다.

제3절 강요된 행위

> 제12조(강요된 행위) 저항할 수 없는 폭력이나 자기 또는 친족의 생명, 신체에 대한 위해를 방어할 방법이 없는 협박에 의하여 강요된 행위는 벌하지 아니한다.

Ⅰ. 의의

강요된 행위는 저항할 수 없는 폭력이나 자기 또는 친족의 생명·신체에 대한 위해를 방어할 방법이 없는 협박에 의한 행위를 말하며, 이는 행위자에게 적법행위의 기대가능성이 없기 때문에 형법 제12조에 의하여 책임이 조각된다는 것을 명문화한 것이다.

Ⅱ. 성립요건

1. 저항할 수 없는 폭력

가. 폭력

폭력은 의사형성에 영향을 미치는 심리적 폭력·상대적 폭력만을 말한다. 즉 피강요자의 심리에 작용하여 그로 하여금 일정한 행위를 하지 않을 수 없게 하는 것을 말한다. 따라서 사람의 손목을 잡고 강제로 날인하게 하는 행위와 같이 사람의 신체에 직접 유형력을 행사하여 그의 동작을 의사 없는 도구로 이용하는 '절대적 폭력'의 경우 피강요자의 의사를 인정할 수 없으므로 형법상 행위가 아니며, 강요된 행위의 폭력이 아니다.

나. 저항의 불가능

저항은 불가능하여야 한다. 물리적으로 폭력 그 자체를 물리칠 수 없을 뿐 아니라, 물리적으로 가능하더라도 심리적으로 저항이 불가능한 경우에도 이에 해당한다. 판례에 따르면 심리적인 경우뿐만 아니라 윤리적 의미에서 강압된 경우도 포함된다고 한다. 이에 대한 구체적 판단방법은 폭력의 성질·수단·방법, 강요자와 피강요자의 성질 등 모든 사정을 종합적으로 고려하여 행위자를 표준으로 결정해야 한다.

판례 | 저항할 수 없는 폭력

【판결요지】 형법 제12조에서 말하는 강요된 행위는 저항할 수 없는 폭력이나 생명, 신체에 위해를 가하겠다는 협박 등 다른 사람의 강요에 의하여 이루어진 행위를 의미하는데, 여기서 저항할 수 없는 폭력은 심리적 의미에 있어서 육체적으로 어떤 행위를 절대적으로 하지 아니할 수 없게 하는 경우와 윤리적 의미에 있어서 강압된 경우를 말하고, 협박이란 자기 또는 친족의 생명, 신체에 대한 위해를 달리 막을 방법이 없는 협박을 말하며, 강요라 함은 피강요자의 자유스런 의사결정을 하지 못하게 하면서 특정한 행위를 하게 하는 것을 말하는 것이다(대법원 2007.6.29. 선고 2007도3306 판결).

---

2. 자기 또는 친족의 생명·신체에 대한 위해를 방어할 방법이 없는 협박

가. 협박과 위해의 대상

협박은 상대방에게 해악을 고지하여 공포심을 일으키게 하는 것으로 협박의 수단은 반드시 명시적·외형적인 수단일 필요가 없다. 따라서 묵시적 협박의 경우에도 이에 해당할 수 있다.

위해의 대상은 자기 또는 친족의 생명·신체에 대한 것이어야 하며, 생명·신체 이외의 재산이나 명예와 같은 법익에 대한 위해는 제12조의 강요된 행위에는 해당하지 않는다. 이 경우에는 초법규적 책임조각의 문제로 남는다.

친족의 범위는 민법 제777조에 의해서 결정된다. 따라서 8촌 이내의 혈족, 4촌 이내의 인척, 배우자뿐만 아니라 사실혼 관계에 있는 부부, 혼인외의 자도 포함된다고 보는 것이 다수설이다. 친족관계는 강요된 행위 당시에 존재해야 한다.

나. 방어할 방법이 없는 협박

방어할 방법이 없는 협박이어야 한다. 방어할 방법이 없다는 것은 피강요자가 강요된 행위이외에는 다른 행위를 할 수 없을 정도로 의사결정의 자유가 침해되었음을 의미한다. 강요된 행위인 범죄를 행하는 것이 위해를 피하기 위한 유일한 방법이어야 한다(보충성의 원칙). 그 판단은 협박의 내용·수단·방법, 협박자와 피협박자의 성질 등 모든 사정을 종합적으로 고려하여 결정해야 한다.

3. 자초한 강제상태

강제상태를 야기될 것이 예견가능함에도 불구하고 스스로의 귀책사유에 의하여 강제 상태를 자초한 경우에는 강요된 행위가 될 수 없다.[67]

4. 강요된 행위

폭력이나 협박에 의하여 피강요자의 의사결정이나 활동의 자유가 침해되어 강요자가 요구하는 일정한 행위, 즉 강요된 행위를 하는 것을 말한다. 강요된 행위는 구성요건에 해당하는 위법한 행위이며 폭행·협박과 강요된 행위 사이에 인과관계가 있어야 한다. 인과관계가 인정되지 않는다면 강요된 행위를 한 행위자의 책임이 조각되지 않고 강요자와 공범관계가 성립할 뿐이다. 피강요자는 강요된 상태에서 부득이 위난을 피한다는 인식을 가지고 행동해야 한다. 인식이 없다면 강요자와 공범관계가 성립한다.

판례는 이른바 KAL기 폭파사건에서 "형법 제12조에서 말하는 강요된 행위는 저항할 수 없는 폭력이나 생명, 신체에 위해를 가하겠다는 협박 등 다른 사람의 강요행위에 의하여 이루어진 행위를 의미하는 것이지 어떤 사람의 성장교육과정을 통하여 형성된 내재적인 관념 내지 확신으로 인하여 행위자 스스로의 의사결정이 사실상 강제되는 결과를 낳게 하는 경우까지 의미한다고 볼 수 없다"고 하였다.[68]

Ⅲ. 효과

1. 피강요자의 경우

피강요자는 형법 제12조에 의하여 벌하지 아니한다고 규정하고 있다. 이는 기대불가능성으로 인한 책임이 조각된다는 의미이다.

---

67) 대법원 1971.2.23. 선고 70도2629 판결.
68) 대법원 1990.3.27. 선고 89도1670 판결.

2. 강요자의 경우

강요자는 피강요자의 행위가 책임이 조각되어 범죄성립이 부정되기 때문에 형법 제34조 제1항의 '어느 행위로 인하여 처벌되지 않는 자'를 이용한 간접정범에 해당되어 피강요자가 행한 범죄의 간접정범으로 처벌될 뿐만 아니라, 강요죄의 죄책도 져야 한다. 피강요자의 행위는 책임이 조각될 뿐 구성요건해당성과 위법성은 인정되기 때문에 이에 대해서는 정당방위가 가능하다.

제4절 기대가능성에 대한 착오

Ⅰ. 기대가능성의 존재와 한계에 관한 착오

행위자가 존재하지도 않는 책임조각사유를 존재하는 것으로 오인하거나 존재하는 책임조각사유의 법적 한계를 넘어서는 행위에 대해서까지 책임조각이 인정되는 것으로 오인한 경우를 말한다. 그러나 이는 법적으로 아무런 의미 없다. 기대가능성은 행위자가 스스로 판단한 성질이 아니기 때문이다.

Ⅱ. 기대가능성의 기초가 되는 사정에 관한 착오

기대가능성의 기초가 되는 사정에 관한 착오는 특별한 종류의 착오이다. 이에 대하여 행위자가 착오로 인하여 자기의 행위에 대한 위법성을 인식하지 못한 경우이기 때문에 형법 제16조를 유추적용하여 착오에 상당한 이유가 있으면 책임조각된다고 보는 것이 다수설이다.

PART 06

⚖

미수론

범죄실현의 단계

Ⅰ. 범죄의사

범죄의사는 범죄를 실현하려는 의사를 말하며, 의지적 요소가 필요하다. 단순한 인식·공상과는 구별된다. 범죄의사는 행위를 통하여 외부에 표시되지 않는 한 형법적 평가의 대상이 아니다. 생각만으로는 처벌되지 않는다.

Ⅱ. 예비와 음모

예비는 특정범죄를 실현할 목적으로 행하여지는 준비행위로서 아직 실행의 착수에 이르지 아니한 일체의 행위를 말한다. 범행장소의 탐사, 범행도구의 구입행위 등이 예비행위에 해당한다.

음모는 일정한 범죄를 실행할 목적으로 2인 이상이 합의를 이루는 것을 말한다. 단순한 범죄의사의 표시·교환과는 다르다.

예비·음모는 원칙적으로 처벌하지 않는다. 다만 법률에 처벌규정이 있는 경우 예외적으로 처벌 가능하다. 이 경우에 기본범죄보다 감경한다. 행위가 미수·기수에 이르렀을 때 예비·음모는 이에 흡수되며 처벌하지 않는다(법조경합 중 보충관계).

Ⅲ. 미수

미수는 범죄의 실행에 착수하여 실행행위를 종료하지 못하였거나 실행행위를 종료하였더라도 결과가 발생하지 아니한 경우를 말한다(제25조~제27조). 강간죄의 경우 폭행을 하였으나 간음행위를 하지 못한 경우를 실행행위를 종료하지 못한 착수미수 또는 미종료 미수라고 하며, 살인죄의 경우 살해행위를 하였으나 사망의 결과를 발생시키지 못한 경우를 실행행위를 종료했지만 결과가 발생하지 아니한 실행미수 또는 종료미수라고 한다.

미수는 형법각칙에 특별한 규정이 있는 경우에 한하여 처벌된다. 과실범의 미수는 불가능하며, 미수는 오로지 고의범의 경우에는 가능하다.

Ⅳ. 기수

기수는 행위가 범죄구성요건의 모든 요소를 충족한 경우로 구성요건의 형식적 실현을 말한다. 형법상 범죄의 기본형에 해당한다. 기수시기가 구체적으로 언제인지는 개별 범죄 구성요건마다 구성요건의 해석을 통해서 달리 판단해야 한다. 기수시기는 형법각론에서의 과제이다.

Ⅴ. 종료

범죄의 기수가 성립한 후 보호법익에 대한 침해행위가 실질적으로 끝난 경우를 말한다. 범죄의 실질적 종료를 말한다. 계속범의 경우 주거침입죄에서 갑이 A의 주거에 침입하는 것으로 주거의 평온은 침해되었으므로 기수가 된다. 그러나 갑이 A의 주거에 머무는 한 주거침입행위는 종료되지 않고, 갑이 A의 집을 나갔을 때 주거침입죄는 종료된다. 즉시범의 경우 범죄의 기수시기와 종료시기가 일치한다.

기수와 종료를 구별하는 이유는 다음과 같다. 공소시효의 기산점은 범죄의 기수시기가 아니라 실질적으로 종료한 시점이다(형사소송법 제252조). 또한 기수 이후에도 종료 이전까지 승계적 공동정범[1]이나 방조범의 성립이 가능하다. 하지만 교사는 불가능하다. 감금된 사람이 사망한 경우와 같이 기수 이후라고 하더라도 종료 이전이라면 가중적 구성요건의 실현이 가능하다. 기수 이후이더라도 종료 이전이라면 정당방위가 가능하다.

---

1) 승계적 공동정범은 공동의 범행결의가 선행자의 실행행위의 일부 종료 후 그 기수 이전에 성립한 경우를 말한다. 이에 대해서는 공동정범에서 설명한다.

예비·음모죄

> 제28조(음모, 예비) 범죄의 음모 또는 예비행위가 실행의 착수에 이르지 아니한 때에는 법률에 특별한 규정이 없는 한 벌하지 아니한다.

제1절 서설

I. 의의

예비·음모는 특정범죄를 실현할 목적으로 행하여지는 준비행위로서 실행의 착수이전에 이루어지는 범죄를 준비하는 행위를 말한다. 살인을 하기 위하여 흉기를 준비하는 행위, 강도를 하기 위하여 범행현장을 사전에 답사하는 행위 등이 이에 해당한다. 하지만 단순한 행위계획만으로는 부족하며 행위계획을 초과하여 의도한 행위가 객관화되어야 하며, 범죄실현에 실질적 위험성이 있어야 한다.

⚖ 판례　한탕하자 사건

【사실관계】 군인 갑은 동료군인인 을과 수회에 걸쳐 '총을 훔쳐 전역 후 은행이나 현금수송차량을 털어 한탕 하자'는 말을 나누었다.

【판결요지】 형법상 음모죄가 성립하는 경우의 음모란 2인 이상의 자 사이에 성립한 범죄실행의 합의를 말하는 것으로, 범죄실행의 합의가 있다고 하기 위하여는 단순히 범죄결심을 외부에 표시·전달하는 것만으로는 부족하고, 객관적으로 보아 특정한 범죄의 실행을 위한 준비행위라는 것이 명백히 인식되고, 그 합의에 실질적인 위험성이 인정될 때에 비로소 음모죄가 성립한다고 할 것이다(대법원 1999.11.12. 선고 99도3801 판결).

【해설】 피고인들이 '총을 훔쳐 전역 후 은행이나 현금수송차량을 털어 한탕 하자'는 말

을 한 번 나눈 것만으로는 강도음모를 인정하기에 부족하다. 본 사안의 경우 갑과 을은 단순히 범죄결심을 표시·전달한 것에 불과하다. 강도음모가 되기 위해서는 그 합의에 실질적인 위험성이 인정되어야 한다.

II. 형법적 취급

예비행위는 원칙적으로 처벌하지 않는다. 예외적으로 형사정책적인 견지에서 특별규정이 있는 경우에만 처벌한다. 예비·음모를 원칙적으로 처벌하지 않는 이유는 예비행위 그 자체는 형법적으로 중요하지 않은 행위이며, 범죄적 의사의 증명이 곤란할 뿐만 아니라 기수에 이르게 될 가능성도 불확정이어서 상대적으로 위험성이 적기 때문이다. 그럼에도 불구하고 예비·음모를 예외적으로 처벌하는 이유는 입법정책상 살인·강도 등 중대범죄의 경우 법익의 중대성에 비추어 실행행위로 나아가기 전에 미연에 방지할 필요성이 존재하기 때문이다.

형법상 예비·음모를 처벌하는 경우는 내란죄의 예비·음모(제90조), 외환유치죄 또는 여적죄의 예비·음모(제101조), 외국에 대한 사전죄의 예비·음모(제111조 제3항), 폭발물사용죄의 예비·음모(제120조), 도주죄의 예비·음모(제150조), 방화·일수와 관련된 범죄의 예비·음모(제175조), 교통방해와 관련된 범죄의 예비·음모(제191조), 음용수와 관련된 범죄의 예비·음모(제197조), 통화·유가증권과 관련된 범죄의 예비·음모(제213조), 살인과 관련된 범죄의 예비·음모(제255조), 인신매매와 관련된 범죄의 예비·음모(제296조), 강간과 관련된 범죄의 예비·음모(제305조의3), 강도와 관련된 범죄의 예비·음모(제343조)가 있다.

III. 예비와 음모의 구별

형법은 항상 예비와 음모를 같이 처벌하므로 양자를 구별할 실익은 없지만, 일부 특별법의 경우[2] 예비는 처벌하지만 음모는 처벌하지 않는 경우도 있기 때문에 양자를 구별할 필요가 있다. 다수설에 따르면 음모는 심리적 준비행위이고 예비는 그 이외의 준비행위로서 시간적 선후관계는 없다고 본다.[3] 하지만 판례에 따르면 음모는 예비에 선행하는 범죄

---

[2] 밀항단속법은 2013년 법개정되어 예비·음모를 모두 처벌하고 있다. 하지만 관세법 제271조 제3항, 제274조 제3항에서는 예비만을 처벌하고 있다.

[3] 김성돈, 442면; 김일수/서보학, 407면; 배종대, 397면; 손동권/김재윤, 477면; 이재상/장영민/강동범, 384면; 이형국/김혜경, 308면; 임웅, 362면.

발전의 한 단계라고 본다.

판례   밀항을 위해 도항비를 주기로 약속하였으나 그후 위 밀항을 포기한 경우

【판결요지】 일본으로 밀항하고자 공소외인에게 도항비로 일화 100만엔을 주기로 약속한 바 있었으나 그 후 이 밀항을 포기하였다면 이는 밀항의 음모에 지나지 않는 것으로 밀항의 예비정도에는 이르지 아니한 것이다(대법원 1986.6.24. 선고 86도437 판결).

【해설】 대법원은 음모가 예비에 선행하는 단계라고 해석한다. 이러한 대법원 판례는 밀항의 예비만을 처벌하고 그에 대한 음모를 처벌의 대상에서 제외하고 있는 구 밀항단속법 제3조 제3항을 해석한 것이다. 하지만 2013년 5월 밀항단속법이 개정되어 예비와 음모를 모두 처벌하고 있다.

제2절 법적 성격

I. 쟁점

예비죄의 법적 성격에 대하여 견해의 대립이 있다. 먼저 예비죄와 기본범죄에 대한 관계에서 독립범죄설과 발현형태설의 대립이 있다. 예비죄를 독립된 범죄로 보는지 아니면 기본범죄의 발현형태로 보는지에 따라 예비죄의 실행행위성 인정 여부로 이어진다. 예비죄의 실행행위성에 대한 논의는 다시 예비죄의 공동정범을 인정할 수 있는지로 이어진다.

1. 기본범죄에 대한 관계

가. 학설

독립범죄설은 예비죄를 기본범죄에서 독립하여 그 자체 불법의 실질을 갖추고 있는 독립된 범죄의 형태로 보는 견해이다.[4] 그러나 현행 형법은 예비죄를 '~죄를 범할 목적으로'라는 부대형식을 취하고 있으므로 현행법의 태도와 맞지 않다.

발현형태설에 따르면 예비는 기본범죄의 발현형태에 지나지 않고, 예비죄는 독립된 범

---

[4] 김일수/서보학, 407면; 배종대, 397면.

죄유형이 아니라 효과적인 법익보호가 필요한 경우에 미수 이전의 단계까지 구성요건을 확장한 기본적 구성요건의 수정형식으로 보는 견해이다. 미수를 기본범죄의 수정형식으로 본다면 그 전 단계인 예비 역시 수정형식으로 보는 것이 타당하며 이를 독립범죄로 파악할 수 없다고 한다.[5] 다수설의 입장이다.

이분설은 예비죄의 규정 형식에 따라 발현형태인 경우와 독립범죄인 경우로 나누는 견해이다. 살인예비, 방화예비 등과 같이 ~죄를 범할 목적으로 예비한 자는 형식으로 규정한 경우는 기본범죄의 발현형태이지만, 형법 제114조의 범죄단체조직죄, 제207조의 행사목적의 통화위조·변조죄와 같이 실질적으로 다른 범죄의 전단계행위를 처벌하는 경우는 독립된 범죄로 본다.

나. 판례

판례는 형법각칙의 예비죄를 처단하는 규정을 바로 독립된 구성요건 개념에 포함시킬 수는 없다고 하는 것이 죄형법정주의의 원칙에도 합당하는 해석이라고 한다.[6] 예비죄의 처벌이 가져올 범죄의 구성요건을 부당하게 유추 내지 확장해석하는 것을 금지하고 있기 때문이다. 이는 예비죄를 형법상 독립된 구성요건으로 보는 것이 아니라 기본범죄 실행행위의 전 단계의 행위, 즉 발현행위를 처벌하는 것으로 보는 것이다.

다. 결론

예비는 법익침해에 대한 직접적 위험성이 적으며 행위자에게 범죄의사가 있었다는 것에 대한 확정이 쉽지 않을 뿐만 아니라 예비행위는 수단과 방법에는 제한이 없기 때문에 죄형법정주의의 보장적 기능과 관련하여 문제될 여지가 많다. 따라서 예비죄를 독립범죄로 보는 것은 타당하지 않다. 예비는 주관적으로는 '기본범죄를 목적으로 한다'는 점과 객관적으로는 '기본범죄의 실현을 하는 데 기여할 수 있는' 사전준비행위라는 점에서 예비죄의 불법이 있다. 따라서 기본범죄와 단절된 상태에서 예비라는 개념은 존재할 수 없다. 예비죄는 기본범죄에 대하여 예외적으로 처벌하는 성격을 가지고 있으며, 예비죄는 범죄발현에 있어서 하나의 단계에 불과한 것이므로 기본범죄의 발현형태로 보는 것이 타당하다.

---

5) 김성돈, 485면; 손동권/김재윤, 478면; 신동운, 577면; 이재상/장영민/강동범, 438면; 이형국/김혜경, 312면; 임웅, 364면; 정성근/박광민, 381면.
6) 대법원 1976.5.25. 선고 75도1549 판결.

2. 예비죄의 실행행위성

가. 학설

독립범죄설의 입장에서는 예비죄의 실행행위성은 당연히 인정된다. 하지만 발현형태설의 입장에서는 그 발현형태인 예비행위에 실행행위성을 인정할 수 있는지가 문제된다.

부정설은 예비행위는 무정형·무한정하므로 실행행위성을 인정할 수 없으며, 실행행위는 기본범죄에 대한 정범의 실행에 한정되며, 예비죄의 독자적인 실행행위성을 인정할 수 없다고 한다.[7] 이에 대하여 긍정설은 예비행위도 수정적 구성요건인 이상 이에 대한 실행행위성을 인정할 수 있으며, 기본범죄에 대해서만 실행행위성을 인정하는 것은 실행행위의 상대적·기능적 성격을 무시한 것이라고 한다. 이때 실행행위는 기본범죄의 구성요건적 실행행위가 아니라 예비죄라는 범죄의 실행행위를 의미한다. 예비의 실행행위성을 인정하는 것이 다수설의 입장이다.

나. 판례

판례가 예비행위의 실행행위를 인정하고 있는지는 분명하지 않다. 다만 판례의 입장은 "정범이 실행의 착수에 이르지 아니한 예비의 단계에 그친 경우에는 이에 가공하는 행위가 예비의 공동정범이 되는 경우를 제외하고는 종범의 성립을 부정하고 있다고 보는 것이 타당하다"고 한다.[8] 판례는 예비의 방조범의 성립을 부정하면서 예비의 공동정범의 성립 가능성을 언급하고 있다.

예비죄의 공동정범을 인정하고 있다는 것은 논리적으로 예비의 실행행위성을 인정할 경우에 가능하며, 실행행위성을 부정한다면 예비죄의 동시범을 인정해야 한다. 예비의 공동정범을 인정할 여지를 두었다는 점에서 보면 예비행위의 실행행위성을 인정한다고 평가할 수 있다. 그런데 예비죄의 방조범의 성립을 부정한다는 것은 예비행위의 실행행위성을 부정하는 취지로도 볼 수 있다. 예비행위에 대해 기본범죄의 실행행위성을 긍정한다면 그 예비행위로서의 실행행위는 정범의 실행행위이고, 정범의 실행행위(즉 예비행위)를 도와준 행위에 대해서는 방조범이 성립해야 하기 때문이다.[9] 예비죄의 방조범을 부정하는 것이 실행행위성 인정 여부와 상관없이 다른 법리로 결정되는 것으로도 볼 수 있다. 결론적으로 판례의 표현만으로는 예비행위의 실행행위성을 인정한 것이라고 평가하기는 어렵다.

---

7) 신동운, 577면; 오영근, 346면; 이형국/김혜경, 313면; 임웅, 365면.
8) 대법원 1976.5.25. 선고 75도1549 판결.
9) 김성돈, 486면.

【판결이유】 형법 제32조 제1항의 타인의 범죄를 방조한 자는 종범으로 처벌한다는 규정의 타인의 범죄란 정범이 범죄를 실현하기 위하여 착수한 경우를 말하는 것이라고 할 것이므로 종범이 처벌되기 위하여는 정범의 실행의 착수가 있는 경우에만 가능하고 정범이 실행의 착수에 이르지 아니한 예비의 단계에 그친 경우에는 이에 가공하는 행위가 예비의 공동정범이 되는 경우를 제외하고는 이를 종범으로 처벌할 수 없다고 할 것이다. 왜냐하면 범죄의 구성요건 개념상 예비죄의 실행행위는 무정형 무한정한 행위이고 종범의 행위도 무정형 무한정한 것이고 형법 제28조에 의하면 범죄의 음모 또는 예비행위가 실행의 착수에 이르지 아니한 때에는 법률에 특별한 규정이 없는 한 벌하지 아니한다고 규정하여 예비죄의 처벌이 가져올 범죄의 구성요건을 부당하게 유추 내지 확장해석하는 것을 금지하고 있기 때문에 형법각칙의 예비죄를 처단하는 규정을 바로 독립된 구성요건 개념에 포함시킬 수는 없다고 하는 것이 죄형법정주의의 원칙에도 합당하는 해석이라 할 것이기 때문이다. 따라서 형법전체의 정신에 비추어 예비의 단계에 있어서는 그 종범의 성립을 부정하고 있다고 보는 것이 타당한 해석이라고 할 것이다(대법원 1976.5.25. 선고. 75도1549 판결).

다. 결론

예비행위의 실행행위성에 대한 학설의 차이는 '실행행위'라는 의미가 무엇인가에 대한 의견의 차이만 있을 뿐이다. 부정설에서 말하는 실행행위는 구성요건적 실행행위를 말하며, 긍정설에서 말하는 실행행위는 예비죄 자체의 실행행위를 말하기 때문이다. 예비죄의 예비행위는 기본범죄의 구성요건적 실행행위와는 분명히 구별된다. 하지만 예비죄를 기본적 구성요건의 수정형태로 본다면 실행행위는 예비죄라는 구성요건의 실행행위를 의미하는 것으로 보는 것이 타당하다. 따라서 갑과 을이 기능적으로 역할분담하여 살인예비행위를 하였다면 살인예비죄의 공동정범으로 보는 것이 타당하다.

제3절 성립요건

Ⅰ. 주관적 요건

1. 예비 자체에 대한 고의

가. 고의

예비행위자는 '예비 자체에 대한 고의'가 있어야 한다. 따라서 예비죄는 모두 고의범이다. 과실에 의한 예비죄 또는 과실범의 예비죄는 부정된다.

나. 고의의 내용

예비의 고의의 내용에 대하여 견해의 대립이 있다. '실행의 고의설'에 따르면 예비의 고의는 기본적 구성요건에 해당하는 사실의 인식을 의미한다.[10] 예비는 미수와 같이 기본적 구성요건의 수정형식이며 예비·미수·기수는 행위의 일련의 발전단계이므로 고의의 내용은 같다고 한다. 기본범죄를 고려하지 않은 준비행위에 대한 인식은 무의미하다. 따라서 예비죄의 '기본범죄를 범할 목적'은 초과주관적 구성요건요소가 아니라 고의의 내용이 된다.

'예비의 고의설'에 따르면 예비의 고의를 실행의 고의와 구별하여 예비의 고의는 준비행위 그 자체에 대한 인식을 의미한다고 한다.[11] 이 견해는 예비행위와 기본범죄 사이에는 질적 차이가 있다고 본다. 예비행위 자체에 고의가 존재해야만 예비행위에 그친 경우 그 책임을 물을 수 있다. 형법상 '~죄를 범할 목적으로'라고 하여 예비죄를 목적범으로 규정하고 있으므로, 준비행위 자체에 대한 인식이 있어야 한다.

생각건대 예비죄를 기본범죄의 수정된 구성요건으로 이해한다면 예비죄는 기본범죄의 행위와 다르게 파악해야 한다. 즉 예비죄의 '수정된 구성요건 행위'는 기본범죄의 실현을 위한 '준비행위'가 된다. 따라서 예비죄의 고의는 준비행위 그 자체에 대한 고의를 의미한다고 보는 예비의 고의설이 타당하다.

---

10) 박상기/전지연, 211면; 신동운, 556면; 정성근/박광민. 383면.
11) 김성돈, 490면; 김일수/서보학, 408면; 손동권/김재윤, 480면; 이재상/장영민/강동범, 439면; 임웅, 365면; 오영근, 347면.

2. 기본범죄를 범할 목적

예비죄의 고의를 준비행위에 대한 고의를 의미한다고 보는 '예비의 고의설'에 따르면 예비죄는 목적범이므로, 예비 자체에 대한 고의 외에 '기본범죄를 범할 목적'이 있어야 한다. 기본범죄를 범할 목적은 초과주관적 구성요건요소가 된다. 예를 들면 강도예비·음모죄가 성립하기 위해서는 예비·음모 행위자에게 미필적으로라도 '강도'를 할 목적이 있음이 인정되어야 하고 그에 이르지 않고 단순히 '준강도'할 목적이 있음에 그치는 경우에는 강도예비·음모죄로 처벌할 수 없다.[12]

인식의 정도에 대하여 예비죄는 기본범죄의 실현이 있어야 목적이 달성되는 단축된 이행위범이므로 목적은 미필적 인식으로 족하다는 견해(미필적 인식설)가 있지만,[13] 예비죄는 입법취지상 목적은 확정적으로 인식할 것을 요한다는 견해가 다수설의 입장이다.

Ⅱ. 객관적 요건

1. 예비행위

가. 외부적 준비행위

예비행위가 죄형법정주의의 명확성의 원칙에 반하지 않으려면 일정한 정형성을 갖추어야 한다. 또한 예비행위는 외부적 준비행위여야 한다. 단순한 범행계획·의사표시·내심의 준비행위는 예비행위가 아니다.

예비행위의 수단·방법에는 제한이 없기 때문에 형법의 보장적 기능이 침해될 우려가 있다. 예비행위는 기본범죄의 실행을 목적으로 하는 행위이므로 외부적 준비행위도 기본범죄의 실행행위와 일정한 관련성이 있어야 한다. 따라서 외부적 준비행위는 범죄실행의 착수에 시간적·장소적으로 근접한 밀접한 관련성이 있어야 하며, 실질적 위험성이 있어야 하며, 기본범죄의 실현에 객관적으로 적합한 조건이 되어야 하는 등 일정한 제한이 필요하다. 결과발생이 객관적으로 가능해야 하므로 결과발생이 불가능한 불능예비는 예비가 될 수 없다. 예를 들면 강도예비·음모죄가 인정되기 위해서는 그 법정형에 상당한 정도의 위법성이 나타나는 유형의 행위로 한정되는 것이 바람직하다.[14]

---

12) 대법원 2006.9.14. 선고 2004도6432 판결.

13) 김성돈, 491면.

14) 대법원 2006.9.14. 선고 2004도6432 판결.

| 판례 | 보험금사기를 위한 예비행위 |

【판결요지】 타인의 사망을 보험사고로 하는 생명보험계약을 체결함에 있어 제3자가 피보험자인 것처럼 가장하여 체결하는 등으로 그 유효요건이 갖추어지지 못한 경우에도, 보험계약 체결 당시에 이미 보험사고가 발생하였음에도 이를 숨겼다거나 보험사고의 구체적 발생 가능성을 예견할 만한 사정을 인식하고 있었던 경우 또는 고의로 보험사고를 일으키려는 의도를 가지고 보험계약을 체결한 경우와 같이 보험사고의 우연성과 같은 보험의 본질을 해칠 정도라고 볼 수 있는 특별한 사정이 없는 한, 그와 같이 하자 있는 보험계약을 체결한 행위만으로는 미필적으로라도 보험금을 편취하려는 의사에 의한 기망행위의 실행에 착수한 것으로 볼 것은 아니다. 그러므로 그와 같이 기망행위의 실행의 착수로 인정할 수 없는 경우에 피보험자 본인임을 가장하는 등으로 보험계약을 체결한 행위는 단지 장차의 보험금 편취를 위한 예비행위에 지나지 않는다(대법원 2013.11.14. 선고 2013도7494 판결).

【해설】 타인의 사망을 보험사고로 하는 생명보험계약을 체결함에 있어서 제3자가 피보험자인 것처럼 가장하여 체결하는 행위는 보험사기를 위한 예비행위에 해당하지만, 사기예비에 대해서는 처벌규정이 없으므로 불가벌이다. 하지만, 보험사고의 우연성과 같은 보험의 본질을 해칠 정도의 특별한 사정이 있다면 보험사기의 실행의 착수를 인정할 수 있다. 판례는 그러한 경우로 보험계약 체결 당시에 이미 보험사고가 발생하였음에도 이를 숨겼다거나 보험사고의 구체적 발생 가능성을 예견할 만한 사정을 인식하고 있었던 경우 또는 고의로 보험사고를 일으키려는 의도를 가지고 보험계약을 체결한 경우를 제시하고 있다.

나. 물적 예비와 인적 예비

물적 예비는 범행 도구의 구입, 범행장소의 물색·답사·잠입하는 행위 등을 말한다. 인적 예비도 예비행위에 해당한다. 예비행위는 무한정·무정형하므로, 범죄실현을 위한 준비임이 객관적으로 명백한 이상 인적 예비도 예비행위에 포함시키는 것이 타당하다. 예를 들면 알리바이 조작을 위하여 사람을 접촉하는 경우, 장물을 처분할 사람을 확보하는 경우, 건물의 구조를 잘 알고 있는 사람에게 건물구조에 관한 정보를 수집하는 경우 등이 인적 예비에 해당한다.

| 판례 | 대가의 지급을 약속한 경우 |

【판결요지】 [1] 형법 제255조, 제250조의 살인예비죄가 성립하기 위하여는 형법 제255조에서 명문으로 요구하는 살인죄를 범할 목적 외에도 살인의 준비에 관한 고의가 있어야 하며, 나아가 실행의 착수까지에는 이르지 아니하는 살인죄의 실현을 위한 준비

행위가 있어야 한다. 여기서의 준비행위는 물적인 것에 한정되지 아니하며 특별한 정형이 있는 것도 아니지만, 단순히 범행의 의사 또는 계획만으로는 그것이 있다고 할 수 없고 객관적으로 보아서 살인죄의 실현에 실질적으로 기여할 수 있는 외적 행위를 필요로 한다.

[2] 갑이 을을 살해하기 위하여 병, 정 등을 고용하면서 그들에게 대가의 지급을 약속한 경우, 갑에게는 살인죄를 범할 목적 및 살인의 준비에 관한 고의뿐만 아니라 살인죄의 실현을 위한 준비행위를 하였음을 인정할 수 있다는 이유로 살인예비죄의 성립을 인정한 사례(대법원 2009.10.29. 선고 2009도7150 판결).

다. 자기 예비와 타인 예비

자기 예비는 자신이 실행행위를 할 목적으로 하는 준비행위를 말하며, 타인 예비는 타인의 실행행위를 위한 준비행위를 말한다. 예를 들면 갑이 을에게 살인하기 위한 칼을 구해 준 경우와 같이 타인 예비는 타인의 실행행위를 위하여 준비행위를 하는 경우 예비죄의 정범이 될 수 있는지의 문제이다. 자기 예비가 예비행위에 해당한다는 점에 대해서는 견해가 일치하지만 타인 예비를 예비행위로 볼 수 있는가에 대하여 견해의 대립이 있다.

타인 예비를 긍정하는 견해에 따르면 타인 예비도 법익침해의 실질적 위험성에서 자기 예비와 다를 바 없으며, ~죄를 범할 목적에는 타인에게 실행시킬 목적도 포함되며, 실질적으로 타인 예비인 교사의 미수를 예비로 처벌하는 명문규정(제31조 제2항, 제3항)이 있다는 점을 근거로 한다.

타인 예비를 부정하는 견해에 따르면 타인 예비는 법익침해성이 보다 간접적이므로 타인 예비를 자기 예비와 동일시할 수 없다고 한다. 자기 예비자와 타인 예비자와 같이 예비행위를 하는 경우, 자기 예비자의 실행의 착수 여부에 따라 타인 예비행위가 공범 또는 예비로 되므로 불합리하다. 즉 자기 예비자가 실행착수를 나아가면 타인 예비자는 공범이 되며, 자기 예비자가 실행착수에 나아가지 아니하면 타인 예비자는 예비가 되는 불합리한 결과가 나오며, 형법은 예비죄를 '~죄를 범할 목적으로'라고 규정하여 예비자 스스로 실행할 의사를 요하여 자기예비만을 인정하고 있다는 점을 근거로 한다. 다수설의 입장이다.

판례는 예비죄의 방조범 성립을 부정하는 태도를 취하고 있는 것으로 보아 타인 예비를 인정하지 않는다고 볼 수 있다.

생각건대, 형법은 기본범죄의 주체와 예비죄의 주체를 동일하게 설정하고 있으며, 원칙적으로 예비행위를 자기 예비로 한정하고 있다고 보아야 한다. 또한 예비행위가 무한정·무정형성을 가지고 있고, 방조행위도 역시 무한정·무정형성을 가지고 있다는 점을 고려한다면 두 행위를 모두 예비행위에 포함시키게 되면 예비행위의 명확성을 해치게 되어 죄형법정주의에 위반될 가능성이 높다. 따라서 예비는 자기 예비에 한정되어야 한다.

2. 실행의 착수 이전

예비행위자가 실행에 착수하면 기수 또는 미수범의 성립 문제만이 남기 때문에, 예비 행위는 실행의 착수 이전의 단계에 머물러야 한다. 행위자가 실행의 착수 이후에는 예비 행위는 미수·기수에 흡수된다.

Ⅲ. 처벌규정의 존재

모든 범죄의 예비행위가 예비죄로 되는 것은 아니며, 법률에 특별한 규정이 있는 경우 에 한하여 예비죄로 처벌된다(제28조).

제4절 관련문제

Ⅰ. 예비죄의 공동정범

2인 이상의 자가 공동하여 범죄를 실현하고자 하였으나 예비단계에 그친 경우 예비죄 의 공동정범이 성립하는가에 대하여 이론적 문제점이 있다. 예비죄의 실행행위성을 인정 하지 않는 경우에는 예비죄의 공동정범은 성립하지 않지만, 예비죄의 실행행위성을 인정 한다면 예비죄의 공동정범이 성립할 수 있다.

예비의 실행행위성을 인정하는 것이 다수설의 입장이다. 이에 따르면 갑과 을이 강도 를 모의하여 각자가 범행도구를 구입하고, 범행장소를 답사하기로 하였는데, 범행도구인 총을 구입하다가 이를 수상히 여긴 경찰에게 발각되어 체포된 경우 강도예비죄의 공동정 범이 된다.

갑과 을이 공무원에게 뇌물을 주기로 공모한 후에 갑이 공동정범 관계에 있는 을로부 터 뇌물로 공여할 금품을 교부받은 경우 그 행위는 상호 간의 뇌물공여를 위한 예비행위 에 해당한다.

⚖️ 판례 뇌물공여를 위한 예비행위

【판결요지】갑과 A주식회사의 을은 모두 이 사건 입찰에서 공사를 수주하기 위하여 주식회사측은 금원을 마련하고, 갑은 춘천시장과의 두터운 친분관계를 내세워 춘천시장에 대한 뇌물을 공여하기로 모의한 것이라고 보아야 하는바, 사정이 이와 같다면 갑은 을과의 사이에 춘천시장에 대한 뇌물공여를 공모하고 그 행위를 분담하기로 한 공동정범의 지위에 있을 뿐이므로, 그와 공동정범의 관계에 있던 을로부터 뇌물로 공여할 금품을 교부받았다 하더라도, 그 행위는 상호 간의 뇌물공여를 위한 예비행위에 불과할 뿐이고 자신의 이익을 취득하기 위하여 돈을 받은 것이라고 볼 수는 없다(대법원 2010.4.15. 선고 2009도 11146 판결).

Ⅱ. 예비죄의 교사범·방조범

1. 쟁점

예비죄의 교사범·방조범의 문제는 정범을 교사·방조하였으나 정범이 가벌적인 예비에 그친 경우 예비죄의 교사·방조가 성립할 수 있는지에 대한 것이다. 기본범죄의 범행결의가 없는 자에게 기본범죄를 교사·방조하였는데 피교사자·피방조자가 예비단계에 그친 경우이다. 예비죄의 교사범에 대해서는 형법 제31조 제2항에 따라 처벌할 수 있지만, 예비죄의 방조범에 대해서는 처벌규정이 존재하지 않는다. 이에 따라 예비죄의 방조범 성립 여부에 대하여 이론적 대립이 있다.

2. 예비죄의 교사범

예비죄의 교사범은 정범 갑이 살인죄의 실행에 착수할 것을 예상하고 을이 교사하였으나 정범의 행위가 단지 살인예비에 그친 경우 그 교사자 을을 살인예비죄의 교사범으로 처벌할 수 있는가의 문제이다.[15]

형법상 예비죄의 교사범을 예비에 준하여 처벌하는 특별규정이 존재한다. 형법 제31조 제2항에 따르면 교사를 받은 자가 범죄의 실행을 승낙하고 실행의 착수에 이르지 아니한 때에는 교사자와 피교사자를 음모 또는 예비에 준하여 처벌한다. 예를 들면 갑이 을에

---

15) 예비죄의 교사로 볼 수 있는 문제유형으로 이미 기본범죄의 범행결의를 가지고 있는 자에게 예비행위를 하도록 교사하는 경우를 들 수 있다. 살인을 저지르기로 마음을 먹은 갑에게 총기를 구입할 것을 교사한 을의 사례가 이에 해당할 것이다. 하지만 이는 예비죄의 교사가 아니라 오히려 예비죄의 방조로 보는 것이 타당하다.

게 살인을 교사하였고 피교사자 을이 이를 승낙하였지만 실행의 착수에 이르지 않은 경우 교사자와 피교사자를 모두 음모 또는 예비에 준하여 처벌한다.

3. 예비죄의 방조범 성립 여부에 대한 견해 대립

가. 공범독립성설
공범독립성설은 교사·방조행위 그 자체가 공범의 실행행위이므로, 피교사·방조자의 행위가 가벌적 예비행위로 되면 교사·방조자는 예비죄의 교사범·방조범으로 처벌된다고 한다. 그러나 현행 형법은 공범종속성설을 취하고 있으므로 이론적 전제가 잘못되었다.

나. 공범종속성설
공범종속성설에 따를 경우에도 다시 견해가 나뉜다. 긍정설은 예비죄의 실행행위성을 인정할 수 있다면 이에 대한 교사범·방조범의 성립도 인정할 수 있으며, 정범이 예비죄로 처벌될 정도의 위험을 발생시킨 이상 이에 대한 교사범·방조범을 처벌하는 것은 공범종속성설의 당연한 결론이다. 또한 예비와 미수의 구분은 가벌적 행위의 한계를 구획하는 문제이므로 가벌적인 것으로 인정된 행위에 대한 공범의 성립가능성을 다루는 문제와는 구별되어야 한다고 한다.[16)

부정설은 교사범·방조범이 성립하려면 정범의 실행행위가 있어야 하는데, 예비죄에는 미수범에 있어서의 실행과 동일한 의미의 실행행위가 없으며, 방조의 방법에 제한이 없고 예비행위도 정형성이 없으므로 예비죄에 대한 방조범을 처벌하면 처벌의 범위가 부당하게 확대될 위험이 있다. 또한 예비죄에 대한 방조범을 처벌하는 것은 법감정에 반한다고 한다. 다수설과 판례의 입장이다.

이원설은 독립예비죄에 대해서는 교사범·방조범이 성립하지만, 구성요건의 수정형식으로서의 예비죄에 대해서는 그 성립이 인정되지 않는다는 견해이다.

다. 결론
생각건대, 이원설은 독립예비죄 규정이 있는 일본 형법에는 타당한 해석일지는 몰라도 독립예비죄규정이 없는 우리 형법의 경우에는 채택할 수 없는 견해이다. 현행 형법상 예비죄의 교사범은 예비에 준하여 처벌하는 제31조 제2항의 규정이 존재하지만, 예비죄의 방조범(방조범의 미수)을 처벌하는 규정을 두고 있지 않는 점을 고려한다면 예비죄의 방조

---

16) 김일수/서보학, 412면.

범은 처벌하지 않겠다고 하는 것이 입법자의 의사로 보인다. 예비죄의 방조범을 인정한다면 죄형법정주의에 반할 우려가 있다. 따라서 부정설이 타당하다.

> **⚖ 판례** 예비단계에 있어서의 종범의 성립 여부
>
> 【판결요지】 형법 32조 1항 소정 타인의 범죄란 정범이 범죄의 실현에 착수한 경우를 말하는 것이므로 종범이 처벌되기 위하여는 정범의 실행의 착수가 있는 경우에만 가능하고 형법 전체의 정신에 비추어 정범이 실행의 착수에 이르지 아니한 예비의 단계에 그친 경우에는 이에 가공하는 행위가 예비의 공동정범이 되는 경우를 제외하고는 종범의 성립을 부정하고 있다고 보는 것이 타당하다(대법원 1976.5.25. 선고 75도1549 판결).

Ⅲ. 예비죄의 중지

1. 쟁점

예비죄의 중지는 행위자가 예비행위를 자의로 중지하거나 실행의 착수를 포기하는 것을 말한다. 여기에서 실행의 착수 후에 자의로 중지하면 중지미수에 해당하여 필요적으로 형을 감면해주는 것에 반하여($\text{제}_{26\text{조}}$), 실행의 착수 전에 예비행위를 자의로 중지한 경우에는 감면규정이 없다. 이러한 처벌의 불균형을 시정하기 위하여 예비의 중지에 중지미수 규정을 유추적용할 수 있는가에 대하여 견해의 대립이 있다.

2. 학설

부정설은 중지미수는 실행의 착수 이후의 개념이기 때문에 실행의 착수이전인 예비의 중지에 대해서는 적용할 수 없다는 견해이다.[17] 예비죄는 일종의 거동범으로 이에 해당하는 예비행위가 있으면 예비죄는 완성되므로 미수가 있을 수 없다는 입장이다. 다만 예비의 중지를 자수로 볼 수 있는 경우에 한하여 예비죄의 자수에 대한 필요적 감면규정을 적용하는 방법을 취할 수 밖에 없다고 한다.

전면적 긍정설은 모든 예비의 중지에 대해서 언제나 중지미수의 규정을 유추적용하여 예비죄에 관하여 규정된 형을 감경·면제해야 한다는 견해이다.[18]

제한적 긍정설은 예비의 형이 중지미수의 형보다 무거운 경우에만 형의 균형상 중지

---

17) 김성돈, 491면; 신동운, 514면.
18) 오영근, 330면; 임웅, 374면.

미수의 규정을 적용해야 한다는 견해이다.[19] 따라서 형의 면제는 언제나 중지미수 규정이 적용되며, 형의 감경의 경우에는 양자의 형을 비교하여 가벼운 형으로 처벌된다.

자수규정 적용설은 행위자가 자수에 이르렀거나 능동적 후회의 표현에 이르렀을 때에만 예비·음모죄의 자수에 관한 필요적 감면규정을 유추적용하자는 견해이다.[20]

3. 판례

대법원 판례는 실행의 착수 전에 예비를 중지한 경우 중지미수 규정을 유추적용할 수 있는가에 대하여 부정설의 입장이다. 중지범은 범죄의 실행에 착수한 후 자의로 그 행위를 중지한 때를 말하는 것이고, 실행의 착수가 있기 전의 예비·음모의 행위를 처벌하는 경우에 있어서는 중지범의 관념은 이를 인정할 수 없다고 한다.[21]

4. 결론

생각건대 부정설에 따를 경우 실행의 착수 이후에 중지한 경우에는 형의 감면을 받지만 실행의 착수 이전에 중지한 경우에는 중지미수의 혜택을 받지 못한다. 결국 중지미수의 혜택을 받기 위해서는 실행의 착수에 나아가야 한다는 것은 부당하다. 예비행위를 중지한 경우에도 중지미수의 혜택을 줄 수 있는지에 대해서는 입법으로 해결하는 것이 바람직하다. 하지만 이를 인정하는 입법이 없는 상태에서는 형의 균형상 중지미수에 대한 형이 예비죄의 형보다 경할 경우에는 예비의 중지에 대하여 중지미수의 규정을 유추적용하는 제한적 긍정설이 타당하다. 행위자에게 유리한 유추적용은 죄형법정주의 원칙에도 반하지 않는다.

예를 들면 강도죄의 법정형은 3년 이상의 징역이며, 강도죄의 중지미수의 형은 1년 6개월 이상 7년 6개월 이하의 징역 또는 면제이다. 강도예비죄의 형은 7년 이하의 징역이다. 이 경우 중지미수의 형이 예비죄의 형보다 높기 때문에 예비의 중지에 대하여 제26조를 적용하지 않고 그대로 예비죄의 형인 7년 이하의 징역을 적용한다.

하지만 일반이적죄의 법정형은 무기 또는 3년 이상의 징역이므로 중지미수의 형은 1년 6개월 이상 50년 이하의 징역 또는 면제이다. 일반이적예비죄의 형은 2년 이상 30년 이하의 징역이다. 이 경우 예비죄의 형이 중지미수의 형보다 낮기 때문에 제26조를 적용

---

19) 배종대, 384면; 이재상/장영민/강동범, 418면; 정성근/박광민, 386면.
20) 김일수/서보학, 411면.
21) 대법원 1991.6.25. 선고 91도436 판결.

하여 일반이적예비죄의 중지미수의 형은 1년 6개월 이상 30년 이하의 징역 또는 면제가 된다.[22]

Ⅳ. 예비죄의 미수

예비죄의 미수라는 개념을 인정할 것인가에 대하여 이론상 가능하다는 견해와 불가능하다는 입장으로 나누어지지만, 예비죄의 미수를 처벌하는 규정이 없을 뿐만 아니라 예비행위에 착수하였다면 범죄에 대한 준비행위로 볼 수 있기 때문에 예비죄는 완성된다.

Ⅴ. 예비죄의 죄수

하나의 실행행위를 위하여 수 개의 준비행위를 행한 경우는 한 개의 예비죄가 성립한다. 수 개의 예비행위는 서로 보완되어 전체로서 하나의 준비행위이기 때문이다.

예비행위가 미수·기수로 발전한 경우는 기본범죄의 미수·기수만 성립한다. 법조경합 중 보충관계에 해당한다.

제5절 처벌

예비·음모는 기본적인 범죄의 법정형보다 감경된 형으로 각칙에 규정되어 있다. 예를 들면 제343조 강도예비·음모죄의 경우 강도할 목적으로 예비 또는 음모한 자는 7년 이하의 징역에 처하도록 규정하여 기본범죄인 강도죄의 법정형인 3년 이상의 징역보다 경감된 형으로 규정되어 있으며, 제296조 미성년자의 약취·유인예비·음모죄의 경우 3년 이하의 징역에 처하도록 규정하여 기본범죄인 미성년자의 약취, 유인죄의 법정형인 10년 이하의 징역보다 경감된 형으로 규정되어 있다.

내란, 외환, 방화, 통화위조의 예비죄에 있어서 실행의 착수 전에 자수하면 그 형을 감경 또는 면제한다.

---

22) 오영근, 332면.

CHAPTER 03

미수범의 일반이론

> 제29조 (미수범의 처벌) 미수범을 처벌할 죄는 각칙의 해당 죄에서 정한다.

제1절 **서설**

Ⅰ. 의의

미수(未遂)란 범죄의 실행에 착수하여 구성요건적 행위를 종료하지 못하였거나(착수미수; 미종료미수), 실행행위를 종료했더라도 구성요건적 결과가 발생하지 아니한 경우(실행미수; 종료미수)를 말한다. 미수범의 객관적 구성요건은 범죄의 실행의 착수가 있어야 하며, 구성요건적 결과가 발생하지 않아야 하며, 주관적 구성요건으로는 고의가 필요하다. 위법성과 책임은 기수범과 동일하다. 구성요건적 결과가 발생하지 않은 이유에 따라 미수는 다시 장애미수, 중지미수, 불능미수로 나누어진다.

Ⅱ. 형법상 미수범의 체계

장애미수는 의외의 장애(타율적 사유)로 인하여 범죄를 완성하지 못한 경우로 기수범보다 형을 감경할 수 있다(제25조; 임의적 감경). 중지미수는 행위자의 자의로 범죄를 중지한 경우로 형을 감경 또는 면제한다(제26조; 필요적 감면). 불능미수는 결과발생이 애당초 불가능한 경우로 형을 감경 또는 면제할 수 있다(제27조; 임의적 감면).

Ⅲ. 미수범의 처벌

　형법각칙에 처벌규정이 있는 경우에 한하여 처벌한다. 미수범을 처벌할 죄는 각칙의 해당 죄에서 정한다(제29조).

| 📑 심화내용 | 미수범의 처벌근거 |

1. 객관설

예비 · 미수 · 기수의 모든 행위단계에 있어서 고의는 동일하기 때문에, 미수범의 처벌에 대한 법적 근거는 행위자의 의사에 있는 것이 아니라 구성요건적 결과실현의 근접한 위험에 있고, 미수는 결과불법 발생에 대한 높은 개연성 · 위험성 때문에 처벌된다. 이론적 근거는 객관주의 범죄이론이다. 미수범의 불법은 결과반가치(구성요건에 의하여 보호되는 행위객체에 대한 위험)를 의미하며, 불능범의 경우 결과발생의 위험성이 없기 때문에 처벌되지 않는다. 객관설에 따를 경우 미수범의 처벌은 결과발생이 없기 때문에 필요적 감경을 해야 하지만, 현행 형법은 미수범의 처벌을 임의적 감경으로 하고 있다.

2. 주관설

미수범의 처벌근거는 행위로 인하여 보호의 객체에 실제적인 위험이 발생하였기 때문이 아니라 범죄의사에 의해 나타난 행위반가치에 있다. 따라서 행위자가 법적대적 의사의 표현에 의하여 일반적인 법적 평온을 침해한 이상 보호법익에 대하여 아무런 위험을 가져오지 않는 행위도 원칙적으로 처벌되어야 한다는 견해이다. 이론적 근거는 주관주의 범죄이론이다. 미수와 기수는 법적대적 의사가 표현되었다는 점에서는 차이가 없다. 따라서 미수와 기수를 동일하게 처벌된다. 불능범의 경우에도 법적대적 의사는 존재하기 때문에 가벌성이 인정된다. 그러나 미수범을 예외적으로 처벌하고, 임의적 감경하는 형법의 태도와 일치하지 않으며, 미수범의 처벌범위를 시간적(실행의 착수시기) 또는 질적(불능범)으로 지나치게 확대한 것은 형법을 심정형법으로 만드는 것으로 부당하다.

3. 절충설

주관설에 의한 미수의 범위를 객관적 표준에 의하여 제한하는 입장이다. 즉 미수의 처벌근거는 범죄의사에 있지만, 미수의 가벌성은 법배반적 의사가 법질서의 효력과 법적 안전성에 대한 일반인의 신뢰를 깨뜨릴 때 인정된다는 견해이다. 특히 인상설은 미수의 처벌근거인 범죄의사가 사회심리적 효과로서의 일반에 의한 행위의 인상에 의하여 보충된다고 한다. 절충설의 이론적 근거는 주관주의와 객관주의의 절충이다. 미수범의 불법은 행위반가치(주관적인 범인의 범죄의사) 뿐만 아니라 결과반가치(객관적인 법익침해의 위험)에도 있으며, 불능범은 위험성이 없기 때문에 불가벌이 된다. 행위반가치·결과반가치가 모두 존재한다는 점에서 기수범과 동일하나 현실적인 법익침해는 없기 때문에 임의적 감경이 된다.

4. 결론
미수의 본질론의 의미는 결국 주관설과 객관설의 대립이다. 현재는 절충적 입장이다. 미수범의 처벌근거는 ① 가벌적 미수와 불가벌적 예비와의 한계설정 ② 불능미수의 가벌성 ③ 미수범의 처벌을 필요적 또는 임의적 감경 내지 면제로 할 것인가 ④ 중지미수의 조건 등의 문제에 있어서 상이한 결론이 난다.

―――
제2절 **실행의 착수**

Ⅰ. 의의

실행의 착수는 구성요건의 실현을 직접적으로 개시하는 것 또는 범죄실행의 개시를 의미한다. 실행의 착수는 예비와 기수·미수의 구별기준이 된다. 즉 실행의 착수 이전에는 예비행위에 불과하며, 미수는 실행의 착수 이후에 문제된다. 언제를 실행의 착수로 볼 것인가에 대하여 견해의 대립이 있다.

Ⅱ. 실행의 착수시기에 대한 판단 기준

1. 학설

가. 형식적 객관설
행위자가 엄격한 의미에서의 구성요건에 해당하는 행위 또는 적어도 구성요건에 해당한다고 볼 수 있는 행위의 일부분을 행하여야 실행의 착수가 있다는 견해이다. 이에 따르면 절도죄의 경우 재물을 손으로 잡을 때, 살인죄의 경우 권총의 방아쇠를 당길 때 실행의 착수를 인정하게 된다.

그러나 강도나 강간과 같이 하나의 구성요건에 여러 행위가 결합되어 있는 경우에는 실행행위의 일부분을 쉽게 설명할 수 있지만, 살인이나 절도와 같이 하나의 행위로 이루어져 있는 범죄는 어느 때에 실행행위가 있었는가가 명확하지 않다.[23] 실행의 착수가 문제되는 시기는 구성요건적 행위의 전단계에 있을 때가 가장 문제인데, 이 경우 객관설은 실행의 착수가 없다고 보아야 하므로 형사정책적 결함을 가지게 된다.[24]

구성요건적 행위

나. 실질적 객관설

엄격한 의미에서의 구성요건적 행위가 있어야 개시되는 것이 아니라, '구성요건적 행위의 직접 전단계의 행위를 실행할 때' 실행의 착수가 있다는 견해이다. 자연적(객관적)으로 보아 구성요건적 행위와 필연적으로 결합되어 있기 때문에 그 구성요소로 보이는 거동이 있으면 구성요건실현의 전단계의 행위라 하더라도 실행의 착수가 있다고 보는 견해(Frank의 공식)와[25] 행위가 보호법익에 대한 직접적 위험 또는 법익침해에 밀접한 행위가 있으면 실행의 착수가 있다고 보는 견해(위험한 법익침해의 공식 또는 밀접행위설)로 나누어진다.

그러나 직접 전단계 또는 법익침해의 밀접성 등과 같이 판단기준이 불명확하여 판단자의 자의가 개입할 위험 있으며, 객관설은 형법상 행위가 주관적인 의사와 객관적인 표현으로 구성되어 있음에도 불구하고 실행의 착수를 행위자의 범죄계획과 관계없이 제3자의 입장에서 객관적으로만 확정하려고 한 것에 근본적인 난점이 있다.[26]

구성요건적 행위의 직접 전단계	구성요건적 행위

다. 주관설

주관설은 범죄란 범죄적 의사의 표현(주관의 객관화)이므로, 범죄의사를 명백하게 인정

---

23) 이재상/장영민/강동범, 391면; 정성근/박광민, 394면.
24) 이재상/장영민/강동범, 391면; 임웅, 353면.
25) 다만 구성요건을 충족하는 행위에 근접하여 행위자의 행위로 인하여 행위자의 다른 동작이 없어도 구성요건이 실현될 수 있는 때에는 구성요건적 행위와의 필연적 관련 때문에 그 구성요소가 된다고 할 수 있다(BGHSt, 28, 162). 하지만 Frank의 공식도 실행의 착수를 자연적 생활관에 의하여 판단되는 것이기 때문에 명백한 기준이 되지 못한다는 문제점이 있다.
26) 이재상/장영민/강동범, 392면; 이형국/김혜경, 327면.

할 수 있는 외부적 행위가 있는 때에 실행의 착수가 있다는 견해로 "범의의 수행성과 확실성에 의하여" "범의의 비약적 표동이 있는 때" 실행의 착수를 인정하는 견해이다. 대법원 판례 중 간첩죄의 실행의 착수시기에 대하여 주관설에 따라 '국내에 침투 상륙한 때'로 보았다.[27]

그러나 예비도 범죄의사의 표현이므로 미수를 예비단계까지 확대할 위험이 있다. 지나치게 내부적 의사에 치중하여 구성요건의 지도형상적 의의를 도외시함으로써 죄형법정주의에 반할 위험이 있다. 외부적 행위는 단지 범의를 인정하기 위한 자료로서의 의미를 갖는데 지나지 않는다는 비판이 있다.

라. 절충설

행위자의 주관적인 범죄계획에 비추어(주관적 기준), 범죄의사의 분명한 표현이라고 볼 수 있는 행위가 보호법익에 대한 직접적 위험을 발생시킨 때(객관적 기준) 실행의 착수가 있다는 견해로 다수설의 입장이다.[28] 기본적으로는 실질적 객관설의 입장으로 '구성요건 실현의 직접적 위험(직접적 행위의 개시)'이라고 보지만, 그러한 위험이 발생하였는가의 여부는 개별행위자의 주관적 범죄계획을 참작해야 한다는 견해이다.

'직접적 행위의 개시'는 구성요건실현과 시간적·장소적으로 근접해있기 때문에 다른 중간행위의 개입 없이도 구성요건적 결과실현으로 이어질 수 있는 행위의 개시를 의미하며, 이런 행위가 개시되었는가는 중립적인 관찰자가 객관적으로 관찰하는 것이 아니라 행위시점을 기준으로 행위자의 전체 범행계획에 의해 결정되어야 한다.

2. 판례

대법원 판례는 실행의 착수시기에 대하여 어떤 입장을 취하고 있는지 분명하지는 않다. 개별 범죄종류에 따라 각각 다르게 보고 있기 때문이다. 다만 실행의 착수시기와 관련된 대부분 판례를 분석해볼 경우 원칙적으로 실질적 객관설 가운데 밀접행위설을 취하고 있다고 볼 수 있다. 밀접행위설은 절도죄와 관련하여 물색행위설이라고 표현되기도 한다.[29] 그러나 간첩죄의 경우에는 주관설을 취하고 있으며, 방화죄의 경우는 형식적 객관

---

27) 대법원 1984.9.11. 선고 84도1381 판결.
28) 김성돈, 450면; 김혜정/박미숙/안경옥/원혜욱/이인영, 267면; 김성천, 325면; 김일수/서보학, 379면; 손동권/김재윤, 434면; 신동운, 482면; 오영근, 306면; 이재상/장영민/강동범, 394면; 이형국/김혜경, 328면; 임웅, 371면.
29) 대법원 2010.4.29. 선고 2009도14554 판결; 대법원 1999.9.17. 선고 98도3077 판결; 대법원 1986.12.23. 선고 86도2256 판결.

설을 따르는 것으로 평가된다.

3. 결론

절충설의 입장이 기본적으로 타당하다. 우선 구성요건적 행위의 일부분을 개시한 경우 또는 구성요건적 행위의 직접 전단계를 개시하는 경우에는 실행의 착수를 인정할 수 있다. 다만 이 경우 행위자의 범죄계획을 고려하여야 한다. 행위자가 그 구성요건을 어떻게 실현하려고 의도하였는지를 실행의 착수시기에 대한 판단의 기초로 활용하여야 한다.

Ⅲ. 실행의 착수시기에 대한 판단기준

1. 구성요건적 행위의 일부분 개시

구성요건적 행위의 일부분을 실현한 때 실행의 착수가 인정된다. 살인의 의사로 총을 발사한 때, 상해의 의사로 피해자를 향하여 공격을 개시한 때, 사기를 위하여 기망행위를 한 때 실행의 착수가 인정된다.

결합범의 경우 구성요건적 행위의 일부분을 개시한 때 실행의 착수가 인정된다. 강간죄·강도죄의 경우 폭행 또는 협박을 한 때 실행의 착수가 인정된다. 그러나 결합범에 있어서도 그 결합의 방법에 따라 단순히 일부의 실행이 있었다는 것만으로는 결합범의 착수를 인정할 수 없는 경우도 있을 수 있다. 예를 들면 강도살인죄는 살해행위를, 준강도죄는 절취행위를[30] 실행의 착수시기로 보아야 한다.

2. 구성요건 실현을 위한 직접 전단계의 행위

형식적 객관설에 따를 경우에는 직접 전단계의 행위에 대하여 실행의 착수를 인정할 수 없지만, 절충설에 따를 경우 이 경우에도 실행의 착수를 인정할 수 있다. 다만 '직접성'이라는 기준이 추가적으로 요구된다.

---

30) 대법원 2004.11.18. 선고 2004도5074 전원합의체 판결; 형법 제335조에서 절도가 재물의 탈환을 항거하거나 체포를 면탈하거나 죄적을 인멸할 목적으로 폭행 또는 협박을 가한 때에 준강도로서 강도죄의 예에 따라 처벌하는 취지는, 강도죄와 준강도죄의 구성요건인 재물탈취와 폭행·협박 사이에 시간적 순서상 전후의 차이가 있을 뿐 실질적으로 위법성이 같다고 보기 때문인바, 이와 같은 준강도죄의 입법 취지, 강도죄와의 균형 등을 종합적으로 고려해 보면, 준강도죄의 기수 여부는 절도행위의 기수 여부를 기준으로 하여 판단하여야 한다.

절취할 물건의 물색시, 접근시와 같이 구성요건적 행위가 개시되지 아니한 때에도 직접 구성요건의 실현을 위한 행위가 있으면 실행의 착수가 인정된다. 그러나 행위와 구성요건실현 사이에 적어도 하나 이상의 다른 중간행위가 존재한다면 그 행위는 실행의 착수가 아니라 예비단계에 불과하다.[31]

단순히 범행에 사용할 범행도구의 제조나 준비, 범행장소의 물색과 범행지에의 도착, 범죄정보의 수집과 범행기회의 점검만으로는 실행의 착수가 있다고 볼 수 없으며 이는 단순한 예비행위에 불과하다.[32]

구성요건적 행위와 시간적·장소적으로 접근한 때란 구성요건을 실행하기 위하여 다른 중간행위가 더 이상 필요하지 않은 때를 말한다.

3. 범죄계획의 고려

직접 구성요건의 실현을 위한 행위가 있었는가는 객관적 관점에서 판단되는 것이 아니라, 범인의 전체적인 범죄계획에 따라 판단해야 한다. 객관적으로 구성요건실현에 직접 연결되는 행위라 할지라도 행위자의 범죄계획과 무관한 것이면 실행의 착수는 부정된다.

범죄자의 의사에 의하여 공격수단이 공격객체와 실제적 연관에 놓여 직접적인 위험범위에 들어가게 된 행위가 있으면 실행의 착수를 인정할 수 있다. 예를 들면 권총을 겨냥한 때, 살인의 고의로 피해자의 신체에 대하여 폭행을 가한 때 실행의 착수가 인정된다.

Ⅳ. 실행의 착수에 대한 주요판례

> **⚖ 판례 실행의 착수를 인정한 판례**
>
> ① 금품을 절취하기 위해 고속버스 선반위에 놓인 손가방의 한쪽 걸쇠를 연 경우 절도죄의 실행의 착수가 인정된다(대법원 1983.10.25. 선고 83도2432 판결).
> ② 피고인이 격분하여 피해자를 살해할 것을 마음먹고 밖으로 나가 낫을 들고 피해자에게 다가서려고 하였으나 제3자가 이를 제지하여 그 틈을 타서 피해자가 도망함으로써 살인의 목적을 이루지 못한 경우, 피고인이 낫을 들고 피해자에게 접근함으로써 살인의 실행행위에 착수하였다고 할 것이므로 이는 살인미수에 해당한다(대법원 1986.2.25. 선고 85도2773 판결).

---

31) 김성돈, 451면.
32) 이것은 구성요건의 실현을 위해서는 행위자의 별도의 실행행위를 필요로 하기 때문이다.

③ 절도죄의 실행의 착수시기는 재물에 대한 타인의 사실상의 지배를 침해하는데 밀접한 행위가 개시된 때라 할 것인바 피해자 소유 자동차 안에 들어 있는 밍크코트를 발견하고 이를 절취할 생각으로 공범이 위 차 옆에서 망을 보는 사이 위 차 오른쪽 앞문을 열려고 앞문손잡이를 잡아당기다가 피해자에게 발각되었다면 절도의 실행에 착수하였다고 봄이 상당하다(대법원 1986.12.23. 선고 86도2256 판결).

④ 범인들이 함께 담을 넘어 마당에 들어가 그 중 1명이 그곳에 있는 구리를 찾기 위해 담에 붙어 걸어가다가 붙잡힌 경우 특수절도죄의 미수 인정(대법원 1989.9.12. 선고 89도1153 판결).

⑤ 피고인이 간음할 목적으로 새벽 4시에 여자 혼자 있는 방문 앞에 가서 피해자가 방문을 열어 주지 않으면 부수고 들어갈듯 한 기세로 방문을 두드리고 피해자가 위험을 느끼고 창문에 걸터앉자 가까이 오면 뛰어 내리겠다고 하는데도 베란다를 통하여 창문으로 침입하려고 하였다면 강간의 수단으로서의 폭행에 착수하였다고 할 수 있으므로 강간의 착수가 있었다고 할 것이다(대법원 1991.4.9. 선고 91도288 판결).

⑥ 피고인이 잠을 자고 있는 피해자의 옷을 벗긴 후 자신의 바지를 내린 상태에서 피해자의 음부 등을 만지고 자신의 성기를 피해자의 음부에 삽입하려고 하였으나 피해자가 몸을 뒤척이고 비트는 등 잠에서 깨어 거부하는 듯한 기색을 보이자 더 이상 간음행위에 나아가는 것을 포기한 경우, 준강간죄의 실행에 착수하였다고 본 사례(대법원 2000.1.14. 선고 99도5187 판결).

⑦ 야간에 아파트에 침입하여 물건을 훔칠 의도하에 아파트의 베란다 철제난간까지 올라가 유리창문을 열려고 시도하였다면 야간주거침입절도죄의 실행에 착수한 것으로 보아야 한다고 한 사례(대법원 2003.10.24. 선고 2003도4417 판결).

⑧ 야간에 손전등과 박스 포장용 노끈을 이용하여 도로에 주차된 차량의 문을 열고 현금 등을 훔치기로 마음먹고, 차량의 문이 잠겨 있는지 확인하기 위해 양손으로 운전석문의 손잡이를 잡고 열려고 하던 중 경찰관에게 발각된 사안에서, 절도죄의 실행에 착수한 것으로 보아야 한다고 한 사례(대법원 2009.9.24. 선고 2009도5595 판결).

⑨ 진정한 임차권자가 아니면서 허위의 임대차계약서를 법원에 제출하여 임차권등기명령을 신청한 행위는 소송사기의 실행의 착수에 해당한다(대법원 2012.5.24. 선고 2010도12732 판결).

⑩ 강제집행절차를 통한 소송사기는 집행절차의 개시신청을 한 때 또는 진행 중인 집행절차에 배당신청을 한 때에 실행에 착수하였다고 볼 것이다(대법원 2015.2.12. 선고 2014도10086 판결).

⑪ 소송사기는 법원을 기망하여 자기에게 유리한 판결을 얻고 이에 터잡아 상대방으로부터 재물의 교부를 받거나 재산상 이익을 취득하는 것을 말하는 것으로서 소송에서 주장하는 권리가 존재하지 않는 사실을 알고 있으면서도 법원을 기망한다는 인식을 가지고 소를 제기하면 이로써 실행의 착수가 있고 소장의 유효한 송달을 요하지 아니한다(대법원 2006.11.10. 선고 2006도5811 판결).

판례	실행의 착수를 부정한 판례

① 피고인이 행사할 목적으로 미리 준비한 물건들과 옵세트 인쇄기를 사용하여 한국은행권 100원권을 사진 찍어 그 필름 원판 7매와 이를 확대하여 현상한 인화지 7매를 만들었음에 그쳤다면 아직 통화위조의 착수에는 이르지 아니하였고 그 준비단계에 불과하다(대법원 1966.12.6. 선고 66도1317 판결).

② 평소 잘 아는 피해자에게 전화채권을 사주겠다고 하면서 골목길로 유인하여 돈을 절취하려고 기회를 엿본 행위만으로는 절도의 예비행위는 될지언정 행위의 방법 · 태양 · 주변상황 등에 비추어 볼 때 타인의 재물에 대한 사실상 지배를 침해하는데 밀접한 행위가 개시되었다고 단정할 수 없다(대법원 1983.3.8. 선고 82도2944 판결).

③ 노상에 세워놓은 자동차 안에 있는 물건을 훔칠 생각으로 자동차의 유리창을 통하여 그 내부를 손전등으로 비추어 본 것에 불과하다면 비록 유리창을 따기 위해 면장갑을 끼고 있었고 칼을 소지하고 있었다 하더라도 절도의 예비행위로 볼 수는 있겠으나 타인의 재물에 대한 지배를 침해하는데 밀접한 행위를 한 것이라고는 볼 수 없어 절취행위의 착수에 이른 것이라 할 수 없다(대법원 1985.4.23. 선고 85도464 판결).

④ 절도의 목적으로 피해자의 집 현관을 통하여 그 집 마루 위에 올라서서 창고문 쪽으로 향하다가 피해자에게 발각, 체포되었다면 아직 절도행위의 실행에 착수하였다고 볼 수 없다(대법원 1986.10.28. 선고 86도1753 판결).

⑤ 피해자의 집 부엌문에 시정된 열쇠고리의 장식을 뜯는 행위만으로는 절도죄의 실행행위에 착수한 것이라고 볼 수 없다(대법원 1989.2.28. 선고 88도1165 판결).

⑥ 사촌여동생인 피해자(여, 18세)를 강간할 목적으로 피해자의 집에 담을 넘어 침입한 후 안방에 들어가 누워 자고 있던 위 피해자의 가슴과 엉덩이를 만지면서 피해자를 강간하려 하였으나 위 피해자가 "야" 하고 크게 고함을 치자 도망간 경우 강간죄의 실행의 착수가 있었다고 하려면 강간의 수단으로서 폭행이나 협박을 한 사실이 있어야 할 터인데 피고인이 강간할 목적으로 피해자의 집에 침입하였다 하더라도 안방에 들어가 누워 자고 있는 피해자의 가슴과 엉덩이를 만지면서 간음을 기도하였다는 사실만으로는 강간의 수단으로 피해자에게 폭행이나 협박을 개시하였다고 하기는 어렵다(대법원 1990.5.25. 선고 90도607 판결).

⑦ 병역법 제86조 병역을 기피할 목적으로 사위의 방법으로 진단 및 검사를 받고 이로써 병사용진단서를 발급받는 것만으로 실행의 착수를 인정할 수 없고, 사위의 방법으로 발급받은 병사용진단서를 관할 병무청에 제출하거나 징병검사장에 출석하여 사위의 방법으로 신체검사를 받는 등의 행위에까지 이르러야 실행의 착수를 인정할 수 있다는 사례(대법원 2005.10.13. 선고 2005도2200 판결).

⑧ 종량제 쓰레기봉투에 인쇄할 시장 명의의 문안이 새겨진 필름을 제조하는 행위에 그친 경우에는 아직 위 시장 명의의 공문서인 종량제 쓰레기봉투를 위조하는 범행의 실행의 착수에 이르지 아니한 것으로서 그 준비단계에 불과한 것으로 보아 무죄를 선

고한 원심판결을 수긍한 사례(대법원 2007.2.23. 선고 2005도7430 판결).

⑨ 침입 대상인 아파트에 사람이 있는지를 확인하기 위해 그 집의 초인종을 누른 행위만으로는 침입의 현실적 위험성을 포함하는 행위를 시작하였다거나, 주거의 사실상의 평온을 침해할 객관적인 위험성을 포함하는 행위를 한 것으로 볼 수 없다(대법원 2008.4.10. 선고 2008도1464 판결).

⑩ 피고인이 위장결혼의 당사자 및 중국 측 브로커와의 공모 하에 허위로 결혼사진을 찍고, 혼인신고에 필요한 서류를 준비하여 위장결혼의 당사자에게 건네준 것만으로는 아직 공전자기록등불실기재죄에 있어서 실행에 착수한 것으로 보기 어렵다(대법원 2009.9.24. 선고 2009도4998 판결).

⑪ 갑과 을이 주간에 피해자의 아파트 출입문 시정장치를 손괴하다가 마침 귀가하던 피해자에게 발각되어 도주한 경우 2인 이상이 합동하여 야간이 아닌 주간에 절도의 목적으로 타인의 주거에 침입하였다 하여도 아직 절취할 물건의 물색행위를 시작하기 전이라면 특수절도죄의 실행에는 착수한 것으로 볼 수 없다(대법원 2009.12.24. 선고 2009도9667 판결).

⑫ 피고인이 아파트 신축공사 현장 안에 있는 건축자재 등을 훔칠 생각으로 공범과 함께 위 공사현장 안으로 들어간 후 창문을 통하여 신축 중인 아파트의 지하실 안쪽을 살핀 행위가 특수절도죄의 실행의 착수에 해당하지 않는다고 한 사례(대법원 2010.4.29. 선고 2009도14554 판결).

⑫ 필로폰을 매수하려는 자에게서 필로폰을 구해 달라는 부탁과 함께 돈을 지급받았다고 하더라도, 당시 필로폰을 소지 또는 입수한 상태에 있었거나 그것이 가능하였다는 등 매매행위에 근접·밀착한 상태에서 대금을 지급받은 것이 아니라 단순히 필로폰을 구해 달라는 부탁과 함께 대금 명목으로 돈을 지급받은 것에 불과한 경우에는 필로폰 매매행위의 실행의 착수에 이른 것이라고 볼 수 없다(대법원 2015.3.20. 선고 2014도16920 판결).

제3절 미수범의 처벌

I. 미수범의 처벌

미수범은 형법각칙에 특별한 규정이 있는 경우에만 처벌한다. 미수범을 처벌할 죄는 각칙의 해당 죄에서 정한다(형법 제29조). 미수범의 처벌은 원칙적으로 기수범과 동일하지만, 미수의 위험성과 범죄의사의 강도에 따라 형을 감경할 수 있다. 장애미수의 경우 기수범보다 감경할 수 있다고 규정하고 있기 때문에 임의적 감경이며, 중지미수의 경우 형을 감경 또는 면제한다고 규정하고 있기 때문에 필요적 감면이다. 불능미수의 경우 형을 감경 또는 면제할 수 있다고 규정하고 있기 때문에 임의적 감면이다.

II. 주형

　주형에 대해서만 감경하며, 부가형·보안처분은 감경하지 못한다. 징역형이 주형이고, 벌금형이 부가형인 경우에는 징역형만 감경한다. 하지만 징역형과 벌금형이 병과된 경우에는 양자 모두 감경할 수 있다.

장애미수

제25조(미수범) ① 범죄의 실행에 착수하여 행위를 종료하지 못하였거나 결과가 발생하지 아니한 때에는 미수범으로 처벌한다.
② 미수범의 형은 기수범보다 감경할 수 있다.

제1절 서설

Ⅰ. 의의

장애미수(障碍未遂)는 의외의 장애로 인하여 행위자가 자신의 의사에 반하여 범죄를 완성하지 못한 경우를 말한다(제25조 제1항). 갑이 A를 살해하려고 독극물을 먹였으나 갑이 의도한 바와 달리 A가 토하는 바람에 A를 살해하지 못한 경우 갑은 살인죄의 장애미수가 된다.

Ⅱ. 구별개념

장애미수는 결과발생이 가능하였음에도 불구하고 현실적으로 결과가 발생하지 않았다는 점에서 중지미수와 동일하지만, 중지미수는 의외의 장애가 아닌 자의로 실행행위를 중지하거나 결과발생을 방지했다는 점에서 장애미수와 다르다.

장애미수는 행위자의 의사에 반하여 범죄를 완성하지 못했다는 점에서 불능미수와 같지만, 불능미수는 처음부터 결과발생이 불가능한 경우이지만 장애미수는 결과발생은 가능했다는 점에서 양자는 구별된다.

미수범은 독립된 구성요건이 아니다. 따라서 미수범 그 자체가 존재하는 것이 아니라, 각칙상의 특별구성요건과 결합되어 성립하는 것이다. 살인미수, 절도미수, 사기미수 등이 있을 뿐이다.

제2절 미수범의 구성요건

Ⅰ. 주관적 구성요건

1. 기수의 고의

미수범은 고의범이다. 기수범의 고의와 그 내용이 동일하다. 따라서 객관적 구성요건 요소에 해당하는 사실을 인식하고 그 구성요건을 실현하려고 하는 고의를 말한다. 존속살 해죄의 경우와 같이 가중적 구성요건에 대한 고의에서 그 가중사유인 존속이라는 사실도 인식해야 한다. 미수범의 범행결의는 수행할 범죄의 본질적 내용을 인식하면 충분하며, 범행장소·범행방법 등과 같이 구체적·세부적 사항까지 인식할 필요는 없다.

인식의 정도는 기수범과 마찬가지로 미필적 고의로서 충분하며, 기수의 고의가 필요하다. 따라서 처음부터 미수에 그친다는 인식, 즉 미수의 고의는 처벌되지 않는다.

또한 미수는 의도한 것을 이루지 못한 것을 의미하므로 처음부터 범죄실현의 의사가 없는 과실범의 경우 미수는 존재하지 않는다.

2. 특수한 주관적 구성요건요소

고의 이외에도 범죄의 종류에 따라 목적과 같은 특별한 주관적 구성요건요소가 필요한 경우 이에 대한 인식도 필요하다. 따라서 절도죄에 있어서의 불법영득의사, 목적범에 있어서의 목적이 필요하다. 예를 들면 통화위조죄가 성립하기 위해서는 통화를 위조한다는 고의 이외에도 행사할 목적도 있어야 한다. 기수와 미수는 객관적 구성요건요소의 충족 여부와 관련되어 있을 뿐이지 주관적 구성요건요소에는 차이가 없기 때문이다.

3. 확정적 행위의사

미수범의 경우에도 기수범과 마찬가지로 구성요건을 실현할 의사가 있어야 한다. 따라서 행위자가 범죄실행 여부에 대하여 아직 결정을 내리지 못한 상태인 미필적 행위의사의 경우에는 고의가 성립될 수 없다. 아직 범죄결심의 단계에 머물러 있다고 평가할 수 있기 때문이다.

행위의사가 확정적이면 그 실행이 일정한 조건의 발생에 좌우되는 조건부 범행결의의 경우에도 고의가 인정된다. 예를 들면 절도를 결심하면서 방범장치가 발동하면 즉시 범행을 포기하겠다고 결심한 경우에도 고의가 인정된다.

Ⅱ. 객관적 구성요건

1. 실행의 착수가 있어야 한다.

실행의 착수는 구성요건을 실현하는 행위를 직접적으로 개시하는 것을 말한다. 실행의 착수는 예비·음모와 미수를 구별하는 기준이 된다.

2. 범죄의 미완성

범죄의 미완성은 의외의 장애로 말미암아 구성요건의 내용을 충족시키지 못한 것을 말하며, 즉 구성요건적 결과가 발생하지 않은 것이다.

실행행위의 종료 유무에 따라 착수미수와 실행미수로 구별된다. 장애미수에 있어서 양자의 구별은 의미가 없지만, 중지미수에 있어서는 착수미수인가 실행미수인가에 따라 중지행위에 대한 내용이 달라진다.

제25조 "행위를 종료하지 못하였거나"라는 것은 착수미수를 의미하는 것으로 실행에 착수하였으나 실행행위 그 자체를 종료하지 못한 경우를 말한다. 미종료미수라고도 한다.

제25조 "결과가 발생하지 아니하여"라는 것은 실행미수를 의미하는 것으로 실행행위는 종료하였으나 결과가 발생하지 아니한 경우를 말한다. 종료미수라고도 한다.

제26조(중지범) 범인이 실행에 착수한 행위를 자의로 중지하거나 그 행위로 인한 결과의 발생을 자의로 방지한 경우에는 형을 감경하거나 면제한다.

제1절 **서설**

I. 의의

중지미수(中止未遂)는 범죄의 실행에 착수한 자가 그 범죄가 완성되기 전에 자의로 이를 중지하거나 결과의 발생을 방지한 경우를 말한다(제26조). 형법은 중지미수에 대하여 '형의 필요적 감면'을 인정하여 미수범 중에서 가장 관대한 처벌을 하고 있다.

II. 법적 성질

중지미수에 대하여 관대한 처벌을 하는 이유와 그 법적 성질에 대하여 견해의 대립이 있다.

형사정책설은 중지미수에 대하여 관대한 처벌을 하는 이유에 대하여 이미 범죄의 실행에 나아간 자에게 범죄가 완성되기 전에 이를 중지·방지하기 위한 충동을 줌으로써 범죄의 기수를 방지하려는 형사정책적 고려에 있다는 견해이다. 이른바 황금의 다리이론이라고도 한다.

법률설은 관대한 처벌의 근거를 범죄성립요건 중 어느 하나의 요건이 감소·소멸하는 것으로 본다. 위법소멸·감소설은 미수범의 고의는 주관적 불법요소이고 위법성의 요소이므로, 이에 대응하여 중지의 결의는 위법성을 소멸·감소시키는 주관적 요소가 된다는 견해이며, 책임소멸·감소설은 일단 행해진 위법행위에 대한 평가는 변경될 수 없으나, 자기 행위의 가치를 부정하는 규범의식의 각성에 의하여 행위자에 대한 책임비난이 감소·소멸한다는 견해이다.

결합설은 중지미수에 대한 형의 면제는 형사정책설에 의하고, 형의 감경은 책임감소설에 의하여 설명하는 견해이다.

보상설은 중지에 의하여 법적대적 의사를 포기하고 법의 세계로 돌아오면 미수의 불법과 일반인의 법적 안정감 및 법에 대한 신뢰가 회복되므로 이에 대한 중지자의 공적을 보상하여 형을 감경·면제하는 것이라는 견해이다. 공적설 또는 은사설이라고도 한다.

생각건대, 중지미수의 법적 성격에 대한 학설의 대립은 형법적용과정에서 의미 있는 논의는 아니다. 각 학설들이 중지미수범의 성립 여부에 대한 결론에서 차이가 나지 않기 때문이다. 다만 중지미수를 처벌하는 형법규정을 입법하는 단계에서 어떤 이유로 중지미수에 대하여 관대한 처벌을 줄 것인가에 대한 근거를 제시하는 것에 대해서는 의미가 있다.

제2절 성립요건

I. 주관적 요건

1. 자의성

착수한 실행행위를 중지하거나 종료된 실행행위로 인한 결과발생의 방지는 모두 행위자의 자의(自意)에 의해 이루어져야 한다. 즉 자의성은 중지미수와 장애미수의 구별기준이 된다.

자의성의 문제는 범행시도가 실패하지 않을 때에만 제기된다. 행위자의 주관적 인식에 비추어 구성요건의 충족이 물리적으로 불가능하게 된 경우 또는 범행이 행위자에게 더 이상 아무런 의미가 없어 그만 둔 경우에는 장애미수이다. 따라서 100만 원을 절취하려고 타인의 금고를 열었으나 1,000원 밖에 없기 때문에 절취행위를 중단한 경우에는 장애미수이다.

2. 자의성의 판단기준에 대한 학설

가. 객관설

이 견해는 외부적 사정과 내부적 동기를 구별하여 외부적 사정에 의하여 범죄가 완성되지 않은 경우는 장애미수이고 내부적 동기에 의할 때 중지미수라고 한다. 그러나 구체적인 경우에 외부적 사정에 의한 것인지 내부적 동기로 인한 것인지 구별하기 곤란하다. 해석여하에 따라 중지미수를 인정하는 범위가 지나치게 확대될 우려가 있다.

나. 주관설

이 견해는 후회·동정·양심의 가책·연민 등 윤리적 동기에 의하여 중지한 경우는 중지미수이고 그 이외의 동기로 인하여 중지한 경우는 장애미수라고 한다. 그러나 윤리성의 개념이 불명확하고, 자의성과 윤리성을 혼동했다는 비판이 가능하다. 형법적 비난이 곧 윤리적 비난과 같을 수 없기 때문이다.

다. Frank의 공식

"할 수 있었음에도 불구하고 하기를 원하지 않아서 중지한 경우"는 중지미수이고, "하려고 하였지만 할 수가 없어서 중지한 경우"는 장애미수라는 견해이다. 자의성을 심리학적 관점에서 파악한다는 것이 특징적이다. 하지만 자의성과 실행행위의 가능성을 혼동했다는 비판이 가능하다. 가능성은 다의적 개념이므로 명백한 기준이 되지 못하며, 범인의 심리상태를 기준으로 하고 있기 때문에 자의성의 인정범위가 확대될 우려가 있다.

라. 자율적 동기·타율적 동기 구별설

범행 당시의 객관적 사정과 행위자의 내부적 원인을 종합하여, 일반 사회관념상 범죄수행에 장애가 될 만한 사유, 즉 '강제적 장애사유'가 있는 경우는 장애미수이고, 강제적 장애사유가 없음에도 불구하고 '자율적 동기'에 의하여 중지한 경우는 중지미수이다. 우리나라 통설의 입장이다.

마. 규범설

자의성을 순수한 평가문제로 파악하여 범행을 중지하게 된 내심적 태도를 처벌이라는 관점에서 평가하여 자의성을 판단해야 한다는 입장이다. 이에 의하면 합법성으로의 회귀 또는 법의 궤도로의 회귀가 있으면 자의성이 인정된다. 그러나 독일의 경우 중지미수를 벌하지 않기 때문에 합법성으로의 회귀나 법에 대한 충실한 심정이 있어야 자의성을 인정할 수 있다고 하지만, 우리나라 형법의 경우 중지미수에 대하여 감경 또는 면제를 하는 경우 합법성으로의 회귀정도까지 요구할 필요는 없다.

3. 판례

판례는 중지미수의 자의성을 판단하는 기준으로 '일반 사회통념상 범죄를 완수함에 장애가 되는 사정'을 제시하고 있다. 자기의 자유로운 의사에 따라 범죄의 실행행위를 중지한 경우에 그 중지가 일반 사회통념상 범죄를 완수함에 장애가 되는 사정에 의한 것이 아니라면 이를 중지미수에 해당한다.[33]

4. 자의성의 판단자료

가. 자율적 동기에 의한 경우

자율적 동기에 의한 경우 자의성이 인정되어 중지미수가 된다. 사정의 변경이 없음에도 불구하고 스스로 내적 동기(후회, 동정, 범행의욕의 상실, 보다 나은 통찰 등)에 의하여 자율적으로 중지한 때에 자의성이 인정된다. 강간미수범이 피해자가 다음 번에 만나 친해지면 응해주겠다는 간곡한 부탁을 하였기 때문에 중지한 경우 자의성이 인정되어 중지미수이다.[34]

| 판례 | 다음에 친해지면 사건 |

【판결요지】 피고인이 피해자를 강간하려다 피해자의 다음 번에 만나 친해지면 응해주겠다는 취지의 간곡한 부탁으로 인하여 그 목적을 이루지 못한 후 피해자를 자신의 차에 태워 집에까지 데려다 주었다면 피고인은 자의로 피해자에 대한 강간행위를 중지한 것이고 피해자의 다음 번에 만나 친해지면 응해주겠다는 취지의 간곡한 부탁은 사회통념상 범죄실행에 대한 장애라고 여겨지지는 아니하므로 피고인의 행위는 중지미수에 해당한다(대법원 1993.10.12. 선고 93도1851 판결).

나. 타율적 동기에 의한 경우

타율적 동기에 의한 경우 자의성이 부정되어 장애미수가 된다. 범죄의 실행이나 완성이 불가능해서 중지한 경우 장애미수가 된다. 예를 들면 절도에 착수하였으나 재물이 없었을 때, 간음하기 전에 사정이 되어 강간을 중지한 때는 장애미수이다.

---

33) 대법원 2011.11.10. 선고 2011도10539 판결.
34) 대법원 1993.10.12. 선고 93도1851 판결.

범죄의 실행은 가능하지만 합리적 판단에 의하면 범죄를 중단하는 이외에 다른 선택의 여지가 없어서 중지한 경우 또는 상황이 현저하게 불리하게 되어 중지한 경우에는 장애미수이다. 예를 들면 강간에 착수하였으나 피해자가 아는 여자이기 때문에 고소할 것이 두려워 중지한 경우, 피해자가 생리중이어서 간음에 적합하지 않다고 판단하고 중지한 경우, 절취하려고 한 재물이 예상한 바와 달리 가치가 없는 물건이어서 절도를 중지한 경우에는 장애미수이다.

판례에 따르면 범행이 발각되거나 발각될 것이 두려워 중지한 경우,[35] 강간범이 피해자를 강간하려다가 피해자가 수술하여 배가 아프다고 하여 중지한 경우,[36] 강도가 강간하려고 하였으나 피해자가 시장에 간 남편이 곧 돌아온다고 하면서 임신중이라고 말하자 도주한 경우,[37] 장롱 안에 있는 옷가지에 불을 놓아 건물을 소훼하려 하였으나 불길에 놀라 겁이 나서 물을 부어 불을 끈 경우,[38] 살해의 의사로 피해자를 칼로 수회 찔렀으나 피해자의 가슴 부위에서 많은 피가 흘러나오는 것을 발견하고 겁을 먹고 그만 둔 경우[39] 장애미수에 해당한다.

객관적으로 장애사실이 있었으나 이를 모르고 자의로 중지한 경우는 자의성이 인정되며, 객관적으로 결과발생이 불가능하지만 가능하다고 오인하고 자의로 중지한 경우에도 자의성이 인정된다. 이에 대한 논의는 불능미수에 대한 중지미수의 성립에 대한 문제와 연결된다.

⚖ 판례 　발각될 것이 두려워 범행을 중지한 경우

【판결요지】 피고인이 갑에게 위조한 예금통장 사본 등을 보여주면서 외국회사에서 투자금을 받았다고 거짓말하며 자금 대여를 요청하였으나, 갑과 함께 그 입금 여부를 확인하기 위해 은행에 가던 중 은행 입구에서 차용을 포기하고 돌아가 사기미수로 기소된 사안에서, 피고인이 범행이 발각될 것이 두려워 범행을 중지한 것으로서 일반 사회통념상 범죄를 완수함에 장애가 되는 사정에 해당하여 자의에 의한 중지미수로 볼 수 없다고 한 사례(대법원 2011.11.10. 선고 2011도10539 판결).

---

35) 대법원 1986.1.21. 선고 85도2339 판결.
36) 대법원 1992.7.28. 선고 92도917 판결.
37) 대법원 1993.4.13. 선고 93도347 판결.
38) 대법원 1997.6.13. 선고 97도957 판결.
39) 대법원 1999.4.13. 선고 99도640 판결.

Ⅱ. 객관적 요건

1. 실행의 착수가 있어야 한다.

실행의 착수는 구성요건을 실현하는 행위를 직접적으로 개시하는 것을 말한다. 실행의 착수는 예비·음모와 미수를 구별하는 기준이 된다.

2. 중지행위가 있어야 한다.

가. 착수미수와 실행미수의 구별

착수미수는 행위자가 실행에 착수하였으나 실행행위를 종료하지 못한 경우(미종료미수)를 말하며, 실행미수는 행위자가 실행에 착수하여 실행행위를 종료한 경우(종료미수)를 말한다. 착수미수와 실행미수를 구별하는 것은 착수미수의 중지와 실행미수의 중지에서 중지미수범으로 인정되기 위한 요건이 각각 다르기 때문이다. 착수미수의 경우 행위자는 '자의에 의한 실행의 중지'만 하게 되면 중지미수범이 인정되지만, 실행미수의 경우 실행행위를 다하였기 때문에 행위자는 '자의에 의한 결과 발생의 방지'를 하여야 중지미수범이 될 수 있다.

> **📑 심화내용** **착수미수와 실행미수의 구별기준**(실행행위의 종료시기)

예를 들면 갑이 6발의 실탄이 든 총으로 피해자를 살해하기 위하여 첫 발을 쏘아 총알이 빗나간 후, 다시 쏠 수 있었음에도 불구하고 그 후의 사격행위를 포기한 경우 갑은 착수미수인가? 실행미수인가(사격포기사례)[40]

주관설(범행계획설)은 행위자의 주관적인 의사를 표준으로 하여, 착수시의 행위자의 계획이 실행을 계속하도록 되어 있는 때에는 객관적으로 결과 발생의 가능성이 있는 행위가 종료하여도 실행은 종료되었다고 볼 수 없다는 견해이다.[41] 위 사례의 경우 실행의 착수시점에 행위자가 결과 야기를 위해 몇 발을 발사하려고 하였는가에 따라 결론이 달라진다. 만약 행위자가 자신의 평소 사격 실력으로 판단해서 두 번의 사격으로 피해자를 사살할 수 있다고 생각하였다면 한 번의 사격 후의 중지는 착수미수가 된다. 이 견해는 결과 발생을 위하여 치밀한 계획을 세워서 행위를 한 범인만을 유리하게 취급하는 결과가 된다는 비판을 받고 있다.

객관설은 행위자의 의사 여하를 묻지 않고, 객관적으로 결과 발생의 가능성이 있는 행

---

40) 김성돈, 468면.
41) 이형국/김혜경, 347면.

위가 있으면 실행행위는 종료된 것으로 보는 견해이다. 위 사례의 경우 실행미수가 된다. 이 견해는 결과가 발생하지 않았으면 실행행위가 종료되었어도 실행의 중지만으로 범죄의 기수를 방지할 수 있으므로 착수미수가 된다는 비판을 받는다.

절충설은 행위자의 주관적인 범죄계획과 행위 당시의 모든 객관적 사정을 고려하여, 법익침해의 위험성이 있는 행위가 종료되었다고 인정되면 실행행위는 종료된 것으로 보는 견해이다. 위 사례의 경우 착수미수가 된다.

나. 착수미수의 중지

착수미수의 중지는 실행에 착수한 행위를 실행행위의 종료 이전에 자의로 중지하는 것을 말한다. 즉 착수미수의 중지행위는 실행이 가능함에도 불구하고 '행위의 계속을 포기하는 부작위'이다. 예를 들면 갑이 강도를 하려고 하는 경우 폭행·협박행위는 하였지만 재물강취행위는 자의로 중지하고 나아가지 않은 경우 착수미수의 중지가 된다. 단순히 행위의 계속을 중단하는 것으로 충분하고, 별도의 추가적인 행위를 할 필요는 없다.

실행행위를 종국적으로 포기하여야 하는가에 대하여 중지미수를 처벌하지 않는 독일 형법의 경우 행위자는 범죄결의를 최종적으로 완전히 포기해야만 중지미수가 된다고 하지만, 단순히 형을 감면하는 우리 형법의 경우 행위자가 종국적으로 포기할 필요는 없다고 해석한다. 즉 다음에 보다 유리한 상황에서 실행하기 위하여 잠정적으로 중지한 경우에도 중지미수가 된다.[42]

다. 실행미수의 중지

실행미수의 중지는 실행에 착수한 행위 그 자체는 종료하였으나 이 행위로 인한 결과의 발생을 방지하는 것을 말한다. 즉 '결과 발생의 방지행위라는 작위'가 있어야 한다.

결과 발생의 방지행위는 인과의 진행을 의식적·의욕적으로 중단하기 위한 적극적 행위여야 한다. 단순한 소극적 부작위로는 부족하다. 따라서 피해자를 칼로 찌른 경우 다른 사람들이 그를 구조하는 것을 방해하지 않고 그대로 두는 행위만으로는 중지행위가 될 수 없다.

결과 발생의 방지행위는 결과 발생을 방지하는데 객관적으로 상당한 행위여야 한다. 칼로 찌른 경우 피해자를 병원으로 응급후송하는 조치를 취하는 등 결과발생방지에 적극적·의도적 행위이어야 한다.

원칙적으로 결과 발생의 방지행위는 행위자 자신이 직접 해야 한다. 단, 제3자에 의한 결과방지가 범인 자신의 결과방지와 동일시될 수 있을 경우에는 타인의 도움을 받아서 행

---

42) 이에 반대하는 견해로 이형국/김혜경, 348면.

하여도 된다. 그러나 이 경우에도 결과방지는 행위자의 진지한 주도하에 이루어져야 한다. 따라서 방화 후 화세에 놀라 이웃에게 불을 꺼달라고 부탁하고 도주한 경우, 의사에게 피해자를 데려다 주기만 하고 그대로 도주한 경우에는 진지성이 결여되었기 때문에 중지미수가 되지 않는다. 이와 같이 결과 발생의 방지는 행위자의 적극적·주도적으로 진지한 노력의 결과로 구성요건적 결과가 방지되어야 한다.

중지미수로 인정되기 위해서 결과는 발생하지 않아야 한다. 즉 중지행위는 성공해야 한다. 따라서 행위자의 진지한 노력에도 불구하고 결과가 발생하면 중지미수는 성립하지 않으며 기수범이 성립한다. 결과발생방지를 위한 행위자의 태도는 양형에서 고려될 뿐이다.

행위자의 중지행위와 결과발생방지 사이에 인과관계와 객관적 귀속이 있어야 한다. 따라서 우연한 결과회피, 지배불가능한 결과회피에 의한 결과방지는 행위자에게로 귀속시킬 수 없다.[43]

Ⅲ. 중지미수범의 특수문제

1. 다수의 가담자가 있는 경우 중지미수의 성립 여부

가. 의의

형법 제26조는 단독범의 중지미수에 대하여 규정하고 있으며, 공범의 중지미수가 성립하기 위한 요건에 관하여 형법에 규정이 없지만, 공범의 경우에도 중지미수가 성립할 수 있다. 문제는 단독범의 중지미수에 관한 요건이 공범에도 적용될 수 있는가의 문제이다. 즉 공범과 중지미수는 공범이론과 중지미수이론이 교차하는 분야로 범죄에 대하여 다수인이 가담한 경우(공동정범·간접정범·교사범·방조범)에 중지미수의 성립요건 및 그 효과가 미치는 범위에 대한 문제이다.

나. 성립요건

주관적 요건인 자의성은 단독범의 중지미수와 동일하다. 따라서 정범의 실행의 착수가 있어야 한다. 공범이 정범의 실행의 착수를 저지하면 공범은 성립하지 않는다.

적극성이 있어야 한다. 착수미수·실행미수를 불문하고 결과발생을 방지하기 위한 진지한 노력이 필요하다. 다른 공범·정범의 행위를 중지케 하여 결과발생을 방지한 때에 한하여 중지미수가 성립할 수 있다. 이 경우 다른 공범·정범은 장애미수가 된다. 개별적인

43) 김성돈, 475면; 이재상/장영민/강동범, 412면.

행위가담의 포기로는 다수인이 가담한 범죄의 높은 위험성이 제거되지 않으며, 다른 행위자로 하여금 범죄를 범하게 한 자는 적극적으로 그 범죄의 완성을 방지해야 중지미수가 될 수 있기 때문이다.

간접정범의 경우 간접정범이 자의로 피이용자의 실행행위를 적극적으로 중지시키거나 결과발생을 방지해야 한다. 공동정범의 경우 다른 행위자 전원의 실행행위를 중지시키거나, 모든 결과발생을 완전히 방지해야 한다. 교사범·방조범의 경우 정범의 실행행위를 중지하게 하거나, 결과발생을 방지해야 한다.

다. 중지미수의 효과가 미치는 범위

중지미수의 효과는 인적 처벌조각사유나 책임감경사유에 해당한다. 따라서 중지미수의 효과는 자의로 중지한 자에게만 미치고 다른 범죄가담인은 장애미수가 된다.

공동정범의 경우 자의로 중지·방지한 자는 중지미수이지만, 다른 공동정범은 장애미수가 성립한다.

협의의 공범의 경우 정범이 자의로 중지·방지한 경우 정범은 중지미수가 성립하지만, 공범은 장애미수의 공범이 된다. 협의의 공범이 자의로 정범의 실행을 중지·방지한 경우 정범은 장애미수가 성립하지만, 공범은 중지미수의 공범이 된다.

제3절 처벌

I. 필요적 감면

중지미수범은 기수범보다 필요적으로 감면한다. 이 경우 착수중지·실행중지를 구별하지 않는다. 형을 면제할 것인가 아니면 감경할 것인가에 대해서는 법관이 구체적 사정을 종합적으로 고려하여 결정한다.

불능미수

> 제27조(불능범) 실행의 수단 또는 대상의 착오로 인하여 결과의 발생이 불가능하더라도 위험성이 있는 때에는 처벌한다. 단, 형을 감경 또는 면제할 수 있다.

제1절 서설

I. 의의

불능미수(不能未遂)란 행위자에게 범죄의사가 있고 실행의 착수라고 볼 수 있는 행위가 있지만 실행의 수단이나 대상의 착오로 처음부터 구성요건이 충족될 가능성이 없는 경우이다. 불능미수는 수단이나 대상에 문제가 있어서 결과발생이 현실적으로 불가능함에도 불구하고 행위자는 그것이 가능하다고 잘못 생각한 경우로 그 행위의 위험성이 있으면 불능미수로 처벌한다. 반전된 구성요건적 착오라고도 한다.[44] 불능미수는 행위자가 실제로 존재하지 않는 사실을 존재한다고 오인하였다는 측면에서 존재하는 사실을 인식하지 못한 사실의 착오와 다르다.

장애미수 또는 중지미수는 범죄의 실행에 착수할 당시 실행행위를 놓고 판단하였을 때 행위자가 의도한 범죄의 기수가 성립할 가능성이 있었지만, 불능미수는 처음부터 기수가 될 가능성이 객관적으로 배제되는 미수형태이다.[45]

---

[44] 구성요건적 착오는 수단이나 대상이 결과 발생에 아무런 문제가 없음에도 불구하고 행위자는 그것을 오인하여 결과 발생이 불가능하다고 오인한 경우이다. 불능미수는 구성요건적 착오를 뒤집은 경우이기 때문에 '반전된 구성요건착오'라고 부르기도 한다.

[45] 대법원 2019.3.28. 선고 2018도16002 전원합의체 판결.

Ⅱ. 구별개념

1. 불능범

불능범은 사실상 결과의 발생이 불가능할 뿐만 아니라 위험성 또한 없기 때문에 처벌할 수 없는 행위를 말한다. 불능범은 불능미수와 마찬가지로 결과발생이 불가능하다는 점에서 같지만, 불능범은 위험성이 없기 때문에 처벌되지 않는 반면에 불능미수는 위험성이 있으므로 처벌된다는 점에서 다르다.

2. 미신범

미신범은 주술적인 힘으로 사람을 죽일 수 있다고 생각하고 주문을 외우는 행위와 같이 현실성의 한계를 넘어 비현실적인 수단을 이용하여 범죄를 저지르려는 행위를 말한다. 불능미수는 행위반가치와 결과반가치가 실질적인 불법에까지 이른 범죄현상이지만, 미신범은 고의에 의한 행위반가치조차 없어 형법적으로 무의미한 행위이다.

3. 환각범

환각범은 사실상 허용되거나 금지하지 않기 때문에 처벌되지 않는 행위를 행위자는 금지 또는 처벌된다고 잘못 생각한 경우를 말한다. 불능미수는 행위에 대한 구성요건이 존재하여 처벌되지만, 환각범은 처음부터 형법에 구성요건이 존재하지 않으므로 처벌되지 않는다. 동성애를 처벌되는 범죄로 잘못 알고 동성애를 한 경우가 대표적인 경우이다.

> **📋 심화내용 | 환각범의 유형**
>
> 1. 반전된 위법성의 착오는 행위자가 금지규범의 존재 자체를 착오한 경우이다. 동성애, 근친상간이 형법적으로 금지된 것으로 오인하고 이를 범한 경우가 이에 해당한다.
> 2. 반전된 허용의 착오는 위법성조각사유에 해당하는 행위를 가벌적인 것을 오인한 경우이다. 도품을 탈환하기 위해 절도범을 공격하면서 정당방위란 신체와 생명의 보호를 위해서만 가능하고 재산의 보호를 위해서는 허용되지 않는다고 생각한 경우가 이에 해당한다.
> 3. 반전된 포섭의 착오는 구성요건적 사실의 내용 및 그 의미 내용을 완전히 알고 있음에도 불구하고 자신에게 불리하게 구성요건의 적용 범위를 잘못 확장한 경우이다. 자신이 모방한 카드가 증명적 내용이 없고 작성자도 없음에도 불구하고 형법상 문서에

해당한다고 믿은 경우가 이에 해당한다.

4. 반전된 가벌성의 착오는 인적 처벌조각사유가 존재함에도 불구하고 자기의 행위가 처벌받는다고 인식한 경우이다. 국회의원이 대정부질문에서 장관에 대하여 "당신은 사기꾼과 다름없어"라고 말하면서 자신이 모욕죄를 범하였고 처벌될 수 있다고 생각 한 경우가 이에 해당한다.

4. 구성요건의 흠결이론

구성요건의 흠결이론은 미수의 성립을 구성요건요소 중 인과관계가 흠결된 경우에 국 한시키고, 그 외의 구성요건요소가 흠결된 경우에는 불가벌적 불능범이 된다는 견해이다. 실행의 수단·대상의 착오가 있는 경우에 형법상 불능미수가 되지만, 구성요건 흠결이론 에 의하면 불능범이 된다. 우리나라 형법상 적용될 수 없는 이론이다.

제2절 성립요건

I. 주관적 요건

불능미수가 성립하기 위해서는 행위자가 결과가 발생할 것이라고 생각하고 그 결과를 발생시키려고 하는 기수의 고의가 있어야 한다. 행위자가 처음부터 불가능한 것을 알면서 이를 실행한 경우, 즉 미수의 고의가 있는 경우에는 불능미수가 성립하지 않는다.

II. 객관적 요건

1. 실행의 착수

불능미수에 있어서도 장애미수·중지미수의 경우와 마찬가지로 실행의 착수가 있어야 한다. 다만 장애미수·중지미수에 있어서 실행의 착수와는 성격이 다르다. 장애미수·중지 미수와 같은 가능미수[46]에 있어서 실행의 착수행위는 결과 발생의 가능성이 있는 행위이

---

46) 이런 의미에서 중지미수와 장애미수는 결과발생이 가능하다는 점에서 '가능미수'에 해당하지만 불능미수는 결과발생이 불

다. 하지만 불능미수는 결과 발생이 불가능하다는 점에서 실행의 착수행위는 결과 발생의 가능성이 없는 행위이다. 따라서 불능미수의 실행의 착수란 만일 그 행위가 가능했더라면 '실행의 착수라고 볼 수 있는 행위'가 존재하여야 한다.[47]

2. 결과발생의 불가능

가. 결과발생의 불가능

형법 제27조의 불능미수가 되기 위해서는 '결과 발생이 불가능'하여야 한다. 행위자에게 범죄의사가 있고 실행의 착수라고 볼 수 있는 행위가 있지만, 실행의 수단이나 대상의 착오로 처음부터 구성요건이 충족될 가능성이 없는 경우이다.[48] 결과 발생이 불가능하다는 것은 실행의 수단 또는 대상의 원시적 불가능성으로 인하여 범죄가 기수에 이를 수 없는 것을 의미한다. 결과 발생이 가능하다면 불능미수가 될 수 없다.

결과 발생의 불가능성은 실행 수단의 착오로 인하여 결과 발생이 불가능한 경우와 대상의 착오로 인하여 결과 발생이 불가능한 경우로 나누어진다. '실행의 수단 또는 대상의 착오'는 행위자가 시도한 행위 방법 또는 행위 객체로는 결과의 발생이 처음부터 불가능하다는 것을 의미한다.

나. 수단의 착오

수단의 착오는 행위자가 선택한 수단으로서는 결과의 발생이 불가능하여 행위가 기수로 될 수 없는 경우를 말한다. 수단의 불가능성이라고도 한다. 예를 들면 피해자를 독살하려고 농약을 투여하였는데 치사량 미달인 경우,[49] 설탕으로 사람을 살해하려는 경우, 소화제로 낙태를 기도하는 경우가[50] 이에 해당한다.

다. 대상의 착오

대상의 착오는 행위자가 범죄의 객체로서 인식했던 대상이 행위자의 표상과는 달리 당해 범죄의 객체로 될 수 없는 경우를 말한다. 객체의 불가능성이라고도 한다. 사실상 불가능한 경우로는 시체를 살아있는 사람으로 오인하고 살해하려고 하는 경우, 임신하지 아니

가능하다는 점에서 '불가능미수'라고 부를 수 있다.
47) 대법원 2019.3.28. 선고 2018도16002 전원합의체 판결.
48) 대법원 2019.3.28. 선고 2018도16002 전원합의체 판결.
49) 대법원 1984.2.28. 선고 83도3331 판결.
50) 수단 그 자체에 착오가 있는 경우라는 점에서, 행위자가 인식한 것과는 다른 객체에 결과가 발생한 방법의 착오와 구별된다.

한 부녀에 대하여 낙태하려고 하는 경우, 소매치기가 빈 주머니에 손을 넣어 절취를 하려고 한 경우[51]가 있으며, 법률상 불가능한 경우로는 피해자가 승낙한 재물임에도 불구하고 이를 모르고 이를 절취하려고 하는 경우 등이 있다.

라. 주체의 착오
(1) 쟁점
주체의 착오란 행위자가 범죄 주체로서의 자격을 갖추지 못하였음에도 불구하고 스스로 자격을 갖추고 있다고 믿고 행위를 한 경우이다. 신분 없는 자가 신분 있는 것으로 오인하고 진정신분범을 범한 경우로, 주체의 불가능성이라고도 한다. 예를 들면 공무원의 임용이 무효임을 알지 못한 자가 스스로 공무원이라고 믿고 수뢰죄를 범한 경우가 이에 해당한다.

형법 제27조는 결과 발생 불가능의 원인으로 실행의 수단이나 대상의 착오만을 열거하고 있다. 따라서 주체의 착오로 인하여 결과 발생이 불가능한 경우에도 형법 제27조 불능미수를 적용할 수 있는가에 대하여 견해의 대립이 있다.

(2) 형법 제27조 적용 여부에 대한 학설
불능미수인정설은 진정신분범에서는 행위주체도 구성요건요소이고, 법적 구성요건의 개별표지는 주체·객체·수단을 불문하고 같은 가치를 가지므로 주체의 착오도 불능미수가 된다는 견해이다.[52]

환각범설은 신분 없는 자는 당해 규범의 수명자가 될 수 없고, 주체의 착오는 규범의 존재를 잘못 인정한 것과 마찬가지이므로 결국 반전된 금지착오의 예인 환각범이 되어 처벌할 수 없다는 입장이다. 다수설의 입장이다.[53]

이분설에 따르면 행위자가 특별한 의무적 지위를 가진 자 아님에도 불구하고 법에 대한 잘못된 해석, 즉 규범적 구성요건해석을 잘못 포섭하여 자신이 그러한 지위를 가지고 있다고 생각한 경우에는 환각범이며 주체의 착오가 대상의 흠결 또는 대상의 불능에 기인한 경우, 즉 신분범의 주체를 근거지우는 상황에 대한 착오가 있는 경우에는 불능미수라는 입장이다.[54]

---

51) 대법원 1986.11.25. 선고 86도2090 판결.
52) 박상기/전지연, 235면.
53) 김성돈, 457면; 김성천, 354면; 배종대, 390면; 신동운, 551면; 오영근, 337면; 이재상/장영민/강동범, 428면; 이형국/김혜경, 358면; 임웅, 394면; 정성근/박광민, 417면.
54) 김일수/서보학, 389면; 손동권/김재윤, 468면.

(3) 결론

생각건대 신분범에 있어서는 신분자의 특수의무가 불법을 형성하는 것이므로 신분 없는 자의 행위는 미수범의 행위반가치를 인정하기 어렵다. 또한 형법 제27조에서 주체의 착오를 처벌대상으로 규정하고 있지 않다는 것은 이를 처벌하지 않겠다는 입법자의 의사이다. 그럼에도 불구하고 이를 해석을 통하여 처벌대상으로 삼는 것은 죄형법정주의의 원칙에 위반된다. 주체의 착오의 경우 환각범으로 처벌할 수 없다고 보는 것이 타당하다.

3. 위험성이 있을 것

가. 위험성의 의의에 대한 견해 대립
(1) 비독자적 위험성 개념설

형법 제27조의 위험성 개념을 구성요건실현가능성 내지 결과 발생의 개연성으로 이해하는 견해이다. 제27조의 위험성 개념은 미수범 일반의 처벌근거로 이론상 등장하는 위험성 개념과 동일한 개념이라고 한다. 이 견해에 의하면 제27조의 위험성 개념은 무의미한 개념이라고 한다.[55] 따라서 제27조에 따라 수단 또는 대상의 착오가 있고 결과 발생이 불가능하면 위험성 유무와 상관없이 가벌적인 불능미수가 된다.

(2) 독자적 위험성 개념설

형법 제27조의 위험성 개념을 결과 발생의 사실상 가능성과는 다르게 보거나 평가상의 구성요건 실현 가능성으로 해석하는 견해이다. 다수설의 입장이다. 제27조의 위험성 개념은 미수범 일반의 처벌근거로 이론상 등장하는 위험성 개념과 본질적으로 다른 개념이라고 한다.[56] 따라서 제27조에 따라 착오가 있지만 위험성이 없어서 가벌성이 부정되는 불가벌적 불능미수와 착오도 있고 위험성이 있어서 가벌성이 인정되는 가벌적 불능미수 사례를 모두 포함하게 된다.

사례 | **무협지 장풍사례**

【사례】16세된 고등학생 갑은 무협지를 탐독하던 중 무공을 익히면 장풍으로 사람을 살상할 수 있다고 믿게 되었다. 갑은 매일같이 장풍을 연습한 끝에 평소에 감정이 있는 같은 반 학생 A의 복부에 상처를 내어 혼내 줄 마음을 먹고 A를 향하여 강한 장풍

---

55) 천진호, 형법 제27조의 위험성개념에 대한 해석상의 오류, 비교형사법연구 제2권 제1호, 85면; 허일태, 불능미수범에 있어 위험성의 의미, 형사법연구 제13권, 118면.

56) 김태명, 형법 제27조(불능범)의 위험성요건의 독자성과 구체적 의미, 형사법연구 제26호, 2006, 246면.

을 만들어 보내는 동작을 취하였다.

【해설】양설은 위 무협지 장풍사례에서 결론을 달리한다. 비독자적 위험성개념에 따르면 행위자의 수단의 착오가 확인되고 이것이 결과 불발생의 원인이 된다는 점만 확인되면 위험성 판단은 할 필요도 없이 행위자는 가벌적인 불능미수범이 된다. 독자적 위험성개념에 따르면 갑은 상해의 고의로 행위를 했지만 수단의 착오로 결과 발생이 불가능한 경우이지만 위험성 판단을 하여 위험성이 있으면 가벌적 불능미수범이 되고, 위험성이 없으면 불가벌적 불능범이 된다.

(3) 결론

미수범을 처벌하는 근거는 '사후적·객관적 관점'에서 바라볼 때 사실적·자연과학적으로 결과 발생의 위험 내지 결과 발생의 가능성이 있기 때문이다. 그런데 불능미수범의 경우에는 사후적으로 이미 결과 발생의 가능성이 없다고 결론이 내려진 경우를 대상으로 한다. 이런 전제에서 형법 제27조가 다시 위험성이라는 표지를 요건으로 내세우는 것은 결과 발생의 가능성 유무를 다른 시점(사전판단)에서 다른 방법으로 평가하도록 요구하고 있는 것으로 보아야 한다.[57] 따라서 불능미수의 위험성은 미수범 일반에서 말하는 위험성과는 다른 불능미수에 있어서 독자성이 있는 개념이다.

나. 위험성의 판단기준

(1) 구객관설(절대적 불능·상대적 불능)

결과 발생이 개념적으로 불가능한 절대적 불능의 경우 불능범이며, 결과 발생이 구체적·특수한 경우에만 불가능한 상대적 불능의 경우 불능미수라는 견해이다.

일체의 구체적 사정을 제거한 행위객체에 대한 추상적 위험성을 판단자료로 한다는 점, 사후(ex post)에 이를 판결하는 재판관의 관점에서 추상적으로 가능성 유무를 판단한다는 점에 이론적 특징이 있다. 예를 들면 시체에 대한 살인행위는 객체의 절대적 불능이며, 독살의 의사로 유황가루를 먹인 경우는 수단의 절대적 불능으로 불능범에 해당한다. 방탄복을 입은 자에 대하여 총을 쏜 경우는 객체의 상대적 불능이며, 치사량미달의 독약을 먹인 경우는 수단의 상대적 불능으로 불능미수에 해당한다. 방탄복은 입은 경우나 치사량미달의 독약을 먹인 경우는 상황에 따라서 결과 발생이 가능할 수 있기 때문이다.

(2) 구체적 위험설(신객관설)

행위 당시에 행위자가 인식한 사정과 일반인이 인식할 수 있었던 사정을 기초로(판단자

---

57) 김성돈, 458면; 신동운, 551면.

료) 일반적 경험법칙에 따라(판단기준) 객관적·사후적으로 판단하여(판단시점)[58] 결과 발생의 개연성이 있는 경우 구체적 위험성이 있으므로 불능미수이며, 결과 발생의 개연성이 없는 경우에는 구체적 위험성이 없으므로 불능범으로 보는 견해이다.[59] 예를 들면 시체를 살아있는 사람으로 오인하여 살해하려고 한 경우 행위자뿐만 아니라 일반인도 살아있는 것으로 안 경우에는 불능미수이지만, 일반인은 시체임을 이미 알고 있었던 경우에는 불능범에 해당한다. 행위자가 인식한 사정과 일반인이 인식한 사정이 다를 때 어느 사정을 기초로 판단할 것인가가 명백하지 않다는 비판이 있다.[60]

(3) 추상적 위험설(주관적 객관설)

행위 시에 행위자가 인식한 사정을 기초로 하여, 행위자가 생각한대로의 사정이 존재하였으면 일반인의 입장에서 법질서에 대한 추상적 위험이 있는가를 판단하여[61] 결과 발생의 위험성이 있는 경우에는 불능미수이며, 결과 발생의 위험성이 없는 경우에는 불능범이다. 예를 들면 시체를 살아있는 것으로 오인하고 살해하려고 한 경우는 불능미수에 해당하며, 유황가루로도 사람을 살해할 수 있다고 믿고서 유황가루를 먹인 경우는 불능범에 해당한다. 이 견해는 판단의 기초를 행위자가 잘못 알고 있는 사정에 국한함으로써 행위자가 경솔하게 잘못 안 경우에도 그 사정만을 기초로 위험성을 판단하므로 위험성 판단의 객관성이 결여되어 있다는 비판이 있다.[62]

(4) 주관설

주관적으로 범죄의사가 확실히 표현된 이상 그것이 객관적으로 절대적 불능인 경우에도 미수로 처벌해야 한다는 견해이다.[63] 따라서 불능범은 부정한다. 다만 미신범은 구성요건적 행위가 없기 때문에 미수범의 범위에서 제외한다.

이는 불능미수를 원칙적으로 처벌하는 독일 형법 제23조 제3항에 따른 해석이며, 형을

---

58) 이 견해는 행위의 보호객체에 대한 객관적 위험성에서 불능미수의 당벌성을 바라보는 점에서 구객관설과 동일하다. 다만 평가방법에 있어서 신객관설은 행위자의 특별한 인과인식을 포함하여 사전적으로(ex ante) 행위 당시로 돌아가 사려깊고 통찰력 있는 일반관찰자가 인식 가능한 모든 상황을 기초로 하여 사후적 예측에 의해 위험성을 판단하는 점에서 구객관설과 다르다(손동권, 불능미수에서의 위험성요건과 불능주체에 관한 적극적 착오, 고시계, 1997/10, 123면).

59) 이재상/장영민/강동범, 431면; 배종대, 393면.

60) 이 비판에 대해서 일반인이 인식한 사정을 기초로 삼고 행위자가 특히 알고 있었던 사정을 고려하면 된다는 반론이 있다.

61) 법질서에 대한 위험설이라고도 불린다.

62) 김일수/서보학, 391면; 오영근, 342면; 이재상/장영민/강동범, 432면.

63) 이 입장은 불능미수를 원칙적으로 처벌하는 현행 독일 형법 제23조 제3항의 태도라고 할 수 있다. 독일 형법 제23조 제3항에 따르면 범죄가 행하여진 객체 또는 범행에 사용되는 수단의 성질상 미수가 결코 기수에 이를 수 없음을 행위자가 현저한 무지로 인하여 알지 못한 때에는 법원은 형을 면제하거나 재량에 의하여 감경할 수 있다.

임의적 감경할 수 있도록 규정하고 있는 우리나라 형법의 태도와는 부합되지 않는다.

(5) 인상설

법적대적인 행위자의 범죄의사의 실행이 일반인에게 법질서의 효력에 대한 신뢰와 법적 안정감을 동요시킬 때 위험성을 인정할 수 있고, 따라서 불능미수가 된다는 견해이다.[64] 인상설은 행위자의 법적대적 의사, 그 자체가 아니라 그것이 공동체에 미친 영향을 찾는다는 점이 이론적 특징이다. 행위자가 실제 인식한 구성요건적 사실 및 법적 평온상태의 교란에 대한 예견의 정도를 판단자료로 통찰력 있는 평균인의 객관적 기준으로 판단한다.

그러나 법적 평온상태의 교란에 대한 인상 정도만 있으면 미수범의 처벌을 인정하는 것은 주관설에 치우쳐 미수범의 처벌범위가 지나치게 확대될 우려가 있다. 또한 위험성 판단방법으로 법적 평온교란상태를 어떻게 판단할 것인지에 대한 기준 내지 방법을 제시하고 있지 않다는 비판이 있다.[65]

(6) 판례의 입장

종전 대법원은 불능미수의 위험성 판단에 대하여 구객관설의 입장을 취하였다. 우물속에 농약을 혼입한 행위에 대하여 "위 농약의 혼입으로 살인의 결과가 발생할 위험성이 절대로 없다고 단정할 수 없는 바이므로"라고 하거나,[66] 히로뽕 제조를 시도하였으나 기술 부족으로 완제품을 제조하지 못한 사건에서 "그 성질상 결과 발생의 위험성이 있다"고 하였다.[67] "사망의 결과 발생 가능성을 배제할 수는 없다"는 판례도[68] 객관설의 입장에서 나왔다고 할 수 있다.

그러나 현재는 불능미수의 위험성을 판단함에 있어서 추상적 위험설을 따르고 있다. 위험성 판단은 행위자가 행위 당시에 인식한 사정을 놓고 이것이 객관적으로 일반인의 판단으로 보아 결과 발생의 가능성이 있느냐를 가지고 판단한다.

---

64) 이형국/김혜경, 364면.
65) 김성돈, 460면; 김혜정/박미숙/안경옥/원혜욱/이인영, 288면; 임웅, 376면.
66) 대법원 1973.4.30. 선고 73도354 판결.
67) 대법원 1985.3.26. 선고 85도206 판결.
68) 대법원 1984.2.28. 선고 83도3331 판결.

판례 | 사기죄의 불능미수

【판결요지】 [1] 불능범의 판단 기준으로서 위험성 판단은 피고인이 행위 당시에 인식한 사정을 놓고 이것이 객관적으로 일반인의 판단으로 보아 결과 발생의 가능성이 있느냐를 따져야 한다.

[2] 소송비용을 편취할 의사로 소송비용의 지급을 구하는 손해배상청구의 소를 제기한 경우, 사기죄의 불능범에 해당한다고 한 사례 $\binom{\text{대법원 2005.12.8. 선고}}{\text{2005도8105 판결}}$.

【해설】 피고인은 소송비용을 받았음에도 불구하고 받지 않은 것으로 법원을 기망하여 소송비용의 지급을 구하는 손해배상청구의 소를 제기하였다. 하지만 소송비용 지급청구는 소송비용액 확정절차로서만 가능하기 때문에 피고인은 수단의 착오를 한 것이다. 손해배상청구의 소에서 소송비용의 지급을 구하는 것은 소의 이익이 없는 부적법한 소로서 허용되지 않는다. 또한 위험성이 있는지에 대하여 판례는 소송비용의 청구 방법에 관한 '법률적 지식을 가진 일반인의 판단'으로 보아 위험성이 인정되지 않는다고 판단하였다.

판례 | 살인죄의 불능미수

【사실관계】 갑은 을과 공모하여 일정량 이상을 먹으면 사람이 사망에 이를 수도 있는 '초우뿌리' 또는 '부자' 달인 물을 을의 남편 A에게 마시게 하여 A를 살해하려고 하였으나 A가 이를 토해버림으로써 미수에 그쳤다.

【판결이유】 기록에 의하면 '초우뿌리'나 '부자'는 만성관절염 등에 효능이 있으나 유독성 물질을 함유하고 있어 과거 사약으로 사용된 약초로서 그 독성을 낮추지 않고 다른 약제를 혼합하지 않은 채 달인 물을 복용하면 용량 및 체질에 따라 다르나 부작용으로 사망의 결과가 발생할 가능성을 배제할 수 없는 사실을 알 수 있는바, 원심이 그 설시 증거를 종합하여 피고인이 원심 공동피고인 공소외 1과 공모하여 일정량 이상을 먹으면 사람이 사망에 이를 수도 있는 '초우뿌리' 또는 '부자' 달인 물을 피해자(공소외 1의 남편)에게 마시게 하여 피해자를 살해하려고 하였으나 피해자가 이를 토해버림으로써 미수에 그친 행위를 불능범이 아닌 살인미수죄로 본 제1심의 판단을 유지한 것은 정당하고 거기에 앞서 본 불능범에 관한 법리오해 또는 채증법칙 위배 등의 위법이 없다 $\binom{\text{대법원 2007.7.26. 선고}}{\text{2007도3687 판결}}$.

【해설】 '초우뿌리'나 '부자'는 만성관절염 등에 효능이 있으나 유독성 물질을 함유하고 있어 과거 사약(死藥)으로 사용된 약초로서 그 독성을 낮추지 않고 다른 약제를 혼합하지 않은 채 달인 물을 복용하면 용량 및 체질에 따라 다르나 부작용으로 사망의 결과가 발생할 가능성이 있다. 피고인이 '초우뿌리' 또는 '부자' 달인 물을 피해자인 남편에게 마시게 하여 피해자를 살해하려고 하였으나 피해자가 이를 토해버림으로써 미수에 그친 행위는 불능범이 아닌 살인죄의 불능미수가 된다.

판례	준강간죄의 불능미수 사건

【사실관계】 피고인은 2017.4.17. 22:30경 자신의 집에서 피고인의 처, 피해자와 함께 술을 마시다가 다음 날 01:00경 피고인의 처가 먼저 잠이 들고 02:00경 피해자도 안방으로 들어가자 피해자를 따라 들어간 뒤, 누워 있는 피해자의 옆에서 피해자의 가슴을 만지고 팬티 속으로 손을 넣어 음부를 만지다가, 바지와 팬티를 벗긴 후 1회 간음하여 강간하였다. 피고인이 피해자가 심신상실 또는 항거불능의 상태에 있다고 인식하고 그러한 상태를 이용하여 간음할 의사로 피해자를 간음하였으나 피해자가 술을 마신 것은 사실이지만 만취하지 않았기 때문에 실제로는 심신상실 또는 항거불능의 상태에 있지 않았다.

【판례】 [2] [다수의견] 형법 제300조는 준강간죄의 미수범을 처벌한다. 또한 형법 제27조는 "실행의 수단 또는 대상의 착오로 인하여 결과의 발생이 불가능하더라도 위험성이 있는 때에는 처벌한다. 단, 형을 감경 또는 면제할 수 있다."라고 규정하여 불능미수범을 처벌하고 있다.

따라서 피고인이 피해자가 심신상실 또는 항거불능의 상태에 있다고 인식하고 그러한 상태를 이용하여 간음할 의사로 피해자를 간음하였으나 피해자가 실제로는 심신상실 또는 항거불능의 상태에 있지 않은 경우에는, 실행의 수단 또는 대상의 착오로 인하여 준강간죄에서 규정하고 있는 구성요건적 결과의 발생이 처음부터 불가능하였고 실제로 그러한 결과가 발생하였다고 할 수 없다. 피고인이 준강간의 실행에 착수하였으나 범죄가 기수에 이르지 못하였으므로 준강간죄의 미수범이 성립한다. 피고인이 행위 당시에 인식한 사정을 놓고 일반인이 객관적으로 판단하여 보았을 때 준강간의 결과가 발생할 위험성이 있었으므로 준강간죄의 불능미수가 성립한다.

구체적인 이유는 다음과 같다.

① 형법 제27조에서 규정하고 있는 불능미수는 행위자에게 범죄의사가 있고 실행의 착수라고 볼 수 있는 행위가 있지만 실행의 수단이나 대상의 착오로 처음부터 구성요건이 충족될 가능성이 없는 경우이다. 다만 결과적으로 구성요건의 충족은 불가능하지만, 그 행위의 위험성이 있으면 불능미수로 처벌한다. 불능미수는 행위자가 실제로 존재하지 않는 사실을 존재한다고 오인하였다는 측면에서 존재하는 사실을 인식하지 못한 사실의 착오와 다르다.

② 형법은 제25조 제1항에서 "범죄의 실행에 착수하여 행위를 종료하지 못하였거나 결과가 발생하지 아니한 때에는 미수범으로 처벌한다."라고 하여 장애미수를 규정하고, 제26조에서 "범인이 자의로 실행에 착수한 행위를 중지하거나 그 행위로 인한 결과의 발생을 방지한 때에는 형을 감경 또는 면제한다."라고 하여 중지미수를 규정하고 있다.

장애미수 또는 중지미수는 범죄의 실행에 착수할 당시 실행행위를 놓고 판단하였을 때 행위자가 의도한 범죄의 기수가 성립할 가능성이 있었으므로 처음부터 기수가 될 가능성이 객관적으로 배제되는 불능미수와 구별된다.

③ 형법 제27조에서 정한 '실행의 수단 또는 대상의 착오'는 행위자가 시도한 행위 방법 또는 행위객체로는 결과의 발생이 처음부터 불가능하다는 것을 의미한다. 그리고 '결과 발생의 불가능'은 실행의 수단 또는 대상의 원시적 불가능성으로 인하여 범죄가 기수에 이를 수 없는 것을 의미한다고 보아야 한다.

한편 불능범과 구별되는 불능미수의 성립요건인 '위험성'은 피고인이 행위 당시에 인식한 사정을 놓고 일반인이 객관적으로 판단하여 결과 발생의 가능성이 있는지 여부를 따져야 한다.

④ 형법 제299조에서 정한 준강간죄는 사람의 심신상실 또는 항거불능의 상태를 이용하여 간음함으로써 성립하는 범죄로서, 정신적·신체적 사정으로 인하여 성적인 자기방어를 할 수 없는 사람의 성적 자기결정권을 보호법익으로 한다. 심신상실 또는 항거불능의 상태는 피해자인 사람에게 존재하여야 하므로 준강간죄에서 행위의 대상은 '심신상실 또는 항거불능의 상태에 있는 사람'이다. 그리고 구성요건에 해당하는 행위는 그러한 '심신상실 또는 항거불능의 상태를 이용하여 간음'하는 것이다. 심신상실 또는 항거불능의 상태에 있는 사람에 대하여 그 사람의 그러한 상태를 이용하여 간음행위를 하면 구성요건이 충족되어 준강간죄가 기수에 이른다.

피고인이 피해자가 심신상실 또는 항거불능의 상태에 있다고 인식하고 그러한 상태를 이용하여 간음할 의사를 가지고 간음하였으나, 실행의 착수 당시부터 피해자가 실제로는 심신상실 또는 항거불능의 상태에 있지 않았다면, 실행의 수단 또는 대상의 착오로 준강간죄의 기수에 이를 가능성이 처음부터 없다고 볼 수 있다. 이 경우 피고인이 행위 당시에 인식한 사정을 놓고 일반인이 객관적으로 판단하여 보았을 때 정신적·신체적 사정으로 인하여 성적인 자기방어를 할 수 없는 사람의 성적 자기결정권을 침해하여 준강간의 결과가 발생할 위험성이 있었다면 불능미수가 성립한다(대법원 2019.3.28. 선고 2018 도16002 전원합의체 판결).

【해설】 준강간죄와 관련하여 불능미수가 될 수 있는지에 대한 대법원 판례이다. 불능미수의 기본개념뿐만 아니라 장애미수·중지미수와의 차이점, 불능범과 불능미수의 구별기준인 '위험성'에 대한 판단기준 등 불능미수에 대한 전체적인 대법원 판례 입장을 자세히 설명하고 있다. 피고인이 피해자가 심신상실 또는 항거불능의 상태에 있다고 인식하고 그러한 상태를 이용하여 간음할 의사로 피해자를 간음하였으나 피해자가 실제로는 심신상실 또는 항거불능의 상태에 있지 않은 경우에는, 대상의 착오로 인하여 준강간의 결과 발생이 불가능하였고 실제로 준강간죄의 구성요건에 해당하는 결과는 발생하지 않았지만, 피고인이 행위 당시에 인식한 사정을 놓고 객관적으로 일반인의 판단으로 보았을 때 준강간의 결과가 발생할 위험성이 있었으므로 준강간죄의 불능미수가 성립한다고 한다. 불능미수에 대한 중요한 판례이다.

제3절 특수문제

I. 불능미수에 대한 중지미수의 성립 여부

1. 쟁점

불능미수의 중지미수 문제는 미수행위가 불능미수범의 요건을 갖추고 있어 처음부터 결과발생이 불가능한 경우에도 불구하고 행위자는 그 사실을 모르고 실행행위를 종료하기 전에 더 이상의 행위를 중지한 경우 또는 실행행위를 종료한 경우라면 결과 발생 방지를 위한 노력을 기울이는 경우를 말한다. 예를 들면 치사량미달의 독약을 복용시킨 후 해독제를 먹인 경우가 이에 해당한다. 이러한 불능미수의 경우에도 중지미수의 혜택을 줄 것인가에 대하여 견해의 대립이 있다.

2. 미종료미수의 경우

미종료미수의 경우, 예를 들면 일반적으로 50g 이상 독극물을 먹이면 피해자가 사망하는 사안에서 행위자가 5g 정도를 먹인 상태에서 마음을 고쳐먹고 더 이상 복용을 중지한 경우 행위자가 결과가 불발생할 것이라는 것을 알고 있든 모르고 있든 착수한 행위를 중지하고 그 중지행위에 자의성이 인정된다면 불능미수의 중지가 되어 중지미수범의 규정이 적용된다.

3. 종료미수의 경우

가. 쟁점

종료미수의 경우, 예를 들면 치사량에 현저히 미달하는 독극물을 복용시켰음에도 불구하고 행위자가 이를 후회하여 해독제를 먹인 경우 이에 대하여 중지미수범의 규정이 적용될 것인가에 대해 견해의 대립이 있다. 종료미수의 경우 피해자의 사망이라는 결과는 원래 불가능하였기 때문에 행위자가 이를 모르고 결과 발생 방지를 위하여 진지한 노력을 하였더라도 사망의 결과가 발생하지 않았다는 사실은 행위자의 노력과는 상관이 없다. 그럼에도 불구하고 행위자에게 중지미수의 규정을 적용하여 혜택을 줄 것인지에 대한 견해의 대립이다.

나. 학설

부정설은 결과 발생은 처음부터 불가능하였으며, 행위자의 방지행위에 의하여 결과가 발생하지 않은 것이 아니기 때문에 중지미수가 될 수 없다는 견해이다. 방지행위와 결과 불발생 사이에는 인과관계가 인정되어야 하는데 이 경우에는 인과관계를 인정할 수 없는 경우이기 때문이다.[69]

긍정설은 불능미수의 형은 임의적 감면이지만 중지미수의 형은 필요적 감면이므로, 불능미수에 대한 중지미수의 성립을 부정하면 결과 발생의 위험성이 적은 경우를 결과 발생의 위험성이 큰 경우보다 중하게 취급하게 되어 균형이 맞지 아니하므로 불능미수에 대해서도 중지미수의 성립을 긍정해야 한다는 견해이다. 다수설의 입장이다.[70]

다. 결론

생각건대, 치사량의 독극물을 먹여 사망의 결과가 발생할 수 있는 경우에 행위자가 자의로 해독제를 먹여 사망의 결과를 방지한 경우에는 중지미수의 혜택을 받아 형의 필요적 감면을 받게 된다. 그런데 결과 발생 가능성이 전혀 없는 치사량미달의 독극물을 먹인 후에 행위자가 자의로 해독제를 먹여 사망의 결과를 방지한 경우에는 중지미수가 아니라 불능미수가 되어 형의 임의적 감면이 된다는 것이 불합리하다. 따라서 불능미수의 중지미수를 인정하는 것이 타당하다.

제4절 처 벌

결과 발생이 불가능하지만 위험성이 없는 불능범의 경우에는 처벌하지 않지만, 위험성이 있으면 불능미수범으로 처벌된다. 다만 기수범보다 형을 감면할 수 있다(임의적 감면). 임의적 감면이기 때문에 기수범과 동일한 형을 부과할 수도 있다.

---

69) 김성돈, 479면; 김일수/서보학, 404면; 임웅, 387면.
70) 손동권/김재윤, 456면; 신동운, 542면; 정성근/박광민, 410면.

PART
07

범죄의
특수형태

CHAPTER 01 과실범

> 제14조(과실) 정상적으로 기울여야 할 주의를 게을리하여 죄의 성립요소인 사실을 인식하지 못한 행위는 법률에 특별한 규정이 있는 경우에만 처벌한다.

제1절 서설

I. 과실의 의의

1. 의의

과실(過失)이라 함은 행위자가 구성요건의 실현가능성을 예견하거나 예견할 수 있었는데도 불구하고 구체적인 상황에서 구성요건적 결과의 발생을 회피하기 위하여 사회생활상 요구되는 주의의무를 위반하는 것을 말한다. 형법 제14조는 "정상적으로 기울여야 할 주의를 게을리하여 죄의 성립요소인 사실을 인식하지 못한 행위"라고 정의하고 있다.

2. 과실범의 성립 구조

과실이 성립하기 위해서는 정상적으로 기울여야 할 주의를 게을리함이 있어야 한다. 강학상 이를 '주의의무위반(注意義務違反)'이라고 한다. 주의의무를 위반하였다는 것은 구성요건적 결과발생을 예견하고 그에 따라서 결과발생을 회피 또는 방지할 수 있었음에도 불구하고 그렇게 하지 않았다는 법적 평가를 말한다.

이러한 주의의무위반으로 인하여 죄의 성립요소인 사실을 인식하지 못하거나, 사실을 인식하였다고 하더라도 이를 실현하려는 의사가 없어야 한다.[1] 전자를 '인식 없는 과실'이라고 하며, 후자를 '인식 있는 과실'이라고 한다. 양자는 형법상 같은 것으로 평가되며 그 불법이나 책임내용에 차이가 있는 것은 아니다.

주의의무위반으로 '인하여' 사실을 인식하지 못한 경우가 과실이다. 주의의무위반과 사실의 불인식 사이에는 관련성이 있어야 한다. 과실의 본질이 '주의의무위반'에 있는지 아니면 '사실의 불인식'에 있는지에 대해서는 이론상 논란이 있을 수 있지만, 주의의무위반을 과실의 본질로 보는 것이 타당하다.

과실범의 불법과 책임은 고의범에 비하여 가볍기 때문에 법률에 특별한 규정이 있는 경우에만 처벌하며, 과실이 있다고 하더라도 이를 처벌하는 규정이 없다면 죄형법정주의 원칙상 처벌은 불가능하다. 과실범은 모두 결과범이며, 과실범의 미수는 인정되지 않는다.

따라서 과실범이 성립하기 위해서는 ① 주의의무위반, ② 죄의 성립요소인 사실의 불인식, ③ 처벌규정의 존재가 있어야 한다.

【정리】현행법상 과실이 처벌되는 범죄

일반 과실범	업무상과실범	중과실범
실화죄(제170조)	업무상실화죄(제171조)	중실화죄(제171조)
과실일수죄(제181조)	없음	없음
과실폭발성물건파열죄 (제173의2조)	업무상과실폭발성물건파열죄 (제2항)	중과실폭발성물건파열죄 (제2항)
과실가스전기방류죄(제173조의2)	업무상과실가스전기방류죄(제2항)	중과실가스전기방류죄(제2항)
과실가스전기공급방해죄 (제173조의2)	업무상과실가스전기공급방해죄 (제2항)	중과실가스전기공급방해죄 (제2항)
과실교통방해죄 (제189조 제1항)	업무상과실교통방해죄(제2항)	중과실교통방해죄(제2항)
과실치상죄(제266조)	업무상과실상해죄(제268조)	중과실치상죄(제268조)
과실치사죄(제267조)	업무상과실치사죄(제268조)	중과실치사죄(제268조)
없음	업무상과실장물죄(제364조)	중과실장물죄(제364조)

---

[1] 죄의 성립요소인 사실의 인식이 있어도 그를 실현하려는 의욕적 요소 또는 의사적 요소가 없는 경우에도 과실이 인정될 수 있다. 형법 제13조에 대한 해석론 중 의사설에 따르면 인식적 요소와 의욕적 요소가 모두 있어야 고의가 인정되며, 의욕적 요소가 없을 경우에는 고의가 아니라 과실로 보기 때문이다.

Ⅱ. 과실의 종류

1. 인식 있는 과실과 인식 없는 과실

인식 있는 과실은 행위자가 구성요건적 결과 발생의 가능성을 예견하고 있었으나 주의의무위반으로 인하여 결과 발생을 회피하지 못한 경우를 말하며, 인식 없는 과실은 행위자가 주의의무의 위반으로 인하여 구성요건적 결과 발생의 가능성조차 인식하지 못한 것을 말한다. 형법 제14조는 죄의 성립요소인 사실을 인식하지 못한 행위라고 규정하여 인식 없는 과실만을 규정하고 있는 것처럼 보이지만, 인식 있는 과실 또한 당연히 전제되어 있다.

인식 있는 과실과 인식 없는 과실은 모두 형법상 같은 것으로 평가되며, 그 불법이나 책임 내용에 차이가 있는 것은 아니다. 인식 없는 과실에 대해서는 그 결과 발생을 인식하지 못하였다는 것에 대한 부주의 즉 규범적 실재로서의 과실책임을 인정한다.[2]

⚖ 판례 ┃ 대형화재와 예견가능성

【판결이유】 호텔의 사장 또는 영선과장인 피고인들에게는 화재가 발생하면 불이 확대되지 않도록 계단과 복도 등을 차단하는 갑종방화문은 항상 자동개폐되도록 하며, 숙박객들이 신속하게 탈출대피할 수 있도록 각층의 을종방화문(비상문)은 언제라도 내부에서 외부로의 탈출방향으로 밀기만 하면 그대로 열려지도록 설비관리하고, 화재 시에는 즉시 전층 각 객실에 이를 알리는 감지기, 수신기, 주경종, 지구경종을 완벽하게 정상적으로 작동하도록 시설관리하여야 할 업무상의 주의의무가 있다 할 것이다.

호텔의 사장 또는 영선과장인 피고인들이 오보가 잦다는 이유로 자동화재조기탐지 및 경보시설인 수신기의 지구경종스위치를 내려 끈 채 봉하고, 영업상 미관을 해친다는 이유로 각층에 설치된 갑종방화문을 열어두게 하고 옥외피난계단으로 통하는 을종방화문은 도난방지 등의 이유로 고리를 끼워 피난구로서의 역할을 다하지 못하게 하였다면, 이와 같은 피고인들의 주의의무 해태는 결과적으로 건물의 화재발생 시에 있어서 숙박객 등에게 신속하게 화재를 알릴 수 없게 되고 발화지점에서의 상하층에의 연소방지를 미흡하게 하고 또 숙박객 등을 비상구를 통해 신속하게 옥외로 대피시키지 못하게 하는 것임은 경험상 명백하다 할 것이므로, 이 사건 화재로 인한 숙박객 등의 사상이라는 결과는 충분히 예견가능한 것이라고 할 것이다.

소위 과실범에 있어서의 비난가능성의 지적 요소란 결과발생의 가능성에 대한 인식으로서 인식있는 과실에는 이와 같은 인식이 있고, 인식없는 과실에는 이에 대한 인식 자체도 없는 경우이나, 전자에 있어서 책임이 발생함은 물론, 후자에 있어서도 그 결과

---

2) 대법원 1984.2.28. 선고 83도3007 판결.

발생을 인식하지 못하였다는 데에 대한 부주의, 즉 규범적 실재로서의 과실책임이 있다고 할 것이다(대법원 1984.2.28.
선고 83도3007 판결).

【해설】호텔화재로 인하여 투숙객이 사망한 사건에서 호텔의 사장과 영선과장에 대하여 업무상과실치사상죄의 성립 여부가 문제된 사건이다. 판례는 과실범의 법리적 쟁점을 설명하면서 피고인의 주의의무위반을 인정하였다. 판례는 인식 있는 과실과 인식 없는 과실을 구별하지만, 양자를 구별하더라도 과실 인정에 있어서 차이가 없음을 밝히고 있다. 또한 주의의무위반 여부를 객관설의 입장에서 판단하고 있으면서도 과실을 책임형식으로 본다.

2. 업무상 과실과 중과실

가. 업무상 과실

업무상 과실은 일정한 업무에 종사하는 자가 그 업무수행상 요구되는 주의의무를 위반한 경우를 말한다. 업무상 과실에서 '업무'는 사람이 사회생활상의 지위에 따라 계속·반복의 의사로 종사하는 사무를 말하며, 반드시 직업적이거나 영업적일 필요 없다. 보수의 유무와 상관이 없으며, 반드시 주된 업무일 필요 없다.

> **📋 심화내용** **업무상 과실에 대한 형벌가중 근거**
>
> 형벌을 가중하는 근거에 대하여 견해의 대립이 있다. '주의의무설'은 업무자에게는 일반인보다 더 무거운 주의의무가 과해지기 때문에 고도의 주의의무를 태만히 한 점에서 형이 가중된다고 한다.[3] '주의능력설'은 주의의무는 업무자나 일반인이나 동일하지만, 업무자에게는 고도의 주의능력이 있기 때문에 일반인에 비하여 주의의무위반의 정도가 현저히 증대하여 불법이 크므로 가중처벌된다고 한다.[4] 이에 대하여 다수설인 '예견가능설'에 따르면 주의의무는 업무자나 일반인이나 동일하지만, 업무자에게는 일반적으로 결과에 대한 예견가능성이 크기 때문에 그 책임이 가중된다고 본다.
>
> 생각건대 결과 발생에 대해 요구되는 주의의무는 객관적 기준에 따라서 판단해야 하기 때문에 업무자와 일반인 사이에 주의의무의 차이가 있다고 볼 수 없다. 또한 업무자라고 하더라도 반드시 일반인보다 주의능력이 높다고 할 수 없다. 동일한 업무에 종사하는 경우에도 각 업무자의 숙련도나 경험에 따라 그 주의능력의 정도는 다르다고 보아야 한다. 따라서 업무종사자는 일반인과는 다른 전문적인 지식이나 경험을 가지고 있기 때문에 결과 발생에 대한 예견가능성이 크기 때문에 책임이 가중된다고 보는 것이 타당하다.

---

3) 김일수/서보학, 98면; 임웅, 91면.
4) 배종대, 512면.

나. 중과실

중과실은 극히 근소한 주의만 하였더라면 결과 발생을 예견할 수 있었음에도 불구하고 부주의로 이를 예견하지 못한 경우를 말한다. 중과실의 처벌은 업무상 과실의 경우와 동일하다. 중과실과 경과실의 구별은 구체적인 경우에 사회통념을 고려하여 결정한다는 것이 판례의 입장이다.[5] 성냥불로 담배를 붙인 다음 그 성냥불이 꺼진 것을 확인하지 아니한 채 휴지가 들어 있는 플라스틱 휴지통에 던진 경우,[6] 모텔 방에 투숙하여 담배를 피운 후 재떨이에 담배를 끄게 되었으나 담뱃불이 완전히 꺼졌는지 여부를 확인하지 않은 채 불이 붙기 쉬운 휴지를 재떨이에 버리고 잠을 자는 바람에 담뱃불이 휴지와 침대 시트에 옮겨붙게 함으로써 화재가 발생한 경우[7] 중대한 과실이 있다.

> ⚖️ **판례** 안수기도 중 피해자가 사망한 사건 – 중과실을 인정한 사례

【판결요지】 피고인이 84세 여자 노인과 11세의 여자 아이를 상대로 안수기도를 함에 있어서 그들을 바닥에 반드시 눕혀 놓고 기도를 한 후 "마귀야 물러가라", "왜 안 나가느냐"는 등 큰 소리를 치면서 한 손 또는 두 손으로 그들의 배와 가슴 부분을 세게 때리고 누르는 등의 행위를 여자 노인에게는 약 20분간, 여자아이에게는 약 30분간 반복하여 그들을 사망케 한 사안에서, 고령의 여자 노인이나 나이 어린 연약한 여자아이들은 약간의 물리력을 가하더라도 골절이나 타박상을 당하기 쉽고, 더욱이 배나 가슴 등에 그와 같은 상처가 생기면 치명적 결과가 올 수 있다는 것은 피고인 정도의 연령이나 경험 지식을 가진 사람으로서는 약간의 주의만 하더라도 쉽게 예견할 수 있음에도 그러한 결과에 대하여 주의를 다하지 않아 사람을 죽음으로까지 이르게 한 행위는 중대한 과실이라고 보아, 피고인에 대하여 중과실치사죄로 처단한 원심판결을 수긍한 사례(대법원 1997.4.22. 선고 97도538 판결).

> ⚖️ **판례** 러시안룰렛사건 – 중과실을 부정한 사례

【사실관계】 경찰관 갑, 을, 병은 1991.1.12. 00:40경 대구 동구 신천4동에 있는 레스토랑에서 평소에 범죄정보 입수를 위하여 자주 접촉하여 오던 피해자 A와 동석하여 술을 마시던 중, 피해자가 그 전날 저녁 대구 동촌관광호텔 나이트클럽에서부터 갑이 가슴에 휴대하고 있던 3.8구경 리볼버 권총에 대하여 호기심을 보이며, "디어헌트 영화에 나오는 총이 아니냐, 한번 만져보자"라고 요구하였으나 묵살하였는데, 피해자가 또다시 위 주점에서도 같은 요구를 하고 그것이 거절된 데 화를 내면서 욕설과 함께 "임

---

5) 대법원 1980.10.14. 선고 79도305 판결.
6) 대법원 1993.7.27. 선고 93도135 판결.
7) 대법원 2010.1.14. 선고 2009도12109 판결.

마, 디어헌트 게임 한번 하자, 형사가 그렇게 겁이 많나, 사나이가 한번죽지 두 번 죽나"라고 모욕적인 말을 하여 서로 시비가 되었고, 경찰관 갑은 위와 같은 피해자의 인격모욕적 시비에 화가 나서 순간적으로 가슴에 차고 있던 권총을 뽑아 들고 탄띠에서 실탄 1발을 꺼내어 약실뭉치를 열어 장전하고 약실을 돌린 다음, "너 임마 그 말에 대하여 책임질 수 있나"라고 하자 피해자가 "됐다 임마"라고 하자, 경찰관 갑 먼저 자신의 오른쪽 귀 뒷부분에 총구를 들이대고 "후회없나, 됐다"라고 재차 다짐을 하고 피해자가 "됐다"라고 하자 1회 격발하였으나 불발이 되자 권총을 피해자에게 던져 주며 격발을 유도하였고, 이어서 피해자가 왼손으로는 술잔을 들고 술을 마시면서 오른손으로는 권총을 집어 들고 자신의 오른쪽 귀 윗부분에 들이대고 1회 격발하여 위 실탄이 발사되어 두개골을 관통하여 사망하였다(경찰관 을, 병의 죄책).

【판결요지】경찰관인 피고인들은 동료 경찰관인 갑 및 피해자 A와 함께 술을 많이 마셔 취하여 있던 중 갑자기 위 갑이 총을 꺼내 을과 같이 총을 번갈아 자기의 머리에 대고 쏘는 소위 "러시안 룰렛 게임"을 하다가 A가 자신이 쏜 총에 맞아 사망한 경우 피고인들은 위 갑과 A가 "러시안 룰렛"게임을 함에 있어 갑과 어떠한 의사의 연락이 있었다거나 어떠한 원인행위를 공동으로 한 바가 없고, 다만 위 게임을 제지하지 못하였을 뿐인데 보통사람의 상식으로서는 함께 수차에 걸쳐서 흥겹게 술을 마시고 놀았던 일행이 갑자기 자살행위와 다름없는 위 게임을 하리라고는 쉽게 예상할 수 없는 것이고 (신뢰의 원칙), 게다가 이 사건 사고는 피고인들이 "장난치지 말라"며 말로 위 갑을 만류하던 중에 순식간에 일어난 사고여서 음주만취하여 주의능력이 상당히 저하된 상태에 있던 피고인들로서는 미처 물리력으로 이를 제지할 여유도 없었던 것이므로, 경찰관이라는 신분상의 조건을 고려하더라도 위와 같은 상황에서 피고인들이 이 사건 "러시안 룰렛"게임을 즉시 물리력으로 제지하지 못하였다 한들 그것만으로는 위 갑의 과실과 더불어 중과실치사죄의 형사상 책임을 지울 만한 위법한 주의의무위반이 있었다고 평가할 수 없다(대법원 1992.3.10. 선고, 91도3172 판결).

III. 과실의 체계적 지위

1. 책임요소설

고전적·신고전적 범죄체계론에 따르면 과실은 고의와 마찬가지로 심리적, 주관적 요소로서 책임형식이라고 한다.[8] 이 견해에 따르면 과실의 기준도 주관적으로 결정된다.[9] 행위자는 개인적으로 가능한 것만을 해야 할 의무를 부담한다. 이 견해에 따르면 불법의 단계에서는 고의범과 과실범의 구별은 불가능하며 책임단계에 이르러서야 그 구별이 가능하다. 이 이론에 따르면 과실범의 불법은 결과 발생과 인과관계만 있으면 과실범의 불법이 인정된다.[10]

법익침해만 있으면 과실이 없는 경우에도 구성요건에 해당하게 된다고 하는 것은 구성요건의 보장적 기능을 침해한다는 비판이 있다.

2. 구성요건요소설

과실의 본질적 요소는 결과가 아니라 '행위수행의 방식', 즉 주의의무위반에 있다는 견해이다.[11] 과실, 즉 주의의무위반은 과실범의 구성요건요소이고, 동시에 행위반가치를 근거지우는 불법요소로 된다는 견해로 목적적 범죄체계론의 입장이다. 따라서 고의범과 과실범의 불법내용은 구별된다. 불법내용을 이루는 결과반가치에서는 고의범과 과실범은 동일하며, 행위반가치에서만 구별이 가능하다. 과실범의 행위반가치는 주의의무위반이다. 과실범의 책임에는 위법성의 인식 또는 그 가능성만 남는다. 즉, 과실은 책임요소가 아니다. 순수한 규범적 책임개념을 강조하여 과실을 구성요건요소화 하였다.

이 견해에 대하여 형법이 과실범을 예외적으로 처벌하고 고의범보다 경하게 처벌하는 것은 책임에 차이가 있기 때문인데, 이것을 설명하지 못한다는 비판이 있다.

3. 구성요건 및 책임요소설 (이중적 지위설)

우리나라 다수설의 입장으로 주의의무위반으로서의 과실을 '객관적 주의의무위반'과 '주관적 주의의무위반'으로 나누고 전자를 구성요건요소로, 후자를 책임요소로 파악한다.

---

8) 고전적 범죄체계에서 고의는 범죄사실을 인식하거나 의욕하는 것인 데 비해, 과실은 고의없이 부주의로 구성요건결과를 야기하는 것을 말한다. 신고전적 범죄체계에서는 책임이 의무위반적 의사형성행위에 대하여 행위자를 비난할 수 있는가 하는 규범적 평가를 본질적 내용으로 하기 때문에, 과실에서 책임비난은 결과야기에 대한 행위자의 인식이 결여되었다는 점에 가하여지는 것이 아니라 행위자가 그의 주의의무의 이행에서 보여 준 태만에 가하여 지는 것이다(김일수/서보학, 315면).

9) 책임단계에서 과실을 검토하게 되면 구체적 행위자의 주관적인 능력이 중요한 판단요소로 작용한다. 그 결과 구체적 행위자가 일반인에 비하여 지식이나 능력이 부족하다면 주의의무도 그만큼 줄어들게 된다. 마찬가지로 구체적 행위자가 특별한 지식이나 능력을 가지고 있다면 주의의무는 그만큼 확장된다(신동운, 249면).

10) 이와 같이 불법을 이해하는 입장을 '인과적 불법론'이라고 한다.

11) 이에 대하여 읽어 보아야 할 자세한 설명으로는 신동운, 249면.

합일태적 범죄체계론의 입장이다.[12)]

객관적 주의의무위반은 과실범의 구성요건요소이지만, 일반인으로서는 주의의무의 이행이 가능하더라도 행위자 개인에게 불가능하면 비난가능성으로서의 책임을 물을 수 없기 때문에 책임요소로서의 의미도 가지고 있다.

객관적 주의의무는 구성요건 단계에서 사회생활을 영위함에 있어서 사회 일반인 누구에게나 요구되는 평균적 수준의 주의의무이고, 주관적 주의의무는 책임단계에서 구체적 행위자의 개인적 능력과 특성에 비추어 행위자에게 가능한 수준의 주의의무이다.

📑 심화내용	행위자에게 특수지식이나 능력이 있는 경우

행위자에게 일반인의 수준을 뛰어 넘는 특수지식이 있는 경우 구성요건요소설에 따르면 불법단계에서부터 그 행위자에게 특별한 능력을 투입할 것을 요구한다. 따라서 자신이 가진 능력을 투입하지 않는 경우 주의의무위반이 인정된다.

이중적 지위설에 따르면 다소 문제가 있을 수 있다. 즉 행위자는 자신의 능력을 다하지 않고 평균인에게 요구되는 수준의 주의의무만 기울였다고 하더라도 객관적 주위의무위반은 인정되지 않는다는 결론이 된다. 그래서 예외적으로 행위자에게 특수지식이 있는 경우에도 주의의무위반을 인정해야 한다는 견해도 있다.[13)]

4. 과실범체계의 새로운 경향[14)]

과실범의 경우에도 고의범과 마찬가지로 행위자의 예견가능성을 기준으로 판단하면서 과실범의 경우 규범적인 관점에서 객관적 주의의무위반까지 추가적으로 인정되어야 한다. 구체적인 행위자에게 예견가능성이 인정되더라도 그 전제로서 객관적 예견가능성 내지 그를 전제로 한 객관적 주의의무가 존재하지 않으면 과실범으로 처벌할 수 없다는 견해가 있다. 즉 객관적 주의의무를 과실범 성립을 위한 최소한 요구조건이자 과실인정의 전제조건으로 보는 견해이다.[15)]

---

12) 배종대, 515면; 신동운, 249면; 이재상/장영민/강동범, 202면; 이형국/김혜경, 459면; 임웅, 520면; 정성근/박광민, 421면; 정영일, 142면.

13) 신동운, 235면; 이재상/장영민/강동범, 202면; 이와 같이 행위자의 특수지식을 구성요건단계에서 고려하게 되면 주의의무는 순수한 의미에서 객관적 주의의무가 아니라 주관적 주의의무의 특징을 가지게 된다.

14) 김성돈, 과실개념에서 주의의무위반성과 예견가능성, 형사정책연구, 제6권 제4호; 이호중, 과실범의 예견가능성, 형사법연구 제11호, 1999.; 조상제, 과실범론의 체계적 재구성, 형사정책연구, 2007, 45면; 이용식, 과실범에 있어서 주의의무의 객관적 척도와 개인적 척도, 서울대법학 제39권 제3호, 1998, 60면.

15) 김성돈, 501면.

객관적 주의의무위반은 고의와 과실에 공통되는 객관적 귀속의 척도이고 주관적 주의의무위반은 과실범의 주관적 구성요건요소로 보는 견해[16]와 주관적 주의의무위반을 주관적 구성요건인 동시에 책임요소로서의 이중적 지위를 인정하는 견해도 있다.[17]

5. 결론

과실범의 체계적 지위에 대한 논의는 과실의 본질에 대한 논의와 일맥상통한다. 과실범의 논의구조와 고의범의 논의구조는 상당히 다른 차이점이 있기에 과실범의 본질을 이해하기에 어려운 점이 있다. 과실의 인정은 고의의 인정과 같이 행위자의 내면의식이 어떤 것이었는가와 같은 '사실의 확인'이 아니라 규범적인 관점에서 이루어 있는 '주관적 귀속판단'이기 때문이다.[18]

과실의 본질이 객관적 주의의무위반인가의 문제, 주관적 주의의무위반을 어디에 위치시킬 것인가에 대한 논의는 법이론적·법체계론적 관점에서 접근하는 논의이다. 본서에서는 다수의 입장인 구성요건 및 책임요소라고 보는 이중적 지위설의 입장에서 설명한다.

Ⅳ. 주의의무의 판단기준

1. 쟁점

과실의 본질은 행위자가 주의의무를 위반하였다는 점이다. 주의의무는 구체적인 행위로부터 나오는 보호법익에 대한 위험을 인식하고 그러한 위험을 피해야 할 것을 내용으로 한다. 이러한 주의의무를 위반하였다는 점에 대한 판단기준에 대하여 견해의 대립이 있다.

2. 학설

가. 객관설

주의의무는 객관적 주의의무를 의미하므로 주의의무의 판단기준은 사회 일반의 주의능력을 표준으로 하여 주의의무위반의 유무를 결정하여야 한다는 견해로 다수설과 판례

---

16) 조상제, 과실범론의 체계적 재구성, 45면.
17) 김일수/서보학, 315면.
18) 이상돈, 143면.

의 입장이다.[19] 즉 사회에서 주의 깊고 신중한 '일반인·평균인'에게 요구되는 수준의 주의 의무를 의미한다. 법은 일반인에게 불가능한 것을 요구할 수 없기 때문에 사회생활상 일 반적으로 요구되는 주의의무를 다하였다면 주의의무위반은 없다고 한다.

따라서 행위자의 주의능력이 평균인 이하인 경우에도 사회생활상 일반적으로 요구되 는 주의의무를 다하지 않았으므로 주의의무위반이 인정된다. 반대로 행위자의 주의능력 이 평균인 이상인 경우 행위자는 결과 발생을 방지하기 위해 자신이 할 수 있는 모든 조치 를 취할 의무는 없으며 일반인·평균인 정도의 주의의무를 이행하였다면 과실범의 불법은 인정되지 않는다.

만약 행위자의 개인적 주의능력이 사회일반의 신중한 평균인에 미치지 못하여 법익침 해적 결과를 발생시킨 경우 이는 과실범의 불법에는 영향이 없고 단지 책임의 단계에서 고려될 뿐이다. 즉 책임이 조각되더라도 치료감호 등과 같은 보안처분을 부과할 수 있다.

객관설의 입장에서도 행위자가 평균인의 판단을 초과하는 특수지식과 경험을 가지고 있었던 경우에도 '예외적으로' 주의의무를 인정해야 한다는 견해가 있다.[20] 예를 들면 행 위자가 일정장소에서 자전거를 타는 아이들이 갑자기 도로로 뛰어드는 사실을 경험상 알 고 있다면 그 운전자 개인의 '특별지식과 경험'을 고려하여 주의의무를 판단해야 한다고 한다. 이러한 예외는 특수능력에는 적용되지 않는다.

⚖ **판례** 의료사고에 있어서 의사의 과실을 인정하기 위한 요건 및 그 판단 기준

【판결요지】 [1] 의료사고에 있어서 의사의 과실을 인정하기 위해서는 의사가 결과 발생 을 예견할 수 있었음에도 불구하고 그 결과 발생을 예견하지 못하였고, 그 결과 발생 을 회피할 수 있었음에도 불구하고 그 결과 발생을 회피하지 못한 과실이 검토되어야 하고, 그 과실의 유무를 판단함에는 같은 업무와 직무에 종사하는 일반적 보통인의 주 의 정도를 표준으로 하여야 하며, 이에는 사고 당시의 일반적인 의학의 수준과 의료환 경 및 조건, 의료행위의 특수성 등이 고려되어야 한다.

[2] 내과의사가 신경과 전문의에 대한 협의진료 결과 피해자의 증세와 관련하여 신경 과 영역에서 이상이 없다는 회신을 받았고, 그 회신 전후의 진료 경과에 비추어 그 회 신 내용에 의문을 품을 만한 사정이 있다고 보이지 않자 그 회신을 신뢰하여 뇌혈관 계통 질환의 가능성을 염두에 두지 않고 내과 영역의 진료 행위를 계속하다가 피해자 의 증세가 호전되기에 이르자 퇴원하도록 조치한 경우, 피해자의 지주막하출혈을 발 견하지 못한 데 대하여 내과의사의 업무상과실을 부정한 사례(대법원 2003.1.10. 선고, 2001도3292 판결).

---

19) 김성돈, 475면; 김혜정/박미숙/안경옥/원혜욱/이인영, 128면; 이형국/김혜경, 463면; 임웅, 499면; 정성근/박광민, 420면.
20) 이재상/장영민/강동범, 206면; 임웅, 497면.

나. 주관설

행위자 본인의 주의능력을 표준으로 하여 주의의무위반의 유무를 결정하여야 한다는 견해로 개별적 주의의무위반설 또는 행위자표준설이라고 한다. 주관설에 의하면 과실의 본질적 요소인 주의의무위반은 객관적 주의의무위반이 아니라 주관적 주의의무위반이 된다. 법은 행위자에게 불가능한 것을 요구할 수 없다는 것과 행위자 본인의 능력 이상의 것을 기대할 수 없다는 것을 근거로 한다.

따라서 행위자의 주의능력이 평균인보다 떨어지는 경우라도 그가 자신의 능력을 다했다면 과실범의 불법을 인정할 수 없다는 결론이 된다. 만약 행위자의 주의능력이 평균인보다 뛰어난 경우 사회 일반의 평균인 정도의 주의능력을 다했다고 하더라도 행위자는 결과 발생을 방지하기 위해 자신이 할 수 있는 모든 조치를 취할 의무가 있고, 이러한 의무의 불이행으로 인하여 결과가 발생한 경우 과실범의 불법이 인정된다.

다. 절충설

주의의무의 정도는 기본적으로 사회 일반인을 표준으로 하여 객관적으로 결정하지만, 주의력(결과예견가능성)의 정도는 행위자 본인의 주의능력을 표준으로 해야 한다는 견해이다. 즉 행위자의 주의능력이 평균인을 능가한다면 행위자 개인의 주의능력을 표준으로 하자는 것이다. 규범은 일반인의 주의능력 이상의 것을 요구할 수 없는 동시에, 행위자 본인에게 불가능한 것을 강요할 수 없다는 점을 주된 근거로 한다.

라. 결론

본서는 주의의무를 판단함에 있어서 다수설과 판례의 입장인 객관설을 기준으로 설명한다. 주의의무를 판단함에 있어서 행위자 개인에게 최상의 주의의무 또는 완벽한 주의의무를 요구하는 것도 도덕적 요청으로는 의미가 있을지 모르지만, 법질서가 요구하는 수준은 사회적으로 상당한 수준 또는 '정상의' 주의의무라고 이해하는 것이 타당하다. 법적인 의무는 주의의무는 누구나 준수해야 할 당위명제이므로 일반인의 준수가능성을 전제로 하여야 한다. 객관설은 '일반적인' 주의의무를 부과하기 때문에 평등의 원칙과 형법의 보장적 기능에 기여한다는 이론적 장점도 있다.

제2절 과실범의 성립요건

구분	내용	비고
구성요건	1. 행위주체 2. 행위객체 3. 구성요건적 행위: 객관적 주의의무위반 4. 구성요건적 결과발생 5. 인과관계와 객관적 귀속	구성요건해당성 배제사유 1. 허용된 위험의 이론 2. 신뢰의 원칙
위법성	정당방위, 긴급피난, 피해자의 승낙, 자구행위, 정당행위 - 주관적 정당화요소(불필요)	
책임	책임능력 위법성의 인식(가능성) 적법행위에 대한 기대가능성 주관적 주의의무위반	

I. 과실범의 구성요건

1. 객관적 주의의무위반

가. 객관적 주의의무의 의의

객관적 주의의무는 행위의 통찰력 있는 보통사람을 기준으로 하여 사회생활상 요구되는 주의의무를 위반하여 객관적으로 예견가능하고 회피가능했던 결과를 야기한 경우를 말한다. 객관적 주의의무는 결과예견의무와 결과회피의무로 다시 나눌 수 있다.

나. 객관적 주의의무의 내용

(1) 결과예견의무

결과예견의무는 구체적인 행위로부터 발생할 수 있는 보호법익에 대한 위험을 인식할 의무를 말한다. 주로 정신적 영역에 속하는 내적 의무로서, 행위상황·행위경과·부수사정 등에 비추어 자신의 행위가 어떤 결과를 발생시킬 것인가를 인식하고 예상해야 할 의무를 말하며, 정신적 긴장·의식의 집중·오관의 작동 등에 의해 이루어진다. 결과예견의무는 과학의 발전에 따른 영향을 크게 받는다.

(2) 결과회피의무

결과회피의무는 결과발생가능성을 예견한 경우에 구성요건적 결과의 발생을 방지하기 위하여 적절한 방어조치를 취할 의무를 말한다. 결과방지의무라고도 한다.

결과회피의무는 다시 부작위의무, 작위의무, 문의·조회의무로 나눌 수 있다. '부작위의무'는 결과를 발생시킬 가능성이 있는 행위 자체를 소극적으로 그만 두어야 할 의무를 말한다. '작위의무'는 행위에 결부된 결과발생가능성을 방지·차단하거나 허용치 이하로 낮추어야 할 안전조치의무를 말한다. '문의·조회의무'는 결과발생을 회피하기 위하여 일정한 지식이나 정보가 필요한 경우에는 필요한 지식을 얻기 위한 의무를 말한다.

📋 심화내용 ⟩ 인수과실이론과 감독과실이론

인수과실이론 또는 인수책임이론은 일정한 행위를 함에 있어서 위험발생을 회피하기 위하여 필요한 인식능력이나 인식수단 또는 경험적 지식이 결여되어 있는 자는 처음부터 그 행위를 인수하지 않아야 함에도 불구하고 인수한 경우에는 인수 자체에 과실이 있다는 이론이다.[21]

감독과실이론은 구성요건적 결과를 직접 발생시킨 자를 감독하는 자가 감독의무, 즉 피감독자의 부적절한 행위를 방지하기 위하여 필요한 주의의무를 위반한 경우에 감독과실을 인정하여 발생한 결과에 대한 과실책임을 지우는 이론이다. 기업범죄에 있어서 상급감독자의 형사처벌이 가능한 이론이다.

다. 객관적 주의의무위반의 특징

결과예견의무는 결과회피의무에 앞선다. 또한 주의의무는 가능성을 전제로 하므로 결과예견의무와 결과회피의무는 각각 결과발생 예견가능성과 결과발생 회피가능성을 전제로 한다.

예견가능한 결과 또는 회피가능한 결과에 대해서만 과실을 물을 수 있고, 예견이 불가능하거나 예견이 가능하였다고 하더라도 회피불가능한 결과의 발생은 불가항력적 사고에 속하는 것이므로 과실책임을 물을 수 없다.[22]

결과발생가능성은 결과발생에 대한 구체적인 예견가능성을 의미하며, 인과과정의 본질적 윤곽에 대하여도 구체적 예견가능성이 있어야 한다(구체적 예견가능성). 따라서 결과발생에 대한 추상적·일반적 예견가능성 내지 막연한 불안감만 있는 경우에는 과실책임을

---

21) 김일수/서보학, 320면.
22) 임웅, 525면.

물을 수 없다.[23]

라. 주의의무의 판단기준

객관적 주의의무는 행위의 통찰력 있는 보통사람을 기준으로 하여 사회생활상 요구되는 주의의무를 위반하여 객관적으로 예견가능하고 회피가능했던 결과를 야기한 경우를 말한다. 이와 같이 주의의무는 객관적 주의의무를 의미하므로 주의의무의 판단기준은 사회일반인의 주의능력을 표준으로 하여 주의의무위반의 유무를 결정한다. 즉 행위자와 같은 업무와 직무에 종사하는 일반적 보통인의 주의정도를 표준으로 한다.

사회생활상 일반적으로 요구되는 주의의무를 이행할 수 있는 개인적 능력이 떨어지는 사람의 행위에 대해서도 객관적 주의의무위반은 인정된다.

> **판례** 의료사고에 있어서 의사의 과실을 인정하기 위한 요건 및 그 판단 기준
>
> **【판결요지】** 의료과오사건에 있어서 의사의 과실을 인정하려면 결과 발생을 예견할 수 있고 또 회피할 수 있었음에도 이를 하지 못한 점을 인정할 수 있어야 하고, 위 과실의 유무를 판단함에는 같은 업무와 직무에 종사하는 일반적 보통인의 주의 정도를 표준으로 하여야 하며, 이때 사고 당시의 일반적인 의학의 수준과 의료환경 및 조건, 의료행위의 특수성 등을 고려하여야 한다. 또한, 의사는 진료를 행함에 있어 환자의 상황과 당시의 의료수준 그리고 자기의 지식경험에 따라 적절하다고 판단되는 진료방법을 선택할 상당한 범위의 재량을 가진다고 할 것이고, 그것이 합리적인 범위를 벗어난 것이 아닌 한 진료의 결과를 놓고 그중 어느 하나만이 정당하고 이와 다른 조치를 취한 것은 과실이 있다고 말할 수는 없다(대법원 2008.8.11. 선고 2008도3090 판결).

마. 객관적 주의의무의 근거

주의의무의 근거는 법률, 명령, 규칙과 같은 법규에 규정되어 있다. 예를 들면 형법각칙의 과실범 처벌규정 이외에도 기타 별개 법령으로 도로교통법, 약사법, 의료법, 건축법, 식품위생법 등 다양한 법규에 규정되어 있다.

하지만, 구체적 상황에 필요한 주의의무를 모두 법규에 유형화하여 망라한다는 것은 입법상 불가능하거나 가능하다고 하더라도 바람직하지 않으므로, 2차적인 주의의무의 근거로 조리상·생활경험상 주의의무와 판례상 축적된 주의의무가 고려된다. 다양한 판례를 통하여 구체적 상황에서 요구되는 주의의무가 무엇인지를 확인할 필요가 있다. 특히 교통

---

23) 인과관계의 구체적인 입증이 곤란한 공해사건, 기업재해사고, 식품사고, 신제품개발에 수반된 사고 등 '현대형 범죄'에 효과적으로 대처할 수 있는 장점이 있지만, 과실책임의 범위가 가혹할 만큼 확대된다는 문제점이 있다.

사고나 의료사고의 경우 주의의무가 자주 문제된다.

⚖️ 판례 │ 자동차운전자의 주의의무

① 운전자가 차를 세워 시동을 끄고 1단 기어가 들어가 있는 상태에서 시동열쇠를 끼워놓은 채 11세 남짓한 어린이를 조수석에 남겨두고 차에서 내려온 동안 동인이 시동열쇠를 돌리며 악셀러레이터 페달을 밟아 차량이 진행하여 사고가 발생한 경우, 비록 동인의 행위가 사고의 직접적인 원인이었다 할지라도 그 경우 운전자로서는 위 어린이를 먼저 하차시키던가 운전기기를 만지지 않도록 주의를 주거나 손브레이크를 채운 뒤 시동열쇠를 빼는 등 사고를 미리 막을 수 있는 제반조치를 취할 업무상 주의의무가 있다 할 것이어서 이를 게을리 한 과실은 사고결과와 법률상의 인과관계가 있다고 봄이 상당하다(대법원 1986.7.8. 선고 86도1048 판결).

② 신호등에 의하여 교통정리가 행하여지고 있는 사거리 교차로를 녹색등화에 따라 직진하는 차량의 운전자는 특별한 사정이 없는 한 다른 차량들도 교통법규를 준수하고 충돌을 피하기 위하여 적절한 조치를 취할 것으로 믿고 운전하면 족하고, 다른 차량이 신호를 위반하고 직진하는 차량의 앞을 가로질러 직진할 경우까지 예상하여 그에 따른 사고발생을 미연에 방지할 특별한 조치까지 강구할 업무상의 주의의무는 없다고 할 것이므로, 피고인이 녹색등화에 따라 사거리 교차로를 통과할 무렵 제한속도를 초과하였더라도, 신호를 무시한 채 왼쪽도로에서 사거리 교차로로 가로 질러 진행한 피해자에 대한 업무상 과실치사의 책임이 없다(대법원 1990.2.9. 선고 89도1774 판결).

③ 진행차선에 나타난 장애물을 피하기 위하여 다른 적절한 조치를 취할 겨를이 없었다거나 자기차선을 지켜 운행하려고 하였으나 운전자가 지배할 수 없는 외부적 여건으로 말미암아 어쩔 수 없이 중앙선을 침범하게 되었다는 등 중앙선 침범 자체에 대하여 운전자를 비난할 수 없는 객관적인 사정이 있는 경우에는 운전자가 중앙선을 침범하여 운행하였다 하더라도 그 중앙선 침범 자체만으로는 그 운전자에게 어떠한 과실이 있다고 볼 수 없다(대법원 1994.9.27. 선고 94도1629 판결).

④ 야간에 고속도로에서 차량을 운전하는 자는 주간에 정상적인 날씨 아래에서 고속도로를 운행하는 것과는 달리 노면상태 및 가시거리상태 등에 따라 고속도로상의 제한최고속도 이하의 속도로 감속·서행할 주의의무가 있다. 야간에 선행사고로 인하여 전방에 정차해 있던 승용차와 그 옆에 서 있던 피해자를 충돌한 사안에서 운전자에게 고속도로상의 제한최고속도 이하의 속도로 감속운전하지 아니한 과실이 있다고 본 사례(대법원 1999.1.15. 선고 98도2605 판결).

⑤ 선행차량에 이어 피고인 운전 차량이 피해자를 연속하여 역과하는 과정에서 피해자가 사망한 경우, 앞차를 뒤따라 진행하는 차량의 운전사로서는 앞차에 의하여 전방의 시야가 가리는 관계상 앞차의 어떠한 돌발적인 운전 또는 사고에 의하여서라도 자

기 차량에 연쇄적인 사고가 일어나지 않도록 앞차와의 충분한 안전거리를 유지하고 진로 전방좌우를 잘 살펴 진로의 안전을 확인하면서 진행할 주의의무가 있다. 선행차량에 이어 피고인 운전 차량이 피해자를 연속하여 역과하는 과정에서 피해자가 사망한 경우, 피고인의 업무상 과실을 인정한 사례(대법원 2001.12.11. 선고 2001도5005 판결).

⑥ 택시 운전자인 피고인이 심야에 밀집된 주택 사이의 좁은 골목길이자 직각으로 구부러져 가파른 비탈길의 내리막에 누워 있던 피해자의 몸통 부위를 택시 바퀴로 역과하여 그 자리에서 사망에 이르게 하고 도주한 사안에서, 위 사고 당시 시각과 사고 당시 도로상황 등에 비추어 자동차 운전업무에 종사하는 피고인으로서는 평소보다 더욱 속도를 줄이고 전방 좌우를 면밀히 주시하여 안전하게 운전함으로써 사고를 미연에 방지할 주의의무가 있었는데도, 이를 게을리한 채 그다지 속도를 줄이지 아니한 상태로 만연히 진행하던 중 전방 도로에 누워 있던 피해자를 발견하지 못하여 위 사고를 일으켰으므로, 사고 당시 피고인에게는 이러한 업무상 주의의무를 위반한 잘못이 있었는데도, 이와 달리 판단하여 피고인에게 무죄를 선고한 원심판결에 업무상과실치사죄의 구성요건에 관한 법리오해의 위법이 있다고 한 사례(대법원 2011.5.26. 선고 2010도17506 판결).

📌 판례 | 의사·간호사 등의 주의의무

① 의료과오사건에서 의사의 과실을 인정하려면 결과 발생을 예견할 수 있고 또 회피할 수 있었는데도 예견하거나 회피하지 못한 점을 인정할 수 있어야 한다. 의사의 과실이 있는지는 같은 업무 또는 분야에 종사하는 평균적인 의사가 보통 갖추어야 할 통상의 주의의무를 기준으로 판단하여야 하고, 사고 당시의 일반적인 의학 수준, 의료환경과 조건, 의료행위의 특수성 등을 고려하여야 한다. 의사가 진찰·치료 등의 의료행위를 할 때는 사람의 생명·신체·건강을 관리하는 업무의 성질에 비추어 환자의 구체적 증상이나 상황에 따라 위험을 방지하기 위하여 요구되는 최선의 조치를 해야 한다. 의사에게 진단상 과실이 있는지를 판단할 때는 의사가 비록 완전무결하게 임상진단을 할 수는 없을지라도 적어도 임상의학 분야에서 실천되고 있는 진단 수준의 범위에서 전문직업인으로서 요구되는 의료상의 윤리, 의학지식과 경험에 기초하여 신중히 환자를 진찰하고 정확히 진단함으로써 위험한 결과 발생을 예견하고 이를 회피하는 데에 필요한 최선의 주의의무를 다하였는지를 따져 보아야 한다. 나아가 의사는 환자에게 적절한 치료를 하거나 그러한 조치를 하기 어려운 사정이 있다면 신속히 전문적인 치료를 할 수 있는 다른 병원으로 전원시키는 등의 조치를 하여야 한다(대법원 2018.5.11. 선고 2018도2844 판결).

② 의사가 진찰·치료 등의 의료행위를 할 때는 사람의 생명·신체·건강을 관리하는 업무의 성질에 비추어 환자의 구체적 증상이나 상황에 따라 위험을 방지하기 위하여 요구되는 최선의 조치를 취하여야 하고, 환자에게 적절한 치료를 하거나 그러한 조치

를 취하기 어려운 사정이 있다면 신속히 전문적인 치료를 할 수 있는 다른 병원으로의 전원조치 등을 취하여야 하며, 특히 미용성형을 시술하는 의사로서는 고도의 전문적 지식에 입각하여 시술 여부, 시술의 시기, 방법, 범위 등을 충분히 검토한 후 그 미용성형 시술의 의뢰자에게 생리적, 기능적 장해가 남지 않도록 신중을 기하여야 할 뿐 아니라, 회복이 어려운 후유증이 발생할 개연성이 높은 경우 그 미용성형 시술을 거부 내지는 중단하여야 할 의무가 있다(대법원 2007.5.31. 선고 2007도1977 판결).

③ 산부인과 개업의들이 매 분만마다 수혈용 혈액을 준비한다 하더라도 이를 사용하지 아니한 경우(대부분의 분만에서 사용하지 아니한다)에는 혈액원에 반납할 수 없고, 산부인과 의원에서는 이를 보관하였다가 다른 산모에게 사용할 수도 없기 때문에 결국 사용하지 못한 혈액은 폐기하여야 하고, 헌혈 부족으로 충분한 혈액을 확보하지 못하고 있는 당시 우리 나라의 실정상 만약 산부인과 개업의들이 매 분만마다 수혈용 혈액을 미리 준비하고, 이를 폐기한다면 혈액 부족이 심화될 우려가 있음을 알 수 있는 바, 제왕절개분만을 함에 있어서 산모에게 수혈을 할 필요가 있을 것이라고 예상할 수 있었다는 사정이 보이지 않는 한, 산후과다출혈에 대비하여 제왕절개수술을 시행하기 전에 미리 혈액을 준비할 업무상 주의의무가 있다고 보기 어렵다고 본 사례(대법원 1997.4.8. 선고 96도3082 판결).

④ 산부인과 의사가 제왕절개수술을 시행 중 태반조기박리를 발견하고도 피해자의 출혈 여부 관찰을 간호사에게 지시하였다가 수술 후 약 45분이 지나 대량출혈을 확인하고 전원 조치하였으나 그 후 피해자가 사망한 사안에서, 피고인에게 대량출혈 증상을 조기에 발견하지 못하고, 전원을 지체하여 피해자로 하여금 신속한 수혈 등의 조치를 받지 못하게 한 과실이 있다고 한 사례(대법원 2010.4.29. 선고 2009도7070 판결).

⑤ 병원 인턴인 피고인이, 응급실로 이송되어 온 익수(溺水)환자 갑을 담당의사 을의 지시에 따라 구급차에 태워 다른 병원으로 이송하던 중 산소통의 산소잔량을 체크하지 않은 과실로 산소 공급이 중단된 결과 갑을 폐부종 등으로 사망에 이르게 하였다는 내용으로 기소된 사안에서, 을에게서 이송 도중 갑에 대한 앰부 배깅(ambu bagging)과 진정제 투여 업무만을 지시받은 피고인에게 일반적으로 구급차 탑승 전 또는 이송 도중 구급차에 비치되어 있는 산소통의 산소잔량을 확인할 주의의무가 있다고 보기는 어렵고, 다만 피고인이 갑에 대한 앰부 배깅 도중 산소 공급 이상을 발견하고도 구급차에 동승한 의료인에게 기대되는 적절한 조치를 취하지 아니하였다면 업무상 과실이 있다고 할 것이나, 피고인이 산소부족 상태를 안 후 취한 조치에 어떠한 업무상 주의의무 위반이 있었다고 볼 수 없는데도, 피고인에게 산소잔량을 확인할 주의의무가 있음을 전제로 업무상과실치사죄를 인정한 원심판단에 응급의료행위에서 인턴의 주의의무 범위에 관한 법리오해 또는 심리미진의 위법이 있다고 한 사례(대법원 2011.9.8. 선고 2009도13959 판결).

⑥ 갑상선아전절제술 및 전경부임파절청소술을 받은 환자가 기도부종으로 인한 호흡장애로 뇌기능 부분손상상태(식물인간상태)에 이르게 된 경우, 환자의 호흡 곤란을 알

고도 00:30경부터 09:00경까지 환자의 상태를 확인하지 아니한 주치의 겸 당직의사와 그의 활력체크지시를 제대로 이행하지 아니하고 의사를 불러달라는 환자 보호자의 요청을 듣지 아니한 담당간호사들을 업무상과실치상죄로 처단한 사례(대법원 1994.12.22. 선고 93도3030 판결).

⑦ 야간 당직간호사가 담당 환자의 심근경색 증상을 당직의사에게 제대로 보고하지 않음으로써 당직의사가 필요한 조치를 취하지 못한 채 환자가 사망한 경우, 병원의 야간당직 운영체계상 당직간호사에게 환자의 사망을 예견하거나 회피하지 못한 업무상 과실이 있고, 당직의사에게는 업무상 과실을 인정하기 어렵다고 한 사례(대법원 2007.9.20. 선고 2006도294 판결).

⑧ 의사들의 주의의무 위반과 처방체계상의 문제점으로 인하여 수술 후 회복과정에 있는 환자에게 인공호흡 준비를 갖추지 않은 상태에서는 사용할 수 없는 약제가 잘못 처방되었고, 종합병원의 간호사로서 환자에 대한 투약 과정 및 그 이후의 경과 관찰 등의 직무 수행을 위하여 처방 약제의 기본적인 약효나 부작용 및 주사 투약에 따르는 주의사항 등을 미리 확인·숙지하였다면 과실로 처방된 것임을 알 수 있었음에도 그대로 주사하여 환자가 의식불명 상태에 이르게 된 사안에서, 간호사에게 업무상과실치상의 형사책임을 인정한 사례(대법원 2009.12.24. 선고 2005도8980 판결).

⑨ 혈액원 소속의 검사자들이 채혈한 혈액의 검사를 잘못한 상태에서 부적격 혈액들을 출고하여 이를 수혈받은 피해자들로 하여금 C형 간염 등이 감염되는 상해를 입게 한 경우, 혈액원장에게 업무상과실치상의 죄책을 인정하였지만, 혈액원 소속의 검사과장에게 혈액검사결과의 정확성, 혈액 적격 여부에 대한 업무상 주의의무가 있다고 단정할 수 없다고 한 사례(대법원 2007.5.10. 선고 2006도6178 판결).

⑩ 산후조리원의 주된 업무는 입소한 산모들에게 적절한 음식과 운동방법 등을 제공하여 몸을 회복할 수 있도록 하고, 산모가 대동한 신생아를 대신 관리하여 줌으로써 산모가 산후조리에 집중할 수 있도록 도와주는 것이고, 산모와 신생아의 집단관리는 산후조리서비스 제공에 필연적으로 부수되는 업무로서 그 자체가 치료행위는 아니다. 하지만, 면역력이 취약하여 다른 사람과 접촉이 바람직하지 아니한 신생아를 집단으로 수용하여 관리함으로써 질병의 감염으로 인한 생명·신체에 대한 위해가능성이 높아지는 특성상 보건분야 업무로서의 성격을 갖고 있으므로, 일반인에 의해 제공되는 산후조리 업무와는 달리 신생아의 집단관리 업무를 책임지는 사람으로서는 신생아의 건강관리나 이상증상에 관하여 일반인보다 높은 수준의 지식을 갖추어 신생아를 위생적으로 관리하고 건강상태를 면밀히 살펴 이상증세가 보이면 의사나 한의사 등 전문가에게 진료를 받도록 하는 등 적절한 조치를 취하여야 할 업무상 주의의무가 있다. 산후조리원에 입소한 신생아가 출생 후 10일 이상이 경과하도록 계속하여 수유량 및 체중이 지나치게 감소하고 잦은 설사 등의 이상증세를 보임에도 불구하고, 산후조리원의 신생아 집단관리를 맡은 책임자가 의사나 한의사 등의 진찰을 받도록 하지 않아 신생아가 탈수 내지 괴사성 장염으로 사망한 사안에서, 위 집단관리 책임자가 산모에

게 신생아의 이상증세를 즉시 알리고 적절한 조치를 구하여 산모의 지시를 따른 것만
으로는 업무상 주의의무를 다하였다고 볼 수 없다며 신생아 사망에 대한 업무상 과실
치사의 죄책을 인정한 사례(대법원 2007.11.16. 선고 2005도1796 판결).

⚖️ **판례** **기타의 주의의무**

① 골프 카트는 안전벨트나 골프 카트 좌우에 문 등이 없고 개방되어 있어 승객이 떨
어져 사고를 당할 위험이 커, 골프 카트 운전업무에 종사하는 자로서는 골프 카트 출
발 전에는 승객들에게 안전 손잡이를 잡도록 고지하고 승객이 안전 손잡이를 잡은 것
을 확인하고 출발하여야 하고, 우회전이나 좌회전을 하는 경우에도 골프 카트의 좌우
가 개방되어 있어 승객들이 떨어져서 다칠 우려가 있으므로 충분히 서행하면서 안전
하게 좌회전이나 우회전을 하여야 할 업무상 주의의무가 있다. 골프장의 경기보조원
인 피고인이 골프 카트에 피해자 등 승객들을 태우고 진행하기 전에 안전 손잡이를 잡
도록 고지하지도 않고, 또한 승객들이 안전 손잡이를 잡았는지 확인하지도 않은 상태
에서 만연히 출발하였으며, 각도 70°가 넘는 우로 굽은 길을 속도를 충분히 줄이지 않
고 급하게 우회전한 업무상 과실로, 피해자를 골프 카트에서 떨어지게 하여 두개골골
절, 지주막하출혈 등의 상해를 입게 하였다고 본 원심판단을 수긍한 사례(대법원 2010.7.22. 선고 2010도1911 판결).
② 골프와 같은 개인 운동경기에 참가하는 자는 자신의 행동으로 인해 다른 사람이 다
칠 수도 있으므로, 경기 규칙을 준수하고 주위를 살펴 상해의 결과가 발생하는 것을
미연에 방지해야 할 주의의무가 있다. 이러한 주의의무는 경기보조원에 대하여도 마
찬가지로 부담한다. 운동경기에 참가하는 자가 경기규칙을 준수하는 중에 또는 그 경
기의 성격상 당연히 예상되는 정도의 경미한 규칙위반 속에 제3자에게 상해의 결과를
발생시킨 것으로서, 사회적 상당성의 범위를 벗어나지 아니하는 행위라면 과실치상죄
가 성립하지 않는다. 그러나 골프경기를 하던 중 골프공을 쳐서 아무도 예상하지 못한
자신의 등 뒤편으로 보내어 등 뒤에 있던 경기보조원(캐디)에게 상해를 입힌 경우에는
주의의무를 현저히 위반하여 사회적 상당성의 범위를 벗어난 행위로서 과실치상죄가
성립한다(대법원 2008.10.23. 선고 2008도6940 판결).
③ 주택수리공사에 관하여 전문적인 지식이 없는 도급인이 주택수리공사 전문업자에
게 주택수리를 의뢰하면서 공사에 관한 관리 감독 업무 또는 공사의 시공에 있어서 분
야별 공사업자나 인부들에 대한 구체적인 작업지시 및 감독 업무를 주택수리업자에게
일임한 경우, 도급인이 공사를 관리하고 감독할 지위에 있다거나 주택수리업자 또는
분야별 공사업자나 인부들에 대하여 공사의 시공이나 개별 작업에 관하여 구체적으로
지시하고 감독할 지위에 있다고 볼 수 없으므로 도급인에게 공사상 필요한 안전조치

를 취할 업무상 주의의무가 있다고 할 수 없다고 한 사례(대법원 2002.4.12. 선고).
④ 수영장의 경영자인 피고인이 수영장 내의 미끄럼틀에 안전요원을 배치하여 안전사고를 당하지 않도록 보살피도록 하였는데, 안전요원이 성인풀 쪽을 지키고 있는 사이에 피해자(9세)가 유아풀로 내려가는 미끄럼틀을 타고 내려가 끝부분에 다다랐을 때 다가오는 어린아이에게 부딪치지 않으려고 몸을 틀다가 미끄럼틀 손잡이에 입부분을 부딪쳐 상해를 입었다면, 안전요원이 사고방지조치의무를 제대로 이행하지 않을 것에 대비하여 피고인이 안전조치지시 외에 안전요원의 지시에 따르지 아니하면 미끄럼틀을 이용할 수 없도록 쇠사슬을 설치하거나, 낙하지점 부근에 다른 사람들이 접근하여 오지 않도록 안전시설을 설치하고, 수영장 내에 안전요원을 충분히 배치하여 미끄럼틀 낙하지점에 다른 사람이 접근하지 못하게 하여 충돌을 방지하게 할 구체적이고 직접적인 업무상 주의의무가 있다고 할 수 없다(대법원 1992.11.13. 선고).
⑤ 술을 마시고 찜질방에 들어온 갑이 찜질방 직원 몰래 후문으로 나가 술을 더 마신 다음 후문으로 다시 들어와 발한실에서 잠을 자다가 사망한 사안에서, 갑이 처음 찜질방에 들어갈 당시 술에 만취하여 목욕장의 정상적 이용이 곤란한 상태였다고 단정하기 어렵고, 찜질방 직원 및 영업주에게 손님이 몰래 후문으로 나가 술을 더 마시고 들어올 경우까지 예상하여 직원을 추가로 배치하거나 후문으로 출입하는 모든 자를 통제·관리하여야 할 업무상 주의의무가 있다고 보기 어렵다는 이유로, 위 찜질방 직원 및 영업주가 공중위생영업자로서의 업무상 주의의무를 위반하였다고 본 원심판단에 법리오해 및 심리미진의 위법이 있다고 한 사례(대법원 2010.2.11. 선고).
⑥ 건축자재인 철판 수백 장의 운반을 의뢰한 자가 절단면이 날카롭고 무거운 철판을 묶기에 매우 부적합한 폴리에스터 끈을 사용하여 철판 묶음 작업을 하는 등의 과실로 철판 쏠림 현상이 발생하였고, 이로 인하여 철판을 차에서 내리는 과정에서 철판이 쏟아져 내려 화물차 운전자가 사망한 사안에서, 운반 의뢰인에게 업무상 과실치사의 죄책을 인정한 사례(대법원 2009.7.23. 선고).
⑦ 원칙적으로 도급인에게는 수급인의 업무와 관련하여 사고방지에 필요한 안전조치를 취할 주의의무가 없으나, 법령에 의하여 도급인에게 수급인의 업무에 관하여 구체적인 관리·감독의무 등이 부여되어 있거나 도급인이 공사의 시공이나 개별 작업에 관하여 구체적으로 지시·감독하였다는 등의 특별한 사정이 있는 경우에는 도급인에게도 수급인의 업무와 관련하여 사고방지에 필요한 안전조치를 취할 주의의무가 있다(대법원 2009.5.28. 선고).
⑧ 3층 건물의 소유자로서 건물 각 층을 임대한 피고인이, 건물 2층으로 올라가는 계단참의 전면 벽이 아크릴 소재의 창문 형태로 되어 있고 별도의 고정장치가 없는데도 안전바를 설치하는 등 낙하사고 방지를 위한 관리의무를 소홀히 함으로써, 건물 2층에서 나오던 갑이 신발을 신으려고 아크릴 벽면에 기대는 과정에서 벽면이 떨어지고 개방된 결과 약 4m 아래 1층으로 추락하여 상해를 입었다고 하여 업무상과실치상으로

기소된 사안에서, 건물의 소유자인 피고인에게 이 사건 건물을 이용하는 사람들의 생명과 신체를 보호하기 위하여 이 사건 건물 2층 계단참 전면의 아크릴 벽면의 고정상태를 확인하고 미리 안전바를 설치하는 등으로 낙하사고를 방지하거나 건물을 관리할 법적인 주의의무가 있다(대법원 2017.12.5. 선고 2016도16738 판결).

⑨ 골프와 같은 개인 운동경기에서, 경기에 참가하는 자는 자신의 행동으로 인해 다른 사람이 다칠 수도 있으므로 경기규칙을 준수하고 주위를 살펴 상해의 결과가 발생하는 것을 미연에 방지해야 할 주의의무가 있고, 경기보조원은 그 업무의 내용상 기본적으로는 골프채의 운반·이동·취급 및 경기에 관한 조언 등으로 골프경기 참가자를 돕는 역할을 수행하면서 아울러 경기 진행 도중 위와 같이 경기 참가자의 행동으로 다른 사람에게 상해의 결과가 발생할 위험성을 고려해 예상할 수 있는 사고의 위험을 미연에 방지하기 위한 조치를 취함으로써 경기 참가자들의 안전을 배려하고 그 생명·신체의 위험을 방지할 업무상 주의의무를 부담한다(대법원 2022.12.1. 선고 2022도11950 판결).

2. 결과발생과 인과관계

과실범은 결과범이다. 따라서 구성요건적 결과의 발생이 있어야 한다. 행위자의 주의의무위반과 구성요건적 결과의 발생 사이에는 인과관계가 있어야 한다.

인과관계에 있어서 합법칙적 조건설과 객관적 귀속이론에 따를 경우 행위가 결과에 대한 합법칙적 조건이 되는 때에 인과관계가 인정되어야 하며, 결과를 행위자의 행위에 객관적으로 귀속시킬 수 있어야 한다. 과실범과 관련된 객관적 귀속의 척도는 객관적 예견가능성, 주의의무위반관련성, 규범의 보호목적이 있다.

가. 객관적 예견가능성

결과와 인과관계의 본질적 요소는 예견가능하여야 한다. 예견가능성이 없는 경우에는 법질서는 행위자에게 종래의 행동계획을 변경하도록 요구할 수 없기 때문이다. 예견가능성의 판단기준은 객관적 표준에 의하여 결정한다. 행위자가 속한 사회의 양심적이고 신중한 구성원의 판단능력이 기준이다.[24]

나. 주의의무위반관련성

결과가 주의의무위반으로 인한 발생이어야 한다. 행위자가 주의의무위반행위를 하여 결과를 야기하였지만, 합법적 행위, 즉 주의의무를 다하였더라도 마찬가지로 같은 결과가

---

24) 주관적 예견가능성은 책임의 문제에 해당한다.

발생했을 것이라는 개연성이 인정되는 경우에는 객관적 귀속이 부정된다.[25] 단, 확실성에 가까운 개연성이 있어야 한다. 단순한 가능성만으로는 부족하다. 예를 들면 치과의사가 환자의 어금니를 발치하기 위하여 내과전문의의 심장기능검사를 거치지 않고 마취한 결과 피해자가 사망하였지만 만약 내과전문의의 심장기능검사를 하였다고 하더라도 발치하지 않을 수 없었던 때에는 주의의무위반관련성이 부정된다.

또한 휴대폰으로 통화를 하면서 자동차를 운전하던 사람이 경찰관의 추격을 받고 도주 중인 절도범이 갑자기 차도로 뛰어드는 바람에 그를 치어 사망케 한 경우[26] 만약 운전자가 휴대폰 통화를 하지 않고 정상적으로 운전을 하였더라도 마찬가지로 사고가 발생했을 개연성이 있었다면 주의의무위반관련성이 없기 때문에 객관적 귀속이 부정된다.

⚖ 판례 할로테인 마취사건

【사실관계】 응급환자가 아닌 난소종양환자를 수술하기 위해 수술주관의사 갑과 마취담당의사 을은 시진, 문진 등의 검사결과와 정확성이 떨어지는 소변에 의한 간검사 결과만을 믿고 피해자의 간상태를 정확히 파악하지 아니한 채 할로테인으로 전신마취를 실시한 다음 개복수술을 감행한 결과 수술 후 22일만에 환자가 급성전격성간염으로 인하여 사망하였다. 난소종양절제수술을 하기 위해서는 혈청의 생화학적 반응에 의한 검사 등으로 종합적인 간기능검사를 철저히 하여 피해자가 간손상 상태에 있는지의 여부를 확인한 후에 마취 및 수술을 시행하였어야 한다.

【판결요지】 가. 전신마취에 의한 개복수술은 간부전을 일으키고 간성혼수에 빠지게 하기도 하는데 특히 급만성간염이나 간경변 등 간기능에 이상이 있는 경우에는 90% 이상이 간기능이 중악화하고 심한 경우에는 사망에 이르게 하는 것으로 알려져 있어 개복수술 전에 간의 이상 유무를 검사하는 것은 필수적이고, 피해자의 수술시에 사용된 마취제 할로테인은 드물게는 간에 해독을 끼치고 특히 이미 간장애가 있는 경우에는 간장애를 격화시킬 위험이 있으므로 이러한 환자에 대하여는 그 사용을 주의 또는 회피하여야 한다고 의료계에 주지되어 있으며 이 사건 사고당시 의료계에서는 개복수술 환자의 경우 긴급한 상황이 아닌 때에는 혈청의 생화학적 반응에 의한 간기능검사를 하는 것이 보편적이었다면, 응급환자가 아닌 난소종양환자의 경우에 있어서 수술주관의사 또는 마취담당의사인 피고인들로서는 난소종양절제수술에 앞서 혈청의 생화학적 반응에 의한 검사 등으로 종합적인 간기능검사를 철저히 하여 피해자가 간손상 상태에 있는지의 여부를 확인한 후에 마취 및 수술을 시행하였어야 할 터인데 피고인들

---

25) 이에 반하여 위험증대설은 행위자가 허용되지 않는 위험을 증가시켜 결과가 발생된 때에는 금지된 위험이 실현되었다는 이유로 객관적 귀속을 부정한다.

26) 임웅, 502면.

은 시진, 문진 등의 검사결과와 정확성이 떨어지는 소변에 의한 간검사 결과만을 믿고 피해자의 간상태를 정확히 파악하지 아니한 채 할로테인으로 전신마취를 실시한 다음 이 사건 개복수술을 감행한 결과 수술 후 22일만에 환자가 급성전격성간염으로 인하여 사망한 경우에는 피고인들에게 업무상과실이 있다 할 것이다.

나. 위 "가"항의 경우에는 혈청에 의한 간기능검사를 시행하지 않거나 이를 확인하지 않은 피고인들의 과실과 피해자의 사망 간에 인과관계가 있다고 하려면 피고인들이 수술 전에 피해자에 대한 간기능검사를 하였더라면 피해자가 사망하지 않았을 것임이 입증되어야 할 것인데도(수술 전에 피해자에 대하여 혈청에 의한 간기능검사를 하였더라면 피해자의 간기능에 이상이 있었다는 검사결과가 나왔으리라는 점이 증명되어야 할 것이다) 원심은 피해자가 수술당시에 이미 간손상이 있었다는 사실을 증거 없이 인정함으로써 채증법칙위반 및 인과관계에 관한 법리오해의 위법을 저지른 것이다(대법원 1990.12.11. 선고 90도694 판결).

【해설】 할로테인이라는 마취약은 간기능에 이상이 있는 환자에게는 매우 치명적인 약품이므로 의사는 사용전에 환자의 간기능에 대하여 종합적인 검사를 하여 간기능에 이상이 없다는 것을 확인한 후에 사용하여야 한다. 그럼에도 불구하고 의사 갑은 검사를 시행하지 않고 사용하였다는 점에서 주의의무위반이 인정되어 업무상과실이 인정된다(판결요지 '가'부분: 업무상과실 인정). 또한 의사의 과실과 환자의 사망 사이에 인과관계와 객관적 귀속이 인정되어야 한다. 먼저 과실과 사망 사이에 자연과학적 연관성이 있으므로 인과관계는 인정된다. 문제는 객관적 귀속이다. 의사의 과실과 환자의 사망 간에 귀속이 인정되려면 의사들이 수술 전에 피해자에 대한 간기능검사를 하였더라면 피해자가 사망하지 않았을 것임이 입증되면 의사의 주의의무위반과 환자의 사망 사이에는 관련성이 인정된다. 마찬가지로 간기능검사를 하였더라도 마찬가지로 환자가 사망하였을 것이라고 판단되는 경우에는 주의의무위반관련성이 없다. 원심판결은 이 부분에 대해서 판단하지 않은 잘못이 있으며, 대법원은 이 점을 지적한 것이다.

⚖️ 판례   선행 교통사고와 후행 교통사고

【판결요지】 선행 교통사고와 후행 교통사고 중 어느 쪽이 원인이 되어 피해자가 사망에 이르게 되었는지 밝혀지지 않은 경우 후행 교통사고를 일으킨 사람의 과실과 피해자의 사망 사이에 인과관계가 인정되기 위해서는 후행 교통사고를 일으킨 사람이 주의의무를 게을리하지 않았다면 피해자가 사망에 이르지 않았을 것이라는 사실이 증명되어야 하고, 그 증명책임은 검사에게 있다(대법원 2007.10.26. 선고 2005도8822 판결).

⚖️ 판례   안전거리 위반사건

【사실관계】 택시기사 갑은 앞에 정차한 을의 차와의 안전거리를 준수하지 않고 바짝 붙

여 정차하였는데, 뒤쫓아오던 병의 택시가 갑의 차를 들이받는 바람에 그 충격으로 앞에 있던 을의 차를 들이받아 그로 인하여 을이 상해를 입었다. 갑의 죄책은?

【판결요지】 피고인 운전의 차가 이미 정차하였음에도 뒤쫓아오던 차의 충돌로 인하여 앞차를 충격하여 사고가 발생한 경우, 설사 피고인에게 안전거리를 준수치 않은 위법이 있었다 할지라도 그것이 이 사건 피해결과에 대하여 인과관계가 있다고 단정할 수 없다(대법원 1983.8.23. 선고 82도3222 판결).

【해설】 의무위반관련성이론에 의하면 객관적 귀속이 인정되기 위해서는 갑이 안전거리를 확보하였더라면 을이 상해를 입지 않았을 것이 거의 확실해야 한다. 그러나 갑이 안전거리를 확보하였을지라도 뒤에서 달려오던 병의 자동차의 추돌에 의한 충격으로 갑이 을의 차를 다시 추돌하였을 가능성이 매우 크다. 따라서 갑이 안전거리를 확보하였더라면 을이 상해를 입지 않았을 것이 거의 확실하다고 할 수 없으므로 객관적 귀속이 부정되어 업무상과실치상죄가 성립하지 않는다. 규범의 보호목적이론에 의하면 행위자가 보호법익에 대하여 허용된 위험을 초과하는 위험을 창출하였고 또한 그 위험이 결과로 실현되었으나 그 인과과정의 진행을 방지하도록 하는 것이 당해 범죄구성요건의 임무가 아닐 경우에는 객관적 귀속이 부정된다. 이 사건에서 갑은 안전거리를 지키지 아니하였는데, 안전거리를 확보할 것을 요구하는 도로교통법 제17조는 '앞차가 갑자기 정지하게 되는 경우에 그 앞차와의 충돌을 피하는'데 그 목적이 있다. 그러나 이 사건에서 갑의 차와 을의 차의 충돌은 뒷차의 추돌로 인한 것이지 앞차의 갑작스런 정지로 인한 것이 아니었다. 따라서 이 사고는 갑이 위반한 도로교통법 제17조가 의도하지 않는 상황에서 발생한 것이었으므로 규범의 보호목적이론에 의할 때 객관적 귀속이 부정되어 업무상과실치상죄가 성립하지 않는다.

다. 규범의 보호목적관련성

규범의 보호목적 범위 내의 결과발생하여야 귀속이 가능하다. 따라서 규범의 보호목적 범위 밖에서 결과가 발생한 경우에는 객관적 귀속이 부정된다.

예를 들면 운전자가 면허 없는 사람에게 운전하게 하여 그가 사고를 내었지만, 사고원인이 운전미숙 때문이 아니라 음주운전 때문인 경우 객관적 귀속이 불가능하다. 또한 자동차 운전자 갑이 법규를 위반하여 다른 운전자 A를 추월하였는데, 이에 놀란 A가 심장마비를 일으켜 사망한 경우 A의 사망 결과를 갑에게 귀속시킬 수 없다. 그 이유는 입법자가 추월행위에 대하여 일정한 주의규범을 설정한 목적은 추월당하는 자가 놀라지 않도록 그 정신적·심리적 위해를 방지하기 위한 것이 아니라 충돌사고 자체에 의한 생명·신체적 위해를 미연에 방지하려는 데 있기 때문이다. 그러므로 주의규범에 반한 추월행위가 심약한 사람을 놀라게 하여 그를 사상케 하는 결과를 초래했더라도 그 결과는 이 주의규범이 일정한 행태를 금지함으로써 예방하려고 한 구체적인 위험의 실현이라고 볼 수 없다.

⚖️ 판례 **철도 건널목사건**

【사실관계】 피고인 갑은 1988.1.2. 13:11경 승용차를 운전하다가 철도 건널목에 이르렀다. 갑은 건널목 앞에서 일단 정지하여 좌우를 잘 살펴 진행하는 열차가 있는지 여부 등을 확인한 뒤 안전하게 통과하여야 할 업무상 주의의무가 있음에도 불구하고 이를 게을리한 채 앞을 가로막고 있는 오리떼에 정신이 팔려 건널목 좌우를 잘 살피지 아니하고 그대로 진행하였다. 이때 진행 방향 오른쪽에서 왼쪽으로 진행하는 열차의 운전실 왼쪽 모서리 부분을 위 차의 오른쪽 앞 바퀴 부분으로 들이받아 위 열차에 팅겨나가면서 그 충격으로 위 승용차에 타고 있던 동승자들에게 각각 전치 3-4주의 상해를 입혔다. 뿐만 아니라 마침 타고 가던 자전거에서 내려 위 승용차 왼쪽에서 위 열차가 지나가기를 기다리고 있던 피해자 A(여, 36세)는 놀라서 땅에 넘어져 전치 12주간의 허리 부분의 염좌상 등을 입었다.

【판결요지】 자동차의 운전자가 그 운전사의 주의의무를 게을리하여 열차건널목을 그대로 건너는 바람에 그 자동차가 열차좌측 모서리와 충돌하여 20여미터쯤 열차 진행방향으로 끌려가면서 팅겨나갔고 피해자는 타고 가던 자전거에서 내려 위 자동차 왼쪽에서 열차가 지나가기를 기다리고 있다가 위 충돌사고로 놀라 넘어져 상처를 입었다면 비록 위 자동차와 피해자가 직접 충돌하지는 아니하였더라도 자동차운전자의 위 과실과 피해자가 입은 상처 사이에는 상당한 인과관계가 있다(대법원 1989.9.12. 선고 89도866 판결).

【해설】 이 사례는 객관적 귀속이론 중 규범의 보호목적이론에 따르면 객관적 귀속이 불가능하다. 규범의 보호목적이론이란 행위가 허용되지 아니한 위험과 상당한 관련이 있는 경우에도 그러한 위험결과를 제지하고자 하는 것이 규범의 보호목적이 아니라 주의의무의 반사적 보호에 불과할 때에는 결과귀속을 인정할 수 없다는 것을 내용으로 하고 있다.

3. 객관적 주의의무의 제한원리

결과예견의무와 결과회피의무라는 객관적 주의의무는 객관적으로 법익침해의 위험 내지 결과발생에 대한 예견가능성이 있는 경우에 항상 인정되는 것은 아니다. 객관적 예견가능성이 인정되더라도 정상의 주의의무를 제한할 수 있는 예외적인 경우로서 '허용된 위험의 이론'과 '신뢰의 원칙'이 있다.

가. 허용된 위험의 이론
(1) 의의
허용된 위험의 이론은 현대사회에서 자동차, 항공기운행, 공장운영과 같은 기계조작이나 기업활동은 그 운행에 있어서 최상의 주의를 다한다고 할지라도 회피하기 어려운 여러 가지 위험을 내포하고 있는데, 행위자가 결과를 회피하기 위한 충분한 주의와 배려를 하였다면 불행하게도 이에 의하여 법익 침해의 결과가 발생하였더라도 이는 감수할 수 밖에 없고 그러한 행위 자체도 적법하게 된다는 이론이다. 허용된 위험이론의 이론적 근거는 허용된 위험업무가 가지는 사회적 유용성과 사회생활상의 필요성이 결합된 사회적 상당성의 표현이다.

(2) 법률상의 취급

허용된 위험이론은 원칙적으로 금지된 행위가 예외적으로 법익교량의 관점에서 정당화되는 경우라고 하여 위법성조각사유로 보는 견해가 있지만, 객관적 주의의무를 준수한 경우이기 때문에 객관적 귀속이 부인되어 구성요건해당성이 배제된다는 견해가 다수설이다. 허용된 위험은 위험에 대한 객관적 예견가능성은 인정되지만, 사회가 감수해야 할 한계선을 설정해 주는 기능을 한다. 따라서 허용된 위험은 사회적으로 상당한 행위로서 객관적 주의의무조차 부과할 수 없다.[27]

나. 신뢰의 원칙

(1) 의의와 법적 성격

신뢰의 원칙은 허용된 위험업무에 종사하는 자는 다른 관여자도 자기와 같이 적절한 행동을 취할 것이라고 신뢰하고 행동해도 좋으며, 만약 다른 관여자가 신뢰에 반하는 부적절한 행동할 것을 미리 예상하여 대비할 주의의무는 없으며, 그로 인하여 결과가 발생한 경우에도 그 결과에 대해 책임을 부담하지 않는다는 원칙을 말한다.

허용된 위험의 이론이 적용되는 특수한 경우이며, 과실범의 객관적 주의의무를 제한하는 원칙이다.

(2) 신뢰의 원칙의 적용범위

(가) 도로교통과 신뢰의 원칙

'자동차와 자동차, 자전차의 충돌사고의 경우' 자동차 운전자는 상대방이 차선을 침범하거나 도로의 좌측 부분으로 운행하는 것까지 예상하여 이에 대비할 주의의무는 없다.[28] 우선권을 가진 차량의 운전자는 상대방 차가 대기할 것을 기대하면 족하며, 규범을 위반

---

27) 김성돈, 507면; 김혜정/박미숙/안경옥/원혜욱/이인영, 129면; 이형국/김혜경, 474면; 임웅, 545면.
28) 대법원 1992.7.28. 선고 92도1137 판결.

하여 진입할 것을 미리 예상하여 대비할 주의의무는 없다.[29] 교차로에서 진행신호에 따라 진행하는 차는 신호를 무시하고 진행하는 차가 있음을 예상하여 사고의 발생을 방지해야 할 주의의무 없다.[30] 무모하게 앞지르려는 차를 위하여 서행해야 할 주의의무는 없다. 고속도로에서 상대방 차량이 중앙선을 침범하여 진입할 것까지 예견하여 감속 등의 조치를 취할 의무는 없다.[31] 자전거의 출입이 금지된 잠수교에서 운전자는 자전거를 탄 사람이 나타날 것을 미리 예상하여 대비해야 할 주의의무는 없다.[32]

'자동차와 보행자의 충돌사고의 경우'에도 신뢰의 원칙은 적용되지만, 대법원 판례는 신뢰의 원칙 적용에 대하여 비교적 많은 예외를 인정한다. 육교 밑을 지나는 운전자는 보행자가 뛰어들 것을 예상하여 주의할 의무는 없다.[33] 자동차전용도로를 운행중인 자동차 운전사들에게 반대차선에서 진행차량 사이를 뚫고 횡단하는 보행자들이 있을 것까지 예상하여 전방주시를 할 의무는 없다.[34] 차량의 운전자로서는 횡단보도의 신호가 적색인 상태에서 반대차선상에 정지하여 있는 차량의 뒤로 보행자가 건너오지 않을 것이라고 신뢰하는 것이 당연하고 그렇지 아니할 사태까지 예상하여 그에 대한 주의의무를 다하여야 한다고는 할 수 없다.[35]

예외적으로 횡단보도의 보행자 신호가 예비신호 점멸 중인 경우 자동차 운전자는 보행자의 안전을 위해 업무상 주의의무가 있다.[36] 무단횡단하던 보행자가 중앙선부근에 서 있다가 마주오던 차에 충격당하여 쓰러진 것을 충격한 경우에 과실을 인정한 사례도 있다.[37]

⚖️ 판례 **횡단보도의 보행자신호가 녹색신호에서 적색신호로 바뀔 무렵 전후**

【판결요지】 횡단보도의 보행자 신호가 녹색신호에서 적색신호로 바뀌는 예비신호 점멸 중에도 그 횡단보도를 건너가는 보행자가 흔히 있고 또 횡단도중에 녹색신호가 적색신호로 바뀐 경우에도 그 교통신호에 따라 정지함이 없이 나머지 횡단보도를 그대로 횡단하는 보행자도 있으므로 보행자 신호가 녹색신호에서 정지신호로 바뀔 무렵 전후에 횡단보도를 통과하는 자동차 운전자는 보행자가 교통신호를 철저히 준수할 것이라는 신뢰만으로 자동차를 운전할 것이 아니라 좌우에서 이미 횡단보도에 진입한 보행

---

29) 대법원 1992.8.18. 선고 92도934 판결.
30) 대법원 1985.1.22. 선고 84도1493 판결; 대법원 1993.1.15. 선고 92도2579 판결.
31) 대법원 1995.7.11. 선고 95도382 판결.
32) 대법원 1980.8.12. 선고 80도1446 판결.
33) 대법원 1985.9.10. 선고 84도1572 판결.
34) 대법원 1990.1.23. 선고 89도1395 판결.
35) 대법원 1993.2.23. 선고 92도2077 판결.
36) 대법원 1986.5.27. 선고 86도549 판결.
37) 대법원 1995.12.26. 선고 95도715 판결.

자가 있는지 여부를 살펴보고 또한 그의 동태를 두루 살피면서 서행하는 등 하여 그와 같은 상황에 있는 보행자의 안전을 위해 어느 때라도 정지할 수 있는 태세를 갖추고 자동차를 운전하여야 할 업무상의 주의의무가 있다(대법원 1986.5.27. 선고 86도549 판결).

(나) 적용범위의 확대

신뢰의 원칙은 기업이나 외과수술과 같이 다수인이 일정한 목적을 달성하기 위하여 조직적, 분업적으로 수행하는 공동작업에도 확대 적용된다. 다만 신뢰의 원칙을 공동작업에 의한 위험한 업무에 확대함에 있어서는 신뢰를 기초지울 수 있는 분업관계가 확립되어 있는 경우에 적용될 수 있다. 따라서 의사와 보조자와 같이 지휘·복종의 관계에 있는 경우 신뢰의 원칙은 적용되지 않으며, 특히 자격이 없는 사람이나 수습중인 사람이 관여한 경우에도 신뢰의 원칙은 적용되지 않는다. 의사와 환자의 경우에도 신뢰의 원칙은 적용되지 않는다. 의사와 환자 사이에는 위험방지에 대한 분배의 원리가 적용되지 않는다.[38]

종합병원에서 공동으로 외과수술을 행하는 의사는 다른 의사가 주의의무를 다하였다는 것을 신뢰하면 족하고, 다른 의사가 적절하게 행위하는가 또는 검사결과가 정당한가에 대하여 조사·확인할 주의의무는 없으며,[39] 수술하는 의사는 간호사가 제공하는 수술도구가 정상적으로 소독되었다고 신뢰하여도 좋다.[40]

의사와 약사 사이는 물론이고 약사와 제약회사 사이에서도 신뢰의 원칙은 적용될 수 있다. 따라서 약사는 의약품을 판매하거나 조제함에 있어서 그 의약품이 그 표시 포장상에 있어서 약사법 소정의 검인 합격품이고 또한 부패 변질 변색되지 아니하고 유효기간이 경과되지 아니함을 확인하고 조제판매한 경우에는 특별한 사정이 없는 한 관능시험 및 기기시험까지 할 주의의무가 없으므로 그 약의 표시를 신뢰하고 이를 사용한 경우에는 과실이 없다.[41]

(3) 적용한계– 신뢰의 원칙이 적용될 수 없는 경우

상대방의 규칙위반을 이미 인식한 경우 신뢰의 원칙이 적용되지 않는다. 다른 운전자의 음주운전을 이미 알고 있었던 경우, 반대방향에서 오는 차량이 이미 중앙선을 침범하여 운행하고 있음을 목격한 경우,[42] 고속도로상에서 도로를 무단횡단하려는 피해자를 그

---

38) 이재상/장영민/강동범, 209면.
39) 대법원 2003.1.10. 선고 2001도3292 판결.
40) 최호진, 분업적 의료행위에 따른 형사책임의 분배 –특히 수직적 의료분업을 중심으로–, 형사법연구 제19권 제1호, 2007년, 1면 이하 참조.
41) 대법원 1976.2.10. 선고 74도2046 판결.
42) 대법원 1986.2.25. 선고 85도2651 판결.

차의 제동거리 밖에서 발견한 경우 신뢰의 원칙이 적용되지 않는다.

상대방의 규칙준수를 신뢰할 수 없는 경우 신뢰의 원칙이 적용되지 않는다. 유아, 노인 또는 장애인, 축제행렬에 참여한 자, 교통위반이 빈번히 발생하는 초등학교 앞, 유치원, 버스정류장 앞의 경우와 같이 상대방이 교통규칙을 알 수 없거나 이를 따를 가능성이 없는 경우 신뢰의 원칙이 적용되지 않는다.

행위자가 스스로 규칙을 위반한 경우 신뢰의 원칙이 적용되지 않는다. 과속으로 운전하면서 제동조치를 취하지 못한 운전자는 상대방의 중앙선침범 또는 추월방법위반의 잘못을 들어 신뢰의 원칙을 주장할 수 없다. 그러나 규칙위반이 사고발생에 영향을 미친 경우에 한하여 신뢰의 원칙에 대한 예외 인정 가능하다.[43]

특별한 사정이 있어서 고도의 주의가 요구되는 경우, 신뢰할 수 없는 특별한 사정이 있는 경우에는 신뢰하는 것이 적절하지 않기 때문에 결과회피의무를 이행해야 한다. 예를 들면 마취의사는 마취방법을 선택할 경우 원칙적으로 마취를 위해 요구되는 수술집도의사의 진단결과를 신뢰할 수 있지만, 집도의사의 진단이 틀렸다고 보지 않으면 안될 정도의 특별한 사정이 있는 경우에는 수술집도의사의 진단결과를 신뢰해서는 안 된다.[44]

분업적 역할관계에 있더라도 수평적 분업관계속에서만 신뢰의 원칙이 적용되고, 수직적 분업관계속에서는 하급자가 상급자를 신뢰할 수 있지만, 상급자는 하급자를 신뢰할 수 없다.[45] 수직적 분업관계에 있을 경우 감독자는 피감독자에 대하여 수직적 분업에서 등장할 수 있는 특별한 위험원에 대한 관리감독의무로 전환된다.

⚖ 판례 수직적 분업과 신뢰의 원칙

【판결요지】[1] 수혈은 종종 그 과정에서 부작용을 수반하는 의료행위이므로, 수혈을 담당하는 의사는 혈액형의 일치 여부는 물론 수혈의 완성 여부를 확인하고, 수혈 도중에도 세심하게 환자의 반응을 주시하여 부작용이 있을 경우 필요한 조치를 취할 준비를 갖추는 등의 주의의무가 있다. 그리고 의사는 전문적 지식과 기능을 가지고 환자의 전적인 신뢰하에서 환자의 생명과 건강을 보호하는 것을 업으로 하는 자로서, 그 의료행위를 시술하는 기회에 환자에게 위해가 미치는 것을 방지하기 위하여 최선의 조치를 취할 의무를 지고 있고, 간호사로 하여금 의료행위에 관여하게 하는 경우에도 그 의료행위는 의사의 책임하에 이루어지는 것이고 간호사는 그 보조자에 불과하므로,

---

43) 대법원 1970.2.24 선고 70도176 판결; 행위자의 규칙위반이 결과발생의 결정적 요인이 아닌 때에는 정황에 따라 신뢰의 원칙이 인정될 수 있다.

44) 김성돈, 513면.

45) 김성돈, 513면.

의사는 당해 의료행위가 환자에게 위해가 미칠 위험이 있는 이상 간호사가 과오를 범하지 않도록 충분히 지도·감독을 하여 사고의 발생을 미연에 방지하여야 할 주의의무가 있고, 이를 소홀히 한 채 만연히 간호사를 신뢰하여 간호사에게 당해 의료행위를 일임함으로써 간호사의 과오로 환자에게 위해가 발생하였다면 의사는 그에 대한 과실책임을 면할 수 없다.

[2] 피고인이 근무하는 병원에서는 인턴의 수가 부족하여 수혈의 경우 두 번째 이후의 혈액봉지는 인턴 대신 간호사가 교체하는 관행이 있었다고 하더라도, 위와 같이 혈액봉지가 바뀔 위험이 있는 상황에서 피고인이 그에 대한 아무런 조치도 취함이 없이 간호사에게 혈액봉지의 교체를 일임한 것이 관행에 따른 것이라는 이유만으로 정당화될 수는 없다(대법원 1998.2.27. 선고 97도2812 판결).

【해설】의료법에 따르면 의사는 의료와 보건지도를 하며, 간호사는 간호, 의사 등의 지도하에 시행하는 진료의 보조 등을 하게 된다. 원칙적으로 의료행위는 의사의 판단하에 의사에 의해서 시행되어야 한다. 간호사는 간호 영역에서는 독자적으로 수행할 수 있지만, 의료행위를 함에 있어서는 진료의 보조를 하게 된다. 간호사는 의사의 지시와 감독하에 일정한 범위에서 의사가 시행하여야 하는 의료행위를 시행할 수 있다. 간호사가 의사 등의 진료를 보조하는 경우 모든 행위 하나하나마다 항상 의사 등이 현장에 입회하여 일일이 지도·감독해야 한다고 할 수는 없다. 경우에 따라서는 의사 등이 진료의 보조행위 현장에 입회할 필요 없이 일반적인 지도·감독을 하는 것으로 충분한 경우도 있을 수 있으나, 이는 어디까지나 의사 등이 그의 주도로 의료행위를 실시하면서 그 의료행위의 성질과 위험성 등을 고려하여 그 중 일부를 간호사로 하여금 보조하도록 지시 내지 위임할 수 있다는 것을 의미하는 것에 그친다(2007도10007 판결). 수혈은 의료행위에 해당한다.

II. 과실범의 위법성

1. 정당방위

행위자가 결과 발생을 원하지 않았고, 법률상 요구되는 주의의무를 했더라면 피할 수 있는 결과가 발생한 경우, 즉 과실에 의한 경우에도 정당방위가 성립한다. 예를 들면 강도에 대하여 단지 경고사격을 하려고 했지만 부주의로 상해를 입힌 경우 그것이 만일 행위자가 고의적으로 행하였더라도 마찬가지로 정당방위로 인정될 수 있다면 이러한 경우에도 위법성이 조각된다.

2. 긴급피난

도로교통에서 행위자가 교통규칙 위반을 통해 보존하려는 이익이 교통규칙의 준수이익을 초과하는 경우 긴급피난이 성립한다. 응급환자를 치료하기 위하여 의사가 운전 중 과실로 최고속도를 초과하는 등 교통규칙을 위반한 경우 긴급피난이 된다.

3. 피해자의 승낙

행위자가 주의위반적 행위를 하려는 사실을 피해자가 인식하면서 이로써 자기가 위태로워지는 것을 승낙한 경우에 성립한다. 운전자의 음주사실을 알고 동승했는데 사고가 발생한 경우, 운동경기를 하다가 상대방에게 과실로 상처를 입힌 경우 위법성이 조각된다.

4. 과실범의 위법성조각에도 주관적 정당화요소가 필요한가?

고의범의 경우와 마찬가지로 과실범의 경우에도 위법성이 조각되기 위해서 정당방위의사 또는 긴급피난의사와 같은 주관적 정당화요소가 필요한가에 대하여 견해의 대립이 있다.

주관적 정당화요소가 필요하다는 견해는 과실범의 위법성조각사유에 있어서도 정당화 사정의 인식 및 정당화행위를 할 의사가 객관적 주의의무위반이라는 행위반가치를 상쇄시키는 한편, 객관적 정당화 사정의 존재는 결과반가치를 상쇄시킨다. 따라서 주관적 정당화요소가 결여된 경우에는 과실범의 미수가 된다고 한다.[46]

주관적 정당화요소가 필요하지 않다는 견해는 위법성조각사유의 전제사실이 있으면 결과불법이 탈락되는 과실범에 있어서는 미수가 없기 때문에 고의범의 경우와는 달리 행위불법만으로는 불가벌이 된다. 따라서 행위불법을 조각시키는 기능만을 갖는 주관적 정당화요소는 불필요하다. 과실범에 있어서는 행위자가 객관적인 정당화 상황아래에서 행위하였다면 그것으로 행위불법은 조각된다. 주관적 정당화요소가 결여된 경우에는 위법성이 조각된다.[47]

생각건대 과실범의 경우에도 행위반가치와 결과반가치로 구성되어 있으므로 행위반가치를 상쇄시키는 주관적 정당화요소가 있어야 위법성이 조각되는 것으로 보는 것이 타당

---

46) 김성돈, 523면; 김일수/서보학, 324면; 임웅, 520면.
47) 박상기/전지연, 195면; 배종대, 528면; 이재상/장영민/강동범, 216면.

하다. 이 경우 이론상 과실범의 미수가 될 수 있지만[48] 이에 대한 처벌규정이 없으므로 실제상 행위자를 처벌할 수 없다는 동일한 결론에 이른다.

사례 과실범과 주관적 정당화요소

【사례】 사냥꾼 갑이 사냥을 위해 총기를 손질하다가 과실로 총을 격발하였다. 이로 인해 갑의 뒤에 서있던 A가 총에 맞아 사망하였는데, 이때 A는 갑을 살해하기 위해 칼을 들고 접근하던 중이었다.

【해설】 이 사례에서 갑의 행위는 과실로 인하여 사람을 사망에 이르게 한 과실치사죄에 해당한다. 문제는 정당방위로 위법성이 조각될 수 있는가의 문제이다. 이 사례에서 갑에게는 주관적 정당화요소가 없기 때문이다. 주관적 정당화요소의 필요성에 대하여 긍정설에 따르면 과실범의 미수가 된다고 하며, 부정설에 따르면 위법성이 조각된다고 한다. 하지만 과실범의 미수에 대하여 처벌규정이 없기 때문에 갑에 대하여 처벌할 수 없다는 점에서는 결론이 동일하다.

III. 과실범의 책임

1. 책임의 구성

과실범의 경우 고의범과 동일하게 책임능력, 위법성의 인식가능성, 적법행위에 대한 기대가능성이 있어야 하지만, 과실범의 특유한 책임요소에는 주관적 주의의무위반도 있다.

2. 주관적 주의의무위반

가. 행위자의 능력이 부족한 경우

행위자가 그의 개인적 능력에 따라 구성요건실현을 예견할 수 있었고, 그것을 예견했을 때 그에 상응한 행위를 하지 않음으로써 결과야기를 회피할 수 있었음에도 불구하고 결과를 야기한 경우 주관적 주의의무위반이 인정된다. 아무리 객관적 주의의무위반과 객관적 예견가능성이 있더라도 그것이 행위자 개인의 주관적 능력을 벗어난 때에는 그의 책임으로 돌릴 수 없다.

---

48) 주관적 정당화요소가 없는 경우 그 법적 효과에 대하여 불능미수설의 입장에서는 과실범의 미수가 된다는 이론적 결론에 이른다. 기수범설을 취한다면 과실범으로 처벌될 수 있다.

나. 인수책임의 경우

행위자는 객관적 주의의무를 개인적으로도 인식하고 이행할 수 있는 능력이 있어야 한다. 그러나 행위자가 그의 능력을 벗어나는 일을 스스로 하겠다고 나선 경우에는 과실책임을 인정한다. 이를 '인수책임'이라고 한다. 예를 들면 의사가 환자의 치료를 위해 요구되는 능력이나 필요한 전문지식을 가지지도 않은 채 환자의 치료를 인수한다면 거기에 주의의무위반이 인정된다.

다. 행위자가 특수지식을 보유한 경우

행위자가 특수지식을 보유한 경우 행위자의 예견가능성을 판단하는 기준이 된다. 보통의 운전자는 특정한 사거리에서 사고위험성에 대해 잘 알 수 없지만, 운전자는 그 사거리의 사고위험을 잘 알고 있는 경우 사고위험에 대하여 충분히 예견가능하므로 사고를 회피해야 할 주의의무가 인정된다.

제3절 관련문제

Ⅰ. 과실범의 미수

과실행위가 있는 경우에도 결과가 발생하지 않거나 과실과 결과간에 인과관계가 인정되지 않는 경우에는 과실범의 미수가 문제될 수 있다. 즉 제한속도를 위반하여 운전한 사람이 아무런 사고없이 무사히 집으로 귀가를 한 경우 과실은 존재하지만 상해 또는 사망의 결과는 발생하지 않은 경우 과실범의 미수가 이론적으로 문제될 수 있다. 그러나 우리나라 형법에서 과실범의 미수를 처벌하는 규정이 없기 때문에 과실범의 미수는 인정되지 않는다.

Ⅱ. 과실범의 공범

과실에 의한 교사, 방조는 인정되지 않는다. 교사범과 방조범은 모두 고의범이기 때문이다. 과실범에 대한 교사, 방조는 형법상 간접정범(제34조 제1항)이 성립한다. 간접정범은 처벌되지 않거나 과실범으로 처벌되는 자를 이용한 경우이기 때문이다.

Ⅲ. 과실범의 공동정범

과실범의 공동정범이 성립할 수 있는가에 대하여 견해의 대립이 있다. 다수설은 과실범의 경우에는 기능적 행위지배를 인정할 수 없기 때문에 과실범의 공동정범은 성립할 수 없으며 동시범이 될 뿐이라고 한다. 이에 대하여 판례는 과실범의 공동정범을 인정한다. 이에 대해서는 후술한다.

결과적 가중범

> 제15조(사실의 착오) ② 결과 때문에 형이 무거워지는 죄의 경우에 그 결과의 발생을 예견할 수 없었을 때에는 무거운 죄로 벌하지 않는다.

제1절 서설

I. 의의

고의에 의한 기본범죄로 인하여 중한 결과가 발생한 경우에 그 형이 가중되는 범죄이다. 예를 들면 고의에 의한 기본범죄인 상해행위를 하였는데 더 중한 결과인 피해자의 사망을 초래한 경우 중한 결과인 사망으로 인하여 형이 가중되는 상해치사죄로 처벌된다. 결과적 가중범은 고의범과 과실범이 하나의 구성요건 속에 결합된 형태로서 독립된 불법내용을 가진 독자적인 범죄이다.

형법상 결과적 가중범의 예로 상해치사죄($\frac{제}{259조}$), 폭행치사상죄($\frac{제}{262조}$), 낙태치사상죄($\frac{제269조}{제3항}$), 유기치사상죄($\frac{제}{275조}$), 강간치상죄($\frac{제}{301조}$), 강간치사죄($\frac{제}{301조의2}$), 강도치상죄($\frac{제}{337조}$), 강도치사죄($\frac{제}{338조}$) 등이 있다.

II. 결과적 가중범의 기본적 구조

결과적 가중범은 ① 고의에 의한 기본범죄, ② 과실에 의한 중한 결과의 발생, ③ 양자 간의 인과관계를 기본구조로 하고 있다. 기본범죄의 경우 형법은 고의범만을 규정하고 있고, 중한 결과의 경우 행위자의 고의행위가 초래하는 중한 결과로 구성되어 있다. 대표적인 결과적 가중범의 유형인 상해치사죄를 예로 들면 기본범죄인 상해행위와 중한 결과인 사망의 결과발생, 양자 간의 인과관계로 구성되어 있다.

Ⅲ. 결과적 가중범을 중하게 처벌하는 이유

기본범죄에 대하여 고의범이고, 중한 결과에 대하여 과실범이 된다면 이는 수죄가 성립한 경우이므로 원칙적으로 고의범과 과실범의 상상적 경합범으로 처리하는 것이 원칙이다. 그럼에도 불구하고 양죄를 경합범으로 처리하지 않고 가중처벌하기 위하여 형법은 결과적 가중범이라는 독자적인 범죄유형을 인정하고 있다.[49]

결과적 가중범은 고의범과 과실범이 하나의 구성요건으로 결합된 형태로 독자적 불법내용을 가지고 있다. 결과적 가중범의 중한 결과는 대부분 상해나 사망과 같은 것을 예상하고 있는데, 이것은 중한 결과가 폭행, 상해, 강간, 강도와 같은 고의적인 기본범죄에 전형적으로 내포되어 있는 잠재적인 위험이 실현되었다는 점에서, 단순한 과실범의 결과야기보다 행위반가치성이 크기 때문에 단순한 과실범보다 중하게 처벌한다.

Ⅳ. 책임주의와의 관계

1. 서설

책임주의는 책임 없으면 범죄는 성립하지 않고, 형벌의 분량도 책임의 경중에 따라 결정해야 한다는 사상이다. 결과적 가중범에 대한 책임주의와 관련된 문제는 기본범죄와 중한 결과 사이에 어떠한 요건이 갖추어져야 할 것인가에 대한 문제이다. 만일 기본행위와 중한 결과 사이에 별다른 요건이 필요하지 않고 단지 기본행위로 인하여 결과가 발생하였다는 인과관련성만 있으면 결과적 가중범이 성립한다고 하면, 이는 결국 결과책임을 인정하는 것으로서 책임주의원칙에 반한다. 이러한 책임주의와의 관련하여 결과적 가중범에 대한 논의가 전개된다.

---

49) 예를 들면 기본범죄인 상해죄와 중한 결과인 과실치사죄의 경우 상상적 경합으로 보면 더 중한 죄인 상해죄의 법정형인 7년 이하의 징역, 10년 이하의 자격정지 또는 1천만원 이하의 벌금에 처할 수 있다. 그럼에도 불구하고 이를 양자를 결합한 결과적 가중범인 형법 제259조 제1항 상해치사죄로 보아 3년 이상의 유기징역에 처하고 있다.

2. 가중처벌에 대한 이론적 근거

가. 조건적 인과관계설의 입장

책임주의의 '예외'를 인정하여 고의에 의한 기본범죄와 중한 결과 사이에 조건적 인과관계만 인정되면 그 결과에 따라 처벌하여야 한다는 견해이다.[50] 이 견해는 결과적 가중범을 결과책임사상의 유물로 파악하며 중한 결과의 형법적 성격을 객관적 처벌조건으로 본다. 그러나 이 견해는 결과적 가중범의 처벌범위가 무한정 확대되게 된다는 비판을 받고 있다.

나. 상당인과관계설의 입장

기본범죄와 중한 결과 사이에 상당인과관계만 있으면 중한 결과에 대한 가중책임을 물을 수 있다는 견해이다. 조건적 인과관계설의 문제점을 상당성에 의해 시정하려는 이론이다. 그러나 인과관계론에 의하여 중한 결과에 대한 처벌을 제한한다고 하여 그것이 책임주의와 일치한다고 할 수 없다.

다. 고의, 과실의 결합설

기본범죄와 중한 결과 사이에 상당인과관계가 있고, 다시 중한 결과발생에 대해서는 과실(예견가능성)이 있어야 한다는 견해이다. 즉 결과적 가중범은 고의와 과실의 결합형태로 보는 입장으로 통설의 입장이다. 중한 결과에 대해서 과실(예견가능성)을 요하므로 책임주의와 조화되며 우리 형법은 중한 결과발생에 대하여 예견가능성, 즉 과실을 요한다는 점에서 책임주의를 관철하고 있으며, 고의, 과실의 결합설을 취하고 있다고 본다. 우리 형법 제15조 제2항에서 중한 결과의 발생을 예견할 수 없었을 경우에는 무거운 죄로 벌하지 않는다고 규정한 것도 책임주의를 관철하기 위한 표현이다.

라. 책임주의와의 조화를 위한 또 다른 시도

책임주의와 조화를 이루기 위해서는 기본범죄에 대한 고의와 중한 결과에 대한 과실만으로도 부족하다는 견해이다. 중한 결과에 대하여 인식 있는 과실이 있어야 한다는 견해, 중한 결과에 대하여 중과실 또는 경솔성이 있어야 한다는 견해[51] 등이 있다.

---

50) 특히 인과관계에서 피해자의 특수체질이나 제3자의 고의과실행위가 개입하여 중한 결과를 발생시킨 '비유형적 인과관계'의 경우에도 논리적 조건관계만 존재하면 기본행위에 대한 결과적 가중범의 성립을 광범위하게 인정하였다. 이러한 처벌의 광범위성을 제한하고자 원인설, 인과관계중단론, 상당인과관계설이 등장하였다.

51) 조상제, 결과적 가중범의 문제, 형사법학의 현대적 과제, 398면; 허일태, 결과적 가중범과 책임주의, 김종원교수화갑기념 논문집, 235면.

마. 결론

기본범죄와 중한 결과발생 사이에 인과관계만 있으면 결과적 가중범이 성립한다고 보는 것은 책임주의 원칙과 잘 조화되지 않는다. 인과성만으로 결과적 가중범의 성립을 제한하는 것보다는 중한 결과에 대하여 적어도 과실을 요구할 필요가 있다. 따라서 결과적 가중범은 고의범과 과실범의 결합형태로 보는 것이 타당하다.

하지만 결과적 가중범의 법정형이 고의에 의한 기본범죄와 중한 결과에 대한 과실범의 형을 합산하는 경우보다 더 중하게 규정하고 있는 경우가 많아서 여전히 책임주의와의 관계가 문제된다.[52] 참고로 독일 형법은 중한 결과에 대하여 단순한 과실이 아니라 주관적으로 그 주의의무의 정도가 더 높은 중과실 내지 경솔성을 요구하여 결과적 가중범의 성립을 더욱 어렵게 하는 결과적 가중범의 종류도 규정하고 있다. 책임주의와의 완전한 조화를 위하여 결과적 가중범의 성립범위를 제한하는 연구가 더욱 더 진행될 필요가 있다.

제2절 종류

Ⅰ. 진정 결과적 가중범

진정 결과적 가중범은 고의에 의한 기본범죄와 중한 결과 사이에 과실이 있는 경우에 성립하는 결과적 가중범을 말하며 폭행치사죄(제262조), 상해치사죄(제259조) 등 대부분의 결과적 가중범이 이에 해당한다. 기본범죄에 대해서는 고의와 중한 결과에 대해서는 과실이 결합된 경우이다.

Ⅱ. 부진정 결과적 가중범

1. 의의

부진정 결과적 가중범은 고의에 의한 기본범죄와 중한 결과 사이에 과실이 있는 경우뿐만 아니라 중한 결과에 대하여 고의가 있는 경우에도 성립하는 결과적 가중범을 말한

---

52) 김성돈, 528면.

다. 현주건조물방화치사죄($\frac{제164조}{제2항}$), 특수공무방해치상죄($\frac{제144조}{제2항}$), 교통방해치상죄($\frac{제}{188조}$), 중상해죄($\frac{제}{258조}$)[53]등이 이에 해당한다. 기본범죄에 대해서는 고의와 중한 결과에 대해서는 과실뿐만 아니라 고의도 결합된 경우이다.

2. 부진정 결과적 가중범의 인정 여부

가. 죄수론과 결합범

입법방식에 따라서는 고의범과 고의범을 결합한 형태와 고의범과 과실범을 결합한 형태를 구분하는 것도 가능하다. 예를 들면 고의+고의 형태인 강도살인죄 또는 강간살인죄로 결합하는 형태와 고의+과실 형태인 강도치사죄 또는 강간치사죄로 결합하는 형태가 가능하다.

이러한 입법방식이 없다면 원칙적으로 중한 결과에 대하여 고의가 있는 경우에는 기본범죄에 대한 고의범과 중한 결과에 대한 고의범으로 2개의 범죄가 성립한다고 보고 죄수론에 따라 해결하는 것이 원칙이다. 예를 들면 사람을 폭행하면서 사망에 대하여 고의가 있는 경우에 폭행죄와 살인죄가 성립하며 다만 죄수 관계에 있어서 폭행죄는 살인죄에 흡수될 뿐이다.

나. 일부 범죄에 양형상 모순 발생

그러나 다수설과 판례는 일부 범죄유형에 있어서 중한 결과에 대하여 2개의 고의범으로 처리하는 원칙적 해결방법을 적용할 경우 양형에 모순이 생긴다고 한다. 따라서 처벌의 균형을 위하여 부진정 결과적 가중범을 인정할 필요가 있다고 하며 이를 인정하고 있다. 이러한 범죄유형으로 현주건조물방화치사죄($\frac{제164조}{제2항}$), 현주건조물방화치상죄($\frac{제164조}{제2항}$), 음용수혼독치상죄($\frac{제}{194조}$), 현주건조물일수치상죄($\frac{제177조}{제2항}$), 교통방해치상죄($\frac{제}{188조}$), 특수공무방해치상죄($\frac{제144조}{제2항}$) 등이 있다.

현주건조물방화치사죄를 진정 결과적 가중범으로 해석하게 되면 어떤 양형상 모순이 발생하는지 알아보자. 예를 들면 행위자가 A를 살해하기 위하여 현주건조물에 방화를 한 경우 현주건조물방화죄와 살인죄의 상상적 경합이 되어 중한 죄인 살인죄로 처벌된다. 즉 살인의 고의로 방화한 경우에는 현주건조물방화죄(무기 또는 3년 이상의 징역)와 A에 대한 살인죄(사형, 무기, 5년 이상의 징역)의 상상적 경합이 되는데, 중한 죄인 살인죄를 적용하

---

53) 종래에는 강간치상죄(301조)를 부진정 결과적 가중범으로 이해하였으나, 현행 형법은 중한 결과에 대하여 고의가 있는 경우를 강간상해죄(301조)와 강간살인죄(301조의 2)로 구성요건을 신설하였으므로 강간치사상죄는 진정 결과적 가중범으로 보는 것이 타당하다.

여 형의 하한은 5년 이상의 징역이 된다. 그런데 만약 행위자가 현주건조물에 방화를 하였는데 A에 대한 살인의 고의 없이 과실로 사망한 경우 행위자에게는 현주건조물방화치사죄(사형, 무기, 7년 이상의 징역)가 성립하고, 이 경우 형의 하한은 7년 이상의 징역이 된다. 따라서 사망에 대하여 과실이 있는 경우에는 7년 이상의 징역이 되고, 고의가 있는 경우에는 5년 이상의 징역이 되어 고의가 있는 경우보다 과실을 중하게 처벌하는 양형상의 모순이 발생한다. 결국 이러한 형의 불균형이 발생하는 범위에서는 예외적으로 해석상 중한 결과가 과실에 의한 경우뿐만 아니라 고의에 의한 경우, 즉 부진정 결과적 가중범을 인정하게 된다.

⚖️ 판례 은봉암 방화사건

【사실관계】 갑은 그의 가족이 안정사의 주지인 피해자 A 때문에 갑과 그의 가족이 거주하여 오던 은봉암에서 쫓겨난 것에 대하여 원한을 품고 동인을 살해하기로 결의하고, 1982.3.31 소속대로부터 외박허가를 얻고 외출하여 동년 4.1.00:30 경 안면에 마스크를 하고 위 피해자 A의 집에 침입하여 그 집 부엌의 석유곤로 석유를 프라스틱 바가지에 따라 마루에 놓아두고 큰 방에 들어가자 위 A는 없고 동인의 처 B와 딸 C(19세), D(11세), F(8세) 등이 깨어 딸 C가 갑을 알아보기 때문에 마당에 있던 절구방망이를 가져와 위 B와 C의 머리를 각 2회씩 강타하여 실신시킨 후 이불로 뒤집어 씌우고 위 바가지의 석유를 뿌리고 성냥불을 켜 대어 위 A 및 그의 가족들이 현존하는 집을 전소케 하고 불이 붙은 집에서 빠져 나오려는 위 D와 F가 탈출하지 못하도록 방문앞에 버티어 서서 지킨 결과 실신하였던 위 B와 탈출하지 못한 D와 F를 현장에서 소사케 하고, 탈출한 위 C는 3도 화상을 입고 입원가료 중 4.10. 사망에 이르게 하여 동인들을 살해하고, 위 범행 후 자살을 기도하다가 귀대일시인 4.1.17:00에 귀대치 아니하고 이튿날인 4.2.03:00경 검거됨으로써 10시간 동안 부대를 이탈한 사실이 인정된다.

【판결요지】 형법 제164조 후단이 규정하는 현주건조물 방화치사상죄는 그 전단에 규정하는 죄에 대한 일종의 가중처벌규정으로서 불을 놓아 사람의 주거에 사용하거나 사람이 현존하는 건조물을 소훼함으로 인하여 사람을 사상에 이르게 한 때에 성립되며 동 조항이 사형, 무기 또는 7년 이상의 징역의 무거운 법정형을 정하고 있는 취의에 비추어 보면 과실이 있는 경우 뿐 아니라 고의가 있는 경우도 포함된다고 볼 것인바, 이와 다른 견해에서 형법 제164조 후단의 범죄는 과실의 경우에만 적용되는 것으로 판정하여 피고인을 현주건조물에의 방화죄와 살인죄의 상상적 경합으로 의율한 제1심판단을 지지한 원심판결은 결국 형법 제164조 후단의 법리를 오해하였다는 평을 면하지 못한다(대법원 1983.1.18. 선고, 82도2341 판결).

【해설】 이 사건의 경우 B와 C에 대해서는 현주건조물방화치사죄 성립 여부가 문제되며, D와 F에 대해서는 살인죄 및 현주건조물방화죄의 실체적 경합의 성립 여부가 문

제된다.

본 판례의 사실관계는 두 부분으로 이루어져 있다. 첫 번째가 갑이 B와 C를 절구방망이로 실신시킨 후 불을 질러 태워 살해한 부분, 두 번째가 갑이 이미 불이 붙어 있는 집에서 빠져 나오려는 D와 F를 방문에서 가로막아 탈출하지 못하게 함으로써 두 사람이 불에 타 숨지게 한 부분이다. 그런데 원심은 본 사안을 하나로 파악하여 '석유를 뿌려 불을 지르는 하나의 행위'를 가지고 현주건조물방화죄와 4인에 대한 살인죄의 상상적 경합으로 처리하였다. 이에 대법원은 ①, ②의 부분이 '1개의 행위'로 파악될 수 없다고 하면서 ①, ②로 나누어 별개로 판단하여야 한다고 한다(자연적 행위단일체).

첫 번째 논점은 살인이나 상해의 고의로 현주건조물을 소훼하여 사람을 사상에 이르게 한 경우, 형법 제164조 후단 소정의 현주건조물방화치사상죄의 성립 여부이다. 대법원은 원심처럼 2개의 살인죄와 1개의 현주건조물방화죄가 상상적 경합으로 경합하는 것이 아니라 현주건조물방화치사상죄의 단순일죄만 성립하며, 부진정 결과적 가중범의 문제라고 한다.

두 번째 논점은 현주건조물에 방화하여 동 건조물에서 탈출하려는 사람을 막아 소사케 한 경우, 현주건조물방화죄와 살인죄와의 관계이다. 이는 부진정 결과적 가중범과는 관련이 없다. 원심은 ②의 부분에 대해서도 현주건조물방화죄와 2인에 대한 살인죄가 상상적으로 경합한다고 보았다. 그러나 대법원은 이미 불이 붙은 집에서 사람이 탈출하는 것을 막아 불에 타죽게 하는 행위는 불을 지르는 행위와 합하여 하나의 자연적 행위로 파악될 수는 없다고 한다. 즉 현주건조물방화죄는 불이 그 집에 옮겨 붙어 독자적으로 탈 수 있는 상태가 되면 기수에 이르렀으므로(독립연소설) 그 이후에 탈출을 방해하여 사람을 살해하는 행위는 별개의 행위로 파악된다. 이와 같이 별개의 행위로 파악되면 양자는 형법 제38조의 실체적 경합관계에 서게 된다.

3. 부진정 결과적 가중범 구별방법

결과적 가중범이 진정 결과적 가중범인지 아니면 부진정 결과적 가중범인지를 확인하는 방법은 법정형을 비교하는 것이다. 중한 결과에 대하여 고의가 있는 경우 성립하는 구성요건과 결과적 가중범의 법정형을 비교하면 된다. 양자를 비교하여 결과적 가중범의 법정형이 중하면 해당되는 결과적 가중범은 부진정 결과적 가중범이 된다. 예를 들면 특수공무집행방해치상죄의 경우 법정형은 3년 이상의 징역이며, 중한 결과인 상해에 대하여 고의범인 상해죄는 7년 이하의 징역이다. 결과적 가중범의 법정형이 더 높으므로 특수공무집행방해치상죄는 부진정 결과적 가중범이다.

4. 부진정 결과적 가중범과 고의범의 죄수 문제

가. 쟁점

현주건조물방화치사죄와 같은 부진정 결과적 가중범은 사망이라는 중한 결과에 대하여 고의가 있는 경우이므로 부진정 결과적 가중범이 된다. 문제는 부진정 결과적 가중범 이외에도 중한 결과에 대한 고의범의 성립을 인정할 수 있는지가 문제된다. 예를 들면 사람을 살해하기 위하여 현주건조물에 방화하여 살해한 경우 현주건조물방화치사죄 이외에도 살인죄를 인정할 수 있는지가 문제된다.

나. 학설

부진정 결과적 가중범만 성립하는지 아니면 부진정 결과적 가중범 이외에도 고의범이 별도로 성립하는지에 대하여 견해의 대립이 있다. 먼저 중한 결과에 대하여 고의가 있는 경우 결과적 가중범과 중한 결과에 대한 고의범의 상상적 경합을 인정하는 견해[54]가 있다. 이 견해는 부진정 결과적 가중범은 결과적 가중범으로 독자적인 범죄이므로 여기에 고의범의 불법내용이 당연히 포함된다고 볼 수 없기 때문에 양자는 상상적 경합이 된다고 한다. 이에 대하여 부진정 결과적 가중범은 중한 결과에 대한 고의범을 이미 포함하고 있으므로 중한 결과에 대한 고의를 별도로 고의범으로 인정하는 것은 하나의 행위를 이중평가하는 것이므로 이중평가를 막기 위하여 결과적 가중범만 성립한다는 견해[55]가 있다. 양죄를 법조경합으로 보는 입장이다.

다. 판례

판례는 부진정 결과적 가중범의 죄수문제에 대하여 다음 두 가지 경우로 나누어서 설명한다. 즉 고의범에 대하여 결과적 가중범에서 정한 형보다 더 무겁게 처벌하는 규정이 있는 경우와 고의범에 대하여 더 무겁게 처벌하는 규정이 없는 경우로 나누어서 죄수판단을 하고 있다. 결과적 가중범과 고의범의 법정형을 비교하여 고의범의 법정형이 중한 경우에는 양죄의 상상적 경합으로 보지만, 결과적 가중범의 법정형이 중한 경우에는 법조경합 중 특별관계로 보아 부진정 결과적 가중범만 성립한다.

---

54) 김성돈, 532면; 신동운, 273면.
55) 오영근, 145면; 김성룡, 현행 형법의 해석론으로서 결과적 가중범의 유형과 죄수에 관한 판례·학설의 비판적 검토, 비교형사법연구, 2007.7., 69면.

(1) 고의범에 대하여 더 무겁게 처벌하는 규정이 있는 경우

'고의범에 대하여 더 무겁게 처벌하는 규정이 있는 경우'에는 고의범과 결과적 가중범의 상상적 경합관계에 있다고 한다. 따라서 갑이 피해자의 재물을 강취한 후 그를 살해할 목적으로 현주건조물에 방화하여 사망에 이르게 한 경우, 갑의 행위는 강도살인죄(사형 또는 무기징역)와 현주건조물방화치사죄(사형, 무기, 7년 이상의 징역)에 모두 해당하고 그 두 죄는 상상적 경합범 관계에 있다.[56] 마찬가지로 강도상해죄(무기 또는 7년 이상)와 특수공무집행방해치상죄(3년 이상의 징역)의 상상적 경합을 인정한다.[57] 부진정 결과적 가중범인 현주건조물방화치사죄 또는 특수공무집행방해치상죄보다 고의범인 강도살인죄와 강도상해죄를 더 무겁게 처벌하고 있기 때문이다.

(2) 고의범에 대하여 더 무겁게 처벌하는 규정이 없는 경우

'고의범에 대하여 더 무겁게 처벌하는 규정이 없는 경우'에는 결과적 가중범만 성립한다고 한다. 이 경우 결과적 가중범은 고의범에 대하여 특별관계에 있다고 한다. 따라서 갑이 직무를 집행하는 공무원에 대하여 위험한 물건을 휴대하여 고의로 상해를 가한 경우, 갑의 행위는 결과적 가중범인 특수공무집행방해치상죄(3년 이상의 징역)에 해당하고 고의범인 특수상해죄(1년 이상, 10년 이하의 징역)는 성립하지 않는다.[58] 현주건조물방화치사죄(사형, 무기, 7년 이상의 징역)와 살인죄(사형, 무기, 5년 이상의 징역)가 문제되는 경우에는 현주건조물방화치사죄의 법정형이 살인죄의 법정형보다 중하다는 이유로 양죄의 상상적 경합이 아닌 현주건조물방화치사죄만 성립한다고 본다.

정리하면 대법원 판례는 고의범의 법정형이 부진정 결과적 가중범의 법정형보다 중한 경우에는 양죄의 상상적 경합을 인정하지만 그렇지 않은 경우에는 결과적 가중범이 고의범에 대하여 법조경합 중 특별관계에 있으므로 결과적 가중범만 성립한다고 한다.

> **⚖ 판례** 부진정 결과적 가중범과 중한 결과의 고의범의 죄수관계

【사실관계】 갑은 승용차를 운전하던 중 음주단속을 당하자 이를 피하기 위하여 도주하다가 추격하는 경찰에 의하여 정차한 후 경찰관이 하차할 것을 요구하자 이에 불응하고 승용차로 단속 경찰관을 들이받아 경찰관에게 6주간의 치료를 요하는 상해를 입게 하였다.

---

56) 대법원 1998.12.8. 선고 98도3416 판결.
57) 대법원 1995.1.20. 선고 94도2842 판결.
58) 대법원 2008.11.27. 선고 2008도7311 판결: 해당 판례에서 검토한 구성요건은 폭력행위 등 처벌에 관한 법률 위반(집단·흉기 등 상해)죄이다. 동죄는 해당 법률의 개정으로 삭제되었으며, 형법 제258조의2 특수상해죄로 개정되었다.

【판결요지】 [1] 기본범죄를 통하여 고의로 중한 결과를 발생하게 한 경우에 가중 처벌하는 부진정 결과적 가중범에서, 고의로 중한 결과를 발생하게 한 행위가 별도의 구성요건에 해당하고 그 고의범에 대하여 결과적 가중범에 정한 형보다 더 무겁게 처벌하는 규정이 있는 경우에는 그 고의범과 결과적 가중범이 상상적 경합관계에 있지만, 위와 같이 고의범에 대하여 더 무겁게 처벌하는 규정이 없는 경우에는 결과적 가중범이 고의범에 대하여 특별관계에 있으므로 결과적 가중범만 성립하고 이와 법조경합의 관계에 있는 고의범에 대하여는 별도로 죄를 구성하지 않는다.

[2] 직무를 집행하는 공무원에 대하여 위험한 물건을 휴대하여 고의로 상해를 가한 경우에는 특수공무집행방해치상죄만 성립할 뿐, 이와는 별도로 폭력행위 등 처벌에 관한 법률 위반(집단·흉기 등 상해)죄를 구성하지 않는다(대법원 2008.11.27. 선고, 2008도7311 판결).

【해설】 부진정 결과적 가중범에서 고의로 중한 결과를 발생하게 한 행위를 더 무겁게 처벌하는 규정이 없는 경우 결과적 가중범과 고의범의 죄수관계에 대하여 양죄는 특별관계에 있으므로 결과적 가중범만 성립한다고 한다. 따라서 직무를 집행하는 공무원에 대하여 위험한 물건을 휴대하여 고의로 상해를 가한 경우, 특수공무집행방해치상죄만 성립하고 폭력행위 등 처벌에 관한 법률 위반(집단·흉기 등 상해)죄는 성립하지 않는다. 주의할 점은 폭력행위 등 처벌에 관한 법률이 개정되어 집단·흉기등 상해죄는 삭제되었으며 형법 제258조의2 특수상해죄로 개정되었다. 특수상해죄의 법정형은 1년 이상 10년 이하의 징역이며, 특수공무집행방해치상죄의 법정형은 3년 이상의 징역이므로 결과적 가중범인 특수공무집행방해치상죄가 더 중하다. 따라서 개정된 법률에 따를 경우에도 특수공무집행방해치상죄만 성립한다.

제3절 **성립요건**

Ⅰ. 구성요건해당성

1. 기본범죄행위

기본범죄는 고의범이다. 우리 형법은 기본범죄로 폭행행위, 상해행위, 유기행위, 낙태행위, 감금행위, 방화행위, 공무집행방해행위 등과 같이 생명이나 신체에 대해서 중한 결

과를 발생시킬 수 있는 행위들을 기본범죄로 하고 있다.[59]

기본범죄가 과실범인 경우 우리 형법상 인정되지 않는다. 형사특별법에는 기본범죄가 과실범인 경우를 규정하고 있는 경우도 있다.[60]

기본범죄는 기수, 미수를 불문한다. 예를 들면 강도가 미수에 그친 경우에도 강도로 인해 상해의 결과가 발생했다면 강도치상죄가 성립하며, 강간의 목적을 달성하지 못하여 미수에 그친 경우라 할지라도 강간의 수단이 된 폭행에 의하여 피해자에게 상해를 입혔다면 강간치상죄가 성립한다.[61]

2. 중한 결과의 발생

기본범죄로 인하여 중한 결과가 발생하여야 한다. 중한 결과는 이미 기본범죄에 내포된 전형적인 위험의 실현에 해당하기 때문에 결과적 가중범의 본질적인 불법내용구성에 해당한다. 결과적 가중범에서 중한 결과의 발생은 기본범죄행위 그 자체로부터 발생한 경우뿐만 아니라 기본범죄에 수반하는 행위에서 발생한 경우도 포함한다.[62]

대부분의 결과적 가중범의 경우 중한 결과는 현실적 법익침해이지만, 중상해죄($^{제258조}_{제1항}$), 중권리행사방해죄($_{326조}^{제}$)와 같이 구체적인 위험발생을 중한 결과로 보는 경우도 있다. 또한 연소죄를 제외하고는 대부분 사람의 생명이나 신체에 대한 침해와 관련된 결과를(치상, 치사) 중한 결과로 규정하고 있다.

⚖ 판례 기본범죄행위의 수반행위와 중한 결과의 발생

【사실관계】 피고인 갑이 A의 집에 침입하여 잠을 자고 있는 A를 강제로 간음할 목적으로 A를 향해 손을 뻗는 순간 놀라 소리치는 A의 입을 왼손으로 막고 오른손으로 음부 부위를 더듬던 중 A가 갑의 손가락을 깨물며 반항하자 물린 손가락을 비틀며 잡아 뽑아 A로 하여금 우측하악측절치치아결손의 상해를 입게 하였다.

【판결요지】 강간 등에 의한 치사상죄에 있어서 사상의 결과는 간음행위 그 자체로부터 발생한 경우나 강간의 수단으로 사용한 폭행으로부터 발생한 경우는 물론 강간에 수반하는 행위에서 발생한 경우도 포함한다 할 것인바, 원심이 확정한 바와 같이 피고인

---

59) 우리 형법은 사기행위나 절도행위와 같은 것들은 결과적 가중범의 기본범죄행위로 선정하지 않았다.

60) 예를 들면 특정범죄 가중처벌 등에 관한 법률 제5조의3(도주차량운전자의 가중처벌)은 과실로 교통사고를 일으켜 사람을 치상케 한 자가 고의로 도주하거나 유기한 후 중한 결과가 발생한 경우를 가중처벌하고 있어서 과실범이 기본범죄의 일부를 구성하는 결과적 가중범이라고 할 수 있다.

61) 대법원 1972.7.25. 선고 72도1294 판결.

62) 대법원 2008.2.29. 선고 2007도10120 판결; 대법원 1995.1.12. 선고 94도2781 판결.

이 판시 일시경 피해자의 집에 침입하여 잠을 자고 있는 피해자를 강제로 간음할 목적으로 동인을 향해 손을 뻗는 순간 놀라 소리치는 동인의 입을 왼손으로 막고 오른손으로 음부 부위를 더듬던 중 동인이 피고인의 손가락을 깨물며 반항하자 물린 손가락을 비틀며 잡아 뽑아 동인으로 하여금 우측하악측절치치아결손의 상해를 입게 하였다면, 피해자가 입은 위 상해는 결국 피고인이 저지르려던 강간에 수반하여 일어난 행위에서 비롯된 것이라 할 것이고, 기록상 나타난 피해자의 반항을 뿌리친 형태 등에 비추어 보면 그 결과 또한 능히 예견할 수 있었던 것임을 부인할 수는 없다(대법원 1995.1.12. 선고 94도2781 판결).

3. 기본범죄와 중한 결과 간의 인과관계

가. 인과관계 필요 여부

결과적 가중범의 경우 인과관계가 필요한지, 필요하다면 중한 결과발생에 대한 예견가능성과의 관계가 어떠한지에 대하여 견해의 대립이 있다.

이에 대하여 형법 제15조 제2항의 중한 결과발생에 대한 예견가능성을 형법상 인과관계 내지 객관적 귀속에서의 객관적 예견가능성과 중첩되는 면이 다소 있지만,[63] 형법 제15조 제2항의 예견가능성은 원칙적으로 행위자의 과실을 의미하기 때문에 인과관계와는 별개의 문제로 결과적 가중범의 경우 중한 결과에 대한 예견가능성의 문제와 별도로 고의에 의한 기본범죄와 중한 결과발생 사이에 인과관계가 있어야 한다는 것이 다수설이다.[64]

나. 인과관계 판단

상당인과관계설에 따르면 기본범죄와 중한 결과 사이에 상당성이 인정되어야 인과관계가 인정된다. 결과적 가중범에 있어서 중한 결과에 의한 형의 가중을 제한하기 위하여, 결과에 상당한 조건에 대하여만 인과관계를 인정한다.

합법칙적 조건설과 객관적 귀속이론에 따르면 먼저 합법칙적 조건설에 따라 중한 결과가 선행된 행위에 시간적으로 뒤따른 외부세계의 변화로서 기본범죄에 합법칙적으로 연결된 것일 때 인과관계를 인정한 후, 객관적 귀속이론을 적용하여 중한 결과를 행위자에게 객관적으로 귀속시킬 수 있을 때 결과적 가중범의 구성요건해당성을 인정한다.

---

63) 김일수/서보학, 340면.
64) 김성돈, 534면; 배종대, 538면; 손동권/김재윤, 378면; 오영근, 138면; 이형국/김혜경, 483면; 임웅, 529면; 정성근/박광민, 440면.

⚖ 판례 | 결과적 가중범과 상당인과관계

【판결요지】 [1] 형법 제188조에 규정된 교통방해에 의한 치사상죄는 결과적 가중범이므로, 위 죄가 성립하려면 교통방해 행위와 사상의 결과 사이에 상당인과관계가 있어야 하고 행위 시에 결과의 발생을 예견할 수 있어야 한다. 그리고 교통방해 행위가 피해자의 사상이라는 결과를 발생하게 한 유일하거나 직접적인 원인이 된 경우만이 아니라, 그 행위와 결과 사이에 피해자나 제3자의 과실 등 다른 사실이 개재된 때에도 그와 같은 사실이 통상 예견될 수 있는 것이라면 상당인과관계를 인정할 수 있다.
[2] 피고인이 고속도로 2차로를 따라 자동차를 운전하다가 1차로를 진행하던 갑의 차량 앞에 급하게 끼어든 후 곧바로 정차하여, 갑의 차량 및 이를 뒤따르던 차량 두 대는 연이어 급제동하여 정차하였으나, 그 뒤를 따라오던 을의 차량이 앞의 차량들을 연쇄적으로 추돌케 하여 을을 사망에 이르게 하고 나머지 차량 운전자 등 피해자들에게 상해를 입힌 사안에서, 편도 2차로의 고속도로 1차로 한가운데에 정차한 피고인은 현장의 교통상황이나 일반인의 운전 습관 · 행태 등에 비추어 고속도로를 주행하는 다른 차량 운전자들이 제한속도 준수나 안전거리 확보 등의 주의의무를 완전하게 다하지 않을 수도 있다는 점을 알았거나 충분히 알 수 있었으므로, 피고인의 정차 행위와 사상의 결과 발생 사이에 상당인과관계가 있고, 사상의 결과 발생에 대한 예견가능성도 인정된다는 이유로, 피고인에게 일반교통방해치사상죄를 인정한 원심판단이 정당하다고 한 사례(대법원 2014.7.24. 선고 2014도6206 판결).

⚖ 판례 | 기본범죄와 중한 결과 간의 상당인과관계를 인정한 판례

① 피해자를 2회에 걸쳐 두 손으로 힘껏 밀어 땅바닥에 넘어뜨리는 폭행을 가함으로써 그 충격으로 인한 쇼크성 심장마비로 사망케 하였다면 비록 위 피해자에게 그 당시 심관성동맥경화 및 심근섬유화 증세등의 심장질환의 지병이 있었고 음주로 만취된 상태였으며 그것이 피해자가 사망함에 있어 영향을 주었다고 해서 피고인의 폭행과 피해자의 사망간에 상당인과 관계가 있으므로 폭행치사죄가 성립한다(대법원 1986.9.9. 선고 85도2433 판결).
② 피고인이 자신이 경영하는 속셈학원의 강사로 피해자를 채용하고 학습교재를 설명하겠다는 구실로 유인하여 호텔 객실에 감금한 후 강간하려 하자, 피해자가 완강히 반항하던 중 피고인이 대실시간 연장을 위해 전화하는 사이에 객실 창문을 통해 탈출하려다가 지상에 추락하여 사망한 사안에서, 피고인의 강간미수행위와 피해자의 사망과의 사이에 상당인과관계가 있다(대법원 1995.5.12. 선고 95도425 판결).
③ 승용차로 피해자를 가로막아 승차하게 한 후 피해자의 하차 요구를 무시한 채 당초 목적지가 아닌 다른 장소를 향하여 시속 약 60km 내지 70km의 속도로 진행하여 피해자를 차량에서 내리지 못하게 한 행위는 감금죄에 해당하고, 피해자가 그와 같은 감

금상태를 벗어날 목적으로 차량을 빠져 나오려다가 길바닥에 떨어져 상해를 입고 그 결과 사망에 이르렀다면 감금행위와 피해자의 사망 사이에는 상당인과관계가 있다고 할 것이므로 감금치사죄에 해당한다(대법원 2000.2.11. 선고, 99도5286 판결).

④ 4일 가량 물조차 제대로 마시지 못하고 잠도 자지 아니하여 거의 탈진 상태에 이른 피해자의 손과 발을 17시간 이상 묶어 두고 좁은 차량 속에서 움직이지 못하게 감금한 행위와 묶인 부위의 혈액 순환에 장애가 발생하여 혈전이 형성되고 그 혈전이 폐동맥을 막아 사망에 이르게 된 결과 사이에는 상당인과관계가 있다고 인정한 사례(대법원 2002.10.11. 선고, 2002도4315 판결).

⑤ 피고인들이 의도적으로 피해자를 술에 취하도록 유도하고 수차례 강간한 후 의식불명 상태에 빠진 피해자를 비닐창고로 옮겨 놓아 피해자가 저체온증으로 사망한 사안에서, 위 피해자의 사망과 피고인들의 강간 및 그 수반행위와의 인과관계 그리고 피해자의 사망에 대한 피고인들의 예견가능성이 인정되므로, 위 비닐창고에서 피해자를 재차 강제추행, 강간하고 하의를 벗겨 놓은 채 귀가한 피고인이 있다 하더라도 피고인들은 피해자의 사망에 대한 책임을 면한다고 볼 수 없어 강간치사죄가 인정된다고 한 사례(대법원 2008.2.29. 선고, 2007도10120 판결).

⑥ 피고인이 고속도로 2차로를 따라 자동차를 운전하다가 1차로를 진행하던 갑의 차량 앞에 급하게 끼어든 후 곧바로 정차하여, 갑의 차량 및 이를 뒤따르던 차량 두 대는 연이어 급제동하여 정차하였으나, 그 뒤를 따라오던 을의 차량이 앞의 차량들을 연쇄적으로 추돌케 하여 을을 사망에 이르게 하고 나머지 차량 운전자 등 피해자들에게 상해를 입힌 사안에서, 편도 2차로의 고속도로 1차로 한가운데에 정차한 피고인은 현장의 교통상황이나 일반인의 운전 습관·행태 등에 비추어 고속도로를 주행하는 다른 차량 운전자들이 제한속도 준수나 안전거리 확보 등의 주의의무를 완전하게 다하지 않을 수도 있다는 점을 알았거나 충분히 알 수 있었으므로, 피고인의 정차 행위와 사상의 결과 발생 사이에 상당인과관계가 있고, 사상의 결과 발생에 대한 예견가능성도 인정된다는 이유로, 피고인에게 일반교통방해치사상죄를 인정한 원심판단이 정당하다고 한 사례(대법원 2014.7.24. 선고, 2014도6206 판결).

다. 결과적 가중범에서 문제되는 객관적 귀속척도

기본범죄로 인해 중한 결과가 발생할 수 있다는 점이 일반인의 경험범위 내에 속하면 객관적 예견가능성은 인정된다. 이 경우 객관적 예견가능성의 문제는 행위 시에 전망적으로 이루어지는 사전판단방법이 아니라 결과발생 후에 회고적으로 이루어지는 사후판단방법에 따른다.[65][66]

---

65) 김성돈, 534면.

66) 따라서 인과관계 내지 객관적 귀속판단에서 예견가능성 판단은 사후판단이지만, 형법 제15조 제2항의 중한 결과에 대한 예견가능성판단은 행위 시를 기준점으로 하는 사전판단이다.

객관적 귀속의 척도로 위험의 창출 내지 객관적 주의의무위반이 있어야 한다. 즉 행위자가 기본범죄행위 시에 이미 그 기본범죄구성요건과 내재적으로 연관된 정형화된 구성요건적 가중결과를 객관적으로 예견할 수 있어야 한다. 뿐만 아니라 위험의 실현이 있어야 한다. 이 척도는 이미 발생·진행된 인과과정이 전적으로 일반적인 경험지식 밖에 있는 비유형적인 것일 때 처음부터 특별한 객관적 귀속을 배제해 버리는 역할을 한다.

라. 중한 결과의 직접성

중한 결과는 중간원인을 거치지 않고 기본범죄로부터 직접 야기된 것이어야 한다. 직접성의 원칙은 중한 결과에 대한 단순한 예견가능성만 있으면 과실을 쉽게 인정함으로써 결과적 가중범을 넓게 인정하는 것을 제한하려는 의도에서 발전된 이론이다.[67]

중간원인이 개재되어 직접성이 부정되는 경우로는 상해의 피해자가 그 상해를 피해 혼자 도망하다가 높은 곳에서 떨어져 사망한 경우(독일판례), 강도의 피해자가 그 강취를 모면하기 위해 급히 서둘러 혼자 도망치다가 심하게 다친 경우, 상해의 피해자에게 제3자가 다시 가혹행위를 가함으로써 사망케 한 경우, 강간의 피해자가 자살한 경우에는 비록 범인이 이를 예견했던 경우라도 직접성이 없기 때문에 결과적 가중범은 성립하지 않는다.

그러나 피해자가 열차안에서 계속 따라오며 위협하는 폭행을 면하려고 다른 차칸으로 도망치다가 열차밖으로 떨어져 죽은 경우 또는 체포·감금이나 강간·강제추행 등의 경우처럼 행위의 일부실현으로도 가중결과에 대한 원인이 충분히 될 수 있는 범죄에서 피해자가 행위자의 기본범죄행위 자체를 피하기 위하여 도망하다 사상에 이른 경우에는 직접성이 인정된다.

4. 중한 결과에 대한 예견가능성

기본범죄와 중한 결과발생 사이에 인과관계가 있다고 하더라도 중한 결과발생에 대한 과실이 별도로 인정되어야 한다. 과실은 결과발생예견의무와 결과발생회피의무로 구성되어 있지만, 결과적 가중범의 경우 중한 결과발생에 대한 예견가능성이 있으면 과실은 인정된다. 결과회피의무는 기본범죄에 의해서 이미 위반했기 때문이다. 중한 결과에 대한 과실이 없으면 고의의 기본범죄만이 성립한다. 부진정 결과적 가중범의 경우 중한 결과에 대하여 과실뿐만 아니라 고의가 있는 경우에도 성립한다.

판단의 기준시기는 '기본범죄의 실행행위 시'이다. 따라서 주택을 방화한 '후에' 거주자

---

67) 박상기/전지연, 199면.

를 살해할 의사가 생겨 그를 살해한 경우에는 방화죄와 살인죄의 실체적 경합이 된다.

판례에 따르면 행위자가 경미한 폭행을 하였음에도 불구하고, 피해자는 외관상 건강해 보이지만 특수체질자이기 때문에 사망한 경우 사망의 결과에 대한 예견가능성이 없다.[68]

⚖️ 판례 — 스빙받침대사건

【판결요지】 폭행치사죄는 결과적 가중범으로서 폭행과 사망의 결과 사이에 인과관계가 있는 외에 사망의 결과에 대한 예견가능성 즉 과실이 있어야 하고 그러한 예견가능성의 유무는 폭행의 정도와 피해자의 대응상태 등 구체적 상황을 살펴서 엄격하게 가려야 하는 것인 바, 피고인이 피해자에게 상당한 힘을 가하여 넘어뜨린 것이 아니라 단지 공장에서 동료 사이에 말다툼을 하던 중 피고인이 삿대질하는 것을 피하고자 피해자 자신이 두어 걸음 뒷걸음치다가 회전 중이던 십자형 스빙기계 철받침대에 걸려 넘어진 정도라면, 당시 바닥에 위와 같은 장애물이 있어서 뒷걸음치면 장애물에 걸려 넘어질 수 있다는 것까지는 예견할 수 있었다고 하더라도 그 정도로 넘어 지면서 머리를 바닥에 부딪쳐 두개골절로 사망한다는 것은 이례적인 일이어서 통상적으로 일반인이 예견하기 어려운 결과라고 하지 않을 수 없으므로 피고인에게 폭행치사죄의 책임을 물을 수 없다(대법원 1990.9.25. 선고 90도1596 판결).

【해설】 기본범죄인 폭행과 사망의 결과발생 사이에 인과관계는 있지만, 사망의 결과발생에 대한 예견가능성이 없기 때문에 결과적 가중범인 폭행치사죄가 성립하지 않는다는 판례이다. 결과적 가중범의 성립요건 중 기본범죄와 중한 결과 사이에 인과관계뿐만 아니라 예견가능성까지 있어야 된다는 판례이다. 예견가능성의 유무는 폭행의 정도와 피해자의 대응상태 등 구체적 상황을 살펴서 판단한다.

⚖️ 판례 — 상해의 결과를 예견할 수 없는 사례

【판결요지】 피고인과 피해자가 여관에 투숙하여 별다른 저항이나 마찰없이 성행위를 한 후, 피고인이 잠시 방밖으로 나간 사이에 피해자가 방문을 안에서 잠그고 구내전화를 통하여 여관종업원에게 구조요청까지 한 후라면, 일반 경험칙상 이러한 상황아래에서 피해자가 피고인의 방문 흔드는 소리에 겁을 먹고 강간을 모면하기 위하여 3층에서 창문을 넘어 탈출하다가 상해를 입은 것이라고 예견할 수는 없다고 볼 것이므로 이를 강간치상죄로 처단할 수 없다(대법원 1985.10.8. 선고 85도1537판결).

【해설】 별다른 저항이나 마찰없이 성행위를 하였다는 점에서 피해자의 탈출행위와 그로 인한 상해의 결과발생을 예견할 수 없다고 본 판례이다. 다만 구체적 사실관계를

---

68) 대법원 1985.4.3. 선고 85도303 판결.

보았을 때 이 사안을 별다른 저항이나 마찰없이 성행위를 하였다고 사실관계를 볼 수 있는지는 의문이다. 피해자가 피고인과 만나 함께 놀다가 큰 저항 없이 여관방에 함께 들어간 유사사례에 대해서도 동일한 결론을 제시하였다. 경험칙상 예견할 수 없다고 본 판례의 결론은 타당하지 않다.[69)]

Ⅱ. 위법성

결과적 가중범의 위법성은 기본범죄뿐만 아니라 중한 결과 모두 위법성이 인정되어야 한다. 고의행위에 위법성조각사유가 있으면 단순히 과실범만 문제되며, 고의행위는 위법하지만 중한 결과발생에 과실이 없으면 기본적 행위의 고의범만이 문제된다.

예를 들면 정당방위의사로 폭행을 하다가 사망의 결과에 이른 경우 과실치사죄가 문제되며, 단순히 폭행하다가 사망에 이르렀지만 사망의 결과에 대하여 과실이 없으면 단순폭행죄가 문제된다.

Ⅲ. 책임

책임요소는 일반범죄와 동일하다. 과실에 있어서 '객관적' 결과발생예견가능성은 구성요건요소로서, 주관적 결과발생예견가능성은 책임요소로서 검토된다.

제4절 관련문제

Ⅰ. 결과적 가중범의 미수

1. 쟁점

종래 형법은 과실범의 미수를 처벌하지 않는 것과 같이 결과적 가중범의 미수를 처벌하는 규정도 두지 않았지만, 1995년 형법 개정에서 결과적 가중범인 인질치사상죄(제324

---

69) 대법원 1993.4.27. 선고 92도3229 판결.

조의5), 강도치사상죄·해상강도치사상죄에 미수범 처벌규정(제342조)을 두었다. 성폭력범죄의 처벌 등에 관한 특례법도 특수강도강간치사상죄, 특수강간치사상죄의 미수범 처벌규정을 두었다(동법 제15조). 이로 인하여 결과적 가중범의 미수가 가능한지에 대하여 본격적으로 논의가 진행되었다. 결과적 가중범의 미수로 생각해 볼 수 있는 행위유형으로는 다음 3가지가 있다.

2. 결과적 가중범의 미수에 대한 3가지 유형

가. 진정 결과적 가중범에서 중한 결과가 미수인 경우

이 경우에는 결과적 가중범 자체가 성립하지 않는다. 우리 형법은 중한 결과가 항상 발생한 경우를 전제로 하기 때문이다. 따라서 행위자가 행한 기본범죄의 성립 여부만이 문제된다. 예를 들면 상해치사죄의 경우 중한 결과인 사망의 결과가 발생하지 않았다는 것은 기본범죄인 상해만 성립한 것이다.

나. 부진정 결과적 가중범에서 중한 결과가 미수인 경우

중한 결과에 대하여 고의가 있는 부진정 결과적 가중범의 경우 이론상 결과적 가중범의 미수를 생각할 수 있다. 그러나 이 경우 일반적으로 현행 형법상 이를 처벌하는 규정이 없으므로 결과적 가중범의 미수는 문제되지 않는다.

그러나 현주건조물등일수치사상죄는 부진정 결과적 가중범이면서 문언상 미수범처벌규정을 두고 있다. 따라서 사상의 고의를 가지고 일수했으나 사상의 결과발생이 없다면 현주건조물일수치사상죄의 미수범과 살인 내지 상해미수범의 상상적 경합이 될 수 있다. 그러나 나머지 부진정 결과적 가중범의 경우는 기본범죄와 중한 결과에 대한 고의범의 미수의 상상적 경합으로 처벌된다.

다. 기본범죄가 미수에 그치고 중한 결과가 발생한 경우

이 경우 결과적 가중범의 기수가 된다. 기본범죄는 기수·미수를 불문하며, 중한 결과가 발생한 이상 미수가 아니라 기수이기 때문이다. 따라서 강도는 미수에 그쳤지만 강도시 행해진 폭행 등으로 인하여 피해자에게 상해가 발생한 경우 강도치상죄가 성립한다. 판례도 같은 입장이다. 위험한 물건인 전자충격기를 사용하여 강간을 시도하다가 미수에 그치고, 피해자에게 약 2주간의 치료를 요하는 안면부 좌상 등의 상해를 입힌 경우 성폭

력처벌법의 특수강간치상죄가 성립한다.[70]

| 판례 | 강간은 미수에 그쳤으나 상해가 발생한 경우 |

【판결요지】 [1] 성폭력범죄의 처벌 및 피해자보호 등에 관한 법률 제9조 제1항에 의하면 같은 법 제6조 제1항에서 규정하는 특수강간의 죄를 범한 자뿐만 아니라, 특수강간이 미수에 그쳤다고 하더라도 그로 인하여 피해자가 상해를 입었으면 특수강간치상죄가 성립하는 것이고, 같은 법 제12조에서 규정한 위 제9조 제1항에 대한 미수범 처벌규정은 제9조 제1항에서 특수강간치상죄와 함께 규정된 특수강간상해죄의 미수에 그친 경우, 즉 특수강간의 죄를 범하거나 미수에 그친 자가 피해자에 대하여 상해의 고의를 가지고 피해자에게 상해를 입히려다가 미수에 그친 경우 등에도 적용된다.

[2] 위험한 물건인 전자충격기를 사용하여 강간을 시도하다가 미수에 그치고, 피해자에게 약 2주간의 치료를 요하는 안면부 좌상 등의 상해를 입힌 사안에서, 성폭력범죄의 처벌 및 피해자보호등에 관한 법률에 의한 특수강간치상죄가 성립한다고 본 사례 (대법원 2008.4.24. 선고 2007도10058 판결)

Ⅱ. 진정 결과적 가중범의 공동정범

1. 쟁점

부진정 결과적 가중범은 기본범죄와 중한 결과에 모두 고의가 있으므로 결과적 가중범의 공동정범의 성립이 가능하다. 문제는 중한 결과에 과실이 있는 진정 결과적 가중범의 경우에도 공동정범이 성립할 수 있는가에 대하여 견해의 대립이 있다. 예를 들면 갑과 을이 A를 상해할 것을 공모하였는데, 갑이 상해치사죄를 범한 경우 다른 공동행위자 을에 대해서도 상해치사죄의 공동정범을 인정할 수 있는지의 문제이다. 이러한 문제는 과실범의 공동정범을 인정할 것인가에 따라 논의를 같이 한다.

2. 학설

가. 과실범의 공동정범을 부정하는 견해

과실범의 공정정범을 부정하는 견해에 따르면 진정 결과적 가중범의 공동정범 또한 부정되는 것이 논리적이다. 범죄공동설, 목적적 행위지배설, 기능적 행위지배설의 입장이

---

70) 대법원 2008.4.24. 선고 2007도10058 판결.

다. 진정 결과적 가중범의 공동정범을 인정하지 않으므로 행위자 전원에게 중한 결과에 대해서 과실이 있는 경우 기본범죄인 고의범의 공동정범과 중한 결과인 과실범의 동시범이 성립한다. 일부의 행위자에게만 중한 결과에 대해서 과실이 있는 경우 그 자에 한하여 결과적 가중범이 성립한다.

나. 과실범의 공동정범을 긍정하는 견해

과실범의 공정정범을 긍정하는 견해에 따르면 진정 결과적 가중범의 공동정범 또한 긍정되는 것이 논리적이다. 행위공동설, 공동행위주체설, 기능적 행위지배설의 입장으로 공동정범 전원이 중한 결과에 대해서 과실이 있는 경우 결과적 가중범의 공동정범이 성립한다. 일부의 행위자에게만 중한 결과에 대해서 과실이 있는 경우 과실 없는 자의 기본범죄와 과실 있는 자의 결과적 가중범의 공동정범이 성립한다.

3. 판례

대법원 판례는 과실범의 공동정범을 긍정하기 때문에 진정 결과적 가중범의 공동정범 또한 긍정한다. 대법원 판례에 따르면 "결과적 가중범인 상해치사죄의 공동정범은 폭행 기타의 신체침해 행위를 공동으로 할 의사가 있으면 성립되고 결과를 공동으로 할 의사는 필요 없으며,"[71] "여러 사람이 상해의 범의로 범행 중 한 사람이 중한 상해를 가하여 피해자가 사망에 이르게 된 경우 나머지 사람들은 사망의 결과를 예견할 수 없는 때가 아닌 한 상해치사의 죄책을 면할 수 없다"고 한다.[72]

결과적 가중범의 공동정범은 기본행위를 공동으로 할 의사가 있으면 성립하고 결과를 공동으로 할 의사는 필요 없으며,[73] 중한 결과에 대하여 예견가능성이 있으면 결과적 가중범의 공동정범이 성립한다는 입장이다. 이에 대한 자세한 설명은 공동정범에서 한다.

Ⅲ. 결과적 가중범의 교사·방조

기본범죄에 대하여 교사한 자, 방조한 자가 정범의 행위와 별도로 중한 결과에 대해서 스스로의 과실이 있다면 결과적 가중범의 교사, 방조범이 성립한다.

---

71) 대법원 1978.1.17. 선고 77도2193 판결; 대법원 1993.8.24. 선고 93도1674 판결.
72) 대법원 2000.5.12. 선고 2000도745 판결.
73) 대법원 1997.10.10. 선고 97도1720 판결.

CHAPTER 03 부작위범

> 제18조(부작위범) 위험의 발생을 방지할 의무가 있거나 자기의 행위로 인하여 위험발생의 원인을 야기한 자가 그 위험발생을 방지하지 아니한 때에는 그 발생된 결과에 의하여 처벌한다.

제1절 서설

I. 작위·부작위의 개념

1. 작위

작위(作爲)는 물리적으로 볼 때 일정한 신체운동을 하는 적극적 태도를 말하지만, 형법에서 말하는 작위는 규범적 의미로 파악하여야 한다. 따라서 작위는 규범적으로 금지되어 있는 것을 하는 것을 말한다. 즉 금지규범을 위반하는 것이 작위이다.

2. 부작위

부작위(不作爲)는 물리적으로 볼 때 일정한 신체운동을 하지 않는 소극적 태도를 말한다. 하지만 형법에서 말하는 부작위는 단순히 아무것도 하지 않는 무위(無爲)·정지가 아니라 규범적 의미로 파악하여야 한다. 따라서 부작위는 규범적으로 요구되는 것을 하지 않는 것을 말한다. 즉 명령규범을 위반하는 것이 부작위이다.

Ⅱ. 부작위의 행위성

인과적 행위론에 의하면 부작위는 거동성이 없기 때문에 행위성이 부정된다. 목적적 행위론에 의하면 부작위는 목적적 행위지배가 없기 때문에 부작위의 행위성이 부정된다. 부작위에는 목적성의 징표라고 할 수 있는 목적달성을 위한 의사활동과 인과과정에 대한 목적적 조종이 없기 때문이다. 사회적 행위론에 의하면 부작위는 법적 행위기대라는 규범적 가치판단요소에 의하여 사회적 중요성을 가지는 인간의 행태가 되기 때문에 부작위의 행위성이 인정된다.

Ⅲ. 작위와 부작위의 구별

1. 쟁점

작위범과 부작위범은 행위의 가벌성의 요건에서 차이가 나기 때문에 양자를 구별할 필요가 있다.[74] 일반적으로 작위와 부작위의 구별은 겉으로 나타난 행위현상에 따라서 쉽게 구별할 수 있기 때문에 크게 문제가 되지 않는다. 그러나 하나의 행위 가운데 작위요소와 부작위요소가 동시에 포함되어 있는 경우에는 구별이 쉽지 않다. 예를 들면 의사가 말기 암 환자에게 부착되어 있는 생명유지장치의 전원을 끊어버린 경우 작위인지 아니면 부작위인지가 문제된다. 살해행위를 해서는 안 된다는 금지규범을 위반한 것인지, 아니면 환자를 치료하라는 명령규범을 위반한 것인지가 문제된다. 작위와 부작위의 구별기준에 대하여 견해의 대립이 있다.

2. 학설

가. 원칙적 작위이론

이 이론은 작위를 원칙적인 것으로 보고, 부작위는 보충적으로 적용된다고 보는 견해이다. 작위와 부작위의 구별이 분명하지 않을 때에는 먼저 작위를 평가의 대상으로 삼은 후 작위범이 성립하지 않는다고 결론이 내려진 경우에만 다시 부작위를 심사해야 한다는 견해이다. 이 이론에 따르면 부작위는 작위에 대해 법조경합 중 보충관계에 있다.[75]

---

74) 부작위범은 작위범에 비하여 이론적 구성이 복잡하다. 부작위범이 성립한다는 것을 증명하려면 피고인의 보증인적 지위와 보증의무, 부작위의 행위동가치성, 부작위와 결과 사이의 인과관계 등을 입증해야 하기 때문이다.

75) 이재상/장영민/강동범, 131면; 배종대, 550면; 손동권/김재윤, 395면.

이 견해는 작위와 부작위의 구별에 있어서 적극적인 구별기준을 마련하려는 노력을 포기하였으며, 작위와 부작위의 관계를 보충관계로 보는 실정법적 근거를 제시하지 못하고 있다. 또한 작위부터 심사하게 되면 범죄성립 여부에 대하여 부작위범보다 쉽게 인정할 수 있게 되어 처벌범위가 부당하게 확대된다는 비판이 있다.

나. 비난의 중점이론

이 이론은 문제되는 행위의 '사회적 의미' 혹은 '법적 비난의 중점'이 어디에 있는가에 따라 작위와 부작위를 구별하려는 입장이다.[76] 행위의 사회적 의미를 고려하여 작위와 부작위 중 어느 것을 형법적으로 중요한 행위라고 할 수 있는지를 '규범적 관점'에서 작위와 부작위를 구별하려는 견해이다.

그러나 이 이론은 어떤 행위가 작위 또는 부작위로서 사회적 의미 혹은 법적 비난의 중점을 가지는가를 확정하기 위한 구체적 기준을 제시하지 못한다는 단점이 있다. 법적 비난의 중점이라는 판단기준의 구체적 의미가 불분명하기 때문이다. 결국, 비난의 중점이 어디에 있는가 하는 문제는 판단자의 주관적 사고에 의존할 수 밖에 없고, 비난의 중점이 어디에 있는가 하는 점은 작위범 혹은 부작위범에 대한 심사를 종결한 후에 비로소 답할 수 있는 문제가 될 수 있다. 법적 비난을 어디에 둘 것인가는 법적 평가의 결과에 불과하다는 비판을 받는다.

다. 자연적 관찰방법에 따른 구별

이 이론은 자연과학적 척도에 따라 구별하려는 입장이다. 문제되는 행위와 결과 사이에 자연과학적인 의미의 인과관계가 인정되면 작위로 보며 인과관계가 존재하지 않으면 부작위로 보아야 한다는 견해로 인과관계를 중심으로 작위와 부작위를 구별한다.[77] 일정한 방향으로 에너지의 투입이 있으면 작위이고 그러한 에너지의 투입이 없으면 부작위로 보는 입장 역시 자연적 관찰방법에 따른 구별방법이다.[78]

3. 판례

작위와 부작위의 구별기준에 대하여 대법원 판례는 일관성이 있다고 보기 어렵다. 이

---

76) 김성천, 154면; 김일수/서보학, 348면; 신동운, 136면; 임웅, 560면; 정성근/박광민, 455면.
77) 김성돈, 550면, 배종대, 550면; 손동권/김재윤, 395면; 오영근, 160면; 이형국/김혜경, 493면.
78) 김성룡, 치료행위중단에 있어서 작위와 부작위의 구별, 형사판례연구 제13권, 2003, 167면; 김혁돈, 환자의 자기결정권과 치료중단, 형사법연구 제25호, 2006, 136면.

른바 보라매병원사건에서 작위와 부작위의 구별에 대하여 '행위자가 자신의 신체적 활동이나 물리적·화학적 작용'이라는 척도에 따라 판별하려는 자연적 관찰방법을 따른 것으로 볼 수 있지만, 세월호 사건에서는 "부작위는 법적 기대라는 규범적 가치판단 요소에 의하여 사회적 중요성을 가지는 사람의 행태가 되어 법적 의미에서 작위와 함께 행위의 기본 형태를 이루게" 된다고 하여 규범적 평가의 방법을 취하고 있기 때문이다.[79]

⚖️ 판례　보라매병원 사건

【판결요지】 [3] 보호자가 의학적 권고에도 불구하고 치료를 요하는 환자의 퇴원을 간청하여 담당 전문의와 주치의가 치료중단 및 퇴원을 허용하는 조치를 취함으로써 환자를 사망에 이르게 한 행위에 대하여 보호자, 담당 전문의 및 주치의가 부작위에 의한 살인죄의 공동정범으로 기소된 사안에서, 담당 전문의와 주치의에게 환자의 사망이라는 결과 발생에 대한 정범의 고의는 인정되나 환자의 사망이라는 결과나 그에 이르는 사태의 핵심적 경과를 계획적으로 조종하거나 저지·촉진하는 등으로 지배하고 있었다고 보기는 어려워 공동정범의 객관적 요건인 이른바 기능적 행위지배가 흠결되어 있다는 이유로 작위에 의한 살인방조죄만 성립한다고 한 사례.
[4] 어떠한 범죄가 적극적 작위에 의하여 이루어질 수 있음은 물론 결과의 발생을 방지하지 아니하는 소극적 부작위에 의하여도 실현될 수 있는 경우에, 행위자가 자신의 신체적 활동이나 물리적·화학적 작용을 통하여 적극적으로 타인의 법익 상황을 악화시킴으로써 결국 그 타인의 법익을 침해하기에 이르렀다면, 이는 작위에 의한 범죄로 봄이 원칙이고, 작위에 의하여 악화된 법익 상황을 다시 되돌이키지 아니한 점에 주목하여 이를 부작위범으로 볼 것은 아니며, 나아가 악화되기 이전의 법익 상황이, 그 행위자가 과거에 행한 또 다른 작위의 결과에 의하여 유지되고 있었다 하여 이와 달리 볼 이유가 없다(대법원 2004.6.24. 선고 2002도995 판결).

⚖️ 판례　세월호 사건

【판결요지】 [1] 범죄는 보통 적극적인 행위에 의하여 실행되지만 때로는 결과의 발생을 방지하지 아니한 부작위에 의하여도 실현될 수 있다. 형법 제18조는 "위험의 발생을 방지할 의무가 있거나 자기의 행위로 인하여 위험발생의 원인을 야기한 자가 그 위험발생을 방지하지 아니한 때에는 그 발생된 결과에 의하여 처벌한다."라고 하여 부작위범의 성립 요건을 별도로 규정하고 있다.
자연적 의미에서의 부작위는 거동성이 있는 작위와 본질적으로 구별되는 무(無)에 지나지 아니하지만, 위 규정에서 말하는 부작위는 법적 기대라는 규범적 가치판단 요소

---

79) 대법원 2015.11.12. 선고 2015도6809 전원합의체 판결.

에 의하여 사회적 중요성을 가지는 사람의 행태가 되어 법적 의미에서 작위와 함께 행위의 기본 형태를 이루게 되므로, 특정한 행위를 하지 아니하는 부작위가 형법적으로 부작위로서의 의미를 가지기 위해서는, 보호법익의 주체에게 해당 구성요건적 결과발생의 위험이 있는 상황에서 행위자가 구성요건의 실현을 회피하기 위하여 요구되는 행위를 현실적·물리적으로 행할 수 있었음에도 하지 아니하였다고 평가될 수 있어야 한다.

나아가 살인죄와 같이 일반적으로 작위를 내용으로 하는 범죄를 부작위에 의하여 범하는 이른바 부진정 부작위범의 경우에는 보호법익의 주체가 법익에 대한 침해위협에 대처할 보호능력이 없고, 부작위행위자에게 침해위협으로부터 법익을 보호해 주어야 할 법적 작위의무가 있을 뿐 아니라, 부작위행위자가 그러한 보호적 지위에서 법익침해를 일으키는 사태를 지배하고 있어 작위의무의 이행으로 결과발생을 쉽게 방지할 수 있어야 부작위로 인한 법익침해가 작위에 의한 법익침해와 동등한 형법적 가치가 있는 것으로서 범죄의 실행행위로 평가될 수 있다. 다만 여기서의 작위의무는 법령, 법률행위, 선행행위로 인한 경우는 물론, 신의성실의 원칙이나 사회상규 혹은 조리상 작위의무가 기대되는 경우에도 인정된다(대법원 2015.11.12. 선고 2015도6809 전원합의체 판결).

IV. 구체적인 적용례 – 비난의 중점이론을 중심으로

1. 과실범의 경우

과실범의 경우 주의의무위반행위(작위)가 동시에 작위의무를 다하지 않은 것(부작위)으로 평가될 수 있다. 이 경우 요구된 주의의무는 오직 작위의 무해성을 유지하기 위한 것이기 때문에 법적 평가의 중점은 작위에 주어진다. 예를 들면 야간에 전조등을 켜지 않고 차를 몰고 가던 운전자가 행인을 친 경우, 상해라는 결과에 대한 비난의 중점은 전조등을 켜지 않은 부작위에 있는 것이 아니라 전조등 없이 운전한 작위에 있다. 또한 스프링 쿨러와 같은 방화설비나 비상계단과 같은 피난설비를 갖추지 않은 채 호텔을 경영하다가 호텔 화재로 사상자를 낸 경우 호텔경영자에 대한 비난의 중점은 안전설비를 갖추지 않았다는 부작위에 있는 것이 아니라 화재사고예방에 대한 감독부주의라는 작위에 있다.

2. 원인에서 자유로운 부작위

원인에서 자유로운 부작위(omissio libera in causa)는 부작위로 평가된다. 철도건널목

관리인이 일부러 술을 먹고 차단기를 내리는 의무를 다하지 못하여 사고를 낸 경우에는 부작위로 평가된다. 관리인이 부작위를 한 이유가 중요한 것이 아니라 그가 요구된 활동을 하지 않았다고 하는 사실이 중요하기 때문이다.

3. 타인의 구조활동을 적극적으로 저지시키거나 중단시킨 행위

타인의 구조활동을 적극적으로 저지시키거나 중단시킨 행위는 비록 부작위요소가 있다 해도 법적으로 작위로 평가된다. 법적 비난의 중점이 인과적인 사건진행의 적극적인 조종 내지 변형에 있기 때문이다. 예를 들면 물에 빠진 A에게 구명대를 던져 구조하려는 B를 갑이 폭력으로 저지한 경우 또는 B가 던진 구명대를 갑이 거둬들인 경우 갑은 작위에 의한 살인죄가 성립한다.

4. 자신의 구조활동의 효과를 사후에 적극적으로 무효화시킨 경우

예를 들면 갑이 우물 속에 빠진 A를 구조하기 위하여 밧줄을 던졌으나 A가 자신의 딸을 폭행하던 전과자라는 사실을 알자 A가 밧줄을 잡기 전에 그것을 다시 거두어 올린 경우와(사례1) A가 밧줄을 잡자 갑이 그 밧줄을 놓아 버린 경우(사례2)를 나누어서 보자. 이 사례의 경우 구조수단이 이미 구조를 받은 자의 영역에 도달하였느냐가 중요한 기준이 된다.

구조수단이 구조를 받는 자의 영역에 도달한 뒤에 행위자가 취한 무효화 또는 저지행위는 상대방으로부터 자신의 구조활동의 효과를 빼앗는 것으로서 결과적으로 타인의 구조활동을 무효화시키는 것과 같은 정도의 평행성을 지닌다. 이 경우 작위로 평가해야 한다. 따라서 사례 2의 경우 갑은 작위에 의한 살인죄가 성립한다.

반면 구조수단이 아직 구조를 받는 자의 영역에 도달하지 못하였거나 또는 실효를 나타내기 전에 행위자가 그 구조수단을 무효화시킨 경우에는 부작위로 평가해야 한다. 따라서 사례 1의 경우 갑은 부작위에 의한 살인죄가 성립하며, 만약 갑에게 보증인적 지위가 없다면 무죄가 된다.

제2절 **부작위범의 종류**

Ⅰ. 진정 부작위범

　　진정 부작위범은 일정한 작위를 하지 않는 것 자체를 범죄로 규정하고 있는 경우와 같이 법문의 규정형식이 부작위로 예정된 구성요건을 행위자가 부작위로 실현하는 범죄이다. 즉 부작위형태로 규정되어 있는 구성요건을 행위자가 부작위행위로 실현하는 경우이다.

　　현행 형법상 전시군수계약불이행죄($^{제103조}_{제1항}$), 다중불해산죄(제116조), 전시공수계약불이행죄($^{제117조}_{제1항}$), 집합명령위반죄($^{제145조}_{제2항}$), 퇴거불응죄($^{제319조}_{제2항}$), 국가보안법의 불고지죄(제10조) 등이 이에 해당한다.

Ⅱ. 부진정 부작위범

　　부진정 부작위범은 법규정이 작위로 실현될 것을 예정해두고 있는 구성요건을 행위자가 부작위로 실현하는 범죄이다. 부작위에 의한 작위범이라고도 부른다. 예를 들면 살인죄의 경우 구성요건이 '사람을 살해한' 것과 같이 작위형태로 규정되어 있지만 행위자가 이를 부작위로 실현하는 것을 말한다. 즉 작위형태로 규정되어 있는 구성요건을 행위자가 부작위행위로 실현하는 경우이다.

Ⅲ. 양자의 구별기준

　　진정 부작위범과 부진정 부작위범을 구별하는 기준에 대해서는 다음과 같은 견해의 대립이 있다.

1. 학설

　　형식설은 실정법의 규정형식에 따라서 구별하는 견해이다. 진정 부작위범은 법률에 '…하지 않는 자는'과 같이 명문으로 부작위를 처벌하도록 규정한 경우이며, 부진정 부작위범은 법률상의 규정형식은 '…한 자는'과 같이 작위범이지만 이를 부작위에 의해서도 실행될 수 있는 범죄라고 보는 견해이다.[80]

실질설은 범죄의 내용과 성질을 검토하여 실질적인 관점에서 구별하는 견해이다.[81] 진정 부작위범은 요구된 행위를 단순히 부작위함으로써 성립되는 범죄로서 거동범이며, 부진정 부작위범은 부작위이외에 구성요건적 결과의 발생이 있어야 성립되는 범죄로서 결과범이라고 보는 견해이다.

2. 판례

진정 부작위범과 부진정 부작위범의 구별에 대하여 대법원은 형벌법규의 조문구성 형식 및 취지를 기준으로 하는 형식설의 입장이다.

⚖ 판례 　형식설의 입장

【판결요지】 공중위생관리법(2008. 2. 29. 법률 제8852호로 개정되어 2008. 6. 15. 시행되기 전의 것) 제3조 제1항 전단은 "공중위생영업을 하고자 하는 자는 공중위생영업의 종류별로 보건복지부령이 정하는 시설 및 설비를 갖추고 시장·군수·구청장에게 신고하여야 한다"고 규정하고, 같은 법 제20조 제1항 제1호는 '제3조 제1항 전단의 규정에 의한 신고를 하지 아니한 자'를 처벌한다고 규정하고 있는바, 그 규정 형식 및 취지에 비추어 신고의무 위반으로 인한 공중위생관리법 위반죄는 구성요건이 부작위에 의하여서만 실현될 수 있는 진정부작위범에 해당한다(대법원 2008.3.27. 선고 2008도89 판결).

⚖ 판례 　형식설의 입장

【판결요지】 게임산업진흥에 관한 법률(이하 '게임법'이라고 한다) 제26조 제2항은 "청소년게임제공업 또는 인터넷컴퓨터게임시설제공업을 영위하고자 하는 자는 문화체육관광부령이 정하는 시설을 갖추어 시장·군수·구청장에게 등록하여야 한다."고 규정하고 있고, 게임법 제45조 제2호는 '제25조 또는 제26조 제1항·제2항·제3항 본문의 규정을 위반하여 허가를 받지 아니하거나 등록을 하지 아니하고 영업을 한 자'를 처벌한다고 규정하고 있다. 위 규정형식 및 취지에 비추어 볼 때, 게임법 제45조 제2호 위반은 청소년게임제공업 등을 영위하고자 하는 자가 등록의무를 이행하지 아니하였

---

80) 김성돈, 556면; 김성천, 156면; 김일수/서보학, 353면; 김혜정/박미숙/안경옥/원혜욱/이인영, 75면; 배종대, 551면; 손동권/김재윤, 393면; 신동운, 140면; 오영근, 163면; 이형국/김혜경, 496면; 임웅, 561면; 정성근/박광민, 471면.
81) 박상기/전지연, 57면.

다는 것만으로 구성요건이 실현되는 것은 아니고, 나아가 영업을 하였다는 요건까지 충족되어야 비로소 구성요건이 실현되는 것이므로 이를 진정부작위범으로 볼 것은 아니다(대법원 2011.11.10. 선고 2010도11631 판결).

【해설】게임법의 해당규정의 구성요건적 행위는 '등록하지 않고 영업하는 행위'이다. 부작위행위와 작위행위가 모두 하나의 구성요건에 있는 것이다. 판례는 이러한 유형에 대하여 '영업행위'가 있어야 범죄가 성립하는 것이므로 진정 부작위범은 아니라고 한다.

3. 결론

우리나라 형법의 해석상 실질설의 주장과 같이 진정 부작위범은 거동범이며 부진정 부작위범은 결과범이라는 결론이 언제나 인정되는 것은 아니다. 우리 형법의 해석상 진정 부작위범의 결과범도 성립 가능하며, 부진정 부작위범의 거동범도 성립 가능하다. 폭행죄나 모욕죄와 같이 거동범에 해당하지만 작위는 물론 부작위에 의해서도 실현될 수 있는 범죄가 있기 때문이다. 따라서 형식설에 따라 법조문 규정 형식 및 취지를 기준으로 진정 부작위범과 부진정 부작위범을 구분하는 것이 타당하다.

Ⅳ. 양자의 구별실익

진정 부작위범은 누구나 범죄의 주체가 될 수 있으므로 신분범이 아니지만, 부진정 부작위범은 보증인만이 주체가 될 수 있으므로 신분범이다. 따라서 진정 부작위범의 경우 행위주체에 제한이 없지만, 부진정 부작위범의 경우 행위주체는 보증인적 지위에 있는 자만이 해당한다.

진정 부작위범은 일정한 부작위만 있으면 범죄가 성립하는 거동범인 경우가 많지만, 부진정 부작위범은 부작위를 통하여 구성요건적 결과가 발생해야 하기 때문에 결과범이다. 앞서 설명한 바와 같이 진정 부작위범은 거동범이며 부진정 부작위범은 결과범이라는 결론이 언제나 인정되는 것은 아니다.

진정 부작위범은 부작위를 통하여 법률이 요구하는 작위를 하지 아니한 것이므로 '명령규범'을 위반한 것이지만, 부진정 부작위범은 부작위를 통하여 법률이 금지하는 결과를 야기한 것이므로 '금지규범'을 위반한 것이다.[82] 진정 부작위범은 부작위를 통하여 '부작

---

82) 김성돈, 556면; 이상돈, 220면.

위범의 구성요건'을 실현하는 것이며, 부진정 부작위범은 부작위를 통하여 '작위범의 구성요건'을 실현하는 것이다.

제3절 진정 부작위범의 성립요건

행위	구성요건해당성		위법성	책임
	객관적 구성요건	주관적 구성요건		
일반적 행위 가능성에 대한 검토	1. 행위주체: 제한없음 2. 행위객체 3. 구성요건적 부작위행위 ① 구성요건적 상황 ② 명령된 행위의 부작위 ③ 개별적 행위가능성 4. 구성요건적 결과 X 5. 인과관계 X	1. 고의 2. 특별한 주관적 표지	1. 객관적 정당화요소 2. 주관적 정당화요소	1. 책임능력 2. 위법성의 인식 3. 기대가능성 4. 특별한 책임표지

I. 일반적 행위가능성

행위자가 규범이 요구하는 작위를 객관적으로 할 수 있는 일반적인 형편과 처지에 놓여 있었는가의 문제이며 인간 일반에게 가능한 행위인가의 문제이다. 일정한 시간적, 장소적 상황과 연관되어 있는 것이 보통이다. 예를 들면 아버지는 서울에 있고 아이가 부산에서 익사하여 사망한 경우에 있어서 서울에 있는 아버지가 아들을 구할 수 있는 '일반적' 행위가능성이 없기 때문에 아버지가 아들을 구하지 않은 행위는 부작위가 아니라 형법상 의미 없는 행위이다.

Ⅱ. 구성요건

1. 부작위행위

가. 의의

부작위는 규범적으로 요구되는 행위를 하지 않는 것을 말한다. 보호법익의 주체인 피해자에게 해당 구성요건적 결과발생의 위험이 있는 상황에서(작위가 요구되는 상황) 행위자가 현실적·물리적으로 행할 수 있었음에도(개별적 행위가능성), 구성요건의 실현을 회피하기 위하여 요구되는 행위를 하지 아니한 것이다(명령된 행위의 부작위). 따라서 부작위행위가 되기 위해서는 ① 작위가 요구되는 구성요건적 상황, ② 명령된 행위의 부작위, ③ 개별적 행위가능성에 대한 검토가 필요하다.

나. 작위가 요구되는 구성요건적 상황

구성요건적 상황은 작위의무의 내용을 인식할 수 있는 사실관계를 말한다. 이러한 상황에 놓여 있는 자는 일정한 작위를 해야 할 의무를 지게 된다.

진정 부작위범의 경우 작위가 요구되는 구성요건적 상황이 형법각칙의 구성요건에 규정되어 있다. 예를 들면 집합명령위반죄의 경우 '천재, 사변 기타 법령에 의해 잠시 해금된 경우', 전시군수계약불이행죄의 경우 '전쟁 또는 사변', 퇴거불응죄의 경우 '사람의 주거 등에서 퇴거요구를 받는 것'이 구성요건적 상황에 해당한다.

하지만, 부진정 부작위범의 경우 작위가 요구되는 구성요건적 상황이 형법각칙의 구성요건에 규정되어 있지 않다. 여기에서 부작위범의 동가치성이라는 문제가 발생한다.

다. 명령된 행위의 부작위

행위자가 명령규범에 의하여 요구된 행위를 하지 않은 때, 즉 명령규범의 위반이 있어야 한다. 물에 빠진 아이를 구하지 않은 아버지의 경우 아이를 구조해야 함에도 불구하고(명령된 행위) 구조하지 않은 경우(부작위)에 명령된 행위의 부작위가 인정된다. 하지만 행위자가 명령된 행위를 하였지만 결과발생을 저지하지 못한 경우에는 고의에 의한 부작위범은 성립할 수 없다. 하지만 과실에 의한 부작위범은 성립할 가능성이 있다.

라. 개별적 행위가능성

개별적 행위가능성은 구체적 행위자가 규범이 요구하는 작위를 객관적으로 할 수 있는 능력을 말한다. 개별적 행위가능성은 명령, 요구된 행위를 수행하기 위한 외적 조건(현장성, 적절한 구조수단의 존재) 및 신체적 능력(신체조건의 구비, 기술적인 지식, 일정한 지능 등), 정신적 능력이 필요하다. 예를 들면 물에 빠진 아들을 구하지 못한 신체장애인인 아버지의 경우 아들을 구조할 수 있는 개별적 행위가능성이 없다.[83]

⚖ 판례 퇴직금 체불사건

【사실관계】 피고인 갑은 1990.9.19. 서울민사지방법원에 의하여 주식회사 대도상사의 보전관리인으로 선임된 후 임금 및 퇴직금의 체불없이 인원감축, 경영축소 등 갱생을 위하여 노력하였다. 그런데, 위 회사의 대표이사인 공소외 을이 유가증권위조죄등으로 구속기소되자 거래처들과 회사 직원들의 동요가 한층 심각해지던 중 1990.11.15. 법원에서 갱생가능성이 없다는 이유로 위 회사에 대한 회사정리절차개시결정신청이 기각되어, 회사의 경영은 걷잡을 수 없게 되고 결국 1991년부터는 급격히 늘어나는 퇴직자들의 퇴직금을 지급할 수 없게 되었다. 이에 퇴직금을 받지 못한 직원들이 갑을 근로기준법 제30조, 제109조의 퇴직금지급의무를 위반하였다고 고소하였다. 갑의 죄책은?

【판결요지】 근로기준법 제109조, 제30조에서 규정하는 퇴직금 등의 기일내 지급의무는 사용자로 하여금 기일 내에 퇴직금을 근로자에게 어김없이 지급하도록 강제함으로써 근로자의 생활안정을 도모하고자 하는 데에 그 입법취지가 있으므로 사용자가 퇴직금 지급을 위하여 최선의 노력을 다하였으나 경영부진으로 인한 자금사정 등으로 도저히 지급기일 내에 퇴직금을 지급할 수 없었던 불가피한 사정이 인정되는 경우에는 위와 같은 퇴직금체불의 죄책을 물을 수 없다고 할 것이다(대법원 1993.7.13. 선고 92도2089 판결).

【해설】 현행 근로기준법 제36조에 의하면 "사용자는 근로자가 사망 또는 퇴직한 경우에는 그 지급 사유가 발생한 때부터 14일 이내에 임금, 보상금, 그 밖의 모든 금품을 지급하여야 한다. 다만, 특별한 사정이 있을 경우에는 당사자 사이의 합의에 의하여 기일을 연장할 수 있다." 또한 이 규정을 위반한 경우에는 동법 제109조에 의해 처벌하게 되어 있다. 부작위범의 성립요건은 ① 구성요건적 상황의 존재 ② 명령된 행위의 부작위 ③ 개별적 행위가능성이 있어야 한다. 이 사건의 경우 ①과 ②는 충족되었다고 볼 수 있지만 ③의 요건이 갖추었다고는 볼 수 없다. 즉 사용자가 퇴직금 지급을 위하여 최선의 노력을 다하였으나 경영부진으로 인한 자금사정 등으로 도저히 지급기일 내에 퇴직금을 지급할 수 없었던 불가피한 사정이 인정되어 사용자의 경우 부작위범으로서의 죄책을 물을 수 없다.

---

83) 개별적 행위가능성은 일반적 행위가능성과 구별된다. 개별적 행위가능성은 진정 부작위범과 부진정 부작위범에 공통되는 요건임에 반하여, 일반적 행위가능성은 구성요건이전 단계인 '행위'에 관한 문제이다.

2. 인과관계

형법상 진정 부작위범은 거동범의 형식으로 규정되어 있으므로 구성요건적 결과 발생이 필요하지 않다. 따라서 진정 부작위범의 경우 이론상 기수·미수의 구별이 없으며, 인과관계도 판단할 필요가 없다.[84] 하지만 부진정 부작위범은 구성요건적 결과 발생이 필요한 결과범적 성격을 갖기 때문에 인과관계에 대해서 심사해야 한다.

3. 부작위에 대한 고의

진정 부작위범의 고의가 인정되려면 행위자가 작위의무를 이행하여야 할 상황을 인식하고도 부작위를 의식적으로 감행하여야 한다. 부작위고의는 작위범의 고의에 상응한 개념으로 고의와 동일하다.

이론상 진정 부작위범은 과실을 통해서도 실현될 수 있지만, 형법은 과실에 의한 진정 부작위범을 처벌하는 규정을 두고 있지 않다.

III. 위법성

구성요건해당성은 위법성을 징표하며, 행위자에게 정당방위 등과 같은 위법성조각사유가 존재하면 위법성이 조각된다. 부작위범에 특유한 위법성조각사유에는 의무의 충돌이 있다.[85] 이 경우 높은 가치의 의무이행이 있으면 위법성이 조각된다.

IV. 책임

작위범의 경우와 마찬가지로 부작위범의 경우에도 책임능력, 위법성의 인식이 있어야 하며, 적법행위에 대한 기대불가능성과 같은 책임조각사유가 존재하지 않아야 한다.

---

84) 형법 제319조 제2항의 퇴거불응죄는 진정 부작위범임에도 불구하고 이에 대해서 미수범 처벌규정이 있다. 이로 인하여 언제 미수가 될 수 있는가에 대해서 해석상 논란이 있다.

85) 이에 대한 자세한 설명은 긴급피난을 참조하라.

제4절 부진정 부작위범의 성립요건

I. 일반적 행위가능성

진정 부작위범의 일반적 행위가능성에 대한 설명과 같다.

II. 구성요건적 부작위 - 부작위의 동치성

진정 부작위범의 경우 구성요건적 상황이 구성요건에 규정되어 있지만, 부진정 부작위범의 경우 형법각칙의 구성요건에 규정되어 있지 않다. 여기에서 부작위범의 동치성(同置性)이 문제 된다.

부진정 부작위범은 부작위에 의하여 작위범의 구성요건을 실현하는 것이므로 부작위범의 일반적인 구성요건을 구비해야 할 뿐만 아니라, 그 부작위가 작위에 의하여 실현된 것과 같이 평가할 수 있어야 한다.

동치성의 두 가지 요소인 '보증인적 지위'와 '실행행위의 동가치성'이 있어야 한다. 구성요건에 해당하는 결과를 방지하지 않은 자가 결과의 발생을 방지할 의무가 있는 자(보증인)이어야 한다. '보증인적 지위'는 동치성의 제1요소이다. 또한 부작위는 작위에 의한 구성요건의 실현과 같이 평가할 수 있어야 한다. '실행행위에 있어서 동가치성'을 의미하며 동치성의 제2요소이다.

III. 보증인적 지위(동치성의 제1요소)

1. 의의

보증인적 지위는 일정한 법익과 특수하고도 밀접한 관계를 맺고 있어서 그 법익이 침해되지 않도록 보증 또는 보장해 주어야 할 지위를 말하며, 위험발생을 방지해야 할 법적 의무를 '보증인 의무'라 하고, 보증인 의무를 발생시키는 지위를 '보증인 지위'라고 한다. 보증인적 지위는 부진정 부작위범의 기술되지 아니한 구성요건요소이며, 객관적 행위자표지이다. 따라서 부진정 부작위범은 진정신분범의 특성을 가진다.

보호법익의 주체가 위협되는 침해에 대하여 스스로 보호할 능력이 없어야 한다. 부작위범에게 그 위험으로부터 법익을 보호해야 할 특별한 법적 의무(작위의무)가 있어야 한다. 부작위범이 이러한 지위에서 법익침해를 일으키는 사태를 지배하고 있어야 한다.

2. 보증인 의무의 체계적 지위

가. 구성요건요소설(보증인설)

이 견해는 보증인의 부작위만이 작위에 의한 구성요건의 실현과 동가치로 인정되어 작위범의 구성요건에 해당하게 된다는 견해로 보증인 지위, 보증인 의무 모두 구성요건요소로 이해한다. 따라서 부진정 부작위범은 보증인에 의하여만 범할 수 있는 진정신분범이 된다.

그러나 형법의 다른 법적 의무는 모두 위법성의 요소로 보면서 부진정 부작위범의 작위의무만을 구성요건요소로 보는 것은 일관된 논리라고 할 수 없다는 비판이 있다.

나. 위법성요소설

부진정 부작위범에 있어서는 구성요건에서 무엇을 하여야 할 것인가를 예정하고 있지 않기 때문에 작위범의 경우와는 달리 구성요건해당성은 위법성을 징표할 수 없고, 작위의무위반이 인정될 때 비로소 그 행위가 위법이 되어 동가치성이 인정된다는 견해이다.

그러나 모든 구성요건은 위법성추정기능이 있다고 하면서 부진정 부작위범에 한하여 이를 부정하는 것은 범죄체계론의 일관성을 해치며, 작위의무 없는 자의 부작위도 부진정 부작위범의 구성요건에 해당하게 되어 구성요건해당성을 부당하게 확대시킨다는 비판이 있다.

다. 이원설

보증인 지위와 보증인 의무를 구별하여, 보증인 지위는 부진정 부작위범의 구성요건요소이지만 보증인 의무는 위법성의 요소로 보는 견해로 통설의 입장이다. 보증인 지위에 있는 자의 부작위만이 구성요건에 해당하게 되므로 위법성요소설의 결함을 시정하며, 보증인 의무 자체를 위법요소로 이해하여 구성요건요소설의 결함도 시정하게 된다. 따라서 보증인 지위에 대한 착오는 구성요건적 착오로 고의를 조각하지만, 보증인 의무의 착오는 금지착오에 해당하며 착오에 정당한 이유가 있다면 책임을 조각하게 된다.

예를 들면 아버지 갑이 물에 빠진 A가 자신의 자녀인 것을 모르고 있는 경우에는 구성요건적 착오로 고의를 조각하지만, 아버지 갑이 자신은 자신의 자녀 A에 대한 구조의무가 없다고 착오한 경우에는 금지착오에 해당하여 오인에 정당한 이유가 있다면 책임이 조각된다.

3. 보증인 지위의 발생근거

가. 쟁점

형법 제18조는 위험의 발생을 방지할 의무가 있거나 자기의 행위로 인하여 위험발생의 원인을 야기한 자가 그 위험발생을 방지하지 아니한 때에는 그 발생된 결과에 의하여 처벌한다고 규정하고 있다. 제18조는 보증인지위의 발생근거에 대하여 위험발생방지의무(전단)와 선행행위로 인한 작위의무(후단)만을 규정하고 있을 뿐이며, 구체적 근거는 학설에 맡기고 있다.

나. 학설
(1) 형식설

형식설은 작위의무의 실질적 내용보다 그 형식에 중점을 두어 작위의무를 확정하려는 견해이다.[86] 보증인지위의 발생근거를 법령, 법률행위(계약, 사무관리), 선행행위, 사회상규, 신의성실, 관습, 조리로 파악한다. 형식설의 본래적 유형은 법령과 법률행위, 선행행위만을 인정할 수 있을 뿐이다. 결국 형식설을 철저히 따르면 그 형식적 기준에 얽매여 보증인지위를 지나치게 좁게 인정하게 된다(보증인지위의 협소성). 이러한 협소성을 극복하기 위하여 초법규적 근거인 조리까지 도입하게 되었는데, 역설적으로 작위의무가 윤리화하여 처벌범위가 확대될 위험이 있다. 형법적 작위의무 위반의 문제를 형법이외의 사법적 의무에까지 확대하는 것은 바람직하지 않다. 민사적으로 해결할 수 있는 문제를 형법으로 해결하게 될 수 있어 형법의 최후수단성의 원칙에 반할 우려가 있다.

(2) 실질설(기능설)

보증인 의무를 '보호의무'와 '안전의무'로 구별하는 견해이다. 보호의무는 외부의 위험으로부터 일정한 법익을 보호해야 할 의무이며 안전의무는 일정한 위험원이 외부로 나가지 않도록 감시해야 할 의무로 본다. 보호의무와 안전의무의 개념이 반드시 명확한 것은 아니므로 보증인 의무가 확대될 위험이 있다.

---

86) 배종대, 553면.

(3) 결합설

이 견해는 형식설과 실질설을 결합하는 견해로 학자에 따라 그 설명방식이 다르다.[87] 형식설의 분류와 실질설의 분류를 병렬시켜 설명하는 방법, 형식설의 분류를 취하면서 실질설의 관점을 보완해야 한다는 방법, 실질설의 관점에서 설명하는 방법 등이 있다.

> **📋 심화내용 외국의 입법례**
>
> 오스트리아와 스위스의 경우 전통적인 형식설의 입장에서 출발하지만, 새로운 사례군을 추가하면서 명료성과 한계성을 지키기 위해 실질설의 실질적 기준, 즉 보호의무와 안전의무의 관점을 끌어들이는 경향이 있다. 이에 반하여 독일의 경우 현대적인 실질설의 관점에서 출발하지만, 확대위험을 피하기 위하여 형식적 분류관점을 고려하는 경향이 있다.

다. 판례

판례에 따르면 작위의무는 법적인 의무이어야 하므로 단순한 도덕상 또는 종교상의 의무는 포함되지 않으나 작위의무가 법적인 의무이라면 성문법이건 불문법이건 상관이 없고 또 공법이건 사법이건 불문한다. 또한 법령, 법률행위, 선행행위로 인한 경우는 물론이고 기타 신의성실의 원칙이나 사회상규 혹은 조리상 작위의무가 기대되는 경우에도 법적인 작위의무는 있다고 한다.[88]

> **⚖️ 판례 아들 낳는 수술사건**
>
> 【판결요지】 [1] 사기죄의 요건으로서의 기망은 널리 재산상의 거래관계에 있어 서로 지켜야 할 신의와 성실의 의무를 저버리는 모든 적극적 또는 소극적 행위를 말하는 것이고, 이러한 소극적 행위로서의 부작위에 의한 기망은 법률상 고지의무 있는 자가 일정한 사실에 관하여 상대방이 착오에 빠져 있음을 알면서도 이를 고지하지 아니함을 말하는 것으로서, 일반거래의 경험칙상 상대방이 그 사실을 알았더라면 당해 법률행위를 하지 않았을 것이 명백한 경우에는 신의칙에 비추어 그 사실을 고지할 법률상 의무가 인정되는 것이다.
>
> [2] 특정 시술을 받으면 아들을 낳을 수 있을 것이라는 착오에 빠져있는 피해자들에게 그 시술의 효과와 원리에 관하여 사실대로 고지하지 아니한 채 아들을 낳을 수 있는

---

87) 김성돈, 564면; 김성천, 163면; 김일수/서보학, 361면; 김혜정/박미숙/안경옥/원혜욱/이인영, 79면; 손동권/김재윤, 401면; 신동운, 159면; 오영근, 167면; 임웅, 574면; 정성근/박광민, 480면.

88) 대법원 1996.9.6. 선고 95도2551 판결.

시술인 것처럼 가장하여 일련의 시술과 처방을 행한 의사에 대하여 사기죄의 성립을 인정한 사례(대법원 2000.1.28. 선고 99도2884 판결).

【해설】 신의성실의 원칙을 보증인지위의 발생근거로 보았으며, 일반거래의 경험칙상 상대방이 그 사실을 알았더라면 당해 법률행위를 하지 않았을 것이 명백한 경우라면 상대방에게 고지의무가 있으며 이를 이행하지 않은 경우 '부작위에 의한 사기죄'가 성립한다고 보았다.

라. 결론

기본적으로 보호의무와 안전의무를 중심으로 보증인 의무를 구성하는 실질설이 개념적으로 유용하다. 다만 실질설에 따를 경우 개념의 불명확성으로 인하여 그 범위가 확장될 가능성이 있으므로 형법규정을 중심으로 한 법률이 그 범위의 확장을 제한할 필요가 있다.

판례가 인정하고 있는 보증인 의무의 발생근거 중 법령, 법률행위, 선행행위의 경우는 죄형법정주의 원칙상 인정될 수 있지만, 신의성실의 원칙, 사회상규, 특히 조리의 경우는 보증인 의무의 발생근거로 보는 것에 신중할 필요가 있다. 신의성실의 원칙의 경우 민법상 인정되는 개념이지만 조리는 윤리적 개념으로 보증인적 의무가 지나치게 확대될 위험이 있다. 특히 '조리상 작위의무가 기대되는 경우'까지 인정하는 것은 무리하다.

4. 보증인 의무의 내용

가. 보호의무

보호의무라고 함은 법익주체와 보증인 사이에 특별한 의존관계가 있음으로서 보증인이 법익에 대하여 특별한 보호책임을 지는 경우를 말한다. 여기에서 특별의존관계의 유형으로 법적 결합관계, 긴밀한 자연적 결합관계, 긴밀한 공동관계, 계약관계 등에 의한 보호관계, 보호기능의 인수관계로 나눌 수 있다.

(1) 법적 결합관계

법적 결합관계에 있는 경우로는 친권자와 자녀(민법 제913조의 보호의무, 제916조의 특유재산관리의무), 생계를 같이하는 친족간(민법 제974조의 상호부양의무), 부부간(민법 제826조의 상호부조의무), 금치산자와 후견인 사이(민법 제947조 제1항의 후견인의 요양의무), 동물에 대한 점유자의 감시의무(민법 제759조), 공작물에 대한 점유자·소유자의 감시의무(민법 제758조) 등이 있다.[89] 법률상 부부뿐만 아니라 사실혼 관계에 있는 경우에도 법률상 보호의무를 인정할

---

89) 김성돈, 565면; 신동운, 160면; 이상돈, 234면.

수 있지만, 혼인의 실체를 갖추지 않은 단순한 동거 또는 내연관계에 있는 경우에는 법률상 보호의무를 인정할 수 없다.[90]

예를 들면 갑이 자신의 남편 A를 독살하려는 것을 알고 아내 을이 방치한 경우 아내 을에게는 부작위에 의한 살인방조가 성립하며, 아내가 남편이 자살을 기도하여 의식을 잃고 있는 것을 보고도 그대로 방치하여 사망하게 한 경우 아내에게 자살방조가 성립한다. 하지만, 혼인관계의 파탄으로 인하여 오랜 기간 동안 별거 중이거나 이혼소송 중인 부부 사이에는 보호의무가 없다고 보는 것이 타당하다. 이러한 경우에는 부부간에 법적으로 보호가치가 있는 신뢰관계가 없기 때문이다.

(2) 긴밀한 자연적 결합관계

법적인 가족관계는 없을 지라도 긴밀한 자연적 결합관계로 인하여 보증인 지위가 인정되는 경우가 있다. 예를 들면 사실혼 또는 동거관계에 있는 자 사이, 약혼자 사이, 형제자매사이, 혼인외의 자와 아버지 사이가 이에 해당한다.

(3) 긴밀한 공동관계

긴밀한 공동관계로 탐험·등산이나 위험한 모험을 같이하는 사람 사이에는 특수한 신뢰관계가 존재하는 한 보증인 지위를 인정할 수 있다. 예를 들면 탈진한 대원에 대한 등반대장에게는 그 대원에 대한 보호의무가 발생한다. 하지만, 위험상황의 극복이 아닌 단순한 숙식공동체, 낚시·바둑 등의 동호회 등은 특별한 연대관계를 기초로 한 위험공동체가 아니기 때문에 상호 간에는 보호의무가 없다.

또한 교도시설 내의 재소자 상호 간, 군내무반의 동료군인 상호 간과 같이 비자의적 연대관계는 비록 특별한 연대관계적 공동체를 형성한다하더라도 위험공동체가 아니므로 보증인지위가 생기지 않으므로 보호의무가 없다.

(4) 계약관계 등에 의한 보호관계

고용계약에 의한 보호의무, 간호사의 환자간호의무, 경호원의 경호계약 등과 같이 명시적 계약뿐만 아니라 묵시적 계약에 의해서도 작위의무는 발생한다. 보증인 지위는 주된 계약뿐만 아니라 부수적 계약의 경우에도 발생할 수 있다. 계약의 해석상 계약관계의 목적이 달성될 수 있도록 상대방의 생명 또는 신체에 대하여 주의와 배려를 한다는 부수적 의무의 형태로도 보증인 지위는 발생할 수 있다. 뿐만 아니라 계약이 아닌 사무관리(민법 제734조)

---

90) 대법원 2008.2.14. 선고 2007도3952 판결.

에 의해서도 보호의무는 발생할 수 있다. 특히 사기죄의 '부작위에 의한 기망행위'에 대하여 법률상 고지의무가 있는 자가 사실에 대한 고지의무가 있는지에 대하여 신의성실의 원칙을 그 근거로 판단하고 있다.[91]

⚖ 판례   주점 손님 저체온증 사망사건

【판결요지】 [1] 유기죄에 관한 형법 제271조 제1항은 그 행위의 주체를 "노유, 질병 기타 사정으로 부조를 요하는 자를 보호할 법률상 또는 계약상 의무 있는 자"라고 정하고 있다. 여기서의 '계약상 의무'는 간호사나 보모와 같이 계약에 기한 주된 급부의무가 부조를 제공하는 것인 경우에 반드시 한정되지 아니하며, 계약의 해석상 계약관계의 목적이 달성될 수 있도록 상대방의 신체 또는 생명에 대하여 주의와 배려를 한다는 부수적 의무의 한 내용으로 상대방을 부조하여야 하는 경우를 배제하는 것은 아니라고 할 것이다. 그러나 그 의무 위반의 효과로서 주로 손해배상책임이 문제되는 민사영역에서와는 달리 유기죄의 경우에는 당사자의 인적 책임에 대한 형사적 제재가 문제된다는 점 등을 고려하여 보면, 단지 위와 같은 부수의무로서의 민사적 부조의무 또는 보호의무가 인정된다고 해서 형법 제271조 소정의 '계약상 의무'가 당연히 긍정된다고는 말할 수 없고, 당해 계약관계의 성질과 내용, 계약당사자 기타 관련자들 사이의 관계 및 그 전개양상, 그들의 경제적·사회적 지위, 부조가 필요하기에 이른 전후의 경위, 필요로 하는 부조의 대체가능성을 포함하여 그 부조의 종류와 내용, 달리 부조를 제공할 사람 또는 설비가 있는지 여부 기타 제반 사정을 고려하여 위 '계약상의 부조의무'의 유무를 신중하게 판단하여야 한다.

[2] 피고인이 자신이 운영하는 주점에 손님으로 와서 수일 동안 식사는 한 끼도 하지 않은 채 계속하여 술을 마시고 만취한 피해자를 주점 내에 그대로 방치하여 저체온증 등으로 사망에 이르게 하였다는 내용으로 예비적으로 기소된 사안에서, 피해자가 피고인의 지배 아래 있는 주점에서 3일 동안 과도하게 술을 마시고 추운 날씨에 난방이 제대로 되지 아니한 주점 내 소파에서 잠을 자면서 정신을 잃은 상태에 있었다면, 피고인은 주점의 운영자로서 피해자의 생명 또는 신체에 대한 위해가 발생하지 아니하도록 피해자를 주점 내실로 옮기거나 인근에 있는 여관에 데려다 주어 쉬게 하거나 피해자의 지인 또는 경찰에 연락하는 등 필요한 조치를 강구하여야 할 계약상의 부조의무를 부담한다고 판단하여 유기치사죄를 인정한 원심판결을 수긍한 사례(대법원 2011.11.24. 선고 2011도12302 판결)

【해설】 계약상 보호의무와 관련하여 계약의 주된 급부의무뿐만 아니라 계약의 부수적 급부의무에서도 보호의무가 발생한다는 판례이다. 사안의 경우 술판매계약에 있어서 피해자인 손님에게 특별한 사정이 있다면 생명·신체에 대한 보호의무가 발생한다고

---

91) 이에 대해서는 형법각론 사기의 죄 부분에서 자세히 설명한다.

보았다. 술집 주인의 보호의무를 계약상 의무에서 도출한 것이다.

(5) 보호기능의 자의적 인수관계

병원에서의 무료봉사행위, 길을 잃은 미아를 자신의 집에 데리고 온 경우와 같이 행위자의 자의적인 인수에 의해서 보호의무가 발생할 수 있다. 보호기능의 인수로 피해자를 사실상 인수하여 피해자와 인수인 사이에 보호관계가 발생한 때에도 보증인 지위가 인정된다.

여기서 중요한 것은 인수인이 일정한 보호의무를 적어도 사실상 자의로 인수했느냐의 여부이다. 따라서 일반적으로 인수관계가 계약 또는 사무관리에 의해 발생하지만 반드시 계약상 또는 그 밖의 사법상 근거를 필요로 하는 것은 아니다. 계약이 무효·취소인 때, 계약의 유효기간이 종료한 후라도 적어도 사실상 보호기능을 맡고 있으면 보증인지위도 계속된다.[92]

나. 안전의무

안전의무라고 함은 불특정 다수인의 법익을 위협하는 특정한 위험원이 있을 때, 이 위험원에 대해 특별한 통제·지배관계를 가진 자가 그 위험원으로부터 법익침해적 결과가 생기지 않도록 안전조치를 취하거나 감시해야 할 의무를 말한다.

안전의무의 유형으로는 선행행위로 인한 경우, 위험원인에 대한 감독책임이 있는 경우, 타인을 감독해야 할 책임이 있는 경우이다.

(1) 선행행위로 인한 경우

선행행위(先行行爲)로 인한 경우는 자기의 행위에 의하여 법익에 대한 '근접하고 상당한 위험을 창출'[93]한 사람은 그 법익을 침해하지 않도록 위험원을 제거하거나 법익침해결과를 방지해야 할 보증인 지위에 선다. 형법 제18조에서도 선행행위를 보증인 의무로 규정하고 있다.

예를 들면 지하시설물을 설치하기 위하여 땅을 깊게 판 자는 주위에 통행금지표지판을 세우거나 야간에 조명시설을 설치하여 위험이 구성요건적 결과로까지 실현되지 않도록 보증해야 할 보증인이 되며, 자동차운전자의 과실로 인하여 보행자에게 상해를 입힌 경우 운전자는 피해자를 구조해야 할 보증인이 되며, 중대한 과실 있는 선행행위로 화재가 발

---

92) 김일수/서보학, 362면; 신동운, 160면; 이재상/장영민/강동범, 144면.
93) 선행행위가 새로운 위험원의 발생에 직접적이고도 일반적인 적성을 갖고 있거나 위험에 전형적으로 연관된 것을 의미한다. 선행행위자의 방치가 위험의 정도나 재해의 크기를 증대시킨 경우를 포함한다.

생한 경우 불을 낸 사람은 소화조치를 취할 보증인이 된다.[94] 미성년자를 감금한 자는 탈진상태에 빠져 있는 피해자를 구조할 보증인이 되며,[95] 어린 조카를 저수지로 데리고 가서 미끄러지기 쉬운 제방쪽으로 유인하여 걷게 한 자는 물에 빠진 피해자에 대한 보증인이 된다.[96]

⚖️ 판례 주교사사건 – 부작위에 의한 살인죄

【사실관계】 피고인은 1980.11.13. 17:30경 피해자를 아파트에 유인하여 양 손목과 발목을 노끈으로 묶고 입에는 반창고를 두겹으로 붙인 다음, 양 손목을 묶은 노끈은 창틀에 박힌 씨멘트못에, 양 발목을 묶은 노끈은 방문손잡이에 각각 잡아매고 얼굴에는 모포를 씌워 포박 감금한 후 수차 그 방을 출입하던 중 같은달 15일 07:30경에 피고인이 그 아파트에 들어갔을 때에는 이미 피해자가 탈진상태에 있어 박카스를 먹여보려 해도 입에서 흘려 버릴뿐 마시지 못하기에 얼굴에 모포를 다시 덮어씌워 놓고 그대로 위 아파트에서 나와 버렸는데 그때 피고인은 피해자를 그대로 두면 죽을 것 같은 생각이 들어 병원에 옮기고 자수할 것인가, 그대로 두어 피해자가 죽으면 시체를 처리하고 범행을 계속할 것인가 아니면 스스로 자살할 것인가 등 두루 고민하다가 결국 병원에 옮기고 자수할 용기가 생기지 않아 그대로 나와 학교에 갔다가 같은 날 14:00경에 돌아와 보니 이미 피해자가 죽어 있었다.

【판결요지】 [1] 피고인이 미성년자를 유인하여 포박 감금한 후 단지 그 상태를 유지하였을 뿐인데도 피감금자가 사망에 이르게 된 것이라면 피고인의 죄책은 감금치사죄에 해당한다하겠으나, 나아가서 그 감금상태가 계속된 어느 시점에서 피고인에게 살해의 범의가 생겨 피감금자에 대한 위험발생을 방지함이 없이 포박감금상태에 있던 피감금자를 그대로 방치함으로써 사망케 하였다면 피고인의 부작위는 살인죄의 구성요건적 행위를 충족하는 것이라고 평가하기에 충분하므로 부작위에 의한 살인죄를 구성한다. [2] 피해자를 아파트에 유인하여 양 손목과 발목을 노끈으로 묶고 입에 반창고를 두 겹으로 붙인 다음 양손목을 묶은 노끈은 창틀에 박힌 시멘트 못에, 양발목을 묶은 노끈은 방문손잡이에 각각 잡아매고 얼굴에 모포를 씌워 감금한 후 수차 아파트를 출입하다가 마지막 들어갔을 때 피해자가 이미 탈진 상태에 이르러 박카스를 마시지 못하고 그냥 흘려버릴 정도였고 피고인이 피해자의 얼굴에 모포를 덮어씌워 놓고 그냥 나오면서 피해자를 그대로 두면 죽을 것 같다는 생각이 들었다면, 피고인이 위와 같은 결과발생의 가능성을 인정하고 있으면서도 피해자를 병원에 옮기지 않고 사경에 이른 피해자를 그대로 방치한 소위는 피해자가 사망하는 결과에 이르더라도 용인할 수 밖에

---

94) 대법원 2010.1.14. 선고 2009도12109 판결 참조.
95) 대법원 1982.11.23. 선고 82도2024 판결.
96) 대법원 1992.2.11. 선고 91도2951 판결.

없다는 내심의 의사, 즉 <u>살인의 미필적 고의가 있다</u>고 할 것이다(^{대법원 1982.11.23. 선고}
82도2024 판결).

⚖️ 판례　　조카살해사건

【사실관계】 피고인이 조카인 피해자 1(10세)과 2(8세)를 살해할 것을 마음먹고, 피해자들을 불러내어 미리 물색하여 둔 저수지로 데리고 가서 인적이 드물고 경사가 급하여 미끄러지기 쉬운 제방쪽으로 유인하여 함께 걷다가, 피해자 1이 가파른 물가에서 스스로 미끄러져 수심이 약 2미터나 되는 저수지 물속으로 빠졌음에도 불구하고, 그를 구호하지 않았다. 또한 앞에 걸어가고 있던 피해자 2의 소매를 잡아당겨 저수지에 빠뜨림으로써 그 자리에서 피해자들을 익사하게 하였다.

【판결요지】 [1] <u>형법이 금지하고 있는 법익침해의 결과발생을 방지할 법적인 작위의무를 지고 있는 자가 그 의무를 이행함으로써 결과발생을 쉽게 방지할 수 있었음에도 불구하고 그 결과의 발생을 용인하고 이를 방관한 채 그 의무를 이행하지 아니한 경우에, 그 부작위가 작위에 의한 법익침해와 동등한 형법적 가치가 있는 것이어서 그 범죄의 실행행위로 평가될 만한 것이라면, 작위에 의한 실행행위와 동일하게 부작위범으로 처벌할 수 있다고 할 것이다.</u>

[2] 피고인이 조카인 피해자(10세)를 살해할 것을 마음 먹고 저수지로 데리고 가서 미끄러지기 쉬운 제방쪽으로 유인하여 함께 걷다가 피해자가 물에 빠지자 그를 구호하지 아니하여 피해자를 익사하게 한 것이라면 피해자가 스스로 미끄러져서 물에 빠진 것이고, 그 당시는 피고인이 살인죄의 예비단계에 있었을 뿐 아직 실행의 착수에는 이르지 아니하였다고 하더라도, <u>피해자의 숙부로서 익사의 위험에 대처할 보호능력이 없는 나이 어린 피해자를 익사의 위험이 있는 저수지로 데리고 갔던 피고인으로서는 피해자가 물에 빠져 익사할 위험을 방지하고 피해자가 물에 빠지는 경우 그를 구호하여 주어야 할 법적인 작위의무가 있다고 보아야 할 것이고, 피해자가 물에 빠진 후에 피고인이 살해의 범의를 가지고 그를 구호하지 아니한 채 그가 익사하는 것을 용인하고 방관한 작위(부작위)는 피고인이 그를 직접 물에 빠뜨려 익사시키는 행위와 다름없다고 형법상 평가될 만한 살인의 실행행위라고 보는 것이 상당하다</u>(^{대법원 1992.2.11. 선고}
91도2951 판결).

【해설】 이 판례는 부진정 부작위범에 대한 것으로 다음과 같은 논점을 가지고 있다.

1. 부작위에 대한 정의 부분이다. 판례는 "① 형법이 금지하고 있는 법익침해의 결과발생을 방지할 법적인 작위의무를 지고 있는 자가 ② 그 의무를 이행함으로써 결과발생을 쉽게 방지할 수 있었음에도 불구하고 ③ 그 결과의 발생을 용인하고 이를 방관한 채 그 의무를 이행하지 아니한 경우"라고 정의한다.

2. 피고인의 보증인적 지위에 관한 것이다. 부진정 부작위범의 주체는 "형법이 금지하고 있는 법익침해의 결과발생을 방지할 법적인 작위의무를 지고 있는 자"이다. 대법원은 보증인적 지위의 발생근거로 ① 피고인이 피해자의 숙부라는 점, ② 익사의 위험에 대하여 대처할 능력이 없는 어린 피해자들을 익사의 위험이 있는 저수지로 데리고 간

점을 들고 있다. ①의 경우 민법 974조의 친족 간의 부양의무에 근거를 둔 것이라고 생각할 수 있는데, 이 경우에 생계를 같이하는 친족 간에만 부양의무가 인정된다. 그러나 피고인이 피해자와 생계를 같이하는 친족인지는 사실관계에 분명히 나타나 있지 않아 판단이 곤란하다.

그러나 ②의 경우에 형법 18조의 선행행위에 기한 보증인적 지위의 발생이라고 볼 수 있다. 선행행위의 경우 자기의 행위에 의하여 법익에 대한 '근접하고 상당한 위험을 창출'한 사람은 그 법익이 침해되지 않도록 위험원을 제거하거나 법익침해결과를 방지해야 할 보증인 지위에 선다. 또한 선행행위는 객관적으로 의무에 위반한 위법한 것이어야 한다. 참고로 적법한 선행행위가 있는 경우에는 보증인의무는 발생하지 않는다. 강도를 만난 행인이 오히려 정당방위로 강도에게 중상을 입힌 경우에 행위자는 피해자를 구조해야 할 보증인의무가 없다고 보는 것이 통설이다.

(2) 적법한 선행행위로 인한 보증인 의무

교통규칙을 준수하고 진행하던 자동차운전자가 갑자기 차도에 뛰어든 행인을 치어 상해를 입힌 경우 또는 강도를 만난 행인이 오히려 정당방위로 강도에게 중상을 입힌 경우에 행위자는 피해자를 구조해야 할 보증인의무가 없다. 적법한 선행행위가 있는 경우에는 원칙적으로 보증인 의무가 발생하지 않기 때문이다.

그러나 도로교통법은 사고운전자에게 비록 위법하지 않은 사고였지만 필요한 구호조치를 취하도록 하는 일반적 부조의무를 법적으로 부과하고 있다. 도로교통법 제54조에 따르면 교통사고의 경우 운전자 등은 즉시 정차하여 사상자를 구호하는 등 필요한 조치를 하여야 한다. 제54조 제1항에 따른 교통사고 발생 시의 조치를 하지 아니한 사람은 도로교통법 제148조에 따라 형사처벌된다. 운전자는 일단 일정한 부조의무를 행하지 않으면 진정 부작위범으로서 도로교통법에 의해 처벌받는 것이다. 이 의무는 교통사고를 발생시킨 차량의 운전자에게 그 사고발생에 있어서 고의·과실 혹은 유책·위법의 유무에 관계없이 부과된 의무이다.[97]

또한 과실 없는 운전자가 도로교통법상 부과된 부조의무를 행하지 않고 현장을 이탈하게 되면 공법상 부과된 부조의무를 다하지 않았기 때문에 형법상 유기죄에 해당되고, 도로교통법위반죄와 유기죄는 상상적 경합관계이다.

(3) 위험원인에 대한 감독책임이 있는 경우

위험원인에 대한 감독책임이 있는 경우 위험한 물건·시설·기계·동물소유자·점유자는

---

97) 대법원 2002.5.24. 선고 2000도1731 판결.

이로 인하여 발생한 위험이 타인의 법익을 침해하지 않도록 감독할 보증인 지위에 있다. 예를 들면 건물의 소유자, 실내야구장의 소유자, 맹견의 소유자 등은 이런 위험원으로부터 타인의 법익을 침해하지 않도록 감독해야 할 보증인 지위에 있다.

(4) 타인을 감독해야 할 책임이 있는 경우

타인을 감독해야 할 책임이 있는 경우는 특별한 신분상의 권위로 인하여 타인을 통솔할 책임이 있는 사람은 이들의 행위로 다른 사람의 법익이 침해되지 않도록 감독해야 할 보증인 지위에 있다. 미성년자에 대한 부모의 의무, 학생에 대한 교사의 감독의무, 재소자에 대한 교도관의 감독의무가 이에 해당한다.

다. 기타 법령에 의한 작위의무

작위의무가 법령에 근거하여 발생하는 경우로서 법률, 명령, 복무규정 등이 있다. 경찰관직무집행법 제4조에 따르면 경찰관은 주취자, 자살기도자, 미아, 부상자 등에 대한 보호조치의무를 규정하고 있으며, 응급의료에 관한 법률 제6조, 제8조에 따르면 의사의 진료와 응급조치의무를, 도로교통법 제54조는 "차의 운전 등 교통으로 인하여 사람을 사상하거나 물건을 손괴한 경우에는 그 차의 운전자나 그 밖의 승무원은 즉시 정차하여 사상자를 구호하는 등 필요한 조치를 하여야 한다"고 규정하여 사고운전자의 구호의무를 규정하고 있다. 이외에도 선장이나 승무원은 수상에서의 수색·구조 등에 관한 법률 제18조 제1항 단서에 의하여 조난된 사람에 대한 구조조치의무를 부담한다.

⚖ 판례 | **세월호 사건: 선장의 구조의무**

【판결요지】 [2] 선장의 권한이나 의무, 해원의 상명하복체계 등에 관한 해사안전법 제45조, 구 선원법(2015.1.6. 법률 제13000호로 개정되기 전의 것) 제6조, 제10조, 제11조, 제22조, 제23조 제2항, 제3항은 모두 선박의 안전과 선원 관리에 관한 포괄적이고 절대적인 권한을 가진 선장을 수장으로 하는 효율적인 지휘명령체계를 갖추어 항해 중인 선박의 위험을 신속하고 안전하게 극복할 수 있도록 하기 위한 것이므로, 선장은 승객 등 선박공동체의 안전에 대한 총책임자로서 선박공동체가 위험에 직면할 경우 그 사실을 당국에 신고하거나 구조세력의 도움을 요청하는 등의 기본적인 조치뿐만 아니라 위기상황의 태양, 구조세력의 지원 가능성과 규모, 시기 등을 종합적으로 고려하여 실현가능한 구체적인 구조계획을 신속히 수립하고 선장의 포괄적이고 절대적인 권한을 적절히 행사하여 선박공동체 전원의 안전이 종국적으로 확보될 때까지 적극적·지속적으로 구조조치를 취할 법률상 의무가 있다.

또한 선장이나 승무원은 수난구호법 제18조 제1항 단서에 의하여 조난된 사람에 대한 구조조치의무를 부담하고, 선박의 해상여객운송사업자와 승객 사이의 여객운송계약에 따라 승객의 안전에 대하여 계약상 보호의무를 부담하므로, 모든 승무원은 선박 위험 시 서로 협력하여 조난된 승객이나 다른 승무원을 적극적으로 구조할 의무가 있다. 따라서 선박침몰 등과 같은 조난사고로 승객이나 다른 승무원들이 스스로 생명에 대한 위협에 대처할 수 없는 급박한 상황이 발생한 경우에는 선박의 운항을 지배하고 있는 선장이나 갑판 또는 선내에서 구체적인 구조행위를 지배하고 있는 선원들은 적극적인 구호활동을 통해 보호능력이 없는 승객이나 다른 승무원의 사망 결과를 방지하여야 할 작위의무가 있으므로, 법익침해의 태양과 정도 등에 따라 요구되는 개별적·구체적인 구호의무를 이행함으로써 사망의 결과를 쉽게 방지할 수 있음에도 그에 이르는 사태의 핵심적 경과를 그대로 방관하여 사망의 결과를 초래하였다면, 부작위는 작위에 의한 살인행위와 동등한 형법적 가치를 가지고, 작위의무를 이행하였다면 결과가 발생하지 않았을 것이라는 관계가 인정될 경우에는 작위를 하지 않은 부작위와 사망의 결과 사이에 인과관계가 있다(대법원 2015.11.12. 선고 2015도6809 전원합의체 판결).

【해설】 세월호 사건에서 선장이나 승무원 등의 승객에 대한 구조의무는 해사안전법, 선원법 등과 같은 법률에 의하여 법률상 의무뿐만 아니라 동시에 선박의 해상여객운송사업자와 승객 사이의 여객운송계약에 따른 계약상 보호의무도 있다.

Ⅳ. 행태의존적 결과범에 있어서 실행행위의 동가치성 판단(동치성의 제2요소)

1. 의의

부진정 부작위범이 성립하기 위해서는 부작위가 작위에 의한 구성요건 실현과 같이 동등한 것으로 평가되어야 한다. 순수한 결과야기적 결과범과 행태의존적 결과범으로 구분하여 설명할 필요가 있다.

2. 순수한 결과야기적 결과범

순수한 결과야기적 결과범은 살인죄, 상해죄, 손괴죄와 같이 구성요건이 행위수단이나 방법을 특정하지 않고 단지 행위에 의해 일단 결과야기가 있으면 처벌하는 범죄를 말한다. 순수한 결과야기적 결과범의 경우에는 행위에 의해 일단 결과야기가 있으면 처벌하는 것이므로 실행행위의 동가치성판단이 필요하지 않다. 보증인의 작위의무위반만으로 구성요건적 부작위가 성립하기 때문이다.

3. 행태의존적 결과범

행태의존적 결과범의 경우에는 실행행위의 동가치성판단이 필요하다. 행태의존적 결과범은 구성요건상 행위수단이나 방법이 특정되어 있어 일정한 행위양태에 의해서만 구성요건적 결과가 발생하도록 되어 있는 범죄를 말한다. 예를 들면 사기죄의 경우 기망, 공갈죄의 경우 폭행·협박, 모욕죄의 경우 모욕, 강요죄의 경우 강요 등이 있다. 행태의존적 결과범의 경우 실행행위의 동가치성 판단이 필요한 이유는 부작위가 결과야기 및 결과야기행위의 구성요건적 양태와도 동가치성을 가질 때 비로소 구성요건적 부작위로 평가되기 때문이다.

V. 구성요건적 결과와 인과관계

1. 인과관계

부진정 부작위범은 결과범적 성격을 갖기 때문에 인과관계가 인정되어야 한다. 즉 사회적으로 기대되는 작위의무를 다하였다고 하면 결과는 발생되지 아니하였다는 관계가 인정될 경우에 그 부작위와 결과 사이에 인과관계가 인정된다. 다만 "만약 요구되는 행위를 했더라면(작위) 그러한 결과가 발생하지 않았을 것을(결과 불발생)"이라는 '변형된 절대적 제약공식'이 적용된다. 작위범의 경우 상당인과관계이론을 적용하여 인과관계를 판단하는 것과 구별된다.

대법원 판례도 이른바 세월호 사건에서 "작위의무를 이행하였다면 결과가 발생하지 않았을 것이라는 관계가 인정될 경우에는 작위를 하지 않은 부작위와 사망의 결과 사이에 인과관계가 있다"고 하여 같은 입장이다.[98]

> **📑 심화내용 부진정 부작위범의 인과관계**
>
> 그러나 부진정 부작위범의 경우에는 작위범의 경우와 같이 부작위와 결과 간의 자연과학적 의미의 인과관계 문제를 확정할 수 없는 특징이 있다. 왜냐하면 부작위라는 현상의 본질은 부작위행위자가 진행중인 인과적 연쇄에 대하여 아무런 영향력을 개입시키지 않기 때문이다. 부작위는 자연과학적인 관점에서는 무(無)이고 작위의무를 다하였을 경우 결과가 어떻게 되었을 것인가는 가정적인 문제로서 규범적 평가의 문제에 불과하다. 따라서 부작위와 결과 간의 인과관계 문제는 규범적 평가의 문제가 되며, 존

---

98) 대법원 2015.11.12. 선고 2015도6809 전원합의체 판결.

재론적 의미에서 부작위와 결과 사이의 인과관계 문제는 처음부터 문제되지 않는다. 따라서 부진정 부작위범의 경우 형법상 인과관계는 규범적인 관점에서 작위와 결과의 불발생 간의 객관적 귀속만이 문제된다는 견해도 있다.[99]

2. 객관적 귀속

부진정 부작위범의 경우 요구되는 작위의무를 이행하지 않은 점(부작위)과 실제 발생한 결과 사이의 형법상 인과관계가 인정되기 위해서는 현실적으로 이행되지 않은 작위행위를 가설적으로 투입한 후(만약 ~ 하였더라면), 결과발생의 가능성 간의 관계를 판단해야 한다. 만약에 행위자가 요구되는 작위를 하였더라도 마찬가지의 결과가 발생하였을 것이 확실시되는 경우 발생된 결과는 행위자의 부작위로 인하여 발생한 것이 아니라 다른 위험이 현실화된 것으로 보아야 한다.

예를 들면 의사가 환자에 대해 수술을 시행하지 않아 환자가 사망한 경우, 환자의 사망과 의사의 부작위 사이에 형법상 인과관계가 인정되기 위해서는 요구되는 수술을 하였더라면 환자가 사망하지 않았을 것이 확실성에 근접한 개연성 정도에 이르러야 한다. 따라서 만약 의사가 수술을 하였더라도 환자는 사망하였을 것이라고 볼 수 있다면 객관적 귀속이 불가능하다.

규범의 보호목적과 관련하여, 예를 들면 남편의 절도행위를 저지하지 않은 부인에게 부작위에 의한 절도의 방조를 인정할 수 없다. 왜냐하면 민법 제826조 제1항의 부부간의 상호부조의무는 그 부인에게 보호의무를 부여하기는 하지만 남편의 절도행위를 감시하라는 감시의무를 부여하고 있지 않기 때문이다.

제5절 부작위범과 주관적 구성요건

I. 고의

부작위범에 있어서 고의의 인식 대상은 부작위범의 객관적 구성요건요소이다. 행위자는 구성요건적 상황의 존재, 명령된 행위의 부작위, 개별적 행위가능성에 대한 인식을 하

---

99) 김성돈, 561면.

여야 한다. 부진정 부작위범에 특수한 인식의 대상은 결과방지의 가능성, 보증인 지위, 동가치성, 부작위와 결과 사이의 인과관계가 있다.

부진정 부작위범의 고의는 반드시 구성요건적 결과발생에 대한 목적이나 계획적인 범행 의도가 있어야 하는 것은 아니고 법익침해의 결과발생을 방지할 법적 작위의무를 가지고 있는 사람이 의무를 이행함으로써 결과발생을 쉽게 방지할 수 있었음을 예견하고도 결과발생을 용인하고 이를 방관한 채 의무를 이행하지 아니한다는 인식을 하면 충분하다. 이러한 작위의무자의 예견 또는 인식 등은 확정적인 경우는 물론 불확정적인 경우이더라도 미필적 고의로 인정될 수 있다.

작위의무자에게 이러한 고의가 있었는지는 작위의무자의 진술에만 의존할 것이 아니라, 작위의무의 발생근거, 법익침해의 태양과 위험성, 작위의무자의 법익침해에 대한 사태지배의 정도, 요구되는 작위의무의 내용과 이행의 용이성, 부작위에 이르게 된 동기와 경위, 부작위의 형태와 결과발생 사이의 상관관계 등을 종합적으로 고려하여 작위의무자의 심리상태를 추인하여야 한다.[100]

Ⅱ. 과실

과실에 의한 부작위는 형법 제14조에 따라 진정 부작위범이건 부진정 부작위범이건 과실범 처벌규정이 있다면 성립될 수 있다. 과실에 의한 부작위는 그러한 위험을 행위자가 객관적 주의의무에 위반하여 방지하지 않았다는 점에 있다.

> **판례** **과실의 부진정 부작위범**
>
> 【판결이유】 원심이 유지한 제1심판결이 내세운 증거를 기록에 비추어 검토하면 피고인들이 자신들과 함께 술을 마시고 만취되어 의식이 없는 피해자를 부축하여 학교선배인 장은석의 자취집에 함께 가서 촛불을 가져 오라고 하여 장은석이 가져온 촛불이 켜져 있는 방안에 이불을 덮고 자고 있는 피해자를 혼자 두고 나옴에 있어 그 촛불이 피해자의 발로부터 불과 약 70내지 80cm 밖에 떨어져 있지 않은 곳에 마분지로 된 양초갑 위에 놓여져 있음을 잘 알고 있었던 피고인들로서는 당시 촛불을 켜놓아야 할 별다른 사정이 엿보이지 아니하고 더욱이 피고인들 외에는 달리 피해자를 돌보아 줄 사람도 없었던 터이므로 술에 취한 피해자가 정신 없이 몸부림을 치다가 발이나 이불자락으로 촛불을 건드리는 경우 그것이 넘어져 불이 이불이나 비닐장판 또는 벽지 등에 옮

---

100) 대법원 2015.11.12. 선고 2015도6809 전원합의체 판결.

겨 붙어 화재가 발생할 가능성이 있고, 또한 화재가 발생하는 경우 화재에 대처할 능력이 없는 피해자가 사망할 가능성이 있음을 예견할 수 있으므로 이러한 경우 피해자를 혼자 방에 두고 나오는 피고인들로서는 촛불을 끄거나 양초가 쉽게 넘어지지 않도록 적절하고 안전한 조치를 취하여야 할 주의 의무가 있다 할 것인바, 비록 피고인들이 직접 촛불을 켜지 않았다 할지라도 위와 같은 주의 의무를 다하지 않은 이상 피고인들로서는 이 사건 화재발생과 그로 인한 피해자의 사망에 대하여 과실책임을 면할수는 없다 할 것이다(대법원 1994.8.26. 선고 94도1291 판결).

⚖️ **판례** 담배꽁초 불씨 사건

【사실관계】 A회사에서 근무하는 갑과 을은 함께 2020.3.19. 17:25경 위 회사 공장동 건물 외벽에 설치된 재활용 박스를 모아두는 분리수거장 옆에서 담배를 피우게 되었다. 당시는 위 분리수거장 방향으로 바람이 상당히 강하게 불고 위 분리수거장에는 불이 붙기 쉬운 종이로 된 재활용 박스 등이 쌓여 있었다. 갑은 분리수거장 인근에 담배꽁초 불씨를 손가락으로 튕긴 후 담배꽁초를 위 분리수거장 바로 옆 바닥에 놓여있던 쓰레기봉투에 던져 버리고, 을도 위 분리수거장 인근에 담배꽁초 불씨를 손가락으로 튕긴 후 담배꽁초를 위 분리수거장을 향해 던졌다. 피고인들이 담배를 피고 돌아온 후 약 3-4분 정도 지나 분리수거장 쪽에서 연기가 솟아오르기 시작하였고 그 불이 위 공장동으로 번져 위 공장동이 전소되게 하는 약 645,500,000원 상당의 수리비가 들 정도로 이를 소훼하였다.

【판결요지】 [1] 형법이 금지하고 있는 법익침해의 결과발생을 방지할 법적인 작위의무를 지고 있는 자가 그 의무를 이행함으로써 결과발생을 쉽게 방지할 수 있는데도 결과발생을 용인하고 방관한 채 의무를 이행하지 아니한 것이 범죄의 실행행위로 평가될만한 것이라면 부작위범으로 처벌할 수 있다. 실화죄에 있어서 공동의 과실이 경합되어 화재가 발생한 경우 적어도 각 과실이 화재의 발생에 대하여 하나의 조건이 된 이상은 그 공동적 원인을 제공한 사람들은 각자 실화죄의 책임을 면할 수 없다.

[2] 피고인들이 분리수거장 방향으로 담배꽁초를 던져 버리고 현장을 떠난 후 화재가 발생하여 각각 실화죄로 기소된 사안에서, 피고인들 각자 본인 및 상대방이 버린 담배꽁초 불씨가 살아 있는지를 확인하고 이를 완전히 제거하는 등 화재를 미리 방지할 주의의무가 있음에도 이를 게을리 한 채 만연히 현장을 떠난 과실이 인정되고 이러한 피고인들 각자의 과실이 경합하여 위 화재를 일으켰다고 보아, 피고인들 각자의 실화죄책임을 인정한 원심판결을 수긍하는 한편, 원심판단 중 위 화재가 피고인들 중 누구의 행위에 의한 것인지 인정하기에 부족하다는 취지의 부분은 '피고인들 중 누구의 담배꽁초로 인하여 위 화재가 발생하였는지 인정할 증거가 부족하다.'는 의미로 선해할 수 있고, 이는 피고인들의 각 주의의무 위반과 위 화재의 발생 사이에 인과관계가 인정된다는 취지의 부가적 판단이므로, 이와 다른 전제에서 '원인행위가 불명이어서 피고인

들은 실화죄의 미수로 불가벌에 해당하거나 적어도 피고인들 중 일방은 실화죄가 인정될 수 없다.'는 취지의 피고인들 주장은 받아들이기 어렵다고 한 사례(대법원 2023.3.9. 선고 2022도16120 판결).

【해설】 이 사건에 대하여 대법원은 부작위범으로 보고 판시하였다. 판결이유에 부작위범과 실화죄에 있어서 공동의 과실이 경합되어 화재가 발생한 판결을 적시한 후 이 사건에 대한 원심판결을 인정하였다. 하지만 원심판결 대구지방법원 2022.11.18. 선고 2020노3595 판결에서는 과실범에 대한 논증과 과실범의 공동정범에 대한 논증을 전개하고 있다. 부작위범에 대한 논증은 없다. 이 사례의 경우 부작위범보다는 작위범으로 보는 것이 타당하다. 이 경우 요구된 주의의무는 오직 작위의 무해성을 유지하기 위한 것이기 때문에 법적 평가의 중점은 작위에 주어진다. 즉 담배꽁초의 불이 완전히 꺼진 것을 확인해야 되는 주의의무는 이로 인한 화재발생 가능성을 없애는 것이므로 법적 평가의 중점은 작위에 있다. 야간에 전조등을 켜지 않고 차를 몰고 가던 운전자가 행인을 친 경우, 상해라는 결과에 대한 비난의 중점은 전조등을 켜지 않은 부작위에 있는 것이 아니라 전조등 없이 운전한 작위에 있다는 법리와 동일하다.

제6절 부작위범의 처벌

진정 부작위범의 경우에는 처벌이 형법상 규정되어 있지만, 부진정 부작위범의 처벌에 대한 형법상 규정이 없으므로 결국 작위범과 같이 취급할 수 밖에 없다.

일반적으로 부진정 부작위범은 작위범보다 행위반가치적 측면에서 책임이 경한 경우가 많다. 따라서 임의적 감경으로 하는 것이 타당하다. 독일 형법 제13조 제2항은 부작위범에 대해 임의적 감경사유를 인정하고 있다.[101]

---

101) 이상돈, 250면.

제7절 **부작위범의 미수와 공범**

Ⅰ. 부작위범의 미수

1. 진정 부작위범의 미수

진정 부작위범은 거동범이므로 미수범이 성립할 수 없다. 결과의 발생을 요건으로 하지 아니하므로 요구되는 행위를 하지 않으면(부작위) 기수범이 성립한다. 그럼에도 불구하고 형법상 퇴거불응죄($\frac{제322조,}{제319조 제2항}$)에서는 미수범 처벌규정을 두고 있다. 이에 대하여 학설은 잘못된 입법이라고 비판한다.

2. 부진정 부작위범의 미수

가. 쟁점

부진정 부작위범의 경우 구성요건적 결과발생이 필요한 결과범이므로 미수가 인정될수 있다. 그러나 부진정 부작위범은 외부세계의 인과연쇄에 개입하지 않는 부작위에 의해서 실현되는 것이기 때문에 실행의 착수시기에 대하여 견해의 대립이 있다.

나. 실행의 착수시기에 대한 학설

본죄의 실행의 착수시기에 대하여 견해가 대립되어 있다. '최초의 구조가능성 기준설'은 부작위범이 최초의 구조가능성을 지나쳤을 때 실행의 착수가 있다는 견해이다. 예를 들면 모친이 자기의 유아를 아사시킬 고의로 최초의 영양공급을 하지 않았을 때 이미 부작위로 범하려는 살인죄의 실행의 착수를 인정할 수 있다는 것이다. 이 견해는 보호법익을 확실하게 지키기 위해서는 최초의 구조기회를 사용하도록 요구해야 한다는 점, 행위자는 더 이상의 구조기회를 인식할 수 없을지도 모른다는 점을 그 이유로 하고 있다. '최후의 구조가능성 기준설'은 부작위범이 최후의 구조가능성을 지나쳤을 때 실행의 착수가 있다는 견해이다. 인명구조원이 익사위험에 처한 사람을 구조할 수 있는 마지막 기회를 사용하지 않았을 때 부진정 부작위의 실행의 착수를 인정할 수 있다는 것이다. '법익에 대한 직접적인 위험증대 기준설 또는 차별설'은 피해자에게 직접적인 위험을 발생하게 하거나, 기존의 위험이 증대되었을 때 실행의 착수가 있다는 견해이다.[102]

---

102) 임웅, 579면; 정성근/박광민, 474면.

다. 결론

'최초의 구조가능성 기준설'은 실행의 착수를 지나치게 빨리 인정하기 때문에 미수의 가벌성이 심정가벌성으로 전락시킬 위험이 있다. 행위자가 최초의 구조기회를 이행하지 않은 시점에서는 아직 보호법익에 대한 위험이 구체적으로 현실화되지 않은 경우가 많음에도 불구하고 미수가벌성을 인정하게 됨으로써 결국 행위자의 범죄적 심정을 근거로 미수가벌성을 인정하는 결과가 되기 때문이다.

'최후의 구조가능성 기준설'은 행위자가 자기에게 인식된 여러 번의 구조기회를 흘려보낸 경우에는 이미 보호법익에 대하여 직접적이고도 구체적인 위험이 현실화되어 있는 경우가 많다는 점을 고려한다면 이 견해는 실행의 착수를 지나치게 늦게 인정한다는 문제점이 있다. 따라서 어떤 시점으로부터 부작위가 보증의무의 침해로 평가되어야 하는지는 최초의 구조가능시점 또는 최후의 구조가능시점과 같이 형식적·획일적 기준으로 결정해서는 안 되며, 구체적인 상황하에서 당해 보증의무의 의미와 목적, 즉 부작위행위자에 대한 구체적인 규범적 요구를 음미하여 개별적으로 결정해야 한다. 따라서 법익에 대한 직접적인 위험증대 기준설이 타당하다.

II. 부작위범과 공범

1. 부작위에 의한 공범

가. 부작위에 의한 교사

교사자가 부작위에 의하여 정범에게 교사할 수 없다. 즉 부작위에 의한 교사는 성립할 수 없다. 행위자에게는 정범에게 범죄 실행 의사를 가지도록 할 어떤 동작이나 영향력이 없기 때문이다.

나. 부작위에 의한 방조

부작위에 의한 방조는 가능하다.[103] 정범의 범죄실행을 저지해야 할 보증인 지위에 있는 자가 명령된 행위를 부작위함으로써 정범이 범죄수행을 용이하게 한 경우를 들 수 있다.

> 🔨 판례   **은행지점장 부작위에 의한 배임방조**

【판결이유】 은행지점장인 피고인에게는 부하직원인 정범들이 어음부정지급보증과 당

---

103) 대법원 1984.11.27. 선고 84도1906 판결.

좌부정결재의 방법으로 영동개발진흥(주)에 대하여 자금융통의 편의를 봐주고 있는 사실을 발견하였으면서도 이미 발생한 손해의 보전에 필요한 조치를 취하지 아니하고 이를 방치한 사실을 인정할 수 있는바 형법상 방조는 작위에 의하여 정범의 실행행위를 용이하게 하는 경우는 물론 직무상의 의무가 있는 자가 정범의 범죄행위를 인식하면서도 그것을 방지하여야 할 제반조치를 취하지 아니하는 부작위로 인하여 정범의 실행행위를 용이하게 하는 경우에도 성립된다 할 것이므로 피고인이 당시 조흥은행 중앙지점장으로서 정범인 부하직원들의 범행을 인식하면서도 그들의 동 은행에 대한 배임행위를 방치한 소위에 대하여 원심이 같은 취지로서 배임죄의 방조범으로 의율처단한 조치는 정당하므로 논지 이유없다(대법원 1984.11.27. 선고 / 84도1906 판결).

다. 부작위에 의한 공동정범

부작위에 의한 공동정범은 성립할 수 있다는 것이 다수설과 판례의 입장이다.[104] 예를 들면 보증인 지위에 있는 2인 이상이 의사의 연락에 의해 공동으로 부작위하여 결과발생을 방지하지 않은 경우를 들 수 있다.[105] 대법원 판례에 따르면 부작위범 사이의 공동정범은 다수의 부작위범에게 공통된 의무가 부여되어 있고 그 의무를 공통으로 이행할 수 있을 때에만 성립한다. 세월호 사건에서는 1등, 2등 항해사에 대하여 부작위에 의한 살인죄의 공동정범 성립을 부정하였다.

작위범과 부작위범 사이의 공동정범도 성립할 수 있다. 공동자 중 1인은 작위로 실행행위를 분담하고, 다른 공동자는 이를 저지해야할 작위의무를 이행하지 아니한 경우를 들수 있다.

⚖️ 판례 **부작위범 사이의 공동정범의 성립요건**

【판결요지】 공중위생관리법 제3조 제1항 전단은 "공중위생영업을 하고자 하는 자는 공중위생영업의 종류별로 보건복지부령이 정하는 시설 및 설비를 갖추고 시장·군수·구청장에게 신고하여야 한다"고 규정하고 있고, 제20조 제1항 제1호는 '제3조 제1항 전단의 규정에 의한 신고를 하지 아니한 자'를 처벌한다고 규정하고 있는바, 그 규정 형식 및 취지에 비추어 신고의무 위반으로 인한 공중위생관리법 위반죄는 구성요건이 부작위에 의하여서만 실현될 수 있는 진정부작위범에 해당한다고 할 것이고, 한편 부작위범 사이의 공동정범은 다수의 부작위범에게 공통된 의무가 부여되어 있고

---

104) 부작위에 의한 공동정범을 부정하는 견해로는 김성룡, 부진정 부작위범의 한국적 해석으로서 단일정범개념, 비교형사법연구 제5권 제1호, 2003, 110면 이하.

105) 이에 대하여 읽어 볼만한 문헌으로는 이용식, 부작위 상호 간에 있어서 정범과 공범의 구별 및 공동정범의 성립가능성, 서울대학교 법학, 2011, 147면; 류부곤, 부작위범의 공동정범? -공동의 협력적 의무상황에서의 부작위-, 형사법연구 제22권 제3호, 2010, 139면.

Chapter 03 부작위범 **613**

그 의무를 공통으로 이행할 수 있을 때에만 성립한다고 할 것이다(대법원 2008.3.27. 선고, 2008도89 판결).

⚖ 판례 세월호 사건 – 항해사의 부작위에 의한 공동정범 성립 가능성

【판결요지】 [3] [다수의견] 항해 중이던 선박의 선장 피고인 갑, 1등 항해사 피고인 을, 2등 항해사 피고인 병이 배가 좌현으로 기울어져 멈춘 후 침몰하고 있는 상황에서 피해자인 승객 등이 안내방송 등을 믿고 대피하지 않은 채 선내에 대기하고 있음에도 아무런 구조조치를 취하지 않고 퇴선함으로써, 배에 남아있던 피해자들을 익사하게 하고, 나머지 피해자들의 사망을 용인하였으나 해경 등에 의해 구조되었다고 하여 살인 및 살인미수로 기소된 사안에서, 피고인 을, 병은 간부 선원이기는 하나 나머지 선원들과 마찬가지로 선박침몰과 같은 비상상황 발생 시 각자 비상임무를 수행할 현장에 투입되어 선장의 퇴선명령이나 퇴선을 위한 유보갑판으로의 대피명령 등에 대비하다가 선장의 실행지휘에 따라 승객들의 이동과 탈출을 도와주는 임무를 수행하는 사람들로서, 임무의 내용이나 중요도가 선장의 지휘 내용이나 구체적인 현장상황에 따라 수시로 변동될 수 있을 뿐 아니라 퇴선유도 등과 같이 경우에 따라서는 승객이나 다른 승무원에 의해서도 비교적 쉽게 대체 가능하고, 따라서 승객 등의 퇴선을 위한 선장의 아무런 지휘ㆍ명령이 없는 상태에서 피고인 을, 병이 단순히 비상임무 현장에 미리 가서 추가 지시에 대비하지 아니한 채 선장과 함께 조타실에 있었다거나 혹은 기관부 선원들과 함께 3층 선실 복도에서 대기하였다는 사정만으로, 선장과 마찬가지로 선내 대기 중인 승객 등의 사망 결과나 그에 이르는 사태의 핵심적 경과를 계획적으로 조종하거나 저지ㆍ촉진하는 등 사태를 지배하는 지위에 있었다고 보기 어려운 점 등 제반 사정을 고려하면, 피고인 을, 병이 간부 선원들로서 선장을 보좌하여 승객 등을 구조하여야 할 지위에 있음에도 별다른 구조조치를 취하지 아니한 채 사태를 방관하여 결과적으로 선내 대기 중이던 승객 등이 탈출에 실패하여 사망에 이르게 한 잘못은 있으나, 그러한 부작위를 작위에 의한 살인의 실행행위와 동일하게 평가하기 어렵고, 또한 살인의 미필적 고의로 피고인 갑의 부작위에 의한 살인행위에 공모 가담하였다고 단정하기도 어려우므로, 피고인 을, 병에 대해 부작위에 의한 살인의 고의를 인정하기 어렵다고 한 원심의 조치는 정당하다고 한 사례.

[피고인 을, 병의 살인ㆍ살인미수 무죄판단 부분에 대한 대법관 박보영, 대법관 김소영, 대법관 박상옥의 반대의견] 위 사안에서, 피고인 을, 병은 선박이 조난사고를 당한 비상상황에서 선장을 보좌하여 선원들을 지휘하고 유사시 선장의 직무를 대행할 책임을 지고 있어 조난을 당한 승객 등의 생명ㆍ신체의 안전을 보호할 법적 지위와 작위의무에서 선장에 준하는 것으로 평가되는 점, 사고 당시 긴박한 상황 전개와 피고인 갑의 모든 대응을 직접 목격함으로써 피고인 갑이 승객의 인명구조와 관련된 선장의 역할을 전면적으로 포기ㆍ방기하는 비정상적 상황임을 인식한 점, 피고인 을, 병에게는 비상상황에서 선장을 보좌하여 현장을 지휘할 의무 외에도 선장의 직무 포기라는 비

정상적 상황이 지속됨으로 인하여 선장을 대행하여 구조조치를 지휘할 의무가 현실적으로 발생한 점, 피고인 을, 병은 당시 상황에 부합하는 자신들의 의무를 이행함으로써 승객 등의 사망이라는 결과발생을 직접적으로 용이하게 저지할 수 있을 정도로 사태를 지배하고 있었음에도 어떠한 의무도 이행하지 않고 방관한 점, 구조정이 도착한 이후에 승객 등에게 퇴선하라는 아무런 명령·조치도 없이 선내에 그대로 방치한 채 선장 및 다른 갑판부 선원들과 함께 먼저 퇴선함으로써, 그 후 승객 등이 사망할 가능성이 크지만 사망해도 어쩔 수 없다는 의사, 즉 결과발생을 인식·용인하였고, 이러한 피고인 을, 병의 부작위는 작위에 의한 살인의 실행행위와 동일하게 평가할 수 있는 점, 피고인 갑의 부작위에 의한 살인행위에 암묵적, 순차적으로 공모 가담한 공동정범이라고 보아야 하는 점 등을 종합할 때, 피고인 을, 병은 부작위에 의한 살인 및 살인미수죄의 공동정범으로서의 죄책을 면할 수 없다고 한 사례(대법원 2015.11.12. 선고 2015도6809 전원합의체 판결)

2. 부작위범에 대한 교사와 방조

부작위범에 대한 교사가 성립할 수 있다. 행위자가 보증인 지위에 있는 자에 대하여 결과발생을 방지하지 아니하도록 결의시킨 경우이다. 예를 들면 갑이 물에 빠진 아들을 구할 보증인적 지위에 있는 아버지 을에게 아들을 구하지 말도록 교사한 경우에 부작위범에 대한 교사범이 성립한다. 따라서 갑은 부작위에 의한 살인죄의 교사범이 성립한다. 이 경우 교사자에게 보증인적 지위는 필요하지 않다.

부작위범에 대한 방조 역시 인정할 수 있다. 보증인 지위에 있는 자에 대한 결의 강화 및 범행 지원한 경우이다. 예를 들면 생명의 위험에 빠진 자녀를 구하지 않고 있는 아버지 을에게 행위자 갑이 을을 격려하고 지원한 경우 갑은 부작위에 의한 살인죄의 방조범이 성립한다.

부작위범을 도구로 이용한 간접정범 역시 성립할 수 있다. 보증인을 강제·기망하여 의무이행을 불가능하게 한 경우이다.

【부작위범에 대한 중요판례연구】

> ## ⚖ 판례 보라매병원사건

【사실관계】 1997.12.4. 14:30경 피해자 A가 자신의 주거지에서 술에 취한 채 화장실을 가다가 중심을 잃어 기둥에 머리를 부딪치고 시멘트 바닥에 넘어지면서 머리를 충격하여 경막외 출혈상을 입어 보라매병원으로 응급후송된 다음, 같은 날 18:05경부터 다음날 03:00경까지 피고인 을(전문의)의 집도와 피고인 병(레지던트) 등의 보조로 경막외 출혈로 인한 혈종 제거 수술을 받고 중환자실로 옮겨져 계속 치료를 받았는데, 위 혈종 제거 수술이 성공적으로 이루어졌고, 시간이 경과함에 따라 위 피해자의 대광반사와 충격에 대한 반응의 속도가 점점 빨라지고 이름을 부르면 스스로 눈까지 뜨려고 하는 등 그 상태가 호전되어 계속적으로 치료를 받을 경우 회복될 가능성이 많았으나, 뇌수술에 따른 뇌부종으로 자가호흡을 하기 어려운 상태에 있어 인공호흡을 위한 산소호흡기를 부착한 채 계속 치료를 받고 있던 중, 피해자의 처 갑은 계속적인 치료를 통하여 위 피해자의 생명을 보호하여야 할 의무가 있음에도 불구하고 당시까지의 치료비 2,600,000원 상당뿐만 아니라 이후부터의 추가치료비 지출이 자신의 재산능력에 비추어 상당한 부담이 되고, 금은방을 운영하다 실패한 후 17년 동안 무위도식하면서 술만 마시고 가족들에 대한 구타를 일삼아 온 위 피해자가 가족들에게 계속 짐이 되기보다는 차라리 사망하는 것이 낫겠다고 생각한 나머지, 피고인 을, 병으로부터 위와 같은 위 피해자의 상태와 인공호흡장치가 없는 집으로 퇴원하게 되면 호흡을 제대로 하지 못하여 위 피해자가 사망하게 된다는 사실을 설명 들어 알게 되었음에도 위 피해자에 대한 치료를 중단하고 퇴원시키는 방법으로 위 피해자를 살해할 것을 마음먹고, 같은 달 5. 14:20경과 18:00경 두차례에 걸쳐 주치의인 피고인 병에게 '도저히 더 이상의 추가치료비를 부담할 능력이 없다.'는 이유로 퇴원시켜달라고 요구하였고, 한편 피고인 을, 병으로서는 위 피해자에 대한 뇌수술 및 치료를 담당하고 있었고, 위와 같은 위 피해자의 상태와 회복가능성, 치료를 중단하고 퇴원시킬 경우 위 피해자가 호흡이 어렵게 되어 사망하게 된다는 사실을 알고 있었으므로 계속적으로 치료를 함으로써 위 피해자의 생명을 보호하여야 할 의무가 있음에도 불구하고, 피고인 병은 피고인 갑이 여러 차례의 설명과 만류에도 불구하고 치료비가 없다는 이유로 계속 퇴원을 고집하자 상사인 피고인 을에게 직접 퇴원 승낙을 받도록 하라고 하고, 피고인 을은 같은 달 6. 10:00경 피고인 병으로부터 피고인 갑의 위와 같은 요구사항을 보고 받은 후, 자신을 찾아온 피고인 갑에게 위 피해자가 퇴원하면 사망한다고 설명하면서 퇴원을 만류하였으나 피고인 갑이 계속 퇴원을 요구하자 이를 받아들여 피고인 병에게 위 피해자를 퇴원시키도록 지시하고, 피고인 병은 이에 따라 위 피해자에 대한 퇴원을 지시하여 갑으로 하여금 퇴원수속을 마치도록 한 다음, 위 병원 같은 과 인턴인 정에게 위 피해

자를 집까지 호송하도록 하여, 같은 날 14:20경 정, 갑 등이 위 피해자를 중환자실에서 구급차로 옮겨 실어 위 피해자의 집까지 태우고 간 다음, 인턴 정이 위 피해자에게 부착하여 수동작동중이던 인공호흡보조장치인 엠브와 기관에 삽입된 관을 제거하여 감으로써 그 무렵 위 피해자로 하여금 뇌간압박에 의한 호흡곤란으로 사망에 이르게 함으로써 위 피해자를 살해한 것이다.

【판결요지】 [3] 보호자가 의학적 권고에도 불구하고 치료를 요하는 환자의 퇴원을 강청하여 담당 전문의와 주치의가 치료중단 및 퇴원을 허용하는 조치를 취함으로써 환자를 사망에 이르게 한 행위에 대하여 보호자, 담당 전문의 및 주치의가 부작위에 의한 살인죄의 공동정범으로 기소된 사안에서, 담당 전문의와 주치의에게 환자의 사망이라는 결과 발생에 대한 정범의 고의는 인정되나 환자의 사망이라는 결과나 그에 이르는 사태의 핵심적 경과를 계획적으로 조종하거나 저지·촉진하는 등으로 지배하고 있었다고 보기는 어려워 공동정범의 객관적 요건인 이른바 기능적 행위지배가 흠결되어 있다는 이유로 작위에 의한 살인방조죄만 성립한다고 한 사례.

[4] 어떠한 범죄가 적극적 작위에 의하여 이루어질 수 있음은 물론 결과의 발생을 방지하지 아니하는 소극적 부작위에 의하여도 실현될 수 있는 경우에, 행위자가 자신의 신체적 활동이나 물리적·화학적 작용을 통하여 적극적으로 타인의 법익 상황을 악화시킴으로써 결국 그 타인의 법익을 침해하기에 이르렀다면, 이는 작위에 의한 범죄로 봄이 원칙이고, 작위에 의하여 악화된 법익 상황을 다시 되돌이키지 아니한 점에 주목하여 이를 부작위범으로 볼 것은 아니며, 나아가 악화되기 이전의 법익 상황이, 그 행위자가 과거에 행한 또 다른 작위의 결과에 의하여 유지되고 있었다 하여 이와 달리 볼 이유가 없다(대법원 2004.6.24. 선고).
2002도995 판결).

【해설】 이 사건에 대하여 1심법원은 피해자의 처인 갑에 대하여는 부작위에 의한 살인죄의 정범, 병원의 전담의사 을과와 레지던트 병은 의사들에게 '부작위에 의한 살인죄의 (공동)정범'을 인정하였으며, 인턴 정에게는 무죄를 선고하였다. 2심법원은 피해자의 처인 갑에 대하여는 1심법원과 같이 부작위에 의한 살인죄의 정범을 인정하였으나, 병원의 전담의사 을과 레지던트 병에 대하여 '작위에 의한 살인죄의 방조범'을 인정하였다. 인턴 정에게는 1심법원과 마찬가지로 무죄를 선고하였다. 대법원은 의사 을과 병에 대하여 작위에 의한 살인죄의 방조범을 인정하였으며, 인턴 정에게는 1·2심법원과 마찬가지로 무죄를 선고하였다.

1998년 생존가능성이 있는 뇌수술환자를 보호자의 요청에 따라 퇴원시켜 사망케 한 의사에게 살인죄를 적용해 논란을 일으켰던 소위 '보라매병원 사건' 항소심에서 법원은 이들 의사에게 살인방조죄를 인정하였다. 보라매병원사건은 하급심판결부터 학계에 큰 관심을 불러 일으켰으며, 이러한 보라매병원사건과 관련된 형법적 쟁점사항에 대한 논의는 대법원 판례가 나온 다음에도 계속되고 있다.

보라매병원사건이 가지는 형법적 문제로 생각해볼 수 있는 것으로는 1. 의사들의 치료중단이 형법 제250조의 살해행위에 해당될 수 있는가? 의사들의 치료중단행위는 작위에 의한 살인행위인가 아니면 부작위에 의한 살인행위인가?(작위와 부작위의 구별 문제) 2. 부작위라고 한다면 의사들은 피해자에 대해서 보증인적 지위에 있는가 여부(전문의 및 레지던트의 보증의무(계속치료의무)의 인정 여부) 3. 환자가 아직 의식이 회복되지 못한 상태에서 의사들의 피해자에 대한 치료중단행위는 피해자의 사망 사이에 형법상 인과관계가 존재하는가?(계속치료 받았을 경우 생존가능성 여부를 둘러싼 인과관계의 존부문제) 4. 피고인들의 행위가 위법성이 조각될 수 있는가 여부(의료계의 관행상 인정된 의학적 충고에 반하는 퇴원의 사회상규 불위배성 여부) 5. 의사들이 지금까지 관행적으로 인정되어온 '의학적 충고에 반하는 퇴원'(discharge against medical advice)에 대한 요구를 받아들인 것이 금지착오에 의해서 책임이 조각될 수 있는가?(보증의무의 착오문제, 위법성조각사유의 객관적 전제사실의 착오문제) 6. 의사들의 범죄가담형식이 정범인가 공범인가 등 아주 다양한 관점의 논의들이 진행되고 있다.

⚖️ 판례 ▸ 세월호 사건

【판결요지】 [1] 범죄는 보통 적극적인 행위에 의하여 실행되지만 때로는 결과의 발생을 방지하지 아니한 부작위에 의하여도 실현될 수 있다. 형법 제18조는 "위험의 발생을 방지할 의무가 있거나 자기의 행위로 인하여 위험발생의 원인을 야기한 자가 그 위험발생을 방지하지 아니한 때에는 그 발생된 결과에 의하여 처벌한다."라고 하여 부작위범의 성립 요건을 별도로 규정하고 있다.

자연적 의미에서의 부작위는 거동성이 있는 작위와 본질적으로 구별되는 무(無)에 지나지 아니하지만, 위 규정에서 말하는 부작위는 법적 기대라는 규범적 가치판단 요소에 의하여 사회적 중요성을 가지는 사람의 행태가 되어 법적 의미에서 작위와 함께 행위의 기본 형태를 이루게 되므로, 특정한 행위를 하지 아니하는 부작위가 형법적으로 부작위로서의 의미를 가지기 위해서는, 보호법익의 주체에게 해당 구성요건적 결과발생의 위험이 있는 상황에서 행위자가 구성요건의 실현을 회피하기 위하여 요구되는 행위를 현실적·물리적으로 행할 수 있었음에도 하지 아니하였다고 평가될 수 있어야 한다.

나아가 살인죄와 같이 일반적으로 작위를 내용으로 하는 범죄를 부작위에 의하여 범하는 이른바 부진정 부작위범의 경우에는 보호법익의 주체가 법익에 대한 침해위협에 대처할 보호능력이 없고, 부작위행위자에게 침해위협으로부터 법익을 보호해 주어야 할 법적 작위의무가 있을 뿐 아니라, 부작위행위자가 그러한 보호적 지위에서 법익침해를 일으키는 사태를 지배하고 있어 작위의무의 이행으로 결과발생을 쉽게 방지할 수 있어야 부작위로 인한 법익침해가 작위에 의한 법익침해와 동등한 형법적 가치가 있는 것으로서 범죄의 실행행위로 평가될 수 있다. 다만 여기서의 작위의무는 법령, 법률행위, 선행행위로 인한 경우는 물론, 신의성실의 원칙이나 사회상규 혹은 조리상 작위의무가 기대되는 경우에도 인정된다.

또한 부진정 부작위범의 고의는 반드시 구성요건적 결과발생에 대한 목적이나 계획적인 범행 의도가 있어야 하는 것은 아니고 법익침해의 결과발생을 방지할 법적 작위의무를 가지고 있는 사람이 의무를 이행함으로써 결과발생을 쉽게 방지할 수 있었음을 예견하고도 결과발생을 용인하고 이를 방관한 채 의무를 이행하지 아니한다는 인식을 하면 족하며, 이러한 작위의무자의 예견 또는 인식 등은 확정적인 경우는 물론 불확정적인 경우이더라도 미필적 고의로 인정될 수 있다. 이때 작위의무자에게 이러한 고의가 있었는지는 작위의무자의 진술에만 의존할 것이 아니라, 작위의무의 발생근거, 법익침해의 태양과 위험성, 작위의무자의 법익침해에 대한 사태지배의 정도, 요구되는 작위의무의 내용과 이행의 용이성, 부작위에 이르게 된 동기와 경위, 부작위의 형태와 결과발생 사이의 상관관계 등을 종합적으로 고려하여 작위의무자의 심리상태를 추인하여야 한다.

[2] 선장의 권한이나 의무, 해원의 상명하복체계 등에 관한 해사안전법 제45조, 구 선원법(2015.1.6. 법률 제13000호로 개정되기 전의 것) 제6조, 제10조, 제11조, 제22조, 제23조 제2항, 제3항은 모두 선박의 안전과 선원 관리에 관한 포괄적이고 절대적인 권한을 가진 선장을 수장으로 하는 효율적인 지휘명령체계를 갖추어 항해 중인 선박의 위험을 신속하고 안전하게 극복할 수 있도록 하기 위한 것이므로, 선장은 승객 등 선박공동체의 안전에 대한 총책임자로서 선박공동체가 위험에 직면할 경우 그 사실을 당국에 신고하거나 구조세력의 도움을 요청하는 등의 기본적인 조치뿐만 아니라 위기상황의 태양, 구조세력의 지원 가능성과 규모, 시기 등을 종합적으로 고려하여 실현가능한 구체적인 구조계획을 신속히 수립하고 선장의 포괄적이고 절대적인 권한을 적절히 행사하여 선박공동체 전원의 안전이 종국적으로 확보될 때까지 적극적 · 지속적으로 구조조치를 취할 법률상 의무가 있다.

또한 선장이나 승무원은 수난구호법 제18조 제1항 단서에 의하여 조난된 사람에 대한 구조조치의무를 부담하고, 선박의 해상여객운송사업자와 승객 사이의 여객운송계약에 따라 승객의 안전에 대하여 계약상 보호의무를 부담하므로, 모든 승무원은 선박 위험시 서로 협력하여 조난된 승객이나 다른 승무원을 적극적으로 구조할 의무가 있다.

따라서 선박침몰 등과 같은 조난사고로 승객이나 다른 승무원들이 스스로 생명에 대한 위협에 대처할 수 없는 급박한 상황이 발생한 경우에는 선박의 운항을 지배하고 있는 선장이나 갑판 또는 선내에서 구체적인 구조행위를 지배하고 있는 선원들은 적극적인 구호활동을 통해 보호능력이 없는 승객이나 다른 승무원의 사망 결과를 방지하여야 할 작위의무가 있으므로, 법익침해의 태양과 정도 등에 따라 요구되는 개별적 · 구체적인 구호의무를 이행함으로써 사망의 결과를 쉽게 방지할 수 있음에도 그에 이르는 사태의 핵심적 경과를 그대로 방관하여 사망의 결과를 초래하였다면, 부작위는 작위에 의한 살인행위와 동등한 형법적 가치를 가지고, 작위의무를 이행하였다면 결과가 발생하지 않았을 것이라는 관계가 인정될 경우에는 작위를 하지 않은 부작위와 사망의 결과 사이에 인과관계가 있다.

[3] [다수의견] 항해 중이던 선박의 선장 피고인 갑, 1등 항해사 피고인 을, 2등 항해사 피고인 병이 배가 좌현으로 기울어져 멈춘 후 침몰하고 있는 상황에서 피해자인 승객 등이 안내방송 등을 믿고 대피하지 않은 채 선내에 대기하고 있음에도 아무런 구조조치를 취하지 않고 퇴선함으로써, 배에 남아있던 피해자들을 익사하게 하고, 나머지 피해자들의 사망을 용인하였으나 해경 등에 의해 구조되었다고 하여 살인 및 살인미수로 기소된 사안에서, 피고인 을, 병은 간부 선원이기는 하나 나머지 선원들과 마찬가지로 선박침몰과 같은 비상상황 발생 시 각자 비상임무를 수행할 현장에 투입되어 선장의 퇴선명령이나 퇴선을 위한 유보갑판으로의 대피명령 등에 대비하다가 선장의 실행지휘에 따라 승객들의 이동과 탈출을 도와주는 임무를 수행하는 사람들로서, 임무의 내용이나 중요도가 선장의 지휘 내용이나 구체적인 현장상황에 따라 수시로 변동될 수 있을 뿐 아니라 퇴선유도 등과 같이 경우에 따라서는 승객이나 다른 승무원에 의해서도 비교적 쉽게 대체 가능하고, 따라서 승객 등의 퇴선을 위한 선장의 아무런 지휘 · 명령이 없는 상태에서 피고인 을, 병이 단순히 비상임무 현장에 미리 가서 추가 지시에 대비하지 아니한 채 선장과 함께 조타실에 있었다거나 혹은 기관부 선원들과 함께 3층 선실 복도에서 대기하였다는 사정만으로, 선장과 마찬가지로 선내 대기 중인 승객 등의 사망 결과나 그에 이르는 사태의 핵심적 경과를 계획적으로 조종하거나 저지 · 촉진하는 등 사태를 지배하는 지위에 있었다고 보기 어려운 점 등 제반 사정을 고려하면, 피고인 을, 병이 간부 선원들로서 선장을 보좌하여 승객 등을 구조하여야 할 지위에 있음에도 별다른 구조조치를 취하지 아니한 채 사태를 방관하여 결과적으로 선내 대기 중이던 승객 등이 탈출에 실패하여 사망에 이르게 한 잘못은 있으나, 그러한 부작위를 작위에 의한 살인의 실행행위와 동일하게 평가하기 어렵고, 또한 살인의 미필적 고의로 피고인 갑의 부작위에 의한 살인행위에 공모 가담하였다고 단정하기도 어려우므로, 피고인 을, 병에 대해 부작위에 의한 살인의 고의를 인정하기 어렵다고 한 원심의 조치는 정당하다고 한 사례.

[피고인 을, 병의 살인 · 살인미수 무죄판단 부분에 대한 대법관 박보영, 대법관 김소영, 대법관 박상옥의 반대의견] 위 사안에서, 피고인 을, 병은 선박이 조난사고를 당한 비상상황에서 선장을 보좌하여 선원들을 지휘하고 유사시 선장의 직무를 대행할 책임을 지고 있어 조난을 당한 승객 등의 생명 · 신체의 안전을 보호할 법적 지위와 작위의무에서 선장에 준하는 것으로 평가되는 점, 사고 당시 긴박한 상황 전개와 피고인 갑의 모든 대응을 직접 목격함으로써 피고인 갑이 승객의 인명구조와 관련된 선장의 역

할을 전면적으로 포기·방기하는 비정상적 상황임을 인식한 점, 피고인 을, 병에게는 비상상황에서 선장을 보좌하여 현장을 지휘할 의무 외에도 선장의 직무 포기라는 비정상적 상황이 지속됨으로 인하여 선장을 대행하여 구조조치를 지휘할 의무가 현실적으로 발생한 점, 피고인 을, 병은 당시 상황에 부합하는 자신들의 의무를 이행함으로써 승객 등의 사망이라는 결과발생을 직접적으로 용이하게 저지할 수 있을 정도로 사태를 지배하고 있었음에도 어떠한 의무도 이행하지 않고 방관한 점, 구조정이 도착한 이후에 승객 등에게 퇴선하라는 아무런 명령·조치도 없이 선내에 그대로 방치한 채 선장 및 다른 갑판부 선원들과 함께 먼저 퇴선함으로써, 그 후 승객 등이 사망할 가능성이 크지만 사망해도 어쩔 수 없다는 의사, 즉 결과발생을 인식·용인하였고, 이러한 피고인 을, 병의 부작위는 작위에 의한 살인의 실행행위와 동일하게 평가할 수 있는 점, 피고인 갑의 부작위에 의한 살인행위에 암묵적, 순차적으로 공모 가담한 공동정범이라고 보아야 하는 점 등을 종합할 때, 피고인 을, 병은 부작위에 의한 살인 및 살인미수죄의 공동정범으로서의 죄책을 면할 수 없다고 한 사례.

[4] [다수의견] 수난구호법 제1조, 제2조 제3호, 제4호, 제7호, 제18조 제1항의 체계, 내용 및 취지와 더불어, 수난구호법 제18조 제1항은 구조대상을 '조난된 선박'이 아니라 '조난된 사람'으로 명시하고 있는데, 같은 법 제2조 제4호에서 조난사고가 다른 선박과의 충돌 등 외부적 원인 외에 화재, 기관고장 등과 같이 선박 자체의 내부적 원인으로도 발생할 수 있음을 전제로 하고 있으므로, 조난된 선박의 선장 및 승무원이라 하더라도 구조활동이 불가능한 상황이 아니라면 구조조치의무를 부담하게 하는 것이 조난된 사람의 신속한 구조를 목적으로 하는 수난구호법의 입법 취지에 부합하는 점을 고려하면, 수난구호법 제18조 제1항 단서의 '조난사고의 원인을 제공한 선박의 선장 및 승무원'에는 조난사고의 원인을 스스로 제공하여 '조난된 선박의 선장 및 승무원'도 포함된다.
[대법관 이상훈, 대법관 김용덕, 대법관 김신, 대법관 조희대, 대법관 이기택의 반대의견] '조난된 선박의 선장 및 승무원'은 수난구호법 제18조 제1항 본문의 구조대상이 되는 '조난된 사람'에 해당한다. 선박 조난사고에서 위 본문의 '조난현장의 부근에 있는 선박, 항공기, 수상레저기구 등의 선장·기장 등'은 조난된 선박의 조난된 사람에게서 직·간접적으로 구조요청을 받는 사람이므로, 그 자신은 '조난된 선박의 선장 및 승무원'이 될 수 없다. 따라서 위 본문의 요건 충족을 전제로 하는 단서의 '조난사고의 원인을 제공한 선박의 선장 및 승무원'에 '조난된 선박의 선장 및 승무원'은 포함될 수 없다.
요컨대, 수난구호법 제18조 제1항은 기본적으로 조난된 선박의 구조요청에 따라 발생하는 인근 선박 선장 등의 조난된 선박 내외의 조난된 사람에 대한 구조지원 내지 구조조치의무를 규정하고 있는 것이지, 조난된 사람이라는 지위에 차이가 없어 모두 구조대상이 된다는 점에서 다르지 않은 조난된 선박 내부 사람들 상호 간의 구조지원 내

지 구조조치의무를 규정한 것으로 볼 수는 없다.

[5] 수난구호법 제18조 제1항 단서에서 정한 '조난된 사람을 신속히 구조하는 데 필요한 조치'에는 아무런 제한이 없으므로, 조난된 사람의 생명·신체에 대한 급박한 위해를 실질적으로 제거하기 위하여 필요하고도 가능한 조치를 다하여야 하고, 그러한 조치의무를 이행하였는지는 조난사고의 발생장소나 시각, 사고현장의 기상 등 자연조건, 조난사고의 태양과 위험 정도, 구조인원 및 장비의 이용 가능성, 응급처치의 내용과 정도 등을 종합적으로 고려하여 판단하여야 한다.

[6] 특정범죄 가중처벌 등에 관한 법률(이하 '특정범죄가중법'이라 한다) 제1조, 제5조의12 제1호, 제2호, 해사안전법 제2조 제2호, 수난구호법 제18조 제1항 단서의 체계, 내용 및 취지 등을 고려하면, 특정범죄가중법 제5조의12 위반죄는 형법 제268조의 업무상과실치사상죄 및 중과실치사상죄를 기본범죄로 하여 수난구호법 제18조 제1항 단서 위반행위 및 도주행위를 결합하여 가중 처벌하는 일종의 결합범으로서 선박의 교통으로 형법 제268조의 죄를 범한 선박의 선장 또는 승무원이 수난구호법 제18조 제1항 단서에 규정된 의무를 이행하기 이전에 사고현장을 이탈한 때에 성립하고, '선박 간의 충돌사고'나 '조타상의 과실'로 형법 제268조의 죄를 범한 경우에 한하여 성립하는 것으로 볼 수 없다.
한편 수난구호법 제18조 제1항 단서에 따라 사고를 낸 선장 또는 승무원이 취하여야 할 조치는 사고의 내용과 피해의 정도 등 구체적 상황에 따라 건전한 양식에 비추어 통상 요구되는 정도로 적절히 강구되어야 하고, 그러한 조치를 취하기 전에 도주의 범의로써 사고현장을 이탈한 것인지를 판정할 때에는 사고의 경위와 내용, 피해자의 생명·신체에 대한 위험의 양상과 정도, 선장 또는 승무원의 과실 정도, 사고 후의 정황 등을 종합적으로 고려하여야 한다(대법원 2015.11.12. 선고 2015도6809 전원합의체 판결).

PART
08

범죄가담
형태론

CHAPTER 01 범죄가담형태 일반론

제1절 서설

I. 단독정범과 범죄가담형태

구성요건의 실현에 관여하는 범죄주체가 한 사람인가 여러 사람인가에 따라 범죄형태는 단독정범과 범죄가담형태로 나뉜다. 단독정범은 범죄실행의 가장 단순한 기본형태로한 사람이 범죄를 저지르는 경우를 말한다. 범죄가담형태는 2인 이상의 자가 각각 상이한 정도의 기여도로써 서로 협력하여 구성요건을 실현하는 경우로서 정범(正犯)과 공범(共犯)으로 구분된다. 정범은 자기의 범죄를 스스로 행하는 자로서 단독(직접)정범, 간접정범, 공동정범이 있다. 공범은 타인의 범죄를 교사·방조하여 타인의 범죄에 고의로 참가하는 자로서 교사범과 방조범이 있다.

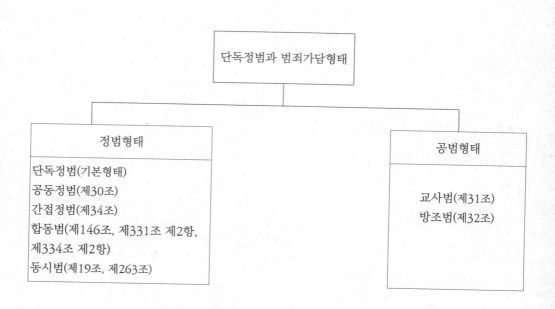

II. 형법 규정

공동정범은 2인 이상이 공동하여 죄를 범한 경우이며 각자를 그 죄의 정범으로 처벌한다($\frac{제}{30조}$).

교사범은 타인을 교사하여 죄를 범하게 한 경우이며, 죄를 실행한 정범과 동일한 형으로 처벌한다($\frac{제31조}{제1항}$). 죄를 교사받은 피교사자가 범죄의 실행을 승낙하고 실행의 착수에 이르지 아니한 때에는 교사자와 피교사자 모두 음모 또는 예비에 준하여 처벌한다($\frac{제31조}{제2항}$). 피교사자가 범죄의 실행을 승낙하지 않은 때에는 교사자만 예비에 준하여 처벌한다($\frac{제31조}{제3항}$).

방조범 또는 종범은 타인의 범죄를 방조한 경우이며, 죄를 실행한 정범의 형보다 필요적으로 감경한다(제32조).

간접정범은 어느 행위로 인하여 처벌되지 아니한 자 또는 과실범으로 처벌되는 자를 교사 또는 방조하여 범죄행위의 결과를 발생하게 한 자이다. 간접정범은 교사 또는 방조의 예에 의하여 처벌한다($\frac{제34조}{제1항}$).

특수교사·방조는 자기의 지휘, 감독을 받는 자를 교사 또는 방조하여 범죄행위의 결과를 발생하게 한 경우이다. 교사에 해당하면 정범에 정한 형의 장기 또는 다액에 그 1/2까지 가중하고 방조에 해당하면 정범의 형으로 처벌한다($\frac{제34조}{제2항}$).

III. 정범개념의 우위성, 공범개념의 종속성

공범은 독자적인 의미를 가지고 있기보다는 정범개념을 전제로 하고, 정범에 의존하는 범죄가담형태이다. 물론 공범도 그 스스로의 독자적인 불법내용의 실현을 가질 수 있지만, 공범은 정범의 불법에 의존하여 성립한다. 즉 정범 없이는 공범이 존재할 수 없다. 공범유형 중 방조범은 정범의 특정범죄를 방조한 경우이며, 교사범은 정범의 특정범죄를 교사한 경우이다.

범죄가담형태 중 정범개념이 중심현상을 이루고 있는 것을 "정범개념의 우위성, 공범개념의 종속성"이라고 한다. 따라서 정범의 개념이 밝혀지면 이에 따라 공범의 개념도 확정된다.

제2절 범죄가담형태의 입법방식

Ⅰ. 단일정범체계

1. 의의

단일정범체계는 구성요건을 범죄가담형태에 따라 세분하지 않고, 구성요건의 실현에 인과적 기여를 한 모든 자들은 그들의 기여도의 중요성과 관계없이 모든 가담자를 정범으로 간주하는 입법방식이다. 따라서 전체사건의 범위에서 각 가담자의 실현이 어떤 의미를 가지는 가를 고려하지 않으므로 결과적으로 교사범과 방조범을 모두 정범이 된다. 각 가담자의 기여는 오직 구체적 양형단계에서만 의미를 가질 뿐이다.

2. 평가

구성요건의 실현에 원인적 기여를 행한 사람을 모두 정범으로 간주하므로, 범죄가담의 형태를 구별해야 하는 번거로움을 피할 수 있는 장점이 있지만, 현행법상 처벌하지 않는 방조범의 미수와 교사의 미수도 정범의 미수가 되어서 처벌이 가능하다는 결론에 이른다. 이는 가벌성이 부당하게 확대되어 현행법의 태도와 일치하지 않는다. 또한 사물의 본질상 나타나는 참가형태의 차이를 무시하는 것은 사리에 맞지 아니할 뿐만 아니라, 형법의 법치국가적 기초와 일치하지 않는다.

Ⅱ. 정범·공범 분리형식

1. 의의

정범·공범을 분리하는 입법형식은 형법총칙의 정범과 공범을 구성요건론의 일부, 특히 행위주체이론으로 편입하고, 구성요건의 영역에서 여러 가지 범죄가담형태를 구분하여, 각칙의 구성요건을 총칙의 정범 및 공범론을 통해 보충함으로써 형법에 영향을 미치는 구성요건의 세분화를 도모하는 방법을 말한다. 현재 우리나라 형법이 이러한 방법을 취하고 있다.

2. 평가

법체계 내에서 어떤 형태의 범죄가담형태를 결정할 것인가 하는 점은 미리 어떤 원리에 의해 정해진 것이 아니라, 입법자의 몫이기에 입법자가 우선 정해놓은 범죄가담구조방식을 존중해야 한다. 그러나 사물의 본질상 나타나는 참가형태의 차이, 즉 범죄가담의 질적·양적 차이를 무시하는 단일정범체계보다는 정범과 공범을 분리하여 입법하는 방식이 형법의 법치국가적 기초와 일치하며, 죄형법정주의 원칙에 보다 부합한다.

제3절 정범과 공범의 구별

I. 서설

1. 정범의 구성요건관련성

정범은 형법 각칙의 개별구성요건에 범행의 주체로 기술되어 있는 자이므로 정범개념의 기초는 구성요건의 해석에서 출발해야 한다.

형법 각칙의 개별구성요건에 나타난 범행주체를 분석해보면 정범이 될 수 있는 행위자의 범위에 따라, '…하는 자'로 표현되어 있어 누구나 정범이 될 수 있는 '일반범[1]', '직계존속이…' 또는 '공무원이…' 등과 같이 행위주체에 일정한 신분을 필요로 하는 '신분범', 위증죄와 같이 구성요건을 자수적(自手的)으로 직접 실현하여야만 범죄의 특수한 행위반가치가 실현될 수 있는 '자수범'으로 나눌 수 있다.

신분범은 신분자만이 정범이며, 신분 없는 자는 원칙적으로[2] 공범이다. 자수범은 행위자 자신이 직접 실현해야 되므로 자수적 행위자가 정범이며, 이외의 자는 공범이다. 이와 같이 신분범의 경우에는 신분이 있는 자, 자수범의 경우에는 행위자 자신이 직접 실현해야 하므로 구성요건상 정범은 제한되어 있지만, 일반범의 경우 누구나 정범이 될 수 있는

---

1) 개별 구성요건에 '…한 자'라고 기술되어 있다고 해서 전부 일반범이라고는 할 수 없다. 예를 들면 존속살해죄의 경우 직계비속이라는 신분은 구성요건적으로 의미 있는 의무를 근거지우는 것이 아니라, 직계존속이라는 행위객체와의 관계에서의 상호관계적 신분으로 신분범이다. 즉 범행주체는 개별구성요건의 문언의 표현에 구속될 것이 아니라 행위객체와의 상호관계속에서 해석되어야 할 것이다.

2) 신분없는 자라고 하더라고 예외적으로 정범이 될 수 있는 방법이 있다. 형법 제33조가 신분 없는 자의 경우에도 정범으로 처벌될 수 있는 방안을 마련하고 있다.

동시에 공범도 될 수 있으므로 정범'표지'에 대한 이론적 검토가 필요하다.

또한 형법각칙의 개별구성요건자체에는 소요죄(제115조), 내란죄(제87조), 범죄단체조직
죄(제114조) 등과 같이 다수인의 참가나 단체의 행동을 전제로 하여 규정해놓은 필요적 공
범규정의 경우에도 범죄가담자는 그 개별구성요건에서 예정하고 있는 가담형태에 따라
처벌된다.[3]

2. 일반범에 있어서 정범표지

신분범의 경우 신분이 있는 자만이 정범이 되고, 자수범의 경우 자수적 실행행위를 한
자만이 정범이 되지만, 범행주체에 일정한 제한이 없는 일반범의 경우에는 문제를 달리한
다. 하나의 범죄에 다수인이 가담한 경우에 우리 입법자는 정범과 공범을 분리하여 규정
하고 있기에 일반범의 경우에는 정범과 공범을 구별해야 한다는 문제점이 있다.

그러나 다수인이 가담한 경우에 누가 정범이 될 것이며, 누가 공범으로 평가될 수 있는
가에 대한 구별기준에 대해서 입법자의 의도가 분명하게 드러나 있지 않다. 이에 대하여
학설은 다수인이 참가한 경우 정범과 공범을 구별하는 문제에 대하여 다양한 각도에서 논의
를 하고 있다. 우리나라 학설도 마찬가지로 독일의 논의를 기초로 하여 정범과 공범을 구별
하는 기준을 다양하게 제시하고 있다. 독일의 경우 19세기초부터 주관설과 객관설의 대립
이 있어 왔지만, 최근에는 주관설과 객관설을 결합한 행위지배설 또는 범행지배설이 우위의
입장을 점하고 있으며, 우리나라의 경우에도 행위지배설 또는 범행지배설이 통설이다.[4]

II. 정범의 개념

1. 제한적 정범개념

제한적 정범개념은 구성요건에 해당하는 행위를 스스로 행한 사람만이 정범이고, 구성
요건적 행위 이외의 다른 행위에 의하여 결과야기에 가공한 자는 정범이 될 수 없다는 견

---

3) 범행주체를 구성요건에 규정해놓고 있다는 점에서 본다면 이는 필요적 '공범'이라기보다는 '필요적 정범' 또는 '필요적 범죄
가담형태'라고 보는 것이 옳다. 또한 이러한 필요적 공범규정의 내부구성원 간의 정범과 공범의 구별이 의미가 없다는 의미
이다. 내부구성원 모두 정범에 해당하기 때문이다. 하지만, 내부구성원이 아닌 자가 집단 외에서 가담하는 자가 있을 경우
에는 여전히 정범과 공범의 구별문제는 남는다.
4) 김성돈, 597면; 김성천 378면; 김일수, 한국형법 II, 248면; 배종대, 405면; 손동권/김재윤, 503면; 신동운, 591면; 오영
근, 361면; 이상돈, 510면; 이재상/장영민/강동범, 455면; 임웅, 346면; 정성근/박광민, 486면.

해이다. 제한적 정범개념은 법률의 구성요건만을 관련시키는 입장과 구성요건적 행위와 관련시키는 입장으로 나눌 수 있는데, 전자의 입장이 형식적 객관설의 입장이며, 후자의 입장이 실질적 객관설 내지 행위지배설의 입장이다.

범죄란 형법각칙에 기술된 범죄형태이므로 정범개념도 개개의 범죄형태를 나타내는 구성요건에 의하여 결정되어야 한다는 입장이며, 원칙적으로 정범만이 가벌적이고 공범은 불가벌이다. 따라서 형법이 공범인 교사범·방조범에 대한 처벌규정을 둔 것은 구성요건 밖의 행위에까지 가벌성을 확장한 '형벌확장사유'에 해당된다. 구성요건에 해당하는 행위를 직접 실행하지 않은 간접정범도 공범이 된다.

제한적 정범개념은 정범과 공범의 구별문제에 있어서는 구성요건에 해당하는 행위와 이에 대한 가공행위는 객관적으로 구별되기 때문에 객관설과 결합한다. 객관설은 구성요건을 스스로 실현시키는 사람을 정범으로 보는 입장이기 때문에 구성요건을 직접 실현시키는가 아닌가는 외부적으로 확인할 수 있다는 점에서 객관설로 불리워진다. 객관설은 다시 형식적 객관설과 실질적 객관설로 나누어진다.

2. 확장적 정범개념

확장적 정범개념은 결과에 대한 모든 조건의 동가치성을 인정하는 조건설 또는 등가설을 그 사고의 기초로 하고 있다. 확장적 정범개념에 의하면 구성요건적 결과를 공동으로 실현한 자는 모두 정범이다. 따라서 공범이라는 개념이 형성될 여지가 없다. 구성요건을 스스로 실현하든지 아니면 타인을 도구로 사용하거나 타인으로 하여금 실행행위를 하게 한 자이든지 타인을 단순히 도와준 것에 불과한 자라고 할지라도 모두 정범이 된다. 따라서 교사범과 방조범도 원래는 정범이지만, 형법의 공범규정을 통해 정범과는 달리 취급한다고 본다. 따라서 교사범과 방조범은 '형벌축소사유'라고 보게 된다.

확장적 정범개념에 따르면 모든 행위기여는 객관적으로 동가치이기 때문에[5] 정범과 공범을 객관적 척도에 따라 구별하는 것은 불가능하고, 주관적 척도에 의해서만 가능하다. 이런 의미에서 확장적 정범개념은 정범과 공범을 구별하는 기준으로 주관설과 그 논의의 궤를 같이 한다. 주관설은 세부적으로 극단적 주관설과 제한적 주관설로 나누어 볼 수 있다.

---

5) 확장적 정범개념은 구성요건적 결과발생에 대해 조건을 주기만 하면 모두 정범이라고 하므로 이론상 가벌성의 범위가 확대되어 형법의 보장적 기능을 무시한다는 비판이 있다(정성근/박광민, 482면).

Ⅲ. 정범과 공범의 구별기준

1. 제한적 정범개념과 객관설

가. 형식적 객관설

범죄구성요건의 문언에 초점을 맞추어 각칙의 구성요건에 기술된 행위의 전부나 일부를 직접 스스로 행한 자가 정범이고, 그 실행행위 이외의 방법으로 단지 조건을 제공한 자는 공범이라는 견해이다.

그러나 이 견해는 구성요건적 행위[6]와 구성요건적 사실을 실현하는 행위를[7] 구별하지 못하며, 구성요건적 사실을 실현하는 행위를 실행행위에서 제외하게 되므로 정범의 성립범위를 현저히 제한한다. 따라서 전체범행을 위하여 기능적으로 행위기여를 하는 공동정범의 정범성에 대한 설명을 하기 어려워진다. 스스로 실행행위를 하지 않는 간접정범과 조직범죄의 경우 집단의 배후에서 조종하는 자를 정범으로 인정할 수 없는 결함이 있다.

나. 실질적 객관설

인과관계론의 원인설을 근거로, 결과발생에 직접 원인을 주었는가 단순한 조건을 주었는가라는 행위가담의 위험성의 정도에 따라 결과 내지 구성요건실현에 대하여 원인을 부여한 자는 정범이며, 단순한 조건을 부여한 자는 공범이라는 견해이다. 이 견해는 단순히 구성요건의 표지를 전부 실현시켰는가 하는 형식적 기준에 중점을 두는 것이 아니라 객관적인 법익침해의 위험성이나 인과과정의 강약 정도 등을 판단기준으로 제시한다는 점에서 실질적 객관설로 불린다.[8]

2. 확장적 정범개념과 주관설

인과관계에 관한 조건설(등가설)을 전제로, 정범과 공범은 모두 결과에 대해서 조건을 제공한 점에서 차이가 없으므로 정범과 공범의 구별은 범죄가담자의 의사, 목적, 동기, 심정 등과 같은 주관적 요소에 의해서만 가능하다는 견해이다. 주관설의 대표적인 학설로 의사설과 이익설이 있다.

---

6) 사람을 살해하는 행위.
7) 살인의 의사를 실현하는데 필요한 모든 행위.
8) 신동운, 594면.

가. 의사설(고의설)

자기의 범죄로 실현하고자 하는 의사인 정범의사를 가지고 행위한 자는 정범이고, 타인의 범죄에 가담할 의사인 공범의사를 가지고 행위한 자는 공범이라는 견해이다.

고의설을 취하고 있는 독일법원의 대표적인 판례는 이른바 욕조사건[9]과 스타신스키사건[10]이다. 소위 스타신스키사건에서 독일연방대법원은 복종관계에 있는 실행행위자에게 자기이익이 결여되어 있을 때에, 비록 실행행위자가 자기 스스로 법률의 구성요건을 완전히 실현하였다고 하더라도 방조범으로 처벌하여 극단적 주관설을 적용하기도 하였다.

이 견해에 대한 비판으로는 법적 평가의 문제인 정범과 공범의 구별이라는 법적 문제를 단순한 인과성 유무로 설명하는 방법론상 난점이 있다는 점, 정범의사·공범의사가 무엇인가는 정범과 공범의 개념이 확정되었을 것을 전제로 하고 있으므로 순환논리에 빠지게 된다는 점이다.[11] 무엇보다도 가장 큰 문제점은 정범의사 또는 공범의사에 대한 내용이 비어있기 때문에 개개의 사건에 있어서 판단자의 자의가 개입될 여지가 많다는 점이다. 판단자에 따라서 의사내용에 따라 정범과 공범을 임의적으로 바꿔 놓을 수 있는 가능성이 존재하며, 그 대표적인 경우가 바로 이른바 욕조사건이라고 할 수 있다.

나. 이익설(목적설)

이익설은 정범과 공범을 구별하는 기준을 '결과에 대한 행위자의 이익'에 두고 있다. 즉 자기의 이익을 위하여 범죄를 실현한 경우는 정범이 되고, 타인의 이익을 위하여 범죄를 실현한 경우는 공범이 된다는 견해이다.[12]

이 이론은 우리 형법의 태도와 일치하지 않는다. 즉 우리 형법은 촉탁살인죄($\frac{형법 제252조}{제1항}$), 촉탁낙태($\frac{제269조}{제2항}$), 제3자를 위한 강도($\frac{제}{333조}$), 제3자를 위한 사기($\frac{제347조}{제2항}$) 제3자를 위한 공갈($\frac{제350조}{제2항}$), 제3자를 위한 배임($\frac{제355조}{제2항}$)등과 같이 타인의 이익을 위한 경우에 정범으로 처벌

---

9) RGSt 74, 84; 이 사건의 사실관계는 다음과 같다. 여동생이 사생아를 출산하게 되자, 언니에게 부탁을 하여 자기가 출산을 하게 되면 아이를 죽여 달라고 부탁을 하고, 언니는 동생의 부탁대로 아이가 태어나자 욕조에 빠뜨려 익사시켰다. 이에 대하여 제국법원은 객관설에 따르면 언니는 정범으로 평가되어 사형을 선고할 수 밖에 없는 상황에서 타인의 부탁을 받고 살인을 한 것은 자기의 이익을 위한 것이 아니므로 주관설 중 의사설을 적용하여 방조범에 불과하다고 판단하였다.

10) BGHSt 18, 87; 피고인 스타신스키가 소련 KGB의 밀령을 받고 소련에서 망명한 정치인 2명을 독총으로 살해한 사건에서, 독일연방대법원은 "살해계획을 KGB가 계획하고 독총까지 제공하였으므로 전체적 행위상황을 보면 KGB의 책임자와 간부의 행위라고 보아야 하므로, 이러한 경우에는 스스로 살해행위를 한 자는 정범이 아니라 방조범에 불과하다"고 판시하였다.

11) 김일수, 한국형법Ⅱ, 240면; 정성근/박광민, 483면; 임웅, 343면.

12) 이익설은 포이어바하, Henkel, Köstlin, Geib, v. Buri에 의해 전개되었다. 이 견해는 고의설에 대한 비판에서 출발하여, 방조범은 결과야기에 대해서 독자적인 이익을 가질 수 없으며, 오직 정범만이 자기의 독자적인 이익을 가질 수 있다는 사고를 전제로 하고 있다(정성근/박광민, 483면).

하고 있다. 이익설에 의하면 이 경우에 공범만이 성립한다는 결론은 우리 형법의 태도와 일치하지 않는다. 자기의 이익을 위한 것인가 아니면 타인의 이익을 위한 것인가에 대한 판단도 구체적인 경우에 반드시 명백한 것은 아니며, 범행에 있어서 행위자의 이익이라는 것도 사회생활관계에서 단순한 범행동기에 불과하므로 법적 개념인 정범과 공범을 구별하는 문제에 있어서 절대적인 구별기준이 될 수 없다.

3. 행위지배설

행위지배설은 정범과 공범의 구별에 대한 객관설과 주관설의 문제점을 극복하고 양자의 견해를 절충한 견해이다. '범행지배설'[13]이라고도 한다.

행위지배설은 주관적·객관적 요소로 형성된 행위지배 또는 범행지배의 개념을 정범과 공범의 구별에 관한 지도원리로 삼는 견해이다. 여기에서 행위지배 또는 범행지배란 '구성요건에 해당하는 사건진행의 장악' (고의에 의해 포착된 구성요건에 해당하는 사건의 진행과정의 장악)을 말한다.

즉 정범은 행위지배를 통하여 그의 의사에 따라서 구성요건의 실현을 저지하거나 진행하게 할 수 있는 자이며, 공범은 자신의 행위지배 없이 단순히 행위를 야기하거나 촉진하는 자이다. 따라서 행위지배가 있으면 정범에 해당하며, 행위지배가 없으면 공범에 불과하다. 우리나라의 다수설과 판례의 입장이다.[14]

IV. 정범의 종류와 그 표지

행위지배이론에 따를 경우 행위지배가 있으면 정범이며, 행위지배가 없으면 공범이 된다.

이 경우 정범은 다시 단독정범, 공동정범, 간접정범이 있기 때문에 행위지배 역시 정범 유형에 따라 그 내용이 달라진다. 단독정범의 경우 그 자신이 구성요건의 내용을 직접 실

---

13) 독일의 Tatherrschaft를 우리나라에서는 주로 '행위지배'로 번역을 하고 있다. 그러나 Tatherrschaft는 '범행지배'로 번역하는 것이 더 적절하다. 왜냐하면 Tat은 자연적 의미의 행위라는 측면보다는 형법적 평가를 거친 범죄행위라고 보는 것이 타당하며, 정범에 있어서 범행개념은 실체법의 범죄구성요건개념이며, 전구성요건적·전법률적 개념으로 볼 수 없기 때문이다. 행위라고 번역을 하는 경우에는 구성요건 이전개념인 Handlung의 의미가 강하며, Tat의 의미는 최소한 구성요건단계를 지난 형법적 평가를 담은 범죄행위라는 의미가 강하기 때문이다. 이 책에서는 '범행지배'라는 용어를 선호하지만, '행위지배'라는 용어가 자주 활용되고 있다는 점을 고려하여 양자를 혼용하여 사용하기로 한다.

14) 대법원 1989.4.11. 선고 88도1247 판결; 공동정범의 본질은 분업적 역할분담에 의한 기능적 행위지배에 있으므로 공동정범은 공동의사에 의한 기능적 행위지배가 있음에 반하여 종범은 그 행위지배가 없는 점에서 양자가 구별된다.

행하는 경우이므로 '실행지배'가 있어야 한다. 간접정범의 경우 타인을 생명 있는 도구로 이용하여 자기의 범행계획에 따라 간접적으로 구성요건적 결과를 실현하는 경우이므로 '의사지배'가 있어야 한다. 공동정범은 공동의 결의에 따라 분업적인 협력으로 전체적 범행계획을 실현함에 있어서 기능적으로 불가결한 행위기여를 하는 경우이므로 '기능적 행위지배'가 있어야 한다.

제4절 신분범, 자수범, 의무범

I. 서설

범죄가담형태는 독자적인 범죄성립요건이 아니라 구성요건해당성의 문제이기 때문에 정범성의 표지는 우선 각칙의 구성요건의 해석을 통해서 확정해야 한다. 따라서 문제되는 구성요건이 정범성의 표지가 문제되는 일반범 또는 지배범인지 아니면, 정범성의 표지가 문제되지 않는 의무범, 신분범, 자수범인지를 먼저 살펴보아야 한다. 일반범 또는 지배범에 한하여 일반적인 정범성의 표지인 행위지배 여부를 검토함으로써 총칙의 정범규정이 적용하게 된다. 일반범 또는 지배범이 아닌 신분범, 자수범 등은 정범의 표지를 범행지배가 아니라, 신분과 자수적 실행이 정범의 표지이다.

II. 신분범

법률이 요구하는 주체로서 자격을 갖춘 사람, 즉 신분자만이 정범이 될 수 있으며, 신분범의 경우 정범표지는 행위지배가 아니라 신분이다. 신분범에는 진정신분범과 부진정신분범이 있다. 법률상 일정한 신분이 존재하여야 비로소 정범성이 인정되는 구성요건을 진정신분범이라 한다. 이에 반해 법률상 일정한 신분의 유무가 정범성 그 자체에는 영향을 줄 수 없고, 다만 형의 가감에 영향을 주는 구성요건을 부진정신분범이라고 한다.

신분이 없는 비신분자는 원칙적으로 신분범에 가담할 수 없다. 하지만 비신분자가 신분범에 가담한 경우 비신분자를 처벌할 필요성이 있다. 이러한 경우 신분범의 범죄가담형태를 특별히 규율하기 위해 우리 형법은 제33조(공범과 신분)규정을 두고 있다.

Ⅲ. 의무범

의무범이란 구성요건에 앞서 존재하는 형법외적 특별의무를 침해할 수 있는 사람만이 정범이 될 수 있는 구성요건을 말한다. 의무범은 살인범죄나 강도범죄처럼 법익을 침해하는 외부적 행위에 중점을 두는 행위범죄와는 달리 구성요건상 정범에게 특정한 의무를 부과하고, 이를 위반한 경우에 이런 의무자를 정범으로 범죄로서 신분범 대신에 주장되는 개념이지만, 국내에서는 이를 부정하는 것이 다수의 견해인 듯하다. 대부분의 공무원범죄가 여기에 속한다.

의무범의 특성은 형법외적 특별의무의 침해만이 정범성을 근거지우고 행위지배와 같은 다른 표지의 존재는 필요로 하지 않는다는 점이다. 따라서 구성요건적으로 특별한 의무침해가 없는 한, 비록 행위지배가 있어도 행위자는 정범이 아니라 단지 방조범에 불과하다. 따라서 형법외적 특별의무가 없는 자가 의무부담자를 이용하여 간접정범을 저지를 수 없음은 물론, 양자 사이에 공동정범의 성립도 원칙적으로 불가능하다. 이러한 의무 없는 자는 가담정도에 따라 단지 공범이 될 수 있을 뿐이다.

신분은 없지만 고의는 있는 도구를 이용한 간접정범의 인정을 할 수 있다는 점을 쉽게 할 수 있다. 부진정 부작위범의 정범성을 형법외적 의무침해로 규정함으로써 부진정 부작위범과 작위범이 의무침해의 범위 내에서 공동으로 행위한 경우에 작위범의 정범성은 부정되고 단지 방조범의 인정에 이른다는 점이다.

Ⅳ. 자수범

1. 의의

자수범(自手犯)이란 정범이 되기 위해서는 '행위자가 직접' 범죄구성요건을 실현시켜야 하는 범죄를 말한다. 따라서 구성요건의 성질상 직접 구성요건을 실현한 자만이 정범이 되기 때문에 공동정범이나 간접정범은 인정되지 않는다. 정범 자신이 아니면 구성요건실현이 불가능한 범죄나 행위자의 신체적 동작을 구성요건실현의 전제조건으로 삼고 있는 범죄이다.

2. 자수범 개념을 인정하는 이유

자수범 개념을 인정하는 이론적 근거는 정범과 공범의 구별문제에 있다. 누구나 범행주체가 될 수 있는 일반범의 경우에는 '범행지배'가 정범과 공범의 구별기준이 되지만, 자수범의 경우에는 행위자의 '자수성'(自手性)이 정범과 공범의 구별기준이 된다. 따라서 제3자의 경우 범행지배가 인정된다고 하더라도 자수성이 없기 때문에 그는 정범이 될 수 없고 공범이 될 수 있을 뿐이다. 자수범의 경우 타인의 행위를 이용하여 간접적으로 범죄를 범하는 간접정범의 형식으로 범죄를 범할 수 없고, 자수적 실행행위가 없는 자는 공동정범이 될 수 없다.

3. 자수범 개념 인정 여부에 대한 학설과 판례

가. 학설

현행법상 자수범 개념이 인정될 수 있는지에 대하여 견해의 대립이 있다. 자수범은 형법각칙상 개별구성요건의 특수성 때문에 범죄성립의 범위를 내재적으로 제한하는 특징을 가지며, 범죄구성요건상 자수성이라는 표지를 당해 범죄의 고유한 행위반가치요소로 규정하고 있는 일정한 범죄를 해석론상 자수범으로 특별취급할 수 있다는 입장이 다수설이다.[15]

나. 판례

판례는 자수범 개념 자체는 인정하고 있다. 강제추행죄가 자수범인지에 대하여 판례는 "강제추행죄는 정범 자신이 직접 범죄를 실행하여야 성립하는 자수범이라고 볼 수 없다"과 하며, 이어서 자수범이 아니기 때문에 "처벌되지 아니하는 타인을 도구로 삼아 피해자를 강제로 추행하는 간접정범의 형태로도 범할 수 있다"고 한다. 비록 강제추행죄를 자수범으로 인정하지는 않았지만 자수범 개념 자체는 인정한 것으로 볼 수 있다.

⚖ 판례 강제추행죄와 자수범

【사실관계】 피고인은 스마트폰 채팅 애플리케이션을 통하여 알게 된 피해자들로부터 은밀한 신체 부위가 드러난 사진을 전송받은 사실이 있고, 피해자들의 개인정보나 피해자들의 지인에 대한 인적사항을 알게 된 것을 기화로 피해자들에게 시키는 대로 하지 않으면 기존에 전송받았던 신체 사진과 개인정보 등을 유포하겠다고 하는 방법으로 피해자들을 협박하였다. 겁을 먹은 피해자들은 어쩔 수 없이 나체나 속옷만 입은 상태가 되어 스스로를 촬영하거나, 성기에 이물질을 삽입하거나 자위를 하는 등의 행위를 하였다.

---

15) 김성돈, 602면; 김일수/서보학, 568면; 배종대, 475면; 손동권/김재윤, 529면; 신동운, 599면; 오영근, 419면; 임웅. 455면; 정성근/박광민, 540면.

【판결요지】 강제추행죄는 사람의 성적 자유 내지 성적 자기결정의 자유를 보호하기 위한 죄로서 정범 자신이 직접 범죄를 실행하여야 성립하는 자수범이라고 볼 수 없으므로, 처벌되지 아니하는 타인을 도구로 삼아 피해자를 강제로 추행하는 간접정범의 형태로도 범할 수 있다. 여기서 강제추행에 관한 간접정범의 의사를 실현하는 도구로서의 타인에는 피해자도 포함될 수 있으므로, 피해자를 도구로 삼아 피해자의 신체를 이용하여 추행행위를 한 경우에도 강제추행죄의 간접정범에 해당할 수 있다(대법원 2018.2.8. 선고 2016도17733 판결).

4. 자수범의 판단기준

형법각칙을 해석함에 있어서 어느 범죄가 자수범으로 분류될 수 있는지, 그 판단기준이 무엇인지에 대하여 주장학자들마다 다양하게 주장되고 있다. '문언설'에 따르면 범죄구성요건의 문언상 제3자의 행위가 애당초 그 구성요건을 실현시킬 수 없도록 되어 있는 범죄가 자수범이라고 하면서 강간죄를 그 대표적 범죄유형으로 들고 있다.[16] '거동범설'에 따르면 결과발생을 필요로 하지 않고 단순히 일정한 신체동작만 있으면 범죄가 성립하는 거동범을 자수범이라고 한다. 진정자수범과 부진정자수범으로 이분하는 '이분설'에 따르면 형법상 범죄를 지배범과 의무범으로 대별하는 전제에서 지배범 가운데 제3자의 범행지배가 전혀 불가능한 범죄를 진정자수범이라고 하고, 의무범 가운데 당해 구성요건의 불법내용이 고도의 일신전속적 의무위반이 있기 때문에 의무자 스스로 의무를 위반해야 당해 범죄가 성립하였다고 할 수 있는 범죄를 부진정자수범이라고 한다.[17] '3유형설'은 자수범 여부를 개별적인 구성요건의 체계적이고 합리적인 해석에 따라 판단해야 한다는 입장으로 자수범을 인정하기 위한 3가지 통일적인 기준을 제시한다.[18] 이에 따르면 자수범의 유형으로 (준)강간·(준)강제추행죄(제299조), 군형법상 강간·강제추행죄(군형법 제92조)와 같이 범죄의 실행에 행위자의 신체를 수단으로 사용해야 하는 범죄, 업무상 비밀누설죄(제317조)와 같이 신체적 행위가 아닐지라도 일신상의 인격적 행위를 요구하는 범죄, 소송법 등 형법 이외의 법률이 행위자 스스로의 행위를 요구하는 범죄를 든다.

---

16) 오영근, 419면.

17) 김일수. 한국형법 Ⅱ, 253면; 신동운, 599면.

18) 김성돈, 603면; 배종대, 476면; 임웅, 456면; 정성근/박광민, 540면.

5. 결론

자수범의 성립요건과 그 한계에 대해서는 아직 논란이 많다.[19] 어느 범죄가 자수범에 해당하는지 여부는 궁극적으로 개별구성요건에 대한 해석의 문제이다. 구성요건의 속성과 그 실현방법이 다양할 뿐만 아니라 행위와 행위자의 연관성을 어느 정도까지 요구할 것인가의 문제와 결부된다. 따라서 형법총론에서 그 개념에 대한 정의를 내리는 데에는 어려움이 있다. 자수범 개념에 대한 현재의 논의를 정리하면 "자수범은 타인을 이용하여 범할 수 없는 범죄이므로 간접정범 형태로 범할 수 없는 범죄이며, 자수적 실행행위가 정범표지이므로 자수적 실행행위가 없다면 공동정범도 성립할 수 없는 범죄유형"이라고 할 수 있다.

자수범에서는 타인의 행위에 대한 행위지배(간접정범)와 기능적 행위지배(공동정범)는 정범성의 표지가 되지 않는다. 또한 자수범은 구성요건에 규정된 행위의 직접적 실행을 전제로 하고 있기 때문에 존재론적으로 무(無)의 상태인 부작위에 의한 자수범의 실행은 불가능하다.

제5절 공범의 종속성

I. 종속성의 의의

우리나라 형법은 정범과 공범을 구별하고 있다. 여기에서 정범과 공범의 상호관계를 어떻게 파악할 것인가가 문제된다. 공범은 정범의 현실적인 실행행위에 종속하여 성립되는가(종속성인가) 아니면 정범의 실행행위와 독립하여 성립하는가(독립적인가)의 문제이다. 이에 대하여 공범종속성설과 공범독립성설이 대립되어 있다.

---

19) 자수범의 긍정설과 부인설에 대한 논의를 소개한 것으로 신동운, 686면 이하.

II. 종속성에 대한 학설

1. 공범종속성설

　교사행위·방조행위 그 자체는 범죄의 실행행위가 아니므로 교사범·방조범이 성립하기 위해서는 정범이 적어도 구성요건에 해당하는 실행행위로 나아가야만 이에 종속하여 공범의 성립이 가능하다는 견해이다. 객관주의 범죄이론에 따른 논리적 결론이다. 교사·방조행위와 실행행위 사이에는 정형성이 있어서 현저한 차이가 있으므로 교사·방조행위를 실행행위와 동일시 할 수 없고, 따라서 공범은 정범에 종속해서 성립할 수밖에 없다고 한다.

2. 공범독립성설

　교사행위·방조행위 자체가 이미 행위자의 범죄적 의사 또는 반사회성의 징표이므로 반사회적인 범죄로서의 실질을 갖고 있다. 따라서 정범의 실행행위가 없더라도 교사·방조행위 자체가 반사회적 징표이므로 독립된 범죄를 구성한다고 보는 견해이다. 주관주의 범죄이론에 따른 논리적 결론이다. 공범이 정범에 종속하여 성립한다고 하면 자기책임의 원리에 반하므로 공범의 범죄성 및 가벌성도 공범 고유의 행위에서 찾아야 한다고 주장한다.

3. 양 학설의 해석상 차이점

　공범독립성설에 따르면 공범은 정범의 성립과 관계없이 독립하여 성립하는 것이므로 피교사자가 실행에 착수하지 않았다고 하더라도 교사행위는 미수로 처벌해야 한다. 정범의 실행행위가 없는 경우에도 공범의 미수를 인정한다. 따라서 정범의 실행의 착수가 없는 기도된 교사(제31조 제2항, 제3항)에 대한 처벌규정은 당연규정이라고 본다. 하지만 공범종속성설에 따르면 정범의 실행의 착수가 없는 기도된 교사에 대한 처벌규정은 특별규정이라고 본다.

　공범종속성설과 공범독립성설의 이론적 차이점은 형법 제252조 제2항의 자살관여죄에 대한 법적 성격에 대한 논의에서도 발생한다. 공범독립성설에 따르면 자살관여죄를 당연한 근거규정을 보는 반면에, 공범종속성설에 따르면 자살이 범죄가 아님에도 불구하고 교사·방조자를 처벌하는 것을 특별규정으로 본다.

【정리】 공범종속성설과 공범독립성설의 비교

범죄이론	공범종속성설	공범독립성설
	객관주의	주관주의
기도된 교사 (제31조 제2항, 제3항)	정범의 행위가 처벌할 수 있는 미수로 된 때에만 공범의 미수를 인정한다. 따라서 정범의 실행의 착수가 없는 기도된 교사(제31조 제2,3항)에 대한 처벌규정은 특별규정이라고 본다.	정범의 실행행위가 없는 경우에도 공범의 미수를 인정한다. 따라서 정범의 실행의 착수가 없는 기도된 교사(제31조 제2,3항)에 대한 처벌규정은 당연규정이라고 본다.
간접정범	피이용자의 행위를 정범의 행위로 볼 수 없으므로 이용자는 정범이 된다. → 간접정범 개념 긍정	교사·방조행위가 있는 이상 공범은 성립할 수 있으므로 이용자는 정범이 아니라 공범이다. → 간접정범 개념 부정
공범과 신분	신분의 연대성을 규정한 제33조 본문은 당연규정으로 본다.	신분의 개별성을 규정한 제33조 단서를 원칙적 규정으로 본다.
자살관여죄 (제252조 제2항)	자살이 범죄가 아님에도 불구하고 교사·방조자를 처벌하는 것을 특별규정으로 본다.	자살관여죄(제252조 제2항)를 공범독립성설의 당연한 근거규정으로 본다.

4. 결론

현행법의 해석상 공범은 정범을 전제로 하며 정범에 종속하여 성립한다. 종속할 정범이 없다면 공범은 성립하지 않는다. 기도된 교사규정이 공범독립성설의 입장이라면 이 경우 공범자는 죄를 실행한 자와 동일하게 처벌되어야 하는데 형법은 예비·음모에 준하여 처벌하고 있다. 또한 자살관여죄는 자살에 관여한 자를 예외적으로 정범형태로 규정하고 있는 범죄유형으로 보는 것이 타당하다. 현행 법규정을 보면 공범인 교사범이나 방조범이 성립하기 위해서는 항상 실행행위를 하는 '타인', 즉 정범을 전제로 하고 있다. 정범 없는 공범은 성립할 수 없기 때문에 공범종속성설이 타당하다. 공범종속성설이 통설과 판례이다.[20]

---

20) 정범의 성립은 교사범의 구성요건의 일부를 형성하고 교사범이 성립함에는 정범의 범죄행위가 인정되는 것이 그 전제요건이 된다(대법원 1998.2.24. 선고 97도183 판결).

III. 종속성의 정도

1. 의의

공범의 종속성을 인정할 경우, 공범이 종속하기 위해서는 종속의 대상, 즉 정범이 존재해야 하며, 이 경우 정범은 범죄성립요건 중 어느 정도의 범죄성립요건을 구비해야 공범이 이에 종속하여 성립하는가라는 문제가 있다. 종속형식이라고도 한다.

2. 공범의 종속형식

가. 최소 종속형식

최소(한) 종속형식은 정범의 행위가 구성요건에 해당하는 실행행위만 있으면 그 행위가 위법·유책하지 않은 경우에도 공범이 성립한다는 종속형식을 말한다.[21] 정범의 행위가 최소한의 요건만을 갖추면 공범이 성립할 수 있기 때문에 공범의 성립가능성이 가장 넓다. 최소한 종속형식에 따르면 정당방위와 같이 타인에게 위법하지 않은 행위를 교사·방조한 경우에도 공범이 성립할 수 있게 된다. 하지만 형법상 이 경우에는 간접정범이 성립될 가능성이 있다. 정범의 불법이 위법성까지 갖추어지지 않아 불법이 존재하지 않음에도 불구하고 공범을 처벌한다는 것은 부당하다.

나. 제한적 종속형식

제한적 종속형식은 정범의 행위가 구성요건에 해당하고 위법성까지만 있으면 공범이 성립한다는 종속형식을 말한다.[22] 제한적 종속형식에 따르면 정범의 행위가 책임이 조각되는 경우에도 이에 가담한 자에 대하여 공범성립이 가능하게 된다. 예를 들면 행위자에게 정당방위를 교사·방조한 경우에는 공범이 성립하지 않지만, 책임무능력자의 범죄행위를 교사·방조한 경우에는 공범이 성립한다. 정범의 행위가 구성요건해당성과 위법성이 인정되기 때문이다. 공범의 처벌근거는 정범의 책임에 가담하는 것이 아니라 정범의 불법에 가담하는 것에 있으므로 개인책임의 원칙과 부합한다. '불법연대·책임개별의 원리'를 유지하는 관점에서 타당한 견해이다.

---

21) 김성돈, 610면.

22) 김성천, 381면; 김일수/서보학, 478면; 배종대, 416면; 손동권/김재윤, 569면; 이형국/김혜경, 376면; 임웅, 428면; 정성근/박광민, 518면.

다. 극단적 종속형식

극단적 종속형식은 정범의 행위가 구성요건에 해당하고 위법하며 유책한 행위인 경우에 비로소 공범이 성립한다는 종속형식을 말한다.[23] 극단종속형식에 따르면 정범의 행위가 책임이 조각되는 경우 공범은 성립하지 않으며 간접정범이 될 수 있을 뿐이다. 하지만 극단적 종속형식의 경우 책임의 연대성을 인정하므로 개인책임의 원칙 또는 책임 개별화의 원칙에 반한다. 또한 책임무능력자를 이용하는 경우에 간접정범의 성립을 인정하나 이 경우에 의사지배의 유무에 따라 교사범이 성립할 수도 있다.

라. 최극단적 종속형식

최극단적 종속형식은 정범의 행위가 구성요건에 해당하고 위법·유책할 뿐만 아니라 신분에 의한 형의 가중·감경 및 가벌성의 조건까지도 갖추어야 공범이 성립한다는 종속형식을 말한다. 최극단적 종속형식에 따르면 공범이 성립할 범위가 가장 좁아진다. 최극단적 종속형식의 경우 극단적 종속형식과 마찬가지로 책임의 연대성을 인정하므로 개인책임의 원칙에 반한다. 타인의 가벌성에까지 종속하므로 공범의 고유범성에도 반한다.

【표】공범의 종속성에 대한 정리

정범	공범			
범죄성립 및 처벌조건	최소한 종속형식	제한적 종속형식	극단적 종속형식	최극단적 종속형식
구성요건해당성	공범 성립	공범 성립	공범 성립	공범 성립
위법성				
책임				
처벌조건				

3. 결론

제한적 종속형식이 공범의 처벌근거와 불법연대와 책임 개별화의 원칙에 부합하기에 타당한 견해이다. 지배적 견해이며, 판례의 태도이기도 하다. 이해를 돕기 위해 종속형식 이론에 따라 몇 가지 사례를 설명하면 다음과 같다.

갑이 11세의 A에게 절도를 교사하여 이에 A가 절도를 실행한 경우 최소한 종속형식과

---

23) 오영근, 385면; 신동운, 650면.

제한적 종속형식에 따르면 A의 행위는 구성요건해당성과 위법성이 인정되므로 갑은 절도죄의 교사범이 되며, 극단적 종속형식과 최극단적 종속형식에 따르면 A의 행위가 책임 또는 가벌성까지 충족되지 않았기 때문에 갑은 절도죄의 교사범이 되지 않는다. 만약 A에 대하여 의사지배가 인정된다면 절도죄의 간접정범이 된다.

갑이 A에게 B의 공격에 대하여 정당방위로 폭행할 것을 교사한 경우 최소한 종속형식에 따르면 A의 행위는 구성요건해당성은 인정되므로 갑은 폭행죄의 교사범이 되지만, 제한적 종속형식, 극단적 종속형식, 최극단적 종속형식에 따르면 폭행죄의 교사범이 되지 않는다.

갑이 A에게 타인의 주거에 들어갈 것을 교사하였으나 피교사자가 주거자의 승낙을 얻어 주거에 들어간 경우 어느 종속형식에 따를 경우에도 갑은 주거침입죄의 교사범이 되지 않는다. A의 행위는 구성요건해당성이 없는 피해자의 양해에 따른 행위이기 때문이다.

갑이 A에게 A의 아버지의 물건을 절취하도록 교사한 경우 최소종속형식, 제한적 종속형식, 극단적 종속형식에 따르면 갑은 절도죄의 교사범이 성립하지만, 최극단적 종속형식에 따르면 절도죄의 교사범이 성립하지 않는다. A의 행위는 구성요건해당성, 위법성, 책임이 인정되지만 친족상도례에 의하여 처벌이 조각되기 때문이다.

갑이 행사의 목적 없는 A를 교사하여 사문서를 위조하게 한 경우 A에게는 행사의 목적이 없으므로 어느 종속형식이론에 따르더라도 사문서위조죄의 교사범이 성립하지 않는다. A의 행위는 구성요건해당성이 인정되지 않기 때문이다. 이 경우는 공범인 교사범이 아니라 정범우위의 원칙에 따라 의사지배가 인정된다면 간접정범이 성립한다.

제6절 공범의 유형

I. 임의적 공범

임의적 공범은 1인에 의해서도 범할 수 있는 범죄를 2인 이상이 협력하여 범하는 경우의 공범을 말한다. 형법총칙상 공범 규정은 임의적 공범을 전제로 한다.

Ⅱ. 필요적 공범 또는 필요적 정범

1. 의의

형법각칙의 범죄구성요건 규정에 2인 이상의 가담이 있을 경우에 범죄구성요건을 실현하는 것으로 규정되어 있는 범죄유형을 필요적 공범이라고 한다. 형법각칙에서는 어떤 사람이 내부가담자가 될 수 있는지 또한 내부가담자의 경우 각자 적용될 형벌이 정해져 있다. 예를 들면 형법 제87조 내란죄의 경우 '우두머리'는 사형, 무기징역 또는 무기금고에 처하며, 모의에 참여하는 등 '중요임무종사자'는 사형, 무기 또는 5년 이상의 징역에 처하며, '부화수행(附和隨行)한 자'는 5년 이하의 징역에 처한다.

필요적 공범이라고 표현하고 있기 때문에 '공범'으로 오해할 여지가 있지만, 범행주체가 구성요건에 정해져 있기 때문에 이는 공범이 아니라 실질적으로는 정범에 해당한다. 따라서 필요적 '공범'이라는 용어보다는 필요적 '정범'이라는 표현이 적절하다. 이하에서는 일반적으로 사용하는 필요적 공범이라는 용어를 사용한다. 필요적 공범의 유형으로는 집합범 또는 집단범과 대향범이 있다.

2. 집합범 또는 집단범

다수의 행위자가 같은 목표를 향하여 같은 방향에서 공동으로 작용하는 범죄이며, 참가하는 다수인의 역할과 지위 및 행위태양에 따라서 법정형이 등급화되어 있다.

집합범의 경우 소요죄($\frac{제}{115조}$) 또는 범죄단체·집단조직죄($\frac{제}{114조}$)와 같이 다수인에게 동일한 법정형이 규정된 경우와 내란죄($\frac{제}{87조}$)와 같이 관여의 정도에 따라 우두머리, 모의참여자·지휘자·중요임무종사자, 부화수행자·단순폭동관여자로 구분하여 상이한 법정형이 규정된 경우가 있다.

3. 대향범

2인 이상의 가담자가 서로 다른 방향에서 서로 다른 역할 수행으로 동일한 목표를 향해 공동작용하는 범죄이다.

대향범에는 대향자에게 동일한 법정형이 규정된 경우가 있다. 도박죄, 아동혹사죄, 인신매매죄 등이 이에 해당한다. 예를 들면 제246조 제1항 도박죄의 경우 도박에 참가한 사람은 모두 1천만 원 이하의 벌금에 처한다.

대향자에게 서로 다른 법정형이 규정된 경우가 있다. 뇌물죄의 경우 수뢰죄와 증뢰죄, 배임수증재죄의 경우 배임수재죄와 배임증재죄, 낙태죄,[24] 도주죄가 이에 해당한다. 예를 들면 제129조 수뢰죄의 경우 뇌물을 수수한 공무원은 5년 이하의 징역 또는 10년 이하의 자격정지에 처하지만, 제133조 증뢰죄의 경우 뇌물을 약속, 공여 또는 공여의 의사를 표시한 자는 5년 이하의 징역 또는 2천만 원 이하의 벌금에 처한다.

대향자 중 일방만이 처벌되는 경우 등이 있다. 제243조 음화판매죄에서 음화판매자는 처벌되지만 매수자는 처벌되지 않는다. 이외에도 촉탁승낙살인죄에서 촉탁·승낙자, 자살교사방조죄의 자살자는 처벌되지 않으며, 범인은닉죄에서 범인 자신은 처벌되지 않는다.

4. 필요적 공범에 대한 총칙상 공범 규정의 적용 여부

가. 내부가담자의 경우

내부가담자의 경우 각자에게 적용될 형벌이 각칙에 별도로 규정되어 있다. 즉 필요적 공범의 가담자는 모두 당해 범죄구성요건의 행위주체인 정범이 되는 것이 원칙이다. 따라서 필요적 공범에 있어서 임의적 공범을 전제로 하는 형법총칙의 공범 규정이 적용되지 않는다. 판례 또한 "2인 이상의 서로 대향된 행위의 존재를 필요로 하는 대향범에 대하여는 공범에 관한 형법총칙 규정이 적용될 수 없다"는 입장이다.[25]

이에 대하여 대향범 중 일방만을 처벌하는 범죄의 경우 내부자인 불가벌적 대향자에 대해서는 교사범 또는 방조범이 성립할 수 있다는 소수설이 있다.[26] 이에 따르면 음란물의 매수자가 단순히 수동적으로 이를 매수함에 그친 경우에는 불가벌이지만 적극적인 가담으로써 판매자를 교사·방조하여 이를 매수한 경우에 판매죄의 교사범·방조범이 될 수 있다고 한다. 하지만 이 경우에도 다수설과 판례는 형법총칙의 공범 규정이 적용되지 않는다고 한다.

> ⚖ 판례 ┃ **대향적 공범에 대하여 공범이나 방조범에 관한 형법총칙 규정 적용 여부**

【판결요지】 2인 이상의 서로 대향된 행위의 존재를 필요로 하는 대향범에 대하여는 공범에 관한 형법총칙 규정을 적용할 수 없는바, 세무사법은 제22조 제1항 제2호, 제11조에서 세무사와 세무사였던 자 또는 그 사무직원과 사무직원이었던 자가 그 직무상

---

24) 원칙적으로 낙태죄는 필요적 공범이 아니지만 자기낙태죄와 동의낙태죄는 예외적으로 필요적 공범관계에 있다.
25) 대법원 2001.12.28. 선고 2001도5158 판결; 대법원 2009.6.23. 선고 2009도544 판결.
26) 김성돈, 592면; 원형식, 불가벌적 필요적 공범, 형사법연구 제24호, 2005, 86면 이하.

지득한 비밀을 누설하는 행위를 처벌하고 있을 뿐 비밀을 누설받는 상대방을 처벌하는 규정이 없고, 세무사의 사무직원이 직무상 지득한 비밀을 누설한 행위와 그로부터 그 비밀을 누설받은 행위는 대향범 관계에 있으므로 이에 공범에 관한 형법총칙 규정을 적용할 수 없다(대법원 2007.10.25. 선고 2007도6712 판결).

나. 외부가담자의 경우

내부가담자가 아닌 외부가담자의 경우에 총칙상 공범 규정의 적용 여부가 문제된다. 필요적 공범의 유형에 따라 결론이 달라진다.

(1) 집합범의 경우

소요죄나 범죄단체·집단조직죄와 같이 다수인에게 동일한 법정형이 규정된 경우 공범 규정의 적용 여부에 대하여 집단외에서 자금이나 정보를 제공하거나 다른 사람의 가담을 권유한 자에 대해서는 당연히 교사범·방조범 규정뿐만 아니라 공동정범 규정도 적용된다는 것이 다수설이다. 따라서 단체나 집단에 속하지 않으면서도 그 단체 또는 조직에 대한 주도권을 장악한 자가 있다면 그는 범죄단체·집단조직죄의 공동정범이 될 수 있으며, 범죄단체·집단조직을 교사하거나 방조한 경우에 범죄단체·집단조직죄의 교사범 또는 방조범이 될 수 있다.

내란죄와 같이 다수인에게 상이한 법정형이 규정된 경우에는 견해의 대립이 있다. 내란죄에 대하여 공동정범의 규정은 적용될 여지가 없으나,[27] 내란을 교사하거나 집단밖에서 자금·식량 등을 제공하여 방조하는 것은 가능하므로 협의의 공범 규정은 적용될 수 있다는 입장이 다수설이다.[28] 하지만 판례는 내란죄에 관하여 법률이 관여자의 태양과 정도에 따라 그 형을 구별하여 규정하고 있는 것은 그 이외의 관여행위는 처벌하지 않겠다는 취지이므로 공범규정을 적용할 수 없다는 입장이다.

> ⚖️ **판례** 12·12반란사건 – 개별행위에 대한 반란 가담자
>
> 【판결요지】반란죄는 다수의 군인이 작당하여 넓은 의미의 폭행·협박으로 국권에 저항하는 과정에서 상황에 따라 벌어질 수 있는 살인, 약탈, 파괴, 방화, 공무집행방해 등 각종의 범죄행위를, 반란에 가담한 자들이 개별적으로 인식 또는 용인하였는지 여부에 관계없이 하나의 반란행위로 묶어 함께 처벌하는 데에 그 특질이 있는 집단적 범죄

---

27) 만약 공동정범의 요건을 구비한 사실이 인정되면 이미 그 가담자는 내란죄의 구성요건에 기술된 '주요임무종사자'가 되어 필요적 공범이 되기 때문이다.

28) 김성돈, 594면; 오영근, 439면.

이므로, 반란에 가담한 자는 그에게 반란에 대한 포괄적인 인식과 공동실행의 의사만 있으면 반란을 구성하는 개개의 행위인 살인, 약탈, 파괴 등에 대하여 개별적으로 지시하거나 용인한 일이 없다고 하더라도, 살인 등 반란을 구성하고 있는 행위의 전부에 대하여 반란죄의 정범으로서 책임을 진다. 한편 반란에 가담한 자 중에서 반란을 구성하고 있는 특정의 살인행위를 직접 실행하지 아니하였다고 하더라도, 그 살인행위를 개별적으로 지시하거나 용인하는 등 공동실행의 의사가 있는 자는 그 살인행위에 대하여 반란죄와는 별도로 살인죄의 책임도 져야 할 것이나, 그 살인행위에 대한 공동실행의 의사가 있다고 인정되지 아니하는 자는 그 살인행위에 대하여 반란죄의 책임 이외에 별도로 살인죄의 책임을 지울 수는 없다(대법원 1997.4.17. 선고 96도3376 판결).

(2) 대향범의 경우

대향범의 경우 외부 관여자에 대하여 공동정범·교사범·방조범 규정이 적용된다. 대향자 중 일방만이 처벌되는 경우에는 처벌되는 대향자에 대한 외부관여자의 행위에 대하여 공동정범·교사범·방조범 규정이 적용되지만, 처벌되지 않는 대향자에 대한 외부관여자의 행위는 처벌되지 않는다.

CHAPTER 02 공동정범

제30조(공동정범) 2인 이상이 공동하여 죄를 범한 때에는 각자를 그 죄의 정범으로 처벌한다.

제1절 서설

Ⅰ. 의의

공동정범은 2인 이상의 자가 공동의 범행계획에 따라 각자 실행의 단계에서 본질적인 기능을 분담하여 이행함으로써 성립하는 정범형태를 말한다.

공동정범의 정범성 표지는 기능적 행위지배, 즉 분업적 행위실행과 기능적 역할분담이다. 따라서 전체계획 중 일부만을 실행한 경우라도 기능적 행위지배를 했다면 발생한 결과 전체에 대하여 정범책임을 진다. '일부실행, 전부책임의 원칙'이 적용된다. 예를 들면 갑과 을이 강도를 공모하고 갑은 A를 폭행·협박하고 을은 재물을 강취한 경우 강도죄의 구성요건적 행위인 폭행·협박과 재물강취는 각각 다른 사람에 의하여 이루어졌지만, 갑과 을의 공동의 범행계획과 기능적 역할분담에 따라 강도죄를 실현한 경우이므로 개별적 행위는 통일된 전체를 이루어 갑과 을은 모두 전체 결과에 대하여 정범으로 처벌된다.

Ⅱ. 공동정범의 본질

공동정범은 '무엇을' 공동으로 하는 것인가에 대하여 범죄공동설과 행위공동설이 대립되어 있다.

1. 학설

범죄공동설에 따르면 공동정범은 수인이 공동하여 특정한 범죄를 행하는 것이므로 한 개의 동일한 고의범, 즉 수인 1죄에 한하여 공동정범이 성립한다고 본다. 범죄공동설의 이론적 배경은 객관주의이다. 즉 공동정범의 각자가 적어도 하나의 객관적 구성요건표지 의 실현에는 스스로 참여했다는 것이 공동정범의 본질적인 표지라고 본다. 공동정범에서 공동으로 행하는 대상은 특정한 범죄라는 것이다.

행위공동설에 따르면 공동정범은 2인 이상이 구성요건에 해당하는 실행행위를 공동하 여 각자가 자기의 범죄를 실행하는 것이므로, 수인 1죄의 경우는 물론 수인 수죄의 경우 에도 공동정범이 성립하고 각자의 고의·과실의 범위 내에서 발생된 결과 모두에 대해서 책임을 부담한다고 본다. 행위공동설의 이론적 배경은 주관주의이다. 즉 행위 속에 표현 된 의식적이고 의욕적인 공동작용이 공동정범의 본질적 표지라고 본다. 공동정범에서 공 동으로 행하는 대상은 특정한 범죄가 아니라 사실상의 행위 그 자체라는 것이다.

2. 판례

판례는 행위공동설의 입장이다. 판례에 따르면 형법 제30조에 '공동하여 죄를 범한 때' 의 '죄' 라 함은 고의범, 과실범을 불문한다. 따라서 공동정범의 공동의사는 고의행위·과 실행위를 불문하고 그 행위를 공동으로 할 의사이면 충분하다. 두 사람 이상이 어떠한 과 실행위를 서로의 의사연락하에 범죄가 되는 결과를 발생케 한 것이라면 과실범의 공동정 범이 성립된다고 한다.[29]

3. 결론

범죄공동설과 행위공동설은 무엇을 공동으로 하는가에 중점을 두고 공동정범의 본질 을 설명하고 있다. 각각 객관주의와 주관주의 이론이 이론적 배경이다. 하지만 오늘날 공 동정범의 본질에 대하여 주관적인 면과 객관적인 면을 종합한 행위지배설이 등장하였기 때문에, 객관적인 점에 치우친 범죄공동설과 주관적인 점에 치우친 행위공동설의 대립은 사실상 의미가 없다. 공동정범은 '무엇을' 공동으로 하는지가 중요한 것이 아니라 '어떻게' 공동하는가라는 문제가 본질적이고 핵심적인 문제이다.

---

29) 대법원 1979.8.21. 선고 79도1249 판결; 대법원 1994.3.22. 선고 94도35 판결; 대법원 1982.6.8. 선고 82도781 판 결; 대법원 1994.5.24. 선고 94도660 판결.

제2절 성립요건

I. 의의

　형법 제30조의 공동정범은 2인 이상이 공동하여 죄를 범하는 것으로서, 기능적 행위지배가 정범의 표지이다. 행위지배는 정범과 공범의 구별에 대한 객관설과 주관설의 문제점을 극복하고 양자의 견해를 절충한 이론이기 때문에 행위지배는 주관적·객관적 요소가 결합된 개념이다. 행위지배는 정범과 공범의 구별에 관한 지도원리이며, 행위지배는 '구성요건에 해당하는 사건진행의 장악'을 의미한다. 행위지배설은 행위지배를 공동가공의 의사와 공동가공의 사실이 합한 개념으로 이해할 수 있다.

　그런데, 판례는 행위지배를 다르게 이해한다. 행위지배를 공동정범의 객관적 요소로 이해한다. 판례에 따르면 공동정범이 성립하기 위하여는 주관적 요건으로서 공동가공의 의사와 객관적 요건으로서 공동의사에 기한 기능적 행위지배를 통한 범죄의 실행사실이 필요하다.

II. 주관적 요건

1. 공동가공의 의사

가. 의의

　공동가공의 의사는 2인 이상이 실행행위를 공동으로 하려는 의사이다. 판례에 따르면 "공동가공의 의사는 공동의 의사로 특정한 범죄행위를 하기 위하여 일체가 되어 서로 다른 사람의 행위를 이용하여 자기의 의사를 실행에 옮기는 것을 말한다." 공동의 범행결의 또는 공동가공의 의사라고도 한다. 기능적 행위지배의 본질적 요건이며, 공동실행의사는 개별적인 행위를 전체적으로 하나로 결합하여 가담자들에 대하여 실행된 행위 전체에 대한 책임인정이 가능하다. 공동실행의 의사가 없는 경우는 동시범(단독정범)이며, 공동실행의 의사가 일방에만 있는 경우는 '편면적 공동정범'이라고 부르지만, 편면적 공동정범은 공동정범이 아니다.

나. 의사의 상호이해

공동정범은 모두 각자의 역할분담과 공동작용에 대한 상호이해가 필요하다. 공동정범 상호 간의 면식은 필요하지 않으며, 다른 공동정범의 행위내용을 일반적으로 파악하면 족하고 이를 세부적으로 미리 알고 있어야 할 필요는 없다.

공모자들이 그 공모한 범행을 수행하거나 목적 달성을 위해 나아가는 도중에 부수적인 다른 범죄가 파생되리라고 예상하거나 충분히 예상할 수 있는데도 그러한 가능성을 외면한 채 이를 방지하기에 족한 합리적인 조치를 취하지 아니하고 공모한 범행에 나아갔다가 결국 그와 같이 예상되던 범행들이 발생한 경우에도 비록 그 파생적인 범행 하나하나에 대하여 개별적인 의사연락이 없었다 하더라도 범행 전부에 대하여 암묵적 공모가 존재하는 것으로 공동가공의 의사를 인정할 수 있다.[30]

동시범은 다수인이 '공동의 범행결의 없이' 구성요건적 결과를 실현한 경우이다. 의사의 상호연락이 없으므로 공동정범이 아니며 단독정범이 결합된 것에 불과하다(독립행위의 경합). 원인이 밝혀지지 않은 동시범은 제19조에 의해 각자를 미수범으로 처벌한다.

편면적 공동정범은 공동실행의 의사가 '어느 일방에게만 존재'하는 경우이다. 의사의 상호이해가 없으므로 공동정범이 아니며 동시범 또는 방조범이 성립할 뿐이다.[31]

⚖ 판례 | 오토바이 절취사건

【사실관계】 피고인 갑은 장물취득 등의 전과가 있는 사람으로서 중고오토바이 매매업을 경영하고 있었다. 피고인 갑은 A, B 등이 오토바이를 절취하여 오면 대당 15만원 정도의 돈을 주고 이를 사들였다. 피고인 갑은 A, B등에게 "오토바이를 훔쳐 와라"고 하고, A 등이 오토바이를 절취할 때에 사용한 승합차를 내어 준 일이 있고, A 등이 절취한 오토바이를 쉽게 가져다 놓을 수 있도록 피고인 갑이 자기 점포의 열쇠를 A에게 주었다.

【판결요지】 [1] 형법 제30조의 공동정범이 성립하기 위하여는 2인 이상이 공동하여 죄를 범하여야 하는 것으로서, 주관적 요건인 공동가공의 의사와 객관적 요건인 공동의 사에 의한 기능적 행위지배를 통한 범죄의 실행사실이 필요한데, 공동가공의 의사는 공동의 의사로 특정한 범죄행위를 하기 위하여 일체가 되어 서로 다른 사람의 행위를 이용하여 자기의 의사를 실행에 옮기는 것을 내용으로 하는 것이어야 한다.

[2] 오토바이를 절취하여 오면 그 물건을 사 주겠다고 한 것이 절도죄에 있어 공동정범

---

30) 대법원 2007.4.26. 선고 2007도428 판결; 건설노동조합의 조합원들이 행한 건조물 침입, 업무방해, 손괴, 폭행, 상해 등 범죄행위에 대하여, 위 조합의 상급단체 간부에게 공모공동정범의 죄책을 인정한 사례

31) 대법원 1985.5.14. 선고 84도2118 판결; 공동정범은 행위자 상호 간에 범죄행위를 공동으로 한다는 공동가공의 의사를 가지고 범죄를 공동실행하는 경우에 성립하는 것으로서, 여기에서의 공동가공의 의사는 공동행위자 상호 간에 있어야 하며 행위자 일방의 가공의사만으로는 공동정범관계가 성립할 수 없다.

의 성립을 인정하기 위하여 필요한 공동가공의 의사가 있었다고 보기 어렵다는 이유로 원심판결을 파기한 사례(대법원 1997.9.30. 선고 97도1940 판결).

【해설】 오토바이 절취사건은 오토바이를 절취하여 오면 그 물건을 사 주겠다고 한 것이 절도죄에 있어 공동정범의 성립을 인정하기 위하여 필요한 공동가공의 의사가 있었다고 보기 어렵다는 이유로 원심판결을 파기한 사례이다. 이 사건은 절도나 강도 또는 밀수에 있어서 본범의 범행에 가담한 경우에 가담자의 책임을 어떻게 지울 것인가의 문제이다. 본범의 공동정범으로 볼 것인가 아니면 본범과는 달리 일종의 사후종범의 형태인 장물범으로 처벌할 수 있는가의 문제이다. 이 판결은 본범의 공동정범이 되기 위해서는 공동가공의 의사가 있어야 하는데, 만약 이 사안의 경우 공동가공의 의사가 '우리가 함께 오토바이를 훔치자'(공동의 범행계획의 수립). '다만 현장에서 훔치는 일은 너희들이 맡아서 해라. 그러면 장물은 내가 맡아서 처분하겠다.'(계획에 따른 기능적 역할분담)는 식으로 형성된다면 공동정범이 성립할 수 있는데, 이 사건의 경우에는 각종의 자료 등에 의해 살펴보면 '너희들이 오토바이를 훔쳐라'. '그러면 장물은 내가 사 주겠다.'는 식으로 형성되었다는 것이며, 이는 장물의 취득이나 그 매각알선을 하겠다는 의사표시를 한 것에 불과하며, 절취행위를 공동으로 하겠다는 공모를 한 것이라고는 보기 어렵다고 판결한 것이다. 따라서 갑의 경우 절도죄의 방조범과 장물취득죄의 실체적 경합이 된다.

⚖ 판례 | 피해자와 이야기만 나눈 경우

【사실관계】 피고인 갑은 2002.3.10. 20:30경 마산시 소재 피시방 앞에서 을이 인터넷 채팅을 통하여 알게 된 A 및 그 친구들인 B, C를 을의 승용차에 태우고 함께 창원시 소재 주남저수지 부근을 드라이브하던 중, 피해자 일행이 잠시 차에서 내린 사이에 병의 제의로 각각 강간하자고 제의하였으나, 피고인 갑은 아무런 반대의 의사표시를 하지 않았다. 다음날인 11일 01:00경 경남 함안군 소재 야산 입구에 이르러 을과 병이 피해자들을 강간하기 위하여 숲속으로 끌고 갈 때 피고인 갑은 야산입구에 앉은 채 C에게 "우리 그대로 가만히 앉아 있자"고 하면서 담배를 피우면서 이야기를 나누었다. 이후 을은 B를, 병은 A를 강간하였다. 을은 병이 A를 자기 쪽으로 데리고 오자 다시 강간하고 이로 인하여 약 2주간의 치료를 요하는 다발성 좌상 등을 입게 하였다.

【판결요지】 피해자 일행을 한 사람씩 나누어 강간하자는 피고인 일행의 제의에 아무런 대답도 하지 않고 따라 다니다가 자신의 강간 상대방으로 남겨진 공소외인에게 일체의 신체적 접촉도 시도하지 않은 채 다른 일행이 인근 숲 속에서 강간을 마칠 때까지 공소외인과 함께 이야기만 나눈 경우, 피고인에게 다른 일행의 강간 범행에 공동으로 가공할 의사가 있었다고 볼 수 없다고 한 사례(대법원 2003.3.28. 선고 2002도7477 판결)

⚖️ 판례 군의무반 김병장 사건

【사실관계】 갑은 피해자 윤일병이 군의무반에 정식으로 전입한 직후인 2014. 3. 초순경부터 피해자가 응급실에 실려간 2014. 4. 6.까지 지속적으로 피해자를 폭행하여 왔다. 특히 2014.4.6. 00:00경 피해자가 '갑의 아버지가 조폭이었다는 사실이 가장 감명 깊었다'는 말을 한 직후 피해자의 런닝셔츠를 2회에 걸쳐 잡아 찢기도 하는 등 그 폭행의 정도가 급격히 강해졌다. 갑은 사건 당일인 2014. 4. 6. 16:07경부터 냉동식품을 먹는 약 25분의 짧은 시간 동안 직접 피해자의 옆구리, 복부, 가슴 부위를 약 15~18회가량 발과 무릎 등으로 밟고 차거나 때린 것을 비롯하여, 을에게 지시하거나 병과 함께 피해자의 복부 부위를 약 20회가량 발로 차거나 밟기도 한 점, 갑은 계속된 폭행으로 인해 침상에 쓰러져 물도 제대로 마시지 못하고 옷을 입은 상태로 오줌을 싸고 의사표현도 잘 하지 못하여 을과 정에게 기대고 있던 피해자를 향하여 '꾀병 부리지 마라'고 말하며 발로 피해자의 가슴 부위를 세게 걷어차고, 이어 또다시 꾀병 부리지 말라며 추가로 폭행을 하려 하였으나 피해자의 상태를 인지하고 있던 병의 만류로 더 이상의 추가 폭행은 하지 못하였다.

【판결요지】 형법 제30조의 공동정범은 2인 이상이 공동하여 죄를 범하는 것으로서, 공동정범이 성립하기 위해서는 주관적 요건으로서 공동가공의 의사와 객관적 요건으로서 공동의사에 기한 기능적 행위지배를 통한 범죄의 실행사실이 필요하다. <u>공동가공의 의사는 타인의 범행을 인식하면서도 이를 제지하지 아니하고 용인하는 것만으로는 부족하고, 공동의 의사로 특정한 범죄행위를 하기 위해 일체가 되어 서로 다른 사람의 행위를 이용하여 자기의 의사를 실행에 옮기는 것을 내용으로 하는 것이어야 한다.</u> 따라서 공동정범이 성립한다고 판단하기 위해서는 범죄실현의 전 과정을 통하여 행위자들 각자의 지위와 역할, 다른 행위자에 대한 권유 내용 등을 구체적으로 검토하고 이를 종합하여 공동가공의 의사에 기한 상호 이용의 관계가 합리적인 의심을 할 여지가 없을 정도로 증명되어야 한다(대법원 2015.10.29. 선고 2015도5355 판결).

【해설】 이 사건의 핵심적 논점 중 하나는 가해자인 갑의 고의가 무엇인가라는 점이다. 갑의 고의가 살인의 고의라면 살인죄가 되지만 만약 상해의 고의라면 이 사건은 상해치사사건이 되기 때문이다. 대법원은 이 사건에 대하여 갑에게 살인의 미필적 고의가 인정된다고 하였다. 이에 대해서는 이미 설명하였다.

또 다른 핵심적 논점 중 하나는 공동정범의 성립 여부이다. 을, 병, 정에 대하여 원심은 살인죄의 공동정범을 인정한 반면에 대법원은 살인죄의 공동정범을 인정하지 않았다. <u>공동정범이 성립한다고 판단하기 위해서는 범죄실현의 전 과정을 통하여 행위자들 각자의 지위와 역할, 다른 행위자에 대한 권유 내용 등을 구체적으로 검토하고 이를 종합하여 위와 같은 공동가공의 의사에 기한 상호 이용의 관계가 합리적인 의심을 할 여지가 없을 정도로 증명되어야 한다.</u> 을 등은 선임병 역할을 하면서 의무반 내 분위기를 주도하는 갑의 눈치를 볼 수밖에 없어 평소 갑의 적극적 · 소극적인 지시나 권유에 따라 폭행에 가담한 것으로 보이고, 폭행의 정도나 횟수도 갑에 비해 훨씬 덜하였다는 점, 사건 당일은 물론 그 전후로도 피해자의 사망이라는 결과를 용인하는 의사를 형성할 만한 동기가 될 수 있는 별다른 정황을 찾을 수 없다는 점, 피해자가 쓰러지자 더 이상의 폭행을 중단하고 피해자에게 물을 먹이려 하거나 오줌에 젖은 속옷을 갈아입히고 나아가 갑의 폭행을 적극적으로 제지하기까지 하였다는 점을 고려할 때, 을 등은 갑과 일체가 되어 그의 행위를 이용하여 살인의 의사를 실행에 옮기고자 하는 공동가공의 의사나 상호 이용의 관계가 있었다고 보기도 어렵다고 판단하였다.

다. 의사연락의 방법

공동가공의 의사는 반드시 명시적일 필요 없다. 묵시적 의사연락도 가능하다. 또한 가담자 전원이 동일장소에 모여 직접 모의할 필요 없다. 순차적·간접적인 의사연락도 가능하다.[32] 우연히 만난 자리에서 서로 협력하여 공동의 범의를 실현하려는 의사가 암묵적으로 상통하여 범행에 공동가공한 경우에도 공동정범은 성립한다.

⚖ 판례 하의 벗고 대기 사건

【사실관계】 갑과 을은 병이 피해자 A를 강간하려고, A를 제방으로 유인하여 가는 것을 알고서 그 뒤를 따라가다가, 제방뚝에서 병이 A를 강간하려고 폭행하기 시작할 무렵, 병의 주위에 나타나서, 병의 폭행으로 항거불능의 상태에 있는 A를 강간하기 위하여 하의를 벗고 대기하고 있었고, 병이 강간을 끝내자마자 그의 신호에 따라 차례로 윤간하였다.

【판결요지】 공동정범이 성립하기 위하여는 반드시 공범자 간에 사전에 모의가 있어야 하는 것은 아니며, 우연히 만난 자리에서 서로 협력하여 공동의 범의를 실현하려는 의사가 암묵적으로 상통하여 범행에 공동가공하더라도 공동정범은 성립된다(대법원 1984.12.26. 선고 82도1373 판결).

【해설】 갑과 을이 병의 뒤를 따라갈 때까지는 강간의 공모가 있었다고 할 수 없지만, 병이 강간의 실행의 착수를 하는 시점에 갑·을과 병이 암묵적으로 범행을 공동할 의사연락이 있었다고 볼 수 있다.

---

32) 대법원 1988.6.14. 선고 88도592 판결; 반드시 공범자 간에 사전모의가 있어야 하는 것은 아니며 암묵리에 서로 협력하여 공동의 범의를 실현하려는 의사가 상통하면 족하고, 범인 전원이 동일일시, 동일장소에서 모의하지 아니하고 순차적으로 범의의 연락이 이루어짐으로써 그 범의내용에 대하여 포괄적 또는 개별적 의사의 연락이나 인식이 있었다면 범인 전원의 공모관계가 있다.

라. 공동의사의 범위

(1) 공동의사의 범위

각 공동행위자는 각자 자기가 인식·인용했던 공동의 행위계획의 범위 내에서만 다른 공동행위자의 행위에 대한 책임을 지게 된다. 따라서 다른 공동행위자의 공동행위계획에 벗어난 과잉행위에 대해서는 책임을 지지 않는다. 갑과 을이 절도를 공모하였는데 을이 살인을 한 경우 공동의 행위계획을 벗어난 초과부분인 살인에 대해서 갑은 책임지지 않으며 을의 단독범행이다. 이것은 공동정범과 착오의 문제 중 '공모자 중 한 사람이 공모한 내용과 다른 범죄를 실현한 경우'에 해당한다. 이에 대해서는 후술한다.

(2) 공모관계의 이탈과 공범관계의 이탈

행위자가 다른 공모자가 '실행의 착수에 이르기 전에' 그 공모관계에서 이탈한 경우 원칙적으로 이탈자는 그 이후에 이루어진 다른 행위자의 행위에 대하여 공동정범이 성립하지 않는다. 이를 '공모관계의 이탈'이라고 한다. 물론 공모관계에서 이탈한 경우에도 이탈자에게 방조범이 성립할 가능성은 있다. 또한 이 경우 이탈자는 이탈의 의사표시만으로는 부족하고 자신이 완수한 행위와 결과발생에 대한 인과성을 제거해야 하는지에 대하여 문제가 된다. 이에 대해서는 후술한다.

행위자가 다른 공모자가 '실행의 착수로 나아간 이후에' 이탈한 경우 이탈자가 실행분담으로 나아가지 않았다하더라도 다른 행위자에 의해 이루어진 범행에 대하여 공동정범이 성립한다. 이를 '공범관계의 이탈'이라고 한다. 다른 행위자가 실행의 착수 이후에 행위자가 이탈하였다고 하더라도 다른 공모자가 실행의 착수를 하였다면 이탈자에게도 실행의 착수가 인정되기 때문이다. 이 경우 행위자에 대하여 공동정범이 성립될 수 있는지 문제가 된다. 이에 대해서는 후술한다.

【표】 공모관계의 이탈과 공범관계의 이탈

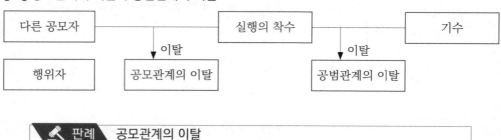

판례	공모관계의 이탈

【사실관계】 피고인 갑은 21세로서 범행 전날 밤 11시경에 A, B, C와 강도 모의를 하였

다. 이때 피고인 갑은 삽을 들고 사람을 때리는 시늉을 하는 등 주도적으로 그 모의를 한 후, A, B, C 등과 같이 함께 일대를 배회하면서 강도 대상을 물색하던 중, A, B가 피해자를 발견하고 쫓아가자 피고인 갑은 "어?"라고만 하고 C에게 따라가라고 한 후 자신은 비대한 체격 때문에 A, B를 뒤따라가지 못하고 범행현장에서 200m 정도 떨어진 곳에 앉아 있었다. 이후 A, B는 피해자를 쫓아가 폭행하여 항거불능케 한 다음 피해자의 뒷주머니에서 지갑을 강취하고 피해자에게 약 7주간의 치료를 요하는 우측 무릎뼈 골절 등의 상해를 입혔다(강도상해죄의 공동정범 성립 여부).

【판결요지】 [2] 공모공동정범에 있어서 공모자 중의 1인이 다른 공모자가 실행행위에 이르기 전에 그 공모관계에서 이탈한 때에는 그 이후의 다른 공모자의 행위에 관하여는 공동정범으로서의 책임은 지지 않는다 할 것이나, 공모관계에서의 이탈은 공모자가 공모에 의하여 담당한 기능적 행위지배를 해소하는 것이 필요하므로 공모자가 공모에 주도적으로 참여하여 다른 공모자의 실행에 영향을 미친 때에는 범행을 저지하기 위하여 적극적으로 노력하는 등 실행에 미친 영향력을 제거하지 아니하는 한 공모관계에서 이탈하였다고 할 수 없다.

[3] 다른 3명의 공모자들과 강도 모의를 하면서 삽을 들고 사람을 때리는 시늉을 하는 등 그 모의를 주도한 피고인이 함께 범행 대상을 물색하다가 다른 공모자들이 강도의 대상을 지목하고 뒤쫓아 가자 단지 "어?"라고만 하고 비대한 체격 때문에 뒤따라가지 못한 채 범행현장에서 200m 정도 떨어진 곳에 앉아 있었으나 위 공모자들이 피해자를 쫓아가 강도상해의 범행을 한 사안에서, 피고인에게 공동가공의 의사와 공동의사에 기한 기능적 행위지배를 통한 범죄의 실행사실이 인정되므로 강도상해죄의 공모관계에 있고, 다른 공모자가 강도상해죄의 실행에 착수하기까지 범행을 만류하는 등으로 그 공모관계에서 이탈하였다고 볼 수 없으므로 강도상해죄의 공동정범으로서의 죄책을 진다고 한 사례(대법원 2008.4.10. 선고 2008도1274 판결).

【해설】 공모관계의 이탈 사례이다. 갑은 다른 공모자가 실행의 착수에 이르기 전에 공모관계에 이탈하였다고 볼 수 있는지가 문제된다. 사안의 경우 갑은 공모에 주도적으로 참여한 경우이므로 범행을 저지하기 위하여 적극적으로 노력하는 등 실행에 미친 영향력을 제거하여야 한다. 자신의 비대한 체격으로 인하여 따라가지 못한 것이므로 위 사안의 경우에는 공모관계에서 이탈하였다고 볼 수 없다. 또한 이탈의 의사표시도 있었다고 볼 수 없다.

⚖ 판례   공범관계의 이탈

【사실관계】 피고인은 갑 투자금융회사에 입사하여 다른 공범들과 특정 회사 주식의 시세조정 주문을 내기로 공모한 다음 시세조정행위의 일부를 실행하였다. 이후 피고인은 갑 회사로부터 해고를 당하였고, 다른 공범들이 그 이후의 나머지 시세조정행위를 계속하였다.

【판결요지】 [2] 피고인이 포괄일죄의 관계에 있는 범행의 일부를 실행한 후 공범관계에서 이탈하였으나 다른 공범자에 의하여 나머지 범행이 이루어진 경우, 피고인이 관여하지 않은 부분에 대하여도 죄책을 부담한다.

[3] 피고인이 갑 투자금융회사에 입사하여 다른 공범들과 특정 회사 주식의 시세조정 주문을 내기로 공모한 다음 시세조정행위의 일부를 실행한 후 갑 회사로부터 해고를 당하여 공범관계로부터 이탈하였고, 다른 공범들이 그 이후의 나머지 시세조정행위를 계속한 사안에서, 피고인이 다른 공범들의 범죄실행을 저지하지 않은 이상 그 이후 나머지 공범들이 행한 시세조정행위에 대하여도 죄책을 부담함에도, 피고인이 해고되어 갑 회사를 퇴사함으로써 기존의 공모관계에서 이탈하였다는 사정만으로 피고인이 이미 실행한 시세조정행위에 대한 기능적 행위지배가 해소되었다고 보아 그 이후의 각 구 증권거래법(2007.8.3. 법률 제8635호 자본시장과 금융투자업에 관한 법률 부칙 제2조로 폐지) 위반의 공소사실에 대하여 무죄를 선고한 원심판결에 공모공동정범에 관한 법리오해의 위법이 있다고 한 사례(대법원 2011.1.13. 선고 2010도9927 판결).

【해설】 공범관계의 이탈 사례이다. 피고인은 다른 공모자와 함께 실행의 착수로 나아간 이후에 이탈한 경우이며, 다른 공범자에 의하여 나머지 범행이 이루어진 경우이다. 즉 피고인이 시세조정행위의 일부를 실행하고 공범들이 그 이후의 나머지 시세조정행위를 계속한 경우이다. 이 사안의 경우 퇴사한 것만으로 이탈했다고는 볼 수 없으며, 자신이 기여한 부분에 대한 기여분을 제거하여야 한다.

(3) 실행행위의 종료 후 별개의 범행을 한 경우

공동의 범행계획에 의한 실행행위가 일단 종료한 후에 공모자 중 1인이 독자적인 의사로 별개의 범행을 한 경우에는 일단 공동의 범행계획에 의하여 실행행위가 종료된 범행에 대한 공동정범이 성립하고, 실행행위 종료 후의 공모자 중 1인의 독자적인 행위는 그 자의 단독범행이 되고 공동정범은 되지 않는다.

마. 공동의사의 형성 시기

공동의사가 형성되는 시기(始期)는 일반적으로 공동의 범행결의가 실행행위의 착수 이전에 성립한 경우인 예모적 공동정범 또는 공모공동정범이 일반적인 경우일 것이다. 하지만 반드시 공범자들이 미리 일정한 장소에 집합하여 사전에 각자의 분담행위를 정하는 등 직접적인 모의를 하여야만 하는 것은 아니다.[33] 따라서 범죄현장에서 우연히 만난 경우에도 공동가공의 의사형성이 가능하다. 즉 공동의 범행결의가 실행행위 시에 성립한 경우인 우연적 공동정범도 가능하다. 판례도 같은 입장이다. 판례에 따르면 "공동정범이 성립하

---

33) 대법원 1986.1.28. 선고 85도2421 판결.

기 위하여는 반드시 공범자 간에 사전에 모의가 있어야 하는 것은 아니며, 우연히 만난 자리에서 서로 협력하여 공동의 범의를 실현하려는 의사가 암묵적으로 상통하여 범행에 공동가공하더라도 공동정범은 성립된다."[34]

바. 공동의사의 형성 종기
(1) 실행의 착수 후 기수 이전
실행의 착수 후 기수 이전이라면 공동가공의 의사는 성립할 수 있다. 실행행위의 일부 종료 후 그 기수 이전에 성립한 경우이다. 예를 들면 갑이 강도의 의사로 A를 폭행하여 항거불능상태에 빠뜨린 후 친구 을에게 이 사실을 이야기하고 공동하여 A의 재물을 탈취한 경우에 갑과 을은 강도죄의 공동정범이 된다. 공동의 의사가 반드시 사전에 있을 필요는 없기 때문에[35] 행위 도중에 공동가공의 의사가 성립한 경우에도 공동정범이 성립할 수 있다.[36] 특히 이에 대한 문제는 이른바 '승계적 공동정범'의 문제와 연결된다.

(2) 기수 이후 종료 이전
(가) 쟁점
공동의사가 형성될 수 있는 시점은 실행의 착수 후 기수 이전이다. 문제는 기수 이후라도 종료 이전이라면 공동가공의 의사는 성립할 수 있는가이다. 이에 대해서는 견해의 대립이 있다.

(나) 학설과 판례
학설은 실행의 착수 이후 기수 이전까지 공동정범이 성립가능하다는 견해와[37] 기수 이후뿐만 아니라 범행종료 전까지도 공동정범이 성립가능하다는 견해[38]가 대립되어 있다.
판례는 범죄유형에 따라 다르게 판단하는 입장이다. 즉시범과 상태범의 경우에는 범죄기수 전까지는 공동정범이 성립할 수 있고 기수 이후에는 공동정범이 성립하지 않는다고 한다. 하지만 범인도피죄와 같은 계속범의 경우에는 기수 이후라도 범죄종료 이전이라면 공동정범이 성립할 수 있다고 하여 즉시범·상태범, 계속범의 범죄종류에 따라 공동의사의 성립 종기를 다르게 보고 있다.

---

34) 대법원 1984.12.26. 선고 82도1373 판결.
35) 대법원 1988.6.28. 선고 88도601 판결; 대법원 1991.6.11. 선고 91도985 판결.
36) 이재상/장영민/강동범, 489면.
37) 김일수/서보학, 596면.
38) 손동권/김재윤, 539면; 정성근/박광민, 539면.

판례에 따르면 "회사직원이 영업비밀을 경쟁업체에 유출하거나 스스로의 이익을 위하여 이용할 목적으로 무단으로 반출한 때 업무상배임죄의 기수에 이르렀기 때문에, 그 이후에 위 직원과 접촉하여 영업비밀을 취득하려고 한 자는 업무상배임죄의 공동정범이 될 수 없다.[39] 하지만 계속범인 범인도피죄의 경우 공범자의 범인도피행위의 도중에 그 범행을 인식하면서 그와 공동의 범의를 가지고 기왕의 범인도피상태를 이용하여 스스로 범인도피행위를 계속한 자에 대하여는 범인도피죄의 공동정범이 성립한다.[40]

(다) 결론

범죄유형에 따라 달리 파악하는 판례의 입장이 타당하다. 원칙적으로 범죄가 기수가 된 이후에는 공동정범이 성립할 수 없다고 보는 것이 타당하다. 예를 들면 선행행위자가 절도의 기수에 이른 후에 절취한 재물을 운반하는 시점 또는 절취한 재물을 처분하는 시점에 후행가담자가 운반행위 또는 처분행위에 가담했다면 이는 절도죄의 방조범이나 장물죄로 보는 것이 타당하다. 선행행위자와 후행가담자는 '절도'와 관련되어서는 공동가공의 의사가 없기 때문이다. 기수에 이르렀다면 후행가담자는 선행행위자와 기능적 행위지배를 하였다고 평가하기 어렵기 때문이다.

다만 예외적으로 계속범이나 상태범과 같이 기수 이후라도 보호법익에 대한 침해가 계속되고 있고 가벌적인 위법행위가 계속 반복되고 있는 범죄유형이라면 기수 이후라도 종료 이전이라면 공동정범이 성립할 수 있다. 여기에서 후행가담자의 책임범위, 즉 선행행위자의 범행까지 승계하여 공동정범으로 볼 것인지, 아니면 자신이 가담한 부분에 대해서만 책임을 질 것인지에 대한 논의가 필요하다. 이에 대해서는 이른바 '승계적 공동정범'에서 자세히 논의한다.

2. 이른바 승계적 공동정범

가. 쟁점

공동가공의 의사 형성 시기를 반드시 사전모의에 한정되지 않고, 실행의 착수 후 기수 이전이라면 공동가공의 의사는 성립할 수 있다. 이른바 '승계적 공동정범'은 공동의 범행 결의가 선행자의 실행행위의 일부 종료 후 그 기수 이전 또는 종료 이전에 성립한 경우를 말한다. 예를 들면 갑이 강도하기 위하여 A를 폭행하여 반항이 불가능한 상태를 만들었는

---

39) 대법원 2003.10.30. 선고 2003도4382 판결.
40) 대법원 1995.9.5. 선고 95도577 판결.

데 지나가던 을이 갑의 동의를 받고 A의 재물을 절취한 경우 을은 갑의 강도죄와 관련하여 강도죄의 승계적 공동정범이 될 수 있는가 아니면 가담한 이후의 행위인 절도죄만 인정할 수 있는가의 문제이다.

이 경우 선행자의 행위에 대하여 후행가담자는 어느 부분에 대해서, 즉 선행자의 선행행위까지 '승계'하여 책임을 부담할 것인지, 아니면 자신이 가담한 부분에 한하여 책임을 부담할 것인지에 대한 논의가 있다.

승계적 공동정범에 대한 학계의 논의는 '승계적 공동정범의 개념 범위'의 문제와 '후행가담자의 책임 범위'의 문제를 혼용하여 전개되고 있다.[41] 학자에 따라서는 승계적 공동정범의 문제를 '기수 이전'이라고 보는 견해, '기수 이후'라고 보는 견해, '종료 이전'이라고 보는 견해가 있으며, 이후 후행가담자의 책임범위에 대하여도 '전체에 대한 공동정범'을 인정하는 견해와 '가담 부분에 대한 책임'만을 인정하는 견해가 있다. 승계적 공동정범의 '개념 문제'와 '책임 범위'의 문제를 동시에 논의함으로 인하여 학설의 태도가 선명하지 않다. 이를 해결하기 위해서는 양자를 구분하여 논의를 전개하는 것이 바람직하다.

나. 승계적 공동정범의 개념 범위의 문제

(1) 학설

승계적 공동정범을 인정하는 견해에 따르면 실행행위가 개시된 이후의 시점에서 이미 범행에 착수한 선행행위자에 대하여 의사연락이 이루어진 후행행위자에 대하여 '전체범죄'에 대한 공동정범의 성립을 인정한다.[42] 즉 의사연락이 있기 전부터 진행되고 있던 선행행위자의 실행행위를 이어받아, 즉 승계하여 전체범죄에 대한 공동정범이 된다는 입장이다. 후행자가 선행자와의 양해 아래 선행자가 형성한 기존의 정황을 인용하고 이용한 이상 전체 범죄에 대한 공동실행의 의사와 공동실행의 사실을 인정할 수 있다는 것을 논거로 한다.

승계적 공동정범을 부정하는 견해에 따르면 의사의 연락은 실행행위 이전에 존재해야 하므로 공동정범이 성립할 수 없고, 후행자는 전체범죄의 방조범이 될 수 있을 뿐이라는

---

41) 이른바 승계적 공동정범이 성립할 수 있는가의 문제를 논의함에 있어서 승계적 공동정범에 대한 개념적 정의가 분명한 것은 아니다. 승계적 공동정범이 '기수 이후에' 공동가공의 의사가 성립된 경우를 말한다는 견해가 있는 반면에(손동권/김재윤, 538면), '종료 이전에' 공동가공의 의사가 성립된 경우를 말한다는 견해도 있다(임웅, 444면; 정성근/박광민, 540면). 또한 기수 이전에 성립하는 경우를 말한다는 견해도 있다(김성돈, 624면; 이재상/장영민/강동범, 489면). 이러한 논의의 혼란을 해결하기 위해서는 공동가공의 의사가 언제부터 언제까지 형성될 수 있는지에 대한 논의부터 진행하여야 한다.

42) 이에 대하여 승계적 공동정범 개념을 인정하면서도 후행가담자의 책임범위에 대해서는 후행가담 부분에 국한하여 공동정범이 성립한다는 견해가 있다. 이는 결과적으로 승계적 공동정범이라는 법형상을 인정하지 않는 결론과 동일하다. 이에 대해서는 결론에서 자세히 논한다.

견해이다.

(2) 판례

판례는 포괄일죄의 범행 도중에 공동정범으로 범행에 가담한 자는 비록 그가 그 범행에 가담할 때에 이미 이루어진 종전의 범행을 알았다 하더라도 그 가담 이후의 범행에 대하여만 공동정범으로 책임을 진다고 하여 승계적 공동정범을 인정하지 않는 입장이다.[43] 판례는 후행가담자가 선행행위자의 피해 회사의 소스프로그램의 도용 사실을 알게 된 후 범죄에 가담한 사안에 대하여 "피고인에 대하여 원심공동피고인과의 공동가공의 의사에 기한 기능적 행위지배를 인정할 수 없으므로 승계적 공동정범이 성립할 수 없다"고 하여 승계적 공동정범 개념을 사용한 적은 있다.[44] 하지만 어떤 경우가 승계적 공동정범이 문제될 수 있는지에 대해서는 적극적으로 밝히고 있지 않다.

⚖ 판례 | 히로뽕 제조사건

【사실관계】 갑은 1981년 1월 초순경부터 을의 집 지하실에 히로뽕 제조기구를 설치하여 히로뽕을 밀조하고 있었다. 병은 1981년 2월 9일경 갑이 히로뽕을 제조하고 있다는 사실을 알고 그때부터 갑의 제조행위에 가담하였다. 이 히로뽕 제조일당은 경찰에 의해 1981년 2월 15일경 검거되었다.

【판결요지】 연속된 히로뽕 제조행위 도중에 공동정범으로 범행에 가담한 자는 비록 그가 범행에 가담할 때에 이미 이루어진 종전의 범행을 알았다 하더라도 그 가담 이후의 범행에 대하여만 공동정범으로 책임을 지는 것이라고 할 것이니, 비록 이 사건에서 갑의 제조행위 전체가 포괄하여 하나의 죄가 된다고 할지라도 피고인에게 그 가담이전의 제조행위에 대하여까지 유죄를 인정할 수는 없다고 할 것이다(대법원 1982.6.8. 선고 82도884 판결).

【해설】 대법원은 '원래 공동정범관계는 범죄가 기수되기 전에 성립되는 것이고 횡령죄가 기수된 후에 그 내용을 지득하고 그 이익을 공동취득할 것을 승낙한 사실이 있더라도 횡령죄의 공동정범관계는 성립될 수 없다[45]"라고 하여 기수 이후의 공동정범 성립가능성을 부인한다. 연속범에 있어서도 마찬가지로 제한적인 태도이다. 이 사건과 같이 '연속된 범행 도중(히로뽕 제조행위)에 가담한 자는 비록 그가 가담 이전에 이루어진 범행을 알았다 하더라도 그 가담 이후의 범행에 대해서만 공동정범으로서의 책임을 진다'고 하여 1981년 2월 9일부터만 제조행위의 공동정범이다. 포괄적 일죄의 일부에 공동정범으로 가담한 자는 그가 그 때에 이루어진 종전의 범행을 알았다 하여도 그 가담 이후의 범행에 대해서만 공동정범으로서의 책임을 진다.

---

43) 대법원 1997.6.27. 선고 97도163 판결; 대법원 2007.11.15. 선고 2007도6336 판결.
44) 대법원 2014.5.16. 선고 2012도3676 판결.
45) 대법원 1953.8.4. 선고 4286형상20 판결.

다. 후행가담자의 책임 범위의 문제

(1) 학설

적극설에 따르면 후행가담자는 자신이 개입하기 전에 이루어진 부분에 대해서까지도 공동정범의 책임을 져야 한다.[46] 후행행위자가 타인이 이미 행한 바에 대해서 공동가공의 의사를 가지고 관여하였다는 것은 타인의 선행행위 부분까지도 '승계'하겠다는 의사표시를 한 것이라고 볼 수 있다는 것을 그 근거로 제시하고 있다. 이른바 '승계적' 공동정범이라는 표현 자체는 이러한 것을 전제로 한 개념이라고 볼 수 있다.

소극설에 따르면 후행가담자는 그 가담 후의 행위에 관해서만 공동정범의 책임을 인정한다.[47] 선행행위자가 행한 결과에 대하여 후행가담자의 범행지배를 인정할 수 없고, 공동의 의사결의가 사후적인 양해를 통해 대체될 수 있는 성질의 것이 아니며, 선행행위자의 행위부분에 대해서도 후행가담자에게 책임을 지운다면 이른 '사후고의'를 인정하는 결과가 된다는 점을 그 근거로 제시하고 있다. 이에 따르면 후행가담자는 승계할 것이 없기 때문에 이른바 '승계적' 공동정범이라는 개념 자체를 인정하지 않아야 한다.

개별설에 따르면 전체불법을 구성하는 개개의 불법이 서로 분리될 수 있는 독립된 불법인 경우에는 소극설을 취하지만, 예외적으로 계속범과 같이 위법상태를 초래하는 행위와 이를 유지하는 행위가 하나의 구성요건을 실현하는 경우는 서로 독립된 불법단위로 분리하는 것이 불가능하기 때문에 이런 경우에 한하여 적극설을 취한다.[48]

(2) 판례

판례는 영업비밀 유출행위와 관련하여 업무상배임죄와 같은 즉시범의 경우에는 기수 이후 후행가담자에 대하여 업무상배임죄의 공동정범 성립을 부정하지만,[49] 범인도피죄와 같은 계속범의 경우에는 후행가담자에 대하여 범인도피죄의 공동정범 성립을 긍정하였다.[50] 이는 공동가공의 형성 종기와 관련되어 즉시범의 경우에는 기수 이후에는 공동가공의 의사 형성이 불가능하지만, 계속범의 경우에는 기수 이후라도 종료 이전이라면 공동가공의 의사 형성이 가능하다는 법리를 유지하고 있는 것으로 보인다. 포괄일죄의 경우 후행가담자의 공동정범의 성립은 인정하지만, 이미 이루어진 종전의 범행을 알았다고 하더

---

46) 김종원, 승계적 공동정범, 사법행정, 1967.7. 72면; 이보영, 승계적 공동정범 논고, 김종원교수화갑기념논문집, 492면.

47) 오영근, 이재상, 임웅, 정성근/박광민

48) 차용석, 승계적 공동정범과 준강도죄에 대한 비절도범인의 가공행위(1), 고시계, 1996.9. 17면; 하태훈, 승계적 공동정범, 고시계, 1994.3. 37면.

49) 대법원 2003.10.30. 선고 2003도4382 판결.

50) 대법원 1995.9.5. 선고 95도577 판결.

라도 후행가담자에게 선행행위자의 실행 부분에 대한 책임은 인정하지 않으며, 가담 이후의 범행에 대해서만 공동정범으로서의 책임을 진다.[51]

라. 결론

이른바 승계적 공동정범의 문제는 공동가공의 의사 형성 종기, 승계적 공동정범의 개념 범위, 후행가담자의 책임 범위의 문제를 종합적으로 연결하여 논의하여야 한다. 기본적으로는 공동가공의 의사 형성에 대한 시기(始期)와 종기(終期)의 관점에서 해결할 수 있다고 생각한다.

(1) 즉시범의 경우

원칙적으로 기수 이후에는 공동가공의 의사가 형성될 수 없다. 따라서 실행행위 종료 즉시 기수가 되는 '즉시범의 경우' 실행의 착수 후 종료 이전에만 공동가공의 의사 형성이 가능하다. 실행행위 종료 이전이라면 선행행위자의 실행행위는 여전히 진행 중이며, 이에 후행행위자가 가담한 경우 그 행위는 공동정범의 실행행위로 볼 수 있다. 따라서 이 단계에서 후행가담자가 있는 경우에는 공동정범을 인정함에 큰 어려움이 없다.

하지만 기수 후에는 공동가공의 의사를 인정할 수 없다. 후행가담자의 경우 선행행위자의 행위 부분에 대하여 기능적 범행지배를 인정할 수 없으며, 이를 인정하면 사후고의가 인정되는 부당한 결과가 발생하기 때문이다. 이 경우에는 사후방조를 인정할 수 있을 뿐이다.

따라서 쟁점에서 제시한 사례인 갑이 강도하기 위하여 A를 폭행하여 반항이 불가능한 상태를 만들었는데, 지나가던 을이 갑의 동의를 받고 A의 재물을 절취한 경우, 을은 갑의 강도행위 도중에 가담한 것이므로 강도죄의 공동정범이 될 수 있다. 만약 이 사례에서 갑의 행위가 기수에 이르렀다면 을은 강도죄의 공동정범이 아니라 방조범이 된다.

(2) 계속범의 경우

실행행위가 종료되었다고 하더라도 법익침해상태가 계속되고 있는 '계속범이나 상태범의 경우'에는 달리 볼 수 있다. 예외적으로 계속범이나 상태범과 같이 기수 이후라도 보호법익에 대한 침해가 계속되고 있고 가벌적인 위법행위가 계속 반복되고 있는 범죄유형이라면 기수 이후라도 종료 이전이라면 공동정범이 성립할 수 있다.

하지만 이를 승계적 공동정범이라고 보기는 어렵다. 계속범의 경우 후행가담자의 책임

---

51) 대법원 1997.6.27. 선고 97도163 판결.

범위는 선행행위자의 범행까지 승계했다고 보기는 어려우며, 가담 이후 자신의 기여 부분에 대해서만 책임을 지는 것이 타당하기 때문이다. 감금죄와 같은 계속범의 경우 후행가담자는 선행행위자가 계속하여 범하고 있는 범죄에 새로운 역할을 분담하면서 가담한 공동정범이므로 자신이 가담한 부분에 한하여 공동정범이 될 수 있다. 이런 점에서 본다면 포괄일죄의 경우에도 후행가담자는 자신이 가담한 부분에 대해서만 책임을 진다는 판례와 일맥상통한다.

결론적으로 이른바 '승계적 공동정범' 사례는 공동가공의 의사 형성 종기에 대한 법리를 적용하면 해결될 수 있는 문제이며, 새로운 '법형상'이라고 보기 어렵다.

3. 과실범의 공동정범

가. 쟁점

공동정범은 원칙적으로 고의범의 경우에 이루어지는 범죄가담형태이다. 여기에서 2인 이상이 과실로 인하여 과실범의 구성요건적 결과를 발생케 한 경우에 과실범의 공동정범을 인정할 것인가의 문제가 발생한다. 예를 들면 갑과 을이 함께 돌을 굴리다가 실수로 A에게 상해를 입힌 경우 갑과 을 모두 과실치상죄의 공동정범이 될 것인가의 문제이다. 과실범의 공동정범 문제를 해결하기 위해서 과실범의 공동정범의 경우 어떤 구성요건표지를 '의사연락'으로 볼 수 있는가? 범죄의사의 연락인가, 범죄의사와 무관한 단순한 행위의사의 연락인가라는 문제를 해결하여야 한다.[52] 이 문제는 형법 제30조의 '2인 이상이 공동으로 죄를 범한 때'를 어떻게 해석할 것인가에 따라 달라진다.

나. 학설

과실범의 공동정범을 인정하는 견해로는 행위공동설, 공동행위주체설, 과실공동·기능적 행위지배설, 과실공동·행위공동설이 있으며, 과실범의 공동정범을 부정하는 견해로는 범죄공동설, 목적적 행위지배설, 기능적 행위지배설이 있다.

(1) 행위공동설

공동정범은 특정한 범죄의 공동이 아니라 행위의 공동이 있으면 족하고, 공동의 의사도 행위를 공동으로 할 의사이면 족하므로 과실범의 공동정범도 인정된다는 견해이다. 여기에서 행위는 전법률적 의미의 행위를 의미하기 때문에 과실범의 공동정범뿐만 아니라

---

52) 과실범의 공동정범에 대한 논쟁의 실익에 대한 자세한 설명으로 신동운, 623면 참조.

고의범과 과실범의 공동정범도 인정할 수 있다. 이러한 관점에서 과실범의 공동정범을 인정한 판례도 있다.

이에 대하여 형법상 무의미한 행위를 공동으로 하는 것으로써 공동정범을 인정하게 되어 부당하며, 행위공동설 자체가 공동정범의 본질에서 벗어난 이론이라는 비판이 있다.[53]

⚖️ 판례 | 운전병 음주운전사건

【판결요지】 형법 제30조의 공동하여 죄를 범한 때의 죄라 함은 고의범이고 과실범이고를 불문하므로 두 사람 이상이 어떠한 과실행위를 서로의 의사연락하에 이룩하여 범죄가 되는 결과를 발생케 한 것이라면 과실범의 공동정범이 성립한다. 그러므로 운전병이 운전하는 찜차의 선임탑승자는 이 운전병의 안전운행을 감독하여야 할 책임이 있는데 오히려 운전병을 주점에 데리고 들어가서 음주케 한 다음 운전케 한 결과 위 운전병이 음주로 인하여 취한 탓으로 사고가 발생한 경우에는 위 선임탑승자에게도 공동정범이 성립한다(대법원 1979.8.21. 선고, 79도1249 판결).

---

(2) 공동행위주체설

공동행위를 하겠다는 의사의 결합에 의하여 공동행위 주체가 성립되면 '실행행위는 공동행위주체의 행위'가 되며, 각자가 실행행위를 분담하는 이상 과실에 의한 결과를 낸 경우에도 공동적인 책임을 져야 한다는 견해이다. 이에 대한 비판은 행위자의 행위와 직접 관계없는 공동행위주체라는 범죄주체를 인정하게 되면 개인책임주의에 반할 위험이 있다. 개개인의 실행행위와 구별되는 공동행위주체의 행위란 생각할 수 없다.

(3) 과실공동·기능적 행위지배설

주의의무위반의 공동과 기능적 행위지배가 있으면 의사의 연락이 없을지라도 과실범의 공동정범이 성립한다는 견해이다.[54] 이에 대해서 행위지배는 원래 고의범을 전제로 하는 개념이므로 과실범에는 적용될 수 없다는 비판이 있다.[55]

(4) 과실공동·구성요건적 행위공동설

과실범의 공동정범이 성립하기 위해서는 주관적인 요건으로 공동의 주의의무위반과 객관적 요건으로 구성요건을 실현하는 행위의 공동이 있으면 과실범의 공동정범이 성립

---

53) 이재상/장영민/강동범, 492면.
54) 정성근/박광민, 555면.
55) 이재상/장영민/강동범, 493면.

한다는 견해이다.

　이에 대한 비판으로 고의범과 과실범 사이에 공동정범의 성립요건을 달리하는 이유가 분명치 않다. 과실범의 공동정범을 인정하게 되면 일부실행 전부책임이라는 공동정범의 원리에 비추어 자기의 과실을 벗어나는 타인의 과실결과에 대해서도 책임을 지게 되어 자기책임의 원칙에 반한다.

(5) 범죄공동설

　동일한 고의범의 범위 내에서만 공동정범을 인정할 수 있으므로 과실범의 공동정범은 인정할 수 없고 단지 동시범이 될 뿐이라는 견해이다.[56] 따라서 고의를 같이 하는 범죄에 대해서만 공동정범이 가능하고, 고의범과 과실범의 공동정범과 과실범의 공동정범은 불가능하다.

　그러나 범죄공동설 자체가 공동정범의 본질에서 빗나간 이론이며, 이 입장에서도 과실범의 공동정범을 인정하는 견해가 있으므로 범죄공동설 자체가 과실범의 공동정범을 부정하는 결정적 근거는 아니라는 비판이 있다.

(6) 목적적 행위지배설

　공동정범은 정범의 일종이고 정범이 되기 위해서는 범죄의사와 목적적 행위지배가 있어야 하는데, 과실범에서는 이것이 결여되어 있기 때문에 공동정범이 인정될 수 없다는 견해이다. 정범요소는 주관적 요소와 객관적 요소의 결합에 의해서 파악해야 하는데, 이를 주관적 요소인 고의에 치중하여 파악하는 것은 부당하다는 비판이 있다.

(7) 기능적 행위지배설

　공동정범의 본질은 기능적 행위지배에 있고, 기능적 행위지배는 '공동의 결의에 기초한 역할분담'을 의미하는데, 과실범에는 이러한 공동의 범행결의가 불가능하므로 공동정범이 성립할 여지가 없다는 견해이다. 과실의 공동이 있을 경우에는 각자를 동시범으로 볼 수밖에 없다는 것으로 다수설의 입장이다. 과실의 공동에는 공동정범의 본질인 기능적 행위지배를 인정할 수 없으며, 과실범의 공동정범을 인정하면 타인의 과실에도 책임을 지게 되어 개인책임의 원칙에 반한다는 점을 논거로 한다.

---

56) 신동운, 626면.

다. 판례

판례는 성수대교 붕괴사건[57]과 삼풍백화점 붕괴사건[58]에서 건설 당시의 소속사업체를 달리하는 제작·시공·감독에 관여한 자에 대하여 업무상과실치사상죄의 공동정범을 인정하였다. 따라서 과실범의 공동정범을 인정하는 입장이다.

🔨 판례 | 성수대교붕괴사건

【사실관계】 A건설 트러스트 제작책임자인 갑은 기술자들을 제대로 감독하지 않아 용접이 불량하게 되었고, 성수대교 건설공사 현장감독자인 을은 건설현장에 전혀 나타나지 않음으로써 시공상의 부실을 발견하지 못했으며, 서울시청의 감독공무원 병은 트러스트가 설계도면대로 용접, 제작, 조립되는 지를 확인하지 않았다. 교량이 준공된 후 트러스트의 용접부분이 떨어져 나가면서 교량상판이 떨어져 통행중이던 자동차들이 한강에 추락하여 다수의 승객들이 사망 또는 부상하는 결과가 발생하였다.

【판결요지】 이 사건 성수대교와 같은 교량이 그 수명을 유지하기 위하여는 건설업자의 완벽한 시공, 감독공무원들의 철저한 제작시공상의 감독 및 유지·관리를 담당하고 있는 공무원들의 철저한 유지·관리라는 조건이 합치되어야 하는 것이므로, <u>위 각 단계에서의 과실 그것만으로 붕괴원인이 되지 못한다고 하더라도, 그것이 합쳐지면 교량이 붕괴될 수 있다는 점은 쉽게 예상할 수 있고,</u> 따라서 위 각 단계에 관여한 자는 전혀 과실이 없다거나 과실이 있다고 하여도 교량붕괴의 원인이 되지 않았다는 점 등의 특별한 사정이 있는 경우를 제외하고는 붕괴에 대한 공동책임을 면할 수 없다고 봄이 상당하다 할 것이다.…이 사건의 경우, <u>피고인들에게는 트러스트 제작상, 시공 및 감독의 과실이 인정되고, 감독공무원들의 감독상의 과실이 합쳐져서 이 사건 사고의 한 원인이 되었으며,</u> 한편 피고인들은 이 사건 <u>성수대교를 안전하게 건축되도록 한다는 공동의 목표와 의사연락이 있었다고 보아야 할 것이므로,</u> 피고인들 사이에는 이 사건 업무상과실치사상 등 죄에 대하여 형법 제30조 소정의 공동정범의 관계가 성립된다고 보아야 할 것이다(대법원 1997.11.28. 선고 97도1740 판결).

라. 과실범의 공동정범의 인정에 대한 실익

과실범의 공동정범을 인정할 것인가 부정할 것인가에 대한 논의의 실익은 다음과 같은 경우에 있다. 즉, 다수인의 과실행위로 결과가 발생하였으나 인과관계가 불명확한 경우 과실범의 공동정범을 인정할 실익이 있다. 과실범의 공동정범을 인정하지 않아서 이를 동시범으로 보게 되면 인과관계가 불분명한 경우에는 형법 제19조에 따라 각자를 미수로

---

57) 대법원 1997.11.28. 선고 97도1740 판결.
58) 대법원 1996.8.23. 선고 96도1231 판결.

볼 수 밖에 없는데, 과실범의 미수는 인정되지 않으므로 결국 무죄가 된다. 그런데 과실범의 공동정범을 인정하게 되면 각 가담자의 행위는 전체로서 하나의 행위가 되므로 이 전체행위와 결과발생 사이의 인과관계를 인정하게 되므로 인과관계의 판단이 쉬워진다. 동시범으로 볼 경우와 같이 각 행위자의 행위와 발생한 결과 사이의 인과관계에 대한 개별적 판단을 할 필요가 없게 된다.

하지만 공동정범의 본질을 가장 설명하고 있는 것은 기능적 행위지배설이며, 기능적 행위지배설에 따를 경우 공동정범은 고의범의 경우에만 가능하다. 기능적 행위지배설에 따를 경우 공동정범의 주관적 요건은 공동의 범행'결의'를 의미하는 것이며, 과실범의 경우에는 공동의 범행'결의'가 있을 수 없으므로 과실범의 공동정범은 인정될 수 없다. 각 행위자에 대해서는 동시범을 인정할 수 밖에 없다.

Ⅲ. 객관적 요건

1. 공동의 실행행위

가. 의의

공동의 실행행위는 전체적인 공동의 범행계획을 실현하기 위하여 공동가담자들이 분업적 공동작업의 원리에 따라 상호 간의 역할을 분담하여 각각 실행단계에서 본질적 기능을 수행하는 것을 말한다. 실행행위의 분담 또는 공동가공의 사실이라고도 한다. 공동의 실행행위는 부작위에 의해서도 가능하다. 예를 들면 갑이 A를 위험에 빠뜨리고 A에 대한 구조의무가 있는 을이 갑과의 사전모의에 따라 구조행위를 부작위함으로써 결국 A가 사망한 경우에 갑의 작위와 을의 부작위 사이에 실행행위의 공동이 인정될 수 있다.[59] 공동의 실행행위는 실행의 착수 이후부터 기수 이전까지의 실행단계에서 이루어져야 한다. 실행단계 이전의 예비·음모 단계에서 기여된 행위는 공동의 실행행위 아니다.

나. 부가적 공동정범과 기능적 공동정범

공동의 실행행위는 각자가 구성요건의 전부를 실행한 경우인 '부가적 공동정범'이 있다. 예를 들면 갑과 을이 같이 A를 살해하기 위하여 각자의 칼로 A를 찌른 경우가 이에 해당한다. 또한 각자가 구성요건의 일부를 분담하여 실행한 경우인 '기능적 공동정범'이 있다. 예를 들면 갑과 을이 강도하기 위하여 갑은 A를 폭행하고 을은 재물을 강취한 경우가

---

59) 김일수/서보학, 453면.

이에 해당한다. 공동정범을 인정할 실익은 주로 기능적 공동정범에 있다.

다. 구성요건적 행위와 본질적 기여행위

공동의 실행행위는 반드시 구성요건적 행위를 하여야 하는 것이 아니다. 즉 구성요건적 행위는 아니지만, 전체계획에 의하여 결과를 실현하는데 불가결한 요건이 되는 기능 또는 본질적 기여를 실행한 경우 공동의 실행행위를 인정할 수 있다. 예를 들면 망보는 행위, 다른 공모자를 현장에 데려다 준 경우, 절취재물을 운반한 경우를 들 수 있다.

그러나 구성요건적 행위에 해당하지 않는 행위인 경우 그 행위의 기여 정도가 범죄완성에 본질적인 기여가 아닌 단순히 보조, 타인의 범행을 용이하게 하는 정도에 그치는 경우라면 공동의 실행행위라고 볼 수 없다. 이 경우에는 공동정범이 아닌 방조범이 된다.

가담자는 반드시 현장에 있을 필요가 없다. 범행장소에서 멀리 떨어진 장소일지라도 휴대폰으로 범행을 지휘하거나 협력하는 행위가 범죄완성에 대하여 기능적으로 본질적 역할을 하였다고 평가할 수 있다면 공동의 실행행위가 될 수 있다.

⚖️ 판례 | 망보는 행위

【사실관계】 갑은 을, 병과 함께 강도범행을 저지른 후 피해자의 신고를 막기 위하여, 을과 병이 피해자를 옆방으로 끌고 가서 강간범행을 하는 동안 갑은 자녀들을 감시하고 있었다(갑의 강도강간죄의 공동정범 성립 여부).

【판결요지】 피고인이 공범들과 함께 강도범행을 저지른 후 피해자의 신고를 막기 위하여 공범들이 묶여 있는 피해자를 옆방으로 끌고가 강간범행을 할 때에 피고인은 자녀들을 감시하고 있었다면 공범들의 강도강간범죄에 공동가공한 것이라 하겠으므로 비록 피고인이 직접강간행위를 하지 않았다 하더라도 강도강간의 공동죄책을 면할 수 없다(대법원 1986.1.21. 선고 85도2411 판결).

【해설】 우리 나라 대법원 판례의 경우에는 공동정범에 있어서 객관적인 기여행위는 반드시 구성요건에 관련되어 있을 필요는 없다는 것이 확고한 입장이다. 판례에 의하면 망보는 자는 실행행위를 분담한 것이므로 언제나 공동정범이 된다고 한다.[60] "두 사람이 강도행위를 할 것을 공모하고 그 중 한 사람만이 강취행위를 하고 나머지 한 사람이 근처에서 망을 보았을 경우 망을 본 사람도 공동정범의 책임을 질 것이고 단순한 방조범이라고 할 수 없다[61]"고 한다. 또한 공동의 범행계획상 망을 보는 역할을 분담

---

60) 대법원 1971.4.6. 선고 71도311 판결.

61) 대법원 1968.4.30. 선고 68도407 판결; 같은 취지의 판례로 대법원 1967.12.26. 선고 67도1469 판결; 대법원 1968.3.5. 선고 68도125 판결; 대법원 1971.4.6. 선고 71도311 판결; 대법원 1982.10.26. 선고 82도1818 판결; 대법원 1984.1.31. 선고 83도2941 판결; 대법원 1986.7.8. 선고 86도843 판결; 대법원 1990.11.27. 선고 90도2262

하기로 하였으면 이는 공동정범의 객관적 기여행위로 충분한 것이며, 실제로 망을 보지 않았다고 하더라도 공동정범의 죄책을 면할 수 없다고 한다. "행위자 상호 간에 범죄의 실행을 공모하였다면 다른 공모자가 이미 실행에 착수한 이후에는 그 공모관계에서 이탈하였다고 하더라도 공동정범의 책임을 면할 수 없는 것이므로 피고인 등이 금품을 강취할 것을 공모하고 피고인은 집 밖에서 망을 보기로 하였으나, 다른 공모자들이 피해자의 집에 침입한 후 담배를 사기 위해서 망을 보지 않았다고 하더라도, 피고인은 판시 강도상해죄의 공동정범의 죄책을 면할 수가 없다"[62]고 한다.

⚖ 판례 서진룸싸롱사건

【사실관계】 룸살롱 서진회관에서 진석이파와 원섭이파의 패거리들이 각각 술을 마시고 있었다. 진석이파의 두목급인 A는 서진회관 20호실에서 B, C, D, E 등과 함께 술을 마시고 있었다. 그러던 중 밖에서 피해자들 일행과 F, G 등 사이에 사소한 일로 시비가 벌어져 시끄럽게 싸우는 소리가 들렸다. 처음에는 C가 방밖으로 나간 후에 돌아오지 않자, A는 맞은 편에 앉아 있던 D에게 나가보라고 눈짓을 하여 보냈으나, 방밖으로 나간 D와 E도 역시 돌아오지 아니하자, 두목 A도 궁금하여 밖으로 나가던 중 다시 들어오는 D로부터 별일 아니라며 들어가라고 하길래, 누구냐고 묻자 D는 원섭이 애들이 먼저 때렸다고 답하였다. 이 말을 들은 A는 다시 자리에 앉아 있다가 잠시 후 콜라병 2개를 손에 들고 20호실의 문을 열고 나갔다. 그 당시에는 피고인 E, H 등이 역기를 들고 17호실 문을 부수고 있었다. A는 위20호실 문 앞에서 회관 전무 및 상무로부터 싸움을 말려 달라는 부탁을 받았으나 이를 거절하고 도리어 위17호실 문 앞에 몰려들었던 공동피고인들에게 '전부 죽여 버려'라고 고함을 질렀다. 이에 공동피고인들이 위 17호실 안에 들어가서 피해자 갑과 을에 대해 칼과 야구방망이로 난자, 난타하였으며 이 동안에 A는 17호실 문밖 복도에 계속 버티고 있었다. A가 고함을 친 시점에는 G, C가 위 장소의 화장실에서 피해자 병, 정을 칼로 찌르고 있었고, F는 차 속에 비치하고 다니던 야구방망이를 가지러 주차장으로 가고 있었다.

【판결요지】 부하들이 흉기를 들고 싸움을 하고 있는 도중에 폭력단체의 두목급 수괴의 지위에 있는 A가 그 현장에 모습을 나타내고 더우기나 부하들이 흉기들을 소지하고 있어 살상의 결과를 초래할 것을 예견하면서도 전부 죽이라는 고함을 친 행위는 부하들의 행위에 큰 영향을 미치는 것으로서 A는 이로써 위 싸움에 가세한 것이라고 보지 아니할 수 없고, 나아가 부하들이 칼, 야구방망이 등으로 피해자들을 난타, 난자하여 사망케한 것이라면 A는 살인죄의 공동정범으로서의 죄책을 면할 수 없다(대법원 1987.10.13. 선고 87도1240 판결).

【해설】 대법원은 살해행위에 직접가담하지 않고 다만 "야 전부 죽여버려"라고 고함친

판결; 대법원 1994.10.11. 선고 94도1991 판결; 대법원 1998.4.14. 선고 98도356 판결.
62) 대법원 1984.1.31. 선고 83도2941 판결.

것도 살인죄의 공동정범으로서의 죄책을 진다고 한다. 단순히 '전부 죽이라'고 고함을 친 것은 구성요건적 행위의 일부라고 평가할 수 없지만, 객관적 기여행위가 반드시 구성요건과 관련성을 맺고 있을 필요는 없다. 대법원은 살인죄의 공동정범을 인정한 것은 부하들에 대한 두목의 영향력을 중시했기 때문이라고 할 수 있다. 즉 대법원은 "폭력단체의 두목급 수괴의 지위에 있는 A가 그 현장에 모습을 나타내고 더욱이 부하들이 흉기들을 소지하고 있어 살상의 결과를 초래할 것을 예견하면서도 전부 죽이라는 고함을 친 행위는 부하들의 행위에 큰 영향을 미치는 것으로서 을은 이로써 위 싸움에 가세한 것이라고 보지 아니할 수 없다"고 밝히고 있다. 피고인이 "야, 전부 죽여버려"라고 고함을 질러서 살인의 범행을 계속하게 하거나 또는 "야, 그만두어"라고 말하여 살해행위의 진행을 중단시킬 수 있다는 점은 구성요건관련성 여부와 상관없이 범죄완성의 본질적 기여라는 측면을 보다 중시한 것으로 볼 수 있다.[63]

> ### ⚖ 판례 ｜ 화염병투척사건
>
> **【판결요지】** 화염병과 돌맹이들을 진압 경찰관을 향하여 무차별 던지는 시위 현장에 피고인도 이에 적극 참여하여 판시와 같이 돌맹이를 던지는 등의 행위로 다른 사람의 화염병투척을 용이하게 하고 이로 인하여 타인의 생명 신체에 대한 위험을 발생케 하였다면 비록 피고인 자신이 직접 화염병 투척의 행위는 하지 아니 하였다 하더라도 그 화염병 투척(사용)의 공동정범으로서의 죄책을 면할 수는 없는 것이다(대법원 1992.3.31. 선고, 91도3279 판결).
>
> **【해설】** 공동의 실행행위의 구성요건관련성을 부정하는 대법원의 태도는 이 사례에서도 그대로 유지되고 있다. 시위에 참여하여 돌맹이를 던지는 등의 행위로 다른 사람의 화염병투척을 용이하게 한 경우에 화염병(투척)의 공동정범으로 죄책을 진다고 한 사례가 그것이다. 화염병사용등의처벌에관한법률 제3조에 따른 구성요건적 행위는 '화염병을 사용하는 행위'이다. 이 사건에서 피고인의 행위는 '화염병을 사용하는(던지는) 행위'를 한 것이 아니라 '돌맹이를 던지는 행위'를 한 점이다. 돌맹이를 던지는 행위는 분명히 구성요건에 해당하지 않는 행위이다. 대법원은 '다른 사람의 화염병투척을 용이하게 하고, 이로 인하여 타인의 생명신체에 대한 위험을 발생케 하였다면' 화염병사용의 공동정범이 된다고 한다.

2. 이른바 공모공동정범 이론

가. 이론적 배경

이른바 공모공동정범 이론은 2인 이상의 자가 공모하여 그 공모자 가운데 일부가 공모에 따라 범죄의 실행에 나아간 때에는 실행행위를 담당하지 아니한 공모자에게도 공동정

---

63) 신동운, 판례백선, 427면.

범이 성립한다는 이론이다. 공동정범의 객관적 요건을 완화하자는 이론이다. 집단적·조직적·지능적 범죄의 배후조종자인 거물·간부를 직접 실행행위를 한 부하들과 같이 공동정범으로 취급하기 위하여 판례에 의해서 인정된 이론이다. 직접 실행행위를 하지 않은 자에게도 공동정범의 성립을 인정할 수 있는지에 대하여 견해의 대립이 있다.

나. 학설
(1) 긍정설
공모에만 가담한 경우에도 공동정범이 될 수 있다는 입장이다. 공모공동정범을 인정하는 구체적 근거에 따라서 공동의사주체설과 간접정범유사설이 있다. 공동의사주체설에 따르면 2인 이상의 이심별체인 개인이 일정한 범죄를 범하려는 공동목적을 실현하기 위하여 동심일체가 되고, 따라서 그 가운데 일부의 행위는 공동의사주체의 행위가 되므로 직접 실행행위를 분담하지 않은 다른 공모자도 공동정범으로 처벌되어야 한다는 견해이다. 이에 대하여 공동의사주체의 범죄에 대한 책임을 구성원인 개인에게 묻는 것은 책임의 전가로서 자기책임의 원칙에 반하며 공동의사주체를 인정하는 것은 단체적 책임을 인정하는 것이 되어 개인책임의 원칙에 반한다는 비판이 있다.

간접정범유사설에 따르면 단순한 공모자라 하더라도 타인의 행위를 이용하여 자신의 범죄의사를 실행한 점에서 간접정범에 유사한 정범성을 가진 공동정범의 한 형태가 된다는 견해이다. 이에 대하여 공동정범은 간접정범처럼 일방적 이용관계가 아니며, 간접정범은 일종의 단독정범인데 공동정범을 간접정범과 유사하다고 보는 것은 공동정범을 부정하는 결과가 된다는 비판이 있다.

(2) 부정설
형법 제30조의 해석상 실행행위를 분담한 때에만 공동정범의 객관적 요건이 충족되므로 구체적 실행행위가 없어서 객관적 요건을 갖추지 않은 행위자에 대하여 이른바 공모공동정범이 될 수 없다는 견해이다. 공모자는 그 가공의 정도에 따라 교사범 또는 방조범이 된다. 실행행위의 분담이 없는 자를 공동정범으로 처벌하게 되면 책임주의에 반하게 되고, 현행법상 조직범죄의 두목에 대해서 범죄단체조직죄 등으로 처벌할 수 있고, 교사범으로 인정된다고 하더라도 정범의 형으로 처벌되며(제31조 제1항), 특수교사·방조죄에 따라 가중처벌(제34조 제2항)할 수 있다는 점을 근거로 한다.

(3) 기능적 행위지배설

기능적 행위지배설을 근거로, 단순히 공모에 참여하였다는 이유만으로는 공동정범이 될 수 없지만, 실행행위를 분담하지 않은 경우에도 범죄를 계획·지휘하거나 범죄의 실행 자를 지정·실행케 하는 때와 같이 전체계획의 중요한 기능을 담당한 공모자는 공동정범 이 된다는 견해이다.

다. 판례

판례는 처음에는 공동의사주체설의 입장에서 인정하다가[64] 간접정범유사설의 입장[65] 을 가미하여 인정하고 있었다. 최근에는 기능적 행위지배설과 유사한 입장에서 공모공동 정범을 인정하고 있다.

판례 행위지배설의 입장의 판례

【판결요지】 [1] 형법 제30조의 공동정범은 공동가공의 의사와 그 공동의사에 의한 기능 적 행위지배를 통한 범죄실행이라는 주관적·객관적 요건을 충족함으로써 성립하므 로, 공모자 중 구성요건행위를 직접 분담하여 실행하지 아니한 사람도 위 요건의 충족 여부에 따라 이른바 공모공동정범으로서의 죄책을 질 수도 있다. 한편 구성요건행위 를 직접 분담하여 실행하지 아니한 공모자가 공모공동정범으로 인정되기 위하여는 전 체 범죄에 있어서 그가 차지하는 지위·역할이나 범죄경과에 대한 지배 내지 장악력 등을 종합하여 그가 단순한 공모자에 그치는 것이 아니라 범죄에 대한 본질적 기여를 통한 기능적 행위지배가 존재하는 것으로 인정되어야 한다.
[2] 건설 관련 회사의 유일한 지배자가 회사 대표의 지위에서 장기간에 걸쳐 건설공사 현장소장들의 뇌물공여행위를 보고받고 이를 확인·결재하는 등의 방법으로 위 행위 에 관여한 사안에서, 비록 사전에 구체적인 대상 및 액수를 정하여 뇌물공여를 지시하 지 아니하였다고 하더라도 그 핵심적 경과를 계획적으로 조종하거나 촉진하는 등으로 기능적 행위지배를 하였다고 보아 공모공동정범의 죄책을 인정하여야 함에도 이를 인 정하지 아니한 원심판단에 법리 오해의 위법이 있다고 한 사례(대법원 2010.7.15. 선고 2010도3544 판결).

Ⅳ. 인과관계

가담자의 실행분담행위는 공동가공의 의사에 의해 하나로 통합되고 그에 따라 결과에

---

64) 대법원 1983.3.8. 선고 82도3248 판결.
65) 대법원 1988.4.12. 선고 87도2368 판결.

대하여 전체책임을 지므로, 각 가담자의 부분행위와 결과 사이의 인과관계 문제는 개별적으로 검토할 필요는 없다. 공동정범자 중 어느 가담자의 행위에 의해 결과가 발생한 것인지 분명하지 않을 경우에도 각 가담자의 전체행위를 종합해볼 때 결과발생에 원인을 제공한 것이라면 인과관계가 인정된다(부가적 인과관계). 그러나 2인 이상의 독립행위가 경합된 동시범의 경우 각자의 행위를 통합할 수 있는 공동가공의 의사가 없으므로 각 행위자의 행위별로 형법상 인과관계를 판단한다.

V. 공동정범의 실행의 착수 및 기수와 미수

1. 공동정범의 실행의 착수와 기수

공동정범은 '일부실행, 전부책임'이라는 구성원리를 가지고 있기 때문에, 실행의 착수의 경우에도 마찬가지로 '일부착수, 전부착수'를 인정할 수 있다. 따라서 공동정범 중 1인이 공동의 범행계획에 따라 실행의 착수로 나아갔다면 나머지 공동정범도 실행의 착수로 나아간 것으로 볼 수 있다. 다른 공모자가 실행의 착수 이전에 행위자가 이탈한 경우는 '공모관계의 이탈'에 해당한다. 하지만, 다른 공모자가 실행의 착수로 나아간 이후에 행위자가 이탈한 경우는 '공범관계의 이탈'이다. 다른 공모자가 실행의 착수로 나아갔다면 행위자 역시 실행의 착수로 나아간 것이며, 공동정범의 기수가 되기 위해서 모든 가담자들이 기수에 이를 필요는 없다. 공동정범 중 1인이 기수에 이르렀다면 공동정범 전원에 대하여 기수책임을 인정할 수 있다. 따라서 실행의 착수 이후 이탈한 행위자의 경우에도 공동정범의 책임을 지는 것은 당연하다.

2. 공동정범의 미수

행위자가 공모 후 범행의 일부를 실행하다가 더 이상의 가담을 포기한 경우 또는 다른 공모자가 실행의 착수한 후 행위자가 더 이상의 가담을 포기하였는데, 계속 범행을 한 다른 공모자의 행위가 기수에 이르지 못한 경우 가담을 포기한 자는 미수범에 대한 공동정범이 된다. 이를 '공동정범의 미수'라고 한다.

이 경우 이탈자가 다른 공동정범의 행위로 인한 결과발생을 방지하였다면 중지미수가 되며, 다른 공동정범은 장애미수가 된다. 만약 다른 공동정범의 행위를 저지하지 못하여 결과를 발생시켰을 경우 기수범으로 공동정범이 된다.

제3절 처벌

형법 제30조에 따라 '각자를 그 죄의 정범으로 처벌'한다. 비록 일부만을 실행한 자라도 공동의 범행결의 안에서 발생한 결과전체에 대해서 정범의 책임을 진다. 이를 일부실행·전부책임의 원칙이라고 한다. 예를 들면 갑과 을이 강도하는 과정에서 갑은 피해자를 폭행하고, 을은 재물을 절취한 경우 갑과 을은 발생한 결과 전체인 강도죄의 공동정범이 된다.

하지만 책임은 가담자별로 독립적으로 판단해야 한다. 즉 책임조각사유, 인적처벌조각사유는 그 사유가 존재하는 자에게만 적용한다. 예를 들면 갑과 을이 공동하여 을의 아버지의 물건을 절취한 경우 갑과 을은 절도죄의 공동정범이 되지만, 을은 친족상도례규정에 의해 처벌이 조각된다.

양형의 경우에도 동일한 법정형의 범위 내에서 각자에게 달라질 수 있다. 법정형만 동일하며 선고형은 '각자 책임에 따라' 달라질 수 있다.

제4절 관련문제

Ⅰ. 공동정범과 신분

신분범의 경우 원칙적으로 신분자만이 정범이 될 수 있다. 따라서 신분 없는 자는 정범 적격이 없으므로 당해 범죄의 정범이 될 수 없다. 그러나 우리 형법 제33조 본문에 따르면 신분 없는 자도 진정신분범의 공동정범이 될 수 있다고 규정하고 있다. 비신분자는 단독으로는 진정신분범의 정범이 될 수 없으나, 신분자와 공동하여서는 진정신분범의 공동정범이 될 수 있다(제33조 본문).

부진정신분범의 경우 형법 제33조 단서가 적용되기 때문에 신분 없는 자가 당해 신분범의 공동정범이 될 수 없다는 것이 학설이지만, 판례는 부진정신분범의 경우에도 형법 제33조 본문을 적용하여 당해 신분범의 공동정범의 성립을 인정한다. 다만 처벌만은 부진정신분범의 법정형이 아닌 통상의 범죄의 법정형에 따라야 한다고 한다.

Ⅱ. 공동정범과 착오

1. 의의

공동정범 상호 간에 인식의 차이가 있는 경우가 공동정범과 착오의 문제이다. 이에 해당하는 문제유형으로는 '공동정범의 착오'와 '공동정범자 간의 불일치'가 있다.

2. 공동정범의 착오

공동정범의 착오는 공동정범자들이 공모한 내용과 객관적으로 발생한 사실이 불일치한 경우를 말한다. 예를 들면 갑과 을이 A를 살해하려고 모의한 후 '함께' A를 향하여 총을 발사하여 명중시켰는데 실제로 A가 아니라 B였던 경우(객체의 착오) 또는 갑의 총은 A를 명중시켰으나 을의 총은 빗나가 B를 맞춘 경우(방법의 착오)가 이에 해당한다.

이 경우 공동정범자들을 하나의 단위로 묶어 그들에게 하나의 고의가 있었다고 보면 단독범의 구성요건 착오와 결론이 동일하다.[66] 즉, 갑과 을에 대하여 살인의 고의를 인정할 수 있는가에 대하여 구성요건적 착오이론에 따라 해결하면 된다. 객체의 착오의 경우 갑과 을은 B에 대한 고의기수범이 되며, 방법의 착오의 경우 법정적 부합설에 따르면 갑과 을은 B에 대한 고의기수범이 되지만 구체적 부합설에 따를 경우 A에 대한 살인미수와 B에 대한 과실치사의 상상적 경합이 된다.

3. 공동정범자 간의 불일치

'공동정범자 간의 불일치'는 공동정범자들이 공모한 범죄를 실현하는 과정에서 공모자 중 한 사람이 공모한 내용과 다른 범죄사실을 발생케 한 경우를 말한다. 공동정범자 간의 불일치에 해당하는 사례로는 다음과 같은 유형이 있다. ① 공모자 중 한 사람이 방법의 착오를 한 경우이다. 예를 들면 갑과 을이 A를 살해하기로 공모하고 각자 분담된 업무를 수행하는 과정에서 을이 실수로 A 옆에 있는 B를 살해하는 경우와 같이 방법의 착오를 한 경우가 이에 해당한다. ② 공모자 중 한 사람이 객체의 착오를 한 경우이다. 예를 들면 을이 B를 A로 착각하고 B를 살해한 경우와 같이 객체의 착오를 한 경우가 이에 해당한다. ③ 공모자 중 한 사람이 공모한 범죄와 다른 범죄를 실현한 경우이다. 예를 들면 을이 살인이 아닌 강간을 한 경우와 같이 질적 차이가 있는 경우와 을이 살인이 아닌 상해를 한

---

66) 김성돈, 642면.

경우와 같이 양적 차이가 있는 경우가 이에 해당한다.

가. 공모자 중 한 사람이 방법의 착오를 일으킨 경우

예를 들면 갑과 을이 A를 살해하기로 하고 갑이 망을 보는 동안 을이 총을 쏘았는데, 을의 총알이 빗나가는 바람에 A가 아닌 B가 맞아 사망한 경우 을은 구체적 사실의 착오 중 방법의 착오를 하였다. 이 경우 을의 방법의 착오가 갑에 대하여 어떤 효과가 미치는지 문제된다.

이 경우 갑에 대해서도 역시 방법의 착오를 한 것으로 본다. 공동정범자 중 한 사람의 착오형태는 다른 공동정범자에게도 동일하다.[67] 결국 갑과 을 모두 구체적 사실의 착오 중 방법의 착오를 한 것이다. 구체적 부합설에 따르면 갑과 을 모두 A에 대한 살인미수와 B에 대한 과실치사의 상상적 경합이 되며, 법정적 부합설에 따르면 갑과 을 모두 B에 대한 살인기수가 된다.

나. 공모자 중 한 사람이 객체의 착오를 일으킨 경우

예를 들면 절도를 공모한 갑과 을이 범행 도중 발각되어 도주하다가 갑이 자신을 뒤따라오는 자를 추격자라고 생각하고 살해의 고의로 총을 쏘았는데, 그 추격자가 실제로 공모자인 을이었으며 그를 맞추어 상해에 그친 경우 공동정범 중 1인인 갑의 경우 객체의 착오를 한 것이며, 객체의 착오는 동기의 착오에 불과하기 때문에 법적으로 중요하지 않은 착오이다. 따라서 갑은 강도살인미수죄의 죄책을 진다.

하지만 공동정범자 중의 한 사람인 갑이 객체의 착오를 일으킨 경우 그 객체의 착오가 다른 공동정범자인 을에게 어떤 영향을 주는 가에 대하여 견해의 대립이 있다. '과실초과설'은 착오를 일으키지 않은 다른 공동정범자는 책임이 없다는 견해이다. 이에 의하면 공동범행계획이 추격자에 대해서만 발사하는 것을 내용으로 한 경우, 위와 같은 착오를 일으킨 공동정범자에 대해서만 초과가 인정되는 것이지 다른 가담자는 이 부분에 대하여 책임이 없다는 것이다. 이에 따르면 착오를 일으킨 갑은 강도살인미수가 인정되고, 을은 강도살인예비·음모로 처벌된다. '객체착오설'은 공동자의 객체의 착오는 다른 공동자에 대해서도 객체의 착오가 된다는 것이다. 범행계획에는 누구라도 착오를 일으켜 잘못된 행위로 나아갈 위험이 미리 내재해있는데, 이러한 위험이 실현된 경우 착오를 일으키지 않은 다른 가담자에게도 위험이 귀속되어야 한다고 한다. 이에 따르면 갑과 을 모두 강도살인미수가 되지만, 을의 경우 을 자기 자신에 대한 살인미수이기 때문에 강도살인의 불능미

---

67) 손동권/김재윤, 560면.

수가 된다.

다. 공모자 중 한 사람이 공모한 내용과 다른 범죄를 실현한 경우

(1) 질적 차이가 있는 경우

예를 들면 갑과 을이 A를 강도하기로 하였는데 예상과는 달리 을이 공모한 강도와는 전혀 다른 강간을 한 경우가 '질적 차이'가 있는 경우이다. 이 경우는 기본원칙에 따라 공동의 가담의사의 범위 내에서만 책임을 진다. 공모한 내용과 전혀 다른 범죄를 실현한 경우 다른 공모자는 책임을 지지 않으며, 초과한 부분은 공동정범이 아니라 다른 공모자의 범죄가 된다.

💼 사례 ▶ 질적 초과 사례

【사례】 갑, 을, 병은 강도하기로 공모를 하고 새벽 무렵 A의 집 안방에 들어갔다. 갑, 을, 병은 A에게 과도를 들이대고 위협을 하였다. 을과 병은 A를 다른 방으로 끌고 들어간 후 을은 주먹과 발로 A를 수회 때려 반항을 억압하였다. 이때 갑은 안방에서 장농 등을 뒤져 빼앗을 물건을 찾기 시작하였으며, 100만원 정도의 금품을 챙긴 후 을과 병이 있는 방으로 갔다. 이때 을은 A의 머리 위에서 A를 붙잡고 있었으며 병은 A를 강간하였다. 갑이 들어가서 보니 병이 강간을 하고 있어서 빨리 가자, 이러고 있을 시간이 없다고 재촉하였다. 이후 갑, 을, 병 다 같이 그 집을 빠져 나왔다.

【해설】 이 사례는 '공동정범자 간의 실행초과 혹은 공동정범의 과잉 중에 질적 초과'사례이다. 재산권 및 신체의 완전성을 보호법익으로 하는 강도죄와 성적 자기결정권을 보호법익으로 하는 강간죄는 전혀 다른 범죄이므로 공동정범의 초과실행의 유형 중 질적 초과에 해당한다.

을과 병은 강도가 강간한 경우이므로 강도강간죄의 공동정범이 된다. 특히 을이 피해자를 잡고 있는 것에 그치고 비록 간음행위를 하지 않았다고 하더라도 본질적 기여행위를 한 것으로 평가할 수 있으므로 강도강간죄가 성립한다. 갑은 을, 병과 강도를 공모하였지 강간까지 공모한 것은 아니다. 따라서 초과부분에 대해서는 책임을 지지 않는다. 갑은 강도죄의 공동정범이 된다.

---

(2) 양적 차이가 있는 경우

공동행위자 중 1인의 행위가 공모한 내용과 질적으로 차이는 없지만 행위의 결과가 양적으로 초과하거나 미달한 경우가 있다. 이러한 '양적 차이'가 있는 경우 원칙적으로 공모한 내용과 중첩되는 부분에서만 공동정범이 된다.

예를 들면 갑과 을이 절도를 공모하였는데 예상과 달리 을이 강도행위로 나아간 '양적 초과의 경우' 절도부분은 중첩이 되므로 갑은 절도죄의 공동정범이 되며, 을은 강도죄의 단독범이 된다. 또한 갑과 을이 사전에 살해를 공모하였는데 예상과 달리 현장에서 을이 단순히 상해만을 행한 '양적 감소의 경우' 상해부분은 중첩이 되므로 갑과 을 모두 상해죄의 공동정범과 살인예비·음모죄의 경합범이 된다.[68]

(3) 결합범의 경우

양적 차이가 있는 경우 중에서 특히 공동행위자 간에 기본범죄에 대한 공모가 있은 후 실행의 착수에 나아갔으나 그중 한 가담자가 별도의 고의를 가지고 다른 결과를 발생시켰는데, 두 개의 고의내용을 결합시켜 놓은 강도살인죄와 같은 결합범에 해당하는 경우 살인의 고의를 가지고 직접 행위한 공동행위자는 강도살인죄가 성립함은 분명하다.

이 경우 살인에 가담하지 않는 다른 공동행위자의 죄책이 문제된다. 다른 공동행위자에게도 살인에 대하여 고의가 있다면 그 역시 강도살인죄의 공동정범이 성립하는 것은 당연하다. 판례도 살해행위에 고의가 있다면 강도살인죄의 공동정범이 된다고 한다.

그런데 살인에 가담하지 않는 다른 공동행위자에게 사망에 대하여 고의가 없는 경우에는 어떻게 볼 것인지 문제된다. 이 경우에는 강도죄의 공동정범이 된다고 보는 것이 타당하다.[69] 원칙적으로 공모한 내용과 중첩되는 부분에서만 공동정범이 된다는 기본원칙이 유지되어야 하기 때문이다.

하지만 판례는 강도치사상죄와 같은 결과적 가중범의 공동정범이 된다는 입장이다.[70] 판례에 따르면 고의의 공동이 없는 경우 피해자가 사망한 경우에는 강도치사죄가 성립하며, 피해자가 상해만을 입은 경우에는 강도상해 또는 강도치상죄가 성립하며, 아무런 상해를 입지 않았다면 강도죄만 성립한다고 한다. 별다른 이론적 근거를 제시하고 있지 않아 그 이유가 무엇인지 불분명하다.

🔨 판례 | 강도살인죄의 공동정범과 고의

【판결요지】 [1] 강도살인죄는 고의범이므로 강도살인죄의 공동정범이 성립하기 위하여는 강도의 점뿐 아니라 살인의 점에 관한 고의의 공동이 필요하다.
[2] 강도의 공범자 중 1인이 강도의 기회에 피해자에게 폭행 또는 상해를 가하여 살해

---

68) 을이 현장에서 살인의 고의를 가졌지만 살인미수에 그친 경우는 공동정범 간의 양적 차이가 있는 사례가 아니다. 이 경우는 갑과 을 모두 살인미수죄의 공동정범이 된다. 양적 감소 사례는 사전에 공모를 하였지만 현장에서는 상해의 고의로 상해에 그친 경우를 말한다.
69) 손동권/김재윤, 560면.
70) 대법원 1991.11.12. 선고 91도2156 판결.

한 경우, 다른 공모자가 살인의 공모를 하지 아니하였다고 하여도 그 살인행위나 치사의 결과를 예견할 수 없었던 경우가 아니면 강도치사죄의 죄책을 면할 수 없다고 할 것이나, 피고인이나 변호인이 항소이유로서 이를 전혀 예견할 수 없었다고 주장하는 경우, 이에 관하여는 사실심인 항소심이 판단을 하여야 한다.

[3] 강도살인죄는 고의범이고 강도치사죄는 이른바 결과적가중범으로서 살인의 고의까지 요하는 것이 아니므로, <u>수인이 합동하여 강도를 한 경우 그 중 1인이 사람을 살해하는 행위를 하였다면 그 범인은 강도살인죄의 기수 또는 미수의 죄책을 지는 것이고 다른 공범자도 살해행위에 관한 고의의 공동이 있었으면 그 또한 강도살인죄의 기수 또는 미수의 죄책을 지는 것이 당연하다 하겠으나, 고의의 공동이 없었으면 피해자가 사망한 경우에는 강도치사의, 강도살인이 미수에 그치고 피해자가 상해만 입은 경우에는 강도상해 또는 치상의, 피해자가 아무런 상해를 입지 아니한 경우에는 강도의 죄책만 진다고 보아야 할 것이다</u>(대법원 1991.11.12. 선고 91도2156 판결).

(4) 결과적 가중범의 공동정범

공동행위자 중 한 사람이 결과적 가중범에 해당하는 범죄로 나아간 경우 중한 결과발생에 관여하지 않은 다른 공동행위자에 대해서도 결과적 가중범의 공동정범을 인정할 수 있는지 문제된다. 예를 들면 갑과 을이 A를 상해할 것을 공모하였는데, 갑이 상해치사죄를 범한 경우 다른 공동행위자인 을에 대해서도 상해치사죄의 공동정범을 인정할 수 있는지가 문제된다.

(가) 부진정 결과적 가중범의 경우

부진정 결과적 가중범은 고의에 의한 기본범죄와 중한 결과발생에 대하여 고의가 있는 경우에도 성립하므로 중한 결과에 대한 고의 및 공동가공의 의사가 있다면 결과적 가중범의 공동정범이 성립할 수 있다. 예를 들면 갑과 을이 부진정 결과적 가중범인 현주건조물방화치사죄를 공모한 경우 갑과 을 모두 중한 결과인 사망에 대하여 고의가 있다면 현주건조물방화치사죄의 공동정범이 된다.

(나) 진정 결과적 가중범의 경우

하지만 중한 결과발생에 대하여 과실이 있는 진정 결과적 가중범의 경우에는 견해의 대립이 있다. 예를 들면 갑과 을이 A를 상해할 것을 공모하였는데, 갑이 진정 결과적 가중범인 상해치사죄를 범한 경우 다른 공동행위자인 을에 대해서도 상해치사죄의 공동정범을 인정할 수 있는지가 문제된다.

과실범의 공동정범을 부정하는 입장에서 고의에 의한 기본범죄에 대한 공동정범의 성립은 인정되지만 중한 결과에 대해서는 각 가담자의 과실유무에 판단하여 과실이 인정되는 가담자는 결과적 가중범의 공동정범이 아니라 동시범이라는 견해,[71] 과실범의 공동정범을 인정하는 입장에서 공동정범자 각자에게 중한 결과에 대한 예견가능성이 존재한다면 결과적 가중범의 공동정범을 인정할 수 있다는 견해,[72] 결과적 가중범의 공동정범 문제와 과실범의 공동정범 문제는 별개의 문제라고 하면서 각 가담자가 결과적 가중범의 성립요건을 갖추고 있다면 결국 결과적 가중범의 공동정범을 인정할 수 있다는 견해[73]로 대립되어 있다.

진정 결과적 가중범의 공동정범에 대한 판례의 태도는 다소 모순적이라고 평가할 수 있다. 종전 일부 판례는 상해치사죄의 공동정범을 논하면서 "기본범죄를 공동으로 할 의사가 있으면 성립되고 결과를 공동으로 할 의사는 필요 없다"고 한다.[74] 이 논리에 따르면 패싸움 중 갑이 A를 칼로 찔러 죽게 하여 갑에게 상해치사죄가 성립한 경우 다른 공범자인 을에게 기본범죄인 상해를 공동으로 할 의사가 있으면 결과를 공동으로 할 의사가 필요없다고 하여 을에게도 상해치사죄가 성립한다.[75]

하지만 이후 진정 결과적 가중범의 공동정범이 문제된 판결에서는 중한 결과에 대한 예견가능성을 요구하고 있다. 판례에 따르면 "나머지 사람들은 사망의 결과를 예견할 수 없는 때가 아닌 한 상해치사죄의 죄책을 면할 수 없다"고 한다.[76] 즉 기본범죄에 대한 고의가 인정되면 중한 결과발생에 관여하지 않은 다른 공모자에게도 중한 결과발생에 대한 예견가능성이 인정되어야 결과적 가중범의 공동정범이 인정된다는 입장이다.

⚖ 판례 │ 결과적 가중범의 공동정범

【사실관계】 피고인 갑은 냄비뚜껑을 피해자의 이마에 던지고 소주병이 깨질 때까지 피해자의 머리 부위를 수차례 가격하였다. 이후 계속하여 흉기인 과도와 식칼을 이용하

---

71) 김일수/서보학, 343면.
72) 이재상/장영민/강동범, 225면.
73) 김성돈, 647면; 손동권/김재윤, 556면.
74) 대법원 1978.1.17. 선고 77도2193 판결; 대법원 1993.8.24. 선고 93도1674 판결.
75) 판례가 말하는 '결과를 공동으로 할 의사'가 무엇인지 분명하지는 않다. 그 의미를 '고의'의 의미로 해석한다면 이후 전개하는 논증은 큰 문제가 없다. 하지만 다른 공동행위자가 비록 중한 결과를 실현하지는 않았고, 중한 결과에 대하여 고의가 있다고 하는 경우라면 판례가 말하는 '결과를 공동으로 할 의사는 필요없다'는 논증은 큰 의미가 없다. 다른 공동행위자가 중한 결과를 실현시키는 것에 아무런 기여를 하지 않았기 때문이다. 결국 남은 것은 다른 공동행위자의 '과실'을 인정할 수 있는지이다. 판례가 가지는 의미는 다른 공동행위자에게 예견가능성이 있다면 진정 결과적 가중범의 공동정범이 된다는 것이다.
76) 대법원 1996.12.6. 선고 96도2570 판결; 대법원 2000.5.12. 선고 2000도745 판결; 대법원 2013.4.26. 선고 2013도1222 판결.

여 피해자의 머리 부위를 반복하여 때리거나 피해자를 협박하였다. 이때 공동피고인 을이 식칼로 피해자의 발등 동맥을 절단하는 것을 보고서도 갑은 이를 제지하지 아니하였다. 당시 피해자가 입은 상해의 부위가 전신에 걸쳐 광범위했고 상해 정도 또한 심히 중하였으며 결국 피해자는 사망하였다.

【판결요지】 결과적 가중범인 상해치사죄의 공동정범은 폭행 기타의 신체침해 행위를 공동으로 할 의사가 있으면 성립되고 결과를 공동으로 할 의사는 필요 없으며, 여러 사람이 상해의 범의로 범행 중 한 사람이 중한 상해를 가하여 피해자가 사망에 이르게 된 경우 나머지 사람들은 사망의 결과를 예견할 수 없는 때가 아닌 한 상해치사의 죄책을 면할 수 없다(대법원 2013.4.26. 선고 2013도1222 판결).

【해설】 판례는 결과적 가중범인 상해치사죄의 공동정범 성립에 결과를 공동으로 할 의사가 필요할 필요는 없다고 하며, 다른 가담자가 상해의 고의로 피해자가 사망에 이르게 하여 상해치사죄가 성립하는 경우 나머지 사람도 사망의 결과를 예견할 수 있다면 상해치사죄의 죄책을 진다는 입장이다. 이 사안의 경우 피고인 갑이 중한 결과인 사망의 결과에 대하여 예견할 수 있었다는 것이다.

Ⅲ. 공모관계의 이탈

1. 의의

공모관계의 이탈이란 공동모의를 한 가담자 갑이 다른 공동모의자 을이 '실행에 착수하기 이전에' 공동가담의 의사를 철회하는 경우를 말한다. 이탈자 갑은 실행분담행위로 나아가지 않기 때문에 공동정범의 객관적 요건이 충족되지 않은 것이고, 주관적 요건인 공동가공의 의사조차 탈락되는 경우를 말한다.

2. 공모공동정범과의 구별

공모공동정범은 가담자 사이에 공동가공의 의사가 다른 가담자의 실행행위에 이르기까지 연결되어 있는 유형임에 반하여 공모관계의 이탈은 형성된 공모관계가 실행행위 이전에 끊어져 버린 유형에 해당한다. 따라서 공모공동정범과 공모관계의 이탈은 별개의 문제이다.[77]

---

77) 손동권/김재윤, 553면.

3. 이탈의 요건

가. 이탈의 주관적 요건

공모자 갑은 이탈의 의사표시를 다른 공모자 을에게 표시하여야 하는지에 대하여 견해의 대립이 있다. 필요설은 다른 공모자가 이탈사실을 알지 못하면 이탈자의 기존의 기여가 전체사건의 진행에 계속하여 영향을 미치므로 이탈의 의사는 명시적 또는 묵시적으로 표시되어야 한다고 하는 반면에,[78] 불필요설은 이탈에 의하여 공모관계는 실행행위 시에 존재하지 않게 되어 기능적 행위지배는 제거된 것이므로 이탈의사는 표시될 필요가 없다고 한다.

판례는 이탈의 표시가 반드시 명시적일 필요는 없으나 적어도 묵시적인 의사표시는 있어야 한다는 입장으로 필요설을 취하고 있다.

생각건대 이탈의 의사표시가 없다면 기존에 형성된 공동가공의 의사가 단절되었다고 볼 수 없기 때문에 이탈의 의사표시가 필요하며, 반드시 명시적일 필요는 없고 묵시적 의사표시만으로도 이탈의 의사표시가 있는 것으로 보는 것이 타당하다.

⚖ 판례 │ **이탈의사의 표시방법**

【판결요지】 공모공동정범에 있어서 그 공모자중의 1인이 다른 공모자가 실행행위에 이르기 전에 그 공모관계에서 이탈한 때에는 그 이후의 다른 공모자의 행위에 관하여 공동정범으로서의 책임은 지지 않는다고 할 것이고 <u>그 이탈의 표시는 반드시 명시적임을 요하지 않는다</u>(대법원 1986.1.21. 선고 85도2371, 85감도347 판결).

나. 이탈의 객관적 요건

이탈자는 자신의 기여분을 이미 예비단계에서 완수하였기 때문에 이탈의 의사표시만으로는 충분하지 못하다. 따라서 이탈자는 추가적으로 자신이 완수한 행위와 결과발생에 대한 인과성을 제거해야 하는지 문제된다. 이에 대하여 인과성 제거가 필요하다는 견해,[79] 인과성 제거는 불필요하다는 견해, 이탈자가 주모자로서 다른 공모자의 실행에 강하게 영향을 미친 때에는 실행에 미친 영향력이나 인과성을 제거하거나 제거하기 위한 진지한 노력이 필요하지만 이탈자가 공모자 가운데 평균적인 일원에 불과한 때에는 이탈의 의사표시만으로 공동정범이 부정된다는 견해(주모자와 평균적 일원 구별설)[80]가 있다.

---

78) 김성돈, 633면.
79) 김일수/서보학, 449면; 신동운, 608면.
80) 이재상/장영민/강동범, 505면; 신동운, 608면; 임웅, 452면.

판례는 주모자와 평균적 일원을 구별하는 입장이다.[81] 판례에 따르면 공모자가 공모에 주도적으로 참여하여 다른 공모자의 실행에 영향을 미친 때에는 범행을 저지하기 위하여 적극적으로 노력하는 등 실행에 미친 영향력을 제거하지 아니하는 한 공모관계에서 이탈하였다고 할 수 없다.

생각건대 주모자와 평균적 일원을 구별하여 인과성 제거 여부를 판단하는 것이 기능적 행위지배이론에 맞는 해석으로 타당하다. 따라서 평균적 일원에 불과한 경우에는 이탈의 의사표시를 명시적·묵시적으로 한 것만으로 공모관계에 이탈하였다고 볼 수 있지만, 범행을 주도적으로 가담한 주모자는 자신의 기여분에 대한 인과성을 제거하거나 제거하기 위한 진지한 노력이 필요하다.

⚖ 판례 공모관계 이탈의 경우 주모자와 평균적 일원 구별설

【사실관계】 피고인 갑(21세)은 강도상해의 범행 전날 밤 11시경에 14세 또는 15세의 을, 병, 정과 강도 모의를 하였는데 이때 피고인이 삽을 들고 사람을 때리는 시늉을 하는 등 주도적으로 그 모의를 하였다. 피고인은 을 등과 함께 이 사건 당일 새벽 1시 30분경 특수절도의 범행을 한 후 함께 일대를 배회하면서 새벽 4시 30분경 이 사건 강도상해 범행하기까지 강도 대상을 물색하였다. 을과 병이 피해자를 발견하고 쫓아가자 피고인은 "어?"라고만 하고 정에게 따라가라고 한 후 자신은 비대한 체격 때문에 을과 병을 뒤따라가지 못하고 범행현장에서 200m 정도 떨어진 곳에 앉아 있었다. 결국 을과 병은 피해자를 쫓아가 폭행하여 항거불능케 한 다음 피해자의 뒷주머니에서 지갑을 강취하고 피해자에게 약 7주간의 치료를 요하는 우측 무릎뼈골절 등의 상해를 입히는 등 강도상해죄를 범하였다.

【판결요지】 [1] 형법 제30조의 공동정범은 2인 이상이 공동하여 죄를 범하는 것으로서, 공동정범이 성립하기 위하여는 주관적 요건으로서 공동가공의 의사와 객관적 요건으로서 공동의사에 기한 기능적 행위지배를 통한 범죄의 실행사실이 필요하고, 공동가공의 의사는 타인의 범행을 인식하면서도 이를 제지하지 아니하고 용인하는 것만으로는 부족하고 공동의 의사로 특정한 범죄행위를 하기 위하여 일체가 되어 서로 다른 사람의 행위를 이용하여 자기의 의사를 실행에 옮기는 것을 내용으로 하는 것이어야 한다. [2] 공모공동정범에 있어서 공모자 중의 1인이 다른 공모자가 실행행위에 이르기 전에 그 공모관계에서 이탈한 때에는 그 이후의 다른 공모자의 행위에 관하여는 공동정범으로서의 책임은 지지 않는다 할 것이나, 공모관계에서의 이탈은 공모자가 공모에 의하여 담당한 기능적 행위지배를 해소하는 것이 필요하므로 공모자가 공모에 주도적으로 참여하여 다른 공모자의 실행에 영향을 미친 때에는 범행을 저지하기 위하여 적극

---

81) 대법원 2008.4.10. 선고 2008도1274 판결.

적으로 노력하는 등 실행에 미친 영향력을 제거하지 아니하는 한 공모관계에서 이탈하였다고 할 수 없다.

[3] 다른 3명의 공모자들과 강도 모의를 하면서 삽을 들고 사람을 때리는 시늉을 하는 등 그 모의를 주도한 피고인이 함께 범행 대상을 물색하다가 다른 공모자들이 강도의 대상을 지목하고 뒤쫓아 가자 단지 "어?"라고만 하고 비대한 체격 때문에 뒤따라가지 못한 채 범행현장에서 200m 정도 떨어진 곳에 앉아 있었으나 위 공모자들이 피해자를 쫓아가 강도상해의 범행을 한 사안에서, 피고인에게 공동가공의 의사와 공동의사에 기한 기능적 행위지배를 통한 범죄의 실행사실이 인정되므로 강도상해죄의 공모관계에 있고, 다른 공모자가 강도상해죄의 실행에 착수하기까지 범행을 만류하는 등으로 그 공모관계에서 이탈하였다고 볼 수 없으므로 강도상해죄의 공동정범으로서의 죄책을 진다고 한 사례(대법원 2008.4.10. 선고 2008도1274 판결).

4. 이탈의 효과

공모자 중 1인이 다른 공모자가 실행행위에 이르기 전에 공모관계에서 이탈한 경우 그 이후의 공모자의 행위에 대해서 이탈자에게 공동정범이 성립하지 않는다. 그런데 공모관계에서 이탈한 경우에도 이탈자에게 방조범이 성립할 가능성은 남아 있다. 뿐만 아니라 실행의 착수이전에 공모관계를 이탈한 자에 대해서는 당해 범죄의 예비·음모가 처벌되는 경우에는 예비·음모죄가 인정될 수 있다.

Ⅳ. 공범관계의 이탈

어떤 사람이 다른 행위자가 '실행의 착수로 나아간 이후에' 이탈한 경우 이탈자가 실행분담으로 나아가지 않았다하더라도 다른 행위자에 의해 이루어진 범행에 대하여 공동정범이 성립한다. 이를 '공범관계의 이탈'이라고 한다. 이탈자에 대해서도 공동정범을 인정하는 이유는 공동정범 중 1인이 실행에 착수에 나아가면 모든 공동정범의 실행의 착수를 인정하기 때문이다(일부 착수, 전부 착수). 따라서 공모자가 실행의 착수에 나아가지 않더라도 다른 공동행위자에 의해서 나머지 범행이 이루어진 경우 공동정범이 된다.[82]

이 경우 대법원 판례에 따르면 이른바 공모공동정범이론이 적용되는 것이다. 행위자 상호 간에 범행의 실행을 공모하였다면 '다른 공모자가 이미 실행에 착수한 이후에는' 그 공모관계에서 이탈하였다고 하더라도 공동정범의 책임을 면할 수 없다.

---

82) 김성돈, 635면; 손동권/김재윤, 553면.

공동의 실행행위 종료 후 공모자 중 일부가 범죄계획에서 이탈하여 그의 의사로 범행한 경우 이탈자의 행위에 대해서는 공동정범이 성립하지 않는다. 이탈자의 단독행위에 불과하다.

⚖ 판례 ┃ 공범관계의 이탈

【판결요지】 [1] 주식시세조종의 목적으로 허위매수주문행위, 고가매수주문행위 및 통정매매행위 등을 반복한 경우, 이는 시세조종 등 불공정거래의 금지를 규정하고 있는 구 증권거래법(2007. 8. 3. 법률 제8635호 자본시장과 금융투자업에 관한 법률 부칙 제2조로 폐지) 제188조의4에 해당하는 수개의 행위를 단일하고 계속된 범의 하에서 일정기간 계속하여 반복한 범행이라 할 것이고, 이 범죄의 보호법익은 유가증권시장 또는 협회중개시장에서의 유가증권 거래의 공정성 및 유통의 원활성 확보라는 사회적 법익이고 각각의 유가증권 소유자나 발행자 등 개개인의 재산적 법익은 직접적인 보호법익이 아닌 점에 비추어 위 각 범행의 피해법익의 동일성도 인정되므로, 위 법 제188조의4에 정한 불공정거래행위금지 위반의 포괄일죄가 성립한다.

[2] 피고인이 포괄일죄의 관계에 있는 범행의 일부를 실행한 후 공범관계에서 이탈하였으나 다른 공범자에 의하여 나머지 범행이 이루어진 경우, 피고인이 관여하지 않은 부분에 대하여도 죄책을 부담한다.

[3] 피고인이 갑 투자금융회사에 입사하여 다른 공범들과 특정 회사 주식의 시세조정 주문을 내기로 공모한 다음 시세조정행위의 일부를 실행한 후 갑 회사로부터 해고를 당하여 공범관계로부터 이탈하였고, 다른 공범들이 그 이후의 나머지 시세조정행위를 계속한 사안에서, 피고인이 다른 공범들의 범죄실행을 저지하지 않은 이상 그 이후 나머지 공범들이 행한 시세조정행위에 대하여도 죄책을 부담함에도, 피고인이 해고되어 갑 회사를 퇴사함으로써 기존의 공모관계에서 이탈하였다는 사정만으로 피고인이 이미 실행한 시세조정행위에 대한 기능적 행위지배가 해소되었다고 보아 그 이후의 각 구 증권거래법(2007.8.3. 법률 제8635호 자본시장과 금융투자업에 관한 법률 부칙 제2조로 폐지) 위반의 공소사실에 대하여 무죄를 선고한 원심판결에 공모공동정범에 관한 법리오해의 위법이 있다고 한 사례(대법원 2011.1.13. 선고 2010도9927 판결).

V. 공동정범과 협의의 공범의 경합

처음 교사·방조했던 자가 나중에 공동정범이 된 경우 교사·방조는 공동정범에 흡수되어 공동정범으로 처벌된다(법조경합 중 보충관계).

제5절 **동시범**

> 제19조(독립행위의 경합) 동시 또는 이시의 독립행위가 경합한 경우에 그 결과발생의 원인된 행위가 판명되지 아니한 때에는 각 행위를 미수범으로 처벌한다.

I. 서설

1. 의의

동시범(同時犯)은 다수인이 상호 간에 의사의 연락이 없이 동시(同時) 또는 이시(異時)에 동일한 객체에 대하여 구성요건적 결과를 실현한 경우로 '독립행위의 경합'이라도 부른다, 즉 동시범은 구성요건적 결과가 다수인에 의해서 야기되지만 그 다수는 각각 서로의 의사의 연락 없이 독립적으로 행위하는 경우를 말한다. 동시범은 공동정범이 아니라 단독정범으로 처벌된다.

2. 법적 성질

동시범은 공동정범이 아니라 단독정범이 경합된 것이다. 다만 동시범은 다수인의 실행행위를 필요로 한다는 점에서 순수한 의미의 단독정범과는 구별되며, 공동의 범행결의가 없다는 점에서 공동정범과는 구별되며, 다른 행위자가 단순한 도구가 아니라는 점에서 간접정범과는 구별된다.

3. 종류

가. 원인행위가 분명한 동시범

발생된 결과가 어느 행위자의 행위에 의한 것인지 분명히 판명된 경우라면 각자의 죄책을 쉽게 확정할 수 있다. 즉 결과와 인과관계가 인정되지 않는 행위를 한 행위자는 그 죄의 미수범이 되고, 결과와 인과관계가 인정되는 행위를 한 행위자는 그 죄의 기수범이 되는 것이다.

예를 들면 갑과 을이 상호 간에 의사연락 없이 피해자 A를 살해하기 위하여 독극물을 먹여 사망한 경우 사후에 갑이 투입한 독극물에 의하여 A가 사망한 것으로 판명되고 을이 투입한 독극물은 사망의 원인이 되지 않는 것으로 판명된 경우 갑은 살인기수죄가 되며, 을은 살인미수죄가 된다.

나. 원인행위가 불분명한 동시범

발생된 결과가 어느 행위자의 행위에 의한 것인지 분명하게 판명되지 않은 경우라면 미수범으로 처벌된다. 형법 제19조가 이를 표현하고 있다.

예를 들면 갑과 을이 상호 간에 의사연락 없이 피해자 A를 살해하기 위하여 총을 발사 하였는데, 한 발은 빗나가고 나머지 한 발은 명중하여 A가 사망하였으나 누구의 총에 의 하여 A가 사망한 것인지 밝혀지지 않는 경우 갑과 을 모두 살인미수죄가 된다. 행위자의 실행행위가 있음에도 불구하고 그 행위와 결과 사이에 인과관계가 밝혀지지 않은 경우 미 수범으로 보는 형법이론상 당연한 결론이다.

Ⅱ. 원인행위가 불분명한 동시범의 성립요건

원인행위가 불분명한 동시범이 되기 위해서는 먼저 2인 이상의 실행행위가 있어야 하 며, 행위자 사이에는 의사의 연락이 없어야 한다. 만약 행위자간에 의사의 연락이 있다면 독립행위의 경합, 즉 동시범이 아니라 공동정범이 된다. 또한 행위의 객체는 동일해야 하 지만, 행위의 장소와 시간은 반드시 동일할 필요 없다. 또한 결과발생의 원인된 행위가 판 명되지 않아야 하지만 각자의 행위가 구성요건적으로 동일할 필요는 없다.

Ⅲ. 효과

독립행위가 경합하더라도 결과발생의 원인이 분명한 경우에는 각 행위자를 그 원인행 위에 따라 각각 정범으로 처벌하면 된다.

결과발생의 원인행위가 판명되지 않은 경우에는 각 행위를 미수범으로 처벌한다($\binom{제}{19조}$). 먼저 고의행위와 고의행위가 경합한 경우 미수범 처벌규정이 있는 경우에 한해 각자를 미수범으로 처벌한다.[83] 고의행위와 과실행위가 경합한 경우 고의행위는 미수범으로 처벌되지만, 과실행위는 미수처벌규정이 없으므로 불가벌이다. 과실행위와 과실행위가 경합한 경우 과실행위는 미수처벌규정이 없으므로 처벌할 수 없다. 이에 대한 형사정책적 공백을 메우기 위해 상해죄의 경우에 동시범의 특례($제_{263조}$)를 인정한다.

IV. 상해죄의 동시범의 특례

> 제263조 (동시범) 독립행위가 경합하여 상해의 결과를 발생하게 한 경우에 있어서 원인된 행위가 판명되지 아니한 때에는 공동정범의 예에 의한다.

1. 서설

동시범의 경우 그 원인된 행위가 판명되지 아니한 때에는 형법 제19조에 따라 각 행위를 미수범으로 처벌해야 한다. 그런데 상해의 결과를 발생하게 한 경우에는 공동정범의 예에 의하여 처벌한다는 특례규정($제_{263조}$)을 두고 있다.

상해의 결과에 대하여 동시범의 특례를 인정하는 취지는 상해는 빈번하게 발생하고 그 결과가 중대하다는 일반예방적 관점과 상해의 원인에 대한 입증곤란을 구제하기 위한 정책적 고려에서 입법된 조문이다. 형법 제263조는 in dubio pro reo 원칙의 예외가 된다.

2. 법적 성격

상해죄의 동시범의 특례의 법적 성격에 대하여 견해의 대립이 있다. 법률상 추정설에 따르면 제263조는 입증의 곤란을 구제하기 위하여 법률상으로 공동정범의 책임을 추정한 것이라고 한다. 거증책임전환설에 따르면 제263조는 피고인에게 자기의 행위로 상해의 결과가 발생하지 않았음을 증명할 거증책임을 지운 것이라고 한다. 다수설의 입장이다. 이원설에 따르면 제263조는 소송법상으로는 거증책임의 전환규정인 동시에, 실체법상으로는 공동정범의 범위를 확장 또는 공동정범을 의제하는 규정이라고 한다.

---

83) 이 경우 동시범 모두를 미수범으로 처벌하도록 한 것은 인과관계의 불성립 내지 개별책임의 원칙을 고려한 당연한 귀결이다.

3. 적용요건

첫째, 독립행위의 경합이 있어야 한다. 독립행위의 경합은 2개 이상의 행위가 서로 의사의 연락 없이 동일한 객체에 대하여 행해진다는 것을 말한다. 따라서 상호 간의 의사연락이 있다면 이는 동시범의 문제가 아니라 공동정범의 문제이다. 경합하는 독립행위는 상해행위에 한하지 않고 폭행행위도 가능하다.

그러나 경합하는 독립행위에 강도행위, 강간행위, 과실행위는 포함되지 않는다. 만약 강도치상죄, 강간치상죄, 과실치상죄에도 제263조를 적용할 수 있다고 하면, 이것은 제263조를 피고인에게 불이익한 방향으로 유추적용하는 것이며 집단상해를 방지하고자 하는 제263조의 취지에 반하는 해석이기 때문이다.

둘째, 상해의 결과가 발생해야 한다. 제263조에서도 이를 명백히 밝히고 있다. 그런데 사망의 결과가 발생한 경우에도 상해죄의 동시범의 특례가 적용될 수 있는지에 대하여 판례는 긍정하는 입장이다. 따라서 폭행치사죄나 상해치사죄의 경우에도 제263조를 적용할 수 있다고 한다. 하지만 제263조는 제19조 동시범의 예외 규정이므로 제한해석을 하는 것이 타당하다. 법조문이 '상해의 결과'가 발생한 경우라고 명시하고 있음에도 불구하고 '사망의 결과'가 발생한 경우까지 적용을 확대하는 것은 유추적용에 해당하여 죄형법정주의에 반한다. 따라서 사망의 결과가 발생한 경우에는 제263조를 적용할 수 없다.

셋째, 결과발생에 원인행위가 판명되지 않아야 한다. 결과발생에 원인된 행위가 무엇인지 판명된 경우에는 각자 자기의 행위에 따라 책임을 진다.

⚖ 판례 ▸ 이시 폭행 사망사건

【사실관계】 A는 거리에서 행인 乙과 사소한 문제로 시비를 벌이다가 힘이 센 乙로부터 구타를 당하여 부상을 입고 실신하였고, 乙은 달아났다. 이에 주위에 있던 사람들이 A를 의자에 눕혀 놓았는데, 그로부터 2시간 후에 이러한 사정을 모르는 甲은 자기가 즐겨 앉던 의자에 A가 누워있는 것을 보고 A를 밀어 땅바닥에 떨어지게 함으로써 이미 부상하여 있던 A로 하여금 사망에 이르게 하였다. 그러나 그 사망의 원인된 행위가 乙의 행위인지 아니면 甲의 행위인지 판명되지 않았다.

【판결요지】 시간적 차이가 있는 독립된 상해행위나 폭행행위가 경합하여 사망의 결과가 일어나고 그 사망의 원인된 행위가 판명되지 않은 경우에는 공동정범의 예에 의하여 처벌할 것이다(대법원 2000.7.28. 선고).
                                            2000도2466 판결

【해설】 상해죄의 동시범 특례규정이 적용되기 위해서는 상해의 결과가 발생해야 한다. 그런데 본 사안과 같이 상해의 결과가 아닌 사망의 결과가 발생한 경우에도 동시범의 특례를 적용할 수 있는가에 대하여 판례는 긍정하는 입장이다. 따라서 판례에 따를 경우 폭행치사죄가 성립한다.

제6절 **합동범**

I. 합동범의 의의

합동범은 2인 이상이 합동하여 특정한 범죄를 범한 경우를 말한다. 합동범에 대하여 형법총칙의 규정은 없으나 형법각칙규정에서 "2인 이상이 합동하여 ~죄를 범한 자"로 규정되어 있다. 형법각칙상 합동범에는 제146조의 특수도주죄, 제331조의 특수절도죄, 제334조의 특수강도죄가 있다. 이외에도 성폭력범죄의 처벌 등에 관한 특례법 제4조의 특수강간죄가 있다.

II. 합동범의 본질

1. 쟁점

합동범의 경우 단독범 또는 공동정범의 형태로 범죄를 범한 경우보다 형벌을 가중하고 있다. 예를 들면 단순절도($\substack{제\\329조}$)는 6년 이하의 징역 또는 1천만원 이하의 벌금에 처함에 반하여, 특수절도($\substack{제331조\\제2항}$)는 1년 이상 10년 이하의 징역으로 처벌하고 있다. 합동범은 2인 이상이 합동하여 죄를 범하는 것인데 이 경우 2인 이상이 공동하여 죄를 범하는 공동정범과 어떤 관계가 있는지가 문제된다. 이는 합동범의 본질과 관련이 있다.

2. 학설

공모공동정범설은 합동의 의미를 공모의 의미로 이해하는 견해로 공동정범의 주관적 요건인 공모와 객관적 요건인 실행행위의 분담 가운데 공모의 요건만 갖추면 합동범이 된다는 견해이다.

가중적 공동정범설에 따르면 합동의 개념은 공동정범의 공동개념과 동일하지만, 형법이 열거하고 있는 합동범의 경우에는 특히 가중처벌규정의 근거로서 의미가 있다고 한다. 집단으로 행해지는 절도, 강도, 도주에 대하여 강력한 대책을 강구하기 위하여 형사정책적 견지에서 가중처벌하는 것이라고 한다.

현장설에 따르면 합동이란 공동정범의 공동의 요건 이외에도 범죄의 실행분담이 직접 범행현장에서 이루어질 것을 요하는 개념으로 해석한다. 이 견해에 의하면 합동범의 성립 요건으로서 '현장에서의' 실행행위의 분담을 필요로 하게 되므로 총칙상 공동정범보다 좁은 개념이 된다. 다수설의 입장이다. 현장은 시간적·장소적으로 근접해 있는 상황을 말하며, 협동은 공동으로 실행행위를 분담하는 것을 말한다.

현장적 공동정범설은 합동의 의미를 현장설과 같이 이해하면서도 기능적 행위지배 여부에 따라 최종적으로 합동의 범주를 다시 한 번 더 제한한다.[84] 이에 따르면 가담자 중에 현장에 있었지만 단지 방조적 기여를 한데 불과한 사람은 기능적 역할분담을 하지 않았으므로 합동범으로 볼 수 없고, 반면에 현장에 있지 않더라도 우두머리처럼 기능적 행위지배를 인정할만한 정범성의 요건을 구비한 자는 합동개념에 포함시킬 수 있다고 한다.

3. 판례

판례는 합동범의 개념에 대하여 주관적 요건으로서 공동가공의 의사(공모) 이외에 실행행위의 분담이 있어야 한다고 한다. 그리고 이 경우 실행행위의 분담은 다시 가담자 간의 '협동관계'를 전제로 하며, 이때 협동관계는 '시간적·장소적인 협동관계'를 의미한다. 따라서 절도행위자가 방안에서 절취행위를 하는 동안에 다른 가담자가 방안이 아니라 집안의 가까운 곳에서 대기하고 있는 경우,[85] 절취행위 장소 부근에서 차량 내에서 대기한 경우[86]에도 시간적으로나 장소적으로 협동관계에 있는 합동절도죄를 인정하였다. 현장설의 입장이다.

4. 결론

형법이 공동정범의 공동의 개념과 달리 합동이라는 개념을 따로 사용하면서 가중된 처벌을 하고 있다는 것은 합동범의 범행방법이나 범행의 강도가 공동정범의 공동의 방법과 다르기 때문이다.[87] 따라서 합동 개념은 공동 개념에 비해 추가적인 요소를 갖추고 있는 것으로 보아야 한다. 합동은 공동의 두 가지 요건, 즉 주관적 요건인 '공동가공의 의사'와 객관적 요건인 '실행행위의 분담' 이외에도 범행현장 내지 현장부근에서의 '현실적 협동관계'라는 세 번째 요건을 추가적으로 요구하는 개념이다. 따라서 현장설이 타당하다.

---

84) 김일수/서보학, 468면.

85) 대법원 1996.3.22. 선고 96도313 판결.

86) 대법원 1988.9.13. 선고 88도1197 판결.

87) 김성돈, 654면.

III. 합동범의 공동정범

1. 쟁점

합동범은 필요적 공범이므로 내부자 사이에는 별도로 공동정범이나 교사범·방조범이 성립하지 않는다. 따라서 갑과 을이 합동하여 절도죄를 범한 경우 갑과 을은 특수절도죄가 성립하는 것이며, 절도죄의 공동정범이 되는 것이 아니다.

내부자 관계가 아닌 외부에서 합동관계에 있지 않은 제3자가 있을 경우에 문제된다. 이 경우 협의의 공범인 교사·방조범은 당연히 성립한다. 갑과 을이 합동하여 특수절도죄를 범함에 있어서 외부에서 병이 이를 교사 또는 방조한 경우 병은 특수절도죄의 교사범 또는 방조범이 성립한다.

그런데 제3자에 대하여 합동범의 공동정범이 성립하는 가에 대해서는 견해의 대립이 있다. 현장에는 없었지만 기능적 행위지배를 인정할 수 있는 제3자가 있을 경우에 그를 합동범의 공동정범으로 인정할 수 있는가의 문제이다.

2. 학설

다수설인 현장설에 따르면 합동범의 공동정범의 성립은 부정된다. 공모자라고 하더라도 현장에 있지 않은 한 본죄의 정범이 될 수 없기 때문이다. 만약 합동범의 공동정범을 인정하게 되면 현장에 없었음에도 불구하고 기능적 행위지배가 있다는 이유로 합동범으로 가중처벌하는 것은 책임주의에 반하고 합동이라는 문언의 의미를 공동으로 넓힌 것이므로 유추적용이 된다고 한다.

하지만, 현장설을 취하면서도 합동범에 대한 공동정범의 성립을 인정하는 견해도 있다. 현장적 공동정범설은 현장 밖에서 범행지휘 등의 기능적 역할분담을 한 경우에는 공동정범의 성립을 인정할 수 있다고 한다.[88]

3. 판례

대법원은 3인 이상이 범행을 공모한 후 적어도 2인 이상의 범인이 범행현장에서 시간적·장소적으로 협동관계를 이루어 실행행위를 분담한 경우에는 그 공모에는 참여하였으나 현장에서 실행행위를 분담하지 않은 제3자에 대하여도 그가 정범성의 표지를 갖추고

---

88) 김일수/서보학, 468면; 손동권/김재윤, 557면.

있다면 그 범인은 합동범의 공동정범이 성립한다고 한다.[89]

이른바 삐끼주점 사건에서 삐끼들이 피해자의 신용카드를 이용하여 현금자동지급기에서 현금을 절취하는 동안, 현장에는 없지만 절도범의 행위를 자기 의사의 수단으로 범행하였다고 평가할 수 있다면 합동절도의 공동정범이 된다고 판단하였다. 마찬가지로 피고인이 갑, 을과 공모한 후 갑, 을은 피해자 회사의 사무실 금고에서 현금을 절취하고, 피고인은 위 사무실로부터 약 100m 떨어진 곳에서 망을 보는 방법으로 합동하여 재물을 절취한 사건에서 판례는 피고인은 갑, 을의 합동절도 범행에 대한 공동정범으로 보았다.[90]

⚖️ **판례** 합동범의 공동정범: 삐끼주점 사건

【사실관계】 속칭 삐끼주점의 지배인인 피고인이 피해자로부터 신용카드를 강취하고 신용카드의 비밀번호를 알아낸 후 현금자동지급기에서 인출한 돈을 삐끼주점의 분배관례에 따라 분배할 것을 전제로 하여 A(삐끼), B(삐끼주점 업주) 및 C(삐끼)와 피고인은 삐끼주점 내에서 피해자를 계속 붙잡아 두면서 감시하는 동안 A, B 및 C는 피해자의 신용카드를 이용하여 현금자동지급기에서 현금을 인출하기로 공모하였고, 그에 따라 A, B 및 C가 1997.4.18. 04:08경 서울 강남구 삼성동 소재 엘지마트 편의점에서 합동하여 현금자동지급기에서 현금 4,730,000원을 절취하였다.

【판결요지】 3인 이상의 범인이 합동절도의 범행을 공모한 후 적어도 2인 이상의 범인이 범행 현장에서 시간적, 장소적으로 협동관계를 이루어 절도의 실행행위를 분담하여 절도 범행을 한 경우에는 공동정범의 일반 이론에 비추어 그 공모에는 참여하였으나 현장에서 절도의 실행행위를 직접 분담하지 아니한 다른 범인에 대하여도 그가 현장에서 절도 범행을 실행한 위 2인 이상의 범인의 행위를 자기 의사의 수단으로 하여 합동절도의 범행을 하였다고 평가할 수 있는 정범성의 표지를 갖추고 있다고 보여지는 한 그 다른 범인에 대하여 합동절도의 공동정범의 성립을 부정할 이유가 없다고 할 것이다. 형법 제331조 제2항 후단의 규정이 위와 같이 3인 이상이 공모하고 적어도 2인 이상이 합동절도의 범행을 실행한 경우에 대하여 공동정범의 성립을 부정하는 취지라고 해석할 이유가 없을 뿐만 아니라, 만일 공동정범의 성립가능성을 제한한다면 직접 실행행위에 참여하지 아니하면서 배후에서 합동절도의 범행을 조종하는 수괴는 그 행위의 기여도가 강력함에도 불구하고 공동정범으로 처벌받지 아니하는 불합리한 현상이 나타날 수 있다. 그러므로 합동절도에서도 공동정범과 교사범·종범의 구별기준은 일반원칙에 따라야 하고, 그 결과 범행현장에 존재하지 아니한 범인도 공동정범이 될 수 있으며, 반대로 상황에 따라서는 장소적으로 협동한 범인도 방조만 한 경우에는 종범으로 처벌될 수도 있다(대법원 1998.5.21. 선고 98도321 전원합의체 판결).

---

89) 판례의 태도를 지지하는 견해로 김성돈, 655면.
90) 대법원 2011.5.13. 선고 2011도2021 판결.

4. 결론

합동범의 본질을 현장설로 보는 이상 현장에 없는 가담자는 합동범의 공동정범으로 볼 수 없다. 형법이 합동범을 가중처벌하는 것은 현장에서 현실적 협동관계가 있었기 때문이다. 현장에 없었음에도 불구하고 합동범의 공동정범으로 가중처벌하는 것은 책임주의 원칙에 반한다. 기능적 범행지배는 있지만 현장에는 없는 제3자는 단순절도의 공동정범이 되거나, 사안에 따라서는 단순절도의 공동정범과 합동범의 교사 또는 방조의 상상적 경합이 될 수 있다.

CHAPTER 03 간접정범

제34조(간접정범, 특수한 교사, 방조에 대한 형의 가중) ① 어느 행위로 인하여 처벌되지 아니하는 자 또는 과실범으로 처벌되는 자를 교사 또는 방조하여 범죄행위의 결과를 발생하게 한 자는 교사 또는 방조의 예에 의하여 처벌한다.
② 자기의 지휘, 감독을 받는 자를 교사 또는 방조하여 전항의 결과를 발생하게 한 자는 교사인 때에는 정범에 정한 형의 장기 또는 다액에 그 2분의 1까지 가중하고 방조인 때에는 정범의 형으로 처벌한다.

제1절 서설

I. 의의

간접정범은 타인을 생명 있는 도구로 이용하여 간접적으로 범죄를 실행하는 것을 말한다. 예를 들면 갑이 정신병자 을을 충동시켜 방화를 하게 한 경우, 의사 갑이 사정을 모르는 간호사 을에게 독약이 든 주사를 놓게 하여 환자를 살해한 경우가 이에 해당한다. 이 경우 갑은 방화죄나 살인죄의 간접정범이 문제된다.

간접정범은 간접정범과 피해자 사이에 매개자인 피이용자가 있다는 점이 특징이다. 이러한 피이용자는 처벌되지 않거나 과실범으로 처벌되는 자이어야 한다.

간접정범의 특징은 자기 손으로 직접 구성요건에 해당하는 행위를 하는 것이 아니라 타인을 생명 있는 도구로서 이용하여 자신의 범죄를 실현한다는 점이다. 간접정범은 교사범과 유사한 측면이 있지만, 공범이 아니라 정범이라는 점에서 간접정범의 본질에 대한 논의가 있다.

Ⅱ. 간접정범의 본질

1. 쟁점

타인을 이용한다는 점에서 교사범과 유사하지만, 행위지배를 한다는 점에서 직접정범과 유사하기 때문에 간접정범은 정범과 공범의 한계선상에 위치하고 있다. 또한 형법 제34조의 표제어에는 간접정범이라고 되어 있지만, 처벌은 교사·방조의 예에 의하여 처벌한다고 되어 있다. 이러한 점으로 인하여 간접정범은 정범인가 아니면 공범인가에 대하여 견해의 대립이 있다.

2. 학설

가. 공범설

제한적 정범개념이론에 따르면 구성요건적 행위를 직접 실행한 자만이 정범이므로 간접정범의 정범성을 부정하며, 교사범으로 본다. 또한 공범독립성설에 따르면 공범은 자기의 범죄수행을 위해서 타인의 행위를 이용하는 것이므로 간접정범의 정범성을 부정하며, 교사범으로 본다.

나. 정범설

확장적 정범개념이론에 따르면 구성요건적 결과발생에 조건을 준 자는 모두 정범이므로 간접정범은 당연히 정범이다. 따라서 그 간접정범의 개념을 특별히 인정할 필요 없다. 행위지배설에 따르면 피이용자의 행위는 이용자의 의사의 실현에 지나지 않으며, 이용자는 우월한 사실인식을 토대로 피이용자의 행위를 지배·조종하고 이것을 통해 범죄를 실현하는 의사지배로 인하여 정범이 된다는 견해로 통설의 입장이다.

다. 결론

공범종속성설을 취하는 한 간접정범의 개념은 필요하다. 정범·공범의 구별에 있어서, 정범성의 표지는 행위지배에 있는 것이고, 간접정범의 정범성 표지는 행위지배의 일종인 의사지배이다. 따라서 간접정범은 정범이다. 간접정범의 본질적인 모습은 바로 배후자이다. 배후자인 간접정범은 사태를 전부 파악하고 있고, 그의 계획적인 조정의사에 의해 전체사태를 장악하고 지배하고 있기 때문이다.

제2절 성립요건

형법 제34조에 따르면 간접정범이 성립하기 위해서는 어느 행위로 인하여 처벌되지 아니하는 자 또는 과실범으로 처벌되는 자(피이용자와 관련된 요건)를 교사 또는 방조하여(이용자와 관련된 요건) 범죄행위의 결과를 발생하게 하여야 한다.

Ⅰ. 피이용자에 관련된 요건

피이용자와 관련해서는 처벌되지 않거나 처벌되더라도 과실범으로 처벌되는 자이어야 한다. 피이용자가 처벌되지 않는 경우로는 구성요건해당성이 없는 경우, 구성요건해당성은 있지만 위법성이 없는 경우, 구성요건해당성과 위법성은 있지만 책임이 없는 경우 등이 있다.

1. 어느 행위로 인하여 처벌되지 아니하는 자

가. 구성요건에 해당하지 않는 행위를 이용하는 경우
(1) 이용자의 기망·강요에 의하여 피이용자가 자살 또는 자상한 경우

이용자의 기망·강요에 의하여 피이용자가 자살 또는 자상한 경우 살인죄 또는 상해죄의 객체인 사람은 타인을 의미하기 때문에 피이용자의 자살 또는 자상행위는 구성요건해당성이 없으므로 처벌되지 않는다. 따라서 이용자에게 이론상 살인죄의 간접정범 또는 상해죄의 간접정범이 성립한다. 다만 자살하게 한 경우 형법각칙에 위계·위력에 의한 살인죄(제253조)가 있기 때문에 이 죄의 적용을 받을 수 있다.

(2) 피이용자의 고의 없는 행위를 이용한 경우

피이용자의 고의 없는 행위를 이용한 경우 의사지배가 인정되면 간접정범이 성립한다. 피이용자가 구성요건에 해당하는 사실을 전혀 인식하지 못한 경우 이를 이용하는 이용자에게는 우월적 의사지배가 인정될 수 있다. 예를 들면 의사 갑이 사정을 모르는 간호사로 하여금 환자에게 독약을 주사하게 한 경우 의사는 살인죄의 간접정범이 된다.

피이용자의 고의가 조각되는 대표적인 유형인 구성요건 착오에 빠진 사람을 이용한 경우 의사지배가 인정되면 간접정범이 성립한다. 예를 들면 갑이 절도의사로 을로 하여금 A의 물건을 을의 물건으로 오신케 하여 가져오게 한 경우 갑은 절도죄의 간접정범이 된다.

갑이 공무원에게 허위신고를 하여 공정증서원본 등 공문서에 부실의 사실을 기재 또는 기록하게 하는 경우 이론상 허위공문서작성죄의 간접정범에 간접정범에 해당하며,[91] 특별히 형법 제228조 공정증서원본부실기재죄를 두어 처벌하고 있다.

⚖ 판례 | 고의 없는 공무원을 이용한 경우

【판결내용】어느 문서의 작성권한을 갖는 공무원이 그 문서의 기재 사항을 인식하고 그 문서를 작성할 의사로써 이에 서명날인하였다면, 설령 그 서명날인이 타인의 기망으로 착오에 빠진 결과 그 문서의 기재사항이 진실에 반함을 알지 못한 데 기인한다고 하여도, 그 문서의 성립은 진정하며 여기에 하등 작성명의를 모용한 사실이 있다고 할 수는 없으므로, 공무원 아닌 자가 관공서에 허위 내용의 증명원을 제출하여 그 내용이 허위인 정을 모르는 담당공무원으로부터 그 증명원 내용과 같은 증명서를 발급받은 경우 공문서위조죄의 간접정범으로 의율할 수는 없다 할 것이다(대법원 2001.3.9. 선고 2000도938 판결).

【해설】이 사건은 공무원 아닌 자가 공무원에게 허위사실을 기재한 증명원을 제출하여 그것을 알지 못한 공무원으로부터 허위의 건설공사 실적증명서를 받아낸 경우이다. 해당 문서는 작성권한이 있는 공무원이 자기 명의로 작성한 이상 진정하게 성립되어 작성명의가 모용되지 않았으므로 공문서위조죄는 성립하지 않는다. 위조가 되기 위해서는 권한 없이 작성하여야 한다. 작성된 공문서의 공신력이 문제될 수 있어도 공문서위조죄의 성립은 문제되지 않는다. 다만 허위공문서작성죄가 문제될 수 있다. 허위공문서작성죄는 권한 있는 자가 허위의 문서를 작성한 경우에 성립하는 범죄이기 때문이다. 이 사안의 경우 작성권한이 있는 공무원에게는 문서의 기재사항의 허위성에 대한 고의는 없다.[92] 이용자의 경우에는 피이용자인 공무원의 고의 없는 행위를 이용한 경우에 해당할 수 있다. 따라서 본 사안의 경우에는 '공문서위조죄'의 간접정범이 아니라 '허위공문서작성죄'의 간접정범은 성립할 여지가 있다.

---

91) 대법원 1992.1.17. 선고 91도2837 판결; 공문서의 작성권한이 있는 공무원의 직무를 보좌하는 자가 그 직위를 이용하여 행사할 목적으로 허위의 내용이 기재된 문서초안을 그 정을 모르는 상사에게 제출하여 결재하도록 하는 등의 방법으로 작성권한이 있는 공무원으로 하여금 허위의 공문서를 작성하게 한 경우에는 간접정범이 성립되고 이와 공모한 자 역시 그 간접정범의 공범으로서의 죄책을 면할 수 없는 것이고, 여기서 말하는 공범은 반드시 공무원의 신분이 있는 자로 한정되는 것은 아니라고 할 것이다.

92) 참고판례: 대법원 1992.1.17. 선고 91도2837 판결.

(3) 신분 없는 고의 있는 도구를 이용한 경우

(가) 쟁점

진정신분범에서 신분은 없지만, 고의는 있는 피이용자를 이용하여 범죄를 저지른 경우 피이용자는 신분이 없기 때문에 처벌되지 않는다. 예를 들면 공무원 갑이 사정을 잘 알고 있는 그의 친구 을을 이용하여 뇌물을 받게 한 경우이다. 이용자가 처벌되지 않는 자를 이용한 것이기는 하지만, 피이용자에게 고의는 있기 때문에 피이용자를 순수한 도구라고 보기는 어렵다. 간접정범의 표지인 의사지배를 인정할 수 있는지에 문제된다. 이에 대하여 견해의 대립이 있다.

(나) 학설

간접정범을 부정하는 견해에 따르면 이용자에게 간접정범이 인정되지 않고 직접정범 또는 공범이 성립한다고 한다. 피이용자의 도구적 성격이 희박하기 때문에 의사지배를 인정하기 어렵다고 한다.[93] 간접정범을 긍정하는 견해에 따르면 의사지배의 내용을 현실적 지배로 보지 않고, 규범적 지배 또는 사회적 지배라고 보고 이 경우에도 의사지배는 인정되기 때문에 간접정범이 성립한다고 한다.[94]

(다) 판례

판례가 의사지배의 개념을 규범적 지배 또는 사회적 지배로 보는지에 대한 점은 분명하지 않다. 다만 목적이나 신분범일 때 그 목적이나 신분이 없는 자를 마치 도구나 손발과 같이 이용하여 간접으로 죄의 구성요소를 실행한 자를 간접정범으로 처벌한다고 표현한 것을 볼 때[95] 이 경우에도 간접정범의 성립 가능성을 인정하고 있다고 평가할 수 있다.

> **판례** 신분 없는 고의 있는 도구를 이용한 경우
>
> 【판결요지】 형법 제34조 제1항이 정하는 소위 간접정범은 어느 행위로 인하여 처벌되지 아니하는 자 또는 과실범으로 처벌되는 자를 교사 또는 방조하여 범죄행위의 결과를 발생케 하는 것으로 이 어느 행위로 인하여 처벌되지 아니하는 자는 시비를 판별할 능력이 없거나 강제에 의하여 의사의 자유를 억압당하고 있는 자, 구성요건적 범의가 없는 자와 목적범이거나 신분범일 때 그 목적이나 신분이 없는 자, 형법상 정당방위, 정당행위, 긴급피난 또는 자구행위로 인정되어 위법성이 없는 자 등을 말하는 것으로

---

93) 김일수/서보학, 580면; 박상기/전지연, 279면; 임웅, 449면.
94) 김성돈, 664면; 이재상/장영민/강동범, 469면; 정성근/박광민, 509면.
95) 대법원 1983.6.14. 선고 83도515 전원합의체 판결.

이와 같은 책임무능력자, 범죄사실의 인식이 없는 자, 의사의 자유를 억압당하고 있는 자, 목적범, 신분범인 경우 그 목적 또는 신분이 없는 자, 위법성이 조각되는 자 등을 마치 도구나 손발과 같이 이용하여 간접으로 죄의 구성요소를 실행한 자를 간접정범으로 처벌하는 것이므로 형법 제104조의 2 제2항의 외국인이나 외국단체 등은 도시이 죄의 주체도 아니어서 범죄의 대상이나 수단 또는 도구나 손발 자체는 될 수 있을지언정 이를 간접정범에서의 도구나 손발처럼 이용하는 것은 원천적으로 불가능하다 하겠으므로 이 외국인이나 외국단체는 위 전단의 그 어떤 경우에도 해당하지 아니함이 명백하여 이 규정을 들어 간접정범을 정한 취지라고 해석할 학리적 이유가 없다 (대법원 1983.6.14. 선고 83도515 전원합의체 판결).

【해설】 판례는 간접정범의 피이용자 중 어느 행위로 인하여 처벌되지 아니하는 자의 범위를 구체적으로 제시하고 있다. 목적범이거나 신분범일 때 그 목적이나 신분이 없는 자도 피이용자의 범위에 해당한다.

(라) 결론

생각건대, 의사지배의 개념을 수정하여 현실적 의사지배뿐만 아니라 규범적·법적 의미의 의사지배를 인정할 필요가 있다. 간접정범의 의사지배를 현실적 의사지배에 한정하여 간접정범이 성립하지 않는다고 볼 경우 처벌의 공백이 발생하기 때문이다. 간접정범을 부정하는 견해에 따르면 공범이 성립할 수 있다고 하지만, 이 경우 피이용자의 행위는 구성요건해당성이 탈락되기 때문에 공범종속형식에 따를 경우 공범으로 처벌할 수 없다. 따라서 신분 없는 고의 있는 도구를 이용한 경우 비신분자는 신분이 없기 때문에 처벌되지 않으며, 신분자는 처벌되지 않는 자를 이용한 경우에 해당하므로 해당 범죄의 간접정범이 성립한다.

(4) 목적 없는 고의 있는 도구를 이용한 경우

목적범에서 목적은 없지만, 고의는 있는 피이용자를 이용하여 범죄를 저지른 경우 피이용자는 목적이 없기 때문에 처벌되지 않는다. 예를 들면 갑이 행사의 목적이 없지만, 통화위조에 대한 고의는 있는 을로 하여금 통화를 위조하게 한 경우이다. 이용자가 처벌되지 않는 자를 이용한 것이기는 하지만, 피이용자에게 고의는 있기 때문에 간접정범의 의사지배를 인정할 수 있는지가 문제된다. 신분 없는 고의 있는 도구를 이용한 경우와 같은 논리구조이다.

학설은 현실적 지배의사를 인정할 수 없기 때문에 간접정범이 되지 않는다는 견해와 이용자에게 법적·규범적인 우위성이 인정되어 간접정범이 성립한다는 견해가 대립되어 있다.

판례는 신분 없는 고의 있는 도구의 경우와 같이 이 경우에도 간접정범의 성립을 인정한다. 이른바 12·12사건에서 '국헌문란의 목적을 달성하기 위하여 그러한 목적이 없는 대통령을 이용한 경우에는 간접정범의 방법으로 내란죄를 실행한 것으로 보아야 한다'고 하여 학설과 같이 간접정범의 성립을 긍정하는 입장이다.

⚖ 판례 | 목적 없는 고의 있는 도구를 이용한 경우

【판결요지】 [13] 범죄는 '어느 행위로 인하여 처벌되지 아니하는 자'를 이용하여서도 이를 실행할 수 있으므로, 내란죄의 경우에도 '국헌문란의 목적'을 가진 자가 그러한 목적이 없는 자를 이용하여 이를 실행할 수 있다.

피고인들은 12·12군사반란으로 군의 지휘권을 장악한 후, 국정 전반에 영향력을 미쳐 국권을 사실상 장악하는 한편, 헌법기관인 국무총리와 국무회의의 권한을 사실상 배제하고자 하는 국헌문란의 목적을 달성하기 위하여, 비상계엄을 전국적으로 확대하는 것이 전군지휘관회의에서 결의된 군부의 의견인 것을 내세워 그와 같은 조치를 취하도록 대통령과 국무총리를 강압하고, 병기를 휴대한 병력으로 국무회의장을 포위하고 외부와의 연락을 차단하여 국무위원들을 강압 외포시키는 등의 폭력적 불법수단을 동원하여 비상계엄의 전국확대를 의결·선포하게 하였음을 알 수 있다.

사정이 이와 같다면, 위 비상계엄 전국확대가 국무회의의 의결을 거쳐 대통령이 선포함으로써 외형상 적법하였다고 하더라도, 이는 피고인들에 의하여 국헌문란의 목적을 달성하기 위한 수단으로 이루어진 것이므로 내란죄의 폭동에 해당하고, 또한 이는 피고인들에 의하여 국헌문란의 목적을 달성하기 위하여 그러한 목적이 없는 대통령을 이용하여 이루어진 것이므로 피고인들이 간접정범의 방법으로 내란죄를 실행한 것으로 보아야 할 것이다(대법원 1997.4.17. 선고 96도3376 전원합의체 판결).

【해설】 신분이나 목적은 없지만 고의는 있는 도구를 이용하여 범죄를 저지른 경우에 처벌받지 않는 자를 이용한 것이기는 하지만, 간접정범의 표지인 의사지배를 인정하기 어렵기 때문에 간접정범의 성립 여부가 문제된다. 이에 대하여 다수설은 의사지배의 내용을 현실적 지배로 보지 않고, 규범적 심리적 지배라고 파악하여 이 경우 간접정범이 성립한다고 한다. 판례도 간접정범이 성립한다고 한다.

【정리】간접정범의 피이용자

구분	내용	구체적인 예	비고
피이용자의 행위에 구성요건의 객관적 표지가 결여된 경우	이용자의 기망·강요에 의하여 피이용자가 자살한 경우	갑이 을의 의사를 완전히 지배하여 을 스스로 자살하게 한 경우	갑은 살인죄의 간접정범 위계·위력에 의한 살인죄(제253조)
	진정신분범에서 신분자가 '신분 없는 고의 있는 도구'를 이용하는 경우	공무원 갑이 사정을 잘 알고 있는 그의 친구 을을 이용하여 뇌물을 받게 한 경우	갑은 수뢰죄의 간접정범
피이용자의 행위에 구성요건의 주관적 표지가 결여된 경우	고의 없는 행위를 이용하는 경우	의사 갑이 사정을 모르는 간호사 을로 하여금 환자에게 독약을 주사하게 한 경우	갑은 살인죄의 간접정범
	구성요건적 착오에 빠진 사람을 이용한 경우	갑이 절도의사로 을로 하여금 A의 물건을 을의 물건으로 오신케 하여 지참케 하는 것	갑은 절도죄의 간접정범
	목적범에서 '목적 없는 고의 있는 도구'를 이용하는 경우	갑이 행사의 목적이 없지만 통화위조에 대한 고의는 있는 을로 하여금 통화를 위조하게 한 경우	갑은 통화위조죄의 간접정범

나. 구성요건에 해당하지만 위법하지 않은 행위를 이용하는 경우

(1) 타인의 정당행위를 이용하는 경우

갑이 허위사실을 경찰관 을에게 신고하여 A를 구속시킨 경우 경찰관 을의 행위는 정당행위로서 위법성이 조각되므로 처벌되지 않으며, 갑은 불법체포감금죄의 간접정범이 성립한다. 경찰관이 허위의 진술조서를 첨부하여 이를 모르는 검사와 판사로부터 구속영장을 발부받은 경우에도 마찬가지이다.[96]

> **판례 직권남용감금죄의 간접정범**

【판결요지】 감금죄는 간접정범의 형태로도 행하여질 수 있는 것이므로, 인신구속에 관한 직무를 행하는 자 또는 이를 보조하는 자가 피해자를 구속하기 위하여 진술조서 등을 허위로 작성한 후 이를 기록에 첨부하여 구속영장을 신청하고, 진술조서 등이 허위로 작성된 정을 모르는 검사와 영장전담판사를 기망하여 구속영장을 발부받은 후 그

---

96) 대법원 2006.5.25. 선고 2003도3945 판결.

영장에 의하여 피해자를 구금하였다면 형법 제124조 제1항의 직권남용감금죄가 성립한다(대법원 2006.5.25. 선고).
2003도3945 판결

(2) 타인의 정당방위나 긴급피난을 이용하는 경우

갑이 A를 상해하기 위하여 A를 사주하여 을을 공격하게 하고, 을이 정당방위로 A를 상해한 경우 을의 행위는 정당방위로서 위법성이 조각되므로 처벌되지 않으며, 갑은 을의 정당방위행위를 이용한 경우이므로 상해죄의 간접정범이 된다.

낙태에 착수한 임신부 갑이 생명의 위험이 발생하자 의사 을을 찾아가서 임신부의 생명을 구하기 위한 낙태수술을 한 경우 의사 을의 행위는 긴급피난으로서 처벌되지 않고, 임신부 갑은 자기낙태죄의 간접정범이 된다.

다. 구성요건에 해당하는 위법행위이지만 책임 없는 행위를 이용하는 경우

(1) 종속형식과 간접정범

제한적 종속형식에 의하면 이용자의 경우 간접정범·교사범 모두 성립가능하다. 주행위자인 피이용자에게는 위법성까지 인정되기 때문이다. 따라서 제한적 종속설의 경우 이용자가 간접정범인지 공범인지를 결정해야 한다. 이 경우 먼저 정범우위성의 원칙에 따라 간접정범 성립 여부를 먼저 판단해야 한다. 만약 간접정범이 되지 않는다면 공범을 고려할 수 있다(법조경합). 따라서 간접정범인지에 대한 판단기준은 의사지배의 유무이다. 즉 피이용자가 단순히 기계적으로 행동한 경우 이용자의 의사지배가 있기 때문에 이용자는 간접정범이 되지만, 피이용자가 자기의 판단하에 적극적으로 행동한 경우 이용자의 의사지배는 없으므로 이용자는 교사범 또는 방조범이 된다.

책임 없는 자를 이용한 경우로 피이용자의 강요된 행위를 이용하는 경우, 피이용자의 정당한 이유 있는 금지착오를 이용한 경우, 피이용자의 책임무능력상태를 이용하는 경우, 기대불가능성으로 인하여 초법규적으로 책임이 조각되는 자의 행위를 이용하는 경우 등이 있다.

(2) 피이용자의 책임무능력상태 내지 강요된 행위를 이용하는 경우

(가) 쟁점

예를 들면 갑이 정신병자인 을로 하여금 A를 폭행하게 한 경우 을은 책임무능력자로 무죄가 되며, 처벌되지 않는 자를 이용한 경우이므로 갑은 폭행죄의 간접정범이 된다. 마찬가지로 갑이 7세의 유치원생 을에게 못을 주어 A의 자동차를 긁어 놓게 만든 경우 갑은 재물손괴죄의 간접정범이 된다.

문제는 정신적으로 충분한 저항능력이나 통찰능력 또는 시비의 변별능력이 있는 경우에도 이용자에게 간접정범이 인정되는지에 대하여 논란이 있다. 예를 들면 갑이 13세의 중학생 을에게 자신이 근무하는 백화점 매장의 열쇠를 주면서 상품을 훔쳐오면 물건의 1/10에 해당하는 돈을 주겠다고 하자, 을은 절취행위가 옳지 못한 일임을 알고 있었음에도 불구하고 보수에 욕심이 나서 물건을 절취한 경우가 이에 해당한다. 갑에게 간접정범을 인정할 수 있는가에 대하여 견해의 대립이 있다.

(나) 학설

간접정범이 된다는 견해에 따르면[97] 피이용자의 도구성은 어디까지나 법적인 책임성, 즉 귀책가능성에 따라 결정되는 것이지 구체적인 자기결정능력에 따라 결정되어서는 안 된다고 한다. 즉 현실적인 자기결정능력의 유무와 상관없이 일률적인 연령기준에 따라 형사미성년자의 귀책가능성을 부정한 입법자의 취지를 고려할 경우에, 그로 인하여 야기되는 가벌성의 공백을 메우기 위해서는 이용자에게 간접정범의 성립을 인정해야 하며, 피이용자의 도구성을 구체적인 자기결정능력에 따라 판단한다면 그 결론은 항상 유동적일 수밖에 없다는 것이다.

교사범이 된다는 견해에 따르면[98] 간접정범의 정범적 지위는 의사지배에서 나오기 때문에 간접정범은 사건을 장악·조종한 중심인물이 된다. 따라서 형사미성년자라고 하더라도 자기결정능력에 따라 사건을 지배하였다면 정범이 되고, 그 배후인물은 교사범이 된다고 한다.

(다) 결론

생각건대 형사미성년자의 행위는 처벌되지 않지만, 그렇다고 하여 정범적 지위까지 상실되는 것은 아니다. 형사미성년자를 처벌하지 않는 것은 입법자의 결단이다. 정범을 처벌할 수 없다는 공백을 이용자에게 정범적 지위를 떠넘기는 방식으로 메우는 것은 타당하지 않다. 이용자를 범행을 장악하거나 조종한 중심인물이라고 보기는 어렵다. 오히려 형사미성년자가 자기결정능력에 따라 범행을 지배한 중심인물로 해당 범죄의 정범으로 보는 것이 본질에 적합하며, 이용자는 교사범으로 보는 것이 타당하다.

---

97) 김일수/서보학, 437면; 박상기/전지연, 280면.
98) 김성돈, 665면; 이재상/장영민/강동범, 471면; 배종대, 468면; 이형국/김혜경, 420면; 임웅, 389면.

(3) 피이용자의 금지착오를 이용하는 경우

(가) 쟁점

이용자가 피이용자의 금지착오를 이용하는 경우에 간접정범이 성립할 수 있는지에 대하여 문제된다. 예를 들면 갑이 군입대를 앞두고 있는 을에게 병역법은 헌법에 반하여 무효이기 때문에 병역거부를 하여도 현행법상 처벌을 할 수 없다고 을을 기망하고 이에 을이 그의 말을 믿고 병역을 거부한 경우가 이에 해당한다. 피이용자의 금지착오를 이용하는 경우에 대하여 견해가 대립되어 있다.

(나) 학설

회피가능성을 기준으로 간접정범 내지 교사범을 인정하자는 견해가 있다.[99] 이 견해에 따르면 정당한 이유 있는 금지착오를 이용한 경우에는 간접정범이 성립하지만, 정당한 이유가 없는 경우에는 교사범의 성립을 인정한다.

이용자가 금지착오상태를 야기한 것인가에 따라 간접정범 내지 교사범을 인정하자는 견해도 있다.[100] 이 견해에 따르면 이용자가 회피가능 여부를 떠나서 금지착오상태를 야기하였다면 언제나 간접정범이 성립하고 단순히 이러한 상태를 이용한 것에 불과한 때에는 오직 교사범만이 성립한다.

(다) 결론

생각건대 학설의 차이점은 피이용자의 범위를 기준으로 할 것인지 아니면 이용자의 행위를 기준으로 할 것인지에 있다. 첫 번째 학설은 전자에 해당하고 두 번째 학설은 후자에 해당한다.

우리 형법의 경우 간접정범의 성립을 피이용자의 처벌가능성을 기준으로 규정하고 있기 때문에 첫 번째 학설이 타당하다. 피이용자가 오인에 정당한 이유가 없는 금지착오를 한 경우에는 책임이 조각되지 않고 처벌되는 경우에 해당한다. 따라서 이 경우에는 이용자에게 간접정범이 성립하지 않고 교사범이 성립한다. 하지만, 피이용자가 오인에 정당한 이유가 있는 금지착오를 한 경우에는 이용자에게 간접정범이 성립할 수 있다. 처벌되지 않는 자를 이용한 경우에 해당하기 때문이다.

---

99) 이재상/장영민/강동범, 473면.
100) 박상기/전지연, 281면; 배종대, 468면.

라. 구성요건해당성, 위법성, 책임이 있는 행위를 이용한 경우

이 경우 피이용자는 고의범으로 처벌되는 자이므로 이용자에게는 교사범이 성립하고 간접정범은 될 수 없다. 고의의 정범으로 처벌되는 자를 이용한 때에도 극히 제한된 예외적 상황에서는 간접정범이 될 수 있다는 이른바 '정범배후의 정범이론'이 제기되고 있다. 이에 대해서는 후술한다.

2. 과실범으로 처벌되는 자

피이용자의 행위가 과실범의 구성요건을 충족하여 처벌되는 경우에도 이용자에게 간접정범이 성립한다.

Ⅱ. 이용행위

1. 교사 또는 방조

교사범·방조범의 교사·방조와 동일한 것이 아니고, 간접정범의 교사 또는 방조는 사주·이용의 의미이다. 피이용자는 정범이 아니기 때문이다.

2. 부작위에 의한 간접정범의 인정 여부

부작위에 의한 간접정범의 인정 여부에 대하여 어떤 자가 피이용자의 행위를 저지할 보증의무에 위배했을 때 부작위에 의한 간접정범이 성립한다는 견해가 있지만, 이 경우 부작위에 의한 직접정범이 성립한다고 보는 것이 타당하다. 이용자의 부작위로 인하여 피이용자의 의사가 지배되었다고 평가하기는 곤란하기 때문이다.

Ⅲ. 피이용자에 의한 범죄행위의 결과발생

1. 결과발생

피이용자에 의한 범죄행위의 결과발생은 구성요건에 해당하는 사실을 실현하는 것을 의미한다. 결과범의 결과발생을 의미하는 것은 아니다. 범죄행위의 결과가 발생하지 않으면 간접정범의 미수가 된다.

2. 인과관계

이용자의 이용행위와 피이용자에 의한 결과발생 사이에는 인과관계가 있어야 한다. 인과관계가 없는 경우 간접정범의 미수가 성립한다.

제3절 처벌

Ⅰ. 간접정범의 기수의 처벌

간접정범은 교사 또는 방조의 예에 의하여 처벌된다(제34조 제1항). 따라서 이용행위가 교사에 해당하는 경우에는 정범과 동일한 형으로 처벌하고(제31조 제1항), 이용행위가 방조에 해당하는 경우에는 정범의 형보다 감경한다(제32조 제2항).

Ⅱ. 간접정범의 미수의 처벌

간접정범은 정범이므로 간접정범의 미수는 공범의 예에 의하여 교사의 경우에만 예비·음모에 준하여 처벌할 것이 아니라 일반적인 미수범의 처벌규정에 따라 처벌되어야 한다.

간접정범의 미수를 교사의 미수(제31조 제2항, 제3항)의 예에 따라 처벌해야 한다면 실행에 착수한 정범을 실행의 착수 이전의 예비·음모로서 처벌하는 결과가 되어 모순된다. 따라서 간접정범의 미수로 처벌하는 것이 타당하다.

제4절 **관련문제**

Ⅰ. 실행의 착수시기

간접정범의 실행의 착수시기에 대하여 "이용자가 피이용자를 이용하기 시작한 때"에 실행의 착수가 있다고 보는 견해, 피이용자가 현실적으로 범죄행위를 개시한 때라는 견해, 피이용자가 선의의 도구인 경우에는 이용자의 이용행위 시에, 피이용자가 악의의 도구인 경우에는 피이용자의 실행행위 시에 실행의 착수가 있다는 견해가 대립되고 있다. 이용자가 피이용자를 이용하기 시작한 때로 보는 것이 간접정범의 본질에 적합한 해석이다.

피이용자는 순전히 도구로 이용되는 물건과 같기 때문에 피이용자의 행위는 이용자의 행위의 연장에 불과하며, 이용자의 행위는 이용행위로 끝나고 그 후의 피이용자의 행위는 인과관계의 일부를 형성할 뿐이다. 따라서 이용자가 피이용자를 이용하는 행위를 기준으로 보는 것이 타당하다.

Ⅱ. 간접정범과 착오

1. 피이용자에게 고의가 없다고 생각하였지만 고의가 있는 경우

이용자가 피이용자에게 고의 또는 책임능력이 없는 것으로 오인하였으나, 사실은 피이용자가 고의 있는 책임능력자인 경우 이용자에게 의사지배가 인정되지 않으므로 공범이 성립한다.

예를 들면 갑은 을을 정신병자라고 잘못 생각하고 A를 살해하라고 교사하였지만, 을은 정신병자가 아니며 정상적인 판단능력을 가진 자였으며, 마침 A가 자신과 원수지간이었기에 정신병자인 척 가장한 체 A를 살해한 경우 이용자는 피이용자의 행위에 대하여 의사지배를 하였다고 볼 수 없고, 간접정범의 고의는 교사자의 고의 또는 방조자의 고의를 포함하고 있으며, 객관적으로 이용행위를 통해 직접 행위자의 고의 불법을 야기·촉진했으므로 공범으로 보아야 한다. 따라서 갑은 살인죄의 교사범이 된다.

> 🗂 **사례**   피이용자가 고의가 없다고 생각하고 이용했지만 고의가 있는 경우

【사례】 의사인 갑은 아내 A를 살해하기 위하여 자신의 행동을 눈치채지 못한다고 생각

되는 간호사 을에게 독극물이 든 주사기를 건네주면서 A에게 주사하도록 하였다. 그러나 을은 이 사실을 간파하고 있었으며 평소에 짝사랑하던 갑을 차지할 수 있다는 기대감을 갖고 갑이 시킨대로 A에게 주사하여 사망하게 하였다.

【해설】갑의 행위에 대하여 간접정범의 미수라는 견해와 교사범이라는 견해가 대립된다. 먼저 간접정범의 미수로 파악하는 견해는 갑의 이용행위는 '생각'에 머물렀을 뿐이며 을은 자신의 범행지배 아래 살인행위를 하였으므로 갑의 을에 대한 범행지배는 현실적으로는 존재하지 않았다고 보아 이용자 갑은 미수범에 해당한다고 한다. 그러나 교사범설에 의하면 이용자에게 범행지배가 있다고 볼 수 없으므로 교사범이 성립할 수 있을 뿐이다.

2. 피이용자에게 고의가 있다고 생각하였지만 고의가 없는 경우

이용자가 피이용자에게 고의 또는 책임능력이 있는 것으로 오인하고 교사·방조하였으나, 사실은 피이용자에게 고의 또는 책임능력이 없었던 경우 이용자의 고의는 단지 교사·방조이고, 의사지배가 인정되지 않으므로 공범이 성립한다.[101]

사례   고의가 있다고 생각하고 교사했지만 사실은 고의가 없는 경우

【사례】을(녀)는 자신의 정부인 기혼의 갑에게 아내를 독살하도록 치사량의 독이 든 약을 건네주었다. 이때 을녀는 갑이 약에 치사량의 독이 든 사실을 알고 있으며 또한 자기 아내를 살해할 생각을 가졌다고 믿었으나, 사실 을의 정부인 갑은 아내를 살해할 의사도 없었으며 또한 그 약을 진실로 치료약으로 알고 자기 아내에게 건네준 결과, 갑의 아내는 사망하였다.

【해설】이 사례의 경우 피이용자 갑의 고의불법이 없는 이상 이용자인 을의 살인죄의 교사범 또는 방조범이 될 수 없음은 제한적 종속형식에 따를 경우 분명하다. 또한 을녀의 경우 간접정범의 객관적 요건은 갖추었지만, 주관적으로는 간접정범의 고의를 갖추지 않았으므로 간접정범이 될 수 없다. 따라서 이용자는 공범이 된다.

3. 실행행위에 대한 착오

피이용자가 실행행위에 대하여 착오를 일으킨 경우에는 구성요건적 착오이론으로 해결한다. 간접정범이 기도한 범위를 초과하여 피이용자가 실행한 경우에 원칙적으로 초과부분에 대하여 행위지배를 인정할 수 없으므로 책임지지 않는다. 그러나 예외적으로 초과

---

101) 박상기/전지연, 283면.

부분에 대하여 미필적 고의가 있었던 경우에는 전체에 대한 간접정범이 성립하며, 결과적 가중범에서 중한 결과에 대한 예견가능성이 있었던 경우에는 결과적 가중범의 간접정범이 성립할 수 있다.

🧳 사례 ┃ **피이용자의 객체의 착오**

【사례】 A를 살해하기 위하여 의사 갑은 주사기에 독극물을 넣어 간호사 을에게 주사를 놓게 하기로 하였다. 간호사 을은 독극물이 들어있는 줄 모르고 주사기를 의사 갑으로부터 건네받았다. 그러나 간호사 을은 착오로 A가 아닌 B에게 주사를 놓아 사망케 하였다.

【해설】 피이용자가 일으킨 객체의 착오가 이용자에게는 어떤 영향을 주는가에 대하여 견해의 대립이 있다. 먼저 다수설의 경우 ① 피이용자의 객체의 착오(혼동)는 간접정범에게는 원칙적으로 방법의 착오의 경우가 된다고 한다. 따라서 이용자는 실현된 범행에 대한 고의범이 아니라 과실범으로, 그리고 의도한 범행에 대한 미수범의 상상적 경합으로 처벌된다.[102] 이에 대하여 소수설은 피이용자가 일으킨 객체의 착오는 이용자의 고의에 아무런 영향을 줄 수 없다고 한다. 따라서 의사 갑은 결국 B에 대한 살인(기수)죄의 간접정범의 죄책을 면할 수 없다는 견해이다.[103]

Ⅲ. 간접정범의 한계 – 신분범

비신분자가 신분범의 간접정범이 될 수 있는가에 대하여 견해의 대립이 있다. 긍정설은 형법 제34조가 간접정범은 공범의 예에 의하여 처벌한다고 규정하고 있으므로, 따라서 제33조가 간접정범에도 적용되어 비신분자도 간접정범으로 신분범을 범할 수 있다는 견해이다. 부정설은 간접정범은 정범이므로 간접정범이 성립하기 위해서는 간접정범자에게 정범적격이 있어야 하는데, 비신분자는 신분범의 정범적격이 없으므로 신분자를 이용한 진정신분범의 간접정범이 될 수 없다는 견해이다. 부정설이 다수설의 입장이다.

형법 제33조는 비신분자가 신분자와 함께 신분범의 공동정범·교사범·방조범이 될 수 있다는 것이지 비신분자가 단독으로 신분범의 정범이 될 수 있다는 것은 아니다. 따라서 부정설이 타당하다.

---

102) 김일수, 한국형법Ⅱ, 309면; 이형국/김혜경 421면; 하태훈, '정범 또는 공범의 착오', 고시계, 1997.3, 92면.
103) 배종대, 469면; 이재상/장영민/강동범, 476면.

Ⅳ. 간접정범의 한계 – 자수범

자수범은 정범 자신이 구성요건적 행위를 직접 실행해야 범할 수 있는 범죄를 말한다. 예를 들면 도로교통법 제41조의 음주운전죄는 술을 먹고 직접 운전한 자만이 정범이 되며, 위증죄(제152조)는 선서를 하고 허위의 진술을 한 자만이 정범이 된다. 즉 자수범에 대해서는 직접정범만이 성립가능하고, 간접정범이나 자수적 실행 없는 공동정범은 성립은 불가능하며, 자수범의 이용자는 교사범·방조범만이 될 수 있다.

Ⅴ. 정범배후의 정범이론

1. 간접정범의 본질과 정범배후의 정범이론

직접 실행행위를 수행하는 매개자는 실질적으로 지적 측면에 있어서는 간접정범자인 배후자보다 열등한 지위에 있다는 특징이 있다. 형식적인 측면에서 보면 배후자의 상대적 우위성은 매개자가 범죄성립요건 가운데 어느 한 요건을 충족시키지 못하고 있는 점에 있다. 즉 과실범의 성립요건을 갖춘 경우를 제외하고는 매개자는 완전한 범죄성립요건을 충족시키지 못하고 있다는 특징을 가지고 있다.

그러나 매개자와 관련된 이러한 특징적 요소 가운데 형식적 요소는 간접정범의 성립과 논리필연적 관계가 없다는 입장도 있다. 이에 의하면 매개자가 완전한 범죄성립요건을 갖춘 정범인 경우에도 배후자는 교사범이 아니라 간접정범이 성립할 수 있다고 한다. 실질적으로 배후자가 우월적 지식을 가지고 전체상황을 이용·조종하고 있는 한, 행위지배가 있어서 간접정범을 인정할 수 있는 바, 이때 간접정범을 '정범배후의 정범'(Täter hinter dem Täter)이라고 한다.

'정범배후의 정범'을 인정하는 입장은 간접정범의 본질을 배후자와 매개자와의 상대적 관계, 특히 매개자에게 있는 형법상 어떤 결격사유 내지 범죄성립요건의 미비에서 찾지 않는다. 오히려 초점을 배후자에 맞추어 그 배후자가 자신이 추구하는 어떤 목표달성을 위해 타인을 이용하고 있다는 사실 그 자체에서 간접정범의 본질을 찾아야 한다고 한다. 즉 매개자가 완전한 정범성립요건을 갖추고 있음에도 불구하고[104] 배후자가 행위지배를 하고 있으면 그 배후자를 간접정범으로 인정할 수 있다는 것이다. 정범배후의 정범이라는

---

104) 그러한 경우로는 ① 매개자의 금지착오에 정당한 이유가 인정되지 않아 책임이 조각되지 않는 경우, ② 매개자가 동일한 종류의 구성요건과 관련된 객체의 착오를 일으켜 고의가 조각되지 않는 경우, ③ 국가의 정보기구의 기관원의 범죄행위를 이용하여 요인암살을 기도하는 경우 등이 있다.

관념을 인정하는 입장을 취한다면 '매개자가 완전한 범죄성립요건을 갖추고 있으면 배후자는 공범'이라는 공식이 수정되어야 할 것이다.

2. 우리 형법의 태도

그러나 정범배후의 (간접)정범이라는 법형상은 독일 형법에서는 이론적으로 주장될 여지가 충분히 있다. 독일 형법 제25조는 간접정범에 관해 "범죄행위를 …타인을 통하여 수행한 자"라고만 규정해 두고 있기 때문이다. 그러나 우리나라의 현행 형법 해석상으로는 정범배후의 정범이라는 법형상이 인정될 수가 없다. 형법 제34조 제1항은 분명히 "어느 행위로 인하여 처벌되지 않는 자," 혹은 처벌되더라도 "과실범으로 처벌되는 자"를 간접정범자의 매개자로서 규정하고 있기 때문이다.[105] 따라서 우리 형법의 해석론에 따르면 적어도 고의범에 있어서 매개자가 완전한 범죄성립요건을 갖추고 있어서 처벌되는 자일 경우, 이를 이용한 배후자는 교사범으로 문제될 수 있을 뿐이다. 그러므로 정당한 이유가 인정되지 않는 금지착오에 빠진 자를 이용한 경우 간접정범이 성립할 수 있다고 하는 견해들은 이와 같은 우리나라 형법 규정을 떠나서 독일 형법을 염두에 둔 이론구성이라고 할 수 있다.

제5절 특수 교사·방조

> 제34조(간접정범, 특수한 교사, 방조에 대한 형의 가중) ② 자기의 지휘, 감독을 받는 자를 교사 또는 방조하여 전항의 결과를 발생하게 한 자는 교사인 때에는 정범에 정한 형의 장기 또는 다액에 그 2분의 1까지 가중하고 방조인 때에는 정범의 형으로 처벌한다.

I. 의의

특수교사·방조는 자기의 지휘·감독을 받는 자를 교사·방조하여 제34조 제1항의 결과

---

105) 물론 매개자가 과실범의 경우에는 배후자는 (과실)정범배후의 (간접)정범이라고 말할 수도 있다.

를 발생하게 한 경우 형이 가중되는 범죄를 말한다($\frac{제34조}{제2항}$). 특수교사·방조에 대하여 형을 가중하는 이유는 비난가능성이 크기 때문이다.

II. 특수교사·방조의 본질

1. 쟁점

형법 제34조 제2항은 공범의 특수한 경우를 규정한 것인가, 아니면 간접정범의 특수한 경우를 규정한 것인가?

2. 학설

특수공범설은 법문의 '전항의 결과'를 '범죄행위의 결과'로 이해하여 제34조 제2항은 교사범·방조범의 특수한 경우를 규정한 것으로 본다. 특수간접정범설은 법문상의 '전항의 결과'를 '간접정범의 결과'로 이해하여 제34조 제2항은 간접정범의 특수한 경우를 규정한 것으로 본다. 결합설은 제34조 제2항은 특수한 교사범·방조범과 특수한 간접정범을 모두 규정한 것으로 보는 견해로 다수설의 입장이다. 제34조 제2항이 피교사자·피방조자를 단지 '자기의 지휘·감독을 받는 자'라고 규정할 뿐 제34조 제1항과 같은 제한을 두고 있지 않은 점을 근거로 한다.

III. 가중처벌

특수 교사인 경우에는 정범에 정한 형의 장기 또는 다액의 2분의 1까지 가중하며, 특수 방조인 경우에는 정범의 형으로 처벌한다.

교사범

제31조(교사범) ① 타인을 교사하여 죄를 범하게 한 자는 죄를 실행한 자와 동일한 형으로 처벌한다.
② 교사를 받은 자가 범죄의 실행을 승낙하고 실행의 착수에 이르지 아니한 때에는 교사자와 피교사자를 음모 또는 예비에 준하여 처벌한다.
③ 교사를 받은 자가 범죄의 실행을 승낙하지 아니한 때에도 교사자에 대하여는 전항과 같다.

제1절 서설

I. 의의

교사자는 타인을 교사하여 타인에게 범죄실행의 결의를 생기게 하고 이 결의에 의하여 범죄를 실행시키는 자를 말한다. 예를 들면 갑이 을에게 A를 살해하면 돈을 주겠다고 하고, 을이 돈을 벌기 위해 A를 살해할 것을 결의하고 이 결의에 따라 A를 살해한 경우 을은 살인죄의 정범이 되며, 갑은 살인죄의 교사범이 된다.

II. 구별개념

교사범은 간접정범과 구별된다. 교사범의 경우 피교사자가 정범이며 교사자는 공범이지만, 간접정범의 경우 피이용자는 처벌되지 않거나 과실범으로 처벌되는 자이며 그를 도구로 이용하는 이용자가 간접정범이라는 점에서 다르다. 행위지배의 관점에서 본다면 간접정범은 이용자가 피이용자에 대하여 의사지배가 있지만, 교사범은 교사자가 피교사자에 대하여 의사지배가 없다. 또한 교사범은 업무를 분담하는 등 범죄실행에 가담하지 않는다. 따라서 실행행위에 가담하는 공동정범과는 다르다.

교사범은 방조범과 구별된다. 교사범은 타인에게 범죄의 결의를 생기게 하지만, 방조범은 이미 범죄실행의 결의를 하고 있는 자에 대해서 그 실행을 유형적·무형적으로 원조한다는 점에서 다르다.

📠 심화내용 | 교사범과 공모공동정범

교사범은 범행을 결의하게 하는 교사행위에 그치고 정범의 실행행위에는 가담하지 않는다. 이른바 공모공동정범의 경우에도 공동의 범행결의가 있으면 공동정범이 성립하며, 공동의 실행행위는 필요하지 않다. 형사실무적인 관점에서 보면 교사범과 공모공동정범은 사실상 외형적 유사성을 가진다. 공모공동정범으로 사안을 구성하면 하나의 범죄사실로 행위자들을 처벌하면 족하지만, 교사범으로 사안을 구성하면 정범의 범죄사실을 확정하고 이어서 공범의 범죄사실을 확정하여야 하는 부담이 있다. 따라서 교사범보다는 공모공동정범으로 사건을 해결하는 경우가 많다.[106] 교사범에 대한 처벌이 정범과 동일하다는 점에서 양자의 구별이 실무적으로 큰 것은 아닌 것 같다.

제2절 **성립요건**

교사범이 성립하기 위해서는 '교사자의 교사행위'뿐만 아니라 '정범의 실행행위'가 있어야 한다. 공범종속성설에 따르면 공범인 교사범이 성립하기 위해서는 정범의 실행행위가 있어야 하기 때문이다. 형법 제31조 제1항에 의하면 교사범의 구성요건은 '교사자의 교사행위'와 '피교사자의 구성요건적 실행행위'라는 2가지 요건을 모두 갖추어야 한다.

I. 교사자에 관한 요건

1. 교사자의 교사행위

가. 교사행위

교사자의 교사행위는 범죄를 저지를 의사가 없는 타인에게 범죄실행의 결의를 가지게

---

106) 신동운, 662면.

하는 것을 말한다. 이미 구체적인 범행을 결의하고 있는 자에 대해서 '동일한 범죄를 교사한 경우' 교사범은 성립하지 않지만, 방조범 또는 교사의 미수[107]는 성립할 수 있다.

이미 범죄의 결의를 하고 있는 자에게 '가중적 구성요건을 실현하도록 교사한 경우' 교사범은 성립 가능하다. 예를 들면 상해를 결의한 자에게 살해를 교사한 경우 살인교사가 되며, 강도를 결의하고 있는 자에게 흉기를 휴대하여 특수강도를 범하도록 한 경우 특수강도의 교사가 된다.

하지만 이미 범죄의 결의를 하고 있는 자에게 '경미한 범죄를 실현하도록 교사한 경우'에는 교사는 성립하지 않는다. 예를 들면 살해를 결의한 자에게 상해를 교사한 경우 상해교사가 되지 않는다. 위험감소의 경우로서 객관적 귀속이 부정되기 때문이다. 하지만 살인방조죄는 성립할 수 있다.

나. 특정범죄에 대한 교사

교사행위는 특정범죄에 대한 교사이어야 한다. 막연히 "범죄를 하라"[108] 또는 "밥값을 구하여 오라"[109]는 것과 같이 구체적 범죄를 제시하지 않고 범죄 일반에 대하여 교사하는 경우는 교사범이 성립하지 않는다.

범행의 구체적·세부적 방법까지 지시할 필요까지는 없다. 이것은 정범의 범죄실현과정에서 수시로 변화될 수 있는 사항이기 때문이다.[110] 예를 들면 갑이 을에게 A의 물건을 절취할 것을 교사하였는데 을이 A의 주거에 침입하여 A의 물건을 절취한 경우 절도의 교사 이외에도 주거침입이 절도의 범행을 수행함에 있어서 본질적이거나 예견가능한 범죄수행방법이라면 주거침입죄에 대한 교사범도 성립할 가능성이 있다고 생각한다.

판례에 따르면 육군 간부후보생 대리시험을 교사한 갑에 대하여 위계에 의한 공무집행방해죄의 교사범 이외에도 주거침입죄의 교사를 인정하고 있다.[111]

다. 특정인에 대한 교사

교사의 상대방은 특정된 타인이어야 한다. 다수인도 특정이 된다면 가능하다. 따라서 피교사자를 특정하지 않고 막연히 일반인에게 특정한 범죄를 하도록 한 경우 교사행위로 보기 어렵다. 하지만 교사의 상대방에 대한 정확한 신원까지 알아야 하는 것은 아니다.[112]

---

107) 실패한 교사는 예비·음모로 처벌된다(제31조 제2항, 제3항).
108) 대법원 1991.5.14. 선고 91도542 판결.
109) 대법원 1984.5.15. 선고 84도418 판결.
110) 신동운, 666면.
111) 대법원 1967.12.19. 선고 67도1281 판결.
112) 배종대, 479면.

교사의 상대방인 피교사자는 반드시 책임능력자일 필요 없다(제한적 종속형식). 만약 피교사자가 자기의 지휘·감독을 받는 사람인 경우에는 제34조 제2항의 특수교사에 해당한다.

라. 교사의 수단과 방법

타인에게 일정한 범죄를 실행할 결의를 생기게 하는 행위이면 교사행위의 수단·방법에는 제한이 없다. 따라서 명시적인 방법뿐만 아니라 묵시적 방법에 의해서도 가능하다. 명령·지시·설득·애원·요청·유혹·이익제공·기망·위협 등 수단에는 제한이 없다. 하지만 갑이 을의 처 A를 살해할 의사로 A의 불륜현장에 을을 보내어, 을이 A를 살해한 경우와 같이 단순히 범죄를 유발할 수 있는 상황을 만든 것만으로는 교사행위라 할 수 없다.[113]

그런데 강요·위력·기망에 의한 경우 의사지배가 인정되면 간접정범이 성립할 수도 있다. 간접정범이 될 것인가 아니면 교사범이 될 것인가에 대해서는 구체적인 사안에 따라 달리 결정해야 한다.

또한 교사행위는 직접적인 방법뿐만 아니라 간접적인 방법에 의해서도 가능하다. 예를 들면 갑이 을에게 적당한 사람을 찾아서 그로 하여금 절도를 시키라고 한 후 을이 병에게 절도를 교사한 경우 갑은 병의 절도에 대하여 간접적으로 교사한 '간접교사'에 해당한다. 마찬가지로 교사행위는 '연쇄교사'에 의한 방법에 의해서도 가능하다.

> **심화내용   간접교사와 연쇄교사**
>
> 갑이 1차적으로 을을 교사하였는데, 피교사자인 을이 자신이 직접 실행행위로 나아가지 않고 이를 다시 제3자인 병을 교사하여 그로 하여금 실행행위로 나아가게 한 경우 제1교사자인 갑의 행위를 교사행위로 볼 수 있는지 문제된다. 이와 같이 여러 명을 거쳐서 교사한 경우를 '연쇄교사'라고 한다. 을의 경우 교사범이 된다는 점에서는 의문의 여지가 없다. 문제는 최초교사자인 갑에게 병에 대한 교사범을 인정할 수 있는지 문제된다. 연쇄교사는 최초교사자인 갑이 최종적인 실행행위자인 병을 알지 못한다는 점에서 간접교사와 차이가 있다. 이에 대해서는 후술한다.

마. 부작위에 의한 교사와 과실에 의한 교사

'부작위에 의한 교사'가 가능하다는 입장도 있지만,[114] 부작위에 의한 교사는 실행행위자에게 현실적으로 아무런 물리적·심리적 영향을 줄 수 없기 때문에 부정된다는 것이 다수설이다. 교사행위는 교사자가 정범에게 심리적 영향을 주어 범죄의 결의를 일으켜야 하

---

113) 이재상/장영민/강동범, 511면.
114) 오영근, 393면.

는데, 부작위에 의해서는 정범의 결의를 방해할 수 있어도 정범의 결의를 야기할 수는 없기 때문이다.[115]

'과실에 의한 교사'는 교사의 고의가 없기 때문에 성립할 수 없으며, 경우에 따라서는 과실범의 정범이 될 뿐이다.[116] 예를 들면 의사 갑이 과실로 독약을 약품으로 오인하고 간호사 을에게 건네주었는데, 그 사실을 알게 된 간호사 을이 A를 살해할 고의로 A에게 투약하여 살해한 경우 의사 갑에게 '과실에 의한 교사'를 인정할 수 없다. 이 경우 의사 갑은 업무상과실치사죄가 성립하며, 간호사 을은 살인죄가 성립한다.

> ### ⚖ 판례 | 일제드라이버 사건
>
> **【사실관계】** 피고인이 갑, 을, 병이 절취하여 온 장물을 상습으로 19회에 걸쳐 시가의 3분의1 내지 4분의 1의 가격으로 매수하여 취득하여 오다가, 갑, 을에게 일제 드라이버 1개를 사주면서 '병이 구속되어 도망다니려면 돈도 필요할 텐데 열심히 일을 하라(도둑질을 하라)'고 말하였다.
>
> **【판결요지】** [1] 교사범이란 타인(정범)으로 하여금 범죄를 결의하게 하여 그 죄를 범하게 한 때에 성립하는 것이고 피교사자는 교사범의 교사에 의하여 범죄실행을 결의하여야 하는 것이므로, 피교사자가 이미 범죄의 결의를 가지고 있을 때에는 교사범이 성립할 여지가 없다.
>
> [2] 막연히 "범죄를 하라"거나 "절도를 하라"고 하는 등의 행위만으로는 교사행위가 되기에 부족하다 하겠으나, 타인으로 하여금 일정한 범죄를 실행할 결의를 생기게 하는 행위를 하면 되는 것으로서 교사의 수단방법에 제한이 없다 할 것이므로, 교사범이 성립하기 위하여는 범행의 일시, 장소, 방법 등의 세부적인 사항까지를 특정하여 교사할 필요는 없는 것이고, 정범으로 하여금 일정한 범죄의 실행을 결의할 정도에 이르게 하면 교사범이 성립된다.
>
> [3] 피고인이 갑, 을, 병이 절취하여 온 장물을 상습으로 19회에 걸쳐 시가의 3분의1 내지 4분의 1의 가격으로 매수하여 취득하여 오다가, 갑, 을에게 일제 도라이바 1개를 사주면서 "병이 구속되어 도망다니려면 돈도 필요할 텐데 열심히 일을 하라(도둑질을 하라)"고 말하였다면, 그 취지는 종전에 병과 같이 하던 범위의 절도를 다시 계속하면 그 장물은 매수하여 주겠다는 것으로서 절도의 교사가 있었다고 보아야 한다(대법원 1991.5.14. 선고 91도542 판결).

---

115) 김성돈, 684면; 김일수/서보학, 484면; 이재상/장영민/강동범, 511면; 임웅, 460면; 정성근/박광민, 561면.
116) 김성돈, 686면.

2. 교사자의 고의

가. 이중의 고의

교사범은 고의범이다. 따라서 과실에 의한 교사는 인정되지 않는다는 점에 대해서는 이미 설명하였다. 이중의 고의가 필요하다. 교사자의 고의가 인정되기 위해서는 피교사자에게 범죄 실행의 결의를 갖게 한다는 사실에 대한 인식인 '교사의 고의' 뿐만 아니라 정범을 통하여 일정한 구성요건적 결과를 발생시킨다는 사실에 대한 인식인 '정범의 고의'도 있어야 한다.

나. 구체적이고 특정된 고의

교사자의 고의는 구체적이고 특정된 고의이어야 한다. 특정한 정범에 대한 인식, 즉 피교사자는 특정된 자이어야 한다. 따라서 특정되어 있지 않은 다수인에 대한 교사는 불가능하다. 피교사자의 신원을 확실하게 알 필요 없다. 뿐만 아니라 특정한 범죄에 대한 인식이어야 한다. 정범의 범죄수행의 모든 상세한 점까지 인식할 필요는 없지만, 구체적인 사건으로 인식될 수 있도록 본질적인 표지에 대한 인식은 있어야 한다.[117]

다. 기수의 고의

교사자의 고의는 기수의 고의이어야 한다. 교사자의 고의는 범죄의 기수, 즉 구성요건적 결과를 실현할 의사여야 한다. 즉 교사자의 고의는 정범이 기수에 이를 것을 내용으로 한다. 따라서 정범이 단순히 미수에 그치게 할 의사를 가지고 정범으로 하여금 범행에 나아가도록 한 경우 기수의 고의가 인정되지 않는다.

라. 미수의 교사와 함정수사

미수의 교사는 피교사자의 행위가 미수에 그칠 것을 예견하면서 교사하는 경우를 말한다. 예를 들면 갑이 A의 금고가 비어 있다는 것을 알면서도 을에게 금고안에 있는 돈을 절취하도록 교사한 경우가 이에 해당한다. 이것은 이른바 함정수사에 대한 형사책임의 문제와 관련이 있다.

피교사자의 실행행위가 미수에 그친 경우 피교사자는 미수범 처벌 규정이 있으면 당해 범죄의 미수범으로 처벌되지만, 교사자의 처벌 여부에 대하여는 교사자의 고의는 피교사자의 실행행위로 인한 결과 발생에 대한 인식을 요하므로, 미수의 교사는 교사의 고의가 없기 때문에 교사범이 성립하지 않는다는 견해가 통설이다.

미수의 교사가 기수를 유발한 경우, 즉 교사자는 미수를 교사했으나 그의 기대와는 달

---

117) 신분범에 대한 교사에 있어서는 교사자에게 정범의 신분에 대한 인식도 있어야 한다(이재상/장영민/강동범, 512면).

리 피교사자의 실행행위가 기수에 이르렀을 경우 또는 교사자가 예견할 결과는 발생하지 않았으나 다른 구성요건에 해당하는 결과가 발생한 경우를 말한다. 살인미수를 교사했는데, 실제로 살인기수가 된 경우 또는 상해의 결과가 발생한 경우이다. 이 경우 결과 발생에 대한 교사자의 과실의 유무에 따라 과실범의 죄책을 부담한다.

II. 피교사자에 관한 요건

1. 피교사자의 결의

가. 교사행위와 범죄실행의 결의 사이의 인과관계

피교사자는 교사자의 교사행위에 의하여 비로소 범죄실행의 결의를 가져야 한다. 따라서 교사자의 교사행위와 피교사자의 범행결의 사이에는 인과관계가 있어야 한다.

교사가 유일한 조건일 필요는 없다. 따라서 교사행위에 의하여 정범이 실행을 결의하게 된 이상 비록 정범에게 범죄의 습벽이 있어 그 습벽과 함께 교사행위가 원인이 되어 정범이 범죄를 실행한 경우에도 교사범의 성립에 영향이 없다.[118]

나. 실패한 교사와 편면적 교사

교사자의 교사행위와 피교사자의 범행결의 사이에 인과관계가 없는 경우로는 실패한 교사와 편면적 교사가 있다.

'실패한 교사'는 교사자가 교사행위를 하였으나 피교사자가 범죄실행을 승낙조차 하지 아니한 경우를 말한다. 실패한 교사의 경우 교사자만 예비·음모에 준하여 처벌되고, 범죄실행을 승낙하지 않은 자는 처벌되지 않는다(제31조 제3항).

'편면적 교사'는 교사자가 교사행위를 하였으나 피교사자가 교사받고 있다는 사실을 알지 못하는 경우를 말한다. 편면적 교사의 경우 교사자의 교사행위는 피교사자에게 아무런 영향을 미치지 않았기 때문에 교사범이 성립하지 않는다.

2. 피교사자의 실행행위

가. 종속형식과 피교사자의 실행행위

제한적 종속형식에 따를 경우 정범인 피교사자의 행위는 구성요건해당성과 위법성은

---

118) 대법원 1991.5.14. 선고 91도542 판결.

인정되어야 한다. 피교사자의 행위가 구성요건해당성만 인정되고 위법성이 인정되지 않는 경우에는 교사자에게 공범이 성립할 수 없다. 최소종속형식에 따를 경우에는 피교사자의 행위에 대하여 최소한 구성요건해당성은 인정되어야 한다.

나. 실행의 착수와 효과 없는 교사

피교사자는 실행의 착수를 지나 현실적으로 실행행위를 하여야 한다. 피교사자가 실행행위에 착수하지 않은 경우에는 정범의 구성요건적 불법이 실현되지 않았으므로 교사범이 정범의 불법에 가담하였다고 볼 수 없기 때문이다.

피교사자가 범죄의 실행을 승낙하고도 실행의 착수를 하지 않는 경우를 '효과 없는 교사'라고 하며 교사자·피교사자는 예비·음모로 처벌된다($\frac{제31조}{제2항}$).

제3절 교사의 착오

Ⅰ. 쟁점

교사자의 교사 내용과 피교사자가 현실로 실행한 행위가 일치하지 않는 경우 교사의 착오 문제가 발생한다. 교사자의 교사 내용과 피교사자의 실행행위가 동일 구성요건인 구체적 사실의 착오의 경우와 교사자의 교사 내용과 피교사자의 실행행위가 상이한 구성요건인 추상적 사실의 착오인 경우로 나누어 볼 수 있다.

Ⅱ. 교사자의 교사 내용과 피교사자의 실행행위가 동일 구성요건인 경우

1. 피교사자가 방법의 착오를 한 경우

피교사자가 실행행위에 구체적 사실에 대한 방법의 착오를 일으킨 경우 교사자에게도 방법의 착오가 된다. 예를 들면 갑이 을에게 A를 살해하라고 교사하였을 때, 을이 잘못하여 A옆에 있는 B를 살해한 경우가 이에 해당한다.

이러한 경우 법정적 부합설에 따르면 교사자의 고의는 조각되지 않으며 실행한 범죄의 교사범이 성립한다. 따라서 갑은 발생한 범죄의 교사범이 성립하므로 살인죄의 교사범이 된다. 구체적 부합설에 따르면 피교사자가 방법의 착오를 한 경우 교사자에게도 방법의 착오가 된다. 따라서 갑은 A에 대한 살인미수죄의 교사범과 B에 대한 과실치사죄의 교사범의 상상적 경합이 된다.

2. 피교사자가 객체의 착오를 한 경우

피교사자가 실행행위에 구체적 사실에 대한 객체의 착오를 일으킨 경우 교사자에게 방법의 착오가 되는지, 객체의 착오가 되는지에 대하여 견해의 대립이 있다. 예를 들면 갑이 을에게 A를 살해하라고 교사하였을 때, 을이 B를 A로 오인하여 B를 살해한 경우가 이에 해당한다.

이에 대하여 피교사자가 객체의 착오를 한 경우 교사자에게도 객체의 착오가 된다는 견해,[119] 피교사자의 객체의 착오는 교사자에게 방법의 착오가 된다는 견해가[120] 대립되어 있다. 착오이론 중 법정적 부합설에 따른다면 객체의 착오이건 방법의 착오이건 모두 고의기수범을 인정하기 때문에 논의의 실익이 있는 것은 아니다. 하지만 구체적 부합설에 따른다면 논의의 실익이 있다. 피교사자가 객체의 착오를 한 경우 교사자에게 객체의 착오가 되는 것으로 본다면 갑은 살인기수죄의 교사범이 되지만, 방법의 착오로 본다면 갑은 A에 대한 살인미수죄의 교사와 B에 대한 과실치사죄의 교사의 상상적 경합이 된다.

III. 교사자의 교사 내용과 피교사자의 실행행위가 상이한 구성요건인 경우

추상적 사실의 착오는 교사자의 교사 내용과 피교사자의 실행사실이 서로 다른 구성요건인 경우이다. 서로 다른 구성요건이 전혀 달라 '질적 차이'가 있는 경우, 질적으로 차이는 없지만 '양적 차이'가 있는 경우로 구분할 수 있다. 양적 차이의 경우 피교사자가 교사 내용보다 적게 실행한 '과소실행'과 교사 내용보다 초과하여 실행한 '초과실행'으로 다시 구분할 수 있다.

---

119) 김성돈, 694면; 배종대, 483면; 신동운, 674면.
120) 김일수/서보학, 644면; 오영근, 398면.

1. 질적 차이가 있는 경우

교사자의 교사 내용과 피교사자의 실행행위는 본질적으로 일치하여야 한다. 따라서 교사자의 교사 내용과 피교사자의 실행행위가 전혀 다른 범죄를 실현한 경우인 질적 불일치의 경우에는 피교사자의 실행행위에 대하여 교사범은 책임을 지지 않는다.

예를 들면 갑이 을에게 강도를 교사하였는데, 을이 강간을 한 경우 을의 강간행위에 대하여 교사의 책임을 지지 않는다. 이 경우 교사자는 형법 제31조 제2항의 효과 없는 교사에 해당하므로 강도죄의 예비·음모에 대해서만 처벌할 수 있다. 또한 갑이 을에게 절도를 교사하였는데, 을이 방화를 한 경우 을의 방화행위에 대하여 교사의 책임을 지지 않는다. 절도의 경우에는 예비·음모 처벌규정이 없으므로 무죄이다.

2. 양적 차이가 있는 경우

가. 교사 내용보다 적게 실행한 경우

피교사자가 교사자의 교사 내용보다 적게 실행한 '과소실행'의 경우 원칙적으로 교사자는 공범의 종속성 때문에 피교사자인 정범이 실행한 범위 내에서만 책임이 있다. 따라서 피교사자가 실행한 범죄의 교사범이 성립한다. 또한 교사한 범죄자체에 대해서는 예비·음모 처벌규정이 있다면 예비·음모를 적용하여 실행한 범죄의 교사범과 교사한 범죄에 대한 예비·음모죄의 상상적 경합이 된다.

예를 들면 특수강도를 교사했으나 강도를 실행한 경우에 단순강도죄의 교사범과 특수강도예비·음모의 상상적 경합이 된다. 또한 살인을 교사했으나 상해를 실행한 경우 상해의 교사범과 살인예비·음모의 상상적 경합이 된다.

나. 교사내용을 초과하여 실행한 경우

실행된 범죄가 교사된 범죄와 죄질을 같이하나 그 정도를 초과한 '양적 초과'의 경우 원칙적으로 실행된 범죄의 초과부분에 대해서는 책임 없고, 교사한 범죄의 교사범으로 처벌된다.

예를 들면 절도를 교사했는데 강도를 실행한 경우 절도의 교사범이 성립하며, 초과한 범죄인 강도에 대해서는 책임을 지지 않는다. 마찬가지로 상해를 교사하였는데 살인을 실행한 경우 상해의 교사범이 성립한다. 만약 교사자가 사망의 결과 발생에 대하여 예견가능성이 있었다면 상해치사죄의 교사범이 성립할 수 있다.[121]

---

121) 대법원 1993.10.8. 선고 93도1873 판결.

다. 결과적 가중범의 경우

(1) 쟁점

피교사자가 초과실행을 하였는데 그 실행행위가 결과적 가중범인 경우 교사자에게 결과적 가중범에 대한 교사범이 성립할 수 있는지 문제된다. 예를 들면 갑이 을에게 강간을 교사했는데 을이 강간치상죄를 범한 경우 갑은 강간죄의 교사범이 되는지 아니면 강간치상죄의 교사범이 되는지가 문제된다.

(2) 학설과 판례

이에 대하여 결과적 가중범에 대한 교사범의 성립을 부인하는 견해[122]가 있지만, 다수설과 판례는 정범인 피교사자가 결과적 가중범을 실현한 경우 중한 결과에 대하여 교사자에게 예견가능성이 있다면 결과적 가중범의 교사범이 성립할 수 있다고 한다. 따라서 예견가능성이 없는 경우 교사한 범죄의 교사범이 되지만, 예견가능성이 있는 경우 결과적 가중범의 교사범이 성립한다. 예를 들면 갑이 을에게 강간을 교사했는데 을이 강간치상죄를 범한 경우 갑이 상해의 결과에 대하여 예견가능성이 없다면 강간죄의 교사범이 되지만, 예견가능성이 있다면 강간치상죄의 교사범이 성립한다.

⚖️ **판례** **교사자가 상해를 교사하였는데 피교사자가 살인을 실행한 경우**

【판결요지】 교사자가 피교사자에 대하여 상해 또는 중상해를 교사하였는데 피교사자가 이를 넘어 살인을 실행한 경우 일반적으로 교사자는 상해죄 또는 중상해죄의 교사범이 되지만 이 경우 교사자에게 피해자의 사망이라는 결과에 대하여 과실 내지 예견가능성이 있는 때에는 상해치사죄의 교사범으로서의 죄책을 지울 수 있다(대법원 1993.10.8. 선고 93도1873 판결).

---

122) 오영근, 399면. 이에 따르면 교사자는 기본범죄만을 교사했고, 피교사자는 중한 결과를 발생시켰으므로 교사자는 원칙적으로 기본범죄에 대해서만 교사범의 책임을 진다. 다만 교사자에게 중한 결과에 대한 예견가능성이 인정되는 경우에는 중한 결과에 대한 과실범의 죄책을 진다. 이 경우 기본범죄에 대한 교사범과 중한 결과에 대한 과실범의 상상적 경합이 된다.

【정리】교사의 착오에 있어서 교사자의 책임

착오 유형		효과
동일구성요건인 경우	방법의 착오	【사례】갑이 을에게 A를 죽이라고 교사했으나 을이 잘못하여 A옆에 있는 B를 살해한 경우 【결론】교사자 역시 방법의 착오로 해결
	객체의 착오	【사례】갑이 을에게 A를 죽이라고 교사했으나 을이 B를 A로 오인하여 B를 살해한 경우 【결론】교사자에 대하여 방법의 착오 또는 객체의 착오로 보는 견해의 대립
다른 구성요건인 경우	질적 차이	【사례】강도를 교사하였는데 강간한 경우, 절도를 교사하였는데 방화한 경우 【결론】교사자는 교사 책임이 없다. 그러나 제31조 제2항에 따라서 교사한 범죄의 예비·음모로 처벌 가능.
	양적 차이 - 과소실행	【사례】살인을 교사했으나 상해를 실행한 경우 【결론】피교사자가 실행한 범위 내에서만 책임. 교사한 범죄자체에 대해서는 예비·음모 처벌규정이 있다면 교사한 범죄에 대한 예비·음모죄와 실행한 범죄의 교사범의 상상적 경합
	양적 차이 - 초과실행	【사례】절도를 교사했으나 강도를 한 경우 【결론】교사내용을 초과한 부분에 대해서는 책임이 없다.
	양적 차이 - 결과적 가중범	【사례】갑이 을에게 강간을 교사했는데 을이 강간치상죄를 범한 경우 【결론】예견가능성이 있으면 결과적 가중범의 교사범(다수설, 판례)

Ⅳ. 피교사자에 대한 착오

피교사자에 대한 착오는 피교사자의 책임능력에 대해서 교사자의 인식이 현실과 다른 경우를 말한다. 예를 들면 교사자가 피교사자를 책임능력자로 생각하고 교사를 하였으나 사실은 피교사자가 책임무능력자인 경우 또는 반대로 교사자가 피교사자를 책임무능력자로 생각하고 교사를 하였으나 사실은 피교사자가 책임능력자인 경우가 이에 해당한다.

　이 경우에 피교사자의 책임능력에 대한 인식은 교사자의 고의의 내용에 포함되지 않기 때문에 고의가 조각되지 않으며 모두 교사범이 성립한다. 뿐만 아니라 제한적 종속형식을 취하는 입장에서는 정범에게 구성요건해당성과 위법성이 인정되면 교사범이 성립한다고 본다. 책임능력에 대한 착오는 교사범의 성립에 영향을 미치지 않기 때문이다.[123]

제4절 처벌

　교사범은 정범과 동일한 형으로 처벌한다(제31조 제1항). 동일한 형은 법정형을 의미하므로 구체적인 선고형은 달라질 수 있다. 만약 자기의 지휘·감독을 받는 자를 교사한 때에는 정범에 정한 형의 장기 또는 다액의 2분의 1까지 가중한다(제34조 제2항).

제5절 관련문제

I. 교사의 미수 - 기도된 교사

제31조(교사범) ② 교사를 받은 자가 범죄의 실행을 승낙하고 실행의 착수에 이르지 아니한 때에는 교사자와 피교사자를 음모 또는 예비에 준하여 처벌한다.
③ 교사를 받은 자가 범죄의 실행을 승낙하지 아니한 때에도 교사자에 대하여는 전항과 같다.

1. 유형

기도된 교사에는 '효과 없는 교사'와 '실패한 교사'가 있다. 효과 없는 교사는 피교사자

---

123) 김성돈, 692면; 신동운, 671면.

가 범죄의 실행은 승낙하였으나 실행의 착수에 나아가지 않은 경우($\frac{제31조}{제2항}$) 또는 실행을 하였으나 그것이 불가벌적 미수에 그친 경우를 말한다. 실패한 교사는 교사를 하였으나 피교사자가 범죄의 실행을 승낙하지 아니한 경우($\frac{제31조}{제3항}$), 또는 이미 범죄의 실행을 결의하고 있었던 경우를 말한다.

2. 공범종속성설과 공범독립성설

기도된 교사의 처벌에 대하여 공범종속성설과 공범독립성설에 따라 결론이 달라진다. 공범종속성설에 의하면 정범의 범죄가 적어도 실행의 착수에 이르러야 교사범이 성립하므로 기도된 교사는 피교사자의 실행행위가 없기 때문에 교사범으로 처벌할 수 없다. 공범독립성설에 의하면 공범의 가벌성은 정범과 독립하여 교사자 자신의 행위에 의해 결정되기 때문에 교사자의 교사행위가 있다면 피교사자의 범죄실행이 없어도 교사한 범죄의 미수범으로 처벌된다.

3. 처벌

기도된 교사에 대하여 현행 형법의 태도는 ① 효과 없는 교사의 경우 교사자·피교사자 모두 예비·음모로 처벌하며, ② 실패한 교사의 경우 교사자만 예비·음모로 처벌하고 있어 공범종속성설과 공범독립성설의 절충적 태도를 취하고 있다.[124]

【정리】교사의 미수

구분	종류	내용	효과
기도된 교사	실패한 교사	피교사자가 범죄의 실행을 승낙하지 않은 경우	교사자만 예비·음모에 준하여 처벌 (제31조 제3항)
	효과없는 교사	피교사자가 범죄의 실행은 승낙하였으나 실행착수에 이르지 않은 경우	교사자·피교사자 모두를 예비·음모에 준하여 처벌(제31조 제2항)
정범의 미수	피교사자가 범죄실행에 착수하였으나 범죄를 완성하지 못한 경우		교사자·피교사자 모두를 미수범으로 처벌

---

124) 공범종속성설에 따를 경우 정범이 적어도 실행에 착수해야 공범이 성립하므로 이 경우 처벌할 수 없다. 그러나 공범독립성설에 따를 경우 공범의 가벌성은 정범과 독립하므로 교사의 미수가 성립할 수 있다.

Ⅱ. 교사의 교사

1. 간접교사

간접교사는 교사자와 피교사자 사이에 한 사람의 중간교사자가 개입되어 있는 경우를 말한다. 이전에는 간접교사의 가벌성에 대하여 부정설이 있었다. 간접교사를 처벌한다는 명문규정이 없으며, 간접교사는 기본적 구성요건이 아닌 교사행위를 교사하는 것이므로 범죄의 정형성이 없다는 근거로 간접교사를 처벌할 수 없다고 하였다.

하지만 현재는 간접교사의 가벌성을 긍정하는 것이 통설과 판례이다. 교사의 방법에는 제한이 없으며, 간접교사와 교사자의 교사행위 및 정범의 실행행위 사이에 인과관계와 객관적 귀속이 인정되는 한 교사와 간접교사를 구별할 실질적인 이유가 없다는 근거로 간접교사를 처벌할 수 있다고 한다.

2. 연쇄교사

가. 쟁점

갑이 1차적으로 을을 교사하였는데, 피교사자인 을이 자신이 직접 실행행위로 나아가지 않고 이를 다시 제3자인 병을 교사하여 그로 하여금 실행행위로 나아가게 한 경우 제1교사자인 갑의 행위를 교사행위로 볼 수 있는지 문제된다. 이와 같이 여러 명을 거쳐서 교사한 경우를 '연쇄교사'라고 한다. 을의 경우 교사범이 된다는 점에서는 의문의 여지가 없다. 문제는 최초교사자인 갑에게 병에 대한 교사범을 인정할 수 있는지 문제된다. 연쇄교사는 최초교사자인 갑이 최종적인 실행행위자인 병을 알지 못한다는 점에서 간접교사와 차이가 있다.

나. 학설과 판례

이에 대하여 교사자가 연쇄교사를 인식·인용한 경우에는 교사범이 성립하지만 그렇지 않은 경우에는 피교사자가 특정되었다고 할 수 없으므로 교사범이 성립하지 않는다는 견해도 있다.[125] 하지만 교사의 방법에는 제한이 없으므로 간접적인 방법으로도 가능하다고 하여 연쇄교사를 인정하는 것이 다수설의 입장이다.[126]

판례는 군용물사기교사사건에서 피고인 갑이 을이 병에게 범죄를 저지르도록 요청한

---

125) 오영근, 397면.
126) 김성돈, 687면; 배종대, 487면; 임웅, 470면; 정성근/박광민, 590면.

다는 것을 알면서 을의 부탁을 받고 을의 요청을 병에게 전달하여 병으로 하여금 범의를 야기케 하는 것은 교사에 해당한다고 하여 연쇄교사를 인정하고 있다.[127]

Ⅲ. 예비의 교사

기수의 고의 없이 단지 예비에 그치게 할 의사로 교사한 경우 미수의 교사와 마찬가지로 처벌할 수 없다.

범죄를 교사하였으나 정범의 행위가 단지 예비에 그친 경우에는 효과 없는 교사$\left(\begin{smallmatrix}제31조\\제2항\end{smallmatrix}\right)$로 교사자·피교사자는 예비·음모로 처벌된다.

---

127) 대법원 1974.1.29. 선고 73도3104 판결.

제32조(종범) ① 타인의 범죄를 방조한 자는 종범으로 처벌한다.
② 종범의 형은 정범의 형보다 감경한다.

제1절 서설

Ⅰ. 의의

방조범은 정범의 고의적인 범죄실행을 고의적으로 방조하는 자, 즉 정범의 실행행위를 용이하게 하도록 하는 자를 말한다. 법조문에서는 종범(從犯)이라고 표현하고 있다.

예를 들면 갑이 자동차운전면허가 없는 을에게 승용차를 제공하여 을로 하여금 무면허운전을 하게 한 경우 을은 무면허운전죄의 정범이 되며, 갑은 무면허운전죄의 방조범이 된다. 마찬가지로 갑이 도박범 을에게 도박자금에 사용될 것이라는 것을 알면서도 자금을 빌려준 경우 을은 도박죄의 정범이 되며, 갑은 도박죄의 방조범이 된다.

Ⅱ. 구별개념

공동정범은 기능적 행위지배가 있는 정범이지만, 방조범은 행위지배가 없는 공범이다. 교사범은 아직 범행을 결의하지 아니한 자에게 새로운 범죄의 결의를 생기게 하는 것이지만, 방조범은 이미 범행을 결의하고 있는 자를 유형·무형적으로 그의 실행을 돕는 것이다. 방조범은 정범에 종속되는 범죄인 점에서, 도구화된 타인에 대해 의사지배를 하는 간접정범과는 구별된다.

심화내용 각칙상 방조행위가 독립된 구성요건으로 특별히 규정된 경우

형법각칙상 방조행위가 독립된 구성요건으로 특별히 규정된 경우가 있다. 이 경우는 방조행위 자체가 정범의 실행행위에 해당하므로 형법총칙의 방조범 규정인 제32조는 적용되지 않는다. 간첩방조죄($\frac{제98조}{제1항}$), 도주원조죄($\frac{제}{147조}$), 자살방조죄($\frac{제252조}{제2항}$), 아편흡식 등장소제공죄($\frac{제201조}{제2항}$) 등이 이에 해당한다. 이러한 죄는 방조범이 아니라 독립된 정범이라는 점을 주의해야 한다.

제2절 성립요건

Ⅰ. 방조자에 관한 요건

1. 방조행위

가. 방조행위

방조행위는 실행행위 이외의 행위로서 정신적 또는 물질적으로 정범을 원조하고 그 실행행위를 용이하게 하는 것을 말한다.[128] 방조행위의 방법에 대하여 특별한 제한은 없다. 즉 정범의 범죄실현을 용이하게 하는 것이면 정신적·물질적 방법에 의한 방조, 작위·부작위에 의한 방조 모두 방조행위에 해당한다. 따라서 자동차운전면허가 없는 자에게 승용차를 제공하여 그로 하여금 무면허운전을 하게 하였다면 이는 도로교통법위반(무면허운전) 범행의 방조행위에 해당한다.[129]

판례 사기방조

【판결요지】의사인 피고인이 입원치료를 받을 필요가 없는 환자들이 보험금 수령을 위하여 입원치료를 받으려고 하는 사실을 알면서도 입원을 허가하여 형식상으로 입원치료를 받도록 한 후 입원확인서를 발급하여 준 사안에서, 사기방조죄가 성립한다고 한 원심의 판단을 수긍한 사례($\frac{대법원 2006.1.12. 선고}{2004도6557 판결}$).

---

128) 대법원 1986.12.9. 선고 86도198 판결.
129) 대법원 2000.8.18. 선고 2000도1914 판결.

나. 특정정범과 특정범죄에 대한 방조

방조행위는 구체적이고 특정된 정범에 대한 것이어야 하며, 특정 범죄에 대한 것이어야 한다.

방조행위의 대상은 특정한 정범에 대한 방조, 즉 정범은 특정된 자이어야 한다. 따라서 특정되어 있지 않은 다수인에 대한 방조는 불가능하다. 특정되어 있다면 정범의 신원을 확실하게 알 필요 없으며, 정범이 누구인지 확정적으로 인식할 필요도 없다.[130]

방조행위는 특정한 범죄에 대한 것이어야 한다. 구체적인 범죄가 아닌 범죄일반에 대하여 방조하는 것은 방조범이 성립하지 않는다.

다. 무형적·정신적 방조

방조행위는 유형적·물질적인 방조뿐만 아니라 무형적·정신적 방조도 방조행위에 해당한다.

유형적·물질적 방조는 범행도구를 빌려주거나, 범죄장소를 제공하거나, 범행자금을 제공하는 것과 같이 실제 '거동'에 의해 정범의 범행에 조력하는 경우를 말한다.

무형적·정신적 방조는 충고, 조언, 격려, 정보제공과 같이 정범에게 '언어'로써 그 결의를 강화시켜 주거나 구체적인 조언을 제공하는 것을 말한다. 기술적인 조언뿐만 아니라 정범에게 두려움을 없애주고 심리적 안정감을 주어서 정범의 결의를 강화하는 경우도 포함된다. 다만 정신적 방조를 지나치게 넓게 인정하면 방조범의 가벌성이 확장될 수 있기 때문에 제한할 필요가 있다. 따라서 이미 존재하는 정범의 범행결의를 강화하는 정도의 정신적 방조를 인정할 필요가 있다.[131] 정신적 방조행위로 인정되기 위해서는 이미 존재하고 있는 피방조자의 범행결의와 범행실현에 실제로 영향을 미쳐야 한다. 정신적 방조행위와 정범에 의한 구성요건의 실현 사이의 인과관계를 인정함에 있어서 보다 엄격한 판단기준이 필요하다.

> ⚖️ **판례**　**덕적도 핵폐기장사건** (방조행위의 방법)

【사실관계】 덕적도 핵폐기장 설치 반대시위의 일환으로 인천시청 기습점거 시위를 계획한 갑 등의 대학생은 그 현장을 사진촬영하여 두었다가 나중에 이를 게시할 필요가 있다고 생각하여 대학교 총학생회 사무실로 전화를 걸어 마침 을이 전화를 받자 "지금 대원들을 데리고 인천시 청사에 기습투쟁을 가고 있으니 누구든지 현장으로 카메라를

---

130) 대법원 2007.12.14. 선고 2005도872 판결.
131) 김성돈, 698면.

들고 내보내 사진촬영을 할 수 있도록 하라"고 지시를 하였고, 이에 을은 자신이 직접 사진촬영을 하기로 하고 인천시청사 내 주차장에서 시위개시를 기다리고 있다고 시위현장을 촬영하였다. 乙의 죄책은?

【판결이유】 형법상 방조행위는 정범이 범행을 한다는 정을 알면서 그 실행행위를 용이하게 하는 직접, 간접의 모든 행위를 가리키는 것으로서 그 방조는 유형적, 물질적인 방조 뿐만 아니라 정범에게 범행의 결의를 강화하도록 하는 것과 같은 무형적, 정신적 방조행위까지도 이에 해당한다. …A도 핵폐기장 설치 반대 시위의 일환으로 행하여진 대학생들의 인천시청 기습점거 시위에 대하여 전혀 모르고 있다가 시위 직전에 주동자로부터 지시를 받고 시위현장 사진촬영행위를 한 자는 시위행위에 대한 방조범의 죄책을 부담한다(대법원 1997.1.24. 선고 96도2427 판결).

라. 부작위에 의한 방조

부작위에 의한 교사는 불가능하다는 것이 다수설의 입장이지만, 부작위에 의한 방조는 가능하다는 것이 통설과 판례의 입장이다. 직무상 의무가 있는 자가 정범의 범죄행위를 인식하면서도 그것을 방지하여야 할 제반 조치를 취하지 아니하여 정범의 실행행위를 용이하게 한 경우 부작위에 의한 방조가 성립한다.[132] 실행행위를 저지해야 할 보증인 지위에 있는 자가 이를 저지하지 않은 경우로서 교도관이 작업 중인 죄수의 절도행위를 저지하지 않은 경우, 창고의 간수가 물건이 도난당하는 것을 알면서도 이를 방치한 경우에 부작위에 의한 방조가 성립한다.

판례 **입찰보증금땜방사건 – 부작위에 의한 방조범 사례**

【사실관계】 인천지방법원 민사과 경매계의 총무인 법원공무원 갑은 인천지방법원 집달관 합동사무소 사무원인 을이 입찰보증금 약 45억원을 다른 곳에 소비하고 이미 소비하여 금액이 비는 곳에 이후에 실시할 입찰사건의 입찰보증금을 대신 충당하는 방법으로 계속 이전의 입찰보증금을 메꾸어나가는 사실을 알고 있었다. 그러나, 이를 사법기관에 신고할 경우 이전의 입찰보증금에 관한 보충의 불가능과 경매배당절차의 대혼란이 발생할 것을 우려한 갑은 이미 을이 횡령한 입찰보증금의 보전을 촉구하면서도 배당에는 차질이 없게 그 입찰보증금을 나중에 실시한 입찰사건의 입찰보증금으로 일단 보전하는 것을 용인하게 되었다.

【판결요지】 [3] 형법상 방조는 작위에 의하여 정범의 실행을 용이하게 하는 경우는 물론, 직무상의 의무가 있는 자가 정범의 범죄행위를 인식하면서도 그것을 방지하여야 할 제반 조치를 취하지 아니하는 부작위로 인하여 정범의 실행행위를 용이하게 하는

---

132) 대법원 1996.9.6. 선고 95도2551 판결.

경우에도 성립된다.

[5] 법원의 입찰사건에 관한 제반 업무를 주된 업무로 하는 <u>공무원이 자신이 맡고 있는</u>
<u>입찰사건의 입찰보증금이 계속적으로 횡령되고 있는 사실을 알았다면, 담당 공무원으</u>
<u>로서는 이를 제지하고 즉시 상관에게 보고하는 등의 방법으로 그러한 사무원의 횡령</u>
<u>행위를 방지해야 할 법적인 작위의무를 지는 것이 당연하고, 비록 그의 묵인 행위가</u>
배당불능이라는 최악의 사태를 막기 위한 동기에서 비롯된 것이라고 하더라도 자신의
작위의무를 이행함으로써 결과 발생을 쉽게 방지할 수 있는 공무원이 그 사무원의 새
로운 횡령범행을 방조 용인한 것을 작위에 의한 법익 침해와 동등한 형법적 가치가 있
는 것이 아니라고 볼 수는 없다는 이유로, 그 담당 공무원을 업무상횡령의 종범으로
처벌한 사례(_{95도2551 판결}^{대법원 1996.9.6. 선고})

【해설】 형법상 방조는 작위에 의해 정범의 실행을 용이하게 하는 경우는 물론, 직무상
의 의무 있는 자가 정범의 범죄행위를 인식하면서도 그것을 방지하여야 할 제반조치
를 취하지 아니하는 부작위로 인하여 정범의 실행행위를 용이하게 하는 경우에도 성
립된다. 이 경우는 업무상 타인의 사무를 처리한다는 신분, 즉 부진정신분범의 신분
은 을 뿐만 아니라 갑에게도 인정된다. 그러므로 형법 제33조의 적용이 문제되지 아니
하여 일단 업무상 횡령죄의 점을 전제할 수 있다. 문제는 그러한 임무 있는 자가 그 임
무에 부작위의 배신행위를 한 경우 어디까지 정범성을 인정하여야 할 것인가라는 것
이다. 이에 대하여 보증인적 지위의 종류가 보호의무위반인 경우는 정범이고 안전의
무위반인 경우는 종범이라는 구별설과 원칙적으로 정범이나 정범성립의 추가적 구성
요건이 필요한 신분범 및 자수범에만 예외적으로 방조범이 된다는 정범설이 제시되어
있다.

마. 방조의 시기

방조는 예비로부터 범행의 실질적 종료 시까지 방조가 가능하다. 방조행위는 시간적으
로 정범의 실행의 착수 이전에 장래의 실행행위를 예상하고 이를 용이하게 하는 경우뿐만
아니라 정범의 실행행위 중에 이를 방조한 경우에도 성립한다.[133]

정범의 행위가 기수가 된 후라도 그 종료 이전이라면 방조범의 성립은 가능하다. ① 정
범의 방화에 의하여 건물에 불이 붙은 후에 휘발유를 뿌려 그 건물이 전소하도록 돕는 경
우, ② 절도범을 추격하는 소유자를 막아서 도주를 도와주는 행위 ③ 이미 감금된 자의 감
금상태가 계속되도록 하는 경우에는 방조범이 성립할 수 있다. 하지만 범죄가 종료된 후
에는 방조범이 있을 수 없다. 그러므로 범죄가 종료된 이후에 범인을 은닉하거나 증거를
인멸하는 것은 사후공범이 아니라 어디까지나 독립된 범죄유형이 된다. 그러나 예비를 방
조한 경우에는 그 후에 정범이 실행에 착수해야 한다.

---

133) 대법원 2004.6.24. 선고 2002도995 판결.

⚖️ 판례	주교사 유괴살해 이후 가담사건

【사실관계】 체육교사 갑은 중학생 A를 자기 아파트로 유인, 감금하던 중 부작위로 A를 살해하였다. 갑은 여고생 을을 불러내어 A의 유괴 및 사망사실을 말하고 A의 부모에게 거액의 금품을 요구하는 협박장을 써서 보내고 협박전화도 하도록 부탁하였고, 을은 이를 승낙한 후 시키는 대로 금품을 요구하는 협박전화 및 협박편지행위를 하였다.

【판결요지】 특정범죄가중처벌등에 관한 법률 제5조의 2 제2항 제1호 소정의 죄는 형법 제287조의 미성년자 약취, 유인행위와 약취 또는 유인한 미성년자의 부모 기타 그 미성년자의 안전을 염려하는 자의 우려를 이용하여 재물이나 재산상의 이익을 취득하거나 이를 요구하는 행위가 결합된 단순일죄를 범죄라고 봄이 상당하므로 <u>비록 타인이 미성년자를 약취, 유인한 행위에는 가담한 바 없다 하더라도 사후에 그 사실을 알면서 약취, 유인한 미성년자의 부모 기타 그 미성년자의 안전을 염려하는 자의 우려를 이용하여 재물이나 재산상의 이익을 취득하거나 요구하는 타인의 행위에 가담하여 이를 방조한 때에는 단순히 재물등 요구행위의 종범이 되는데 그치는 것이 아니라 결합범인 위 특정범죄가중처벌등에 관한 법률 제5조의2 제2항의 제1호 위반죄의 종범에 해당한다</u>(대법원 1982.11.23. 선고 82도2024 판결).

【해설】 정범의 행위는 기수가 된 이후이지만 미성년자를 약취·유인을 계속하고 있는 경우이므로 범행이 종료되기 이전이다. 기수가 된 이후라도 그 종료 이전이라면 방조범의 성립은 가능하다. 따라서 을은 특정범죄가중처벌등에 관한 법률 제5조의2 제2항의 제1호 위반죄의 방조범에 해당한다.

2. 방조자의 고의

가. 이중의 고의

방조범은 고의범이다. 따라서 과실에 의한 방조는 인정되지 않는다. 또한 방조범의 고의가 인정되기 위해서는 방조의 고의뿐만 아니라 정범의 고의도 있어야 한다. 정범의 실행행위를 방조한다는 사실에 대한 인식(방조의 고의) 뿐만 아니라 정범이 범죄를 실행함으로써 기수에 이르러 결과가 발생할 것이라는 사실에 대한 인식(정범의 고의)도 있어야 한다.

나. 특정정범과 특정범죄에 대한 고의

방조범의 고의는 구체적이고 특정된 정범과 특정범죄에 대한 고의이어야 한다. 먼저 방조범의 고의는 특정한 정범에 대한 인식, 즉 정범은 특정된 자이어야 한다. 특정되어 있다면 정범의 신원을 확실하게 알 필요 없다.

또한 방조범의 고의는 특정한 범죄에 대한 인식이어야 한다. 정범의 범죄수행의 모든 상세한 점까지 인식할 필요는 없으나, 구체적인 사건으로 인식될 수 있도록 본질적인 표지에 대한 인식은 있어야 한다. 방조범의 고의는 불법영득의 의사와 같은 정범행위의 특별한 주관적 불법요소에 대한 인식도 포함된다.

다. 기수의 고의

방조범의 고의는 정범행위가 기수에 이를 것을 알고 바라는 것이어야 한다. 즉 기수의 고의이어야 한다. 미수의 방조는 정범의 행위가 미수에 그치게 할 의사로서 방조하는 경우를 말한다. 예를 들면 낙태의 의뢰를 받은 약사가 소화제를 낙태약이라고 속이고 교부한 경우가 이에 해당한다. 미수의 방조의 경우 정범은 미수범 처벌규정이 있다면 당해 범죄의 미수범으로 처벌하고, 방조자의 경우 기수의 고의가 없으므로 방조범은 성립하지 않는다. 그러나 방조자의 의사에 반하여 정범이 기수에 이르렀을 경우에는 결과발생에 대한 방조자의 과실유무에 따라 과실범의 죄책을 부담할 수 있다.

라. 편면적 방조의 문제

방조자에게만 방조의 고의가 있으면 되며, 피방조자가 방조자의 방조행위를 인식하지 못한 경우에도 방조범이 된다. 공동정범의 경우 가담자 상호 간에 의사연락이 있어야 하므로 편면적 공동정범은 인정되지 않지만, 방조범의 경우 방조자와 피방조자간에 의사연락이 있을 필요는 없으므로 편면적 방조범은 인정된다. 판례도 편면적 방조범을 인정한다.[134]

⚖ 판례 방조행위를 인정한 판례

① 도박하는 자리에서 도금으로 사용하리라는 정을 알면서 채무변제조로 금원을 교부하였다면 도박을 방조한 행위에 해당한다(대법원 1970.7.28. 선고 70도1218 판결).

② 피고인들이 정범의 변호사법 위반행위(금 2억원을 제공받고 건축 사업허가를 받아주려한 행위)를 하려한다는 정을 알면서 자금능력있는 자를 소개하고 교섭한 행위는 그 방조행위에 해당한다(대법원 1982.9.14. 선고 80도2566 판결).

③ 입찰업무 담당 공무원이 입찰보증금이 횡령되고 있는 사실을 알고도 이를 방지할 조치를 취하지 아니함으로써 새로운 횡령범행이 계속된 경우, 횡령의 종범으로 처벌한 사례(대법원 1996.9.6. 선고 95도2551 판결).

④ 백화점 입점점포의 위조상표 부착 상품 판매사실을 알고도 방치한 백화점 직원에 대한 부작위에 의한 상표법위반 방조 및 부정경쟁방지법위반 방조의 성립한다고 한 사례(대법원 1997.3.14. 선고 96도1639 판결).

---

134) 대법원 1974.5.28. 선고 74도509 판결.

⑤ 덕적도 핵폐기장 설치 반대 시위의 일환으로 행하여진 대학생들의 인천시청 기습 점거 시위에 대하여 전혀 모르고 있다가 시위 직전에 주동자로부터 지시를 받고 시위 현장 사진촬영행위를 한 자에 대하여, 시위행위에 대한 공동정범으로서의 범의는 부정하고 방조범으로서의 죄책만 인정한 사례(대법원 1997.1.24. 선고 96도2427 판결).

⑥ 자동차운전면허가 없는 자에게 승용차를 제공하여 그로 하여금 무면허운전을 하게 하였다면 이는 도로교통법위반(무면허운전) 범행의 방조행위에 해당한다(대법원 2000.8.18. 선고 2000도1914 판결).

⑦ 보호자의 간청에 따라 치료를 요하는 환자에 대하여 치료중단 및 퇴원을 허용하는 조치를 취함으로써 환자를 사망에 이르게 한 담당 전문의와 주치의에게 살인방조죄가 성립한다고 한 사례(대법원 2004.6.24. 선고 2002도995 판결).

⑧ 인터넷 포털 사이트 내 오락채널 총괄팀장과 위 오락채널 내 만화사업의 운영 직원인 피고인들에게, 콘텐츠제공업체들이 게재하는 음란만화의 삭제를 요구할 조리상의 의무가 있다고 하여, 구 전기통신기본법 제48조의2 위반 방조죄의 성립을 긍정한 사례(대법원 2006.4.28. 선고 2003도4128 판결).

⑨ 의사인 피고인이 입원치료를 받을 필요가 없는 환자들이 보험금 수령을 위하여 입원치료를 받으려고 하는 사실을 알면서도 입원을 허가하여 형식상으로 입원치료를 받도록 한 후 입원확인서를 발급하여 준 경우 사기방조죄가 성립한다(대법원 2006.1.12. 선고 2004도6557 판결).

⑩ 기간통신사업자의 담당직원이 무등록업자에게 060회선을 임대하여 실시간 1:1 증권상담서비스 사업을 영위하게 한 것이 구 증권거래법상 무등록 투자자문업 행위의 방조행위에 해당한다고 한 사례(대법원 2007.11.29. 선고 2006도119 판결).

⑪ 제공업자가 게임장에 사행성유기기구를 비치하고 고객들이 이를 통해 얻은 경품용 상품권을 환전해 줌으로써 고객들로 하여금 게임물을 이용하여 사행행위를 하게 한 경우, 경품용 상품권 발행업자에게 위 사행행위 영업 등에 관한 방조범의 책임을 인정한 사례(대법원 2007.10.26. 선고 2007도4702 판결).

⑫ 피고인이 사기 범행에 이용되리라는 사정을 알고서도 자신의 명의로 은행 예금계좌를 개설하여 갑에게 이를 양도함으로써 갑이 A를 속여 A로 하여금 현금을 위 계좌로 송금하게 한 경우 사기방조에 해당한다(대법원 2010.12.9. 선고 2010도6256 판결).

⑬ 갑이 수사기관 및 법원에 출석하여 을 등의 사기 범행을 자신이 저질렀다는 취지로 허위자백하였는데, 그 후 갑의 사기 피고사건 변호인으로 선임된 피고인이 갑과 공모하여 진범 을 등을 은폐하는 허위자백을 유지하게 함으로써 범인을 도피하게 하였다는 내용으로 기소된 사안에서, 피고인에 대하여 범인도피방조죄를 인정한 원심판단을 정당하다고 한 사례(대법원 2012.8.30. 선고 2012도6027 판결).

판례 방조행위를 부정한 판례

① 세관원에게 "잘 부탁한다"는 말을 하였다는 사실만으로서는 사위 기타 부정한 방법으로 관세를 포탈하는 범행의 방조행위에 해당된다든가 또는 그 범행의 실행에 착수하였다고 볼 수 없다(대법원 1971.8.31. 선고 71도1204 판결).

② 이미 스스로 입영기피를 결심하고 집을 나서는 공소외 (갑)에게 피고인이 이별을 안타까와 하는 뜻에서 잘 되겠지 몸조심하라 하고 악수를 나눈 행위는 입영기피의 범죄의사를 강화시킨 방조행위에 해당한다고 볼 수 없다(대법원 1983.4.12. 선고 82도43 판결).

판례 링크행위와 저작권법위반 방조

【판결요지】 [1] 공중송신권을 침해하는 게시물이나 그 게시물이 위치한 웹페이지 등(이하 통틀어 '침해 게시물 등'이라 한다)에 연결되는 링크를 한 행위라도, 전송권(공중송신권) 침해행위의 구성요건인 '전송(공중송신)'에 해당하지 않기 때문에 전송권 침해가 성립하지 않는다. 이는 대법원의 확립된 판례이다.

링크는 인터넷에서 링크하고자 하는 웹페이지나 웹사이트 등의 서버에 저장된 개개의 저작물 등의 웹 위치 정보 또는 경로를 나타낸 것에 지나지 않는다. 인터넷 이용자가 링크 부분을 클릭함으로써 침해 게시물 등에 직접 연결되더라도, 이러한 연결 대상 정보를 전송하는 주체는 이를 인터넷 웹사이트 서버에 업로드하여 공중이 이용할 수 있도록 제공하는 측이지 그 정보에 연결되는 링크를 설정한 사람이 아니다. 링크는 단지 저작물 등의 전송을 의뢰하는 지시나 의뢰의 준비행위 또는 해당 저작물로 연결되는 통로에 해당할 뿐이므로, 링크를 설정한 행위는 전송에 해당하지 않는다. 따라서 전송권(공중송신권) 침해에 관한 위와 같은 판례는 타당하다.

[2] [다수의견] (가) 공중송신권 침해의 방조에 관한 종전 판례는 인터넷 이용자가 링크 클릭을 통해 저작자의 공중송신권 등을 침해하는 웹페이지에 직접 연결되더라도 링크를 한 행위가 '공중송신권 침해행위의 실행 자체를 용이하게 한다고 할 수는 없다.'는 이유로, 링크 행위만으로는 공중송신권 침해의 방조행위에 해당한다고 볼 수 없다는 법리를 전개하고 있다.

링크는 인터넷 공간을 통한 정보의 자유로운 유통을 활성화하고 표현의 자유를 실현하는 등의 고유한 의미와 사회적 기능을 가진다. 인터넷 등을 이용하는 과정에서 일상적으로 이루어지는 링크 행위에 대해서까지 공중송신권 침해의 방조를 쉽게 인정하는 것은 인터넷 공간에서 표현의 자유나 일반적 행동의 자유를 과도하게 위축시킬 우려가 있어 바람직하지 않다.

그러나 링크 행위가 어떠한 경우에도 공중송신권 침해의 방조행위에 해당하지 않는다는 종전 판례는 방조범의 성립에 관한 일반 법리 등에 비추어 볼 때 재검토할 필요가 있다. 이는 링크 행위를 공중송신권 침해의 방조라고 쉽게 단정해서는 안 된다는 것과는 다른 문제이다.

(나) 정범이 침해 게시물을 인터넷 웹사이트 서버 등에 업로드하여 공중의 구성원이 개별적으로 선택한 시간과 장소에서 접근할 수 있도록 이용에 제공하면, 공중에게 침해 게시물을 실제로 송신하지 않더라도 공중송신권 침해는 기수에 이른다. 그런데 정범이 침해 게시물을 서버에서 삭제하는 등으로 게시를 철회하지 않으면 이를 공중의 구성원이 개별적으로 선택한 시간과 장소에서 접근할 수 있도록 이용에 제공하는 가벌적인 위법행위가 계속 반복되고 있어 공중송신권 침해의 범죄행위가 종료되지 않았으므로, 그러한 정범의 범죄행위는 방조의 대상이 될 수 있다.

(다) 저작권 침해물 링크 사이트에서 침해 게시물에 연결되는 링크를 제공하는 경우 등과 같이, 링크 행위자가 정범이 공중송신권을 침해한다는 사실을 충분히 인식하면서 그러한 침해 게시물 등에 연결되는 링크를 인터넷 사이트에 영리적 · 계속적으로 게시하는 등으로 공중의 구성원이 개별적으로 선택한 시간과 장소에서 침해 게시물에 쉽게 접근할 수 있도록 하는 정도의 링크 행위를 한 경우에는 침해 게시물을 공중의 이용에 제공하는 정범의 범죄를 용이하게 하므로 공중송신권 침해의 방조범이 성립한다. 이러한 링크 행위는 정범의 범죄행위가 종료되기 전 단계에서 침해 게시물을 공중의 이용에 제공하는 정범의 범죄 실현과 밀접한 관련이 있고 그 구성요건적 결과 발생의 기회를 현실적으로 증대함으로써 정범의 실행행위를 용이하게 하고 공중송신권이라는 법익의 침해를 강화 · 증대하였다고 평가할 수 있다. 링크 행위자에게 방조의 고의와 정범의 고의도 인정할 수 있다.

(라) 저작권 침해물 링크 사이트에서 침해 게시물로 연결되는 링크를 제공하는 경우 등과 같이, 링크 행위는 그 의도나 양태에 따라서는 공중송신권 침해와 밀접한 관련이 있는 것으로서 그 행위자에게 방조 책임의 귀속을 인정할 수 있다. 이러한 경우 인터넷에서 원활한 정보 교류와 유통을 위한 수단이라는 링크 고유의 사회적 의미는 명목상의 것에 지나지 않는다. 다만 행위자가 링크 대상이 침해 게시물 등이라는 점을 명확하게 인식하지 못한 경우에는 방조가 성립하지 않고, 침해 게시물 등에 연결되는 링크를 영리적 · 계속적으로 제공한 정도에 이르지 않은 경우 등과 같이 방조범의 고의 또는 링크 행위와 정범의 범죄 실현 사이의 인과관계가 부정될 수 있거나 법질서 전체의 관점에서 살펴볼 때 사회적 상당성을 갖추었다고 볼 수 있는 경우에는 공중송신권 침해에 대한 방조가 성립하지 않을 수 있다(대법원 2021.9.9. 선고 2017도19025 전원합의체 판결).

【해설】 저작재산권자의 이용허락 없이 전송되는 공중송신권 침해 게시물로 연결되는 이른바 '다시보기'링크사이트 등에서 공중의 구성원에게 제공하는 행위가 공중송신권 침해의 방조가 되는지 문제된 사건이다.

① 전송권(공중송신권) 침해행위자는 '인터넷 웹사이트 서버에 업로드하는 자'이며, 링크 설정 행위는 전송에 해당하지 않는다. 링크설정자는 정범이 아니지만, 공범에 해당할 수 있다.

② 종전 대법원 판례는 링크행위가 저작권법위반죄의 방조행위에 해당하지 않는다고 판단하였다(2012도13748 판결). 전원합의체 판결은 종전 대법원 판례를 재검토하고 있다. 먼저 정범 우위의 원칙에 따라 정범이 공중송신권침해죄에 해당함을 재확인하였다(나 부분).

③ 판례는 (다)의 경우에는 링크행위자에게 방조범이 성립할 수 있다고 판단하였다. 링크행위는 그 의도나 양태에 따라서 행위자에게 방조를 인정할 수 있다. 다만 일부의 경우에는 방조가 성립하지 않는다고 하였다. 행위자가 침해게시물이라는 점을 인식하지 못한 경우(방조범의 고의가 없는 경우), 링크가 영리적·계속적 제공이 아닌 경우(인과관계가 부정되는 경우), 법질서 관점에서 사회적 상당성을 갖춘 경우에는 방조범이 성립하지 않는다.

II. 정범의 실행행위

1. 정범의 실행행위

방조범은 정범의 존재를 전제로 하는 것이다. 즉 정범의 범죄행위 없이 방조범만이 성립될 수는 없다.[135] 공범의 종속이론에 따를 경우 당연한 결론이다. 제한적 종속형식에 따를 경우 정범은 구성요건해당성과 위법성이 인정되어야 한다.

또한 정범은 고의범이어야 한다. 과실범을 방조하는 것은 방조범이 될 수 없다. 정범의 실행행위는 기수가 되었거나 최소한 실행의 착수가 인정되어야 처벌되는 미수의 단계에 이르러야 한다. 만약 정범이 실행의 착수에 나아가지 않고 예비단계에 그친 경우 이는 기도된 방조범이라고 할 수 있지만 교사범과는 달리 이를 처벌하는 규정은 없다. 판례는 예비죄의 공동정범의 성립가능성은 인정하지만 예비죄의 방조범의 성립가능성은 부정하고 있다.

2. 인과관계

가. 쟁점

방조범이 성립하기 위해서는 방조행위와 정범에 의한 구성요건실현 사이에 인과관계가 필요한가에 대하여 견해의 대립이 있다. 예를 들면 갑이 을에게 살해도구로 독약을 주었는데, 을이 이를 사용하지 않고 칼로 살해한 경우 또는 갑이 을에게 A회사의 재물에 정

---

135) 대법원 1974.5.28. 선고 74도509 판결.

보를 제공하는 등 절도 방조하였는데, 을이 이를 사용하지 않고 B회사의 재물에 대하여 절도를 한 경우 갑의 방조행위와 을의 살해행위 사이에 인과관계를 인정할 수 있는지의 문제이다.

나. 학설

인과관계 필요설에 따르면 공범의 처벌근거는 타인의 불법을 야기·촉진하는 데 있는 것이므로, 방조행위가 정범의 범죄실행을 용이하게 해 줌으로써 구성요건적 결과의 발생에 기여를 했다는 합법칙적 관련이 있어야 한다고 한다.

인과관계 불필요설은 방조행위가 정범의 행위를 용이하게 하였다고 인정되면 족하고, 그 자체가 정범의 실행행위에 원인이 될 필요는 없다고 한다.[136]

기회증대설은 인과관계가 필요하지만 인과관계만으로는 부족하고 이를 다시 규범적으로 제한하기 위하여 방조행위가 구성요건적 결과발생의 기회를 증대시켜야 한다고 한다.[137]

다. 판례

판례는 방조자의 방조행위와 정범의 실행행위 사이에 인과관계를 필요로 하는가에 대하여 분명한 태도를 취하고 있지 않다. 판례에 따르면 간첩에게 숙식을 제공한 행위와 간첩방조죄의 성립 여부와 관련하여 북괴간첩에게 숙식을 제공하였다고 하여서 반드시 간첩방조죄가 성립된다고는 할 수 없고 행위자에게 간첩의 활동을 방조할 의사와 숙식제공으로서 간첩활동을 용이하게 한 사실이 인정되어야 한다고 한다.[138] 이러한 판례의 태도에 대하여 평가는 달리하지만, '간첩활동을 용이하게 한 사실이 인정되어야 한다'는 점에서 인과관계 필요설의 입장이라고 평가할 수 있다.

라. 결론

인과관계가 필요하다고 보는 것이 타당하다. 인과관계 불필요설에 따르면 정신적 방조행위에 있어서 방조의 성립범위가 너무 넓혀지게 되며, 구성요건 실현에 아무런 영향을 주지 않은 단순한 촉진행위와 피방조자에게 아무런 영향을 주지 않은 행위에 대해서도 방조범의 기수로 인정되면 처벌범위를 지나치게 확장한 것이다. 방조행위와 정범의 실행행위 사이에 인과관계가 있어야 한다. 다만 방조범의 인과관계를 인정함에 있어서 단순히

---

136) 배종대, 490면; 이재상/장영민/강동범, 527면; 임웅, 510면.
137) 김성돈, 703면; 김일수/서보학, 493면; 손동권/김재윤, 599면; 신동운, 639면; 정성근/박광민, 581면.
138) 대법원 1967.1.31. 선고 66도1661 판결.

정범의 인과관계 이론을 적용할 것이 아니라, 이를 다시 규범적으로 제한할 필요는 있다. 방조행위가 무정형이기 때문에 일상생활과 구분이 어렵고, 정신적 방조행위도 방조행위로 인정될 수 있기 때문이다. 따라서 방조행위가 정범의 실행행위를 용이하게 하거나 강화함으로써 결과발생의 기회를 증대시켜야만 방조행위의 인과관계가 인정될 수 있다.

제3절 **방조의 착오**

Ⅰ. 쟁점

방조자의 방조 내용과 정범이 현실적으로 실행한 행위가 일치하지 않는 경우 방조의 착오문제가 발생한다. 즉 방조의 착오는 "방조자의 고의와 피방조자의 실행행위 사이에 불일치가 있는 경우"이다. 방조의 착오는 원칙적으로 교사의 착오이론이 적용되지만, 교사의 미수는 처벌되지만 방조의 미수는 처벌되지 않는다는 점을 주의해야 한다.

Ⅱ. 방조자의 방조 내용과 정범의 실행행위가 동일 구성요건인 경우

1. 정범이 방법의 착오를 한 경우

방조범의 방조 내용과 정범의 실행행위가 동일한 구성요건인 경우 교사의 착오에 관한 이론이 그대로 적용된다. 예를 들면 갑은 을이 A를 살해하는 것을 방조하였을 때, 을이 잘못하여 A 옆에 서있는 B를 살해한 경우와 같이 정범이 방법의 착오를 한 경우 방조범의 경우에도 방법의 착오를 한 것으로 본다. 법정적 부합설에 의할 경우 방조범의 고의는 조각되지 않으며 실행한 범죄의 방조범이 성립한다. 따라서 갑은 살인죄의 방조범이 된다. 구체적 부합설에 의할 경우 갑은 A에 대한 살인미수죄의 방조범과 B에 대한 과실치사죄의 방조범의 상상적 경합이 된다.

2. 정범이 객체의 착오를 한 경우

정범이 실행행위에 구체적 사실에 대한 객체의 착오를 일으킨 경우 방조범에게는 방법의 착오가 되는지, 객체의 착오가 되는지에 대하여 문제가 된다. 이에 대한 자세한 설명은 교사의 착오에서 설명한 바와 같다.

III. 방조범의 방조 내용과 정범의 실행행위가 상이한 구성요건인 경우

추상적 사실의 착오는 방조범의 방조 내용과 정범의 실행사실이 서로 다른 구성요건인 경우이다. 서로 다른 구성요건이 전혀 달라 '질적 차이'가 있는 경우, 질적으로 차이는 없지만 '양적 차이'가 있는 경우로 구분할 수 있다. 양적 차이의 경우 정범이 방조내용보다 적게 실행한 '과소실행'과 방조내용보다 초과하여 실행한 '초과실행'으로 다시 구분할 수 있다.

1. 질적 차이가 있는 경우

방조자의 방조 내용과 정범의 실행행위가 전혀 다른 범죄를 실현한 경우인 질적 불일치의 경우에는 정범의 실행행위에 대하여 방조범의 책임을 지지 않는다. 예를 들면 갑이 을에게 도박자금을 빌려주는 등 도박죄의 방조행위를 하였는데, 을이 강도를 한 경우 을의 강도행위에 대하여 방조범의 책임을 지지 않는다.

이 경우 '기도된 방조'라고 할 수 있다. 하지만 교사의 경우와는 달리 기도된 방조의 경우에 대해서는 규정이 없기 때문에 예비·음모로 처벌할 수 없다.

2. 양적 차이가 있는 경우

가. 방조 내용보다 적게 실행한 경우

정범이 방조자의 방조 내용보다 적게 실행한 '과소실행'의 경우 원칙적으로 방조자는 공범의 종속성 때문에 정범이 실행한 범위 내에서만 책임이 있다. 따라서 실행한 범죄의 방조범이 성립한다.[139] 예를 들면 상해를 방조하였는데 정범이 폭행에 그친 경우 폭행죄의 방조범이 된다.

또한 방조한 범죄자체에 대해서는 예비·음모처벌규정이 있다면 예비·음모를 적용하

---

139) 김성돈, 708면; 배종대, 496면; 오영근, 405면; 정성근/박광민, 605면.

여 방조한 범죄에 대한 예비·음모죄와 실행한 범죄의 방조범의 상상적 경합이 될 수 있다고 생각한다. 따라서 살인을 방조했으나 상해를 실행한 경우 살인예비·음모와 상해의 방조범의 상상적 경합이 되며, 형이 중한 살인 예비·음모로 처벌된다고 생각한다.

나. 방조 내용을 초과하여 실행한 경우

정범에 의하여 실행된 범죄가 방조자가 방조한 범죄와 죄질을 같이하나 그 정도를 초과한 양적 초과의 경우 원칙적으로 실행된 범죄의 초과부분에 대해서는 책임 없고, 구성요건이 중첩되는 부분이 있는 경우에는 그 중복되는 한도 내에서 방조한 범죄의 방조범으로 처벌된다. 예를 들면 절도를 방조했는데 강도를 실행한 경우 절도의 방조범이 성립하며, 초과한 범죄인 강도에 대해서는 책임을 지지 않는다. 마찬가지로 단순상해를 방조하였는데 살인을 실행한 경우에는 초과부분에 대해서는 책임 없고, 예상했던 범죄의 방조범으로 처벌된다. 즉 상해의 방조범으로 처벌된다.

⚖️ 판례 ▶ 종범의 착오

【사실관계】 甲과 乙은 서로 모르는 자로서 옆자리에 앉아 비행기를 타고 귀국 중이었다. 그 때 옆 좌석에 앉은 乙이 휴대품이 많아서 관세를 많이 물어야 할 것 같으니 작은 가방 하나만 甲의 휴대품으로 세관에 신고해 달라고 부탁하였다. 甲은 그다지 값비싼 물건은 아닐 것이라고 생각하여 乙의 가방을 자기 짐 속에 포함시켜 세관통관대에 신고하였다. 그러나 그 가방 속에 시가 5천만원짜리 다이아몬드가 들어있는 것이 세관원에게 적발되었다.
(참조조문- 특정범죄가중처벌 등에 관한 법률 제6조 제2항: 관세법 제180조에 규정된 죄를 범한 자는 다음의 구분에 따라 가중처벌한다. 1. 포탈한 세액이 2,000만원 이상인 때에는 사형, 무기 또는 10년 이상의 징역에 처한다. 관세법 제180조 제1항: 詐僞 기타 부정한 방법으로 관세의 전부 또는 일부를 포탈한 자는 1년 이상 10년 이하의 징역 또는 그 포탈한 세액의 2배 이상 10배 이하의 상당한 벌금에 처하고 범인이 소유 또는 점유하는 물품은 몰수한다)
【판결요지】 방조자의 인식과 피방조자의 실행간에 착오가 있고 양자의 구성요건을 달리하는 경우에는 원칙적으로 방조자의 고의는 조각되는 것이나 그 구성요건이 중첩되는 부분이 있는 경우에는 그 중복되는 한도 내에서는 방조자의 죄책을 인정하여야 할 것이다(대법원 1985.2.26. 선고 84도2987판결).
【해설】 위 사건에서 정범은 을이며, 방조범은 갑이다. 먼저 정범인 을은 자신의 행위가 관세법위반행위에 대하여 가중처벌하는 특정범죄 가중처벌 등에 관한 법률 제6조 제2항에 위반된다는 것을 알고 있었다. 따라서 을이 특가법위반죄가 성립한다는 점은 분

명하다. 문제는 방조범인 갑의 경우 특가법위반죄의 방조범이 되는지, 관세법위반죄의 방조범이 되는지가 문제된다. 위 사안의 경우 갑의 인식은 특가법위반의 점(2,000만원 이상)이 아니었던 것은 분명하다. 그러나 관세법위반의 점에 대한 인식은 충분히 가지고 있었다고 보아야 한다. 그러므로 그러한 인식이 중복되는 부분에 대하여는 방조범, 즉 관세법위반의 방조범은 인정한다는 것이 판례의 취지이고, 이를 학계에서는 방조범의 착오라고 설명한다. 갑은 관세법위반죄의 방조범이 된다.

다. 결과적 가중범의 경우

정범인 피방조자가 결과적 가중범을 범한 경우 결과적 가중범의 방조범이 되는지 문제된다. 이에 대한 논의는 교사의 경우와 같다. 따라서 방조자에게 중한 결과에 대한 예견가능성이 있을 때에는 결과적 가중범의 방조범이 되며, 예견가능성이 없을 경우에는 중첩되는 부분인 기본범죄에 대한 방조범만 성립한다.

예를 들면 방조자가 정범의 상해죄를 방조하였는데, 정범이 상해치사죄를 범한 경우 방조자가 중한 결과발생인 사망에 대하여 예견가능성이 있는 경우에는 상해치사죄의 방조범이 되지만, 예견가능성이 없는 경우에는 상해죄의 방조범이 된다.

Ⅳ. 정범에 대한 착오

정범에 대한 착오는 정범의 책임능력에 대해서 방조범의 인식과 현실이 다른 경우를 말한다. 정범의 책임능력에 대한 인식은 방조범의 고의의 내용에 포함되지 않기 때문에 고의는 조각되지 않으면 모두 방조범이 성립한다.

제4절 **처벌**

방조범의 형은 형법 제32조 제2항에 따라 정범의 형보다 필요적 감경한다. 방조범은 교사범과는 달리 이미 범행결의를 하고 있는 자의 범행을 조장·촉진하는 경우이므로 필요적 감경사유로 되어 있다. 정범이 미수에 그친 경우에는 이중의 감경이 가능하다. 자기의 지휘·감독을 받는 자를 방조한 때에는 제34조 제2항에 따라 정범의 형으로 처벌한다 (특수방조).

또한 피방조자가 반드시 처벌되어야 하는 것은 아니다. 책임이 조각되는 형사미성년자의 범죄를 방조한 경우에도 방조범이 성립할 수 있다. 제한적 종속형식에 따를 경우 정범은 구성요건해당성과 위법성까지만 인정되면 공범이 성립할 수 있기 때문이다.

제5절 관련문제

Ⅰ. 방조범의 미수

협의의 방조범의 미수, 즉 정범이 실행에 착수하였으나 미수에 그친 경우 방조범·정범 모두 미수범으로 처벌된다. 기도된 방조범, 즉 방조하였으나 정범의 실행의 착수가 없는 경우 기도된 교사의 처벌규정과는 달리 기도된 방조범에 대한 처벌규정은 없다.

Ⅱ. 방조범의 방조범, 교사의 방조범, 방조범의 교사

1. 방조범에 대한 방조

타인의 방조행위를 방조하는 것을 '방조범에 대한 방조' 또는 '방조의 방조'(간접방조)라고 한다. 예를 들면 정범 갑의 살인행위에 사용할 권총을 구입·제공하려는 방조범 을에게 병이 부족한 구입자금을 마련해주었다면 병은 방조범 을에 대한 방조가 된다. 간접교사와 마찬가지로 병은 갑의 살인행위에 대한 방조범이 될 수 있다.[140]

다만 방조의 방조가 방조범으로 처벌되려면 제1의 방조범에 대한 방조행위에 영향을 미치고, 제2의 방조행위가 간접적으로나마 제1의 방조자를 도와 정범의 실행행위에 영향을 미쳐야 한다. 이 경우 제2의 방조행위는 '정범'에 대한 방조로서 처벌된다. 방조의 방조가 단순히 제1의 방조범에 대한 방조에 그치면 방조범으로 처벌될 수 없다. 방조의 방조가 단순히 제1의 방조범에 대한 방조에 그치면 방조범으로 처벌될 수 없다. 그러한 경우까지 방조범을 인정한다면 공범의 구성요건적 정합성이 결여되어 '공범에 대한 공범'을 인정하는 결과가 되기 때문이다.[141]

---

140) 김일수/서보학, 653면; 배종대, 497면.
141) 김성돈, 699면.

2. 교사의 방조범

교사범을 방조하는 경우는 결국 정범에 대한 방조에 해당하는 것으로 보아 정범의 실행행위가 있다면 정범에 대한 방조범이 성립한다. 다만 기도된 방조는 불가벌이기 때문에 피교사자가 실행에 착수하였을 것을 요한다.

3. 방조범의 교사

방조범을 교사한 경우는 실질적으로 정범을 방조한 것이기 때문에 정범에 대한 방조범이 성립한다. 예를 들면 갑이 을에게 A의 범행을 도와주라고 교사한 경우 갑은 정범인 A의 범죄에 대한 방조범이 된다.

Ⅲ. 방조범과 신분: 교사범과 마찬가지로 제33조 적용

비신분자도 신분자를 방조하여 진정신분범의 방조범이 될 수 있으며(제33조 본문), 신분자가 부진정신분범을 실행함에 있어서 비신분자가 방조한 경우에는 통상적인 범죄의 방조범이 성립한다. 따라서 갑의 수뢰행위를 방조한 비신분자 을은 수뢰죄의 방조범으로 처벌되며(진정신분범에 대한 방조), 갑의 존속살해행위를 방조한 비신분자 을은 보통살인죄의 방조범으로 처벌된다(부진정신분범에 대한 방조).

CHAPTER 06 공범과 신분

> 제33조(공범과 신분) 신분이 있어야 성립되는 범죄에 신분 없는 사람이 가담한 경우에는 그 신분 없는 사람에게도 제30조부터 제32조까지의 규정을 적용한다. 다만, 신분 때문에 형의 경중이 달라지는 경우에 신분이 없는 사람은 무거운 형으로 벌하지 아니한다.

제1절 서설

I. 원칙

1. 신분범

형법각칙의 개별구성요건에 '…하는 자'로 표현되어 있어 누구나 정범이 될 수 있는 일반범의 경우에는 누가 정범이 되며 공범이 될 것인가에 대한 문제, 즉 정범과 공범의 구별 문제가 중요하다.

하지만 형법각칙의 개별구성요건에 '공무원 또는 중재인', '타인의 재물을 보관하는 자', '타인의 사무를 처리하는 자'와 같이 행위주체에 일정한 신분을 필요로 하는 신분범의 경우 신분자만이 해당 범죄의 정범이 될 수 있으며 신분이 없는 비신분자는 해당 범죄의 정범이 될 수 없으며 공범으로 보는 것이 원칙이다.

예를 들면 수뢰죄는 '공무원'이 뇌물을 수수했을 때 성립하는 범죄이다. 따라서 공무원이 아닌 공무원의 처가 뇌물을 수수한 경우 공무원의 처는 신분이 없으므로 수뢰죄의 정범이 되지 않는다고 보는 것이 원칙이다. 마찬가지로 허위공문서작성죄 및 그 행사죄는 '공무원'만이 그 주체가 될 수 있는 신분범이므로, 신분상 공무원이 아닌 사람은 해당 범죄의 정범이 될 수 없다. 공무원이 아닌 신분 없는 자를 수뢰죄 또는 허위공문서작성죄 및 그 행사죄로 처벌하려면 그에 관한 특별규정이 있어야 한다.[142)]

2. 신분의 종속성

신분자의 신분범죄에 공범으로 가담한 비신분자에게도 신분적 요소가 종속하여 신분범의 공범이 성립할 수 있는지가 문제된다. 예를 들면 친구 갑이 피해자 A의 아들 을을 교사하여 존속살해를 하게 한 경우 을은 존속살해죄가 되는 것은 분명하다. 이 경우 갑은 존속살해의 교사범이 되는가 아니면 보통살인죄의 교사범이 되는가의 문제이다. 존속살해죄의 교사범으로 본다면 신분의 종속성을 인정한 것이며, 보통살인죄의 교사범으로 본다면 신분의 종속성을 부정한 것이다.

3. 신분의 종속에 대한 형법 제33조의 내용

신분범에 있어서 정범표지는 신분이므로 신분자만이 정범이 되고 비신분자는 정범이 될 수 없는 것이 원칙이다. 하지만 비신분자가 신분자의 신분범에 가담한 경우에 비신분자는 신분자의 신분에 종속되지 않으면 부당한 경우가 발생할 수 있다. 예를 들면 공무원의 처가 남편인 공무원의 수뢰행위에 적극적으로 가담하였음에도 불구하고 공무원의 처에게 신분이 없다고 하여 그를 정범으로 처벌하지 않는 것은 부당하다는 것이다.

이에 대하여 형법은 제33조 규정을 두어 신분이 비신분자에게도 종속할 수 있다고 하여 이를 입법적으로 해결하고 있다. 제33조 본문을 보면 "신분이 있어야 성립되는 범죄에 신분 없는 사람이 가담한 경우에는 그 신분 없는 사람에게도 제30조부터 제32조까지의 규정을 적용한다"고 함으로써 신분의 연대성·종속성을 규정하고 있다.

그런데 제33조 단서를 보면 "다만, 신분 때문에 형의 경중이 달라지는 경우에 신분이 없는 사람은 무거운 형으로 벌하지 아니한다"고 규정하고 있어 이 경우 신분의 종속성 여부 및 '무거운 형으로 벌하지 아니한다'고 할 때 신분 없는 자를 어떻게 할 것인지에 대하여 견해의 대립이 있다.

> **심화내용** 제33조 규정에 대한 공범종속성설과 공범독립성설
>
> 공범종속성의 원칙에 따르면 비신분자가 신분자의 범죄에 가담한 경우 비신분자는 신

---

142) 대법원 2009.3.26. 선고 2008도93 판결.

분범의 공범(교사범, 방조범)이 성립하고, 그 결과 신분자인 정범에게 인정되는 일신전속적인 사정은 모두 비신분자인 공범에 대하여도 인정되어야 한다. 따라서 공범의 범죄성과 가벌성은 정범에 종속되므로, 신분의 연대성을 규정한 제33조 본문이 원칙적 규정이고 제33조 단서는 예외적 규정으로 본다.

공범독립성설에 따르면 공범의 범죄성과 가벌성은 정범과 독립하여 공범행위 자체에 의하여 결정되므로, 책임의 개별성을 규정한 제33조 단서가 원칙적 규정이고, 제33조 본문은 예외적인 규정으로 본다.

그러나 형법 제33조 규정은 공범종속성의 일반원칙을 신분범의 경우에 그대로 인정하고 있지 않으며, 신분범 문제를 공범종속성의 일반원칙과는 다르게 독자적으로 입법적으로 해결하고 있다.

4. 형법 제33조의 규율범위

형법 제33조는 신분이 '있는' 경우 범죄가 성립하거나 형이 가감되는 '적극적 신분'에 있어서 비신분자가 신분자의 범죄에 가공한 경우에 대해서만 규정하고 있으며 반대의 경우인 적극적 신분에 있어서 신분자가 비신분자에게 가공한 경우에 대해서는 규정이 없다.

뿐만 아니라 무면허의료행위죄와 같이 신분 없는 자가 일정한 행위를 하면 범죄가 성립하지만, 신분자가 그 행위를 하면 범죄가 되지 않는 '소극적 신분'과 공범의 문제에 대해서도 규정이 없다. 이에 대하여 학설과 판례의 대립이 있다. 이에 대해서는 후술한다.

【정리】 제33조 적용범위

신분	유형	해당 법규정
적극적 신분	비신분자가 신분범에 가공한 경우	제33조 규정
	신분자가 비신분자에게 가공한 경우	규정 없음
소극적 신분	비신분자가 신분범에 가공한 경우	규정 없음
	신분자가 비신분자에게 가공한 경우	규정 없음

II. 신분의 의의

1. 의의

신분 또는 신분관계라 함은 남녀의 성별, 내·외국인의 구별, 친족관계, 공무원인 자격과 같은 관계뿐만 아니라, 널리 일정한 범죄행위에 대한 범인의 인적 관계인 특수한 지위나 상태를 말한다.[143]

2. 신분의 개념요소

가. 인적 표지

범죄에 관한 인적 표지로는 성별, 연령, 심신장애와 같이 사람의 정신적·육체적·법적인 본질적 표지와 같은 '범인의 인적 성질'이 있다. 이는 일신전속적 특성에 해당한다. 친족, 공무원, 의사, 직계존속이나 직계비속, 타인의 사무처리자, 보증인지위와 같이 어떤 사람이 다른 사람, 국가 또는 사물에 대하여 갖는 지위 내지 인간적 관계를 말하는 '범인의 인적 지위'도 신분에 해당한다. 이는 일신전속적 관계 내지 지위에 해당한다.

인적 성질이나 인적 지위에도 해당되지 않는 사람의 인적 성격의 상태인 업무성, 상습성, 누범도 신분에 포함된다. 이는 일신전속적 상태에 해당한다.

나. 행위자 관계적 표지

'행위자 관계적 표지'로는 신분은 행위자의 일신과 관련된 사정(일신전속적)이어야 하므로 '행위'관계적 표지는 비록 인적인 것일지라도 신분개념에 포함되지 않는다고 보는 것이 통설이다. 통설에 따르면 고의, 동기, 불법영득의사, 목적 등은 행위관계적 표지이기 때문에 신분에 해당하지 않는다.[144]

이에 대하여 판례는 모해목적위증죄의 '모해목적'을 신분관계에 포함되는 것으로 해석하고 있다. 판례에 따르면 "형법 제152조 제1항과 제2항은 위증을 한 범인이 형사사건의 피고인 등을 '모해할 목적'을 가지고 있었는가, 아니면 그러한 목적이 없었는가 하는 범인의 특수한 상태의 차이에 따라 범인에게 과할 형의 경중을 구별하고 있으므로, 이는 바로 형법 제33조 단서 소정의 "신분관계로 인하여 형의 경중이 있는 경우"에 해당한다고 봄이 상당하다"고 한다.[145]

다. 신분의 계속성

'신분의 계속성'이 있어야 하는지에 대하여 견해의 대립이 있다. 신분의 계속성이 반드

---

143) 대법원 1994.12.23. 선고 93도1002 판결.
144) 김성돈, 710면; 김일수/서보학, 656면; 박상기/전지연, 312면; 오영근, 425면; 이재상/장영민/강동범, 530면; 임웅, 509면; 정성근/박광민, 587면.
145) 대법원 1994.12.23. 선고 93도1002 판결.

시 필요하지 않다는 입장과[146) 신분은 어느 정도의 계속성이 있어야 한다는 입장[147)이 있다. 앞서 설명한 바와 같이 (모해)목적을 신분으로 인정하는 판례의 태도는 신분의 계속성이 필요하지 않다는 전제에서 주장되고 있는 것 같다.

⚖️ 판례 | **모해위증죄의 모해의 목적**

【사실관계】 갑은 피해자 A를 모해할 목적으로 을에게 위증을 교사하였으나, 을은 모해의 목적이 없었다. 이 경우 갑은 단순위증죄의 교사범이 되는가? 모해목적위증죄의 교사범이 되는가?

【판결요지】 [1] 형법 제33조 소정의 이른바 신분관계라 함은 남녀의 성별, 내·외국인의 구별, 친족관계, 공무원인 자격과 같은 관계뿐만 아니라 널리 일정한 범죄행위에 관련된 범인의 인적 관계인 특수한 지위 또는 상태를 지칭하는 것이다.

[2] 형법 제152조 제1항과 제2항은 위증을 한 범인이 형사사건의 피고인 등을 '모해할 목적'을 가지고 있었는가, 아니면 그러한 목적이 없었는가 하는 범인의 특수한 상태의 차이에 따라 범인에게 과할 형의 경중을 구별하고 있으므로, 이는 바로 형법 제33조 단서 소정의 "신분관계로 인하여 형의 경중이 있는 경우"에 해당한다고 봄이 상당하다.

[3] 피고인 갑이 A를 모해할 목적으로 을에게 위증을 교사한 이상, 가사 정범인 을에게 모해의 목적이 없었다고 하더라도, 형법 제33조 단서의 규정에 의하여 피고인을 모해위증교사죄로 처단할 수 있다.

[4] 구체적인 범죄사실에 적용하여야 할 실체법규 이외의 법규에 관하여는 판결문상 그 규정을 적용한 취지가 인정되면 되고, 특히 그 법규를 법률적용란에서 표시하지 아니하였다 하여 위법이라고 할 수 없으므로, 모해의 목적으로 그 목적이 없는 자를 교사하여 위증죄를 범한 경우 그 목적을 가진 자는 모해위증 교사죄로, 그 목적이 없는 자는 위증죄로 처벌할 수 있다고 설시한 다음 피고인 을 모해위증교사죄로 처단함으로써 사실상 형법 제33조 단서를 적용한 취의로 해석되는 이상, 법률적용에서 위 단서 조항을 빠뜨려 명시하지 않았다고 하더라도 이로써 판결에 영향을 미친 위법이 있다고 할 수 없는 것이다.

[5] 형법 제31조 제1항은 협의의 공범의 일종인 교사범이 그 성립과 처벌에 있어서 정범에 종속한다는 일반적인 원칙을 선언한 것에 불과하고, 신분관계로 인하여 형의 경중이 있는 경우에 신분이 있는 자가 신분이 없는 자를 교사하여 죄를 범하게 한 때에는 형법 제33조 단서가 형법 제31조 제1항에 우선하여 적용됨으로써 신분이 있는 교사범이 신분이 없는 정범보다 중하게 처벌된다(대법원 1994.12.23. 선고 93도1002 판결).

【해설】 갑의 경우 모해위증죄의 교사범, 을은 위증죄 성립 여부가 문제된다. 이 사건의

---

146) 김일수/서보학, 655면; 이재상/장영민/강동범, 531면; 정성근/박광민, 588면.
147) 김성돈, 713면; 신동운, 729면; 임웅, 510면.

경우 논점은 신분개념에 대한 것이다. 판례는 '목적'을 신분으로 이해를 하고 있다. 그러나 통설은 신분의 개념요소에서 계속성을 필요로 하지 않으며, 신분이 되기 위해서는 행위자관련적 요소이어야 하는데, 목적은 특정행위와의 관계에서 비로소 가지게 되는 것이기 때문에 행위관련요소로서 신분요소가 아니라고 한다.

이 사안에서 대법원은 모해위증죄($\frac{제152조}{제2항}$)의 '모해의 목적'을 '신분관계로 인하여 형의 경중이 있는 경우'에 해당한다고 하여 신분범의 신분으로 이해한다. 판례에 따를 경우 본 사건은 ① '증인'이라는 신분관계에서는 비신분자가 신분범의 범죄에 가담한 경우에 해당하므로 갑에게 위증죄의 교사범이 성립하며, ② 모해목적이라는 신분과의 관계에서는 가감적 신분자가 비신분자의 범행에 가담한 경우에 해당하므로 형법 제33조의 단서가 적용되고, 신분이 없는 정범인 을에게는 단순위증죄의 정범이 성립하지만 신분자인 갑에게는 모해위증죄의 교사범이 된다. 그러나 통설에 따를 경우 목적은 신분이 아니므로 이 부분은 공범종속성에 관한 일반원리가 적용되어 형법 제33조 본문이 적용된다. 따라서 갑에게는 단순위증죄의 교사범이 성립한다.

Ⅲ. 신분의 종류

1. 형식적 분류방법

가. 적극적 신분

구성적 신분(構成的 身分)은 행위자에게 일정한 신분이 있어야 범죄가 성립하는 경우의 신분으로 진정신분범의 신분을 말한다. 예를 들면 수뢰죄의 공무원·중재인, 위증죄의 법률에 의하여 선서한 증인만이 수뢰죄 또는 위증죄가 성립한다.

가감적 신분(加減的 身分)은 일정한 신분이 없어도 범죄는 성립하지만 신분이 있으면 형벌이 가중 또는 감경되는 경우의 신분으로 부진정신분범의 신분을 말한다. 예를 들면 존속살해죄의 직계비속은 직계비속이라는 신분이 있음으로 인하여 형이 가중되는 '가중적 신분'이다. 종전 영아살해죄의 직계존속은 직계존속이라는 신분이 있음으로 인하여 형이 감경되는 '감경적 신분'이었지만, 2023년 형법개정으로 삭제하였다.

구성적 신분과 가감적 신분은 신분이 '있는' 경우 범죄가 성립하거나 형이 가감되는 적극적 신분에 해당한다.

나. 소극적 신분

소극적 신분은 신분 없는 자가 일정한 행위를 하면 범죄가 성립하지만 신분자가 그 행위를 하면 범죄가 되지 않는 경우의 신분을 말한다. 예를 들면 의사 아닌 자가 의료행위를 하면 무면허의료행위로 범죄가 되지만, 의사가 의료행위를 하면 범죄가 되지 않는 경우 의사라는 신분은 소극적 신분이 된다.

소극적 신분의 유형으로는 위법조각적 신분, 책임조각적 신분, 형벌조각적 신분이 있다. 위법조각적 신분은 특정한 신분을 가진 자에 대해서 일반인에게 금지되어 있는 행위를 특별히 허용하는 경우의 신분으로 의사의 의료행위, 경찰관의 무기휴대가 있다. 책임조각적 신분은 행위자에게 일정한 신분이 존재함으로써 책임이 조각되는 경우의 신분으로 형사미성년자인 신분, 범인은닉죄의 친족관계라는 신분이 이에 해당한다. 형벌조각적 신분은 범죄자체는 성립하지만 일정한 신분이 존재함으로써 형벌이 면제되는 경우의 신분으로 친족상도례의 친족인 신분이 이에 해당한다.

다. 양자의 구별실익

형법 제33조는 신분이 '있는' 경우 범죄가 성립하거나 형이 가감되는 '적극적 신분'에 있어서 비신분자가 신분범에 가공한 경우에 대해서만 규정하고 있다. '적극적 신분'에 있어서 신분자가 비신분자에게 가공한 경우에도 다수설과 판례는 형법 제33조 규정이 적용된다고 한다.

신분 없는 자가 일정한 행위를 하면 범죄가 성립하지만 신분자가 그 행위를 하면 범죄가 되지 않는 '소극적 신분'의 경우 형법 제33조가 적용되는가에 대하여 학설과 판례의 대립이 있다.

2. 실질적 분류방법

이 견해는 신분요소가 행위자의 범죄성립 및 처벌에 어떤 영향을 주는가에 따라 신분을 분류한다. 특히 이 견해는 공범종속성설을 전제로 제한적 종속형식설에 따라 공범에게 종속하는 신분과 공범에게 종속하지 않는 신분을 가려내기 위한 목적에서 신분을 분류한다.[148]

위법신분은 신분이 정범행위의 위법성에 관계됨으로써 공범에게 연대적으로 작용하는 경우의 신분을 말하며 적극적 위법신분으로 구성적 위법신분, 가중적 위법신분, 감경적 위법신분이 있다. 구성적 위법신분범에는 강간죄, 수뢰죄, 위증죄, 횡령죄, 가중적 위법신분범에는 도주원조죄에서의 간수자($\frac{제}{148조}$), 감경적 위법신분범에는 자기낙태죄의 임신한 부녀($\frac{제269조}{제1항}$)을 들고 있으며 소극적 위법신분은 위법조각적 신분으로 의사·경찰관을 예로 들고 있다.

책임신분은 신분이 행위자의 책임비난에 영향을 주거나 이를 조각시킴으로써 항상 그

---

148) 정성근/박광민, 591면.

신분을 가진 자에게만 개별적으로 작용하는 경우의 신분을 말하며 적극적 책임신분으로 구성적 책임신분, 상습범, 존속살해죄의 직계비속과 같은 가중적 책임신분, 한정책임능력자, 형이 감경되는 중지미수와 같은 감경적 책임신분을 들고 있으며 소극적 책임신분은 책임조각적 신분으로 책임무능력자, 형이 면제되는 중지미수를 예로 들고 있다.

제2절 신분 없는 자가 신분범에 가담한 경우

Ⅰ. 형법 제33조 해석론

형법 제33조는 신분 없는 자가 신분범에 가담한 경우 신분 없는 자에게도 신분이 종속할 수 있다는 규정이다. 원칙적으로 신분범의 경우 신분자만이 해당 범죄의 정범이 될 수 있으며, 신분이 없는 비신분자는 해당 범죄의 정범이 될 수 없다. 따라서 비신분자를 신분범으로 처벌하기 위해서는 특별규정이 필요한데 그것이 바로 형법 제33조 규정이다. 비신분자가 신분자의 신분범죄에 가담한 경우 신분적 요소가 비신분자에게 종속하여 신분범의 공범이 성립할 수 있는지에 대하여 형법은 제33조 규정을 두어 입법적으로 해결하고 있다. 제33조 규정에 따르면 신분 없는 자가 신분범에 가담한 경우 신분범의 신분은 비신분자에게도 종속할 수 있다.

형법 제33조는 "신분이 있어야 성립되는 범죄에 신분 없는 사람이 가담한 경우에는 그 신분 없는 사람에게도 제30조부터 제32조까지의 규정을 적용한다. 다만, 신분 때문에 형의 경중이 달라지는 경우에 신분이 없는 사람은 무거운 형으로 벌하지 아니한다"고 규정하고 있다. 제33조 본문과 단서에 대한 관계에 대해서는 학설과 판례의 대립이 있다.

Ⅱ. 제33조 본문과 단서의 관계

1. 학설

제33조 본문을 진정신분범의 공범성립과 과형에 대한 규정으로 이해한다. 본문의 '신분이 있어야 성립되는 범죄'는 진정신분범으로 해석한다. 진정신분범에 가담한 신분 없는

자에게도 신분의 연대적 작용을 규정하여 비신분자에게 신분이 없음에도 불구하고 '진정신분범'의 공범이 성립한 것으로 본다.

제33조 단서를 부진정신분범의 공범성립과 과형에 대한 규정으로 이해한다. 단서의 '신분 때문에 형의 경중이 달라지는 경우'는 부진정신분범으로 해석한다. 부진정신분범에 가담한 신분 없는 자에게 신분범의 공범성립이 부정되어야 하기 때문에 가감적 신분은 비신분자인 공범자에게 종속되지 않는다고 본다.

예를 들면 수뢰죄에 가담한 비신분자가 있는 경우 수뢰죄는 진정신분범이므로 제33조 본문규정에 따라 신분이 종속하므로 비신분자는 수뢰죄의 공범이 성립하고 수뢰죄의 법정형에 따라 처벌한다. 또한 존속살해죄에 가담한 비신분자가 있는 경우 존속살해죄는 부진정신분범이므로 제33조 단서 규정에 따라 신분은 종속하지 않으므로 비신분자는 보통살인죄의 공범이 성립하고 보통살인죄의 법정형에 따라 처벌한다.

2. 판례

판례는 제33조 본문의 '신분이 있어야 성립되는 범죄'에 진정신분범과 부진정신분범이 모두 포함되는 것으로 해석하는 입장이다. 제33조 본문은 진정신분범과 부진정신분범을 포함한 신분범 일반에 대하여 공범의 성립문제를 규정하고 있다고 본다. 제33조 단서에 규정되어 있는 '신분 때문에 형의 경중이 달라지는 경우'는 부진정신분범에 한하여 과형의 문제를 규정한 것으로 이해한다.

예를 들면 진정신분범인 수뢰죄에 가담한 비신분자가 있는 경우 제33조 본문이 적용되어 수뢰죄의 공범이 성립하고 수뢰죄의 법정형에 따라 처벌한다. 이러한 점에서는 학설과 판례의 차이는 없다.

하지만, 부진정신분범의 경우에는 다르게 이해한다. 예를 들면 부진정신분범인 존속살해죄에 가담한 비신분자이든 모두 일단 제33조 본문이 적용되어 존속살해죄의 공범이 성립한다.[149] 다만 부진정신분범인 존속살해죄에 가담한 비신분자의 경우 범죄는 제33조 본문에 따라 성립하였지만, 과형은 제33조 단서가 적용된다고 한다. 존속살해죄가 성립하였지만 과형은 보통살인죄로 한다.

마찬가지로 아내가 아들을 교사하여 남편을 살해하게 한 경우 비신분자인 아내는 존속살해죄의 교사범이 성립하지만 과형은 보통살인죄의 교사범의 형으로 한다.

---

149) 진정신분범은 본문의 규정이, 부진정신분범은 단서의 규정이 적용된다는 다수설의 입장에서는 해당 범죄가 진정신분범인지, 부진정신분범인지에 대한 것은 사례해결의 첫출발이지만, 판례의 입장에서 본문 적용 여부에 대하여 해당 범죄가 진정신분범인지 부진정신분범인지에 대한 구별은 의미가 없다.

【사실관계】 은행원이 아닌 갑은 상업은행 직원인 을과 함께 은행예금주 A명의의 돈을 빼돌리기로 공모하고, 예금을 가로챈 후 그 돈을 나누어 가졌다.

【판결요지】 은행원이 아닌 자가 은행원들과 공모하여 업무상 배임죄를 저질렀다 하여도, 이는 업무상 타인의 사무를 처리하는 신분관계로 인하여 형의 경중이 있는 경우이므로, 그러한 신분관계가 없는 자에 대하여서는 형법 제33조 단서에 의하여 형법 제355조 제2항에 따라 처단하여야 한다(대법원 1986.10.28. 선고, 86도1517 판결).

【해설】 업무상배임죄는 업무자라는 신분으로 인하여 배임죄에 비하여 형을 가중하는 부진정신분범이다. 부진정신분범에 비신분자가 가담한 경우 판례는 비신분자는 업무상배임죄의 공동정범이 성립되지만, 형법 제33조 단서를 적용하여 이에 대한 과형은 단순배임죄의 공동정범의 형으로 한다. 따라서 갑은 업무상배임죄의 공동정범이 되지만 과형은 단순배임죄의 공동정범의 형으로 처벌한다. 하지만 학설에 의할 경우 부진정신분범의 경우 제33조 단서가 적용되어 갑은 배임죄의 공동정범이 성립하며 이에 따라 처벌한다.

【정리】 제33조에 대한 학설과 판례

		학설		판례	
제33조 본문	법적 성격	진정신분범의 성립과 과형		진정신분범의 성립과 과형 부진정신분범의 성립	
	사례 (진정신분범)	공무원	공무원의 처	공무원	공무원의 처
		수뢰죄	수뢰죄	수뢰죄	수뢰죄
제33조 단서	법적 성격	부진정신분범의 성립과 과형		부진정신분범의 과형	
	사례 (가중적 신분)	아들	아들 친구	아들	아들 친구
		존속살해죄	보통살인죄 성립 보통살인죄 과형	존속살해죄	존속살해죄 성립 보통살인죄 과형

3. 결론

형법 제33조 규정에 대한 학설과 판례의 해석 차이는 다음과 같다. 먼저 진정신분범의 경우 학설과 판례의 결론은 동일하다. 제33조 본문이 적용된다. 진정신분범인 수뢰죄에 비신분자가 가담한 경우 학설은 비신분자에게 수뢰죄의 공범이 성립하고 처벌된다고 하

며, 판례는 학설과 마찬가지로 수뢰죄의 공범이 성립하고 처벌된다고 한다.[150]

그러나 부진정신분범의 경우 학설과 판례의 결론은 다르다. 부진정신분범인 존속살해죄에 비신분자가 가담한 경우 학설은 제33조 단서규정이 적용되어 비신분자에게 보통살인죄의 공범이 성립하고 처벌된다고 한다. 하지만 판례는 비신분자에게 존속살해죄의 공범이 성립하지만, 처벌은 보통살인죄로 해야 한다고 한다. 부진정신분범의 성립은 제33조 본문규정이 적용되고, 부진정신분범의 과형은 제33조 단서규정이 적용된다는 입장이다.

이와 같은 학설과 판례의 해석의 차이는 다음과 같은 논의의 실익이 있다. 성립되는 죄명이 다를 경우 일반사면의 대상이 되는지와 공소시효의 기간에 차이가 있게 된다. 또한 부진정신분범에 있어서 비신분자의 형의 차이가 발생한다.

Ⅲ. 학설에 따른 제33조 해석

1. 진정신분범과 공범 (제33조 본문의 해석)

제33조 본문은 신분의 연대성을 규정한 것이다. 따라서 비신분자가 진정신분범에 가담한 경우 비신분자는 진정신분범의 공범인 교사범 또는 방조범 및 공동정범이 된다.

정범에게 신분이 있는 경우 신분 없는 자도 이에 종속하여 해당 범죄의 교사범·방조범이 성립한다. 따라서 공무원이 아닌 자가 공무원의 수뢰를 교사·방조한 경우 비신분자인 비공무원은 수뢰죄의 교사범·방조범이 성립한다.

또한 공동정범의 경우 진정신분범의 정범적격인 신분이 없는 비신분자도 제33조 본문에 따라서 진정신분범의 공동정범이 될 수 있다. 따라서 공무원이 아닌 자가 공무원과 함께 뇌물을 받은 경우에 수뢰죄의 공동정범이 성립한다.

간접정범은 본질상 단독정범이다. 따라서 정범적격이 없는 비신분자는 진정신분범의 간접정범이 될 수 없다. 형법 제33조 규정에는 제30조 공동정범, 제31조 교사범, 제32조 방조범이 포함되며, 제34조 간접정범 규정은 포함되지 않는다.

2. 부진정 신분범과 공범 (제33조 단서의 해석)

부진정신분범의 경우 학설과 판례의 결론은 다르다는 점은 이미 설명하였다. 부진정신분범인 존속살해죄에 비신분자가 가담한 경우 학설은 제33조 단서규정이 적용되어 비신

---

150) 진정신분범의 성립에 대한 과형의 근거가 없다는 비판도 있다.

분자에게 보통살인죄의 공범이 성립하고 처벌된다고 한다. 하지만 판례는 비신분자에게 존속살해죄의 공범이 성립하지만, 처벌은 보통살인죄로 해야 한다고 한다. 부진정신분범의 성립은 제33조 본문규정이 적용되고, 부진정신분범의 과형은 제33조 단서규정이 적용된다는 입장이다. 이하에서는 학설의 입장에서 설명한다.

비신분자가 부진정신분범에 가담한 경우 비신분자에게는 신분범의 공범성립이 부정된다(공범의 독립성). 따라서 비신분자와 신분자 사이에는 보통범죄와 부진정신분범의 공범관계가 성립한다.

가중적 신분의 경우 비신분자는 보통범죄의 공동정범·교사범·방조범으로 처벌된다. 예를 들면 갑과 을이 공동하여 을의 부모를 살해한 경우에 갑은 보통살인죄, 을은 존속살해죄의 공동정범이 성립한다.

제3절 신분자가 비신분자에게 가공한 경우

Ⅰ. 쟁점

형법 제33조는 적극적 신분에 있어서 비신분자가 신분자의 신분범에 가담한 경우만을 규정하고 있다. 즉 그 반대의 경우인 신분자가 비신분자에게 가공한 경우에 대해서는 형법상 규정 없다. 예를 들면 진정신분범인 수뢰죄에 있어서 신분자인 공무원이 비신분자인 그의 아내를 교사하여 수뢰를 한 경우 그의 아내는 비신분자이므로 범죄가 성립하지 않지만, 신분자인 공무원의 행위를 어떻게 평가할 것인지가 문제된다.[151] 또한 부진정신분범인 존속살해죄에 있어서 신분자인 아들이 비신분자인 그의 친구를 교사하여 살해한 경우 친구는 비신분자이므로 존속살해죄가 아닌 보통살인죄가 성립하지만, 신분자인 아들의 행위를 어떻게 평가할 것인지가 문제된다. 이 경우에도 형법 제33조가 적용될 수 있는지가 문제된다.

---

151) 이 문제는 신분자가 비신분자의 행위에 협의의 공범인 교사 또는 방조로 가담한 경우에만 문제되며, 공동정범의 경우에는 문제되지 않는다. 신분자와 비신분자가 공동하였다는 의미는 양자 중 누가 어디에 '가담'하였는가의 문제는 발생하지 않기 때문이다. 따라서 신분자와 비신분자가 공동한 경우에는 형법 제33조 본문에 따라 모두 공동정범이 된다(김성돈, 720면 각주 340; 신동운, 737면).

Ⅱ. 진정신분범의 경우

신분자인 공무원이 비신분자인 그의 아내를 교사하여 뇌물을 받은 경우와 같이 신분자가 비신분자에 가담한 경우 형법 제33조 규정은 적용되지 않으므로 공범종속의 일반원칙에 따라 해결한다.

통설에 따르면 진정신분범에 있어서 신분은 구성요건요소이고 비신분자의 행위는 구성요건해당성이 없으므로 비신분자는 처벌되지 않는다. 그렇다면 신분자는 '신분 없는 고의 있는 도구를 이용한 간접정범'이 된다. 따라서 공무원이 신분이 없는 그의 아내로 하여금 뇌물을 수수케 한 경우 공무원은 수뢰죄의 간접정범이 되고,[152] 그의 아내는 신분이 없으므로 처벌되지 않는다.

Ⅲ. 부진정신분범의 경우: 가중적 신분범[153]의 경우

갑이 친구 을을 교사하여 갑 자신의 아버지 A를 살해하도록 한 경우와 같이 가중적 신분자인 갑이 비신분자인 을의 범죄에 가담한 경우 정범인 을은 비신분자이므로 보통살인죄가 성립한다. 이 경우 신분자인 갑에게 보통살인죄의 교사범이 성립하는지 존속살해죄의 교사범이 성립하는지 문제된다.

공범종속성의 일반원칙에 따라 보통살인죄의 교사범이 된다는 견해도 있지만,[154] 다수설은 형법 제33조 단서가 적용된다고 한다. 비신분자인 정범은 신분자인 교사범에 비하여 중하게 처벌되지 않고, 신분자인 교사범은 비신분자인 정범에 비하여 중하게 처벌된다. 따라서 갑은 존속살해죄의 교사범이 성립한다. 판례 또한 다수설의 입장과 같다.

---

152) 신분이 없는 고의 있는 도구를 이용한 경우 간접정범에 있어서 의사지배를 인정하기 어렵기 때문에 간접정범의 성립 여부가 문제된다. 이에 대하여 학설은 간접정범의 의사지배 내용을 현실적 지배로 보지 않고 '규범적 지배' 또는 '사회적 지배'라고 하여 의사지배를 인정한다. 이에 대한 설명은 앞의 간접정범 부분을 참고.

153) 영아살해죄와 영아유기죄의 경우 2023년 형법개정으로 인하여 삭제되었다. 따라서 부진정신분범의 경우 감경적 신분범은 현행 형법상 존재하지 않는다.

154) 신동운, 744면; 오영근, 436면; 이 견해는 제33조 규정은 비신분자가 신분자에게 가공한 경우에 한정하여 적용되므로 신분자가 비신분자에게 가공한 경우에는 제33조 규정을 적용할 수 없으며 공범종속성의 일반원칙에 따라 처리해야 한다는 입장이다. 이에 따르면 갑은 보통살인죄의 교사범이 성립한다.

판례 모해목적위증교사

【판결요지】 형법 제31조 제1항은 협의의 공범의 일종인 교사범이 그 성립과 처벌에 있어서 정범에 종속한다는 일반적인 원칙을 선언한 것에 불과하고, 신분관계로 인하여 형의 경중이 있는 경우에 신분이 있는 자가 신분이 없는 자를 교사하여 죄를 범하게 한 때에는 형법 제33조 단서가 형법 제31조 제1항에 우선하여 적용됨으로써 신분이 있는 교사범이 신분이 없는 정범보다 중하게 처벌된다(대법원 1994.12.23. 선고).
93도1002 판결).

【해설】 제33조 단서를 적용하지 않고 공범종속성의 일반원칙에 따라서 해결하자는 입장에 따르면 위증을 범한 비신분자는 단순위증죄의 정범으로, 모해위증을 교사한 신분자는 단순위증죄의 교사범으로 처벌된다. 하지만 제33조 단서를 적용하자는 다수설과 판례에 따르면 위증을 범한 정범은 단순위증죄로, 모해위증을 교사한 신분자는 모해위증죄의 교사범으로 각각 처벌된다.

【정리】 신분자가 비신분자에게 가담한 경우 제33조 적용 여부에 대한 학설

유형	신분범		결론(학설)
비신분자가 신분자에게 가공한 경우	진정신분범		제33조 본문 적용
	부진정신분범		제33조 단서 적용
신분자가 비신분자에게 가공한 경우	진정신분범		제33조 적용 안됨 (신분자는 간접정범)
	부진정신분범	가중적 신분	제33조 단서 적용

제4절 소극적 신분과 공범

I. 쟁점

소극적 신분이란 신분관계가 있으면 범죄가 성립하지 않거나 성립된 범죄에 대한 처벌이 탈락되는 경우의 신분을 말한다. 예를 들면 의사 아닌 자가 의료행위를 한 경우 무면허의료행위로 의료법위반행위가 되지만, 의사가 의료행위를 한 경우 범죄가 되지 않는다. 이 경우 의사라는 신분은 소극적 신분이 된다.

형법 제33조 규정은 신분관계로 인하여 성립되거나 형이 가감되는 적극적 신분에 대

한 규정이며, 소극적 신분에 대한 규정은 없다. 즉 소극적 신분범에 있어서 처벌되지 않는 소극적 신분자가 처벌되는 비신분자의 행위에 가담한 경우 또는 비신분자가 소극적 신분자의 행위에 가담한 경우에 이를 해결하는 형법상 명문규정은 없다. 예를 들면 비신분자인 의사 아닌 자가 소극적 신분자인 의사와 공동하여 무면허의료행위를 한 경우 또는 소극적 신분자인 의사가 비신분자인 의사 아닌 자의 행위에 가담한 경우 등이 이에 해당한다.

소극적 신분의 경우에도 형법 제33조를 적용할 것인가 아니면 공범종속의 일반원칙에 따라 처리할 것인가에 대하여 견해의 대립이 있다.

II. 학설과 판례

1. 학설

'공범종속성의 일반원칙 적용설'과 '형법 제33조 적용설'의 대립이 있다. 공범종속성의 일반원칙 적용설은 형법 제33조의 신분은 적극적 신분을 의미하므로 소극적 신분이 문제되는 경우에는 제33조가 아니라 공범종속성의 일반원칙에 따라 문제를 해결해야 한다는 입장이다.[155] 형법 제33조 적용설은 형법 제33조의 신분에 소극적 신분도 포함되는 것으로 이해하여 소극적 신분이 문제되는 사례에서도 신분자와 비신분자의 공범성립문제를 형법 제33조의 적용을 통해 해결하려는 견해이다.[156]

2. 판례

판례는 무면허의료행위에 공동가공한 의사(소극적 신분자)에 대해서도 공동정범의 성립을 인정하고 있다. 의료인일지라도 의료인 아닌 자의 의료행위에 공모하여 가공하면 의료법 제25조 제1항이 규정하는 무면허의료 행위의 공동정범으로서의 책임을 진다는 것이 판례의 기본입장이다.[157] 판례는 소극적 신분자와 비신분자 간에 협의의 공범뿐만 아니라 공동정범의 성립을 인정할 수 있는 제33조 적용설을 취하고 있는 것으로 보인다.

---

155) 김성돈, 725면; 김일수/서보학, 664면; 박상기/전지연, 317면; 배종대, 505면; 임웅, 493면; 정성근/박광민, 601면.
156) 오영근, 436면.
157) 대법원 1986.2.11. 선고 85도448 판결.

【판결요지】의사가 간호사로 하여금 의료행위에 관여하게 하는 경우에도 그 의료행위는 의사의 책임 아래 이루어지는 것이고 간호사는 그 보조자에 불과하다. 간호사가 '진료의 보조'를 하는 경우 모든 행위 하나하나마다 항상 의사가 현장에 입회하여 일일이 지도·감독하여야 한다고 할 수는 없고, 경우에 따라서는 의사가 진료의 보조행위 현장에 입회할 필요 없이 일반적인 지도·감독을 하는 것으로 충분한 경우도 있을 수 있으나, 이는 어디까지나 의사가 그의 주도로 의료행위를 실시하면서 그 의료행위의 성질과 위험성 등을 고려하여 그 중 일부를 간호사로 하여금 보조하도록 지시 내지 위임할 수 있다는 것을 의미하는 것에 그친다. 이와 달리 의사가 간호사에게 의료행위의 실시를 개별적으로 지시하거나 위임한 적이 없음에도 간호사가 그의 주도 아래 전반적인 의료행위의 실시 여부를 결정하고 간호사에 의한 의료행위의 실시과정에도 의사가 지시·관여하지 아니한 경우라면, 이는 구 의료법 제27조 제1항이 금지하는 무면허의료행위에 해당한다고 볼 것이다. 그리고 의사가 이러한 방식으로 의료행위가 실시되는 데 간호사와 함께 공모하여 그 공동의사에 의한 기능적 행위지배가 있었다면, 의사도 무면허의료행위의 공동정범으로서의 죄책을 진다(대법원 2012.5.10. 선고 2010도5964 판결).

Ⅲ. 공범종속설의 일반원칙에 따를 경우

1. 위법조각적 신분이 문제되는 경우

위법조각적 신분은 일반인에게는 금지되어 있는 특정한 행위가 특정신분자에게는 허용되어 있는 경우의 신분을 말한다. 의료법의 의사, 자동차운전행위에 있어서 면허소지운전자, 무기휴대행위에 있어서 경찰관의 신분 등이 이에 해당한다.

'비신분자가 신분자에게 가공한 경우' 신분자에 대해서는 범죄가 성립하지 않고 여기에 가담한 비신분자에게도 범죄가 성립하지 않는다. 신분자의 적법행위에 비신분자가 관여한 것이므로 범죄는 성립하지 않는다.

'신분자가 비신분자에게 가공한 경우' 비신분자에 대해서는 범죄불성립에 영향을 미치는 요소가 없으므로 비신분자에 대해서는 범죄성립이 인정되고, 공범자인 신분자는 비신분자의 불법에 종속되기 때문에 신분자의 공범성립이 인정될 수 있다. 신분자도 비신분자와 함께 법익을 침해하는 것이 가능하므로 신분자에게 공동정범·교사범·방조범이 성립한다.

【판결요지】 간호보조원이 치과의사의 지시를 받아 치과환자에게 그 환부의 엑스레이를 촬영하여 이를 판독하는 등 초진을 하고 발치, 주사, 투약 등 독자적으로 진료행위를 하였다면 이는 의료법 제25조 제1항이 규정한 의료행위에 해당한다. 치과의사가 환자의 대량유치를 위해 치과기공사들에게 내원환자들에게 진료행위를 하도록 지시하여 동인들이 각 단독으로 전항과 같은 진료행위를 하였다면 무면허의료행위의 교사범에 해당한다(대법원 1986.7.8. 선고, 86도749 판결).

【해설】 신분자인 치과의사가 비신분자인 치과기공사에게 무면허의료행위에 가담한 경우이다. 이 경우 비신분자인 치과기공사에게는 의사면허가 없기 때문에 무면허의료행위죄가 성립하는 것은 당연하다. 공범자인 신분자인 치과의사의 경우 정범인 비신분자(치과기공사)의 불법에 종속되기 때문에 무면허의료행위의 교사범이 성립된다.

【판결요지】 변호사 아닌 자가 변호사를 고용하여 법률사무소를 개설·운영하는 행위에 있어서는 변호사 아닌 자는 변호사를 고용하고 변호사는 변호사 아닌 자에게 고용된다는 서로 대향적인 행위의 존재가 반드시 필요하고, 나아가 변호사 아닌 자에게 고용된 변호사가 고용의 취지에 따라 법률사무소의 개설·운영에 어느 정도 관여할 것도 당연히 예상되는바, 이와 같이 변호사가 변호사 아닌 자에게 고용되어 법률사무소의 개설·운영에 관여하는 행위는 위 범죄가 성립하는 데 당연히 예상될 뿐만 아니라 범죄의 성립에 없어서는 아니 되는 것인데도 이를 처벌하는 규정이 없는 이상, 그 입법취지에 비추어 볼 때 <u>변호사 아닌 자에게 고용되어 법률사무소의 개설·운영에 관여한 변호사의 행위가 일반적인 형법 총칙상의 공모, 교사 또는 방조에 해당된다고 하더라도 변호사를 변호사 아닌 자의 공범으로서 처벌할 수는 없다</u>(대법원 2004.10.28. 선고, 2004도3994 판결).

【해설】 변호사(신분자)가 변호사 아닌 자(비신분자)의 변호사법위반행위에 가담한 경우 공범종속성 일반원칙에 따르면 공모, 교사 또는 방조에 해당함에도 불구하고 대법원 판례는 변호사법에 이에 대한 처벌규정이 없다는 점을 근거로 공범성립이 불가능하다고 한다. 이는 의료법위반사건과의 형평성에서도 문제점이 있다.

2. 책임조각적 신분과 공범

책임조각적 신분은 신분자의 행위도 구성요건해당성과 위법성이 인정되지만, 신분적 요소 때문에 책임이 조각되는 경우의 신분을 말한다. 범인은닉죄에 있어서 친족관계, 증거인멸죄에 있어서 친족관계 등이 이에 해당한다.

'비신분자가 신분자에게 가공한 경우' 신분자는 책임이 조각되어 처벌되지 않지만, 비신분자에 대해서는 공범성립이 가능하다. 신분자의 책임을 조각시키는 소극적 신분은 종속의 대상이 되는 불법요소가 아니기 때문에 책임개별화의 원칙에 따라 책임조각적 신분의 효과는 신분자에 대해서만 인정된다. 따라서 갑(비신분자)이 살인죄를 범한 A를 은닉하도록 A의 아버지 을(신분자)를 교사한 경우 을은 범인은닉죄의 책임이 조각될 수 있지만 갑은 범인은닉죄의 교사범이 된다.

'신분자가 비신분자에게 가공한 경우' 신분자는 책임이 조각되어 처벌되지 않지만, 비신분자는 범죄가 성립한다.

3. 처벌조각적 신분과 공범

처벌조각적 신분은 신분자에 대해서나 비신분자에 대해서나 범죄 자체의 성립은 인정하지만, 신분자에 한하여 처벌을 면제하는 경우의 신분을 말한다. 재산죄에 있어서 친족상도례에 해당하는 친족이 이에 해당한다.

'비신분자가 신분자에게 가공한 경우' 신분자·비신분자 모두 범죄가 성립하지만, 신분자는 형벌이 면제된다. 예를 들면 갑이 을에게 을의 아버지 집에서 재물을 절취해오라고 교사한 경우 을은 절도죄의 정범이 되며 갑은 절도죄의 교사범이 되지만, 을은 친족상도례에 따라 형이 면제된다.

'신분자가 비신분자에게 가공한 경우' 신분자·비신분자 모두 범죄 성립하나, 신분자는 형벌이 면제된다. 을이 갑에게 자신의 아버지 집에서 재물을 절취해오라고 교사한 경우 갑은 절도죄의 정범이 되며, 을은 절도죄의 교사범이 되지만, 을은 친족상도례에 따라 형이 면제된다.

PART

09

죄수론

죄수 이론

제1절 **죄수론의 의의와 구조**

Ⅰ. 의의

죄수론은 범죄의 수를 정하는 문제를 다루는 이론으로 행위자의 행위가 수 개의 범죄의 성립요건을 충족시킨 경우인 수죄와 단 하나의 범죄의 성립요건만을 충족시킨 경우인 일죄를 가려내는 이론이다. 예를 들면 행위자가 1개 또는 여러 개의 행위를 통하여 동일구성요건을 여러 번 충족시키거나, 여러 개의 구성요건을 실현한 경우, 어떤 죄가 성립하고 어떻게 처벌할 것인가에 대한 이론이다.

죄수론은 범죄론과 형벌론의 중간에 위치하는 이론이다.[1] 먼저 행위자의 행위가 몇 개의 죄에 해당하는가라는 문제를 해결하고, 만약 두 개 이상의 범죄가 성립되었다고 판단될 경우 처단형을 어떻게 정할 것인가라는 문제를 해결한다. 범죄의 수가 몇 개인가에 따라 형의 적용에 있어서 큰 차이가 있다. 또한 죄수론은 형법과 형사소송법의 연결점에 해당하는 이론이다. 형사소송법상 공소제기의 효력범위 및 확정판결의 기판력 등에서도 중요한 의미가 있기 때문이다.

Ⅱ. 죄수론의 구조

죄수를 판단하는 과정은 다음과 같다. 먼저 몇 개의 죄가 성립하였는지를 확인한다(죄수 판단). 이 과정에서는 행위자의 행위는 일죄인가 아니면 수죄인지를 판단한다. 만약 수개의 죄가 성립하였다는 사실이 인정되는 경우에 다시 그 수 개의 죄가 몇 개의 행위에 의

---

1)   이재상/장영민/강동범, 542면.

해 행해진 것을 확인하는 과정으로 이어진다(경합 판단).[2] 수죄의 경우 한 개의 행위에 의해 행해진 것이라면 상상적 경합이 되며, 수 개의 행위에 의해 행해진 것이라면 실체적 경합이 된다.

    범죄의 개수 문제와 성립된 범죄의 경합관계는 별개의 논의구조이다. 죄수론에서는 행위자가 성립시킨 범죄의 개수를 결정하는 문제와 일죄의 문제를 다루고, 경합론에서는 범죄의 개수가 수죄인 경우 성립된 수죄 간의 경합관계를 판단하는 문제를 다룬다.[3] 죄의 수가 몇 개인지 산정하는 죄수론과, 수죄로 평가된다면 이를 전제로 그 경합관계를 다루는 경합론으로 구분된다. 따라서 '죄수론과 경합론'으로 이해하는 것이 타당하다.

【정리】죄수론의 판단 구조[4]

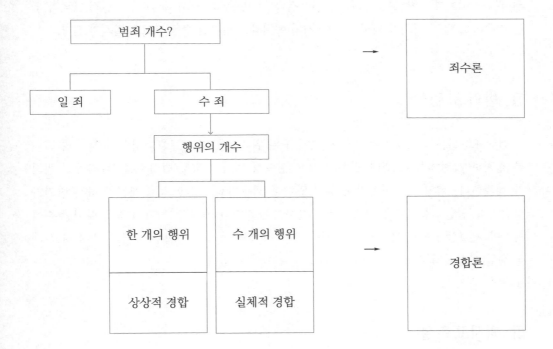

---

2) 김성돈, 733면.
3) 김성돈, 762면.
4) 김성돈, 737면.

제2절 **죄수결정의 기준**

Ⅰ. 행위표준설

행위표준설은 행위자의 행위 개수에 따라 죄수를 결정하는 견해로서 자연적 의미의 행위개념기준설과 법적·사회적 의미의 행위개념 기준설이 있지만, 전자의 견해를 취하고 있는 견해는 없으며, 대부분 후자의 견해를 취한다. 즉 법적·사회적 의미의 행위개념 기준설은 수 개의 자연적 행위가 있다고 하더라도 법률상 구성요건이 이를 법적·사회적 의미에서 단일한 것으로 평가할 때에 수 개의 자연적 행위가 법적인 의미에서 하나의 행위가 된다는 견해이다.[5] 행위표준설에 따르면 접속범·연속범과 같이 수 개의 자연적 행위가 있는 경우라도 법적·사회적 의미에서 한 개의 행위라고 평가될 수 있으므로 일죄가 된다.

Ⅱ. 법익 표준설

법익표준설은 범죄행위에 의하여 침해 또는 위태롭게 되는 보호법익의 수에 따라 죄수를 결정하는 견해이다. 생명·신체와 같은 전속적 법익의 경우 법익주체마다 1개의 범죄가 성립한다. 비전속적 법익의 경우에 있어서 재산범죄는 관리의 수에 상응하는 범죄가 성립하며, 공공위험범은 포괄적으로 고찰하여 결정한다. 상상적 경합의 경우 실질상 수죄이지만 처벌상 1죄에 해당한다. 하지만 같은 종류의 상상적 경합은 일죄로 보게 되고 다른 종류의 상상적 경합은 수죄로 보게 되는 문제점이 있다.

Ⅲ. 의사표준설

의사표준설은 행위자의 범죄의사의 수를 기준으로 죄수를 결정하는 견해이다. 상상적 경합이나 연속범의 경우 의사의 단일성이 인정되면 1죄이다. 의사표준설은 주관주의 형법에서 주장된 것이지만 범죄의 형식적 정형성을 무시하는 결론에 이를 수 있기 때문에 타당하지 않다. 이를 주장하는 국내 학자는 없다.

---

5) 임웅, 580면; 정성근/박광민, 629면.

Ⅳ. 구성요건표준설

구성요건표준설은 법률상 구성요건에 해당하는 횟수를 기준으로 하여 죄수를 결정하는 견해이다. 상상적 경합은 본래는 수죄이지만, 형법 제40조에 의하여 과형상 1죄에 해당한다.

하지만 이 견해에 따를 경우 접속범이나 연속범과 같이 행위가 여러 차례 반복되어 동일한 구성요건에 해당할 경우 1죄인가 수죄인가 구별하기 어려우며, 구체적 적용에 있어서 구성요건해당횟수를 판단하기 어렵다는 비판이 있다.

Ⅴ. 총합설

총합설은 어느 하나의 기준만을 가지고 죄수를 결정하기보다는 의사·행위·결과·법익침해 및 구성요건의 충족횟수 등을 종합적으로 고려하여 구체적인 경우에 합목적적으로 죄수를 결정해야 한다는 견해이다.[6] 이에 의하면 결합범·상습범의 경우 구성요건을 표준으로, 연속범의 경우 행위의 연속성을 기준으로, 상상적 경합의 경우 그 결과를 기준으로, 살인죄·상해죄의 경우 피해법익을 기준으로, 위증죄의 경우 행위의 기회를 기준으로 범죄의 개수를 결정한다.

Ⅵ. 판례

판례의 태도는 분명히 드러나 있지 않다. 판례는 사안에 따라 행위표준설, 법익표준설, 의사표준설 등으로 범죄유형별로 다양하게 기준을 적용하고 있기 때문에 총합설을 따르고 있다는 분석도 있으며, 판례가 죄수를 판단함에 있어서 기본적으로 구성요건표준설을 따르고 있다는 분석도 있다.[7]

> **판례** **죄수결정기준에 대한 판례 정리**
>
> ① 미성년자의제강간죄 또는 미성년자의제강제추행죄는 <u>행위 시마다</u> 1개의 범죄가

---

6) 배종대, 567면; 손동권/김재윤, 632면; 오영근, 455면.
7) 김성돈, 735면.

성립한다(대법원 1982.12.14. 선고 82도2442 판결).

② 피해자를 1회 강간하여 상처를 입게한 후 약 1시간 후에 장소를 옮겨 같은 피해자를 다시 1회 강간한 행위는 그 범행시간과 장소를 달리하고 있을 뿐만 아니라 각 별개의 범의에서 이루어진 행위로서 형법 제37조 전단의 실체적 경합범에 해당한다(대법원 1987.5.12. 선고 87도694 판결).

③ 절도범이 갑의 집에 침입하여 그 집의 방안에서 그 소유의 재물을 절취하고 그 무렵 그 집에 세들어 사는 을의 방에 침입하여 재물을 절취하려다 미수에 그쳤다면 위 두 범죄는 그 범행장소와 물품의 관리자를 달리하고 있어서 별개의 범죄를 구성한다(대법원 1989.8.8. 선고 89도664 판결).

④ 상상적 경합은 1개의 행위가 실질적으로 수개의 구성요건을 충족하는 경우를 말하고, 법조경합은 1개의 행위가 외관상 수개의 죄의 구성요건에 해당하는 것처럼 보이나 실질적으로 1죄만을 구성하는 경우를 말하며, 실질적으로 1죄인가 또는 수죄인가는 구성요건적 평가와 보호법익의 측면에서 고찰하여 판단하여야 한다(대법원 2000.7.7. 선고 2000도1899 판결).

⑤ 원래 조세포탈범의 죄수는 위반사실의 구성요건 충족 회수를 기준으로 1죄가 성립하는 것이 원칙이지만, 특정범죄가중처벌등에관한법률 제8조 제1항은 연간 포탈세액이 일정액 이상이라는 가중사유를 구성요건화 하여 조세범처벌법 제9조 제1항의 행위와 합쳐서 하나의 범죄유형으로 하고 그에 대한 법정형을 규정한 것이므로, 조세의 종류를 불문하고 1년간 포탈한 세액을 모두 합산한 금액이 특정범죄가중처벌등에관한법률 제8조 제1항 소정의 금액 이상인 때에는 같은 항 위반의 1죄만이 성립하고, 같은 항 위반죄는 1년 단위로 하나의 죄를 구성하며 그 상호 간에는 경합범 관계에 있고, 같은 항에 있어서의 '연간 포탈세액 등'은 각 세목의 과세기간과 관계없이 각 연도별(1월 1일부터 12월 31일까지)로 포탈한 세액을 합산한 금액을 의미한다(대법원 2001.3.13. 선고 2000도4880 판결).

⑥ 수인의 피해자에 대하여 각별로 기망행위를 하여 각각 재물을 편취한 경우에는 범의가 단일하고 범행방법이 동일하더라도 각 피해자의 피해법익은 독립한 것이므로 이를 포괄일죄로 파악할 수 없고 피해자별로 독립한 사기죄가 성립된다(대법원 2001.12.28. 선고 2001도6130 판결).

⑦ 무면허운전으로 인한 도로교통법위반죄에 있어서는 어느 날에 운전을 시작하여 다음날까지 동일한 기회에 일련의 과정에서 계속 운전을 한 경우 등 특별한 경우를 제외하고는 사회통념상 운전한 날을 기준으로 운전한 날마다 1개의 운전행위가 있다고 보는 것이 상당하므로 운전한 날마다 무면허운전으로 인한 도로교통법위반의 1죄가 성립한다고 보아야 할 것이고, 비록 계속적으로 무면허운전을 할 의사를 가지고 여러 날에 걸쳐 무면허운전행위를 반복하였다 하더라도 이를 포괄하여 일죄로 볼 수는 없다(대법원 2002.7.23. 선고 2001도6281 판결).

⑧ 음주운전으로 인한 도로교통법 위반죄의 보호법익과 처벌방법을 고려할 때, 혈중알콜농도 0.05% 이상의 음주상태로 동일한 차량을 일정기간 계속하여 운전하다가 1회 음주측정을 받았다면 이러한 음주운전행위는 동일 죄명에 해당하는 연속된 행위로

서 단일하고 계속된 범의하에 일정기간 계속하여 행하고 그 피해법익도 동일한 경우이므로 포괄일죄에 해당한다(대법원 2007.7.26.
선고 2007도4404 판결).

⑨ 음주로 인한 특정범죄가중처벌 등에 관한 법률 위반(위험운전치사상)죄와 도로교통법 위반(음주운전)죄는 입법 취지와 보호법익 및 적용영역을 달리하는 별개의 범죄이므로, 양 죄가 모두 성립하는 경우 두 죄는 실체적 경합관계에 있다(대법원 2008.11.13.
선고 2008도7143 판결).

⑩ 음주로 인한 특정범죄가중처벌 등에 관한 법률 위반(위험운전치사상)죄는 그 입법 취지와 문언에 비추어 볼 때, 주취상태의 자동차 운전으로 인한 교통사고가 빈발하고 그로 인한 피해자의 생명·신체에 대한 피해가 중대할 뿐만 아니라, 사고발생 전 상태로의 회복이 불가능하거나 쉽지 않은 점 등의 사정을 고려하여, 형법 제268조에서 규정하고 있는 업무상과실치사상죄의 특례를 규정하여 가중처벌함으로써 피해자의 생명·신체의 안전이라는 개인적 법익을 보호하기 위한 것이다. 따라서 그 죄가 성립하는 때에는 차의 운전자가 형법 제268조의 죄를 범한 것을 내용으로 하는 교통사고처리특례법 위반죄는 그 죄에 흡수되어 별죄를 구성하지 아니한다(대법원 2008.12.11.
선고 2008도9182 판결).

CHAPTER 02 일죄

제1절 서설

Ⅰ. 의의

일죄란 행위자의 행위가 하나의 범죄를 성립시킨 경우를 말한다. 구성요건표준설에 따를 경우 1개의 구성요건이 실현되었을 때에는 1죄가 성립하는 경우를 일죄라고 한다. 일죄는 다시 단순일죄와 포괄일죄로 구분된다.

1. 단순일죄

단순일죄는 가장 전형적인 일죄로, 행위자가 하나의 고의로써 한 개의 행위 또는 수 개의 행위를 행하여 하나의 법익을 침해하는 경우이다.

2. 포괄일죄

포괄일죄는 수 개의 행위에 의해 동일 구성요건을 반복적으로 충족시킨 경우에도 일죄로 인정되는 경우이다. 행위자의 수 개의 행위가 동일구성요건을 반복적으로 실현하더라도 그러한 행위들을 포괄적으로 평가하여 구성요건을 1회 충족한 것으로 인정할 만한 일정한 요건을 갖추어야 한다.

Ⅱ. 실체법상 일죄와 과형상 일죄

단순일죄나 포괄일죄는 모두 한 개의 범죄가 성립하는 경우이므로 실질적으로도 1죄이며, 소송법상으로도 한 개의 사건으로 처리된다. 실체법상 일죄라고도 한다.

상상적 경합은 실체법상 수죄에 해당함에도 불구하고 소송법상 한 개의 사건으로 처리된다는 점에서 '과형상 일죄'라고 한다. 수 개의 범죄사실이 인정되어 실체법상 수죄에 해당함에도 불구하고 형벌을 부과할 경우에는 가장 중한 죄에 정한 하나의 형으로 처벌하기 때문이다. 상상적 경합은 실체법상 수죄이지만 과형상 일죄이다.

제2절 단순일죄

I. 1행위 1죄

가장 일반적인 경우로 구성요건은 하나의 행위를 예상하여 설정된다. 하나의 행위로 하나의 구성요건이 실현되는 경우를 일행위 일죄(一行爲 一罪)라고 한다. 살인죄, 상해죄, 폭행죄가 대표적인 1행위 1죄이다.

결합범과 계속범을 단순일죄가 아닌 포괄일죄의 유형으로 보는 견해도 있다.[8] 하지만 포괄일죄는 갑이 A를 체포하여 감금하는 경우 또는 뇌물을 요구한 후 이를 수수한 경우와 같이 수 개의 행위가 동일한 법익을 침해하는 일련의 관계를 가지고 있는 경우를 말한다. 결합범과 계속범에 대해서는 이러한 관계를 인정하기 어렵다. 하지만 단순일죄로 보든 포괄일죄로 보든 모두 1죄로 보는 것에는 차이가 없다.

II. 결합범

결합범은 독립된 범죄의 구성요건에 해당하는 수 개의 행위가 결합하여 1개의 범죄를 구성하는 경우를 말한다. 결합범은 고의범과 고의범이 결합된 형태와 고의범과 과실범이 결합된 형태가 있다.

고의범과 고의범이 결합된 형태로는 강도죄, 강도살인죄, 강도강간죄 등이 있다. 예를 들면 강도죄는 폭행죄·협박죄와 절도죄가 결합된 형태이며, 강도살인죄는 강도죄와 살인

---

8) 이재상/장영민/강동범, 558면.

죄가, 강도강간죄는 강도죄와 강간죄가 결합된 형태이다.

고의범과 과실범이 결합된 형태로는 결과적 가중범이 있다. 예를 들면 폭행치상죄는 고의범인 폭행죄와 과실범인 과실치상죄가 결합된 형태이며, 상해치사죄의 경우 고의범인 상해죄와 과실범인 과실치사죄가 결합된 형태이다. 결과적 가중범 중 부진정 결과적 가중범은 고의범과 과실범의 결합형태뿐만 아니라 고의범과 고의범이 결합된 형태도 인정하고 있다. 예를 들면 현주건조물방화치사죄의 경우 고의범인 현주건조물방화죄와 과실범인 과실치사죄가 결합된 형태뿐만 아니라 고의범인 현주건조물방화죄와 고의범인 살인죄도 결합된 것으로 본다.

결합범은 1개의 범죄완성을 위하여 여러 개의 실행행위가 포함되어 있지만, 형법이 독자적인 구성요건으로 별도로 규정하고 있다는 점에서 일죄가 된다. 따라서 강도가 사람을 살해한 경우에는 강도죄와 살인죄가 성립하는 것이 아니라 강도살인죄만 성립한다.

Ⅲ. 계속범

계속범(繼續犯)은 기수가 된 후에도 법익침해상태가 범행종료시까지 시간적으로 어느 정도 계속되는 범죄를 말한다. 시간적 계속성이 구성요건적 행위의 요소로 되어 있다.[9] 체포감금죄, 일반교통방해죄, 주거침입죄, 약취유인죄 등이 이에 해당한다.

계속범은 최초의 위법상태 야기행위와 그 위법상태의 유지에 기여하는 이후의 행위들이 모여서 하나의 구성요건을 실현시키는 범죄유형을 말한다.

계속범이 성립하기 위해서는 범의의 단일성이 인정되어야 한다. 범의의 단일성은 일단 위법상태를 야기한 행위를 한 후 행위자가 필요한 경우 같은 행위를 계속하려는 주관적인 의사를 가지는 경우에 인정된다. 따라서 감금죄의 경우 감금된 피해자가 감금된 지 이틀 후에 탈출을 기도하였으나 범인이 이를 제지하여 다시 이틀간 더 감금한 경우 행위자에게 범의의 단일성이 인정되면 두 개의 감금죄가 아니라, 나흘간에 걸친 하나의 감금죄만 인정된다.[10]

---

9)   대법원 2006.9.22. 선고 2004도4751 판결.
10) 김성돈, 739면.

제3절 **법조경합**

Ⅰ. 서설

1. 의의

법조경합(法條競合)은 한 개 또는 수 개의 행위가 외관상 수 개의 구성요건에 해당하는 것 같이 외관상 경합하는 것처럼 보이지만, 이중평가금지의 원칙상 실제로는 한 구성요건 이 다른 구성요건을 배척하기 때문에 단순일죄가 되는 경우를 말한다. 경합되는 수 개의 구성요건 중 하나의 구성요건만 성립하는 경우이다. 법조경합은 외관상으로만 경합일 뿐 이며 실질적으로는 1죄이다. 상상적 경합과 실체적 경합은 경합하는 수 개의 구성요건상 범죄가 모두 성립하는 경우이다.

판례에 따르면 법조경합은 1개의 행위가 외관상 수 개의 죄의 구성요건에 해당하는 것 처럼 보이나 실질적으로 1죄만을 구성하는 경우를 말하며, 실질적으로 1죄인가 또는 수 죄인가는 구성요건적 평가와 보호법익의 측면에서 고찰하여 판단한다.[11]

2. 법조경합의 본질

법조경합은 행위자의 행위가 외관상 여러 개의 형벌법규에 해당함에도 불구하고 하나 의 형벌법규만을 적용하고 다른 법규의 적용을 배제하는 이유는 '이중평가금지의 원칙'이 다. 법조경합에서 문제된 수개의 구성요건을 모두 적용하면 동일한 사정을 이중평가하여 형을 가중하는 것은 부당하며, 이러한 이중평가를 피하기 위하여 어느 하나의 구성요건만 적용하고 나머지는 배척하는 것이다. 행위책임에 부합하는 적정한 형벌의 부과조건을 설 정하는 것이다.

예를 들면 자기의 직계존속을 살해하면 존속살해죄와 보통살인죄라는 2개의 구성요건 을 충족하지만 존속살해의 개념에는 보통살인의 개념도 포함되므로 이에 대해 2개의 범 죄성립을 인정하게 되면 동일한 범죄사실에 대하여 이중평가를 하게 된다. 마찬가지로 실 행에 착수하여 사람을 살해한다는 사실은 살인미수와 살인기수라는 2개의 구성요건을 충 족하지만 살인기수의 개념에는 살인미수의 개념도 포함되므로 이에 대해 2개의 범죄성립 을 인정하게 되면 이중평가를 하게 되는 것이다. 따라서 경합된 2개의 적용법조 중 하나

---

11) 대법원 2004.1.15. 선고 2001도1429 판결; 대법원 2020.7.9. 선고 2019도17405 판결.

의 법규만 적용하고 다른 법규의 적용을 배제하는 것이다.

II. 법조경합의 유형

법조경합의 유형으로는 특별관계, 보충관계, 흡수관계가 있다. 종래에는 특별관계, 보충관계, 흡수관계, 택일관계의 4가지로 유형화하였지만, 최근에는 법조경합의 유형에서 택일관계를 제외하고 있다. 택일관계는 성질상 양립할 수 없는 두 개의 구성요건 중에서 어느 하나가 적용되면 다른 것은 논리적으로 배타적 관계에 있기 때문에 처음부터 이중평가가 문제되는 '법조'경합이 생기지 않는다.[12] 택일관계는 어느 하나의 구성요건에만 해당되기 때문에 같은 행위가 여러 개의 법조에 해당하는 것처럼 보이는 법조경합과 다르다. 택일관계가 문제되는 구성요건들은 이질적 관계 내지 양립불가능한 관계에 있기 때문에 처음부터 이중평가의 문제가 발생하지 않으며, 외견상으로도 하나의 범죄만 성립하기 때문이다. 따라서 법조경합이 아니다.

1. 특별관계

특별관계는 일반법의 모든 구성요건 이외에도 하나 이상의 특별한 요소까지 포함하고 있는 경우이므로 두 법 사이에 일반과 특별관계가 인정되면 '특별법은 일반법에 우선한다 (lex specialis derogat legi generali)'는 해석원리에 따라 특별규정만 적용되고 일반규정은 배제된다(특별법 우선적용의 원칙). 특별관계에 있는가의 여부는 양 법규의 구성요건의 비교로부터 논리적으로 결정된다.[13] 입법목적, 보호법익, 행위 주체, 행위의 내용 및 방법, 목적범인지 여부 등 구체적인 구성요건을 비교하여 결정된다.[14]

형법상 특별관계에는 ① 가중적·감경적 구성요건과 기본적 구성요건과의 관계가 있다. 존속살해죄와 살인죄, 특수폭행죄와 폭행죄, 특수절도죄와 절도죄, 야간주거침입절도와 절도죄 등이 이에 해당한다. ② 결과적 가중범과 그 내용인 범죄와의 관계도 특별관계에 해당한다. 결과적 가중범인 상해치사죄와 그 내용인 범죄인 상해죄·과실치사죄는 특별관계에 해당한다. 일반형법과 형사특별법의 관계에서도 특별관계가 있다.

---

12) 김성돈, 745면; 김일수/서보학, 685면; 이재상/장영민/강동범, 550면.
13) 대법원 2005.2.17. 선고 2004도6940 판결.
14) 대법원 2014.6.12. 선고 2014도1894 판결.

【정리】 일반과 특별관계의 예

구분	일반	특별
기본적 구성요건과 가중적·감경적 구성요건	살인죄	존속살해죄, 촉탁승낙살인죄
	폭행죄	특수폭행죄
	절도죄	특수절도죄, 야간주거침입절도죄
	횡령죄	업무상횡령죄
	배임죄	업무상배임죄
기본범죄와 결과적 가중범	상해죄와 과실치사죄	상해치사죄

⚖ 판례 자동차번호판부정사용죄와 공기호부정사용죄의 관계

【판결요지】 [1] 법조경합의 한 형태인 특별관계란 어느 구성요건이 다른 구성요건의 모든 요소를 포함하는 이외에 다른 요소를 구비하여야 성립하는 경우로서 특별관계에 있어서는 특별법의 구성요건을 충족하는 행위는 일반법의 구성요건을 충족하지만 반대로 일반법의 구성요건을 충족하는 행위는 특별법의 구성요건을 충족하지 못한다.
[2] 형법 제238조 제1항(공기호부정사용죄)은 인장에 관한 죄의 한 태양으로서 인장·서명·기명·기호 등의 진정에 대한 공공의 신용, 즉 거래상의 신용과 안정을 그 보호법익으로 하고 있는 반면, 자동차관리법의 입법취지는 자동차를 효율적으로 관리하고 자동차의 성능과 안정을 확보함으로써 공공의 복리를 증진함을 그 목적으로 하고 있어(특히 같은 법 제78조, 제71조(자동차번호판부정사용죄)는 이러한 자동차의 효율적인 관리를 저해하는 행위를 규제하기 위한 것으로 보인다) 그 보호법익을 달리하고 있을 뿐 아니라 그 주관적 구성요건으로서 형법상의 위 공기호부정사용죄는 고의와 더불어 '행사할 목적'이 있음을 요하는 반면 위 자동차관리법은 '행사할 목적'을 그 주관적 구성요건으로 하지 아니하고 있는 점에 비추어 보면, 자동차관리법 제78조, 제71조가 형법 제238조 제1항 소정의 공기호부정사용죄의 특별법 관계에 있다고는 보여지지 아니한다(대법원 1997.6.27. 선고 97도1085 판결).
【해설】 형법의 공기호부정사용죄와 자동차관리법의 자동차번호판부정사용죄는 보호법익이 다르다는 점, 공기호부정사용죄는 목적범이지만 자동차번호판부정사용죄는 목적범이 아니라는 점에서 양자는 특별관계가 아니라는 판례이다.

2. 보충관계

가. 의의

보충관계는 어떤 형벌법규가 다른 형벌법규의 적용이 없을 때에만 보충적으로 적용되는 경우를 말한다. '기본법은 보충법에 우선한다(lex specialis derogat legi subsidiariae)'는 원칙에 따라 기본법이 우선 적용되고 보충법은 기본법의 적용이 배제되는 경우에 한하여 적용된다.

보충관계에는 법규의 문언상 명백한 경우인 '명시적 보충관계'와 법규의 문언상 명시된 것은 없으나 구성요건의 상호의미 연관성에 의한 해석을 통해서 보충관계가 인정되는 경우인 '묵시적 보충관계'가 있다.

나. 명시적 보충관계

형법이 명시적으로 보충관계를 인정하는 경우로서 일반이적죄($_{99조}^{제}$)가 있다. 제2장 외환의 죄에 규정된 구성요건을 보면 외환유치죄($_{92조}^{제}$)부터 간첩죄($_{98조}^{제}$)를 규정한 이후에 제99조 일반이적죄에서 '전7조에 기재한 이외에' 대한민국의 군사상 이익을 해하거나 적국에 군사상의 이익을 공여한 자는 무기 또는 3년이상의 징역에 처한다고 규정하여 일반이적죄가 외환유치죄 등과의 관계에서 보충관계에 있음을 명시하고 있다. 이외에도 명시적 보충관계로 일반건조물방화죄($_{제1항}^{제166조}$), 일반물건방화죄($_{제1항}^{제167조}$) 등이 있다.

다. 묵시적 보충관계

묵시적 보충관계는 형법법규에 대한 상호의미 연관에 대한 해석을 통하여 보충관계가 인정되는 경우를 말한다. 묵시적 보충관계로 인정되는 것으로는 '불가벌적 사전행위'와 '동일 법익에 대한 침해방법에 경중이 있는 경우'가 있다.

(1) 불가벌적 사전행위

불가벌적 사전행위는 행위 자체는 구성요건을 해당하는 행위이지만 행위의 수단이나 준비행위로서 주된 행위의 일부분을 구성하기 때문에 별도로 처벌할 필요가 없는 행위를 말한다.[15] 불가벌적 사전행위에는 미수에 대한 예비행위, 기수에 대한 미수행위, 살인에 대한 상해행위 등이 있다. 사전행위도 처벌될 수 있는 행위이므로 만약 주된 행위의 범죄 성립이 부정된다면 사전행위도 처벌할 수 있다.

---

15) 김성돈, 743면; 정성근/박광민, 641면.

(2) 동일 법익에 대한 침해방법에 경중이 있는 경우

동일 범죄행위에서 같은 법익에 대한 가벼운 침해방법은 무거운 침해방법에 대하여 보충관계에 있다. 따라서 가벼운 침해방법에 의한 범죄는 무거운 침해방법에 의한 범죄가 인정되지 않을 경우에 한하여 보충적으로 성립한다. 공범은 정범에 대하여 보충관계에 있다. 정범우위의 원칙에 따라 정범이 인정되지 않는다면 공범 성립 여부를 검토해야 하기 때문이다. 고의범과 과실범의 관계도 유사하다. 개별 사례에 대하여 고의범의 성립 여부를 먼저 판단하고 고의가 인정되지 않으면 과실범의 성립 여부를 검토하기 때문에 과실범은 고의범에 대하여 보충관계에 있다.

(3) 기타

'작위와 부작위의 관계'를 묵시적 보충관계로 보는 견해가 있다.[16] 작위범과 부작위범이 문제될 경우 우선 작위범의 성립 여부를 판단하고 작위가 인정되지 않으면 부작위범의 성립 여부를 판단하는 이른바 원칙적 작위이론에의 입장이다. 이 이론에 따르면 부작위는 작위에 대하여 보충관계에 있다. 그러나 그러한 작위와 부작위의 관계는 묵시적 보충관계로 보기 어렵다. 작위와 부작위의 구별기준인 비난의 중점이 어디에 있는가에 따라 작위인가 아니면 부작위인가라는 구별의 문제이지 기본과 보충의 문제인 법조경합으로 볼 수 없다.

3. 흡수관계

가. 의의

흡수관계는 어떤 구성요건에 해당하는 행위의 불법과 책임 내용이 다른 행위의 불법과 책임을 포함하지만, 특별관계나 보충관계가 아닌 경우를 말한다. '전부법은 부분법을 폐지한다(lex specialis derogat legi consumtae)'는 법원리에 의하여 전부법만 적용되는 경우이다.

흡수관계가 일죄로 인정되는 이유는 어떤 구성요건에 해당하는 행위의 불법내용과 책임내용을 모두 포함하고 있는 다른 구성요건이 있다면 그 다른 구성요건상의 형벌은 거기에 포섭될 수 있는 행위에 대해서도 미치게 되기 때문이다.[17]

---

16) 이재상/장영민/강동범, §38/10.
17) 김성돈, 743면.

나. 불가벌적 수반행위

행위자가 특정한 죄를 범하면서 그 죄와 논리적으로 필연적인 것은 아니지만 일반적·전형적으로 결합되어 있는 다른 구성요건을 충족하고, 그 구성요건의 불법내용이 주된 범죄에 대하여 경미하기 때문에 주된 범죄만 적용되고 수반행위는 배척되는 경우이다.[18]

살인행위에 수반된 재물손괴행위, 상해를 가하면서 행한 협박행위,[19] 감금의 수단인 폭행·협박행위, 명예훼손행위 중에 행한 모욕, 자동차를 절도하면서 소비된 휘발유절도, 사문서위조와 인장위조와의 관계,[20] 반란의 진행과정에서 그에 수반하여 일어난 지휘관계엄지역수소이탈 및 불법진퇴,[21] 특정범죄가중처벌법의 위험운전치상죄와 교통사고처리특례법위반죄의 관계[22]는 불가벌적 수반행위에 속한다.

하지만 수반행위가 일반적인 범위를 넘어서 고유한 불법내용을 가질 때에는 불가벌적 수반행위가 성립하지 않고 상상적 경합이 된다. 예를 들면 강간의 수단으로 감금을 한 경우에 감금은 강간죄에 흡수되지 않는다. 강간죄의 성립에 언제나 직접적으로 감금행위를 수반하는 것이 아니기 때문이다. 따라서 감금죄와 강간죄는 별죄를 구성한다. 감금죄와 강간죄는 상상적 경합이 된다는 것이 판례의 입장이다.[23]

또한 업무방해죄와 폭행죄는 구성요건과 보호법익을 달리하고 있고, 업무방해죄의 성립에 일반적·전형적으로 사람에 대한 폭행행위를 수반하는 것은 아니며, 폭행행위가 업무방해죄에 비하여 별도로 고려되지 않을 만큼 경미한 것이라고 할 수도 없으므로, 설령 피해자에 대한 폭행행위가 동일한 피해자에 대한 업무방해죄의 수단이 되었다고 하더라도 그러한 폭행행위가 불가벌적 수반행위에 해당하여 업무방해죄에 대하여 흡수관계에 있다고 볼 수 없다.[24]

⚖ 판례 **위험운전치사상죄와 교통사고처리특례법 위반죄의 관계(=흡수관계)**

【판결요지】 음주로 인한 특정범죄가중처벌 등에 관한 법률 위반(위험운전치사상)죄는

---

18) 대법원 2012.10.11. 선고 2012도1895 판결.
19) 대법원 1978.9.28. 선고 78도1787 판결; 피고인의 협박사실행위가 피고인에게 인정된 상해사실과 같은 시간 같은 장소에서 동일한 피해자에게 가해진 경우에는 특별한 사정이 없는 한 상해의 단일범의 하에서 이루어진 하나의 폭언에 불과하여 위 상해죄에 포함되는 행위라고 봄이 상당하다.
20) 대법원 1978.9.26. 선고 78도1787 판결.
21) 대법원 1997.4.17. 선고 96도3376 전원합의체 판결.
22) 대법원 2008.12.11. 선고 2008도9182 판결.
23) 대법원 1983.4.26. 선고 83도323 판결.
24) 대법원 2012.10.11. 선고 2012도1895 판결.

그 입법 취지와 문언에 비추어 볼 때, 주취상태의 자동차 운전으로 인한 교통사고가 빈발하고 그로 인한 피해자의 생명·신체에 대한 피해가 중대할 뿐만 아니라, 사고발생 전 상태로의 회복이 불가능하거나 쉽지 않은 점 등의 사정을 고려하여, 형법 제268조에서 규정하고 있는 업무상과실치사상죄의 특례를 규정하여 가중처벌함으로써 피해자의 생명·신체의 안전이라는 개인적 법익을 보호하기 위한 것이다. 따라서 그 죄가 성립하는 때에는 차의 운전자가 형법 제268조의 죄를 범한 것을 내용으로 하는 교통사고처리특례법 위반죄는 그 죄에 흡수되어 별죄를 구성하지 아니한다(대법원 2008.12.11. 선고 2008도9182 판결).

다. 불가벌적 사후행위

불가벌적 사후행위는 원래는 처벌될 수 있는 행위이지만 전체적으로 평가해볼 때 이미 주된 범죄에 의하여 완전히 평가된 것이기 때문에 이전에 행한 범죄만 적용하고 이후에 행한 범죄에 대해서는 배척하는 경우이다. 예를 들면 절도범이 절취한 재물을 손괴하는 경우 절도죄만 처벌하고 재물손괴죄는 처벌되지 않는 이유는 손괴행위는 이미 주된 범죄인 절도에 의하여 완전히 평가되어서 불가벌적 사후행위에 해당하기 때문이다. 불가벌적 사후행위는 범죄에 의하여 획득된 위법한 이익을 확보하거나 사용, 처분하는 행위가 있을 때 주로 문제된다.

(1) 요건

사후행위는 범죄의 구성요건에 해당해야 한다. 또한 사후행위는 주된 범죄의 피해자·법익과 같아야 한다.[25] 따라서 사후행위가 다른 사람의 새로운 법익을 침해한 경우에는 불가벌적 사후행위가 아니다. 예를 들면 절취한 예금통장으로 현금인출한 경우에는 은행에 대한 새로운 법익을 침해한 경우에 해당하기 때문에 불가벌적 사후행위가 아니며 은행에 대한 사기죄가 성립한다. 이외에도 절취한 신용카드로 물품을 구입한 때에는 사기죄가 성립하며, 사람을 살해한 자가 사체를 유기한 경우의 사체유기행위, 절취한 대마를 흡입할 목적으로 소지하는 경우의 무허가대마소지행위는 불가벌적 사후행위가 아니다.

사후행위는 주된 범죄의 침해의 양을 초과하지 않아야 한다. 예를 들면 절취한 문서를 이용하여 다시 피해자의 재물을 편취한 경우에는 절도죄와 사기죄의 실체적 경합이 된다.

주된 범죄는 재산죄에 한하지 않는다. 예를 들면 간첩이 탐지한 국가기밀을 적국에 누설한 행위에는 불가벌적 사후행위에 해당한다.

주된 범죄에 의하여 행위자가 처벌받았을 것을 요하지 않는다. 주된 범죄가 공소시효의

---

25) 대법원 1980.10.14. 선고 80도2155 판결; 대법원 1980.11.25. 선고 80도2310 판결.

완성·소송조건의 결여로 공소가 제기되지 아니한 때에도 사후행위는 불가벌이 된다.[26]

(2) 효과

사후행위는 선행행위와 함께 평가되어 처벌되기 때문에 별도로 처벌되지 않는다. 하지만 사후행위는 제3자에 대한 관계에서는 불가벌적 사후행위가 되지 않는다. 제3자에게는 처벌받는 주된 범죄가 없기 때문이다. 따라서 사후행위에 대한 공동정범·공범성립은 가능하다. 사후행위는 양형의 참작사유가 될 뿐이다.

> 🔨 **판례** | **불가벌적 사후행위 또는 불가벌적 수반행위를 인정한 판례**

① 금융기관발행의 자기앞수표는 그 액면금을 즉시 지급받을 수 있어 현금에 대신하는 기능을 하고 있으므로 절취한 자기앞수표를 현금 대신으로 교부한 행위는 절도행위에 대한 가벌적 평가에 당연히 포함되는 것으로 봄이 상당하다 할 것이므로 절취한 자기앞수표를 음식대금으로 교부하고 거스름돈을 환불받은 행위는 절도의 불가벌적 사후처분행위로서 사기죄가 되지 아니한다(대법원 1987.1.20. 선고 86도1728 판결).

② 향정신성의약품관리법 제42조 제1항 제1호가 규정하는 향정신성의약품수수의 죄가 성립되는 경우에는 그 수수행위의 결과로서 그에 당연히 수반되는 향정신성의약품의 소지행위는 수수죄의 불가벌적 수반행위로서 수수죄에 흡수되고 별도의 범죄를 구성하지 않는다고 볼 것이다(대법원 1990.1.25. 선고 89도1211 판결).

③ 미등기건물의 관리를 위임받아 보관하고 있는 자가 임의로 건물에 대하여 자신의 명의로 보존등기를 하거나 동시에 근저당권설정등기를 마치는 것은 객관적으로 불법영득의 의사를 외부에 발현시키는 행위로서 횡령죄에 해당하고, 피해자의 승낙 없이 건물을 자신의 명의로 보존등기를 한 때 이미 횡령죄는 완성되었다 할 것이므로, 횡령행위의 완성 후 근저당권설정등기를 한 행위는 피해자에 대한 새로운 법익의 침해를 수반하지 않는 불가벌적 사후행위로서 별도의 횡령죄를 구성하지 않는다(대법원 1993.3.9. 선고 92도2999 판결).

④ 특정범죄가중처벌등에관한법률 제5조 소정의 배임에 의한 국고손실죄의 공동정범인 공무원이 다른 공범으로부터 그 범행에 의하여 취득한 금원의 일부를 받은 경우, 그 금원의 성격은 그 성질이 공동정범들 사이의 내부적 이익분배에 불과한 것이고 별도로 뇌물수수죄(사후수뢰죄)에 해당하지 않는다(대법원 1997.2.25. 선고 94도3346 판결).

⑤ 절도 범인으로부터 장물보관 의뢰를 받은 자가 그 정을 알면서 이를 인도받아 보관하고 있다가 임의 처분하였다 하여도 장물보관죄가 성립하는 때에는 이미 그 소유자

---

26) 다만 주된 범죄가 범죄의 성립요건을 결하였거나 범죄의 증명이 없기 때문에 처벌받지 아니한 때에는 사후행위가 처벌될 수 있다.

의 소유물 추구권을 침해하였으므로 그 후의 횡령행위는 불가벌적 사후행위에 불과하여 별도로 횡령죄가 성립하지 않는다(대법원 2004.4.9. 선고 2003도8219 판결).

⑥ 갑 종친회 회장인 피고인이 위조한 종친회 규약 등을 공탁관에게 제출하는 방법으로 갑 종친회를 피공탁자로 하여 공탁된 수용보상금을 출급받아 편취하고, 이를 종친회를 위하여 업무상 보관하던 중 반환을 거부하여 횡령하였다는 내용으로 기소된 사안에서, 피고인이 공탁관을 기망하여 공탁금을 출급받음으로써 갑 종친회를 피해자로 한 사기죄가 성립하고, 그 후 갑 종친회에 대하여 공탁금 반환을 거부한 행위는 새로운 법익의 침해를 수반하지 않는 불가벌적 사후행위에 해당할 뿐 별도의 횡령죄가 성립하지 않는다고 한 사례(대법원 2015.9.10. 선고 2015도8592 판결).

⑦ 전기통신금융사기(이른바 보이스피싱 범죄)의 범인이 피해자를 기망하여 피해자의 돈을 사기이용계좌로 송금·이체받았다면 이로써 편취행위는 기수에 이른다. 따라서 범인이 피해자의 돈을 보유하게 되었더라도 이로 인하여 피해자와 사이에 어떠한 위탁 또는 신임관계가 존재한다고 할 수 없는 이상 피해자의 돈을 보관하는 지위에 있다고 볼 수 없으며, 나아가 그 후에 범인이 사기이용계좌에서 현금을 인출하였더라도 이는 이미 성립한 사기범행의 실행행위에 지나지 아니하여 새로운 법익을 침해한다고 보기도 어려우므로, 위와 같은 인출행위는 사기의 피해자에 대하여 따로 횡령죄를 구성하지 아니한다(대법원 2017.5.31. 선고 2017도3045 판결).

⚖️ 판례 | 불가벌적 사후행위를 부정한 판례

① 절취한 은행예금통장을 이용하여 은행원을 기망해서 진실한 명의인이 예금을 찾는 것으로 오신시켜 예금을 편취한 것이라면 새로운 법익의 침해로 절도죄 외에 따로 사기죄가 성립한다(대법원 1974.11.26. 선고 74도2817 판결).

② 절취한 전당표를 제3자에게 교부하면서 자기 누님의 것이니 찾아 달라고 거짓말을 하여 이를 믿은 제3자가 전당포에 이르러 그 종업원에게 전당표를 제시하여 기망케 하고 전당물을 교부받게 하여 편취하였다면 이는 사기죄를 구성하는 것이다(대법원 1980.10.14. 선고 80도 2155 판결).

③ 사람을 살해한 다음 그 범죄의 흔적을 은폐하기 위하여 그 시체를 다른 장소로 옮겨 유기하였을 때에는 살인죄와 사체유기죄의 경합범이 성립하고 사체유기를 불가벌적 사후행위라 할 수 없다(대법원 1984.11.27. 선고 84도2263 판결).

④ 마약의 밀수행위와 그 판매행위는 각각 독립된 가벌적 행위로서 별개의 범죄를 구성한다(대법원 1988.6.28. 선고 88도794 판결).

⑤ 법인 대표자가 회사자금을 횡령하였다면 회사는 그에 상당하는 손해배상청구권 내지 부당이득반환청구권이 있는 것이고 이는 곧 회사의 익금으로 보아야 하므로 회사대표자가 회사자금을 인출하여 횡령함에 있어 경비지출을 과다계상하여 장부에 기장하고 나아가 이를 토대로 법인세 등의 조세를 납부한 경우 국가의 조세수입의 감소를

초래하여 조세를 포탈하였다고 할 것이다. 위와 같은 조세포탈행위는 횡령범행과는 전혀 다른 새로운 법익을 침해하는 행위로서 이를 횡령의 불가벌적 사후행위라고 볼 수 없다(대법원 1992.3.10. 선고 92도147 판결).

⑥ 피해자 명의의 신용카드를 부정사용하여 현금자동인출기에서 현금을 인출하고 그 현금을 취득까지 한 행위는 신용카드업법 제25조 제1항의 부정사용죄에 해당할 뿐 아니라 그 현금을 취득함으로써 현금자동인출기 관리자의 의사에 반하여 그의 지배를 배제하고 그 현금을 자기의 지배하에 옮겨 놓는 것이 되므로 별도로 절도죄를 구성하고, 위 양 죄의 관계는 그 보호법익이나 행위태양이 전혀 달라 실체적 경합관계에 있는 것으로 보아야 한다(대법원 1995.7.28. 선고 95도997 판결).

⑦ 위탁자로부터 당좌수표 할인을 의뢰받은 피고인이 제3자를 기망하여 당좌수표를 할인받은 다음 그 할인금을 임의소비한 경우, 제3자에 대한 사기죄와 별도로 위탁자에 대한 횡령죄가 성립한다고 본 사례(대법원 1998.4.10. 선고 97도3057 판결).

⑧ 대마취급자가 아닌 자가 절취한 대마를 흡입할 목적으로 소지하는 행위는 절도죄의 보호법익과는 다른 새로운 법익을 침해하는 행위이므로 절도죄의 불가벌적 사후행위로서 절도죄에 포괄흡수된다고 할 수 없고 절도죄 외에 별개의 죄를 구성한다고 할 것이며, 절도죄와 무허가대마소지죄는 경합범의 관계에 있다(대법원 1999.4.13. 선고 98도3619 판결).

⑨ 명의수탁자가 신탁 받은 부동산의 일부에 대한 토지수용보상금 중 일부를 소비하고, 이어 수용되지 않은 나머지 부동산 전체에 대한 반환을 거부한 경우, 그 반환거부행위는 그 금원 횡령죄의 불가벌적 사후행위가 아닌 별개의 횡령죄를 구성한다고 한 사례(대법원 2001.11.27. 선고 2000도3463 판결).

⑩ 허위 작성·공시된 재무제표를 이용한 사기적 부정거래로 인한 자본시장과 금융투자업에 관한 법률 위반죄는 허위 재무제표 작성·공시로 인한 주식회사의 외부감사에 관한 법률 위반죄와는 구성요건적 행위의 내용이나 보호법익이 전혀 다르므로, 이들 죄가 상상적 경합관계에 있다거나 전자가 후자의 불가벌적 사후행위에 해당한다고 볼 수 없다(대법원 2013.1.24. 선고 2012도10629 판결).

⑪ 피해자 갑 종중으로부터 토지를 명의신탁받아 보관 중이던 피고인 을이 개인 채무 변제에 사용할 돈을 차용하기 위해 위 토지에 근저당권을 설정하였는데, 그 후 피고인 을, 병이 공모하여 위 토지를 정에게 매도한 사안에서, 피고인들의 토지 매도행위가 별도의 횡령죄를 구성한다고 본 원심판단을 정당하다고 한 사례(대법원 2013.2.21. 선고 2010도10500 전원합의체 판결).

⑫ 회사에 대한 관계에서 타인의 사무를 처리하는 자가 임무에 위배하는 행위로써 회사로 하여금 펀드출자금을 정해진 시점보다 선지급하도록 하여 배임죄를 범한 다음, 선지급된 펀드출자금을 보관하는 자와 공모하여 펀드출자금을 임의로 인출한 후 투자금으로 사용하기 위하여 송금하도록 한 행위가 별죄로서 횡령죄를 구성한다(대법원 2014.12.11. 선고 2014도10036 판결).

⚖️ **판례** | 명의수탁자의 처분과 횡령 관련 사건

【사실관계】 갑은 종중으로부터 종중소유의 토지를 명의신탁받아 보관하던 중 자신의 개인채무 변제에 사용하기 위한 돈을 차용하기 위하여 위 토지에 1995.11.30.에 채권최고액 1,400만원의 근저당권을, 2003.4.15. 채권최고액 750만원의 근저당권을 설정하였다. 그 후 갑은 2009.9.21.에 위 토지를 1억 9,300만원에 매도하였다.

【판결요지】 [다수의견] (가) 횡령죄는 다른 사람의 재물에 관한 소유권 등 본권을 보호법익으로 하고 법익침해의 위험이 있으면 침해의 결과가 발생되지 아니하더라도 성립하는 위험범이다. 그리고 <u>일단 특정한 처분행위(이를 '선행 처분행위'라 한다)로 인하여 법익침해의 위험이 발생함으로써 횡령죄가 기수에 이른 후 종국적인 법익침해의 결과가 발생하기 전에 새로운 처분행위(이를 '후행 처분행위'라 한다)가 이루어졌을 때,</u> 후행 처분행위가 선행 처분행위에 의하여 발생한 위험을 현실적인 법익침해로 완성하는 수단에 불과하거나 그 과정에서 당연히 예상될 수 있는 것으로서 새로운 위험을 추가하는 것이 아니라면 후행 처분행위에 의해 발생한 위험은 선행 처분행위에 의하여 이미 성립된 횡령죄에 의해 평가된 위험에 포함되는 것이므로 후행 처분행위는 이른바 불가벌적 사후행위에 해당한다. <u>그러나 후행 처분행위가 이를 넘어서서, 선행 처분행위로 예상할 수 없는 새로운 위험을 추가함으로써 법익침해에 대한 위험을 증가시키거나 선행 처분행위와는 무관한 방법으로 법익침해의 결과를 발생시키는 경우라면,</u> 이는 선행 처분행위에 의하여 이미 성립된 횡령죄에 의해 평가된 위험의 범위를 벗어나는 것이므로 특별한 사정이 없는 한 별도로 횡령죄를 구성한다고 보아야 한다.
(나) 따라서 타인의 부동산을 보관 중인 자가 불법영득의사를 가지고 그 부동산에 근저당권설정등기를 경료함으로써 일단 횡령행위가 기수에 이르렀다 하더라도 그 후 같은 부동산에 별개의 근저당권을 설정하여 새로운 법익침해의 위험을 추가함으로써 법익침해의 위험을 증가시키거나 해당 부동산을 매각함으로써 기존의 근저당권과 관계없이 법익침해의 결과를 발생시켰다면, 이는 당초의 근저당권 실행을 위한 임의경매에 의한 매각 등 그 근저당권으로 인해 당연히 예상될 수 있는 범위를 넘어 새로운 법익침해의 위험을 추가시키거나 법익침해의 결과를 발생시킨 것이므로 특별한 사정이 없는 한 불가벌적 사후행위로 볼 수 없고, 별도로 횡령죄를 구성한다(대법원 2013.2.21. 선고 2010도10500 전원합의체 판결).

【해설】 종래 대법원은 타인의 부동산을 보관하는 자가 그 부동산에 임의로 근저당권을 설정하여 횡령죄가 성립하는 경우에는 그 이후의 새로운 근저당권 설정행위나 그 부동산의 매각행위는 불가벌적 사후행위이므로 별개의 횡령죄가 성립하지 않는다는 입장이었다. 그러나 위 전원합의체 판결에 따르면 위와 같은 행위도 새로운 법익침해의 위험을 추가시키거나(750만원의 근저당권을 설정) 법익침해의 결과를 발생시킨 경우(토지를 매도)에는 불가벌적 사후행위로 볼 수 없고 별도의 횡령죄가 성립한다고 종래 입장을 변경하였다. 따라서 ① 부동산명의수탁자가 신탁자의 승낙없이 갑 앞으로 근저당설정등기를 경료했다가 후에 그 말소등기를 신청함과 동시에 을 앞으로 소유권이

전등기를 신청함에 따라 갑 명의의 근저당권말소등기와 을 명의의 소유권이전등기가 순차로 경료된 경우(2000도310 판결), ② 명의신탁받아 보관중이던 토지를 피해자의 승낙없이 제3자에게 근저당권설정등기를 경료해 주었다가, 그 후 또 다시 다른 사람에게 근저당권설정등기를 경료해 준 경우(96도1755 판결)에는 변경된 전원합의체 판결에 따라 별개의 횡령죄가 성립한다.

Ⅲ. 법조경합의 처리

법조경합은 한 개의 형벌법규만 적용되고, 적용되는 형벌법규는 다른 형벌법규의 적용을 배척하기 때문에 배제된 법률은 적용하지 않는다. 배제된 법률은 판결의 주문·이유에 기재되지 않는다. 배제되는 구성요건은 양형에서 고려할 수 있다.

제4절 **포괄일죄**

Ⅰ. 서설

1. 의의

포괄일죄(包括一罪)는 수 개의 행위가 동일한 구성요건을 반복적으로 실현한 경우 일정한 요건을 갖추면 각 행위들을 포괄적으로 평가하여 한 개의 구성요건에 해당하여 일죄를 구성하는 경우이다. 동일 죄명에 해당하는 수 개의 행위를 단일하고 계속된 범의 아래 일정 기간 계속하여 행하고 그 피해법익도 동일한 경우에는 이들 각 행위를 통틀어 포괄일죄로 처단하여야 할 것이나, 범의의 단일성과 계속성이 인정되지 아니하거나 범행방법이 동일하지 않은 경우에는 각 범행은 실체적 경합범에 해당한다.[27]

> **판례** 포괄일죄의 의의
>
> 【판결이유】 이른바 포괄일죄라는 것은 일반적으로 각기 따로 존재하는 수 개의 행위가

---

27) 대법원 2018.11.29. 선고 2018도10779 판결; 대법원 2020.5.14. 선고 2020도1355 판결.

당해 구성요건을 한번 충족하여 본래적으로 일죄라는 것으로 이 수 개의 행위가 혹은 흡수되고 혹은 사후행위가 되고 혹은 위법상태가 상당 정도 시간적으로 경과하는 등으로 본래적으로 일죄의 관계가 이루어지는 것이므로 별개의 죄가 따로 성립하지 않음은 물론 과형상의 일죄와도 이 점에서 그 개념 등을 달리하는 것이다(대법원 1982.11.23. 선고 82도2201 판결).

2. 법조경합과 포괄일죄

법조경합이나 포괄일죄는 모두 일죄이지만, 이를 일죄로 보는 이유는 다르다. 포괄일죄는 구성요건적 자체가 수 개의 행위를 요구하거나 수 개의 행위 상호 간의 관계를 외부에서 관찰자가 평가하여 소송경제적 관점 또는 형사정책적 관점에서 그 수 개의 행위를 포괄적으로 한 개의 구성요건을 1회 충족하는 것으로 평가하여 일죄로 보면 반면에, 법조경합은 입법구조의 이유로 법률 자체의 내적인 체계상 구성요건 상호 간의 관계에 의하여 1개의 구성요건만 적용되고 다른 구성요건은 배척되는 경우를 말한다.[28]

3. 포괄일죄의 종류

포괄일죄는 판례에 의하여 만들어진 개념이다. 판례는 포괄일죄 개념을 매우 다의적으로 사용하고 있기 때문에[29] 포괄일죄의 유형으로 무엇을 볼 것인가에 대해서는 이론적으로 확정되었다고 보기 어렵다.

판례는 수뢰죄를 협의의 포괄일죄로 보면서, 협의의 포괄일죄란 동일한 법익을 침해하는 수 개의 서로 다른 행위태양이 한 개의 구성요건에 규정되어 있을 때에는 이 수 개의 행위태양에 해당하는 일련의 행위를 포괄하여 일죄로 보는 경우를 말한다고 한다.[30] 예를 들면 뇌물을 요구 또는 약속하면서 이를 수수한 경우에는 뇌물수수죄만 성립한다.[31] 협의의 포괄일죄 이외에도 법조경합 중 흡수관계 및 보충관계, 결합범이나 계속범 등도 포괄일죄로 본다.

생각건대 법조경합을 일죄로 보는 이유는 포괄일죄를 일죄로 보는 이유와 근본적으로 다르며, 포괄일죄는 원래 수 개의 행위가 그 자체만으로도 각각 구성요건을 반복적으로

---

28) 김성돈, 750면.
29) 대법원이 인정하고 있는 포괄일죄의 범주에 해당하는 사례유형에 대한 분석 결과에 대한 자세한 설명은 김성돈, 750면 참조.
30) 대법원 1985.7.9. 선고 85도740 판결.
31) 김성돈, 740면; 정성근/박광민, 623면.

실현하는 경우이지만, 결합범은 수 개의 행위가 반드시 결합되어야 범죄구성요건이 충족된다는 점에서 이를 포괄일죄의 종류로 보기는 어렵다. 따라서 포괄일죄는 수 개의 행위가 반복적으로 동일한 구성요건을 실현하는 경우와 구성요건의 성질상 동종행위의 반복이 예상되어 있는 경우로 보는 것이 타당하다.[32] 포괄일죄의 종류로는 접속범, 연속범, 집합범으로 보는 것이 타당하다.

II. 접속범

1. 의의

접속범은 수 개의 행위가 단일한 고의하에서 동일한 기회에 시간적·장소적으로 극히 근접한 정황속에서 같은 법익을 침해하는 경우로 전체행위를 포괄하여 일죄로 평가되는 경우를 말한다. 예를 들면 절도범이 문 앞에 차를 대기해 놓고 재물을 여러 차례 반복하여 차를 실은 경우, 하나의 사건에 관하여 한 번 선서한 증인이 같은 기일에 여러 가지 사실에 관하여 기억에 반하는 허위진술을 한 경우[33] 전체행위를 포괄하여 절도죄 또는 위증죄 일죄만 성립한다.

2. 성립요건

접속범이 성립하기 위해서는 ① 피해법익의 동일성·단일성, ② 행위의 시간적·장소적 근접성, ③ 구성요건 및 행위태양의 동종성, ④ 범의의 동일성·계속성이 인정되어야 한다.

가. 피해법익의 동일성·단일성

피해법익의 동일성·단일성이 있어야 한다. 따라서 수 개의 행위에 의하여 다른 법익을 침해한 경우, 전속적 법익에 있어서 법익 주체를 달리하는 경우에는 접속범이 성립할 수 없으며 수죄가 된다.

동일한 법익에 대한 침해가 있어도 피해자가 수인인 경우 접속범을 인정할 수 있는지가 문제된다. 침해된 법익이 비전속적인 성질인 경우 피해자가 수인인 경우라고 하더라도 불법이 단순히 양적으로 증가한 것에 불과하기 때문에 피해법익의 동일성은 유지되었다

---

32) 김성돈, 751면.
33) 대법원 1998.4.14. 선고 97도3340 판결.

고 평가할 수 있다. 따라서 이 경우 포괄일죄가 된다.[34] 하지만 생명·신체·자유와 같이 일신전속적 법익인 경우 피해자가 수인이라면 전체를 하나로 볼 수 없다. 따라서 그 불법의 효과는 침해된 법익별로 독자적으로 평가되어야 하기 때문에 포괄일죄가 아니라 경합범이 된다.

나. 시간적·장소적 근접성

수 개의 행위는 시간적·장소적 근접성이 인정되어야 한다. 판례에 따르면 피해자를 위협하여 항거불능케 한 후 1회 간음하고 2백 미터쯤 오다가 다시 1회 간음한 경우 1개의 강간죄를 인정한다.[35] 시간적·장소적 근접성을 인정한 것이다. 그러나 피해자를 1회 강간하여 상처를 입게 한 후 약 1시간 후 장소를 옮겨 같은 피해자를 다시 1회 강간한 경우 그 범행시간과 장소를 달리하고 있기 때문에 수죄에 해당한다고 한다.[36]

다. 구성요건 및 행위태양의 동일성

구성요건의 동일성이 있어야 한다. 접속범은 포괄일죄이므로 따로 존재하는 수 개의 행위가 동일한 구성요건을 반복적으로 실현하는 경우이기 때문이다. 횡령죄와 사기죄는 구성요건을 달리하는 경우이므로 접속범이 되지 않는다.[37]

행위태양의 동종성이 인정되어야 한다. 따라서 슈퍼마켓 사무실에서 식칼을 들고 피해자를 협박한 행위와 식칼을 들고 매장을 돌아다니며 손님을 내쫓아 그의 영업을 방해한 행위는 별개의 행위로 협박죄와 업무방해죄는 실체적 경합의 관계에 있다.[38]

라. 범의의 동일성·계속성

범죄의사의 동일성·계속성이 인정되어야 한다. 따라서 별개의 범의 또는 범의의 갱신이 이루어진 경우에는 접속범이 성립할 수 없으며 수죄가 된다. 컴퓨터로 음란 동영상을 제공한 제1범죄행위로 서버컴퓨터가 압수된 후 다시 장비를 갖추어 동종의 제2범죄행위를 한 경우에는 피고인에게 범의의 갱신이 있기 때문에 제1범죄행위와 제2범죄행위의 관계는 포괄일죄가 아니라 실체적 경합의 관계에 있다.[39]

---

34) 김성돈, 753면.
35) 대법원 1970.9.29. 선고 70도1516 판결.
36) 대법원 1987.5.12. 선고 87도694 판결.
37) 대법원 1988.2.9. 선고 87도58 판결.
38) 대법원 1991.1.29. 선고 90도2445 판결.
39) 대법원 2005.9.30. 선고 2005도4051 판결.

① 피해자를 위협하여 항거불능케 한 후 1회 간음하고 2백미터쯤 오다가 다시 1회 간음한 경우에 있어 피고인의 의사 및 그 범행시각과 장소로 보아 두번째의 간음행위는 처음 한 행위의 계속으로 볼 수 있어 이를 단순일죄로 본 사례(대법원 1970.9.29. 선고 70도1516 판결).

② 업무상 횡령의 소위는 피해법익이 단일하며, 단일 또는 계속된 범의의 발동에 의하여 이루어진 범행이라면 그 행위가 복수인 경우에도 이를 포괄적으로 파악하여 일죄로 인정할 수 있으므로 업무상 횡령사실이 비록 약 4년 3개월간에 걸친 것이라 하여도 그 기간내의 횡령범행이 전기간을 통하여 접속되어 있고 그 횡령사실이 모두 (갑)은행을 위하여 업무상 보관관리하고 있는 돈을 횡령한 것이라면 그 피해법익이 단일하다 할 것이므로 이를 일죄로 파악한 것은 정당하다(대법원 1984.8.14. 선고 84도1139 판결).

③ 하나의 사건에 관하여 한 번 선서한 증인이 같은 기일에 여러 가지 사실에 관하여 기억에 반하는 허위의 진술을 한 경우 이는 하나의 범죄의사에 의하여 계속하여 허위의 진술을 한 것으로서 포괄하여 1개의 위증죄를 구성하는 것이고 각 진술마다 수 개의 위증죄를 구성하는 것이 아니다(대법원 1998.4.14. 선고 97도3340 판결).

④ 음주상태로 자동차를 운전하다가 제1차 사고를 내고 그대로 진행하여 제2차 사고를 낸 후 음주측정을 받아 도로교통법 위반(음주운전)죄로 약식명령을 받아 확정되었는데, 그 후 제1차 사고 당시의 음주운전으로 기소된 사안에서 위 공소사실이 약식명령이 확정된 도로교통법 위반(음주운전)죄와 포괄일죄 관계에 있다고 본 사례(대법원 2007.7.26. 선고 2007도4404 판결).

---

① 피해자를 1회 강간하여 상처를 입게 한 후 약 1시간 후에 장소를 옮겨 같은 피해자를 다시 1회 강간한 행위는 그 범행시간과 장소를 달리하고 있을 뿐만 아니라 각 별개의 범의에서 이루어진 행위로서 형법 제37조 전단의 실체적 경합범에 해당한다(대법원 1987.5.12. 선고 87도694 판결).

② 피고인이 슈퍼마켓사무실에서 식칼을 들고 피해자를 협박한 행위와 식칼을 들고 매장을 돌아다니며 손님을 내쫓아 그의 영업을 방해한 행위는 별개의 행위로 실체적 경합이다(대법원 1991.1.29. 선고 90도2445 판결).

③ 컴퓨터로 음란 동영상을 제공한 제1범죄행위로 서버컴퓨터가 압수된 이후 다시 장비를 갖추어 동종의 제2범죄행위를 하고 제2범죄행위로 인하여 약식명령을 받아 확정된 사안에서, 피고인에게 범의의 갱신이 있어 제1범죄행위는 약식명령이 확정된 제2범죄행위와 실체적 경합관계에 있다고 보아야 할 것이라는 이유로, 포괄일죄를 구성한다고 판단한 원심판결을 파기한 사례(대법원 2005.9.30. 선고 2005도4051 판결).

④ 위험물인 유사석유제품을 제조한 석유사업법 위반 및 소방법 위반의 범행(제1범죄

행위)으로 경찰에 단속된 후 기소중지되어 1달 이상 범행을 중단하였다가 다시 위험물
인 유사석유제품을 제조함으로써 석유 및 석유대체연료 사업법 위반 및 위험물안전관
리법 위반의 범행(제2범죄행위)을 하고, 그 후 제1범죄행위에 대하여 약식명령이 확정
된 사안에서, 제1, 2 범죄행위의 범행방법과 범행장소가 동일하지 않은 점 등에 비추
어 두 범죄행위 사이에 시간적·장소적 접근성을 인정할 수 없고 범의가 갱신되었다
는 이유로, 원심판결이 제1, 2 범죄행위가 포괄일죄를 구성하고 확정된 약식명령의 기
판력이 제2범죄행위에 미친다고 한 것을 파기한 사례(대법원 2006.9.8. 선고 2006도3172 판결).

Ⅲ. 연속범

1. 의의

연속범(連續犯)이란 연속한 수 개의 행위가 동종의 범죄에 해당하는 경우를 말한다. 연
속범의 경우 접속범과는 달리 연속된 수 개의 행위가 반드시 구성요건적으로 일치할 것을
요하지 않고, 시간적·장소적 접속도 요건으로 하지 아니하여 그 사이의 연관이 긴밀하지
않다는 점에서 접속범과 구별된다. 예를 들면 절도 범인이 수일에 걸쳐서 매일 밤 쌀 한
가마니씩을 훔치는 경우를 말한다.

2. 법적 성질에 대한 견해의 대립

연속범은 "연속한 수 개의 행위가 동일한 죄명에 걸릴 때에는 일죄로 처벌한다"는 종
전 형법 제55조에서 규정된 개념이었다. 이 규정은 현재 폐지되었고 연속범에 대한 규정
을 두고 있지 않다. 따라서 연속범의 죄수를 어떻게 파악할 것인지 견해의 대립이 있다.

이에 대하여 학설은 포괄일죄설, 경합범설, 처분상 일죄설 등으로 나뉜다. 다수설과 판
례는 포괄일죄설의 입장이다. 즉 연속범을 접속범의 경우에 비해 더 폭넓게 인정되는 일
죄의 유형이라고 본다. 연속범을 일죄로 보지 않고 수죄로 보면 모든 행위의 성격을 개별
적으로 파악해야 하기 때문에 소송경제에 반하고, 피고인에게 지나치게 불리한 결과를 초
래할 수 있기 때문이다. 개개의 범죄를 확정하고 경합범의 예에 따라 전체형을 정하게 하
는 것은 법관에게도 무리한 부담을 주기 때문에 소송경제를 고려하여 연속범을 포괄일죄
로 본다. 이에 대하여 연속범은 수죄로서 경합범으로 보아야 한다는 소수설이 있다.[40]

---

40) 연속범을 포괄일죄로 인정하는 경우에는 많은 죄를 범한 자에게 특혜를 주어 정당한 형벌의 이념이나 실질적 정의의 실현
을 방해한다는 이유로 연속범의 개념을 인정해서는 안된다는 견해이다(김성돈, 연속범의 죄수, 형사정책연구 제8권 제1

3. 성립요건

가. 피해법익의 동일성·단일성

개개의 행위가 동일한 법익을 침해해야 한다. 연속된 범행은 이미 행해진 불법을 양적으로 증가시키는 경우이어야 한다. 따라서 절도죄와 주거침입죄 사이에는 연속범이 될 수 없다.

동일한 법익을 침해한 경우에도 생명·신체와 같은 일신전속적 법익의 경우에는 법익주체가 다를 경우에는 불법을 양적으로 증가시킨 경우라도 볼 수 없다. 따라서 이 경우에는 연속범이 성립하지 않는다.

나. 시간적·장소적 계속성

접속범의 경우와 같이 시간적·장소적 '접근성'까지는 필요 없지만, 시간적·장소적 '계속성'은 필요하다. 개개의 행위가 동일한 관계를 이용했다고 볼 수 있어야 하기 때문이다. 따라서 범죄 사이의 기간이 9개월 이상이 되거나, 다른 도시에서 이루어진 무전취식행위는 시간적·공간적 근접성이 없기 때문에 연속범이 될 수 없다.

다. 형법상 금지의 동일성

개개의 행위는 형법상 동일한 금지를 위반해야 한다.[41] 수 개의 행위가 반드시 동일한 구성요건을 실현하지 않아도 된다는 점에서 접속범과 다르다. 범행은 동일한 구성요건을 연속 침해하는 경우뿐만 아니라 기본적 구성요건과 가중적 구성요건을 연속 침해하는 경우, 기수와 미수를 연속 범행하는 경우에도 연속범이 성립한다. 이 경우 다수의 행위를 포괄하여 가중적 구성요건에 해당하는 범죄 또는 기수범의 일죄로 처벌한다. 따라서 절도와 절도미수 및 특수절도가 연속관계에 있을 경우에는 1개의 특수절도죄가 성립한다.[42] 절도죄와 횡령죄, 절도죄와 강도죄 사이의 연속범은 있을 수 없다. 동일한 금지를 규정하고 있는 구성요건이 아니기 때문이다.

침해의 동종성, 즉 범죄실행의 형태가 유사해야 한다. 따라서 고의범과 과실범, 작위범과 부작위범, 정범과 공범 사이에 연속범이 성립하지 않는다.[43] 판례에 따르면 "타인의 명의를 모용하여 발급받은 신용카드를 이용하여 현금자동지급기에서 현금대출을 받은 경우

호, 1997, 187면 이하; 박광민, 연속범이론의 재검토, 형사법연구 제13호, 2000, 125면; 서보학, 연속범이론에 관한 비판적 고찰, 정성근교수화갑기념논문집(상), 607면 이하).

41) 이재상/장영민/강동범, 562면.
42) 대법원 1975.5.27. 선고 75도1184 판결.
43) 이재상/장영민/강동범, 562면.

와 ARS 전화서비스나 인터넷 등을 통하여 신용대출을 받는 경우" 기망당한 카드회사가 카드사용을 포괄적으로 허용한 것에 기초한 것으로 파악하여 카드회사에 대한 사기의 포괄일죄가 되는 것이 아니라, 현금자동지급기에서 현금을 인출한 행위는 현금자동지급기의 관리자에 대한 절도죄가, ARS 전화서비스 등을 이용하여 신용대출을 받은 행위는 대출금융기관에 대한 컴퓨터등사용사기죄가 각각 성립한다.[44]

⚖️ 판례 ┃ 공갈죄와 절도죄

【판결요지】예금주인 현금카드 소유자를 협박하여 그 카드를 갈취하였고, 하자 있는 의사표시이기는 하지만 피해자의 승낙에 의하여 현금카드를 사용할 권한을 부여받아 이를 이용하여 현금을 인출한 이상, 피해자가 그 승낙의 의사표시를 취소하기까지는 현금카드를 적법, 유효하게 사용할 수 있고, 은행의 경우에도 피해자의 지급정지 신청이 없는 한 피해자의 의사에 따라 그의 계산으로 적법하게 예금을 지급할 수밖에 없는 것이므로, 피고인이 피해자로부터 현금카드를 사용한 예금인출의 승낙을 받고 현금카드를 교부받은 행위와 이를 사용하여 현금자동지급기에서 예금을 여러 번 인출한 행위들은 모두 피해자의 예금을 갈취하고자 하는 피고인의 단일하고 계속된 범의 아래에서 이루어진 일련의 행위로서 포괄하여 하나의 공갈죄를 구성한다고 볼 것이지, 현금지급기에서 피해자의 예금을 취득한 행위를 현금지급기 관리자의 의사에 반하여 그가 점유하고 있는 현금을 절취한 것이라 하여 이를 현금카드 갈취행위와 분리하여 따로 절도죄로 처단할 수는 없다(대법원 1996.9.20.
선고 95도1728 판결).

라. 범의의 단일성

주관적 요건으로 범의의 단일성이 인정되어야 한다. 범의 단일성의 의미에 대하여 견해의 대립이 있다. '전체고의설'은 행위자가 사전에 범행의 시간·장소·피해자·범행방법을 포함한 행위의 전체결과를 인식하고, 이를 개별적 행위에 의하여 단계적으로 실현할 것을 결의한 전체고의가 있어야만 범의의 단일성이 인정된다는 견해이다. '계속적 고의설'은 개개의 행위가 앞의 행위와 계속적인 심리적 관련을 가지면 족하며, 따라서 행위자가 어느 행위를 종료한 후에 다시 반복할 것을 결의한 연쇄고의의 경우에도 범의의 단일성을 인정할 수 있다는 견해이다.

판례는 계속적 고의설의 입장이다. 판례에 따르면 공무원이 약 1년 6개월 동안 전후 17회에 걸쳐 정기적으로 동일한 납품업자로부터 뇌물을 수수한 경우 공무원이 직무에 관하여 뇌물을 수수한다는 '단일한 범의 아래 계속하여' 일정기간 동종행위를 반복한 것으

---

44) 대법원 2006.7.27. 선고 2006도3126 판결.

로 보아 뇌물수수의 포괄일죄로 보았다.[45] 이에 반하여 피고인이 동일한 피해자로부터 3 회에 걸쳐 돈을 편취함에 있어서 그 시간적 간격이 각 2개월 이상이 되고 그 기망방법에 있어서도 처음에는 경매보증금을 마련하여 시간을 벌어주면 경매목적물을 처분하여 갚 겠다고 거짓말을 하였고, 두 번째는 한번만 더 시간을 벌면 위 부동산이 처분될 수 있다고 하여 돈을 빌려주게 하고, 마지막에는 돈을 빌려주지 않으면 두 번에 걸쳐 빌려준 돈도 갚 을 수 없게 되었다고 거짓말을 함으로써 피해자로 하여금 부득이 그 돈을 빌려주지 않을 수 없는 상태에 놓이게 된 경우 피고인에게 '범의의 단일성과 계속성이 있었다고 보여지 지 아니하므로' 위의 각 범행은 실체적 경합범에 해당한다.[46]

생각건대 전체고의설은 계획적이고 치밀한 범인에게 순간범인보다 특혜를 주는 부당 한 결과를 초래한다. 따라서 계속적 고의설이 타당하다. 범의의 단일성은 실행의 착수부 터 전체범행을 순차적으로 실현하겠다는 '전체고의'를 가진 경우뿐만 아니라 일부 행위를 실행한 후 연속하여 범행을 결의하고 계속하여 범행을 실행하는 '계속고의'를 가진 경우 도 포함한다.

4. 효과

실체법적으로 포괄일죄로 행위자는 1죄로 처벌되며, 구성요건이 다른 경우 가장 중한 죄로 처벌된다. 따라서 절도, 절도미수, 특수절도가 연속된 경우 1개의 특수절도죄만 성 립하며, 같은 죄의 기수와 미수가 연속되면 기수로만 처벌받는다.

소송법적으로도 1죄이며(공소 객관적 불가분의 원칙), 연속범에 의하여 유죄판결을 받은 경우 그 판결의 기판력은 판결 이전에 범한 모든 행위에 미친다. 따라서 공소가 제기된 때 에는 면소판결을 선고해야 한다.

⚖ **판례** ⬥ **연속범**

① 4개월여 사이에 10여회에 걸쳐 동일회사의 대표이사 또는 상무이사로부터 뇌물을 받은 것은 포괄일죄에 해당한다(대법원 1979.8.14. 선고 79도1393 판결).
② 이 사건 공소범죄사실의 내용이 피고인이 1979.11.3부터 동월 13일까지 양담배를 4회에 걸쳐 피고인의 집에서 판매한 사실이 있다는 것이고 이 사건 전에 유죄의 확정 판결을 받은 범죄사실의 내용이 1979.10. 중순경부터 1980.7.8까지 사이에 45회에 걸 쳐 피고인의 집에서 동 양담배를 판매한 행위라면 이 사건 공소범죄사실과 확정판결

---

45) 대법원 1990.9.25. 선고 90도1588 판결.
46) 대법원 1989.11.28. 선고 89도1309 판결.

의 범죄사실은 모두 단일하고 계속된 범의하에 동종의 범행을 일정기간 반복하여 행한 것으로서 그 피해법익 또한 동일한 경우이므로 포괄일죄에 해당한다고 보아야 한다(대법원 1984.5.15. 선고 84도233 판결).

③ 수개의 업무상 횡령행위라 하더라도 그 피해법익이 단일하고 또 범죄의 태양이 동일하며 단일범의의 발현에 기인하는 일련의 행위라고 인정될 때에는 포괄하여 1개의 범죄라고 봄이 타당하다(대법원 1985.8.13. 선고 85도1275 판결).

④ 채무면탈의 목적으로 채권자를 살해하고 동인의 반항능력이 완전히 상실된 것을 이용하여 즉석에서 동인이 소지하고 있던 재물까지 탈취하였다면 살인행위와 재물탈취행위는 서로 밀접하게 관련되어 있어 살인행위를 이용한 재물탈취행위라고 볼 것이므로 이는 강도살인죄에 해당한다(대법원 1985.10.22. 선고 85도1527 판결).

⑤ 공무원인 이 사건 피고인들이 1987.7.15.부터 1988.12.28.까지 사이에 전후 17회에 걸쳐 정기적으로 동일한 납품업자로부터 신속한 검수, 검수과정에서의 함량미달 등 하자를 눈감아 달라는 청탁명목으로 계속하여 금원을 교부받아 그 직무에 관하여 뇌물을 수수한 것이라면, 공무원이 직무에 관하여 뇌물을 수수한다는 단일한 범의 아래 계속하여 일정기간 동종행위를 반복한 것이 분명하므로, 뇌물수수의 포괄일죄로 보아 특정범죄가중처벌등에관한법률에 의율하여야 한다(대법원 1990.9.25. 선고 90도1588 판결).

⑥ 하나의 사건에 관하여 한 번 선서한 증인이 같은 기일에 여러 가지 사실에 관하여 기억에 반하는 허위의 진술을 한 경우 이는 하나의 범죄의사에 의하여 계속하여 허위의 진술을 한 것으로서 포괄하여 1개의 위증죄를 구성하는 것이고 각 진술마다 수 개의 위증죄를 구성하는 것이 아니므로, 당해 위증 사건의 허위진술 일자와 같은 날짜에 한 다른 허위진술로 인한 위증 사건에 관한 판결이 확정되었다면, 비록 종전 사건 공소사실에서 허위의 진술이라고 한 부분과 당해 사건 공소사실에서 허위의 진술이라고 한 부분이 다르다 하여도 종전 사건의 확정판결의 기판력은 당해 사건에도 미치게 되어 당해 위증죄 부분은 면소되어야 한다(대법원 1998.4.14. 선고 97도3340 판결).

⑦ 술집에 피고인과 술집 주인 두 사람밖에 없는 상황에서 술값의 지급을 요구하는 술집 주인을 살해하고 곧바로 피해자가 소지하던 현금을 탈취한 경우 강도살인죄가 성립한다(대법원 1999.3.9. 선고 99도242 판결).

⑧ 절도범이 체포를 면탈할 목적으로 체포하려는 여러 명의 피해자에게 같은 기회에 폭행을 가하여 그 중 1인에게만 상해를 가하였다면 이러한 행위는 포괄하여 하나의 강도상해죄만 성립한다(대법원 2001.8.21. 선고 2001도3447 판결).

⑨ 위험물인 유사석유제품을 제조한 석유사업법 위반 및 소방법 위반의 범행(제1범죄행위)으로 경찰에 단속된 후 기소중지되어 1달 이상 범행을 중단하였다가 다시 위험물인 유사석유제품을 제조함으로써 석유 및 석유대체연료 사업법 위반 및 위험물안전관리법 위반의 범행(제2범죄행위)을 한 경우, 제1, 2범죄행위의 범행방법과 범행장소가 동일하지 않은 점 등에 비추어 두 범죄행위 사이에 시간적·장소적 접근성을 인정할

수 없고 범의가 갱신되었으므로 양죄는 포괄일죄가 아니라 실체적 경합의 관계에 있다고 한 사례(대법원 2006.9.8. 선고 2006도3172 판결).

⑩ 행정소송사건의 같은 심급에서 변론기일을 달리하여 수차 증인으로 나가 수 개의 허위진술을 하더라도 최초 한 선서의 효력을 유지시킨 후 증언한 이상 1개의 위증죄를 구성함에 그친다(대법원 2007.3.15. 선고 2006도9463 판결).

Ⅳ. 집합범

1. 의의와 종류

집합범은 구성요건의 내용이 다수의 동종의 행위가 동일한 의사경향에 따라 반복될 것이 당해 구성요건에 당연히 예상되는 범죄이다.

집합범의 종류에는 음화의 판매, 무면허 의사의 영업과 같이 행위자가 행위의 반복으로 수입원으로 삼는 경우인 영업범, 상습도박죄와 같이 행위자가 반복된 행위로 얻어진 경향으로 인하여 죄를 범하는 경우인 상습범, 행위자가 행위의 반복을 직업적으로 하는 경우인 직업범이 있다. 하지만 영업범과 직업범은 그 성질이나 구별의 실익면에서도 큰 차이가 없으므로 하나의 개념으로 사용해도 무난하다.

2. 법적 성질

가. 쟁점

집합범의 법적 성질에 대하여 포괄일죄설과 경합범설이 대립되어 있다. 영업범이나 상습범의 경우 수 개의 행위가 있음에도 불구하고 이를 포괄하여 일죄로 보는 것이 타당한가에 대한 논의이다.

나. 학설

포괄일죄설은 개별적인 행위가 영업성·상습성·직업성에 의하여 하나의 행위로 통일되어 1죄가 된다는 견해이다.[47] 각각의 행위를 통합하는 기능을 하는 요소가 영업성 및 상습성이라고 한다.

경합범설은 집합범은 수죄로 보아 실체적 경합범이 되어야 한다는 견해이다. 집합범을 포괄일죄로 본다면 특수한 범죄에너지를 가진 범죄인에게 부당한 특혜를 주는 것이 된다

---

47) 김일수/서보학, 694면; 신동운, 685면; 임웅, 583면; 정성근/박광민, 623면.

고 한다.[48]

다. 판례

대법원은 영업범의 경우에는 영업성이 수 개의 행위를 하나의 행위로 통합하는 기능을 하는 것이 아니라 일죄 인정의 다른 요건들이 충족되어야 수 개의 행위를 한 개의 행위로 평가할 수 있는 것이라고 한다. 반면에 상습범의 경우에는 포괄일죄 인정의 요건이 충족되지 않더라도 상습성 하나만으로 포괄일죄로 인정할 수 있다고 한다.

⚖ 판례 무등록 건설업 영위 행위

【판결요지】 건설산업기본법 제9조 제1항 본문은 '건설업을 하려는 자는 대통령령으로 정하는 업종별로 국토교통부장관에게 등록을 하여야 한다'고 규정하고, 벌칙 조항인 제96조 제1호에서는 제9조 제1항에 따른 등록을 하지 아니하고 건설업을 한 자를 형벌에 처하도록 규정하고 있는데, 위 규정에 위반하는 <u>무등록 건설업 영위 행위는 범죄의 구성요건의 성질상 동종 행위의 반복이 예상된다 할 것이고, 그와 같이 반복된 수개의 행위가 단일하고 계속된 범의하에 근접한 일시ㆍ장소에서 유사한 방법으로 행하여지는 등 밀접한 관계가 있어 전체를 1개의 행위로 평가함이 상당한 경우에는 이들</u> 각 행위를 통틀어 포괄일죄로 처벌하여야 한다(대법원 2014.7.24. 선고, 2013도12937 판결).

⚖ 판례 상습으로 저질러진 수 개의 범죄의 죄수관계

【판결요지】 [1] [다수의견] 상습성을 갖춘 자가 여러 개의 죄를 반복하여 저지른 경우에는 각 죄를 별죄로 보아 경합범으로 처단할 것이 아니라 그 모두를 포괄하여 상습범이라고 하는 하나의 죄로 처단하는 것이 상습범의 본질 또는 상습범 가중처벌규정의 입법취지에 부합한다.

[별개의견] 원래 '상습성'이란 '행위자의 속성'이라는 점에는 학설ㆍ판례상 이론이 없고 다수의견도 이를 받아들이고 있는바, 이는 곧 단 한번 저질러진 범행이라도 그것이 상습성의 발현에 의한 것이라면 상습범이 된다는 것이어서 상습범이 성립하기 위하여는 반드시 수개의 범행이 반복될 것을 그 구성요건요소로 하거나 예정하고 있는 것은 아니므로 상습성이 발현된 수개의 범행이 있는 경우에 각개의 범행 상호 간에 보호법익이나 행위의 태양과 방법, 의사의 단일 또는 갱신 여부, 시간적ㆍ장소적 근접성 등 일반의 포괄일죄 인정의 기준이 되는 요소들을 전혀 고려함이 없이 오로지 '상습성'이라는 하나의 표지만으로 곧 모든 범행을 하나로 묶어 포괄하여 일죄라고 할 수는 없으므로 수개의 상습사기 범행은 원칙으로 수개의 죄로 보아야 한다.

---

48) 이재상/장영민/강동범, 564면.

[2] [다수의견] 상습범으로서 포괄적 일죄의 관계에 있는 여러 개의 범죄사실 중 일부에 대하여 유죄판결이 확정된 경우에, 그 확정판결의 사실심판결 선고 전에 저질러진 나머지 범죄에 대하여 새로이 공소가 제기되었다면 그 새로운 공소는 확정판결이 있었던 사건과 동일한 사건에 대하여 다시 제기된 데 해당하므로 이에 대하여는 판결로써 면소의 선고를 하여야 하는 것인바(형사소송법 제326조 제1호), 다만 이러한 법리가 적용되기 위해서는 전의 확정판결에서 당해 피고인이 상습범으로 기소되어 처단되었을 것을 필요로 하는 것이고, 상습범 아닌 기본 구성요건의 범죄로 처단되는 데 그친 경우에는, 가사 뒤에 기소된 사건에서 비로소 드러났거나 새로 저질러진 범죄사실과 전의 판결에서 이미 유죄로 확정된 범죄사실 등을 종합하여 비로소 그 모두가 상습범으로서의 포괄적 일죄에 해당하는 것으로 판단된다 하더라도 뒤늦게 앞서의 확정판결을 상습범의 일부에 대한 확정판결이라고 보아 그 기판력이 그 사실심판결 선고 전의 나머지 범죄에 미친다고 보아서는 아니 된다(대법원 2004.9.16. 선고 2001도3206 전원합의체 판결).

【해설】 판례는 상습범의 경우 포괄일죄의 일죄 인정 요건이 충족되지 않더라도 '상습성' 하나만으로 포괄일죄를 인정할 수 있다는 입장이다. 상습범은 포괄일죄로 1죄에 해당하므로 포괄일죄의 일부에 대한 공소제기의 효력과 확정판결의 기판력은 포괄일죄의 다른 부분에도 미치는 것이 원칙이다. 따라서 포괄일죄의 다른 범죄사실에 대하여 공소제기가 있는 경우 이중기소가 되기 때문에 면소판결을 해야 한다. 다만 포괄일죄인 상습사기죄의 일부에 관하여 유죄의 확정판결이 있더라도 단순사기죄로 처벌된 것인가, 상습사기죄로 처벌된 것인가에 따라 기판력이 미치는 범위가 달라진다는 것이 대법원 판례의 취지이다.

라. 결론

영업범뿐만 아니라 상습범의 경우에도 영업성 또는 상습성이 있다는 것만으로 포괄일죄가 된다고 보는 것은 타당하지 않다. 판례의 경우 영업범의 경우와는 달리 상습범의 경우에는 상습성이라는 하나의 표지만으로 모든 범행을 하나로 포괄하여 일죄로 보는 것은 타당하지 않다. 특히 상습범의 경우 반드시 수 개의 범행이 반복될 것을 구성요건요소로 하거나 이를 예정하고 있는 것이 아니므로 상습성 그 자체가 수 개의 개별행위를 하나의 행위로 통합할 수 있는 연결고리가 될 수 없다.[49]

영업범뿐만 아니라 상습범은 영업성 또는 상습성이라는 표지 이외에도 영업성·상습성이 발현된 수 개의 범행이 있는 경우 각각 범행 상호 간의 보호법익, 행위태양·방법, 의사의 단일성, 시간적·장소적 근접성 등 포괄일죄의 인정요건이 갖추어져야 성립할 수 있다고 보는 것이 타당하다.

---

49) 김성돈, 759면; 김성돈, 상습범의 죄수-상습범이 일죄가 아닌 이유, 법조, 2002.2, 137면 이하 참조.

V. 포괄일죄의 효과

1. 실체법적 효과

포괄일죄는 한 개의 범죄가 성립하는 경우이므로 실체법상 1죄에 해당한다. 따라서 최초의 행위 이후에 형의 변경이 있는 경우에는 최후의 행위시법을 적용한다.[50] 포괄일죄의 일부분에 대한 공동정범 및 공범 성립도 가능하다. 각 행위부분은 그 자체로 독립성을 가지고 있기 때문이다.

각 행위 부분의 중간에 다른 종류의 죄에 대한 확정판결이 내려진 경우에도 포괄일죄를 이루는 각 행위 부분은 두 개로 분리되지 않고 확정판결 후의 최종의 행위 시에 완성되는 한 개의 범죄가 된다.[51] 하지만 각 행위 부분의 중간에 동종의 죄에 대한 확정판결이 있을 때에는 그 포괄일죄는 확정판결을 전후로 하여 2개로 분리된다.[52]

⚖ 판례 **상습범의 중간에 동종의 상습범의 확정판결이 있는 경우**

【판결요지】 상습범에 있어서 공소제기의 효력은 공소가 제기된 범죄사실과 동일성이 인정되는 범죄사실의 전체에 미치는 것이므로 상습범의 범죄사실에 대한 공판심리중에 그 범죄사실과 동일한 습벽의 발현에 의한 것으로 인정되는 범죄사실이 추가로 발견된 경우에는 검사는 공소장변경절차에 의하여 그 범죄사실을 공소사실로 추가할 수 있다고 할 것이나, 공소제기된 범죄사실과 추가로 발견된 범죄사실 사이에 그것들과 동일한 습벽에 의하여 저질러진 또 다른 범죄사실에 대한 유죄의 확정판결이 있는 경우에는 전후 범죄사실의 일죄성은 그에 의하여 분단되어 공소제기된 범죄사실과 판결이 확정된 범죄사실만이 포괄하여 하나의 상습범을 구성하고, 추가로 발견된 확정판결 후의 범죄사실은 그것과 경합범 관계에 있는 별개의 상습범이 되므로, 검사는 공소장변경절차에 의하여 이를 공소사실로 추가할 수는 없고 어디까지나 별개의 독립된 범죄로 공소를 제기하여야 한다(대법원 2000.3.10. 선고 99도2744 판결).

---

2. 소송법적 효과

포괄일죄는 소송법상으로도 1죄에 해당한다. 공소시효는 최종의 범죄행위가 종료한 때로부터 진행한다.[53] 포괄일죄의 일부에 대한 공소제기의 효력과 판결의 기판력은 포괄

---

50) 대법원 1988.2.24. 선고 97도183 판결.
51) 대법원 2001.8.21. 선고 2001도3312 판결.
52) 대법원 2000.3.10. 선고 99도2744 판결.
53) 대법원 2002.10.11. 선고 2002도2939 판결.

일죄의 다른 부분에 대해서도 미친다. 포괄일죄의 관계에 있는 범행 일부에 대하여 판결이 확정된 경우에는 사실심 판결선고 시를 기준으로 그 이전에 이루어진 범행에 대하여는 확정판결의 기판력이 미쳐 면소의 판결을 선고하여야 한다.

기판력이 미치는 시간적 범위는 사실심리의 가능성이 있는 항소심 판결선고 시까지 행하여진 다른 사실에도 미치므로 다른 범죄사실에 대해서 별개의 공소가 제기된 경우에는 이중기소가 되어 면소판결을 해야 한다.

CHAPTER 03 수 죄

제1절 서설

I. 경합론

죄수의 단계에서 일죄가 아니라 수죄라는 결론이 내려진 경우 각 성립된 범죄가 어떤 형태로 경합하고 있는지를 밝혀야 한다. 형법은 범죄의 경합이 상상적 경합인가 아니면 실체적 경합인가에 따라 처단형을 다르게 규정하고 있기 때문이다.

II. 상상적 경합과 실체적 경합

상상적 경합은 한 개의 행위에 의하여 수 개의 범죄가 성립하는 경우이다. 형법 제40조는 '한 개의 행위가 여러 개의 죄에 해당하는 경우'를 상상적 경합이라고 한다. 이에 비하여 실체적 경합은 수 개의 행위에 의하여 수 개의 범죄가 성립하는 경우이다. 형법 제37조에서는 수 개의 행위를 전제로 하여 '수 개의 죄'가 성립하는 경우를 실체적 경합이라고 한다.

제2절 상상적 경합

제40조(상상적 경합) 한 개의 행위가 여러 개의 죄에 해당하는 경우에는 가장 무거운 죄에 대하여 정한 형으로 처벌한다.

Ⅰ. 서설

1. 의의

상상적 경합은 한 개의 행위가 여러 개의 죄에 해당하는 경우를 말한다. 성립된 수 개의 범죄가 한 개의 행위에 관련되어 '관념적으로' 서로 경합하는 경우이다. 1개의 폭탄을 던져서 여러 명을 살해한 경우 또는 1개의 폭탄을 던져 한 사람을 살해하고 다른 사람에게 상해를 가하고 가옥을 파괴한 경우가 이에 해당한다.

2. 구별개념

상상적 경합은 수죄 간의 실질적 경합이다. 이에 반해 법조경합은 외견상 수 개의 구성요건이 충족된 것 같지만 결국 한 개의 범죄만이 성립된다는 점에서 외관상 경합이다.[54] 법조경합은 실정법에 규정이 없으므로 이론에 의하여 해결되는 반면에, 상상적 경합은 제40조에 의하여 해결된다는 점에서 양자는 구별된다.

상상적 경합은 한 개의 행위에 의하여 수 개의 죄에 해당하는 경우이다. 이에 반해 실체적 경합은 수 개의 행위에 의하여 수 개의 죄에 해당하는 경우이다. 상상적 경합은 가장 중한 죄에 정한 형으로 처벌되지만, 실체적 경합범은 병과, 가중, 흡수한다.

3. 법적 성격

상상적 경합의 법적 성격에 대하여 견해의 대립이 있다. 일죄설에 따르면 상상적 경합은 비록 법적 평가는 수 개이지만 행위가 오직 하나이기 때문에 일죄라고 본다(행위표준설, 의사표준설). 수죄설에 따르면 상상적 경합은 비록 외적으로는 한 개의 행위가 존재하지만 수 개의 형벌법규 또는 수 개의 법익을 침해하기 때문에 수죄라고 본다(구성요건표준설, 법익표준설). 수죄설로 보는 것이 통설의 입장이다.[55]

죄수는 행위의 개수가 아니라 구성요건의 충족횟수나 침해되는 법익의 수를 기준으로 보는 것이 타당하다. 따라서 상상적 경합은 수죄이지만 과형상으로만 일죄라고 보는 것이 타당하다.

---

54) 대법원 2000.7.7. 선고 2000도1899 판결.
55) 김성돈, 767면; 김일수/서보학, 697면; 임웅, 586면.

II. 요건

상상적 경합이 성립하기 위해서는 한 개의 행위를 전제로 하므로 행위의 단일성과 동일성이 있어야 하고, 한 개의 행위로 인하여 두 개 이상의 구성요건을 실현해야 한다.

1. 한 개의 행위가 있을 것

가. 행위의 단일성

행위의 단일성에 대하여 사물자연의 상태에서 사회통념상 한 개라고 볼 수 있는 경우, 즉 자연적 행위단일을 의미한다는 견해와 구성요건적 의미에서 행위가 한 개인 경우를 의미한다는 견해가 대립되어 있다. 구성요건적 의미에서 행위가 한 개인 경우를 의미한다는 견해가 다수설이다.

나. 행위의 동일성

(1) 의의

행위의 동일성은 1개의 폭탄을 던져 살인과 상해와 재물손괴의 결과를 발생한 경우와 같이 폭탄투척행위와 실현된 구성요건의 행위 사이에 완전한 합치가 있는 '행위의 완전동일성' 뿐만 아니라, 강도의 수단으로 피해자를 감금하는 경우와 같이 실현된 구성요건의 행위 사이에 부분적 합치가 있는 '행위의 부분적 동일성'을 포함하는 넓은 개념이다.

(2) 행위의 완전동일성

고의범과 과실범 사이에 실행행위가 동일하면 상상적 경합은 가능하다. 예를 들면 폭탄을 던져 고의로 재물을 손괴하고 과실로 사람을 살해한 경우 1개의 행위이다.

수 개의 부작위범 사이에 기대되는 행위의 동일성이 인정되면 상상적 경합이 가능하다. 예를 들면 창고의 경비원이 1개의 부작위로 타인의 재물손괴와 절도를 방조한 경우 양죄는 상상적 경합이 된다. 그러나 작위범과 부작위범간에는 실행행위의 동일성이 인정되지 않으므로 상상적 경합은 불가능하다.[56]

---

56) 배종대, 589면; 손동권/김재윤, 653면; 임웅, 612면.

(3) 행위의 부분적 동일성

(가) 결합범

결합범의 경우 실행행위의 일부가 동일하면 상상적 경합은 가능하다. 예를 들면 공무집행 중인 경찰관에게 폭행의사로 폭행하여 상해를 입힌 경우 공무집행방해죄와 폭행치상죄의 상상적 경합이 된다. 폭행이 양죄의 실행행위에 부분적으로 동일하기 때문이다.

(나) 부진정 결과적 가중범

부진정 결과적 가중범의 경우 고의범과 결과적 가중범 사이에 상상적 경합이 가능하다. 예를 들면 살인의 고의로 현주건조물에 방화하여 살해한 경우 살인죄와 현주건물방화치사죄의 상상적 경합이 된다. 다만 그 고의범에 대하여 결과적 가중범에서 정한 형보다 더 무겁게 처벌하는 규정이 있어야 한다. 고의범에 대하여 더 무겁게 처벌하는 규정이 없는 경우에는 결과적 가중범만 성립한다.[57]

> **판례 | 부진정 결과적 가중범과 고의범의 죄수관계**
>
> 【판결요지】 기본범죄를 통하여 고의로 중한 결과를 발생하게 한 경우에 가중 처벌하는 부진정결과적가중범에서, 고의로 중한 결과를 발생하게 한 행위가 별도의 구성요건에 해당하고 그 고의범에 대하여 결과적가중범에 정한 형보다 더 무겁게 처벌하는 규정이 있는 경우에는 그 고의범과 결과적가중범이 상상적 경합관계에 있지만, 위와 같이 고의범에 대하여 더 무겁게 처벌하는 규정이 없는 경우에는 결과적가중범이 고의범에 대하여 특별관계에 있으므로 결과적가중범만 성립하고 이와 법조경합의 관계에 있는 고의범에 대하여는 별도로 죄를 구성하지 않는다(대법원 2008.11.27. 선고 2008도7311 판결).

(다) 계속범

주거침입죄, 감금죄와 같은 계속범과 그 도중에 범한 죄에 대하여 상상적 경합을 인정할 수 있는가에 대하여 ① 계속범과 그 중에 범한 범죄 사이에 단지 동시성만 인정되는 경우에는 실행행위의 동일성이 인정되지 않으므로 실체적 경합범이 성립한다. 따라서 주거침입의 기회에 범한 강간의 경우 양죄는 실체적 경합범이 된다. ② 계속범이 다른 범죄를 실현하기 위한 수단이 되는 경우에는 실행행위의 동일성이 인정되므로 상상적 경합이 성립한다. 따라서 강간을 위한 감금의 경우 양죄는 상상적 경합관계에 있다.[58]

음주운전 중에 과실로 인하여 사람을 상해 또는 사망에 이르게 한 경우 과실치사상행

---

57) 대법원 2008.11.27. 선고 2008도7311 판결.
58) 대법원 1983.4.26. 선고 83도323 판결.

위는 음주운전행위로 이루어진 것이 아니라 음주운전과는 별도로 독립된 과실행위로 이루어진 것이므로 단지 동시성만 인정될 뿐 실행행위의 동일성이 인정되지 않으므로 음주운전죄와 업무상과실치사상죄의 실체적 경합범이 된다.[59]

2. 여러 개의 죄에 해당할 것

가. 이종의 상상적 경합

'이종의 상상적 경합'은 한 개의 행위가 서로 다른 수 개의 구성요건에 해당하는 경우로서 1개의 폭탄으로 살인·상해·재물손괴를 한 경우이다. '동종의 상상적 경합'은 한 개의 행위가 같은 구성요건에 수회 해당하는 경우이다. 독일 형법 제52조 제1항은 위 두 가지 종류의 상상적 경합을 명문으로 규정하고 있지만, 우리 형법은 명문의 규정이 없다. '이종의 상상적 경합'이 가장 기본적인 유형이며 수 개의 죄 가운데 가장 중한 죄에 정한 형으로 처벌하면 족하다.

나. 동종의 상상적 경합

문제는 '동종의 상상적 경합'을 인정할 것인가의 문제이다. 이에 대하여 다수설과 판례는 전속적 법익의 경우에는 법익주체의 수만큼 동종의 상상적 경합을 인정하고 있다.[60] 피해법익이 독자적인 의미를 가지기 때문에 불법의 단순한 양적 증가가 아니라 질적인 차이가 있다고 보기 때문이다. 하지만 비전속적 법익의 경우에는 행위가 원칙적으로 상상적 경합을 인정하지 않고 단순일죄가 된다.

예를 들면 한 개의 폭탄을 던져 수 명의 사람을 살해한 경우 생명은 전속적 법익이므로 수 개의 살인죄의 상상적 경합이 된다. 하지만 1개의 행위로 수 개의 건조물에 방화를 한 경우 공공의 위험이라는 비전속적 법익에 있어서는 상상적 경합이 아니라 단순일죄가 된다.

III. 연결효과에 의한 상상적 경합

1. 쟁점

연결효과에 의한 상상적 경합이론이란 '실체적 경합관계에 있는 독자적인 2개의 범죄

---

59) 대법원 2008.11.13. 선고 2008도7143 판결.
60) 김일수/서보학, 536면; 손동권/김재윤, 657면; 임웅, 614면.

(A범죄와 B범죄)가 이들 범죄와 각각 부분적 행위동일성이 있는 제3의 범죄(C범죄)에 의해 실체적 경합관계에 있는 2개의 범죄도 서로 상상적 경합관계로 연결될 수 있다는 이론을 말한다.[61]

예를 들면 허위공문서작성죄(A범죄)와 동행사죄(B범죄)의 경우 A범죄와 B범죄는 실체적 경합관계에 있으나 이들이 수뢰후부정처사죄(C범죄)에 의해 연결되어 상상적 경합이 될 수 있는가의 문제이다.

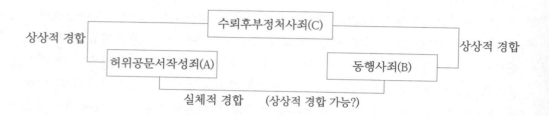

2. 판례

판례는 예비군 중대장이 그 소속 예비군으로부터 금원을 받고 그가 예비군 훈련에 불참하였음에도 불구하고 참석한 것처럼 허위내용의 중대학급편성명부를 작성하고 이를 행사한 사건에 대하여 "허위공문서작성죄와 동행사죄가 수뢰후 부정처사죄와 각각 상상적 경합관계에 있을 때에는 허위공문서작성죄와 동행사죄 상호 간은 실체적 경합범 관계에 있다고 할지라도 상상적 경합범 관계에 있는 수뢰후 부정처사죄와 대비하여 가장 중한 죄에 정한 형으로 처단하면 족한 것이고 따로이 경합가중을 할 필요가 없다"고 하였다. 이러한 대법원 판례의 내용이 연결효과에 의한 상상적 경합을 인정한 것인가에 대하여 견해의 대립이 있다. 판례가 이와 같이 보는 근거에 대하여 설명을 하고 있지 않기 때문에 연결효과에 의한 상상적 경합을 인정한 것인가에 대하여 견해가 나뉘고 있다. 하지만 수뢰후 부정처사죄와 허위공문서작성죄와 허위공문서행사죄를 모두 상상적 경합으로 보자는 결론은 연결효과에 의한 상상적 경합을 인정한 것과 동일한 결론이다.

⚖ 판례 ◣ 연결효과에 의한 상상적 경합

【사실관계】 예비군 중대장인 갑은 을로부터 1982년 1년간 예비군 훈련을 받지 않게 해주는 대가로 180,000원을 교부받고 1982년 1년간 을이 예비군 훈련에 불참하였음에

---

61) 김성돈, 771면; 손동권/김재윤, 654면.

도 불구하고 참석한 것처럼 갑 명의의 예비군 중대학급편성부(출석부)에 "參"이라는 도장을 찍어 허위공문서를 작성하고 이를 예비군중대 사무실에 비치하였다.

【판결요지】 예비군 중대장이 그 소속예비군으로부터 금원을 교부받고 그 예비군이 예비군훈련에 불참하였음에도 불구하고 참석한 것처럼 허위내용의 중대학급편성명부를 작성, 행사한 경우라면 수뢰후 부정처사죄 외에 별도로 허위공문서작성 및 동행사죄가 성립하고 이들 죄와 수뢰후 부정처사죄는 각각 상상적 경합관계에 있다고 할 것이다.

허위공문서작성죄와 동행사죄가 수뢰후 부정처사죄와 각각 상상적 경합관계에 있을 때에는 허위공문서작성죄와 동행사죄 상호 간은 실체적 경합범 관계에 있다고 할지라도 상상적 경합범 관계에 있는 수뢰후 부정처사죄와 대비하여 가장 중한 죄에 정한 형으로 처단하면 족한 것이고 따로이 경합가중을 할 필요가 없다.

【해설】 실행행위의 부분적 동일성과 관련하여 소위 연결효과에 의한 상상적 경합을 인정할 수 있는가? 즉, 실체적 경합관계에 있는 2개의 독립된 행위가 제3의 행위에 의하여 연결되어 서로 상상적 경합관계에 있을 수 있느냐가 문제된다.

본 사건에서 판례는 수뢰 후 부정처사죄와 허위공문서작성죄가 상상적 경합관계에 있고, 또한 수뢰 후 부정처사죄와 허위공문서행사죄가 상상적 경합관계에 있다는 점에 착안하여 -사실 허위공문서작성죄와 허위공문서행사죄는 실체적 경합이 되지만- 수뢰 후 부정처사죄와 허위공문서작성죄와 허위공문서행사죄를 모두 상상적 경합으로 보자는 내용이다.

3. 학설

연결효과이론을 긍정하는 견해에 따르면 제3의 범죄가 독립적인 다른 두 개의 범죄 중 어느 것보다 중하거나 동등한 경우에는 연결효과에 의한 상상적 경합을 인정할 수 있다고 한다. 연결효과에 의한 상상적 경합을 부정하게 되면 원칙적으로 해결할 수밖에 없는데, 이 경우 원래는 A죄와 C죄를 상상적 경합으로 놓고 또 B죄와 C죄를 상상적 경합으로 놓은 후 이 양자를 실체적 경합으로 엮어야 한다. 하지만 이렇게 하게 되면 실체적 경합관계에 있는 A죄와 B죄의 관계에서 제3의 C죄를 이중평가[62]하게 되어 부당하다는 점을 그 근거로 연결효과에 의한 상상적 경합을 인정해야 한다고 한다.[63] 따라서 A, B, C범죄 모두 상상적 경합이 된다는 견해이다.

연결효과이론을 부정하는 견해에 따르면 서로 다른 두 개의 행위가 다른 행위에 의하

---

[62] 한번은 두 개의 범죄와 개별적으로, 또 다른 한번은 경합범 가중된 두 개의 범죄 전체와의 관계에서 이중평가가 있게 된다(손동권/김재윤, 655면).

[63] 김성돈, 773면; 김일수/서보학, 535면; 임웅, 613면; 손동권/김재윤, 655면; 정성근/박광민, 633면; 배종대, 589면.

여 한 개가 될 수 없다고 한다.[64] 이에 따르면 원래는 A죄와 C죄를 상상적 경합으로 놓고 또 B죄와 C죄를 상상적 경합으로 놓은 후 이 양자를 실체적 경합으로 엮어야 한다. 하지만 이렇게 하게 되면 C죄에 대하여 이중평가를 하게 되므로 이중평가를 피하기 위한 방안으로 A죄와 B죄를 실체적 경합으로 파악하여 가중한 형을 정한 후에 그것과 상상적 경합관계에 있는 C죄와 비교하여 중한 형으로 처벌해야 한다고 한다.[65]

Ⅳ. 효과

1. 실체법적 효과

가. 가장 중한 죄

상상적 경합이 되면 형법 제40조에 의하여 가장 중한 죄에 정한 형으로 처벌된다(흡수주의). 가장 중한 형은 법정형을 의미한다. 형의 경중은 제50조에 의해서 결정된다. 예를 들면 상해죄와 손괴죄의 상상적 경합인 경우 상해죄는 7년 이하의 징역, 10년 이하의 자격정지, 700만원 이하의 벌금이며 손괴죄는 3년 이하의 징역, 700만원 이하의 벌금이므로 상해죄가 중하다. 따라서 상해죄를 기준으로 양형을 하면 된다.

나. 형의 경중 비교

형의 경중을 비교할 경우 중한 형만 비교하면 되는 것인지 아니면 두 개 이상의 주형의 전체를 비교할 것인지가 문제된다.

'중점적 대조주의'는 중한 형만 비교 대조하면 된다는 견해로 경한 죄의 법정형의 하한보다 가벼운 형으로 처벌 가능하다고 하며, '전체적 대조주의'는 두 개 이상의 주형의 전체에 대하여 비교 대조할 것을 요한다는 견해로 상한과 하한 모두 중한 죄에 의해서 처벌하며, 경한 죄에 병과형·부가형이 있는 경우 이를 병과한다고 한다. 판례는 전체적 대조주의의 입장이다.

예를 들면 A죄와 B죄가 상상적 경합관계에 있을 때 A죄의 법정형은 1년 이상 10년 이하의 징역이고 B죄의 법정형은 3년 이상 7년 이하의 징역일 경우, 중점적 대조주의는 가장 중한 죄를 '중한 형'만 기준으로 판단하므로 A죄가 과형기준이 되며 1년 이상 10년 이하의 징역에 처하게 된다. 하지만 전체적 대조주의는 상한과 하한 모두 비교하므로 형의

---

64) 이재상/장영민/강동범, 571면; 오영근, 485면.
65) 이재상/장영민/강동범, 572면.

하한도 고려한다. 따라서 피고인에게 과해질 수 있는 형의 범위는 3년 이상 10년 이하의 징역이 된다.

⚖️ 판례   전체적 대조주의

【판결요지】 [3] 공무원이 취급하는 사건에 관하여 청탁 또는 알선을 할 의사와 능력이 없음에도 청탁 또는 알선을 한다고 기망하고 금품을 교부받은 경우, 사기죄와 변호사법 위반죄가 상상적 경합의 관계에 있다.
[4] 형법 제40조가 규정하는 1개의 행위가 수개의 죄에 해당하는 경우에는 '가장 중한 죄에 정한 형으로 처벌한다.' 함은 그 수개의 죄명 중 가장 중한 형을 규정한 법조에 의하여 처단한다는 취지와 함께 다른 법조의 최하한의 형보다 가볍게 처단할 수는 없다는 취지 즉, 각 법조의 상한과 하한을 모두 중한 형의 범위 내에서 처단한다는 것을 포함하는 것으로 새겨야 한다.
[5] 상상적 경합의 관계에 있는 사기죄와 변호사법 위반죄에 대하여 형이 더 무거운 사기죄에 정한 형으로 처벌하기로 하면서도, 필요적 몰수·추징에 관한 구 변호사법 제116조, 제111조에 의하여 청탁 명목으로 받은 금품 상당액을 추징한 원심의 조치를 수긍한 사례(대법원 2006.1.27. 선고 2005도8704 판결)

⚖️ 판례   전체적 대조주의

【판결요지】 상상적 경합관계에 있는 업무상배임죄와 영업비밀 국외누설로 인한 구 부정경쟁방지 및 영업비밀보호에 관한 법률(2007.12.21. 법률 제8767호로 개정되기 전의 것) 위반죄에 대하여 형이 더 무거운 업무상배임죄에 정한 형으로 처벌하기로 하면서, 징역형과 벌금형을 병과할 수 있도록 규정한 위 특별법에 의하여 벌금형을 병과할 수 있다고 한 사례(대법원 2008.12.24. 선고 2008도9169 판결)

2. 소송법적 효과

상상적 경합은 과형상 일죄이므로 일부에 대한 공소제기의 효력·기판력은 전부에 대하여 발생하며, 수죄 중 일부만 유죄로 인정될 경우 무죄·공소기각·면소판결 부분은 판결주문에서 표시할 필요는 없고 판결이유에서 설시하면 충분하다.

하지만 상상적 경합은 실질적인 수죄이므로 판결이유에는 상상적 경합관계에 있는 모든 범죄사실과 적용법조를 기재해야 하며, 일부 무죄인 경우 그 이유를 설시해야 한다. 공소시효·친고죄의 고소는 개별적으로 논한다.

① 강간죄의 성립에 언제나 직접적으로 또 필요한 수단으로서 감금행위를 수반하는 것은 아니므로 감금행위가 강간미수죄의 수단이 되었다 하여 감금행위는 강간미수죄에 흡수되어 범죄를 구성하지 않는다고 할 수는 없는 것이고, 그때에는 감금죄와 강간미수죄는 일개의 행위에 의하여 실현된 경우로서 형법 제40조의 상상적 경합관계에 있다. 피고인이 피해자가 자동차에서 내릴 수 없는 상태에 있음을 이용하여 강간하려고 결의하고, 주행중인 자동차에서 탈출불가능하게 하여 외포케 하고 50킬로미터를 운행하여 여관 앞까지 강제연행한 후 강간하려다 미수에 그친 경우 위 협박은 감금죄의 실행의 착수임과 동시에 강간미수죄의 실행의 착수라고 할 것이다(대법원 1983.4.26. 선고 83도323 판결).

② 피고인들이 피해자들의 재물을 강취한 후 그들을 살해할 목적으로 현주건조물에 방화하여 사망에 이르게 한 경우, 피고인들의 행위는 강도살인죄와 현주건조물방화치사죄에 모두 해당하고 그 두 죄는 상상적 경합범관계에 있다(대법원 1998.12.8. 선고 98도3416 판결).

③ 회사 명의의 합의서를 임의로 작성·교부한 행위에 대하여 약식명령이 확정된 사문서위조 및 그 행사죄의 범죄사실과 그로 인하여 회사에 재산상 손해를 가하였다는 업무상 배임의 공소사실은 그 객관적 사실관계가 하나의 행위이므로 1개의 행위가 수개의 죄에 해당하는 경우로서 형법 제40조에 정해진 상상적 경합관계에 있다(대법원 2009.4.9. 선고 2008도5634 판결).

④ 범죄 피해 신고를 받고 출동한 두 명의 경찰관에게 욕설을 하면서 차례로 폭행을 하여 신고 처리 및 수사 업무에 관한 정당한 직무집행을 방해한 사안에서, 동일한 장소에서 동일한 기회에 이루어진 폭행 행위는 사회관념상 1개의 행위로 평가하는 것이 상당하다는 이유로, 위 공무집행방해죄는 형법 제40조에 정한 상상적 경합의 관계에 있다고 한 사례(대법원 2009.6.25. 선고 2009도3505 판결).

⑤ 무허가 카지노영업으로 인한 관광진흥법위반죄와 도박개장죄는 상상적 경합범 관계에 있다(대법원 2009.12.10. 선고 2009도11151 판결).

⑥ 음주 또는 약물의 영향으로 정상적인 운전이 곤란한 상태에서 자동차를 운전하여 사람을 상해에 이르게 함과 동시에 다른 사람의 재물을 손괴한 때에는 특정범죄가중처벌 등에 관한 법률 위반(위험운전치사상)죄 외에 업무상과실 재물손괴로 인한 도로교통법 위반죄가 성립하고, 위 두 죄는 1개의 운전행위로 인한 것으로서 상상적 경합관계에 있다(대법원 2010.1.14. 선고 2009도10845 판결).

⑦ 수개의 접근매체를 한꺼번에 양도한 행위는 하나의 행위로 수개의 전자금융거래법 위반죄를 범한 경우에 해당하여 각 죄는 상상적 경합관계에 있다(대법원 2010.3.25. 선고 2009도1530 판결).

⑧ 검사가 긴급체포 등 강제처분의 적법성에 의문을 갖고 대면조사를 위한 피의자 인치를 2회에 걸쳐 명하였으나 사법경찰관이 이를 이행하지 않은 경우 인권옹호직무명령불준수죄와 직무유기죄를 모두 인정하고 두 죄는 상상적 경합관계에 있다(대법원 2010.10.28. 선고 2008도11999 판결).

⑨ 1개의 기망행위에 의하여 다수의 피해자로부터 각각 재산상 이익을 편취한 경우에는 피해자별로 수 개의 사기죄가 성립하고, 그 사이에는 상상적 경합의 관계에 있는 것으로 보아야 한다(대법원 2011.1.13. 선고 2010도9330 판결).

⑩ 동일인 한도초과 대출로 상호저축은행에 손해를 가하여 상호저축은행법 위반죄와 업무상배임죄가 모두 성립한 경우, 두 죄는 형법 제40조에서 정한 상상적 경합관계에 있다(대법원 2011.2.24. 선고 2010도13801 판결).

⑪ 피고인이 야간옥외집회에 참가하여 교통을 방해하였다는 취지로 공소제기된 경우, 집회 및 시위에 관한 법률 위반죄와 일반교통방해죄는 상상적 경합관계에 있다(대법원 2011.8.25. 선고 2008도10960 판결).

⑫ 피고인이 피해자의 주거에 침입하여 강간하려다 미수에 그침과 동시에 자기의 형사사건의 수사 또는 재판과 관련하여 수사단서를 제공하고 진술한 것에 대한 보복 목적으로 그를 폭행하였다는 내용으로 기소된 사안에서, 특정범죄 가중처벌 등에 관한 법률 위반(보복범죄등)죄 및 성폭력범죄의 처벌 등에 관한 특례법 위반(주거침입강간등)죄가 각 성립하고 두 죄가 상상적 경합관계에 있다(대법원 2012.3.15. 선고 2012도544,2012전도12 판결).

⑬ 여러 개의 위탁관계에 의하여 보관하던 여러 개의 재물을 1개의 행위에 의하여 횡령한 경우 위탁관계별로 수개의 횡령죄가 성립하고, 그 사이에는 상상적 경합의 관계가 있는 것으로 보아야 한다(대법원 2013.10.31. 선고 2013도10020 판결).

⑭ 피고인으로서는 자신의 진돗개를 보호하기 위하여 몽둥이나 기계톱 등을 휘둘러 피해자의 개들을 쫓아버리는 방법으로 피해견을 죽인 경우 동물보호법위반과 재물손괴죄는 상상적 경합관계에 있다(대법원 2016.1.28. 선고 2014도2477 판결).

⑮ 공무원이 직무관련자에게 제3자와 계약을 체결하도록 요구하여 계약 체결을 하게 한 행위가 제3자뇌물수수죄의 구성요건과 직권남용권리행사방해죄의 구성요건에 모두 해당하는 경우에는, 제3자뇌물수수죄와 직권남용권리행사방해죄가 각각 성립하되, 이는 사회 관념상 하나의 행위가 수 개의 죄에 해당하는 경우이므로 두 죄는 형법 제40조의 상상적 경합관계에 있다(대법원 2017.3.15. 선고 2016도19659 판결).

⑯ 수 개의 등록상표에 대하여 상표법 제230조의 상표권 침해행위가 계속하여 이루어진 경우에는 등록상표마다 포괄하여 1개의 범죄가 성립한다. 그러나 하나의 유사상표 사용행위로 수 개의 등록상표를 동시에 침해하였다면 각각의 상표법 위반죄는 상상적 경합의 관계에 있다(대법원 2020.11.12. 선고 2019도11688 판결).

<h1 style="text-align:center">제3절 실체적 경합범</h1>

> 제37조(경합범) 판결이 확정되지 아니한 수개의 죄 또는 금고 이상의 형에 처한 판결이 확정된 죄와 그 판결확정전에 범한 죄를 경합범으로 한다.

Ⅰ. 서설

실체적 경합범은 수 개의 행위로 수 개의 죄를 범한 경우를 말한다. 경합범은 행위자가 실제로 수 개의 죄를 범한 경우이므로 행위자가 실현한 범죄의 형을 병과하는 것이 논리적으로 보이지만, 병과주의를 자유형에 적용하면 유기자유형의 성질을 변경하는 결과를 초래하며,[66] 이러한 병과형은 행위자에게 형벌의 목적을 달성하는 효과적인 수단이 되지도 못한다. 따라서 형법은 경합범에 대하여 원칙적으로 '가중주의'를 취하고 있다.

형법은 실체적 경합범의 경우 여러 가지 처벌원칙을 두고 있다. 하지만 이러한 처벌원칙을 적용하기 위해서는 수 개의 행위에 의해 범해진 수 개의 죄가 하나의 재판에서 판결될 가능성이 있어야 한다.

■ 심화내용 실체적 경합범을 인정하는 이유

경합범의 개념은 수 개의 죄에 대한 형벌을 어떻게 정할 것인가라는 문제와 밀접하게 관련되어 있다. 단순히 병과주의를 채택하는 경우에는 새로이 발견된 범죄에 대해서 형을 선고하고 이미 선고한 형과 함께 집행을 하면 되지만, 형법은 병과주의가 아니라 가중주의를 기본으로 하고 있기 때문에 수 개의 죄를 어떻게 판결하느냐에 따라 형량이 달라질 수 있다. 이는 사후적 경합범에서 더욱 분명하게 나타난다.

Ⅱ. 종류

1. 동시적 경합범

동시적 경합범은 동일인이 수 개의 행위를 통하여 범한 수죄의 전부에 대하여 판결이

---

66) 실체적 경합범에 대하여 각각의 수 개의 죄에 대한 형을 병과할 경우 징역 100년, 징역 180년이 선고될 수도 있다. 하지만 이러한 형은 사실상 무기징역에 해당하는 것으로 유기형의 본질에 어긋날 수 있다.

확정되지 아니하여 동시에 판결될 것을 요하는 범죄, 즉 '판결이 확정되지 아니한 수 개의 죄'를 말한다(제37조 전단). 예를 들면 행위자가 A, B, C, D 범죄를 범하였고 이 중 어느 것도 확정판결을 받지 아니한 경우이다. 이러한 범죄들은 동시에 재판을 받아 동시에 판결이 내려지게 된다.

2. 사후적 경합범

사후적 경합범은 동일인이 범한 수죄 중에서 일부의 죄에 관하여 확정판결이 있는 경우, 금고 이상의 형에 처한 판결이 확정된 범죄와 그 판결이 확정되기 전에 범한 죄 사이의 경합관계를 말한다(제37조 후단).

사후적 경합범을 인정하는 것은 동시 심판의 가능성이 있었던 사건에 대해서는 사후적이라고 할지라도 동시적 경합범과 마찬가지로 취급하자는 것이다. 판결이 확정되기 전에 그 죄가 법원에 알려진 경우에는 경합범의 예에 따라 처벌될 것인데, 법원에 알려지지 않았다고 하여 피고인을 동시적 경합범과 다르게 취급해서는 안 된다는 것이다.

Ⅲ. 동시적 경합범의 성립요건

1. 수 개의 행위로 수 개의 죄를 범할 것

수 개의 행위가 존재해야 한다. 행위가 한 개인 경우에는 상상적 경합이 된다. 예를 들면 사람을 살해하고 사체를 다른 장소로 옮겨 유기한 경우 살인죄와 사체유기죄의 동시적 경합범이며,[67] 피해자를 강간한 후 범행을 은폐하기 위하여 피해자를 살해한 경우 강간치상죄와 살인죄의 동시적 경합범이다.[68] 예금통장을 강취하고 예금자 명의의 예금청구서를 위조한 다음 이를 은행원에게 제출·행사하고 돈을 교부받은 경우 강도, 사문서위조, 동행사, 사기의 동시적 경합범이다.[69]

수 개의 구성요건이 침해되어야 한다. 수 개의 행위로 1개의 구성요건을 침해한 경우에는 단순일죄에 불과하다.

---

67) 대법원 1997.7.25. 선고 97도1142 판결; 대법원 1984.11.27. 선고 84도2263 판결.
68) 대법원 1987.1.20. 선고 86도2360 판결.
69) 대법원 1991.9.10. 선고 91도1722 판결.

2. 수 개의 죄는 모두 판결이 확정되지 않았을 것

수 개의 죄는 모두 판결이 확정되지 않아야 한다. 여기에서 판결의 확정이란 상소 등과 같은 통상적인 불복절차에 의하여 다툴 수 없는 상태를 의미한다.

수 개의 죄에 대해 동시에 형이 선고될 것, 즉 동시심판의 상태에 있어야 동시적 경합범이 된다. 따라서 수죄 모두가 기소되어 있어야 하며, 수죄 중 일부가 기소되지 않은 때는 경합범이 될 수 없다. 수죄 중 일부가 추가로 기소된 경우에는 병합심리때에만 경합범이 된다.

Ⅳ. 동시적 경합범의 처벌

제38조(경합범과 처벌례) ① 경합범을 동시에 판결할 때에는 다음 각 호의 구분에 따라 처벌한다.
1. 가장 무거운 죄에 대하여 정한 형이 사형, 무기징역, 무기금고인 경우에는 가장 무거운 죄에 대하여 정한 형으로 처벌한다.
2. 각 죄에 대하여 정한 형이 사형, 무기징역, 무기금고 외의 같은 종류의 형인 경우에는 가장 무거운 죄에 대하여 정한 형의 장기 또는 다액에 그 2분의1까지 가중하되 각 죄에 대하여 정한 형의 장기 또는 다액을 합산한 형기 또는 액수를 초과할 수 없다. 다만 과료와 과료, 몰수와 몰수는 병과할 수 있다.
3. 각 죄에 대하여 정한 형이 무기징역, 무기금고 외의 다른 종류의 형인 경우에는 병과한다.
제42조(징역 또는 금고의 기간) 징역 또는 금고는 무기 또는 유기로 하고 유기는 1개월 이상 30년 이하로 한다. 단, 유기징역 또는 유기금고에 대하여 형을 가중하는 때에는 50년까지로 한다.

1. 의의

수죄가 수 개의 행위에 의해 범해진 실체적 경합의 경우 우리 형법은 흡수주의, 가중주의, 병과주의와 같은 세 가지를 처벌의 기본원칙으로 삼고 있다. 경합범을 동시에 판결할 때에는 형법 제38조가 규정하고 있는 각 구분에 따라 처벌한다.

2. 흡수주의

흡수주의는 수죄 가운데 가장 무거운 죄에 정한 형을 적용하고, 다른 경한 죄에 정한 형은 여기에 흡수시키는 방법이다. 가장 무거운 죄에 정한 형이 사형 또는 무기징역이나 무기금고인 경우에는 가장 무거운 죄에 대하여 정한 형으로 처벌하고, 다른 형은 가장 중한 형에 흡수된다(제38조 제1항 제1호). 사형 또는 무기형에 다른 형을 병과하거나 가중하는 것은 무의미하고 가혹하기 때문에 예외적으로 흡수주의가 적용된다.

3. 가중주의

가중주의는 각 범죄에 대한 개별적 형벌을 확인한 다음, 이들 중 가장 무거운 죄에 정한 형을 가중하는 방법으로 하나의 전체형을 만들어 이를 적용하는 방법이다. 하지만 전체형은 개개의 형의 합계를 넘지 못한다. 사형과 무기형을 제외한 다른 종류의 형인 경우에는 가장 무거운 죄에 대하여 정한 형의 장기 또는 다액에 1/2까지 가중한다. 가장 중한 죄가 '5년 이상의 징역'처럼 장기의 정함이 없을 때에는 형법 제42조 본문에 따라 장기는 30년이 되며, 이를 1/2까지 가중하면 45년이 된다.

다만 각 죄의 형의 장기 또는 다액을 합산한 형기 또는 액수를 초과할 수 없다(형법 제38조 제1항 제2호). 예를 들면 5년 이상의 징역인 A죄와 7년 이하의 징역인 B죄의 실체적 경합범을 동시에 판결할 경우, A죄가 중한 죄이므로 45년의 징역이 가능하다. 하지만, 형법 제38조 제1항 2호 후단에 의해 각 죄에 정한 형의 장기인 30년과 7년을 합산한 37년을 초과할 수 없으므로, 장기는 37년 이하의 징역으로 감축된다. 5년 이상 37년 이하의 징역 범위 안에서 처단형을 정하여야 한다.

4. 병과주의

병과주의는 각 죄에 대하여 독자적인 형을 확정한 후 이를 합하여 형을 부과하는 방법이다. 병과주의는 유기형을 병과하는 때에는 실제상 무기형과 같은 결과가 되어 형벌을 질적으로 변화시키며, 개개의 형의 가산은 같은 기간의 분리된 형벌보다 수형자에게 더 큰 고통을 주기 때문에 정당한 형벌이 될 수 없다는 비판이 있다.

따라서 우리 형법은 예외적으로 각 죄에 정한 형이 무기징역이나 무기금고 외의 다른 종류의 형인 경우에만 병과한다(형법 제38조 제1항 제3호). 서로 다른 종류의 형이란 유기자유형과 벌금 또는 과료, 벌금과 과료, 자격정지와 구류와 같이 서로 다른 형을 말한다.

V. 사후적 경합범의 성립요건

> 제37조(경합범) 판결이 확정되지 아니한 수개의 죄 또는 금고 이상의 형에 처한 판결이 확정된 죄와 그 판결확정전에 범한 죄를 경합범으로 한다.
> 제39조(판결을 받지 아니한 경합범, 수개의 판결과 경합범, 형의 집행과 경합범) ① 경합범 중 판결을 받지 아니한 죄가 있는 때에는 그 죄와 판결이 확정된 죄를 동시에 판결할 경우와 형평을 고려하여 그 죄에 대하여 형을 선고한다. 이 경우 그 형을 감경 또는 면제할 수 있다.
> ③ 경합범에 의한 판결의 선고를 받은 자가 경합범 중의 어떤 죄에 대하여 사면 또는 형의 집행이 면제된 때에는 다른 죄에 대하여 다시 형을 정한다.
> ④ 전3항의 형의 집행에 있어서는 이미 집행한 형기를 통산한다.

1. 판결이 확정된 죄와 그 판결확정 전에 범한 죄일 것

사후적 경합범이 되기 위해서는 판결이 확정된 죄와 그 판결확정 전에 범한 죄이어야 한다. 따라서 판결확정 전후의 죄는 서로 경합범이 되지 않는다. 예를 들면 갑이 범한 A, B, C, D의 4개 죄를 순차적으로 범하였으나 C죄에 대하여 판결이 확정된 경우, 판결이 확정된 C죄와 그 판결확정 전에 범한 A, B, D죄가 사후적 경합범에 해당한다.

사후적 경합범이 되는 기준시점은 죄를 범한 시점이 아니라 판결이 확정된 시점이다. 따라서 D죄도 시간적으로는 C죄 이후에 범한 범죄이지만, C죄에 대한 확정판결이 있기 전에 D죄가 범하여졌다는 점에서 사후적 경합범이 된다.

만약 C죄에 대해 확정판결이 있은 후에 행위자가 새로이 E, F죄를 범한 경우 C죄와 E, F죄는 동시에 재판받을 가능성이 없기 때문에 사후적 경합범이 아니다. 판결이 확정된 후에 범한 E, F의 죄는 동시적 경합범이 된다.

2. 확정판결의 범위

판결이 확정된 죄는 금고 이상의 형에 처하는 것이어야 한다. 즉 위의 사례 중 C죄는 금고 이상의 형에 처해진 확정판결이어야 한다.

판결이 확정된 사실 자체만 있으면 된다. 따라서 집행유예나 선고유예가 확정된 경우, 일반사면 등으로 형의 선고가 실효되었거나 면소된 것으로 간주되어도 확정판결을

받은 죄의 존재가 소멸되지 않는 이상 형법 제37조 후단의 '판결이 확정된 죄'에 해당한다.[70]

심화내용 확정판결의 범위축소

2004년 형법 개정 전에는 "판결이 확정된 죄와 그 판결확정 전에 범한 죄를 경합범으로 한다."고 하여 현재와 같이 확정판결의 범위를 금고 이상의 형으로 제한하지 않았다. 따라서 벌금형을 선고한 판결 내지 약식명령이 확정된 경우에도 사후적 경합범이 성립하였다. '금고 이상의 형에 처한 판결'로 확정판결의 범위를 축소하였다. 현행 형법과 같이 확정판결의 범위를 축소하면 사후적 경합범의 범위가 그만큼 줄어들게 되고 동시적 경합범 사례가 늘어나게 된다. 따라서 가중주의의 혜택을 받게 되어 피고인에게 유리하게 된다.

종전에는 모든 확정판결이 사후적 경합범의 기준이 되었으므로 약식명령이나 즉결심판, 무죄판결, 면소판결, 벌금형이 선고된 경우에도 확정판결이 되었다. 이와 같이 범위를 제한하지 않는 경우 오히려 피고인에게 불리하게 작용될 뿐만 아니라 법원의 입장에서도 인력의 낭비를 초래하는 면이 있어 2004년 형법을 개정하여 확정판결의 범위를 축소하였다.

3. 죄를 범한 시기

죄를 범한 시기는 범죄의 기수 시가 아니라 종료 시가 기준이다. 따라서 계속범·포괄일죄의 중간에 확정판결이 있을 경우 그 범죄는 아직 범행이 종료되지 않은 경우이므로 이러한 범죄들은 판결확정전의 범죄가 아니라 판결확정 후에 범한 죄에 해당한다.

또한 포괄일죄의 중간에 서로 다른 종류의 범죄에 대해 확정판결이 있는 경우에는 포괄일죄가 두 개의 죄로 나누어지지 않으므로 사후적 경합범이 인정될 수 없다. 판례에 따르면 포괄일죄로 되는 개개의 범죄행위가 다른 종류의 죄의 확정판결의 전후에 걸쳐서 행하여진 경우에는 그 죄는 2죄로 분리되지 않고 확정판결 후인 최종의 범죄행위 시에 완성되는 것이다.[71]

---

70) 대법원 1996.3.8. 선고 95도2114 판결.
71) 대법원 2001.8.21. 선고 2001도3312 판결.

VI. 사후적 경합범의 처벌

> 제39조(판결을 받지 아니한 경합범, 수개의 판결과 경합범, 형의 집행과 경합범) ① 경합범 중 판결을 받지 아니한 죄가 있는 때에는 그 죄와 판결이 확정된 죄를 동시에 판결할 경우와 형평을 고려하여 그 죄에 대하여 형을 선고한다. 이 경우 그 형을 감경 또는 면제할 수 있다.

1. 판결을 받지 아니한 죄에 대한 형의 선고

경합범 중 판결을 받지 아니한 죄가 있는 때에는 그 죄와 판결이 확정된 죄를 동시에 판결할 경우와 형평을 고려하여 그 죄에 대하여 형을 선고한다. 다만 이 경우 그 형을 감경 또는 면제할 수 있다(제39조제1항).

종래 형법은 사후적 경합범에 대하여 그 죄에 대하여만 따로 형을 선고하도록 하였다. 이미 확정판결이 있는 죄에 대하여 형을 선고하도록 한 것은 이미 확정판결이 있는 범죄에 대하여 다시 판결하는 것은 일사부재리의 원칙에 반하기 때문이다.

그러나 판결을 받지 아니한 죄의 법정형의 하한이 높은 경우에는 동시적 경합범의 처벌방식을 따를 경우에 비해 피고인에게 불리한 결과를 초래하게 된다. 1개의 형이 선고되는 동시적 경합범과는 다르게 사후적 경합범의 경우에는 수개의 형이 선고되므로 각 죄에 대한 형의 합계는 행위자에게 불리할 수 있다. 따라서 사후적 경합범의 경우 별도의 형선고에 따른 결과가 동시적 경합범에 따른 형선고의 결과와 균형을 유지하는 방안이 필요하였다.

> ⚖️ **판례** 그 죄와 판결이 확정된 죄를 동시에 판결할 경우와 형평을 고려하여
>
> 【판결이유】 형법 제39조 제1항이 후단 경합범과 전단 경합범 사이에 처벌의 불균형이 없도록 하고자 하면서도, 경합범 중 판결을 받지 아니한 죄가 있는 때에는 "그 죄와 판결이 확정된 죄에 형법 제38조를 적용하여 산출한 처단형의 범위 내에서 전체형을 정한 다음 그 전체형에서 판결이 확정된 죄에 대한 형을 공제한 나머지를 판결을 받지 아니한 죄에 대한 형으로 선고한다."거나 "그 죄와 판결이 확정된 죄에 대한 선고형의 총합이 두 죄에 대하여 형법 제38조를 적용하여 산출한 처단형의 범위 내에 속하도록 판결을 받지 아니한 죄에 대한 형을 선고한다."고 하지 않고, "그 죄와 판결이 확정된 죄를 동시에 판결할 경우와 형평을 고려하여" 판결을 받지 아니한 죄에 대하여 형을 선고한다고 정한 취지는, 위와 같은 방법으로 전체형을 정하거나 처단형의 범위를 제

한하게 되면, 이미 판결이 확정된 죄에 대하여 일사부재리 원칙에 반할 수 있고, 먼저 판결을 받은 죄에 대한 형이 확정됨에 따라 뒤에 판결을 선고받는 후단 경합범에 대하여 선고할 수 있는 형의 범위가 지나치게 제한되어 책임에 상응하는 합리적이고 적절한 선고형의 결정이 불가능하거나 현저히 곤란하게 될 우려가 있음을 감안한 것이다.

따라서 후단 경합범에 대하여 심판하는 법원은 판결이 확정된 죄와 후단 경합범의 죄를 동시에 판결할 경우와 형평을 고려하여 후단 경합범의 처단형의 범위 내에서 후단 경합범의 선고형을 정할 수 있는 것이고, 그 죄와 판결이 확정된 죄에 대한 선고형의 총합이 두 죄에 대하여 형법 제38조를 적용하여 산출한 처단형의 범위 내에 속하도록 후단 경합범에 대한 형을 정하여야 하는 제한을 받는 것은 아니며, 후단 경합범에 대한 형을 감경 또는 면제할 것인지는 원칙적으로 그 죄에 대하여 심판하는 법원이 재량에 따라 판단할 수 있는 것이다(대법원 2008.9.11. 선고, 2006도8376 판결).

2. 확정판결 전후에 범한 죄

수 개의 죄 사이에 확정판결이 있는 경우 그 확정판결의 전후에 있는 죄는 경합범이 아니다. 즉 A, B, C, D, E와 같이 5개의 죄 가운데 C죄에 대하여 확정판결이 있는 때에는 A, B죄와 C죄는 경합범이고, D, E도 경합범이지만, A, B, C죄와 D, E죄는 경합범이 아니다. 이 경우 두 개의 주문에 의하여 따로 형을 선고해야 한다. 따라서 경합범 처리에 관한 제38조 규정의 적용이 없으므로 두 개의 형은 단순히 병과 합산된다.

Ⅶ. 형의 집행과 경합범

제39조(판결을 받지 아니한 경합범, 수개의 판결과 경합범, 형의 집행과 경합범) ③ 경합범에 의한 판결의 선고를 받은 자가 경합범 중의 어떤 죄에 대하여 사면 또는 형의 집행이 면제된 때에는 다른 죄에 대하여 다시 형을 정한다.
④ 전3항의 형의 집행에 있어서는 이미 집행한 형기를 통산한다.

1. 경합범의 형집행방법

실체적 경합범의 경우 수 개의 형이 선고되는 경우가 많다. 동시적 경합범의 경우에는 대부분 형선고의 주문이 하나이므로 그 주문대로 형을 집행하면 된다. 하지만 사후적 경합범의 경우에는 반드시 둘 이상의 형선고 주문이 존재한다. 이 경우 형의 집행방법이 문제된다.

2. 사후적 경합범의 형집행

제39조 제1항에 의하면 1개의 경합범에 대하여 두 개 이상의 판결이 존재하게 된다. 그러나 형법 개정을 통하여 이러한 경우에 형의 '집행'을 제38조의 예에 따르도록 할 필요가 없으므로 종전의 제39조 제2항은 삭제되었다. 따라서 현행법에 의하면 형을 선고한 수 개의 주문이 있는 경우에는 전부 순차적으로 집행하게 된다. 이 경우 A, B죄에 대한 형 선고의 주문, C죄에 대한 형선고의 주문, D, E죄에 대한 형선고의 주문이 있게 되며 순차적으로 집행하기 때문에 일종의 병과주의가 된다.

3. 일부사면과 형의 집행

경합범에 의한 판결을 선고받은 자가 경합범 중 어떤 죄에 대하여 사면 또는 형의 집행이 면제된 때에는 다른 죄에 대하여 다시 형을 정한다. '다시 형을 정한다'는 것은 그 죄에 대하여 다시 심판한다는 것이 아니라 형의 집행부분만 다시 정한다는 의미이다. 이 경우 형의 집행에 있어서 이미 집행한 형기를 통산한다.

> **⚖️ 판례** │ **실체적 경합범을 인정한 판례**
>
> ① 감금하는 도중에 강간의 고의가 생겨 강간한 경우에는 감금죄와 강간죄의 실체적 경합이 된다(대법원 1983.4.26. 선고 83도323 판결).
> ② 야간주거침입절도죄와 손괴특수절도죄를 제외하고 일반적으로 주거침입은 절도죄의 구성요건이 아니므로 절도범인이 그 범행수단으로 주거침입을 한 경우에 그 주거침입행위는 절도죄에 흡수되지 아니하고 별개로 주거침입죄를 구성하며 절도죄와는 실체적 경합의 관계에 서는 것이 원칙이다(대법원 1984.12.26. 선고 84도1573 전원합의체 판결).
> ③ 피해자를 1회 강간하여 상처를 입게 한 후 약 1시간 후에 장소를 옮겨 같은 피해자를 다시 1회 강간한 행위는 그 범행시간과 장소를 달리하고 있을 뿐만 아니라 각 별개의 범의에서 이루어진 행위로서 형법 제37조 전단의 실체적 경합범에 해당한다(대법원 1987.5.12. 선고 87도694 판결).
> ④ 슈퍼마켓 사무실에서 식칼을 들고 피해자를 협박한 후 다시 식칼을 들고 매장을 돌아다니면서 손님을 내쫓아 그의 영업을 방해한 경우 협박죄와 업무방해죄의 실체적 경합이 된다(대법원 1991.1.29. 선고 90도2445 판결).
> ⑤ 피고인이 예금통장을 강취하고 예금자 명의의 예금청구서를 위조한 다음 이를 은행원에게 제출행사하여 예금인출금 명목의 금원을 교부받은 경우 강도, 사문서위조, 동행사, 사기의 각 범죄가 성립하고 이들은 실체적 경합관계에 있다 할 것이다(대법원 1991.9.10. 선고 91도1722 판결).
> ⑥ 절도범인이 체포를 면탈할 목적으로 경찰관에게 폭행 협박을 가한 때에는 준강도

죄와 공무집행방해죄를 구성하고 양죄는 상상적 경합관계에 있으나, 강도범인이 체포를 면탈할 목적으로 경찰관에게 폭행을 가한 때에는 강도죄와 공무집행방해죄는 실체적 경합관계에 있고 상상적 경합관계에 있는 것이 아니다$\left(\begin{smallmatrix} \text{대법원 1992.7.28. 선고} \\ \text{92도917 판결} \end{smallmatrix}\right)$.

⑦ 피해자 명의의 신용카드를 부정사용하여 현금자동인출기에서 현금을 인출하고 그 현금을 취득까지 한 행위는 신용카드업법 제25조 제1항의 부정사용죄에 해당할 뿐 아니라 그 현금을 취득함으로써 현금자동인출기 관리자의 의사에 반하여 그의 지배를 배제하고 그 현금을 자기의 지배하에 옮겨 놓는 것이 되므로 별도로 절도죄를 구성하고, 위 양 죄의 관계는 그 보호법익이나 행위태양이 전혀 달라 실체적 경합관계에 있는 것으로 보아야 한다$\left(\begin{smallmatrix} \text{대법원 1995.7.28. 선고} \\ \text{95도997 판결} \end{smallmatrix}\right)$.

⑧ 신용카드부정사용죄와 사기죄는 그 보호법익이나 행위의 태양이 전혀 달라 실체적 경합관계에 있으므로 신용카드 부정사용행위를 포괄일죄로 취급하는데 아무런 지장이 없다고 한 사례$\left(\begin{smallmatrix} \text{대법원 1996.7.12. 선고} \\ \text{96도1181} \end{smallmatrix}\right)$.

⑨ 무면허운전으로 인한 도로교통법위반죄에 있어서는 어느 날에 운전을 시작하여 다음날까지 동일한 기회에 일련의 과정에서 계속 운전을 한 경우 등 특별한 경우를 제외하고는 사회통념상 운전한 날을 기준으로 운전한 날마다 1개의 운전행위가 있다고 보는 것이 상당하므로 운전한 날마다 무면허운전으로 인한 도로교통법위반의 1죄가 성립한다고 보아야 할 것이고, 비록 계속적으로 무면허운전을 할 의사를 가지고 여러 날에 걸쳐 무면허운전행위를 반복하였다 하더라도 이를 포괄하여 일죄로 볼 수는 없다$\left(\begin{smallmatrix} \text{대법원 2002.7.23. 선고} \\ \text{2001도6281 판결} \end{smallmatrix}\right)$.

⑩ 감금행위가 단순히 강도상해 범행의 수단이 되는 데 그치지 아니하고 강도상해의 범행이 끝난 뒤에도 계속된 경우에는 1개의 행위가 감금죄와 강도상해죄에 해당하는 경우라고 볼 수 없고, 이 경우 감금죄와 강도상해죄는 형법 제37조의 경합범 관계에 있다$\left(\begin{smallmatrix} \text{대법원 2003.1.10. 선고} \\ \text{2002도4380 판결} \end{smallmatrix}\right)$.

⑪ 전면파업이 업무방해죄를 구성할 경우 파업기간과 각종 시설물파괴와 장비손괴가 행해지는 기간이 중첩되지 않는 한 업무방해죄와 손괴죄는 실체적 경합이 되고, 업무방해의 포괄일죄나 양죄의 상상적 경합이 되는 것은 아니다$\left(\begin{smallmatrix} \text{대법원 2003.12. 26. 선고} \\ \text{2001도3380 판결} \end{smallmatrix}\right)$.

⑫ 사기의 수단으로 발행한 수표가 지급거절된 경우 부정수표단속법위반죄와 사기죄는 그 행위의 태양과 보호법익을 달리하므로 실체적 경합범의 관계에 있다$\left(\begin{smallmatrix} \text{대법원 2004.6.25. 선} \\ \text{고 2004도1751 판결} \end{smallmatrix}\right)$.

⑬ 비의료인이 의료기관을 개설하여 운영하는 도중 개설자 명의를 다른 의료인 등으로 변경한 경우 개설자 명의별로 별개의 범죄가 성립하고 각 죄는 실체적 경합범의 관계에 있다$\left(\begin{smallmatrix} \text{대법원 2018.11.29. 선고} \\ \text{2018도10779 판결} \end{smallmatrix}\right)$.

PART 10

형벌론

형벌의 종류

제1절 **서설**

I. 형벌의 의의

형벌이란 국가가 범죄에 대한 법률상의 효과로서 범죄자에 대하여 과하는 법익의 박탈을 말한다. 형벌은 행위자의 책임을 기초로 한다는 점에서, 행위자의 위험성을 기초로 부과되는 보안처분과 구별되며, 형벌은 과거의 범죄행위를 대상으로 한다는 점에서, 장래의 범죄예방을 지향하는 보안처분과 구별된다.

II. 형벌의 종류

제41조(형의 종류) 형의 종류는 다음과 같다.
1. 사형   2. 징역   3. 금고   4. 자격상실   5. 자격정지
6. 벌금   7. 구류   8. 과료   9. 몰수

형벌의 종류에는 생명형(사형), 자유형(징역, 금고, 구류), 재산형(벌금, 과료, 몰수), 명예형(자격상실, 자격정지)이 있다.

제2절 **사형**

제66조(사형) 사형은 교정시설 안에서 교수(絞首)하여 집행한다.

Ⅰ. 사형제도

1. 사형의 개념과 집행방법

사형은 수형자의 생명을 박탈하는 것을 내용으로 하는 형벌이며, 사형의 집행방법은 교정시설 안에서 교수(絞首)하여 집행한다($\frac{제}{66조}$). 군인에 대해서는 소속 군 참모총장 또는 군사법원의 관할관이 지정한 장소에서 총살로써 집행한다($\frac{군형법}{제3조}$).

사형을 선고한 판결이 확정한 때에는 검사는 지체없이 소송기록을 법무부장관에게 제출하여야 한다($\frac{형사소송법}{제464조}$). 사형은 법무부장관의 명령에 의하여 집행한다($\frac{형사소송법}{제463조}$). 사형집행의 명령은 판결이 확정된 날로부터 6월 이내에 하여야 한다($\frac{형사소송법}{제465조\ 제1항}$). 법무부장관이 사형의 집행을 명한 때에는 5일 이내에 집행하여야 한다($\frac{형사소송법}{제466조}$). 사형의 집행에는 검사와 검찰청 서기관과 교도소장 또는 구치소장이나 그 대리자가 참여하여야 한다($\frac{형사소송법}{제467조}$). 사형의 선고를 받은 자가 심신의 장애로 의사능력이 없는 상태에 있거나 잉태 중에 있는 여자인 때에는 법무부장관의 명령으로 집행을 정지한다($\frac{형사소송법}{제469조}$). 또한 죄를 범할 당시 18세 미만인 소년에 대하여 사형 또는 무기형으로 처할 경우에는 15년의 유기징역으로 한다($\frac{소년법}{제59조}$).

2. 사형범죄의 범위

제93조 여적죄는 적국과 합세하여 대한민국에 항적한 자는 사형에 처한다고 규정하고 있어 절대적 법정형으로 사형만이 규정된 범죄이다. 기타 사형이 법정되어 있는 범죄는 상대적 법정형으로 사형과 자유형이 선택적인 범죄이다. 사형 이외에 다른 형벌과 선택적으로 규정되어 있는 범죄로는 제87조 내란죄, 제88조 내란목적살인죄, 제92조 외환유치죄, 제94조 모병이적죄, 제95조 시설제공이적죄, 제96조 시설파괴이적죄, 제98조 간첩죄, 제114조 범죄단체조직죄, 제119조 폭발물사용죄, 제164조 제2항 현주건조물방화치사죄, 제250조 살인죄와 존속살해죄, 제291조 약취유인매매이송등 살인죄, 제301조의2

강간살인죄, 제324조의4 인질살해죄, 제338조 강도살인죄, 제340조 제3항 해상강도살해·치사·강간죄가 있다.

Ⅱ. 사형존폐론

사형제도에 대한 존폐론은 상당한 기간 동안 역사적으로 논쟁을 거치고 있다. 근대에 들어서 계몽사상의 영향으로 사형제도에 대한 비판은 강력해졌다. 특히 중세시대의 사형 남발과 사형집행방법의 잔혹성으로 인하여 사형제도에 대한 폐지론은 강력한 설득력을 얻었다. 독일 등 대부분 유럽국가들은 사형제도를 폐지하였지만, 미국의 경우 대부분의 주들은 사형제도를 인정하고 있다.

1. 사형폐지론

사형폐지론자가 주장하는 그 근거는 다음과 같다. 사형은 야만적이고 잔혹한 형벌로서 인간의 존엄과 가치의 근원인 생명을 박탈하는 것이기 때문에 헌법에 반한다. 사형은 일반인이 기대하는 것보다 위하력이 적다. 사형은 오판에 대한 회복이 불가능하다. 형벌의 목적은 개선과 교육에 있다고 볼 때 사형은 전혀 이러한 목적을 달성할 수 없다.

2. 사형존치론

사형존치론자가 주장하는 그 근거는 다음과 같다. 생명은 인간이 가장 애착을 느끼는 것이므로 사형이 위하적 효과를 가지는 것을 부정할 수 없다. 형벌의 본질은 응보에 있는 이상 사형에 의하여 대응하지 않을 수 없는 극악한 범죄에 대하여 사형을 과하는 것은 적절하고 필요한 것이다. 사형은 일반국민의 응보관념과 정의관념에 합치한다. 사형의 폐지는 현실적인 정치적·문화적·사회적 환경과 관련하여 상대적으로 논의하여야 하므로 사형의 폐지는 아직 시기상조이다.

Ⅲ. 사형제도에 대한 대법원 판례

우리 헌법은 제110조 제4항에서 법률에 의하여 사형이 형벌로서 선고될 수 있음을 전제로 하여 사형제도를 인정하고 있고 현행 법제상 다수의 범죄에 관하여 사형이 법정형으로 규정되어 있기는 하지만, 법관이 사형을 선고함에 있어서는 고려할 수 있는 모든 양형의 조건들을 엄격하고도 철저히 심리하여 의문의 여지가 없을 정도로 사형의 선고가 정당화될 수 있을 때에만 비로소 그 사형의 선고가 허용된다는 것이 대법원의 확고한 입장이다.

이른바 고성 군부대 총기난사 사건에서 대법원은 이 사건 범행의 동기와 경위, 범행 계획의 내용과 대상, 범행의 준비 정도와 그 수단, 범행의 잔혹성, 피고인이 내보인 극단적인 인명 경시의 태도, 피해자들과의 관계, 피해자의 수와 피해결과의 중대함, 전방에서 생사고락을 함께하던 부하 혹은 동료 병사였던 피고인에 의해 살상된 피해자들과 그 유족 및 가족들이 입은 고통과 슬픔, 국토를 방위하고 국민의 생명과 재산을 보호함을 사명으로 하는 군대에서 발생한 이 사건 범행으로 성실하게 병역의무를 수행하고 있는 장병들과 그 가족들, 일반 국민이 입은 불안과 충격 등을 종합적으로 고려하여 볼 때, 비록 피고인에게 일부 참작할 정상이 있고 예외적이고도 신중하게 사형의 선고가 이루어져야 한다는 전제에서 보더라도, 피고인의 이 사건 범행에 상응하는 책임의 정도, 범죄와 형벌 사이의 균형, 유사한 유형의 범죄 발생을 예방하여 잠재적 피해자를 보호하고 사회를 방위할 필요성 등 제반 견지에서 피고인에 대한 법정 최고형의 선고가 불가피하다고 보는 것이 타당하다고 판단하였다.[1]

IV. 사형제도의 개선방안

사형제도에 관하여는, 국가가 생명의 절대적 가치를 전제로 하는 이상 국가에 의하여 인간의 생명이 박탈되는 것을 제도적으로 허용하여서는 안 된다거나 사형의 범죄예방효과가 크지 않고 오판의 가능성을 배제할 수 없다는 등의 이유로 이를 폐지하여야 한다는 논의가 계속되어 왔다. 우리나라에서는 1998년 이래 지금까지 사형집행이 이루어지지 않고 있기 때문에 국제사면위원회에 의해 실질적 사형폐지국으로 분류되었다. 오랫동안 사형이 집행되지 않음으로 인하여 사형 선고의 실효성 자체에 대해서도 의문이 제기되고 있으며, 사형제도를 폐지하는 내용의 법안이 국회에 발의된 바 있기도 하다. 하지만 사형제도를 폐지할 것인가에 대하여 국민과 입법자의 결단이 아직 이루어지지 아니하고 있고, 헌법재판소 또한 사형제도가 헌법에 위반되지 아니한다고 선고한 바 있다.[2]

---

1) 대법원 2016.2.19. 선고 2015도12980 전원합의체 판결.
2) 헌법재판소 2010.2.25. 선고 2008헌가23 결정.

사형제도에 대한 찬반논의는 형벌에 대한 근본적인 시각의 차이를 가지고 있지만 같은 논점에 대한 평가의 차이도 있다. 형벌이 범죄억제력을 갖는다는 사실은 명백하지만 구체적으로 특정한 형벌이 어느 정도의 범죄억제력을 갖는가를 평가하는 것은 거의 불가능하다.[3]

우리나라 대법원 판례는 '인도적 또는 종교적 견지에서는 존귀한 생명을 빼앗아가는 사형제도는 모름지기 피해야 할 일'[4]이라고 하여 궁극적으로 폐지론의 입장과 일치한다. 결국 중요한 것은 사형제도에 대한 존폐논쟁보다는 사형제도가 안고 있는 문제점을 제거하는 방안으로 논의를 집중하는 것이 중요하다.

현재 시점에서 사형제도가 가지고 있는 문제점은 '오판가능성'과 '정치적 탄압도구로 악용될 가능성'이다. 따라서 이를 제거하거나 최소화하는 것이 중요하다.

사형을 선고할 수 있는 범죄를 제한할 필요가 있다. 과실범·결과적 가중범 및 재산죄, 그리고 정치적 악용의 소지가 있는 국가적·사회적 법익에 대한 죄의 사형규정을 두지 않거나 입법한 경우에는 폐지할 필요가 있다.

사형선고를 제한할 필요가 있다. 사형선고를 남발하는 통제하는 장치가 마련되어야 하며, 사형선고에 대한 재심청구사유를 확대하여야 한다. 사형선고는 전원재판부 2/3 이상의 찬성을 요구하도록 하는 방안, 초범자에 대해서는 사형선고를 제한하는 등 사형선고기준이 구체화될 필요가 있다. 현재 사형선고에 대해서는 형사소송법 제282조, 제283조에 필요적 변호제도와 형사소송법 제349조에 자동상소제도를 두고 있다.

사형집행을 제한할 필요가 있다. 일정 기간 동안 사형집행을 유예하고 유예기간이 경과한 후에 무기형으로 전환될 수 있게 하는 제도의 도입이 필요하다.[5]

제3절 자유형

I. 의의

자유형은 수형자의 신체의 자유를 박탈하는 것을 내용으로 하는 형벌이다. 자유형의 주된 목적은 자유박탈을 통한 교화·개선에 의하여 범죄인을 사회에 복귀시키는 것이지

---

3) 박상기/손동권/이순래, 형사정책, 제12판, 264면.
4) 대법원 1987.9.8. 선고 87도1458 판결.
5) 정성근/박광민, 679면.

830 | PART 10 형벌론

만, 부수적으로 범죄인의 명예를 실추시키고, 노역을 통한 재화생산에 의하여 국가재정에 도움을 준다는 것도 있다.

II. 형법상 자유형

> 제67조(징역) 징역은 교정시설에 수용하여 집행하며, 정해진 노역에 복무하게 한다.
> 제68조(금고와 구류) 금고와 구류는 교정시설에 수용하여 집행한다.
> 제42조(징역 또는 금고의 기간) 징역 또는 금고는 무기 또는 유기로 하고 유기는 1개월 이상 30년 이하로 한다. 단, 유기징역 또는 유기금고에 대하여 형을 가중하는 때에는 50년까지로 한다.
> 제46조(구류) 구류는 1일 이상 30일 미만으로 한다.

1. 징역

징역(懲役)은 수형자를 교정시설에 수용하여 정해진 노역(勞役)에 복무하게 하는 것을 내용으로 하는 가장 무거운 자유형이다. 유기징역은 1개월 이상 30년 이하이지만, 형을 가중할 때에는 50년까지 할 수 있다($\frac{제}{42조}$). 무기징역은 종신형을 말하지만, 20년이 경과한 후에는 가석방이 가능하다($\frac{제}{72조}$).

2. 금고

금고(禁錮)는 징역의 기간과 동일하지만 금고는 노역을 부과하지 않는다는 점에서 징역과 구별된다. 금고는 과실범·정치범 등 다소 명예를 존중해 줄 필요가 있는 경우에 주로 과해진다. 명예적 구금이라고도 한다. 하지만 형집행법 제67조에 따르면 금고형 또는 구류형의 집행 중에 있는 사람은 신청을 하여 작업을 할 수 있다.

노동에 대한 시각의 변화로 인하여 금고형은 의미 있는 형벌이라고 볼 수 없다. 금고에는 유기금고와 무기금고가 있으며, 형기는 징역과 동일하다.

3. 구류

구류(拘留)는 수형자를 교정시설에 수용하여 집행하는 형벌로서 그 기간이 1일 이상 30일 미만이라는 점에서 징역·금고와 구별된다. 구류는 주로 경범죄처벌법 기타 질서위반법에 규정되어 있으며, 형법에는 제245조 공연음란죄, 제260조 폭행죄, 제266조 과실치상죄, 제283조 협박죄, 제331조의2 자동차불법사용죄, 제348조의2 편의시설부정이용죄 등 비교적 경미한 범죄에 규정되어 있다.

구류는 교정시설에 수용하는 기간이 극히 짧기 때문에 형벌의 긍정적 효과보다는 부정적 효과가 더 크다. 범인에 대한 징벌적 효과보다는 심리적 좌절감과 범죄문화에 오염되는 등 폐해가 더욱 크기 때문에 폐지하는 것이 바람직하다.

4. 노역장유치

노역장유치는 형의 집행상 필요한 대체자유형이다. 수형자가 벌금 또는 과료를 납부하지 않은 경우 그 환형처분으로서 일정한 기간 동안 수형자를 노역장에 유치하는 것이다(제70조). 일종의 변형된 자유형이다. 벌금이나 과료를 선고할 때에 납입하지 아니하는 경우를 예상하여 유치기간을 정하여 동시에 선고한다. 벌금을 납입하지 아니한 자는 1일 이상 3년 이하, 과료를 납입하지 아니한 자는 1일 이상 30일 미만의 기간 노역장에 유치하여 작업에 복무하게 한다(제69조 제2항).

III. 자유형의 개선

1. 자유형의 단일화 문제

징역·금고·구류와 같이 자유형을 구별하는 것을 폐지하고 자유형을 단일화해야 한다는 주장을 말한다. 자유형의 단일화는 세계적 추세이며 우리나라의 지배적인 견해이기도 하다. 교도행정정책의 일관성을 유지하기 위해서도 단일화가 필요하며, 노역의 유무로 파렴치범과 비파렴치범을 구분하는 것은 수형자의 사회복귀에 도움이 되지 않고, 양자의 구별 또한 쉽지 않다는 점을 근거로 한다.

또한 명예구금이라고 불리우는 금고는 전근대적인 노동천시사상의 유물에 지나지 않으므로 노역을 과하는 것이 명예를 손상하는 것이라고는 볼 수 없으며, 형집행의 실제에 있어서도 금고 수형자의 대부분이 신청에 의하여 작업에 종사하고 있다는 점을 근거로 한다. 따라서 징역·금고·구류를 징역형으로 단일화할 필요가 있다.

2. 단기자유형의 제한

6월 이하 또는 1년 이하에 해당하는 단기의 자유형은 폐지하거나 제한하여야 한다는 주장을 말한다. 형기가 단기이므로 수형자의 개선·교화의 효과를 거둘 시간적 여유가 없어 아무런 사회복귀적 효과를 기대할 수 없으며, 혼거구금에 의하여 초범자·경한 범죄를 저지른 자가 다른 수형자로부터 악영향을 받을 우려가 있다는 점을 그 근거로 한다. 따라서 단기자유형은 폐지하고 벌금형, 보호관찰부 집행유예나 선고유예, 주말구금이나 휴일구금 등으로 대체하는 것이 타당하다.[6]

제4절 재산형

Ⅰ. 의의

재산형은 범인으로부터 일정한 재산의 박탈을 내용으로 하는 형벌을 말한다. 형법은 벌금, 과료, 몰수의 3가지 재산형을 규정하고 있다.

Ⅱ. 벌금

> 제45조(벌금) 벌금은 5만원 이상으로 한다. 다만, 감경하는 경우에는 5만원 미만으로 할 수 있다.
> 제69조(벌금과 과료) ① 벌금과 과료는 판결확정일로부터 30일내에 납입하여야 한다. 단, 벌금을 선고할 때에는 동시에 그 금액을 완납할 때까지 노역장에 유치할 것을 명할 수 있다.
> ② 벌금을 납입하지 아니한 자는 1일 이상 3년 이하, 과료를 납입하지 아니한

---

6) 김일수/서보학, 562면; 임웅, 623면; 정성근/박광민, 682면.

자는 1일 이상 30일 미만의 기간 노역장에 유치하여 작업에 복무하게 한다.

제70조(노역장유치) ① 벌금이나 과료를 선고할 때에는 이를 납입하지 아니하는 경우의 노역장 유치기간을 정하여 동시에 선고하여야 한다.

② 선고하는 벌금이 1억원 이상 5억원 미만인 경우에는 300일 이상, 5억원 이상 50억원 미만인 경우에는 500일 이상, 50억원 이상인 경우에는 1천일 이상의 노역장 유치기간을 정하여야 한다.

제71조(유치일수의 공제) 벌금이나 과료의 선고를 받은 사람이 그 금액의 일부를 납입한 경우에는 벌금 또는 과료액과 노역장 유치기간의 일수에 비례하여 납입금액에 상당한 일수를 뺀다.

1. 벌금형의 의의와 성격

벌금형은 범죄인에게 일정한 금액의 지급의무를 강제로 부담시키는 것을 내용으로 하는 형벌이다. 벌금은 금전지급의무의 부담이라는 채권적 효과를 발생시킨다는 점에서, 재산권을 일방적으로 국가에 이전시키는 물권적 효과를 가진 몰수와 구별된다. 벌금은 일신전속적 성질을 가지므로 제3자의 대납·국가에 대한 채권과의 상계·제3자와의 연대책임·상속 등이 원칙적으로 인정되지 않는다.

2. 벌금형의 장·단점

가. 장점

벌금형은 형사실무상 선호되는 형사제재 중 하나이다. 이욕적인 범죄와 법인·회사 등 단체가 개입된 범죄에 효과적이며, 단기자유형의 집행으로 인한 수형자에 대한 부정적 영향을 피할 수 있다는 장점이 있다. 무엇보다 집행비용도 저렴할 뿐만 아니라 재산권이 중시되는 자본주의사회에서의 재산의 손실은 일반적 위하력을 가지므로 적합한 형벌이 된다는 장점이 있다. 수형기관의 과밀화 방지 및 운영경비의 절약, 범죄자의 재범율을 낮추면서 사회활동의 기회를 신장하는 효과를 거둘 수 있다는 점에서 형사정책적으로 긍정적 의미를 찾을 수 있다. 오판인 경우 그 회복이 용이하다는 장점도 있다.

나. 총액벌금제의 단점

우리나라는 행위자의 소득을 고려함이 없이 동일한 벌금액이 부과되는 총액벌금제를 채택하여 시행하고 있다. 이러한 총액벌금제는 수형자의 경제적 재산상태에 따라 형벌의 효과가 달라지므로 불평등의 문제가 발생한다. 같은 금액의 벌금형이더라도 경제적 약자에게는 매우 가혹한 형벌이 될 수 있는 반면 경제적 강자에게는 형벌효과가 미흡하거나 형벌효과가 없는 '형벌효과의 불평등 문제'가 발생한다.

벌금이 선고된 경우 저임금 노동자나 기초생활보장법상 수급권자 등 경제적 극빈자에게는 큰 부담이 되지만 경제적 강자에게는 별다른 부담이 되지 않기 때문에 '희생동등의 원칙' 또는 '배분적 정의의 원칙'에서 문제가 있다. 심지어 벌금을 범죄에 대한 세금으로 생각하는 범죄인들이 있다. 따라서 총액벌금제는 형벌의 효과가 경제적 사정에 따라 달라지며, 경제적 강자에 대해서는 범죄예방적 효과를 거두기 어렵다.

경제적 약자에 대해서는 더욱 가혹하다. 벌금총액을 산정하는 과정에서 범죄인의 경제적 능력을 고려하지 않기 때문에 경제적 약자에게는 노역장유치라는 대체자유형의 집행에 의하여 단기자유형으로의 전환을 강제받게 된다. 부자에게는 소액의 벌금이지만 가난한 자에게는 감당하기 힘든 벌금이기에 노역장에 갈 수 있다. 벌금을 미납한 경우 결국 노역장유치 또는 사회봉사로 돌아가기 때문에 다시 단기자유형의 폐해가 반복된다. 결국 부자는 자신의 지갑에서 벌금을 손쉽게 지불하지만, 가난한 자는 자신의 신체로 벌금을 지불하게 된다. 현재 총액벌금제는 유독 가난한 자에게 더 가혹한 형벌이 되고 있다. 총액벌금제도는 경제사정의 변화와 물가인상 그리고 화폐가치의 하락에 시기적절하게 대응할 수 없다는 단점이 있다.

3. 벌금형의 개선방향

가. 일수벌금제의 도입

(1) 의의

현행 총액벌금형제도가 가지고 있는 가장 큰 문제점은 범죄자의 경제적 자력상태에 따른 형벌효과의 불평등문제이다. 일수벌금제는 범죄의 심각성 등 행위자의 양형 책임에 따라 벌금 일수를 정한다. 여기에 행위자의 개인적 경제적 사정을 고려하여 1일 벌금액을 정하는 방식이다. 벌금 일수는 국가에 따라 다소 상이하지만 대부분 최저 하한은 1일-5일을 정하며, 최대 상한은 60일에서 720일로 정해져 있다.

(2) 도입에 대한 논쟁

일수벌금제는 부자를 역차별하게 되며, 책임주의에 반한다는 점을 들어 반대하는 견해도 있다. 평등을 절대적 평등 또는 산술적 평등의 관점에서 접근하는 것이다. 하지만 평등은 상대적 평등 또는 희생동등의 원칙으로 이해하여야 한다. '동일범죄에 대해서는 동일형벌효과가 부과되어야 한다'는 것이 헌법상 평등원칙에 부합한다. 경제적 약자에게는 지나치게 가혹한 형벌이 되는 것을 방지하고, 경제적 강자에게는 국가형벌의 엄준함을 느낄수 있을 만큼 부담감을 부과하여야 특별예방효과를 증대시킬 수 있다.

일수벌금제가 책임주의 원칙에 반한다는 주장은 책임주의를 오해하고 있다. 책임주의는 책임을 전제하지 않은 형벌이나 책임을 초과하는 형벌을 금지하는 형법의 대원칙이지, 책임의 범주에서 양형과정상 일정한 사정을 고려하는 것까지 금지하는 것은 아니기 때문이다. 양형의 기본원칙이 행위자의 책임을 기초로 하되 예방적 목적도 고려해야 한다는 점에서 출발해보면, 법원은 구체적 양형과정에서 행위자의 형벌감응성(Strafempfindlichkeit)과 형벌수용성(Strafempfänglichkeit)의 관점을 모두 고려해야 한다. 형벌감응성, 즉 형벌의 책임적합성은 유사한 사례에서 반드시 객관적으로 동일한 형량을 선고해야 한다는 것을 의미하는 것이 아니라, 책임이 동등한 사건에서 주관적으로 동일한 형벌고통을 느끼도록 해야 한다는 것을 말한다.

일수벌금제는 총액벌금제도의 결점을 보충하여 행위자의 불법과 벌금형과의 명백한 기준을 제시함으로써 피고인의 자력에 관계없이 동일한 형벌적응력을 갖게 한다는 점에서 정의의 관념과 형벌 개별화사상에 부합하는 제도이다.

나. 납부제도의 개선

형법 제69조에 따르면 벌금형이 선고되면 30일 이내에 납부하도록 되어 있다. 만약 벌금을 납부하지 못하게 되면 대체자유형으로 전환되어 단기자유형의 폐해를 그대로 가지게 된다. 벌금형이 단기자유형의 폐해를 극복하기 위하여 유지되고 있음에도 불구하고 벌금을 미납하면 다시 자유형을 집행한다는 것은 일종의 모순이다. 대부분의 벌금미납자가 500만 원 이하의 소액벌금 미납자라는 점을 볼 때 이는 또 다른 형태의 경제적 차별이 될수 있다. 재산형 등에 관한 검찰 집행 사무규칙에 따르면 국민기초생활보장법에 따른 수급권자 등 일부의 사람에 대해서는 분할납부 또는 납부연기를 할 수 있도록 규정하고 있다(규칙 제12조). 보다 적극적인 제도 확대가 필요하다. 형법 제62조에 따라 형의 선고단계에서는 벌금형에 대한 집행유예를 적극적으로 선고해주는 것 또한 고려할 필요가 있다.

다. 사회봉사명령으로 전환

벌금미납자의 사회봉사 집행에 관한 특례법은 벌금 미납자에 대한 노역장 유치를 사회봉사로 대신하여 집행할 수 있는 특례와 절차를 규정함으로써 경제적인 이유로 벌금을 낼 수 없는 사람의 노역장 유치로 인한 구금을 최소화하는 목적으로 제정된 법이다. 동법 제4조에 따르면 대통령령으로 정한 금액 범위 내의 벌금형이 확정된 벌금 미납자는 검사의 납부명령일부터 30일 이내에 주거지를 관할하는 지방검찰청의 검사에게 사회봉사를 신청할 수 있다. 검사로부터 벌금의 일부납부 또는 납부연기를 허가받은 자는 그 허가기한 내에 사회봉사를 신청할 수 있다. 동법 제6조에 따르면 법원은 검사로부터 사회봉사 허가 청구를 받은 날부터 14일 이내에 벌금 미납자의 경제적 능력, 사회봉사 이행에 필요한 신체적 능력, 주거의 안정성 등을 고려하여 사회봉사 허가 여부를 결정한다. 사회봉사의 집행은 사회봉사가 허가된 날부터 6개월 이내에 마쳐야 한다.

라. 과태료 등 행정벌 전환

많은 행정형법 중에는 행정상 의무불이행에 대해 벌금형에 처하는 규정을 많이 두고 있다. 그러나 행정상의 의무불이행에 대해서는 행정벌의 일종인 과태료로 전환하는 것이 타당하다.[7]

III. 과료

> 제47조(과료) 과료는 2천원 이상 5만원 미만으로 한다.

과료는 2,000원 이상 5만원 미만의 금액을 납부케하는 형벌로서 범죄인에게 일정한 금액의 지급의무를 강제한다는 점에서는 벌금과 동일하지만, 그 금액이 적고 경미한 범죄에 부과된다는 점에서 벌금형과 구별된다. 과료는 재산형으로 형법상 형벌이지만 과태료는 행정법상 제재이다. 과료를 납부하지 않은 경우에도 노역장 유치가 가능하지만 어느 정도 실효성이 있는지 의문이다. 5만원 이하의 벌금이 형벌로서 어떤 의미가 있는지도 의문이다. 과료는 폐지되는 것이 타당하다.

---

7)   오영근, 513면.

Ⅳ. 노역장 유치

> 제70조(노역장 유치) ① 벌금이나 과료를 선고할 때에는 이를 납입하지 아니하는 경우의 노역장 유치기간을 정하여 동시에 선고하여야 한다.
> ② 선고하는 벌금이 1억원 이상 5억원 미만인 경우에는 300일 이상, 5억원 이상 50억원 미만인 경우에는 500일 이상, 50억원 이상인 경우에는 1천일 이상의 노역장 유치기간을 정하여야 한다.
> 제71조(유치일수의 공제) 벌금이나 과료의 선고를 받은 사람이 그 금액의 일부를 납입한 경우에는 벌금 또는 과료액과 노역장 유치기간의 일수(日數)에 비례하여 납입금액에 해당하는 일수를 뺀다.

1. 의의

노역장 유치는 수형자가 벌금 또는 과료를 납부하지 않을 때에 일정 기간 동안 수형자를 노역장에 유치하는 대체자유형이다.

금 또는 과료를 선고할 때에는 납입하지 아니하는 경우의 유치기간을 정하여 동시에 선고하여야 한다(제70조). 제69조 단서규정에는 벌금을 선고할 때 동시에 노역장에 유치할 것을 명할 수 있다고 규정되어 있어 노역장유치를 재량적으로 볼 여지가 있다. 제69조와 제70조의 관계에서 볼 때 제69조 제1항은 수정될 필요가 있다.

2. 노역장 유치 기간

벌금을 납입하지 아니한 자는 1일 이상 3년 이하의 기간 동안 노역장에 유치하여 작업에 복무하게 한다. 이 경우 선고하는 벌금이 1억원 이상 5억원 미만인 경우에는 300일 이상, 5억원 이상 50억원 미만인 경우에는 500일 이상, 50억원 이상인 경우에는 1,000일 이상의 유치기간을 정하여야 한다. 이른바 '황제노역사건'을 계기로 2014·5·14. 형법 개정으로 신설된 조문이다. 그럼에도 불구하고 벌금형이 노역장유치로 환형된 경우에도 형벌불평등의 문제는 해결되지 않았다. 벌금이 수 조원에 해당하는 경우 하루 수천만원으로 계산될 여지가 있기 때문이다.

3. 과료 미납과 노역장 유치

과료를 납부하지 아니한 자는 1일 이상 30일 미만의 기간 노역장에 유치하여 작업에 복무하게 한다($\frac{제69조}{제2항}$). 과료가 2,000원 이상 5만원 미만이라는 점에서 노역장유치를 하는 경우에도 1일에 불과하다. 과료에 대한 노역장유치는 삭제하는 것이 바람직하다.

벌금 또는 과료의 선고를 받은 자가 그 일부를 납입한 때에는 벌금 또는 과료액과 유치 기간의 일수에 비례하여 납입금액에 상당한 일수를 제한다($\frac{제}{71조}$).

V. 몰수

제48조(몰수의 대상과 추징) ① 범인 외의 자의 소유에 속하지 아니하거나 범죄 후 범인 외의 자가 정을 알면서 취득한 다음 각 호의 물건은 전부 또는 일부를 몰수할 수 있다.
1. 범죄행위에 제공하였거나 제공하려고 한 물건.
2. 범죄행위로 인하여 생겼거나 이로 인하여 취득한 물건.
3. 제1호 또는 제2호의 대가로 취득한 물건.
② 제1항 각 호의 물건을 몰수할 수 없을 때에는 그 가액을 추징한다.
③ 문서, 도화, 전자기록 등 특수매체기록 또는 유가증권의 일부가 몰수의 대상이 된 경우에는 그 부분을 폐기한다.
제49조(몰수의 부가성) 몰수는 타형에 부가하여 과한다. 단, 행위자에게 유죄의 재판을 아니할 때에도 몰수의 요건이 있는 때에는 몰수만을 선고할 수 있다.

1. 의의와 성질

몰수는 범죄의 반복을 방지하거나 범죄로 인한 이익취득을 금지할 목적으로 범죄행위와 관련된 재산을 박탈하여 국고에 귀속시키는 재산형이다.

몰수는 원칙적으로 다른 형에 부가하여 과해지는 부가형이다($\frac{제49조}{본문}$). 예외적으로 유죄의 재판을 아니할 때에도 몰수의 요건이 있는 때에는 몰수만을 선고할 수 있다($\frac{제49조}{단서}$). 하지만 우리 법제상 공소제기 없이 별도로 몰수만을 선고할 수 있는 제도가 마련되어 있지 않으므로, 공소가 제기되지 않은 별개의 범죄사실을 법원이 인정하여 그에 관하여 몰수나 추징을 선고하는 것은 허용되지 않는다. 불고불리의 원칙에 반하기 때문이다.[8] 몰수·추징을 선고하려면 몰수·추징의 요건이 공소가 제기된 공소사실과 관련되어 있어야 한다.[9] 공소가 제기되지 않은 별개의 범죄사실을 법원이 인정하여 그에 관하여 몰수나 추징을 선고하는 것은 불고불리의 원칙에 위반되어 허용되지 않는다.[10] 몰수의 법적 성질에 대하여 다수설은 형식적으로는 형벌의 일종이지만, 실질적으로는 대물적 보안처분으로 본다.[11]

2. 임의적 몰수와 필요적 몰수

몰수에는 임의적 몰수와 필요적 몰수가 있다. 임의적 몰수의 경우 몰수 여부는 법관의 자유재량에 의하여 결정한다(제48조). 하지만 뇌물죄의 뇌물(제134조), 아편에 관한 죄의 아편·몰핀이나 그 화합물, 아편흡식기(제206조), 배임수증재죄의 재물[12]($^{제357조}_{제3항}$)은 반드시 몰수하여야 하는 필요적 몰수이다.

3. 몰수의 대상

몰수의 대상은 '범죄행위에 제공하였거나 제공하려고 한 물건', '범죄행위로 인하여 생겼거나 이로 인하여 취득한 물건', '제1호 또는 제2호의 대가로 취득한 물건'이다.

가. 범죄행위에 제공하였거나 제공하려고 한 물건

'범죄행위에 제공하였던 물건'이라 함은 현실적으로 범죄수행에 사용했던 물건을 말하며, 범죄의 실행행위 자체에 사용한 물건에만 한정되는 것이 아니며, 실행행위의 착수 전의 행위 또는 실행행위의 종료 후의 행위에 사용한 물건이더라도 그것이 범죄행위의 수행에 실질적으로 기여하였다고 인정된다면 범죄행위에 제공한 물건에 포함된다.

'범죄행위에 제공하려고 한 물건'은 범죄행위에 사용하려고 준비하였지만 현실적으로 사용을 하지 못한 물건을 말한다. 따라서 범행에 사용된 칼과 같은 도구뿐만 아니라 범행에 사용하려고 준비한 금품도 몰수의 대상이다.

---

8) 대법원 2022.11.17. 선고 2022도8662 판결.
9) 대법원 2022.12.29. 선고 2022도8592 판결.
10) 대법원 2022.11.17. 선고 2022도8662 판결.
11) 성돈, 819면; 김일수/서보학, 567면; 손동권/김재윤, 689면; 정성근/박광민, 687면.
12) 배임수증죄에서의 몰수는 '현실로 제공된 재물'에 한한다.

도박자금으로 대여한 금원,[13] 피해자로 하여금 사기도박에 참여하도록 유인하기 위하여 제시한 수표,[14] 대형할인매장에서 수회 상품을 절취하여 자신의 승용차에 싣고 간 경우의 승용차,[15] 성매매업을 한다는 것을 알면서도 토지와 건물을 제공한 경우의 토지와 건물[16] 등은 몰수할 수 있다.

하지만 체포될 당시에 미처 송금하지 못하고 소지하고 있던 자기앞수표나 현금은 장차 실행하려고 한 외국환거래법 위반의 범행에 제공하려는 물건이지, 그 이전에 범해진 외국환거래법 위반의 범죄행위에 제공하려고 한 물건으로는 볼 수 없으므로 몰수할 수 없다.[17]

⚖ 판례 │ 몰수의 요건인 '범죄행위에 제공하려고 한 물건'의 의미

【판결요지】 [1] 형법 제48조 제1항 제1호는 몰수할 수 있는 물건으로서 '범죄행위에 제공하였거나 제공하려고 한 물건'을 규정하고 있는데, 여기서 범죄행위에 제공하려고 한 물건이란 범죄행위에 사용하려고 준비하였으나 실제 사용하지 못한 물건을 의미하는바, 형법상의 몰수가 공소사실에 대하여 형사재판을 받는 피고인에 대한 유죄판결에서 다른 형에 부가하여 선고되는 형인 점에 비추어, 어떠한 물건을 '범죄행위에 제공하려고 한 물건'으로서 몰수하기 위하여는 그 물건이 유죄로 인정되는 당해 범죄행위에 제공하려고 한 물건임이 인정되어야 한다.

[2] 체포될 당시에 미처 송금하지 못하고 소지하고 있던 자기앞수표나 현금은 장차 실행하려고 한 외국환거래법 위반의 범행에 제공하려는 물건일 뿐, 그 이전에 범해진 외국환거래법 위반의 '범죄행위에 제공하려고 한 물건'으로는 볼 수 없으므로 몰수할 수 없다고 한 사례(대법원 2008.2.14. 선고 2007도10034 판결).

⚖ 판례 │ 범죄행위에 제공하였던 물건

① 피해자로 하여금 사기도박에 참여하도록 유인하기 위하여 고액의 수표를 제시해 보인 경우, 형법 제48조 소정의 몰수가 임의적 몰수에 불과하여 법관의 자유재량에 맡겨져 있고, 위 수표가 직접적으로 도박자금으로 사용되지 아니하였다 할지라도, 위 수표가 피해자로 하여금 사기도박에 참여하도록 만들기 위한 수단으로 사용된 이상, 이를 몰수할 수 있고, 그렇다고 하여 피고인에게 극히 가혹한 결과가 된다고 볼 수는 없

---

13) 대법원 1982.9.28. 선고 81도1669 판결.
14) 대법원 2002.9.24. 선고 2002도3589 판결.
15) 대법원 2006.9.14. 선고 2006도4075 판결.
16) 대법원 2013.5.23. 선고 2012도11586 판결.
17) 대법원 2008.2.14. 선고 2007도10034 판결.

다고 한 사례(대법원 2002.9.24. 선고
2002도3589 판결).

② 오락실업자, 상품권업자 및 환전소 운영자가 공모하여 사행성 전자식 유기기구에서 경품으로 배출된 상품권을 현금으로 환전하면서 그 수수료를 일정한 비율로 나누어 가지는 방식으로 영업을 한 경우, 환전소 운영자가 환전소에 보관하던 현금 전부가 위와 같은 상품권의 환전을 통한 범죄행위에 제공하려 하였거나 그 범행으로 인하여 취득한 물건에 해당하여 형법 제48조 제1항 제1호 또는 제2호의 규정에 의하여 몰수의 대상이 되고, 환전소 운영자가 위 환전소 내에 보관하고 있던 현금 중 일부를 생활비 등의 용도로 소비하였다고 하여 달리 볼 것이 아니라고 한 사례(대법원 2006.10.13. 선고
2006도3302 판결).

③ 형법 제48조 제1항 제1호의 "범죄행위에 제공한 물건"은, 가령 살인행위에 사용한 칼 등 범죄의 실행행위 자체에 사용한 물건에만 한정되는 것이 아니며, 실행행위의 착수 전의 행위 또는 실행행위의 종료 후의 행위에 사용한 물건이더라도 그것이 범죄행위의 수행에 실질적으로 기여하였다고 인정되는 한 위 법조 소정의 제공한 물건에 포함된다. 대형할인매장에서 수회 상품을 절취하여 자신의 승용차에 싣고 간 경우, 위 승용차는 형법 제48조 제1항 제1호에 정한 범죄행위에 제공한 물건으로 보아 몰수할 수 있다고 한 사례(대법원 2006.9.14. 선고
2006도4075 판결).

④ 피고인이 갑에게서 명의신탁을 받아 피고인 명의로 소유권이전등기를 마친 토지 및 그 지상 건물에서 갑과 공동하여 영업으로 성매매알선 등 행위를 함으로써 성매매에 제공되는 사실을 알면서 토지와 건물을 제공하였다는 내용의 성매매알선 등 행위의 처벌에 관한 법률 위반 공소사실이 유죄로 인정된 사안에서, 토지와 건물을 몰수한 원심의 조치가 정당하다고 한 사례(대법원 2013.5.23. 선고
2012도11586 판결).

나. 범죄행위로 생겼거나 이로 인하여 취득한 물건

'범죄행위로 생긴 물건'이란 범죄행위 이전에는 존재하지 않았지만 범죄행위로 인하여 비로소 생성된 물건을 말한다. 예를 들면 문서위조행위로 인하여 만들어진 위조문서가 이에 해당한다.

'범죄행위로 인하여 취득한 물건'이란 범죄행위 당시에도 이미 존재하였지만 범죄행위를 수단으로 범인이 취득한 물건을 말한다. 예를 들면 도박행위로 인하여 딴 돈, 절취한 장물이 이에 해당한다.

다. 위 물건의 대가로 취득한 물건

위 물건의 대가로 취득한 물건은 위 두 가지 요건에 의해서도 몰수할 수 없을 때에 그 물건의 대가를 몰수할 수 있다. 장물의 매각대금, 위조통화로 매입한 물건, 인신매매대금과 같이 범죄행위로 인하여 간접적으로 취득한 부정한 이익은 몰수할 수 있다.

📚 참고   불법수익에서 유래한 재산

공무원범죄에 관한 몰수특례법은 공무원이 뇌물범죄행위를 통하여 취득한 불법수익을 철저히 추적·환수하기 위하여 몰수에 관한 특례를 규정하고 있는데, 이 법은 몰수의 대상이 되는 불법재산을 수뢰행위로 얻은 불법수익에 한정하지 않고, 불법수익에서 유래한 재산까지 확대하였다. 이와 같은 취지의 법률로 '범죄수익은닉의 규제 및 처벌 등에 관한 법률', '마약류 불법거래 방지에 관한 특례법'이 있다.

4. 몰수의 대인적 요건

가. 범인 이외의 자의 소유에 속하지 아니하는 물건

범인소유의 물건은 몰수할 수 있다. 형법 제48조 제1항의 범인에는 공범자도 포함된다고 해석되므로, 범인 자신의 소유물은 물론 공범자의 소유물에 대하여도 이를 몰수할 수 있다.[18] 공범자는 반드시 유죄의 죄책을 지는 자에 국한된다고 볼 수 없고 공범에 해당하는 행위를 한 자이면 족하므로 이러한 자의 소유물도 몰수할 수 있다.[19]

범인 이외의 자의 소유 물건은 원칙적으로 몰수할 수 없다. 따라서 부실기재된 등기부, 허위기재부분이 있는 공문서, 국고에 환부하여야 할 국고수표, 매각위탁을 받은 엽총 등은 몰수할 수 없다.

소유권귀속의 판단기준은 판결선고당시의 권리관계를 기준으로 판단한다. 따라서 판결선고전에 범인이 사망한 경우에 상속인으로부터 몰수할 수 없다. 이 경우 범인 이외의 자의 소유에 속하게 된다.

⚖️ 판례   공범자의 소유물

【판결요지】 [1] 형법 제48조 제1항의 '범인'에는 공범자도 포함되므로 피고인의 소유물은 물론 공범자의 소유물도 그 공범자의 소추 여부를 불문하고 몰수할 수 있고, 여기에서의 공범자에는 공동정범, 교사범, 방조범에 해당하는 자는 물론 필요적 공범관계에 있는 자도 포함된다.
[2] 형법 제48조 제1항의 '범인'에 해당하는 공범자는 반드시 유죄의 죄책을 지는 자에 국한된다고 볼 수 없고 공범에 해당하는 행위를 한 자이면 족하므로 이러한 자의 소유물도 형법 제48조 제1항의 '범인 이외의 자의 소유에 속하지 아니하는 물건'으로서 이를 피고인으로부터 몰수할 수 있다(대법원 2006.11.23. 선고 2006도5586 판결).

---

18) 대법원 2000.5.12. 선고 2000도745 판결.
19) 대법원 2006.11.23. 선고 2006도5586 판결.

나. 범죄 후 범인 이외의 자가 정을 알면서 취득한 물건

범죄 후 범인 이외의 자가 정을 알면서 취득한 물건의 경우 취득 당시에 그 물건이 제48조 제1항의 각호에 해당함을 알면서 취득한 경우에는 범인 이외의 자의 소유일지라도 몰수할 수 있다.

5. 몰수대상의 확대 필요

범죄행위로 인한 수익은 원래부터 범죄인이 소유할 수 없다는 법정의론적 관념도 중요하다. 그들의 수익이 법적으로 정당한 권원에서 발생하였다면 그 소유 또한 적법한 것이지만, 범죄를 저지름으로 인하여 획득한 수익을 정당한 권원에서 발생하였다고 볼 수 없다. 범죄로 인하여 취득한 물건이나 범죄의 대가로 취득한 물건에 대한 몰수는 국가가 범법자가 범죄로 획득한 부당이득을 몰수하는 것으로 민법상 부당이득반환청구와 유사하다. 국가가 이를 몰수하더라도 행위자의 재산에 경제적 손해가 생긴다고 할 수 없으며 이를 몰수 또는 환수하는 것은 원상회복적 성격을 가지며, 범죄수익을 몰수함으로써 일반인으로 하여금 "범죄로부터 얻을 것은 없다"라는 일반예방적 효과도 기대할 수 있다. 범죄수익박탈은 경제적 이익을 추구하는 범죄의 근원적인 원인을 제거하기 때문에 중요한 범죄억제책이 될 수 있다.

형법 제48조는 몰수대상을 '물건'으로 한정하고 있다. '재산상 이익'은 몰수의 대상으로 규정되어 있지 않다. 따라서 물건의 형태가 아닌 범죄수익은 몰수의 대상이 되지 않으며, 범죄수익의 과실로서 얻은 재산, 대가로서 얻은 재산, 이들 재산의 대가로서 얻은 재산 기타 범죄수익의 보유, 처분, 변형, 증식에 의하여 얻은 재산 등은 형법상 몰수가 불가능하다. 대법원 판례는 몰수의 대상에 재산상 이익이 포함될 수 있는 것으로 확장해석하고 있다.[20]

2011년 몰수의 대상과 관련하여 형법 개정안이 발의된 적이 있었다.[21] 정부가 제출한 형법 일부개정법률안에서 몰수와 관련된 개정안의 주요내용으로는 ① '물건'을 '물건, 금전, 그 밖의 재산'으로 확대하고, ② 범인의 소유에 속하는 물건에 대한 몰수와 범인의 소유에 속하지 않는 물건에 대한 몰수의 성격이 다른 점을 감안하여 항을 분리하였으며, ③ 범죄행위에 제공하였거나 제공하고자 한 물건의 대가로 취득한 물건을 제외하는 것이다. 하지만 개정안은 임기만료로 인하여 폐기되었다.

결국 현행 형법에 따른 경우에는 몰수의 대상은 물건에 한정되어 있기 때문에 재산

---

20) 대법원 1976.9.28. 선고 76도2607 판결.
21) 법제사법위원회 형법 일부개정법률안 정부제출 검토보고(2011.10.), 46면.

상 이익의 형태인 범죄수익에 대해서는 몰수할 수 없는 한계가 존재한다. 특히 비트코인 (Bitcoin)과 같이 재산적 가치가 있는 새로운 형태의 무형의 재산에 대해서는 몰수의 대상이 될 수 있는지 논란이 될 수 있다.

이러한 형법상 몰수·추징의 한계를 극복하기 위해 우리나라는 다수의 특별법에 몰수·추징규정을 별도로 두고 있으며, 그 대상 또한 각각 특별법에 확장하고 있다. 공무원범죄에 관한 몰수 특례법의 '불법수익', 부패재산의 몰수 및 회복에 관한 특례법의 '부패재산', 성매매알선 등 행위의 처벌에 관한 법률의 '금품', 정치자금법의 '재산상 이익', 불법정치자금 등의 몰수에 관한 특례법의 '불법정치자금', 약사법의 '경제적 이익', 공직선거법의 '이익', 마약류 관리에 관한 법률의 '수익금', 국가보안법의 '보수' 등으로 확장하고 있다. 몰수대상이 범죄의 직접적 수익 및 그로부터 유래한 재산까지 몰수할 수 있도록 하여 형법보다 그 범위가 확대되어 있다.

우리나라의 몰수제도는 크게 범죄로부터 발생한 물건과 범죄에 쓰인 물건 등 몰수대상이 유체물로 한정되는 '형법상 몰수'와 무형의 재산권이나 이익 등 범죄수익에 대한 환수 개념까지 포함하는 '특별법상 몰수'로 2원적 체제로 운영되고 있다.

⚖ 판례   비트코인과 몰수

【판결요지】 [1] 범죄수익은닉규제법은 "중대범죄에 해당하는 범죄행위에 의하여 생긴 재산 또는 그 범죄행위의 보수로 얻은 재산"을 범죄수익으로 규정하고[제2조 제2호 (가)목], 범죄수익을 몰수할 수 있다고 규정한다($\frac{제8조\ 제1항}{제1호}$). 그리고 범죄수익은닉규제법 시행령은 "은닉재산이란 몰수·추징의 판결이 확정된 자가 은닉한 현금, 예금, 주식, 그 밖에 재산적 가치가 있는 유형·무형의 재산을 말한다."라고 규정하고 있다 ($\frac{제2조\ 제2항}{본문}$).

위와 같은 범죄수익은닉규제법의 입법 취지 및 법률 규정의 내용을 종합하여 보면, 범죄수익은닉규제법에 정한 중대범죄에 해당하는 범죄행위에 의하여 취득한 것으로 재산적 가치가 인정되는 무형재산도 몰수할 수 있다.

[2] 피고인이 음란물유포 인터넷사이트를 운영하면서 정보통신망 이용촉진 및 정보보호 등에 관한 법률(이하 '정보통신망법'이라 한다)위반(음란물유포)죄와 도박개장방조죄에 의하여 비트코인(Bitcoin)을 취득한 사안에서, 범죄수익은닉의 규제 및 처벌 등에 관한 법률(이하 '범죄수익은닉규제법'이라 한다) [별표] 제1호 (사)목에서는 형법 제247조의 죄를, [별표] 제24호에서는 정보통신망법 제74조 제1항 제2호의 죄를 중대범죄로 규정하고 있어 피고인의 정보통신망법 위반(음란물유포)죄와 도박개장방조죄는 범죄수익은닉규제법에 정한 중대범죄에 해당하며, 비트코인은 경제적인 가치를 디지털로 표상하여 전자적으로 이전, 저장 및 거래가 가능하도록 한, 이른바 '가상화폐'의 일종인 점,

피고인은 위 음란사이트를 운영하면서 사진과 영상을 이용하는 이용자 및 음란사이트에 광고를 원하는 광고주들로부터 비트코인을 대가로 지급받아 재산적 가치가 있는 것으로 취급한 점에 비추어 비트코인은 재산적 가치가 있는 무형의 재산이라고 보아야 하고, 몰수의 대상인 비트코인이 특정되어 있다는 이유로, 피고인이 취득한 비트코인을 몰수할 수 있다고 본 원심판단이 정당하다고 한 사례(대법원 2018.5.30. 선고 / 2018도3619 판결).

Ⅵ. 추징과 폐기

> 제48조(몰수의 대상과 추징) ② 제1항 각호의 물건을 몰수할 수 없을 때에는 그 가액을 추징한다.
> ③ 문서, 도화, 전자기록 등 특수매체기록 또는 유가증권의 일부가 몰수의 대상이 된 경우에는 그 부분을 폐기한다.

1. 의의

추징은 몰수대상물의 전부 또는 일부를 몰수하기 불가능한 때에 몰수에 갈음하여 그 가액의 납부를 명하는 사법처분이지만, 몰수의 취지를 관철하기 위한 제도라는 점에서 부가형의 성질을 가진다. 따라서 1심에서 선고하지 않은 추징을 항소심에서 선고하면 불이익변경금지의 원칙에 반한다.

2. 몰수할 수 없을 때

'몰수할 수 없을 때'란 판결 당시 소비, 분실, 훼손 등의 사실상 원인으로 또는 선의취득, 혼동 등의 법률상 원인으로 몰수할 수 없는 경우를 말한다. 따라서 뇌물죄의 경우 수뢰자가 수수한 금액을 소비하거나 예금한 후에 그 금액 상당을 반환한 경우에는 몰수할 수 없으므로 그 가액을 추징하여야 한다.[22]

3. 추징의 방법

추징가액의 산정시기에 대하여 범죄행위 시로 보는 견해도 있지만, 판결선고 시를 산

---

22) 대법원 1996.10.25. 선고 96도2022 판결.

정시기로 보는 것이 다수설과 판례이다. 추징의 방법은 공동피고인에 대한 추징의 경우 개별추징하는 것이 원칙이다. 따라서 수인이 공모하여 뇌물을 수수한 경우 몰수가 불가능하여 추징할 때에는 실제로 분배받은 뇌물을 개별적으로 추징해야 한다. 개별액을 알 수 없는 경우에는 평등분할액을 추징해야 한다. 다만 판례에 따르면 외국환관리법상 몰수·추징과 같이 징벌적 성격을 띤 몰수에 대해서는 공동연대추징을 하고 있다.

⚖️ **판례** **징벌적 몰수에 대한 공동연대추징**

【판결요지】 [다수의견] 외국환관리법상의 몰수와 추징은 일반 형사법의 경우와 달리 범죄사실에 대한 징벌적 제재의 성격을 띠고 있다고 할 것이므로, 여러 사람이 공모하여 범칙행위를 한 경우 몰수대상인 외국환 등을 몰수할 수 없을 때에는 각 범칙자 전원에 대하여 그 취득한 외국환 등의 가액 전부의 추징을 명하여야 하고, 그 중 한 사람이 추징금 전액을 납부하였을 때에는 다른 사람은 추징의 집행을 면할 것이나, 그 일부라도 납부되지 아니하였을 때에는 그 범위 내에서 각 범칙자는 추징의 집행을 면할 수 없다 (대법원 1998.5.21. 선고 95도2002 전원합의체 판결).

【해설】 갑과 을은 외국환관리법위반으로 금 17억원을 취득한 후 갑이 16억원을, 을이 1억원을 각각 소비하였다. 이 경우 갑과 을 전원에 대하여 17억원 전부를 추징한다. 만약 갑이 전액을 납부했다면 을은 추징을 면할 것이지만 납부하지 않았다면 각 범죄자는 추징의 집행을 면할 수 없다.

판례에 따르면 관세법상 추징,[23] 구 향정신성의약품관리법 제47조 제1항에 의한 몰수나 추징,[24] 마약류관리에 관한 법률 제67조에 의한 몰수나 추징,[25] 특정경제범죄 가중처벌 등에 관한 법률 제10조에 의한 몰수나 추징[26]을 징벌적 성격을 가지고 있는 몰수나 추징으로 본다. 따라서 행위자의 1인이 그 물품을 소유하거나 점유하였다면 다른 가담자가 그 물품의 소유 또는 점유사실의 유무를 불문하고 가담자 전원으로부터 각각 추징할 수 있다.

---

23) 대법원 2007.12.28. 선고 2007도8401 판결.
24) 대법원 2000.9.8. 선고 2000도546 판결.
25) 대법원 2010.8.26. 선고 2010도7251 판결.
26) 대법원 2005.4.29. 선고 2002도7262 판결.

【판결요지】 관세법상 추징은 일반 형사법에서의 추징과는 달리 징벌적 성격을 띠고 있어 여러 사람이 공모하여 관세를 포탈하거나 관세장물을 알선, 운반, 취득한 경우에는 범칙자의 1인이 그 물품을 소유하거나 점유하였다면 그 물품의 범칙 당시의 국내도매가격 상당의 가액 전액을 그 물품의 소유 또는 점유사실의 유무를 불문하고 범칙자 전원으로부터 각각 추징할 수 있고, 범인이 밀수품을 소유하거나 점유한 사실이 있다면 압수 또는 몰수가 가능한 시기에 범인이 이를 소유하거나 점유한 사실이 있는지 여부에 상관없이 관세법 제282조에 따라 몰수 또는 추징할 수 있다$\binom{\text{대법원 2007.12.28. 선고}}{\text{2007도8401 판결}}$.

판례   구 향정신성의약품관리법의 몰수나 추징

【판결요지】 구 향정신성의약품관리법(2000.1.12. 법률 제6146호 마약류관리에관한법률 부칙 제2조로 폐지) 제47조 제1항에 의한 몰수나 추징은 범죄행위로 인한 이득의 박탈을 목적으로 하는 것이 아니라 징벌적 성질의 처분이므로 그 범행으로 인하여 이득을 취득한 바 없다 하더라도 법원은 그 가액의 추징을 명하여야 하지만, 다만 그 추징의 범위에 관하여는 피고인을 기준으로 하여 그가 취급한 범위 내에서 의약품 가액 전액의 추징을 명하면 되는 것이지 동일한 의약품을 취급한 피고인의 일련의 행위가 별죄를 구성한다고 하여 그 행위마다 따로 그 가액을 추징하여야 하는 것은 아니다$\binom{\text{대법원 2000.9.8. 선고}}{\text{2000도546 판결}}$.

제5절 명예형

제43조(형의 선고와 자격상실, 자격정지) ① 사형, 무기징역 또는 무기금고의 판결을 받은 자는 다음에 기재한 자격을 상실한다.
1. 공무원이 되는 자격
2. 공법상의 선거권과 피선거권
3. 법률로 요건을 정한 공법상의 업무에 관한 자격
4. 법인의 이사, 감사 또는 지배인 기타 법인의 업무에 관한 검사역이나 재산관리인이 되는 자격
② 유기징역 또는 유기금고의 판결을 받은 자는 그 형의 집행이 종료하거나 면

제될 때까지 전항 제1호 내지 제3호에 기재된 자격이 정지된다. 다만, 다른 법률에 특별한 규정이 있는 경우에는 그 법률에 따른다.

제44조(자격정지) ① 전조에 기재한 자격의 전부 또는 일부에 대한 정지는 1년 이상 15년 이하로 한다.

② 유기징역 또는 유기금고에 자격정지를 병과한 때에는 징역 또는 금고의 집행을 종료하거나 면제된 날로부터 정지기간을 기산한다.

Ⅰ. 의의

명예형은 범인의 명예 또는 자격을 박탈하는 것을 내용으로 하는 형벌을 말한다. 자격형이라고도 한다. 현행 형법은 자격상실과 자격정지 두 가지를 인정하고 있다.

Ⅱ. 자격상실

자격상실은 사형·무기징역·무기금고의 선고가 있으면 그 형의 효력으로서 일정한 자격이 당연히 상실되는 경우이다. 상실되는 자격에는 공무원이 되는 자격, 공법상의 선거권과 피선거권, 법률로 요건을 정한 공법상의 업무에 관한 자격, 법인의 이사, 감사 또는 지배인 기타 법인의 업무에 관한 검사역이나 재산관리인이 되는 자격이 있다(제43조 제1항).

Ⅲ. 자격정지

자격정지는 일정 기간 동안 일정자격의 전부 또는 일부를 정지시키는 명예형이다. 자격정지에는 당연정지와 선고정지가 있다.

형법 제43조 제2항에 따라서 유기징역 또는 유기금고의 판결을 받은 자는 그 형의 집행이 종료하거나 면제될 때까지 전항 제1호 내지 제3호에 기재된 자격(공무원이 되는 자격, 공법상의 선거권과 피선거권, 법률로 요건을 정한 공법상의 업무에 관한 자격)이 당연히 정지된다. 이를 당연정지라고 한다.

2014.1.28. 헌법재판소 불합치결정으로 2항 중 유기징역 또는 유기금고의 판결을 받

아 그 형의 집행이 종료되지 아니한 자의 '공법상의 선거권'에 관한 부분은 2015.12.31. 을 시한으로 입법자가 개정할 때까지 계속 적용된다.

🏛 **헌재** | **수형자와 집행유예자의 '공법상의 선거권'**

【결정요지】가. 심판대상조항은 집행유예자와 수형자에 대하여 전면적 · 획일적으로 선거권을 제한하고 있다. 심판대상조항의 입법목적에 비추어 보더라도, 구체적인 범죄의 종류나 내용 및 불법성의 정도 등과 관계없이 일률적으로 선거권을 제한하여야 할 필요성이 있다고 보기는 어렵다. 범죄자가 저지른 범죄의 경중을 전혀 고려하지 않고 수형자와 집행유예자 모두의 선거권을 제한하는 것은 침해의 최소성원칙에 어긋난다. 특히 집행유예자는 집행유예 선고가 실효되거나 취소되지 않는 한 교정시설에 구금되지 않고 일반인과 동일한 사회생활을 하고 있으므로, 그들의 선거권을 제한해야 할 필요성이 크지 않다. 따라서 심판대상조항은 청구인들의 선거권을 침해하고, 보통선거원칙에 위반하여 집행유예자와 수형자를 차별취급하는 것이므로 평등원칙에도 어긋난다.
나. 심판대상조항 중 수형자에 관한 부분의 위헌성은 지나치게 전면적 · 획일적으로 수형자의 선거권을 제한한다는 데 있다. 그런데 그 위헌성을 제거하고 수형자에게 헌법합치적으로 선거권을 부여하는 것은 입법자의 형성재량에 속하므로 심판대상조항 중 수형자에 관한 부분에 대하여 헌법불합치결정을 선고한다(헌법재판소 2014.1.28. 선고 2012헌마409,510,2013헌마167(병합) 결정).

선고정지는 판결선고에 의하여 일정한 자격의 전부 또는 일부를 정지하는 경우를 말한다. 이 경우 자격정지기간은 1년 이상 15년 이하로 한다(제44조 제1항). 자격정지기간은 자격정지가 선택형인 때에는 판결이 확정된 날로부터 기산하며, 자격정지를 병과한 때에는 징역 또는 금고의 집행을 종료하거나 면제된 날로부터 정지기간을 기산한다(제44조 제2항).

CHAPTER 02 형의 적용

제1절 **형의 적용단계**

범죄자에 대하여 형벌을 구체적으로 적용하는 것을 형의 적용이라고 한다. 일정한 범죄에 대해서 구체적으로 형벌을 부과할 때 적용할 형벌을 구체화하는 것이 필요하다.

Ⅰ. 법정형

법정형(法定刑)이란 입법자가 각 구성요건의 전형적인 불법을 일반적으로 평가한 형벌의 범위로서 형법각칙의 개개의 구성요건에 규정되어 있는 형벌을 말한다. 법정형은 구체적인 형의 선택을 위한 1차적 기준이 된다.

형벌의 종류와 범위를 법률에 엄격히 규정하여 법관의 재량을 전혀 인정하지 않는 방법인 절대적 법정형주의와 법률이 형벌의 종류와 범위를 정하고 그 범위 내에서 형의 적용을 법관의 재량에 맡기는 방법인 상대적 법정형주의가 있다. 절대적 법정형주의는 구체적 타당성 있는 형을 정할 수 없다는 문제점이 있다. 현행 형법은 상대적 법정형주의를 원칙으로 하고, 여적죄($_{93조}^{제}$)에 관하여만 절대적 법정형을 규정하고 있다.

Ⅱ. 처단형

처단형(處斷刑)은 법정형을 구체적 범죄사실에 적용함에 있어서 법정형에 법률상·재판상 가중·감경을 하여 처단의 범위가 구체화된 형벌의 범위를 말한다. 처단형은 선고형의 최종적인 기준이 되므로 그 범위는 법률에 따라서 엄격하게 정하여야 하고, 별도의 명시적인 규정이 없는 이상 형법 제56조에서 열거하고 있는 가중·감경할 사유에 해당하지 않는 다른 성질의 감경 사유를 인정할 수는 없다.

처단형은 먼저 형종을 선택하고 그다음 선택한 형에 필요한 가중·감경을 한다. 예를 들면 형법 제333조 강도죄의 경우 3년 이상의 유기징역이므로 법정형은 3년 이상 30년 이하의 유기징역이다. 만약 제55조 제1항 3호에 의하여 법률상 감경할 때에는 형기의 1/2까지 감경하므로 처단형은 단기 1년 6월에서 장기 15년 이하가 된다.

처단형의 범위는 입법자가 제시하고 있는 객관적 기준에 따라 기계적으로 계산된다. 처단형의 결정은 법정형을 출발점으로 하여 형을 가중하거나 형을 감경하는 방식으로 이루어진다.

형법 제56조는 형을 가중·감경할 사유가 경합된 경우에 이를 처리하는 순서에 관하여 규정하고 있다. 형법 제56조에 따르면 1. 각칙 조문에 따른 가중, 2. 제34조 제2항에 따른 가중, 3. 누범 가중, 4. 법률상 감경, 5. 경합범 가중, 6. 정상참작감경의 순서에 따라 처단형을 계산하도록 규정하고 있다.

Ⅲ. 선고형

선고형(宣告刑)은 법원이 처단형의 범위 내에서 구체적으로 형을 양정하여 당해 피고인에게 선고하는 형을 말한다. 예를 들면 위 강도죄의 처단형 중 양형기준을 참고하여 징역 5년에 처한다면 그것이 선고형이 된다. 자유형의 선고형식은 현행 형법상 자유형의 기간을 확정하여 선고하는 정기형을 선고해야 한다. 재판에서 형기를 확정하지 않고 선고 후 집행과정에서 그 집행 사정에 따라 집행이 종료되는 것을 부정기형이라고 하는데, 절대적 부정기형은 죄형법정주의에 반하므로 허용되지 않으나 상대적 부정기형은 소년법에서 예외적으로 허용된다.

제2절 **형의 경중**

Ⅰ. 서설

형벌을 적용하기 위해서는 형의 경중을 정할 필요가 있다. 특히 형법상 신·구형법의 경중비교($\substack{제1조 \\ 제2항}$), 상상적 경합의 처벌($\substack{제 \\ 40조}$), 경합범의 처벌($\substack{제38조 \\ 제1항}$)의 문제뿐만 아니라 형사소송법상 불이익변경금지의 원칙($\substack{제 \\ 368조}$)을 적용하기 위하여 형의 경중의 판단이 필요하다.

Ⅱ. 형의 경중의 기준

형법 제50조에서는 형의 경중에 대한 판단기준으로 다음과 같이 규정하고 있다.

제50조 제1항에 따르면 형의 경중은 제41조 각 호의 순서에 따른다. 따라서 사형이 가장 중하고, 다음으로 징역, 금고, 자격상실, 자격정지, 벌금, 구류, 과료, 몰수의 순서이다. 다만 무기금고와 유기징역은 무기금고를 무거운 것으로 하고 유기금고의 장기가 유기징역의 장기를 초과하는 때에는 유기금고를 무거운 것으로 한다.

제50조 제2항에 따르면 같은 종류의 형은 장기가 긴 것과 다액이 많은 것을 무거운 것으로 하고 장기 또는 다액이 같은 경우에는 단기가 긴 것과 소액이 많은 것을 무거운 것으로 한다. 즉 형의 종류가 같다면 하한(단기 또는 소액)은 비교하지 않고 먼저 각각 상한(장기 또는 다액)을 비교하여 상한이 큰 것이 중한 것으로 본다.

제50조 제3항에 따르면 제1항 및 제2항을 제외하고는 죄질과 범정(犯情)을 고려하여 경중을 정한다.

제3절 형의 가중·감경·면제

Ⅰ. 형의 가중

1. 의의

형의 감경과는 달리 형의 가중은 죄형법정주의의 원칙상 법률상 가중만 인정되고 재판상 가중은 인정되지 않는다. 법률상 가중도 필요적 가중만 인정되고 임의적 가중은 인정되지 않는다. 형의 가중사유에는 일반적 가중사유와 특수적 가중사유가 있다.

2. 일반적 가중사유

일반적 가중사유는 모든 범죄에 대하여 인정되는 총칙상 가중사유이다. 즉 형법총칙에 규정된 가중사유이며 여기에는 경합범($\frac{제}{38조}$), 누범($\frac{제}{35조}$), 특수교사·방조($\frac{제34조}{제2항}$)가 있다.

3. 특수적 가중사유

특수적 가중사유는 특정범죄에 대해서만 인정되는 형법각칙의 가중사유이다. 여기에는 상습범 가중과 특수범죄의 가중이 있다.

상습적 가중은 아편에 관한 죄($\frac{제}{203조}$), 상해와 폭행의 죄($\frac{제}{264조}$), 체포와 감금의 죄($\frac{제}{279조}$), 협박의 죄($\frac{제}{285조}$), 강간과 추행의 죄($\frac{제}{305조의2}$), 절도와 강도의 죄($\frac{제}{332조}$), 사기와 공갈의 죄($\frac{제}{351조}$)가 있다.

특수범죄의 가중은 특수공무방해죄($\frac{제}{144조}$), 특수도주($\frac{제}{145조}$), 특수상해($\frac{제}{258조의2}$), 특수폭행($\frac{제}{261조}$), 특수체포·감금죄($\frac{제}{278조}$), 특수협박($\frac{제}{284조}$), 특수주거침입($\frac{제}{320조}$), 특수절도($\frac{제}{331조}$), 특수강도($\frac{제}{334조}$), 특수공갈($\frac{제}{350조의2}$), 특수손괴($\frac{제}{369조}$) 등이 있다.

Ⅱ. 형의 감경

1. 의의

형의 감경에는 '법률상 감경'과 재판상 감경인 '정상참작감경'이 있다. 정상참작감경 외에 법률의 여러 조항에서 정하고 있는 감경은 모두 법률상 감경이라는 하나의 틀 안에 놓여 있다.

2. 법률상 감경

법률상 감경은 법률의 특별규정에 의하여 형이 감경되는 경우를 말한다. 법률상 감경에는 일정한 사유가 있으면 당연히 감경해야 하는 필요적 감경과 법원의 재량에 의하여 감경할 수 있는 임의적 감경이 있다. 형법총칙이 규정하고 있는 법률상 일반적 감경사유로는 다음과 같은 것이 있다.

【정리】법률상 일반적 감경사유

일반적 감경사유	필요적 감경사유	청각 및 언어장애인(제11조), 중지미수(제26조: 면제와 택일적), 방조범(제32조 제2항)
	임의적 감경사유	심신미약(제10조 제2항), 과잉방위(제21조 제2항), 과잉피난(제22조 제3항), 과잉자구행위(제23조 제2항), 장애미수(제25조 제2항), 불능미수(제27조 단서), 제37조 후단 경합범(판례), 자수 또는 자복(제52조 제1항)

🔨 판례   임의적 감경사유의 존재와 법률상 감경

【판결요지】 [다수의견] 필요적 감경의 경우에는 감경사유의 존재가 인정되면 반드시 형법 제55조 제1항에 따른 법률상 감경을 하여야 함에 반해, 임의적 감경의 경우에는 감경사유의 존재가 인정되더라도 법관이 형법 제55조 제1항에 따른 법률상 감경을 할 수도 있고 하지 않을 수도 있다. 나아가 임의적 감경사유의 존재가 인정되고 법관이 그에 따라 징역형에 대해 법률상 감경을 하는 이상 형법 제55조 제1항 제3호에 따라 상한과 하한을 모두 2분의 1로 감경한다. 이러한 현재 판례와 실무의 해석은 여전히 타당하다. 구체적인 이유는 다음과 같다.

① 형법은 필요적 감경의 경우에는 문언상 형을 '감경한다.'라고 표현하고, 임의적 감경의 경우에는 작량감경과 마찬가지로 문언상 형을 '감경할 수 있다.'라고 표현하고 있다. '할 수 있다.'는 말은 어떠한 명제에 대한 가능성이나 일반적인 능력을 나타내는 말로서 '하지 않을 수도 있다.'는 의미를 포함한다. '할 수 있다.'는 문언의 의미에 비추어 보면 입법자는 임의적 감경의 경우 정황 등에 따라 형을 감경하거나 감경하지 않을 수 있도록 한 것이고 그 권한 내지 재량을 법관에게 부여한 것이다. 이러한 해석은 문언상 자연스러울 뿐만 아니라 일상의 언어 사용에 가까운 것으로 누구나 쉽게 이해할 수 있다. 법문과 입법자의 의사에 부합하는 이상, 죄형법정주의 원칙상 허용되지 않는 유추해석에 해당하지도 않는다.

한편 형법 제55조 제1항은 형벌의 종류에 따라 법률상 감경의 방법을 규정하고 있는데, 형법 제55조 제1항 제3호는 "유기징역 또는 유기금고를 감경할 때에는 그 형기의 2분의 1로 한다."라고 규정하고 있다. 이와 같이 유기징역형을 감경할 경우에는 '단기'나 '장기'의 어느 하나만 2분의 1로 감경하는 것이 아니라 '형기' 즉 법정형의 장기와 단기를 모두 2분의 1로 감경함을 의미한다는 것은 법문상 명확하다. 처단형은 선고형의 최종적인 기준이 되므로 그 범위는 법률에 따라서 엄격하게 정하여야 하고, 별도의 명시적인 규정이 없는 이상 형법 제56조에서 열거하고 있는 가중·감경할 사유에 해당하지 않는 다른 성질의 감경사유를 인정할 수는 없다. 따라서 유기징역형에 대한 법률상 감경을 하면서 형법 제55조 제1항 제3호에서 정한 것과 같이 장기와 단기를 모두 2분의 1로 감경하는 것이 아닌 장기 또는 단기 중 어느 하나만을 2분의 1로 감경하는 방식이나 2분의 1보다 넓은 범위의 감경을 하는 방식 등은 죄형법정주의 원칙상 허용될 수 없다.

② 법률상 감경사유는 구성요건해당성, 위법성, 책임 등 범죄의 성립요건과 관련이 있거나 불법의 정도나 보호법익의 침해 정도 등과 관련 있는 사유들이 대부분이다. 입법자는 범죄의 성립 및 처벌과 관련된 중요한 사항들을 법률상 감경의 요건으로 정한 뒤 해당 요건이 범죄의 성립 또는 처벌 범위의 결정에 일반적으로 미치는 영향이나 중요성을 종합적으로 고려하여 필요적 감경, 임의적 감경으로 구별하여 규정하였다. 위와 같이 필요적 감경사유와 임의적 감경사유가 구별되어 규정되어 있는 취지를 고려하면 그 법률효과도 명확히 구별되어야 한다(대법원 2021.1.21. 선고 2018도5475 전원합의체 판결).

【해설】유기징역형에 대한 감경을 결정하였다면 형법 제55조 제1항 제3호에 따라 형기의 상한과 하한을 모두 2분의 1로 감경하는 것이 현재 법원의 실무이다. 그런데 임의적 감경사유가 인정될 때 법원이 재량으로 감경 여부를 결정하는 것은 타당하지 않으며, 임의적 감경을 하면서 법정형의 상한과 하한을 모두 2분의 1로 감경하는 방식도 타당하지 않다고 하는 문제제기가 있다. 이에 대하여 판례는 임의적 감경사유의 존재가 인정되고 법관이 그에 따라 징역형에 대해 법률상 감경을 하는 이상 형법 제55조 제1항 제3호에 따라 상한과 하한을 모두 2분의 1로 감경하는 현재 판례와 실무의 해석은 여전히 타당하다고 한다.

⚖️ 판례 형법 제37조 후단 경합범과 법률상 감경

【사실관계】피고인이 마약류 관리에 관한 법률 위반(향정)죄의 범죄사실로 징역 4년을 선고 받아 그 판결이 확정되었는데, 위 판결확정 전에 향정신성의약품을 1회 판매하고 1회 판매하려다 미수에 그쳤다는 내용의 마약류 관리에 관한 법률 위반(향정) 공소사실로 기소된 사안에서, 원심은 법정형인 무기 또는 5년 이상의 징역 중에서 유기징역을 선택하고 형법 제37조 후단 경합범에 대한 감경과 작량감경을 하였다.

【판결요지】[다수의견] 형법 제37조 후단 경합범(이하 '후단 경합범'이라 한다)에 대하여 형법 제39조 제1항에 의하여 형을 감경할 때에도 법률상 감경에 관한 형법 제55조 제1항이 적용되어 유기징역을 감경할 때에는 그 형기의 2분의 1 미만으로는 감경할 수 없다.

그 이유는 다음과 같다.

① 처단형은 선고형의 최종적인 기준이 되므로 그 범위는 법률에 따라서 엄격하게 정하여야 하고, 별도의 명시적인 규정이 없는 이상 형법 제56조에서 열거하고 있는 가중·감경할 사유에 해당하지 않는 다른 성질의 감경 사유를 인정할 수는 없다.

형의 감경에는 법률상 감경과 재판상 감경인 작량감경이 있다. 작량감경 외에 법률의 여러 조항에서 정하고 있는 감경은 모두 법률상 감경이라는 하나의 틀 안에 놓여 있다. 따라서 형법 제39조 제1항 후문에서 정한 감경도 당연히 법률상 감경에 해당한다. 형법 제39조 제1항 후문의 "그 형을 감경 또는 면제할 수 있다."라는 규정 형식도 다른 법률상의 감경 사유들과 다르지 않다. 이와 달리 형법 제39조 제1항이 새로운 감경을 설정하였다고 하려면 그에 대하여 일반적인 법률상의 감경과 다른, 감경의 폭이나 방식이 제시되어야 하고 감경의 순서 또한 따로 정했어야 할 것인데 이에 대하여는 아무런 정함이 없다. 감경의 폭이나 방식, 순서에 관해 달리 정하고 있지 않은 이상 후단 경합범에 대하여도 법률상 감경 방식에 관한 총칙규정인 형법 제55조, 제56조가 적용된다고 보는 것이 지극히 자연스럽다.

② 후단 경합범에 따른 감경을 새로운 유형의 감경이 아니라 일반 법률상 감경의 하나로 보고, 후단 경합범에 대한 감경에 있어 형법 제55조 제1항에 따라야 한다고 보는 것은 문언적·체계적 해석에 합치될 뿐 아니라 입법자의 의사와 입법연혁 등을 고려한 목적론적 해석에도 부합한다(대법원 2019.4.18. 선고 2017도14609 전원합의체 판결).

【해설】 형법 제37조 후단 경합범에 대하여 형법 제39조 제1항에 의하여 형을 감경할 때 법률상 감경에 관한 형법 제55조 제1항을 적용하게 되면 유기징역을 감경할 때에는 그 형기의 1/2 미만으로도 감경할 수 있게 된다. 그런데 대법원의 다수의견은 형법 제55조 제1항을 적용할 수 없다고 하여 이를 부정하는 입장이다. 따라서 위 사안의 경우 형법 제56조가 정한 가중·감경의 순서에 따라 형법 제39조 제1항에 따른 감경(제56조 제4호), 경합범 가중(같은 조 제5호), 작량감경(같은 조 제6호)의 순서로 가중·감경을 하되, 그 감경은 형법 제55조 제1항 제3호에 따라 '그 형기의 2분의 1'로 하여야 하므로 그 처단형인 징역 1년 3개월부터 11년 3개월까지의 범위 내에서 피고인에 대한 형을 정해야 한다.

3. 정상참작 감경

> 제53조(정상참작감경) 범죄의 정상에 참작할 만한 사유가 있는 경우에는 그 형을 감경할 수 있다.
> 제54조(선택형과 정상참작감경) 한 개의 죄에 정한 형이 여러 종류인 때에는 먼저 적용할 형을 정하고 그 형을 감경한다.

정상참작 감경 또는 재판상 감경은 법률상 특별한 감경사유가 없는 경우에도 범죄의 정상에 참작할 만한 사유가 있을 때에는 법원이 재량으로 하는 형의 감경이다. 작량감경이라고도 한다. 법률상 형을 가중·감경한 후에도 제55조(정상참작 감경)의 범위 내에서 감경을 할 수 있다.

참작할 만한 사유에 관하여는 제51조(양형의 조건)가 적용되며, 정상참작 감경사유가 수

개 있을 경우 거듭 감경할 수는 없다.

　대법원 판례에 따르면 하나의 죄에 대하여 징역형과 벌금형을 병과하는 경우, 특별한 규정이 없는 한 징역형에만 정상참작감경을 하고 벌금형에는 정상참작감경을 하지 않는 것은 위법하다.[27] 하지만 실체적 경합관계에 있는 수죄에 대해서 제38조 제1항 제3호에 의하여 징역형과 벌금형을 병과하는 경우에는 징역형에만 정상참작감경하고 벌금형에는 정상참작감경을 하지 아니하였다고 하여도 위법이 아니라고 한다. 이 경우에는 각 형에 대한 범죄의 정상에 차이가 있을 수 있으므로 정상참작감경도 개별적으로 판단해야 한다.[28]

Ⅲ. 형의 면제

　형의 면제는 범죄가 성립하여 형벌권은 발생하였으나 일정한 사유로 인하여 형벌을 과하지 않는 경우를 말한다. 법률상 면제에 한하며 재판상 면제는 인정되지 않는다.

　형면제판결은 유죄판결의 일종으로서 판결확정전의 사유를 원인으로 한다는 점에서 판결확정 후의 사유를 원인으로 하는 형집행면제와 구별된다.

　형의 면제에는 필요적 면제와 임의적 면제가 있다. 필요적 면제로는 중지미수(제26조: 감경과 택일적)가 있으며, 임의적 면제로는 과잉방위$\left(\substack{제21조\\제2항}\right)$, 과잉피난$\left(\substack{제22조\\제3항}\right)$, 과잉자구행위 $\left(\substack{제23조\\제2항}\right)$, 불능미수$\left(\substack{제\\27조}\right)$, 자수 및 자복 $\left(\substack{제\\52조}\right)$이 있다. 임의적 면제는 모두 감경과 택일적으로 규정되어 있다.

Ⅳ. 자수와 자복

> 제52조(자수, 자복) ① 죄를 지은 후 수사기관에 자수한 경우에는 형을 감경하거나 면제할 수 있다.
> ② 피해자의 의사에 반하여 처벌할 수 없는 죄의 경우에는 피해자에게 죄를 자복하였을 때에도 형을 감경하거나 면제할 수 있다.

---

27) 대법원 2009.2.12. 선고 2008도6551 판결.
28) 대법원 2006.3.23. 선고 2006도1076 판결.

1. 의의

자수는 범인이 자발적으로 자신의 범죄사실을 수사기관에 신고하여 소추를 구하는 의사표시이다. 자수를 형의 감경사유로 삼는 주된 이유는 범인이 그 죄를 뉘우치고 있다는 점에 있다. 따라서 범죄사실을 부인하거나 죄의 뉘우침이 없는 자수는 그 외형은 자수일지라도 법률상 형의 감경사유가 되는 진정한 자수라고는 할 수 없다.[29]

판례에 따르면 수사기관에 뇌물수수의 범죄사실을 자발적으로 신고하였으나 그 수뢰액을 실제보다 적게 신고함으로써 적용법조와 법정형이 달라지게 된 경우, 자수의 성립을 부인하였다.[30] 또한 피고인이 수사기관에 자진 출석하여 처음 조사를 받으면서는 돈을 차용하였을 뿐이라며 범죄사실을 부인하다가 제2회 조사를 받으면서 비로소 업무와 관련하여 돈을 수수하였다고 자백한 행위를 자수로 보지 않았다.[31]

자복은 반의사불벌죄에 있어서 범인이 피해자에게 자신의 범죄를 고백하는 것이다. 따라서 반의사불벌죄가 아닌 범죄를 범한 자가 피해자에게 범죄를 고백하는 것은 자복이 아니다.

2. 효과

자수·자복은 형의 임의적 감면사유이다. 따라서 법원이 자수감경을 하지 않더라도 위법한 것은 아니다. 자수·자복에 대하여 형을 감면할 수 있도록 한 것은 범인의 개전을 장려하고 범죄수사를 용이하게 하려는 취지이다.

하지만 일단 자수가 성립한 이상 자수의 효력은 확정적으로 발생하고 그 후에 범인이 번복하여 수사기관이나 법정에서 범행을 부인한다고 하더라도 일단 발생한 자수의 효력이 소멸하는 것은 아니다.[32]

---

29) 대법원 1994.10.14. 선고 94도2130 판결.
30) 대법원 2004.6.24. 선고 2004도2003 판결.
31) 대법원 2011.12.22. 선고 2011도12041 판결.
32) 대법원 1999.7.9. 선고 99도1695 판결.

V. 형의 가감례

1. 형의 가중·감경의 순서

가. 형종의 선택

형법 제54조에 따라 한 개의 죄에 정한 형이 여러 종류인 때에는 먼저 적용할 형을 정하고 그 형을 감경한다. 2개의 형종을 병과할 경우에는 쌍방을 같이 감경해야 한다.

나. 가중·감경사유가 경합하는 경우

형을 가중·감경할 사유가 경합된 때에는 형법 제56조(가중감경의 순서)에 따라 ① 각칙 조문에 따른 가중, ② 제34조 제2항의 가중, ③ 누범가중, ④ 법률상 감경, ⑤ 경합범 가중, ⑥ 정상참작감경의 순서로 한다.

2. 형의 가중·감경의 정도 및 방법

가. 형의 가중정도

유기징역·유기금고를 가중할 경우 그 정도는 50년까지 한다(제42조 단서). 누범·경합범 및 특수교사·방조의 경우 가중정도는 별도로 규정되어 있다(제35조, 제38조, 제34조 제2항).

나. 형의 감경정도와 방법

형법 제55조에 따르면 법률상 감경은 다음과 같다. ① 사형을 감경할 때에는 무기 또는 20년 이상 50년 이하의 징역 또는 금고로 한다. ② 무기징역 또는 무기금고를 감경할 때에는 10년 이상 50년 이하의 징역 또는 금고로 한다. ③ 유기징역 또는 유기금고를 감경할 때에는 그 형기의 2분의 1로 한다. ④ 자격상실을 감경할 때에는 7년 이상의 자격정지로 한다. ⑤ 자격정지를 감경할 때에는 그 형기의 2분의 1로 한다. ⑥ 벌금을 감경할 때에는 그 다액의 2분의 1로 한다. ⑦ 구류를 감경할 때에는 그 장기의 2분의 1로 한다. ⑧ 과료를 감경할 때에는 그 다액의 2분의 1로 한다. 법률상 감경할 사유가 수 개 있는 때에는 거듭 감경할 수 있다.

정상참작감경의 정도와 방법에 대하여 명문의 규정은 없으나 법률상 감경례에 준해서 감경한다. 다만 정상참작감경사유가 수 개 있는 경우라도 거듭 감경할 수 없다.

제4절 양형

I. 서설

양형(量刑)은 법원이 법정형에 법률상 가중·감경 또는 정상참작감경을 한 처단형의 범위 내에서 범인과 범행 등에 관련된 여러 가지 정황을 고려하여 구체적으로 선고할 형의 양을 정하는 것을 말한다. 양형은 법원의 재량에 속하지만 자유재량이 아니라 법적으로 기속된 재량이다. 따라서 양형부당은 형사소송법상 항소이유가 된다(형사소송법 제361조의5).

II. 양형의 기준

1. 양형과 형벌의 목적 및 책임주의

양형은 형벌의 목적에 따라 결정되어야 하므로 행위자의 책임과 일반예방 및 특별예방의 관점을 고려해야 한다. 양형의 기초와 한계는 행위자의 책임이므로 책임주의 원칙에 따라 예방목적을 위하여 책임의 범위를 초과하는 양형은 허용되지 않는다.

2. 양형책임의 개념

양형책임은 행위에 대한 사회윤리적 불법판단의 경중을 결정하는 모든 요소의 총체를 의미하며, 여기에는 범죄 전후의 행위자의 태도도 포함된다는 점에서, 범죄성립요건인 비난가능성으로서의 책임과 구별된다.

3. 양형의 기준에 대한 이론

유일형이론은 책임과 형량은 정확히 일치하여야 하므로 단일의 형량만이 인정될 수 있다는 견해이다. 책임과 일치하는 정확한 크기의 형벌을 정하는 것은 사실상 불가능하다는 비판이 있다.

단계이론은 양형의 단계에 따라, 즉 양형과정에 있어서의 위치에 따라 고려할 것이 책임인가 아니면 예방인가를 결정하려는 견해이다. 위가이론이라고도 한다. 즉 형량은 불법과 책임에 따라서 결정하지만, 형벌의 종류와 집행 여부는 예방적 목적에 따라 결정해야 한다는 견해이다.

　범위이론은 책임과 정확히 일치하는 형벌은 정할 수 없으므로 책임의 상한과 하한의 범위 내에서 일차적으로 특별예방을, 이차적으로 일반예방을 고려하여 형벌을 결정해야 한다는 견해이다. 다수설의 입장이다.[33]

Ⅲ. 양형의 조건

> 제51조(양형의 조건) 형을 정함에 있어서는 다음 사항을 참작하여야 한다.
> 1. 범인의 연령, 성행, 지능과 환경
> 2. 피해자에 대한 관계
> 3. 범행의 동기, 수단과 결과
> 4. 범행 후의 정황

　양형의 조건이란 법관이 양형할 때 고려되어야 할 구체적이고 개별적인 사항을 말한다. 법원의 재량에 속하는 양형이 객관적이고 합리적인 양형이 되기 위해서 양형판단시 참작할 일반적인 기초자료가 제시될 필요가 있다. 형법 제51조에서 양형의 조건을 규정하고 있다. 형법 제51조에 따르면 형을 정할 때에는 ① 범인의 연령, 성행, 지능과 환경, ② 피해자에 대한 관계, ③ 범행의 동기, 수단과 결과, ④ 범행 후의 정황을 참작하여야 한다.

　구성요건의 불법과 책임을 근거지우거나 감경·가중사유가 된 상황은 다시 양형의 자료가 될 수 없다.[34] 이를 이중평가금지의 원칙이라고 한다. 예를 들면 범인에게 전과가 있어서 누범가중이 된 경우에는 전과를 양형에서 다시 고려해서는 안 된다.

Ⅳ. 양형의 합리화

　형사재판에 있어서 중요한 문제는 실체진실의 발견에 따른 피고인의 유·무죄판단이지

---

33) 손동권/김재윤, 715면; 임웅, 644면; 정성근/박광민, 701면.
34) 이재상/장영민/강동범, 614면.

만, 형사피고인의 입장이나 형사실무의 입장에서는 현실적으로 피고인의 유·무죄를 다투는 경우보다 자신에게 부과되는 형종이 무엇인지, 형량이 얼마나 될 것인가라는 문제가 현실적으로 더욱 중요하다.[35] 범죄사실의 확정과정이 아무리 공정하게 진행되었다고 하더라도 그 이후의 과정이 부당하다면 결국 앞선 과정은 아무런 의미도 없을 것이며, 정당하고 합목적적인 형집행은 이를 위한 양형이 전제되어야 가능하다.[36]

하지만, 양형요소에 비추어 볼 때 유사한 사례임에도 불구하고 법원별·재판부별로 상당한 양형편차가 존재하였다. 즉, 형종 또는 징역형의 집행 여부를 결정함에 있어서 법관의 인생관 또는 가치관의 차이 등으로 합리적인 재량 범위 내라고 볼 수 없는 불합리한 양형편차가 존재하였다.

이러한 문제의식을 기반으로 하여 국민의 법감정과 상식을 양형에 반영하고 형사사법의 투명화를 제고하여 궁극적으로 형사사법에 대한 국민의 신뢰를 증진시키고자 하는 기대 아래 양형위원회를 대법원에 설치하고 양형위원회로 하여금 법관이 재판에 참고할 수 있는 구체적이고 객관적인 양형기준을 설정하여 이를 공개하도록 하는 법원조직법을 개정하였다. 개정 법원조직법은 2007.4.27. 시행되어 대법원에 양형위원회가 설치되고 개별범죄에 대한 양형기준을 마련하고 있다.

대법원 양형위원회의 양형기준은 법적 구속력을 가지지 아니하고(법원조직법 제81조의7 제1항 단서), 단지 법관이 합리적인 양형을 정하는 데 참고할 수 있는 구체적이고 객관적인 기준으로 마련된 것으로 그 내용의 타당성에 의하여 일반적인 설득력을 가지는 것으로 예정되어 있으므로 법관의 양형에 있어서 그 존중이 요구되는 것일 뿐이다. 따라서 대법원 양형위원회가 설정한 '양형기준'이 발효하기 전에 공소가 제기된 범죄에 대하여 위 '양형기준'을 참고하여 형을 양정한 사안에서, 피고인에게 불리한 법률을 소급하여 적용한 위법이 있다고 할 수 없다.[37]

---

35) 우리나라의 형사재판에서 무죄선고를 받는 비율이 0.5%가 넘지 않는다. 2009년 사법연감에 따르면 제1심의 총 접수된 사건은 275,000건인 반면에 무죄가 선고된 사건은 4000여건에 불과하다. 뿐만 아니라 자백하는 사건이 상당히 높은 비율을 차지한다는 것을 고려할 때 피고인의 자신의 유·무죄 인정보다는 어떤 형종으로 어느 정도의 형량을 받을 것인가에 높은 관심을 가질 수 밖에 없다.

36) 최호진, 양형기준의 합리성 검토와 개선방향, 비교형사법연구 제11권 제2호, 2009년.

37) 대법원 2009.12.10. 선고 2009도11448 판결.

제5절 판결선고전 구금 및 판결의 공시

> 제57조(판결선고전 구금일수의 통산) ① 판결선고전의 구금일수는 그 전부를 유기징역, 유기금고, 벌금이나 과료에 관한 유치 또는 구류에 산입한다.
> ② 전항의 경우에는 구금일수의 1일은 징역, 금고, 벌금이나 과료에 관한 유치 또는 구류의 기간의 1일로 계산한다.

I. 판결선고전 구금

1. 의의

판결선고전 구금은 범죄의 혐의를 받고 있는 자를 재판이 확정될 때까지 구금하는 것을 말한다. 미결구금(未決拘禁)이라고도 한다. 미결구금의 목적은 증거인멸이나 범인의 도주를 방지하여 소송절차의 진행을 확보하고, 유죄판결의 확정에 따른 형집행을 담보하려는 데 있다. 따라서 미결구금은 형은 아니지만 자유를 구속한다는 점에서 자유형과 유사하다.

2. 미결구금일수의 일부 산입에 대한 위헌결정

종전에 대법원은 미결구금일수를 전부 산입할 것인지, 일부 산입할 것인지에 대하여 법원의 재량이라고 보았다. 그런데 헌법재판소는 판결선고전의 구금일수의 '일부'를 본형에 산입하는 것은 위헌이라고 판단하였다.[38] 따라서 판결선고전 미결구금일수는 그 전부를 법률상 당연히 본형에 산입하여야 한다. 이에 형법 제57조 제1항을 개정하여 구금일수의 '전부'를 본형에 산입하는 것으로 개정하였다.

3. 미결구금일수의 전부 산입

미결구금일수는 그 '전부'를 유기징역, 유기금고, 벌금이나 과료에 관한 유치 또는 구류에 산입한다. 구금일수의 1일은 징역, 금고, 벌금이나 과료에 관한 유치 또는 구류기간의 1일로 계산한다.

---

38) 헌법재판소 2009.6.25. 선고 2007헌바25 결정.

4. 판례

형의 집행과 구속영장의 집행이 경합하고 있는 경우에는 미결구금을 본형에 통산하지 않는다. 이 경우에는 구속 여부와 관계없이 피고인 또는 피의자는 형의 집행에 의하여 구금을 당하고 있는 것이어서, 구속은 관념상은 존재하지만 사실상은 형의 집행에 의한 구금만이 존재하는 것에 불과하다. 즉, 구속에 의하여 자유를 박탈하는 것이 아니다. 그러므로 미결구금 기간을 본형에 통산할 필요가 없다.[39] 또한 피고인이 범행 후 미국으로 도주하였다가 대한민국 정부와 미합중국 정부 간의 범죄인인도 조약에 따라 체포되어 인도 절차를 밟기 위한 절차에 해당하는 기간은 본형에 산입될 미결구금일수에 해당한다고 볼 수 없다.[40] 원심판결이 파기된 때에는 형사소송법 제482조 제1항 제2호에 따라 상소제기 후의 미결구금일수 전부가 본형에 산입되는 것이므로, 원심이 직권으로 피고인에 대한 각 제1심판결을 파기하고 자판한 경우 피고인에 대한 제1심판결 선고 이후 항소심 판결 선고 전의 미결구금일수는 전부가 법정통산되는 것이어서, 원심이 판결 주문에 원심의 미결구금일수를 본형에 산입한다는 표시를 하지 아니한 것은 당연하다.[41]

II. 판결의 공시

> 제58조(판결의 공시) ① 피해자의 이익을 위하여 필요하다고 인정할 때에는 피해자의 청구가 있는 경우에 한하여 피고인의 부담으로 판결공시의 취지를 선고할 수 있다.
> ② 피고사건에 대하여 무죄의 판결을 선고하는 경우에는 무죄판결공시의 취지를 선고하여야 한다. 다만, 무죄판결을 받은 피고인이 무죄판결공시 취지의 선고에 동의하지 아니하거나 피고인의 동의를 받을 수 없는 경우에는 그러하지 아니하다.
> ③ 피고사건에 대하여 면소의 판결을 선고하는 경우에는 면소판결공시의 취지를 선고할 수 있다.

판결의 공시제도는 피해자의 이익이나 명예회복을 위해 판결의 선고와 동시에 관보 또

---

39) 대법원 2001.10.26. 선고 2001도4583 판결.

40) 대법원 2004.4.27. 선고 2004도482 판결.

41) 대법원 2007.8.23. 선고 2007도4913 판결; 대법원 2009.4.9. 선고 2009도321 판결.

는 일간신문을 통하여 판결의 전부 또는 일부를 공적으로 주지시키는 제도이다. 피해자의 이익을 위한 공시($\frac{제58조}{제1항}$)와 피고인의 이익을 위한 공시($\frac{제58조}{제2항}$)가 있다. 피해자의 이익을 위한 판결의 공시는 피해자의 청구에 있는 경우에 판결공시를 하지만, 무죄판결을 선고하는 피고인의 이익을 위한 공시의 경우에는 무죄판결 공시 취지의 선고를 의무적으로 하도록 하고 있다. 다만 피고인이 동의하지 아니하거나 피고인의 동의를 받을 수 없는 경우는 예외로 하고 있다. 또한 피고사건에 대하여 면소의 판결을 선고하는 경우에는 면소판결공시의 취지를 선고할 수 있다($\frac{제58조}{제3항}$).

CHAPTER 03 누범

> 제35조(누범) ① 금고 이상의 형을 선고받아 그 집행이 종료되거나 면제된 후 3년 내에 금고 이상에 해당하는 죄를 지은 사람은 누범으로 처벌한다.
> ② 누범의 형은 그 죄에 대하여 정한 형의 장기의 2배까지 가중한다.

제1절 서설

Ⅰ. 누범의 의의

1. 개념

누범은 범죄를 누적적으로 반복하여 범하는 것을 말한다. 누범은 확정판결을 받은 범죄인 전범(前犯)과 이후에 다시 범한 후범(後犯)으로 구성되어 있다. 광의의 누범은 확정판결을 받은 범죄(전범) 이후에 다시 범한 범죄(후범)를 말한다. 협의의 누범은 금고 이상의 형을 받아 그 집행을 종료하거나 면제를 받은 후 3년 이내에 금고 이상에 해당하는 죄를 다시 범한 경우를 말한다. 형법상 누범은 협의의 누범을 말한다.

이러한 누범에 대하여 형법은 그 죄에 정한 형의 장기의 2배까지 가중한다고 규정하고 있다. 예를 들면 절도죄를 범하여 징역형을 선고받아 그 집행을 종료한 후 누범기간인 3년 이내에 다시 강도범행을 저지른 경우 강도죄의 법정형의 장기의 2배까지 가중할 수 있다.

2. 성질

누범의 성질에 대하여 누범은 양형에 관한 법률상의 가중사유로 이해하는 견해,[42] 누범을 수죄로 보아 죄수론의 문제로 취급하는 견해[43]가 대립되고 있다. 죄수론은 심판의 대상이 되는 범죄의 수와 이에 대한 처벌을 문제로 하지만, 누범에 있어서 전범(前犯)은 그 자체가 심판의 대상이 아니며 후범에 대한 양형을 함에 있어서 가중사유가 될 뿐이다. 또한 형법은 누범과 경합범을 서로 다른 장에서 규정하고 있다. 이런 점에서 누범은 법률상 가중사유라고 보는 것이 타당하다.

3. 누범과 상습범

누범과 상습범은 범죄를 누적적으로 범하였다는 점에서 유사하다. 누범 중에서 특히 사회적 위험성이 큰 것을 상습범이라고도 볼 수 있다.[44] 하지만 누범과 상습범은 다른 개념으로 누범이라고 하여 반드시 상습범이 되는 것은 아니며, 반대로 상습범이라고 하여 반드시 누범이 되는 것은 아니다.

누범은 금고 이상의 형을 받아 그 집행을 종료 또는 면제받았다는 전과(前科)를 요건으로 하지만, 상습범은 반드시 전과가 있을 필요는 없고 단지 상습성이라는 행위자표지가 있으면 된다는 것이 판례의 입장이다. 누범은 동일전과이든 비동일전과이든 상관없이 전과가 있으면 충분하지만 상습범은 동일죄명 또는 동일죄질의 범죄반복이 있어야 한다. 형법이 누범가중을 총칙 제35조에서 규정하면서 상습범에 대해서는 각칙에 개별규정을 두고 있다는 점도 양자가 구별된 점을 나타낸다. 따라서 누범 가중사유와 상습범 가중사유가 경합하는 경우에는 양자를 병과할 수 있다.[45]

II. 누범가중의 타당성문제

1. 쟁점

누범가중에 대해서는 책임주의와 관련하여 논의가 있다. 누범은 전범(前犯)에 대해서는

---

42) 김성돈, 841면; 김일수/서보학, 591면; 박상기/전지연, 361면; 이재상/장영민/강동범, 616면; 정성근/박광민, 706면.
43) 오영근, 473면.
44) 이재상/장영민/강동범, 618면.
45) 대법원 2006.12.8. 선고 2006도6886 판결.

형벌을 선고받아 이미 형사책임을 다하였음에도 불구하고, 후범(後犯)이 있는 경우 전범이 있었다는 이유로 다시 가중하는 것이 책임주의에 반하는 것이 아닌가라는 문제이다.

2. 누범가중과 책임주의

책임주의에 따르는 한 누범가중의 근거도 책임가중에 있다고 해야 한다. 책임의 내용에 대하여 '행위자 책임 또는 인격책임'으로 파악하는 견해에 따르면 한번 처벌된 자가 전판결의 형벌경고에도 불구하고 개전하지 않고 다시 범죄를 저지른 범죄인의 잘못된 인격태도 또는 성격 때문에 책임이 가중된다고 한다. 책임을 '행위책임'으로 파악하는 견해에 따르면 형벌경고에도 불구하고 후범의 실현을 통해 범죄추진에너지를 다시 강화하였기 때문에 책임이 가중된다고 한다.[46]

3. 누범가중의 위헌성

가. 일사부재리의 원칙의 위반 여부

누범가중은 전범이 존재하기 때문에 형이 가중되는 것이므로 전범이 다시 처벌되는 것 같이 보인다. 즉 전범은 이미 과형이 끝났음에도 불구하고 누범이라는 이유로 후범을 중하게 처벌하면 결국 후범과 전범을 병합하여 처벌하는 것 같이 보이기 때문이다. 따라서 일사부재리의 원칙에 반하는지 문제될 수 있다.[47]

하지만 누범을 가중처벌하는 것은 전범에 의한 형벌의 경고기능을 무시하고 다시 범죄를 저질렀다는 점에서 후범의 책임을 가중하는 것이므로 처벌의 대상은 어디까지나 후범이다. 따라서 일사부재리의 원칙에 반하지 않는다.

나. 평등원칙의 위반 여부

누범가중은 범인의 증가된 책임 및 예방목적을 고려하여 피고인에게 적합한 양형을 하는 것이다. 따라서 전과자라는 신분에 의한 불합리한 처벌이 아니다. 누범을 가중하여 처벌하는 것은 사회방위, 범죄의 특별예방 및 일반예방, 더 나아가 사회의 질서유지의 목적

---

46) 하지만 전판결의 경고위반이 책임을 가중할 수 있는가에 대해서는 끊임없이 의문이 제기되고 있다. 경고위반에 대한 누범가중은 특수한 범죄적 에너지로 죄를 범한 경우에 설득력을 얻을 수 있는데, 실제로 대부분 누범은 판결의 경고적 기능을 받아들이기 힘든 의지박약자나 인격결함자들이 많기 때문이다. 오히려 사회적 도움의 결여에 기인한 누범에 대해서는 책임비난이 가중될 근거가 부족하다는 비판이 계속된다.
47) 정성근/박광민, 708면.

을 달성하기 위한 하나의 수단이기도 하는 것이므로 이는 합리적 근거 있는 차별이어서 헌법상의 평등의 원칙에 위배되지 아니한다.[48]

⚖️ **판례** **누범가중의 위헌성**

【판결요지】 도로교통법 제148조의2 제1항 제1호(이하 '이 사건 법률조항'이라고 한다)는 입법취지가 반복적 음주운전행위에 대한 법정형을 강화하기 위한 데 있다고 보이고, 조문의 체계가 일정한 구성요건을 규정하는 형식으로 되어 있으며, 적용요건이나 효과도 형법 제35조와 달리 규정되어 있는 점, 누범을 가중 처벌하는 이유는 전범에 대한 형벌에 의하여 주어진 기왕의 경고를 무시하고 다시 범죄를 저질렀다는 점에서 비난가능성 및 책임이 높기 때문이지 전범에 대하여 처벌을 받았음에도 다시 범행을 하는 경우에 전범도 후범과 일괄하여 다시 처벌한다는 것은 아닌 점 등에 비추어 보면, 이 사건 법률조항을 적용하고 다시 형법 제35조에 의한 누범가중을 허용한다고 하더라도 헌법상의 일사부재리나 이중처벌금지에 반한다고 볼 수 없다(대법원 2014.7.10. 선고 2014도5868 판결).

제2절 **누범가중의 요건**

Ⅰ. 전범에 대한 요건

1. 금고이상의 형을 선고받아야 한다.

가. 형의 범위

전범의 형은 금고 이상의 형으로서 선고형이어야 한다. 금고 이상의 형은 유기징역과 유기금고를 의미한다. 자격상실·자격정지·벌금·구류·과료·몰수의 경우 금고보다 가벼운 형이므로 누범전과가 되지 않는다. 노역장유치도 누범전과가 될 수 없다.

사형·무기징역·무기금고의 경우 금고 이상의 형에는 해당하지만 이러한 형을 선고받아 형집행중인 자는 누범이 되지 않는다. 다만 사형·무기징역·무기금고의 경우 감형으로 인하여 유기형이 되거나, 특별사면·형의 시효에 의하여 그 집행이 면제된 경우에는 누범전과가 된다.

---

48) 헌법재판소 1995.2.23. 선고 93헌바43 결정; 대법원 2014.7.10. 선고 2014도5868 판결.

나. 형선고의 유효성

형의 선고는 유효하여야 누범전과가 되므로 일반사면이나 집행유예기간의 경과의 경우에는 형선고의 효력이 상실되기 때문에 누범전과가 될 수 없다. 복권은 형선고의 효력을 상실시키는 것이 아니라, 단지 상실, 정지된 자격을 회복시킴에 불과하므로 누범전과가 된다.

2. 형의 집행이 종료하거나 면제받아야 한다.

형집행종료된 경우는 형기가 만료된 경우를 말하며, 형집행면제는 형의 시효가 완성된 때($\frac{제}{77조}$), 특별사면에 의하여 형의 집행이 면제된 때($\frac{사면법}{제5조}$), 외국에서 형의 집행을 받았을 때($\frac{제}{7조}$) 등이 있다.

Ⅱ. 후범에 대한 요건

1. 금고 이상에 해당하는 죄를 범해야 한다.

후범은 금고 이상의 형에 해당하는 죄일 것을 요한다. '금고 이상의 형'은 법정형이 아니라 선고형을 의미한다. 따라서 법정형으로 금고 이상의 형이 규정되어 있어도 벌금형을 선택한 때에는 누범가중을 할 수 없다는 것이 다수설과 판례이다. 과도한 누범가중을 제한할 수 있는 해석이라고 생각한다. 후범은 전범과 동종의 범죄일 필요는 없으며 고의범과 과실범을 불문한다.

2. 전범의 형집행종료 또는 면제 후 3년 이내에 범해야 한다.

후범은 전범의 형의 집행을 종료하거나 면제를 받은 후 3년 내에 행하여져야 한다. 이를 누범시효라고도 한다. 오랜 기간이 경과한 전과는 이미 경고기능을 상실하였다는 고려에 근거하고 있다.[49] 따라서 형집행 종료 후 3년이 경과된 후에 다시 죄를 범한 때에는 누범에 해당하지 않는다. 3년의 기간 내에 실행의 착수가 있으면 족하고, 그 기간 내에 기수에까지 이르러야 되는 것은 아니다.[50]

---

49) 이재상/장영민/강동범, 622면; 정성근/박광민, 710면.
50) 대법원 2006.4.7. 선고 2005도9858 전원합의체 판결.

포괄일죄의 일부 범행이 누범기간 내에 이루어지고 나머지 범행이 누범기간 경과 후에 이루어진 경우 포괄일죄의 범행 전부가 누범에 해당한다는 것이 판례의 입장이다.[51]

⚖️ 판례 | **3년 이내에 실행의 착수만 있으면 누범**

【판결요지】 누범이 되려면 금고 이상의 형을 받아 그 집행을 종료하거나 면제를 받은 후 3년 내에 다시 금고 이상에 해당하는 죄를 범하여야 하는바, 이 경우 다시 금고 이상에 해당하는 죄를 범하였는지 여부는 그 죄의 실행행위를 하였는지 여부를 기준으로 결정하여야 하므로 3년의 기간 내에 실행의 착수가 있으면 족하고, 그 기간 내에 기수에까지 이르러야 되는 것은 아니다(대법원 2006.4.7. 선고 2005도9858 전원합의체 판결).

제3절 **누범에 대한 효과**

I. 누범의 처벌

1. 가중처벌

누범의 형은 그 죄에 정한 형의 장기의 2배까지 가중한다(제35조 제2항). 하지만 형법 제42조 단서에 의하여 50년은 초과할 수 없다. 단기는 가중하지 않는다.

누범으로 가중되는 형은 법정형을 말한다. 따라서 선고형은 단기부터 가중된 장기의 범위 내에서 결정한다. 반드시 본래의 법정형을 초과할 것은 요하지 않는다.

2. 누범에 대한 가중·감경

법률상·재판상 감경은 가능하다. 누범이 경합범인 경우 각죄에 대하여 먼저 누범가중을 한 후 경합범으로 처벌한다. 누범이 상상적 경합인 경우 각죄에 대하여 먼저 누범가중을 한 후 가장 중한 죄의 형으로 처벌한다.

---

51) 대법원 2012.3.29. 선고 2011도14135 판결.

Ⅱ. 판결선고 후의 누범발각

> 제36조(판결선고 후의 누범발각) 판결선고 후 누범인 것이 발각된 때에는 그 선고한 형을 통산하여 다시 형을 정할 수 있다. 단, 선고한 형의 집행을 종료하거나 그 집행이 면제된 후에는 예외로 한다.

판결선고 후 누범인 것이 발각된 때에는 그 선고한 형을 통산하여 다시 형을 정할 수 있다(제36조 본문). 이는 피고인이 재판 시에 그 인적 사항을 사칭하거나 기타 사술에 의하여 전과사실을 은폐하여 누범가중을 면하고 재판확정 후에 누범인 것이 발각된 경우에 대비하여, 전과사실의 확정에 재판이 집중되고 재판이 부당하게 지연되는 폐해를 막기 위한 취지에서 마련된 제도이다.

하지만 동일한 범죄를 거듭 처벌하는 것으로 일사부재리의 원칙에 반하고 형벌권의 존부와 범위에 관한 사실에 대해서는 검사에게 거증책임을 지우고 형사피고인에 대하여 진술거부권을 보장하고 있는 형사소송법의 기본원리에도 반한다는 비판이 있다.[52]

다만 선고한 형의 집행을 종료하거나 그 집행이 면제된 후에 누범인 것이 발각된 때에는 다시 형을 정할 수 없다(제36조 단서). 이 경우 형을 다시 가중하는 것은 범죄인에게 지나치게 가혹하고, 이미 자유를 회복하고 사회로 복귀한 범죄인의 현재 상태를 존중하자는 데 그 취지가 있다.

---

52) 김성돈, 844면; 김일수/서보학, 773면; 임웅, 644면.

집행유예·선고유예·가석방

제1절 **집행유예**

I. 의의와 법적 성질

집행유예는 일단 유죄를 인정하여 형을 선고하되 일정한 요건 아래 일정한 기간 동안 그 형의 집행을 유예하고 그것이 취소·실효됨이 없이 유예기간을 경과하면 형의 선고의 효력을 상실케 하는 제도이다(제62조). 단기자유형의 폐해를 제거하고, 형집행의 유예를 통해 범죄인의 자발적·능동적인 사회복귀를 도모함을 그 목적으로 한다.

집행유예의 법적 성질에 대하여 형법 및 보안처분과는 구별되는 독립된 제도라는 형법의 제3원설이 있지만, 형의 즉각적인 집행을 일정기간 유보하는 형집행의 변형이라는 형집행의 변형설이 다수설이다.[53]

II. 집행유예의 요건

> 제62조(집행유예의 요건) ① 3년 이하의 징역이나 금고 또는 500만원 이하의 벌금의 형을 선고할 경우에 제51조의 사항을 참작하여 그 정상에 참작할 만한 사유가 있는 때에는 1년 이상 5년 이하의 기간 형의 집행을 유예할 수 있다. 다만, 금고 이상의 형을 선고한 판결이 확정된 때부터 그 집행을 종료하거나 면제된 후 3년까지의 기간에 범한 죄에 대하여 형을 선고하는 경우에는 그러하지 아니하다.
> ② 형을 병과할 경우에는 그 형의 일부에 대하여 집행을 유예할 수 있다.

---

53) 김성돈, 845면; 오영근, 539면; 이재상/장영민/강동범, 629면; 정성근/박광민, 719면.

1. 3년 이하의 징역이나 금고 또는 500만원 이하의 벌금형을 선고할 경우일 것

3년 이하의 징역형이나 금고형을 선고하는 경우뿐만 아니라 500만원 이하의 벌금형을 선고할 경우에 집행유예가 가능하다. 종전에는 징역형에 대해서는 인정되는 집행유예가 징역형보다 상대적으로 가벼운 형벌인 벌금형에는 집행유예가 인정되지 않았다. 따라서 벌금 납부능력이 부족한 서민이 벌금을 납입할 수 없는 경우에는 노역장에 유치하게 되는데 이를 우려하여 오히려 징역형의 집행유예를 판결을 구하는 역설적 사례가 빈번히 나타났다. 이러한 형벌의 부조화 현상을 방지하고 서민의 경제적 어려움을 덜어주기 위해 벌금형에 대한 집행유예를 도입해야 한다는 주장이 있었다. 이에 2015년 12월 형법 개정을 통하여 벌금형에 대해서도 집행유예가 가능하도록 하였다. 다만, 고액 벌금형의 집행유예를 인정하는 것에 대한 비판적인 법감정이 있는 점 등을 고려하여 500만 원 이하의 벌금형을 선고하는 경우에만 집행유예를 선고할 수 있도록 하였다.[54]

형을 병과하는 경우에는 형의 일부에 대한 집행유예는 가능하지만 이를 제외하고는 형의 일부에 대한 집행유예는 불가능하다는 것이 통설이다.

2. 정상에 참작할 만한 사유가 있을 것

형의 선고만으로도 피고인에게 경고기능을 다하여 재범을 저지르지 않을 것을 인정되는 경우이다. 형법 제51조의 양형조건은 동시에 집행유예를 위한 정상참작사유가 된다. 판결선고 시를 기준으로 판단한다.

3. 집행유예의 결격사유에 해당하지 않을 것

제62조 제1항 단서에 의하면 위 두 가지 요건에 해당하더라도 '금고 이상의 형을 선고한 판결이 확정된 때부터 그 집행을 종료하거나 면제된 후 3년까지의 기간에 범한 죄에 대하여 형을 선고하는 경우'에는 집행유예를 선고할 수 없다.

가. 집행유예기간 중 집행유예의 문제
(1) 쟁점
금고 이상의 형의 선고는 실형의 선고뿐만 아니라 집행유예의 선고까지도 포함되는지

---

54) 벌금형을 선고받은 사실을 일정한 결격 사유로 정하고 있는 법률이 다수 존재하고 벌금형의 집행유예가 도입됨에 따라 그러한 법률 역시도 정비가 필요한 점을 고려하여 공포 후 2년이 경과한 후에 시행하도록 시행일을 조정하였다.

문제된다. 실형의 선고만을 의미하는가 아니면 집행유예도 포함되는가에 따라 집행유예 기간 중 범한 범죄에 대하여 집행유예를 선고할 수 있는지가 결정된다. 이에 대하여 견해 의 대립이 있다.

(2) 학설

부정설은 집행유예기간 중에 범한 새로운 범죄에 대해서는 집행유예를 선고할 수 없다 는 견해이다. 이 견해는 금고 이상의 형의 선고에는 실형의 선고뿐만 아니라 집행유예의 선고까지 포함한다고 해석한다.[55]

긍정설은 집행유예기간 중의 집행유예를 인정한다. 이에 따르면 형법 제62조 제1항의 '집행종료 또는 집행면제 후 3년의 기간이 경과하지 아니한 자'란 실형을 선고받아 현실 적으로 집행절차를 거쳤다고 해석하며, 금고 이상의 형의 선고는 실형의 선고만을 의미한 다고 해석하고, 또한 집행유예제도 본래의 취지가 자유형의 기계적인 집행으로 인한 폐단 을 방지하고 피고인의 개선이라는 특별예방의 형벌목적을 달성하는 데 있다는 점을 이유 로 한다.[56]

(3) 판례

대법원은 종래 사후적 경합범인 경우에 제한적으로 집행유예기간 중에도 집행유예를 선고할 수 있다는 입장이었다.[57] 그런데, 2005년 형법 개정으로 집행유예의 결격요건으 로 동시에 재판받을 가능성이 있는 경우가 결격요건 자체에 해당하지 않게 되는 등 집행 유예의 결격요건이 더욱 축소됨에 따라 집행유예가 실효 또는 취소됨이 없이 유예기간을 경과한 때에는 결격요건에 해당하지 않게 되었기 때문에 집행유예기간 중에 범한 범죄라 고 할지라도 집행유예가 실효취소됨이 없이 그 유예기간이 경과한 경우에는 이에 대해 다 시 집행유예의 선고가 가능하다는 태도로 전환되었다.[58]

> **⚖ 판례 집행유예 기간 중에 범한 죄에 대한 집행유예를 선고 가능**
>
> 【판결요지】 집행유예 기간 중에 범한 죄에 대하여 형을 선고할 때에, 집행유예의 결격 사유를 정하는 형법 제62조 제1항 단서 소정의 요건에 해당하는 경우란, 이미 집행유 예가 실효 또는 취소된 경우와 그 선고 시점에 미처 유예기간이 경과하지 아니하여 형

---

55) 이재상/장영민/강동범, 632면; 임웅, 669면.
56) 김성돈, 847면; 김일수/서보학, 599면; 배종대, 642면; 오영근, 540면; 정성근/박광민, 722면.
57) 대법원 1989.9.12. 선고 87도2365 전원합의체 판결.
58) 대법원 2007.2.8. 선고 2006도6196 판결.

선고의 효력이 실효되지 아니한 채로 남아 있는 경우로 국한되고, 집행유예가 실효 또는 취소됨이 없이 유예기간을 경과한 때에는, 형의 선고가 이미 그 효력을 잃게 되어 '금고 이상의 형을 선고'한 경우에 해당한다고 보기 어려울 뿐 아니라, 집행의 가능성이 더 이상 존재하지 아니하여 집행종료나 집행면제의 개념도 상정하기 어려우므로 위 단서 소정의 요건에 해당하지 않는다고 할 것이므로, 집행유예 기간 중에 범한 범죄라고 할지라도 집행유예가 실효 취소됨이 없이 그 유예기간이 경과한 경우에는 이에 대해 다시 집행유예의 선고가 가능하다(대법원 2007.2.8. 선고 2006도6196 판결).

나. 3년까지의 기간에 범한 죄의 의미

종래 형법은 금고 이상의 형을 선고받아 집행을 종료하거나 면제된 후 5년이 경과될 것을 집행유예선고의 요건으로 하였다. 이에 따르면 5년이 경과되었는지 여부가 판결선고 시를 기준으로 해석되기 때문에 피고인이 금고 이상의 형을 선고받고 다시 재범을 범한 경우 재범의 범행시기와 무관하게 판결선고시점에 따라 집행유예 가능 여부가 결정되었다. 따라서 재범 후 조기에 체포되어 재판받는 자와 많은 시간이 경과된 후 체포되어 재판을 받는 자 간의 형평성 문제가 제기되고 집행유예 결격을 면하기 위하여 도피하거나 고의로 재판을 지연시키는 폐해 등이 발생한다는 문제점이 있었다.

이러한 문제점을 해결하기 위하여 2005년 7월 집행유예의 결격사유를 판결선고 시가 아니라 범죄행위 시를 기준으로 판단하면서 집행유예의 가능범위를 확대하기 위해 그 결격기간도 3년으로 단축하였다.

Ⅲ. 보호관찰, 사회봉사, 수강명령

제62조의2(보호관찰, 사회봉사·수강명령) ① 형의 집행을 유예하는 경우에는 보호관찰을 받을 것을 명하거나 사회봉사 또는 수강을 명할 수 있다.
② 제1항의 규정에 의한 보호관찰의 기간은 집행을 유예한 기간으로 한다. 다만, 법원은 유예기간의 범위 내에서 보호관찰기간을 정할 수 있다.
③ 사회봉사명령 또는 수강명령은 집행유예기간내에 이를 집행한다.

1. 보호관찰

보호관찰은 유죄판결을 선고받은 자 중 사회복귀를 위하여 사회내 처우가 필요하다고 인정되는 경우 특정인에게 위탁하여 그 행상을 지도 및 원호하게 하는 일종의 보안처분이다. 선고유예의 보호관찰과 같다. 보호관찰의 기간은 형의 집행을 유예한 기간으로 한다. 다만, 법원은 유예기간의 범위 내에서 보호관찰기간을 정할 수 있다(제62조의2 제2항).

제62조의2 규정을 기본규정으로 하고 구체적인 내용은 보호관찰 등에 관한 법률이 정하고 있다. 이에 의하면 보호관찰은 법무부장관에게 소속된 보호관찰소가 실시하고 보호관찰소에는 보호관찰관을 둔다.

2. 사회봉사명령

사회봉사명령은 유죄판결을 받은 자에 대하여 자유형의 집행을 대신하여 사회에 유용한 활동이나 급부를 제공하도록 의무지우는 제재를 말한다. 사회내 처우의 일종으로 단기자유형의 폐해를 방지하기 위한 대체수단이다.

우리나라의 경우 1988년 소년법에서 소년에 대하여 사회봉사명령을 할 수 있도록 한 이래로 1995년 형법 개정을 통하여 집행유예를 받는 성인범에게까지 확대하였다. 이외에도 사회봉사명령제도를 규정하고 있는 법률로는 가정폭력범죄의 처벌 등에 관한 특례법, 성매매알선 등 행위의 처벌에 관한 법률, 성폭력범죄의 처벌 등에 관한 특례법 등으로 그 범위가 확대되고 있다.

사회봉사는 500시간 내에서 시간 단위로 부과될 수 있는 일 또는 근로활동을 의미하는 것이므로, 법원이 사회봉사명령으로 피고인에게 일정한 금원을 출연하거나 강연이나 기고를 명하는 것은 허용될 수 없다.[59]

⚖ 판례 **사회봉사로서 금원 출연이나 강연의 허용성 여부**

【판결요지】 [1] 형법과 보호관찰 등에 관한 법률의 관계 규정을 종합하면, 사회봉사는 형의 집행을 유예하면서 부가적으로 명하는 것이고 집행유예 되는 형은 자유형에 한정되고 있는 점 등에 비추어, 법원이 형의 집행을 유예하는 경우 명할 수 있는 사회봉사는 자유형의 집행을 대체하기 위한 것으로서 500시간 내에서 시간 단위로 부과될 수 있는 일 또는 근로활동을 의미하는 것으로 해석되므로, 법원이 형법 제62조의2의 규정에 의한 사회봉사명령으로 피고인에게 일정한 금원을 출연하거나 이와 동일시할 수 있는 행위를 명하는 것은 허용될 수 없다.

[2] 법원이 피고인에게 유죄로 인정된 범죄행위를 뉘우치거나 그 범죄행위를 공개하는 취지의 말이나 글을 발표하도록 하는 내용의 사회봉사를 명하고 이를 위반할 경우

---

59) 대법원 2008.4.11. 선고 2007도8373 판결.

형법 제64조 제2항에 의하여 집행유예의 선고를 취소할 수 있도록 함으로써 그 이행을 강제하는 것은, 헌법이 보호하는 피고인의 양심의 자유, 명예 및 인격에 대한 심각하고 중대한 침해에 해당하므로 허용될 수 없고, 또 법원이 명하는 사회봉사의 의미나 내용은 피고인이나 집행 담당 기관이 쉽게 이해할 수 있어 집행 과정에서 그 의미나 내용에 관한 다툼이 발생하지 않을 정도로 특정되어야 하므로, 피고인으로 하여금 자신의 범죄행위와 관련하여 어떤 말이나 글을 공개적으로 발표하라는 사회봉사를 명하는 것은 경우에 따라 피고인의 명예나 인격에 대한 심각하고 중대한 침해를 초래할 수 있고, 그 말이나 글이 어떤 의미나 내용이어야 하는 것인지 쉽게 이해할 수 없어 집행 과정에서 그 의미나 내용에 관한 다툼이 발생할 가능성이 적지 않으며, 유죄로 인정된 범죄행위를 뉘우치거나 그 범죄행위를 공개하는 취지의 말이나 글을 발표하도록 하는 취지의 것으로도 해석될 가능성이 적지 않으므로 이러한 사회봉사명령은 위법하다.

[3] 재벌그룹 회장의 횡령행위 등에 대하여 집행유예를 선고하면서 사회봉사명령으로서 일정액의 금전출연을 주된 내용으로 하는 사회공헌계획의 성실한 이행을 명하는 것은 시간 단위로 부과될 수 있는 일 또는 근로활동이 아닌 것을 명하는 것이어서 허용될 수 없고, 준법경영을 주제로 하는 강연과 기고를 명하는 것은 헌법상 양심의 자유 등에 대한 심각하고 중대한 침해가능성, 사회봉사명령의 의미나 내용에 대한 다툼의 여지 등의 문제가 있어 허용될 수 없다고 본 사례(대법원 2008.4.11. 선고 2007도8373 판결).

3. 수강명령

수강명령은 유죄판결을 받은 범죄인이 자유형 집행 대신에 지정된 사회교육시설이나 교화시설에서 일정 시간 이상의 교육 또는 학습을 받도록 명하는 것을 말한다. 주로 경미범죄자들에 대해서 행해진다. 수강명령도 사회봉사명령과 같이 집행유예 기간 내에 집행을 한다. 법원은 형법 제62조의2에 따른 수강을 명할 때에는 200시간의 범위에서 그 기간을 정하여야 한다(보호관찰법 제59조).

Ⅳ. 집행유예의 효과

집행유예의 선고 요건이 구비되면 1년 이상 5년 이하의 범위 내에서 법원의 재량으로 집행유예를 선고할 수 있다.

우리 형법이 집행유예 기간의 시기(始期)에 관하여 명문의 규정을 두고 있지는 않지만, 형사소송법 제459조가 "재판은 이 법률에 특별한 규정이 없으면 확정한 후에 집행한다."

라고 규정한 취지나 집행유예 제도의 본질 등에 비추어 보면 집행유예를 함에 있어 그 집행유예 기간의 시기는 집행유예를 선고한 판결 확정일로 하여야 한다.[60]

제65조에 따르면 집행유예의 선고를 받은 후 그 선고의 실효 또는 취소됨이 없이 유예기간을 경과한 때에는 형의 선고는 효력을 잃는다. 형의 집행이 면제되고, 처음부터 형의 선고의 법률적 효과가 없어지므로 전과자가 되지 않는다. 그러나 형 선고가 효력을 잃는다는 것은 '선고의 법률적 효과'가 없어진다는 것을 의미하는 것이지 형 선고가 있었다는 기왕의 사실까지 없어지는 것은 아니다.

V. 집행유예의 실효와 취소

1. 집행유예의 실효

집행유예의 선고를 받은 자가 유예기간 중 고의로 범한 죄로 금고 이상의 실형을 선고받아 그 판결이 확정된 때에는 집행유예의 선고는 효력을 잃는다(제63조).

형법 개정 이전에는 유예기간 중 금고 이상의 형을 선고받아 그 판결이 확정되는 것을 실효사유로 보았기 때문에 피고인이 언제 무슨 죄를 범하였는가는 문제되지 않았다. 따라서 집행유예선고를 받기 이전에 범한 죄에 대해서 그 죄가 고의범이든 과실범이든 사후에 판결이 확정되면 집행유예가 실효되는 불합리한 점이 있었다. 이에 형법 개정을 하여 집행유예기간 중에 새로운 죄를 범한 경우로 제한되고, 과실범은 제외하고 고의범에 국한시켜 실효되는 범죄를 축소하였다. 따라서 처음부터 경합범 관계에 있던 범죄 중에서 그 일죄에 대해 집행유예가 선고된 이후에 여죄에 대해 다른 절차에서 금고 이상의 실형이 선고된 경우에도 기존의 집행유예는 실효되지 않는다.[61]

2. 집행유예의 취소

집행유예의 선고를 받은 후 제62조의 단행의 사유가 발각된 때에는 집행유예의 선고를 취소한다(제64조제1항). 제62조의2의 규정에 의하여 보호관찰이나 사회봉사 또는 수강을 명한 집행유예를 받은 자가 준수사항이나 명령을 위반하고 그 정도가 무거운 때에는 집행유예의 선고를 취소할 수 있다(제64조제2항).

---

60) 대법원 2019.2.28. 선고 2018도13382 판결; 대법원 2002.2.26.선고 2000도4637 판결.
61) 김성돈, 829면.

집행유예의 선고를 받은 후 제62조 제1항 단서의 사유, 즉 집행유예의 결격사유가 있는 경우에는 집행유예의 선고를 취소한다. 집행유예의 선고를 받은 후란 집행유예를 선고받은 판결이 확정된 후를 의미한다. 결격사유의 존재는 집행유예의 선고를 받은 후에 발각되어야 하므로 그 판결확정전에 발견된 경우는 집행유예를 취소할 수 없다. 집행유예기간이 경과함으로써 형의 선고가 효력을 잃은 후에 제62조 제1항 단서의 사유가 발견된 때에도 집행유예를 취소할 수 없다. 제1항의 취소는 필요적이나, 제2항의 취소는 임의적이다.

보호관찰이나 사회봉사 또는 수강을 명한 집행유예를 받은 자가 준수사항이나 명령을 위반하고 그 정도가 무거운 때에는 집행유예의 선고를 취소할 수 있다.

제2절 선고유예

> 제59조(선고유예의 요건) ① 1년 이하의 징역이나 금고, 자격정지 또는 벌금의 형을 선고할 경우에 제51조의 사항을 고려하여 뉘우치는 정상이 뚜렷할 때에는 그 형의 선고를 유예할 수 있다. 단, 자격정지 이상의 형을 받은 전과가 있는 사람에 대해서는 예외로 한다.
> ② 형을 병과할 경우에도 형의 전부 또는 일부에 대하여 선고를 유예할 수 있다.

Ⅰ. 의의와 법적 성질

선고유예는 경미한 범죄인에 대하여 일정한 기간 동안 형의 선고를 유예하고 실효됨이 없이 그 유예기간을 경과한 때에는 면소(免訴)된 것으로 간주하는 제도이다($\frac{제}{59조}$). 처벌받았다는 오점을 피고인에게 남기지 않음으로써 피고인의 사회복귀를 용이하게 하는 특별예방적 목적을 가진다. 선고유예는 형집행을 유예하는 것이 아니라 형의 '선고'를 유예하므로 형집행의 변형도 아니고, 선고할 형을 정하여 둔다는 점에서 보안처분도 아니다. 따라서 형법이 규정하고 있는 고유한 종류의 제재로서의 성질을 가진다.

II. 요건

1. 1년 이하의 징역·금고·자격정지·벌금의 형을 선고할 경우일 것

1년 이하의 징역·금고·자격정지뿐만 아니라 벌금의 형을 선고할 경우에도 선고유예를 할 수 있다. 선고유예를 할 수 있는 형이란 주형과 부가형을 포함한 처단형 전체를 말한다. 따라서 주형을 선고유예하는 경우에는 몰수나 추징에 대해서도 선고유예를 할 수 있다.[62] 그러나 주형에 대해 선고유예하지 않으면서 부가형에 대하여만 선고유예는 할 수 없다.[63] 형을 병과할 경우에는 전부 또는 일부에 대한 선고유예도 가능하다(제59조 제2항).

2. 뉘우치는 정상이 뚜렷할 것

뉘우치는 정상이 뚜렷하다는 것은 행위자에게 형을 선고하지 않아도 재범의 위험성이 없다는 것을 의미한다. 개전(改悛)의 정상(情狀)이 현저하다고도 말한다. 형법 제51조의 사항을 종합하여 재범의 위험성에 대하여 판결선고 시를 기준으로 판단한다.

피고인이 범죄사실을 부인하는 경우에도 선고유예할 수 있는가에 대하여 종래 대법원은 개전의 정이 현저한 때란 죄를 깊이 뉘우치고 있는 것을 의미하므로 피고인이 범죄사실을 부인하는 경우에는 선고유예를 할 수 없다고 하였으나 2001도6138 전원합의체 판결을 통하여 피고인이 부인하는 경우에도 선고유예를 할 수 있다고 변경하였다.

> ⚖️ **판례** | 피고인이 부인하는 경우 선고유예 가능

【판결요지】 [다수의견] 선고유예의 요건 중 '개전의 정상이 현저한 때'라고 함은, 반성의 정도를 포함하여 널리 형법 제51조가 규정하는 양형의 조건을 종합적으로 참작하여 볼 때 형을 선고하지 않더라도 피고인이 다시 범행을 저지르지 않으리라는 사정이 현저하게 기대되는 경우를 가리킨다고 해석할 것이고, 이와 달리 여기서의 '개전의 정상이 현저한 때'가 반드시 피고인이 죄를 깊이 뉘우치는 경우만을 뜻하는 것으로 제한하여 해석하거나, 피고인이 범죄사실을 자백하지 않고 부인할 경우에는 언제나 선고유예를 할 수 없다고 해석할 것은 아니며, 또한 형법 제51조의 사항과 개전의 정상이 현저한지 여부에 관한 사항은 널리 형의 양정에 관한 법원의 재량사항에 속한다고 해석되므로, 상고심으로서는 형사소송법 제383조 제4호에 의하여 사형·무기 또는 10년 이상의 징역·금고가 선고된 사건에서 형의 양정의 당부에 관한 상고이유를 심판

---

62) 대법원 1980.3.11. 선고 77도2027 판결.
63) 대법원 1979.4.10. 선고 78도3098 판결.

하는 경우가 아닌 이상, 선고유예에 관하여 형법 제51조의 사항과 개전의 정상이 현저한지 여부에 대한 원심 판단의 당부를 심판할 수 없고, 그 원심 판단이 현저하게 잘못되었다고 하더라도 달리 볼 것이 아니다.

[반대의견] 선고유예의 요건 중 '개전의 정상이 현저한 때'에 관한 판단이 기본적으로는 하급심의 재량에 속한다고 할 것이지만 그 재량판단이 '현저하게 잘못된 경우'에는 선고유예의 요건에 관한 법리오해의 위법이 있는 것으로 보아 형사소송법 제383조 제1호의 '판결에 영향을 미친 법률위반이 있는 때'에 해당하여 상고심이 그 당부를 심판할 수 있다.

[별개의 반대의견] 형법 제59조 소정의 선고유예의 요건 등에 관한 판단은 형의 경중을 가려서 단순한 형의 종류를 선택하거나 선택한 형에 대하여 그 형량을 정하는 것과는 차원이 다른 '법률판단'이라 할 것이고, 따라서 1년 이하의 징역이나 금고, 자격정지 또는 벌금형을 선고할 수 없는 사건이거나, 자격정지 이상의 형을 받은 전과가 있는 자에 대하여 형의 선고를 유예한 경우와 마찬가지로 제51조의 사항을 참작하여 개전의 정상이 현저하지 아니하다고 판단되는 자에 대하여 형의 선고를 유예한 경우에도 형사소송법 제383조 제1호에 의하여 상고할 수 있다(대법원 2003.2.20. 선고 2001도6138 전원합의체 판결).

3. 자격정지 이상의 형을 받은 전과가 없을 것

자격정지 이상의 형을 받은 전과가 있는 자에 대해서는 선고유예를 할 수 없다. 재범의 위험성이 보다 적은 초범자에 대하여만 선고유예할 수 있다는 취지이다. 벌금·구류·과료 등의 전과가 있는 자에 대해서는 선고유예가 가능하다.

Ⅲ. 선고유예와 보호관찰

선고유예의 경우에도 재범방지를 위하여 지도 및 원호가 필요한 때에는 보호관찰을 받을 것을 명할 수 있다(제59조의2 제1항). 보호관찰의 기간은 1년으로 한다(제59조의2 제2항).

Ⅳ. 효과

선고유예의 선고 여부는 법원의 재량이지만, 유예기간은 집행유예와 같이 법원이 정하는 것이 아니라 언제나 2년이다. 법원의 판단에 따라 기간의 단축이 허용되지 않는다. 형의 선고유예를 받은 날로부터 2년을 경과한 때에는 면소된 것으로 간주한다($\frac{제}{60조}$).

V. 실효

형의 선고유예를 받은 자가 유예기간 중 자격정지 이상의 형에 처한 판결이 확정되거나 자격정지 이상의 형에 처한 전과가 발견된 때에는 유예한 형을 선고한다($\frac{제61조}{제1항}$). 유예한 형의 선고는 검사의 청구에 의하여 그 범죄사실에 대하여 최종판결을 한 법원이 한다($\frac{형사소송법}{제336조}$).

제59조의2의 규정에 의하여 보호관찰을 명한 선고유예를 받은 자가 보호관찰 기간 중에 준수사항을 위반하고 그 정도가 무거운 때에는 유예한 형을 선고할 수 있다($\frac{제61조}{제2항}$).

제3절 가석방

> 제72조(가석방의 요건) ① 징역이나 금고의 집행 중에 있는 사람이 행상(行狀)이 양호하여 뉘우침이 뚜렷한 때에는 무기형은 20년, 유기형은 형기의 3분의 1이 지난 후 행정처분으로 가석방을 할 수 있다.
> ② 제1항의 경우에 벌금이나 과료가 병과되어 있는 때에는 그 금액을 완납하여야 한다.

I. 의의

가석방은 징역이나 금고의 집행 중에 있는 사람이 행상(行狀)이 양호하여 뉘우침이 뚜렷하다고 인정되는 때에 형기만료 이전에 조건부로 수형자를 석방하고 일정한 기간을 경과한 때에는 형의 집행을 종료한 것으로 간주하는 제도이다($\frac{제}{72조}$). 가석방은 법무부 장관의 행정처분에 의하여 시행되므로 형집행방법을 변형하는 것이다.

Ⅱ. 요건

1. 징역·금고의 집행 중에 있는 자가 무기는 20년, 유기는 3분의1을 경과한 후

형집행중에 있는 자이어야 한다. 노역장유치처분을 받은 자에 대한 가석방이 가능한가에 대하여 학설대립이 있으나, 벌금형을 받은 자를 자유형을 받은 자보다 불리하게 취급할 이유가 없다는 점에서 긍정설이 타당하다.[64] 무기의 경우 20년, 유기의 경우 형기의 3분의 1이 경과하여야 한다.

2. 행상이 양호하여 뉘우침이 뚜렷하여야

행상이 양호하여 뉘우침이 뚜렷하다는 것은 수형자에게 남아 있는 형을 집행하지 않아도 재범의 위험성이 없다는 판단이 가능해야 한다는 취지이다. 순수한 특별예방적 관점을 기준으로 해야 하며 책임이나 일반예방적 요소를 고려해서는 안 된다.

3. 벌금 또는 과료의 병과가 있는 때에는 그 금액을 완납할 것

벌금 또는 과료의 병과가 있는 때에는 그 금액을 완납하여야 한다. 다만 벌금 및 과료에 관한 유치기간에 산입된 판결선고전 구금일수는 그에 해당하는 금액이 납입된 것으로 간주한다(제73조).

Ⅲ. 가석방기간과 보호관찰

가석방의 기간은 무기형에 있어서는 10년으로 하고, 유기형에 있어서는 남은 형기로 하되, 그 기간은 10년을 초과할 수 없다(제73조의2). 이는 유기형의 가석방기간이 무기형의 가석방기간보다 길어지는 경우가 발생하는 것을 방지하기 위함이다.

가석방된 자는 가석방기간 중 보호관찰을 받는다. 다만, 가석방을 허가한 행정관청이 필요가 없다고 인정한 때에는 그러하지 아니하다(제73조의2). 집행유예나 선고유예의 경우에 보호관찰의 부과는 임의적이지만 가석방의 경우에는 보호관찰의 부과는 필요적이다.

---

64) 김성돈, 861면; 김일수/서보학, 611면; 손동권/김재윤, 738면; 이재상/장영민/강동범, 643면; 임웅, 674면; 정성근/박광민, 730면.

Ⅳ. 가석방의 실효와 취소

1. 가석방의 실효

가석방 기간 중 고의로 지은 죄로 금고 이상의 형의 선고를 받아 그 판결이 확정된 때에는 가석방처분은 효력을 잃는다($\frac{제}{74조}$). 과실로 인한 죄로 형의 선고를 받은 경우에는 가석방처분은 효력을 잃지 않는다.

2. 가석방의 취소

가석방된 자는 가석방기간 중 선행을 하고 정상적인 업무에 취업하며, 기타 다른 법령에서 정하는 가석방자가 지켜야 할 사항을 준수해야 한다. 가석방의 처분을 받은 자가 감시에 관한 규칙을 위배하거나, 보호관찰의 준수사항을 위반하고 그 정도가 무거운 때에는 가석방처분을 취소할 수 있다($\frac{제}{75조}$).

3. 가석방의 실효와 취소의 효과

가석방 중의 일수는 형기에 산입하지 아니한다($\frac{제76조}{2항}$). 따라서 가석방이 실효 또는 취소가 되면 가석방 당시의 잔형기의 형을 집행한다.

Ⅴ. 가석방의 효과

가석방의 처분을 받은 후 그 처분이 실효 또는 취소되지 아니하고 가석방기간을 경과한 때에는 형의 집행을 종료한 것으로 본다($\frac{제}{76조}$). 형의 집행이 종료한 것에 불과하므로, 집행유예와 같이 형의 선고의 효력이 없어지는 것은 아니다. 따라서 형의 선고나 유죄판결 자체의 효력에는 영향 없다.

CHAPTER 05 형의 시효·소멸·기간

제1절 **형의 시효**

Ⅰ. 의의

형의 선고를 받은 자가 재판이 확정된 후 그 형의 집행을 받지 아니하고 일정한 기간을 경과하면 형의 집행이 면제되는 것이다. 현행 형사시효에는 형법의 형의 시효와 형사소송법의 공소시효가 있다. 형의 시효가 확정된 형벌권을 소멸시키는 제도임에 비하여 공소시효는 확정되지 않은 형벌권인 공소권을 소멸시키는 제도이다.

Ⅱ. 시효기간

형법 제78조에 따르면 형의 시효는 형을 선고하는 재판이 확정된 후 그 집행을 받지 아니하고 다음의 구분에 따른 기간이 지나면 완성된다. 무기의 징역 또는 금고는 20년, 10년 이상의 징역 또는 금고는 15년, 3년 이상의 징역이나 금고 또는 10년 이상의 자격정지는 10년, 3년 미만의 징역이나 금고 또는 5년 이상의 자격정지는 7년, 5년 미만의 자격정지, 벌금, 몰수 또는 추징은 5년, 구류 또는 과료는 1년이 경과하면 완성된다(제78조). 사형의 경우에는 30년이 지나면 시효가 완성되는 것으로 제78조 제1호에 규정되어 있었는데, 2023년 형법개정으로 형의 시효가 완성되면 집행이 면제되는 형에서 사형을 제외하였다. 사형이 집행되지 않고 30년이 경과한 경우 사형확정자가 교정시설 내에 수용 중이라고 하더라도 시효가 완성되었다고 해석상 논란의 여지가 있기 때문에 논란 발생 가능성을 입법적으로 해결한 것이다.

개정전 형법에는 벌금 또는 몰수·추징에 대한 형의 시효는 3년으로 규정되어 있으나, 매년 다수의 벌금이 시효 완성으로 인하여 집행불능 처리되고 있으며, 몰수 또는 추징금의 환수에도 어려움이 발생하여 형벌 집행의 실효성과 신뢰성을 해치는 요인으로 작용하고 있었다. 또한 이미 확정된 형벌의 집행권이 소멸되는 형의 시효는 일반적으로 형사소송법의 미확정인 형벌권인 공소시효보다 장기로 규정되어 있으나, 벌금형의 경우 공소시효가 5년으로 형의 시효인 3년보다 장기로 규정되어 있었다.

이에 2017년 12월 형법을 개정하여 5년 미만의 자격정지, 벌금, 몰수 또는 추징에 대한 형의 시효를 3년에서 5년으로 연장하고, 3년 미만의 징역이나 금고 또는 5년 이상의 자격정지에 대한 형의 시효를 5년에서 7년으로 연장하여 형의 경중에 따라 시효를 단계적으로 규정함으로써 형 집행의 실효성을 높이고 형법의 형의 시효와 형사소송법의 공소시효 간의 균형을 맞추었다.

2023년 형법 개정은 형의 시효 완성에 있어서 사형을 제외하였다. 종전 형법 제77조와 제78조에 따르면 사형을 선고하는 재판이 확정된 후 그 집행을 받지 아니하고 30년이 지나면 시효가 완성되어 집행이 면제된다. 따라서 사형을 선고받고 수용 중인 사람(사형확정자)의 경우 사형의 시효가 진행되는지 여부에 대해 해석상 논란이 있을 수 있고, 살인죄 등 사형에 해당하는 범죄에 대해서는 공소시효를 이미 폐지(2015년)했으나 판결로 사형이 확정된 자에 대한 집행 시효는 그대로 유지돼 공소시효 제도와의 불균형을 바로잡을 필요가 있다는 지적이 있었다. 이에 형법을 개정하였다.

Ⅲ. 시효의 효과

형을 선고받은 사람에 대해서는 시효가 완성되면 그 집행이 면제된다(제77조). 당연히 집행면제의 효과가 발생하며, 별도의 재판은 필요 없다. 사형은 제외한다.

Ⅳ. 시효의 정지 및 중단

1. 시효의 정지

시효는 형의 집행의 유예나 정지 또는 가석방 기타 집행할 수 없는 기간은 진행되지 아니한다(제79조 제1항). 기타 집행할 수 없는 기간이란 천재지변 기타 사변으로 인하여 집행할 수 없는 기간을 말하며, 도주나 소재불명의 기간은 이에 포함되지 않는다. 정지사유가 소멸하면 잔여시효기간이 진행한다.

시효는 형이 확정된 후 그 형의 집행을 받지 아니한 자가 형의 집행을 면할 목적으로 국외에 있는 기간 동안은 진행되지 아니한다(제79조 제2항).

2. 시효의 중단

시효는 징역, 금고와 구류에 있어서는 수형자를 체포함으로, 벌금·과료·몰수와 추징에 있어서는 강제처분을 개시함으로 인하여 중단된다(제80조). 시효중단이 있으면 이미 경과한 시효기간의 효과가 모두 상실된다. 따라서 한 번 시효가 중단되면 새로이 시효의 전 기간이 경과되어야 시효가 완성된다.

제2절 형의 소멸·실효·복권

I. 형의 소멸

형의 소멸은 유죄판결의 확정에 의하여 발생한 형의 집행권을 소멸시키는 제도를 말한다. 이는 형벌청구권의 소멸인 공소권의 소멸과는 구별된다.

형의 집행의 종료, 형의 집행의 면제, 형의 선고유예·집행유예기간의 경과, 가석방기간의 만료, 형의 시효의 완성, 범인의 사망, 사면 등이 형의 소멸의 원인이다.

사면에 대하여는 일반사면과 특별사면으로 나누어 볼 수 있다. 일반사면은 죄를 범한 자에 대하여 미리 죄 또는 형의 종류를 정하여 대통령령으로 행하는 사면을 말하며, 특별사면은 형선고를 받은 특정인에 대하여 대통령이 하는 사면이다. 일반사면의 경우 형 선고의 효력이 상실되며, 형을 선고받지 아니한 자에 대하여는 공소권이 상실된다. 특별사면의 경우 형의 집행이 면제된다. 다만, 특별한 사정이 있을 때에는 이후 형 선고의 효력을 상실하게 할 수 있다(사면법 제5조).

II. 형의 실효

형의 실효제도는 형이 소멸되더라도 형선고의 효과가 소멸하는 것은 아니어서 전과사실은 남게 되므로, 전과사실을 말소시켜 수형자의 사회복귀를 용이하게 하는 제도이다.

제81조에 따르면 징역 또는 금고의 집행을 종료하거나 집행이 면제된 자가 피해자의 손해를 보상하고 자격정지 이상의 형을 받음이 없이 7년을 경과한 때에는 본인 또는 검사의 신청에 의하여 그 재판의 실효를 선고할 수 있다.

형의 실효에 관한 법률에는 벌금·구류·과료에까지 형의 실효의 범위를 확대하고 일정 기간이 지나면 자동으로 형이 실효하도록 규정하고 있다(당연실효). 수형자가 자격정지 이상의 형을 받음이 없이 형의 집행을 종료하거나 그 집행이 면제된 날로부터 ① 징역 또는 금고는 10년, ② 벌금은 3년, ③ 구류 또는 과료는 1년이 경과된 때에는 그 형은 실효된다.

형의 선고의 법적 효과는 장래에 향하여 소멸된다.

III. 복권

복권(復權)은 자격정지의 선고를 받은 자에게 그 기간이 만료되지 않은 경우에도 일정한 조건하에 자격을 회복시켜 줌으로써 사회복귀를 용이하게 하는 제도이다. 복권이 있으면 상실·정지된 자격의 회복이 있게 된다.

제82조에 따르면 자격정지의 선고를 받은 자가 피해자의 손해를 보상하고 자격정지 이상의 형을 받음이 없이 정지기간의 2분의 1을 경과한 때에는 본인 또는 검사의 신청에 의하여 자격의 회복을 선고할 수 있다.

그러나 형 선고의 효력은 소멸되지 않으므로 전과사실은 누범가중사유에 해당하게 된다.

제3절 형의 기간

I. 기간의 계산

형의 기간은 년 또는 월로써 정한 기간은 연 또는 월 단위로 계산한다(제83조).

Ⅱ. 형기의 기산

형기(刑期)는 판결이 확정된 날로부터 기산한다(제84조 제1항). 판결의 확정이란 판결의 효력이 변경될 수 없는 상태에 이른 것을 말한다. 징역, 금고, 구류와 노역장유치에 있어서는 구속되지 아니한 일수는 형기에 산입하지 아니한다(제84조 제2항). 예를 들면 형 집행 중에 도주 등으로 구속되지 아니한 일수가 있는 때에는 형기에 산입하지 아니한다는 취지이다.

형의 집행과 시효기간의 첫날은 시간을 계산함이 없이 1일로 산정하며(제85조), 석방은 형기종료일에 하여야 한다(제86조).

제1절 **서설**

Ⅰ. 의의

　보안처분(保安處分)은 범죄를 저질렀거나 저지를 우려가 있는 범죄위험자에 대하여 그의 범죄위험성에 대응한 사전 예방조치로 과해지는 강제적 처분방법을 말한다. 정신장애자 등과 같이 행위자에게 특별한 위험성이 있음에도 불구하고 형벌을 부과할 수 없거나, 상습범 또는 알코올·마약류 중독자 등과 같이 형벌만으로 그 목적을 달성할 수 없는 경우에 사회적 위험성을 전제로 하여 행위자를 치료, 교육, 재사회화하기 위하여 부과되는 것으로 형벌을 대체하거나 보완하는 형사제재를 말한다.

　보안처분은 정신장애자나 형사미성년자와 같이 형벌을 부과할 수 없는 범죄자에 대한 '개선조치' 내지 재범의 위험성이 농후한 범죄자 또는 범죄의 습벽이 있는 상습범죄자 또는 알코올·마약중독자 등과 같이 형벌로써는 개선가능성이 없는 자들로부터 사회를 방위하기 위해 형벌 대신에 부과하는 '보안조치'를 통칭하는 말이다.[65]

　하지만 보안처분의 개념은 형벌의 개념보다도 한층 불명확하고 다의적인 것으로 보인다.[66] 이것은 우리나라뿐만 아니라 외국에서도 마찬가지인데, 보안처분으로 불리는 국가의 형사제재의 종류, 내용이 다양하고 이 제도가 아직 발전 중에 있기 때문이다. 현행법상 보안처분의 종류라고 불리워지는 경우에도 그 구체적 법적 성격에 대해서는 다양한 논의가 있다.

---

65) 이에 반하여 보안처분을 '사회방위를 위하여 감호, 거세 등 행위자에 대한 직접적인 자유의 제한을 가하는 형사제재수단' 만으로 국한시키는 견해는 보안처분이 사회방위를 위해서만 부과되는 것으로 이해하여 행위자의 개선을 위한 일체의 형사제재수단을 보안처분개념에서 배제시키고 있다(김혜정, 보호관찰과 형벌불소급의 원칙, 지송 이재상교수 화갑기념논문집(Ⅰ), 36면).

66) 일부 교과서에서는 보안처분의 개념이 다의적이라는 관점에서 최광의로부터 최협의까지 네 가지로 나누어 구별하고 있다.

II. 형벌과 보안처분의 구별

형벌과 보안처분의 구별은 사실상 쉽지 않다. 형법이론상 형벌과 보안처분의 구별은 다음과 같은 내용으로 이루어진다.

형벌은 책임을 전제로 하고 보안처분은 장래 (재범)위험성에서 그 정당성의 근거를 찾아 형벌과 보안처분은 본질적인 차이를 가지고 있다. 다시 말해 형벌과 보안처분은 모두 형사제재에 속하지만, 형벌은 책임주의 입장에서 책임을 전제로 하여 과하여지는데 반해, 보안처분은 행위자의 사회적 위험성을 전제로 하여 특별예방의 관점에서 과하여지는 것이다.

형벌은 행위의 사회윤리적 비난을 표현하는 과거의 행위를 대상으로 하는 제재임에 반해, 보안처분은 장래에 대한 예방적 성격을 가지는 점에서 구별된다.

형벌은 책임을 요건으로 하고 형량은 책임의 범위를 넘을 수 없으므로 일반예방 또는 특별예방의 목적을 위하여 보다 엄격한 형벌이 요구되는 경우에도 책임의 범위를 넘을 수 없다고 하는 책임주의적 제약을 받고 있다. 이에 대해 보안처분은 행위자의 장래 위험성에 근거하여 범죄자의 개선을 통해 범죄를 예방하고 장래에 대한 위험을 방지하여 사회를 보호하기 위해 선고되는 것이기 때문에 책임무능력자 또는 한정책임능력자에게도 부과되므로 책임주의의 제한을 받지 않지만, 비례성의 원칙에 제한을 받는다.

형벌은 인간의 자유의사에 기초한 책임을 전제로 한 것이며, 죄와 형의 균형사상에 입각한 책임원칙이 형벌부과의 기초를 이루고 있다. 그러나 책임원칙의 제한을 받는 형벌만으로는 급변하는 사회의 범죄문제에 대한 해결책이 될 수 없다. 결국 보안처분제도는 이를 보충하기 위하여 위험한 범죄인으로부터 사회를 방위하여야 할 형사정책적 필요가 있었기 때문에 도입된 것이다.

결론적으로 보안처분은 형사제재의 체계 안에서 형벌을 보충함으로써 형벌이 적용될 수 없거나 형벌의 효과를 기대할 수 없는 행위자를 개선·치료하고 이러한 행위자의 위험성으로부터 사회를 보호하기 위한 형사정책적인 필요성에 의하여 생성된 제재이며, 오늘날 형벌 이외에 보안처분이라는 제재수단을 통하여 사회방위를 하는 것은 세계 각국에 일반화되어 있는 현상이라고 볼 수 있다. 이러한 보안처분제도는 각국의 법제에 따라 일반형법전에 규정되어 있기도 하고 특별형법전에 규정되어 있기도 하지만, 그것이 하나의 형사제재로서 과해진다는 점에서 형벌체계의 이원화를 바탕으로 하고 있다는 점에서는 같다.

제2절 **형벌과 보안처분의 관계**

Ⅰ. 이원주의

이원주의에 따르면 형벌과 보안처분은 그 성격이 다르므로 양자는 동시에 선고되고 중복해서 집행될 수 있다(병과주의). 이 입장에서는 보안처분은 형벌의 집행종료 후에 집행되는 것이 보통이다. 이원주의의 이론적 근거는 ① 형벌은 범죄행위에 대한 해악의 부과로서 규범적 비난이고 그 본질은 응보에 있는데 비하여, 보안처분은 사회방위와 범죄인의 교정·교육을 목적으로 한다. ② 형벌의 기초는 책임인데 비하여 보안처분은 행위자의 사회적 위험성이다. ③ 형벌은 범죄를 전제로 하는데 비하여, 보안처분은 행위자의 위험한 성격에 착안한다. ④ 형벌은 범죄라는 과거의 사실을 대상으로 하는 회고적 성격을 가지는데 비하여, 보안처분은 앞으로 있을 범죄의 예방을 목적으로 하는 전망적 성격을 가진다. ⑤ 형벌은 과거의 범죄에 대한 형사처분인데 비하여, 보안처분은 장래의 위험에 대한 행정처분이다.

이원주의에 따를 경우 형벌집행과의 대체성은 부정되지만, 병과는 인정된다. 보안처분의 성격은 행정처분이므로 그 선고기관 역시 행정청이 담당한다.

Ⅱ. 일원주의

일원주의는 형벌 또는 보안처분의 어느 하나만을 적용하는 주의를 말한다. 형벌과 보안처분은 모두 사회방위와 범죄인의 개선·교육을 목적으로 하므로 양자에는 본질적인 차이가 없으므로 형벌이나 보안처분 가운데 어느 하나만을 선고 집행해야 한다고 한다(선택주의).

일원주의의 이론적 근거는 ① 형벌도 사회방위를 목적으로 한다는 점에서 넓은 의미의 보안처분에 속하는 것이며, 다만 행위자에게 형벌적응성이 없는 경우에는 형벌에 대신하여 보안처분을 과하는 것으로서, 양자는 그 정도와 분량에 차이가 있을 뿐이다. ② 형벌은 수형자의 사회복귀에 중점을 두어야 한다고 한다.

일원주의에 따를 경우 형벌집행과의 대체성이 인정된다. 보안처분의 성격은 형사처분이므로 그 선고기관은 법원이 담당한다.

Ⅲ. 대체주의

대체주의에 따르면 형벌은 언제나 책임의 정도에 따라 선고되지만(이원주의), 다만 그 집행단계에서는 보안처분으로 대체하거나 일정한 상황하에서 보안처분의 집행이 종료된 후에 형벌을 집행하는 제도(일원주의)라고 본다. 이원주의와 일원주의를 통합한 견해이다.

대체주의의 이론적 근거는 ① 통합성의 입장에서 응보를 기초로 한 책임의 한정을 원칙으로 하면서, 그 범위 내에서 일반예방 및 특별예방의 목적을 달성해야 한다. ② 양자는 요건과 선고에 있어서는 별개이지만, 양자 모두 범죄인의 사회복귀라는 동일한 목적을 추구하고 있으므로 집행에 있어서는 대체할 수 있다. ③ 보안처분의 집행이 구체적인 행위자의 개인적 처벌 필요성에 적합한 것이므로 사회복귀라는 관점에서 보안처분을 먼저 집행하는 것이 합목적적이다. ④ 보안처분이 집행된 경우에 그 기간을 형기에 산입하거나 형벌을 집행하지 않는 기능적 대체가 가능하다는 점을 근거로 한다.

형벌집행과의 대체성 인정 여부에 대하여 집행단계에서의 대체성은 인정된다. 보안처분은 형벌과 선고의 절차와 내용이 별개이므로 특별법이나 형사소송법에 특별규정을 두는 것이 바람직하다.

제3절 보안처분의 지도원리와 요건

장래 범죄를 범할 위험성이 있는 자에게 개선과 보안을 위한 조치를 부과함으로써 범죄의 예방을 목적으로 하는 보안처분은 특별예방목적을 지향하고 있다. 범죄발생을 사전에 예방해야 한다는 필요성은 당연히 국가적·사회적으로 인정할 수 있다고 하더라도 이러한 예방의 필요성만으로 정당화될 수는 없다. 따라서 오늘날 보안처분은 다음의 정당화 조건을 갖추어야 한다.

Ⅰ. 보안처분의 지도원리

1. 기본적 인권의 보호

헌법 제12조 제1항은 "누구든지 법률과 적법한 절차에 의하지 않고는 …보안처분…을 받지 아니한다"고 규정하여 보안처분에 대한 헌법상 근거를 제시하고 있다. 따라서 보안처분은 형벌 등과 마찬가지로 법률에 의할 뿐만 아니라 적정절차에 의하여야 한다는 원칙에 따라 부과되어져야 한다. 보안처분법정주의에 따라 법률에 따라 부과되어야 하며, 적정절차는 공정한 재판의 원칙과 비례성의 원칙 및 피고인 보호의 원칙을 그 내용으로 한다.

2. 법치국가적 정형성

보안처분도 형벌과 마찬가지로 국가권력이 행위자의 자유를 박탈하거나 제한하는 것을 그 내용으로 하고 있기 때문에 국가강제력의 명확한 한계를 긋기 위해서는 법치국가적 정형화를 정당성의 기초로 삼아야 한다. 헌법도 제12조 제1항에 보안처분의 헌법적 근거를 마련하면서 보안처분의 법률적 근거와 절차의 적법성을 요구하고 있다(보안처분 법정주의). 형벌의 근거와 부과절차는 형법과 형사소송법에 규정되어 있듯이, 보안처분의 근거와 부과절차 및 집행방법은 치료감호법, 보호관찰 등에 관한 법률, 소년법 등에 규정되어 있다.

보안처분이 정당성을 갖기 위해서는 보호목적을 위한 보안처분의 필요성과 함께 그 필요성을 법치국가적으로 제한할 수 있는 정형화원칙이 있어야 한다. 즉 범죄예방을 위해 아무리 필요한 처분이라 할지라도 정형화되지 않으면 정당성을 가질 수 없다. 왜냐하면 정형화되지 않은 보안처분은 인간을 범죄예방을 위한 단순한 수단·객체로 전락시키므로 헌법이 선언하고 있는 인간의 존엄성에 반하기 때문이다. 보안처분을 일정한 형식적 틀 속에서 부과할 수 있다고 규정하고 있다 하더라도 보안처분이 기본권의 본질적 내용을 침해할 수는 없고, 따라서 인간의 존엄과 가치를 침해하는 보안처분은 정당성을 확보하였다고 볼 수 없다.

3. 죄형법정주의

모든 보안처분의 선고에는 원인행위가 실행된 것이 전제조건이 되므로 원인행위가 없는 예방적 구금은 허용되지 않는다. 즉 "범죄 없으면 보안처분 없다"는 원칙이 적용된다. 보안처분의 적용·선고에 있어서는 형벌의 경우와 같이 '유추의 금지'나 '의심스러울 때에는 피고인의 이익으로' 등의 원리도 적용된다.

다만 소급효금지의 원칙이 보안처분에 관하여도 적용되느냐에 대하여는 견해가 대립되고 있다. 이와 관련하여 대법원은 보안처분에 대해서 소급효금지의 원칙이 적용되지 않는다는 입장을 취하고 있다.[67] 즉 보안처분은 대상자의 장래 재범위험성으로부터 사회를 보호하기 위한 제도로 그 부과근거는 재범위험성이다. 이러한 재범위험성의 판단은 행위 시가 아닌 재판 시가 되어야 할 것이고, 그런 점에서 본다면 보안처분에는 소급효금지의 원칙이 적용될 여지는 없다는 것이 대법원 판례의 기본태도이다.

4. 비례성원칙

형벌은 책임을 전제로 하고 보안처분은 행위자의 위험성에 초점을 맞추기 때문에 보안처분은 형벌과 같이 행위책임에 상응하지 않게 부과될 수도 있다. 그러나 보안처분도 국가의 개인에 대해 부과하는 강제적 수단이기 때문에 국가공권력 행사의 일반원칙인 비례성의 원칙을 준수하여야 한다. 독일 형법 제62조에는 보안처분의 비례성원칙이 명문으로 규정되어 있지만, 우리나라 형법에는 보안처분의 비례성원칙이 명문으로 규정되어 있지 않다.

보안처분의 법치국가적 정형화원칙은 비례성원칙이 수행한다. 보안처분을 정당화하는 사유는 책임대신에 인격의 결함 내지 위험성으로 대체된다. 이러한 보안처분은 합목적성에 의하여 지배되는 제도이므로 그 적용은 정의의 이념에 기초를 두어야 하며, 비례성의 원칙은 보안처분에 있어서 초실정적인 정의의 이념의 궁극적인 표현으로서 보안처분에 있어서의 지도이념이 되고 있다고 할 수 있다.[68] 비례성의 원칙은 모든 법영역을 통괄하는 일반법원칙 내지 구체적 법원칙으로서 타당성을 가지는 중요한 규범원칙이며, 헌법상 일반적 입법원칙인 동시에 하위법률의 구체적 해석원칙으로 작용하는 법원칙은 흔히 볼 수 있는 것은 아니다. 헌법재판소도 헌법 제37조 제2항이 비례성의 원칙을 명문으로 인정한 것으로 판시하고 법률이 기본권 제한의 한계를 일탈하였는가를 판단할 때에는 언제나 이 원칙을 기준으로 해야 한다고 한다.[69] 그리하여 과잉입법의 판단기준은 목적의 정당성, 방법의 적절성, 피해의 최소성, 법익의 균형성으로 판시하고 있다.

비례성원칙은 보통 '목적과 수단의 관계'로 이해된다. 즉 일정한 목적을 실현하기 위해 투입한 국가적 수단은 목적달성에 비례적이어야 하는데, 만일 그렇지 않으면 헌법상 입법원칙으로는 문제되는 법률적 수단이 위헌이 되고 법률상의 해석원칙으로는 해석 결론이 위법이 된다는 것을 내용으로 한다. 그리고 '비례'의 내용은 선택한 수단이 처음에 의도했

---

67) 대법원 1997.6.13. 선고 97도703 판결.
68) 비례성의 원칙에 대한 보다 자세한 이해는 배종대, 보안처분과 비례성의 원칙, 법치국가와 형법: 심재우선생의 형법사상에 대한 재조명, 세창출판사, 45면 이하 참조.
69) 헌법재판소 1992.12.24. 선고 92헌가8 결정.

던 목적의 달성에 적합하고, 필요하며 그리고 균형을 이루어야 한다는 것을 내용으로 한다. 그러므로 비례성원칙은 적합성원칙, 필요성원칙, 균형성원칙으로 구성된다.

이러한 관점에서 보안처분을 부과함에 있어서 비례성의 원칙을 관철하기 위해서는 다음과 같은 내용이 준수되어야 한다. ① 보안처분을 모든 범죄에 대해 부과할 수 있게 할 것이 아니라, 일정한 수준의 범죄에 대해서만 부과할 수 있도록 해야 한다. ② 행위자의 개인적 인격에 대한 침해가 행위자의 위험성과 적절한 비례관계에 있는 경우에 한하여 보안처분을 부과할 수 있도록 해야 한다. 즉 보안처분은 행위자가 행한 범죄와 장래에 기대될 범죄 및 위험성의 정도와 균형이 유지되어야 한다. ③ 보안처분은 예방목적에 적합해야 하고, 필요한 수단이어야 한다.

Ⅱ. 보안처분의 요건

1. 범죄행위를 전제로 하여야 한다.

보안처분은 형사제재의 일종이기 때문에 형법상 정형화된 법적 요건인 범죄행위(원인행위)가 있어야 한다. 따라서 아무리 위험한 자라고 하더라도 범죄행위를 전혀 하지 않은 잠재적 범죄자에 대해서는 보안처분을 가할 수 없다. 보안처분을 부과하기 위한 형법상 전제조건인 최소한 구성요건해당성과 위법성이 인정되어야 한다. 위법성까지 인정되어야 하는 이유는 사회의 객관적 가치질서에 따를 경우 용인되거나 허용하는 행위에 대해서 사회방위의 필요성을 내세워 보안처분할 수 없기 때문이다. 보안처분을 부과하기 위해서는 위법행위 이외에도 재범의 위험성이 있어야 하는데, 위법행위의 존재를 통하여 이러한 범죄자의 재범의 위험성이 객관적·외부적으로 확실히 징표 또는 추정되었다는 것을 의미한다.

이에 따라 우리나라 치료감호법의 경우 책임무능력자인 심신상실자, 한정책임능력자인 심신미약자 등에 대해 치료감호를 부과할 수 있도록 규정하고 있다(치료감호법 제2조 참조). 위법한 행위를 할 '우려'가 있는 '우범소년'에 대해서 보안처분의 일종인 보호처분을 부과할 수 있도록 규정한 소년법 제4조 제1항 제3호 규정은 재고되어야 한다.

2. 재범의 위험성이 있어야 한다.

보안처분을 부과하기 위해서는 이러한 원인행위(범죄행위)로부터 예상되는 장래의 중대한 재범위험성이 있어야 한다. 보안처분은 행위자에 의한 장래에 기대되는 사회에 대한 위법한 공격을 방지하기 위한 제도이며, 따라서 행위자의 재범위험성은 보안처분의 기초일 뿐 아니라 모든 보안처분의 선고에 있어서 필요로 하는 실질적 요건이 된다.

위험성의 정도는 재범의 '확실성'까지는 필요 없지만, 최소한 장래의 유해한 결과에 대한 '개연성'은 있어야 한다. 단순한 가능성의 정도는 훨씬 넘어서야 한다. 장차 사소한 범죄행위가 막연히 행해질지도 모른다는 낮은 가능성만으로 보안처분이 필요하다고 할 수는 없으며, 이 정도의 위험성은 우연에 속하는 문제로서 사회가 감수할 수밖에 없다고 해야 한다.

소송절차에 있어서 개연성에 대한 법관의 심증형성은 확신의 정도에 이르러야 한다. 법관은 재범의 개연성에 대하여 확신의 심증을 얻지 못하면 '의심스러우면 피고인의 이익으로'의 원칙을 적용하여야 한다.[70]

문제의 핵심은 위험성의 개념을 어떻게 확정할 것인가이다. 보안처분의 요건인 위험성에 대한 판단은 과거의 확정된 사실에 대한 판단이 아니라 미래에 대한 가정적 판단이며, 예측(Prognose)으로서의 성격을 가지고 있기 때문에 장래 재범위험성의 존재와 정도의 판단은 지극히 어려운 문제로 인간의 인식능력을 넘어서는 일이다.

재범의 위험성판단은 행위자의 인격과 그가 행한 행위에 대한 종합판단이다. 따라서 행위자의 출신, 가족관계, 교육정도, 초범연령, 행위유형, 범죄를 범하기 이전의 사회생활, 지능과 성격, 전과의 유무와 횟수, 재범의 빈도 등 행위자의 전인격을 종합적으로 고려하여 판단해야 한다.[71] 이 판단은 반드시 심리학, 의학, 정신분석학 등 법학 이외의 다른 과학적 판단자료를 통해 이루어져야 하고, 재범의 위험성에 대한 단순한 가능성만으로 판단되어서는 안 된다.

⚖ 판례 성폭력범죄자에 대한 재범의 위험성 판단

【판결요지】구 특정 범죄자에 대한 위치추적 전자장치 부착 등에 관한 법률(2010. 4. 15. 법률 제10257호로 개정되기 전의 것) 제5조 제1항에 정한 성폭력범죄의 재범의 위험성이라 함은 재범할 가능성만으로는 부족하고 피부착명령청구자가 장래에 다시 성폭력범죄를 범하여 법적 평온을 깨뜨릴 상당한 개연성이 있음을 의미한다. 성폭력범죄의 재범의 위험성 유무는 피부착명령청구자의 직업과 환경, 당해 범행 이전의 행적, 그 범행의 동기, 수단, 범행 후의 정황, 개전의 정 등 여러 사정을 종합적으로 평가하여 객관적으로 판단하여야 하고, 이러한 판단은 장래에 대한 가정적 판단이므로 판결시를 기준으로 하여야 한다(대법원 2010.12.9. 선고 2010도7410,2010전도44 판결).

---

70) 김성돈, 874면.
71) 대법원 2010.12.9. 선고 2010도7410,2010전도44 판결.

3. 사법처분성

보안처분은 사법처분이기 때문에 법관이 아닌 국가의 행정기관에 의해서 부과되어서는 안 된다.[72] 보안처분은 형벌과는 본질적으로 다르지만 대상자의 자유가 박탈되거나 제한되는 국가강제력을 수반하기 때문에 법치국가적 인권보장의 측면에서 형벌과 대등할 정도의 장치가 마련되어 있어야 한다. 따라서 보안처분의 부과, 집행에 관한 결정은 행정기관(위원회)이 하는 것은 삼권분립의 원칙에 반할 뿐만 아니라 신뢰성과 통제가능성이 없기 때문에 국민의 사법절차적 기본권을 침해하는 일이 된다. 따라서 보안처분은 행정기관으로부터 독립된 사법부의 법관에 의한 사법처분으로 하는 것이 타당하다.

제4절 현행 형법의 보안처분

Ⅰ. 의의

형법에 규정되어 있는 보안처분으로 선고유예를 하는 경우 보호관찰($_{59조의2}^{제}$), 형의 집행을 유예하는 경우 보호관찰과 사회봉사·수강명령($_{62조의2}^{제}$), 가석방의 경우 보호관찰($_{제2항}^{제73조의2}$)이 있다.

Ⅱ. 보호관찰

1. 의의

보호관찰이란 시설내 처우가 아니라 사회내 처우를 의미하는 재범예방적 조치이다. 우리나라의 보호관찰은 1963년 개정된 소년법의 소년보호사건에서 보호처분의 형태로 처음 법제화된 이후 그 대상과 범위를 넓혀오다가 1997년부터는 모든 성인범죄자에 대한 보호관찰로 확대되었다. 보호관찰은 일반적으로 처벌기능, 재활기능, 범죄통제기능, 억제기능, 지역사회통합기능이 있다고 본다.[73]

---

72) 김성돈, 875면.
73) 박상기/손동권/이순래, 형사정책, 317면.

2. 법적 성격

보호관찰의 법적 성격에 대하여 보안처분설, 변형된 형집행설, 독립적 제재수단설이 있다. 보안처분설은 범죄의 특별예방을 목적으로 한다는 점, 범죄자의 갱생보호를 목적으로 한다는 점에서 보안처분으로 본다. 변형된 형집행설은 범죄가 발생한 것을 전제로 부과되며, 시설내 수용처분과 자유로운 상태와의 중간형태로 볼 수 있기 때문에 형집행방법이 변형된 것으로 본다. 독립적 제재수단설은 보호관찰은 형벌도 보안처분도 아닌 제3의 형법적 제재수단으로 본다. 보호관찰의 법적 성격이 무엇인가에 대한 대법원 판례는 아직 존재하지 않는다.

3. 법적 근거

형법은 형의 선고유예를 하는 경우, 형의 집행유예를 하는 경우, 가석방하는 경우 보호관찰을 부과하도록 되어 있으며, 이에 대한 절차적 규정은 보호관찰 등에 관한 법률과 형사소송규칙에 규정되어 있다.

형의 선고를 유예하는 경우에 재범방지를 위하여 지도 및 원호가 필요한 때에는 보호관찰을 받을 것을 명할 수 있다. 보호관찰의 기간은 1년으로 한다(제59조의2).

형의 집행을 유예하는 경우에는 보호관찰을 받을 것을 명하거나 사회봉사 또는 수강을 명할 수 있다. 보호관찰의 기간은 집행을 유예한 기간으로 한다. 다만, 법원은 유예기간의 범위 내에서 보호관찰기간을 정할 수 있다(제62조의2).

가석방된 자는 가석방기간 중 보호관찰을 받는다. 다만, 가석방을 허가한 행정관청이 필요가 없다고 인정한 때에는 그러하지 아니하다(제73조의2).

형법 이외에도 보호관찰을 부과할 수 있는 법률로는 소년법, 성폭력범죄의 처벌 등에 관한 특례법, 가정폭력범죄의 처벌 등에 관한 특례법, 성매매알선 등 행위의 처벌에 관한 법률 등이 있다.

4. 보호관찰과 사회봉사명령 및 수강명령의 임의적 병과

형법 제62조의2 제1항은 보호관찰을 명하거나, 사회봉사 또는 수강을 명할 수 있다고 규정하고 있어 보호관찰과 사회봉사명령 또는 수강명령을 동시에 병과할 수 있는지 문제될 수 있다. 이에 대하여 대법원 판례는 집행유예를 선고하는 경우 보호관찰과 사회봉사

또는 수강을 동시에 명할 수 있다는 입장이다.[74]

5. 집행

형법에 의하여 보호관찰이 선고된 경우 이에 대한 구체적 집행은 보호관찰 등에 관한 법률에 의하여 이루어진다.

Ⅲ. 사회봉사와 수강명령

1. 의의

사회봉사명령이란 유죄가 인정된 범죄인 또는 비행소년에 대하여 정상적인 생활을 영위하게 하면서 일정 기간 내에 지정된 시간 동안 무보수로 근로에 종사하도록 하는 명령을 한다.

사회봉사명령은 범죄인의 여가시간을 박탈한다는 점에서 처벌기능, 노동을 통하여 범죄로 인해 침해를 받은 사회에 공헌한다는 점에서 사회에 대한 배상기능, 노동을 통하여 죄책감을 완화시킬 수 있다는 점에서 범죄에 대한 속죄기능, 범죄인의 사회적 책임감이 증진되고 근로습관을 회복하여 사회복귀를 돕는다는 점에서 범죄인의 사회복귀지원기능이 있다고 본다.[75]

수강명령은 유죄가 인정된 범죄인 또는 비행소년을 교화·개선하기 위하여 일정한 강의나 교육을 받도록 명하는 것을 말한다.

2. 법적 근거

형법 제62조의2 규정에 의하여 형의 집행을 유예하는 경우에는 사회봉사 또는 수강을 명할 수 있다. 사회봉사명령 또는 수강명령은 집행유예기간 내에 이를 집행한다. 보호관찰법 제62조에 따르면 법원은 형법 제62조의2에 따른 사회봉사를 명할 때에는 500시간, 수강을 명할 때에는 200시간의 범위에서 그 기간을 정하여야 한다. 다만, 다른 법률에 특별한 규정이 있는 경우에는 그 법률에서 정하는 바에 따른다. 법원은 사회봉사·수강명령

---

74) 대법원 1998.4.24. 선고 98도98 판결.
75) 박상기/손동권/이순래, 형사정책, 318면.

대상자가 사회봉사를 하거나 수강할 분야와 장소 등을 지정할 수 있다.

3. 집행

보호관찰이 선고된 경우와 마찬가지로 이에 대한 구체적 집행은 보호관찰 등에 관한 법률에 의하여 이루어진다.

제5절 형사특별법의 보안처분

I. 소년법의 보호처분

1. 의의

14세 미만의 소년에 대해서는 형벌을 부과하는 형사절차 대신에 보안처분의 일종인 소년법상 '보호처분'을 부과할 수 있다. 소년법에 따르면 ① 죄를 범한 소년(범죄소년) ② 형법법령에 저촉되는 행위를 한 10세 이상 14세 미만의 소년(촉법소년) ③ 집단적으로 몰려다니며 주위 사람들에게 불안감을 조성하는 성벽(性癖)이 있거나 정당한 이유 없이 가출 또는 술을 마시고 소란을 피우거나 유해환경에 접하는 성벽이 있으면서 그의 성격이나 환경에 비추어 앞으로 형벌 법령에 저촉되는 행위를 할 우려가 있는 10세 이상인 소년(우범소년)은 소년부의 보호사건으로 심리한다(소년법 제4조).

2. 유형

범죄소년은 만 14세 이상 19세 미만의 자로서 형법상 형사성년자에 해당한다. 범죄소년에 대해서 일반성인과 같이 형사처벌이 가능하지만, 소년의 특수성을 감안하여 보호처분의 가능성 또한 열어 두고 있다. 따라서 범죄소년의 경우 형사사건으로 처리할 수도 있고, 소년법에 따른 보호사건으로 처리할 수도 있다. 어느 절차로 이행할 것인가는 검사가 결정한다. 이를 검사선의주의(檢事先議主義)라고 한다.

촉법소년은 만 10세 이상 14세 미만의 소년으로 형사미성년자에 해당하기 때문에 형사처벌은 불가능하며, 소년법의 보호처분만이 가능하다.

우범소년은 실제로 범행을 저지른 소년이 아니라 소년법이 정하는 일정한 사유가 있고 그의 성격이나 환경에 비추어 앞으로 범죄를 저지를 우려가 있는 10세 이상의 소년을 말한다. 범죄를 저지른 소년이 아니기 때문에 형사처벌은 불가능하지만, 소년법의 보호처분은 가능하다.

만 10세 미만의 소년의 경우에는 아무리 중대한 범죄행위를 범했다고 하더라도 형사처벌이나 소년법의 보호처분도 불가능하다.

3. 소년보호사건

가. 송치

소년부의 보호사건의 대상은 범죄소년, 촉법소년, 우범소년이다. 경찰서장은 촉법소년이나 우범소년이 있을 때에는 직접 관할 소년부에 송치하여야 한다(소년법_{제4조 제2항}). 촉법소년이나 우범소년은 형사사건의 대상이 되지 않으므로 검사에게 송치하지 않는 것이다. 범죄소년에 대해서는 일반 형사사건과 같이 검사에게 송치하여 검사가 소년부에 송치하거나(동법 제49조 제1항) 일반 형사사건으로 공소를 제기할 수도 있고 기소유예 등으로 불기소처분을 할 수도 있다(동법 제49조의3). 이와 같이 소년형사사건을 일단 검사에게 송치하여 검사의 판단을 받도록 하는 것을 검사선의주의(檢事先議主義)라고 한다.

검사는 소년에 대한 피의사건을 수사한 결과 보호처분에 해당하는 사유가 있다고 인정한 경우에는 사건을 관할 소년부에 송치하여야 한다(소년법 제49조 제1항). 다만 소년부는 송치된 사건을 조사 또는 심리한 결과 그 동기와 죄질이 금고 이상의 형사처분을 할 필요가 있다고 인정할 때에는 결정으로써 해당 검찰청 검사에게 송치할 수 있다(동조 제2항). 이에 따라 송치한 사건은 검사가 다시 소년부에 송치할 수 없다(동조 제3항).

나. 소년부의 심리와 처분

소년보호사건으로 송치된 경우 이에 대한 조사와 심리에 대해서는 소년법에 자세히 규정되어 있다. 일반형사사건과는 달리 심리는 공개하지 않는 것이 특징이다(소년법 제24조).

소년부 판사는 심리 결과 보호처분을 할 필요가 있다고 인정하면 결정으로써 ① 보호자 또는 보호자를 대신하여 소년을 보호할 수 있는 자에게 감호 위탁, ② 수강명령, ③ 사회봉사명령, ④ 보호관찰관의 단기보호관찰, ⑤ 보호관찰관의 장기보호관찰, ⑥ 아동복지법에 따른 아동복지시설이나 그 밖의 소년보호시설에 감호 위탁, ⑦ 병원, 요양소 또는 보호소년 등의 처우에 관한 법률에 따른 소년의료보호시설에 위탁, ⑧ 1개월 이내의 소년원 송치, ⑨ 단기 소년원 송치, ⑩ 장기 소년원 송치 중 어느 하나에 해당하는 처분을 하여야 한다(소년법 제32조). 각 처분 상호 간에는 그 전부 또는 일부를 병합할 수 있다(소년법 제32조 제2항).

II. 보안관찰법의 보안관찰처분

이른바 사상범이라 하는 보안관찰법 제2조의 죄를 범한 자에 대한 보안관찰처분이다. 보안관찰해당범죄를 다시 범할 위험성이 있다고 인정할 충분한 이유가 있어 재범의 방지를 위한 관찰이 필요한 자에 대하여는 보안관찰처분을 한다. 보안관찰처분을 받은 자는 보안관찰법이 정하는 바에 따라 소정의 사항을 주거지 관할경찰서장에게 신고하고, 재범 방지에 필요한 범위 안에서 그 지시에 따라 보안관찰을 받아야 한다(보안관찰법 제3조). 보안관찰처분의 기간은 2년으로 한다(동법 제5조).

III. 보호관찰법의 보호관찰처분

보호관찰 등에 관한 법률 제3조에 따르면 보호관찰 대상자는 보호관찰을 조건으로 형의 선고유예를 받은 사람, 보호관찰을 조건으로 형의 집행유예를 선고받은 사람, 보호관찰을 조건으로 가석방되거나 임시퇴원된 사람, 소년법상 제4호 및 제5호의 보호처분을 받은 사람, 다른 법률에서 이 법에 따른 보호관찰을 받도록 규정된 사람이다.

IV. 치료감호법의 보안처분

1. 서설

1980년 제정되었던 사회보호법은 보호감호, 치료감호, 보호관찰과 같은 보안처분을 규정하고 있었으나, 꾸준히 제기되어온 보호감호의 위헌성 논의 끝에 2005년 8월 4일 사회보호법이 폐지됨으로써 보호감호도 폐지되었다. 다만 치료감호에 대해서는 치료감호 등에 관한 법률이라는 별도의 법률을 제정하여 치료감호 및 보호관찰제도를 개선하였다.

2. 치료감호

가. 목적

치료감호법은 심신장애 상태, 마약류·알코올이나 그 밖의 약물중독 상태, 정신성적(精神性的) 장애가 있는 상태 등에서 범죄행위를 한 자로서 재범의 위험성이 있고 특수한 교육·개선 및 치료가 필요하다고 인정되는 자에 대하여 적절한 보호와 치료를 함으로써 재범을 방지하고 사회복귀를 촉진하는 것을 목적으로 한다(동법 제1조).

나. 치료감호대상자

치료감호법에서 치료감호대상자란 ① 형법 제10조 제1항에 따라 벌할 수 없거나 같은 조 제2항에 따라 형이 감경되는 심신장애인으로서 금고 이상의 형에 해당하는 죄를 지은 자, ② 마약·향정신성의약품·대마, 그 밖에 남용되거나 해독(害毒)을 끼칠 우려가 있는 물질이나 알코올을 식음(食飮)·섭취·흡입·흡연 또는 주입받는 습벽이 있거나 그에 중독된 자로서 금고 이상의 형에 해당하는 죄를 지은 자, ③ 소아성기호증(小兒性嗜好症), 성적가학증(性的加虐症) 등 성적 성벽(性癖)이 있는 정신성적 장애인으로서 금고 이상의 형에 해당하는 성폭력범죄를 지은 자에 해당하는 자로서 치료감호시설에서 치료를 받을 필요가 있고 재범의 위험성이 있는 자를 말한다(동법 제2조).

다. 치료감호의 절차

검사는 치료감호대상자가 치료감호를 받을 필요가 있는 경우 관할 법원에 치료감호를 청구할 수 있다(동법 제4조). 치료감호대상자에 대한 치료감호를 청구할 때에는 정신건강의학과 등의 전문의의 진단이나 감정을 참고하여야 한다(동법 제4조 제2항). 검사는 공소제기한 사건의 항소심 변론종결 시까지 치료감호를 청구할 수 있다(동법 제4조 제5항). 이를 '기소병행청구'라고 한다.

또한 검사는 ① 피의자가 형법 제10조 제1항에 해당하여 벌할 수 없는 경우, ② 고소·고발이 있어야 논할 수 있는 죄에서 그 고소·고발이 없거나 취소된 경우 또는 피해자의 명시적인 의사에 반하여 논할 수 없는 죄에서 피해자가 처벌을 원하지 아니한다는 의사표시를 하거나 처벌을 원한다는 의사표시를 철회한 경우, ③ 피의자에 대하여 형사소송법 제247조에 따라 공소를 제기하지 아니하는 결정을 한 경우에는 공소를 제기하지 아니하고 치료감호만을 청구할 수 있는 '치료감호의 독립청구'가 가능하다(동법 제7조).

법원은 치료감호사건을 심리하여 그 청구가 이유 있다고 인정할 때에는 판결로써 치료감호를 선고하여야 하고, 이유 없다고 인정할 때 또는 피고사건에 대하여 심신상실 외의 사유로 무죄를 선고하거나 사형을 선고할 때에는 판결로써 청구기각을 선고하여야 한다.

치료감호사건의 판결은 피고사건의 판결과 동시에 선고하여야 한다(동법 제12조).

　　치료감호를 선고받은 피치료감호자에 대하여는 치료감호시설에 수용하여 치료를 위한 조치를 한다. 피치료감호자를 치료감호시설에 수용하는 기간은 심신상실이나 심신미약, 정신성적 장애인의 경우 15년, 마약·알코올 중독자의 경우 2년이며 이 기간을 초과할 수 없다. 살인범죄를 저질러 치료감호를 선고받은 피치료감호자가 살인범죄를 다시 범할 위험성이 있고 계속 치료가 필요하다고 인정되는 경우에는 법원은 치료감호시설의 장의 신청에 따른 검사의 청구로 3회까지 매회 2년의 범위에서 제2항 각 호의 기간을 연장하는 결정을 할 수 있다(동법 제16조).

라. 치료감호시설과 집행

　　치료감호시설에는 치료감호소와 국가가 설립·운영하는 국립정신의료기관 중 법무부 장관이 지정하는 기관인 지정법무병원이 있다.

　　치료감호와 형이 병과된 경우에는 치료감호를 먼저 집행한다. 이 경우 치료감호의 집행기간은 형 집행기간에 포함한다(동법 제18조).

　　치료감호심의위원회는 피치료감호자에 대하여 치료감호 집행을 시작한 후 매 6개월마다 치료감호의 종료 또는 가종료 여부를 심사·결정하고, 가종료 또는 치료위탁된 피치료감호자에 대하여는 가종료 또는 치료위탁 후 매 6개월마다 종료 여부를 심사·결정한다.

3. 치료명령

　　치료감호는 치료감호시설에서 치료를 받는 것을 말하며, 치료명령은 치료감호시설에 수용하지 않고 통원치료를 받는 것을 말한다.

　　치료명령대상자는 ① 형법 제10조 제2항에 따라 형이 감경되는 심신장애인으로서 금고 이상의 형에 해당하는 죄를 지은 자, ② 알코올을 식음하는 습벽이 있거나 그에 중독된 자로서 금고 이상의 형에 해당하는 죄를 지은 자, ③ 마약·향정신성의약품·대마, 그 밖에 대통령령으로 정하는 남용되거나 해독을 끼칠 우려가 있는 물질을 식음·섭취·흡입·흡연 또는 주입받는 습벽이 있거나 그에 중독된 자로서 금고 이상의 형에 해당하는 죄를 지은 자로서 통원치료를 받을 필요가 있고 재범의 위험성이 있는 자이다(동법 제2조의3). 소아기호증 등 정신성적장애인에 대해서는 치료명령을 인정하고 있지 않다.

　　법원은 치료명령대상자에 대하여 형의 선고 또는 집행을 유예하는 경우에는 치료기간을 정하여 치료를 받을 것을 명할 수 있다(동법 제44조의2). 치료를 명하는 경우에는 보호관찰을 병과하여야 하며, 보호관찰기간은 선고유예의 경우에는 1년, 집행유예의 경우에는 그 유예기간으로 한다.

4. 보호관찰

피치료감호자에 대한 치료감호가 가종료되었을 때, 피치료감호자가 치료감호시설 외에서 치료받도록 법정대리인등에게 위탁되었을 때, 치료감호기간이 만료되는 피치료감호자에 대하여 치료감호심의위원회가 심사하여 보호관찰이 필요하다고 결정한 경우에는 치료감호기간이 만료되었을 때에 보호관찰이 시작된다(동법 제32조 제1항). 이 경우 보호관찰의 기간은 3년으로 한다(동법 제32조 제2항). 보호관찰기간이 만료된 때에는 피보호관찰자에 대하여 치료감호가 종료된다(동법 제35조 제1항).

V. 성충동 약물치료

1. 의의

성폭력범죄자의 성충동 약물치료에 관한 법률은 사람에 대하여 '성폭력범죄를 저지른 성도착증 환자'로서 성폭력범죄를 다시 범할 위험성이 있다고 인정되는 사람에 대하여 성충동 약물치료를 실시하여 성폭력범죄의 재범을 방지하고 사회복귀를 촉진하는 것을 목적으로 한다(동법 제1조).

2. 성충동약물치료

성충동 약물치료란 비정상적인 성적 충동이나 욕구를 억제하기 위한 조치로서 성도착증 환자에게 약물 투여 및 심리치료 등의 방법으로 도착적인 성기능을 일정기간 동안 약화 또는 정상화하는 치료를 말한다(동법 제2조 제3호).

성도착증 환자란 소아성기호증 등 성적 성벽이 있는 정신성적 장애인 및 정신건강의학과 전문의의 감정에 의하여 성적 이상 습벽으로 인하여 자신의 행위를 스스로 통제할 수 없다고 판명된 사람을 말한다.

약물치료는 ① 비정상적 성적 충동이나 욕구를 억제하거나 완화하기 위한 것으로서 의학적으로 알려진 것일 것, ② 과도한 신체적 부작용을 초래하지 아니할 것, ③ 의학적으로 알려진 방법대로 시행될 것이라는 치료요건을 모두 갖추어야 한다(동법 제3조).

3. 절차

검사는 성폭력범죄를 저지른 성도착증 환자로서 성폭력범죄를 다시 범할 위험성이 있다고 인정되는 19세 이상의 사람에 대하여 약물치료명령을 법원에 청구할 수 있다(동법 제4조). 법원은 치료명령 청구가 이유 있다고 인정하는 때에는 15년의 범위에서 치료기간을 정하여 판결로 치료명령을 선고하여야 한다(동법 제8조). 치료명령을 선고받은 사람은 치료기간 동안 보호관찰 등에 관한 법률에 따른 보호관찰을 받는다(동법 제8조 제2항).

치료명령은 검사의 지휘를 받아 보호관찰관이 집행한다(동법 제13조). 치료명령은 의료법에 따른 의사의 진단과 처방에 의한 약물 투여, 정신건강증진 및 정신질환자 복지서비스 지원에 관한 법률에 따른 정신보건전문요원 등 전문가에 의한 인지행동 치료 등 심리치료 프로그램의 실시 등의 방법으로 집행한다(동법 제14조).

Ⅵ. 위치추적 전자장치 부착명령

1. 전자감시를 통한 보안처분

2008년 특정 성범죄자의 재범방지를 위하여 '특정 성폭력범죄에 대한 위치추적 전자장치 부착에 관한 법률'을 제정하여 전자감시제도를 도입하였다. 이후 미성년자 대상 유괴범죄, 살인범죄, 강도범죄에 대해서도 그 필요성이 인정되어 '전자장치 부착 등에 관한 법률' 이른바 전자장치부착법으로 개정하였다.

전자장치부착에 대하여 외국에서는 범죄자의 재범방지뿐만 아니라 교정시설의 유지·관리를 위한 비용절감의 현실적 필요성과 경범죄에 대한 자유형의 대체방안으로 도입된 국가가 많지만, 우리 전자장치부착법은 재범의 위험성이 있는 특정범죄자에 대한 감시를 통해 재범방지와 사회보호적 측면이 강하였다.

이에 2020년 전자장치부착법 제1조를 전면개정하여 "이 법은 수사·재판·집행 등 형사사법 절차에서 전자장치를 효율적으로 활용하여 불구속재판을 확대하고, 범죄인의 사회복귀를 촉진하며, 범죄로부터 국민을 보호함을 목적으로 한다"고 하여 불구속재판의 확대를 입법목적으로 추가하였다.

2. 위치추적장치

"위치추적 전자장치"란 전자파를 발신하고 추적하는 원리를 이용하여 위치를 확인하거나 이동경로를 탐지하는 일련의 기계적 설비를 말한다. 위치추적장치는 휴대용 추적장치, 재택감독장치, 부착장치로 구성되어 있다. 휴대용 추적장치는 전자장치가 부착된 사람이 휴대하는 것으로서 피부착자의 위치를 확인하는 장치를 말하며, 재택(在宅) 감독장치는 피부착자의 주거지에 설치하여 피부착자의 위치를 확인하는 장치를 말한다. 부착장치는 피부착자의 신체에 부착하는 장치로서, 휴대용 추적장치와 재택 감독장치에 전자파를 송신하거나 피부착자의 위치를 확인하는 장치를 말한다.

3. 특정범죄에 대한 부착명령청구

형 집행 종료 후에 전자장치를 부착하는 범죄로는 성폭력범죄, 미성년자 대상 유괴범죄, 살인범죄 및 강도범죄가 있다(동법 제2조).

가. 성폭력범죄
검사는 ① 성폭력범죄로 징역형의 실형을 선고받은 사람이 그 집행을 종료한 후 또는 집행이 면제된 후 10년 이내에 성폭력범죄를 저지른 때, ② 성폭력범죄로 이 법에 따른 전자장치를 부착받은 전력이 있는 사람이 다시 성폭력범죄를 저지른 때, ③ 성폭력범죄를 2회 이상 범하여 그 습벽이 인정된 때, ④ 19세 미만의 사람에 대하여 성폭력범죄를 저지른 때, ⑤ 신체적 또는 정신적 장애가 있는 사람에 대하여 성폭력범죄를 저지른 때에 해당하고, 성폭력범죄를 다시 범할 위험성이 있다고 인정되는 사람에 대하여 전자장치를 부착하도록 하는 명령을 법원에 청구할 수 있다(동법 제5조 제1항).

나. 미성년자 대상 유괴범죄
검사는 미성년자 대상 유괴범죄를 저지른 사람으로서 미성년자 대상 유괴범죄를 다시 범할 위험성이 있다고 인정되는 사람에 대하여 부착명령을 법원에 청구할 수 있다. 다만, 유괴범죄로 징역형의 실형 이상의 형을 선고받아 그 집행이 종료 또는 면제된 후 다시 유괴범죄를 저지른 경우에는 부착명령을 청구하여야 한다(동법 제5조 제2항).

다. 살인범죄
검사는 살인범죄를 저지른 사람으로서 살인범죄를 다시 범할 위험성이 있다고 인정되는 사람에 대하여 부착명령을 법원에 청구할 수 있다. 다만, 살인범죄로 징역형의 실형 이상의 형을 선고받아 그 집행이 종료 또는 면제된 후 다시 살인범죄를 저지른 경우에는 부착명령을 청구하여야 한다(동법 제5조 제3항).

라. 강도범죄

검사는 ① 강도범죄로 징역형의 실형을 선고받은 사람이 그 집행을 종료한 후 또는 집행이 면제된 후 10년 이내에 다시 강도범죄를 저지른 때, ② 강도범죄로 이 법에 따른 전자장치를 부착하였던 전력이 있는 사람이 다시 강도범죄를 저지른 때, ③ 강도범죄를 2회 이상 범하여 그 습벽이 인정된 때에 해당하고 강도범죄를 다시 범할 위험성이 있다고 인정되는 사람에 대하여 부착명령을 법원에 청구할 수 있다(동법 제5조 제4항).

4. 법원의 판결

법원은 부착명령 청구가 이유 있다고 인정하는 때에는 다음 기간의 범위 내에서 부착기간을 정하여 판결로 부착명령을 선고하여야 한다. 다만, 19세 미만의 사람에 대하여 특정범죄를 저지른 경우에는 부착기간 하한을 다음 부착기간 하한의 2배로 한다(동법 제9조 제1항).
① 법정형의 상한이 사형 또는 무기징역인 특정범죄: 10년 이상 30년 이하
② 법정형 중 징역형의 하한이 3년 이상의 유기징역인 특정범죄: 3년 이상 20년 이하
③ 법정형 중 징역형의 하한이 3년 미만의 유기징역인 특정범죄: 1년 이상 10년 이하
여러 개의 특정범죄에 대하여 동시에 부착명령을 선고할 때에는 법정형이 가장 중한 죄의 부착기간 상한의 2분의 1까지 가중하되, 각 죄의 부착기간의 상한을 합산한 기간을 초과할 수 없다. 다만, 하나의 행위가 여러 특정범죄에 해당하는 경우에는 가장 중한 죄의 부착기간을 부착기간으로 한다(동법 제9조 제2항). 부착명령을 선고받은 사람은 부착기간 동안 보호관찰 등에 관한 법률에 따른 보호관찰을 받는다(동법 제9조 제3항).

법원은 부착명령 청구가 이유 없다고 인정하는 때, 특정범죄사건에 대하여 무죄·면소·공소기각의 판결 또는 결정을 선고하는 때, 특정범죄사건에 대하여 벌금형을 선고하는 때, 특정범죄사건에 대하여 선고유예 또는 집행유예를 선고하는 때에 해당하는 때에는 판결로 부착명령 청구를 기각하여야 한다(동법 제9조 제4항).

5. 준수사항

법원은 부착명령을 선고하는 경우 부착기간의 범위에서 준수기간을 정하여 ① 야간,

아동·청소년의 통학시간 등 특정 시간대의 외출제한, ② 특정지역·장소에의 출입금지, ③ 주거지역의 제한, ④ 피해자 등 특정인에의 접근 금지, ⑤ 특정범죄 치료 프로그램의 이수, ⑥ 마약 등 중독성 있는 물질의 사용금지, ⑦ 그 밖에 부착명령을 선고받는 사람의 재범방지와 성행교정을 위하여 필요한 사항 중 하나 이상을 부과할 수 있다. 다만, 특정범죄 치료프로그램의 이수는 500시간의 범위에서 그 기간을 정하여야 한다(동법 제9조의2 제1항).

6. 집행

부착명령은 검사의 지휘를 받아 보호관찰관이 집행한다(동법 제12조). 부착명령은 특정범죄사건에 대한 형의 집행이 종료되거나 면제·가석방되는 날 또는 치료감호의 집행이 종료·가종료되는 날 석방 직전에 피부착명령자의 신체에 전자장치를 부착함으로써 집행한다(동법 제13조).

VII. 성범죄자에 대한 보안처분

1. 성폭력처벌법에 따른 신상정보 등록제도

성폭력처벌법에 따르면 일부 성폭력범죄 및 아동청소년성보호법의 일부 범죄로 유죄판결이 확정된 자 또는 공개명령이 확정된 자는 신상정보 등록대상자가 된다(동법 제42조 참조). 법원은 등록대상 성범죄로 유죄판결을 선고하거나 약식명령을 고지하는 경우에는 등록대상자라는 사실과 제43조에 따른 신상정보 제출 의무가 있음을 등록대상자에게 알려 주어야 한다.

등록대상자는 판결이 확정된 날부터 30일 이내에 성명, 주민등록번호, 주소, 직업 등 기본신상정보를 자신의 주소지를 관할하는 경찰관서의 장에게 제출하여야 한다(동법 제43조).

등록된 기본신상정보에 대한 관리는 법무부장관이 기본신상정보를 최초로 등록한 날부터 일정한 등록기간 동안 등록정보를 보존·관리한다(동법 제45조).

2. 신상정보 공개 및 고지제도

가. 신상정보 공개제도

등록정보의 공개에 관하여는 아동·청소년의 성보호에 관한 법률 제49조, 제50조, 제

52조, 제54조, 제55조 및 제65조를 적용한다(성폭력처벌법 제47조). 등록정보의 공개는 여성가족부장관이 집행한다(동조 제2항).

아동·청소년성보호법 제49조에 따르면 법원은 ① 아동·청소년대상 성범죄를 저지른 자, ② 성폭력범죄의 처벌 등에 관한 특례법 강간 등의 범죄를 저지른 자, ③ ① 또는 ②의 죄를 범하였으나 형법 제10조 제1항에 따라 처벌할 수 없는 자로서 ① 또는 ②의 죄를 다시 범할 위험성이 있다고 인정되는 자에 대하여 판결로 '공개정보'를 정보통신망을 이용하여[76] 공개하도록 하는 공개명령을 등록대상 사건의 판결과 동시에 선고하여야 한다.

공개되는 정보로는 ① 성명, ② 나이, ③ 주소 및 실제거주지, ④ 신체정보(키와 몸무게), ⑤ 사진, ⑥ 등록대상 성범죄 요지(판결일자, 죄명, 선고형량을 포함한다), ⑦ 성폭력범죄 전과 사실(죄명 및 횟수), ⑧ 전자장치 부착 등에 관한 법률에 따른 전자장치 부착 여부이다.

나. 신상정보 고지제도

법원은 공개대상자에 대하여 공개명령기간 동안 고지정보를 고지대상자가 거주하는 읍·면·동의 아동·청소년의 친권자 또는 법정대리인이 있는 가구나 학교의 장 등에 고지대상자가 이미 거주하고 있거나 전입한 사실이나 전출정보를 고지하도록 선고할 수 있다(동법 제50조 제5항 참조). 고지명령의 집행은 여성가족부장관이 한다(동법 제51조 제1항).

⚖ **판례** ████ **아동청소년성보호법의 신상정보 공개제도**

【판결요지】 아동·청소년의 성보호에 관한 법률(이하 '아동·청소년성보호법'이라고 한다)이 정한 공개명령 절차는 아동·청소년대상 성범죄자의 신상정보를 일정기간 동안 정보통신망을 이용하여 공개하도록 하는 조치를 취함으로써 필요한 절차를 거친 사람은 누구든지 인터넷을 통해 공개명령 대상자의 공개정보를 열람할 수 있도록 하는 제도이다. 또한 위 법률이 정한 고지명령 절차는 아동·청소년대상 성폭력범죄자의 신상정보 등을 공개명령기간 동안 고지명령 대상자가 거주하는 지역의 일정한 주민 등에게 고지하도록 하는 조치를 취함으로써 일정한 지역 주민 등이 인터넷을 통해 열람하지 않고도 고지명령 대상자의 고지정보를 알 수 있게 하는 제도이다. 위와 같은 공개명령 및 고지명령 제도는 아동·청소년대상 성폭력범죄 등을 효과적으로 예방하고 그 범죄로부터 아동·청소년을 보호함을 목적으로 하는 일종의 보안처분으로서, 그 목적과 성격, 운영에 관한 법률의 규정 내용 및 취지 등을 종합해 보면, 공개명령 및 고지명령 제도는 범죄행위를 한 자에 대한 응보 등을 목적으로 그 책임을 추궁하는 사후적 처분인 형벌과 구별되어 그 본질을 달리한다(대법원 2012.5.24. 선고 2012도2763 판결).

---

76) 현재 여성가족부에서 www.sexoffender.go.kr를 운영하고 있다.

3. 취업제한

청소년성보호법 제56조에 따르면 법원은 아동·청소년대상 성범죄 또는 성인대상 성범죄로 형 또는 치료감호를 선고하는 경우에는 판결로 그 형 또는 치료감호의 전부 또는 일부의 집행을 종료하거나 집행이 유예·면제된 날부터 일정 기간 동안 아동·청소년 관련기관 등을 운영하거나 아동·청소년 관련기관 등에 취업 또는 사실상 노무를 제공할 수 없도록 하는 취업제한 명령을 성범죄 사건의 판결과 동시에 선고하여야 한다.

아동·청소년 관련기관으로는 유치원, 초중등교육법의 학교, 고등교육법의 학교, 교육청이 운영하는 학생상담지원시설 또는 위탁 교육시설, 학원, 교습소, 개인과외교습자, 청소년 보호·재활센터, 청소년활동시설 등이 있다(동법 제56조 참조).

아동·청소년 관련기관 등의 장은 그 기관에 취업 중이거나 사실상 노무를 제공 중인 자 또는 취업하려 하거나 사실상 노무를 제공하려는 자에 대하여 성범죄의 경력을 확인하여야 하며(동법 제56조 제5항), 국가는 이러한 자가 취업을 하고 있는지에 대하여 연 1회 이상 점검·확인하여야 한다(동법 제57조). 중앙행정기관의 장 등은 아동·청소년 관련기관 등에 취업하거나 사실상 노무를 제공하는 자가 있으면 아동·청소년 관련기관 등의 장에게 그의 해임을 요구할 수 있다(동법 제58조).

판례색인

사 항 색 인

참고문헌

김성돈, 형법총론 제7판, SKKUP, 2021.

김성천, 형법총론 제9판, 소진, 2020.

김일수, 한국형법, Ⅰ~Ⅳ, 박영사, 1996.

김일수/서보학, 새로쓴 형법총론 제12판, 박영사, 2014.

김태명, 판례형법총론, 피앤씨미디어, 2013.

김혜정/박미숙/안경옥/원혜욱/이인영, 형법총론 제3판, 정독, 2020.

박상기/전지연, 형법학 제4판, 박영사, 2018.

배종대, 형법총론 제15판, 홍문사, 2021.

손동권/김재윤, 새로운 형법총론, 율곡출판사, 2011.

신동운, 형법총론 제12판, 법문사, 2020.

오영근, 형법총론 제5판, 박영사, 2019.

이상돈, 형법강론, 박영사, 2015.

이재상/장영민/강동범, 형법총론 제10판, 2019.

이정원, 형법총론 제3판, 법지사, 2004.

이형국/김혜경, 형법총론 제5판, 법문사, 2019.

임웅, 형법총론, 제12판, 법문사, 2021.

정성근/박광민, 형법총론, 전정판, SKKUP, 2012.

한국형사판례연구회, 형법판례 150선 제3판, 박영사, 2021.

한국형사판례연구회, 형사판례연구 제1권-제30권, 박영사.

저자 약력

최 호 진(崔豪珍)

새로운 범죄현상에 대한 형사법적 대응방안에 대한 연구에 관심이 많다. 인터넷 등 사이버공간에서 발생하는 사이버범죄, 인터넷을 통한 저작권침해범죄 등 정보사회의 등장으로 인한 범죄현상과 그에 대한 형법이론적 문제점에 대한 연구를 수행하고 있다.

[학력 및 주요 경력]
경북대학교 대학원 박사과정 졸업(법학박사)
수원지방검찰청 형사상고심의위원회 위원
서울지방경찰청 경찰수사 심의위원회 위원
경기남부경찰청 피해자보호추진위원회 위원
서울중앙지검 범죄피해자재산환부심의 위원
서울지방경찰청 시민감찰위원회 위원
법무부 디지털 성범죄 TF 자문위원
대검찰청 검찰수사심의회 위원
대법원 양형위원회 전문위원
수원고검 형사상고심의위원회 위원장
행정고시·사법시험 1, 2차 출제위원 및 채점위원
변호사시험 출제위원
7·9급 공무원, 경찰 공무원 국가시험 출제위원(형법, 형사소송법, 형사정책)
한국형사법학회, 한국비교형사법학회, 한국형사정책학회 부회장
단국대학교 법학과 교수

[주요 논문]
일수벌금형 제도 도입에 대한 정당성(2023)
인공지능의 형법 주체성 인정을 위한 전제조건(2023)
암호화폐 또는 가상자산의 형법적 성격(2022)
양형기준에 있어서 자유형·벌금형 선택 기준(2022)
정당행위에 대한 대법원 판단기준과 법이론적 분석(2022)
성범죄의 구조적 특성에 따른 집행유예의 실효성과 한계(2021)
정보통신망법의 악성프로그램에 대한 형법정책(2020)
청탁금지법의 허용된 금품수수의 규정체계와 이에 대한 형법해석학적 방향(2020)
수사권조정에 있어서 경찰의 송치·불송치 결정에 대한 몇 가지 문제점(2020)

카메라등이용촬영죄의 보호법익에 따른 해석기준에 대한 검토(2020)
저장된 데이터의 보전명령제도 도입을 위한 시론(試論)(2019)
비트코인에 대한 몰수 가능성(2018)
분업적 의료행위에 있어서 주의의무위반 판단기준과 그 제한규칙들(2018) 등

제2판
형법총론

초판발행	2022년 1월 5일
제2판발행	2024년 2월 5일
지은이	최호진
펴낸이	안종만·안상준
편 집	장유나
기획/마케팅	장규식
표지디자인	권아린
제 작	고철민·조영환
펴낸곳	(주) **박영사**
	서울특별시 금천구 가산디지털2로 53 210호(가산동, 한라시그마밸리)
	등록 1959.3.11. 제300-1959-1호(倫)
전 화	02)733-6771
f a x	02)736-4818
e-mail	pys@pybook.co.kr
homepage	www.pybook.co.kr
ISBN	979-11-303-4645-8 93360

copyright©최호진, 2024, Printed in Korea

*파본은 구입하신 곳에서 교환해 드립니다. 본서의 무단복제행위를 금합니다.

정 가   51,000원